D1694131

Lemke/Mosbacher
Ordnungswidrigkeitengesetz

Ordnungswidrigkeitengesetz

Kommentar

von

Dr. Michael Lemke
Ministerialdirigent im Justizministerium Brandenburg
Honorarprofessor der Universität Potsdam

Dr. Andreas Mosbacher
Richter am Landgericht Berlin/Leipzig
Lehrbeauftragter der Universitäten Leipzig und Potsdam

C. F. Müller Verlag · Heidelberg

Es haben bearbeitet:

Lemke: Einleitung, §§ 1–66 OWiG
Mosbacher: §§ 67–133 OWiG

Zitiervorschlag:

Lemke/Mosbacher OWiG

Bibliografische Information Der Deutschen Bibliothek

Die Deutsche Bibliothek verzeichnet diese Publikation
in der Deutschen Nationalbibliografie; detaillierte bibliografische
Daten sind im Internet über <http://dnb.ddb.de> abrufbar.

ISBN 3-8114-0862-3
© 2005 C. F. Müller, Verlagsgruppe Hüthig Jehle Rehm GmbH,
Heidelberg, München, Landsberg, Berlin
Jede Verwertung außerhalb der engen Grenzen des Urheberrechtsgesetzes
ist ohne Zustimmung des Verlages unzulässig und strafbar. Das gilt
insbesondere für Vervielfältigungen, Übersetzungen, Mikroverfilmungen
und die Einspeicherung und Bearbeitung in elektronischen Systemen.
Printed in Germany
Satz: Lichtsatz Michael Glaese GmbH, Hemsbach
Druck: J. P. Himmer, Augsburg

Vorwort

Seit dem Erscheinen der 1. Auflage dieses Kommentars ist das Gesetz über Ordnungswidrigkeiten durch eine beachtliche Anzahl von Änderungsgesetzen an vielen Stellen geändert und ergänzt worden. Eine besonders wichtige, die Modernisierung des Ordnungswidrigkeitenverfahrens deutlich voranbringende gesetzliche Änderung hat zuletzt die Einfügung des Zwölften Abschnitts über elektronische Dokumente und die elektronische Aktenführung durch das Justizkommunikationsgesetz vom 22. März 2005 mit sich gebracht. Wegen dieser Entwicklung begrüßen die Autoren den Entschluss des Verlags, der Praxis und der wissenschaftlichen Lehre die 2. Auflage des Kommentars zur Verfügung zu stellen.

Der Kommentar ist vollständig überarbeitet und in weiten Teilen neu gefasst. Dabei haben die Bearbeiter dem strikten Praxisbezug erneut ihr besonderes Augenmerk gewidmet. Konzeptionell ist die bewährte, die Lesbarkeit besonders fördernde Ausdrucks- und Zitierweise beibehalten worden. So haben die Bearbeiter die höchstrichterliche Rechtsprechung strikt nach ihrer Bedeutung für die Beantwortung der Fragen der jetzigen Praxis und nur in Ausnahmefällen unter eher dogmatischen Gesichtspunkten angesprochen. Rückwärtsverweisende Entscheidungsketten sind in den Text bewusst nicht aufgenommen worden. Das Schrifttum ist nach seiner Bedeutung für das Ordnungswidrigkeitenverfahren ausgewählt worden. Dort, wo strafrechtliche und strafverfahrensrechtliche Zitate die Ausführungen zum Ordnungswidrigkeitenrecht ergänzend belegen konnten, haben die Bearbeiter den Weg dahin durch weiterführende Hinweise geöffnet und so die Lesbarkeit der Erläuterungen nicht erschwert.

Die Verzeichnisse sind im Interesse einer verbesserten Verfügbarkeit der Erläuterungen vollständig neu gefasst und deutlich erweitert worden. Auf den Abdruck einer Auswahl von weiteren Bundes- und Landesgesetzen in einem Anhang haben Verlag und Bearbeiter nach Umfragen in der Praxis verzichtet. Diese gesetzlichen Regelungen sind inzwischen in einer Vielzahl von gedruckten und elektronischen Rechtssammlungen mit einem Griff aufzufinden, so dass es sinnvoll erschien, sich in einem Kommentar auf die Erläuterung der einschlägigen Vorschriften zu konzentrieren und zu beschränken.

Vorwort

Im Interesse der Handhabbarkeit des Werks in der täglichen Praxis ist sein Format geändert worden. Die Neuauflage erscheint im handlichen Format der Reihe C. F. Müller Kommentare. Dies ermöglicht problemlos, den Kommentar bei sich zu führen und so im Bedarfsfall jederzeit zur Verfügung zu haben.

Richter am Landgericht Dr. Andreas Mosbacher (derzeit wiss. Mitarbeiter am BGH) ist, wie von Anfang an geplant, als Autor hinzugetreten. Er bearbeitet das Werk ab dem Fünften Abschnitt des Ordnungswidrigkeitengesetzes.

Die Bearbeiter hoffen auf eine freundliche Aufnahme auch dieser Auflage bei allen Stellen, die mit der Verfolgung von Ordnungswidrigkeiten befasst sind, in der Anwaltschaft, deren Aufgabe mit dem Kommentar erleichtert werden soll, und in der Ausbildung, in der Ordnungswidrigkeiten Bedeutung haben.

Berlin, *Michael Lemke*
im August 2005 *Andreas Mosbacher*

Inhaltsverzeichnis

Vorwort V
Abkürzungsverzeichnis XV

Gesetz über Ordnungswidrigkeiten (OWiG)

Einleitung 3

Erster Teil
Allgemeine Vorschriften

Erster Abschnitt. Geltungsbereich

§ 1	Begriffsbestimmung	19
§ 2	Sachliche Geltung	22
§ 3	Keine Ahndung ohne Gesetz	24
§ 4	Zeitliche Geltung	29
§ 5	Räumliche Geltung	36
§ 6	Zeit der Handlung	38
§ 7	Ort der Handlung	40

Zweiter Abschnitt. Grundlagen der Ahndung

§ 8	Begehen durch Unterlassen	43
§ 9	Handeln für einen anderen	48
§ 10	Vorsatz und Fahrlässigkeit	60
§ 11	Irrtum	65
§ 12	Verantwortlichkeit	73
§ 13	Versuch	76
§ 14	Beteiligung	80
§ 15	Notwehr	88
§ 16	Rechtfertigender Notstand	91

Inhaltsverzeichnis

Dritter Abschnitt. Geldbuße

§ 17	Höhe der Geldbuße	97
§ 18	Zahlungserleichterungen	117

Vierter Abschnitt
Zusammentreffen mehrerer Gesetzesverletzungen

Vorbemerkungen		119
§ 19	Tateinheit	129
§ 20	Tatmehrheit	132
§ 21	Zusammentreffen von Straftat und Ordnungswidrigkeit	134

Fünfter Abschnitt. Einziehung

§ 22	Voraussetzungen der Einziehung	140
§ 23	Erweiterte Voraussetzungen der Einziehung	149
§ 24	Grundsatz der Verhältnismäßigkeit	153
§ 25	Einziehung des Wertersatzes	158
§ 26	Wirkung der Einziehung	165
§ 27	Selbständige Anordnung	169
§ 28	Entschädigung	172
§ 29	Sondervorschrift für Organe und Vertreter	177

Sechster Abschnitt. Verfall; Geldbuße gegen juristische Personen und Personenvereinigungen

§ 29a	Verfall	181
§ 30	Geldbuße gegen juristische Personen und Personenvereinigungen	189

Siebenter Abschnitt. Verjährung

§ 31	Verfolgungsverjährung	218
§ 32	Ruhen der Verfolgungsverjährung	228
§ 33	Unterbrechung der Verfolgungsverjährung	234
§ 34	Vollstreckungsverjährung	264

Inhaltsverzeichnis

Zweiter Teil
Bußgeldverfahren

Erster Abschnitt. Zuständigkeit zur Verfolgung und Ahndung von Ordnungswidrigkeiten

Vorbemerkungen		269
§ 35	Verfolgung und Ahndung durch die Verwaltungsbehörde	271
§ 36	Sachliche Zuständigkeit der Verwaltungsbehörde	276
§ 37	Örtliche Zuständigkeit der Verwaltungsbehörde	282
§ 38	Zusammenhängende Ordnungswidrigkeiten	287
§ 39	Mehrfache Zuständigkeit	288
§ 40	Verfolgung durch die Staatsanwaltschaft	294
§ 41	Abgabe an die Staatsanwaltschaft	296
§ 42	Übernahme durch die Staatsanwaltschaft	298
§ 43	Abgabe an die Verwaltungsbehörde	302
§ 44	Bindung der Verwaltungsbehörde	306
§ 45	Zuständigkeit des Gerichts	309

Zweiter Abschnitt
Allgemeine Verfahrensvorschriften

§ 46	Anwendung der Vorschriften über das Strafverfahren	311
§ 47	Verfolgung von Ordnungswidrigkeiten	326
§ 48	*(aufgehoben)*	
§ 49	Akteneinsichtsrecht des Betroffenen und der Verwaltungsbehörde	340
§ 49a	Verfahrensübergreifende Mitteilungen von Amts wegen	343
§ 49b	Verfahrensübergreifende Mitteilungen auf Ersuchen, sonstige Verwendung von Daten für verfahrensübergreifende Zwecke	354
§ 49c	Dateiregelungen	359
§ 49d	Mitteilungen bei Archivierung mittels Bild- und anderen Datenträgern	366
§ 50	Bekanntmachung von Maßnahmen der Verwaltungsbehörde	368
§ 51	Verfahren bei Zustellungen der Verwaltungsbehörde	372
§ 52	Wiedereinsetzung in den vorigen Stand	393

Inhaltsverzeichnis

Dritter Abschnitt. Vorverfahren

Vorbemerkungen 406

I. Allgemeine Vorschriften

§ 53	Aufgaben der Polizei.............................	407
§ 54	*(weggefallen)*	
§ 55	Anhörung des Betroffenen	413

II. Verwarnungsverfahren

§ 56	Verwarnung durch die Verwaltungsbehörde	420
§ 57	Verwarnung durch Beamte des Außen- und Polizeidienstes	431
§ 58	Ermächtigung zur Erteilung der Verwarnung	434

III. Verfahren der Verwaltungsbehörde

§ 59	Vergütung von Sachverständigen, Dolmetschern und Übersetzern, Entschädigung von Zeugen und Dritten	436
§ 60	Verteidigung	447
§ 61	Abschluß der Ermittlungen	460
§ 62	Rechtsbehelf gegen Maßnahmen der Verwaltungsbehörde	461

IV. Verfahren der Staatsanwaltschaft

§ 63	Beteiligung der Verwaltungsbehörde	472
§ 64	Erstreckung der öffentlichen Klage auf die Ordnungswidrigkeit	475

Vierter Abschnitt. Bußgeldbescheid

§ 65	Allgemeines	477
§ 66	Inhalt des Bußgeldbescheides	480

Fünfter Abschnitt. Einspruch und gerichtliches Verfahren

I. Einspruch

§ 67	Form und Frist	493
§ 68	Zuständiges Gericht	505
§ 69	Zwischenverfahren	512
§ 70	Entscheidung des Gerichts über die Zulässigkeit des Einspruchs	522

Inhaltsverzeichnis

II. Hauptverfahren

§ 71	Hauptverhandlung	525
§ 72	Entscheidung durch Beschluß	540
§ 73	Anwesenheit des Betroffenen in der Hauptverhandlung	554
§ 74	Verfahren bei Abwesenheit	557
§ 75	Teilnahme der Staatsanwaltschaft an der Hauptverhandlung	564
§ 76	Beteiligung der Verwaltungsbehörde	567
§ 77	Umfang der Beweisaufnahme	574
§ 77a	Vereinfachte Art der Beweisaufnahme	583
§ 77b	Absehen von Urteilsgründen	594
§ 78	Weitere Verfahrensvereinfachungen	598

III. Rechtsmittel

§ 79	Rechtsbeschwerde	604
§ 80	Zulassung der Rechtsbeschwerde	630
§ 80a	Besetzung der Bußgeldsenate der Oberlandesgerichte	649

Sechster Abschnitt. Bußgeld- und Strafverfahren

§ 81	Übergang vom Bußgeld- zum Strafverfahren	654
§ 82	Bußgelderkenntnis im Strafverfahren	663
§ 83	Verfahren bei Ordnungswidrigkeiten und Straftaten	671

Siebenter Abschnitt
Rechtskraft und Wiederaufnahme des Verfahrens

§ 84	Wirkung der Rechtskraft	676
§ 85	Wiederaufnahme des Verfahrens	681
§ 86	Aufhebung des Bußgeldbescheides im Strafverfahren	690

Achter Abschnitt. Verfahren bei Anordnung von Nebenfolgen oder der Festsetzung einer Geldbuße gegen eine juristische Person oder Personenvereinigung

§ 87	Anordnung von Einziehung und Verfall	696
§ 88	Festsetzung der Geldbuße gegen juristische Personen und Personenvereinigungen	705

Inhaltsverzeichnis

Neunter Abschnitt
Vollstreckung der Bußgeldentscheidungen

§ 89	Vollstreckbarkeit der Bußgeldentscheidungen	709
§ 90	Vollstreckung des Bußgeldbescheides	713
§ 91	Vollstreckung der gerichtlichen Bußgeldentscheidung	719
§ 92	Vollstreckungsbehörde	721
§ 93	Zahlungserleichterungen	721
§ 94	Verrechnung von Teilbeträgen	724
§ 95	Beitreibung der Geldbuße	726
§ 96	Anordnung von Erzwingungshaft	729
§ 97	Vollstreckung der Erzwingungshaft	735
§ 98	Vollstreckung gegen Jugendliche und Heranwachsende	738
§ 99	Vollstreckung von Nebenfolgen, die zu einer Geldzahlung verpflichten	746
§ 100	Nachträgliche Entscheidungen über die Einziehung	748
§ 101	Vollstreckung in den Nachlaß	749
§ 102	Nachträgliches Strafverfahren	750
§ 103	Gerichtliche Entscheidung	752
§ 104	Verfahren bei gerichtlicher Entscheidung	754

Zehnter Abschnitt. Kosten

I. Verfahren der Verwaltungsbehörde

§ 105	Kostenentscheidung	758
§ 106	Kostenfestsetzung	762
§ 107	Gebühren und Auslagen	765
§ 108	Rechtsbehelf und Vollstreckung	774

II. Verfahren der Staatsanwaltschaft

§ 108a	[Einstellung durch die Staatsanwaltschaft]	777

III. Verfahren über die Zulässigkeit des Einspruchs

§ 109	[Kosten bei Aufhebung des Bescheids der Verwaltungsbehörde]	780

Inhaltsverzeichnis

IV. Auslagen des Betroffenen

§ 109a [Auslagenentscheidung bei geringer Geldbuße] 782

Elfter Abschnitt
Entschädigung für Verfolgungsmaßnahmen

§ 110 [Anwendbarkeit des StrEG] 785

Zwölfter Abschnitt
Elektronische Dokumente und elektronische Aktenführung

Vorbemerkungen 790
§ 110a Erstellung und Einreichung formgebundener und anderer Dokumente bei Behörden und Gerichten 794
§ 110b Elektronische Aktenführung 801
§ 110c Erstellung und Zustellung elektronischer Dokumente durch Behörden und Gerichte 811
§ 110d Aktenausdruck, Akteneinsicht und Aktenübersendung ... 817
§ 110e Durchführung der Beweisaufnahme 826

Dritter Teil
Einzelne Ordnungswidrigkeiten

Vorbemerkungen 830

Erster Abschnitt. Verstöße gegen staatliche Anordnungen

§ 111 Falsche Namensangabe 832
§ 112 Verletzung der Hausordnung eines Gesetzgebungsorgans 842
§ 113 Unerlaubte Ansammlung 844
§ 114 Betreten militärischer Anlagen 849
§ 115 Verkehr mit Gefangenen 852

Zweiter Abschnitt. Verstöße gegen die öffentliche Ordnung

§ 116 Öffentliche Aufforderung zu Ordnungswidrigkeiten 858
§ 117 Unzulässiger Lärm 863

Inhaltsverzeichnis

§ 118	Belästigung der Allgemeinheit	868
§ 119	Grob anstößige und belästigende Handlungen	871
§ 120	Verbotene Ausübung der Prostitution; Werbung für Prostitution	880
§ 121	Halten gefährlicher Tiere	885
§ 122	Vollrausch	889
§ 123	Einziehung; Unbrauchbarmachung	894

Dritter Abschnitt. Mißbrauch staatlicher oder staatlich geschützter Zeichen

§ 124	Benutzen von Wappen oder Dienstflaggen	898
§ 125	Benutzen des Roten Kreuzes oder des Schweizer Wappens	900
§ 126	Mißbrauch von Berufstrachten oder Berufsabzeichen	902
§ 127	Herstellen oder Verwenden von Sachen, die zur Geld- oder Urkundenfälschung benutzt werden können	903
§ 128	Herstellen oder Verbreiten von papiergeldähnlichen Drucksachen oder Abbildungen	908
§ 129	Einziehung	910

Vierter Abschnitt. Verletzung der Aufsichtspflicht in Betrieben und Unternehmen

§ 130	[Haftung des Inhabers eines Betriebes oder Unternehmens]	911

Fünfter Abschnitt. Gemeinsame Vorschriften

§ 131	[Zuständigkeit; Formvorschriften]	918

Vierter Teil
Schlußvorschriften

§ 132	Einschränkung von Grundrechten	921
§ 133	Übergangsvorschriften	922

Stichwortverzeichnis 925

Abkürzungsverzeichnis

a. A.	anderer Ansicht
AA	Auswärtiges Amt
aaO	am angegebenen Ort
AbfG	Gesetz über die Vermeidung und Entsorgung von Abfällen (Abfallgesetz)
abl.	ablehnend
ABl.	Amtsblatt
Abs.	Absatz
abw.	abweichend
Achenbach	Achenbach in: Frankfurter Kommentar zum Kartellrecht
a. E.	am Ende
a. F.	alte Fassung
AG	Aktiengesellschaft; Amtsgericht
AK-*Verfasser*	Alternativkommentar zur StPO. Hrsg. v. Rudolf Wassermann
AKostG	Auslandskostengesetz
AktG	Aktiengesetz
ALG	Arbeitslosengeld
a. M.	anderer Meinung
Anm.	Anmerkung
AnwBl.	Anwaltsblatt (zitiert nach Jahrgang und Seite)
AO	Abgabenordnung
AöR	Archiv des öffentlichen Rechts (zitiert nach Band und Seite)
Art.	Artikel
AsylVfG	Asylverfahrensgesetz
AufenthG	Gesetz über den Aufenthalt, die Erwerbstätigkeit und die Integration von Ausländern im Bundesgebiet – Aufenthaltsgesetz
Aufl.	Auflage
AuslG	Gesetz über die Einreise und den Aufenthalt von Ausländern im Bundesgebiet
AV	Allgemeinverfügung
AWG	Außenwirtschaftsgesetz
BAK	Blutalkoholkonzentration
BAnz	Bundesanzeiger
BauGB	Baugesetzbuch
Baumann/Weber/Mitsch	Strafrecht Allgemeiner Teil, 11. Aufl. 2003

Abkürzungsverzeichnis

BayJMBl	Bayerisches Justiz- und Mitteilungsblatt (zitiert nach Jahrgang und Seite)
BayObLG	Bayerisches Oberstes Landesgericht
BayVBl.	Bayerische Verwaltungsblätter (zitiert nach Jahrgang und Seite)
BayVGH	Bayerischer Verfassungsgerichtshof
BB	Betriebs-Berater (zitiert nach Jahrgang und Seite)
BDSG	Bundesdatenschutzgesetz
Beck/Berr	OWi-Sachen im Straßenverkehrsrecht, 4. Aufl. 2003 (zitiert nach Rn.)
Begr.	Begründung
Bek.	Bekanntmachung
ber.	berichtigt
BFH	Bundesfinanzhof
BGB	Bürgerliches Gesetzbuch
BGBl.	Bundesgesetzblatt
BGH	Bundesgerichtshof
BGHSt	Entscheidungen des Bundesgerichtshofs in Strafsachen (zitiert nach Band und Seite)
BImschG	Bundes-Immissionsschutzgesetz
BJagdG	Bundesjagdgesetz
BKA	Bundeskriminalamt
BKatV	Bußgeldkatalogverordnung
BMI	Bundesministerium des Inneren
BMV	Bundesministerium für Verkehr
BNatSchG	Gesetz über Naturschutz und Landschaftspflege
BNotO	Bundesnotarordnung
Bockelmann-FS	Festschrift für Paul Bockelmann zum 70. Geburtstag, 1979
Bohnert	Ordnungswidrigkeitengesetz 2003
BR-Drucks.	Bundesratsdrucksache
BRAO	Bundesrechtsanwaltsordnung
BRat	Bundesrat
BRegierung	Bundesregierung
BSeuchG	Bundesseuchengesetz
BT-Drucks.	Bundestagsdrucksache
BtMG	Gesetz über den Verkehr mit Betäubungsmitteln
BVerfG	Bundesverfassungsgericht
BVerfGE	Entscheidungen des Bundesverfassungsgerichts (zitiert nach Band und Seite)
BVerfSchG	Bundesverfassungsschutzgesetz
BVerwG	Bundesverwaltungsgericht

Abkürzungsverzeichnis

BVerwGE	Entscheidungen des Bundesverwaltungsgerichts (zitiert nach Band und Seite)
DAR	Deutsches Autorecht (zitiert nach Jahrgang und Seite)
DB	Der Betrieb (zitiert nach Jahrgang und Seite)
DÖV	Die öffentliche Verwaltung (zitiert nach Jahrgang und Seite)
DRiG	Deutsches Richtergesetz
DRiZ	Deutsche Richterzeitung (zitiert nach Jahrgang und Seite)
DtZ	Deutsch-Deutsche Rechtszeitschrift (zitiert nach Jahrgang und Seite)
E	Entwurf
E 1962	Regierungsentwurf eines Strafgesetzbuches mit Begründung (BT-Drucks. IV/650)
EBAO	Einforderungs- und Beitreibungsanordnung
EG	Europäische Gemeinschaften
EGGVG	Einführungsgesetz zum Gerichtsverfassungsgesetz
EGOWiG	Einführungsgesetz zum Gesetz über Ordnungswidrigkeiten
EGStGB	Einführungsgesetz zum Strafgesetzbuch
EGStPO	Einführungsgesetz zur Strafprozessordnung
EichG	Gesetz über das Eich- und Messwesen
E/K/*Verfasser*	*Erbs/Kohlhaas*, Strafrechtliche Nebengesetze, Loseblatt (zitiert nach Bearbeiter und Rn.)
EU	Europäische Union
EuGRZ	Europäische Grundrechte (zitiert nach Jahrgang und Seite)
EzSt	*Lemke* (Hrsg.) Entscheidungssammlung zum Strafrecht (zitiert nach § und Nummer)
f., ff.	folgende
FAG	Gesetz über Fernmeldeanlagen
FG	Finanzgericht
Fn	Fußnote
FPersG	Fahrpersonalgesetz
GA	Goltdammer's Archiv für Strafrecht (zitiert ab 1953 nach Jahrgang und Seite)
GastG	Gaststättengesetz
GbR	Gesellschaft bürgerlichen Rechts
GemS	Gemeinsamer Senat
GenG	Gesetz betreffend die Erwerbs- und Wirtschaftsgenossenschaften
GeschlKrG	Gesetz zur Bekämpfung der Geschlechtskrankheiten

Abkürzungsverzeichnis

GewArch	Gewerbearchiv (zitiert nach Jahrgang und Seite)
GG	Grundgesetz für die Bundesrepublik Deutschland
GKG	Gerichtskostengesetz
GmbH	Gesellschaft mit beschränkter Haftung
GmbHG	Gesetz betreffend die Gesellschaften mit beschränkter Haftung
Göhler/Verfasser	Ordnungswidrigkeitengesetz, 13. Auflage 2002
GrS	Großer Senat
GüKG	Güterkraftverkehrsgesetz
GVG	Gerichtsverfassungsgesetz
GWB	Gesetz gegen Wettbewerbsbeschränkungen
HGB	Handelsgesetzbuch
Hirsch-FS	Festschrift für Hans Joachim Hirsch zum 70. Geburtstag 1999
HK StPO	*Lemke* u. a., Strafprozessordnung, 3. Aufl. 2001
HRSt	*Lemke* (Hrsg.), Entscheidungen zum Strafrecht, Strafverfahrensrecht und zu den Nebengebieten. Höchstrichterliche Rechtsprechung (bis 2002; zitiert nach § und Nr.)
HundBekG	Gesetz zur Bekämpfung gefährlicher Hunde
HundVerbrEinfG	Gesetz zur Beschränkung des Verbringens oder der Einfuhr gefährlicher Hunde in das Inland
HypBKG	Hypothekenbankgesetz
i.	in, im
i.d.F.	in der Fassung
i. d. R.	in der Regel
i. S.v.	im Sinne von
IuKDG	Informations- und Kommunikationsdienste-Gesetz
JA	Juristische Arbeitsblätter (zitiert nach Jahrgang und Seite)
JArbSchG	Jugendarbeitsschutzgesetz
JGG	Jugendgerichtsgesetz
JKomG	Gesetz über die Verwendung elektronischer Kommunikationsformen in der Justiz – Justizkommunikationsgesetz
JMBlNW	Justizministerialblatt für das Land Nordrhein-Westfalen (zitiert nach Jahrgang und Seite)
JP	Juristische Person
JR	Juristische Rundschau (zitiert nach Jahrgang und Seite)
JurA	Juristische Analysen (zitiert nach Jahrgang und Seite)
JuS	Juristische Schulung (zitiert nach Jahrgang und Seite)

Abkürzungsverzeichnis

Justiz	Die Justiz – Amtsblatt des Justizministeriums Baden-Württemberg (zitiert nach Jahrgang und Seite)
JVA	Justizvollzugsanstalt
JVEG	Justizvergütungs- und -entschädigungsgesetz
JZ	Juristenzeitung (zitiert nach Jahrgang und Seite)
Kfz	Kraftfahrzeug
KG	Kammergericht; Kommanditgesellschaft
KGaA	Kommanditgesellschaft auf Aktien
KK-*Verfasser*	Karlsruher Kommentar zur Strafprozessordnung, 5. Auflage 2003 (zitiert nach Bearbeiter und Rn.)
KKZ	Kommunal-Kassen-Zeitschrift (zitiert nach Jahrgang und Seite)
KonTraG	Gesetz zur Kontrolle und Transparenz im Unternehmensbereich
KVGKG	Kostenverzeichnis zum GKG (Anlage I zu § 3 Abs. 2 GKG)
KWG	Gesetz über das Kreditwesen
LK-*Verfasser*	Strafgesetzbuch (Leipziger Kommentar), 11. Aufl. (zitiert nach Bearbeiter und Rn.)
LMBG	Lebensmittel- und Bedarfsgegenständegesetz
LRE	Sammlung lebensmittelrechtlicher Entscheidungen (zitiert nach Band und Seite)
LR-*Verfasser*	*Löwe/Rosenberg*, Die Strafprozessordnung und das Gerichtsverfassungsgesetz, herausgegeben von Peter Rieß, 25. Auflage (zitiert nach Bearbeiter und Rn.)
LuftVG	Luftverkehrsgesetz
MDR	Monatsschrift für Deutsches Recht (zitiert nach Jahrgang und Seite)
MinöStDV	Verordnung zur Durchführung des Mineralölsteuergesetzes
Mitsch	Recht der Ordnungswidrigkeiten, 2. Auflage 2004 (zitiert nach Seite)
MMR	MultiMedia und Recht, Zeitschrift für Information, Telekommunikation und Medienrecht (zitiert nach Jahrgang und Seite)
MOG	Gesetz zur Durchführung der gemeinsamen Marktorganisationen
MRK	Konvention zum Schutze der Menschenrechte und Grundfreiheiten
MünzG	Münzgesetz
MuSchG	Mutterschutzgesetz

Abkürzungsverzeichnis

NdsRpfl	Niedersächsische Rechtspflege (zitiert nach Jahrgang und Seite)
NJ	Neue Justiz (zitiert nach Jahrgang und Seite)
NJW	Neue Juristische Wochenschrift (zitiert nach Jahrgang und Seite)
NK-*Verfasser*	Nomos-Kommentar zum Strafgesetzbuch, Loseblatt (zitiert nach Bearbeiter und Rn.)
Nr.	Nummer
NStZ	Neue Zeitschrift für Strafrecht (zitiert nach Jahrgang und Seite)
NStZ-RR	NStZ-Rechtsprechungs-Report Strafrecht (zitiert nach Jahrgang und Seite)
NVwZ	Neue Zeitschrift für Verwaltungsrecht (zitiert nach Jahrgang und Seite)
NVwZ-RR	Rechtsprechungs-Report Verwaltungsrecht (zitiert nach Jahrgang und Seite)
NZV	Neue Zeit für Verkehrsrecht (zitiert nach Jahrgang und Seite)
oHG	offene Handelsgesellschaft
OLG	Oberlandesgericht (zitiert nach Sitz und Fundstelle)
OLGSt	*Lemke* (Hrsg.), Entscheidungen der Oberlandesgerichte in Strafsachen und über Ordnungswidrigkeiten, Loseblattsammlung, 2. Auflage
OrgKG	Gesetz zur Bekämpfung des illegalen Rauschgifthandels und anderer Erscheinungsformen der Organisierten Kriminalität
OWi	Ordnungswidrigkeit
OWiG	Gesetz über Ordnungswidrigkeiten
OWiGÄndG	Gesetz zur Änderung des Gesetzes über Ordnungswidrigkeiten und anderer Gesetze
PartGG	Gesetz über Partnerschaftsgesellschaften Angehöriger Freier Berufe
PaßG	Paßgesetz
PersonalauswG	Gesetz über Personalausweise
PostG	Postgesetz
PTNeuOG	Gesetz zur Neuordnung des Postwesens und der Telekommunikation (Postneuordnungsgesetz)
PV	Personenvereinigung
RGSt	Entscheidungen des Reichsgerichts in Strafsachen (zitiert nach Band und Seite)
RiStBV	Richtlinien für das Strafverfahren und das Bußgeldverfahren

Abkürzungsverzeichnis

Rn.	Randnummer
RRH	*Rebmann/Roth/Herrmann*, Gesetz über Ordnungswidrigkeiten, 3. Auflage (zitiert RRH und Rn.)
RStGB	Reichsstrafgesetzbuch
RVO	Reichsversicherungsordnung
SchiffsBG	Gesetz über die Schiffspfandbriefbanken (Schiffsbankgesetz)
SchlHA	Schleswig-Holsteinische Anzeigen. Justizministerialblatt für das Land Schleswig-Holstein (zitiert nach Jahrgang und Seite)
Schmitt-FS	Festschrift für Rudolf Schmitt zum 70. Geburtstag, 1992
SK-*Verfasser*	*Rudolphi u. a.*, Systematischer Kommentar zum Strafgesetzbuch, Loseblattausgabe (zitiert nach Verfasser und Rn.)
StA	Staatsanwaltschaft; Staatsanwalt
StraFo	Strafverteidiger Forum (zitiert nach Jahrgang und Seite)
Stree/Wessels-FS	Festsschrift für Walter Stree und Johannes Wessels in Beiträgen zur Rechtswissenschaft 1993
StV	Strafverteidiger (zitiert nach Jahrgang und Seite)
StVG	Straßenverkehrsgesetz
StVO	Straßenverkehrsordnung
TierSchG	Tierschutzgesetz
TKG	Telekommunikationsgesetz
TOA	Täter-Opfer-Ausgleich
Tröndle/Fischer	Strafgesetzbuch und Nebengesetze, 52. Aufl. 2004 (zitiert nach Verfasser und Rn.)
Übk.	Übereinkommen
UKG	Zweites Gesetz zur Bekämpfung der Umweltkriminalität
UZwG	Gesetz über den unmittelbaren Zwang bei Ausübung öffentlicher Gewalt durch Vollzugsbeamte des Bundes
UZwGBw	Gesetz über die Anwendung unmittelbaren Zwangs und die Ausübung besonderer Befugnisse durch Soldaten der Bundeswehr und zivile Wachpersonen
VereinsG	Gesetz zur Regelung des öffentlichen Vereinsrechts
VerfGH	Verfassungsgerichtshof
VersG	Gesetz über Versammlungen und Aufzüge (Versammlungsgesetz)
VerwArch	Verwaltungsarchiv (zitiert nach Band und Seite)
VG	Verwaltungsgericht

Abkürzungsverzeichnis

VGH	Verwaltungsgerichtshof
vgl.	vergleiche
VGT	Verkehrsgerichtstag; Veröffentlichungen der Deutschen Akademie für Verkehrswissenschaft (zitiert nach Nr. und Seite)
VkBl	Verkehrsblatt; Amtsblatt des Bundesministers für Verkehr (zitiert nach Jahrgang und Seite)
VM	Verkehrsrechtliche Mitteilungen (zitiert nach Jahrgang und Seite)
VO	Verordnung
VOR	Zeitschrift für Verkehrs- und Ordnungswidrigkeitenrecht (zitiert nach Jahrgang und Seite)
VRS	Verkehrsrechtssammlung (zitiert nach Band und Seite)
VwGO	Verwaltungsgerichtordnung
VwV	Verwaltungsvorschrift
VwVfG	Verwaltungsverfahrensgesetz (Bund)
VwZG	Verwaltungszustellungsgesetz
WaffG	Waffengesetz
WeinG	Weingesetz
WiStG	Gesetz zur weiteren Vereinfachung des Wirtschaftstrafrechts
wistra	Zeitschrift für Wirtschaft, Steuer und Strafrecht (zitiert nach Jahrgang und Seite)
WRP	Wettbewerb in Recht und Praxis (zitiert nach Jahrgang und Seite)
WuW	Wirtschaft und Wettbewerb (zitiert nach Jahrgang und Seite)
z. B.	zum Beispiel
ZfZ	Zeitschrift für Zölle und Verbrauchssteuern (zitiert nach Jahrgang und Seite)
ZLR	Zeitschrift für das gesamte Lebensmittelrecht (zitiert nach Jahrgang und Seite)
ZPO	Zivilprozessordnung
ZRP	Zeitschrift für Rechtspolitik (zitiert nach Jahrgang und Seite)
ZSEG	Gesetz über die Entschädigung von Zeugen und Sachverständigen
ZStW	Zeitschrift für die gesamte Strafrechtswissenschaft (zitiert nach Band und Seite)
z. T.	zum Teil
zust.	zustimmend
zutr.	zutreffend
zw.	zweifelhaft

Gesetz über Ordnungswidrigkeiten (OWiG)

idF der Bekanntmachung vom 19. Februar 1987
(BGBl. I S. 602),
zuletzt geändert durch Gesetz vom 12. August 2005
(BGBl. I S. 2354)

Einleitung

Übersicht

	Rn		Rn
I. Gesetzliche Änderungen des OWiG seit 1985	1	V. Systematik des OWiG	19–21
II. Begriffliches	2–3	VI. Einzelne konstruktive Elemente des OWi-Tatbestandes	22–36
III. Rechtshistorischer Überblick	4–11	VII. Verfahrensgrundrechte des OWi-Verfahrens	37–41
IV. Ordnungswidrigkeitenrecht und Strafrecht	12–18		

I. Gesetzliche Änderungen des OWiG seit 1985

			1
15. 5. 1985	2. WiKG	BGBl. I, 721	
13. 6. 1985	21. Strafrechtsänderungsgesetz	BGBl. I, 965	
7. 7. 1986	Gesetz zur Änderung des OWiG	BGBl. I, 977	
18. 12. 1986	Opferschutzgesetz	BGBl. I, 2496	
27. 1. 1987	Strafverfahrensänderungsgesetz	BGBl. I, 475	
19. 2. 1987	Bekanntmachung der Neufassung	BGBl. I, 602	
17. 5. 1988	Gesetz zur Änderung der StPO	BGBl. I, 606	
30. 8. 1990	1. JGGÄndG	BGBl. I, 1853	
28. 2. 1992	Gesetz zur Änderung des AWG, des StGB und anderer Gesetze	BGBl. I, 372	
15. 7. 1992	Gesetz zur Bekämpfung des illegalen Rauschgifthandels und anderer Erscheinungsformen der Organisierten Kriminalität (OrgKG)	BGBl. I, 1305	
24. 6. 1994	Kostenrechtsänderungsgesetz 1994	BGBl. I, 1325	
27. 6. 1994	Zweites Gesetz zur Bekämpfung der Umweltkriminalität	BGBl. I, 1440	
28. 10. 1994	Verbrechensbekämpfungsgesetz	BGBl. I, 3184	
17. 3. 1997	Strafverfahrensänderungsgesetz DNA-Analyse	BGBl. I, 534	
18. 6. 1997	Justizmitteilungsgesetz	BGBl. I, 1430	
22. 7. 1997	Informations- und Kommunikationsdienstegesetz	BGBl. I, 1870	
13. 8. 1997	Gesetz zur Bekämpfung der Korruption	BGBl. I, 2038	
17. 12. 1997	2. Zwangsvollstreckungsnovelle	BGBl. I, 3039	
26. 1. 1998	Gesetz zur Änderung des Gesetzes über Ordnungswidrigkeiten und anderer Gesetze	BGBl. I, 156	

Einleitung

26. 1.1998	Sechstes Gesetz zur Reform des Strafrechts (6. StrRG)	BGBl. I,	164
25. 8.1998	Elftes Gesetz zur Änderung des Luftverkehrsgesetzes	BGBl. I, 2432	
19. 4.2001	Gesetz zur Neuordnung des Gerichtsvollzieherkostenrechts	BGBl. I,	623
11.12.2001	Bundeswertpapierverwaltungsgesetz (BWpVerwG)	BGBl. I, 3519	
13.12.2001	Gesetz zur Einführung des Euro usw.	BGBl. I, 3574	
23. 7.2002	OLG-Vertretungsänderungsgesetz	BGBl. I, 2850	
26. 7.2002	Gesetz zur Änderung des Ordnungswidrigkeitenverfahrensrechts	BGBl. I, 3516	
22. 8.2002	Gesetz zur Ausführung des Zweiten Protokolls vom 19. Juni 1997 zum Übereinkommen über den Schutz der finanziellen Interessen, der Gemeinsamen Maßnahme betreffend die Bestechung im privaten Sektor usw.	BGBl. I, 3387	
22.12.2003	35. Strafrechtsänderungsgesetz	BGBl. I, 2838	
5. 5.2004	Gesetz zur Modernisierung des Kostenrechts	BGBl. I,	718
12. 5.2004	Justizvergütungs- und -entschädigungsgesetz (JVEG)	BGBl. I,	776
28. 8.2004	Erstes Gesetz zur Modernisierung der Justiz	BGBl. I, 2198	
22. 3.2005	Gesetz über die Verwendung elektronischer Kommunikationsformen in der Justiz (Justiz-Kommunikationsgesetz – JKomG)	BGBl. I,	837
12. 8.2005	Gesetz zur Novellierung des Verwaltungszustellungsrechts	BGBl. I, 2354	

II. Begriffliches

2 OWi sind Delikte, die der Gesetzgeber außerstrafrechtlicher Ahndung zuführen wollte und deren Sanktion im ersten Schritt durch die Verwaltung verhängt wird (KK-*Bohnert* 1). Eine **Begriffsbestimmung** ergibt sich aus § 1 Abs. 1. Danach ist eine OWi eine rechtswidrige und vorwerfbare Handlung, die den Tatbestand eines Gesetzes verwirklicht, das die Ahndung mit einer Geldbuße zulässt. **Rechtsfolge der OWi** ist demnach stets und ausschließlich die Geldbuße, soweit das OWiG nicht Nebenfolgen vorsieht. Sie muss auch im Gesetzestext den Namen „Geldbuße" tragen. Ist dies nicht der Fall, so gehört die ahndende Norm anderen Normgruppen an, wie etwa dem Strafrecht, dem Disziplinarrecht, dem gerichtlichen

OWi-Recht usw. (KK-*Bohnert* 3). Begrifflich klarer war § 1 Abs. 1 OWiG 1952: „Ist eine Handlung ausschließlich mit Geldbuße bedroht, so ist sie eine Ordnungswidrigkeit".

Ausgangspunkt für die Entwicklung eines eigenständigen OWi-Rechts ist das Bestreben gewesen, **den Kreis strafrechtlicher Tatbestände einzuengen**, um das Strafrecht auf die strafwürdigen Fälle, d. h. auf diejenigen, die als ethisch vorwerfbar angesehen und deshalb mit dem Makel der Strafe versehen werden sollen, zu beschränken (*Beck/Berr* 1). Ein OWi-Recht hat sich auch deshalb entwickelt, weil es sich als erforderlich herausgestellt hat, Zuwiderhandlungen gegen staatliche Gebote und Verbote, deren Bekämpfung zum Schutz individueller Rechtsgüter bereits in einem **vorstrafrechtlichen Stadium** oder im Interesse einer **ordnenden Verwaltungstätigkeit des Staates** als erforderlich angesehen wurde (*Göhler/König* 1). Entscheidender Gedanke war schon in § 182 Abs. 2 der **Paulskirchenverfassung** (RGBl. 1848/1849 S. 101 – Zitat bei KK-*Bohnert* 4), dass der **Polizei keine Strafgerichtsbarkeit** zustehen solle. Dieser Gedanke wurde am klarsten von Feuerbach erkannt, der in seiner Kritik zum sog. Gönnerschen Entwurf eines Polizeistrafgesetzbuchs die deutliche Trennung von Bestrafung im eigentlichen Sinne und Verfolgung anderer, dem ursprünglichen Gedanken nach geringfügigerer Rechtsverstöße durch Verwaltungsbehörden forderte (*Radbruch*, Feuerbach, S. 205, 488). Allerdings sollte der Polizei eine gewisse Strafgewalt erhalten bleiben, die von ihm für erforderlich angesehene Trennung aber durch Schaffung eines besonderen Polizeistrafgesetzbuchs neben einem allgemeinen Strafgesetzbuch erfolgen (KK-*Bohnert* 4). Letztlich wurden bis zur Entwicklung eines eigenständigen OWi-Rechts auch in der Folgezeit **Übertretungen** genannten geringfügigen Rechtsverstöße gleichwohl als Straftaten eingestuft, wobei von Anfang an festzustellen war, dass die Schaffung entsprechender Übertretungstatbestände nur bei einer einfachen und übersichtlich strukturierten Gesellschaft möglich war, während deren zunehmende Differenzierung, die die gesellschaftliche Entwicklung insbesondere im 20. Jahrhundert in Deutschland kennzeichnet, dies zunehmend unmöglich werden ließ. Die rein zufällig wirkende Aufzählung einzelner OWi, die sich unmittelbar aus Übertretungstatbeständen des StGB entwickelt und im OWiG gehalten haben (§§ 111 ff.) verdeutlichen dies auch heute noch.

3

Einleitung

III. Rechtshistorischer Überblick

4 Das **RStGB vom 15. Mai 1871** (RGBl. S. 127) teilt die Delikte dementsprechend in **Verbrechen, Vergehen und Übertretungen** ein. Übertretungen waren den anderen Deliktsarten gleichgestellt. Die Verwaltung hatte keine Ahndungsmöglichkeiten. Allerdings enthielt der Übertretungsabschnitt des StGB 1871 bereits an mehreren Stellen **Blankettvorschriften**, die durch die Verwaltungsbehörde konkretisiert werden mussten, um zur Strafbarkeit des zugrunde liegenden Verhaltens zu gelangen (KK-*Bohnert* 6).

5 Während die StPO 1877 grundsätzlich auch für die Ahndung von Übertretungen das gewöhnliche Strafverfahren vorsah, wenn auch in Form des vereinfachten Verfahrens vor dem Schöffengericht oder vor dem Amtsrichter als Einzelrichter (§ 211 Abs. 2 StPO 1877), gab es mit den §§ 453 bis 469 StPO 1877 Verfahren nach vorangehender **polizeilicher Strafverfügung** sowie Verfahren bei Zuwiderhandlungen gegen die Vorschriften über die Erhebung öffentlicher Abgaben (*Mitsch* S. 24). Diese Polizeistrafen waren echte Kriminalstrafen, verhängbar für geringfügige Kriminalität. Die Strafgewalt der Polizeiverfügung stand in Konkurrenz mit dem Verfolgungsrecht der StA, das aber vorrangig war. Wurde Antrag auf gerichtliche Entscheidung gestellt, so fand der Übergang in das ordentliche Strafverfahren statt, für das allerdings auf Anklage und Eröffnungsbeschluss verzichtet wurde (§ 456 StPO 1877).

6 Bei Verstößen gegen die Vorschriften über öffentliche Abgaben konnten **Strafbescheide der zuständigen Verwaltungsbehörden** erlassen werden, die aber nur Geldstrafe aussprechen durften. Auch hier ging das Verfahren nach Anfechtung durch den Betroffenen in das ordentliche Strafverfahren über. Während der **Weimarer Republik** wurden die Befugnisse der Verwaltungsbehörden, **Ordnungsstrafen** festzusetzen, erweitert. So erhielt der Reichsfinanzminister eine Ordnungsstrafgewalt bis zu 10 000 RM, gegen die der Antrag auf Entscheidung durch das Reichswirtschaftsgericht zulässig war (KK-*Bohnert* 19). Ähnliche Möglichkeiten gab es im außenwirtschaftlichen Bereich aufgrund unterschiedlicher Gesetze. Eine erneute Erweiterung der Strafkompetenz der Verwaltung wurde durch die Notverordnungen der Krisenjahre 1930 bis 1932 eingeführt. Auch hier ging es überwiegend um wirtschaftsstrafrechtliche Gesichtspunkte.

Einleitung

Während der **nationalsozialistischen Gewaltherrschaft** wurde in weitem Umfang an der Zurückdrängung oder Ausschaltung der Strafjustiz in engerem Sinne gearbeitet (KK-*Bohnert* 24). Die deutlich ausgedehnten Verwaltungsahndungen erlaubten den schnelleren Zugriff wie auch die reibungslosere Abwicklung des Ahndungsverfahrens. Dessen Ausweitung war Ergebnis der Grundtendenz zur Machtvereinheitlichung unter Ausschaltung entgegengesetzter, sich wechselseitig kontrollierender Staatsgewalten.

7

Eine materielle Unterscheidung zwischen Straftaten und OWi wurde sodann vom **Bundesgesetzgeber** in bewusster Abkehr von der bisherigen Praxis erstmals im WiStG 1949 getroffen. Dem entsprach auch die gesetzgeberische Entscheidung, die frühere polizeiliche Strafverfügung nicht wieder einzuführen, so dass mit dem OWiG 1952 (BGBl. I S. 177) entsprechend der von Eberhard Schmidt erarbeiteten und in das WiStG übernommenen Abgrenzungsformel zum das OWi-Recht bestimmenden Grundgedanken wurde und in § 1 Abs. 1 **OWiG 1952** gesetzlichen Ausdruck fand. Der alte § 413 StPO über die Strafverfügung blieb zwar bestehen, wurde aber in der Folgezeit von der Verwaltungsbehörde nurmehr angeregt und vom Amtsrichter erlassen. Das EGStGB vom 2. März 1974 (BGBl. I S. 469) schaffte die **Strafverfügung** nach **verfassungsrechtlicher Kritik** durch *BVerfGE* 22, 49 ab.

8

Durch das **OWiG 1968** (BGBl. I S. 481) erhielt das OWiG in seinem materiellen Teil einen eigenen Allgemeinen Teil, durch den u. a. der Einheitstäter eingeführt wurde und vom Strafrecht abweichende Vorschriften über den räumlichen Geltungsbereich, Geldbußen gegenüber juristischen Personen, die Aufsichtspflicht in Unternehmen, die Einziehung und die Verjährung. Neu geordnet wurde ebenfalls das Bußgeldverfahren.

9

Ein wesentlicher weiterer Schritt war die Umstellung von Verkehrsübertretungen in OWi durch Art. 3 Nr. 6 EGOWiG vom 24. Mai 1968 (BGBl. I S. 503). Dieser Schritt war wesentlich vom Bedürfnis nach **Entkriminalisierung der Masse der Verkehrsverstöße** bestimmt (BT-Drucks. V/1319 S. 51; KK-*Bohnert* 43; *Beck/Berr* 2: 95% aller OWi). Allerdings sollte dieser Schritt nicht so sehr der geringer gewichtigen Ahndung der Verkehrsverstöße, sondern der Verbesserung ihrer Verfolgung durch schlagkräftigere Verfahren dienen (Schriftenreihe des BMV, Heft 16, S. 7).

10

Einleitung

11 Seit der Neufassung des OWiG im Jahre 1975 wurde das Gesetz wiederholt in Teilbereichen geändert. Die Änderungen betrafen in erster Linie Bemühungen zur **Effektivierung der außerstrafrechtlichen Bekämpfung** von Wirtschaftsdelikten. Weitere wesentliche Änderungen ergaben sich aus dem Gesetz vom 7. Juli 1986 (BGBl. I S. 977; hierzu *Göhler* DAR 1981, 333; DRiZ 1983, 105), durch die eine weitere **Formalisierung der Bekämpfung** von Verkehrs-OWi sowie eine **Entlastung der Verwaltung und Justiz** mit Bußgeldsachen in diesem Bereich versucht wurde. Es wurden das Verwarnungsverfahren, das Zwischenverfahren, die Beschränkung der Rechtsbeschwerde sowie Veränderungen im Kostenrecht, ferner eine Vereinfachung im Beweisrecht eingeführt. Die völlige Ablösung vom Strafrecht ist nicht gelungen (KK-*Bohnert* 42). Eine immer notwendiger erscheinende **Gesamtreform des OWi-Verfahrens** entsprechend seiner zunehmenden Bedeutung für die Ahndung außerstrafrechtlicher Rechtsverstöße ist nicht gewagt worden und wohl auch nicht in Sicht.

IV. Ordnungswidrigkeitenrecht und Strafrecht

12 OWi-Recht ist nicht Strafrecht, auch wenn es nach der Kompetenzverteilung des Art. 74 Abs. 1 GG dem Strafrecht zugerechnet wird (*BVerfGE* 31, 144), seine **Regeln** denen des Strafrechts stark angenähert sind, die **Sanktion** eine general- und eine spezialpräventive Funktion hat und für das Verfahren nach bisherigem Recht generell sinngemäß die allgemeinen Gesetze über das Strafverfahren gelten, sofern das OWiG nichts anderes bestimmt (*RRH* 1). Das OWi-Recht ist eine **eigenständige Rechtsordnung** zur Bekämpfung gesellschaftlich unterschiedlich relevanten Fehlverhaltens auf anderem, gegenüber dem strafrechtlichen nicht selten **besonders pragmatischem Wege**. OWi-Recht und Strafrecht stehen nebeneinander; sie ergänzen sich. Die in der Dogmatik verbreiteten, an das Wesen der OWi anknüpfenden Bemühungen der **Abgrenzung** von OWi und Straftat sind im Hinblick auf die Regelungen, wann etwas OWi und wann etwas Straftat ist (eingehend *RRH* 4 ff.), wissenschaftlich interessant, aber für die Praxis wenig zielführend. Unbestritten dürfte sein, dass **beide Rechtsordnungen nebeneinander bestehen**, jede für sich und beide zusammen gleichermaßen Bedeutung für die Bemühungen des Gesetzgebers zur effektiven Bekämpfung gesellschaftlich nicht gewollten Verhaltens haben (zur Zuordnung zum Öffentlichen Recht *Mitsch* S. 1).

Einleitung

Daß OWi-Recht und Strafrecht einander **ergänzen**, wird deutlich im Hinblick auf die **Art der Rechtsverletzung**, die einerseits zur Anwendung des OWi-Rechts und andererseits zur strafrechtlichen Verfolgung führt. OWi-Recht wurde zunächst auf das **Wirtschaftsrecht** beschränkt eingeführt. Es ist seinerzeit theoretisch damit begründet worden, dass die OWi gegenüber der Straftat wesensmäßig verschieden sei (*Eberhard Schmidt*, Das neue deutsche Wirtschaftsstrafrecht 1950, S. 26). Diese Betrachtung orientierte sich an der **klassischen Verwaltungsstrafrechtstheorie** (*Göhler/König* vor § 1 Rn. 4). Diese Auffassung ging davon aus, dass das Wesen der Wirtschafts-OWi nur in einem bloßen Ungehorsam gegenüber der Verwaltungsbehörde liege und dass die Zuwiderhandlung lediglich einen Verwaltungsschaden auslöse, aber anders als die Straftat kein Rechtsgut verletze. Diese Sicht ist zu eng. Das OWi-Recht hat inzwischen **abstrakte Gefährdungsdelikte** einbezogen und dient auch unmittelbar dem **Rechtsgüterschutz** (*RRH* 8; *Göhler/König* vor § 1 Rn. 4).

13

Diese Entwicklung dürfte auch weitergehen: in eben dem Maße, in dem sich zeigt, dass das OWi-Recht besonders geeignet ist, über die **Geldbuße als spezifische Sanktion** und die weiteren Möglichkeiten der **Gewinnabschöpfung** sowie der Einziehung von Gegenständen gesellschaftlich unerwünschtes Verhalten besonders effektiv zu bekämpfen, wird das OWi-Recht an Bedeutung gewinnen und das **Strafrecht zurückdrängen.** Ansätze hierfür zeigen sich besonders deutlich in den nicht gelingenden Bemühungen, diese Aufgabe mit den klassischen Mitteln des Strafrechts zu lösen. Weder die Vorschrift über die Bekämpfung der Geldwäsche noch die Versuche, Verfall und Einziehung im StGB zu einem wirksamen Instrument zur Bekämpfung der auf wirtschaftliche Gewinne gerichteten organisierten Kriminalität und der daran angelehnten allgemeinen Wirtschaftskriminalität sowie der Korruptionskriminalität im weitesten Sinne haben ihr erklärtes Ziel erreicht. Sie werden es auch nicht erreichen. Diese Formen gesellschaftlich unerwünschten, sie zugleich ganz erheblich schädigenden Verhaltens sind effektiv nur mit dem Staat zur Verfügung gestellten Mitteln zu bekämpfen, die ihnen strukturell angenähert sind. Diese Mittel hat das OWi-Recht.

14

Die **legislatorische Entscheidung**, ob die staatliche Reaktion auf bestimmtes gesellschaftlich unerwünschtes Verhalten als strafrechtliche oder OWi-rechtliche Verfolgung ausgestaltet sein soll, wird in Zukunft

15

Einleitung

weniger an das ethische Unwerturteil, das die Gesellschaft mit dem sie schädigenden Verhalten verbindet, anknüpfen, sondern eher an die Grundfrage, ob mit der staatlichen Sanktion in erster Linie ein **individueller Unrechts- und Schuldausgleich** oder vorrangig die **Abschöpfung und Zurückführung unrechtmäßig erlangter wirtschaftlicher Gewinne** erreicht werden soll. Dabei wird möglicherweise zukünftig auch weniger das ethische Unwerturteil ausschlaggebendes Argument für die Straftat sein müssen, sondern das Maß an persönlicher Traumatisierung des Opfers oder einer Gruppe von Opfern bei gleichzeitig zuordnungsfähiger individueller Schuld des oder der Täter.

16 Konsequent wäre deshalb, im Zuge einer **Gesamtreform von Strafrecht und OWi-Recht** zu einer Neuverteilung der staatlichen Verfolgung der in erster Linie auf ungerechtfertigte Gewinnerzielung gerichteten gesellschaftlich unerwünschten Handlungen zu gelangen. Verstünde man Strafrecht und OWi-Recht als zwei nebeneinander bestehende Teile eines umfassenden Sanktionsrechts, dann würde sich aufgrund dieser Neubestimmung der Wege zukünftigen Rechtsgüterschutzes auch die Frage der **Entkriminalisierung** bislang als strafrechtlich verfolgungswürdig angesehenen Verhaltens in Wahrheit nicht stellen, sobald die bisherige strafrechtliche Sanktion durch eine effektive OWi-rechtliche Sanktion abgelöst würde.

17 Für die Frage, ob **gesellschaftlich unerwünschtes Verhalten** strafrechtlich oder OWi-rechtlich zu verfolgen ist, kommt es daher nicht darauf an, ob es sich um bloßen Ungehorsam gegenüber Anordnungen der Verwaltungsbehörde oder um ethisch vorwerfbare Schuld handelt, die jeweils zu ahnden sind. OWi-Recht und Strafrecht sind daher auch kein aliud im Sinne einer bloß unterschiedlichen Verfolgung an sich vergleichbarer und nur unterschiedlich gerichteter Rechtsverstöße. Die ihrer Anwendung zugrundeliegenden Handlungen unterscheiden sich nicht nur in **quantitativer Hinsicht**, weil auf der Hand liegt, dass ein schwerwiegender, mit sehr erheblicher Geldbuße geahndeter Verstoß etwa gegen das Lebensmittelrecht oder das Kriegswaffenkontrollrecht ein deutlich höheres Maß an Gesellschaftsschädlichkeit aufweisen kann, als eine Reihe von wenig persönlich traumatisierenden Straftaten wie etwa der Diebstahl eines Pkw. Eher schon handelt es sich um **qualitative Unterschiede** aufgrund der Entscheidung des Gesetzgebers, Zuwiderhandlungen nach von ihm geschaffenen Kriterien dem Strafrecht oder dem OWi-Recht zuzuordnen.

Einleitung

Nach der Art der angedrohten Rechtsfolge ist die OWi gegenüber der Straftat sicherlich ein aliud (*BVerfGE* 27, 18, 30). **OWi-Recht bestraft nicht**, auch wenn es der Betroffene im Einzelfall anders empfinden mag. Es **entzieht** mit unterschiedlicher Zielrichtung **wirtschaftliche Mittel**, nicht jedoch die **individuelle Freiheit** im Wege der Freiheitsstrafe und der freiheitsentziehenden Maßregel, ebenso nicht bestimmte Möglichkeiten der **freien Entfaltung der Persönlichkeit**, wie sie durch Nebenstrafen und Nebenfolgen des StGB möglich sind. **18**

V. Systematik des OWiG

Das Gesetz enthält neben **materiell-rechtlichen Vorschriften** auch Bestimmungen des **Verfahrensrechts**. Es ist in drei Teile eingeteilt, von denen der erste die „Allgemeinen Vorschriften" (§§ 1 bis 34), der zweite das „Bußgeldverfahren" (§§ 35 bis 110) und der dritte „Einzelne Ordnungswidrigkeiten" betrifft. Der Erste Teil enthält die maßgeblichen Bestimmungen über den Geltungsbereich, die Grundlagen der Ahndung und die Rechtsfolgen der OWi. Er entspricht insoweit teilweise dem Allgemeinen Teil des StGB, mit dem auch in textlicher Hinsicht viele Übereinstimmungen bestehen (KK-*Rogall* 5; *RRH* 3). **19**

Der Zweite Teil des OWiG enthält das Verfahrensrecht, für das die Vorschriften der StPO, des GVG und des JGG sinngemäß gelten (§ 46 Abs. 1), soweit nicht das OWiG eigenständige Verfahrensstrukturen enthält. Bei der Durchsicht der Vorschriften im Einzelnen zeigt sich allerdings, dass die angeblich bestehende enge Verbindung zwischen dem OWi-Recht und dem Strafverfahrensrecht nur sehr global besteht, während die Unterschiede überwiegen. Dies folgt schon aus der Tatsache, dass dem gerichtlichen ein verwaltungsbehördliches Bußgeldverfahren vorgeschaltet ist, so dass die Zuständigkeiten der Verwaltungsbehörde, der StA und des Gerichts aufeinander abgestimmt werden müssen (KK-*Rogall* 6). Ferner stellen sich Fragen des Übergangs vom OWi-Verfahren in das Strafverfahren und umgekehrt. Schließlich sind Abweichungen zum Allgemeinen Strafverfahrensrecht durch die zu treffende Entscheidung des OWi-Gesetzgebers zugunsten einer vereinfachten beschleunigten Verfahrenserledigung bedingt (KK-*Rogall* 6). Gerechtfertigt erscheint deshalb die Forderung, im Falle einer **Gesamtreform des OWi-Rechts** daran zu denken, ihm eine **völlig eigenständige Verfahrensordnung** zu schaffen. **20**

Einleitung

Einen deutlichen Schritt in Richtung einer Modernisierung der Verfahrensabläufe enthalten die neuen §§ 110a ff.

21 Der Dritte Teil des OWiG entspricht in seiner Struktur wiederum dem Besonderen Teil des StGB und enthält eine geringe Anzahl einzelner Bußgeldtatbestände. Die Notwendigkeit, ausgerechnet die dort genannten Bußgeldtatbestände in das OWiG aufzunehmen, erschließt sich ausschließlich aus der Geschichte des OWiG im Zusammenhang mit der Abschaffung von Übertretungtatbeständen des StGB. Die umfassende Reform des OWiG wird sich der Sinnhaftigkeit dieser Regelungen ebenfalls annehmen müssen.

VI. Einzelne konstruktive Elemente des OWi-Tatbestandes

22 Die OWi erfordert eine mit einer **Geldbuße bedrohte tatbestandsmäßige, rechtswidrige und vorwerfbare Handlung.** Sie unterscheidet sich insoweit konstruktiv nicht wesentlich von der Straftat. Auch eine OWi kann nur festgestellt und geahndet werden, wenn ein zur Zeit der Handlung bestimmt umschriebener Tatbestand (Art. 103 Abs. 2 GG) vom Handelnden in vorwerfbarer Weise verwirklicht worden ist (*RRH* 15). Eine Geldbuße darf nur verhängt werden, wenn die Handlung vorwerfbar war. Der Grundsatz „**nulla poena sine culpa**", der sich aus dem Rechtsstaatsprinzip ergibt und daher selbst Verfassungsrang hat, gilt auch für strafähnliche Sanktionen, zu der die im OWi-Recht angedrohte Geldbuße zu rechnen ist (*BVerfGE* 50, 133; *BGHSt* 20, 337; *RRH* 15).

23 Handlung ist jedes Verhalten, das vom menschlichen Willen beherrscht wird. Rein **physiologische Vorgänge** des sensitiv-somatischen Bereichs, die ohne Mitwirkung der Geisteskräfte des Menschen ablaufen und damit seiner Beherrschbarkeit entzogen sind, sind keine Handlungen in diesem Sinne (*Göhler/König* vor § 1 Rn. 11; *RRH* 16). Eine Handlung liegt vor, wenn das Verhalten auf einer nur teilweisen oder unbewussten Handlungsbereitschaft etwa infolge langer Gewöhnung und Übung beruht und durch einen äußeren Reiz mehr oder minder automatisch ausgelöst ist, wie etwa beim Führen eines Kfz im Straßenverkehr. Demgegenüber ist keine Handlung der bloße **Reflex** (*BGH* bei *Göhler/König* vor § 1 Rn. 11).

24 Der **Handlungsbegriff** meint nicht nur **aktives Tun**, sondern auch **Unterlassen.** Dies erfolgt im OWi-Recht zumeist in Form des echten Unterlassungsdelikts, d.h. einer Situation, in der gerade das Unterlassen einer

Einleitung

Handlung mit Geldbuße bedroht ist. Setzt hingegen der Tatbestand aktives Tun voraus (Begehungsdelikt), so kann er durch Unterlassen regelmäßig nicht verwirklicht werden.

Etwas anderes gilt dann, wenn jemand in seinem **Verantwortungsbereich**, etwa aufgrund seiner Sachherrschaft, tätig geworden ist oder als **Normadressat** besonderer Gebote, wie etwa als Betriebsinhaber andere Personen in seinem Wirkungskreis für sich tätig werden lässt und dabei erkennt, dass sie gegen diese Gebote verstoßen oder dies erkennen kann, ohne dagegen einzuschreiten. Unterlassen steht in diesen Fällen dem Handeln gleich (*RRH* 26; *Göhler/König* vor § 1 Rn. 13). **25**

Die Verwirklichung eines OWi-Tatbestandes, der regelmäßig aktives Tun voraussetzt, ist durch Unterlassen auch möglich, wenn zum gesetzlichen Tatbestand der Eintritt eines Erfolges gehört und der Täter für den Nichteintritt des Erfolges bußgeldrechtlich einzutreten hat **(unechte Unterlassungs-OWi)**. **26**

Der **Tatbestand** ist die Beschreibung einer gedachten menschlichen Handlung mit Hilfe abstrakter Begriffe. Er setzt sich im Wesentlichen aus abstrakten Tatbestandsmerkmalen zusammen. Sie bilden den Tatbestand im eigentlichen Sinne, auf den sich Vorsatz und Fahrlässigkeit des Handelnden erstrecken müssen (*Göhler/König* vor § 1 Rn. 16). Für die Praxis hat der Tatbestand vor allem die Funktion, die konkrete menschliche Handlung bei einer in Betracht kommenden Gesetzesverletzung daraufhin zu überprüfen, ob sie von der abstrakten Beschreibung des Tatbestandes erfasst wird, ob sie ihr also entspricht (**Einordnungsfunktion** – *Göhler/König* vor § 1 Rn. 16). Der Tatbestand hat weiterhin die Bedeutung, dass er für den Handelnden im Gesetz berechenbar festlegt, ob sein Handeln mit Geldbuße geahndet werden kann (**Bestimmungsfunktion, Garantiefunktion** – *Göhler/König* aaO). **27**

Im OWi-Recht verbreitet sind **Blankettatbestände**, d. h. solche Bußgeldvorschriften, die nur die Bußgelddrohung enthalten, aber das Verhalten, das mit Geldbuße bedroht ist, nicht konkret beschreiben, sondern stattdessen auf außerhalb des Gesetzes erlassene Rechtsvorschriften oder Anordnungen abstellen. Hier ist die Verwirklichung des Tatbestandes davon abhängig, dass solche Rechtsvorschriften auch erlassen sind. Ist dies nicht der Fall, so ist der beschriebene **Tatbestand offen** und für sich gesehen **28**

Einleitung

nicht verfolgbar. Ist eine sachlich-rechtliche Vorschrift vorhanden, auf die die Sanktionsnorm verweist, so führt dies zur **Inkorporierung** der Letzteren in die Verweisungsnorm, und zwar in der Form, in der die Verweisung dies bestimmt (KK-*Rogall* 15). Die **Blankettsetzung** ist eine inzwischen bewährte gesetzestechnische Methode zur Bewehrung verwaltungsrechtlicher Vorschriften (vgl. insgesamt zur Blankettsetzung *Kast*, Zur Ausgestaltung von Straf- und Bußgeldvorschriften im Nebenstrafrecht, Bundesanzeiger 1983 Beilage Nr. 42).

29 Die Anwendung der Blankettvorschrift ist davon abhängig, daß die Rechtsvorschrift, die in den Tatbestand einbezogen ist, für einen bestimmten Tatbestand ausdrücklich auf die Bußgeldvorschrift verweist (**Rückverweisungsklausel** – *Göhler/König* vor § 1 Rn. 18). Dies dient der klareren Übersicht über die im Einzelfall mit Geldbuße bedrohten Gebote. Ist die Anwendung der Bußgeldnorm von einer solchen Rückverweisung abhängig und fehlt diese, so greift die Blankettnorm nicht ein. Ist allerdings die Anwendung der Blankettvorschrift von dem Erlass einer Anordnung abhängig, so kommt es nicht darauf an, dass auch diese Anordnung eine Rückverweisung enthält, weil sonst die Verwaltungsbehörde über die Reichweite des Tatbestandes bestimmen kann.

30 Bestimmen Blankettbußgeldvorschriften den Tatbestand so hinreichend, daß die Möglichkeit der Ahndung schon aufgrund des Gesetzes und nicht erst aufgrund einer Rechtsverordnung vorausgesehen werden kann, so sind sie mit dem Grundgesetz vereinbar (bejaht etwa für § 21 StVO aF: *BVerfGE* 51, 60; verneint zu § 15 Abs. 2a FAG: *BVerfG* NJW 1989, 1663).

31 Die **Rechtswidrigkeit** der Handlung ist regelmäßig gegeben, wenn sie dem Tatbestand entspricht. Seine Verwirklichung ist deshalb als **Indiz** der Rechtswidrigkeit anzusehen (*BayObLG* NJW 1993, 213). Die Indizierung der Rechtswidrigkeit kann durch **Rechtfertigungsgründe** ausgeräumt werden. Sie stellen sich als besondere Erlaubnistatbestände dar. Ob ein Rechtfertigungsgrund vorliegt, ist nach der gesamten Rechtsordnung zu beurteilen (*Göhler/König* vor § 1 Rn. 20). Damit haben nicht nur die in den §§ 15 und 16 normierten Rechtfertigungsgründe für das OWi-Verfahren Bedeutung, sondern alle weiteren straf- und zivilrechtlichen Rechtfertigungsgründe.

32 Die **Einwilligung des Verletzten** als gewohnheitsrechtlich anerkannter Rechtfertigungsgrund hat im OWi-Recht praktisch **keine Bedeutung**. Die

Einleitung

wirksame Einwilligung setzt voraus, dass der Einwilligende Inhaber des verletzten Rechtsgutes ist. Bußgeldtatbestände schützen aber unmittelbar nur allgemeine Interessen und sind daher selbst dann, wenn sie **Individualinteressen** reflexmäßig mittelbar berühren, der Disposition über das durch den einzelnen Bußgeldtatbestand geschützte Rechtsgut entzogen. Andererseits kann die Handlung durch eine behördliche Genehmigung gerechtfertigt sein, sofern der Behörde die Befugnis zusteht, über das durch die Bußgeldbestimmung geschützte Allgemeininteresse zu verfügen und sich die Genehmigung im Rahmen ihrer Befugnisse hält (*RRH* 33). Diese Form der Genehmigung oder behördlichen Einwilligung hat aber mit der Einwilligung des Verletzten als (strafrechtlicher) Rechtfertigungsgrund keine unmittelbare Verbindung. Im Regelfall kommt der behördlichen Genehmigung auch bereits eine **tatbestandsausschließende Wirkung** zu, so dass es insoweit auch nicht um einen Ausschluss von Rechtswidrigkeit OWi-rechtlich relevanten Verhaltens geht.

Wer in Ausübung **rechtmäßigen hoheitlichen Handelns** einen Bußgeldtatbestand verwirklicht, ist gerechtfertigt (*RRH* 34), insbesondere der **Amtsträger** i. S. v. § 11 Abs. 1 Nr. 2 StGB und der **Soldat** i. S. v. § 1 Abs. 1 Satz 1 SG. Dieser Rechtfertigungsgrund gilt nur dann für Privatpersonen, wenn sie im Einzelfall in zulässiger Weise von einem Staatsorgan zur Erfüllung hoheitlicher Aufgaben herangezogen worden sind. Bei freiwilligen Helfern kommen dagegen nur die allgemeinen Rechtfertigungsgründe in Betracht (*RRH* 34). 33

Handeln auf Befehl oder sonstige **dienstliche Anordnung** ist grundsätzlich ein Rechtfertigungsgrund, wenn die befohlene Handlung selbst rechtmäßig ist (*RRH* 39). Ist sie dies nicht, der Befehl oder die Anordnung aber gleichwohl verbindlich, so ist die Rechtswidrigkeit, jedenfalls aber die Vorwerfbarkeit ausgeschlossen. 34

Fraglich ist, ob die Lehre von der **Sozialadäquanz**, die zu einem Rechtfertigungsgrund oder, je nach Ausgestaltung, sogar zu einer Tatbestandsausschließung führen kann (*RRH* 43; *Göhler/König* vor § 1 Rn. 26) auf das OWi-Verfahren unkritisch übertragen werden kann. Gerade im Bereich der massenhaft auftretenden Verkehrs-OWi könnte die Auffassung vertreten werden, dass hier der Verkehrsverstoß bereits **sozialadäquates Verhalten** darstellt, weil er üblich und von der Allgemeinheit gebilligt worden ist. Dies gilt etwa für **maßvolle Geschwindigkeitsüberschrei- 35

Einleitung

tungen. Die Anerkennung der Lehre von der Sozialadäquanz in diesem Zusammenhang bedeutet in Wahrheit den Verzicht auf die Durchsetzung als notwendig erkannter Verbote nur deshalb, weil sie von der großen Mehrzahl der Verkehrsteilnehmer nicht beachtet und die objektiven Möglichkeiten ihrer Durchsetzung auch nicht gegeben sind. Dies kann nicht zur Rechtfertigung des massenhaften Fehlverhaltens und schon gar nicht zum Tatbestandsausschluss führen. Nur so ist letztlich auch begründbar, daß in Kenntnis massenhafter Verstöße stets nur eine sehr geringe Anzahl auch tatsächlich geahndet wird. Diese Überlegungen gelten gleichermaßen für Verstöße gegen gewisse berufliche Verpflichtungen etwa im Bereich des Lebensmittelrechts. Nur dadurch, dass bestimmte Berufsgruppen in kollusivem Zusammenwirken gegen die Rechtsvorschriften verstoßen, können sie nicht nach der Lehre der Sozialadäquanz als gerechtfertigt oder sogar den Tatbestand ausschließend anerkannt werden.

36 Vorwerfbarkeit ist nicht Schuld im strafrechtlichen Sinne. Ihr fehlt nach bisheriger Auffassung das Element sozialethischer Missbilligung. Das Handeln des OWi-Täters ist vorwerfbar, wenn er rechtswidrig gehandelt hat, obwohl er nach den Umständen des Falles fähig und imstande gewesen wäre, sich rechtmäßig zu verhalten (*RRH* 45; *Göhler/König* vor § 1 Rn. 30). Fehlt die Verantwortlichkeit i. S. v. § 12, so ist vorwerfbares Handeln nicht gegeben.

VII. Verfahrensgrundrechte des OWi-Verfahrens

37 Im OWi-Verfahren gelten die **verfassungsrechtlichen Ausprägungen**, wie sie sich für den Strafprozess konkretisiert haben. Die rechtsstaatliche Notwendigkeit entsprechend umfassender Verfahrensgarantien wird im Falle einer grundlegenden Reform des OWi-Rechts ebenfalls überprüft werden müssen. So sehr es nämlich erforderlich ist, die **Strafprozessordnung** nach ihrer wechselvollen Entwicklung zukünftig wieder mehr auch zur **magna charta des Angeklagten** werden zu lassen, so deutlich zeigt sich, dass eine entsprechende Zielsetzung für die Verfahrensordnung des OWi-Rechts nicht erforderlich ist. Außer Frage dürften aber die nachfolgend genannten **Verfahrensgarantien** auch in Zukunft bleiben.

38 Auch im OWi-Recht darf der Bürger nicht bloßes **Objekt des Verfahrens** sein. Sein **Recht auf Gehör** als „prozessuales Urrecht des Menschen" (KK-*Bohnert* 119) ist nicht antastbar. Er muss auch im OWi-Verfahren

Einleitung

Gelegenheit haben, sich zu äußern und Anträge stellen zu können, und zwar gleichgültig, ob er Deutscher oder ausländischer Betroffener ist, ob es sich um eine inländische oder ausländische juristische Person handelt oder ob die Personenvereinigung rechtsfähig ist oder nicht. Art. 103 Abs. 1 GG gibt dem Wortlaut nach das rechtliche Gehör nur vor Gericht. Ein subjektives verfassungsmäßiges Recht, vor allen belastenden Maßnahmen durch Behörden angehört zu werden, soll daraus nicht folgen (*BVerfGE* NJW 1959, 428). Dies ist abzulehnen. Für das Verfahren vor der Verwaltungsbehörde ist die Erteilung rechtlichen Gehörs vor Erlass des Bußgeldbescheides unabdingbar (KK-*Bohnert* 121). Anders im Verfahren der StA, weil deren Entscheidung nicht rechtskraftfähig ist.

39 Der **Grundsatz des fairen Verfahrens** gilt auch für das OWi-Verfahren, und zwar sowohl bei der Verwaltungsbehörde als auch bei Gericht. Allerdings ist dieser Grundsatz anderer Konkretisierung als im allgemeinen Strafverfahren zugänglich.

40 Das **Verbot mehrfacher Ahndung (ne bis in idem)** ist als Verfassungsgrundrecht aus Art. 103 Abs. 3 GG auf das Verbot wiederholten Strafens im eigentlichen Sinne begrenzt. Es gilt im OWi-Recht nur eingeschränkt, und zwar hinsichtlich der wiederholten Ahndung desselben Vorkommnisses als OWi, sofern der Bußgeldbescheid oder ein Urteil bereits rechtskräftig geworden sind. Dieses Verbot resultiert aus dem **Rechtsstaatsprinzip** (*BVerfG* NJW 1974, 1653).

41 Art. 19 Abs. 4 GG gewährt die **Rechtsweggarantie** gegen Eingriffe durch die Exekutivgewalt auch im OWi-Verfahren. Belastende Entscheidungen der Verwaltungsbehörden müssen der Prüfung durch ein Gericht zugänglich gemacht sein. Der Rechtsschutz muss lückenlos und effektiv sein (*BVerfG* NJW 1978, 693). Zugangshürden sachlicher, zeitlicher oder örtlicher Art sind unzulässig (KK-*Bohnert* 137). Die Bedeutung der Sache oder die geringe Belastung der Entscheidung können allerdings im OWi-Verfahren nur dem Grunde nach für die Zulässigkeit des Rechtsweges erheblich sein (**a. A.** KK-*Bohnert* 137). Vorbereitende Maßnahmen sind so lange nicht rechtsbehelfsfähig, wie sie nicht selbständig in Rechte des Bürgers eingreifen (*Amelung* NJW 1979, 1687). Der Betroffene muss demnach den Bußgeldbescheid abwarten (KK-*Bohnert* 138). Handelt es sich um Maßnahmen ohne belastende Wirkungen in der Sache selbst, wie

Einleitung

etwa die Rücknahme des Bußgeldbescheides oder die Einstellung des Verfahrens nach Opportunitätsgesichtspunkten, so können sie gerichtlich auch dann nicht angefochten werden, wenn ein Interesse des Betroffenen an der Klärung der Rechtslage besteht. Der Wandel der Rechtsprechung im Strafprozessrecht zu Fragen der Nachprüfbarkeit von Maßnahmen, die prozessual überholt sind, wird hier Bedeutung erlangen.

Erster Teil
Allgemeine Vorschriften

Erster Abschnitt. Geltungsbereich

§ 1 Begriffsbestimmung

(1) Eine Ordnungswidrigkeit ist eine rechtswidrige und vorwerfbare Handlung, die den Tatbestand eines Gesetzes verwirklicht, das die Ahndung mit einer Geldbuße zulässt.

(2) Eine mit Geldbuße bedrohte Handlung ist eine rechtswidrige Handlung, die den Tatbestand eines Gesetzes im Sinne des Absatzes 1 verwirklicht, auch wenn sie nicht vorwerfbar begangen ist.

Die Vorschrift **definiert legal** den Begriff der OWi (Abs. 1) und umschreibt den Begriff einer mit Geldbuße bedrohten Handlung (Abs. 2). Sie gilt für das gesamte OWi-Recht (*Göhler/König* 10; KK-*Rogall* 1; *RRH* 9; *Mitsch* S. 40) und löst die Frage der Abgrenzung von OWi und Straftat in einer formalen, eindeutigen Weise, indem sie ausschließlich an die vom Gesetzgeber angedrohte Rechtsfolge anknüpft. Damit ist allein dem Gesetzgeber zugewiesen zu entscheiden, ob er gesellschaftlich unerwünschtes Verhalten als OWi oder als Straftat ansehen und entsprechend sanktionieren will (*RRH* 2). Diese Bewertung des Gesetzgebers ist für die Verfolgungsbehörden und Gerichte verbindlich. Allerdings wirkt sich der Unrechtsgehalt der Rechtsverletzung auf die vom Gesetzgeber vorzunehmende Einstufung aus (*RRH* 2). **1**

Die Vorschrift stellt darüber hinaus die Grundlage für das aus Art. 103 Abs. 2 GG folgende und in § 3 verankerte **Gesetzlichkeitsprinzip** dar: ohne ein Gesetz, das die Ahndung mit einer Geldbuße zulässt, gibt es keine OWi (KK-*Rogall* 1; *RRH* 3). **2**

Schließlich legt die Vorschrift die innere Struktur und den Aufbau der OWi in der Weise fest, dass Tatbestandsmäßigkeit, Rechtswidrigkeit und Vorwerfbarkeit **Deliktselemente** der OWi sind, ohne allerdings das Verhältnis dieser Tatbestandselemente zueinander zu regeln (KK-*Rogall* 1). **3**

§ 1 Erster Teil. Allgemeine Vorschriften

4 Nach **Abs. 1** ist die OWi eine tatbestandsmäßige, rechtswidrige und vorwerfbare Handlung, durch die der Tatbestand eines Gesetzes verwirklicht wird, das die Ahndung mit einer Geldbuße zulässt. Es gilt der strafrechtliche Handlungsbegriff. Danach ist Handlung jedes vom menschlichen Willen getragene, final gesteuerte oder jedenfalls steuerbare Verhalten. Durch seine Beherrschbarkeit und Steuerbarkeit unterscheidet sich die Handlung von der Nichthandlung, etwa vom bloßen Reflex (KK-*Rogall* 4). Die Handlung muss ferner die Tatbestandsbeschreibung eines die Rechtsfolge „Geldbuße" anordnenden Gesetzes erfüllen. Tatbestand ist die konkrete Verbotsmaterie, d.h. die **sachlich-gegenständliche Beschreibung verbotenen Verhaltens**. Er entspricht dem in § 11 Abs. 1 Satz 1 StGB genannten „gesetzlichen Tatbestand" (KK-*Rogall* 5).

5 Es muss eine Geldbuße **angedroht** sein. Nur dann liegt eine OWi vor. Die Vorschriften des StGB sind dann gar nicht, die der StPO nur mittelbar anzuwenden. Der Gesetzgeber unterscheidet durch die Festlegung der Sanktion die OWi eindeutig von der Straftat. Die Verwendung des Wortes „zulässt" entspricht der bei den einzelnen Tatbeständen verwendeten Fassung „kann mit einer Geldbuße geahndet werden" und soll das im OWi-Recht **vorherrschende Opportunitätsprinzip** zum Ausdruck bringen (*Göhler/König* 3). Weil diese Frage für die Abgrenzung des OWi-Rechts vom Strafrecht keine Bedeutung hat, wäre es richtiger gewesen, anstelle des Wortes „zulässt" das Wort „androht" zu verwenden. Dies würde auch die rechtliche Bedeutung der Abhängigkeit der Verfolgung von einem Antrag oder einer Ermächtigung (hierzu *Göhler/König* 3) lösen.

6 Keine Geldbußen im Sinne des OWiG sind die wenn auch gleichbezeichneten Maßnahmen zur ehren- oder berufsgerichtlichen Ahndung der Verletzung von **Standes- oder Berufspflichten**. Die hierfür geltenden Vorschriften beinhalten schon keine tatbestandsmäßig bestimmten Handlungen im Sinne des § 1 (*RRH* 3; KK-*Rogall* 5).

7 Nicht geregelt in Abs. 1 ist ferner die Möglichkeit der Verhängung eines **Verwarnungsgeldes** im Verwarnungsverfahren nach den §§ 56 bis 58. Das Verwarnungsgeld ist keine Unrechtsfolge des materiellen Rechts, sondern in Verbindung mit der Verwarnung, der es Nachdruck verleiht, als eine Einrichtung des Verfahrensrechtes zur vereinfachten Erledigung von massenhaften, geringfügigen OWi zu verstehen (KK-*Rogall* Nr. 12). Allerdings bleibt der Charakter dieser Handlungen nach dem Wortlaut

Erster Abschnitt. Geltungsbereich § 1

des § 56 Abs. 1 Satz 1 als OWi unberührt, auch wenn in diesen Fällen keine Geldbuße verhängt wird.

Die Verhängung von Ordnungsgeld als eine staatliche Reaktion auf bestimmte Ordnungsverstöße, die in verschiedenen Vorschriften des Verfahrensrechts für den Fall vorgesehen ist, dass der Betroffene bestimmte **verfahrensrechtliche Mitwirkungspflichten** nicht erfüllt oder Anordnungen missachtet, ist von der Verhängung von Bußgeld zu unterscheiden. Das Verfahren nach dem OWiG gilt nicht (KK-*Rogall* 13). Dasselbe gilt für die Verhängung von Zwangsgeld, durch das der Pflichtige zu einem bestimmten Verhalten veranlasst werden soll (§ 11 Abs. 1 Satz 1, Abs. 2 VwVG). Hierbei handelt es sich um die Anwendung von Beugemittel, die ganz generell auch neben einer Straf- oder Geldbuße angedroht und so oft wiederholt werden können, bis die Verpflichtung erfüllt ist. 8

Auf die Bezeichnung „Ordnungswidrigkeit" bei dem jeweiligen Tatbestand kommt es nicht an (*RRH* 5; *Göhler/König* 4). Im Interesse der Klarheit sollte der Gesetzgeber jedoch in aller Regel die Formulierung „ordnungswidrig handelt, wer …." oder sonst den **Begriff** der OWi **verwenden**. Entscheidend ist die Androhung der Geldbuße, die eine tatbestandsmäßig beschriebene Unrechtshandlung zur OWi macht. Wird umgekehrt ein Tatbestand als OWi bezeichnet, jedoch auf die Androhung der Geldbuße verzichtet, so liegt eine ggf. gewollte unvollständige Regelung vor, die eine Ahndung der Handlung nicht vorsieht (lex imperfecta – *Göhler/König* 4). Der bloße Hinweis auf eine **gesetzliche Ermächtigungsnorm**, nach der Zuwiderhandlungen mit Geldbuße bedroht werden können, in einer Rechtsverordnung oder Satzung ohne eigene Tatbestandsbeschreibung mit Androhung einer Geldbuße ist unzureichend (*BVerfG* NStZ 1990, 394). 9

Der Begriff des **Gesetzes** in Abs. 1 ist allein im materiellen Sinne zu verstehen (*Göhler/König* 7; KK-*Rogall* 6). Damit kommt es nicht auf ein Gesetz im formellen Sinn an (vgl. die Gegenäußerung der Bundesregierung zur Stellungnahme des Bundesrats zum EGOWiG BT-Drucks. V/1269 zu § 1; *RRH* 7). Die Geldbuße kann demnach auch in **Rechts-VO** oder **Satzungen** einer Gemeinde oder öffentlich-rechtlichen Körperschaft, Anstalt oder Stiftung angedroht sein (*BVerfG* NStZ 1990, 394; *BGH* NZV 1991, 277; KK-*Rogall* 6; *Göhler/König* 7). Notwendig ist in diesen Fällen aber stets, dass der Bußgeldtatbestand hinreichend beschrieben ist und zumindest dort für diesen Tatbestand eine Geldbuße angedroht ist. Enthält die 10

Rechtsverordnung Tatbestandselemente einer OWi, so muss auch dieser Teil ordnungsgemäß verkündet sein (*Göhler/König* 7).

11 **Abs. 2** umschreibt den Begriff der mit Geldbuße bedrohten Handlung als eine rechtswidrige Handlung, die den Tatbestand eines Gesetzes i. S. d. Abs. 1 verwirklicht, auch wenn sie nicht vorwerfbar begangen ist. Wird der Begriff „mit Geldbuße bedrohte Handlung" verwendet, so genügt eine rechtswidrige, wenn auch nicht vorwerfbar begangene Handlung (vgl. § 116 Abs. 1, § 122 Abs. 1 – *Göhler/König* 8). Sofern die Vorschrift nur vorsätzliches Handeln mit Geldbuße bedroht, so muss der Täter zumindest mit natürlichem Tatvorsatz gehandelt haben. Ist auch fahrlässiges Handeln mit Geldbuße bedroht, so muss der Täter zumindest objektiv pflichtwidrig gehandelt haben (*Göhler/König* 8; *RRH* 8). Vorwerfbares Handeln fehlt stets, wenn die Verantwortlichkeit (§ 12) fehlt. Es ist gegeben, wenn der Betroffene rechtswidrig gehandelt hat, obwohl der nach den Umständen des Falles fähig und imstande gewesen wäre, sich rechtmäßig zu verhalten.

12 Enthält der Bußgeldtatbestand eine objektive **Bedingung der Ahndung**, so muss diese ebenfalls erfüllt sein. Sonst liegt eine mit Geldbuße bedrohte Handlung nicht vor (KK-*Rogall* 17; *Göhler/König* 9). Allerdings brauchen sich Vorsatz und Fahrlässigkeit nicht auf die objektive Bedingung der Ahndbarkeit zu beziehen. Auch sein auf sie bezogener Irrtum ist ohne rechtliche Bedeutung. Objektive Bedingungen der Ahndbarkeit finden sich in § 122 und in § 130 Abs. 1 OWiG (*Mitsch* S. 45).

§ 2 Sachliche Geltung

Dieses Gesetz gilt für Ordnungswidrigkeiten nach Bundesrecht und nach Landesrecht.

1 Die Vorschrift bestimmt den **sachlichen Geltungsbereich** des OWiG. Danach gilt das Gesetz für OWi nach Bundesrecht und nach Landesrecht, also für alle in bestehenden oder künftigen Rechtsnormen des Bundes und der Länder enthaltenen Bußgeldtatbeständen (*RRH* 1). Damit soll die **Rechtseinheit** im Bereich der Bußgeldvorschriften gewährleistet und die Rechtsanwendung vereinfacht sowie das Nebenrecht entlastet werden (KK-*Rogall* 1).

Die Befugnisse des Bundes, das materielle und das Verfahrensrecht des 2
OWiG zu normieren und es mit der Wirkung des Art. 31 GG auf die landesrechtlich geregelten Tatbestände zu erstrecken, beruht auf der **Gesetzgebungskompetenz des Bundes** aus Art. 74 Nr. 1 GG zur Regelung des Strafrechts und des gerichtlichen Verfahrens (*BVerfGE* 27, 32; *RRH* 4). Die Regelungen des Ersten Teils und des Zweiten Teils des Gesetzes (§§ 1 bis 110) beruhen damit auf dieser Bundeskompetenz. Zum „gerichtlichen Verfahren" i. S. v. Art. 74 Nr. 1 GG gehört auch das Bußgeldverfahren der Verwaltungsbehörden (KK-*Rogall* 6), das eine Regelung in Ausführung der Zuständigkeit für das gerichtliche Verfahren darstellt. Insoweit geht es nicht um verwaltungsmäßige Ausführung von Bundes- und Landesgesetzen, sondern um die Anwendung des Gesetzes auf einen „Unrechts- oder Pflichtwidrigkeitstatbestand", so dass kein Anwendungsfall des Art. 84 Abs. 1 GG vorliegt (*Göhler/König* 3; *Tiedemann* AöR 1989, 56). Die Gesetzgebungskompetenz des Bundes erstreckt sich ferner auf die Schaffung einzelner Bußgeldtatbestände. Jedoch darf der Bund nicht über den Erlass von Bußgeldvorschriften in die **Rechtssetzungsbefugnis der Länder** eingreifen und Verwaltungsrecht begründen, für dessen Erlass ihm die Kompetenz fehlt (*BVerfGE* 26, 258). Der Bundesgesetzgeber ist ferner befugt, bundesgesetzliche Blankettatbestände zu erlassen, mit denen landesrechtliche Ausfüllungsnormen bewehrt werden. Hier steht es dem Landesgesetzgeber frei, die jeweilige Ausfüllungsnorm inhaltlich so zu gestalten, dass seine Rechte gewahrt sind (KK-*Rogall* 7; *Göhler/König* 10).

Die **Bundeskompetenz** zur Schaffung einzelner Bußgeldtatbestände in 3
den §§ 111 ff. beruht ebenfalls auf Art. 74 Nr. 1 GG.

Für **abweichendes Landesrecht** bleibt nach der Regelung in § 2 grund- 4
sätzlich kein Raum, jedoch ist die Sperrwirkung dieser Vorschrift nicht unbeschränkt (KK-*Rogall* 8). Allerdings enthalten einzelne Vorschriften des OWiG (§§ 4 Abs. 4 Satz 2, 5, 10, 13 Abs. 2, 17 Abs. 1, 26 Abs. 1, 31 Abs. 2, 56 Abs. 1 Satz 1, 90 Abs. 1 und Abs. 2, 105 Abs. 2, 110 Abs. 4) **Vorbehaltsklauseln** zugunsten der Länder. In diesen Fällen können der Bund als auch die Länder abweichendes Recht setzen (*Göhler/König* 7).

Abweichendes Landesrecht darf ferner gesetzt werden, wenn eine spezielle 5
Gesetzgebungskompetenz des Landes im Verhältnis zur Bundeskompetenz nach Art. 74 Nr. 1 gegeben ist und damit der Sachzusammenhang zwischen der speziellen Materie und den einschlägigen bußgeld-

rechtlichen Regelungen enger ist als derjenige zwischen diesen Sanktionsvorschriften und dem Strafrecht (*BVerfG* NJW 1957, 1356; KK-*Rogall* 10). Dies ist der Fall, wenn das entsprechende Sachgebiet ohne Abweichung vom OWi praktisch nicht sinnvoll geregelt werden kann (*RRH* 5).

6 Im Bereich der **Verfahrensvorschriften** sind im Übrigen auch außerhalb von Regelungen mit Vorbehaltsklauseln Fälle denkbar, in denen die Länder ergänzendes Recht setzen können. Dies gilt etwa bei Regelungen über die Anhörung einer anderen Stelle vor Erlass des Bußgeldbescheides, über die örtliche Zuständigkeit der Verwaltungsbehörde, über das Zufließen der Geldbuße oder über die Pflicht einer Gebietskörperschaft anstelle der Staatskasse, Auslagen zu tragen oder eine Entschädigung zu übernehmen (*Göhler/König* 8; KK-*Rogall* 11).

7 Soweit der Bundesgesetzgeber **Bußgeldtatbestände** schafft, um eine bestimmte Materie **abschließend zu regeln**, ist es den Ländern und den kommunalen Gebietskörperschaften in Satzungen verwehrt, eigene Bußgeldvorschriften zu schaffen (*BGH* NZV 1991, 277). Ebenso wenig können sie Verhaltensweisen mit Geldbuße bedrohen, die der Bundesgesetzgeber aufgrund ausdrücklicher Entscheidung nicht strafrechtlich oder ordnungswidrigkeitenrechtlich bedroht hat. Dabei ist gleichgültig, ob er eine frühere Bedrohung aufgehoben hat (Beispiele bei *Göhler/König* 10), eine solche Bedrohung bewusst gar nicht vorsieht oder etwa die Ausweitung eines bereits vorhandenen Straftatbestandes im Gesetzgebungsverfahren ablehnt.

§ 3 Keine Ahndung ohne Gesetz

Eine Handlung kann als Ordnungswidrigkeit nur geahndet werden, wenn die Möglichkeit der Ahndung gesetzlich bestimmt war, bevor die Handlung begangen wurde.

1 Obwohl an sich nicht erforderlich, unterstreicht die Vorschrift die Geltung des **Verfassungsgrundsatzes des Art. 103 Abs. 2 GG** auch für das OWiG. Es gelten daher für das Verständnis dieser Vorschrift das **unübersehbare Schrifttum** (vgl. etwa die Übersicht bei KK-*Rogall* vor Rn. 1; *Achenbach* WpÜG vor § 60 Rn. 6) und die Rechtsprechung zu Art. 103 Abs. 2 GG sowie zu §§ 1 und 2 Abs. 2 StGB. Die Betonung des Verfas-

Erster Abschnitt. Geltungsbereich § 3

sungsgrundsatzes an herausragender Stelle im OWiG unterstreicht zugleich die an sich gewollte Selbständigkeit des OWi-Rechtes neben dem Strafrecht nach erfolgter Entscheidung des Gesetzgebers im Sinne von § 1 Abs. 1.

Nach § 3 dürfen ein Bußgeldbescheid oder eine auf Geldbuße lautende gerichtliche Entscheidung nur ergehen, wenn **zur Zeit der Handlung** ein Gesetz gegolten hat, das diese Handlung mit einer Geldbuße bedroht *(RRH* 2). Dieser Grundsatz bezieht sich sowohl auf den gesetzlichen Tatbestand als auch auf die Höhe der Ahndungsmöglichkeiten einschließlich aller Nebenfolgen (*BVerfG* NJW 1977, 1850). Auch die Schuldform unterliegt dem Erfordernis der Gesetzesbestimmtheit (*BGHSt* 23, 167; *RRH* 3).

§ 3 hat auf diese Weise Anteil an der verfassungsrechtlichen Garantie in dem Sinne, dass die Norm **materielles Verfassungsrecht** enthält und ihr Grundrechtscharakter zukommt (*BVerfGE* 71, 114; KK-*Rogall* 2). Daher kann ihre Verletzung mit der Verfassungsbeschwerde gerügt werden (KK-*Rogall* 2).

Der gesetzliche Tatbestand muss die mit Geldbuße bedrohte Handlung so bestimmt umschreiben, dass es, wenn vielleicht auch erst nach Auslegung, grundsätzlich im Voraus berechenbar ist, ob ein beabsichtigtes Handeln als OWi mit Geldbuße geahndet wird (**Bestimmungsfunktion** und **Garantiefunktion** des Tatbestandes; *BVerfG* NJW 1987, 3175; NStZ 1990, 394; *BGHSt* 23, 41 m. Anm. *Hanack* JZ 1970, 41; *RRH* 4). Damit ist sichergestellt, dass es der vollziehenden Gewalt und der Rechtsprechung verwehrt ist, die normativen Voraussetzungen der Auferlegung von Bußgeld festzulegen (*BVerfG* NStZ 1990, 394), wobei das Bestimmtheitsgebot auch **nicht zu übersteigern** ist, damit Gesetze dem Wandel der Verhältnisse oder der Besonderheit des Falles noch gerecht werden können (*BVerfG* NStZ 1991, 383).

Der Gesetzgeber kann und muss bei der Ausgestaltung bußgeldrechtlicher Tatbestände nicht darauf verzichten, **allgemeine Begriffe** zu verwenden, die formal nicht eindeutig umschrieben werden können, um in der Lage zu bleiben, der **Vielgestaltigkeit des Lebens** Herr zu werden (*BVerfG* NStZ 1991, 383). Insbesondere bei Bußgeldtatbeständen darf das Bestimmtheitsgebot wegen der überwiegend weniger einschneidenden Unrechtsfolgen nicht überspannt werden (*BGHSt* 27, 321; *Zweibrücken* ZfS

1993, 103). So verlangt das Bestimmtheitsgebot nicht, bei der Fassung von Tatbeständen die größtmögliche Präzision walten zu lassen, sondern lässt auch unter Berücksichtigung der praktischen Handhabung ausreichende Bestimmtheit zu (*BGH* NJW 1996, 1482).

6 Verwendet der Gesetzgeber **Blankettvorschriften**, muss der Tatbestand so hinreichend umschrieben sein, dass die Ahndbarkeit schon aufgrund des Blanketts in Verbindung mit der gesetzlichen Ermächtigungsnorm vorausgesehen werden kann. Er darf nicht so weit gefasst sein, dass für den Normadressaten nicht mehr abschätzbar ist, wann und wodurch er sich ordnungswidrig verhält. Dies gilt auch für Ortssatzungen, entschieden z. B. für eine Marktordnung (*Frankfurt NStZ-RR* 2000, 246).

7 Die Bußgeldvorschrift muss einen **bestimmten Bußgeldrahmen** vorsehen. Bußgelddrohungen in unbestimmter Höhe sind unzulässig (*RRH* 5). Dasselbe gilt für die Verhängung von Ordnungsgeld und Ordnungshaft sowie auf die ehren- und berufsgerichtlichen Sanktionen (*BVerfG* NJW 1982, 2788).

8 Die Möglichkeit der Ahndung mit einer Geldbuße muss zur **Zeit der betreffenden Handlung** (§ 6) gesetzlich bestimmt sein. Hierfür ist allein der Zeitpunkt entscheidend, zu welchem der Betroffene tätig geworden oder im Falle eines Unterlassens hätte tätig werden müssen, nicht der Zeitpunkt des Eintritts des Erfolgs.

9 Aus dem Bestimmtheitsgebot ergeben sich im Übrigen das **Analogieverbot**, das **Verbot gewohnheitsrechtlicher Begründung** und Verschärfung von Bußgeldtatbeständen sowie das **Rückwirkungsverbot**. Das Analogieverbot, das allein zuungunsten des Täters besteht (*Göhler/König* 9) gilt auch für die allgemeinen Vorschriften des OWiG sowie für die Androhung der Geldbuße und von Nebenfolgen (*RRH* 8). Zulässig ist die Analogie überall dort, wo sie die Möglichkeit der Ahndung mit einer Geldbuße nicht begründet oder verschärft (*BGH* JZ 1991, 887 m. Anm. *Krey*). Das kann der Fall sein, wenn ein Sachverhalt vorliegt, der dem gesetzlich geregelten so sehr ähnlich ist, dass die analoge Anwendung des Gesetzes sogar ein Gebot der Gerechtigkeit ist (*BGH* NJW 1955, 722). Es muss also eine echte Gesetzeslücke bestehen, die im Wege der Auslegung nicht geschlossen werden kann. Hat hingegen das Gesetz erkennbar eine abschließende Regelung getroffen und ist die Gesetzeslücke daher nur scheinbar, so ist Analogie unzulässig. Ob dies der Fall ist, muss nach dem Sinn und Zweck der einschlägigen Vorschriften, ihrem Zusammenhalt mit anderen Bestimmungen und nach deren Entstehungsgeschichte beantwortet werden.

Bei **Blanketttatbeständen** gilt das Analogieverbot auch für die ausfüllenden Vorschriften (KK-*Rogall* 61). Die analoge Anwendung von Verfahrensvorschriften verstößt hingegen nicht gegen Art. 103 Abs. 2 GG, da diese Normen nur im materiellen Recht Wirkung erzeugen. Belastende Analogiebildungen auf dem Gebiet des Prozessrechts sind jedoch unzulässig (KK-*Rogall* 65; *Baumann/Weber/Mitsch* § 9 Rn. 101). 10

Die **Auslegung eines Tatbestandes** ist nicht Analogie (*RRH* 10). Sie kann also auch dazu führen, dass sie zuungunsten des Täters die Grenzen eines Tatbestands über den bloßen Wortlaut hinaus nach Sinn und Zweck des Gesetzes erweitert (*BVerfG* NJW 1982, 1512). Dabei sind die Grenzen zwischen erlaubter Auslegung und verbotener Analogie nicht immer leicht zu ziehen. Eine möglichst eng am Wortlaut orientierte Auslegung trägt dazu bei, diese Schwierigkeit zu verringern. Im Übrigen gelten die überkommenen Auslegungsregeln auch für den Bußgeldtatbestand (KK-*Rogall* 75 ff.). 11

Aus der Erfordernis gesetzlicher Bestimmtheit folgt außerdem das **Verbot gewohnheitsrechtlicher Sanktionsbegründung** oder Sanktionsverschärfung (*BGH* NStZ 1997, 228). Auch im OWi-Recht bedarf es damit für die Möglichkeit der Ahndung eines geschriebenen Rechts. Das Gewohnheitsrechtsverbot gilt aber wie das Analogieverbot nur zu Lasten des Betroffenen. Gewohnheitsrechtliche Entlastungen des Betroffenen werden daher von § 3 nicht berührt (KK-*Rogall* 19; *Göhler/König* 2a). Die massenhafte Nichtbeachtung von Bußgeldvorschriften, insbesondere im Straßenverkehr, bewirkt kein Gewohnheitsrecht zugunsten der Betroffenen. 12

Das mit Verfassungsrang versehene Verbot der Rückwirkung lässt sowohl die **rückwirkende Sanktionsbegründung** als auch die **rückwirkende Sanktionsverschärfung** unzulässig erscheinen (*BVerfGE* 81, 135). Es bedeutet, dass niemand aufgrund eines Gesetzes sanktioniert werden darf, das z. Z. der Handlung noch nicht in Kraft war, dem Betroffenen also noch nicht bekannt sein konnte. Dem Täter vorteilhafte Änderungen sind nicht untersagt, wie etwa die Herabstufung einer Straftat zu einer OWi (*BVerfG* NJW 1958, 1963). Das Rückwirkungsverbot gilt auch für die Bußgelddro- 13 hung einschließlich der Nebenfolgen. Verfahrensvorschriften sind vom Rückwirkungsverbot nicht erfasst (KK-*Rogall* 46), wobei dies nur gilt, soweit die Gerichtsorganisation und der rechtstechnische Ablauf des Prozesses betroffen sind (*Baumann/Weber/Mitsch* § 9 Rn. 32).

14 Bei einer **Änderung höchstrichterlicher Rechtsprechung** gilt das Rückwirkungsverbot *nicht* (*BVerfG* NStZ 1990, 537 m. Anm. *Hüting/Konzak* NZV 1991, 255; *RRH* 23). Ändert die höchstrichterliche Rechtsprechung die Auslegung bestimmter Tatbestandsmerkmale, so kann dies auch auf Handlungen bezogen werden, die vor der Rechtsprechungsänderung begangen worden sind, und zwar auch dann, wenn die geänderte Rechtsprechung eine Ahndung im weiteren Umfang zulässt als die frühere.

15 So kann eine Handlung mit einer Geldbuße geahndet werden, obwohl dies nach der zur Handlungszeit **praktizierten Rechtsprechung** nicht möglich gewesen wäre, sofern dies allein auf richterlichen Entscheidungen beruht. In diesen Fällen ist die Frage eines Tatbestands- oder Verbotsirrtums jedoch genau zu prüfen (*RRH* 23; *Göhler/König* 3). Markantes Beispiel für die damit verbundenen Probleme ist die Änderung der Rechtsprechung zu den so genannten Promillegrenzen im Straßenverkehr. Allerdings ist das Rückwirkungsverbot dann nicht betroffen, wenn sich nur die tatsächlichen Erkenntnisgrundlagen für die Anwendung fortbestehender gesetzlicher Regelungen verändert haben (KK-*Rogall* 44). Im Übrigen kann bei diesen Fallgestaltungen die Regelung des § 47 helfen (*Beck/Berr* 3).

16 Zunehmendem Einfluss wächst auch das **europäische Gemeinschaftsrecht** zu (*Mitsch* S. 7). Aus seinem grundsätzlichen Vorrang ergibt sich die Notwendigkeit für die nationalen Verwaltungen und Gerichte, das EU-Recht zu beachten und das nationale Recht ggf. gemeinschaftskonform auszulegen. Ggf. ist gemäß Art. 177 Abs. 3 EGV eine Vorabentscheidung des Europäischen Gerichtshofs zur Auslegung von Gemeinschaftsrecht herbeizuführen (*BGHSt* 43, 229). Dies gilt allerdings nur bei Zweifeln über die Auslegung europäischer Rechtsakte. Sind die auf diese Weise möglicherweise zu klärenden Rechtsfragen für die Einzelfallentscheidung nach nationalem Recht ohne Bedeutung, so bedarf es der Einholung der Vorabentscheidung nicht. Ist sie allerdings eingeholt, so wirkt sie nur für die am Ausgangsverfahren Beteiligten bindend. Wollen andere abweichen, besteht eine erneute Vorlegungspflicht (*BGH* NStZ 1998, 624).

§ 4 Zeitliche Geltung

(1) **Die Geldbuße bestimmt sich nach dem Gesetz, das zur Zeit der Handlung gilt.**

(2) **Wird die Bußgelddrohung während der Begehung der Handlung geändert, so ist das Gesetz anzuwenden, das bei Beendigung der Handlung gilt.**

(3) **Wird das Gesetz, das bei Beendigung der Handlung gilt, vor der Entscheidung geändert, so ist das mildeste Gesetz anzuwenden.**

(4) **Ein Gesetz, das nur für eine bestimmte Zeit gelten soll, ist auf Handlungen, die während seiner Geltung begangen sind, auch dann anzuwenden, wenn es außer Kraft getreten ist. Dies gilt nicht, soweit ein Gesetz etwas anderes bestimmt.**

(5) **Für Nebenfolgen einer Ordnungswidrigkeit gelten die Absätze 1 bis 4 entsprechend.**

Die Vorschrift lehnt sich an § 2 StGB an. Sie betont wiederum die Eigenständigkeit des OWi-Verfahrens gegenüber dem Strafverfahren. Sie enthält neben einem erneuten Hinweis auf ein aus Art. 103 Abs. 2 GG abzuleitendes Verfassungsgebot (Abs. 1) Regelungen über die **Rechtsanwendung** im OWi-Verfahren in zeitlicher Hinsicht. Schrifttum und Rechtsprechung zu § 2 StGB können hier zur Auslegung in vollem Umfang ergänzend herangezogen werden (vgl. hierzu KK-*Rogall* vor Rn. 1). **1**

Nach Abs. 1 bestimmt sich die Geldbuße nach dem Gesetz, das zur Zeit der Handlung gilt. Die Vorschrift nimmt damit das in Art. 103 Abs. 2 GG verankerte **Rückwirkungsverbot** auf und tritt ergänzend neben die Regelung des § 3 (KK-*Rogall* 6). Die begrifflichen Voraussetzungen folgen denen des § 3. Systematisch gehört die Aussage von Abs. 1 insoweit zu § 3. Im sachlichen Zusammenhang mit den anderen Absätzen der Vorschrift besagt Abs. 1 ferner, dass es für die Verhängung einer bereits im Gesetz im materiellen Sinne festgelegten Geldbuße grundsätzlich auf die rechtliche Regelung ankommt, die zur Zeit der Handlung des Betroffenen gegolten hat. Als einfachrechtliche Regelung stellt Abs. 1 gegenüber den Fallsituationen der folgenden Absätze die grundsätzliche Regelung dar. **2**

Nach Abs. 1 muss die Handlung mit Geldbuße bedroht gewesen sein, bevor der Täter sie begangen hat. Mit dem Begriff des Gesetzes in diesem Sinne ist der **gesamte sachlich-rechtliche Rechtszustand** gemeint, von **3** dem sowohl die Zulässigkeit wie auch die Art und Weise der Ahndung abhängt (*BGH* NStZ 1992, 80; *Düsseldorf* NStZ 1991, 133; *RRH* 2).

Unter das Rückwirkungsverbot fallen die ahndungsbegründenden und ahndungsverschärfenden Tatbestandsmerkmale, ferner alle Umstände, von denen das Gesetz die Ahndung mit einer Geldbuße abhängig macht, wie etwa persönliche Gründe die die Ahndbarkeit ausschließen, gesetzliche Rechtsfertigungsgründe oder solche, die nach dem Gesetz die Vorwerfbarkeit ausschließen, die Bedingungen der Ahndbarkeit und die Bestimmungen über die räumliche Geltung (*RRH* 2; KK-*Rogall* 8; *Göhler/König* 2a).

4 Hinsichtlich des **Verfahrensrechts** gilt: Führt eine rechtliche Änderung ein Antragserfordernis ein, so gilt es auch für zurückliegende OWi (*Hamm* NJW 1970, 578). Fällt ein Antragserfordernis weg, so gilt dies auch für zurückliegende Fälle, sofern nicht die Antragsfrist im Zeitpunkt des Inkrafttretens der Rechtsänderung bereits abgelaufen oder die Verfolgung aufgrund einer Antragsrücknahme unzulässig geworden war (*BGH* NJW 2001, 2102).

5 Bei **Blankettnormen** sind neben den Sanktionsnormen auch die Ausfüllungsnormen Gesetze im Sinne der Vorschrift (*BGH* NJW 1987, 1276). Ändert sich die Ausfüllungsnorm, so ist diese Änderung zu beachten, weil die Sanktionsnorm erst durch den der Ausfüllungsnorm zu entnehmenden Tatbestand zur OWi wird. Eine Änderung der Ausfüllungsnorm ändert daher auch den Bußgeldtatbestand als solchen (*Stuttgart* NStZ 1990, 89; *Düsseldorf* NJW 1991, 710; *Göhler/König* 5a).

6 Werden **europäische Vorschriften** aufgehoben und unterlässt es der deutsche Gesetzgeber, bei der Änderung im Blankettgesetz auf das geänderte EU-Recht zu verweisen, entfällt die Ahndbarkeit insgesamt (*Schleswig* SchlHA 1988, 95 zu §§ 7a, 7c FPersG a.F.; *Stuttgart* NJW 1990, 657 zum Verfahren bei der Weinherstellung; *Stuttgart* NStZ-RR 1999, 379 zum Artenschutz; *Göhler/König* 5a). Tritt durch eine nachträgliche Änderung in der Nummerierung der ausfüllenden Vorschrift zu der Blankettnorm eine förmliche Inkongruenz ein, so wird damit nicht der Blanketttatbestand unwirksam, es sei denn, die formell inkongruent gewordene Verweisung führt zur Unbestimmtheit der Bußgeldnorm (*BayObLG* NStZ-RR 1996, 341).

7 Sofern **außerstrafrechtliche Normen**, auf die eine Bußgeldvorschrift Bezug nimmt, eine Änderung des Gesetzes bewirkt, so ist zu unterschei-

den. Bekommen dadurch einzelne Tatbestandsmerkmale einen anderen Inhalt oder entfällt der Tatbestand ganz, so ist die Änderung zu berücksichtigen (*Düsseldorf* NStZ 1991, 133; *RRH* 4; eingehend KK-*Rogall* 10 ff.; *Göhler/König* 5b). Bleibt hingegen der Unrechtskern der Tat durch diese Änderung unberührt, so bleibt sie unberücksichtigt (*RRH* 4).

Bei einer **Änderung der Bußgelddrohung** während der Begehung einer Handlung kommt es darauf an, welches Gesetz bei der Beendigung der Tathandlung gegolten hat (Abs. 2) und zwar gleichgültig, ob es milder oder strenger ist. Diese Regelung hat insbesondere Bedeutung für zeitlich gestreckte Tatbestandsverwirklichungen also vor allem für **Dauerdelikte**, bei denen Einzelakte oder die Begründung eines rechtswidrigen Zustands in den zeitlichen Geltungsbereich verschiedener gesetzlicher Regelungen fallen können (*RRH* 8; KK-*Rogall* 15). 8

Handelt es sich bei der **Gesetzesänderung** um eine **Ahndung**, so können nur solche Teilakte geahndet werden, bei deren Begehung das neue Gesetz bereits in Geltung war. Die früheren Teilakte können nicht in die Ahndung einbezogen werden (KK-*Rogall* 16). Dies ergibt sich zwar bereits aus Art. 103 Abs. 2 GG und aus § 3. Gleichwohl stellt Abs. 2 zur Klarstellung lediglich auf die Änderung der Bußgelddrohung ab (*Göhler/König* 2). Abs. 2 gilt auch, wenn die Bußgelddrohung während der Begehung der Handlung in eine Strafdrohung umgeändert wird. In diesem Fall gilt Strafrecht. Allerdings darf das als OWi verbotene Verhalten aus der Zeit vor der Rechtsänderung bei der Strafzumessung nicht einbezogen werden, weil es sich um zwei Taten handelt (KK-*Rogall* 17). Wird eine Strafdrohung in eine Bußgelddrohung umgeändert, so gilt Abs. 2, so dass hier nur auf die Geldbuße erkannt werden darf (*BGH* NJW 1959, 253; *Göhler/König* 3). 9

Die Bußgelddrohung muss sich während der Begehung der Handlung verändert haben. Teilakte, die vor der Sanktionsverschärfung liegen, dürfen nur nach früherem Recht geahndet werden (KK-*Rogall* 17). 10

Für den Begriff der **Beendigung der Handlung** gelten die allgemeinen Maßstäbe. Entscheidend ist der Zeitpunkt des letzten Teilaktes der OWi (KK-*Rogall* 18). Bei Dauer-OWi ist auf Beendigung des durch die Handlung geschaffenen rechtswidrigen Zustandes abzustellen. Sofern es noch fortgesetzte OWi gibt, was von der höchstrichterlichen Rechtsprechung 11 bislang nicht entschieden worden ist, kommt es auf den Abschluss der letzten Einzelhandlung an.

12 Nach Abs. 3 ist für den Fall, dass zwischen dem Begehungszeitpunkt und dem Zeitpunkt der Entscheidung eine Änderung des Gesetzes eingetreten ist, das **mildeste Gesetz** anzuwenden. Die Vorschrift entspricht insoweit § 2 Abs. 3 StGB und enthält ein Rückwirkungsgebot zugunsten des mildesten Rechts, von dem wiederum Abs. 4 eine **Rückausnahme** festschreibt. Sie gilt nur, wenn das Gesetz zwischen Handlung und Entscheidung geändert worden ist. Wechselt das Gesetz schon während der Dauer der Handlung, was bei Dauer-OWi in Frage kommen kann, so gilt nicht Abs. 3, sondern Abs. 2.

13 Gesetz ist auch hier nicht das Gesetz im formellen Sinne. Ob ein Gesetz das mildeste ist, lässt sich nur aus einem Vergleich des **gesamten materiellen Rechtszustandes** zur Zeit der Beendigung der Handlung mit dem zur Zeit der Entscheidung ermitteln. Bei **Blankett-OWi** sind auch die blankettausfüllenden Normen zu berücksichtigen. Es genügt somit nicht, die Tatbestände und die Unrechtsfolgen der verschiedenen Gesetze abstrakt miteinander zu vergleichen. Zu prüfen ist vielmehr, welches Gesetz im konkreten Einzelfall nach dessen besonderen Umständen die für den Täter günstigere Beurteilung zulässt.

14 Es müssen **Rechtsänderungen** erfolgt sein. Gesetzliche Vorschriften müssen daher noch vergleichbar sein. Dies ist nicht der Fall, wenn die Umgestaltung des Gesetzes zu einem völligen **Bruch mit der Vergangenheit** geführt hat, also ganz andersartige oder neue Unrechtssachverhalte zum Regelungsgegenstand erhoben worden sind. Gleichgültig ist dabei die Bezeichnung des Gesetzes und die Wortwahl der gesetzlichen Regelung. Erforderlich ist demnach eine **Kontinuität der gesetzlichen Regelungen** (KK-*Rogall* 21). Dabei reicht aus, dass die Änderung der einschlägigen Vorschriften das Wesen des Deliktstypus unberührt lässt und mithin die Kontinuität des Unrechtstyps wahrt (*BGH* [GrS] NJW 1975, 2214; NJW 1999, 299; KK-*Rogall* 25; *RRH* 13; *Göhler/König* 5b).

15 Die vorrangige Geltung des europäischen Gemeinschaftsrechts im nationalen Straf- und OWi-Recht hat zur Folge, dass auch nicht in nationales Recht umgesetzte Richtlinien Vorschriften als mildestes Gesetz im Sinne

Erster Abschnitt. Geltungsbereich §4

von § 2 Abs. 3 StGB bzw. Abs. 3 in Betracht kommen, sofern die Vorschriften unbedingt und hinreichend bestimmt sind. Dies gilt auch, wenn die Umsetzungsfrist für eine Richtlinie noch nicht abgelaufen ist, weil die Umsetzung der darin enthaltenen unbedingten und hinreichend bedingten Vorschriften nach In-Kraft-Treten der Richtlinie nur noch eine Frage der Zeit ist (*Gleß* GA 2000, 224 ff.).

Die Prüfung, bei der ein **großzügiger Maßstab** anzulegen ist, muss für jeden Beteiligten getrennt durchgeführt werden. **Nebenfolgen** sind zu berücksichtigen. Die Anwendung eines in der **Hauptsanktion** mildern Gesetzes darf dabei nicht zur Anordnung einer nur dort vorgesehenen Nebenfolge führen (KK-*Rogall* 29; *RRH* 22). **16**

Hat sich die Rechtslage zwischen der Handlungszeit und dem Zeitpunkt der Entscheidung mehrfach geändert, so ist von den **mehreren zwischenzeitlichen rechtlichen Regelungen** die mildeste zu ermitteln. Die Außerachtlassung milderer Zwischenrechte würde einen Verstoß gegen das Rückwirkungsverbot darstellen. War ein Verhalten in der Zwischenzeit überhaupt sanktionslos gestellt, so ist diese Regelung die mildeste mit der Folge, dass die Möglichkeit einer Ahndung vollständig entfällt (*Düsseldorf* OLGSt 2; *Frankfurt*, NStZ-RR 2001, 276; *RRH* 14; *Göhler* NStZ 1988, 65). Die Außerachtlassung milderer Zwischengesetze bedeutet aber keinen Verstoß gegen das Rückwirkungsverbot (*BVerfG* NStZ 1990, 238; NJW 1993, 321). **17**

Ergibt der **konkrete Vergleich** das eher unwahrscheinliche Ergebnis, dass das alte und das neue Recht denselben Mildegrad aufweisen, so gilt Abs. 3 nicht. In diesem Falle gilt das Tatzeitrecht nach Abs. 1 (*BayObLG* NJW 1995, 541; *KG* JR 1993, 392; KK-*Rogall* 32). **18**

Im **Vergleich zwischen Strafvorschrift und Bußgeldvorschrift** ist letztere das mildeste Gesetz (*BGH* NJW 1971, 1816). Dies gilt selbst dann, wenn der Höchstbetrag der Geldbuße höher ist als das Höchstmaß der Geldstrafe (*Düsseldorf* NJW 1969, 1221; *Saarbrücken* NJW 1974, 1009). Wird ein Straftatbestand in der Weise geändert, dass der Grundtatbestand nur noch mit einer Geldbuße bedroht ist, jedoch bei Hinzutreten eines Qualifikationsmerkmals Strafbarkeit eintritt, so ist auch bei Vorliegen des Qualifikationsmerkmals nur der neue Bußgeldtatbestand anwendbar, weil sich hier ein wesensmäßig verschiedener Straftatbestand gegenüber dem **19** früheren Rechtszustand ergeben hat (*BGH* NJW 1977, 1890; KK-*Rogall* 31; *Göhler/König* 6).

20 Von zwei Bußgeldvorschriften ist das mildeste Gesetz dasjenige, das einen geringeren Höchstbetrag androht. Bei gleichem Bußgeldrahmen ist Abs. 3 nicht anwendbar. Dann gilt das Tatzeitrecht (*Göhler/König* 7).

21 Für **Änderungen der Rechtsprechung** gilt Abs. 3 nicht, da es sich insoweit nicht um Gesetzesänderungen handelt. Wo die Rechtsprechung durch eine **gefestigte Spruchpraxis** die Funktion einer Blankettausfüllung übernommen hat, kann ihre Änderung im Ergebnis zu einer derart weitgehenden Rechtsänderung führen, dass von diesem Grundsatz abzusehen sein kann.

22 Maßgeblich ist jeweils der **Zeitpunkt der Ahndung**, und zwar der der letzten Entscheidung (KK-*Rogall* 27; *RRH* 16; *Göhler/König* 9). Demnach hat auch das Rechtsbeschwerdegericht eine Änderung des Gesetzes noch zu berücksichtigen (*Naumburg* NZV 1993, 410). Für einen Wechsel des Gesetzes nach Erlass des Bußgeldbescheides gilt § 69 Abs. 2 Satz 1.

23 Nach Abs. 4 Satz 1 gilt bei **Zeitgesetzen** das Rückwirkungsgebot des Abs. 3 zugunsten des Täters nicht (*Mitsch* S. 39). Mit dem Vorbehalt des Abs. 4 Satz 2 wird damit für Zeitgesetze uneingeschränkt auf das Tatzeitprinzip abgestellt. In Abs. 4 wird das Zeitgesetz als ein Gesetz definiert, das nur für eine bestimmte Zeit gelten soll. Entscheidend ist daher eine vom Gesetzgeber gewollte zeitliche Befristung. Dies muss aus dem Gesetz eindeutig ersichtlich sein. Das ist ohne weiteres der Fall, wenn für das Gesetz bei seiner Verkündung oder später ein nach dem Kalender festgelegter Zeitpunkt oder ein sonstiges in der Zukunft liegendes Ereignis, an dem das Gesetz außer Kraft treten soll, ausdrücklich bestimmt ist (Zeitgesetz im engeren Sinne – *BGH* NJW 1962, 2115; *Naumburg* NZV 1993, 410; *BayObLG* wistra 1994, 355). Ein Zeitgesetz kann ferner dann vorliegen, wenn ohne ausdrückliche Befristung Regelungen getroffen werden, die erkennbar von vornherein Übergangscharakter haben, denen also nach ihrem Zweck und ihrem erkennbaren Willen nur vorübergehende Bedeutung zukommt (Zeitgesetz im weiteren Sinne – *BGH* NJW 1962, 2115). Jedenfalls erfordert das Zeitgesetz eine auch aus der Sicht des Normadressaten erkennbare Regelung mit Übergangscharakter (KK-*Rogall* 37).

Als **Zeitgesetz im weiteren Sinne** wurden etwa Einfuhrbeschränkungen nach dem AWG (*Karlsruhe* NJW 1968, 1581), Preisvorschriften (*BGH* NJW 1952, 72), das Wohnraumbewirtschaftungsgesetz (*Hamm* JMBlNW 1965, 270) behandelt. Zeitgesetze sind häufig auch Ausfüllungsnormen von Blankettgesetzen. Bei ihnen bedarf es für jeden Einzelfall einer gesonderten Prüfung, die sich auf die konkret betroffene Vorschrift richtet (KK-*Rogall* 38; *Göhler/König* 10 a). Bei der Beurteilung, ob ein Zeitgesetz im weiteren Sinne vorliegt, ist entscheidend, ob die Rechtsänderung auf neuen Erkenntnissen beruht, die auch bei der Beurteilung eines vorangegangenen Lebenssachverhaltes zu einer anderen Bewertung führen würden (dann kein Zeitgesetz), oder ob die Rechtsänderung nur auf eine Änderung der zeitbedingten Verhältnisse zurückzuführen ist (dann Zeitgesetz – *BGHSt* 20, 182; *Naumburg* NZV 1993, 410). 24

Ein Zeitgesetz verliert seine Eigenschaft als solches, wenn der Gesetzgeber ein ursprünglich als vorübergehend gedachtes Gesetz **nachträglich als dauerhaft** behandelt oder **in Kraft** belässt. Das ist nicht der Fall, wenn in mehreren Schritten immer wieder eine Verlängerung der Gesetze beschlossen wird. In diesem Fall handelt es sich weiterhin um ein Zeitgesetz im eigentlichen Sinne, bis die stets erneuerte zeitliche Beschränkung insgesamt aufgehoben ist. Hat das Gesetz seinen Zeitgesetzcharakter verloren, so gilt für Verstöße Abs. 3 (*KG* NStZ 1994, 244). 25

Gemäß Abs. 4 Satz 2, der dem § 2 Abs. 4 Satz 2 StGB entspricht, kann die Nachwirkung des Zeitgesetzes aus besonderen Gründen Kraft Gesetzes für sich beseitigt oder beschränkt werden. Dieser Vorbehalt erstreckt sich auch auf die Vorschriften des Landesrechts (*RRH* 21; KK-*Rogall* 40). 26

Nach Abs. 5 finden die Abs. 2 bis 4 auf die **Nebenfolgen einer OWi** entsprechende Anwendung. Danach kann auch die Einziehung, soweit sie eine Maßnahme der Sicherung ist, nur angeordnet werden, wenn diese Nebenfolge vor Begehung der Tat zugelassen war (*Göhler/König* 11). In Betracht kommen ferner die Einziehung des Wertersatzes, die Unbrauchbarmachung, die Beseitigung der widerrechtlichen Kennzeichnung der im Besitz des Betroffenen befindlichen Gegenstände bzw. deren Vernichtung (§ 145 Abs. 4 Markengesetz), der Verfall, die Abführung des Mehrerlöses (§ 8 ff. WiStG), das Fahrverbot (§ 25 StVG), das Verbot der Jagdausübung (§ 41a BJagdG). 27

§ 5 Räumliche Geltung

Wenn das Gesetz nichts anderes bestimmt, können nur Ordnungswidrigkeiten geahndet werden, die im räumlichen Geltungsbereich dieses Gesetzes oder außerhalb dieses Geltungsbereichs auf einem Schiff oder in einem Luftfahrzeug begangen werden, das berechtigt ist, die Bundesflagge oder das Staatszugehörigkeitszeichen der Bundesrepublik Deutschland zu führen.

1 Die Vorschrift regelt den **räumlichen Geltungsbereich** für OWi nach Bundes- und Landesrecht. Sie legt für das OWi-Recht den Gebietsgrundsatz (**Territorialitätsprinzip**) verbindlich fest (*Mitsch* S. 39), erweitert diesen jedoch um das **Flaggenprinzip**. Sie vereinigt damit den sachlichen Gehalt der §§ 3, 4 StGB. Eine Ausdehnung des räumlichen Geltungsbereichs bleibt dadurch vorbehalten, dass die Vorschrift abweichende gesetzliche Regelungen zulässt. Ähnliche schwerwiegende Probleme wie sie im Bereich des internationalen Strafrechts bekannt sind, stellen sich für das OWi-Recht nicht.

2 Das **internationale OWi-Recht** ist ebenso wie das internationale Strafrecht **kein Kollisionsrecht**, sondern allein innerstaatliches Recht, das darüber Auskunft gibt, ob auf einen Sachverhalt mit Auslandsbezug deutsches Sanktionsrecht Anwendung findet. Entscheidend ist, dass die Bußgeldvorschriften eine weitgehend nach Zweckmäßigkeitsgesichtspunkten errichtete und ausgestaltete Ordnung darstellen, so dass es in der Natur der Sache liegt, dass die Betrachtung der entsprechenden Gebote und Verbote in der Regel nur in dem räumlichen Bereich verlangt werden können, auf den sich die verwaltende, ordnende und lenkende Staatsangehörigkeit für das Gemeinwesen erstreckt (*Göhler/König* 1). Zu beachten ist auch, dass die Ahndung von OWi vornehmlich darauf gerichtet ist, die für den räumlichen Geltungsbereich geltende Ordnung aufrechtzuerhalten, so dass im Allgemeinen nicht das Bedürfnis bestehen kann, die Handlung ohne Rücksicht auf den Begehungsort zu verfolgen.

3 Hinsichtlich des räumlichen Geltungsbereichs vgl. im Einzelnen NK-*Lemke* zu §§ 3 ff. StGB. Das Territorialitätsprinzip gilt auch für Ausländer, so dass sie wegen einer im Geltungsbereich des OWiG begangenen OWi verfolgt werden können (*Göhler/König* 3). Zur Sicherstellung der Durchführung des Bußgeldverfahrens ist es, soweit möglich, zweckmä-

ßig, gegen einen Ausländer die Anordnung zu treffen, eine **Sicherheit** zu leisten und einen **Zustellungsbevollmächtigten** zu bestellen.

Handelt ein **Täter im Ausland**, so gilt für den Begehungsort die Regelung 4
des § 7. In diesem Fall ist die Handlung auch im Gebiet der Bundesrepublik begangen, wenn sie sich hier als eine Zuwiderhandlung auswirkt. Das gilt z. B. bei im Ausland begangenen Verstößen gegen die Unternehmerpflichten, die in die Bundesrepublik hineinwirken (*Köln* NJW 1980, 1241). Außerhalb des räumlichen Geltungsbereichs begangene OWi können jedoch nur geahndet werden, wenn das Gesetz dies ausdrücklich bestimmt. Hierzu gelten die Regelungen für Handlungen auf deutschen Schiffen und in Luftfahrzeugen (NK-*Lemke* § 4).

Die Vorschrift lässt eine **Erweiterung** des räumlichen Geltungsbereichs 5
für den Fall zu, dass dies durch Gesetz bestimmt wird. Bei den dadurch in Bezug genommenen Gesetzesbestimmungen kann es sich um originäre innerstaatliche Vorschriften oder um Regelungen aufgrund über- oder zwischenstaatlicher Abkommen handeln. Originäre innerstaatliche Vorschriften können zur Erweiterung des räumlichen Geltungsbereichs nach pflichtgemäßem Ermessen des Gesetzgebers führen, vorausgesetzt, dass er sich dabei in den Grenzen des völkerrechtlich Zulässigen hält (KK-*Rogall* 31 ff.). Dies ist etwa anerkannt für Zuwiderhandlungen, die im unmittelbaren Zusammenhang mit der **Grenzabfertigung** stehen, soweit diese aufgrund eines zwischenstaatlichen Abkommens durch eine vorgeschobene deutsche Grenzdienststelle vorgenommen wird (Beispiele *Göhler/ König* 6).

Ist eine Handlung bereits im Ausland geahndet worden, so ist nach dem 6
Opportunitätsprinzip (§ 47) grundsätzlich von der erneuten Verfolgung der OWi im Inland abzusehen. Erscheint die Ahndung der Handlung im Ausland unzureichend, so ist sie jedenfalls bei der Bemessung der dann noch zu verhängenden Geldbuße zu berücksichtigen (*Göhler/König* 9). Ist wegen einer Tat, die zum Teil im Inland und zum Teil im Ausland verwirklicht worden ist, bereits im Ausland eine Sanktion verhängt worden, so darf das einheitliche Tatgeschehen nicht in räumliche Abschnitte aufgespalten werden. Hier ist nur eine einheitliche, d. h. die ausländische Sanktion in vollem Umfang einbeziehende Ahndung möglich (*Karlsruhe* NStZ 1987, 371).

7 Für **OWi nach Landesrecht** regelt das OWiG die Frage des Geltungsbereichs nicht näher. Hier gelten die Grundsätze des **interlokalen Strafrechts**. Danach ist anzunehmen, dass die Bußgeldvorschriften der Länder nicht über ihre Grenzen hinausreichen. Die für den Begehungsort zu § 7 erläuterten Grundsätze gelten hier entsprechend (*Göhler/König* 13). Zu berücksichtigen ist auch in diesem Fall strengeres oder milderes **Wohnsitzrecht** des Täters. Ist die Tat daher nach dem Wohnsitzrecht des Täters überhaupt nicht mit Geldbuße bedroht, so kommt auch eine Übertragung der Verfolgung auf eine Verwaltungsbehörde des Wohnsitzes nicht in Betracht. **Landesamnestien** sind in den übrigen Rechtsgebieten zu beachten (KK-*Rogall* 40; NK-*Lemke* vor § 3 Rn. 81).

§ 6 Zeit der Handlung

Eine Handlung ist zu der Zeit begangen, zu welcher der Täter tätig geworden ist oder im Falle des Unterlassens hätte tätig werden müssen. Wann der Erfolg eintritt, ist nicht maßgebend.

1 Die Vorschrift entspricht im Wesentlichen § 8 StGB. Sie unterscheidet sich von § 8 StGB dadurch, dass sie den Teilnehmer nicht benennt und sprachlich wenig schön vom Tätigwerden des Täters spricht. Sie regelt den **Zeitpunkt** bzw. den **Zeitraum**, in dem ein Handeln OWi-rechtlich relevant wird. Die Regelung hat besondere Bedeutung bei der Anwendbarkeit der §§ 3 und 4, d. h. bei Änderung der Rechtslage (KK-*Rogall* 1). Sie wirkt sich darüber hinaus auf Irrtumsfragen, die Verantwortlichkeit im Allgemeinen sowie auf die Feststellung von Rechtfertigungs- und Entschuldigungsgründen aus (NK-*Lemke* § 8 Rn. 4; KK-*Rogall* 1).

2 Die Vorschrift legt fest, dass für die Bestimmung der Tatzeit der Handlungszeitpunkt (Satz 1) und nicht der Erfolgszeitpunkt (Satz 2) maßgeblich ist. Sie folgt damit der sog. **Tätigkeitstheorie** (KK-*Rogall* 2). Maßgeblich hierfür ist, dass der Täter selbst auf den Erfolgseintritt häufig keinen Einfluss mehr hat. Demgegenüber differenziert § 31 Abs. 3 für die Verfolgungsverjährung und stellt auf den Erfolgseintritt ab. Diese Differenzierung ist sachlich nicht zu beanstanden. Sie ergibt sich aus der ratio des Instituts der Verfolgungsverjährung (KK-*Rogall* 2; NK-*Lemke* § 8

Rn. 4; zusammenfassend *Achenbach* WpÜG Stand 5/2004, vor § 60 Rn. 11 ff.).

Bei **Begehungsdelikten** beginnt die Tatzeit mit dem Einsetzen des tatbestandsmäßigen Verhaltens. Sie endet mit dem Abschluss des Täterverhaltens ohne Rücksicht auf den Erfolgseintritt. Für den **Versuch** ist die Handlung maßgeblich, mit der der Täter zur Verwirklichung des Tatbestandes unmittelbar ansetzt. Sie endet spätestens mit dem unbeendeten Versuch (KK-*Rogall* 7). 3

Bei **Unterlassungsdelikten** kommt es auf den Zeitpunkt der gebotenen aktiven Tätigkeit an. Dies ist bei **echten Unterlassungs-OWi** der Zeitpunkt, zu dem die Pflicht zum Handeln einsetzt. Dieser Zeitpunkt ist vielfach im Gesetz näher bestimmt, wie etwa bei Melde- und Anzeigepflichten (*RRH* 5). Bei **unechten Unterlassungs-OWi** ist nach den Umständen des Einzelfalles zu prüfen, zu welchem Zeitpunkt eine Pflicht zum Handeln bestanden hat. In diesen Fällen dauert die Zeit, in der die Unterlassung begangen wurde, wie die pflichtgemäße Verhinderung des Erfolges objektiv noch möglich war, aber nicht entsprechend dieser Pflicht gehandelt wurde. 4

Die in Abweichung von § 8 StGB in § 6 nicht erfolgte Benennung des **Teilnehmers** bedeutet, dass der Zeitpunkt der Handlung für jeden Beteiligten gesondert zu bestimmen ist, da er selbst Täter ist (KK-*Rogall* 10). Bei mittelbarer Täterschaft liegt der früheste Tatzeitpunkt bei der Einwirkung auf den Tatmittler. Der Tatzeitraum umfasst die dem Täter zuzurechnende Handlung des Tatmittlers (KK-*Rogall* 10; NK-*Lemke* § 8 Rn. 7). Bei Zustandsdelikten ist für den Zeitpunkt der Handlung auf die Ausführung der Tätigkeit abzustellen, die diesen Zustand herbeiführen soll. Bei Dauerdelikten bestimmt das gesamte Tatverhalten den Tatzeitraum (*RRH* 6). Mit Ablauf dieser Zeit endet die Handlung (KK-*Rogall* 12). Ob es im OWi-Recht zukünftig noch **fortgesetzte Handlungen** geben wird, bleibt abzuwarten. Bejahendenfalls ist der Täter ebenfalls bis zur Verwirklichung des letzten Einzelaktes tätig. 5

§ 7 Ort der Handlung

(1) Eine Handlung ist an jedem Ort begangen, an dem der Täter tätig geworden ist oder im Falle des Unterlassens hätte tätig werden müssen oder an dem der zum Tatbestand gehörende Erfolg eingetreten ist oder nach der Vorstellung des Täters eintreten sollte.

(2) Die Handlung eines Beteiligten ist auch an dem Ort begangen, an dem der Tatbestand des Gesetzes, das die Ahndung mit einer Geldbuße zulässt, verwirklicht worden ist oder nach der Vorstellung des Beteiligten verwirklicht werden sollte.

1 Die Vorschrift ist in Abs. 1 dem § 9 Abs. 1 StGB nachgebildet. Abs. 2 ist wegen des einheitlichen Täterbegriffs abweichend von § 9 Abs. 2 Satz 1 StGB gefasst. Die in § 9 Abs. 2 Satz 2 StGB getroffene Regelung ist nicht übernommen, weil in § 5 der räumliche Geltungsbereich des OWiG einengend bestimmt ist. Für die Ausweitung des Ortes der Handlung bei **im Ausland** begangenen Handlungen ist deshalb kein Bedürfnis gesehen worden (Begründung EGStGB S. 343; *Göhler/König* 1).

2 Die Bestimmung des Handlungsortes ist Folge der Geltung des **Territorialitätsprinzips** für das OWiG. § 7 bildet die Grundlage für die Ausübung deutscher Hoheitsgewalt für die Rechtsanwendung, auch wenn er nicht Bestandteil des Unrechtstatbestands ist. Das Gesetz folgt auch beim OWiG bei der Bestimmung des Handlungsortes dem sog. **Ubiquitätsprinzip** (KK-*Rogall* 2; NK-*Lemke* § 9 Rn. 4). Es besagt, dass Ort der Handlung sowohl der Tätigkeitsort als auch der Ort des Erfolgseintritts sein könne. Handlung und Erfolg bilden in diesem Sinne eine gleichgewichtige Einheit mit der Folge, dass es insbesondere bei Distanzdelikten zu einer Mehrheit von Handlungsorten kommen kann.

3 Der **Handlungsort** kann nach dem Gesetz auf vierfache Weise begründet sein. In Betracht kommen der **Tätigkeitsort**, der Ort **pflichtwidrigen Untätigseins**, der Ort des **Erfolgseintritts** und der Ort der **lediglich vorgestellten Erfolgseintritts.**

4 **Tätigkeitsort** ist jeder Ort, an dem der Täter aktiv tätig geworden ist oder hätte tätig werden sollen, sofern hierfür eine rechtliche Verpflichtung bestanden hat (*RRH* 4). Mehrere Tätigkeitsorte sind möglich, wenn sich das Tätigwerden über einen Zeitraum hinweg erstreckt oder sich die Handlung aus mehreren Teilakten zusammensetzt. In diesen Fällen ist Tätig-

keitsort jeder Ort, an dem die Handlung selbst oder ein Teil von ihr begangen worden ist, wobei zumindest ein Versuch und nicht nur eine nicht sanktionsbedrohte Vorbereitungshandlung vorgelegen haben muss (*RRH* 4). Ist eine Handlung teilweise innerhalb, teilweise außerhalb des Gestaltungsbereichs des OWiG begangen, so liegt der Begehungsort innerhalb, ohne dass es dabei darauf ankommt, wo im Einzelnen die Handlung begonnen oder wo sie beendet worden ist (*BGHSt* 34, 101 und *Göhler/König* 4 zu Verstößen gegen vorgeschriebene Lenk- und Ruhezeiten).

Bei **Unterlassungsdelikten** ist Handlungsort der Ort, an dem der Täter hätte tätig werden müssen. Das ist bei echten Unterlassungsdelikten im Regelfall ein Ort im räumlichen Geltungsbereich des OWiG. Bei den unechten Unterlassungsdelikten ist der Ort der Handlung jeder Ort, an dem sich der Täter zwischen der Entstehung der Handlungspflicht und der Erfolgseintritt tatsächlich aufhält. Ort der Handlung kann dann auch der Ort sein, an dem der Täter zur Erfolgsabwendung hätte tätig werden können oder müssen, insbesondere also der Ort, zu dem der Täter sich zum Zweck der Hilfeleistung erst hinbegeben muss (KK-*Rogall* 8). 5

Bei **mehraktigen Handlungen** sowie bei **Dauer- und Distanzdelikten** besteht ein Handlungsort überall dort, wo Teilakte der einheitlichen Handlung verwirklicht werden (*BGH* NStZ 1986, 415). Bei reinen **Transitdelikten**, d. h. solchen Handlungen, bei denen tatbestandsmäßiges Verhalten und Erfolg im Ausland liegen, die Kausalkette jedoch das Inland durchläuft, ist ein Handlungsort im Inland nicht begründet (KK-*Rogall* 9). Für den Fall, dass das ordnungswidrige Verhalten gerade im Transitland liegt, ist ein Tatort auch im Inland gegeben (NK-*Lemke* § 9 Rn. 11). 6

Erfolgsort ist der Ort, an dem der zum Tatbestand gehörende Erfolg eintritt oder eintreten soll. Es muss sich also um einen tatbestandsmäßigen Erfolg handeln. Nicht zum Tatbestand gehörende Erfolge oder Tatwirkungen begründen einen Tatort nicht (E 1962 Begründung S. 113; *BGH* NJW 1965, 53; KK-*Rogall* 11). Bei **konkreten Gefährdungs-OWi** ist der Eintritt der Gefahr als Erfolg i.S.v. Abs. 1 anzusehen, so dass Handlungsort auch der Ort ist, an dem die Gefahr eingetreten ist oder hätte eintreten sollen (*Köln* NJW 1968, 954). Bei **abstrakten Gefährdungs-OWi**, bei denen der Erfolg nicht zum Tatbestand gehört, ist der Eintritt der konkreten Gefahr kein tatbestandsmäßiger Erfolg (KK-*Rogall* 11; *Sieber* NJW 1999, 2065), wohl aber der Eintritt einer abstrakten, auf ihr beruhenden 7

Gefahr (*OLG Saarbrücken* NJW 1975, 506; *Göhler/König* 6; *RRH* 5). Der Erfolgsbegriff umfasst auch objektive Bedingungen der Ahndbarkeit, wie etwa die Rauschtat bei § 122 (**a. A.** KK-*Rogall* 11; *Stree* JuS 1965, 474).

8 **Fehlt** es am Eintritt eines **Erfolges**, etwa weil der Versuch fehlschlägt, so ist Handlungsort auch der Ort, an dem der Erfolg nach der Tätervorstellung eintreten sollte. Dabei muss es sich stets um ein Erfolgsdelikt handeln, weil der vorgestellte Erfolg tatbestandsmäßig sein muss.

9 Bei einer **Beteiligung** ist die OWi an jedem Ort begangen, an dem der Beteiligte gehandelt hat oder im Falle des Unterlassens hätte handeln müssen. Dies folgt daraus, dass jeder Beteiligte im OWi-Recht selbst Täter ist. In Abs. 2 sind deshalb nur noch die Fälle geregelt, in denen die Tatbestandsverwirklichung an einem anderen Ort eintritt oder nach der Vorstellung des Beteiligten eintreten sollte als an dem, an dem der Beteiligte selbst gehandelt hat. Nach Abs. 2 ist die Handlung eines Beteiligten auch an dem Ort begangen, an dem der Bußgeldtatbestand verwirklicht worden ist oder nach der Vorstellung des Beteiligten verwirklicht werden sollte, ohne dass er persönlich an diesem Ort gehandelt haben muss. Im Übrigen ist Handlungsort auch bei Beteiligten der Erfolgsort (*RRH* 6).

10 Die Festlegung des Tatorts bei Handlungen, die unter Verwendung von **TK-Medien** und hierbei insbesondere des **Internet** vorgenommen werden, ist umstritten. Der Ort der Handlung dürfte sich im Inland befinden, wenn die Daten im Inland eingegeben sind oder der betreffende Server im Inland steht und die Inhalte im Inland abrufbar sind, so dass sich die Gefährdung jedenfalls auch im Inland verwirklicht. Darüber hinaus ist die Rechtsprechung des BGH zur Frage des Erfolgsorts bei sog. abstrakt-konkreten Gefährdungsdelikten auf das OWi-Recht nur in Grenzen anwendbar (*BGHSt* 46, 212 ff. m. Anm. *Hörnle* NStZ 2001, 309). So kann das Erfordernis eines **völkerrechtlich legitimierenden Anknüpfungspunkts** nur in den Fällen Bedeutung erlangen, in denen die räumliche Geltung nach § 5 ausgeweitet worden ist. Wo dies nicht der Fall ist, hilft auch die eingehende Diskussion der strafrechtlichen Tatortproblematik nicht weiter: dem OWi-Recht sind Vorschriften wie die §§ 5 bis 7 StGB fremd. Deren Existenz und deren Voraussetzungen bestimmen aber die strafrechtliche Diskussion im Kern.

Lösungsansätze bieten auch nicht die Unterscheidungen, welche **Sprache** 11
bei den Sendungen verwendet worden ist (*BGH* NJW 2001, 624) oder die
zwischen Datenübersendung ins Inland und dem Abruf von Daten durch
den Nutzer (*Göhler/König* 6b). Die Verwendung einer bestimmten Sprache deutet nicht auf einen Erfolgsort hin. Sowohl bei der Datenübermittlung von außen ins Inland als auch beim Abruf der Daten durch den Nutzer im Inland selbst tritt die abstrakte Gefährdung im Inland ein. Es bedarf daher einer auf internationaler Basis getroffenen Lösung dieser Frage, wobei selbst die leichter denkbare Beschränkung auf die EU sie in Wirklichkeit nicht lösen hilft, weil die Datennetze weltweit genutzt werden.

Zweiter Abschnitt. Grundlagen der Ahndung

§ 8 Begehen durch Unterlassen

Wer es unterlässt, einen Erfolg abzuwenden, der zum Tatbestand einer Bußgeldvorschrift gehört, handelt nach dieser Vorschrift nur dann ordnungswidrig, wenn er rechtlich dafür einzustehen hat, dass der Erfolg nicht eintritt, und wenn das Unterlassen der Verwirklichung des gesetzlichen Tatbestandes durch ein Tun entspricht.

Die Vorschrift entspricht in sachlicher Hinsicht § 13 StGB. Sie passt den 1
Wortlaut an die OWi-rechtliche Terminologie an und verfolgt den Zweck,
die Problematik der **unechten Unterlassungsdelikte** im Bereich des
OWi-Rechts auf eine gesetzliche Grundlage zu stellen, um den aus
Art. 103 Abs. 2 GG gegen die frühere Rechtsprechung hergeleiteten verfassungsrechtlichen Bedenken Rechnung zu tragen (*RRH* 1). Sie beschränkt sich darauf, durch den Hinweis auf das Erfordernis einer **Garantenstellung** eine allgemeine gesetzliche Richtlinie zu geben, wann ein Unterlassen tatbestandsmäßig einem positiven Tun gleichgestellt werden kann, ohne jedoch genau zu umschreiben, unter welchen Voraussetzungen eine solche Garantenstellung anzunehmen ist. Hiermit wäre ein Gesetzgeber auch insbesondere im Bereich des OWi-Rechtes überfordert. Die Vorschrift gilt nicht, wenn positives Tun gegeben ist, ferner nicht, wenn die Auslegung des Tatbestandes ergibt, dass er Tun und Unterlassen gleicher-

maßen erfasst oder wenn eine echte Unterlassungs-OWi vorliegt (KK-*Rengier* 3 ff.). Bei einem Begehungsdelikt, das kein Erfolgsdelikt ist, kann der Tatbestand auch durch Unterlassen verwirklicht werden. Bei einem Erfolgsdelikt wird der Erfolg in der Regel durch aktives Tun herbeigeführt. Die Vorschrift legt nur fest, was gilt, wenn das Unterlassen der Verwirklichung des gesetzlichen Tatbestandes durch ein Tun entspricht.

2 Nicht erfasst ist von der Vorschrift demnach zunächst **positives Tun**, wobei die Abgrenzung zwischen Tun und Unterlassen nicht immer einfach ist. Die Praxis stellt normativ auf den Schwerpunkt der Vorwerfbarkeit ab (*BGH* NStZ 1999, 607). Im Kern liegt aktives Tun jedenfalls dann vor, wenn der Täter durch eine in der Außenwelt wahrnehmbare Tätigkeit eine Rechtsgutsbeeinträchtigung herbeiführt (*BGH* VRS 61, 213; *Mitsch* S. 107). So führt derjenige, der ein Kraftfahrzeug führt und dabei die Beachtung bestimmter Sorgfaltspflichten unterlässt einen tatbestandsmäßigen Erfolg im Regelfall durch positives Tun herbei (KK-*Rengier* 5). Die Produktion und Betrieb von Erzeugnissen sind auch für den Geschäftsführer einer GmbH aktive Handlungen und nicht Unterlassungen (*BGH* NJW 1990, 2560). Ebenso etwa das In-Verkehr-Bringen von unzureichend kenntlich gemachten Lebensmitteln. Ergeben sich bei diesen Handlungen zusätzlich Sorgfaltspflichtverletzungen die als solche bußgeldbewehrt sind, so können diese ggf. als Unterlassungen gesondert beurteilt werden.

3 Ergibt die Auslegung von Tatbeständen, dass sie **Tun und Unterlassen gleichermaßen** umfassen, so gilt die Vorschrift ebenfalls nicht. So erfasst das Errichten einer baulichen Anlage ohne die erforderliche Baugenehmigung auch das Errichten-Lassen (*Düsseldorf* NJW 1992, 2105; *Köln* NJW 1993, 1216).

4 **Echte Unterlassungs-OWi** kommen häufig vor, sind aber nicht selten von den unechten Unterlassungs-OWi schwierig abzugrenzen. Dies geschieht am besten im Wege der formalen Betrachtungsweise, wonach echt alle diejenigen Unterlassungsdelikte sind, bei denen das Unterlassen in der Form eines gesetzlichen Tatbestandes vertypt ist (*BGH* NJW 1960, 1677; KK-*Rengier* 8). Danach sind echte Unterlassungs-OWi z.B. die Missachtung von Anzeige-, Auskunfts-, Melde- und Unterrichtungspflichten, von Ausweispflichten, von behördlichen Einsichts-, Zutritts- und Besichtigungsrechten, von Gestellungspflichten, von gebietenden behördlichen Akten sowie von Buchführungs-, Beleg- und Vorlegungspflichten (vgl. *Weber* ZStW 92 [1980], 313 ff.).

Das Unterlassen ist einem aktiven Tun **gleichgestellt**, wenn jemand rechtlich dafür einzustehen hat, dass der Erfolg nicht eintritt und das Unterlassen der Verwirklichung des gesetzlichen Tatbestandes durch ein Tun entspricht. Rechtlich einzustehen für den Nichteintritt des Erfolges hat der Täter nur, wenn er gegenüber dem bedrohten Rechtsgut eine Garantenstellung einnimmt. Diese begründet für den Täter die Pflicht, den Eintritt des Erfolgs abzuwenden (Garantenpflicht), da dem Täter als Garanten die Unversehrtheit des Schutzwertes anvertraut ist (Begründung zu § 13 StGB in E 1962; *RRH* 4). 5

Die **Garantenstellung** kann sich aus **Gesetz**, und zwar auch aus **Gewohnheitsrecht**, ergeben. Sie kann sich ferner aus Übernahme der Gewähr für die Unversehrtheit eines Rechtsgutes, wie etwa der Übernahme der Betreuung eines Tieres (*Düsseldorf* NVwZ 1989, 94) ergeben. Sie folgt aus **vorangegangenem Tun** als Folge der Herbeiführung einer Gefahrenlage, wie etwa bei der Produktion oder dem Vertrieb von Konsumgütern (*BGH* NJW 1990, 2560 m. Anm. *Schmidt-Salzer* NJW 1990, 2966; *Kuhlen* NStZ 1990, 566). Im Übrigen kann sie aus der **Sachherrschaft**, wie etwa des Gastwirtes, der in der Gaststätte für Ordnung zu sorgen hat (*BGH* NJW 1966, 1763) oder des Halters eines Tieres (*Bremen* NJW 1957, 73) oder eines Kfz folgen. 6

Gegenüber dieser herkömmlichen Ableitung kann man auch nach **Beschützergarantenstellungen** und **Überwachungsgarantenstellungen** unterscheiden (*Mitsch* S. 112). Dem Beschützergaranten obliegen Obhutspflichten in Bezug auf bestimmte Rechtsgüter. Er steht im Lager des Opfers und ist verpflichtet, die ihm anvertrauten Rechtsgüter gegen alle von außen drohenden Gefahren zu schützen (KK-*Rengier* 22). Der Überwachungsgarant trägt die Verantwortung dafür, dass Gefahrenquellen, die seinem Zuständigkeitsbereich unterliegen, Rechtsgüter Dritter nicht beeinträchtigen. 7

Die so umschriebenen Garantenstellungen unterscheiden sich bei näherer Betrachtung nicht grundlegend von den herkömmlichen Entstehungsgründen, die letztlich bei der Ausfüllung der einzigen Beschützer- und Überwachungsgarantenstellungen nach wie vor eine bedeutende Rolle 8 spielen (KK-*Rengier* 22). Beide Ansätze ermöglichen **sachgerechte Ergebnisse** und sollten dort, wo ihre Zusammensicht geeignet ist, überzeugendere Anknüpfungspunkte zu schaffen, miteinander verbunden werden (*Göhler/König* 3).

9 Die Bejahung von Garantenstellungen darf **nicht leichtfertig** erfolgen. Sie erfordert im Regelfall genaue Prüfung. So erstreckt sich die Verantwortlichkeit des Halters eines KFZ grundsätzlich nicht auf die vom Fahrer begangene Verkehrs-OWi (*Karlsruhe* VRS 58, 272), die des Parkhausbenutzers nicht dafür, dass der PKW bei Zahlungsverzug auf dem Gehweg neben dem Parkhaus abgestellt wird (*Köln* DAR 1982, 337). Nicht verantwortlich ist der Ehegatte, der es unterlässt, ein ordnungswidriges Verhalten seines Ehepartners zu verhindern (*Schleswig* SchlHA 1980, 178), es sei denn, die Verantwortlichkeit für die Betriebsführung des PKW ergebe eine Pflicht zum Einschreiten. Ebenso wenig besteht eine Garantenpflicht des Vermieters von Wohnraum dafür, dass der Mieter den Wohnraum verbotswidrig zu anderen Zwecken, etwa als Geschäftsräume verwendet (*BayObLG* NJW 1993, 478). Ebenso wenig ergibt sich eine Garantenstellung aus der Vornahme einer rechtswidrigen Handlung im Hinblick auf später begangene OWi durch andere (*Karlsruhe*, Justiz 1993, 267).

10 Die Herbeiführung eines tatbestandsmäßigen Erfolgs durch Unterlassen bei Vorliegen der tatsächlichen oder rechtlichen Voraussetzungen für eine Garantenstellung ist bußgeldrechtlich nur dann einem positiven Tun gleichgestellt, wenn das Unterlassen der Verwirklichung des gesetzlichen Tatbestandes durch ein Tun entspricht (**Gleichwertigkeitsklausel**). Dabei ist an das Unrecht anzuknüpfen, wie es im gesetzlichen Tatbestand umschrieben und allgemein bei dessen Verwirklichung durch ein Tun vorausgesetzt ist (E 1962, Begründung zu § 13 StGB; *RRH* 9). Entscheidend ist, ob das Unterlassen in seiner sozialen Bedeutung dem Tun gleichzustellen ist, wobei es so auf die Gesamtbewertung des konkreten Einzelfalles ankommt. Ist etwa das gesamte Unrechtsgehalt des Unterlassens seinem sozialen Sinngehalt nach mit der Tatbestandshandlung der Erfolgs-OWi in Übereinstimmung zu bringen, so kann das persönliche Unrecht auch geringer sein, ohne dass dadurch eine Grundlage der Ahndung entfällt (*RRH* 9). Die sich aus einer engsichtigen Übertragung der strafrechtlichen Auffassungen ergebenden Probleme (hierzu auch *Achenbach* WpÜG Stand

Zweiter Abschnitt. Grundlagen der Ahndung §8

5/2004, vor § 60 Rn. 13), überhaupt bußgeld-bewehrte Beispiele zu finden (KK-*Rengier* 56) sollte de lege ferenda erwogen werden, für das OWi-Verfahren diese Gleichwertigkeitsklausel fallen zu lassen.

Tatbestandsmäßig ist das Unterlassen ferner nur dann, wenn der Person, die als Garant anzusehen ist, die Vornahme der rechtlich gebotenen Handlung nach den Umständen des Einzelfalles im Zeitpunkt der Handlungspflicht tatsächlich, also objektiv, **möglich** ist und ihr auch **zugemutet** werden kann. Der Handlungspflichtige muss daher die tatsächliche Möglichkeit haben, die gebotene Handlung überhaupt vornehmen zu können (*RRH* 12). Dies fehlt, wenn seine **Handlungsfähigkeit** ausgeschlossen ist, aber auch dann, wenn der Täter trotz Handlungsfähigkeit aus persönlichen Gründen nicht in der Lage ist, in sinnvoller Weise etwas gegen den Nichteintritt des Erfolgs zu tun. Dies beurteilt sich nach objektiven Gesichtspunkten. Dabei muss die Handlungsmöglichkeit in dem Zeitpunkt gegeben sein, in dem das Eingreifen des Handlungspflichtigen erforderlich ist (*RRH* 12). 11

Auch die Frage nach der **Zumutbarkeit** der Handlung lässt sich nur nach Lage des Einzelfalles beurteilen (*BGH* NStZ 1984, 164), wobei entscheidend die Lage und die Fähigkeit des Handlungspflichtigen wie auch die Nähe und Schwere der Gefahr zu berücksichtigen sind. Zutreffender Auffassung zufolge handelt es sich bei der Frage der Zumutbarkeit um eine Frage des Tatbestandes (*Karlsruhe* MDR 1975, 771; *RRH* 13). 12

Der Irrtum über tatsächliche Umstände, die die Garantenstellung begründen, ist Tatbestandsirrtum (§ 11 Abs. 1) und schließt daher den Vorsatz aus (*RRH* 17; *Göhler/König* 6). Irrt der Täter über die Rechtspflicht selbst, so kann ein Verbotsirrtum vorliegen. 13

§ 9 Handeln für einen anderen

(1) Handelt jemand
1. als vertretungsberechtigtes Organ einer juristischen Person oder als Mitglied eines solchen Organs,
2. als vertretungsberechtigter Gesellschafter einer rechtsfähigen Personenhandelsgesellschaft oder
3. als gesetzlicher Vertreter eines anderen,

so ist ein Gesetz, nach dem besondere persönliche Eigenschaften, Verhältnisse oder Umstände (besondere persönliche Merkmale) die Möglichkeit der Ahndung begründen, auch auf den Vertreter anzuwenden, wenn diese Merkmale zwar nicht bei ihm, aber bei dem Vertretenen vorliegen.

(2) Ist jemand von dem Inhaber eines Betriebes oder einem sonst dazu Befugten
1. beauftragt, den Betrieb ganz oder zum Teil zu leiten, oder
2. ausdrücklich beauftragt, in eigener Verantwortung Aufgaben wahrzunehmen, die dem Inhaber des Betriebes obliegen,

und handelt er aufgrund dieses Auftrages, so ist ein Gesetz, nach dem besondere persönliche Merkmale die Möglichkeit der Ahndung begründen, auch auf den Beauftragten anzuwenden, wenn diese Merkmale zwar nicht bei ihm, aber bei dem Inhaber des Betriebes vorliegen. Dem Betrieb im Sinne des Satzes 1 steht das Unternehmen gleich. Handelt jemand aufgrund eines entsprechenden Auftrages für eine Stelle, die Aufgaben der öffentlichen Verwaltung wahrnimmt, so ist Satz 1 sinngemäß anzuwenden.

(3) Die Absätze 1 und 2 sind auch dann anzuwenden, wenn die Rechtshandlung, welche die Vertretungsbefugnis oder das Auftragsverhältnis begründen sollte, unwirksam ist.

1 Die Vorschrift entspricht § 14 StGB. **Schrifttum** und **Rechtsprechung** zu § 14 StGB haben demnach für § 9 unverändert Bedeutung (vgl. die Zusammenstellung bei KK-*Rogall* vor 1). Die Vorschrift regelt für das OWi-Recht die Organ- und Vertreterhaftung. Sie betrifft Tatbestände, die nur für einen bestimmten Personenkreis gelten, der darüber hinaus durch besondere persönliche Merkmale bestimmt ist, welche die Ahndung erst begründen. Solche Tatbestände finden sich im Nebenstrafrecht häufig, vor allem im Bereich des Wirtschaftsstrafrechts, da gerade auf diesem Gebiet vielfach bußgeldrechtlich abgesicherte Pflichten nur einen bestimmten Personenkreis treffen (*RRH* 1). Während im Strafrecht jedoch weiterhin zu Recht umstritten ist, ob die strafrechtliche Verfolgung im Falle der Organ- und Vertreterhaftung letztlich der richtige Weg ist, um auf gesellschaftlich unerwünschtes, **wirtschaftlich bedeutsames Verhalten**, und zwar auch mit dem Ziel der **Abschöpfung bemakelter Gewinne** zu reagieren, dürfte diese Frage sich für das OWi-Recht nur insoweit stellen, als die Organ- und Vertreterhaftung neben die originäre Haftung von juristischen Personen und Personenvereinigungen (§ 30) tritt. Das Verhältnis beider Vorschriften zueinander ist letztlich ungeklärt. De lege ferenda spricht viel dafür, beide Vorschriften zu integrieren und das Verhältnis der Organ- und Vertreterhaftung einerseits und der Haftung der juristischen Person bzw. Personengesellschaft andererseits enger aufeinander abzustimmen. Dies gilt auch im Hinblick auf § 130. Allerdings bleibt hier die Berechtigung einer gesonderten Regelung deutlicher erkennbar.

Zweck der Vorschrift ist es, den Anwendungsbereich von hinsichtlich des **Personenkreises eingeengten Tatbeständen** auf Personen zu erweitern, die für den **eigentlichen Normadressaten** handeln (etwa den Prokuristen für den Unternehmer – *Göhler/König* 2 oder in Fragen der Haltereigenschaft für Kfz – *Beck/Berr* 13a). Der Gesetzgeber hat ohne diese Erweiterung eine kriminalpolitisch unangemessene Lücke gesehen, weil weder der Normadressat noch der Handelnde sonst zur Verantwortung gezogen werden könnte, und zwar der eine nicht, weil er nicht gehandelt hat und der andere nicht, weil er nicht Normadressat ist (Begründung E OWiG S. 62).

Die Vorschrift bezieht sich auf zwei Fallgruppen. Sie betrifft einmal Tatbestände, die entweder schon ihrer Fassung nach nur auf einen bestimmten Personenkreis zugeschnitten sind, dessen Angehörige **besondere persönliche Merkmale** aufweisen (Arbeitgeber, Veranstalter, Bauherr usw.) oder auch Vorschriften, die nach ihrem Zusammenhang nur für einen **bestimmten Personenkreis** gelten können (z. B. Arbeitszeitvorschriften – *Hamm* VRS 66, 384). Insoweit enthält sie eine abschließende Regelung des Handelns für einen anderen. Eine weitergehende Vertreterhaftung gibt es nicht, auch nicht unter dem Gesichtspunkt einer faktischen Organ- oder Vertreterstellung, die in Abs. 3 abschließend geregelt ist (a. A. *Bruns* GA

1982, 19). Erfasst ein Tatbestand schon seinem Wortlaut nach auch das Handeln für einen anderen, so ist der Vertretende mitbetroffen, da dieser ohnehin zum Normadressatenkreis gehört. In diesem Fall bedarf es der Anwendung des § 9 nicht (KK-*Rogall* 22). Die Vorschrift knüpft die Möglichkeit der Ahndung konstitutiv an besondere persönliche Merkmale. Sie dehnt die Anwendbarkeit des ahndungs-begründenden Bußgeldtatbestandes auf bestimmte Organe und Vertreter (Abs. 1) sowie auf bestimmte Beauftragte (Abs. 2) aus, sofern diese als Organ oder Vertreter bzw. aufgrund des Auftrages gehandelt haben und wenn die besonderen persönlichen Merkmale bei dem Vertretenen bzw. bei dem Auftraggebenden Unternehmens- oder Betriebsinhaber vorliegen. Sie rechnet das ahndungsbegründende Merkmal dadurch den tatbestandlich erfassten Organen und geborenen sowie gewillkürten Vertretern zu und erweitert so den Bußgeldtatbestand durch Übertragung (*Achenbach*, Frankfurter Kommentar zum Kartellrecht, 3. Aufl. Rn. 53: „Überwälzung"; *ders.* WpÜG, Stand 5/2004, vor § 60 Rn. 75 ff.; *Mitsch* S. 58).

4 Besondere persönliche Merkmale sind nach der Definition von Abs. 1 die „besonderen persönlichen Eigenschaften, Verhältnisse oder Umstände" einer Person. Dabei handelt es sich nicht um tatbezogene Merkmale (*BGH* NJW 1995, 1764; KK-*Rogall* 27), sondern um Merkmale, die in erster Linie die Persönlichkeit des Betroffenen kennzeichnen, seine Person als solcher zuzurechnen sind, seine Beziehungen zur Umwelt betreffen oder vorübergehender Art sind und in einem bestimmten äußeren Verhältnis zu anderen Menschen, zu Sachen, zu einem äußeren Geschehen usw. bestehen (KK-*Rogall* 27; *Mitsch* § 3 Rn. 34 ff.). Hierzu können etwa Gewerbsmäßigkeit oder Geschäftsmäßigkeit zählen (*BayObLG* NJW 1994, 2303), ferner, dass jemand „Teilnehmer am Außenwirtschaftsverkehr" ist oder dass jemand einen Gegenstand erwirbt (*Göhler/König* 6). Hierzu zählt ferner die Stellung als **Gewerbetreibender, Unternehmer** (*Achenbach* vor § 81 GWB Rn. 52), als **Inhaber einer Verkaufsstelle, Arbeitgeber, Veranstalter** (*BayObLG* NVwZ 1991, 814: Stellung als Gastwirt), **Hersteller** oder **Vertreiber** einer **Ware, Eigentümer** oder **Betreiber** einer **Anlage, Halter** eines **Fahrzeuges** (*Beck/Berr* 13a), **Einführer** oder **Ausführer** (*Göhler/König* 6).

5 Fehlen diese Merkmale bei demjenigen, der als **gesetzlicher oder gewillkürter Vertreter** für einen anderen handelt, so werden sie ihm zugerechnet, wenn sie in der Person des Vertretenen vorhanden wären, falls er handeln könnte oder gehandelt hätte (*Hamm* DAR 1975, 51; KK-*Rogall* 29). Wer in die Rolle des Normadressaten rückt, muss im Bewusstsein der Umstände handeln, die die Tätereigenschaft nach § 9 begründen, weil er sonst nicht vorsätzlich handelt (*Göhler/König* 7). Kennt er Umstände fahrlässig nicht, so kann er wegen fahrlässigen Handelns verantwortlich sein. Kennt er die Umstände, glaubt er aber, zum Handeln nicht verpflichtet zu sein, so kann ein Verbotsirrtum vorliegen (*Düsseldorf* DAR 1979, 106; *RRH* 10).

Abs. 1 betrifft Fälle der gesetzlichen Vertretung im weiteren Sinne. Er 6
dehnt die Anwendung von Bußgeldvorschriften, nach denen besondere persönliche Merkmale die Ahndung begründen, auf vertretungsberechtigte Organe juristischer Personen, Mitglieder solcher Organe (Nr. 1), vertretungsberechtigte Gesellschafter von rechtsfähigen Personenhandelsgesellschaften (Nr. 2) und ganz allgemein auf gesetzliche Vertreter (Nr. 3) aus, wenn sie in dieser Eigenschaft handeln und die besonderen persönlichen Merkmale zwar nicht bei ihnen, jedoch bei den Vertretenen vorliegen. Wird also jemand als Vertreter einer Gesellschaft für diese als Normadressat bußgeldrechtlich verantwortlich gemacht, so muss die Rechtsform der Gesellschaft und die gesellschaftliche Stellung des Betroffenen in dieser Gesellschaft aufgeklärt werden (*Koblenz* VRS 50, 53).

Abs. 1 Nr. 1 erfasst die vertretungsberechtigten Organe einer juristischen 7
Person und die Mitglieder dieser Organe. Dazu rechnen der Vorstand der AG (§ 1 Abs. 1, § 76 Abs. 2, § 78 AktG) und der eingetragenen Genossenschaft (§§ 17 Abs. 1, 24 GenG), der Vorstand oder Notvorstand des eingetragenen Vereins (§§ 26, 29 BGB) und der rechtsfähigen Stiftung (§ 86 BGB), der Geschäftsführer der GmbH (§§ 13 Abs. 1, 35 GmbHG) und der Komplementär bei einer KGaA (§§ 278 AktG, 170 HGB), ferner der besondere Vertreter des eingetragenen Vereins (§ 30 BGB). Im Abwicklungsstadium haben auch der oder die Liquidatoren Vertretungsmacht (§§ 269, 290 AktG, 89 GenG, 48 Abs. 2 BGB, 68 GmbHG). Entscheidend ist, dass im Einzelfall eine konkrete Vertretungsbefugnis besteht und rechtsgeschäftlich gehandelt wird (*Achenbach* vor § 81 GWB Rn. 54; KK-*Rogall* 43; *Göhler/König* 9).

Das Tätigkeitsfeld des Organs muss im **Kernbereich der Geschäftsfüh-** 8
rung liegen (*BGH* NJW 1997, 67; *Bohnert* 11). Von Bedeutung ist auch

die **interne Zuständigkeitsverteilung** zwischen mehreren Organen einer juristischen Person. Ein unzuständiges Organ darf sich bei Aufgabenteilung darauf verlassen, dass die zuständigen Organe die ihnen obliegenden Pflichten erfüllen. Eine Überwachungspflicht unzuständiger gegenüber zuständigen Organen ist nur anzunehmen, wenn mit der Begehung einer OWi durch das zuständige Organ zu rechnen ist. Dies erfordert feststellbares allgemein nachlässiges Verhalten oder die Kenntnis früherer Verstöße (*Düsseldorf* wistra 2002, 357). Ist das Unternehmen als Ganzes betroffen, so besteht weiterhin der Grundsatz der Generalverantwortung und Eilzuständigkeit der Geschäftsführung (*BGH* NStZ 1990, 588).

9 Nach **Abs. 1 Nr. 2** werden besondere persönliche Merkmale dem vertretungsberechtigten Gesellschafter einer rechtsfähigen Personengesellschaft zugeordnet. Diese Fassung gilt seit in Kraft treten des Gesetzes zur Ausführung des Zweiten Protokolls vom 19. 6. 1997 zum Übereinkommen der finanziellen Interessen der Europäischen Gemeinschaften, der gemeinsamen Maßnahme betreffend die Bestechung im privaten Sektor vom 22. 12. 1998 und des Rahmenbeschlusses vom 29. 5. 2000 über die Verstärkung des mit strafrechtlichen und anderen Sanktionen bewehrten Schutzes gegen Geldfälschung im Hinblick auf die Einführung des Euro vom 22. 8. 2002 (BGBl. I S. 3387), in Kraft getreten am 30. 8. 2002. Der Begriff der rechtsfähigen Personengesellschaft folgt § 14 Abs. 2 BGB, wonach eine rechtsfähige Personengesellschaft eine solche ist, „die mit der Fähigkeit ausgestattet ist, Rechte zu erwerben und Verbindlichkeiten einzugehen". Nr. 2 erfasst neben den Funktionsträgern der oHG und KG nun auch solche der am Rechtsverkehr teilnehmenden GbR und der Partnerschaftsgesellschaft im Sinne des PartGG (*Achenbach* vor § 81 GWB Rn. 55).

10 Es muss sich um einen **vertretungsberechtigten Gesellschafter** handeln. Das bedeutet, dass der betroffene Gesellschafter und zugleich zur Vertretung der Gesellschaft ermächtigt sein muss. Sofern im Gesellschaftsvertrag nichts anderes vorgesehen ist, sind bei der oHG alle Gesellschafter vertretungsberechtigt (§ 125 HGB). Bei der KG sind nur die persönlich haftenden Gesellschafter (Komplementäre – §§ 161, 170 HGB) vertretungsberechtigt. Ein gesellschaftsfremder Geschäftsführer kann daher, weil er nicht Gesellschafter ist, nicht über Abs. 1 Nr. 2 zum Normadressaten werden (KK-*Rogall* 53). Dasselbe gilt, wenn das Gesetz bei Personenhandelsgesellschaften die Möglichkeit einer Fremdorganschaft eröffnet

Zweiter Abschnitt. Grundlagen der Ahndung § 9

(Ernennung von Liquidatoren – § 146 Abs. 2 HGB). Liegt eine GmbH & Co KG vor, so ist vertretungsberechtigter Gesellschafter die GmbH. Sie wird jedoch über Nr. 1 zum Normadressaten (*BGH* NJW 1980, 407; KK-*Rogall* 53; *RRH* 21). Im Übrigen kommt es stets auf den Gesellschaftsvertrag an. Trifft er keine Regelung, so ist jeder Gesellschafter als vertretungsberechtigt anzusehen (*Achenbach* vor § 81 GWB Rn. 55a).

Nach Abs. 1 Nr. 3 sind sonstige gesetzliche Vertreter einbezogen. Das sind Personen, deren Vertretungsmacht sich unmittelbar auf das Gesetz stützt und nicht durch Vollmacht oder Vertrag bestimmt ist (KK-*Rogall* 55). Hierzu zählen die **Eltern**, der **Vormund**, der **Betreuer**, der **Pfleger**, Personen, die als **Partei kraft Amtes** handeln. Zu Letzteren zählen **Abwickler**, **Insolvenzverwalter**, **Nachlassverwalter** und **Testamentsvollstrecker** (*RRH* 25, nicht jedoch der **Vergleichsverwalter**, der im Hinblick auf seine eingeschränkten Rechte nicht als Vertreter angesehen werden kann und auch nicht der Vertreter eines Kapitäns (*RRH* 25). Zum Normadressaten werden dieser Personen jedoch nur, wenn sie in ihrer Eigenschaft als gesetzliche Vertreter handeln (*RRH* 26). Dies setzt voraus, dass der Handelnde in Wahrnehmung des Aufgabenbereichs des Vertretenen ein positives Tun oder eine pflichtwidrige Unterlassung begangen hat (*BGH* wistra 1995, 313). Erforderlich ist, dass das Handeln mit dem Aufgaben- und Pflichtenkreis, der mit der Vertretung wahrgenommen werden soll, in einem funktionalen Zusammenhang steht. Hierzu ist ein innerer Zusammenhang zwischen der Handlung und dem Aufgabenbereich des Vertreters notwendig. Daher werden rein persönliche Angelegenheiten des Vertreters nur erfasst, wenn sie in seinen beruflichen Bereich hineinspielen (*Düsseldorf* NJW 1964, 1963). Nicht hinzu rechnen ferner Handlungen, zu denen die Vertreterstellung lediglich die Gelegenheit bietet (*BGH* NJW 1969, 1494). 11

Der erforderliche **innere Zusammenhang** besteht nicht schon deshalb, weil die rechtlichen und tatsächlichen Folgen des Handelns des Vertreters den Vertretenen treffen (*BGH* NJW 1969, 1494). Jedoch genügt es, wenn die Handlung ihrer Art nach, wenn auch nicht unbedingt ihrer Ausführung nach, als Wahrnehmung der Angelegenheiten des Vertretenen erscheint (*Göhler/König* 15 a; *RRH* 28). Nicht erforderlich ist, dass das Handeln auch im Interesse des Vertretenen erfolgt (a. A. die sog. Interessentheorie – KK-*Rogall* 60), es sei denn, der Vertreter handelt ausschließlich im eigenen In- 12 teresse (*BGH* NStZ 1997, 30), sofern nicht der Vertretene mit dem eigennützigen Handeln des Vertreters einverstanden war. Bei diesen Fallkonstellationen fehlt es in aller Regel am inneren Zusammenhang zwischen Handlung und Aufgabenbereich des Vertreters (*Göhler/König* 15a).

13   Welche **Aufgabenbereiche** und welche Verrichtungen dem Vertreter zustehen, richtet sich nach Gesetz, Satzung oder Vertrag. Nicht erforderlich ist, dass die Rechtsquellen eindeutig erwähnt werden. Es genügt vielmehr, wenn der Aufgabenbereich des Vertreters Handlungen der in Frage stehenden Art erfahrungsgemäß mit sich bringt (*RRH* 28).

14   Bei **mehreren Vertretungsberechtigten** ist es nicht erforderlich, dass der Vertreter im Rahmen seines ihm übertragenen Aufgabenbereichs handelt. Ausreichend ist, dass sich sein Handeln im Geschäftsbereich der juristischen Person oder der Personengesellschaft bewegt. Hat der Vertretene mehrere Vertreter, so kommt es auf die interne Geschäftsverteilung an.

15   Wegen des Grundsatzes der **individuellen Vorwerfbarkeit**, der auch im OWi-Recht gilt, kann ein Bußgeldbescheid gegen sämtliche Mitglieder eines Organs nicht mit dem allgemeinen Hinweis darauf begründet werden, die Leitung des Betriebs obliege allen Vorstandsmitgliedern gemeinsam. Vielmehr muss die Bezeichnung der Tat die tatsächlichen Angaben enthalten, die im konkreten Fall die Ahndung durch einen Bußgeldbescheid gerade gegenüber dem einzelnen, namentlich genannten Vorstandsmitglied rechtfertigen.

16   Bei **mehrköpfigen Vertretungsorganen** gilt auch für die Unterlassungs-OWi, die interne Geschäftsverteilung, weil das pflichtwidrige Unterlassen des für den in Frage stehenden Aufgabenbereich zuständigen vertretungsberechtigten Organs oder Gesellschafters nur dann eine Garantenstellung der übrigen vertretungsberechtigten Mitglieder des Organs oder Gesellschafters in ihrer Eigenschaft als Normadressaten zu begründen vermag, wenn diesen im Einzelnen die Verhinderung der Pflichtverletzung möglich und zumutbar ist (*RRH* 32).

17   Fälle der **gewillkürten Vertretung** regelt Abs. 2. Er gilt für Unternehmen und Betriebe sowie für Stellen der öffentlichen Verwaltung. Im Gegensatz zu den in Abs. 1 genannten gesetzlichen Vertretern sind nach Abs. 2 die gewillkürten Vertreter nur unter eingeschränkten Voraussetzungen anstelle des Vertretenen verantwortlich, und zwar nur dann, wenn sie entweder

mit der Betriebsleitung beauftragt sind (Satz 1 Nr. 1) oder den ausdrücklichen Auftrag haben, in eigener Verantwortung Aufgaben wahrzunehmen, die dem Inhaber des Betriebs obliegen (Abs. 1 Satz 2).

Die mit der **Betriebsleitung beauftragten Personen** (Nr. 1) sind in ähnlicher Weise wie die gesetzlichen Vertreter verantwortlich: sie rücken von selbst (*Achenbach* vor § 81 GWB Rn. 57) in die Stellung des Normadressaten, soweit die Bußgeldvorschriften für den Betriebsinhaber gelten. Eine ausdrückliche Betrauung mit den Pflichten ist nicht notwendig (*BGH* DB 1989, 2272). Damit wird mit der Beauftragung, einen Betrieb ganz oder zum Teil zu leiten, für den Beauftragten die Verantwortung automatisch ausgelöst, wobei die Verantwortlichkeit nur soweit reicht, wie der mit den Leitungsaufgaben Betraute auch die Entscheidungsbefugnis hat (*Stuttgart*, Justiz 1980, 419; *BayObLG* wistra 1988, 162). 18

Ist die **Entscheidungsbefugnis vorbehalten**, so bleibt die Verantwortlichkeit bei dem **Betriebsinhaber** oder der höheren Ebene in der **Betriebsleitung** (*BayObLG* wistra 1988, 162). Dies ist insbesondere bei der Übertragung von Teilkompetenzen in der Betriebsleitung von Bedeutung. Fehlt die Entscheidungsbefugnis ganz oder zum Teil, so ist damit der Betriebsleiter oder Abteilungsleiter nicht von der Verantwortung ganz freigestellt. Er ist vielmehr aufgrund seiner Stellung verpflichtet, den Betriebsinhaber zu unterrichten und auf mögliche Verletzung von Gebots- oder Verbotsvorschriften hinzuweisen. 19

Er bleibt ferner in der Verantwortung, wenn er den **Rahmen seiner Entscheidungsbefugnis** durch aktives Tun überschreitet oder wenn er an dem Handlungsgeschehen des Betriebsinhabers oder der verantwortlichen höheren Ebene in der Betriebsleitung mitwirkt, obwohl er erkennt, dass Gebote oder Verbote verletzt werden. Hier kann aber auch bereits Beteiligung i. S. v. § 14 bestehen. Die Übernahme anderer Leitungsaufgaben in einem Betrieb entbindet daher den bisher Verantwortlichen nicht ohne weiteres von der bisherigen Verpflichtung, sofern zuvor in seinem Verantwortungsbereich schwerwiegende Gesetzesverstöße vorgekommen sind und von ihm keine wirksamen Gegenmaßnahmen eingeleitet worden sind (*Hamm* bei *Göhler/König* 18a). 20

Betriebsleiter ist, wem die Geschäftsführung des Betriebes verantwortlich übertragen ist und wer selbständig anstelle des Betriebsinhabers han- 21 delt (KK-*Cramer* 42). Hierzu müssen ausreichende Feststellungen getroffen werden (*Stuttgart* Justiz 1980, 420). Die Feststellung, der Betroffene sei als „Junior-Chef quasi als Firmeninhaber in Erscheinung getreten" reicht nicht aus (*Düsseldorf* VRS 74, 204). Die Bezeichnung als Betriebsleiter ist nicht entscheidend. Maßgebend ist vielmehr der sachliche Gehalt des Auftrags. Betriebsleiter kann auch ein Prokurist sein.

22 **Einen Betrieb zum Teil leitet**, wer entweder einen organisatorisch und räumlich getrennten Betriebsteil leitet (Zweigstelle, Filiale, Nebenstelle, besondere Fabrikationsanlage – *Düsseldorf* wistra 1991, 275) oder wer in einem größeren Betrieb eine bestimmte Abteilung leitet (als kaufmännischer oder technischer Leiter und ggf. noch weiter aufgefächert – KK-*Cramer* 43). Das trifft etwa auf einen kaufmännischen Angestellten zu, der für den gesamten Verkauf in einem bestimmten Gebiet verantwortlich ist (*KG* Gewerbearchiv 1992, 195 zur Preisauszeichnungspflicht).

23 Nicht gemeint sind nur die Personen in der obersten Ebene oder die sog. leitenden Angestellten i. S. d. Betriebsverfassungsgesetzes (*Göhler/König* 21). Den Betrieb zum Teil leiten können auch **Mitarbeiter unterer Leitungsebenen**. Ob dies der Fall ist, hängt letztlich von der Organisation des Betriebes im Einzelfall ab.

24 **Aufsichtspersonen** sind neben dem Betriebsinhaber für die Wahrnehmung von Aufgaben nur verantwortlich, soweit die nach Abs. 2 Satz 1 Nr. 2 hiermit ausdrücklich betraut sind. Die Beaufsichtigung ist weniger als eine verantwortliche und dementsprechend selbständige Geschäftsführung (*RRH* 39).

25 Unter den Voraussetzungen der Nr. 2 werden **sonstige Beauftragte** dann zu Normadressaten, wenn sie ausdrücklich mit der eigenverantwortlichen Wahrnehmung von Aufgaben beauftragt sind, die dem Betriebsinhaber obliegen (KK-*Rogall* 78, *RRH* 50). Erforderlich ist hier ein ausdrücklicher Auftrag, in einem sachlich abgesteckten Rahmen bestimmte Aufgaben des Inhabers in eigener Verantwortung zu erfüllen (*Hamm* MDR 1978, 598). Erforderlich ist ferner, dass der Betreffende den fraglichen Aufgabenkreis tatsächlich übernommen hat. Umgekehrt reicht nicht aus, dass jemand einen entsprechenden Aufgabenkreis tatsächlich übernimmt, ohne dazu entsprechend ausdrücklich beauftragt zu sein (KK-*Rogall* 79).

26 Die stillschweigende Bestellung, das bloße Dulden oder die konkludente Billigung der tatsächlichen Wahrnehmung der Aufgabe genügen nicht. Nr. 2 setzt einen **ausdrücklichen Auftrag** voraus (*Göhler* NStZ 1983, 64). Nicht erforderlich ist andererseits die Einhaltung einer Form oder Bekanntmachung nach außen (*KG* VRS 36, 269). Ferner kommt es nicht auf den Gebrauch des Ausdrucks „Auftrag" an, sofern nur in der Sache verdeutlicht ist, dass der Betroffene künftig eigenverantwortlich bestimmte Aufgaben zu erfüllen habe (KK-*Rogall* 79; *Göhler/König* 27). Ob dies der Fall ist, muss im Einzelfall die Auslegung ergeben.

27 Die **Beauftragung** in Nr. 1 und 2 muss durch den **Inhaber des Betriebs bzw. Unternehmens** oder eines sonst dazu **Befugten** erfolgt sein (*BayObLG* NZV 1994, 82). Ist der Inhaber eine juristische Person, so treten an deren Stelle ihre Organe. Für eine Personengesellschaft handeln ihre vertretungsberechtigten Gesellschafter. Die in Nr. 1 Genannten werden deshalb in der Regel von dem Inhaber selbst bzw. seinem gesetzlichen Vertreter beauftragt sein, auch wenn dies nicht unbedingt notwendig ist. Eine sonstige Befugnis zur Bestellung verantwortlicher Vertreter kann sich unmittelbar aus besonderen gesetzlichen Vorschriften, vor allem aber aus einer auf den Inhaber zurückführbaren Delegation ergeben. Im Fall der Nr. 2 besteht eine solche Befugnis insbesondere für die in Nr. 1 Genannten. Zu den sonst Befugten können aber auch andere Angestellte gehören, wenn sie in einem bestimmten Bereich für die Organisation des Betriebs verantwortlich sind. Voraussetzung ist immer, dass der Betreffende die fragliche Aufgabe auf einen anderen zur eigenverantwortlichen Erledigung delegieren darf.

28 Mit der Bestellung nach Abs. 2 Satz 1 Nr. 1 wird zwar die Verantwortlichkeit des Inhabers gemindert. Sie entfällt jedoch nicht ganz (*Koblenz* GewArch 1987, 242). Liegt ein wirksames Auftragsverhältnis nicht vor, etwa weil dem Beauftragten **keine Entscheidungsbefugnis** zusteht, so bleibt der Inhaber voll verantwortlich (*Schleswig* VRS 58, 384). Im Übrigen bleibt der Inhaber des Betriebes weiterhin selbst auch Normadressat, wie sich aus der Verwendung des Wortes „auch" in Abs. 1 ergibt (*Karlsruhe* Justiz 1981, 21). Er hat deshalb alle organisatorischen Maßnahmen zur Verhinderung von Zuwiderhandlungen zu treffen (*Köln* VRS 64, 83). Inwieweit er bei derartigen Verstößen verantwortlich bleibt, richtet sich nach dem Einzelfall (*Göhler/König* 37 zum Lebensmittelrecht).

29 Erkennt der Inhaber, dass eine **bestimmte Pflicht** von seinem Beauftragten **missachtet** oder möglicherweise **verletzt** wird oder kann er dies zumindest erkennen, so muss er selbst eingreifen (*BayObLG* NJW 1997, 2394). Dies gilt etwa dann, wenn er bemerkt oder bemerken kann, dass ein LKW trotz abgefahrener Reifen in seinem Betrieb benutzt wird oder wenn er feststellt, dass eine genehmigungspflichtige Tätigkeit von dem damit betrauten Sachbearbeiter nur mit großen Schwierigkeiten erledigt wird (*Karlsruhe* Justiz 1981, 21 m. Anm. *Göhler* NStZ 1981, 55). Es gilt auch, wenn ihm bekannt wird, dass die in § 32 Abs. 1 Nr. 1 JArbSchG verlangte ärztliche Bescheinigung nicht vorliegt (*Hamm* NJW 1974, 72) oder ganz allgemein dann, wenn er sich nicht vergewissert, dass der Beauftragte das Ausmaß seiner Pflichten kennt. In solchen Fällen kann der Inhaber auch selbst Täter der Zuwiderhandlung sein (*Celle* NdsRpfl 1987, 135). Verantwortlich kann der Unternehmer ferner auch für Verstöße des Fahrers gegen Lenk- und Ruhezeitvorschriften sein (*Düsseldorf* VRS 78, 126) oder für Verstöße gegen Beladungsvorschriften (*BayObLG* DAR 1992, 362). Zur Frage der Kennzeichenanzeigen *Beck/Berr* 15 ff.

30 Wer sich um die Einhaltung der bestehenden gesetzlichen Bestimmungen bewusst nicht kümmert und es unterlässt, die erforderlichen und geeigneten Maßnahmen zur Gewährleistung deren Einhaltung zu treffen, nimmt damit voraussehbare Verstöße auch dann **billigend in Kauf**, wenn ihm der Verstoß im Einzelfall vor seiner Begehung nicht zur Kenntnis gelangt (*Düsseldorf* bei *Göhler* NStZ 1990, 76). Dies gilt auch für den Betriebsleiter, der andere Personen mit der Wahrnehmung bestimmter Aufgaben beauftragt. Hat sich andererseits der Beauftragte bei der Wahrnehmung von Aufgaben **jahrelang als zuverlässig** erwiesen, so besteht kein Anlass zu besonderen Kontrollmaßnahmen durch den Betriebsleiter. Anders ist dies bei der Beauftragung noch nicht erprobter, nicht hinreichend sachkundiger oder unzuverlässiger Personen (*Göhler/König* 38).

31 **Abs. 2 Satz 2** stellt das Unternehmen dem Betrieb gleich. Als Unternehmen versteht man eine rechtlich-wirtschaftliche Einheit, die dem Streben nach Umsatz und Gewinn dient. Ein Betrieb ist eine technisch-organisatorische Einheit sachlicher und persönlicher Mittel, die eine bestimmte Leistung hervorbringen soll (*RRH* 52). Die Vorschrift erfasst Fabriken, Handwerksbetriebe, Arztpraxen ebenso wie karitative Einrichtungen, nicht Personenzusammenschlüsse, deren Zweck nicht unternehmerisch ist (KK-*Rogall* 68).

Nach **Abs. 2 Satz 3** ist Satz 1 auf Personen anzuwenden, die aufgrund eines 32
Auftrags einer Stelle handeln, die **Aufgaben der öffentlichen Verwaltung**
wahrnimmt. Dabei kommt es nicht darauf an, ob die Beauftragten Beamte
oder Angestellte des öffentlichen Dienstes sind oder für die Stellen aufgrund eines privatrechtlichen Vertrages tätig sind. Entscheidend ist allein,
ob die Voraussetzungen des Abs. 2 Satz 1 bei dem Betreffenden vorliegen.
In den Fällen des Abs. 2 Satz 3 tritt anstelle des Betriebsleiters der Behördenleiter. Im Übrigen kommt es auf die Organisationsstruktur dieser Stelle
an, wem der Aufgabenbereich und die Bearbeitung der damit verbundenen
bußgeldrechtlich geschützten Pflichten obliegt.

Abs. 2 Satz 3 gilt unabhängig davon, ob die Stelle **fiskalisch** oder **privat-** 33
rechtlich tätig wird (*RRH* 53). In beiden Fällen fehlt es bei den hier in
Frage stehenden Stellen an einem Inhaber, dessen Aufgabenbereich anstelle des Inhabers des Betriebs wahrzunehmen ist. Die Vorschrift gilt
auch für Stellen, die im technischen Sinne nicht als Verwaltung anzusehen
sind.

Nach **Abs. 3** sind die Absätze 1 und 2 auch dann anzuwenden, wenn die 34
Rechtshandlung, welche die Vertretungsbefugnis oder das Auftragsverhältnis begründen soll, **unwirksam** ist. Dies gilt insbesondere dann, wenn
die für die Bestellung etwa notwendigen **Formvorschriften** wie gerichtliche oder notarielle Beurkundungen, Schriftform, Eintragung ins Handelsregister nicht beachtet worden sind oder wenn ein nicht oder nur beschränkt geschäftsfähiger Inhaber den Auftrag erteilt hat (*Göhler/König*
46). Notwendig ist jedoch, dass der Vertreter oder Beauftragte mit dem
Einverständnis des Inhabers oder der für ihn handelnden Organe oder des
sonst hierzu Befugten tätig geworden ist (*BayObLG* NZV 1994, 82) und
tatsächlich eine Stellung eingenommen hat, wie sie die Absätze 1 und 2
voraussetzen.

Danach kommt es darauf an, dass ein **faktisches Vertretungs- oder Auf-** 35
tragsverhältnis vorliegt (*RRH* 54; *Göhler/König* 47). Das ist etwa nicht
der Fall, wenn der beauftragte Betriebsleiter nur als Strohmann anzusehen
wäre, weil ihm die in Abs. 2 vorausgesetzte tatsächliche Entscheidungsbefugnis und Selbständigkeit fehlt oder wenn ein Minderjähriger mit der
Erfüllung von Pflichten betraut würde, denen er nicht gewachsen ist
(*Göhler/König* 47). In solchen Fällen fehlt die tatsächliche Grundlage für
die Ausdehnung der Verantwortlichkeit.

36 Die bußgeldrechtliche Verantwortlichkeit des Vertreters oder Beauftragten setzt die **Kenntnis derjenigen Umstände** voraus, aus denen sich das faktische Vertretungs- oder Auftragsverhältnis ergibt (*BGH* NJW 1966, 2225). Ein Irrtum darüber ist **Tatbestandsirrtum** (KK-*Rogall* 86). Kennt der Vertreter diese Umstände und weiß er lediglich nicht, dass das fragliche Verbot oder Gebot auch für ihn gilt, so liegt ein Verbotsirrtum vor.

37 Die Bemessung einer Geldbuße bestimmt sich nach den **wirtschaftlichen Verhältnissen des Vertreters**, nicht nach den Vermögensverhältnissen des Vertretenen. Diese bleiben auch dann außer Betracht, wenn das verfolgbare Verhalten des Vertreters dem Vertretenen einen Gewinn eingebracht hat. Ein Ausgleich ist hier nur im Rahmen des § 30 gegeben. Zu berücksichtigen ist auch, ob der Täter zugleich Mitglied oder Gesellschafter einer juristischen Person oder Personenvereinigung ist, gegen die nach § 30 wegen dieser Tat eine Geldbuße verhängt wird, um eine doppelte Ahndung zu vermeiden (*Hamm* NJW 1974, 1853).

§ 10 Vorsatz und Fahrlässigkeit

Als Ordnungswidrigkeit kann nur vorsätzliches Handeln geahndet werden, außer wenn das Gesetz fahrlässiges Handeln ausdrücklich mit Geldbuße bedroht.

1 Die Vorschrift entspricht § 15 StGB. Ihr Wortlaut deutet darauf hin, dass **fahrlässiges Verhalten** nur **ausnahmsweise** mit Geldbuße bedroht sein sollte (KK-*Rengier* 1). Die in den meisten Bußgeldtatbeständen übliche Erwähnung von Vorsatz und Fahrlässigkeit zeigt, dass es erforderlich ist, die Ahndung fahrlässigen Handelns im OWi-Recht zurückzunehmen. Zutreffend erscheint die Bewertung, dass hier eine größere gesetzgeberische Sorgfalt angezeigt ist (KK-*Rengier* 1; *Weber* Die Überspannung der staatlichen Bußgeldgewalt, ZStW 92 [1980], 313). Wie auch bei § 15 StGB dürfte dies letztlich nur erreicht werden, indem man durch eine allgemeine Umorientierung die einfache Fahrlässigkeit auch im OWi-Recht aus der Ahndung herausnimmt und im Übrigen anders als dies in der Rechtswirklichkeit derzeit geschieht, im Gesetzgebungsverfahren wirklich von Fall zu Fall entscheidet, ob in jedem Fall fahrlässiges Verhalten zu ahnden ist.

2 Vorsatz und Fahrlässigkeit werden im OWi-Recht nicht anders verstanden als im Strafrecht (*Mitsch* S. 65). Ihre **Abgrenzungen** insgesamt sowie hinsichtlich der einzelnen Stufen von Vorsatz und Fahrlässigkeit sind gleich. Das umfängliche Schrifttum und die uferlose Rechtsprechung hierzu gelten für das OWi-Verfahren gleichermaßen.

Vorsatz als Wissen und Wollen der Tatbestandsverwirklichung ist gegeben, wenn der Täter die Tatbestandsmerkmale, die das Gesetz voraussetzt, kennt bzw. deren künftigen Eintritt nach dem voraussichtlichen Ablauf der Tathandlung voraussieht, die Tatbestandsverwirklichung will und die Vorstellung hat, den Tatablauf zu beherrschen (*Göhler/König* 2). Die für das Strafrecht anerkannten **unterschiedlichen Vorsatzformen** gelten auch für das OWi-Recht. Soweit das Gesetz nur vorsätzliches Handeln voraussetzt, also nicht Absicht und Wissentlichkeit verlangt, reicht jede der genannten Formen des Vorsatzes zur Tatbestandsverwirklichung aus (*Göhler/König* 2). 3

Absicht ist gegeben, wenn es dem Täter auf die Tatbestandsverwirklichung oder den zum Tatbestand gehörenden Erfolg ankommt, er ihn also direkt anstrebt (*BGHSt* 18, 151), auch wenn dies nicht das Endziel oder der alleinige Zweck seines Handelns ist. Reine Absichtstatbestände gibt es im OWi-Recht, soweit erkennbar, nicht. Ist die tatbestandsmäßige Handlung mit den Worten „um …. zu" umschrieben, so ist hier zwar absichtliches Handeln gemeint. Diese Formulierung bedeutet aber nach allgemeiner Auffassung (KK-*Rengier* 7; *RRH* 11; *Göhler/König* 3) keine Absicht im Sinne der Vorsatzdefinition, sondern in aller Regel das Anstreben eines Erfolges, ohne dass es dabei darauf ankommt, ob dieser auch tatsächlich eintreten wird. Hier ist die **Absicht** besonderes subjektives Tatbestandsmerkmal und weist eine überschießende Innentendenz auf (*Mitsch* S. 67; KK-*Rengier* 7). Derartige Fälle enthalten z. B. § 405 Abs. 3 Nr. 2 und Nr. 3 AktG („zu dem Zweck"), § 3 Abs. 4 Nr. 1 AWG („um eine Genehmigung zu erschleichen" – *BGH* NStZ 1985, 367), § 213 Abs. 1 Nr. 1 BauGB („um einen Verwaltungsakt zu erwirken oder zu verhindern"), § 38 Abs. 1 Nr. 7 GWB („um eine Kartellbehörde oder ein Unternehmen zu einem bestimmten Verhalten zu veranlassen") – *BGH* NJW 1966, 460), § 36 Abs. 1 MOG („um eine Lizenz oder Erlaubnis zu erhalten"), § 11 Abs. 1 RabattG („zu Zwecken des Wettbewerbs") und in weiteren Fällen (KK-*Rengier* 7). Die Abgrenzung ist im Einzelnen problematisch und erfordert eine genaue Prüfung von Sinn und Zweck der Vorschrift (*RRH* 11). 4

5 Wissentliches Handeln als eigene Vorsatzform (hierzu *RRH* 12) dient im StGB nur dem Ausschluss des bedingten Vorsatzes (BT-Drucks. 7/550 S. 192; *Sturm* JZ 1975, 7). Bußgeldtatbestände, die wissentliches Handeln verlangen, sind „extrem selten" (KK-*Rengier* 10; *Mitsch* S. 68). Sie finden sich etwa in § 213 Abs. 1 Nr. 1 BauGB (Falschangaben wider besseres Wissen), in Landesbauordnungen oder im Denkmalschutzrecht einiger Länder.

6 Bedingter Vorsatz liegt vor, wenn der Täter die Tatbestandsverwirklichung für möglich hält und sie billigend in Kauf nimmt. Die feinsinnigen Abstufungen, die die Strafrechtswissenschaft und die Rechtsprechung in diesem Zusammenhang geschaffen haben, sind für das OWi-Verfahren im Regelfall ohne Bedeutung.

7 Fahrlässiges Handeln liegt nach der Rechtsprechung vor, wenn der Täter die Sorgfalt, zu der er nach den Umständen und seinen persönlichen Fähigkeiten verpflichtet und imstande ist, außer Acht lässt, indem er pflichtwidrig handelt und deshalb die rechtswidrige Tatbestandsverwirklichung nicht erkennt oder voraussieht (unbewusste Fahrlässigkeit) oder die Möglichkeit der rechtswidrigen Tatbestandsverwirklichung zwar erkennt, aber pflichtwidrig darauf vertraut, sie werde nicht eintreten (bewusste Fahrlässigkeit). Die bewusste Fahrlässigkeit muss zudem vom bedingten Vorsatz hin abgegrenzt werden. Wer im PKW wegen Telefonierens ohne Freisprecheinrichtung einen Rotlichtverstoß begeht, handelt nicht mit bedingtem Vorsatz (so aber *Celle* NJW 2001, 2647), sondern in der Regel bewusst fahrlässig (*Korte* NStZ 2002, 584).

8 Die Feststellung der **Pflichtwidrigkeit** ist bei Bußgeldtatbeständen im Ausgangspunkt vereinfacht. Der Deliktstyp des Bußgeldtatbestandes will gerade das pflichtwidrige Handeln erfassen. Durch seine Verwirklichung wird demnach regelmäßig pflichtwidriges Handeln indiziert. Allerdings ist weiterhin festzustellen, ob der Täter nach den Umständen des konkreten Falles und seiner persönlichen Fähigkeiten in der Lage und imstande war, pflichtgemäß zu handeln (*Köln* JR 1971, 163).

9 Die im Schrifttum angesprochenen Fragen einer **Wahlfeststellung** zwischen vorsätzlichem und fahrlässigem Handeln sowie eines Schuldnachweises nach Art des Anscheinsbeweises (*Göhler/König* 7a, 9a) **liegen fern.** Beide sind unzulässig, auch wenn es Situationen gibt, in denen der

Tatbestand für fahrlässiges Handeln wie ein Auffangtatbestand wirkt (*BGH* wistra 1988, 196).

Die **objektive Pflichtwidrigkeit** ist **Tatbestandselement** und besteht in der Verletzung der im Verkehr erforderlichen Sorgfalt (§ 276 BGB). Genereller Sorgfaltsmaßstab sind die Regeln eines besonnenen und gewissenhaften Menschen in der sozialen Situation, in der sich der Täter konkret befindet (KK-*Rengier* 18). Verfügt er über ein besonderes Wissen (Gefährlichkeit einer Kreuzung, Nähe von Kindern, Verkehrsuntauglichkeit eines Erwachsenen) oder über ein besonderes Können, so erhöhen sich die objektiven Sorgfaltsanforderungen entsprechend (*Braunschweig* VRS 13, 286 hinsichtlich der Kenntnis örtlicher Straßenverhältnisse; **a. A.** LK-*Schröder* § 16 Rn. 144 ff.). 10

Die **allgemeinen Sorgfaltsregeln** ergeben sich aus geschriebenen und ungeschriebenen Regeln (Sondernormen; Verkehrsgepflogenheiten). Bei Delikten, bei denen der Sorgfaltsmaßstab nicht festliegt (etwa § 1 Abs. 2 StVO; *Bohnert* JR 1982, 6 ff.), lässt sich die objektive Sorgfalt nicht einer einzelnen Sorgfaltsnorm, sondern nur der Gesamtrechtsordnung entnehmen; wie stets kommt es auf die Fallgestaltung im Einzelnen an, wobei verschiedene Verkehrskreise auch unterschiedliche Sorgfaltsregeln haben (Beispiele zum Straßenverkehrsrecht *Bohnert* 22). 11

Der Fahrlässigkeitstatbestand setzt ferner die **objektive Voraussehbarkeit der Tatbestandsverwirklichung** voraus. Sie ist voraussehbar, wenn sie nach der allgemeinen Lebenserfahrung erwartet werden konnte. Bei Tätigkeitsdelikten ist sie in der Regel unproblematisch, es sei denn, es liegen außergewöhnliche Umstände vor, welche die Voraussehbarkeit entfallen lassen. Bei Erfolgsdelikten wie insbesondere § 1 Abs. 2 StVO muss sich die Voraussehbarkeit auch auf den konkreten Kausalverlauf in seinen wesentlichen Grundzügen erstrecken (KK-*Rengier* 30). Im Endergebnis entfällt die Voraussehbarkeit des Erfolges aber nur, wenn der Kausalverlauf so sehr außerhalb aller Lebenserfahrungen liegt, dass niemand mit ihm zu rechnen brauchte (*BGH* NJW 1958, 1980). Unvoraussehbar sind vor allem Kausalverläufe, die durch grob fahrlässiges Verhalten des Opfers oder Dritter beeinflusst werden (*BGH* NJW 1958, 1980; *BayObLG* VRS 62, 368). Solche Kausalverläufe fallen nicht in den Verantwortungsbereich des Täters. 12

§ 10 Erster Teil. Allgemeine Vorschriften

13 Nach der Rechtsprechung (*BGH* NJW 1985, 1350; *Frankfurt* JR 1994, 72) muss ein Zusammenhang zwischen Pflichtwidrigkeit und Erfolg bestehen. Diese **Kausalität der Pflichtwidrigkeit** entfällt, wenn der Erfolg, ein **pflichtgemäßes Alternativverhalten** unterstellt, auch eingetreten wäre, also für den Täter unvermeidbar war (*BayObLG* NZV 1992, 453). In diesem Falle hat sich das pflichtwidrige Verhalten nicht auf den Erfolg ausgewirkt. Bestehen Zweifel darüber, ob der Erfolg bei pflichtgemäßem Verhalten auch eingetreten wäre, so wirken sie sich zugunsten des Täters aus (KK-*Rengier* 34).

14 Der Zurechnungszusammenhang entfällt ferner, wenn der Erfolg **außerhalb des Schutzbereichs** der übertretenen Sorgfaltsnorm liegt. Hier ist zu fragen, ob die verletzte Regel ihrem Sinn und Zweck nach zumindest auch gerade den verwirklichten Erfolg vermeiden sollte. In dem Erfolgseintritt muss sich also speziell die Gefahr realisiert haben, die von der übertretenen Vorschrift verhindert werden sollte. Diese Abgrenzungen sind insbesondere im Straßenverkehrsrecht schwierig, müssen aber im Einzelfall getroffen werden (vgl. hierzu *BGH* NJW 1981, 2301; *BayObLG* NStZ 1986, 402; KK-*Rengier* 36).

15 Die **subjektive Fahrlässigkeit** erfordert, dass der Täter bei Begehung der Tat nach seinen persönlichen Kenntnissen und Fähigkeiten in der Lage war, die Sorgfaltspflicht zu erfüllen und die Tatbestandsverwirklichung vorauszusehen (*BayObLG* NJW 1998, 3580). Zu beachten sind dabei Intelligenzmängel, Gedächtnisschwächen, Wissenslücken, Erfahrungsmängel, Altersabbau, plötzliche Leistungsabbrüche, Schrecken und Verwirrung sowie Schreck- und Reaktionszeiten (KK-*Rengier* 41), es sei denn, dass diese Schwächen dem Handelnden bereits bei Übernahme einer Tätigkeit bekannt waren. Dann liegt darin seine Fahrlässigkeit (*BGH* DAR 1968, 131).

16 War dem Täter **pflichtgemäßes Handeln nicht zumutbar**, so liegt eine vorwerfbare Pflichtverletzung nicht vor. Das gilt etwa, wenn der Arbeitnehmer auf ausdrückliche Weisung des Arbeitgebers nach erfolgloser Gegenvorstellung handelt, um seine Arbeitsstelle nicht zu verlieren. Allerdings dürfte **normgerechtes Handeln** auch bei entgegenstehenden persönlichen oder beruflichen Interessen grundsätzlich zumutbar sein, insbesondere im Straßenverkehr (*Köln* VRS 59, 438). Korrekturmöglichkeiten bietet der Opportunitätsgrundsatz (§ 47).

Zwar kann **sozialadäquates Verhalten** die Tatbestandsmäßigkeit ausschließen (*München* NStZ 1985, 549; *Göhler/König* 18). Allerdings gilt auch hier, dass nicht schon das massenhafte Auftreten etwa von Verkehrsverstößen und seine allgemeine Billigung in der Bevölkerung (geringe Geschwindigkeitsüberschreitungen) nicht schon die Ahndung sozialadäquaten Verhaltens rechtfertigt. Etwas anderes kann gelten, wenn die getroffene Verkehrsregelung unter keinen erkennbaren Umständen einsichtig ist oder unkritisches Regelverhalten offensichtlich sogar verkehrsgefährdend wäre (*Göhler/König* 18). 17

Leichtfertiges Verhalten findet sich auch in einigen Bußgeldtatbeständen. Unter Leichtfertigkeit ist eine graduell gesteigerte grobe Fahrlässigkeit zu verstehen (*BGH* NJW 1966, 673; *BFH* wistra 1987, 224; *BayObLG* wistra 1999, 70). Die Handlung muss mit einem ungewöhnlich hohen Maß an Pflichtwidrigkeit bei sich geradezu aufdrängender Tatbestandsverwirklichung durchgeführt werden. Der leichtfertig handelnde Täter beachtet nicht, was im gegebenen Fall jedem hätte einleuchten müssen (*BGHZ* NJW 1953, 1139). Leichtfertigkeit ist dennoch nicht mit einem ethischen Unwerturteil verbunden. Sie hat daher weder mit Rücksichtslosigkeit (KK-*Rengier* 49) noch mit Gewissenlosigkeit (*KG* BB 1969, 567) als kennzeichnendes Merkmal zu tun, auch wenn nicht selten entsprechende Motive feststellbar sind. Sie erleichtern dann die Feststellung der gesteigerten groben Fahrlässigkeit. 18

§ 11 Irrtum

(1) Wer bei Begehung einer Handlung einen Umstand nicht kennt, der zum gesetzlichen Tatbestand gehört, handelt nicht vorsätzlich. Die Möglichkeit der Ahndung wegen fahrlässigen Handelns bleibt unberührt.

(2) Fehlt dem Täter bei Begehung der Handlung die Einsicht, etwas Unerlaubtes zu tun, namentlich weil er das Bestehen oder die Anwendbarkeit einer Rechtsvorschrift nicht kennt, so handelt er nicht vorwerfbar, wenn er diesen Irrtum nicht vermeiden konnte.

Die Vorschrift regelt Fälle des Irrtums in Anlehnung an § 16 Abs. 1 StGB (**Abs. 1: Tatbestandsirrtum**) und an § 17 Satz 1 StGB (**Abs. 2: Verbots-** 1

irrtum). Eine dem § 16 Abs. 2 StGB entsprechende Vorschrift (Irrtum über privilegierende Tatbestandsmerkmale) ist wegen eines fehlenden entsprechenden Bedürfnisses nicht in das OWiG aufgenommen worden. Im OWi-Recht gibt es kein erhöhtes Mindestmaß der Geldbuße, so dass die irrtümliche Annahme von Umständen, bei deren Vorliegen eine geringere Bußgelddrohung eingreifen würde, bei der Bemessung der Geldbuße stets mildernd berücksichtigt werden kann (*RRH* 1).

2 Die **dogmatischen Grundlagen der strafrechtlichen Irrtumslehre** haben für die Praxis des OWi-Verfahrens keine gesonderte Bedeutung. Auf ihre Darstellung an dieser Stelle kann daher verzichtet werden (vgl. jedoch KK-*Rengier* 1 ff.). Das außerordentlich umfängliche strafrechtliche Schrifttum sowie die ausdifferenzierte Rechtsprechung zu den Irrtumsfragen haben nur unter diesem Aspekt für das OWi-Verfahren Bedeutung. Auf sie wird Bezug genommen. Für das OWi-Verfahren bedeutet dies:

3 Nach **Abs. 1 Satz 1** handelt nicht vorsätzlich, wer bei Begehung einer Handlung einen Umstand nicht kennt, der zum **gesetzlichen Tatbestand** gehört. Hierzu rechnen alle Umstände, die in die Tatbestandsbeschreibung ausdrücklich aufgenommen worden sind. Es können solche der sinnlich wahrnehmbaren Außenwelt sein wie etwa Personen, Einrichtungen oder Geschehnisse, aber auch gedankliche Vorgänge (wie etwa das Veranlassen zu Liefer- oder Bezugssperren nach §§ 26, 38 GWB) oder Sachverhalte wie Arbeitsverhältnisse, unangemessenes Entgelt, Bestehen einer Auskunfts- oder Meldepflicht, einer Verschreibungspflicht für Medikamente (*BayObLG* NStZ 1988, 306) oder eines Steueranspruchs (*Göhler/ König* 3).

4 Zu den Tatbestandsmerkmalen gehören auch **negative**, wie etwa fehlende Genehmigung, fehlende Erlaubnis, wie sie in Bußgeldvorschriften häufig anzutreffen sind. Bei den **Blankettvorschriften**, die auf außerhalb des Gesetzes erlassene Normen abstellen, zählen die in diesen Normen aufgenommenen Merkmale zum Tatbestand.

5 Keine Tatbestandsmerkmale sind solche, die sich allein auf die **Psyche des Täters**, nicht dagegen auf die Außenwelt beziehen sowie solche, die nur Hinweise auf Rechtfertigungsgründe enthalten (Handeln in „ungebührlicher Weise" – *Hamm* JMBlNW 1960, 142; „unbefugt" – *Göhler/ König* 3).

Zweiter Abschnitt. Grundlagen der Ahndung § 11

Rechtliche und tatsächliche Merkmale stehen einander gleich. Allerdings ist bei rechtlichen Merkmalen die Abgrenzung zwischen Tatbestands- und Verbotsirrtum schwieriger als bei tatsächlichen Merkmalen. Gleichwertig sind ferner beschreibende und wertende Merkmale. Die Kenntnis des Täters muss sich auf sämtliche Merkmale erstrecken, wobei es gleichgültig ist, ob er sich über ein beschreibendes (deskriptives) oder werdendes (normatives) Merkmal irrt. Die Beurteilung, ob ein Tatbestandsirrtum vorliegt, macht Probleme, wenn Fehlvorstellungen des Handelnden nicht allein die notwendige Wissensbasis im tatsächlichen Bereich, sondern auch die rechtliche Bewertung normativer Tatbestandsmerkmale betreffen. Zum Vorsatz gehört insoweit auch eine gewisse rechtliche Bewertung. Hat der Täter allerdings den wesentlichen Bedeutungsgehalt des Tatbestandsmerkmals richtig erkannt, so ist es für die Vorsatzfrage unerheblich, ob er dann auch juristisch exakt unter die gesetzlichen Merkmale subsumiert (*BayObLGSt* 1980, 148). 6

Wer etwa zwei auf seinem Privatgrundstück lagernde Autowracks nicht für Abfall hält, weil das eine zur Gewinnung zu Ersatzteilen, das andere als Spielraum für Kinder dient, erfasst den **normativen Sinn** des Merkmals Abfall nicht richtig (*Schleswig* SchlHA 1986, 117). Ebenso befindet sich in einem Tatbestandsirrtum, wer nicht weiß, dass der gefällte Baum durch einen Bebauungsplan unter Schutz gestellt worden war (*Schleswig* SchlHA 1987, 125). Im Lebensmittelrecht spielen die Verbote zum Schutze von Täuschungen (§ 17 LMBG) eine besondere Rolle. Das Bewusstsein, sich irreführend zu verhalten, gehört hier zum Tatbestandsvorsatz. 7

Ist die Ahndbarkeit von einem **Verwaltungsakt** abhängig, so muss dieser unanfechtbar oder vollziehbar sein (*BGH* NJW 1969, 2023; *Karlsruhe* NJW 1988, 1605). Der Vorsatz setzt neben der Erkenntnis der Anordnung die Kenntnis der Ahndbarkeitsgründe der normativen Merkmale Unanfechtbarkeit bzw. Vollziehbarkeit voraus (KK-*Rengier* 18). Der **Irrtum über die Unanfechtbarkeit** bzw. Vollziehbarkeit eines Verwaltungsaktes ist also **Tatbestandsirrtum**. 8

Zum Tatbestand des § 1 GWB gehört, dass die Verträge geeignet sind, den Markt spürbar zu beeinflussen (KK-*Rengier* 21). Diese Eignung ist ein **normatives Tatbestandsmerkmal**. Wer glaubt, sein Verhalten sei nicht potentiell marktrelevant, befindet sich in einem Tatbestandsirrtum (KK-*Rengier* 21; *Achenbach* § 38 GWB 130, 143). 9

67

10 Bei den **Erfolgsdelikten** ist der **Kausalverlauf** ein Teil des Tatbestandes. Entspricht der tatsächliche Kausalverlauf der allgemeinen Lebenserfahrung, so ist Vorsatz gegeben. Weicht er hingegen von der Vorstellung des Täters erheblich ab, so kann Vorsatz fehlen. In diesem Falle liegt nur Versuch vor, der nicht mit Geldbuße bedroht ist (*Göhler/König* 13).

11 Die **Rechtspflicht zum Handeln** ist weder bei echten noch bei unechten Unterlassungs-OWi ein zum Tatbestand im eigentlichen Sinn gehörender Tatumstand (*BGHSt* [GrS] 16, 155; *BGHSt* 19, 298). Zum Tatbestand gehören nur die Umstände, welche die Rechtspflicht begründen. Das **fehlende Bewusstsein der Rechtspflicht** ist nicht als Verbotsirrtum, sondern als Tatbestandsirrtum zu behandeln, der den Vorsatz ausschließt. Diese differenzierte Betrachtungsweise entspricht der unterschiedlichen Zielrichtung von Strafrecht und OWi-Recht innerhalb des staatlichen Sanktionssystems am ehesten und verdient den Vorzug. Der von der Gegenmeinung vertretene Ansatz, diese Auffassung sei systemwidrig, orientiert sich zu sehr an den Kategorien des Strafrechts (**a. A.** *RRH* 16; KK-*Rengier* 32). Dann kommt es auch nicht darauf an festzustellen, dass dem Unterlassenden „wenigstens am Rande" bewusst wird, was geschieht und was er tun sollte (*BayObLGSt* 1997, 149).

12 Nicht Tatbestandsmerkmale sind **Merkmale**, die sich auf die Psyche des Täters beziehen, wie die Rechtswidrigkeit, so dass zum Vorsatz nicht auch das Bewusstsein gehört, Unrecht zu tun und die Bedingungen der Ahndung, die neben der Tatbestandsverwirklichung zusätzlich gegeben sein müssen, um die Möglichkeit der Ahndung zu begründen und daher außerhalb der Beschreibung des ordnungswidrigen Verhaltens stehen (*Göhler/König* 16, 17). Ein Irrtum über diese Merkmale vermag den Vorsatz nicht auszuschließen. Allerdings ist auch ein Verbotsirrtum in solchen Fällen selten.

13 Abs. 2 behandelt den **Verbotsirrtum** gesondert. Er ist entsprechend § 17 StGB geregelt. Während § 17 StGB auf die fehlende Einsicht, Unrecht zu tun, abstellt, spricht Abs. 2 von der mangelnden Einsicht Unerlaubtes zu tun. Aus Abs. 2 ergibt sich die Entscheidung des Gesetzgebers für die **Schuldtheorie**, wonach das fehlende Bewusstsein, etwas Unerlaubtes zu tun, den Vorsatz grundsätzlich unberührt lässt.

14 Der Verbotsirrtum ist für die Praxis des OWi-Rechts von größerer Bedeutung als für das Strafrecht. Im OWi-Recht gibt es eine große Anzahl von

Vorschriften, die aus Gründen praktischer Notwendigkeit häufig inhaltlich geändert werden, was vor allem für die Ausführungsnormen der **Blankett-OWi** gilt, so dass sie dem Täter oft nicht hinreichend bekannt sein können. Gleichwohl passt die Schuldtheorie für das OWi-Recht (*RRH* 29; *KK-Rengier* 6 ff.; *Göhler/König* 21; *Mitsch* S. 101). Vielfach kann der Täter auch bei OWi ohne Kenntnis der Rechtsvorschriften im Einzelnen erkennen, dass er etwas Unerlaubtes tut. Darüber hinaus haben Personen, für welche im Hinblick auf ihren Beruf oder ihre Tätigkeit besondere Pflichten bestehen, die Pflicht, sich um deren Bestehen und deren Umfang stets zu kümmern.

Auch für das OWi-Recht sind **unterschiedliche Fallgruppen** zu unterscheiden. Hat der Täter die Einsicht, etwas Unerlaubtes zu tun, so scheidet die Annahme eines Verbotsirrtums aus. Für dieses Bewusstsein ist weder die genaue Kenntnis der verletzten Vorschrift noch die Vorstellung erforderlich, gerade eine ahndbare Handlung zu begehen. Vielmehr genügt das **laienhafte, sogar das latente Wissen**, die Handlung könne gegen rechtliche Normen verstoßen (*Celle* NJW 1987, 79; *KK-Rengier* 52). Wobei sich dieses Wissen nicht nur darauf beziehen darf, ganz allgemein gegen die rechtliche Ordnung zu verstoßen, sondern sich auf spezifische Rechtsgutsverletzungen beziehen muss (*BGH* StV 1995, 632; *Stuttgart* NStZ 1993, 344). Etwaige Überzeugungen der Täter für ein bedeutendes Anliegen handeln zu müssen, ändert daran nichts (*Celle* NdsRpfl 1986, 105 f.). 15

Bestehen nur **Unrechtszweifel**, so kann die Einsicht, Unerlaubtes zu tun, vorliegen. Wer die Vorstellung hat, seine Verhaltensweise verstoße möglicherweise gegen gesetzliche Vorschriften und diese Möglichkeit in seinen Willen aufnimmt, kann sich nicht auf fehlende Einsicht, Unerlaubtes zu tun, berufen (*BGH* NJW 1977, 1784; *Düsseldorf* VRS 67, 153). Irrt ein Fahrzeugführer über die rechtliche Bedeutung eines optisch richtig wahrgenommenen Verkehrszeichens, so liegt ein Verbotsirrtum vor (*BayObLG* OLGSt 3). Zweifelhaft sind Fälle, in denen es verschiedene Ansichten insbesondere innerhalb der Rechtsprechung gibt oder die Rechtslage sonst unklar ist, so dass die Unrechtszweifel objektiv nicht behoben werden können. Hier sind Verbotsirrtumsregeln anzuwenden und bei der Frage der Vermeidbarkeit maßgeblich Zumutbarkeitsaspekte heranzuziehen (*KK-Rengier* 54). 16

17 Jedes **Fehlen der Vorstellung, Unerlaubtes zu tun**, führt zu einem Verbotsirrtum, sofern nicht schon ein Fall des Tatbestandsirrtums vorliegt. Ohne aktuelles oder bedingtes Unrechtsbewusstsein handelt, wer überhaupt nicht daran denkt, einen Tatbestand zu verletzen (*Celle* GewArch 1980, 139). Dies hat vor allem Bedeutung in Lebensbereichen, in denen die Kenntnis über das Vorhandensein rechtlicher Gebote und Verbote nicht von jedermann erwartet werden kann. Insbesondere im Hinblick auf die im OWi-Recht besonders zahlreichen Gebotstatbestände, in denen der Gesetzesverstoß in einem bloßen Unterlassen besteht, hat der Täter häufig keine Veranlassung, über die rechtliche Beurteilung seines Untätigseins nachzudenken (*RRH* 32).

18 Ein rechtlich erheblicher Verbotsirrtum i. S. v. Abs. 2 liegt ferner nur dann vor, wenn der Handelnde ihn **nicht vermeiden** konnte. Für diese Entscheidung kommt es darauf an, ob dem Betroffenen aufgrund der an seine Person, seine Stellung und seinen Bildungsstand zu stellenden Anforderungen nach Lage der Dinge Bedenken hinsichtlich der Zulässigkeit seines Handelns kommen mussten (KK-*Rengier* 58). Auf die noch von der Rechtsprechung auch für Kartell-OWi geforderte gehörige Gewissensanspannung (*BGH* NJW 1966, 842) kommt es nicht an. Bestehende oder erkennbare Zweifel lassen die Prüfungs- und Erkundigungspflicht entstehen (*Düsseldorf* NStZ 1981, 444). Der Täter muss, soweit dies billigerweise verlangt werden kann, alle intellektuellen Erkenntnismittel einsetzen, damit ihm die Orientierung über Ge- und Verbote möglich sind (*Koblenz* VRS 67, 149). Hat er besondere **persönliche** oder **berufliche Erkenntnisfähigkeiten**, so müssen auch diese eingesetzt werden (*Hamburg* NJW 1970, 2039). Dabei reicht es aus, dass die an sich ungenaue Frage den sachkundigen Gesprächspartnern genügende tatsächliche Inhaltspunkte vermittelt, um den zu beurteilenden Sachverhalt weiter aufzuklären (KG bei *Korte* NStZ 2000, 402).

19 Reichen die eigenen Erkenntniskräfte nicht aus, so müssen Erkundigungen eingezogen und alle zumutbaren **Erkundigungsmöglichkeiten** ausgeschöpft werden. Ggf. muss sich der Betroffene an kompetente, sachverständige Stellen wenden, auf deren Auskünfte er sich allerdings verlassen darf, wenn sie vertrauenswürdig erscheinen (*BGH* NJW 1966, 842; *Bremen* NStZ 1981, 265). Zu den vertrauenswürdigen Stellen zählen grundsätzlich die zuständigen Verwaltungs- und Bußgeldbehörden (*Achenbach*,

WpÜG, Stand 5/2004, vor § 60 Rn. 24) Gleichwohl darf die Erkundigungspflicht auch nicht überspannt werden (*BayObLG* JR 1964, 71, *BGH* NStZ 2000, 364; *Achenbach* NStZ 2000, 524).

Inwieweit sich im Einzelnen Erkundigungspflichten allein aufgrund der **Berufspflichten** ergeben, ist Gegenstand einer jeweils am Einzelfall orientierten umfänglichen Rechtsprechung insbesondere der Oberlandesgerichte. Hier lassen sich allgemein gültige Maßstäbe über die bereits angeführten hinaus kaum entnehmen. Die Maßstäbe verändern sich auch ständig als Folge der stetigen Veränderung im Arbeits- und Wirtschaftsleben in nationaler wie insbesondere als Folge der in Europa stattfindenden Umwälzungen seit 1989 in internationaler Hinsicht. Dadurch dürften die insbesondere von der älteren Rechtsprechung aufgestellten Maßstäbe in jedem Einzelfall der Überprüfung und Neubewertung bedürfen, so dass ihnen allenfalls noch Beispielscharakter zukommt. **20**

Auf der anderen Seite gewinnen **Auskünfte von Behörden** und durch **Rechtskundige**, insbesondere **Rechtsanwälte** besondere Bedeutung, weil nur sie überhaupt in der Lage sein dürften, die durch Veränderungen der Rechtslage und des allgemeinen gesellschaftlichen Umfeldes erforderlichen Neubewertungen gesetzlicher und allgemeinrechtlicher Pflichten noch annähernd zu überblicken. Dieser Entwicklung entspricht die unübersehbare zunehmende Spezialisierung und Globalisierung moderner Rechtsanwaltskanzleien. Inwieweit gegenüber dieser Entwicklung verlangt werden kann, dass als kompetenter Ratgeber sog. Hausjuristen eingestellt werden, ist ebenfalls zu bezweifeln. Dies hängt weniger mit der Möglichkeit zusammen, dass keine hinreichende Objektivität im Hinblick auf die Raterteilung zu erwarten ist, sondern damit, dass die Erkenntnismöglichkeiten des sog. Hausjuristen nur in gewissen Grenzen weiterreichen als die eines nicht juristischen ausgebildeten Mitarbeiters, jedenfalls aber die Kenntnisstände spezialisierter Anwaltskanzleien nicht erreichen dürften. **21**

Auf Gerichtsentscheidungen und zwar vor allem der höheren Gerichte, kann sich der Betroffene in der Regel verlassen (*Göhler/König* 27). Bei Uneinigkeit der Gerichte dürfte Unvermeidbarkeit des Verbotsirrtums vorliegen. Ebenso, wenn Gerichtsentscheidungen ganz fehlen und die Rechtslage ungeklärt ist (KK-*Rengier* 90). **22**

23 Von besonderer Bedeutung sind **Auskünfte von Fachverbänden**, sofern sie über fachkundiges, sachverständiges Personal verfügen oder sich entsprechende Erkenntnisquellen nutzbar machen. Allerdings darf man sich auf die Auskunft eines Fachverbandes dann nicht verlassen, wenn abweichende Ansichten kompetenter anderer Stellen bekannt sind oder aus sonstigen Gründen die Vertrauenswürdigkeit der Auskunft entfällt (KK-*Rengier* 93). Dies ist insbesondere der Fall, wenn die Auskunft nicht in den Zuständigkeitsbereich des Verbandes fällt (*Düsseldorf* LRE 14, 279).

24 Geeignete Auskunftsquellen sind auch weiterhin Äußerungen der Fachliteratur. Hier erlangen zukünftig die internationalen Vernetzungen auf elektronischem Wege besondere Bedeutung. Die Feststellung der Rechtsprechung, dass oberflächliche Literaturauswertungen insbesondere bei Werken, die nicht regelmäßig aktualisiert werden, nicht ausreichen (*BGH* NJW 1987, 2452), trifft zu. Anders jedoch, wenn ein Bauunternehmer die Vorschriften zur Entlohnung der Arbeitnehmer selbst zusammenstellt und dabei andere Vorschriften (hier: das Arbeitnehmer-Entsendegesetz) übersehen hat (*BayObLG* NStZ 2000, 148).

25 Irrt sich der Täter über die tatbestandlichen Voraussetzungen eines **Rechtfertigungsgrundes**, so liegt ein **Erlaubnistatbestandsirrtum** vor, weil die Rechtsfolgen dieses Irrtums denen des Tatbestandsirrtums entsprechen, hat seine Prüfung vor der des Verbotsirrtums Vorrang. Liegt er vor, so wird die Handlung des Täters nicht aus dem Vorsatzdelikt geahndet, jedoch bleibt die Ahndbarkeit aus dem etwaigen Fahrlässigkeitstatbestand unberührt.

26 Bei Vorliegen eines vermeidbaren Verbotsirrtums handelt der Täter vorwerfbar. Seine Handlung bleibt **trotz des Irrtums Vorsatztat** und wird als solche geahndet (*Celle* NJW 1990, 589; *Karlsruhe* VRS 47, 134). Jedoch ist für die Feststellung der Geldbuße im Rahmen des pflichtgemäßen Ermessens der immerhin vorliegende Verbotsirrtum ggf. mildernd zu berücksichtigen (*RRH* 44). Dies gilt nicht, wenn der Handelnde sich leichtfertig über jegliche Erkundigungspflicht hinweggesetzt hat.

§ 12 Verantwortlichkeit

(1) Nicht vorwerfbar handelt, wer bei Begehung einer Handlung noch nicht vierzehn Jahre alt ist. Ein Jugendlicher handelt nur unter den Voraussetzungen des § 3 Satz 1 des Jugendgerichtsgesetzes vorwerfbar.

(2) Nicht vorwerfbar handelt, wer bei Begehung der Handlung wegen einer krankhaften seelischen Störung, wegen einer tiefgreifenden Bewusstseinsstörung oder wegen Schwachsinns oder einer schweren anderen seelischen Abartigkeit unfähig ist, das Unerlaubte der Handlung einzusehen oder nach dieser Einsicht zu handeln.

Die Vorschrift lehnt sich an die §§ 19, 20 StGB und an § 1 JGG an. Eine Regelung entsprechend § 21 StGB war wegen des **Opportunitätsgrundsatzes** (§ 47) entbehrlich. 1

Nach Abs. 1 Satz 1 handelt nicht vorwerfbar, wer bei Begehung einer Handlung noch nicht 14 Jahre alt ist. Die Vorschrift stellt entsprechend § 19 StGB die **unwiderlegliche Vermutung** auf, dass Täter unter 14 Jahren als Kinder aus entwicklungsbedingten Gründen nicht vorwerfbar handeln. Maßgebend ist das **Alter zur Tatzeit**. Die unterschiedliche Zielsetzung von Straf- und OWi-Recht innerhalb des Systems des staatlichen Sanktionsrechts könnte Überlegungen rechtfertigen, die Vorwerfbarkeitsgrenze des Abs. 1 Satz 1 anders als die Altersgrenze des § 19 StGB festzulegen, weil für die Begehung einer OWi hinsichtlich des für die Ahndung erforderlichen Reifegrades des Handelnden möglicherweise andere Gesichtspunkte gelten können als für die Begehung einer Straftat. 2

Bei Pflichtverletzungen, die mit einem **Ordnungsgeld** gerügt werden können, gilt Abs. 1 Satz 1 ebenso. Die Festsetzung eines Ordnungsgeldes gegen ein Kind ist unzulässig (*RRH* 3, *Göhler/König* 3). 3

Abs. 1 Satz 2 stellt durch die Verweisung auf § 3 Satz 1 JGG klar, dass ein **Jugendlicher**, der 14 Jahre aber noch nicht 18 Jahre alt ist, nur dann ordnungswidrig handelt, „wenn er zur Zeit der Tat nach seiner sittlichen und geistigen Entwicklung reif genug ist, das Unrecht der Tat einzusehen und nach dieser Einsicht zu handeln". Der Jugendliche muss daher hinreichende Verstandsreife aufweisen, die ihn befähigt, zu erkennen, dass sein Handeln von der Rechtsordnung missbilligt wird. Dass er dabei weiß, gegen einen bestimmten OWi-Tatbestand zu verstoßen, ist nicht erforderlich. 4

Der Jugendliche muss in der Lage sein, zumindest gefühlsmäßig den Grund des Rechtsgebots oder Rechtsverbots zu erfassen (*RRH* 6). Diese Einsichtsfähigkeit ist besonders bei Taten ohne Opferbezug gegen Rechtsgüter der Allgemeinheit fraglich (*Ostendorf* JZ 1986, 667). Solche Delikte sind im OWi-Recht gerade die Regel (KK-*Rengier* 6). Die Fähigkeit, das Unerlaubte der Handlung einzusehen, kann deshalb bei derartigen Taten eher fehlen, weil diese leicht außerhalb der Denk- und Erlebniswelt des noch vorwiegend in seinem Lebensraum befangenen Jugendlichen liegen. Allerdings liegt bei Verstößen gegen Straßenverkehrs- oder Umweltschutzvorschriften die Bejahung der Einsichtsfähigkeit näher als ihre Verneinung (KK-*Rengier* 6).

5 Der Jugendliche muss zur Zeit der Handlung reif genug sein, nach seiner **Einsichtsfähigkeit** zu handeln. Er muss also nach seiner altersgemäßen Entwicklung imstande sein, seiner Einsicht in das Unrecht der Tat zu folgen.

6 Bei der Prüfung der Verantwortlichkeit spielt auch das **konkrete Lebensalter** zur Tatzeit eine Rolle. Je weiter der Jugendliche von der kindlichen Altersgrenze entfernt ist, um so eher kann im Normalfall die Altersreife bejaht werden (KK-*Rengier* 8). Bleibt der Reifegrad des Täters zweifelhaft und müsste er erst durch ein Sachverständigengutachten festgestellt werden, so steht eine solche Untersuchung zumeist in keinem angemessenen Verhältnis zur Bedeutung der Tat. Dann sollte von der weiteren Verfolgung abgesehen werden (*Göhler/König* 5).

7 Bei **Heranwachsenden**, also Personen, die 18 Jahre aber noch nicht 21 Jahre alt sind, gelten keine Besonderheiten. Sie stehen nach materiellem OWi-Recht den Erwachsenen gleich *(BayObLG* NJW 1972, 837). Eine dem § 105 JGG entsprechende Vorschrift fehlt.

8 Die **Mittellosigkeit** eines Jugendlichen oder Heranwachsenden behindert die Festsetzung einer Geldbuße nicht.

9 Nach Abs. 2 handelt nicht vorwerfbar, wer bei Begehung der Handlung wegen einer krankhaften seelischen Störung, wegen einer tiefgreifenden Bewusstseinsstörung oder wegen Schwachsinns oder einer schweren anderen seelischen Abartigkeit **unfähig ist, das Unerlaubte der Handlung einzusehen** oder nach dieser Einsicht zu handeln. Hier gelten sämtliche Voraussetzungen des § 20 StGB. Das hierzu erschienene Schrifttum sowie

Zweiter Abschnitt. Grundlagen der Ahndung § 12

die dazugehörige ausdifferenzierte Rechtsprechung haben für § 12 Abs. 2 gleichermaßen Bedeutung, auch wenn sie sich zur Schuldunfähigkeit des strafrechtlich relevanten Täters und nicht lediglich zur Frage der fehlenden Vorwerfbarkeit im OWi-Recht verhalten. Die durchweg im OWi-rechtlichen Schrifttum verwendete Begrifflichkeit Zurechnungsfähigkeit oder Unzurechnungsfähigkeit ist seit langem überholt. Sie gilt weder für § 20 StGB, der von Schuldunfähigkeit spricht noch für das OWi-Verfahren, bei dem es um Fragen der Vorwerfbarkeit geht.

Die krankhafte seelische Störung erfasst in Anlehnung an den **psychiatrischen Krankheitsbegriff** exogene Psychosen, d. h. Störungen der Verstandestätigkeit, die auf nachweisbaren körperlichen Prozessen beruhen sowie endogene Psychosen, bei denen das Beruhen der Geistesstörung wissenschaftlich noch nicht hinreichend geklärt ist (KK-*Rengier* 18). 10

Tiefgreifende Bewusstseinsstörungen sind nicht krankhafte Störungen des intellektuellen oder emotionalen Erlebens, die das Persönlichkeitsgefüge in ebenso schwerwiegender Weise beeinträchtigen können wie eine krankhafte seelische Störung. Hierzu zählen schwere Erschöpfung oder Übermüdung, Schlaftrunkenheit, hochgradige Affekthandlungen, sonstige seelische Ausnahmezustände, hochgradige Erregungen, Schrecken, Angst usw. Wer bewusstlos ist, hat keine Bewusstseinsstörung. 11

Intoxikationspsychosen, insbesondere Rauschzustände nach Alkohol- oder Drogenkonsum zählen zu den krankhaften seelischen Störungen, wenn sie zu einer hinreichend tiefen Bewusstseinsstörung geführt haben. Gleiches gilt für entzugsbedingte Bewusstseinsstörungen. Trunkenheit führt nicht automatisch in Abhängigkeit von bestimmten Blutalkoholkonzentrationen zur Annahme einer tiefgreifenden Bewusstseinsstörung. Hier ist von Fall zu Fall zu entscheiden (*BGH* NJW 1997, 2460 m. Anm. *Loos* JR 1997, 514; *Rönnau* JA 1997, 920; *Maatz* StV 1998, 279; *Detter* NStZ 1999, 496). 12

Der vom Gesetz immer noch gebrauchte, durchaus diskriminierend wirkende Begriff Schwachsinn erfasst angeborene oder erworbene **Intelligenzschwächen**. Schwere andere seelische Abartigkeiten, die begrifflich nicht anders zu beurteilen sind, betreffen schwere seelische Störungen, die nicht als krankhaft anzusehen sind, wie etwa Triebstörungen, bestimmte Psychopathieformen und Neurosen. Sie müssen so erheblich 13 sein, dass sie bezogen auf den durchschnittlichen Seelenzustand als eine wesentliche Beeinträchtigung des Kerns der Persönlichkeit gedeutet werden. Dies gilt insbesondere für Psychopathien und Neurosen. Ob Triebstörungen für das OWi-Recht von Bedeutung werden können, ist nicht zu übersehen. Taubstummheit als andere seelische Abartigkeit zu definieren, sofern sie sich als seelische Fehlentwicklung auswirkt, diskriminiert Behinderte. Es kommt vielmehr allein darauf an, dass eine, aus welchem Grund auch immer entstandene, seelische Fehlentwicklung vorliegt.

14 Die Ausführungen zu **actio libera in causa** sind nach der faktischen Abschaffung dieser Rechtsfigur durch die Rechtsprechung insbesondere für Trunkenheitsdelikte im Straßenverkehr (*BGHSt* 42, 235) für das OWi-Recht entbehrlich geworden. Jedenfalls bei den Delikten der Straßenverkehrsgefährdung und des Fahrens ohne Fahrerlaubnis ist die entsprechende Vorverlagerung der Schuld unzulässig (*BGHSt* 42, 238). Das Rechtsinstitut ist mit dieser neuen Rechtsprechung voraussichtlich in der bußgeldrechtlichen Praxis (*Göhler/König* 17; KK-*Rengier* 30) insgesamt bedeutungslos geworden.

§ 13 Versuch

(1) Eine Ordnungswidrigkeit versucht, wer nach seiner Vorstellung von der Handlung zur Verwirklichung des Tatbestandes unmittelbar ansetzt.

(2) Der Versuch kann nur geahndet werden, wenn das Gesetz es ausdrücklich bestimmt.

(3) Der Versuch wird nicht geahndet, wenn der Täter freiwillig die weitere Ausführung der Handlung aufgibt oder deren Vollendung verhindert. Wird die Handlung ohne Zutun des Zurücktretenden nicht vollendet, so genügt sein freiwilliges und ernsthaftes Bemühen, die Vollendung zu verhindern.

(4) Sind an der Handlung mehrere beteiligt, so wird der Versuch desjenigen nicht geahndet, der freiwillig die Vollendung verhindert. Jedoch genügt sein freiwilliges und ernsthaftes Bemühen, die Vollendung der Handlung zu verhindern, wenn sie ohne sein Zutun nicht vollendet oder unabhängig von seiner früheren Beteiligung begangen wird.

Zweiter Abschnitt. Grundlagen der Ahndung § 13

Die Vorschrift ist in Abs. 1 dem § 22 StGB, in den Absätzen 3 und 4 dem § 24 StGB nachgebildet. Abs. 2 legt den Grundsatz auch für das OWi-Verfahren fest, dass der **Versuch einer OWi** im Allgemeinen nicht geahndet werden kann, es vielmehr darauf ankommt, ob die einzelnen Bußgeldvorschriften die Ahndung des Versuchs ausdrücklich zulässt. Maßgebend hierfür ist, dass der Versuch einer OWi im Gegensatz zum Versuch einer Straftat in den meisten Fällen keine nennenswerte Gefährdung des geschützten Rechtsguts darstellt (Begründung zu § 8 EGOWiG), weil dadurch gleichsam nur die Schwelle zu dem Vorbereich einer möglichen Rechtsgüterverletzung erreicht ist (*Göhler/König* 1). Auch für diese Vorschrift gilt, dass das strafrechtliche Schrifttum und die ausdifferenzierte Rechtsprechung hierzu Bedeutung für die Interpretation der Vorschrift im Einzelnen haben. Im OWi-Recht hat der Versuch geringe Bedeutung (*Mitsch* S. 115).   **1**

Nach Abs. 1 versucht eine OWi, wer nach seiner Vorstellung von der Handlung **zur Verwirklichung des Tatbestandes unmittelbar ansetzt**. Diese für das Strafverfahren anschauliche Abgrenzung von strafloser Vorbereitungshandlung und strafbarem Beginn der eigentlichen Tatbegehung ist für das OWi-Verfahren nur in Grenzen praktisch. Sie erfordert eine genaue Abgrenzung je nach Zielrichtung der einzelnen OWi, deren Versuch verfolgbar sein soll (*RRH* 2).   **2**

Maßgeblich ist ferner der **Tatentschluss**. Er muss auf die Vollendung des Tatbestandes gerichtet sein. Dabei genügt jede Vorsatzform, weil sie in allen überhaupt als Versuch verfolgbaren Fällen auch für die Vollendung ausreicht (KK-*Rengier* 13). Erforderlichen Tatentschluss hat nur, wer zur Tat auch wirklich entschlossen ist. Davon ist die bloße Tatgeneigtheit abzugrenzen. Danach fehlt Tatentschluss, solange sich der Täter die letzte Entscheidung noch vorbehalten hat, mag diese auch später von äußeren künftigen Ereignissen mit beeinflusst werden. Hat sich der Täter innerlich für die Tat entschieden und die Durchführung allein von äußeren Umständen abhängig gemacht, die er nicht beeinflussen kann, so liegt Tatentschluss vor (*BGH* StV 1987, 529).   **3**

Im Übrigen kommt es auf den **Gesamtplan des Täters** an. Nimmt er eine Handlung vor, die bereits ein Tatbestandsmerkmal von mehreren verwirklicht oder nach seiner Vorstellung von den Tatumständen verwirklichen würde, so ist die Grenze zum Versuch überschritten. So liegt etwa Versuch   **4** vor, wenn falsch bezeichnete Waren bereits zur Grenze geschafft werden, um eine erforderliche Ausfuhrgenehmigung zu umgehen (*BGHSt* 20, 150), während eine bloße Vorbereitungshandlung beim Einkauf von Waren zur ungenehmigten Ausfuhr oder beim Erkundigen nach einer für diesen Zweck günstigen Grenzstelle gegeben ist (*Göhler/König* 4). Bei einem echten Unterlassungsdelikt liegt Versuch vor, wenn der Täter bereits Handlungen vornimmt, die nach allgemeiner Lebenserfahrung darauf schließen lassen, dass er den Vorsatz gefasst hat, gebotene Handlungen zu unterlassen und von diesem Unterlassen auch nicht mehr abzugehen (*RRH* 7).

5 Nach den Absätzen 3 und 4, die § 24 StGB nachgebildet sind, entfällt die Möglichkeit der Ahndung beim **Rücktritt vom Versuch**. Dabei wird unterschieden, ob jemand allein gehandelt hat (Abs. 3) oder ob mehrere an der Handlung beteiligt gewesen sind. Zu Recht kritisch zu dieser als perfektionistisch bezeichneten Regelung *Göhler/König* 8.

6 Hat eine Person die OWi allein versucht, so ist beim Rücktritt zu unterscheiden, ob der Versuch unbeendet oder beendet ist. War er unbeendet, so reicht die **freiwillige Aufgabe** der weiteren Ausführung aus. Ist er beendet, so muss die Vollendung freiwillig verhindert werden. Unbeendet ist der Versuch, wenn nach der Vorstellung des Täters noch weitere Handlungsakte notwendig sind. Der Täter muss hier mit dem Entschluss, auf die konkrete Handlung endgültig zu verzichten, die zur Tatbestandsverwirklichung noch notwendigen Handlungsakte abbrechen und freiwillig, also aus der Vorstellung heraus handeln, dass er die Handlung ohne wesentlich erhöhtes Risiko ausführen und ihren Zweck noch erreichen kann (*Göhler/König* 10). Die Frage der Freiwilligkeit entscheidet sich danach, ob überwiegend **autonome** oder überwiegend **heteronome Motive** für die Handlung des Täters vorliegen. Wird er durch äußere Umstände an der Tat gehindert, so liegt grundsätzlich Unfreiwilligkeit vor. Ist er weiterhin Herr seiner Entschlüsse und tritt er von der Tat aus überwiegend selbst gesetzten Gründen zurück, so handelt es sich um einen freiwilligen Rücktritt. Dabei brauchen die selbst gesetzten Motive nicht moralisch wertvoll oder sittlich besonders billigenswert zu sein (*BGH* NJW 1988, 1603).

7 Bei einem beendeten Versuch muss der Täter die Vollendung der Handlung verhindern. Es genügt also nicht, wenn er lediglich von der weiteren Ausführung Abstand nimmt. Er muss vielmehr **Gegenaktivitäten** entfalten. Die Vollendung verhindert, wer bis zu dem Zeitpunkt, in dem er die Tatbestandsverwirklichung nicht mehr abzuwenden vermag, mit Rettungswillen eine neue Kausalkette in Gang setzt, die für die Nichtvollendung wenigstens mitursächlich wird.

Dies kann z. B. durch **Aufklärung der Aufsichtsbehörden** geschehen. Nach Abs. 3 Satz 2 genügt, falls die Handlung ohne Zutun des Zurücktretenden nicht vollendet wird (untauglicher Versuch), das freiwillige und ernsthafte Bemühungen, die Vollendung zu verhindern. Freiwilliges Bemühen setzt hier die Vorstellung voraus, die Vollendung noch verhindern zu können. Wer die Untauglichkeit seines Versuchs oder den Fehlschlag bereits erkannt hat, kann sich nicht mehr freiwillig bemühen, die Vollendung zu verhindern (KK-*Rengier* 61). Ernsthaftes Bemühen verlangt vom Täter, alles zu tun, was nach seiner Überzeugung erforderlich ist, um das Ausbleiben der Tatbestandsvollendung zu gewährleisten (*BGH* NJW 1986, 1002). 8

Abs. 4 regelt in Anlehnung an § 24 Abs. 2 StGB den Rücktritt, wenn **mehrere an einer Handlung** beteiligt sind. Grundlage der Regelung ist, dass der Rücktritt ein persönlicher Verfolgungsausschließungsgrund ist, der jeweils nur demjenigen Beteiligten zugute kommt, der zurücktritt. Also muss bei mehreren Beteiligten die Frage des Rücktritts bei jedem gesondert untersucht werden. Der Rücktritt eines Beteiligten wirkt sich nicht zugleich auch zugunsten der übrigen Beteiligten aus. Die Regelung hat im OWi-Recht keinen wesentlichen praktischen Nutzen erlangt. 9

Die **rechtliche Folge** des Rücktritts nach den Absätzen 3 und 4 besteht darin, dass die vom Täter begangene versuchte OWi nicht geahndet werden kann. Hat der Täter im Stadium des Versuchs einer OWi zugleich eine andere vollendet, so bleibt deren Ahndbarkeit unberührt (*RRH* 28; *Göhler/König* 14). 10

§ 14 Beteiligung

(1) **Beteiligen sich mehrere an einer Ordnungswidrigkeit, so handelt jeder von ihnen ordnungswidrig. Dies gilt auch dann, wenn besondere persönliche Merkmale (§ 9 Abs. 1), welche die Möglichkeit der Ahndung begründen, nur bei einem Beteiligten vorliegen.**

(2) **Die Beteiligung kann nur dann geahndet werden, wenn der Tatbestand eines Gesetzes, das die Ahndung mit einer Geldbuße zulässt, rechtswidrig verwirklicht wird oder in Fällen, in denen auch der Versuch geahndet werden kann, dies wenigstens versucht wird.**

(3) **Handelt einer der Beteiligten nicht vorwerfbar, so wird dadurch die Möglichkeit der Ahndung bei den anderen nicht ausgeschlossen. Bestimmt das Gesetz, dass besondere persönliche Merkmale die Möglichkeiten der Ahndung ausschließen, so gilt dies nur für den Beteiligten, bei dem sie vorliegen.**

(4) **Bestimmt das Gesetz, dass eine Handlung, die sonst eine Ordnungswidrigkeit wäre, bei besonderen persönlichen Merkmalen des Täters eine Straftat ist, so gilt dies nur für den Beteiligten, bei dem sie vorliegen.**

Schrifttum: *Achenbach,* Ausweitung des Zugriffs bei den ahndenden Sanktionen gegen die Unternehmensdelinquenz, wistra 2002, 441; *Bloy,* Neuere Entwicklungstendenzen der Einheitstäterlehre in Deutschland und Österreich, *Schmitt*-FS 1992, 33; *Brammsen,* Die Beteiligung des Halters an Verkehrsordnungswidrigkeiten anderer Fahrzeugführer, NJW 1980, 1729; *ders.,* Das Überlassen von Kraftfahrzeugen und seine möglichen Folgen für den Fahrzeughalter, DAR 1981, 38; *Cramer,* Die Beteiligung an einer Zuwiderhandlung nach § 9 OWiG, NJW 1969, 1929 ff., *Detzler,* Die Problematik der Einheitstäterlösung, 1972; *Dreher,* Plädoyer für den Einheitstäter im Ordnungswidrigkeitenrecht, NJW 1970, 1114; *Göhler,* Die Beteiligung an einer unvorsätzlich begangenen Ordnungswidrigkeit, wistra 1983, Heft 6; *Kienapfel,* Beteiligung und Teilnahme, NJW 1970, 1827; *ders.,* Das Prinzip der Einheitstäterschaft, JuS 1974, 1; *ders.,* Zur Einheitstäterschaft im Ordnungswidrigkeitenrecht, NJW 1983, 2236; *Dreher/Kienapfel,* Der Einheitstäter im Ordnungswidrigkeitenrecht, NJW 1971, 121; *Maiwald,* Historische und dogmatische Aspekte der Einheitstäterlösung, Bockelmann-FS 1979, S. 343; *Schumann,* Zum Einheitstätersystem des § 14 OWiG, 1979; *Seier,* Der Einheitstäter im Strafrecht und im Gesetz über Ordnungswidrigkeiten, JA 1990, 342, 382; *Stelzl,* Die Beteiligung am echten und unechten Mischtatbestand nach § 14 IV OWiG unter beson-

Zweiter Abschnitt. Grundlagen der Ahndung § 14

derer Berücksichtigung der Akzessorietätssystematik, 1990, Diss. Tübingen; *Thiemann*, Aufsichtpflicht in Betrieben und Unternehmen, 1976; *Trunk*, Einheitstäterbegriff und besondere persönliche Merkmale, 1987; *Welp*, Der Einheitstäter im Ordnungswidrigkeitenrecht, VOR 1972, 299 ff.

Die Vorschrift regelt abweichend von den §§ 25 ff. StGB die **Teilnahme** **1** **mehrerer Personen an einer OWi** eigenständig durch die Einführung des Prinzips der **Einheitstäterschaft.** Es besagt, dass auf der Ebene der tatbestandsmäßigen Handlung an Stelle differenzierender Typenvielfalt nur ein einheitlicher Täterbegriff gilt, so dass es nicht wie im Strafrecht auf die einzelnen Täterschaftsformen und die verschiedenen Formen der Teilnahme ankommt. Die Vorschrift bestimmt ohne weitere Unterscheidung, dass jeder, der sich an einer OWi beteiligt, ordnungswidrig handelt, gleichgültig, in welcher Weise er zur Verwirklichung des Tatbestandes beiträgt.

Unklar ist, welche der im Strafrecht gebräuchlichen Beteiligungsformen **2** § 14 wirklich erfasst (KK-*Rengier* 4). Die Differenzierung zwischen Mittäterschaft, Anstiftung und Beihilfe wird jedenfalls aufgehoben (KG VRS 70, 295; *Karlsruhe* NStZ 1986, 129; *Brammsen* NJW 1980, 1729). Nebentäterschaft und mittelbare Täterschaft werden nicht von der Vorschrift erfasst (*Mitsch* S. 128), so dass insoweit die allgemeinen strafrechtlichen Regeln Anwendung finden (KK-*Rengier* 4). Zweck der Regelung ist es, die **Rechtsanwendung** zu erleichtern und zu **vereinfachen**, weil die mit der Verfolgung und Ahndung von OWi befassten Stellen den Umfang und die Bedeutung der Teilnahme an einer OWi nur in tatsächlicher Hinsicht festzustellen brauchen. Es entfällt demnach die Notwendigkeit, in rechtlicher Hinsicht zu prüfen, ob der Handlungsbeitrag des einzelnen Beteiligten im herkömmlichen Sinne als Täterschaft oder als Teilnahme an fremder Tat (Anstiftung, Beihilfe) zu werten ist. Damit ist auch das für das Strafrecht weiterhin bedeutsame umfängliche Schrifttum und die ausdifferenzierte Rechtsprechung zur Abgrenzung der einzelnen Täterschafts- und Teilnahmeformen für das OWi-Verfahren mit Ausnahme der Frage von Nebentäterschaft und mittelbarer Täterschaft allenfalls am Rande von Bedeutung.

Abs. 1 Satz 1 legt einen **einheitlichen Täterbegriff** fest. Danach handelt **3** jeder ordnungswidrig, der sich vorsätzlich an einer OWi beteiligt; jeder an der OWi vorsätzlich Beteiligte ist selbst Täter. Erforderlich ist, dass der Handelnde bewusst und gewollt mitwirkt (*Köln* GewArch 1993, 168), und zwar auch durch Unterlassen (KK-*Rengier* 27).

4 Notwendig ist ein vorsätzlicher Tatbeitrag (*BayObLG* MDR 1989, 1022; *Karlsruhe* Justiz 1978, 178; *RRH* 8 ff.; KK-*Rengier* 30; *Göhler/König* 3; a. A. *Kienapfel* NJW 1970, 1827). Bedingter Vorsatz reicht aus (*RRH* 10). Der Vorsatz muss sich auf eine bestimmte Bezugstat beziehen (KK-*Rengier* 31; *Stelzl* S. 63). Ist ein Arbeitnehmer nicht in die Verantwortung des Arbeitgebers gerückt, so handelt er nur dann als Beteiligter ordnungswidrig, wenn er vorsätzlich an einer Pflichtverletzung mitwirkt (*BayObLG* VRS 77, 148 m. Anm. *Göhler* NStZ 1990, 73). Der unrichtige Rechtsrat eines Rechtsanwalts, durch den die Verwirklichung eines Bußgeldtatbestandes ausgelöst wird, ist im Regelfall kein vorsätzlicher Tatbeitrag (*Düsseldorf* NStZ 1984, 29; KK-*Rengier* 79).

5 Voraussetzung für die Beteiligung an der OWi eines anderen ist, dass auch der andere vorsätzlich handelt (*BGH* NJW 1983, 2272; zum Meinungsstand KK-*Rengier* 5). Nach Auffassung der Rechtsprechung und des zustimmenden Schrifttums würde es ohne dieses Erfordernis zu **Wertungswidersprüchen** führen, sofern mehrere Personen an einer Tat beteiligt sind, die für die einen nur als Straftat und für die anderen nur als OWi abgeurteilt werden könnte sowie bei den sog. Mischtatbeständen. Im Übrigen entspricht die Auffassung des BGH dem Willen des Gesetzgebers.

6 **Teilnahme** im Sinne von Abs. 1 liegt nur vor, wenn das in Frage stehende Verhalten des Beteiligten für die Verwirklichung des Bußgeldtatbestandes **ursächlich oder förderlich** war (*Köln* wistra 1990; *RRH* 14). Ausreichend ist, dass der Beteiligte die Verwirklichung der Bezugstat durch physische oder psychische Unterstützung mitverursacht hat (KK-*Rengier* 23; *Rudolphi* StV 1982, 518). Ob der Teilnehmer weiß, wann, wo und unter welchen Umständen die Tat ausgeführt wird, ist unerheblich. Notwendig ist, dass der Beteiligtenbeitrag eine in irgendeiner Weise in der Tatbestandsverwirklichung mitwirkende Ursache gesetzt hat (KK-*Rengier* 23). Das bloße „Dabeisein" in Kenntnis einer Straftat reicht selbst bei deren Billigung nicht aus, um die Annahme einer psychischen Beihilfe durch aktives Tun zu begründen (*BGH* NStZ 1995, 490). Bei der Anstiftung muss der Anstifter den Entschluss zur Haupttat mit hervorrufen (KK-*Rengier* 22). Im Ergebnis muss also die Begehung der Haupttat in ihrer konkreten Gestalt objektiv gefördert oder erleichtert worden sein (*BayObLG* NStZ 1999, 627). Die Kausalitätsfrage bei der Beteiligung im Sinne der Bedingungstheorie darf aber nicht gestellt werden (KK-*Rengier* 23).

Zweiter Abschnitt. Grundlagen der Ahndung § 14

Wann die Beteiligung zeitlich erfolgt, ist gleichgültig. Die Beteiligungshandlung kann auch im **Vorbereitungsstadium** geleistet werden. Notwendig ist nur, dass sie für die spätere Tatdurchführung mit kausal wird (KK-*Rengier* 25). Beteiligung ist demgemäß auch nicht nur bis zur Vollendung, sondern auch noch bis zur Beendigung der Tat möglich (*BGH* NJW 1985, 814; *Stuttgart* NStZ 1987, 180). Dies hat z. B. bei Verstößen gegen Ein- und Ausfuhrvorschriften Bedeutung, wo die Tat in der Regel mit dem Überschreiten der Grenze vollendet aber bei Umgehung der Zollstelle erst beendet ist, wenn die Ware am Bestimmungsort angelangt ist, sonst in Sicherheit gebracht ist, aber jedenfalls zur Ruhe gekommen ist (*BGH* NJW 1990, 655). Ferner spielt die Frage bei Dauerordnungswidrigkeiten eine Rolle (KK-*Rengier* 25). 7

Nach **Abs. 1 Satz 1** handelt **jeder Teilnehmer** ordnungswidrig, verwirklicht also selbst den OWi-Tatbestand. Gleichgültig ist, ob der Beteiligte die Tat als eigene oder fremde gewollt hat und ob er den Tatbestand in seiner Person voll verwirklicht hat oder nicht (*Hamm* NJW 1981, 2269), ob er selbst Tatherrschaft gehabt hat oder nicht (*RRH* 17). Damit entfällt die Notwendigkeit einer differenzierten Erfassung des Handlungsbeitrags. Allerdings müssen die Bedeutung und der Umfang der Teilnahme des Einzelnen an der OWi, sein persönliches Interesse an deren Durchführung sowie andere tatsächliche Umstände wegen ihrer Bedeutung für die Bemessung der Geldbuße festgestellt werden (*Göhler/König* 7). Dies ergibt sich schon aus § 17 Abs. 3 Satz 1. Bleibt ungeklärt, ob der Betroffene die Tat selbst begangen oder sich an ihr beteiligt hat, so führt dies nicht zu alternativer Gesetzesanwendung aufgrund einer Wahlfeststellung. Der Betroffene selbst ist vielmehr auf der Grundlage des einheitlichen Täterbegriffs als Täter anzusehen (*Hamm* NJW 1981, 2269; *Göhler* NStZ 1982, 11). Allerdings ist dann festzustellen, dass der Betroffene den Verstoß entweder selbst vorsätzlich begangen oder den von einem anderen vorsätzlich begangenen Verstoß vorsätzlich gefördert hat (*Koblenz* NJW 1986, 1003; *RRH* 20; KK-*Rengier* 110). 8

Sog. **notwendig Beteiligte**, d.h. Personen, die nach den Tatbestandsvoraussetzungen notwendigerweise in das Tatgeschehen einbezogen sind, sind nicht beteiligt i. S. v. Abs. 1, soweit sich deren Handlung auf das bloße Mitwirken an der vorausgesetzten Tatbestandsverwirklichung beschränkt (KK-*Rengier* 52). In diesem Falle schreibt das Gesetz ihm die 9

Täterrolle nicht zu. Er scheidet als Adressat der Sanktion aus (*Achenbach* vor § 81 GWB Rn. 65; *Mitsch* S. 136; *Göhler/König* 8).

10 Durch die Regelung des **Abs. 1 Satz 2** übernimmt die Vorschrift den Gedanken des § 28 Abs. 1 StGB, modifiziert ihn aber für die Einheitstäterregelung (KK-*Rengier* 37). Im Strafrecht kann der Beteiligte, bei dem strafbarkeitsbegründende besondere persönliche Merkmale fehlen, nur Anstifter oder Gehilfe sein, wobei die Strafe zu mildern ist. Abs. 1 Satz 2 lässt es hingegen genügen, dass das **besondere persönliche Merkmal** bei einem Beteiligten vorliegt, um jeden Beteiligten als Einheitstäter anzusehen. Zu den besonderen persönlichen Merkmalen i. S. dieser Vorschrift werden vor allem die persönlichen Verhältnisse gezählt, die den Normadressatenkreis begrenzen und deshalb Sonderdelikte schaffen. Hierzu zählt etwa die Eigenschaft als Unternehmer, Arbeitgeber, Halter, ggf. auch das gewerbsmäßige oder geschäftsmäßige Handeln, nicht aber die Gewerbsmäßigkeit i. S. d. § 18 Abs. 1 Nr. 9 AbfG oder des § 53 Abs. 2 Nr. 1e LMBG, weil diese nur das gewerbliche im Gegensatz zum privaten Handeln kennzeichnen sollen (KK-*Rengier* 39).

11 Demgegenüber regelt **Abs. 3 Satz 2**, dass der Ausschluss der Ahndung aufgrund besonderer persönlicher Merkmale nur für den Beteiligten gilt, bei dem sie vorliegen. Gemeint sind OWi-rechtlich vor allem der Rücktritt vom Versuch nach § 13 und die Amnestie, während mangelnde Täterqualitäten keinen ahndungsausschließenden Umstand in diesem Sinne darstellen (KK-*Rengier* 46). In der Person des ursprünglich Hauptbeteiligten brauchen die besonderen persönlichen Merkmale nach Abs. 1 nicht vorzuliegen (*Göhler/König* 12a; KK-*Rengier* 42). Dies ergibt sich bereits aus der gesetzlichen Regelung. Fehlen sie bei einem Beteiligten, so kann es erforderlich sein, im Rahmen des Opportunitätsgrundsatzes die Zumessung der Geldbuße daran zu orientieren oder von der Verfolgung auch ganz abzusehen (§ 47 – *Göhler/König* 12a; KK-*Rengier* 38; *RRH* 26).

12 Im Übrigen gilt: Bei unerlaubter Veranstaltung kann die aktive Teilnahme daran Beteiligung im Sinne von § 14 sein, sofern Doppelvorsatz vorliegt (*Göhler/König* 10d). Dies gilt auch für die Personen, die in Durchführung der Veranstaltung aktiv mitwirken (*Hamburg* NJW 1980, 1403). Beim ungenehmigten Errichten einer baulichen Anlage ist die verantwortliche Mitwirkung daran Beteiligung. Dies gilt auch für den bauleitenden Architekten (*Düsseldorf* NJW 1992, 2105). Bei unerlaubter Besorgung von Rechtsangelegenheiten durch eine juristische Person oder Personenvereinigung kann auch ein weisungsgebundener Angestellter Beteiligter sein (*BayObLG* 1994, 2303). Wird ein Kind mit Zustimmung des Erziehungsberechtigten entgegen den Vorschriften des Jugendarbeitsschutzgesetzes von einem Dritten beschäftigt, so kommt als Täter auch der Erziehungsberechtigte in Betracht (KK-*Rengier* 75). Ist nur der Dritte Arbeitgeber, so kann sich der Erziehungsberechtigte beteiligen (*Köln* NStZ 1984, 460). Sofern Arbeitgeber und Erziehungsberechtigter vorsätzlich handeln in den Fällen unerlaubter Arbeitnehmerüberlassung ist der daran Mitwirkende selbst Täter, auch wenn eine eigene Arbeitsvermittlung nicht nachweisbar, jedoch zumindest die Mitwirkung an der Tat eines anderen gegeben ist (*Oldenburg* NStZ-RR 1996, 46).

Der **Amtsträger** kann sich durch aktives Tun nach den allgemeinen Regeln der Vorschriften an OWi Dritter beteiligen (KK-*Rengier* 81). Am Erlass eines rechtswidrigen Verwaltungsakts ist der Amtsträger mangels Täterqualität nicht beteiligt. Anders, wenn der Verwaltungsakt nach verwaltungsrechtlichen Grundsätzen nichtig ist (KK-*Rengier* 82). Erteilt der Amtsträger bewusst eine fehlerhafte, aber wirksame Genehmigung, so kommt er als mittelbarer Täter in Betracht (*BGH* NJW 1994, 670 m. Anm. *Rudolphi* NStZ 1994, 434). Nimmt der Amtsträger eine rechtswidrig gewordene Genehmigung nicht zurück, so kommt Beteiligungsverhalten in Betracht (*BGH* NJW 1994, 670). Hier handelt der Erlaubnisinhaber im Normalfall allerdings tatbestandslos oder zumindest gerechtfertigt (KK-*Rengier* 85). Betrifft das Verhalten des Amtsträgers Allgemeindelikte, so liegt strukturell eine Täterschaft durch Unterlassen vor, während bei eigenhändigen Delikten und anderen Sonderdelikten Teilnahme gegeben ist, so dass die Regeln des § 14 eingreifen. **13**

Nach **Abs. 2** kann eine Beteiligung nur dann geahndet werden, wenn der Tatbestand des Gesetzes, das die Ahndung mit einer Geldbuße zulässt, rechtswidrig verwirklicht wird, oder für den Fall der Ahndbarkeit als Versuchstatbestand, wenigstens versucht ist. Eine vorwerfbare Tatbestandsverwirklichung wird demnach nicht vorausgesetzt (*RRH* 27). Inwieweit hier der strafrechtliche Begriff der **limitierten Akzessorietät** anwendbar ist, ist zweifelhaft. Es bedarf seiner auch nicht. **14**

Der Bußgeldtatbestand oder zumindest sein ahndbarer Versuch muss von einem Beteiligten rechtswidrig verwirklicht sein. Daran fehlt es, wenn ein **15**

Rechtsfertigungsgrund gegeben ist. Setzt die Tatbestandsverwirklichung die Begehung durch einen **Sonderpflichtigen** voraus, so reicht, dass sich ein Sonderpflichtiger an der Tat vorsätzlich beteiligt hat (*Göhler* wistra 1983, 242). Dies kann kraft seiner Garantenstellung auch durch Unterlassen geschehen sein.

16 Nach **Abs. 3 Satz 1** ist die Möglichkeit der Ahndung bei anderen Tätern nicht ausgeschlossen, sofern einer der Beteiligten nicht vorwerfbar handelt. Die Vorschrift übernimmt damit den Grundsatz des § 29 StGB, wonach die Ahndbarkeit wegen Beteiligung unabhängig von der Schuld anderer Beteiligter ist. Gemeint sind die Fälle, in denen die Schuld mangels subjektiver Fahrlässigkeit oder infolge von Schuldausschließungs- bzw. Entschuldigungsgründen entfallen. Daher ist z. B. eine Beteiligung an der Rauschtat als solche möglich (KK-*Rengier* 19). Ob die Bezugstat selbst verfolgbar ist, spielt keine Rolle (*BayObLG* NStZ 1985, 224) auch nicht, wenn sie aus rechtlichen (§ 47) oder faktischen Gründen (*Stuttgart* NStZ 1981, 307) unverfolgt bleibt.

17 Nach **Abs. 3 Satz 2** gilt der durch Gesetz geregelte Ausschluss der Möglichkeit der Ahndung aufgrund besonderer persönlicher Merkmale nur für den Beteiligten, bei dem sie vorliegen. Damit ist nur eine Variante des § 28 Abs. 2 StGB auf das OWi-Recht übertragen (KK-*Rengier* 46). Gemeint ist OWi-rechtlich in erster Linie der Rücktritt vom Versuch und die Amnestie, während mangelnde Täterqualitäten keinen ahndungsausschließenden Umstand in diesem Sinne darstellen (KK-*Rengier* 46). Besondere persönliche Merkmale, die die Bußgeldandrohung schärfen oder mildern, sind in Abs. 3 Satz 2 nicht erwähnt. Milderungsfälle sind im OWi-Recht nicht ersichtlich. Ahndungsschärfende persönliche Merkmale sind selten (KK-*Rengier* 47 mit einigen Beispielen). Nicht selten handelt es sich bei diesen Merkmalen in Wahrheit nicht um ahndungsschärfende persönliche Merkmale, sondern um ahndungsbegründende Merkmale, wie etwa das geschäftsmäßige oder gewerbsmäßige Handeln bei der Adoptionsvermittlung. Die Androhung einer erhöhten Geldbuße für den Eintritt eines Erfolgs nach § 14 Abs. 2 Nr. 1 des Adoptionsvermittlungsgesetzes ist objektives Tatbestandsmerkmal. Dessen Verwirklichung kann dem Beteiligten nur angelastet werden, wenn sich daraus ein Tatbeitrag erstreckt (KK-*Rengier* 47; *Göhler/König* 18).

Für **Mischtatbestände** trifft Abs. 4 eine ergänzende Regelung, soweit hier **18**
besondere persönliche Merkmale eine OWi zu einer Straftat qualifizieren
können. In diesem Falle werden die besonderen persönlichen Umstände
wie strafschärfende Umstände behandelt. Weist nur ein Beteiligter die besonderen
persönlichen Merkmale auf, die die OWi zu einer Straftat werden
lassen, so ist nur er als Täter oder Teilnehmer einer Straftat anzusehen, je
nachdem wie seine Beteiligung nach den Formen der Täterschaft und Teilnahme
des StGB einzuordnen ist. Er kann sogar Teilnehmer einer Straftat
sein, selbst wenn ein Haupttäter der Straftat fehlt (*BayObLG* NJW 1985,
1566 m. Anm. *Göhler* NStZ 1986, 18; *RRH* 21). Haupttat kann auch eine
OWi sein (KK-*Rengier* 50). So kann einer Prostituierten, die ihre Tätigkeit
nicht beharrlich ausübt, nur ein Verstoß gegen § 120 Abs. 1 Nr. 1 vorgeworfen
werden, während ein Beteiligter, bei dem das Merkmal der Beharrlichkeit
vorliegt, nach § 184a StGB strafbar sein kann (KK-*Rengier* 50).

Die Grundsätze der notwendigen Teilnahme gelten auch im OWi-Recht. **19**
Sie greifen, wenn ein Bußgeldtatbestand begrifflich nur durch das Zusammenwirken
mehrerer Personen verwirklicht werden kann. Ergibt die Prüfung
eines solchen Tatbestandes, dass nur bestimmte Beteiligte als Täter
in Betracht kommen, so kann die Mitwirkung der übrigen nur geahndet
werden, wenn sie ihre entsprechende Rolle überschreiten und mehr tun,
als zur Tatbestandsverwirklichung begrifflich notwendig ist (*BGH* NJW
1993, 3151; KK-*Rengier* 52). Dies gilt etwa für den Gefangenen in § 115
(*Mitsch* S. 137), den Freier in § 120 Abs. 1 Nr. 1 (a. A. *Grahlmann-Scheerer*
GA 1995, 356), den Leiharbeitnehmer in § 16 Abs. 1 AÜG, den Gast
in § 28 Abs. Nr. 1 GastG, den Jugendlichen in § 58 JArbSchG, die werdende
Mutter in § 21 MuSchG, den Adressaten des Verrufers beim Boykott
nach § 81 Abs. 1 Nr. 1 GWB (*Achenbach* § 38 GWB Rn. 132) usw.

Verwirklicht ein Beteiligter einen Straftatbestand, der eine zugleich gegebene **20**
OWi verdrängt, so ist gleichwohl die Beteiligung an der an sich verdrängten
OWi möglich (*Köln* VRS 63, 283 m. Anm. *Göhler* NStZ 1983,
64). Die zurücktretende OWi behält damit über Abs. 4 ihre selbständige
Bedeutung (*Göhler/König* 20).

Die im Schrifttum im Übrigen genannten Einzelfälle sind teilweise überholt, **21**
sie können allenfalls beispielhaft herangezogen werden. Auf die Angaben
zu ihnen wird Bezug genommen (KK-*Rengier* 56 ff.; *RRH* 20 ff.;
Göhler/König 9 ff.).

22 Verfahrensrechtlich wird allgemein verlangt, trotz des einheitlichen Täterbegriffs den Betroffenen auf die **Veränderung des rechtlichen Gesichtspunkts** nach § 265 StPO hinzuweisen (KK-*Rengier* 111; *RRH* 35, *Göhler/König* 21). Auch wenn das Einheitstätersystem des § 14 eine andere Zielsetzung hat, ist nicht von der Hand zu weisen, dass das Verteidigungsvorbringen davon abhängen kann, ob Täterschaft, Anstiftung oder Beihilfe vorliegt und dies zu unterschiedlichen Zeiten des Verfahrens gegen ihn unterschiedlich gesehen wird. Ob er sich insbesondere in der Praxis der Verkehrs-Owi anders verteidigt hätte oder auch nur hätte verteidigen können, kann zweifelhaft sein, hängt aber vom Einzelfall ab. Gegen eine grundsätzliche Hinweispflicht spricht dies jedoch nicht.

§ 15 Notwehr

(1) Wer eine Handlung begeht, die durch Notwehr geboten ist, handelt nicht rechtswidrig.

(2) Notwehr ist die Verteidigung, die erforderlich ist, um einen gegenwärtigen rechtswidrigen Angriff von sich oder einem anderen abzuwenden.

(3) Überschreitet der Täter die Grenzen der Notwehr aus Verwirrung, Furcht oder Schrecken, so wird die Handlung nicht geahndet.

1 Die Vorschrift behandelt die **Notwehr** in den Absätzen 1 und 2 und den **Notwehrexzess** in Abs. 3. Die Vorstellung des Gesetzgebers, dass jemand eine OWi begehen könnte, die durch Notwehr gerechtfertigt ist, ist in der Praxis schwer nachvollziehbar (*Göhler/König* 1). Bußgeldtatbestände schützen nicht unmittelbar individuelle Rechtsgüter eines möglichen Angreifers, sondern allenfalls mittelbar (*Mitsch* S. 84). Sie schützen daneben, möglicherweise auch vorwiegend, die öffentliche Ordnung und Sicherheit, also Allgemeininteressen. Die Ansicht, dass Notwehr auch zum Schutz der öffentlichen Sicherheit und Ordnung gerechtfertigt sein könnte, sich also auf die Verteidigung von Allgemeingütern erstrecken kann (*Celle* NJW 1969, 1775) ist problematisch. Sie gefährdet den Primat des staatlichen Rechtsgüterschutzes und läuft auf Selbstjustiz hinaus. Die Reform des OWi-Rechts müsste sich der allgemeinen Erkenntnis annehmen, dass eine im Gesetz fehlende Notwehrregelung in Wahrheit keine Lücke im Rechtfertigungsbereich entstehen lässt (zur Frage der Notwehrfähigkeit des Parkvorrechts und anderer Formen des Gemeingebrauchs KK-*Rengier* 3 ff.).

Nach **Abs. 2** ist Notwehr wie im Strafrecht diejenige Verteidigung, die erforderlich ist, um einen gegenwärtigen rechtswidrigen Angriff von sich oder einem anderen abzuwenden. **Angriff** ist die drohende Verletzung rechtlich geschützter Interessen durch einen Menschen. Geht die Gefährdung von Tieren oder Sachen aus, so kommen § 16 oder die §§ 228, 904 BGB in Betracht. Nicht erforderlich ist, dass die drohende Verletzung vom Angreifer gewollt oder bezweckt ist. Sie kann auch fahrlässig oder nicht vorwerfbar sein. Jedes Rechtsgut ist notwehrfähig, also auch Eigentum und Besitz. Das Rechtsgut, dessen Verteidigung zulässig ist, kann dem Angegriffenen, aber auch einem anderen zustehen. Dann liegt Nothilfe vor. 2

Der Angriff ist **rechtswidrig**, wenn ihm der Angegriffene nicht zu dulden braucht. Das ist nach der gesamten Rechtsordnung zu beurteilen. Er ist **gegenwärtig**, wenn er unmittelbar droht, bevorsteht, gerade stattfindet oder noch fortdauert (*Hamm* DAR 1996, 416). Bei einem Dauerdelikt endet der Angriff mit der Beseitigung des rechtswidrigen Zustandes. 3

Die Verteidigung muss erforderlich, d.h. geeignet und notwendig sein, um den Angriff abzuwehren. **Geeignet** ist sie, wenn sie den Angriff sofort beendet und die Gefahr endgültig beseitigt (*BGH* NJW 1978, 898; *BayObLG* NStZ 1988, 409). **Notwendig** ist sie, wenn sie den Angriff auf schonende Weise sofort, effektiv und endgültig abwehren kann. Der Angegriffene muss demnach unter mehreren gleichgeeigneten Mitteln das mildeste wählen, braucht sich aber auf das Risiko einer ungenügenden Abwehrhandlung nicht einzulassen (*BGH* NStZ-RR 1999, 40 und 264, 2263; *BayObLG* NStZ 1988, 409). Eine Güterabwägung zwischen den betroffenen Rechtsgütern findet nicht statt (*Lilie*, Hirsch-FS 1999, S. 277). Entscheidend ist die Erforderlichkeit der Verteidigungshandlung. Ungewollte Nebenwirkungen der Abwehrhandlung, die sich aus der Gefahrenträchtigkeit des Verteidigungsmittels ergeben und den Angreifer über das erforderliche Maß beeinträchtigen, lassen die Rechtfertigung der Tat im Regelfall unberührt (*BGH* NJW 1978, 955). Sie begründen auch keinen Fahrlässigkeitsvorwurf (*BayObLG* NStZ 1988, 409). 4

§ 15 Erster Teil. Allgemeine Vorschriften

5 Steht **effektive staatliche Hilfe** zur Verfügung, so ist die Notwehr gegenüber dem staatlichen Schutz subsidiär, also nicht notwendig (KK-*Rengier* 29). Dies gilt insbesondere dann, wenn polizeiliche Hilfe präsent ist oder ohne besonderes Risiko herbeigerufen werden kann. Dann darf sich der Angegriffene nicht selbst verteidigen. Im OWi-Recht kann rechtzeitig erreichbare gerichtliche Hilfe insbesondere durch vorläufigen Rechtsschutz eigene Verteidigungshandlungen entbehrlich machen. Dies gilt vor allem für das Wettbewerbsrecht (KK-*Rengier* 30).

6 Die Notwehrhandlung muss **geboten** sein. Das ist sie dann nicht, wenn die Verteidigung einen Rechtsmissbrauch darstellen würde. Das kann der Fall sein, wenn ein **krasses Missverhältnis** zwischen angegriffenem Rechtsgut und Verteidigungshandlung besteht, so bei Angriffen von schuldlos Handelnden, insbesondere Kindern, Geisteskranken, Volltrunkenen und unbewusst fahrlässig Handelnden, bei Angriffen im Rahmen enger persönlicher Beziehung und bei schuldhafter Herbeiführung einer Notwehrlage (Notwehrprovokation). In diesen Fällen muss der Angegriffene leichtere Beeinträchtigungen hinnehmen. Auch kann ihm ein Ausweichen und eine Flucht zugemutet werden. Ggf. muss er auf sein Notwehrrecht vollständig verzichten (KK-*Rengier* 34; *Roxin* ZStW 93 [1981], 68 ff.). Dies gilt insbesondere, wenn der rechtswidrige Angriff ebenfalls nur eine OWi darstellt, wie etwa bei den Parklückenfällen (hierzu KK-*Rengier* 35 ff.; *BayObLG* NJW 1995, 2646; abweichend *Naumburg* NZV 1998, 162).

7 Nach **Abs. 3** wird eine Handlung nicht geahndet, sofern der Täter die Grenzen der Notwehr aus Verwirrung, Furcht oder Schrecken überschreitet. In diesem Fall liegt ein (intensiver) **Notwehrexzess** vor. Der extensive Exzess, bei dem jede Notwehrberechtigung mangels eines gegenwärtigen Angriffs fehlt, wird nicht von Abs. 3 privilegiert (KK-*Rengier* 42). Nimmt jedoch der Täter irrtümlich eine Notwehrlage an oder überschreitet er irrtümlich die Grenzen der Verteidigung, dann entfällt die Ahndung wegen vorsätzlichen Handelns, wenn der Täter einen Sachverhalt annimmt, bei dessen Vorliegen die Notwehrlage gegeben wäre. Irrt er sich nur über die Grenzen des Erlaubtseins, so ist lediglich Verbotsirrtum gegeben (*Göhler/König* 9). In Zweifelsfällen ist zugunsten des Betroffenen zu entscheiden oder nach Opportunitätsgrundsätzen von der Verfolgung abzusehen (§ 47– *Göhler/König* 11).

§ 16 Rechtfertigender Notstand

Wer in einer gegenwärtigen, nicht anders abwendbaren Gefahr für Leben, Leib, Freiheit, Ehre, Eigentum oder ein anderes Rechtsgut eine Handlung begeht, um die Gefahr von sich oder einem anderen abzuwenden, handelt nicht rechtswidrig, wenn bei Abwägung der widerstreitenden Interessen, namentlich der betroffenen Rechtsgüter und des Grades der ihnen drohenden Gefahren, das geschützte Interesse das beeinträchtigte wesentlich überwiegt. Dies gilt jedoch nur, soweit die Handlung ein angemessenes Mittel ist, die Gefahr abzuwenden.

Die Vorschrift entspricht § 34 StGB und regelt den **rechtfertigenden Notstand**. Anders als die Notwehr hat der rechtfertigende Notstand im OWi-Recht auch praktische Bedeutung (*Göhler/König* 1; *RRH* 3; KK-*Rengier* 3 mit Beispielen aus der Rechtsprechung), weil die Rechtsprechung diesen Rechtfertigungsgrund bei Verletzung von wirtschaftsrechtlichen wie auch Zuwiderhandlungen gegen verkehrsrechtliche Vorschriften anerkannt hat. Die Rechtsordnung erkennt den schutzwürdigen Interessen, namentlich den Rechtsgütern, eine Rangfolge zu, wie sie sich in den unterschiedlichen Strafdrohungen und den Bußgelddrohungen ausdrückt, so dass es dem Schutzzweck der Gesamtrechtsordnung entspricht, bei einer Konfliktlage ein weniger wertvolles Interesse zu opfern, wenn dies das einzige Mittel ist, um ein höherwertiges Interesse zu erhalten.

Rechtfertigender Notstand kann vorliegen, wenn eine gegenwärtige, nicht anders abwendbare **Gefahr für ein Rechtsgut** besteht und nach der von der Vorschrift genannten Güterabwägung eine Handlung begangen wird, um diese Gefahr von sich oder einem anderen abzuwenden.

Vorliegen muss die **Notstandslage**, d. h. eine gegenwärtige, nicht anders abwendbare Gefahr für notstandsfähige Rechtsgüter. Die Aufzählung in Satz 1 ist nicht abschließend. Also sind alle rechtlich anerkannten Interessen notstandsfähig (KK-*Rengier* 5; *RRH* 7; *Köln* VRS 59, 438). Die Wertigkeit des Rechtsguts spielt bei der Beurteilung der Notstandslage keine Rolle. Als nicht ausdrücklich genannte andere von der Rechtsordnung geschützte Güter sind von der Rechtsprechung etwa erwähnt worden: die Aufrechterhaltung der Produktion, Sicherung des Betriebes und Erhaltung der Arbeitsplätze (*BGH* MDR 1975, 723; *Stuttgart* VRS 54, 288), die Sicherung eines persönlichen Arbeitsplatzes (*BayObLG* NJW 1994, 2303; *Oldenburg* NJW 1978, 1869), das Interesse, am Arbeitsplatz oder zum Gerichtstermin pünktlich zu erscheinen, das Parken, um als Behinderter zum Arbeitsplatz zu gelangen (*Düsseldorf* VRS 63, 384), das Parken in zweiter Reihe zum Be- und Entladen (*BGH* NJW 1979, 225), das Interesse an der Unfallaufklärung (*Köln* VRS 57, 143), die Vermeidung eines Auffahrunfalls durch Überfahren einer Lichtzeichenanlage (*Beck/Berr* 295b). Allerdings muss das zu rettende Gut durch die Rechtsordnung geschützt und nicht nur aufgrund allgemeiner Auffassung als schützenswert angesehen sein (*Köln* VRS 59, 438). Das bedrohte Gut muss nicht dem Eingreifenden, sondern kann auch einem anderen zustehen. Die schuldhafte Herbeiführung der Notstandslage schließt die Anwendung der Vorschrift nicht aus (*BayObLG* NJW 1978, 2046 m. Anm. *Dencker* JuS 1979, 470 und *Hruschka* JR 1979, 124). Das Verschulden kann als negativer Bewertungsfaktor bei der Interessenabwägung berücksichtigt werden (KK-*Rengier* 54).

4 Die **Notstandsfähigkeit von Allgemeininteressen** ist umstritten (KK-*Rengier* 9 ff.). Die Praxis hat § 16 auch dann angewendet *(Köln* VRS 56, 63; VRS 64, 298), wenn nicht unterschieden werden kann, ob es sich um etwaige Individualgefahren für den Fahrer oder andere Verkehrsteilnehmer gehandelt hat oder ob es um den Schutz von Gefahren nur für die allgemeine Verkehrssicherheit geht (*Düsseldorf* OLGSt 2). Die Notstandsfähigkeit von Allgemeininteressen ist nicht grundsätzlich abzulehnen, auch wenn § 16 die prinzipiell bestehende Alleinzuständigkeit des Staates für den Schutz der öffentlichen Ordnung nicht berühren will. Denn es liegt auf der Hand, dass der Staat in der sich zunehmend differenzierter organisierenden Gesellschaft seine Alleinzuständigkeit für den Rechtsgüterschutz zunehmend auf den Schutz wichtigerer Rechtsgüter beschränken muss. Deshalb erhält auch das Opportunitätsprinzip im OWi-Recht (§ 47) zunehmende Bedeutung.

5 **Gefahr** ist eine Lage, die bei natürlicher Weiterentwicklung des Geschehens mit Wahrscheinlichkeit zu einem Schaden führt. Dabei braucht der Schadenseintritt nicht nahe zu liegen (*BGH* NJW 1963, 1069). Ob eine Gefahr vorlag oder nicht, wird nicht nach dem subjektiven Standpunkt des möglicherweise irrenden Notstandstäters beurteilt, sondern nach einem nachträglich getroffenen Urteil eines Sachverständigenurteils in

Zweiter Abschnitt. Grundlagen der Ahndung § 16

der konkreten Handlungssituation, der mit etwaigem Spezialwissen des Täters ausgerüstet ist (KK-*Rengier* 12).

Die Gefahr ist **gegenwärtig**, wenn nach menschlicher Erfahrung bei natürlicher Weiterentwicklung der Dinge der Eintritt des Schadens sicher oder doch höchstwahrscheinlich ist, der Gefahrenzustand also jederzeit in einen Schaden umschlagen kann, falls nicht sofort oder alsbald Abwehrmaßnahmen ergriffen werden (*BGH* NStZ 1988, 554). Eine gegenwärtige Gefahr ist auch die sog. **Dauergefahr**. Darunter ist ein Zustand zu verstehen, bei dem die Gefahr jederzeit in einen Schaden umschlagen kann, mag auch die Möglichkeit offen bleiben, dass der Eintritt des Schadens noch eine Zeitlang auf sich warten lässt (*BGH* NJW 1979, 2054). Dies gilt z.B. für einsturzgefährdende Gebäudeteile (*Karlsruhe* Justiz 1983, 346; weitere Beispiele insbesondere aus dem Straßenverkehr bei KK-*Rengier* 15). 6

Der Täter muss zur **Gefahrenabwehr** handeln, also mit dem Willen, das gefährdete Rechtsgut zu schützen. Dabei kann die Abwendung der Gefahr in der Bekämpfung einer vorhandenen, aber auch in der Vermeidung einer sich andernfalls realisierenden Gefahr liegen (KK-*Rengier* 13 m. Beispielen aus dem Straßenverkehr; ferner *Beck/Berr* 295b m. zahlr. weiteren Hinweisen). Handelt der Täter und erkennt dabei eine objektiv bestehende Gefahr nicht, so besteht für ihn kein Rechtfertigungsgrund, weil er dann nicht gehandelt hat, um die Gefahr abzuwenden (*BGH* NStZ-RR 1998, 173). Allerdings gilt die Regelung des § 16 auch für fahrlässig begangene Handlungen (*Köln* VRS 59, 438). 7

Die Notstandshandlung muss **erforderlich** sein. Das ist sie, wenn sie geeignet und notwendig ist, die Gefahrenlage zu beenden. Das ausgewählte Abwehrmittel ist ungeeignet, wenn es die Gefahr nicht beseitigt oder allenfalls einen unwesentlichen Beitrag leisten kann (nur unwesentlicher Zeitgewinn trotz erheblicher Geschwindigkeits- und anderer Verkehrsverstöße bei einer Rettungshandlung; *BayObLG* NJW 1991, 1626), es sei denn, dass auch der geringe Zeitgewinn bereits wertvoll ist (KK-*Rengier* 17 m. w. Beispielen). In diesen Fällen besteht ein weites Feld für die Anwendung des Opportunitätsgrundsatzes in der Praxis. 8

Unter mehreren zur Abwendung der Gefahr geeigneten Mitteln muss der Täter das **relativ mildeste** wählen. Die Beeinträchtigung fremder Interessen darf nur **ultima ratio** seines Handelns sein. Die Rechtfertigung entfällt 9 demnach, wenn die weniger einschneidende Maßnahme den Gefahrenzustand ebenso rasch und wirksam wie das angewandte Mittel hätte beseitigen können (*Karlsruhe* Justiz 1983, 347), oder wenn die Beeinträchtigung fremder Interessen über das für die Beseitigung der Gefahr unbedingt erforderliche Maß hinausgeht (*Köln* VRS 64, 300). Hier ist insbesondere an die Inanspruchnahme staatlicher Hilfe zu denken, so dass sich nur in Ausnahmefällen etwa Zuwiderhandlung gegen Genehmigungsvorschriften bei genehmigungsfähigen Vorhaben nach § 16 rechtfertigen lassen (KK-*Rengier* 19). Kommen **mehrere gleich milde Mittel** in Betracht und ergibt auch eine Interessenabwägung keinen Unterschied, so hat der Notstandstäter ein eigenes Wahlrecht (*Lenckner* GA 1985, 305).

10   Ob die Notstandshandlung gerechtfertigt ist, hängt wesentlich von der vom Gesetz geforderten **Interessenabwägung** ab. Danach muss die Abwägung der widerstreitenden Interessen ergeben, dass das geschützte Interesse das beeinträchtigte wesentlich überwiegt. Diese Formulierung eröffnet einen erheblichen Bewertungsspielraum und damit erneut ein weites Feld für die Anwendung des Opportunitätsgrundsatzes. Die erforderliche Gesamtbewertung vollzieht sich in mehreren gedanklichen Schritten: zunächst ist die abstrakte Abwägung der betroffenen Rechtsgüter vorzunehmen, dann der Grad der ihnen drohenden Gefahr in die Interessenabwägung einzubeziehen. Sodann müssen die sonstigen Interessen berücksichtigt werden, bevor die Bewertung erfolgt, ob die geschützten Interessen die beeinträchtigten wesentlich überwiegen. Je nach Standpunkt kann die Angemessenheitsklausel des Satzes 2 zu einer Korrektur des Ergebnisses führen.

11   Ausgangspunkt für die Abwägung der betroffenen Rechtsgüter ist ihr **abstraktes Gewicht.** Dabei sind alle auf der Haltungs- bzw. Eingriffsseite unmittelbar wie mittelbar betroffenen Allgemein- und Individualgüter in die Abwägung einzubeziehen (KK-*Rengier* 26). Für die Einstufung der betroffenen Rechtsgüter gibt die Rechtsordnung oft Hinweise. Im Übrigen kommt es auf den Einzelfall an.

12   Die Abwägung nach dem **Grad der drohenden Gefahr** kann ebenfalls nur am Einzelfall erfolgen. Je höher der Grad der drohenden Gefahr auf der Haltungsseite und je geringer er auf der Eingriffsseite ist, desto mehr spricht für die Rechtfertigung der Notstandshandlung (KK-*Rengier* 30). Die Anwendung der Vorschrift kommt insbesondere in Betracht, wenn

das Erhaltungsgut konkret und das Eingriffsgut nur abstrakt gefährdet sind, während im umgekehrten Fall oder wenn auf beiden Seiten konkrete Gefahren bestehen, die Bejahung der Rechtswidrigkeit nahe liegt.

Bei der Abwägung der widerstreitenden Interessen muss festgestellt werden, dass **zugunsten des zu schützenden Interesses ein Übergewicht** besteht. Dieses muss zudem wesentlich sein. Dabei handelt es sich erneut um eine Wertentscheidung, die in Grenzbereichen nicht immer auf rationale Gründe gestützt werden kann. In diese Abwägung sind auch die Rangordnungen der betroffenen Rechtsgüter einzubeziehen. Sind die Rechtsgüter, wie häufig im Straßenverkehrsrecht, gleichwertig, so kann die Abwägung nach dem Grad der Gefahren maßgeblich sein (*Düsseldorf* VRS 91, 297). So dürfte die konkrete Gefahr für Leib oder Leben sowie eine konkrete Beeinträchtigung der Sicherheit des Straßenverkehrs gegenüber dem Interesse, einen Betrieb aufrechtzuerhalten wesentlich überwiegen (*Stuttgart* VRS 54, 288). Ebenso wenig rechtfertigt die möglichst rasche Behandlung eines erkrankten Tieres die Verletzung von Sicherheitsvorschriften im Straßenverkehr (*Düsseldorf* NStZ 1990, 396), wohl aber ein drohender Auffahrunfall einen Rotlichtverstoß (*Düsseldorf* OLGSt 2; *Beck/Berr* 295a). 13

Nach Satz 2 muss schließlich die Handlung ein angemessenes Mittel zur Gefahrenabwehr sein **(Angemessenheitsklausel)**. Der Gesetzgeber hat dadurch gewährleisten wollen, dass im Rahmen einer sozialethischen Gesamtwertung das Verhalten des Notstandstäters dahingehend geprüft wird, ob es auch den anerkannten Wertvorstellungen der Allgemeinheit als eine sachgemäße und rechtlich billigenswerte Lösung der Konfliktlage erscheint (so schon E 1962 S. 159; KK-*Rengier* 40). So ist die **Notstandshandlung unangemessen**, wenn etwa die Gefahr für das geschützte Rechtsgut eine einkalkulierte Folge einer gesetzlichen Regelung ist. Dies kann etwa bei Verstößen gegen arbeits-, steuer-, wirtschafts- und umweltrechtliche Vorschriften der Fall sein. Dies kann auch der Fall sein, wenn ein Arbeitnehmer für den Fall, dass er möglicherweise infolge einer Weisung die Begehung einer ordnungswidrigen Handlung verweigert, den Verlust des Arbeitsplatzes befürchten muss (*Oldenburg* NJW 1978, 1869). Ob das Ziel, den Arbeitsplatz zu erhalten, auch heute noch nur in Ausnahmefällen die Begehung von geringfügigen OWi rechtfertigen kann, könnte immerhin zweifelhaft sein (anders KK-*Rengier* 42; differenzierend *Göhler/König* 12). 14

15 Erforderlich ist als subjektives Rechtfertigungselement der erforderliche **Rettungswille**. Er liegt schon vor, wenn der Täter in Kenntnis der rechtfertigenden Situation handelt. Zielgerichtetes Wollen im Hinblick auf den Rechtsgüterschutz ist nicht erforderlich (*Frisch* Lackner-FS 1987, S. 145 ff.). Die strafrechtliche h. M., die eine Absicht im engeren Sinne erfordert (etwa *Tröndle/Fischer* § 34 Rn. 18) hat für das OWi-Recht nur eingeschränkte Bedeutung. Ausreichend zur Rechtfertigung ist jedenfalls, dass der Täter subjektiv mit Rettungswillen handelt und dass die übrigen Voraussetzungen des § 16 objektiv vorliegen (*RRH* 21). Ob der Täter die Sachlage gewissenhaft geprüft und abgewogen hat, ist dabei ohne Bedeutung.

16 Die Vorschrift enthält keine Irrtumsregelung. **Irrtumsfragen** können gleichwohl von Bedeutung sein. Nimmt der Täter irrig Tatsachen an, bei deren Vorliegen die Tat nach § 16 gerechtfertigt wäre, so liegt ein Erlaubnistatbestandsirrtum vor, der die Handlung wegen vorsätzlichen Handelns ausschließt. Entsprechende Sachverhalte sind bei Verkehrs-OWi verhältnismäßig häufig und sei es auch nur deshalb, weil eine dahingehende Einlassung nicht widerlegt werden kann (KK-*Rengier* 68). Entscheidend sind hier immer die Umstände des Einzelfalles, wobei zumeist besondere Tatsituationen wie etwa ein Zwang zur raschen Entscheidung bestehen und zu berücksichtigen sind. Kennt der Täter die Tatumstände, die § 16 unanwendbar machen, glaubt er aber trotzdem, dass die Tat gerechtfertigt sei, so irrt er über die rechtlichen Grenzen des rechtfertigenden Notstandes. Dann liegt ein Verbotsirrtum vor, der den Vorsatz unberührt und nur im Falle der Unvermeidbarkeit die Vorwerfbarkeit entfallen lässt (*Zweibrücken* VRS 55, 359). Ob ein derartiger Verbotsirrtum tatsächlich in der Regel vermeidbar ist (*Göhler/König* 15), kann fraglich sein.

17 Entschuldigenden Notstand in Anlehnung an § 35 StGB gibt es im OWi-Recht nicht. Werden unter den Voraussetzungen des § 35 StGB nur Bußgeldvorschriften verletzt, so ist die Handlung nach § 16 stets gerechtfertigt (*Göhler/König* 16; *RRH* 2).

Dritter Abschnitt. Geldbuße

§ 17 Höhe der Geldbuße

(1) Die Geldbuße beträgt mindestens fünf Euro und, wenn das Gesetz nichts anderes bestimmt, höchstens eintausend Euro.

(2) Droht das Gesetz für vorsätzliches und fahrlässiges Handeln Geldbuße an, ohne im Höchstmaß zu unterscheiden, so kann fahrlässiges Handeln im Höchstmaß nur mit der Hälfte des angedrohten Höchstbetrages der Geldbuße geahndet werden.

(3) Grundlage für die Zumessung der Geldbuße sind die Bedeutung der Ordnungswidrigkeit und der Vorwurf, der den Täter trifft. Auch die wirtschaftlichen Verhältnisse des Täters kommen in Betracht; bei geringfügigen Ordnungswidrigkeiten bleiben sie jedoch in der Regel unberücksichtigt.

(4) Die Geldbuße soll den wirtschaftlichen Vorteil, den der Täter aus der Ordnungswidrigkeit gezogen hat, übersteigen. Reicht das gesetzliche Höchstmaß hierzu nicht aus, so kann es überschritten werden.

Schrifttum: *Achenbach*, Bußgeldbemessung im Kartellrecht, WuW 1997, 383; *ders.*, Das neue Recht der Kartellordnungswidrigkeiten, wistra 1999, 241; *ders.*, Bußgeldverhängung bei Kartellordnungswidrigkeiten nach dem Ende der fortgesetzten Handlung, WuW 1997, 393; *ders.*, Frankfurter Kommentar zum GWB, Stand September 2000; *ders.*, Verfassungswidrigkeit variabler Obergrenzen bei Kartellrechtsverstößen, WuW 2002, 1154; *ders.*, Die steuerliche Ahndbarkeit mehrerlösbezogener Kartellgeldbußen, BB 2000, 1116; *Bangard*, Aktuelle Probleme der Sanktionierung von Kartellabsprachen, wistra 1997, 161; *Beck*, Der Neue Bußgeldkatalog, DAR 1989, 321; *Bender*, Der wirtschaftliche Vorteil (§ 13 IV OWiG), insbesondere bei der Bardepotverkürzung, ZfZ 1974, 140; *ders.*, Sanktionen zur straf- und bußgeldrechtlichen Gewinnabschöpfung gegenüber Gesellschaftern, ZfZ 1976, 139; *Brender*, Die Neuregelung der Verbandstäterschaft im Ordnungswidrigkeitenrecht S. 155 ff.; *Cramer*, Bemessung von Geldbuße und Verfall gemäß §§ 17, 29 a OWiG unter Berücksichtigung der steuerlichen Belastung sowie der Einnahmen aus rechtmäßigem Alternativverhalten, wistra 1996, 248; *Dannecker/Fischer-Fritsch*, Das EG-Kartellrecht in der Bußgeldpraxis, 1989; Drathjer, Die Abschöpfung rechtswidrig erlangter Vorteile im OWi-Recht, 1997; *Erlinghagen/Zippel*, Der

„Mehrerlös" als Grundlage der Bußgeldfestsetzung bei Kartellverstößen, DB 1974, 953 ff.; *Jagow*, Bußgeldkatalog, Verwarnungsgeldkatalog und Mehrfachtäter-Punktsystem, NZV 1990, 13; *Janiszewski*, Die neue Bußgeldkatalog-Verordnung, NJW 1990, 3113; *Kaiser*, Zur richtigen Bemessung der Geldbuße im Bußgeldverfahren, NJW 1979, 1533 m. Erwiderung von *Schnupp*, NJW 1979, 2240; *Mittelbach*, Zur Bemessung der Geldbuße bei Ordnungswidrigkeiten, DÖV 1957, 251 ff.; *Krehl*, Vermögensberücksichtigung bei der Geldstrafenbemessung?, NJW 1988, 62; *Oehler*, Zur Bußgeldbemessung in Kartellsachen, BB 1980, 446; *Peltzer*, Die Berücksichtigung der wirtschaftlichen Vorteile bei der Bußgeldbemessung im Ordnungswidrigkeitenrecht, DB 1977, 1445; *Pfaff*, Bemessung der Geldbuße bei Steuerordnungswidrigkeiten, SchIHA 1972, 177; *Sannwald*, Die Vorteilsabschöpfung nach § 17 IV OWiG bei Verstößen gegen handwerks- und gewerberechtliche Vorschriften, GewArch 1986, 84 ff., 319 ff.; *Schall*, Die richterliche Zumessung der Geldbuße bei Verkehrsordnungswidrigkeiten, NStZ 1986, 1 ff.; *Schnupp*, Bemessung der Geldbuße im Bußgeldverfahren, NJW 1979, 2240; *Schroth*, Der Regelungsgehalt des 2. Gesetzes zur Bekämpfung der Wirtschaftskriminalität im Bereich des OWi-Rechts, wistra 1986, 158; *Seidenstecher*, Der künftige bundeseinheitliche Bußgeldkatalog, VGT 1984, 39; *Suhren*, Der künftige bundeseinheitliche Bußgeldkatalog, VGT 1984, 48; *Tiedemann* in HWiStR unter „Gewinnabschöpfung"; *ders.*, Die „Bebußung" von Unternehmen nach dem 2. Gesetz zur Bekämpfung der Wirtschaftskriminalität, NJW 1988, 1169; *Winkler*, Die Rechtsnatur der Geldbuße im Wettbewerbsrecht der Europäischen Wirtschaftsgemeinschaft, 1971.

Übersicht

	Rn		Rn
I. Allgemeines	1–2	V. Insbesondere: Wirtschaftliche Verhältnisse des Täters; wirtschaftlicher Vorteil aus der OWi	26–42
II. Regelrahmen allgemein	3–7		
III. Regelrahmen bei fahrlässigem Handeln	8–11		
IV. Einzelne Zumessungskriterien	12–25	VI. Bußgeldkataloge	43–53

I. Allgemeines

1 Die Absätze 1, 2 und 4 Satz 2 legen allgemein den **Rahmen** fest, in dessen Grenzen sich **Bußgeldzumessungen** für festgestellte OWi bewegen dürfen. Innerhalb dieses Rahmens spiegelt sich der Unwert wider, den der Gesetzgeber der OWi beigemessen hat (KK-*Steindorf* 1). Die Absätze 3 und 4 Satz 1 geben in groben Zügen grundlegende Anweisung für die Zumessung der Geldbuße, indem sie als Basis jeder Bemessung objektiv die Bedeutung der OWi und subjektiv den persönlichen Vorwurf auführen. Gleichzeitig wird in Abs. 3 Satz 2 die Berücksichtigung der wirtschaftlichen Verhältnisse des Täters geregelt.

Die Geldbuße ist eine **staatliche Sanktion sui generis**; sie knüpft als Unrechtsfolge an einen vorwerfbar verwirklichten OWi-Tatbestand an, ggf. auch an das Begehen einer Straftat. Sie ist als kombinierte Sanktion durch Repression, Prävention und Gewinnabschöpfung gekennzeichnet (*Schroth* wistra 1986, 160). Sie wirkt **repressiv**, ohne Strafe zu sein, indem sie dem Betroffenen zum Bewusstsein bringen soll, dass er für das von ihm begangene Unrecht einzustehen hat. Sie ist präventiv, indem sie dem Handelnden eine Pflichtenmahnung erteilt *(BVerfG* NJW 1969, 1622) und darüber hinaus andere in ähnlicher Situation befindliche Normadressaten davon abhält, gleichartige Zuwiderhandlungen zu begehen. Ihnen soll das finanzielle Risiko des Verstoßes bewusst gemacht werden. Der Gesichtspunkt der Generalprävention ist ein anerkannter, legitimer Bemessungsfaktor bei der Bemessung einer Geldbuße (KK-*Steindorf* 10; *Mittelbach* DÖV 1957, 255). Sie hat als weitere Funktion das Ziel der **Abschöpfung** des aus der Tat gezogenen **wirtschaftlichen Vorteils**. Diese Zielsetzung ist nicht nachrangig. Sie wird zukünftig in dem Maße an Bedeutung gewinnen, in dem das OWi-Recht zur bevorzugten Sanktion für wirtschaftlich wirksames, gesellschaftlich unerwünschtes Verhalten wird. **2**

II. Regelrahmen allgemein

Abs. 1 bestimmt den **Regelrahmen** der Geldbuße für das gesamte OWi-Recht. Er gilt immer dann, wenn das Gesetz Geldbuße androht, ohne einen besonderen Rahmen für sie anzugeben. Er bewegt sich seit dem 1.1.2002 (Gesetz vom 13.12.2001 – BGBl. I 2001, 3574) **zwischen 5,– Euro und 1 000,– Euro**. Soweit nach bisherigem Recht in Bußgeldvorschriften Geldbuße ohne Angabe eines Höchstbetrages angedroht ist, gilt der Regelrahmen des Abs. 1. Ist in einer Bußgeldvorschrift der bis zur Rechtsänderung geltende Höchstbetrag von 1 000,– Euro ausdrücklich und beziffert bestimmt, so bleibt dieser bestehen (Begründung BT-Drucks. 13/5418 S. 8). Dies ist für die §§ 111 Abs. 3, 113 Abs. 3 und 119 Abs. 4 ausdrücklich geschehen. Der Regelrahmen des Ordnungsgeldes beträgt 5,– bis 1 000,– Euro (Art. 6 Abs. 1 EGStGB). **3**

4 Vereinzelt droht das **Landes-OWi-Recht** ein geringeres Höchstmaß als das disponible Höchstmaß des Abs. 1 an. Dann gilt im Einzelfall das Landesrecht. Demgegenüber sieht eine Vielzahl von Gesetzen ein teilweise beträchtlich angehobenes Höchstmaß vor. Der in Abs. 1 vorgesehene Rahmen hat sich in diesen Fällen nach Auffassung des Gesetzgebers als nicht angemessen erwiesen. Der Bußgeldrahmen des Abs. 1 hat daher in der Praxis eine eher untergeordnete Bedeutung.

5 Aus dem Wortlaut des Gesetzes ergibt sich, dass eine von § 17 abweichende **Festsetzung des Mindestbetrages** nicht zulässig ist, weil sich der Gesetzesvorbehalt ausdrücklich nur auf den Höchstbetrag der Geldbuße bezieht (*RRH 5*). Ob eine einzelgesetzliche Regelung eines erhöhten, über 5,– Euro hinausgehenden Mindestbetrages der Geldbuße rechtssystematisch tatsächlich in dem Maße zu inkriminieren wäre, wie dies im Schrifttum geschieht (*Göhler/König 7*; *RRH 5*), insbesondere das verfassungsrangige Gebot der Verhältnismäßigkeit berührt, wenn man diesen Mindestbetrag in Beziehung zu den tatsächlich bei Wirtschaftsvergehen inzwischen verhängten Geldbußen sieht, kann bezweifelt werden. Jedenfalls ist die Mindestgeldbuße von 5,– Euro für die Gerichte verbindlich. Es wäre rechtsfehlerhaft, eine höhere Geldbuße mit der Begründung festzusetzen, der Ausspruch des Mindestbetrages widerspreche der Würde des Gerichts (*BayObLG* MDR 1974, 1041; *Göhler/König 9*).

6 Die **Regelsätze eines Bußgeldkatalogs** berühren den gesetzlichen Mindestbetrag nicht, da sie nur für konkretisierte Fälle der Tatbestandsverwirklichung gelten. Sie können daher bei Vorliegen von Milderungsgründen oder erschwerenden Umständen den für den Regelfall vorgesehenen Betrag der Geldbuße unterschreiten oder erhöhen (KK-*Steindorf* 22).

7 Der Bußgeldrahmen, von dem bei der Verhängung der Geldbuße ausgegangen wird, ist bei gerichtlichen Entscheidungen **offen zu legen**, damit das Rechtsbeschwerdegericht den Bußgeldausspruch überprüfen kann. Ergeben sich insoweit Zweifel, so hat das angefochtene Urteil keinen Bestand (*Saarbrücken* NStZ 1988, 368).

III. Regelrahmen bei fahrlässigem Handeln

8 Nach **Abs. 2** kann **fahrlässiges Handeln** im Höchstmaß mit der Hälfte des angedrohten Höchstbetrages der Geldbuße geahndet werden, sofern das Gesetz für vorsätzliches und fahrlässiges Handeln Geldbuße androht, ohne jeweils im Höchstmaß zu unterscheiden. Diese Regelung vereinfacht einerseits die Bußgelddrohung in den einzelnen Gesetzen, indem sie deren Vereinheitlichung für die Fälle fahrlässiger Begehung ermöglicht (*RRH* 7). Darüber hinaus enthält sie den wohl erforderlichen Auffangtatbestand für alle diejenigen Fälle, in denen schon bislang Bußgelddrohungen zwischen fahrlässigem und vorsätzlichem Verhalten nicht unterschieden haben. Sie enthält **keinen allgemeinen Maßstab**, nach dem die wegen des verschiedenen Grades der Vorwerfbarkeit gebotene unterschiedliche Ahndung zwischen vorsätzlichem und fahrlässigem Handeln im Einzelfall zu bestimmen ist (**a. A.** *RRH* 7; *Köln* VM 1980, 70). Im Gegenteil wird nicht ohne Grund beklagt, dass die Regelung des Abs. 2 in der Praxis weitgehend unbeachtet bleibt (KK-*Steindorf* 25; *Koblenz* OLGSt § 4 JÖSchG Nr. 1). Abs. 2 hat keine Bedeutung, sofern im Gesetz eine andere Abstufung vorgenommen und das Höchstmaß der Geldbuße für fahrlässiges Handeln abweichend von Abs. 2 bestimmt worden ist. Dann darf allerdings das angedrohte Höchstmaß für fahrlässiges Handeln auch dann nicht überschritten werden, wenn von der Anordnung einer an sich verwirkten Nebenfolge abgesehen wird; es darf nicht zum Ausgleich für ein nicht verhängtes Fahrverbot eine das Höchstmaß für fahrlässig begangene Verkehrs-OWi überschreitende Geldbuße verhängt werden (*RRH* 7).

Soweit das Gesetz **leichtfertiges Verhalten** mit Geldbuße bedroht, ist sie dem Bußgeldrahmen für fahrlässiges Handeln zu entnehmen, weil leichtfertiges Handeln nur ein gesteigerter Grad des fahrlässigen Handelns ist und keinen eigenen Regelrahmen aufweist (*RRH* 11; *Göhler/König* 13). Die Geldbuße liegt in solchen Fällen allgemein im oberen Bereich des für fahrlässige Verstöße festgelegten Rahmens (KK-*Steindorf* 27). **9**

In der **gerichtlichen Bußgeldentscheidung** muss angegeben werden, ob gegen den Betroffenen wegen vorsätzlichen oder fahrlässigen Handelns eine Geldbuße festgesetzt wird. Sonst kann im Rechtsbeschwerdeverfahren nicht überprüft werden, ob die Geldbuße dem richtigen Bußgeldrahmen entnommen worden ist (*Koblenz* VRS 70, 224; *Göhler/König* 14). **10**

Im Übrigen hat die Anwendung des Abs. 2 bei der Festsetzung der Geldbuße besondere Bedeutung für die **Verfolgungsverjährung**. Durch die Halbierung der Höchstbuße nach Abs. 2 bei fahrlässigem Verhalten wird aus der bisherigen OWi eine solche, die nur noch mit dem halben Höchstbetrag bedroht ist, so dass nach dem Katalog des § 31 Abs. 2 ent- **11** sprechend kürzere Verjährungsfristen gelten (KK-*Steindorf* 30). Dies wäre allerdings anders, sofern man in Abs. 2 lediglich eine **Handlungsanweisung** and die Verwaltungsbehörden und Gerichte sehen würde. Hierfür spricht die unterschiedliche Verwendung der Worte „angedrohten" und „geahndet".

IV. Einzelne Zumessungskriterien

12 Nach Abs. 3 sind **Grundlagen für die Zumessung** der Geldbuße die Bedeutung der OWi und der Vorwurf, der den Täter trifft. Seine wirtschaftlichen Verhältnisse sind zu berücksichtigen, soweit es sich nicht nur um geringfügige OWi handelt. Weitere Umstände des Einzelfalls, die für die Zumessung der Geldbuße von Bedeutung sein könnten und die sich eher an die Regelungen des § 46 StGB anlehnen, sieht das Gesetz jedenfalls dann nicht als gleichrangig (BT-Drucks. V/1269 S. 51; *RRH* 14), in Wahrheit als nachrangig an, wenn es sich um geringfügige und durchschnittliche OWi handelt (*Achenbach*, § 81 GWB Rn. 280). Maßgeblich ist hier nur das Verhalten des Betroffenen, nicht eine wie immer geartete Schuld des Täters (*RRH* 15). Die für das Strafrecht entwickelten Grundsätze über die Bewertung des gesetzlichen Strafrahmens sollten daher bei der Bewertung des gesetzlichen Bußgeldrahmens weder unmittelbar noch sinngemäß angewendet werden (**a. A.** *RRH* 15; *Achenbach* § 81 GWB Rn. 280), stellen aber im Einzelfall Entscheidungshilfen zur Verfügung. Dies gilt insbesondere für den Grundgedanken des § 46 Abs. 3 StGB, der ein Doppelverwertungsverbot zum Ausdruck bringt, das verhindern soll, dass Umstände, die schon Merkmale des gesetzlichen Tatbestandes sind, bei der Strafzumessung nicht berücksichtigt werden dürfen. Die Geltung eines solchen Grundsatzes für das OWi-Verfahren ist selbstverständlich und bedarf nicht der sinngemäßen Anwendung des § 46 Abs. 3 StGB im OWi-Verfahren. Er besagt, dass Umstände, die zum Tatbestand der Bußgelddrohung gehören oder die das generelle gesetzgeberische Motiv für die Bußgelddrohung darstellen, bei der Bemessung der Geldbuße nicht noch einmal herangezogen werden dürfen (*BayObLG* BayVBl 1995, 442; *Düsseldorf* NStZ 1993, 277; KK-*Steindorf* 33; *RRH* 17; *Achenbach* § 81 GWB Rn. 281 ff.).

13 Die **Bedeutung der OWi** hängt von dem sachlichen Gehalt und dem Umfang der konkreten Handlung ab (*Göhler/König* 16). Das Gewicht der Tat kann daran abgelesen werden, welche Einstufung der Gesetzgeber ihr hat

Dritter Abschnitt. Geldbuße § 17

zukommen lassen (*Düsseldorf* VRS 72, 286; KK-*Steindorf* 36). Dies kann wiederum an der Bußgelddrohung abgelesen werden (*Köln* NJW 1988, 1606). Insoweit stellt der jeweilige Bußgeldrahmen einen rechtlich bindenden Wertungsmaßstab dar (KK-*Steindorf* 36). Gleichwohl kommt es letztlich immer auf die Bewertung des Einzelvorgangs und seiner Einordnung innerhalb des dafür vorgesehenen Bußgeldrahmens an, um das Gewicht der OWi zu konkretisieren.

Zu berücksichtigen ist der **Grad der Gefährdung** (*Celle* VM 1984, 40) oder der **Beeinträchtigung** der geschützten Rechtsgüter oder Interessen. Zu berücksichtigen ist ferner die Höhe des angerichteten Schadens, der nicht immer Vermögensschaden sein muss, wie etwa bei Zuwiderhandlungen gegen Arbeitsschutzbestimmungen (*RRH* 16). Bei der Bußgeldbemessung wegen Verletzung einer Blankettbestimmung ist auch das Gewicht der jeweils verletzten Einzelvorschrift zu berücksichtigen (*BayObLG* DAR 1987, 317). Eine Rolle können die Häufigkeit gleichartiger Verstöße und die Art der Ausführung spielen, weil die Geldbuße den Täter und andere vor erneuten Zuwiderhandlungen abhalten soll (*Düsseldorf* wistra 1993, 119; *Schall* NStZ 1984, 464). Zu berücksichtigen kann ferner der Umstand sein, dass die zugrunde liegende OWi auch von anderen Tätern häufig begangen wird, weil die Geldbuße eindeutig auch generalpräventiven Charakter haben soll (*Düsseldorf* MDR 1994, 1237). 14

Bei der Festsetzung der **höchstzulässigen Geldbuße** muss die Begründung im Einzelnen ergeben, dass kein schwererwiegender Fall der Tatverwirklichung denkbar ist und dass Milderungsgründe nicht ersichtlich sind (*Köln* NJW 1988, 1606; KK-*Steindorf* 37). Sind noch erheblich schwerere Verstöße vorstellbar, so ist die Festsetzung nur der Höchstbuße rechtsfehlerhaft. Die Verhängung der höchstzulässigen Geldbuße muss wegen dieser möglichen Folgen stets näher begründet werden (KK-*Steindorf* 37). 15

Wird nur die **Mindestbuße** verhängt, so muss dargelegt werden, dass ein weniger schwerwiegender Fall der Erfüllung des Bußgeldtatbestandes nicht vorzustellen ist und das Gewicht der Tat an der untersten Stufe der Schwereskala einzuordnen ist (KK-*Steindorf* 37). 16

Zumessungskriterien im Rahmen der Bedeutung der OWi können beispielsweise sein: Abschreckung, die abstrakte Gefährlichkeit des untersagten Verhaltens, ein berechtigtes Anliegen zu Gunsten des Betroffenen, 17

103

die Art und Weise der Tatausführung, die Aufrechterhaltung der Ordnung in einem bestimmten Bereich, das Ausmaß der Gefährdung oder Schädigung der geschützten Rechtsgüter (*KG* wistra 1999, 197 für Submissionsabsprachen; *Koblenz* VRS 60, 423), bei Geschwindigkeitsüberschreitungen, die Auswirkungen der Tat soweit sie zuzurechnen sind (*BGH* StV 1987, 100, 243; für Kartellordnungswidrigkeiten eingehend *Achenbach* § 81 GWB Rn. 283 ff.), das Bauvolumen bei Schwarzarbeit, die Bedeutung des geschützten Rechtsguts, wobei hier besonders auf das Doppelverwertungsverbot zu achten ist, die Beeinträchtigung des geschützten Rechtsguts, die Bedeutung von Blankettvorschriften, die Dauer der Zuwiderhandlung, ein eigener Schaden des Betroffenen, der tatsächliche Einfluss auf die Verkehrssicherheit, die Beschränkung des Verstoßes auf die Missachtung rein formeller Vorschriften, die Gemeinschädlichkeit bei Submissionsabsprachen, die Generalprävention, das Gewicht der verletzten Einzelvorschrift, das Gewicht der Tat überhaupt, die mitwirkende Verursachung durch den Geschädigten oder durch Dritte, etwa eine Behörde, eine vorwerfbare Schadensverursachung, die Schwere der Rechtsverletzung, die Schwierigkeit der Wettbewerbssituation, Fragen der Spezialprävention, die Stellung des Rechtsguts in der Rangfolge der Rechtsgüter, das Maß der Störung der Rechtsordnung, der Tatbeitrag und die Tatfolgen, die Umstände der Tatbegehung, der Verstoß einer Handlung gegen mehrere OWi-Tatbestände, das Zusammentreffen mehrerer Verstöße in Tateinheit.

18 **Abs. 3 Satz 1** nennt den Vorwurf, der den Täter trifft als selbständiges neben die Bedeutung der OWi tretendes Zumessungskriterium. Dieser Vorwurf bemisst sich nach den in der Person des Täters bei der Begehung der OWi gegebenen besonderen Umständen, welche den Grad seines vorwerfbaren Verhaltens bestimmen, ihn also erhöhen oder mildern. Hierzu zählen die täterbezogenen Umstände der Zuwiderhandlung wie etwa die Ausführung der Tat, der mit der Zuwiderhandlung verfolgte Zweck, die aus der Zuwiderhandlung sprechende rechtsfeindliche Gesinnung, die Verletzung besonderer Berufspflichten, leichtfertiges Verhalten innerhalb der Fahrlässigkeit, gewisse Auswirkungen der Zuwiderhandlungen, soweit sie für den Täter voraussehbar waren, das Vorhandensein äußerer Umstände, eine möglicherweise untergeordnete Beteiligung, Gesichtspunkte wie die Berufsausbildung, Branchenkenntnis, Dauer der Beschäftigung und Erfahrung in einer bestimmten Berufsstellung, möglicherweise auch das

Nachtatverhalten des Täters und sein Verhalten in der Hauptverhandlung. Beachtlich ist hier der Grad der Missachtung der Rechtsordnung, andererseits aber auch ein etwaiges Bemühen des Betroffenen, den angerichteten Schaden wiedergutzumachen. Zu berücksichtigen ist ferner eine Minderung des Vorwurfs, der den Betroffenen trifft, wenn z.B. die zuständige Behörde eine unzulängliche Beschilderung öffentlicher Straßen vorgenommen hat oder wiederholt und in ungerechtfertigter Weise bei gleichgelagerten Zuwiderhandlungen untätig geblieben war (KK-*Steindorf* 54 ff.; *RRH* 18; *Göhler/König* 18).

Die **Stellung des Betroffenen im Berufsleben** hat bei Verkehrs-OWi keinen Einfluss auf den Vorwurf, wohl aber, wenn er als Angehöriger von Strafverfolgungsbehörden im besonderen Maße mit den Fragen der Einhaltung der Verkehrsregeln betraut und verbunden ist (*Göhler/König* 19). Ebenso, wenn der Betroffene aufgrund seiner Berufserfahrung und Verantwortung in besonderem Maße mit den Regeln des Straßenverkehrs vertraut sein sollte. Bußgeldvorschriften, die nur für bestimmte Berufskreise gelten, begründen deshalb, weil der Betroffene diesem Berufskreis angehört, nicht schon einen erhöhten Vorwurf weil sie Voraussetzung für die Anwendung des Bußgeldtatbestandes überhaupt sind. Ergibt sich daraus eine Steigerung des Verantwortungsbereichs oder eine besonders deutliche Missachtung der beruflichen Pflichten, so kann dies bußgelderhöhend berücksichtigt werden. **19**

Der **Vorwurf, der den Täter trifft,** kann sich nach der Bedeutung der OWi bemessen. Das Gesetz hat dieses Kriterium allerdings selbständig neben die Bedeutung der OWi gestellt, so dass nicht davon ausgegangen werden kann, dass der Vorwurf von der Bedeutung der OWi unmittelbar abhängig ist (KK-*Steindorf* 51). Gemeint ist auch nicht die Frage von Vorsatz und Fahrlässigkeit, weil dieser Unterschied bereits durch den zur Verfügung gestellten Bußgeldrahmen (Abs. 2) berücksichtigt worden ist. **20**

Ist der Betroffene **uneinsichtig,** so darf dies zu seinen Ungunsten nur berücksichtigt werden, wenn sein Verhalten innerhalb oder außerhalb des Bußgeldverfahrens bei der Art seiner Zuwiderhandlung und nach seiner Persönlichkeit auf eine Rechtsfeindschaft, seine besondere Gefährlichkeit oder die Gefahr künftiger Rechtsverletzungen schließen lässt (*Köln* VRS 81, 200; *RRH* 19). Bloße Uneinsichtigkeit, die derartige Auswirkungen nicht zeigt, darf auch nicht erschwerend berücksichtigt werden (*Zwei-* **21** *brücken* StV 1983, 194). Dies gilt genauso, wenn der Betroffene leugnet, weil er ein Schweigerecht hinsichtlich der Beschuldigung zur Seite hat (*BGH* StraFo 1999, 412), es sei denn, dass sein Verhalten über bloßes Leugnen hinausgeht und er die Ermittlungen in eine falsche Richtung lenkt. Dies kann zu seinen Ungunsten verwertet werden (KK-*Steindorf* 64).

22 **Frühere Ahndungen** wegen OWi dürfen zum Nachteil des Betroffenen nur dann verwertet werden, wenn sie zu der neuen OWi sachlich und zeitlich in einem inneren Zusammenhang stehen (*BayObLG* NStZ 1984, 461; *RRH* 22). Die schärfende Verwertung von Vorstrafen darf nur erfolgen, wenn sie wegen einschlägiger Delikte verhängt worden sind. So darf eine frühere Bestrafung des Täters wegen eines Eigentumsdeliktes im Hinblick auf eine vorliegende Verkehrs-OWi oder auch einen Wirtschaftsverstoß nicht berücksichtigt werden. Anders etwa bei Vorverurteilungen wegen Betruges im Hinblick auf einen jetzt vorliegenden Wirtschaftsverstoß oder Verstößen gegen das Lebensmittel- oder das Abfallbeseitigungsrecht. Sind frühere Verurteilungen aus dem Bundeszentralregister, dem Verkehrszentralregister oder dem Gewerbezentralregister getilgt oder sind sie bereits tilgungsreif, so dürfen sie für erneute OWi-Verfahren auch mit einschlägigem Vorwurf nicht verwertet werden (*BVerwG* NJW 1977, 1075; *BGH* NJW 1993, 3084; *BayObLG* DAR 1996, 243). Jedenfalls sind die tatsächlichen Voraussetzungen der Verwertbarkeit der belastenden Entscheidung so darzulegen, dass das Rechtsbeschwerdegericht Tilgung bzw. Tilgungsreife selbständig überprüfen kann (*Braunschweig* DAR 1990, 189; ausführlich *RRH* 22).

23 Liegen **Vorbelastungen** andersartiger Verstöße gegen Bestimmungen des Straßenverkehrsrechts zugrunde, so besteht ein innerer Zusammenhang mit einer nunmehr vorgeworfenen Verkehrs-OWi, wenn die früheren Verurteilungen auf wiederholter Rücksichtslosigkeit und mangelnder Verkehrsdisziplin hindeuten (*Köln* DAR 2001, 179). Wiederholte Geschwindigkeitsverstöße während einer Fahrt wirken allerdings nicht bußgeldererhöhend, weil die angemessene Ahndung bereits durch die Kumulation der Geldbußen gewährleistet wird (*Düsseldorf* VRS 94, 470). Die Anzahl der Punkte im Verkehrszentralregister ist gleichgültig (*Düsseldorf* VRS 76, 395).

Dritter Abschnitt. Geldbuße § 17

Nicht registrierte OWi sind nur dann zu berücksichtigen, wenn ein inne- 24
rer Zusammenhang mit der neuen Handlung in sachlicher und zeitlicher
Hinsicht vorliegt (*BayObLG* NStZ-RR 1996, 79; *Göhler/König* 20b). Wäre sie als hypothetisch eintragungsfähige OWi bereits tilgungsreif, so besteht ein Verwertungsverbot (bei Verkehrs-OWi nach zwei Jahren: § 29
Abs. 1 Satz 2 Nr. 1 StVG – *RRH* 22). Ist eine Bußgeldentscheidung von
vornherein nicht eintragungsfähig, so darf sie bei der Höhe der neuen
Geldbuße auch nicht berücksichtigt werden (*Stuttgart* Justiz 1984, 69).

Nur in Ausnahmefällen berücksichtigt werden sollen geringfügige OWi, 25
die mit einem Verwarnungsgeld gerügt werden können (*BVerwG* NJW
1973, 1992; *Göhler/König* 20c; **a. A.** *BayObLG* NJW 1973, 1091; hiergegen *Ganselmayer* NJW 1973, 1761). Ihre Berücksichtigung wäre aber
nicht verfassungswidrig (*BVerfG* bei *Göhler/König* 20c). Sie erfordert allerdings, dass sie ohne besondere Nachforschungen bekannt sind oder
sich von selbst im Verfahren ergeben und ein innerer Zusammenhang
zum neuen Verstoß besteht (*Göhler/König* 20c; *Hamm* bei Göhler NStZ
1984, 63; *RRH* 22). Die Tatsache der Verwarnung und deren Auflistung
durch die Polizei allein kann den Nachweis einer OWi gegenüber dem Betroffenen nicht erbringen (*Karlsruhe* DAR 1990, 109).

**V. Insbesondere: Wirtschaftliche Verhältnisse des Täters;
wirtschaftlicher Vorteil aus der OWi**

Die wirtschaftlichen Verhältnisse des Täters zur Zeit der Entscheidung 26
kommen „auch" in Betracht (Abs. 3 Satz 2 1. Halbsatz). Sie bleiben in der
Regel unberücksichtigt, wenn es sich um geringfügige OWi handelt
(Abs. 3 Satz 2 2. Halbsatz). Damit kommt den wirtschaftlichen Verhältnissen des Täters bei der Bußgeldbemessung nachrangige Bedeutung
zu (KK-*Steindorf* 84; *Mitsch* S. 160). Es würde daher einen Verstoß
gegen sachliches Recht darstellen, wenn der Tatrichter als einzigen Zu-
messungsgrund die wirtschaftlichen Verhältnisse des Täters erörtert
(*BayObLG* DAR 1975, 209; *RRH* 25).

Zu berücksichtigen ist die **finanzielle Leistungsfähigkeit** des Betroffenen 27
jedenfalls immer dann, wenn es um eine relativ hohe Geldbuße geht, die
nach der Bedeutung der OWi angebracht erscheint, um den Täter nachdrücklich zur Befolgung der Rechtsordnung anzuhalten (*BayObLG*
NVwZ-RR 1994, 19; *Göhler/König* 22). Bei **durchschnittlichen OWi**

sind bekannte tatsächliche wirtschaftliche Verhältnisse des Betroffenen nur dann beachtlich, wenn sie außergewöhnlich gut oder außergewöhnlich schlecht sind (*Hamm* VRS 56, 369). Bei Geldbußen, die sich in der unteren Grenze des Bußgeldrahmens halten, ist zu prüfen, ob die Bedeutung der Tat und die Höhe der in Betracht gezogenen Geldbuße die zeitraubenden Feststellungen über die Vermögensverhältnisse des Betroffenen rechtfertigen oder ob sachliche Gründe dafür sprechen, von der Berücksichtigung der wirtschaftlichen Verhältnisse des Täters abzusehen (*RRH* 25).

28 Zu den **wirtschaftlichen Verhältnissen** zählen das Einkommen, das Vermögen, Schulden, Unterhaltsverpflichtungen, die Ertragslage von Betrieben usw. Häufig können sie bereits aus der beruflichen Stellung des Täters hergeleitet werden, wie beispielsweise bei Angehörigen des öffentlichen Dienstes (KK-*Steindorf* 87). Zu berücksichtigen sind auch Erträge aus Nießbrauch, Renten, Dividenden, unentgeltlich gewährte Rechte, Sachbezüge, Erwerbsmöglichkeiten, wenn auch ungenutzte (*Achenbach* § 81 GWB Rn. 305). Die Einkommens- und Vermögensverhältnisse eines Ehepartners sind bei dem Täter berücksichtigungsfähig, soweit sie Einfluss auf die wirtschaftliche Stellung des anderen haben (KK-*Steindorf* 87).

29 Der Tatrichter ist nicht gehindert, das gegenwärtige Einkommen des Betroffenen zu **schätzen** (*BayObLG* NStZ-RR 1996, 280).

30 Die Zumessungsregeln von Abs. 3 gelten auch für **Heranwachsende**. Erzieherische Gesichtspunkte werden erst im Vollstreckungsverfahren berücksichtigt (*Düsseldorf* NZV 1992, 418). Bei einem **Jugendlichen** muss die Geldbuße stets so bemessen sein, dass er sie aus den ihm selbst zur Verfügung stehenden Mitteln zahlen kann (*Düsseldorf* NZV 1997, 410). Augenblickliche Mittellosigkeit eines Jugendlichen hindert die Festsetzung einer Geldbuße nicht. Für einen 19 Jahre alten Taschengeldempfänger ist eine Geldbuße von 40,– Euro nicht unverhältnismäßig (*Göhler/König* 21).

31 Bei **geringfügigen OWi** bleiben die wirtschaftlichen Verhältnisse des Betroffenen in der Regel unberücksichtigt (Abs. 3 Satz 2 2. Halbsatz). Wo die Geringfügigkeitsgrenze liegt, ist weiterhin umstritten. Dies gilt insbesondere für Verkehrs-OWi. Teilweise wird sie bei 100,– Euro gesehen (*Düsseldorf* DAR 1999, 514), teilweise bei 250,– Euro (*Zweibrücken* NStZ 2000, 95; *Köln* VRS 97, 381). Zur Begründung für die höhere Ge-

ringfügigkeitsgrenze wird darauf verwiesen, dass der Schwellenwert für die Zulässigkeit der Rechtsbeschwerde in § 79 Abs. 1 Satz 1 Nr. 1 OWiG auf 250,– Euro heraufgesetzt worden ist. Dieser Zusammenhang erscheint nicht zwingend (*Korte* NStZ 2000, 409). Hinzu kommt, dass die Frage, ob eine OWi geringfügig ist, nicht alleine nach der Höhe des zu erwartenden Bußgeldes zu beantworten ist. Im Ergebnis erscheint eine Geringfügigkeitsgrenze von 250,– Euro auch weiterhin systemgerecht.

Nach Abs. 4 wird die Höhe der Geldbuße ferner durch den **wirtschaftlichen Vorteil bestimmt**, den der Täter aus der OWi gezogen hat. Sie soll ihn übersteigen. Sinn dieser Regelung ist es, den Täter einer OWi so zu stellen, dass er im Ergebnis von seiner Handlung keinen wirtschaftlichen Vorteil behält, sondern über das Maß der gezogenen Vorteile hinaus eine geldliche Einbuße hinnehmen muss (*BayObLG* wistra 1995, 360; *RRH* 46). Der wirtschaftliche Vorteil bestimmt im Regelfall die untere Grenze der Geldbuße *(Stuttgart* GewArch 1986, 95). Auf diese Weise soll insbesondere ein unlauteres Gewinnstreben bekämpft und sichergestellt werden, dass die Höhe der Geldbuße in einem angemessenen Verhältnis zur Bedeutung der OWi und zu den erzielten Gewinnen steht (*Göhler/König* 38). Deshalb ist auch das gesetzliche Höchstmaß der Geldbuße kein Hindernis, ein solches Verhältnis herzustellen (Satz 2). **32**

Bei der Feststellung des wirtschaftlichen Vorteils, den der Betroffene tatsächlich aus den Zuwiderhandlungen gezogen hat, ist seine **vermögensrechtliche Gesamtsituation unter Einbeziehung wertbildender Faktoren** entscheidend. Hierzu gehören u. a. neben **Gebrauchsvorteilen**, die der Betroffene aus der Zuwiderhandlung erlangt hat (*Karlsruhe* NJW 1975, 793), die sichere Aussicht, auch in Zukunft aus der Zuwiderhandlung Einnahmen zu beziehen (*RRH* 48), nicht jedoch **hypothetische Gewinne**, die der Täter bei ordnungsgemäßem Verhalten erzielt hätte (*BayObLG* wistra 1995, 360; *Düsseldorf* wistra 1996, 354 m. Anm. *Korte* NStZ 1997, 472; *RRH* 49; *Sannwald* GewArch 1986, 85; **a. A.** *Peltzer* DB 1977, 1446). In Einzelfällen können diese nach den allgemeinen Zumessungsregeln des Abs. 3 berücksichtigt werden (*RRH* 49; zu Provisionen bei Geldwechselgeschäften *BayObLG* OLGSt 16). **33**

Der Begriff des wirtschaftlichen Vorteils erfordert notwendig eine **Saldierung** (*Achenbach* § 81 GWB Rn. 321). Der errechnete Bruttogewinn ist bei der Bemessung des wirtschaftlichen Vorteils um die Aufwendungen **34** zu kürzen, die der Betroffene bei Begehung der OWi gemacht hat. Abzugsfähig sind alle Aufwendungen, welche den Vorteil im wirtschaftlichen Sinne mindern. Nicht abzugsfähig sind so genannte fixe Kosten, die sich nicht ausschließlich auf einen Kartellrechtsverstoß beziehen, es sei denn die gesamte Geschäftstätigkeit hat sich auf das konkret sanktionierte ordnungswidrige Verhalten bezogen (*Achenbach* § 81 GWB Rn. 326). Der Wert der eingesetzten Arbeitskraft des Täters und der Wert des Einsatzes von Produktions- und sonstigen sachlichen Hilfsmitteln sind berücksichtigungsfähig (*Achenbach* § 81 GWB Rn. 326). Rechtlich missbilligte Aufwendungen wie Schmiergelder sind objektiv Aufwendungen *(Hamburg* NJW 1971, 1003). Ihre Berücksichtigung als Aufwendungen ist sittenwidrig (**a.A.** *RRH* 50; *Achenbach* § 81 GWB Rn. 327). Die Gegenmeinung kollidiert mit den Anstrengungen zur vermehrten Korruptionsbekämpfung.

35 Hinsichtlich der im Zusammenhang mit der OWi geschuldeten **Steuern** ist zu differenzieren: Soweit Steuern für Vorgänge anfallen, die zur Erzielung des wirtschaftlichen Vorteils führen, sind sie zu berücksichtigen (*Achenbach* § 81 GWB Rn. 331). Weil der Begriff des wirtschaftlichen Vorteils den Abzug der darauf entfallenden Steuern vom Einkommen und Ertrag nicht voraussetzt (*BVerfGE* 81, 238; *BGHSt* 33, 40), ist es zulässig, den wirtschaftlichen Vorteil ohne Berücksichtigung der Einkommen-, Körperschaft- oder Gewerbeertragssteuer in die Bemessung der Geldbuße einzubeziehen. Es kann dann dem Betroffenen überlassen bleiben, den Abschöpfungsbetrag steuermindernd geltend zu machen (*BGH* NJW-RR 1992, 1130; *Cramer* wistra 1996, 249; *Achenbach* § 81 GWB Rn. 331).

36 Ist ein zunächst erlangter **Vermögensvorteil nachträglich** durch eigene Aufwendungen wie durch nach Versteuerung oder durch die Befriedigung zivilrechtlicher Ersatzansprüche wieder entfallen, so ist dies für die Berechnung des aus der Zuwiderhandlung gewonnenen wirtschaftlichen Vorteils von Bedeutung (*BayObLG* wistra 1995, 360 m. Anm. *Cramer* wistra 1996, 248; *RRH* 51; *Göhler/König* 39). Dies gilt insbesondere für den praktisch wichtigen Fall der Minderung des Gewinns durch Zahlung von Folgesteuern (*BVerfG* NStZ 1990, 393). Dabei empfiehlt es sich für die Verwaltungsbehörde, aktenkundig zu machen oder im Bußgeldbescheid anzugeben, in welchem Umfang Folgesteuern als gewinnmindernd berücksichtigt worden sind (*RRH* 52).

Ersatzansprüche Dritter hindern im Übrigen die Abschöpfung des wirtschaftlichen Vorteils nur insoweit, als sie bereits befriedigt oder zumindest unanfechtbar festgesetzt sind. Entscheidend ist die Feststellung des Ersatzanspruches durch rechtskräftige Entscheidung oder die Zahlung bzw. Beitreibung. Die bloß denkbare Existenz von Ersatzansprüchen mindert den wirtschaftlichen Vorteil ebenso wenig wie der Umstand, dass derartige Ansprüche lediglich geltend gemacht sind (*Achenbach* § 81 GWB Rn. 332). 37

Wirtschaftlicher Vorteil ist nicht nur ein in Geld bestehender Gewinn, sondern auch ein **sonstiger, sich wirtschaftlich auswirkender Vorteil**, wie etwa eine Verbesserung der Marktposition des Täters durch die Ausschaltung oder das Zurückdrängen von Wettbewerbern (*BayObLG* wistra 1998, 199; *Göhler/König* 41) oder die Ersparnis sonst notwendiger Kosten, etwa durch eine ordnungsgemäße Abfallbeseitigung (*Düsseldorf* MDR 1994, 1237). Der wirtschaftliche Vorteil muss unmittelbar aus der OWi gezogen sein. Diese Voraussetzung fehlt beim sog. **mittelbaren Gewinn**, der erst nach einem weiteren Kausalablauf zugeflossen ist (*Göhler/König* 44). 38

Abs. 4 Satz 1 ist eine **Sollvorschrift** im Sinne einer Zumessungsrichtlinie (KK-*Steindorf* 119), die es erlaubt, den erzielten wirtschaftlichen Vorteil auch ganz oder teilweise zu vernachlässigen, soweit dies nach den Umständen des Einzelfalles aus sachlichen Gründen geboten ist (*Hamm* MDR 1979, 870). Das kann der Fall sein, wenn die Bedeutung der Tat und das vorwerfbare Verhalten gering waren (*Köln* GA 1960, 187), wenn sich die wirtschaftlichen Verhältnisse des Betroffenen verschlechtert haben oder die Ermittlung der wirtschaftlichen Vorteile auf erhebliche Schwierigkeiten stößt (*RRH* 54). Dies ist in der richterlichen Entscheidung in einer für das Rechtsbeschwerdegericht nachprüfbaren Weise jeweils darzulegen (*Hamm* GewArch 1993, 245). Eine Begründung im Bußgeldbescheid ist dagegen entbehrlich (*Göhler/König* 45). 39

Maßgeblicher Bewertungszeitpunkt ist der Zeitpunkt der Entscheidung (KK-*Steindorf* 121; *RRH* 51). Besteht der geldwerte Vorteil zu diesem Zeitpunkt nicht mehr oder nicht mehr in der ursprünglichen Höhe, so kann er nicht mehr zum Nachteil des Betroffenen verwertet werden. Die Feststellung des wirtschaftlichen Vorteils erfolgt aufgrund einer Schätzung (**a. A.** *Drathjer* S. 114 f.). 40

41 Abs. 4 Satz 2 stellt sicher, dass die Geldbuße **durch Überschreitung des gesetzlichen Höchstmaßes** jedenfalls so hoch bemessen werden kann, dass dem Betroffenen nicht nur aus der Zuwiderhandlung keine wirtschaftlichen Vorteile verbleiben, sondern er darüber hinaus noch eine Einbuße hinnimmt (*RRH* 56). Jedoch darf das Höchstmaß der Geldbuße auch nicht höher sein, als der wirtschaftliche Vorteil zuzüglich des angedrohten Höchstmaßes der Geldbuße (*Karlsruhe* NJW 1974, 1883). Stehen die Folgen der Gewinnabschöpfung in keinem vernünftigen Maß zu der Bedeutung der OWi und der von dem Täter einer solchen Tat hinzunehmenden Einbuße, so kann eine Reduktion des Handlungsermessens auf Null eintreten (*Achenbach* WuW 1997, 395, 402). Verliert der Sanktionsadressat die wirtschaftliche Existenzfähigkeit, so kann dies dazu führen, dass von der Abschöpfung des wirtschaftlichen Vorteils abzusehen ist (*BayObLG* wistra 1995, 362).

42 Handelt der Täter als **Vertreter einer juristischen Person oder Personenvereinigung**, so kann der bei der Gesellschaft eingetretene Gewinn im Verfahren gegen den Betroffenen als Täter nicht über Abs. 4 berücksichtigt werden. Zur Abschöpfung des bei Kapital- und Personengesellschaften eingetretenen wirtschaftlichen Vorteils dienen die §§ 29, 30 (*RRH* 58). Wird wegen einer Kartell-OWi des Organs oder Vertreters einer juristischen Person oder einer Personenhandelsgesellschaft gegen diese eine Verbandsgeldbuße gemäß § 30 verhängt, so gilt dafür generell der gleiche Bußgeldrahmen wie für die Tat der Einzelperson, an welche die Verbandsgeldbuße geknüpft wird. Handelt es sich dabei um eine schwerwiegende Kartell-OWi, so ist das Höchstmaß des § 81 Abs. 2 Satz 1 erste Alternative GWB maßgebend. Es kann bis zum dreifachen des durch die Zuwiderhandlung erlangten Mehrerlöses gehen (*Achenbach* § 81 GWB Rn. 342). Sind mehrere Unternehmen an einer Absprache beteiligt, so ist zu ermitteln, welcher Teil an einem gemeinsamen Mehrerlös auf das zu sanktionierende einzelne Unternehmen entfällt.

VI. Bußgeldkataloge

43 Sie stellen **Richtlinien für die Bemessung der Geldbuße** dar und sind aufgestellt worden, um für sehr häufig, im Regelfall massenhaft vorkommende OWi eine gleichmäßige Behandlung unter Vernachlässigung von kaum abwägbaren besonderen Umständen des Einzelfalles sicherzustellen (*Göhler/König* 27; *Schall* NStZ 1986, 2). Zu unterscheiden ist zwischen Bußgeldkatalogen in Form von internen Richtlinien für die Verwaltungsbehörde und in Form einer Rechtsverordnung aufgrund einer gesetzlichen Ermächtigung, wie der nach § 26a StVG erlassenen Bußgeldkatalogverordnung (BKatV), die Rechtssatzqualität aufweist und auch für die Gerichte verbindlich sein soll (KK-*Steindorf* 101; *Cramer* DAR 1988, 298). Von diesen Regelsätzen darf nur abgewichen werden, wenn besondere Umstände vorliegen. Der Richter ist demnach grundsätzlich nicht starr an die Werte des BKatV gebunden. Er trifft nach wie vor nach Abs. 3 und Abs. 4 seine Individualentscheidung (*BVerfG* NJW 1996, 1810; *BGH* NJW 1997, 3252; KK-*Steindorf* 101).

Die **BKatV** enthält für OWi im Straßenverkehr Regelsätze über die Höhe der Geldbuße und die Anordnung eines Fahrverbots (*Beck/Berr* 92 ff.; *Janiszewski* NJW 1989, 3113; *Jagow* NZV 1990, 13). Weil die Höhe der Geldbuße für die Eintragung in das Verkehrszentralregister (VZR) entscheidend ist, sollten die eintragungserheblichen Sachverhalte in Form eines Rechtssatzes festgelegt werden, um für die Betroffenen möglichst klare Verhältnisse zu schaffen. Deshalb beginnen die Bußgeldregelsätze nach § 3 BKatV bei 35,– Euro. Die in Form einer Rechtsverordnung erlassene, bundeseinheitliche BKatV, hat weder eigene tatbestandliche Qualität (*Schall* NStZ 1986, 7; *RRH* 31) noch die Aufgabe, die nach § 24 StVG in Betracht kommenden Zuwiderhandlungen tatbestandlich näher zu konkretisieren (*Göhler/König* 28). Diesem Zweck dienen allein die Bußgeldvorschriften in der StVO, StVZO oder sonstigen Rechtsordnungen, die sich dabei abstrakter Begriffe bedienen, um der Vielgestaltung denkbarer Sachverhalte Rechnung zu tragen. § 26a StVG ermächtigt nur dazu, für die voraussichtlich in Betracht kommenden unterschiedlichen Tatmodalitäten Zumessungsregeln zur Festsetzung der Geldbuße zu bestimmen. 44

Ergänzende Regelungen zur BKatV durch Richtlinien der Länder in Form von Verwaltungsregelungen sind nicht ausgeschlossen. Die Länder haben deshalb zum Zwecke der EDV-Verarbeitung Tatbestandskataloge erarbeitet, die neben den Tatbeständen der BKatV und des Verwarnungsgeldkataloges, für weitere, häufiger vorkommende Tatbestände Regelsätze vorgesehen, die zweckmäßigerweise untereinander abgestimmt sind und nicht von den in den BKatV getroffenen Regelungen abweichen dürfen. Das bedeutet, dass sie nunmehr an die Neufassung der BKatV angepasst werden müssen (*Göhler/König* 28a). Falls in den Ländern die Regel- 45 sätze der ergänzenden Kataloge voneinander abweichen, stellt es einen Verstoß gegen den Gleichbehandlungsgrundsatz dar, wenn in einem Land die Regelsätze eines anderen Landes zu Grunde gelegt werden (*Celle* VM 1984, 39 m. Anm. *Göhler* NStZ 1985, 63).

46 **Verwaltungsinterne Richtlinien** zur Bemessung von Geldbußen sind für das Gericht nicht verbindlich, sondern stellen nur grobe Orientierungshilfen dar, die eine Prüfung der Einzelfallumstände nicht entbehrlich machen und die unter dem Gesichtspunkt einer möglichst gleichmäßigen Behandlung gleichgelagerter Sachverhalte nur dann Beachtung finden müssen, wenn sie festgestelltermaßen in der Praxis einen breiten Anwendungsbereich erreicht haben (OLG *Düsseldorf* NStZ-RR 2000, 218 und NZV 2000, 425; *Naumburg* VRS 100, 201).

47 Die Regelsätze der BKatV gehen vom Regelfall aus, d. h. von **fahrlässiger Begehungsweise und gewöhnlichen Tatumständen** (§ 1 Abs. 2 BKatV). Ein solcher Fall liegt vor, wenn die Tatausführung allgemein üblicher Begehungsweise entspricht und wenn weder objektiv noch subjektiv Besonderheiten festzustellen sind (BR-Drucks. 140/89 S. 25). Besondere Milderungsgründe oder erschwerende Umstände sind auch bei der Ermittlung der Geldbuße nach BKatV zu berücksichtigen *(Düsseldorf* VRS 1990, 141; *Janiszewski* NJW 1989, 3116), und zwar auch mit der Folge, dass davon die Eintragung im Verkehrszentralregister abhängen kann. Bei fahrlässigem Handeln liegt ein Durchschnitts- oder Regelfall vor, wenn die Sorgfaltspflichtverletzung weder als grob noch als besonders leicht fahrlässig zu bewerten ist (*Celle* VM 1983, 12).

48 Liegt vorsätzliches Handeln vor, so kann der **Regelsatz** auch **überschritten** werden (*Düsseldorf* VRS 100, 358; *Göhler/König* 30). Es bedarf insoweit jedoch einer Individualentscheidung. So ist es fehlerhaft, bei vorsätzlichem Handeln den Regelsatz pauschal zu verdoppeln (*Düsseldorf* NZV 1994, 205; *Göhler/König* 30). Werden die Tatmodalitäten der Bußgeldkataloge mehrfach verwirklicht, so ist gleichwohl nur ein Regelsatz, bei unterschiedlichen der höchste anzuwenden, der dann aber angemessen erhöht werden kann und zwar derzeit bis auf höchstens 475,– Euro (§ 3 Abs. 5 BKatV; KK-*Steindorf* 106; *Göhler/König* 30a).

49 Den Bußgeldkatalogen liegen **durchschnittliche wirtschaftliche Verhältnisse** zugrunde (*Oldenburg* NZV 1991, 82; *Janiszewski* NStZ 1991,

271). Eine Aufklärung der wirtschaftlichen Verhältnisse für die Bemessung der Geldbuße ist deshalb in der Regel in diesen Fällen nicht erforderlich (*Frankfurt* NZV 1992, 86; *Beck/Berr* 95). Dies gilt jedoch nicht bei zunehmender Höhe der Geldbuße (*Göhler/König* 29). In diesem Falle sind die tatsächlichen wirtschaftlichen Verhältnisse zu prüfen und zu berücksichtigen, sofern Anhaltspunkte dafür gegeben sind, dass sie außergewöhnlich gut oder schlecht sind (*Düsseldorf* NZV 1993, 364). Zu korrigieren sind allerdings nur grobe Unbilligkeiten im Einzelfall (*Hamm* VRS 59, 441). Im Geldbußenbereich bis zu 250,– € kann in der Regel von einer näheren Erörterung der wirtschaftlichen Verhältnisse abgesehen werden, wenn sich der Tatrichter an den Bußgeldkatalog hält (*Hamm* NZV 1997, 325; *Göhler/König* 29).

Die Regelsätze der BKatV haben **Rechtssatzqualität** und sind deshalb auch für die Gerichte verbindlich (*BGH* NJW 1992, 446). Sie sind verfassungsrechtlich unbedenklich (*BVerfG* NJW 1996, 1809). Der Richter stellt fest, ob ein Regelfall gegeben ist. Findet er weder hinsichtlich der Tatausführung noch der Person des Täters Besonderheiten, so muss er die BKatV unverändert anwenden. Nimmt er einen Regelfall an, so ist eine besondere Begründung der Bußgeldbemessung nicht mehr erforderlich. Verneint er sie, so bedarf es besonderer Darlegung. § 47 wird allerdings durch die BKatV nicht berührt (*Jagow* NZV 1990, 17). Das bedeutet, dass das Tatgericht nach wie vor eine Individualentscheidung trifft, denn die BKatV befreit die Bußgeldstellen und Gerichte nicht von der Erforderlichkeit einer Einzelfallprüfung; sie schränkt nur den Begründungsaufwand ein (*BGHSt* 43, 247). **50**

Dieser **Begründungspflicht** kommt das Gericht für die Bußgeldzumessung nicht hinreichend nach, wenn es in den Entscheidungsgründen lediglich auf die einschlägige Kennziffer des Bußgeldkataloges verweist. In diesem Falle kann das Rechtsbeschwerdegericht nicht nachprüfen, ob eine Rechtsverletzung begangen worden ist (KK-*Steindorf* 109). Unstatthaft ist außerdem eine starre, erkennbar nicht am Einzelfall orientierte Übernahme der Katalogsätze durch das Gericht (*Düsseldorf* NJW 1970, 158). Kommt das Gericht bei diesen Erwägungen dazu, dass nach allen zu berücksichtigenden Erwägungen der zu beurteilende Fall nach seiner konkreten Gestaltung in jeder Hinsicht einen Regelfall darstellt, so darf der Richter das vorweggenommene Zumessungsurteil der Verwaltungsbehör- **51** de bzw. der BKatV in Gestalt eines Zumessungsgutachtens zu Nutze machen und es ohne weitere Begründung übernehmen (*Düsseldorf* NJW 1988, 1041). Stellt der Richter hingegen fest, dass der abzuurteilende Fall sich nicht in das Schema des Regelfalles einordnen lässt, weil besondere Zumessungskriterien dies verbieten, so muss er eigene Darlegungen vornehmen.

52 Die **Indizwirkung der Regelsätze** eines Bußgeldkatalogs hängt auch von seinem Anwendungsbereich ab. Je geringer der Anwendungsbereich ist, um so geringer ist in der Regel seine Indizwirkung. Bedeutsam ist auch, welche Regelungstiefe diese Bußgeldkataloge im Verhältnis zum Straßenverkehrsrecht aufweisen. Ihre Anwendung bedarf jeweils besonderer Begründung. Derartige Bußgeldkataloge gibt es insbesondere im Bereich des Fahrpersonalrechts, des Arbeitsförderungsrechts, des Binnenschifffahrtsrechts, des Abfallgesetzes, des Gewässerschutzes, des Emissionsschutzes, des Jugendarbeitsschutzes, des Naturschutzes, der Seeschifffahrt, des Waldrechts usw. Sind Bußgeldkataloge nicht einmal veröffentlicht, so ist besondere Vorsicht angebracht (KK-*Steindorf* 115).

53 Die Sätze des **Verwarnungsgeldkatalogs für Verkehrs-OWi** beachtet der Richter ebenfalls als Orientierungshilfe. Das bedeutet, dass nur besondere Umstände des Einzelfalls es rechtfertigen, von diesen Sätzen bei der Bemessung der Geldbuße abzuweichen (*Düsseldorf* NZV 1991, 82). Der Verwarnungsgeldkatalog versteht sich als Einheit mit dem Bußgeldkatalog und ebenfalls als Mittel der Verkehrserziehung (BR-Drucks. 141/89 S. 38). Nach Aufnahme der Verwarnung in die BKatV (§ 2 BKatV) haben die dort festgelegten Regelsätze auch für Beträge unterhalb von 40,– € Rechtssatzqualität. Die vorstehenden Grundsätze gelten deshalb auch für die Verwarnungsgelder bis zu 35,– € (*Göhler/König* 33). Bußgeldbehörden und Gerichte sind im Gegensatz zur früheren Rechtslage auch an die Verwarnungsgeldsätze gebunden (*Beck/Berr* 93).

§ 18 Zahlungserleichterungen

Ist dem Betroffenen nach seinen wirtschaftlichen Verhältnissen nicht zuzumuten, die Geldbuße sofort zu zahlen, so wird ihm eine Zahlungsfrist bewilligt oder gestattet, die Geldbuße in bestimmten Teilbeträgen zu zahlen. Dabei kann angeordnet werden, dass die Vergünstigung, die Geldbuße in bestimmten Teilbeträgen zu zahlen, entfällt, wenn der Betroffene einen Teilbetrag nicht rechtzeitig zahlt.

Die Vorschrift entspricht § 42 StGB. Danach ist dem Betroffenen von Amts wegen (*Hamburg* NStZ-RR 1999, 57) eine **Zahlungserleichterung** durch Bewilligung einer **Zahlungsfrist** oder von **Ratenzahlung** zu gewähren, wenn ihm nach seinen wirtschaftlichen Verhältnissen nicht zuzumuten ist, die Geldbuße sofort zu zahlen. Ein Antrag ist nicht erforderlich. Ist allerdings gar nicht zu erwarten, dass der Betroffene die Geldbuße in absehbarer Zeit zahlen wird, so braucht eine Zahlungserleichterung nicht bewilligt zu werden, da sie keinen Erfolg verspricht (*Göhler/König* 1). Es ist dann Sache der Vollstreckungsbehörde zu prüfen, ob die Beitreibung durchgeführt oder ob nach § 95 Abs. 2 verfahren werden soll (*RRH* 1). 1

Ergeben sich nach dem Akteninhalt keine Anhaltspunkte dafür, dass eine Zahlungserleichterung erforderlich sein wird, so braucht eine weitere Prüfung der wirtschaftlichen Verhältnisse allein wegen der Bewilligung von Zahlungserleichterungen nicht stattzufinden. Soweit bei der Bemessung der Geldbuße selbst davon abgesehen worden ist, die wirtschaftlichen Verhältnisse zu berücksichtigen, also etwa bei geringen Geldbußen, kann ohne weiteres davon ausgegangen werden, dass dem Betroffenen die sofortige Zahlung möglich ist (*RRH* 3; *Göhler/König* 2; **a. A.** KK-*Steindorf* 5). Bei höheren Geldbußen sind die wirtschaftlichen Verhältnisse grundsätzlich zu ermitteln. Soweit ausnahmsweise sogar bei höheren Geldbußen die wirtschaftlichen Verhältnisse vernachlässigt werden können, besteht erst recht keine Veranlassung, sie wegen etwaiger Zahlungserleichterungen zu prüfen, solange nicht ein entsprechender Antrag gestellt wird, der mit nachprüfbaren Gründen versehen sein sollte. 2

Im Übrigen kann es in diesem Fall den Betroffenen überlassen bleiben, ob er im Verfahren bei der Verwaltungsbehörde, im gerichtlichen Verfahren, im Vollstreckungsverfahren oder spätestens im Gnadenverfahren **entsprechende Einwände** erhebt (*RRH* 3). 3

4 Die **Bewilligung von Zahlungserleichterungen** erfolgt im Bußgeldbescheid, im Beschluss nach § 72 oder in der Entscheidung nach § 79 Abs. 6. Die Fälligkeit der Geldbuße oder der einzelnen Teilbeträge ist von vornherein so zu bestimmen, dass dem Betroffenen eine fristgemäße Zahlung zugemutet werden kann. Die Zahlungserleichterung muss sich daher den wirtschaftlichen Verhältnissen des Betroffenen in angemessenem Umfang anpassen (*RRH* 4). Das ist dann nicht der Fall, wenn der Betroffene zwar rechtzeitig zahlen könnte, dafür aber die Erfüllung seiner laufenden Verpflichtungen und Bedürfnisse in einer ihm nicht zumutbaren Weise zurückstellen müsste (*Göhler/König* 3). Jedoch darf die Entscheidung nach § 18 nicht dazu führen, dass die Geldbuße ihren Zweck verfehlt, den Betroffenen nachhaltig auf den Unrechtsgehalt seiner Handlung hinzuweisen (*RRH* 4).

5 Bis zur **Rechtskraft der Bußgeldentscheidung** ist diejenige Stelle, welche die Bußgeldentscheidung erlassen hat, für die Bewilligung von Zahlungserleichterungen **zuständig**, also u. U. auch noch das Rechtsbeschwerdegericht (*Düsseldorf* StraFo 1999, 388; *Karlsruhe* MDR 1979, 515). Bis zu diesem Zeitpunkt kann die Verwaltungsbehörde die Entscheidung auch nach Erlass des Bußgeldbescheides ohne dessen Rücknahme und ohne Erlass eines neuen mit Zahlungserleichterungen nachholen, wodurch sich u. U. die Entscheidung über einen Einspruch erledigen kann (*RRH* 6).

6 Nach Satz 2 kann bei der Bewilligung von Teilzahlungen die Anordnung getroffen werden, dass die Vergünstigung entfällt, wenn der Betroffene einen Teilbetrag nicht rechtzeitig zahlt (Verfallsklausel). Das ist Bestandteil der Entscheidung (*Hamburg* NStZ-RR 1999, 57). Diese Möglichkeit erspart einen späteren gesonderten **Widerruf der Vergünstigung** (§ 93 Abs. 4). Auch diese Anordnung erfolgt im Bußgeldbescheid, im Urteilstenor usw. (*RRH* 5). Satz 2 ist Kann-Vorschrift. Ihre Anwendung vereinfacht die beschleunigte Vollstreckung einer Geldbuße.

7 **Teilzahlungen** dürfen nicht mit der Auflage bewilligt werden, dass sie zunächst auf die Kosten des Verfahrens zu verrechnen sind. Dies würde gegen § 94 verstoßen (*Göhler/König* 7).

8 Die Vorschrift gilt nicht nur bei Geldbußen, sondern auch bei der **Einziehung des Wertersatzes** (§ 25 Abs. 5) und beim **Verfall** (§ 29a Abs. 3

Vierter Abschnitt. Mehrere Gesetzesverletzungen **Vor §§ 19 ff.**

Satz 1). Sie gilt nicht bei der Abführung des Mehrerlöses nach §§ 8 ff. WiStG oder bei den Verfahrenskosten (KK-*Steindorf* 12). In diesen Fällen können jedoch nach Rechtskraft der Entscheidung Zahlungserleichterungen bewilligt werden (§§ 93 Abs. 3 Satz 2, 99). Wird dem Betroffenen die ratenweise Tilgung mehrerer in einer Entscheidung festgesetzter Geldbußen gestattet, so tilgt mangels abweichender Bestimmung jede Rate anteilig alle Geldbußen, was für die Höchstdauer der Erzwingungshaft von Bedeutung sein kann (§ 96 Abs. 3). Nach § 34 Abs. 4 Nr. 3 ruht im Übrigen die Vollstreckungsverjährung, solange eine Zahlungserleichterung bewilligt ist.

Vierter Abschnitt
Zusammentreffen mehrerer Gesetzesverletzungen

Vorbemerkungen

I. Allgemeines

Der Vierte Abschnitt regelt die **Rechtsfolgen beim Zusammentreffen mehrerer Gesetzesverletzungen** (Konkurrenzen). Gesetzlich geregelt sind nur die Fälle der Tateinheit (§ 19), der Tatmehrheit (§ 20) sowie die Folgen des Zusammentreffens von Straftat und OWi (§ 21). Durch Regelungsinhalt und Sprachgebrauch hat der Gesetzgeber Voraussetzungen und Folgen des Zusammentreffens mehrerer Gesetzesverletzungen bei OWi sowie von OWi und Straftaten der **strafrechtlichen Konkurrenzlehre** angeglichen. Rechtsprechung und Schrifttum hierzu haben demnach für das OWi-Verfahren gleichermaßen Bedeutung und sind zu beachten. Die Folgen des Zusammentreffens mehrerer Gesetzesverletzungen im OWi-Recht können von denen des Strafrechts unterschiedlich sein. Dann gelten die Besonderheiten des OWi-Rechts. 1

Ebenso wenig wie das StGB enthält das OWiG eine gesetzliche Definition oder auch nur Umschreibung des **Handlungsbegriffs.** Dies wäre für das OWiG auch noch schwieriger als für das Strafrecht, weil die Möglichkeiten, OWi zu begehen, ungleich vielfältiger sind als die Handlungsweisen, die vom Begriff der Straftat umfasst werden. So ist etwa die Frage der ei- 2 genhändigen Begehung einer Straftat wesentlich bedeutsamer als dieselbe Frage im Zusammenhang mit OWi.

3 **Handlung** ist jedes menschliche Verhalten, das nicht lediglich eine Reflexreaktion darstellt. Handlung kann aktives Tun sein, und zwar bewusstes und gewolltes Eingreifen in die Außenwelt. Es kann aber auch ein durch ein bewusstes aktives Tun bewirktes unbewusstes und ungewolltes Verursachen eines Erfolges in der Außenwelt mit sich bringen. Handlung in diesem Sinne ist auch Unterlassen eines gebotenen aktiven Tuns (§ 8), wobei hierzu ebenfalls bewusstes und unbewusstes Unterlassen zählen. Handeln für jemand anderen (§ 9) ist vom Handlungsbegriff her gesehen nichts anderes; es hat lediglich eine andere Zielrichtung.

4 Eine Handlung in diesem Sinne kann sowohl **eine einzige Willensbetätigung** als auch eine **Handlungseinheit** zum Gegenstand haben; mehrere Handlungen beruhen auf mehreren Willensentschlüssen und Willensbetätigungen. Handlungseinheit oder Handlungsmehrheit in diesem Sinne bedeuten nicht Tateinheit oder Tatmehrheit im Sinne der §§ 19, 20. Ebenso wie im Strafrecht unterscheiden sich im Übrigen die Begriffe der Tateinheit im materiell-rechtlichen Sinne und der Tat im prozessualen Sinne (§ 264 StPO). Tateinheit umschreibt einen Begriff der Konkurrenzlehre, während Tat im prozessualen Sinne der dem konkreten OWi-Verfahren zugrunde liegende und zu seinem Gegenstand gemachte Lebenssachverhalt einschließlich aller damit zusammenhängenden Vorgänge, die für die OWi-rechtliche Beurteilung von Bedeutung sein können, erfasst. Eine Tat in diesem Sinne liegt also nicht nur vor, wenn eine Handlung gegeben ist, die eine Vorschrift des OWi-Rechts verletzt, sondern auch, wenn die eine Handlung mehrere derartige Vorschriften verletzt oder wenn mehrere Handlungen vorliegen.

II. Handlungseinheit

5 Gewöhnlich wird auch im OWi-Recht zwischen **natürlicher und rechtlicher Handlungseinheit** unterschieden. Die Bejahung einer natürlichen oder einer rechtlichen Handlungseinheit in diesem Sinne lässt Konkurrenzfragen nicht entstehen und führt zur Festsetzung nur einer Geldbuße, weil es sich jeweils nur um eine einzige Gesetzesverletzung handelt. Die Frage, ob eine natürliche oder eine rechtliche Handlungseinheit gegeben ist, kann sich erst stellen, wenn mehrere Verhaltensweisen vorliegen.

Eine **natürliche Handlungseinheit** liegt vor, wenn mehrere Verhaltensweisen in einem solchen unmittelbaren räumlichen und zeitlichen Zusammenhang stehen, dass das gesamte Tätigwerden bei natürlicher Betrachtungsweise auch für einen Dritten objektiv als ein **einheitlich zusammengefasstes** Tun anzusehen ist (*Göhler/König* 3). Dabei kommt es nicht auf einen **einheitlichen Tatentschluss** an, auch wenn darin ein Indiz für natürliche Handlungseinheiten gesehen werden kann (*BGHSt* 10, 129). 6

Sie liegt vor, wenn von mehreren Handlungsteilen zumindest einer gleichzeitig zur **Verwirklichung von verschiedenen Bußgeldvorschriften** beiträgt, sich die Ausführungshandlungen also überschneiden (*Göhler/König* 4). Dementsprechend kann Handlungseinheit auch bei fahrlässigem Handeln sowie bei Zusammentreffen von vorsätzlichem und fahrlässigem Handeln gegeben sein. Eine natürliche Handlungseinheit liegt ferner dann vor, wenn zwischen mehreren bußgeldrechtlich oder strafrechtlich erheblichen Verhaltensweisen der angesprochene unmittelbare räumliche und zeitliche Zusammenhang besteht. Dabei kommt es stets auf die Auffassung des täglichen Lebens an (*RRH* 4 vor § 19). 7

Stehen **mehrere Verhaltensweisen** in enger räumlicher und zeitlicher innerer Beziehung, so kann daraus eine natürliche Handlungseinheit abgeleitet werden. So etwa das Nichtbeachten mehrerer kurz hintereinander folgender Ampeln aus Unachtsamkeit (*Koblenz* DAR 1976, 138), fortlaufendes Überschreiten der Höchstgeschwindigkeit (*Düsseldorf* NZV 1994, 42). Ebenso, wenn ein Kraftfahrer infolge Unkenntnis bei seinen Fahrten immer wieder die vorgeschriebene Eintragung in den Schaublättern unterlässt (*Hamm* VRS 64, 83). 8

Werden während einer Fahrt mehrere Verkehrsverstöße begangen, die keine räumlich-zeitliche innere Beziehung zueinander haben, so liegt keine natürliche Handlungseinheit vor. Dies gilt etwa, wenn der Betroffene nach einem Verkehrsverstoß die Angabe der Personalien und die Herausgabe des Fahrtenschreiberschaublattes verweigert (*Koblenz* VRS 60, 49) oder wenn eine Gaststätte durch einen Stellvertreter ohne entsprechende Erlaubnis betrieben wird und außerdem die Sperrzeit überschritten wird (*Karlsruhe* Justiz 1991, 426). In diesen Fällen fehlt es am **engen inneren Zusammenhang der Rechtsverstöße.** 9

10 Das **Unterlassen** mehrerer gesetzlich gebotener Handlungen erfordert für die Bildung einer Handlungseinheit, dass die vom Täter geforderten Handlungen dem gleichen Zweck dienen, auch wenn sie nicht identisch sein müssen (**a. A.** *Göhler/König* 7). Andernfalls liegen rechtlich mehrere Handlungen vor, selbst wenn sie innerhalb eines engeren zeitlichen Rahmens geschehen (*BGHSt* 18, 379).

11 **Zwischen Unterlassen und aktivem Tun** kann Handlungseinheit gegeben sein, wenn sich die Ausführungshandlungen teilweise decken, nicht jedoch, wenn die Handlungen nach ihrem Wesen und ihrer Erscheinungsform unterschiedlich sind, wie z. B. das Nichtanmelden eines Pkw zur Nachuntersuchung nach § 29 StVZO und ein parallel dazu begangener Verstoß gegen Vorschriften der StVO (*Göhler/König* 8).

12 Die **rechtliche Handlungseinheit** verbindet mehrere Verhaltensweisen im natürlichen Sinne zu einer einzigen Handlung mit der Folge, dass im Rechtssinne eine einzige Gesetzesverletzung vorliegt, für die auch nur eine einzige Geldbuße festzusetzen ist. Auch insoweit stellt sich erst dann ein Konkurrenzproblem, wenn eine rechtliche Handlungseinheit entweder mit anderen Handlungen oder Handlungseinheiten zusammentrifft oder wenn sie ein Gesetz mehrmals oder mehrere Gesetze verletzt.

13 Werden mehrere Handlungen, die in einem engen zeitlichen und räumlichen Zusammenhang stehen, durch den Tatbestand des Gesetzes verbunden, so wird von **Bewertungseinheit** gesprochen (*RRH* 7). Hierzu rechnen auch die Fälle, in denen der gleiche Tatbestand in einem zeitlich und räumlich engen Zusammenhang mehrfach verwirklicht wird, wie z. B. mehrere Verstöße gegen dieselbe gesetzliche Bestimmung in einem Betrieb (*BGHSt* 32, 391 m. Anm. *Göhler* NStZ 1985, 63), der mehrfache unbefugte Gebrauch einer Berufsbezeichnung, das mehrfache Hinwegsetzen über die Unwirksamkeit einer Kartellabsprache (*BGHSt* 32, 392), das Bauen ohne Genehmigung in mehreren Bauabschnitten (*BayObLG* bei *Göhler/König* 10).

14 Werden diese vom Gesetz zu einer Bewertungseinheit verbundenen einzelnen Handlungen durch einen **Einschnitt im inneren Geschehensablauf**, wie etwa den Entschluss, die Tätigkeit nicht fortzusetzen und einen neuen Entschluss in mehrere Handlungen aufgespalten, so handelt es sich selbst bei Gleichartigkeit von OWi-Verstößen um jeweils selbständige Handlungen, so dass sich die Konkurrenzfrage stellt.

Vierter Abschnitt. Mehrere Gesetzesverletzungen **Vor §§ 19 ff.**

Eine rechtliche Handlungseinheit ist auch die **fortgesetzte Handlung.** 15
Dieses Rechtsinstitut beruht auf höchstrichterlicher Rechtsprechung.
Nach überkommener Begriffsbestimmung hängt die durch sie bewirkte
Zusammenfügung mehrerer an sich selbständiger Tatbestandsverwirklichungen zur rechtlichen Handlungseinheit von einer rechtlich und tatsächlich gleichartigen Begehung ab, die zudem durch einen nahen räumlichen und engen zeitlichen Zusammenhang der einzelnen Teilakte gekennzeichnet ist. Zur inneren Tatseite setzt sie im Strafrecht Gesamtvorsatz voraus, der die Teile der vorgesehenen Handlungsreihe zwar nicht in allen Einzelheiten, so doch in ihren wesentlichen Grundzügen ihrer zukünftigen Gestaltung nach betroffenem Rechtsgut, Rechtsgutträger sowie Ort, Zeit und ungefähre Art der Tatbegehung vorweg begreift (*BGH – GrS – HRSt* StGB § 52 Nr. 9 = StV 1994, 306). Für das Strafrecht hat der *BGH* in der zitierten Entscheidung den Anwendungsbereich dieses Rechtsinstituts stark eingeschränkt und festgestellt, dass die Verbindung mehrerer Verhaltensweisen, die jede für sich einen Straftatbestand erfüllen, zu einer fortgesetzten Handlung voraussetzt, dass dies, was am Straftatbestand zu messen ist, zur sachgerechten Erfassung des verwirklichten Unrechts und der Schuld unumgänglich ist. In mehreren Entscheidungen in der Folgezeit hat der *BGH* bereits festgelegt, dass dies bei den dort verletzten Straftatbeständen (Sexualdelikte, Betrug, Steuerhinterziehung usw.) nicht der Fall sei. Für das OWi-Verfahren könnte das Rechtsinstitut des Fortsetzungszusammenhangs möglicherweise nicht in demselben Umfang an Bedeutung verlieren wie für das Strafverfahren, weil Bedenken gegen dieses Rechtsinstitut, wie sie der *BGH* in der angeführten Entscheidung (*Zschockelt* NStZ 1994, 361) nicht in demselben Umfang für das OWi-Verfahren gelten müssen. Gerade bei Serienverstößen gegen Bußgeldtatbestände erscheint das Rechtsinstitut des Fortsetzungszusammenhangs im OWi-Verfahren ungleich weniger verzichtbar als im Strafverfahren. Immerhin ist seit *BGHSt* 40, 138 keine Entscheidung mehr zum Fortsetzungszusammenhang bei OWi getroffen worden. Für Kartell-OWi sieht *BGHSt* 41, 385 keine Möglichkeit einer fortgesetzten Handlung, jedoch einen Ausgleich sich daraus ergebender Härtefälle bei der Bemessung der Geldbuße (S. 395). Das gilt umso eher, wenn eine schematische Kumulierung von Geldbußen droht (*Achenbach* vor § 81 GWB Rn. 150 ff.).

16 Eine **Dauer-OWi** liegt vor, wenn der Täter den rechtswidrigen Zustand, den er durch die Verwirklichung des Bußgeldtatbestandes geschaffen hat, willentlich oder unbewusst aufrechterhält (*BGHSt* 42, 215), wie z.B. Zweckentfremden von Wohnraum (*BayObLG* wistra 1983, 163), das Unterlassen einer andauernden Meldepflicht, von Pflichten nach §§ 17, 29 StVZO (*Göhler/König* 17) oder der Pflicht zur Ablieferung eines Fahrgastbeförderungsscheins nach Entziehung der Erlaubnis (*Düsseldorf* VRS 1985, 474), das Nichtausfüllen der Arbeitsbescheinigung entgegen § 133 Abs. 1 AFG, das Nichtmitführen des Führerscheins, anhaltende Geschwindigkeitsüberschreitungen auf einer einheitlichen Fahrtstrecke, und zwar auch dann, wenn die Geschwindigkeit zwischendurch verkehrsbedingt herabgemindert wird. Dauer-OWi sind ferner Zuwiderhandlungen gegen das Schwarzarbeitsgesetz, ständiges Bereithalten von Messgeräten im ungeeichten Zustand (*Hamm* NJW 1973, 1852), es sei denn, die Messgeräte sind in verschiedene Sachen eingebaut (*Göhler/König* 17).

17 Die Dauer-OWi kann auch **fahrlässig begangen** werden. Voraussetzung hierfür ist, dass der Täter in einer derartigen andauernden Unachtsamkeit handelt, dass ohne sein weiteres Zutun die Gesetzesverletzung fortgesetzt wird (*RRH* 18a). Dies kommt insbesondere in Betracht, wenn der Täter infolge einer andauernden und ihm vorwerfbaren Unachtsamkeit fahrlässig seiner Pflicht zum Handeln nicht nachkommt (z.B. die Pflicht zum Einbehalten und Abführen der Steuerabzugsbeträge nach § 380 AO) und er auch zu einer erneuten Prüfung keinen Anlass sieht. Ferner, wenn es z.B. der Betriebsinhaber oder die hierfür verantwortliche Person (§ 9) fortdauernd unterlässt, gegen bestimmte im Betrieb begangene Zuwiderhandlungen einzuschreiten (*Stuttgart* Justiz 1981, 21; *Göhler/König* NStZ 1981, 55). Ändert sich während der Dauer-OWi die Verschuldensform von Fahrlässigkeit in Vorsatz, so bleibt sie gleichwohl Dauer-OWi (*RRH* 18a).

18 Die **Abgrenzung von Dauer-OWi und mehrfacher Gesetzesverletzung** ist gelegentlich problematisch. Zwar stehen sämtliche Einzelhandlungen, die der Aufrechterhaltung des rechtswidrigen Zustandes dienen, zueinander in rechtlicher Handlungseinheit. Sie tun es jedoch dann nicht, wenn dieselbe Dauer-OWi jeweils aufgrund eines neuen Tatentschlusses begangen wird. Dies soll der Fall sein, wenn derselbe Täter dasselbe Verkehrszeichen mehrfach missachtet (*Hamm* VRS 50, 54) oder wenn der verant-

Vierter Abschnitt. Mehrere Gesetzesverletzungen — Vor §§ 19 ff.

wortliche Betriebsinhaber die Überladung mehrerer seiner Lkws veranlasst (*RRH* 18b).

19 Handlungseinheit und Tateinheit mit einer Dauer-OWi besteht auch dann, wenn die Begehung der OWi der Aufrechterhaltung des durch die Dauer-OWi geschaffenen rechtswidrigen Zustandes dient, wie bei Abgabe einer falschen Auskunft, um nicht das Vorliegen einer Meldepflicht offenbaren zu müssen (*RRH* 18b).

20 Eine **Unterbrechung des Dauerdeliktes** tritt nicht schon mit dem Erlass eines Bußgeldbescheides ein, sondern erst mit dem Urteil des AG (*Hamm* NJW 1973, 1852), es sei denn, der Bußgeldbescheid wird rechtskräftig (*Dresden* NStZ-RR 1997, 314). Unterlässt der Täter auch noch nach einem tatrichterlichen Urteil oder einem rechtskräftigen Bußgeldbescheid die vorgeschriebene Handlung, beginnt eine neue Dauer-OWi (*Göhler/König* 23). Wird die Fahrt mit einem mangelhaften Kraftfahrzeug durch einen Verkehrsunfall unterbrochen, so endet die Dauer-OWi mit dem Unfall, und zwar gleichgültig, ob der Täter vorübergehend anhält oder ohne Halt weiterfährt (*BGHSt* 25, 75; *BGH* VRS 48, 191, 354; kritisch *RRH* 19). Dies gilt nur dann nicht, wenn es an einer Unfallflucht fehlt, weil dann die Weiterfahrt nach einem Verkehrsunfall nicht als selbständige Tat gegenüber der vorherigen Fahrt beurteilt wird (*BGHSt* 25, 76).

21 Von Dauer-OWi sind **Zustands-OWi** zu unterscheiden, bei denen nur die Herbeiführung eines rechtswidrigen Zustandes geahndet wird, während dessen Aufrechterhaltung keine selbständige Rechtsverletzung darstellt, wie etwa das unzulässige Parken oder das Errichten eines Gebäudes ohne Genehmigung (*RRH* 20). Keine rechtliche Handlungseinheit bilden ferner sog. **Sammel-OWi.** Hierunter fällt gewerbsmäßiges, geschäftsmäßiges und gewohnheitsmäßiges Handeln, wobei die Gewerbs-, Geschäfts- oder Gewohnheitsmäßigkeit die Unrechtsfolgen erhöht, auf der anderen Seite aber die Ahndung überhaupt erst ermöglicht. Welches Handlungsmuster hier vorliegt, kann nur im Einzelfall entschieden werden. Auch hier ist es sinnvoll, einen OWi-rechtlichen Fortsetzungszusammenhang zu bejahen oder ihn durch die Konstruktion einer **fortdauernden oder fortwährenden Handlung** (kritisch hierzu *Göhler/König* 23a) zu ersetzen.

22 **Gewerbsmäßigkeit** liegt in der Regel vor, wenn der Täter in der Absicht handelt, sich durch wiederholte Begehung einer OWi eine fortdauernde

Einnahmequelle für einige Dauer zu verschaffen. Auf Gewinnsucht im Sinne der Rechtsprechung zum Strafrecht (*BGHSt* 17, 37) kommt es dabei nicht an.

23 **Geschäftsmäßigkeit** ist gegeben, wenn der Handelnde beabsichtigt, sein gesetzwidriges Handeln zu wiederholen und es dadurch zu einem dauernden oder mindestens zu einem sich wiederholenden Bestandteil seiner Beschäftigung zu machen, wobei eine Erwerbsabsicht nicht stets vorzuliegen braucht (*RGSt* 72, 315).

24 **Gewohnheitsmäßigkeit** setzt voraus, dass der Täter aus einem durch wiederholte Begehung oder Übung selbständig fortwirkenden Hang handelt, der die sonst wirksame verstandesmäßige Kontrolle ausgeschaltet hat (*BGHSt* 15, 379).

25 Bei **mehreren Beteiligten** kommt es darauf an, ob ihre Beteiligung als Handlungseinheit oder Handlungsmehrheit zu bewerten ist. Eine einheitliche Handlung kann vorliegen, wenn ein Unternehmer gleichzeitig mehrere seiner Fahrer veranlasst, Lkw im überladenen Zustand zu fahren und die Fahrer dann unabhängig voneinander handeln (*Göhler/König* 24). **Handlungsmehrheit** kann umgekehrt gegeben sein, wenn die Beteiligung an einer OWi in mehreren Teilakten vor sich geht.

III. Konkurrenzen

26 Tateinheit im Sinne des § 19 kann ungleichartig oder gleichartig sein. Zu **ungleichartiger Tateinheit** kommt es bei einer natürlichen Handlungseinheit, wenn bei den mehreren Handlungsteilen mindestens eine teilweise Identität der Ausführungshandlungen vorliegt, also der eine oder andere Handlungsteil zugleich zur Verwirklichung mehrerer Bußgeldtatbestände beigetragen hat. Das kann z. B. der Fall sein, wenn die Vorfahrtsverletzung auf der Geschwindigkeitsüberschreitung beruht (*Göhler/König* 27). Teilweise Identität der Ausführungshandlungen ist auch dann gegeben, wenn ein Handlungsteil die OWi andauern lässt und zugleich einen anderen Bußgeldtatbestand verwirklicht (z. B. Fahren ohne vorgeschriebene Ausweispapiere und zugleich Vorfahrtsverletzung – *Hamm* JMBlNW 1968, 119 oder mit Überschreitung der Lenkzeit – *Braunschweig OLGSt* Nr. 1). Ungleichartige Tateinheit liegt auch vor, wenn eine einzige Willensbetätigung zugleich mehrere Bußgeldvorschriften verwirklicht (z. B. falsches Überholen mit zu hoher Geschwindigkeit – *Göhler/König* 28).

Gleichartige Tateinheit liegt vor, wenn dieselbe Handlung ein Gesetz mehrfach verletzt. Das kann bei einer einzigen Betätigung der Fall sein. Wird ein Tatbestand im Rahmen einer natürlichen Handlungseinheit mehrfach verletzt, so liegt regelmäßig eine rechtliche Handlungseinheit und damit eine einzige Gesetzesverletzung, also kein Konkurrenzfall vor. 27

Zwei selbständige OWi können durch eine dritte eine besondere rechtliche Handlungseinheit herstellen. Das kann z. B. der Fall sein, wenn jede der selbständigen OWi mit der dritten OWi in Konkurrenz steht wie z. B. falsches Überholen mit andauernder überhöhter Geschwindigkeit und Vorfahrtverletzung aufgrund der Geschwindigkeit an einer breiteren Stelle. Hier ist die dritte OWi die überhöhte Geschwindigkeit. Sie kann zum Bindeglied zwischen den beiden anderen werden. Eine solche **Verklammerung** aller Delikte zur Tateinheit tritt nach der Rechtsprechung im Strafrecht nur ein, wenn sie untereinander gleichwertig sind, nicht aber dann, wenn eine der selbständigen Handlungen zu der dritten die als Bindeglied in Betracht kommt, einen unverhältnismäßig kleinen oder großen Unwert hat (*Schlüchter* JZ 1991, 1057). Inwieweit die für das Strafrecht entwickelten Grundsätze zur Klammerwirkung im OWi-Recht Bedeutung behalten, bleibt abzuwarten. Der Forderung von *Göhler/König*, auch materiell-rechtlich den Grundsatz der Klammerwirkung aufzugeben und in solchen Fällen auf eine natürliche Betrachtungsweise abzustellen (so auch KK-*Bohnert* § 19 Rn. 55), ist insbesondere unter dem Gesichtspunkt der verfahrensrechtlichen Vereinfachung im OWi-Recht zu folgen. 28

Tatmehrheit ist gegeben, wenn die Verwirklichung mehrerer Bußgeldtatbestände oder die mehrfache Verwirklichung eines Bußgeldtatbestandes keine tatsächliche oder rechtliche Handlungseinheit darstellt. Hier treffen keine Gesetzesverletzungen zusammen; verschiedene selbständige Gesetzesverletzungen werden lediglich zusammen geahndet. 29

Verwirklicht eine Handlung dem Wortlaut nach mehrere Bußgeldvorschriften, von denen jedoch nur eine zur Anwendung kommt, weil sich dies aus ihrem Verhältnis zueinander ergibt, so liegt **Gesetzeskonkurrenz** vor. Sie bewirkt, dass sekundäre Normen hinter primären Normen zurücktreten. Die Rangfolge richtet sich nach dem Unrechtsgehalt der beteilig- 30 ten Tatbestände. Der primär genannte Tatbestand enthält den Unrechtsgehalt des Zurücktretenden allgemein oder im konkreten Fall bereits in sich, so dass eine gleichrangige Berücksichtigung des zurücktretenden Tatbestandes entweder eine unzulässige Verdoppelung desselben Vorwurfes bewirken oder die besondere Bedeutung einer speziellen Vorschrift aufheben würde (KK-*Bohnert* § 19 Rn. 105).

31 Der **zurücktretende Tatbestand** verliert nicht jede Bedeutung. So können sich z. B. Nebenfolgen nach zurücktretenden Tatbeständen richten. Ferner kann die zurücktretende Bußgeldvorschrift wieder in den Vordergrund treten, sobald die Bußgeldvorschrift mit Vorrang nicht mehr anwendbar ist, etwa weil Verjährung eingetreten ist oder bei einer leichtfertigen Steuerverkürzung eine Selbstanzeige erfolgt ist (§ 378 AO im Verhältnis zu den §§ 379 bis 382 AO – *Göhler/König* 32).

32 Im Einzelnen ist bei Gesetzeskonkurrenz von folgenden Fallgruppierungen auszugehen: **Subsidiarität** gibt anderen Vorschriften den Vorrang, falls sie anwendbar sind. Die nur subsidiär geltende Vorschrift ist hilfsweise anwendbar. Dieses Verhältnis kann entweder allgemein gegenüber jeder anderen Bußgeldvorschrift oder relativ gegenüber Bußgeldvorschriften mit einer strengeren Bußgelddrohung, aber auch speziell gegenüber bestimmten Bußgeldvorschriften bestehen. Subsidiarität wird im Gesetz entweder ausdrücklich ausgesprochen („... wenn die Handlung nicht nach anderen Vorschriften geahndet werden kann") oder sie ergibt sich aus dem Zweck- und Sinnzusammenhang der Vorschriften, etwa, wenn eine Vorschrift nur als **Auffangtatbestand** konzipiert ist, der eine Lücke schließen will oder, wenn beide Bußgeldvorschriften dasselbe Rechtsgut schützen, wobei der eine Tatbestand nur eine erschwerende Form des anderen darstellt (*Göhler/König* 33). **Spezialität** gibt der Vorschrift den Vorrang, die einen schon in anderen Bußgeldvorschriften erfassten Sachverhalt besonders regelt, und zwar unter dem Gesichtspunkt, dass sich der spezielle Tatbestand durch das Hinzutreten eines weiteren Tatbestandsmerkmals oder eines zusätzlichen Merkmals von dem Grundtatbestand abhebt (*BayObLG* NStZ 1990, 440). Auch hier gilt, dass der zurücktretende Bußgeldtatbestand selbständige Bedeutung gewinnt, sofern der speziellere Bußgeldtatbestand nicht gegeben ist (*Düsseldorf* wistra 1993, 117). **Konsumtion** bedeutet den Vorrang für die Vorschrift, die ihrem Wesen und Sinn nach eine andere Vorschrift in sich aufnimmt, ohne dass diese nur subsidiär gilt. Im OWi-Recht umfasst Konsumtion insbesondere **mitgeahndete Nachtaten** und **typische Begleittaten** (KK-*Bohnert* 124). Bei Konsumtion wird nur aus der Vortat geahndet. Die zurücktretende Tat kann jedoch bei Bemessung der Geldbuße mitberücksichtigt werden. Stehen der Ahndung der Vortat Hindernisse entgegen, so ist auch die Nachtat unverfolgbar (*Wolter* GA 1974, 165; **a. A.** *BGH* JZ 1968, 710).

Aufgrund des im OWi-Recht geltenden **Opportunitätsgrundsatzes** kann die Verfolgungsbehörde nach pflichtgemäßem Ermessen von der Verfolgung einzelner Gesetzesverletzungen oder einzelner natürlicher Handlungen einer rechtlichen Handlungseinheit absehen (*RRH* 33). Im Interesse einer Straffung des Verfahrens sollte von diesen Möglichkeiten jedenfalls immer dann Gebrauch gemacht werden, wenn es um schwierige Abgrenzungsprobleme geht und das Verfahren auf wesentliche Punkte konzentriert werden kann (*Göhler/König* 36; *RRH* 33). 33

§ 19 Tateinheit

(1) Verletzt dieselbe Handlung mehrere Gesetze, nach denen sie als Ordnungswidrigkeit geahndet werden kann, oder ein solches Gesetz mehrmals, so wird nur eine einzige Geldbuße festgesetzt.

(2) Sind mehrere Gesetze verletzt, so wird die Geldbuße nach dem Gesetz bestimmt, das die höchste Geldbuße androht. Auf die in dem anderen Gesetz angedrohten Nebenfolgen kann erkannt werden.

Die Vorschrift regelt die **Folgen idealkonkurrierender OWi.** Sie liegt vor, wenn die tatbestandlichen, mehrere Bußgeldvorschriften oder dieselbe Bußgeldvorschrift mehrfach verletzenden Ausführungshandlungen in einem für sämtliche Tatbestandsverwirklichungen notwendigen Teil zumindest teilweise identisch sind (*BGH* NJW 1989, 2141). Verletzt dieselbe Handlung mehrere Gesetze, so liegt ungleichartige Tateinheit vor; verletzt sie dasselbe Gesetz mehrmals, so liegt gleichartige Tateinheit vor. 1

Dieselbe Handlung im Sinne von Abs. 1 ist eine einzige Willensbetätigung oder eine natürliche Handlungseinheit. Bei einer rechtlichen Handlungseinheit, bei der mehrere natürliche Verhaltensweisen rechtlich zu einer einzigen Gesetzesverletzung zusammengefasst sind, kommt es da- 2 rauf an, ob eine der natürlichen Verhaltensweisen zusätzlich eine weitere Bußgeldvorschrift verletzt. Liegt diese Voraussetzung nicht vor, so findet die Vorschrift auf eine rechtliche Handlungseinheit keine Anwendung (*RRH* 3).

3 Dieselbe Handlung **verletzt mehrere Gesetze**, wenn sie verschiedene Bußgeldvorschriften erfüllt. Dies gilt nicht bei rechtlichen Handlungseinheiten; in ihrem Fall liegt nur eine einzige Gesetzesverletzung vor.

4 Eine fortdauernde Zuwiderhandlung gegen das Verbot der Beschäftigung von Arbeitnehmern ohne die erforderliche Arbeitserlaubnis ist hingegen nur eine Handlung, wenn sich der Betroffene aus Nachlässigkeit nicht hinreichend über die gesetzlichen Bestimmungen informiert, unter laufender Missachtung einschlägiger Vorschriften handelt, die Teilakte in einem unmittelbar räumlich und zeitlich fortlaufenden Zusammenhang steht und die fortwährende Nachlässigkeit auf ein und derselben Motivationslage des Betroffenen beruhen (*Hamm* NStZ 2000, 487; *Braunschweig* NdsRpfl 2000, 236).

5 Bei mehreren Geschwindigkeitsüberschreitungen ist eine neue Tat im prozessualen Sinn regelmäßig erst dann gegeben, wenn das Fahrzeug nicht nur verkehrsbedingt zum Stillstand gekommen ist (*BayObLG* NStZ-RR 1997, 249). Entscheidend ist, ob die mehreren Verstöße zu einem einheitlichen Lebensvorgang (*BayObLG* OLGSt § 20 OWiG Nr. 1) zusammengefasst werden können. Das ist z.B. bei zwei Überschreitungen im Abstand von 100 km und 40 Minuten nicht der Fall (*BayObLG* aaO), nicht einmal bei 5 Minuten Abstand (*Düsseldorf* NZV 2001, 273), wohl aber bei mehreren Überschreitungen, die nur verkehrsbedingt nicht eine einzige Handlung sind (*Zweibrücken* OLGSt 3).

6 Abs. 1 übernimmt das sog. **Absorptionsprinzip** des § 52 Abs. 1 StGB. Danach wird gegen den Betroffenen sowohl bei ungleichartiger wie bei gleichartiger Tateinheit nur eine Geldbuße festgesetzt, wobei die Geldbuße nach Abs. 2 Satz 1 im Fall mehrerer Gesetzesverstöße nach dem Gesetz bestimmt wird, das die höchste Geldbuße androht.

7 Das OWi-Recht kennt keine Mindestgeldbußen und keine verschiedenartigen Sanktionen. Die Höchstbeträge der angedrohten Geldbuße sind daher abstrakt miteinander zu vergleichen. Treffen mehrere Gesetze mit demselben **Ahndungsrahmen** zusammen, so gilt dieser (KK-*Bohnert* 140).

Vierter Abschnitt. Mehrere Gesetzesverletzungen § 19

Sind in den Bußgeldkatalogen für einzelne OWi **Regelsätze** vorgesehen, **8**
so werden diese nicht addiert, sondern der **höchste Regelsatz** angemessen
erhöht (*BayObLG* NJW 1981, 2135; *Doller* DRiZ 1981, 208). Liegt der
Schwerpunkt des Verstoßes in der Verletzung der milderen Bußgeldvorschrift, so kann das Verfahren bezüglich der OWi mit höherer Bußgelddrohung nach § 47 eingestellt werden, sofern es wegen besonderer Umstände angemessen erscheint, die Zuwiderhandlung unter dem Gesichtspunkt der milderen Bußgelddrohung zu verfolgen (*RRH* 11; *Göhler/König* 5).

Die **mildere Bußgeldvorschrift** wird als Grundlage für die Festsetzung **9**
der Geldbuße in den Bußgeldbescheid mit aufgeführt, es sei denn, dass
sie nach § 47 nicht geahndet werden soll (§ 47) oder dass ein Verfahrenshindernis, wie etwa Verjährung, besteht. Die mildere Bußgeldvorschrift
kann bei der Bemessung der Geldbuße berücksichtigt werden (*BGHSt* 19,
189; *Hamm* NJW 1973, 1891). Sie ist ferner dann Grundlage für die Bemessung der Geldbuße, wenn eine Ahndung nach der schwereren Norm
wegen Fehlens von Verfahrensvoraussetzungen nicht möglich ist (*BGHSt*
7, 306).

Nach Abs. 2 Satz 2 kann auf die in einem anderen Gesetz als dem, das die **10**
höchste Geldbuße androht, angedrohten **Nebenfolgen** erkannt werden.
Voraussetzung ist, dass einer Verfolgung der milderen OWi keine Verfahrenshindernisse entgegenstehen. Jedoch kann auf die Anordnung der Nebenfolge nach § 47 selbst in dem Falle verzichtet werden, in dem ihre Anordnung gesetzlich vorgeschrieben ist (*Göhler/König* 7).

Abs. 2 Satz 2 verändert nicht die **Zuständigkeit** zu Verfolgung und Ahn- **11**
dung. Die Verfolgungsbehörde, die für die Verfolgung der OWi mit der
höheren Bußgelddrohung zuständig ist, hat demnach keinen Vorrang.
Möglich ist also, dass bei mehreren Gesetzesverletzungen jede Verwaltungsbehörde, in deren Zuständigkeitsbereich eine Gesetzesverletzung
begangen worden ist, sachlich zuständig sein kann. Dann gilt § 39.

Der Opportunitätsgrundsatz (§ 47) stellt es in das pflichtgemäße Ermes- **12**
sen der Verwaltungsbehörde, in Fällen des § 19 die Tat nur unter einem
rechtlichen Gesichtspunkt zu verfolgen oder die Verfolgung auch auf einzelne Teilakte zu beschränken. Die so handelnde Verwaltungsbehörde
kann jederzeit die ausgeschiedenen Teile in das Verfahren wiedereinbe-

ziehen. An ihre Entscheidung ist die StA weder im Falle der Abgabe noch der Übernahme durch sie gebunden. Das gilt ebenso für das Gericht im Bußgeldverfahren nach Einspruch gegen den Bußgeldbescheid und im Strafverfahren.

13 Bei tateinheitlichem Zusammentreffen zwischen einer OWi und einer Straftat gilt § 21.

§ 20 Tatmehrheit

Sind mehrere Geldbußen verwirkt, so wird jede gesondert festgesetzt.

1 Die Vorschrift regelt die Festsetzung der Geldbußen beim Zusammentreffen mehrerer selbständiger OWi. Anders als § 53 StGB, der für Tatmehrheit das Gesamtstrafenprinzip vorsieht, gilt bei Tatmehrheit im OWi-Recht das **Kumulationsprinzip** (*Koblenz* VRS 61, 280). Diese Regelung soll **Mittel zur wirksameren Durchsetzung von Geboten und Verboten** sowie zur **Bekämpfung unerlaubten Gewinnstrebens** sein.

2 **Tatmehrheit (Realkonkurrenz)** ist gegeben, wenn jemand mehrere selbständige OWi begangen hat, sei es durch mehrfache Verletzung desselben Gesetzes (gleichartige Tatmehrheit), sei es durch Verletzung verschiedener Gesetze (ungleichartige Tatmehrheit), sofern diese Handlungen weder eine natürliche noch eine zur Tateinheit führende rechtliche Handlungseinheit bilden.

3 Sind **mehrere Taten im prozessualen Sinn** zu ahnden, so steht es im Belieben der Behörde, ob sie in einem Bescheid mehrere Rechtsfolgen zusammenfasst oder mehrere Bescheide erlässt. Sie muss deshalb in einem einheitlichen Bußgeldbescheid die einzelnen Rechtsfolgen gesondert aussprechen (*RRH* 4; *Göhler/König* 2). Die Zusammenfassung in einem Bescheid beseitigt ihre Selbständigkeit nicht, so dass sich Anfechtung und Verfahren auch auf eine einzelne Tat und deren Ahndung beschränken können. Die Verwaltungsbehörde kann auch, sofern keine Bindungswirkung eingetreten ist, im Falle des Erlasses mehrerer Bußgeldbescheide einzelne zurücknehmen. Andererseits sind die angefochtenen weiteren Bescheide aufzuheben, sofern sich die Rechtskraft eines der fehlerhaft erlassenen Bußgeldbescheide über die Gesamttat im prozessualen Sinn erstreckt.

Vierter Abschnitt. Mehrere Gesetzesverletzungen **§ 20**

Betreffen zwei in sachlich-rechtlicher Hinsicht selbständige OWi **eine** **4**
Tat im verfahrensrechtlichen Sinn, so dürfen sie nicht in zwei anhängigen Verfahren getrennt voneinander abgeurteilt werden, da insoweit das Verfahrenshindernis der anderweitigen Rechtshängigkeit **(ne bis in idem)** vorliegt (*Hamm* JMBlNW 1977, 107). Wird hingegen in einem Bußgeldbescheid für zwei selbständige OWi nur eine Geldbuße festgesetzt, so rechtfertigt dies nicht die Einstellung des gerichtlichen Verfahrens nach Einspruchseinlegung durch das Amtsgericht wegen fehlender Prozessvoraussetzungen, weil die im Bußgeldbescheid ausgesprochene Rechtsfolge für die Beurteilung des Bußgeldbescheides durch das Gericht grundsätzlich ohne Bedeutung ist (*Koblenz* VRS 52, 52).

Im Verfahren gegen **Jugendliche** gilt § 20 und nicht § 31 JGG; diese Vor- **5**
schrift ist nicht lex specialis. Es werden mithin auch gegen Jugendliche mehrere Geldbußen festgesetzt, wenn mehrere selbständige Handlungen vorliegen, obwohl die Geldbußenhäufung gegen Jugendliche zu untragbaren Resultaten führen kann (KK-*Bohnert* 6). Dem kann durch Entscheidung nach § 47 entgegengewirkt werden.

Die von § 20 gewollte Häufung der Rechtsfolgen kann auch bei den Ne- **6**
benfolgen zu Härten führen und die OWi-Ahndung zu einem **schärferen Instrument** als eine Gesamtstrafe nach § 53 StGB machen. Dies gilt insbesondere bei mehrfacher Verhängung des Fahrverbots nach § 25 StVG, bei der eine Kumulierung beträchtliche Folgen haben kann (*Widmaier* NJW 1971, 1158). Diese Häufung kann im Einzelfall misslich wirken. Sie kann aber weder durch eine nachträgliche Gesamtrechtsfolgenbildung in Analogie zu §§ 53, 54 StGB noch durch Teileinstellungen nach § 47 gelöst werden (KK-*Bohnert* 7). Eine **Gnadenentscheidung**, wie sie von einem Teil des Schrifttums empfohlen wird (*Göhler/König* 6; *Widmaier* NJW 1971, 1161) ist möglich, dürfte aber wegen der Kompliziertheit der Gnadenverfahren und wegen des Erfordernisses von außerhalb des Sanktionszweckes liegenden besonderen Härten nur in Ausnahmefällen erfolgversprechend sein.

Die von der Rechtsprechung (*BayObLG* VRS 51, 2222) gefundene **ver-** **7**
fassungskonforme Lösung, wonach in einer Entscheidung auch dann nicht mehrfach auf ein Fahrverbot erkannt werden darf, wenn mehrere sachlich zusammentreffende Verkehrs-OWi geahndet werden, führt im Einzelfall zu einem akzeptablen Ergebnis, begegnet jedoch anderen Be-

denken: Eine derartige Privilegierung einer Nebenfolge stellt die Verfassungskonformität der **Nichtprivilegierung der Hauptsanktion** in Frage. Im Interesse des Ausbaus des Fahrverbots und der gleichzeitigen Zurückdrängung der strafgerichtlichen Entziehung der Fahrerlaubnis kann man im Hinblick auf das seit einiger Zeit zu beobachtende Erfordernis schärferer Sanktionen bei Verkehrsverstößen aber auch die Auffassung vertreten, dass die Kumulierung so lange hinzunehmen ist, wie nicht der Gesetzgeber eine andere Lösung trifft.

8 § 20 gilt ausschließlich für Geldbußen, nicht auch für das Aufeinandertreffen von Geldbuße und Geldstrafe. **Gesamtahndungen** gibt es auch in diesem Bereich nicht.

§ 21 Zusammentreffen von Straftat und Ordnungswidrigkeit

(1) Ist eine Handlung gleichzeitig Straftat und Ordnungswidrigkeit, so wird nur das Strafgesetz angewendet. Auf die in dem anderen Gesetz angedrohten Nebenfolgen kann erkannt werden.

(2) Im Falle des Absatzes 1 kann die Handlung jedoch als Ordnungswidrigkeit geahndet werden, wenn eine Strafe nicht verhängt wird.

RiStBV Nr. 273

1 Die Vorschrift regelt die Rechtsanwendung für den Fall des **Zusammentreffens von Straftat und OWi.** Sie ist Ausdruck ihres unterschiedlichen Unrechtsgehalts. Sie behandelt die OWi gegenüber der Straftat subsidiär und regelt, dass bei ihrem Zusammentreffen nur das Strafgesetz anzuwenden ist.

2 Die Vorschrift regelt nur die Fälle des **tateinheitlichen Zusammentreffens** von Straftat und OWi für sich und in Mischtatbeständen, nicht jedoch die Fälle der Gesetzeskonkurrenz (KK-*Bohnert* 1; *Karlsruhe* Justiz 1969, 144). Die Regelung beruht auf dem Gedanken, dass nur Strafe mit einem ethischen Schuldvorwurf verbunden ist, während der Geldbuße „der Ernst der staatlichen Strafe" (*BVerfGE* 22, 79) fehlt. Eine möglichst eindeutige Abgrenzung der anzuwendenden Gesetze musste auch im Interesse einer

Vierter Abschnitt. Mehrere Gesetzesverletzungen § 21

vereinfachten Rechtsanwendung, der sich das OWi-Recht verschrieben hat, erfolgen. Dies wäre misslungen, wenn eine Handlung oder eine Handlungseinheit sowohl unter dem Gesichtspunkt einer Straftat wie auch unter dem einer OWi zu ahnden wäre.

Eine Handlung ist **gleichzeitig Straftat und OWi**, wenn entweder eine Verhaltensweise gleichzeitig einen Bußgeldtatbestand und einen Straftatbestand verwirklicht oder wenn im Rahmen einer natürlichen oder rechtlichen Handlungseinheit neben dem Straftatbestand zugleich ein Bußgeldtatbestand verletzt ist. In diesen Fällen verdrängt die Straftat sämtliche nur als OWi zu wertende natürlichen und rechtlichen Handlungsteile. Dies gilt auch bei Vorliegen einer **fortgesetzten Handlung**, allerdings nicht, sofern zwar die Voraussetzungen einer fortgesetzten Handlung nach bisheriger Rechtsprechung für die OWi vorliegen, die besonderen Bedingungen der neueren Rechtsprechung für ihr Vorliegen als Straftat jedoch zu verneinen sind. Die Vorschrift gilt ferner für eine fahrlässige Straftat im Verhältnis zu einer OWi (*Göhler/König* 3). 3

In Ausnahmefällen verdrängt der Bußgeldtatbestand den Straftatbestand. So, wenn er als Spezialvorschrift zum Straftatbestand anzusehen ist (*RRH* 3; KK-*Bohnert* 7). **Spezialität** ist die wesentliche Identität zweier Normen und das Hinzutreten wenigstens eines zusätzlichen Merkmals bei der einen Norm (KK-*Bohnert* 7). Macht das Gesetz durch gleichen Regelungsgehalt deutlich, dass es die Sonderform einer Straftat nur als OWi ansieht, so geht diese vor, wie etwa Verstöße gegen § 17 LMBG im Verhältnis zum Betrug nach § 263 StGB. Dies ist ferner der Fall, wenn der Grundtatbestand beider Gesetze übereinstimmt, der Bußgeldtatbestand jedoch zusätzliche mildernde Tatbestandsmerkmale enthält (z. B. § 72 Abs. 2 AO – *RRH* 3). Nicht gemeint ist die Möglichkeit für die Verfolgungsbehörde, ihre Verfolgungstätigkeit nach § 47 nach pflichtgemäßem Ermessen auszuüben oder einzuschränken. 4

Liegt lediglich **eine Tat im verfahrensrechtlichen Sinne** vor, innerhalb der eine Straftat und eine OWi im materiell-rechtlichen Sinne mehrere Taten (§ 20) darstellen, so ist § 21 nicht anwendbar. In diesen Fällen besteht für die Verwaltungsbehörde die Pflicht zur Abgabe nach § 41 (*RRH* 4). 5

Besteht der bloße **Verdacht einer Straftat** und ist zweifelhaft, ob eine einheitliche Handlung gegeben ist, bei der die OWi durch die Straftat ver- 6 drängt werden könnte, gibt die Verwaltungsbehörde die Sache an die StA nach § 41 ab. In einem solchen Fall sind Anhaltspunkte dafür gegeben, dass die Tat eine Straftat ist. Die Abgabe sollte, obwohl § 41 dies nicht vorschreibt, unverzüglich erfolgen, um die Verfolgung der Straftat nicht durch eigene weitere Ermittlungen der Verwaltungsbehörde zu verlangsamen oder gar zu verhindern (**a. A.** *RRH* 5). Die StA kann für den Fall, dass sich der Verdacht einer Straftat nicht erhärtet, die Sache umgehend wieder an die Verwaltungsbehörde zurückgeben.

7 Hat die StA wegen des Verdachts des Vorliegens einer Straftat **Anklage erhoben** und zeigt sich im gerichtlichen Verfahren, dass sie nicht vorliegt, so gilt § 82. Die Tat wird im Strafverfahren als OWi geahndet. Wird umgekehrt nach Rechtskraft des Bußgeldbescheides nachträglich festgestellt, dass eine Straftat vorliegt, so bleibt die Strafverfolgung zulässig. Allerdings kann der Bußgeldbescheid unter den Voraussetzungen des § 86 in dem nachträglichen Strafverfahren aufgehoben werden. Wie zu verfahren ist, entscheidet in Zweifelsfällen die StA (hierzu RiStBV Nr. 2 Abs. 3). Auch deshalb sollte in solchen Fällen der Vorgang unverzüglich an die StA abgegeben werden.

8 Bei **Mischtatbeständen** erfüllt dieselbe Handlung entweder den Bußgeldtatbestand oder den Straftatbestand und nicht zugleich beide. Liegt ein echter Mischtatbestand vor, so ist die OWi eine Handlung, die nicht die besonderen Merkmale der Straftat aufweist. In diesem Fall ist bei Vorliegen einer Straftat nicht zugleich eine OWi gegeben. Bei unechten Mischtatbeständen liegt **Gesetzeskonkurrenz** vor, so dass die OWi zurücktritt oder vom Straftatbestand **konsumiert** wird, wenn dessen Merkmale erfüllt sind (*Göhler/König* 10; *RRH* 6).

9 Die **Rechtsfolge** richtet sich nach der Straftat. Die durch § 21 verdrängte OWi kann jedoch bei Bemessung der Strafe berücksichtigt werden. Dies gilt zumindest dann, wenn sie einen unterschiedlichen Unrechtsgehalt umfasst (*BGHSt* 23, 345 – RiStBV Nr. 273 Abs. 2). § 21 Abs. 1 Satz 1 schließt nur die selbständige Festsetzung eines Bußgeldes aus (*BayObLG* NJW 1955, 760). Die OWi kann ferner wie jeder andere Umstand ein **erschwerender Begleitumstand** der Straftat sein (KK-*Bohnert* 11). So ist z. B. eine OWi nach § 24a StVG bei der Strafzumessung zu berücksichtigen, wenn sie mit einem Vergehen nach § 21 StVG oder § 142 StGB zusammentrifft und deshalb nach § 21 Abs. 1 zurücktritt (*Janiszewski*, Blut-

alkohol 1954, 168). Beruht andererseits die Straftat auf der Verletzung einer Bußgeldvorschrift (z. B. fahrlässige Tötung im Straßenverkehr aufgrund einer Vorfahrtverletzung) oder deckt die Straftat den Unrechtsgehalt der Ordnungswidrigkeit vollständig ab, weil der Bußgeldtatbestand im Vorfeld der Straftat liegt, so besteht kein Anlass zu einer Strafverschärfung aus dem Gesichtspunkt der OWi (*RRH* 8).

Nach Abs. 1 Satz 2 kann in der strafgerichtlichen Entscheidung auf die in der zurücktretenden Bußgeldvorschrift **angedrohten Nebenfolgen** erkannt werden, auch wenn sie nach der vorrangigen Strafvorschrift an sich nicht zulässig wäre. Sieht auch die Strafnorm eine Nebenfolge vor, ist aber die Nebenfolge des OWi-Rechts schärfer, so erhält die Nebenfolge durch Abs. 1 Satz 2 maßgebende Bedeutung (*KK-Bohnert*). Dies gilt insbesondere für das Fahrverbot nach § 25 Abs. 1 Satz 2 StVG, das „in der Regel" anzuordnen ist. Sehen beide beteiligten Normen dieselbe Nebenfolge vor, so geht die Nebenfolge des Strafrechts vor und wird aus diesem begründet. 10

Ist eine **Nebenfolge im Gesetz vorgeschrieben**, wie z. B. die Abführung des Mehrerlöses in § 8 Abs. 1 Satz 1 WiStG oder die Beseitigung einer widerrechtlichen Kennzeichnung in § 145 Abs. 4 i. V. m. § 144 Abs. 4 MarkenG, so ist sie auch beim Zusammentreffen mit einer Straftat vorgeschrieben, so dass das Gericht von deren Anordnung nicht absehen kann. Die Formulierung des Abs. 1 Satz 2 gilt nur für fakultative Nebenfolgen (*KK-Bohnert* 17; **a. A.** *Göhler/König* 16; *RRH* 9). 11

Stellt die **StA** im Strafverfahren einen **Antrag auf Verhängung einer Nebenfolge**, so ist im Anklagesatz die Bußgeldvorschrift mitanzugeben. Das Gericht kann die Nebenfolge auch ohne ausdrücklichen Antrag der StA anordnen. Es empfiehlt sich jedoch, die Bußgeldvorschriften, auf die das Gericht seine entsprechende Entscheidung stützt, anzugeben. Will das Gericht auf eine Nebenfolge erkennen, so beachtet es die Rechte der Nebenbeteiligten. Die Anordnung der Nebenfolge erfolgt im Tenor von Strafbefehl oder Urteil und nicht in einem besonderen Beschluss. In den Urteilsgründen sind auch die Gründe für die Anordnung der Nebenfolge anzuführen. Nach Rechtskraft der Entscheidung kann die Anordnung der Nebenfolge nicht mehr, auch nicht in einem selbständigen Verfahren, nachgeholt werden. 12

13 Die Nebenfolge bleibt auch in diesem Fall mit Ausnahme ihrer ausdrücklichen gesetzlichen Anordnung Folge der OWi, so dass sie dem **Bundeszentralregister nicht mitzuteilen** ist, auch wenn sie im Tenor der strafgerichtlichen Entscheidung erscheint (KK-*Bohnert* 19).

14 Wird eine **Strafe nicht verhängt**, so kann auch im Falle des Abs. 1 die Handlung als OWi geahndet werden (Abs. 2). Abs. 2 ist insoweit gegenüber Abs. 1 eine Ausnahmeregelung, die darauf beruht, dass hier Straftat und OWi in einem **Subsidiaritäts-** und nicht in einem **Konsumtionsverhältnis** stehen.

15 **Nichtverhängung von Strafe** im Sinne von Abs. 2 ist aus unterschiedlichen Gründen denkbar. Die Ermittlungen können ergeben, dass kein hinreichender Tatverdacht besteht oder auch nur nicht nachweisbar erscheint, so dass die StA das Ermittlungsverfahren nach § 170 Abs. 2 StPO einstellt. Es können **Verfahrensvoraussetzungen** aller Art **fehlen**, wobei sich z. B. ein fehlender Strafantrag nicht, inzwischen eingetretene Strafverfolgungsverjährung aber wohl auswirkt. Es können die Ermächtigung zur Strafverfolgung und das Strafverlangen fehlen. Dann ist die OWi erneut verfolgbar.

16 **Dies gilt ebenso**, wenn im Laufe des Strafverfahrens Anhaltspunkte für das Vorliegen von **Schuldausschließungsgründen** oder **persönlichen Strafausschließungsgründen** erkennbar werden, wenn ein Rechtfertigungsgrund vorliegt oder wenn Immunität besteht bzw. in Brandenburg aufgrund von Art. 58 der Landesverfassung jede Strafverfolgungsmaßnahme gegen einen Abgeordneten auf Verlangen des Landtages ausgesetzt wird. Während sich **Rechtfertigungsgründe** möglicherweise auf das OWi-Verfahren auswirken, hat Immunität dort keine Bedeutung (KK-*Bohnert* 25).

17 Nicht zu Strafe verurteilt wird der Täter ferner, wenn das **Ermittlungsverfahren** nach §§ 153, 153a StPO **eingestellt** worden ist. Die Einstellung gegen Sanktion ist nicht gleichbedeutend mit einer Verurteilung zu Strafe. Das gilt ebenso bei freiwilliger **Schadenswiedergutmachung** oder freiwilliger Durchführung eines **Täter-Opfer-Ausgleichs**, es sei denn, die Anwendung von § 46a StGB führt nur zu einer Strafmilderung. In diesen Fällen kann die OWi weiterverfolgt werden (*RRH* 16; LR-*Rieß* § 153 Rn. 14; *Hamm* BB 1965, 648). Dies gilt insbesondere, seitdem die Einstellungsmöglichkeiten in den §§ 153, 153a StPO weniger wegen geringer Schuld als sonst unter Opportunitätsgesichtspunkten bis hin zur mittleren Kriminalität erfolgen kann. Die Ordnungswidrigkeit bleibt auch verfolgbar, sofern die Einstellung nach § 153 StPO wegen prognostizierter geringer Schuld erfolgt, weil die Verneinung des öffentlichen Interesses an der Verfolgung der Straftat in diesem Fall nicht in erster Linie im Interesse des Beschuldigten erfolgt, sondern im Interesse einer **sinnvollen Steuerung der justitiellen Ressourcen.** Die Einstellung nach § 153 StPO setzt nach wie vor die Erwartung einer wie auch immer gearteten Schuldfeststellung voraus, sonst müsste nach § 170 Abs. 2 StPO eingestellt werden. Die Neigung der Strafverfolgungsbehörden, auch bei erheblichen eigenen Zweifeln an einer Schuldfeststellung nicht nach § 170 Abs. 2 StPO, sondern gewissermaßen vorsorglich nach § 153 StPO einzustellen, ist rechtswidrig, weil sie mit einer positiven Schuldprognose trotz gegenteiliger eigener Überzeugung verbunden ist.

Nicht zu Strafe verurteilt ist selbstverständlich, wer **freigesprochen** ist, aber auch derjenige nicht, bei dem gemäß §§ 46a, 60 StGB **von Strafe abgesehen** worden ist, wer gemäß § 59 StGB mit Strafvorbehalt verwarnt worden ist oder bei dem **Straffreiheitserklärung** nach § 199 StGB bzw. Absehen von Strafe nach § 233 StGB erfolgt ist. In allen diesen Fällen kann eine OWi erneut verfolgt werden. **18**

Die Vorschrift gilt nicht für den Fall von **Tatmehrheit** zwischen Straftat und OWi. Hier bleibt die Anwendung der Bußgeldvorschrift unberührt. Es wird gesondert auf Strafe und Geldbuße erkannt, wobei die Bildung einer **Gesamtsanktion nicht möglich** ist (*Köln* NJW 1979, 379). Gleichwohl ist die Ahndung beider Handlungen in einem **einheitlichen Verfahren** zulässig und bei einer einheitlichen Tat im prozessualen Sinne wohl auch unumgänglich. **19**

Zeigt sich erst im gerichtlichen Bußgeldverfahren, dass ein Fall des Abs. 1 vorliegt, so wird das Verfahren nicht eingestellt. **Es geht nach § 81 in das Strafverfahren über.** Hat das Gericht § 21 Abs. 1 verletzt, so ist eine Beschränkung der Berufung der StA auf das Strafekenntnis nicht zulässig (*Koblenz* VRS 60, 447; *RRH* 24). **20**

Fünfter Abschnitt. Einziehung

§ 22 Voraussetzungen der Einziehung

(1) Als Nebenfolge einer Ordnungswidrigkeit dürfen Gegenstände nur eingezogen werden, soweit das Gesetz es ausdrücklich zulässt.

(2) Die Einziehung ist nur zulässig, wenn
1. die Gegenstände zur Zeit der Entscheidung dem Täter gehören oder zustehen oder
2. die Gegenstände nach ihrer Art und den Umständen die Allgemeinheit gefährden oder die Gefahr besteht, dass sie der Begehung von Handlungen dienen werden, die mit Strafe oder mit Geldbuße bedroht sind.

(3) Unter den Voraussetzungen des Absatzes 2 Nr. 2 ist die Einziehung der Gegenstände auch zulässig, wenn der Täter nicht vorwerfbar gehandelt hat.

Übersicht

	Rn		Rn
I. Allgemeines	1–3	V. Gefährliche Gegenstände (Abs. 2 Nr. 2)	26–31
II. Einziehung als Nebenfolge	4	VI. Konkurrenz der Einziehungsgründe	32
III. Einziehung von Gegenständen	5–14	VII. Nichtvorwerfbare Handlung (Abs. 3)	33–35
IV. Gegenstände des Täters (Abs. 2 Nr. 1)	15–25		

I. Allgemeines

1   Die **Einziehung** nach den §§ 22 ff. ähnelt den Einziehungsvorschriften der §§ 74 ff. StGB. Sie darf nur erfolgen, soweit die einzelnen Bundes- oder Landesgesetze die Einziehung als Rechtsfolge bei Begehung einer OWi zulassen. Erforderlich ist, dass in diesen Gesetzen die Einziehung nicht nur für allgemein zulässig erklärt worden ist, sondern dass die der Einziehung unterliegenden Gegenstände auch ihrer Art nach näher bezeichnet sind. Sind diese beiden Voraussetzungen gegeben, so gelten mit Ausnahme des § 23 die Einziehungsvorschriften insgesamt und uneingeschränkt.

Fünfter Abschnitt. Einziehung **§ 22**

Zweck der Einziehung ist vorwiegend die **Sicherung der Allgemeinheit** 2
und der Rechtsordnung. Sie ist Sicherungsmaßnahme (*Julius* ZStW 109
(1997, 73) in den Fällen, in denen von einzuziehenden Gegenständen nach
ihrer Art und den Umständen die Allgemeinheit gefährdet wird oder die
Gefahr besteht, dass sie der Begehung von Handlungen dienen werden,
die mit Strafe oder Geldbuße bedroht sind. Die Einziehung hat Vorbeugungs- und Ahndungscharakter (KK-*Mitsch* 6), soweit sie erlaubt ist,
wenn der Gegenstand dem Täter gehört oder zusteht. Soweit die Einziehung gegen einen Dritten zulässig ist (§ 23), hat sie ahndungsähnlichen
Charakter, da der Dritte einen Rechtsnachteil für sein vorangegangenes
Verhalten hinnehmen muss.

Der im Schrifttum ausgetragene Streit um die **Rechtsnatur der Einzie-** 3
hung (einerseits *Göhler/König* vor § 22 Rn. 4 ff.; andererseits *RRH* vor
§ 23 Rn. 4 ff.; KK-*Mitsch* 4 ff.) hat keine praktische Bedeutung. Soweit
sich aus dem unterschiedlichen Charakter der Einziehung Rechtsfragen
ergeben, sind sie gesetzlich geklärt.

II. Einziehung als Nebenfolge

Nach Abs. 1 ist die **Einziehung eine Nebenfolge der OWi.** Sie setzt vo- 4
raus, dass eine OWi nach dem äußeren und inneren Tatbestand begangen
worden ist. Kommt es nur zum Versuch oder liegt nur Fahrlässigkeit vor
und sieht die Bußgeldnorm für diese keine Ahndung vor, so kommt auch
eine Einziehung nicht in Betracht. Die Einziehung ist daher akzessorisch
zu einer Hauptfolge (KK-*Mitsch* 8). Ebenso ist die Einziehung bei tatbestandsmäßigem aber gerechtfertigtem Handeln ausgeschlossen.

III. Einziehung von Gegenständen

Gegenstände im Sinne der Vorschrift sind **körperliche Sachen,** aber 5
auch **Rechte** (KK-*Mitsch* 9) wie Forderungen, Bankguthaben, Miteigentumsanteile, Hypotheken einschließlich der Urkunden über diese Rechte
usw. Dies wird im Allgemeinen aus der gesetzlichen Formulierung, wonach zwischen „gehören" und „zustehen" unterschieden wird, gefolgert.
Im Übrigen nennen die §§ 26, 28 ausdrücklich neben Sachen auch Rechte.
Die von der früheren Rechtsprechung (*BGHSt* 19, 158) vorgenommene
Einengung der Möglichkeit der Einziehung von Rechten auf Zuwiderhandlungen gegen Devisenvorschriften sind zumindest durch die Rechtsprechung zu § 74 StGB überholt. Dort besteht kein Zweifel daran, dass

§ 22 Erster Teil. Allgemeine Vorschriften

die Einziehungsvorschriften sich auf Sachen und Rechte beziehen (*Dreher/Tröndle*, 47. Aufl., § 74 Rn. 3).

6 **Rechte an Einziehungsgegenständen** sind nicht selbständig einziehbar. In diesen Fällen sind die Gegenstände selbst Einziehungsobjekt (*RRH* 4).

7 Einziehungsgegenstände sind solche, die durch die Zuwiderhandlung unmittelbar hervorgebracht oder erlangt worden sind **(producta sceleris)**. Das sind Gegenstände, die entweder ihre Entstehung oder ihre gegenwärtige Beschaffenheit der Ordnungswidrigkeit verdanken. Hierzu zählen namentlich verbotswidrig hergestellte oder im Wege der Urproduktion, vor allem in der Landwirtschaft, geschaffene Sachen, wie z. B. verfälschte Nahrungsmittel, durch falsche Angaben erschlichene Bescheinigungen, aber auch Herausgabeansprüche bei gesetzlich verbotenen und daher nichtigen Rechtsgeschäften. Dabei kommt es auf das unmittelbare Hervorbringen der Erzeugnisse durch die Begehung der OWi an (*RRH* 6).

8 **Erlangt** sind Gegenstände, wenn der Täter diese durch die Zuwiderhandlung an sich gebracht, erworben oder sonst in seinen Herrschaftsbereich überführt hat. Hierher gehören z. B. durch Schmuggel oder unter Verletzung bestehender Preisvorschriften erworbene Waren, wobei Voraussetzung ist, dass der Gegenstand gerade durch die Zuwiderhandlung erlangt ist, die die Einziehung begründet. Das nur mittelbar Erlangte, also der Erlös aus dem Verkauf der verbotswidrig erworbenen Waren, ist nicht einziehbar nach § 22. Insoweit ist jedoch **Einziehung des Wertersatzes** möglich.

9 Einziehungsgegenstände sind ferner solche, die zur Begehung oder Vorbereitung einer OWi gebraucht worden oder bestimmt gewesen sind **(instrumenta sceleris)**. Insoweit handelt es sich um Tatwerkzeuge.

10 Dabei lässt der Gesetzgeber zumeist in allgemeiner Form die Einziehung zu (vgl. § 7 Nr. 2 WiStG, § 39 Abs. 1 Nr. 2 AWG, § 40 Abs. 2 Nr. 1 BJagdG). In anderen Fällen bezeichnet das Gesetz die als **Tatwerkzeuge** der Einziehung unterliegenden Gegenstände im Einzelnen (z. B. § 61 Abs. 3 LuftVG). Nur im ersteren Fall ist auch die Einziehung der **Transport- und Verpackungsmittel** zulässig.

11 **Zur Begehung einer OWi gebraucht** werden solche Gegenstände, die unmittelbar der Ausführung oder der Beendigung der Zuwiderhandlung dienen. Zur Tatbegehung bestimmt sind sie, wenn sie zu einer konkreten

Tatausführung vorgesehen sind und die Handlung zumindest in das Versuchsstadium gelangt ist. Aus dem Begriff des Tatwerkzeugs folgt, dass der Einziehungsgegenstand die Begehung oder Vorbereitung der Tat in irgendeiner Weise **gefördert** haben muss.

Gegenstände, die ausschließlich zur **Vorbereitung** oder zum **Versuch** einer Zuwiderhandlung gebraucht oder bestimmt waren, können nur eingezogen werden, wenn die Zuwiderhandlung begangen worden ist. Ist es nur zum Versuch der Zuwiderhandlung gekommen, so bedarf die Einziehung der Ahndung des Versuchs im Gesetz. 12

Einziehungsgegenstände sind schließlich solche, auf die sich die OWi bezieht (**Beziehungsgegenstände**). Dabei handelt es sich um Gegenstände, die nicht Mittel, sondern Gegenstand der Zuwiderhandlung selbst sind. Das ist z.B. der Fall bei Wild, das unter Überschreitung des Abschussplans erlegt worden ist (§ 39 Abs. 2 Nr. 3 BJagdG), zum Überpreis angebotene, ausgeführte oder vertriebene Waren, sofern die Zuwiderhandlung mit Geldbuße bedroht ist oder Schriften, die unter § 119 Abs. 1 Nr. 2 fallen. Voraussetzung ist auch insoweit, dass die Einziehung allgemein für zulässig erklärt worden ist (vgl. z.B. § 7 Nr. 1 WiStG, § 39 Abs. 1 Nr. 1 AWG) oder dass im Gesetz die einziehbaren Beziehungsgegenstände bezeichnet worden sind (§ 61 Abs. 3 LuftVG). 13

Zwischen der OWi und dem eingezogenen Gegenstand muss aber eine **unmittelbare** Beziehung bestehen, so dass z.B. die Einziehung gleichartiger Gegenstände, die erst zu einem späteren Zeitpunkt verbotswidrig ausgeführt werden sollen, nicht zulässig ist. 14

IV. Gegenstände des Täters (Abs. 2 Nr. 1)

Nach Abs. 2 Nr. 1 ist die Einziehung nur zulässig, wenn die Gegenstände zur Zeit der Entscheidung **dem Täter gehören oder zustehen.** Maßgeblich ist der formale Eigentumsbegriff (KK-*Mitsch* 12), der sich nach bürgerlich-rechtlichen Grundsätzen beurteilt. Es kommt demnach darauf an, ob ein Erwerbsgeschäft den Gegenstand in das Vermögen des Täters übergehen lassen hat. Ist es nichtig, so kann der davon betroffene Gegenstand dem Täter gegenüber nicht nach Abs. 2 Nr. 1 eingezogen werden. Verstößt das Rechtsgeschäft gegen ein gesetzliches Verbot, so liegt trotz zumeist fehlender Nichtigkeit kein wirksamer Erwerbstatbestand vor (KK-*Mitsch* 19). 15

16 Die bloße **Möglichkeit eines Erwerbsgeschäfts** im Rahmen einer dieses nicht verbietenden Rechtsordnung reicht zur Einziehung noch nicht aus (*BGH* NJW 1985, 2773). In Fällen, in denen die Rechtsordnung den Erwerb mit der Folge der Nichtigkeit verbieten würde, liegt es besonders nahe zu prüfen, ob die Voraussetzungen des Abs. 2 Nr. 2 vorliegen, was seltener der Fall sein wird, oder ob eine **Einziehung gegen den Dritten** gemäß § 23 Nr. 1 möglich ist, was zumeist gegeben sein dürfte (*Eberbach* NStZ 1985, 299).

17 Sachen, die der Täter **sicherungsübereignet** oder unter **Eigentumsvorbehalt** erworben hat, gehören ihm im bürgerlich-rechtlichen Sinne nicht. Sie können selbst dann nicht gegenüber dem besitzenden Täter eingezogen werden, wenn dieser seine Kaufpreis- oder Darlehnsverbindlichkeit bis auf einen unbedeutenden Restbetrag bezahlt hat (KK-*Mitsch* 20).

18 Demgegenüber sind **Anwartschaftsrechte** einziehbar (*BGH* NJW 1972, 2053; a. A. *Eser* JR 1973, 171; *Bley* JA 1973, 31). Voraussetzung ist, dass dem Täter als Vorbehaltskäufer oder Sicherungsgeber nicht nur ein schuldrechtlicher Anspruch auf Eigentumsübertragung, sondern bereits ein **dingliches Anwartschaftsrecht** zusteht. Das dingliche Anwartschaftsrecht ist nicht vergleichbar mit dem Pfandrecht an einer der Einziehung unterliegenden Sache, sondern ist im Einziehungsrecht wie ein Vollrecht zu behandeln (KK-*Mitsch* 21). Die Einziehung des Anwartschaftsrechtes berührt das auflösend bedingte Eigentum des Sicherungsnehmers oder Vorbehaltskäufers nicht. Soll auch sein Eigentum eingezogen werden, so kommt es auf § 23 an.

19 Zu den Rechten, deren Einziehung zulässig ist, gehören ferner **Miteigentumsanteile** (KK-*Mitsch* 22; a. A. *Göhler/König* 11). Der von der Einziehung nicht betroffene Miteigentumsanteil bleibt nach § 26 Abs. 1 Satz 1 bestehen. Sein Erlöschen kann erst unter den Voraussetzungen des § 26 Abs. 2 Satz 2 und Satz 3 angeordnet werden. Erfüllt im Übrigen die Sache die Merkmale des Abs. 2 Nr. 2, so kann sie auch gegenüber **unbeteiligten Miteigentümern** eingezogen werden. Sind die **Miteigentümer Täter**, so steht der Sacheinziehung nichts entgegen (*Koblenz* VRS 49, 134; KK-*Mitsch* 22). Erfüllt der an sich tatunbeteiligte Miteigentümer die Voraussetzungen des § 23, so kommt eine Sacheinziehung ebenfalls in Betracht (*Karlsruhe* NJW 1974, 710; KK-*Mitsch* 23).

Fünfter Abschnitt. Einziehung § 22

Sachen und Rechte, die **mehreren zur gesamten Hand** zustehen (Gesamthandseigentum; Erbengemeinschaft, eheliche Gütergemeinschaft, Personenhandelsgesellschaft), können, sofern die Einziehung ausschließlich auf Abs. 2 Nr. 1 gestützt werden kann, nur eingezogen werden, wenn sämtliche Eigentümer oder Berechtigte auch Täter sind (KK-*Mitsch* 24). Sonst müssen bei allen Gesamthandseigentümern oder Gesamthandberechtigten die Voraussetzungen des § 22 Abs. 2 Nr. 2 oder des § 23 vorliegen (*RRH* 23). Dies ist z. B. bei Nachlassgegenständen, die nur von einem Miterben zur Tat benutzt werden, zu berücksichtigen. Etwas anderes gilt, wenn das **Gesamthandvermögen** nur in einem **einzigen Gegenstand** besteht. In diesem Falle ist der Gesamthandanteil des Täters in demselben Umfang einziehbar, in dem er auch einer Zwangsvollstreckung gemäß § 859 ZPO unterliegt. 20

Jeder Beteiligte im Sinne des § 14 ist **Täter** i. S. v. Abs. 2 Nr. 1. Darunter fallen die Beteiligungsformen des Strafrechts. Ist ein Gegenstand ohne Wissen und ohne Einverständnis des Eigentümers oder des Berechtigten, der gleichzeitig Tatbeteiligter ist, zur Begehung oder Vorbereitung der Tat gebraucht worden oder bestimmt gewesen, so ist die Einziehung nur unter den Voraussetzungen des Abs. 2 Nr. 2 und des § 23 zulässig. Unter diesen Voraussetzungen kann dann die Einziehung auch in einem Bußgeldverfahren angeordnet werden, das nicht gegen den Eigentümer oder Berechtigten gerichtet ist. Eigentümer und Berechtigter sind dann jedoch als **Einziehungsbeteiligte** am Verfahren zu beteiligen (§ 87). Hat der Täter als Vertreter eines Dritten gehandelt, der Eigentümer oder Berechtigter ist, so ist eine Einziehung nur unter den Voraussetzungen des § 29 zulässig. 21

Für die Einziehung nach Abs. 2 Nr. 1 kommt es auf die **Rechtsverhältnisse zum Zeitpunkt der Entscheidung**, nicht der Tat (KK-*Mitsch* 27) an. Entscheidend ist die **letzte Tatsacheninstanz** (*BGHSt* 8, 212; KK-*Mitsch* 27; *RRH* 27). Führt die Rechtsbeschwerdeentscheidung zu einer neuen tatrichterlichen Verhandlung, so ist der Zeitpunkt der aufgrund dieser neuen Verhandlung ergehenden Entscheidung maßgebend. 22

Ist der Täter nach der Tat **verstorben**, so kommt eine Einziehung gegen den Erben nicht mehr in Betracht, es sei denn, die Voraussetzungen von Abs. 1 Nr. 2 liegen vor. 23

24 Hat der Täter in der Zeit zwischen Tat und Entscheidung den **Gegenstand übertragen**, ohne dass die Einziehung auch gegen den Erwerber zulässig wäre (Abs. 2 Nr. 2, § 23), so ist die Einziehung nicht mehr möglich. Das gilt im Falle einer späteren **Verbindung des Einziehungsgegenstandes** mit einem anderen Gegenstand dann nicht, wenn die Sache zwar wesentlicher Bestandteil einer anderen geworden ist, jedoch die Möglichkeit besteht, sie ohne Zerstörung ihres wirtschaftlichen Wertes aus der Verbundenheit mit der anderen Sache wieder herauszulösen (*BayObLGSt* 1961, 279). Ausgeschlossen ist dagegen die Einziehung der ursprünglichen Sache bei einer **Verarbeitung** zu einer neuen Sache oder bei einer **Vermischung**, wenn dadurch eine neue Sache entstanden ist (*BayObLGSt* 1963, 107).

25 Bei einer **Notveräußerung** von sichergestellten oder beschlagnahmten, der Einziehung unterliegenden Gegenständen tritt der Erlös mit Wirkung für das Einziehungsverfahren an die Stelle der Sache, so dass die **Einziehung des Erlöses** möglich wird. Einziehungsunschädlich ist, wenn vertretbare Sachen durch gleiche oder gleichwertige ersetzt werden, wie z.B. beim Umwechseln einer Banknote in mehrere in der Summe gleichwertige oder bei Einzahlung von Bargeld auf ein Bankkonto (*RRH* 31).

V. Gefährliche Gegenstände (Abs. 2 Nr. 2)

26 Die Vorschrift lässt die Einziehung auch allein zum **Schutz der Allgemeinheit** zu. Hier steht der Sicherungszweck im Vordergrund. Voraussetzung ist, dass die hier bezeichneten Gegenstände für die Allgemeinheit eine Gefahr darstellen, deren Bekämpfung nicht an dem Recht eines Einzelnen scheitern soll. Die Einziehung ist deshalb auch dann zulässig, wenn ungewiss ist, wem der einzuziehende Gegenstand gehört (KK-*Mitsch* 30). Dementsprechend ist die Einziehung auch möglich, wenn die Eigentumsverhältnisse überhaupt ungeklärt sind (*RRH* 33).

27 Gebietet der Schutz der Allgemeinheit die Einziehung, so ist für eine **Ermessensentscheidung kein Raum** (*Celle* NdsRpfl. 1966, 133). Dies gilt für jede aus Sicherungsgründen erfolgte Einziehung, gleichgültig, ob sie sich gegen Tatbeteiligte oder gegen unbeteiligte Dritte richtet. Unerheblich ist auch, ob der Grad und der Umfang der Gefährdung der Allgemeinheit in einem angemessenen Verhältnis zu der wirtschaftlichen Einbuße steht, die der von der Einziehung Betroffene erleidet (**a. A.** *Göhler/ König* 22). Eine Grenze insoweit stellt § 24 dar.

Gegenstände sind ihrer Art und den Umständen nach für die Allgemeinheit **gefährlich**, wenn sie ihrer physikalischen oder chemischen Beschaffenheit nach eine **abstrakte Gefahr** darstellen. Um Rechte kann es sich dabei nicht handeln. Hierzu zählen Sprengstoffe, Kernbrennstoffe, sonstiges radioaktives Material, Gifte, lebensgefährliche Lebensmittel, Waffen, Munition, Gegenstände, die Seuchengefahren in sich bergen, ggf. auch Betäubungsmittel oder sonstige Rauschgifte. **Nicht gefährlich** in diesem Sinne sind Gegenstände, bei denen gewährleistet ist, dass durch die Art der Verwahrung, Behandlung, Beaufsichtigung usw. ihre von ihnen ausgehende abstrakte Gefahr durch **konkrete Schutzvorkehrungen** gemindert oder ausgeschlossen ist. In diesen Fällen ist die Einziehung nach Abs. 2 Nr. 2 nicht zulässig. Auf der anderen Seite kann eine abstrakt wenig gefährliche Sache eingezogen werden, wenn der **sorglose Umgang** mit ihr zu einer Gefährdung der Allgemeinheit zu führen droht (*Oldenburg* NJW 1971, 769). **28**

Gefährdung der Allgemeinheit bedeutet die begründete Besorgnis eines baldigen Schadenseintritts. Dabei genügt die Gefährdung eines Einzelnen nicht. Es muss aber auch keine Gemeingefahr im engen strafrechtlichen Sinne vorliegen. Die bloße **Möglichkeit einer Rechtsverletzung** mit Hilfe des betreffenden Gegenstandes bedeutet noch keine Gefährdung der Allgemeinheit (**a. A.** *RRH* 34). **29**

Die Einziehung der in Abs. 1 genannten Gegenstände ist auch zulässig, wenn die **Gefahr** besteht, dass sie **der Begehung von Handlungen** dienen werden, die mit Strafe oder Geldbuße bedroht sind. Bei dieser Alternative kommt es nicht darauf an, dass die Gegenstände nach ihrer Art und den Umständen ihrer Beschaffenheit die Allgemeinheit gefährden. Entscheidend ist, ob nach den besonderen Gegebenheiten des Einzelfalles die Gefahr besteht, dass sie der Begehung von mit Strafe oder Geldbuße bedrohten Handlungen dienen werden. **30**

Der **Begriff der Gefahr** ist hier anders zu verstehen als in der ersten Alternative. Die Verwendung vergleichbarer Begriffe in Nr. 2 ist irreführend. Gemeint ist in der zweiten Alternative die **aufgrund bestimmter Tatsachen begründete Erwartung**, dass die Gegenstände der Begehung von strafbaren oder mit Geldbuße bedrohten Handlungen dienen werden. **31**

Diese Alternative gilt auch für Gegenstände, die selbst völlig ungefährlich sind (*BGH* NStZ 1985, 262), wie z. B. eine erschlichene schriftliche Genehmigung, mit deren Hilfe eine ungenehmigte Ausfuhr erreicht wird. Was vorliegt, muss aufgrund konkreter Inhaltspunkte feststellbar sein. Bloße Vermutungen und ein nicht hinreichend konkretisierter Verdacht genügen nicht (*Karlsruhe* NJW 2001, 2488).

VI. Konkurrenz der Einziehungsgründe

32 Kann die Einziehung sowohl auf Nr. 1 wie auf Nr. 2 gestützt werden, so verfährt die Verwaltungsbehörde oder das Gericht nach **pflichtgemäßem Ermessen** (KK-*Mitsch* 47). Zwar hat die Einziehung nach Nr. 2 weitergehende Konsequenzen, indem sie nicht der gesonderten Verhältnismäßigkeitsprüfung nach § 24 unterliegt, Auswirkungen auf Rechte Dritter mit sich bringt und auch die selbständige Anordnung unter weitergehenden Voraussetzungen zulässig ist. Hieraus ist jedoch nicht abzuleiten, dass die Prüfung der Nr. 2 vorrangig zu erfolgen hätte, wenn beide Einziehungsvoraussetzungen gleichermaßen in Betracht kommen (**a. A.** *Göhler/König* 25).

VII. Nichtvorwerfbare Handlung (Abs. 3)

33 Abs. 3 gehört systematisch zu Abs. 2 Nr. 2. Er regelt, dass unter den Voraussetzungen des Abs. 2 Nr. 2 die Einziehung der Gegenstände auch zulässig ist, **wenn der Täter nicht vorwerfbar gehandelt hat.** Diese Regelung schränkt die Grundvoraussetzung des Abs. 1 ein, weil der nicht vorwerfbar handelnde Täter keine OWi begeht. Sie ist Folge des Sicherungsgedankens von Abs. 2 Nr. 2.

34 Abs. 3 **beschränkt** die Einziehungsmöglichkeit nach Abs. 2 Nr. 2 jedoch auch insoweit, als zumindest eine tatbestandsmäßige und rechtswidrige Handlung vorliegen muss.

35 Wie auch bei einer nicht vorwerfbaren Handlung ist es entgegen der herrschenden Meinung nicht in aller Regel erforderlich, die Einziehung aus Sicherheitsgründen im **selbständigen Verfahren** nach § 27 anzuordnen. Gegen die Anwendbarkeit von § 27 spricht, dass der nicht vorwerfbar Handelnde gleichwohl eine bestimmte Person ist, gegen die zunächst Verfolgungsmaßnahmen nach dem OWi-Recht eingeleitet sind. Etwas anderes gilt nur, wenn von vornherein feststeht, dass der Betreffende nicht vorwerfbar handelt. Die aus dem strafgerichtlichen Verfahren bekannten Schwierigkeiten mit der Feststellung der Schuldunfähigkeit oder auch nur der eingeschränkten Schuldfähigkeit insbesondere in einem frühen Stadium der Ermittlungen lässt auch für das Ordnungswidrigkeitenverfahren Zweifel an einer leichteren Feststellung der mangelnden Vorwerfbarkeit zu. Im Ergebnis handelt der Täter nicht vorwerfbar, wenn ihm die Verantwortlichkeit (§ 12) fehlt, er einem unvermeidbaren Verbotsirrtum (§ 11 Abs. 2) unterliegt oder wenn für ihn ein Entschuldigungsgrund (§ 15 Abs. 3) eingreift. Der Tatbestandsirrtum schließt schon die Tatbestandsmäßigkeit subjektiv aus. Die Behandlung des Erlaubnistatbestandsirrtums folgt der jeweiligen Auffassung über seine Auswirkungen (vgl. insgesamt KK-*Mitsch* 45). Handelt der Täter nicht vorwerfbar, so kann die Einziehung im selbständigen Verfahren nach §§ 27 Abs. 2 Satz 1 Nr. 2, 87 Abs. 3 durchgeführt werden (KK-*Mitsch* 46).

§ 23 Erweiterte Voraussetzungen der Einziehung

Verweist das Gesetz auf diese Vorschrift, so dürfen die Gegenstände abweichend von § 22 Abs. 2 Nr. 1 auch dann eingezogen werden, wenn derjenige, dem sie zur Zeit der Entscheidung gehören oder zustehen,

1. wenigstens leichtfertig dazu beigetragen hat, daß die Sache oder das Recht Mittel oder Gegenstand der Handlung oder ihrer Vorbereitung gewesen ist, oder
2. die Gegenstände in Kenntnis der Umstände, welche die Einziehung zugelassen hätten, in verwerflicher Weise erworben hat.

Die Vorschrift nennt die Voraussetzungen, unter denen eine Einziehung über die Voraussetzungen des § 22 Abs. 2 Nr. 1 hinaus auch gegen den an der Tat **unbeteiligten Eigentümer oder Rechtsinhaber** ausnahmsweise zugelassen ist (*RRH* 1). Dabei ist unbeteiligt an der Tat derjenige, der nicht Beteiligter im Sinne des § 14 ist. Die Vorschrift entspricht bis auf die Verweisung wortlautgleich dem § 74a StGB. **1**

Die Einziehung nach § 23 ist abhängig davon, dass „das Gesetz" auf diese Vorschrift verweist. Erforderlich ist daher eine **konkrete Verweisungsnorm** in einem Gesetz im formellen Sinne. Eine Verweisung in einer untergesetzlichen Rechtsnorm, etwa einer Rechtsverordnung, würde nicht **2**

§ 23   Erster Teil. Allgemeine Vorschriften

ausreichen (*RRH* 2; **a. A.** *Göhler/König* 1). Verweisungen auf § 23 enthalten z. B. § 13 Abs. 3 BtMG, § 39 Abs. 2 AWG, § 40 Abs. 2 BJagdG, § 70 Abs. 2 WeinG, § 56 Abs. 2 WaffG.

3   **Verfassungsrechtliche Bedenken** gegen die Vorschrift bestehen ebenso wenig wie gegen § 74a StGB (*Tröndle/Fischer* § 74a Rn. 1; zweifelnd insoweit *Julius* ZStW 109 (1997) 87, im Ergebnis wie hier wohl KK-*Mitsch* 2). Das Erfordernis einer Verweisungsnorm in einem formellen Gesetz sichert den Schutz des **tatunbeteiligten Dritteigentümers bzw. Drittberechtigten** in ausreichender Weise, so dass eine einengende Auslegung der Vorschrift nicht erforderlich ist. Daran ändert auch nichts, dass die Einziehung tatunbeteiligten Dritten gegenüber ahndungsähnlichen Charakter hat. Die weiteren Voraussetzungen der Vorschrift stellen sicher, dass die Einziehung nur im Zusammenhang mit einer rechtswidrigen und missbräuchlichen Verwendung des Eigentums stattfindet. Im Übrigen gilt § 24 auch für § 23.

4   Nach Nr. 1 ist die Einziehung möglich, wenn der Tatunbeteiligte **wenigstens leichtfertig** dazu beigetragen hat, dass die Sache oder das Recht Mittel oder Gegenstand der Handlung oder ihrer Vorbereitung gewesen ist. Ein Gegenstand war Mittel der Handlung oder ihrer Vorbereitung, wenn er zu ihrer Ausführung oder Vorbereitung benutzt worden ist. In Betracht kommen vor allem Transportmittel und Verpackungsmaterialien, ferner sonstige zur Ausführung benutzte Gerätschaften, Werkzeug im technischen Sinne, ferner Werkzeug, mit dem die Ausführungsmittel hergestellt werden, ferner z. B. der Erwerb oder die Anmietung von Lagermöglichkeiten durch einen Dritten, in dem der Täter die Waren unterbringen will, welche er verbotswidrig eingeführt hat (*RRH* 5; KK-*Mitsch* 10).

5   Gegenstand der Handlung oder deren Vorbereitung sind Sachen und Rechte gewesen, wenn ihre Verwendung **notwendigerweise zur Vorbereitung oder Verwirklichung des Tatbestandes** gehört. Hierher gehören auch Gegenstände, welche durch eine OWi hervorgebracht worden sind. Sie unterscheiden sich von den eigentlichen Tatmitteln dadurch, dass ihre Verwendung notwendiges Tatmerkmal ist und sie deren passives Objekt sind bzw. durch die Tat geschaffen oder in ihre gegenwärtige Form gebracht worden sind. Gegenstände, auf die sich die Tat bezieht, sind etwa Waren, die unter Verletzung von Vertriebs-, Ein- und Ausfuhrbeschränkungen betrieben worden sind, Vorrichtungen, Vordrucke, Beglaubigungszeichen und Papier im Sinne des § 127, Drucksachen, Abbildungen und Vorrichtungen im Sinne des § 128, Berufstrachten und Abzeichen im Sinne des § 126. Der Erlös aus der verbotenen Ausfuhr der Waren ist hingegen kein Tatprodukt.

Haben das Mittel oder der Gegenstand nur der **Vorbereitung** der Handlung gedient, so ist eine Einziehung **nicht zulässig**, wenn die OWi nicht zumindest bis zum Versuchsstadium vorangebracht worden ist und deren Versuch vom Gesetz mit Geldbuße bedroht ist. Andererseits kann eine Sache als Mittel zur Unterstützung einer Zuwiderhandlung auch dann noch verwendet werden, wenn der Bußgeldtatbestand zwar vollendet, das Handlungsgeschehen aber noch nicht beendet ist (*BGHSt* 8, 212). 6

Subjektive Voraussetzung einer Einziehung nach Nr. 1 ist, dass der Dritte wenigstens leichtfertig gehandelt hat. **Leichtfertigkeit** ist grob fahrlässige Unterstützung, wobei es genügt, dass der Dritte eine Tat dieser Art in allgemeinen Umrissen hätte voraussehen können (*Tröndle/Fischer* § 74a Rn. 4). Ein **leichtfertiger Beitrag** liegt zumeist vor, wenn der Berechtigte vor oder während der Begehung der OWi wusste oder zumindest hätte wissen können, dass seine Sache zur Ausführung oder Vorbereitung der konkreten OWi benutzt oder diese OWi unter Verwendung seiner Sache als Gegenstand der Handlung begangen wird (*Karlsruhe* NJW 1974, 710). Dementsprechend erfasst Nr. 1 den Fall fahrlässig begangener Beihilfe. Hat der Dritte hingegen eine Vorbereitungshandlung des Täters bewusst unterstützt und ist sein Beitrag für die spätere Tat auch kausal geworden, so ist er selbst Tatbeteiligter, auf den § 23 nicht anwendbar ist. 7

Keine Leichtfertigkeit liegt vor, wenn der tatunbeteiligte Dritte die verbotswidrige Benutzung seines Gegenstandes durch den Täter nicht verhindern kann oder wenn ihn aus sonstigen Gründen wie etwa mangelnder Verantwortlichkeit oder nicht vorwerfbaren Verbotsirrtums (§§ 11, 12) **kein Vorwurf trifft.** Auf der anderen Seite schützt es den Berechtigten nicht, wenn er nicht weiß, ob der Täter vorwerfbar den Tatbestand verwirklicht (*Göhler/König* 4). 8

Der Beitrag des tatunbeteiligten Dritten kann auch durch **Unterlassen** geleistet werden, wenn eine Rechtspflicht zum Handeln besteht (*RRH* 10). Der Gesellschafter einer Personengesellschaft ist verpflichtet, die Benutzung gesellschaftseigener Gegenstände zur Begehung von OWi zu verhin- 9 dern (*BGH* NJW 1952, 948). Dagegen ist ein Finanzierungsinstitut, das sich ein Kfz des Darlehnsnehmers zur Sicherheit hat übereignen lassen, nicht verpflichtet, die Verwendung des Kfz ständig zu überwachen (*BGHSt* 19, 123).

10 Nach Nr. 2 ist die Einziehung auch zulässig, wenn der **Dritte** den Gegenstand in Kenntnis der Umstände, die die Einziehung zugelassen hätten, **in verwerflicher Weise erworben** hat. Die Vorschrift verlangt demnach **objektiv** den nachträglichen Erwerb eines einziehungsunterworfenen Gegenstandes und **subjektiv**, dass der Erwerber Kenntnis von den einziehungsbegründenden Tatumständen gehabt hat und bei dem Erwerb in verwerflicher Weise gehandelt hat. Ein bewusstes und gewolltes Zusammenwirken zwischen Täter und Drittem ist nicht vorausgesetzt (*RRH* 14).

11 Der Berechtigte hat die Gegenstände erworben, wenn er sie durch Eigentumsübertragung oder durch Zession einer Forderung an ihn oder sonstige Rechtsübertragung, jedenfalls aber durch **einverständliches Zusammenwirken** mit dem Vorbesitzer oder Vorberechtigten erworben hat. Der Gegenstand kann in Ausnahmefällen auch von einem nicht an der Tat Beteiligten erworben worden sein.

12 **Kenntnis der Umstände**, welche die Einziehung zugelassen hätten, bedeutet, dass der Dritte beim Erwerb die OWi als solche, die Rolle, die der Gegenstand dabei gespielt hat, und zwar als Tatmittel, Tatprodukt oder Beziehungsgegenstand und die sonstigen Einziehungsvoraussetzungen zumindest gekannt haben muss. In dem bedingten Vorsatz entsprechendes Verhalten reicht aus (KK-*Mitsch* 23; *RRH* 16a). Ob der Berechtigte die ihm bekannten Umstände richtig würdigt, ist unerheblich.

13 Die Kenntnis der Tatsachen nach Nr. 2 muss beim Dritten **zum Zeitpunkt des Erwerbs** bereits vorgelegen haben. Erfährt er erst nachträglich davon, so ist die Vorschrift nicht anwendbar.

14 In verwerflicher Weise erworben ist der Gegenstand in der Regel schon dann, wenn der Erwerb in Kenntnis seiner Belastung mit den Voraussetzungen der Einziehung erfolgt ist (KK-*Mitsch* 27; *RRH* 17; *Göhler/König* 12). Der Erwerb muss also nicht in anstößiger Weise (*BGHSt* 2, 358) erfolgt sein. Es genügt, wenn der Dritte sozialwidrig gehandelt hat (*Göhler/König* 12). Nicht verwerflich gehandelt hat der Dritte demgegenüber, wenn sein an sich tatbestandsmäßiges Verhalten gerechtfertigt wäre (KK-

Mitsch 27) oder wenn der Dritte vor seiner Kenntnis von den einziehungsbegründenden Umständen bereits Anspruchsinhaber war (KK-*Mitsch* 27). Ebenso wenig, wenn er trotz entsprechender Kenntnis die Gegenstände im Wege der Notveräußerung erwirbt. Allgemein liegt Verwerflichkeit umso näher, je dichter sich der Berechtigte bei seiner Erwerbsentscheidung bewusst in die Nähe der Tat begeben hat.

Die Handlungen von **vertretungsberechtigten Organen** oder **Vertretern** werden dem Vertretenen nur unter den Voraussetzungen des § 29 zugerechnet. Die Einziehung des Gegenstandes bei dem Berechtigten schließt die Einziehung des Wertersatzes aus. 15

Die Verwaltungsbehörde bzw. das Gericht entscheidet auch bei der Einziehung nach § 23 nach **pflichtgemäßem Ermessen.** Der Verhältnismäßigkeitsgrundsatz (§ 24) gilt. Es kommt ferner auf die Schwere des Vorwurfs an, der den Dritten trifft. Die Verfolgungsbehörde ermittelt vor der Entscheidung von Amts wegen, ob die Voraussetzungen einer Einziehung nach § 23 gegeben sind. Im Zweifel entscheidet sie gegen die Einziehung. 16

§ 24 Grundsatz der Verhältnismäßigkeit

(1) Die Einziehung darf in den Fällen des § 22 Abs. 2 Nr. 1 und des § 23 nicht angeordnet werden, wenn sie zur Bedeutung der begangenen Handlung und zum Vorwurf, der den von der Einziehung betroffenen Täter oder in den Fällen des § 23 den Dritten trifft, außer Verhältnis steht.

(2) In den Fällen der §§ 22 und 23 wird angeordnet, dass die Einziehung vorbehalten bleibt, und eine weniger einschneidende Maßnahme getroffen, wenn der Zweck der Einziehung auch durch sie erreicht werden kann. In Betracht kommt namentlich die Anweisung,

1. die Gegenstände unbrauchbar zu machen,
2. an den Gegenständen bestimmte Einrichtungen oder Kennzeichen zu beseitigen oder die Gegenstände sonst zu ändern oder
3. über die Gegenstände in bestimmter Weise zu verfügen.

Wird die Anweisung befolgt, so wird der Vorbehalt der Einziehung aufgehoben; andernfalls wird die Einziehung nachträglich angeordnet.

§ 24   Erster Teil. Allgemeine Vorschriften

(3) **Die Einziehung kann auf einen Teil der Gegenstände beschränkt werden.**

1   Die Vorschrift unterstreicht die Bedeutung des auch im OWi-Verfahren stets zu beachtenden **Grundsatzes der Verhältnismäßigkeit**. Sie entspricht nahezu wortlautgleich dem § 74b StGB. Sie soll verhindern, dass im OWi-Recht von der Einziehung in rechtsstaatlich bedenklichem Ausmaß Gebrauch gemacht wird.

2   Abs. 1 regelt, dass die Einziehung in den Fällen des § 22 Abs. 1 Nr. 1, nicht auch der Nr. 2, sowie des § 23 nicht angeordnet werden darf, wenn sie zur Bedeutung der begangenen Handlung und zum Vorwurf der den Dritten im Sinne des § 23 trifft, außer Verhältnis steht. **Begangene Handlung** in diesem Sinne ist die vom Täter begangene OWi, deren Bedeutung sich wesentlich aus objektiven Gesichtspunkten ergibt. **Zu berücksichtigen** ist dabei das Gewicht der Rechtsgutsverletzung, die Häufigkeit derartiger Handlungen, der Umfang des angerichteten Schadens, die aus der Handlung folgende Öffentlichkeitswirkung usw.

3   Abzustellen ist ferner auf das Verhältnis der Einziehung zur **Schwere der Handlung des Dritten**, die nicht ihrerseits OWi ist. Aber auch insoweit kann die Handlung des Täters nicht außer Betracht bleiben. In den Fällen des § 23 Nr. 1 ist die Handlung des Dritten der Beitrag zu der Handlung des Täters, so dass das Gewicht der vom Täter begangenen OWi bei der Verhältnismäßigkeitsprüfung stets einzubeziehen ist. Demgegenüber kommt es bei § 23 Nr. 2 allein auf die Bewertung der subjektiven Kenntnis des Berechtigten und der Einschätzung seiner Erwerbshandlung als verwerflich an. Die zugrunde liegende Ordnungswidrigkeit, die die Einziehung dieser Gegenstände ermöglicht hätte, hat nur hintergründige Bedeutung.

4   Liegt ein **Missverhältnis** zwischen der Wirkung der Einziehung und der begangenen OWi vor, so verbietet der Verhältnismäßigkeitsgrundsatz die Einziehung. Dabei ist abzuwägen, in welchem Umfang das **öffentliche Interesse** auch die Einziehung als Teil der staatlichen Reaktion auf die OWi erfordert und in welcher Weise die Maßnahme auf die **Interessen des Betroffenen** einwirkt. Hierbei ist auf der einen Seite der **Zweck der Einziehung**, insbesondere ihr Sanktionscharakter, zu berücksichtigen. Auf der anderen Seite hat das Interesse auch eines Täters einer OWi an

Fünfter Abschnitt. Einziehung § 24

dem an sich der Einziehung unterliegenden Gegenstand Bedeutung. Dies muss nicht stets ein wirtschaftliches Interesse sein, sondern kann auch ein **Affektionsinteresse** sein. Die am Verhältnismäßigkeitsgrundsatz orientierte Abgrenzung muss von der Verwaltungsbehörde und vom Gericht um so eher verlangt werden, als die **Einziehung gefährdender Gegenstände** oder von Gegenständen, bei denen zu erwarten ist, dass sie der Begehung von strafbaren Handlungen oder OWi dienen werden, in Abs. 1 **ausgenommen ist.** Allerdings bedeutet das nicht, dass der allgemein Verfassungsrang besitzende Grundsatz der Verhältnismäßigkeit in diesen Fällen nicht zu beachten wäre (*Saarbrücken* NJW 1975, 66). Insgesamt sind die Bedeutung der OWi und der Grad des Vorwurfs in einer Gesamtbetrachtung zu berücksichtigen (*Karlsruhe* NJW 2001, 2488).

Das **Rechtsbeschwerdegericht** prüft nur, ob die Zuwiderhandlung und die Einziehung in einem Missverhältnis zueinander stehen, nicht hingegen, ob die Einziehung im konkreten Fall die angemessene Maßnahme war. Jedoch müssen die Urteilsgründe ergeben, dass das Gericht Abs. 1 bei seiner Entscheidung berücksichtigt hat (*Göhler/König* 5). 5

Abs. 2 **konkretisiert** den Verhältnismäßigkeitsgrundsatz (**a. A.** KK-*Mitsch* 2). Er gilt anders als Abs. 1 für alle Fälle der Einziehung nach §§ 22, 23. Danach wird in diesen Fällen angeordnet, dass die Einziehung vorbehalten bleibt und es wird eine **weniger einschneidende Maßnahme** getroffen, wenn der Zweck der Einziehung auch durch sie erreicht werden kann. 6

Voraussetzung ist zunächst, dass sich der Zweck der Einziehung überhaupt auf andere Weise verwirklichen lässt (*Göhler/König* 7). 7

Erfolgt die Einziehung nach § 22 Abs. 2 Nr. 2 aus **Sicherungsgründen**, so kann der Schutz der Allgemeinheit vielfach durch weniger einschneidende Maßnahmen als durch die Einziehung erreicht werden. Das ist z. B. der Fall, wenn der Gegenstand zwar verkehrsunfähig ist, aber durch eine Umgestaltung wieder in einen verkehrsfähigen Zustand gebracht werden kann (*RRH* 8). Dagegen ist auch ein **verkehrsunfähiger Gegenstand** einzuziehen, wenn er wegen seiner Verkehrsunfähigkeit **praktisch** wertlos ist, weil sonst die weniger einschneidenden Maßnahmen zu einer Wertsteigerung eines sonst einzuziehenden Gegenstandes führen würden. 8

9 Sind die Voraussetzung der Einziehung nach § 22 Abs. 2 Nr. 1 oder nach § 23 gegeben, so erfolgt im Regelfall Einziehung aus **Ahndungsgründen** als Folge rechtswidrigen und vorwerfbaren Verhaltens. In diesen Fällen hat Abs. 2 keine wesentliche praktische Bedeutung. So kann z. B. die befristete Stilllegung eines Kfz den Ahndungszweck angemessener erreichen als die Einziehung. Von diesen Ausnahmefällen abgesehen schließt der bußgeldähnliche Charakter der Einziehung nach § 22 Abs. 2 Nr. 1 oder nach § 23 im Regelfall die Anwendung des § 24 Abs. 2 aus.

10 Erfolgt eine Einziehung **zugleich zur Ahndung und zur Sicherung**, ohne dass die Voraussetzungen des § 22 Abs. 2 Nr. 2 vorliegen, ist die Anwendung des Abs. 2 zulässig. Seine Anwendung bei diesen **tatsächlichen Mischfällen** hängt davon ab, wo das Schwergewicht des Einziehungszwecks bei der Ahndung liegt.

11 Besteht eine **Konkurrenz von Ahndungs- und Sicherungseinziehung**, so dass sowohl die Voraussetzungen der §§ 22 Abs. 2 Nr. 1, 23 als auch die des § 22 Abs. 2 Nr. 2 vorliegen **(rechtliche Mischfälle)**, so ist die Entscheidung nach der Regelung zu treffen, die den weitergehenden Eingriff gebietet. Erscheint also eine Einziehung aus Ahndungsgesichtspunkten zwar zulässig, aber nicht geboten, so ist die gleichwohl auszusprechen, wenn das Sicherungsbedürfnis sie erforderlich macht und auch eine Maßnahme nach Abs. 2 nicht in Betracht kommt. Eine weniger einschneidende Maßnahme scheidet ferner aus, sofern dem Sicherungsbedürfnis mit einer solchen Maßnahme genügt werden könnte, aber als Ahndung nur die Einziehung angemessen erscheint (*RRH* 8).

12 Ist Abs. 2 anwendbar, so kann eine **weniger einschneidende Maßnahme** als die Einziehung getroffen werden, wenn der Zweck der Einziehung auch durch sie erreicht werden kann. Abs. 2 regelt nicht abschließend, welche der weniger einschneidenden Maßnahmen in Betracht kommt. Beispielhaft ist in Abs. 2 Satz 2 lediglich die Anweisung, mit den der Einziehung an sich unterliegenden Gegenständen in bestimmter Weise zu verfahren, genannt.

13 Die Anweisung, mit dem Gegenstand **in bestimmter Weise zu verfahren**, wird als weniger einschneidende Maßnahme in der Bußgeldentscheidung getroffen. Sie kann, dann allerdings unter Aufhebung der Einziehung, auch vom Rechtsbeschwerdegericht getroffen werden (*Göhler/Kö-*

nig 11). Sie richtet sich an den Eigentümer oder Rechtsinhaber, denn nur er kann über den Gegenstand verfügen. Befolgt er die Anweisung nicht, so kann er sein Eigentum verlieren.

Die in den Nrn. 1 bis 3 aufgeführten Möglichkeiten sind **Regelbeispiele.** 14 Dabei ist die **Unbrauchbarmachung von Gegenständen** eine ihre Gefährlichkeit aufhebende Veränderung der Form, die einen nennenswerten Materialwert übrig lässt, wie etwa das Einschmelzen von Falschgeld (*KK-Wilts* 16). Die Anweisung zu Nr. 2 kann z.B. irreführende Angaben auf Warenverpackungen oder zulässige Ausrüstungsgegenstände an einem Kfz betreffen. Die Anweisung zu Nr. 3 betrifft z.B. Fälle, in denen ein Gegenstand nur in der Hand des Täters gefährlich ist, während sein Besitz durch einen bestimmten Personenkreis die Gefährlichkeit vermindert, wie z.B. Rauschmittel oder Arzneimittel in der Hand des Apothekers. Das **Veräußerungsverbot** des § 26 Abs. 3 steht einer solchen Anweisung nicht entgegen. Keine Anweisung im Sinne der Nr. 3 ist ferner die Entgegennahme einer ehrenwörtlichen Erklärung des Betroffenen gegenüber der einziehenden Stelle, den Gegenstand künftig nicht mehr zu rechtswidrigen Taten benutzen zu wollen, weil darin keine Verfügung liegt (*Göhler/König* 14; **a.A.** *Karlsruhe* NJW 1970, 396).

Die Anwendung einer weniger einschneidenden Maßnahme im Sinne des 15 Abs. 2 erfolgt unter dem **Vorbehalt einer nachträglichen Einziehung**, falls die Anweisung nicht befolgt wird. Allerdings ist eine **angemessene Frist** für die Befolgung der Anweisung im Hinblick auf die nachträglichen Entscheidungen über die Einziehung zu setzen, wobei diese Frist kurz sein kann (*Koblenz* LRE 11, 134). Der Vorbehalt der Einziehung wird in der Bußgeldentscheidung ausgesprochen. Er hat die Wirkung eines Veräußerungsverbotes.

Die Einziehungsgegenstände können auch nach § 46 i.V.m. den Be- 16 schlagnahmevorschriften der Strafprozessordnung **sichergestellt und beschlagnahmt** werden. Sind die Gegenstände beschlagnahmt, so braucht die Beschlagnahme zur Durchführung der Anweisung nicht aufgehoben zu werden (*RRH* 15), allerdings ist die Durchführung der Maßnahme zuzulassen.

Erst wenn die Anweisung befolgt ist, wird der **Vorbehalt der Einziehung** 17 aufgehoben. Solange über den Wegfall des Vorbehalts der Einziehung noch nicht entschieden ist, kann der Einziehungsgegenstand beschlagnahmt werden, weil er ein der Einziehung unterliegender Gegenstand im Sinne des § 94 StPO ist.

18 Ist die Anweisung trotz **Nachfristsetzung** (*RRH* 17) nicht befolgt worden, so wird die Einziehung nachträglich angeordnet, und zwar auch dann, wenn den Berechtigten kein Vorwurf an der Nichtbefolgung der Anweisung trifft. Im Bußgeldverfahren ist hierfür die Verwaltungsbehörde zuständig, die den Bußgeldbescheid erlassen hat, sonst das Gericht des ersten Rechtszuges.

19 Nach Abs. 3 kann die Einziehung auch auf einen Teil der Gegenstände **beschränkt** werden. Dies betrifft sowohl Teile einer Sachgesamtheit als auch Teile eines Gegenstandes, sofern die Trennung unschwer möglich ist. Auch **Miteigentumsanteile** können gesondert eingezogen werden (**a. A.** *Göhler/König* 18; *BayObLGSt* 1961, 277). Wird eine Sache durch die **Teileinziehung** in ihrem wirtschaftlichen Wert stark gemindert oder in ihrer Substanz zerstört, so ist die Teileinziehung unzulässig (**a. A.** *RRH* 18). Auch dann, wenn die Einziehung des gesamten Gegenstandes zulässig wäre, erscheint es unverhältnismäßig, einerseits durch Teileinziehung dem Eigentümer einen möglicherweise großen Teil des Gegenstandes erhalten zu wollen, aber andererseits zugleich den verbleibenden Teil zu zerstören.

§ 25 Einziehung des Wertersatzes

(1) Hat der Täter den Gegenstand, der ihm zur Zeit der Handlung gehörte oder zustand und dessen Einziehung hätte angeordnet werden können, vor der Anordnung der Einziehung verwertet, namentlich veräußert oder verbraucht, oder hat er die Einziehung des Gegenstandes sonst vereitelt, so kann die Einziehung eines Geldbetrages gegen den Täter bis zu der Höhe angeordnet werden, die dem Wert des Gegenstandes entspricht.

(2) Eine solche Anordnung kann auch neben der Einziehung eines Gegenstandes oder an deren Stelle getroffen werden, wenn ihn der Täter vor der Anordnung der Einziehung mit dem Recht eines Dritten belastet hat, dessen Erlöschen ohne Entschädigung nicht angeord-

net werden kann oder im Falle der Einziehung nicht angeordnet werden könnte (§ 26 Abs. 2, § 28); wird die Anordnung neben der Einziehung getroffen, so bemißt sich die Höhe des Wertersatzes nach dem Wert der Belastung des Gegenstandes.

(3) Der Wert des Gegenstandes und der Belastung kann geschätzt werden.

(4) Ist die Anordnung der Einziehung eines Gegenstandes nicht ausführbar oder unzureichend, weil nach der Anordnung eine der in den Absätzen 1 oder 2 bezeichneten Voraussetzungen eingetreten oder bekanntgeworden ist, so kann die Einziehung des Wertersatzes nachträglich angeordnet werden.

(5) Für die Bewilligung von Zahlungserleichterungen gilt § 18.

Die Vorschrift umschreibt die Voraussetzungen, unter denen die **Einziehung des Wertersatzes** zulässig ist. Sie ergänzt die §§ 22, 23 und entspricht inhaltlich § 74c StGB. Sie will verhindern, dass es von der Schnelligkeit des Täters bei der Verwertung der Sache abhängt, ob ihn der wirtschaftliche Nachteil der Einziehung trifft. § 22 Abs. 2 Nr. 1 setzt voraus, dass der Täter im Zeitpunkt der Entscheidung über die Einziehung Eigentümer oder Rechtsinhaber ist. Er könnte deshalb der Einziehung durch vorherige Verwertung oder durch vorherige Belastung mit einem Drittrecht entgehen. Ist deshalb die Einziehung unmöglich oder wirtschaftlich sinnlos geworden, tritt die Einziehung des Wertersatzes an ihre Stelle. Die Wertersatzeinziehung ist ein **Surrogat** der Sacheinziehung. Sie geht nicht weiter als die Sacheinziehung selbst. Die Einziehung des Wertersatzes hat Ahndungsfunktion. 1

Wertersatz anstelle der Einziehung kann nach Abs. 1 angeordnet werden, wenn der Täter im Zeitpunkt der OWi Eigentümer oder Rechtsinhaber des Einziehungsgegenstandes gewesen ist, die Einziehung ihm gegenüber zulässig gewesen wäre, die Möglichkeit der Einziehung durch ihn vereitelt worden ist und ein berechtigter Grund für die Anordnung des Wertersatzes vorliegt. 2

Die in § 22 angeführten **allgemeinen Voraussetzungen** für eine Einziehung müssen gegeben sein. Es muss somit eine OWi und nicht nur eine mit Geldbuße bedrohte Handlung vorliegen, weil die Wertersatzeinziehung **Ahndungsfunktion** hat und damit vorwerfbares Verhalten voraus- 3 setzt (*RRH* 4). Ferner muss das Gesetz die Einziehung des Gegenstandes, für den Wertersatz geleistet werden soll, zulassen.

4 Weitere Voraussetzung ist das **Eigentum** oder die **Inhaberschaft** des Täters an dem Einziehungsgegenstand im Zeitpunkt der Handlung. Nicht erforderlich ist hingegen, dass der Gegenstand dem Täter auch noch im Zeitpunkt der endgültigen Einziehungsvereitelung gehört. **Verwertet dagegen der Täter** eine in seinem Besitz befindliche **Sache eines Dritten**, deren Einziehung gemäß § 22 Abs. 2 Nr. 2 hätte erfolgen können, scheidet eine Einziehung des Wertersatzes aus. Das gilt auch, wenn der Täter den Gegenstand erst nach der Tat erworben und ihn sodann vor der Entscheidung im Sinne des § 25 verwertet hat.

5 Die Einziehung muss früher **zulässig** gewesen, ihre **Anordnung** jedoch zur Zeit der Entscheidung aus tatsächlichen und aus rechtlichen Gründen **unmöglich** geworden sein. Dies ist sie auch, wenn sie auf erhebliche tatsächliche Schwierigkeiten stößt, wenn also z. B. der Täter den Gegenstand an einen Unbekannten veräußert hat und deswegen nicht festgestellt werden kann, ob der Gegenstand diesem gegenüber gemäß §§ 22 Abs. 2 Nr. 2, 23 eingezogen werden könnte (*Köln* NJW 1965, 2359; 1966, 2228). Entscheidend ist, dass die Einziehung, obwohl deren Voraussetzungen an sich vorliegen, nicht angeordnet werden kann.

6 Ist der Gegenstand im Sinne von § 22 Abs. 2 Nr. 2 **gefährlich**, so kann dessen Einziehung nicht vereitelt werden, so lange er noch vorhanden ist. In diesem Fall hindert eine Veräußerung die Einziehung grundsätzlich nicht, weil es bei einer auf § 22 Abs. 2 Nr. 2 gestützten Einziehung auf das Eigentum nicht entscheidend ankommt (KK-*Mitsch* 4). Ist die Einziehung nach den §§ 22 Abs. 2 Nr. 2, 23 Nr. 2 möglich oder noch zu erwarten, wenn auch außerhalb des gegen den Täter anhängigen Verfahrens, so sind die Voraussetzungen zu einer Wertersatzeinziehung nicht gegeben (*BGHSt* 8, 98; *RRH* 6). Eine **Wahlmöglichkeit** zwischen Einziehung des Gegenstandes und des Wertersatzes besteht in diesen Fällen nicht (*Göhler/König* 3).

7 Ist nur ein **Teil der Einziehungsgegenstände** oder ein abtrennbarer Teil eines Einziehungsgegenstandes nicht mehr einziehbar, so kann insoweit die Einziehung des Wertersatzes neben der Einziehung der noch vorhan-

denen Gegenstände oder des abtrennbaren Teils eines Gegenstandes angeordnet werden (*RRH* 6).

Abs. 1 umschreibt **nicht abschließend**, durch welche Handlungen die Vereitelung der Einziehung zur Einziehung des Wertersatzes führen kann. Vielmehr handelt es sich um die beispielhafte Benennung von Fällen, deren gemeinsamer Oberbegriff die Vereitelung der Einziehung ist (**a. A.** *RRH* 7). 8

Verwerten bedeutet die Ausnutzung des wirtschaftlichen Wertes des Gegenstandes in der Weise, dass aus tatsächlichen oder rechtlichen Gründen danach dessen Einziehung unmöglich wird. Dies kann etwa geschehen durch Verzehr der Sache, Verbrauch bis zum Verschleiß, Einziehung einer Forderung, Verfügung über ein Bankguthaben usw. (*RRH* 8). 9

Die Veräußerung kann **entgeltlich oder unentgeltlich** geschehen, sofern diese dem Veräußerer oder Einziehungsbetroffenen irgendwelche Vorteile bringt. Dazu zählen auch die Anknüpfung vorteilhafter Beziehungen usw. Dabei ist die **Veräußerung an einen Dritten** aber nur dann Einziehungsvereitelung, wenn die Einziehung diesem gegenüber aus tatsächlichen oder insbesondere aus rechtlichen Gründen nicht mehr möglich ist (*BGHSt* 8, 98). Die Grenzen dieser Möglichkeit ergeben sich aus §§ 22 Abs. 2 Nr. 2, 23. Die Einziehung des Wertersatzes kann auch dann erfolgen, wenn sich die Möglichkeit einer Einziehung des Gegenstandes selbst nicht mehr feststellen ließe, etwa weil der **Gegenstand unauffindbar** oder weil die Voraussetzungen der Dritteinziehung nicht zu klären sind. 10

Auf den **Rechtsgrund der Veräußerung** kommt es nicht an, so dass auch Schenkungen erfasst werden. Sie müssen aber zumindest zu irgendeinem messbaren Vorteil für den Täter geführt haben. 11

Ein Gegenstand wird **verbraucht**, wenn er zum Verzehr benutzt oder durch Gebrauch entwertet wird. 12

Vereitelung der Einziehung in sonstiger Weise ist in erster Linie die **Zerstörung der Sache** oder ihr **Beiseiteschaffen** (KK-*Mitsch* 24). Der bloße **Verlust** ist keine Vereitelung, auch wenn er vorwerfbar ist und von einem Dritten entschädigt wird (*Wuttke* SchlHA 1968, 250; **a. A.** *BGH* NJW 1962, 212). Ein Vereiteln in sonstiger Weise liegt auch vor, wenn der Gegenstand **an einen unbekannten Dritten veräußert** wird. In diesem Falle ist nicht feststellbar, dass eine Einziehung noch möglich sein wird (*BGH* 13

NJW 1979, 1942; *Bender* NJW 1969, 1057). Vereitelung der Einziehung in sonstiger Weise bewirkt ferner **Verbindung und Vermischung**, sofern nicht die Identität und damit die Einziehbarkeit des Originalgegenstandes erhalten bleibt.

14 Das Vereiteln der Einziehung setzt voraus, dass der Täter selbst oder ein Dritter in ihm zurechenbarer Weise (KK-*Mitsch* 22) **vorwerfbar** handelt. Bedingter Vorsatz genügt, nicht aber fahrlässiges oder leichtfertiges Handeln (*RRH* 9). Für das Merkmal der Vereitelung reicht die objektive Einziehungsvereitelung.

15 Abs. 2 regelt eine weitere Möglichkeit der **Einziehung des Wertersatzes.** Danach kann die Einziehung des Wertersatzes auch neben oder anstelle der Einziehung eines Gegenstandes angeordnet werden, wenn der Täter den Gegenstand vor der Anordnung der Einziehung, aber nach der Tat mit dem **Recht eines Dritten belastet** hat, dessen Erlöschen ohne Entschädigung (§§ 26 Abs. 2, 28) nicht angeordnet werden kann oder im Falle der Einziehung nicht angeordnet werden könnte. Mit der Einziehung eines solchen Gegenstandes, dessen wirtschaftlicher Wert einem Dritten zugewandt worden ist, könnte der Zweck der Einziehung nicht mehr erreicht werden.

16 Voraussetzung ist die Belastung des Gegenstandes mit dem **dinglichen Recht** eines Dritten. **Rechtsverschaffungsansprüche** reichen nicht aus. Hierzu zählt z. B. Verkauf unter Eigentumsvorbehalt (§ 455 BGB), der das Recht eines Dritten in Form eines **Anwartschaftsrechts** auf Erwerb des Eigentums begründet. In Betracht kommen ferner bei beweglichen Sachen **Pfandrechte** und **Nießbrauch**, bei Grundstücken **Grundpfandrechte** und die sonstigen **dinglichen Belastungen.** Hierher gehören auch Belastungen im Wege der **Zwangsvollstreckung** (*Göhler/König* 7).

17 Voraussetzung für die Einziehung des Wertersatzes ist in diesen Fällen, dass die Belastung im Falle der Einziehung den **wirtschaftlichen Wert** des Gegenstandes tatsächlich **verringert.** Das ist nicht der Fall, wenn das Erlöschen der Belastung angeordnet werden kann und dem Dritten eine Entschädigung nicht gewährt werden muss. Die Voraussetzungen hierzu ergeben sich aus §§ 26 Abs. 2, 28.

18 Abs. 2 räumt der Verwaltungsbehörde oder dem Gericht eine **Wahlmöglichkeit** ein. Dabei wird die Einziehung angeordnet, wenn sie aus Siche-

Fünfter Abschnitt. Einziehung **§ 25**

rungsgründen geboten ist, während die Anordnung des Wertersatzes anstelle der Einziehung des Gegenstandes näherliegt, wenn es in erster Linie auf die Ahndungswirkung der Maßnahme ankommt. Dies gilt auch, wenn der Gegenstand infolge der Belastung keinen oder nur noch einen geringen wirtschaftlichen Wert hat (*Göhler/König* 8).

Die Höhe des Wertersatzes ist **begrenzt** durch den **Wert des Gegenstandes** (*BGHSt* 28, 369) oder, wenn die Einziehung des Wertersatzes neben der des Gegenstandes angeordnet wird, durch den Wert der Belastung. Der Wert des Gegenstandes richtet sich nach dem **Verkehrswert** zur Zeit der Entscheidung der Verwaltungsbehörde bzw. der letzten tatrichterlichen Entscheidung, wobei eine außergewöhnliche Wertbildung außer Betracht bleibt. Maßgeblich ist nicht der tatsächlich erzielte, sondern der **erzielbare Preis** (*BGHSt* 3, 15). Hat der Täter die Ware zum **Großhandelspreis** erworben, so gilt dieser. Bei einer Belastung des Gegenstandes ist von dem Preis auszugehen, der notwendig ist, um die Belastung zu beseitigen. Also bei einem Pfandrecht von der Höhe der Forderung, die durch das Pfandrecht abgesichert wird (*RRH* 12). 19

Nach Abs. 3 kann der **Wert des Gegenstandes und der Belastung geschätzt** werden. Dies gilt nicht nur für den Fall, dass der Wert der Sache nicht ermittelt werden kann. Ist er jedoch ohne wesentliche Schwierigkeiten festzustellen, so ist für eine Schätzung kein Raum (KK-*Mitsch* 46). 20

Maßgebender Zeitpunkt für die Bewertung ist der **Zeitpunkt der Entscheidung** i. S. v. § 22 Abs. 2 Nr. 1. Das ist der Zeitpunkt des Wirksamwerdens des Bußgeldbescheides, nach Einlegung des Einspruchs der Zeitpunkt des Urteilserlasses oder der Wirksamkeit des Beschlusses des Amtsgerichts (§ 72), nicht dagegen der Zeitpunkt der Rechtsbeschwerdeentscheidung (§ 79). Führt die Rechtsbeschwerde zu einer erneuten tatrichterlichen Befassung, so ist der Zeitpunkt der auf diese Verhandlung hin ergehenden Entscheidung maßgebend (KK-*Mitsch* 47). 21

Die Einziehung des Wertersatzes ist **nur gegen den Täter** zulässig, also nicht gegen eine an der Tat unbeteiligte Person. **Gegen einen Dritten**, der nach § 23 vorwerfbar handelt und den Gegenstand später veräußert oder verbraucht hat, ist die Anordnung des Wertersatzes ebenfalls **nicht möglich** (*Göhler/König* 14). Eine Art gesamtschuldnerische Haftung bei **mehreren Beteiligten** gibt es nicht, weil die Anordnung des Wertersatzes 22 nur gegen den Täter ausgesprochen werden kann, dem der Einziehungsgegenstand im Zeitpunkt der Tat gehört hat.

23 Nach Abs. 4 kann die Einziehung des Wertersatzes auch **nachträglich** angeordnet werden, sofern die Anordnung der Einziehung eines Gegenstandes nicht ausführbar oder unzureichend ist, weil nach der Anordnung eine der in den Absätzen 1 oder 2 bezeichneten Voraussetzungen eingetreten oder bekannt geworden ist. Hierbei handelt es sich nicht um eine nochmalige Ahndung, sondern um ein Ersatzmittel für die sonst ganz oder zum Teil wirkungslose Einziehungsanordnung.

24 **Nicht ausführbar** ist die Anordnung der Einziehung, wenn sich später herausstellt, dass der Gegenstand **nicht mehr vorhanden** oder nachträglich von einem Dritten **gutgläubig erworben** ist. In diesen Fällen könnte die Anordnung der Einziehung nicht vollzogen werden (*Göhler/König* 19).

25 Hat der Täter den Gegenstand vor der Anordnung der Einziehung oder auch nachher, jedoch vor Rechtskraft der Anordnung, wirksam **auf einen Dritten übertragen** und ist die gegen den Täter ausgesprochene Einziehung rechtskräftig, so ist unabhängig von der wahren Rechtslage das Eigentum kraft Gesetzes auf den Staat übergegangen (§ 26 Abs. 1). Bei dieser Lage könnte die Einziehung noch erfolgen, und zwar ggf. durch **Herausgabeklage**, so dass die nachträgliche Anordnung der **Wertersatzeinziehung nicht möglich** ist. Etwas anderes gilt, wenn der Dritte im Nachverfahren nach § 87 Abs. 4 i. V. m. § 439 StPO die Aufhebung der Einziehungsanordnung erreicht. Dann entscheidet das Gericht im Nachverfahren zugleich über die nachträgliche Anordnung des Wertersatzes (KK-*Mitsch* 53; *RRH* 15).

26 Die Anordnung der Einziehung ist **unzureichend**, wenn sich später herausstellt, dass der Täter nach der Handlung, aber noch vor der Anordnung der Einziehung den Gegenstand mit dem Recht eines Dritten belastet hat, das nicht erloschen ist oder ein Dritter nach Anordnung der Einziehung gutgläubig ein Recht an dem Gegenstand erworben hat.

27 Die Einziehung des Wertersatzes liegt im **Ermessen** der Verwaltungsbehörde oder des Gerichts. Der **Grundsatz der Verhältnismäßigkeit** gilt auch hier. Möglich ist daher, die OWi nur mit Geldbuße zu ahnden und auf die Einziehung des Wertersatzes zu **verzichten**, wenn dies ausreichend erscheint (*RRH* 19). Ferner kommt die Einziehung des Wertersatzes bei einer reinen **Sicherungseinziehung** nicht in Betracht, weil bei Untergang der Sache eine **Ersatzmaßnahme** nicht veranlasst ist.

Nach Abs. 5 sind unter Berücksichtigung des § 18 auch bei der Einziehung des Wertersatzes **Zahlungserleichterungen** zu gewähren, wenn dem Betroffenen nicht zuzumuten ist, den Wertersatz sofort zu bezahlen. Maßgeblich sind dabei seine wirtschaftlichen Verhältnisse zum Zeitpunkt der Entscheidung. **28**

§ 26 Wirkung der Einziehung

(1) Wird ein Gegenstand eingezogen, so geht das Eigentum an der Sache oder das eingezogene Recht mit der Rechtskraft der Entscheidung auf den Staat oder, soweit das Gesetz dies bestimmt, auf die Körperschaft oder Anstalt des öffentlichen Rechts über, deren Organ oder Stelle die Einziehung angeordnet hat.

(2) Rechte Dritter an dem Gegenstand bleiben bestehen. Das Erlöschen dieser Rechte wird jedoch angeordnet, wenn die Einziehung darauf gestützt wird, daß die Voraussetzungen des § 22 Abs. 2 Nr. 2 vorliegen. Das Erlöschen des Rechts eines Dritten kann auch dann angeordnet werden, wenn diesem eine Entschädigung nach § 28 Abs. 2 Nr. 1 oder 2 nicht zu gewähren ist.

(3) Vor der Rechtskraft wirkt die Anordnung der Einziehung als Veräußerungsverbot im Sinne des § 136 des Bürgerlichen Gesetzbuches; das Verbot umfaßt auch andere Verfügungen als Veräußerungen. Die gleiche Wirkung hat die Anordnung des Vorbehalts der Einziehung, auch wenn sie noch nicht rechtskräftig ist.

Die Vorschrift regelt die **Rechtsfolgen** der Einziehung. Sie ist inhaltsgleich mit § 74e StGB. Die Einziehung hat unmittelbar dingliche Wirkung. Die Rechtslage ändert sich bereits aufgrund der wirksamen Anordnung und ohne eine gesonderte Rechtsübertragung (KK-*Mitsch* 1; *Vogel* GB 1958, 38). Auf die Einziehung des Wertersatzes nach § 25 ist die Vorschrift nicht anwendbar: ein Geldbetrag ist nicht Gegenstand im Sinne der Vorschrift (KK-*Mitsch* 2). **1**

Nach Abs. 1 **geht das Eigentum** an der eingezogenen Sache oder das eingezogene Recht mit Rechtskraft der Bußgeldentscheidung, wenn also die **2**

Entscheidung mit ordentlichen Rechtsbehelfen nicht mehr anfechtbar ist, **auf den Staat oder**, soweit das Gesetz dies bestimmt, auf die **Körperschaft** oder **Anstalt des öffentlichen Rechts** über, deren Organ oder Stelle die Einziehung angeordnet hat. Staat in diesem Sinne ist der Verwaltungsfiskus, und zwar im Regelfall des Landes, dem die Behörde, welche die Einziehung ausgesprochen hat, zugehört. Handelt es sich um eine Bundesbehörde, so ist Staat der **Verwaltungsfiskus des Bundes.** Ist die Einziehung durch eine gerichtliche Entscheidung erfolgt, so geht das Eigentum auf den **Justizfiskus des Landes** über, dem das Gericht angehört, das im ersten Rechtszug entschieden hat. Dies gilt auch dann, wenn die gerichtliche Entscheidung auf Einspruch gegen einen Bußgeldbescheid ergangen ist (*RRH* 5).

3 Sofern das Gesetz dies ausdrücklich bestimmt, tritt der Rechtsübergang zugunsten einer **Körperschaft mit oder ohne Gebietshoheit** oder auf eine **Anstalt des öffentlichen Rechts** ein. In diesem Falle **geht das Eigentum** auf die Körperschaft oder die Anstalt **über**, deren Organ oder Stelle (Behörde, Dienststelle) die Einziehung angeordnet hat. Solche Vorschriften enthalten z. B. § 3 LOWiGBW, § 3 BbgAGOWiG, Art. 3 BremAGOWiG/EGOWiG, § 44 Abs. 1 Satz 2 HessFAG, § 3 NdsAGOWiG, Art. 58 Abs. 3 AnpGNW, Art. 35 Abs. 2 Satz 1 LStrafÄndGRP, § 3 SächsOWiG und § 3 AGOWiGLSA.

4 Die genannten Stellen **erwerben** mit der Rechtskraft der Entscheidung **das Eigentum unmittelbar.** Der Rechtsübergang tritt also unabhängig von den wirklichen Rechtsverhältnissen und ohne Rücksicht auf die Person des tatsächlich Berechtigten ein, d. h. auch dann, wenn der Gegenstand einem unbeteiligten Dritten gehört und dieser an dem Verfahren nicht beteiligt worden ist. Dementsprechend ist die rechtliche Wirkung der Einziehung auch nicht davon abhängig, ob die tatsächlichen und rechtlichen Voraussetzungen hinsichtlich der Rechtsverhältnisse an dem eingezogenen Gegenstand von der entscheidenden Stelle zutreffend **rechtlich beurteilt** worden sind. Die Entscheidung wirkt gegenüber jedermann. Ein **Dritter**, dessen Recht untergeht, hat jedoch die Möglichkeit des **Nachverfahrens** (§ 439 StPO) und ggf. den **Entschädigungsanspruch** nach § 28 (KK-*Mitsch* 8). Bei herrenlosen Sachen bewirkt die Einziehung einen originären Eigentumserwerb des Staates.

Fünfter Abschnitt. Einziehung § 26

Der **Rechtsübergang** vollzieht sich **ohne weitere konstitutive Akte.** Ein 5
besonderer Ausspruch über den Eigentumsübergang ist nicht notwendig.
Mit der Rechtskraftentscheidung werden Grundbuch und Schiffsregister
unrichtig. Die Verwaltungsbehörde oder das Gericht sorgen für die
Berichtigung der Register.

Nach Abs. 2 Satz 1 bleiben **Rechte Dritter** an dem Gegenstand bestehen. 6
Dies kann Pfandrechte, Nießbrauch und die anderen gesetzlich geregelten
beschränkt dinglichen Rechte betreffen. Das Erlöschen dieser Rechte
wird jedoch angeordnet, wenn die Einziehung auf § 22 Abs. 2 Nr. 2 gestützt wird. Diese Regelung ist **zwingend.** Wird sie unterlassen, so erlischt
das betreffende Recht auch dann nicht, wenn die Voraussetzungen des
§ 22 Abs. 2 Nr. 2 objektiv erfüllt sind (KK-*Mitsch* 18).

Satz 3 regelt, dass das **Erlöschen des Rechts** eines Dritten auch dann an- 7
geordnet werden kann, wenn diesem eine Entschädigung nach § 28
Abs. 2 Nr. 1 oder Nr. 2 nicht zu gewähren ist. Gemeint sind hier die Fälle
der Einziehung nach § 22 Abs. 2 Nr. 1 und 23. Im Gegensatz zu Satz 2
liegt hier die Anordnung im **Ermessen der Einziehungsstelle,** weil nach
§ 28 Abs. 3 einem vorwerfbar handelnden Dritten ausnahmsweise auch
eine Entschädigung gewährt werden kann. In den Fällen des Abs. 2 Satz 3
ist die Entschädigungsfrage ausnahmsweise schon im Einziehungsverfahren zu prüfen. Kommen sowohl Abs. 2 Satz 2 als auch Satz 3 in Betracht,
so ist zunächst das Vorliegen der Voraussetzungen des Satzes 2 zu prüfen,
weil in diesem Falle die Einziehung zwingend vorgeschrieben ist. Dies ist
sachgerecht. Es entspricht dem Zweck der Sicherungseinziehung.

Nach Abs. 3 bewirkt die Anordnung der Einziehung vor Rechtskraft ein 8
Veräußerungsverbot i. S. d. § 136 BGB. Die gleiche Wirkung hat die
Anordnung des Vorbehalts der Einziehung nach § 24 Abs. 2, schon vor
der Rechtskraft und danach bis zur Entscheidung über die Einziehung
selbst. Nicht unmittelbar im Gesetz genannt, aber durch Anwendbarkeit
des § 111c Abs. 5 StPO festgelegt, bewirkt auch die **Beschlagnahme**
eines der Einziehung unterliegenden Gegenstandes bis zur Rechtskraft
der Entscheidung das Veräußerungsverbot.

In den Fällen des Abs. 3 werden **Verfügungen,** auch im Wege einer 9
Zwangsvollstreckung, unwirksam, wenn sie den Rechtsübergang der noch
nicht rechtskräftig eingezogenen oder beschlagnahmten Einziehungsge-

genstände auf die in Abs. 1 genannte Stelle vereiteln würden. Hierzu gehören auch alle Verfügungen, die zu einer Wertminderung des beschlagnahmten Gegenstandes führen könnten. Gemeint sind insbesondere unentgeltliche Verfügungen oder die Belastung mit dinglichen Rechten.

10 Betrifft die Einziehung Sachen i. S. d. § 22 Abs. 2 Nr. 2, so ist das Veräußerungsverbot **absolut** nach § 134 BGB, in den übrigen Fällen **relativ** nach § 135 BGB (*Bremen* NJW 1951, 675; Frankfurt NJW 1952, 1068). Damit ist bei einer auf § 22 Abs. 2 Nr. 2 gestützten und im **Interesse des Schutzes der Allgemeinheit** ergangenen Einziehungsanordnung der **gutgläubige Erwerb** des betreffenden Gegenstandes **ausgeschlossen** (a. A. mit ausführlicher Bgründung KK-*Mitsch* 26; wie hier auch das überwiegende Schrifttum zu § 111c StPO und zu § 74e StGB). Bei den übrigen Einziehungsanordnungen ist gutgläubiger Erwerb möglich.

11 Nach Rechtskraft der Einziehungsentscheidung ist **gutgläubiger Erwerb** nach allgemeinen Grundsätzen möglich, jedoch schließt **grobe Fahrlässigkeit** hinsichtlich der Kenntnis der Anordnung der Einziehung, des Vorbehalts der Einziehung oder der Beschlagnahme guten Glauben aus (*RRH* 4). Dafür reicht schon aus, dass der Täter weiß, dass wegen der Zuwiderhandlung, bei der der Einziehungsgegenstand eine Rolle spielt, ein Straf- oder Bußgeldverfahren anhängig ist (*Göhler/König* 10). Wurde der Gegenstand nach Rechtskraft der Einziehungsanordnung erworben, so sind die Vorschriften des BGB über den gutgläubigen Erwerb vom Nichtberechtigten unmittelbar anzuwenden. Bestätigt die Rechtsmittelinstanz die Entscheidung nicht, so ist das Eigentum oder das Recht zum Zeitpunkt der Übereignung oder Übertragung des Rechts auf den Dritten übergegangen. Wird die Einziehung oder deren Vorbehalt wieder aufgehoben, so verliert das Veräußerungsverbot seine Wirkung. Ein zwischenzeitlicher Erwerb ist dann wirksam gewesen (*RRH* 16; *Göhler/König* 12).

Fünfter Abschnitt. Einziehung § 27

§ 27 Selbständige Anordnung

(1) Kann wegen der Ordnungswidrigkeit aus tatsächlichen Gründen keine bestimmte Person verfolgt oder eine Geldbuße gegen eine bestimmte Person nicht festgesetzt werden, so kann die Einziehung des Gegenstandes oder des Wertersatzes selbständig angeordnet werden, wenn die Voraussetzungen, unter denen die Maßnahme zugelassen ist, im Übrigen vorliegen.

(2) Unter den Voraussetzungen des § 22 Abs. 2 Nr. 2 oder Abs. 3 ist Absatz 1 auch dann anzuwenden, wenn

1. die Verfolgung der Ordnungswidrigkeit verjährt ist oder
2. sonst aus rechtlichen Gründen keine bestimmte Person verfolgt werden kann und das Gesetz nichts anderes bestimmt.

Die Einziehung darf jedoch nicht angeordnet werden, wenn Antrag oder Ermächtigung fehlen.

(3) Absatz 1 ist auch anzuwenden, wenn nach § 47 die Verfolgungsbehörde von der Verfolgung der Ordnungswidrigkeit absieht oder das Gericht das Verfahren einstellt.

Die Vorschrift ermöglicht die **selbständige Anordnung** der Einziehung des Gegenstandes oder des Wertersatzes auch für den Fall, dass wegen der OWi aus tatsächlichen Gründen keine bestimmte Person verfolgt oder eine Geldbuße gegen eine bestimmte Person nicht festgesetzt werden kann. Eine ähnliche Regelung enthält § 76a StGB. Die Vorschrift gilt für das **gesamte OWi-Recht** für alle Fälle, in denen das Gesetz die Einziehung zulässt (§ 22 Abs. 1). Das auf ihr beruhende Verfahren ist ein **objektives Verfahren**. 1

Die selbständige Anordnung erfolgt durch **eigenständigen Einziehungsbescheid** der Verwaltungsbehörde, der einem Bußgeldbescheid gleichsteht (§ 87 Abs. 3 Satz 2) oder durch gerichtliche Entscheidung (Beschluss oder Urteil, vgl. § 441 Abs. 2 und Abs. 3 StPO). 2

Die Entscheidung nach § 27 betrifft nur die **Nebenfolge**. Es handelt sich insoweit um eine Verfahrensvorschrift, die nur einen **selbständigen prozessualen Weg** zur Durchsetzung der Einziehung bzw. der Ersatzeinziehung eröffnet (*RRH* 1); an der Rechtsnatur der Einziehung ändert § 27 nichts (KK-*Mitsch* 1). 3

4 Damit sie selbständig angeordnet werden kann, müssen **sämtliche Voraussetzungen der Einziehung** nach §§ 22 ff. vorliegen. Bleibt **zweifelhaft**, ob der Tatbestand überhaupt verwirklicht ist oder ob der Täter rechtmäßig gehandelt hat, so ist auch die selbständige Anordnung der Einziehung **unzulässig** (*Göhler/König* 2). Die Einziehung nach §§ 22 Abs. 2 Nr. 1, 23, 25 kann demnach nur bei festgestelltem Vorliegen einer OWi selbständig angeordnet werden. Für die Einziehung nach § 22 Abs. 2 Nr. 2, Abs. 3 reicht schon das Vorliegen einer tatbestandsmäßigen und rechtswidrigen, wenn auch nicht vorwerfbaren Handlung (KK-*Mitsch* 6; *Göhler/König* 2).

5 Weitere Voraussetzung für die Einziehung des Gegenstandes oder des Wertersatzes ist, dass aus tatsächlichen Gründen keine bestimmte Person verfolgt oder eine Geldbuße gegen eine bestimmte Person nicht festgesetzt werden kann. **Tatsächliche Gründe** in diesem Sinne sind etwa gegeben, wenn ein bestimmter Täter unerreichbar, unbekannten Aufenthalts oder flüchtig ist oder sich im Ausland aufhält (*RRH* 6). Bleibt der Täter unbekannt oder ist er unter mehreren Tatverdächtigen nicht zu ermitteln, so kann § 27 nur angewandt werden, wenn **feststeht**, dass bei dem möglichen Täter die Voraussetzungen der Einziehung sowohl nach der äußeren und der inneren Tatseite hin gegeben sind. Im Fall des § 22 Abs. 3 genügt jedoch die Feststellung, dass der unbekannte Täter auf jeden Fall rechtswidrig gehandelt hat. Nichtverfolgbarkeit aus tatsächlichen Gründen bedeutet demnach nicht das Fehlen oder die mangelnde Feststellung der Tatbestandsmerkmale einer OWi oder einer mit Geldbuße bedrohten Handlung (*Göhler/König* 4; *Oppe* MDR 1973, 183).

6 Nach Abs. 2 kann die selbständige Anordnung auch erfolgen, wenn ein Fall des § 22 Abs. 2 Nr. 2 oder Abs. 3 vorliegt und die Verfolgung der OWi **verjährt** ist oder aus sonstigen rechtlichen Gründen **keine bestimmte Person verfolgt werden kann** und das Gesetz nichts anderes bestimmt. Damit entfällt die selbständige Anordnung in allen anderen Fällen, in denen die Einziehung keine Sicherungsmaßnahme darstellt, wenn bestimmte **rechtliche Gründe der Verfolgung der OWi entgegenstehen.** Hierzu zählen neben **Verjährung** der OWi (Abs. 2 Nr. 1) nicht mehr zu beseitigende **Verfahrenshindernisse, entgegenstehende** weitere **Prozessvoraussetzungen**, wie dauernde Verhandlungsunfähigkeit usw. Der **Tod des Täters** bedeutet kein Verfahrenshindernis in diesem Sinne. Er verhindert eine Sachentscheidung über die OWi endgültig (*BGH* NJW 1983, 463; **a. A.** KK-*Mitsch* 8). Ein bereits eingeleitetes Verfahren ist ohne weiteres beendet (*BGH* NJW 1987, 661 m. Anm. *Bloy* JR 1987, 346 und *Kühl* NStZ 1987, 336). Das Verfahren ist einzustellen. Es handelt sich dabei nicht um ein tatsächliches Hindernis im Sinne des Abs. 1 (**a. A.** *RRH* 7), so dass die selbständige Anordnung der Einziehung unter den Voraussetzungen des Abs. 2 möglich ist.

Rechtliche Hindernisse im Sinne des Abs. 2 stellen ferner eine gesetzliche **7** **Amnestie** oder eine **Begnadigung** im Einzelfall, aber auch die dauernde **Verhandlungsunfähigkeit** des Täters dar, ferner das Fehlen der deutschen Entscheidungsbefugnis gegenüber **Exterritorialen** und nach dem **NATO-Truppenstatut**, nicht jedoch im Falle der **Immunität von Abgeordneten** (*Köln* NStZ 1987, 564), aber auch nicht, wenn gegen den Täter bereits eine Geldbuße festgesetzt, die Einziehung aber nicht ausgesprochen worden ist (ne bis in idem – KK-*Mitsch* 15). Allerdings wird eine Einziehung gegenüber einem anderen Verfahrensbeteiligten dadurch nicht gehindert (*BayObLGSt* 1956, 177). Weitere Verfolgungshindernisse sind die Amnestie und die andauernde Verhandlungsunfähigkeit der Betroffenen (KK-*Mitsch* 16; *Göhler/König* 6). Das rechtzeitige Bezahlen eines Verwarnungsgeldes schließt die Einziehung außer in den Fällen des § 22 Abs. 2 Nr. 2 aus (KK-*Mitsch* 16).

Nach Abs. 2 Satz 2 darf die selbständige Einziehung nicht angeordnet **8** werden, wenn die Verfolgung der OWi von einem **Antrag** oder einer **Ermächtigung** abhängig ist und Ermächtigung oder Antrag fehlen (vgl. etwa § 131 Abs. 2 i. V. m. §§ 122, 130 sowie die Nennung weiterer Beispiele zu § 131).

Nach Abs. 3 ist die selbständige Anordnung unter den Voraussetzungen **9** des Abs. 1 auch möglich, wenn die Verfolgungsbehörde nach § 47 von der Verfolgung der OWi absieht oder das Gericht das Verfahren nach dieser Vorschrift einstellt. Das **Absehen von der Verfolgung** kann auch stillschweigend durch die selbständige Einziehungsanordnung erfolgen (*Göhler* JR 1971, 386). Durch die Regelung wird verhindert, dass Ermessenseinstellungen nach § 47 deshalb scheitern, weil ihre Folge sonst die Unzulässigkeit der Einziehung wäre. Dies entspricht einem Bedürfnis der Praxis (*RRH* 12).

10 Die **Nichtverfolgbarkeit** ist Verfahrensvoraussetzung für das selbständige Einziehungsverfahren und muss daher von der zur Einziehung befugten Stelle in jedem Verfahrensstadium überprüft werden. Sie muss auch noch in der Rechtsbeschwerdeinstanz gegeben sein (*Hamburg* NJW 1971, 1001). Allerdings braucht die Nichtverfolgbarkeit nicht bis zur völligen Gewissheit festzustehen. Es genügt, dass die zur Entscheidung befugte Stelle von ihr überzeugt ist und sie feststellt (*RRH* 14).

11 Bei mehreren Tätern i. S. v. § 14 muss die Nichtverfolgbarkeit bei dem **Beteiligten** bestehen, gegen den sich die Anordnung der Einziehung richten würde (*BayObLGSt* 1957, 34; *Göhler/König* 9; *Bohnert* 9). Bei einer Einziehung nach den §§ 22 Abs. 2 Nr. 2, 23 reicht es für die selbständige Anordnung aus, dass gegen einen von mehreren Beteiligten das Verfahren nicht durchgeführt werden kann. Voraussetzung ist, dass der Tatbeitrag dieses Beteiligten die Einziehung rechtfertigt (*Göhler/König* 9).

12 Die Anordnung der selbständigen Einziehung gegen **Tatunbeteiligte** ist nur unter den Voraussetzungen der §§ 22 Abs. 2 Nr. 2, 23 zulässig, wenn gegen den Täter aus den Gründen des § 27 die Einziehung nicht möglich ist. Der Tatunbeteiligte ist am selbständigen Einziehungsverfahren zu beteiligen.

13 Auch im Falle der selbständigen Anordnung gilt § 24 Abs. 2 unter Verhältnismäßigkeitsgesichtspunkten als weniger einschneidende Maßnahme (*RRH* 17; *Göhler/König* 11).

§ 28 Entschädigung

(1) Stand das Eigentum an der Sache oder das eingezogene Recht zur Zeit der Rechtskraft der Entscheidung über die Einziehung einem Dritten zu oder war der Gegenstand mit dem Recht eines Dritten belastet, das durch die Entscheidung erloschen oder beeinträchtigt ist, so wird der Dritte unter Berücksichtigung des Verkehrswertes angemessen in Geld entschädigt. Die Entschädigungspflicht trifft den Staat oder die Körperschaft oder Anstalt des öffentlichen Rechts, auf die das Eigentum an der Sache oder das eingezogene Recht übergegangen ist.

Fünfter Abschnitt. Einziehung §28

(2) Eine Entschädigung wird nicht gewährt, wenn
1. der Dritte wenigstens leichtfertig dazu beigetragen hat, daß die Sache oder das Recht Mittel oder Gegenstand der Handlung oder ihrer Vorbereitung gewesen ist,
2. der Dritte den Gegenstand oder das Recht an dem Gegenstand in Kenntnis der Umstände, welche die Einziehung zulassen, in verwerflicher Weise erworben hat oder
3. es nach den Umständen, welche die Einziehung begründet haben, auf Grund von Rechtsvorschriften außerhalb des Ordnungswidrigkeitenrechts zulässig wäre, den Gegenstand dem Dritten ohne Entschädigung dauernd zu entziehen.

(3) In den Fällen des Absatzes 2 kann eine Entschädigung gewährt werden, soweit es eine unbillige Härte wäre, sie zu versagen.

Die Vorschrift regelt die **Entschädigung des tatunbeteiligten Dritten**, 1
dem der eingezogene Gegenstand zur Zeit der Rechtskraft der Entscheidung über die Einziehung gehört oder zugestanden hat oder der durch die Einziehung ein beschränkt dingliches Recht verloren oder beeinträchtigt erhalten hat. Sie entspricht inhaltlich § 74f StGB. Sie trägt der Eigentumsgarantie des Art. 14 GG Rechnung, indem sie akzeptiert, dass die Einziehung beim tatunbeteiligten Dritten als **Enteignung** wirkt und deshalb grundsätzlich zu entschädigen ist. Sie ist nicht Enteignung im eigentlichen Sinn, weil ihr die Zweckbestimmung zum Wohle der Allgemeinheit der Art. 14 Abs. 3 GG fehlt (*Julius* ZStW 109 [1997], 69; KK-*Mitsch* 1). Weil sie rechtmäßig ist, löst sie keine Schadensersatzansprüche gegen den Staat oder die für ihn Handelnden aus (KK-*Mitsch* 1).

Voraussetzung für einen Entschädigungsanspruch ist, dass ein **Dritter** 2
durch die Einziehung **betroffen** worden ist. Die Entschädigungspflicht erfasst über den Wortlaut der Vorschrift hinaus auch Maßnahmen, die nach § 24 Abs. 2 unter Einziehungsvorbehalt angeordnet und vollzogen worden sind, sofern sie einen **Vermögensschaden** bewirkt haben. Der **Täter ist nicht Dritter** in diesem Sinne (KK-*Mitsch* 5; Göhler/König 3). Er kann insbesondere nicht Entschädigung mit der Begründung verlangen, weniger einschneidende Maßnahmen als die Entziehung des Eigentums hätten ausgereicht (*BGH* NJW 1958, 1441).

3 Dem **vorwerfbar handelnden Dritten** steht eine Entschädigung ebenfalls nicht zu, wenn die Einziehung auf § 23 gestützt ist, weil in den Fällen dieser Einziehung zugleich die Ausschlussvoraussetzungen des Abs. 2 festgestellt sind. Es kommt daher nicht darauf an, ob dieser vorwerfbar handelnde Dritte eigentlich nicht Dritter im Sinne der Vorschrift ist.

4 Entschädigungsberechtigt ist einerseits der **Eigentümer der eingezogenen Sache** bzw. **Inhaber des eingezogenen Rechts** (KK-*Mitsch* 10). Der Entschädigungsanspruch besteht, wenn die Einziehung in Kenntnis der Drittberechtigung erfolgt ist. Er besteht ferner, wenn der Dritte den Gegenstand nach Erlass der Einziehungsanordnung erworben hat und sein Recht mit Eintritt der Rechtskraft der Einziehungsanordnung wieder verliert. Der Dritte kann aber auch Entschädigung beantragen, wenn er bereits im Augenblick des Erlasses einer gegen einen anderen gerichteten Einziehungsanordnung **Inhaber des Gegenstandes** war, die mit der Einziehung befasste Stelle also das Recht des Dritten verkannt hat, wobei es gleichgültig ist, ob der Dritte den Gegenstand nach der Tat von einem Beteiligten erworben hat oder ob er stets der Berechtigte gewesen ist (*RRH* 7).

5 Entschädigung kommt schließlich in Betracht, wenn dem Dritten an dem Einziehungsgegenstand ein **beschränkt dingliches Recht** zustand, sofern dieses durch die Entscheidung entweder erloschen oder beeinträchtigt ist. Ob das Recht des Dritten durch die Einziehung erlischt, richtet sich nach § 26 Abs. 2. Eine bei Fortbestand des Rechtes eintretende Beeinträchtigung in seiner Ausübung kann Entschädigungspflichten auslösen. Dies betrifft am ehesten die weniger einschneidenden Maßnahmen i. S. d. § 24 Abs. 2, die ebenfalls von Abs. 1 erfasst werden (KK-*Mitsch* 12). Die Einziehung des Wertersatzes nach § 25 löst keine Entschädigungspflicht aus. Sie trifft stets den Täter (KK-*Mitsch* 13).

6 Die **Entschädigungspflicht** trifft die in § 26 Abs. 1 genannte Stelle.

7 Die Entschädigung erfolgt unter Berücksichtigung des **Verkehrswertes des Sacheigentums** oder des **beeinträchtigten Rechts** in Geld. Bei Gegenständen ist der Verkehrswert der übliche Verkaufspreis für Gegenstände gleicher Art und Güte. Soweit dies angemessen ist, können die Umstände des Einzelfalles dazu berechtigen, die Entschädigung höher oder niedriger zu bemessen (*Göhler/König* 21). Bei der Entschädigung für das Erlöschen eines Rechts an dem Einziehungsgegenstand kommt es auf

Fünfter Abschnitt. Einziehung § 28

dessen wirtschaftlichen Wert an, wobei auch vorrangige Belastungen sowie der Wert des Einziehungsgegenstandes selbst zu berücksichtigen sind. Sichert das Recht **schuldrechtliche Forderungen** gegen den Einziehungsbetroffenen, so ist der Betrag der gesicherten Forderung maßgebend, wobei der **Verkehrswert der Sache** nicht überschritten werden darf. Hat das Sicherungsrecht hingegen wegen **Nachrangigkeit** nur einen begrenzten Wert, so kann auch nur dieser bei der Entschädigung berücksichtigt werden (KK-*Mitsch* 27).

Bei einem **Anwartschaftsrecht aus Vorbehaltserwerb** sind dem Dritten 8 nur seine bereits erbrachten Leistungen zu ersetzen (*RRH* 15). Hat das erloschene Recht die Nutzung des eingezogenen Gegenstands in einzelnen Beziehungen gewährt, so ist der Vermögenswert einer solchen Nutzung im Einzelfall festzustellen (KK-*Mitsch* 29), wobei als Berechnungsgrundlage möglicherweise Marktmieten für gleichartige Nutzungen herangezogen werden können. In keinem Fall ist das reine **Affektionsinteresse** oder ein **entgangener Gewinn** zu ersetzen.

Falls Maßnahmen nach § 24 Abs. 2 durchgeführt worden sind, so ist nur 9 der durch die Maßnahme verursachte **Nachteil** zu entschädigen. Dabei kommt es in erster Linie auf den Inhalt dieser Maßnahme an. Bei **Unbrauchbarmachung**, die einer Entziehung gleichkommt, ist der **Verkehrswert** abzüglich eines möglicherweise vorhandenen Restwertes zu entschädigen.

Abs. 2 nennt drei Fälle, bei deren nicht notwendigerweise kumulativem 10 Vorliegen eine **Entschädigung** nach § 28 Abs. 1 **entfällt**. Dabei muss dem Dritten das Vorliegen dieser Voraussetzungen nachgewiesen werden. Die Entschädigung kann also nur abgelehnt werden, wenn die zur Entscheidung berufene Stelle eine dieser Ausnahmen ausdrücklich feststellt. Bestehen Zweifel, ob ein Fall des § 28 Abs. 2 gegeben ist, so muss der Dritte entschädigt werden (*RRH* 18).

Die **Ausnahmen von der Entschädigungspflicht** nach Nr. 1 und Nr. 2 11 entsprechen denen des § 23. Nr. 2 kommt hier auch in Betracht, wenn der Dritte den Gegenstand oder das Recht an dem Gegenstand in Kenntnis der Einziehungsumstände von einem anderen als dem Täter erworben hat. Wird die Einziehung demnach auf § 23 gestützt, so scheidet eine Entschädigung des vorwerfbar handelnden Dritten von vornherein aus. Die Nrn. 1

und 2 kommen deshalb nur bei der Einziehung nach § 22 Abs. 2 Nr. 2 sowie bei einer Einziehung nach § 22 Abs. 2 Nr. 1 in dem Fall in Betracht, wenn sich nachträglich herausstellt, dass ein Dritter Eigentümer oder Rechtsinhaber gewesen ist, so dass die Einziehungsentscheidung auf einer fehlerhaften Beurteilung der einziehenden Stelle in dieser Frage beruht hat (*RRH* 20; *Göhler/König* 14).

12 Nach Abs. 2 Nr. 3 ist die **Entschädigung ausgeschlossen**, wenn es nach den Umständen, die die Einziehung begründet haben, aufgrund von Rechtsvorschriften außerhalb des OWi-Rechtes zulässig gewesen wäre, den Gegenstand dem Dritten ohne Entschädigung dauernd zu entziehen. Hierbei handelt es sich üblicherweise um polizeiliche Vorschriften, die die **Sicherstellung** von Gegenständen aus **Präventivgründen** zulassen. Der Anwendung der Nr. 3 in diesen Fällen steht nicht entgegen, dass nach solchen Vorschriften im Falle einer Verwertung der sichergestellten Sache der Erlös an den Berechtigten auszuzahlen ist (*BGH* NJW 1958, 1441), weil es sich insoweit nicht um Entschädigung für entzogenes Eigentum oder verlorene oder beeinträchtigte Rechte handelt. Der Ausschluss der Entschädigung nach Nr. 3 verstößt nicht gegen Art. 14 GG. Die zugrunde liegende polizeiliche Maßnahme ist keine Enteignung (KK-*Mitsch* 20).

13 Nach Abs. 3 kann auch in den Fällen des Abs. 2 eine Entschädigung nach **Billigkeitsgesichtspunkten** gewährt werden. Dazu muss die an sich gerechtfertigte Verweigerung der Entschädigung nach Abs. 2 eine **unbillige Härte** gegenüber dem Rechtsinhaber darstellen. Dies ist der Fall, wenn der entstandene Rechtsverlust in Abwägung der Bedeutung des Verhaltens des Dritten nach Abs. 2 Nr. 1 und 2 oder der Schwere des darauf bezogenen Vorwurfs unverhältnismäßig erscheint. Ein Grund für eine Billigkeitsentschädigung nach Abs. 3 kann ferner vorliegen, wenn entgegen den Vorschriften zu Abs. 2 Nr. 3 ein erzielbarer Erlös nicht erzielt worden ist.

14 Insgesamt kommt es darauf an, letztlich **ungerechte Ergebnisse** als Folge der Einziehungsentscheidung **auszugleichen.**

15 Für die streitige Entscheidung über die Entschädigung sind die **ordentlichen Gerichte** zuständig, weil es sich um Ansprüche aus Eingriffen handelt, die eine bürgerlich-rechtliche Wirkung haben. Über den Entschädigungsanspruch kann demnach regelmäßig nicht im Bußgeldverfahren entschieden werden, es sei denn, es wird negativ entschieden, weil bereits

Fünfter Abschnitt. Einziehung § 29

die Einziehung aufgrund von Umständen angeordnet wird, die einer Entschädigung des Einziehungsbeteiligten entgegenstehen. Halten andererseits Verwaltungsbehörde oder Gericht im Bußgeldverfahren bereits eine Billigkeitsentscheidung nach Abs. 3 für geboten, so entscheiden sie zugleich über deren Höhe (§ 436 Abs. 3 Satz 2 StPO – KK-*Mitsch* 32; *Wuttke* SchlHA 1968, 253).

§ 29 Sondervorschrift für Organe und Vertreter

(1) Hat jemand
1. **als vertretungsberechtigtes Organ einer juristischen Person oder als Mitglied eines solchen Organs,**
2. **als Vorstand eines nicht rechtsfähigen Vereins oder als Mitglied eines solchen Vorstandes,**
3. **als vertretungsberechtigter Gesellschafter einer rechtsfähigen Personengesellschaft,**
4. **als Generalbevollmächtigter oder in leitender Stellung als Prokurist oder Handlungsbevollmächtigter einer juristischen Person oder einer in Nr. 2 oder 3 genannten Personenvereinigung oder**
5. **als sonstige Person, die für die Leitung des Betriebs oder Unternehmens einer juristischen Person oder einer in Nr. 2 oder 3 genannten Personenvereinigung verantwortlich handelt, wozu auch die Überwachung der Geschäftsführung oder die sonstige Ausübung von Kontrollbefugnissen in leitender Stellung gehört,**

eine Handlung vorgenommen, die ihm gegenüber unter den übrigen Voraussetzungen der §§ 22 bis 25 und 28 die Einziehung eines Gegenstandes oder des Wertersatzes zulassen oder den Ausschluss der Entschädigung begründen würde, so wird seine Handlung bei Anwendung dieser Vorschriften dem Vertretenen zugerechnet.

(2) § 9 Abs. 3 gilt entsprechend.

Die Vorschrift ist durch das Zweite Gesetz zur Bekämpfung der Umweltkriminalität geändert und ergänzt worden. Sie dient der **Lückenschließung** und der **Verhinderung von Gesetzesumgehungen** (KK-*Mitsch* 1) und soll sonstigen Auslegungsschwierigkeiten begegnen (*Göhler/König* 1; *Achenbach*, Stree/Wessels-FS 545, 549). Ihre Funktion liegt darin, 1 die Anwendung der generell für Dritte geltenden komplizierten und eigentümerfreundlichen Regeln auszuschließen, in dem das Gesetz das Verhalten des Handelnden mit der Folge dem Vertretenen zurechnet, dass dieser wie ein Täter behandelt wird. Dies geschieht, anders als beim Verfall, mit Anknüpfung an die außerstrafrechtliche und an sich nicht mit der Tat zusammenhängende Beziehung zwischen Handelndem und Rechtsinhaber (*Achenbach*, S. 549). Weil in dem Handeln der genannten Personen zugleich das Handeln des Verbandes durch sie liegt, richtet das Gesetz bei den genannten Verbänden die Einziehung direkt gegen diese.

2   Die Vorschrift ist nur bei **juristischen Personen** und solchen **Personenvereinigungen** anzuwenden, die rechtlich weitgehend verselbständigt und damit der Rechtsform der juristischen Personen angenähert sind. Sie ist deshalb bei einer Gesellschaft des bürgerlichen Rechts, aber auch bei Vorliegen einer gesetzlichen Vertretung nicht anwendbar (*Göhler/König* 2).

3   Die Vorschrift **erweitert den Anwendungsbereich** der §§ 22 bis 25 und 28. Auf die Einziehung nach § 22 Abs. 2 Nr. 2, Abs. 3 findet sie keine Anwendung. Insoweit besteht kein Regelungsbedarf, weil die Einziehung nach dieser Vorschrift jedem tatunbeteiligten Gegenstandsinhaber gegenüber zulässig, also auch gegenüber den von § 29 Abs. 1 berücksichtigten Rechtssubjekten möglich ist (KK-*Mitsch* 2).

4   **Der Täter** darf nicht nur als Privatperson, sondern muss in einer der in Abs. 1 genannten Eigenschaften gehandelt haben. Er muss im Übrigen in seiner Person die Voraussetzungen der §§ 22 bis 25 und 28 erfüllt haben. Im Falle des § 22 Abs. 2 Nr. 1 muss der Täter als Organ eine Ordnungswidrigkeit, bei Vorliegen der Voraussetzungen des § 22 Abs. 2 Nr. 2 zumindest eine rechtswidrige, wenn auch nicht vorwerfbare Handlung begangen haben. Bei Billigkeitsentscheidungen nach § 28 Abs. 3 sind nicht die Verhältnisse beim Täter, sondern die der juristischen Person oder der Personenvereinigung zu berücksichtigen. Für die Ausschlussklausel in dieser Bestimmung kommt es hingegen auf das Verhalten des Vertreters an.

5   Im Hinblick auf die Person des Vertreters ist zu beurteilen, ob die Einziehung dem **Grundsatz der Verhältnismäßigkeit** des § 24 entspricht. Dabei ist aber auch zu berücksichtigen, in welcher Weise die Folgen der Ein-

Fünfter Abschnitt. Einziehung § 29

ziehung die Organisation treffen. Ergibt sich die Unverhältnismäßigkeit daraus, dass eine den Täter treffende Einziehung ihn wirtschaftlich ruinieren, die von ihm vertretene Organisation dagegen nicht nennenswert treffen wird, so sind die Verhältnisse der Organisation maßgeblich.

Juristische Personen im Sinne von **Abs. 1 Nr. 1** sind Organisationen, die 6 eine eigene Rechtspersönlichkeit haben. Sie können privatrechtlich oder öffentlich-rechtlich konstruiert sein. Juristische Personen des Privatrechts sind eingetragene Vereine, rechtsfähige Stiftungen, Aktiengesellschaften, Gesellschaften mit beschränkter Haftung und Genossenschaften. Juristische Personen des öffentlichen Rechts sind Körperschaften, selbständige Anstalten und Stiftungen. Voraussetzung ist jeweils, dass die juristische Person rechtlich wirksam entstanden ist.

Der nicht rechtsfähige Verein im Sinne von **Abs. 1 Nr. 2** hat Vereinsorga- 7 ne, tritt unter einem bestimmten Vereinsnamen auf und ist in seinem Bestand unabhängig vom Wechsel seiner Mitglieder (KK-*Mitsch* 8).

Die rechtsfähige Personenhandelsgesellschaft im Sinne von **Abs. 1 Nr. 3** 8 ist z. B. die offene Handelsgesellschaft und die Kommanditgesellschaft (§ 161 HGB). Diese Gesellschaften können selbst Inhaber der von einer Einziehung betroffenen Rechtsposition sein, weil ihnen Gegenstände gehören oder zustehen können. Die Gesellschaft des bürgerlichen Rechts ist keine Personenhandelsgesellschaft (KK-*Mitsch* 9). Dies gilt auch für eine Gesellschaft, die kein Handelsgewerbe betreibt, auch wenn sie wie eine offene Handelsgesellschaft organisiert ist. Wegen der abschließenden Aufzählung in Abs. 1 kommt eine entsprechende Anwendung der Einziehungsvorschriften auf eine solche Gesellschaft nicht in Betracht (KK-*Mitsch* 9).

Allen in Abs. 1 genannten Personen ist gemeinsam, dass sie **zur Vertre-** 9 **tung** dieser Vereinigung **berechtigt** sein müssen. Nur dann erscheint das Handeln des Vertreters als Handeln der Organisation, auch wenn es nicht die rechtliche Qualität eines Rechtsgeschäfts hat (KK-*Mitsch* 10). Die Verweisung auf § 9 Abs. 3 in Abs. 2 bewirkt die Übertragung der faktischen Betrachtungsweise auf die Rechtshandlungen, durch die die natürliche Person als Organ oder Organmitglied angesehen oder eher eine Vertretungsbefugnis verlieren wird (KK-*Mitsch* 11). Das bedeutet, dass die Zurechnung nach Abs. 1 davon abhängig ist, dass die Handlungen tatsächlich vorgenommen werden. Nichtbeachtung von Formvorschriften und andere Mängel, die ihrer rechtlichen Wirksamkeit entgegenstehen, schließen die Anwendbarkeit des Abs. 1 gleichwohl nicht aus.

10 Die betroffenen Organe und Vertreter sind in den Nrn. 1 bis 3 des Absatzes 1 aufgezählt. Nach **Abs. 1 Nr. 4** rechnet das Gesetz zu diesem Personenkreis auch Generalbevollmächtigte, Prokuristen und Handlungsbevollmächtigte einer juristischen Person oder einer der in Nr. 2 oder 3 genannten Personenvereinigungen. Durch die Einbeziehung dieser Personengruppe durch das 2. UKG in den Tatbeständen des § 29 Abs. 1 wurden die früher gegebenen Umgehungsmöglichkeiten der Unternehmen, Leitungsfunktionen auf Personen zu übertragen, die die formalen Positionen des Abs. 1 Nrn. 1 bis 3 nicht innehatten, abgeschafft.

11 Durch **Abs. 1 Nr. 5** ist eine erneute Erweiterung des Täterkreises erfolgt. Diese Regelung ist durch das Gesetz zur Ausführung des Zweiten Protokolls vom 19. 6. 1997 zum Übereinkommen über den Schutz der finanziellen Interessen der Europäischen Gemeinschaften usw. vom 22. 8. 2002 (BGBl. 2002 I, 3387) vorgenommen worden. Nunmehr ist sichergestellt, dass die juristische Person für bestimmte Taten verantwortlich gemacht werden kann, welche zu ihren Gunsten von einer Person begangen werden, die aufgrund einer Befugnis zur Vertretung der juristischen Person, einer Befugnis, Entscheidungen in deren Namen zu treffen und einer Kontrollbefugnis innerhalb der juristischen Person eine Führungsposition innehat. Damit ist eine erhebliche Ausweitung des Anwendungsbereichs der Vorschrift erreicht worden. Abs. 1 Nr. 5 enthält eine Generalklausel, der gegenüber die bisher genannten Fallkonstellationen nur noch die Eigenschaft bloßer Beispielsfälle aufweisen (*Achenbach*, wistra 2002, 441, 443). Einbezogen sind nunmehr z. B. auch mit der internen Finanzkontrolle oder Rechnungsprüfung betraute Personen, mit Leitungsbefugnissen ausgestattete Umweltbeauftragte, Mitglieder des Aufsichtsrats usw. (*Bohnert* 5).

12 Zuzurechnen ist nicht jede tatbestandsmäßige Handlung, die ein Organ oder Vertreter oder eine der in Nr. 5 genannten Personen ausführt. Handlungen müssen in engem inneren Zusammenhang mit dem Aufgaben- und Pflichtenkreis in einem funktionalen Zusammenhang stehen (KK-*Mitsch* 18). Ein Handeln „bei Gelegenheit" der Aufgabenwahrnehmung reicht nicht aus. Handeln ist nicht nur aktives Tun, sondern auch Unterlassen.

Die Einziehung des Wertersatzes ist zulässig, wenn eine der in Nrn. 1 **13** bis 5 genannten Personen mit dem Einziehungsgegenstand, der z. Z. der Tat der juristischen Person oder der Personenvereinigung gehört, in einer der in § 25 bezeichneten Weise verfahren ist. Dazu genügt auch die Verwertungshandlung eines tatunbeteiligten Organs oder eine einziehungsbegründende Handlung eines anderen Organs (*RRH* 7).

Entschädigungsansprüche der juristischen Person entfallen, wenn eine **14** der in Nrn. 1 bis 5 genannten Personen in der in § 28 Abs. 2 Nr. 1 oder Nr. 2 beschriebenen Weise gehandelt hat. Ist die juristische Person nicht Inhaberin des eingezogenen Gegenstands, sondern Inhaberin eines Drittrechts an dem Gegenstand, so hat das Handeln der in den Nrn. 1 bis 5 umschriebenen Personen zur Folge, dass gem. § 26 Abs. 2 Satz 3 das entschädigungslose Erlöschen des Drittrechts, angeordnet werden kann (*KK-Mitsch* 28). Im Verfahren ist die juristische Person, der nicht rechtsfähige Verein oder die Personengesellschaft Einziehungsbeteiligter im Sinne von §§ 431 ff. StPO.

Sechster Abschnitt
Verfall; Geldbuße gegen juristische Personen und Personenvereinigungen

§ 29a Verfall

(1) Hat der Täter für eine mit Geldbuße bedrohte Handlung oder aus ihr etwas erlangt und wird gegen ihn wegen der Handlung eine Geldbuße nicht festgesetzt, so kann gegen ihn der Verfall eines Geldbetrages bis zu der Höhe angeordnet werden, die dem Wert des Erlangten entspricht.

(2) Hat der Täter einer mit Geldbuße bedrohten Handlung für einen anderen gehandelt und hat dieser dadurch etwas erlangt, so kann gegen ihn der Verfall eines Geldbetrages bis zu der in Abs. 1 bezeichneten Höhe angeordnet werden.

(3) Der Umfang des Erlangten und dessen Wert können geschätzt werden. § 18 gilt entsprechend.

§ 29a

(4) Wird gegen den Täter ein Bußgeldverfahren nicht eingeleitet oder wird es eingestellt, so kann der Verfall selbständig angeordnet werden.

Schrifttum: *Achenbach*, Ausweitung des Zugriffs bei den ahndenden Sanktionen gegen die Unternehmensdelinquenz, wistra 2002, 441; *ders.*, Diskrepanzen im Recht der ahndenden Sanktionen gegen Unternehmen, *Stree/Wessels*-FS 1993, 545 ff., *Brenner*, Gewinnabschöpfung, Das unbekannte Wesen im Ordnungswidrigkeitenrecht, NStZ 1998, 557; *Drathjer*, Die Abschöpfung rechtswidrig erlangter Vorteile im Ordnungswidrigkeitengesetz, 1997; *Hantke*, Die Verschärfung des Außenwirtschaftsrechts, NJW 1992, 2123; *Hoyer*, Die Rechtsnatur des Verfalls angesichts des neuen Verfallsrechts, GA 1993, 406; *Julius*, Einziehung, Verfall und Art. 14 GG, ZStW 109 [1997], 58; *Wolters*, Die Neufassung der strafrechtlichen Verfallsvorschrift, 1995

1 Die Vorschrift wurde durch das **2. WiKG** vom 15. 5. 1986 (BGBl. 1986 I S. 7219) eingeführt und durch Art. 5 des Gesetzes zur Änderung des Außenwirtschaftsgesetzes, des Strafgesetzbuches und anderer Gesetze vom 28. 2. 1992 (BGBl. 1992 I S. 375) den Änderungen der §§ 73, 73b StGB, die durch Art. 3 dieses Gesetzes vorgenommen wurden, angepasst und vom bis dahin geltenden Nettoprinzip auf das Bruttoprinzip umgestellt. Die Überschrift des Sechsten Abschnitts in der jetzigen Fassung beruht auf Art. 5 OrgKG vom 15. 7. 1992 (BGBl. 1992 I S. 1310).

2 Die Vorschrift bezweckt, **Vermögensvorteile abzuschöpfen**, die durch eine mit Geldbuße bedrohte Handlung erlangt sind, soweit dies nicht mit der Festsetzung einer Geldbuße bereits geschehen ist (*Göhler/König* 1). Insoweit wirkt der Verfall subsidiär und schließt Lücken, die verbleiben können, sofern nur eine Geldbuße verhängt wird (KK-*Mitsch* 2). Soweit die Geldbuße als Mittel der Gewinnabschöpfung anwendbar ist (§ 17 Abs. 4) ist § 29a nicht anwendbar.

3 Eine der **Gewinnabschöpfung ähnliche Funktion** hat auch die Einziehung. Verfall und Einziehung sowie Einziehung des Wertersatzes können daher miteinander konkurrieren (KK-*Mitsch* 4). Dabei können unter den Voraussetzungen des § 27 auch die Einziehung sowie die Einziehung des Wertersatzes ohne Festsetzung einer Geldbuße angeordnet werden. Bezieht sich andererseits die maßgebliche Einziehungsvorschrift auf Gegenstände, die aus einer Ordnungswidrigkeit erlangt sind, so sind Gegenstand von Verfall und Einziehung im konkreten Fall identisch. Die kumulative

Sechster Abschnitt. Verfall und Geldbuße § 29a

Anordnung von Einziehung und Verfall kann eine unverhältnismäßige Doppelbelastung des Betroffenen sein, sofern er neben dem Eigentums- oder Rechtsverlust nach § 26 Abs. 1 zusätzlich mit einer Geldzahlungspflicht belastet wird.

Verfall ist eine **Nebenfolge** der Ordnungswidrigkeit (KK-*Mitsch* 5; *RRH* 4). Die Anwendung der Vorschriften über das Strafverfahren folgt aus § 46, nicht aus der Bezeichnung des Instituts als Verfall. Dazu zählen insbesondere die Vorschriften über die Arrestanordnung zur Sicherung des Verfalls (§ 100d Abs. 1, Abs. 2 StPO), Verfahrensvorschriften nach den §§ 431 ff. StPO, soweit sie anwendbar sind, sowie die Vorschriften über die den Nebenbeteiligten betreffenden Verfahrenskosten, wie etwa §§ 467a Abs. 2, 472b StPO. § 206a StPO gilt auch im OWi-Verfahren (*Hamburg* OLGSt 1). § 99 Abs. 2 enthält eine zusätzliche Regelung für den Fall, dass rechtskräftige Verurteilungen zur Ersatzleistung an Dritte nach rechtskräftiger Anordnung des Verfalls vorgelegt werden. Im Übrigen ergänzt die Vorschrift § 87 (*Hamburg* OLGSt 1).   4

Der **Anwendungsbereich** der Vorschrift liegt insbesondere bei Tatbeständen des Wirtschaftsrechts im weiteren Sinne, ferner bei Verstößen gegen arbeitsrechtliche Vorschriften. Aus systematischen Gründen kommt Verfall nur in bedeutsameren Fällen in Betracht. Es müssen beträchtliche Vermögensvorteile erzielt sein, deren Abschöpfung zur Wahrung der Rechtsordnung geboten erscheint (*Göhler/König* 2).   5

Nach **Abs. 1** kann gegen den Täter der Verfall angeordnet werden, sofern er für eine mit Geldbuße bedrohte Handlung oder aus ihr etwas erlangt hat und gegen ihn wegen der Handlung eine Geldbuße nicht festgesetzt worden ist. Der Verfall des Geldbetrages darf nur bis zu der Höhe angeordnet werden, die dem des Erlangten entspricht.   6

Adressat des Abs. 1 ist demnach in erster Linie der unmittelbar die Tatbestandsmerkmale der Bußgeldvorschrift verwirklichende Täter (KK-*Mitsch* 16). Gemeint sind aber auch Beteiligte, die gem. § 14 Abs. 1 dem Täter gleichgestellt sind. Ist ein Beteiligter demnach Anstifter, Gehilfe oder Mittäter, so kann die Anordnung des Verfalls gleichwohl auf Abs. 1 gestützt werden. Abs. 2 betrifft diesen Fall nicht.   7

Eine **tatbestandsergänzende Verbindung** zwischen Abs. 1 und § 29 besteht nicht. Demnach wird im Recht des Verfalls die juristische Person   8 oder Personenvereinigung nicht durch Identifikation mit ihrem Vertreter bzw. Organ dem Täter gleichgestellt. Eine juristische Person wird demnach auch nicht als Täter im Sinne des Abs. 1 behandelt, wenn sie einen Vorteil aus einer Tat erlangt hat, die von ihrem Organ oder Vertreter begangen worden ist. Hierbei handelt es sich um Fälle des Abs. 2 (*Hamburg* wistra 1997, 72).

9 Ein **möglicher Rechtsnachfolger** des Täters rückt nicht in dessen verfallsrechtliche Stellung ein (KK-*Mitsch* 19). Dies gilt auch für seine Erben, es sei denn, dass der Verfall gegen den Täter im Zeitpunkt seines Todes bereits rechtskräftig angeordnet war. In diesem Fall kann er gegen den Erben vollstreckt werden. Der Tod des Betroffenen begründet gem. § 101 nur bezüglich der Geldbuße ein nachlassschonendes Vollstreckungshindernis. Der Anwendung des Abs. 1 steht nicht entgegen, dass der Täter noch Jugendlicher ist. § 76 Satz 1 JGG setzt die Möglichkeit der Anordnung des Verfalls ausdrücklich voraus. Jedoch kann die Umstellung auf das Bruttoprinzip mit **jugendstrafrechtlichen Grundsätzen**, wie etwa dem Erziehungsprinzip kollidieren. Von einer stillschweigenden Übertragung der Einführung des Bruttoprinzips auch in das Jugendstrafrecht kann nicht ausgegangen werden (KK-*Mitsch* 20). Das bedeutet, dass gegen den Verfall eines Geldbetrages keine Bedenken bestehen, sofern der Jugendliche durch die Tat Geld erlangt hat und dieses auch noch in seinem Vermögen vorhanden ist. Soll er zur Erfüllung der aus dem Verfall resultierenden Zahlungspflicht jedoch Teile seines Vermögens opfern, das mit der Tat nichts zu tun hat, ist die Anordnung von Verfall und ebenso der Wertersatzeinziehung unzulässig. In diesem Falle würde sich der Verfall von der reinen Vorteilsneutralisierung zu einer Art Geldstrafe verändern, die das JGG nicht vorsieht.

10 Voraussetzung der Anordnung des Verfalls ist ferner, dass gegen den Täter wegen der mit Geldbuße bedrohten Handlung **eine Geldbuße nicht festgesetzt** war. Gleichgültig ist, aus welchen Gründen die Festsetzung der Geldbuße unterblieben ist (KK-*Mitsch* 26; *RRH* 13). Dies ist zumeist bei sicherem oder nicht ausschließbarem Fehlen der Vorwerfbarkeit der Fall. Fehlt hingegen eine objektive Ahndbarkeitsbedingung so liegt keine mit Geldbuße bedrohte Handlung vor (*Drathjer* S. 54). Wird hingegen auf die Festsetzung einer Geldbuße gemäß § 74 verzichtet, ohne dass damit zugleich auch die Anordnung sonstiger Deliktsfolgen angesprochen wird, so bleibt die Anordnung des Verfalls nach Abs. 1 möglich (KK-*Mitsch* 26).

Auf der anderen Seite muss zumindest der **objektive Tatbestand** einer Bußgeldnorm vorliegen. Rechtfertigungsgründe dürfen nicht gegeben sein. In Fällen, in denen nur vorsätzliches Handeln mit Geldbuße bedroht ist, muss für die Annahme einer mit Geldbuße bedrohten Handlung zumindest natürlicher Vorsatz vorliegen; sonst reicht fahrlässige Begehung. Ein Tatbestandsirrtum steht entgegen, nicht jedoch ein unvermeidbarer Verbotsirrtum. Setzt die Ahndung der tatbestandsmäßigen Handlung eine Bedingung der Ahndung voraus, so muss deren Eintritt auch für den Verfall festgestellt sein.

Das **Erlangte** im Sinne von **Abs. 1** ist nicht nur ein in Geld ausgedrückter Vermögensvorteil, sondern jedweder materieller Wert. Diese Formulierung wurde 1992 durch das in Rn. 1 genannte Gesetz eingeführt. Sie hat das frühere Merkmal „Vermögensvorteil" ersetzt. Zum Erlangten zählen bewegliche Sachen aller Art, Grundstücke, obligatorische oder dingliche Rechte, Nutzungen, wie etwa aus der Überlassung eines Fahrzeugs oder einer Wohnung zu unentgeltlichem Gebrauch, rechnerisch erfassbare Einsparungen von Aufwendungen, soweit ihnen ein wirtschaftlicher Wert zukommt. Die Sittenwidrigkeit des zugrunde liegenden Rechtsgeschäfts ist gleichgültig. Auch illegale Gewinne sind in diesem Sinne erlangt. Hat das Erlangte bei objektiv geringerem Wert für den Täter ein hohes Affektionsinteresse, so ist nicht der objektive Wert zugrunde zu legen, weil es auf die Abschöpfung des Bruttogewinns für den Täter ankommt.

Die **weite Fassung** der Vorschrift ändert aber nichts daran, dass es in erster Linie um den Verfall von in Geldbeträgen messbaren wirtschaftlichen Werten geht (*BGH* NJW 1994, 1357).

Nicht abzusetzen sind Aufwendungen, die der Täter selbst erbracht hat, um die verfallenden Vermögenswerte zu erlangen. Dies ist eine notwendige Folge des Bruttoprinzips. Im Zusammenhang mit der Erlangung des Verfallsgegenstands gezahlte oder geschuldete Steuern sind nicht zu berücksichtigen (*BGH* wistra 2001, 388). Keine Bedeutung haben auch hypothetische Gewinne, die bei einem rechtmäßigen Handeln erzielt worden wären (*Göhler/König* 4a).

15 Der Gegenstand ist **erlangt**, wenn er dem Täter so zur tatsächlichen Verfügung steht, dass er ihn wirtschaftlich vorteilhaft nutzen kann (KK-*Mitsch* 30; *RRH* 9). Eine rechtlich wirksame Inhaberposition ist nicht erforderlich. Auf der anderen Seite reicht eine bloße Erwerbsaussicht nicht aus, es sei denn, sie wirkt sich bereits werterhöhend im Vermögen des zukünftig Erwerbenden aus.

16 Der **Vermögensvorteil** muss für die Handlung oder aus ihr erlangt sein. Zwischen der Tat und dem Erwerb muss also ein unmittelbarer Zusammenhang bestehen. Vermögensvorteile, die erst nachträglich mit Hilfe des ursprünglich Erlangten erzielt worden sind, sind nicht mehr für die Handlung oder aus ihr erworben. Sie unterliegen demnach nicht dem Verfall. Dies gilt ebenso für Ersatzgegenstände oder sonstige Surrogate. Im Einzelnen gilt: „für" die Tat erlangt ist ein Gegenstand, der die Funktion eines Tatentgeltes hat (*Drathjer* S. 91; KK-*Mitsch* 31). Vermögensvorteile „aus" der Tat sind alle Werte, die dem Täter unmittelbar aufgrund der Tatbegehung zufließen.

17 Nach **Abs. 2** kann gegen den Täter der Verfall bis zu der in Abs. 1 bezeichneten Höhe angeordnet werden, sofern er bei der Begehung einer mit Geldbuße bedrohten Handlung für einen anderen gehandelt hat und dieser dadurch etwas erlangt hat. Ratio legis dieser Vorschrift ist, die Umgehungsmöglichkeiten durch Handeln für einen anderen zu verringern. Erforderlich ist aber, dass der Täter gleichwohl auch selbst mittelbar an dem Vorteil für den Dritten partizipiert oder aus sonstigen Gründen ein eigenes Interesse an der Bereicherung des Dritten hat (KK-*Mitsch* 32). Die Rechtsprechung (*BGHSt* 45, 235, 245) unterscheidet als wichtigste Fallgruppen Vertretungsfälle im weiteren Sinn, Verschiebungsfälle und Erfüllungsfälle. Sie rechnet zu den Vertretungsfällen das Handeln als Organ, Vertreter oder Beauftragter wie sonstige Handlungen von Angehörigen einer Organisation, die im Organisationsinteresse tätig werden. Das können bei betrieblichen Organisationen Angestellte sein, bei kriminell handelnden Organisationen aber auch diejenigen Personen, die nicht selbst Tatbeteiligte sind. Fließt in einem Vertretungsfall dem Dritten der Vorteil zu, so hat der Täter oder Teilnehmer unmittelbar für den Dritten gehandelt und dieser dadurch einen Vorteil erlangt. Damit hat der Handelnde zumindest faktisch auch in dessen Interesse gehandelt. Der **Bereicherungszusammenhang** ist dabei durch das betriebliche Zurechnungsverhältnis gegeben.

Verschiebungsfälle sind Fälle, bei denen der Täter dem Dritten die Tatvorteile unentgeltlich oder aufgrund eines jedenfalls bemakelten Rechtsgeschäftes zukommen lässt, um sie dem Zugriff von Gläubigern zu entziehen oder die Tat sonst zu verschleiern. Erfüllungsfälle liegen vor, wenn der Täter oder Teilnehmer einem gutgläubigen Dritten Tatvorteile zuwendet und zwar in Erfüllung einer nicht bemakelten entgeltlichen Forderung, deren Entstehung und Inhalt in keinem Zusammenhang mit der Tat stehen. Hier handeln Täter oder Teilnehmer bei der Tatbegehung im Interesse des Dritten, nämlich seines Gläubigers. Die Tat wird begangen, weil der Täter in finanziellen Schwierigkeiten ist und von seinen Gläubigern bedrängt wird. **18**

Beim **Erfüllungsfall** ist Unmittelbarkeit im Sinne von dazwischengeschalteten Rechtsgeschäften entscheidend. Hat der Dritte die Tatbeute oder deren Wertersatz aufgrund eines mit dem Täter oder Teilnehmer geschlossenen entgeltlichen an sich nicht bemakelten Rechtsgeschäfts erlangt, so hat der Dritte den Vorteil nicht „durch die Tat" erlangt. Eine andere Auffassung würde mit den Bereicherungsvorschriften des BGB kollidieren. Sämtliche ganz oder teilweise auf diese Weise befriedigten Gläubiger des Täters oder Teilnehmers müssten als Verfallsbeteiligte ermittelt und am Verfahren beteiligt werden. Wahlverteidiger mit einer nicht bemakelten Honorarvereinbarung wären der Gefahr ausgesetzt, zum Verfallsbeteiligten zu werden (*BGHSt* 45, 248). Im Ergebnis ist daher bei den so genannten Erfüllungsfällen im Regelfall der Durchgriff nicht zulässig. **19**

Anderer im Sinne des Abs. 1 kann nur sein, wer nicht selbst Beteiligter an der mit Geldbuße bedrohten Handlung im Sinne von § 14 ist. Adressaten des Verfalls könnten natürliche Personen sowie juristische Personen oder Personenvereinigungen sein, darunter auch juristische Personen des öffentlichen Rechts (*Göhler/König* 7a; *Drathjer* S. 127). Dies gilt auch für die Außengesellschaft des bürgerlichen Rechts (*BGH* NJW 2001, 1056 m. Anm. *Schmidt* NJW 2001, 993). **20**

Die **Höhe des Verfalls** richtet sich nach dem Wert des Erlangten. Dieser Wert bildet die Obergrenze. Allerdings kann der konkret angeordnete Verfall auch unter dieser Grenze bleiben. Maßgeblicher Zeitpunkt für die Bestimmung des Gegenstandswertes ist der Zeitpunkt der Erlangung. Eine danach eingetretene Wertsteigerung bis zur Entscheidung ist aber zu berücksichtigen. Ist im Zeitpunkt der Entscheidung der Wert wieder gesun- **21** ken, so entspricht das Erlangte diesem geringeren Wert (**a. A.** KK-*Mitsch* 42). Ist hingegen erkennbar, dass eine zwischenzeitliche Steigerung dem Begünstigten zu Gute gekommen ist, hat er also auf irgendeine Weise eine Wertsteigerung für sich realisieren können, bleibt sie zu berücksichtigen.

22 Nach **Abs. 3** können der Umfang des Erlangten und dessen Wert geschätzt werden. Zahlungserleichterungen nach § 18 können gewährt werden. Schätzt das Gericht, so müssen die die Schätzung tragenden Grundlagen dargelegt werden, da die gerichtliche Entscheidung sonst einer Prüfung durch das Rechtsbeschwerdegericht entzogen ist (KK-*Mitsch* 47). Kann hingegen der Betrag eines berücksichtigungsfähigen Faktors ohne Schwierigkeiten exakt festgestellt werden, so ist die Schätzung unzulässig (KK-*Mitsch* 47; *RRH* 17).

23 **Abs. 4** ermöglicht die Durchführung eines selbständigen Verfahrens für die Verfallsanordnung, sofern gegen den Täter ein Bußgeldverfahren nicht eingeleitet oder es eingestellt wird. Ebenso kann unter diesen Voraussetzungen der Verfall gegen einen anderen angeordnet werden, der dann jedoch zu beteiligen ist (§ 442 StPO). Ist die OWi verjährt, so ist die Anordnung des Verfalls ausgeschlossen (§ 31 Abs. 1). Wird jedoch vor Ablauf der Verjährungsfrist ein selbständiges Verfahren durchgeführt, so ist die Verjährung zur Durchführung des selbständigen Verfahrens unterbrochen. Ist im Bußgeldverfahren von der Verwaltungsbehörde oder vom Gericht eine Sachentscheidung über die Tat getroffen worden, so scheidet die nachträgliche Anordnung des Verfalls aus. Wird gegen den Täter eine Geldbuße festgesetzt und hat nur er aus der oder für die Tat etwas erlangt, so kommt eine Verfallsanordnung wegen § 17 Abs. 4 nicht in Betracht. Kann in diesem Fall gegen den Täter mangels Vorwerfbarkeit eine Geldbuße nicht festgesetzt werden, so ist im gerichtlichen Verfahren eine Verfallsanordnung neben dem Freispruch möglich (KK-*Mitsch* 48).

Sechster Abschnitt. Verfall und Geldbuße § 30

§ 30 Geldbuße gegen juristische Personen und Personenvereinigungen

(1) Hat jemand
1. als vertretungsberechtigtes Organ einer juristischen Person oder als Mitglied eines solchen Organs,
2. als Vorstand eines nicht rechtsfähigen Vereins oder als Mitglied eines solchen Vorstandes,
3. als vertretungsberechtigter Gesellschafter einer rechtsfähigen Personengesellschaft,
4. als Generalbevollmächtigter oder in leitender Stellung als Prokurist oder Handlungsbevollmächtigter einer juristischen Person oder einer in Nr. 2 oder 3 genannten Personenvereinigung oder
5. als sonstige Person, die für die Leitung des Betriebs oder Unternehmens einer juristischen Person oder einer in Nr. 2 oder 3 genannten Personenvereinigung verantwortlich handelt, wozu auch die Überwachung der Geschäftsführung oder die sonstige Ausübung von Kontrollbefugnissen in leitender Stellung gehört,

eine Straftat oder Ordnungswidrigkeit begangen, durch die Pflichten, welche die juristische Person oder die Personenvereinigung treffen, verletzt worden sind oder die juristische Person oder die Personenvereinigung bereichert worden ist oder werden sollte, so kann gegen diese eine Geldbuße festgesetzt werden.

(2) Die Geldbuße beträgt
1. im Falle einer vorsätzlichen Straftat bis zu einer Million Euro,
2. im Falle einer fahrlässigen Straftat bis zu fünfhunderttausend Euro.

Im Falle einer Ordnungswidrigkeit bestimmt sich das Höchstmaß der Geldbuße nach dem für die Ordnungswidrigkeit angedrohten Höchstmaß der Geldbuße. Satz 2 gilt auch im Falle einer Tat, die gleichzeitig Straftat und Ordnungswidrigkeit ist, wenn das für die Ordnungswidrigkeit angedrohte Höchstmaß der Geldbuße das Höchstmaß nach Satz 1 übersteigt.

(3) § 17 Abs. 4 und § 18 gelten entsprechend.

(4) Wird wegen der Straftat oder Ordnungswidrigkeit ein Straf- oder Bußgeldverfahren nicht eingeleitet oder wird es eingestellt oder

wird von Strafe abgesehen, so kann die Geldbuße selbständig festgesetzt werden. Durch Gesetz kann bestimmt werden, dass die Geldbuße auch in weiteren Fällen selbständig festgesetzt werden kann. Die selbständige Festsetzung einer Geldbuße gegen die juristische Person oder Personenvereinigung ist jedoch ausgeschlossen, wenn die Straftat oder Ordnungswidrigkeit aus rechtlichen Gründen nicht verfolgt werden kann; § 33 Abs. 1 Satz 2 bleibt unberührt.

(5) Die Festsetzung einer Geldbuße gegen die juristische Person oder Personenvereinigung schließt es aus, gegen sie wegen derselben Tat den Verfall nach den §§ 73 oder 73a des Strafgesetzbuches oder nach § 29a anzuordnen.

Neueres Schrifttum: *Achenbach*, Diskrepanzen im Recht der ahndenden Sanktionen gegen Unternehmen, Stree/Wessels-FS, 1993, S. 545; *ders.*, Pönalisierung von Ausschreibungsabsprachen und Verselbständigung der Unternehmensgeldbuße 1997, WuW 1997, 393; *ders.*, Die Verselbständigung der Unternehmensgeldbuße bei strafbaren Submissionsabsprachen – ein Papiertiger?, wistra 1998, 168; *Alwart*, Strafrechtliche Haftung des Unternehmens – vom Unternehmensstäter zum Täterunternehmen, ZStW 105 (1993), 752; *Bottke*, Standortvorteil Wirtschaftskriminalität – Müssen Unternehmen strafmündig werden?, wistra 1997, 241; *Drathjer*, Die Abschöpfung rechtswidrig erlangter Vorteile im Ordnungswidrigkeitengesetz 1997, *Hirsch*, Die Frage der Straffähigkeit von Personenverbänden, 1993; *ders.*, Strafrechtliche Verantwortlichkeit von Unternehmen, ZStW 107 (1995), 285; *Ransiek*, Unternehmenstrafrecht, 1996; *Többens*, Die Bekämpfung der Wirtschaftskriminalität durch die Troika der §§ 9, 130 und 30 des Gesetzes über Ordnungswidrigkeiten, NStZ 1999, 1; *Volk*, Zur Bestrafung von Unternehmen, JZ 1993, 429; *Wegner*, Strafrecht für Verbände? Es wird kommen!, ZRP 1999, 186 (vgl. ferner die Schrifttumshinweise bei KK-*Rogall*)

Übersicht

	Rn		Rn
I. Entstehung, Allgemeines	1–11	V. Festsetzung und Höhe der	
II. Normadressaten	12–24	Geldbuße	61–72
III. Betroffener Personenkreis	25–42	VI. Weitere Verfahrensfragen	73–83
IV. Anknüpfungstaten	43–60		

Sechster Abschnitt. Verfall und Geldbuße **§ 30**

I. Entstehung, Allgemeines

Die Vorschrift regelt einheitlich und abschließend das **Sanktionsrecht** gegen juristische Personen (JP) und Personenvereinigungen (PV). Geldbußen gegen JP und PV konnten auch vor Inkrafttreten des § 30 verhängt werden. Die Rechtsgrundlagen dafür fanden sich in zahlreichen Vorschriften des Bundes- und Landesrechts, die durch das EGOWiG aufgehoben worden sind. Ebenfalls aufgehoben worden sind die früheren, allerdings seltenen (*RRH* 1), Vorschriften über Geldstrafe gegen JP und PV wie etwa in § 393 AO a. F. und Art. 5 Nr. 7 des Gesetzes der Alliierten hohen Kommission oder über die Mithaftung von JP und PV für Geldstrafen oder Geldbußen und Kosten wie etwa in § 416 AO a. F. Das EGStGB hat ferner die besonderen Vorschriften über die Festsetzung einer Ordnungsstrafe gegen JP und nicht rechtsfähige Vereine (§§ 775 Abs. 3, 834 Abs. 2 RVO a. F.) anlässlich der Umwandlung der Ordnungsstrafvorschriften der RVO in OWi beseitigt. Die Vorschrift gilt im Übrigen auch für die Fälle, in denen der Geschäftsführer einer Bank oder eines Kreditinstituts, der nicht nach Gesetz, Satzung oder Gesellschaftsvertrag zur Vertretung der Bank berufen ist, eine Straftat oder OWi begeht (§ 39 HypBKG; § 59 KWG; § 40 SchiffsBG). 1

Dem entsprechend hat die Einführung des § 30 vor allem der **Rechtsvereinheitlichung** gedient, aber auch die grundsätzliche Frage geklärt, ob im Rahmen von Sanktionen gegen JP und PV Kriminalstrafen möglich sein sollen. Dem mit Verfassungsrang ausgestatteten Schuldstrafrecht folgend, hat sich der Gesetzgeber bislang stets gegen diese Möglichkeit entschieden. So ist die Einführung einer Kriminalstrafe gegen JP und PV vom Sonderausschuss für die Strafrechtsreform des Deutschen Bundestages mit großer Mehrheit abgelehnt worden (4. Wahlperiode, Protokolle S. 397 ff., 419 ff.; 5. Wahlperiode, Protokolle S. 1079 ff.). Er ist damit der Großen Strafrechtskommission gefolgt, die ihrerseits die Einführung einer Kriminalstrafe gegen JP und PV abgelehnt hat. Entscheidender Gesichtspunkt war die Überzeugung, dass durchaus gewollte Sanktionszwecke bereits mit Hilfe der Geldbuße in genügendem Maße erreicht werden könnten. Im Übrigen sei die Verhängung einer Kriminalstrafe mit dem Schuldstrafrecht, das eine sozialethische Vorwerfbarkeit voraussetzt, nicht vereinbar, denn der JP als solcher könne gerade kein sozialethischer Vorwurf gemacht werden. Aus diesem Grunde sei, wie es § 30 jetzt auch vorsieht, statt einer Kriminalstrafe die „wertfreie" Sanktion der Geldbuße 2 angebracht (KK-*Rogall* 23; *Göhler/König*, vor § 29a Rn. 7). Auch jetzt ist die Entscheidung für die Einführung einer Verbandsstrafe in Deutschland nicht gefallen. Auch die durch das BMJ eingesetzte Kommission zur Reform des strafrechtlichen Sanktionensystems hat die Verbandsstrafe in ihrem im März 2000 vorgelegten Abschlussbericht nahezu einstimmig abgelehnt und dafür gute Gründe angeführt (*Göhler/König*, vor § 29a Rn. 17a).

3   Für Rechtsordnungen, in denen die Verhängung von Strafe nicht in erster Linie von der sozialethischen Vorwerfbarkeit des inkriminierten Handelns ausgeht, wie etwa dem angelsächsischen Rechtskreis, ist das **Körperschaftsdelikt** anerkannt, wobei die amerikanische Praxis noch weitergeht, als das englische Recht und die Möglichkeit der Begehung sogar strafbaren Diebstahls oder Betrugs für möglich hält. Maßgeblich für diese Überlegungen ist, dass die Strafrechtspflege des englischen Rechtskreises in erster Linie von praktischen Überlegungen bezüglich der öffentlichen Sicherheit, Ordnung und Wohlfahrt bestimmt ist (*Jescheck* ZStW 1965, 210). Zunehmend erkennbare Bemühungen des deutschen Gesetzgebers, bislang als OWi eingestufte Handlungen dem Kriminalunrecht zuzuordnen und damit auch der Verfolgbarkeit nach § 30 zu entziehen erscheinen letztlich kontraproduktiv und müssen überdacht werden (*Lemke* NJ 1996, 632 ff.). Vielmehr erscheint der Ausbau der Verbandsgeldbuße, wie er etwa durch Einführung des § 30 Abs. 1 Nr. 5 vorgenommen worden ist, als richtiger Weg.

4   Welche **Sanktionen** gegen JP und PV verhängt werden können, ist in § 30 einheitlich und abschließend geregelt. Andere Maßnahmen, die sich speziell gegen eine JP oder PV richten, wie etwa die Untersagung bestimmter Tätigkeiten, Betriebsschließungen usw., kennt das deutsche OWi-Recht nicht. Hiermit nicht zu vergleichen sind im Zivilrecht oder im Wirtschaftsverwaltungsrecht gegebene Handlungsmöglichkeiten, mit denen missbräuchlichem Verhalten von Verbänden entgegengewirkt werden kann.

5   Die **europäische Rechtsentwicklung** weist hingegen deutlich in Richtung der Einführung eines Unternehmensstrafrechts, das auf der Ebene der Mitgliedsstaaten der Union einheitlichen Grundsätzen folgt. So hat das Ministerkomitee des Europarates bereits am 20. 10. 1988 eine Empfehlung an die Mitgliedsstaaten der EU gerichtet, die die strafrechtliche

Sechster Abschnitt. Verfall und Geldbuße § 30

Verantwortlichkeit von Unternehmen mit Rechtspersönlichkeit für Delikte betrifft, die in Ausübung ihrer Tätigkeiten begangen wurden. In dieser Empfehlung werden Grundsätze einer Unternehmensverantwortlichkeit aufgestellt und mit einem Sanktionskatalog verbunden, der auch die Betriebsschließung sowie die Überwachung des Unternehmens umfasst (KK-*Rogall* 251). Weitere EU-Rechtsakte (hierzu *Korte* NJW 1998, 1465; *Wegner* ZRP 1999, 189; KK-*Rogall* 251 f.; *Göhler/König* vor § 29a Rn. 16 f.) waren bislang nicht zur Einführung strafrechtlicher Sanktionen gegen Verbände verpflichtet. Die bisher einzige von einer europäischen Expertengruppe erarbeitete Kodifikation (*Delmas-Marty*, Corpus Juris der strafrechtlichen Regelungen zum Schutz der finanziellen Interessen der Europäischen Union 1998) enthält in seinem Entwurf eines Art. 14 eine Vorschrift über die Verbandsverantwortlichkeit, die als strafrechtlich anzusehen ist. Mögliche Strafen sollen sein die Geldstrafe, die gerichtliche Überwachung, der Ausschluss von Subventionen usw. (Art. 9). Gerade der Entwurf dieser Kodifikation zeigt, dass über die Begrifflichkeit des Strafrechtlichen bislang keine europäische Einheitlichkeit erzielt worden ist. Dies mag auch damit zusammenhängen, dass nicht alle europäischen Staaten ein Ordnungswidrigkeitenrecht wie Deutschland kennen.

§ 30 bezweckt, einen Ausgleich dafür zu ermöglichen, dass der JP und **6** PV, die nur durch ihre Organe zu handeln im Stande sind (*BVerfGE* 20, 336) zwar die Vorteile der in ihrem Interesse vorgenommenen Zuwiderhandlungen zufließen, dass sie aber bei Fehlen einer Sanktionsmöglichkeit nicht den Nachteilen ausgesetzt werden, die als Folge der Nichtbeachtung der Rechtsordnung im Rahmen der zu ihren Gunsten begangenen Zuwiderhandlung eintreten können (*RRH* 8). JP und PV wären ohne die Vorschrift gegenüber einer natürlichen Person ungleich besser gestellt (BT-Drucks. V/1269 S. 57 ff.). So käme es ohne die Vorschrift bei einer ausschließlich zu ahndenden Pflichtverletzung des Organs einer JP oder PV nur zu einer Strafe oder Geldbuße unter Berücksichtigung der persönlichen und wirtschaftlichen Verhältnisse des handelnden Organs selbst, wobei die zulässige Strafe oder Geldbuße vielfach in keinem angemessenen Verhältnis zur Tragweite der Tat stehen würde und weder geeignet wäre, der Gesellschaft zugeflossenen Gewinne abzuschöpfen noch die Erzielung solcher Gewinne zu bekämpfen. Diesem Ziel hat auch die Neuregelung des § 30 Abs. 1 Nr. 4 durch Art. 2 Nr. 2 des 31. Strafrechtsänderungsgesetzes vom 27. 6. 1994 (BGBl. 1994 I S. 1440) gedient.

7 Insgesamt verfolgt demnach die Vorschrift **repressive, reparative und präventive** Zwecke. Diese Zielrichtung der Geldbuße als Reaktion auf Ordnungsunrecht ändert ihren Charakter nicht, weil sie gegen eine JP oder PV gerichtet ist (*RRH* 8). Auf der anderen Seite liegt einer ihrer Hauptzwecke in der Abschöpfung der durch die Straftat oder OWi zugunsten der JP oder PV erzielten Gewinne (*Hamm* NJW 1973, 1851). Präventiv wirkt sie, weil sie den Mitgliedern der JP oder PV Veranlassung geben soll, bei der Auswahl ihrer Organe die im Geschäftsleben notwendige Vorsicht walten zu lassen und dabei nicht nur auf geschäftliche Tüchtigkeit, sondern auch auf Rechtstreue zu achten. Die Organe selbst sollen bei ihrem Handeln für die von ihnen vertretene Gesellschaft das Bewusstsein haben, dass ihre Handlungen, sofern sie gegen die Rechtsordnung verstoßen, nicht nur für sie persönlich strafrechtliche oder ordnungsrechtliche Folgen haben kann, sondern dass auch wegen der Handlungen gegen die Gesellschaft selbst eine möglicherweise erhebliche Sanktion verhängt werden kann (*RRH* 8).

8 Die Vorschrift steht in einem engen inneren **Zusammenhang mit § 130**, über den eine Sanktionsmöglichkeit wegen Aufsichtspflichtverletzung auch in den Fällen ermöglicht wird, in denen die eigentliche Zuwiderhandlung als Anknüpfungstat unterhalb der Organ-, Überwachungs- und Kontrollebene der JP oder PV begangen wird. § 9 hat insoweit Bedeutung, als die Anknüpfungstat bei Zuwiderhandlungen, die durch besondere persönliche Merkmale in der Person des Betriebsinhabers gekennzeichnet sind, bei einem Betriebsangehörigen der JP oder PV erst durch § 9 zu einem solchen wird (*RRH* vor § 30 Rn. 8a; *Göhler/König* vor § 29a Rn. 11a).

9 Verfassungsrechtliche und dogmatische Bedenken gegen die Einführung einer Verbandssanktion bestehen für das OWi-Recht nicht. Sie verstößt insbesondere nicht gegen Art. 103 Abs. 2 GG (*BVerfGE* 20, 335), auch wenn der möglicherweise berührte Grundsatz „nulla poena sine culpa" nicht nur für Kriminalstrafen im eigentlichen Sinne, sondern auch für strafähnliche Sanktionen und damit wohl auch für OWi gilt (*BVerfGE* 9, 170; 42, 262). Handelt das für die als solche nicht handlungs- und schuldfähige JP oder PV tätig werdende Organ selbst vorwerfbar, so muss diese sich dessen vorwerfbares Handeln in dem selben Umfang zurechnen lassen, wie sie sich sein sonstiges Handeln als Organ zurechnen lässt. Daher ist zwar bei der Festsetzung der Höhe der Geldbuße gegen JP und PV der Grad der Vorwerfbarkeit der für sie nach § 30 verantwortlich handelnden Personen mit maßgebend. Ein weiterer wesentlicher Bemessungsfaktor ist aber auch der wirtschaftliche Nutzen, den sie aus dem vorwerfbaren Handeln ihres Organs gezogen hat. Nichts herzuleiten ist hingegen aus der Überlegung, dass JP und PV ihrerseits sanktionsrechtlichen Schutz für sich in Anspruch nehmen und nicht nur im vermögensrechtlichen Bereich auch Schutz genießen könnte, denn wenn Recht und Pflicht insoweit tatsächlich korrelative Größen wären, müsste die Strafbarkeit von JP oder PV die Folge sein können.

Die Verbandsgeldbuße ist nach der Änderung des § 30 durch das 2. WiKG als **selbständige Sanktion** anzusehen. Die frühere Einstufung als Nebenfolge der Handlung eines Organs ist durch den Gesetzgeber aufgegeben worden (*BGH* NJW 2001, 1437; *Achenbach*, Stree/Wessels-FS S. 547). Als allgemeine Nebenfolgen neben der Verhängung der Verbandsgeldbuße kommen die Einziehung (§ 29), der Verfall (§ 29a) und die Abführung des Mehrerlöses (§ 10 Abs. 2 WiStG 1954) in Betracht, ferner die Verbandsauflösung, die etwa in §§ 396 AktG, 62 GmbHG, 81 GenG, 3, 17 VereinsG, 43 BGB vorgesehen ist, auch wenn sie in der Praxis keine wesentliche Bedeutung erlangt hat. **10**

Die **Gesellschaft des bürgerlichen Rechts** ist keine sanktionsfähige PV in diesem Sinne. Diese Andersbehandlung gegenüber dem nicht rechtsfähigen Verein ist sachlich nicht begründet. Zwar handelt der Vertreter einer solchen Gesellschaft nicht allein als Organ oder Vertreter einer anderen Person oder für ein Sondervermögen, sondern stets auch für sich selbst. Die Gesellschaft des bürgerlichen Rechts ist ferner als solche nicht parteifähig. Sie bildet aber zur Erreichung ihres Gesellschaftszwecks ein Sondervermögen. Alle Gesellschafter könnten im Bußgeldbescheid genannt werden, die dann gesamtschuldnerisch für die Geldbuße haften. **11**

II. Normadressaten

Normadressaten sind juristische Personen (JP) und diesen gleichgestellte Personenverbände (PV). Bloß faktische Gesellschaften müssen bereits in einer der in § 30 genannten Gesellschaftsformen organisiert sein, um unter § 30 zu fallen. Fehlt eine entsprechende Rechtsform, so muss zumindest ein nichtrechtsfähiger Verein oder eine Personenhandelsgesell- **12**

schaft übrig bleiben. Verbleibt lediglich die Gesellschaft bürgerlichen Rechts, so findet die Vorschrift keine Anwendung. Auch gegen einen Einzelkaufmann kann keine Geldbuße verhängt werden, wenn ein Mitarbeiter eine Zuwiderhandlung begeht (KK-*Rogall* 30).

13 **Juristische Personen** sind körperlich verfasste, von ihrem Mitgliederbestand grundsätzlich unabhängige Organisationen mit eigener, ihnen von der Rechtsordnung zuerkannter Rechtspersönlichkeit. Zu diesen Verbänden gehören der rechtsfähige Verein, die rechtsfähige Stiftung, die Gesellschaft mit beschränkter Haftung (GmbH), die Aktiengesellschaft (AG), die Kommanditgesellschaft auf Aktien (KGaA), die eingetragene Genossenschaft (Gen) und der Versicherungsverein auf Gegenseitigkeit (KK-*Rogall* 31; *RRH* 3, *Göhler/König* 2). Die Vorschrift ist auch auf juristische Personen des öffentlichen Rechts anwendbar (*RRH* 3; *Göhler/König* 2; zum Streitstand KK-*Rogall* 32). Die Argumentation, die Festsetzung einer Geldbuße gegen JP des öffentlichen Rechts sei mit der „Funktionsverteilung innerhalb der Staatsgewalt" (*Pohl-Sichtermann* VOR 1973, 414) nicht vereinbar, ist schon vom Ansatz her nicht mehr zeitgemäß (vgl. auch *RRH* 3, *Göhler/König* 2; *Achenbach*, Stree/Wessels-FS S. 553 f.). In der Praxis dürfte die Sanktion einer JP des öffentlichen Rechts über § 30 eher selten vorkommen (KK-*Rogall* 34).

14 Nach **Abs. 1 Nr. 2** gilt die Vorschrift auch für den nicht rechtsfähigen Verein. Er ist nach § 54 BGB eine Personenvereinigung mit einer körperschaftlichen Verfassung in Form einer Satzung und mit Vereinsorganen (Vorstand und Mitgliederversammlung), der unter einem bestimmten Vereinsnamen auftritt, dessen Bestand unabhängig vom Mitgliederwechsel ist und dessen Tätigkeit auf eine längere Zeitdauer berechnet ist. Sein Hauptbetrieb ist in der Regel nicht auf einen wirtschaftlichen Geschäftsbetrieb gerichtet.

15 **Nicht rechtsfähige Vereine** verfügen nicht selten über erhebliches zweckgebundenes Vermögen. Dies ist etwa bei größeren Sportvereinen und Gewerkschaften der Fall. Bei der Nutzung dieses Vermögens entfaltet der Vorstand wirtschaftliche Tätigkeit von erheblicher Bedeutung. Ein Handeln der Vorstandsmitglieder unter Missachtung der Rechtsordnung zum Nutzen des Vereins bewirkt, dass das Vermögen nicht dem Vorstandsmitglied, sondern dem Verein zufließt. Es ist deshalb richtig, dieses zweckgebundene Vereinsvermögen und nicht die wirtschaftlichen Verhältnisse des betroffenen Vorstandsmitglieds einer OWi-rechtlichen Sanktion zugrunde zu legen.

Nach **Abs. 1 Nr. 3** gilt die Vorschrift für vertretungsberechtigte Gesellschafter einer rechtsfähigen Personengesellschaft. Zu ihnen zählen Personenhandelsgesellschaften, die Gesellschaft bürgerlichen Rechts und die Partnerschaftsgesellschaft (*RRH* 4a). Bei den **Personenhandelsgesellschaften** handelt es sich um die oHG (§§ 105 ff. HGB) und die KG (§§ 161 ff. HGB). Beide Gesellschaftsformen haben ihren Zweck in der Erzielung wirtschaftlicher Vorteile und sind weitgehend rechtlich verselbständigt. Weil hier aber in nicht wenigen Fällen der vertretungsberechtigte Gesellschafter, dessen Handlung die Festsetzung der Geldbuße gegen die Gesellschaft begründet hat, an dem Gesellschaftsvermögen selbst beteiligt ist, muss bei der Festsetzung der Geldbuße auch die sich aus dieser Verpflichtung ergebende Auswirkung auf sein eigenes Vermögen berücksichtigt werden. Dies geschieht dadurch, dass geprüft wird, ob es ausreicht, nur gegen den Gesellschafter oder auch gegen die Gesellschaft vorzugehen. Das Ergebnis dieser Prüfung kann ganz unterschiedlich sein, je nachdem in wessen Sphäre das Schwergewicht der OWi liegt und in welchem Umfang der vertretungsberechtigte Gesellschafter am Gesellschaftsvermögen selbst beteiligt ist. Je nach Ergebnis dieser Prüfung kann es noch verhältnismäßig sein, sowohl gegen die Gesellschaft als auch gegen den vertretungsberechtigten Gesellschafter in vollem Umfang vorzugehen, oder den Bußgeldbescheid auch nur gegen die Gesellschaft oder nur gegen den Gesellschafter zu richten. **16**

Mit **Ausdehnung des Kreises der verantwortlichen Verbände** durch das Gesetz vom 22. 8. 2002 (BGBl. 2002 I S. 3387) ist auch die am Rechtsverkehr teilnehmende Gesellschaft bürgerlichen Rechts von § 30 erfasst. Zuvor hatte der BGH unter Aufgabe der bisherigen Rechtsprechung dieser Personengesellschaft mit Urteil vom 29. 1. 2001 (NJW 2001, 1056) die aktive und die passive Parteifähigkeit im Zivilprozess zuerkannt, soweit sie durch Teilnahme am Rechtsverkehr eigene Rechte und Pflichten begründet. Damit sind die Gründe für die bußgeldrechtlich unterschiedliche Behandlung im Verhältnis zu den Personenhandelsgesellschaften entfallen. Nicht von § 30 erfasst ist weiterhin die nicht am Rechtsverkehr teilnehmende GbR. **17**

18 Die **Partnerschaftsgesellschaft** ist keine Personenhandelsgesellschaft, weil sie kein Handelsgewerbe ausübt (§ 1 Abs. 1 Satz 2 PartGG). Sie ist eine Gesellschaft, in der sich Angehörige bestimmter freier Berufe zur Ausübung ihrer Berufe zusammenschließen. Die Partnerschaft folgt im Wesentlichen dem Recht der oHG. Soweit nichts anderes gesetzlich bestimmt ist, finden die Vorschriften der §§ 705 ff. BGB Anwendung. Die Einbeziehung der Partnerschaftsgesellschaft in § 30 wurde aufgrund der Änderungen des Gesetzes vom 22. 8. 2002 erreicht.

19 **Vorgesellschaften und faktische Gesellschaften** kommen als Normadressaten in Betracht, soweit sie faktisch in einer Form organisiert sind, die von § 30 erfasst wird. Es kommt dabei darauf an, ob und in welcher Weise die Vorgesellschaft oder die faktische Gesellschaft sich im Rechtsverkehr betätigt. Geschieht dies in einer der in § 30 genannten Gesellschaftsformen, so kann die Vorschrift zur Anwendung kommen, wenn die Einordnung der genannten Gesellschaften als JP, als nicht rechtsfähiger Verein oder als Personengesellschaft möglich ist.

20 Vorgesellschaften einer oHG oder KG sind vor ihrem Wirksamwerden als **Gesellschaften bürgerlichen Rechts** anzusehen, so dass auf sie § 30 nicht anwendbar ist. Der nicht rechtsfähige Verein hat in seiner Gründungsphase in der Regel überhaupt noch keine Gesellschaftsform, so dass § 30 auf ihn in dieser Phase nicht anwendbar ist. Der Vorverein eines einzutragenen Vereins wird von § 30 erfasst, weil er bis zur Eintragung als nicht rechtsfähiger Verein angesehen wird (KK-*Rogall* 41). Die Vorgesellschaft einer JP des Handelsrechts ist nach der Sonderrechtstheorie (*BGH* NJW 1956, 1435) als Vereinigung eigener Art anzusehen. Auf sie findet § 30 nur dann Anwendung, wenn sie nach Struktur, Organisation und Zweck zumindest als ein nicht rechtsfähiger Verein oder, sofern ein Handelsgewerbe betrieben wird, als oHG anzusehen ist (*RRH* 9).

21 Faktische oder **fehlerhafte Gesellschaften** sind JP und PV, deren Tätigkeit als Gesellschaft auf einer mangelhaften rechtlichen Grundlage beruht. Sie treten nach außen wie gültige Gesellschaften auf. Ihre Organe können Pflichten verletzen und eine rechtswidrige Bereicherung der faktischen Gesellschaft herbeiführen. Auf sie ist § 30 anzuwenden, sofern sie zumindest eine der Konstruktionsformen der Vorschrift aufweisen.

Sechster Abschnitt. Verfall und Geldbuße **§ 30**

Wechselt die Gesellschaftsform zwischen Tatbegehung und Zeitpunkt 22
der Festsetzung einer Geldbuße, so wird die Geldbuße gegen die neue Gesellschaft festgesetzt, auch wenn die Bezugstat zur Zeit der früheren Gesellschaft begangen wurde. Voraussetzung hierfür ist, dass die frühere Gesellschaft Normadressat des § 30 war und die neue Gesellschaft mit der früheren Gesellschaft identisch ist.

Zwischen einer Gründungsgesellschaft und der späteren JP oder PV be- 23
steht **Identität** unter Berücksichtigung des für das Zivilrecht geltenden Grundsatzes, wonach die Gründungsgesellschaft wie die rechtsfähige Gesellschaft abzüglich der Rechtsfähigkeit zu behandeln ist. Die rechtsfähige Gesellschaft ist demnach in kontinuierlicher Fortsetzung der Vorgesellschaft mit dieser identisch (KK-*Rogall* 45). Bei faktischen Gesellschaften ist die fehlerhafte Gesellschaft mit der auf gültiger Grundlage fortbestehenden Gesellschaft stets identisch.

Wandelt sich eine oHG während des gegen sie gerichteten Bußgeldver- 24
fahrens in eine Gesellschaft des bürgerlichen Rechts um, so kann das Verfahren gegen die Gesellschafter der BGB-Gesellschaft fortgeführt werden, sofern sie schon Träger der Rechte und Pflichten der oHG waren und der Vorwurf der Zuwiderhandlung sie selbst trifft. In diesen Fällen wird das Bußgeldverfahren gegen die oHG nicht eingestellt, sondern gegen die Gesellschafter der BGB-Gesellschaft fortgesetzt (*Stuttgart* Justiz 1972, 325). Die Gesellschafter der Nachfolgegesellschaft müssen dann alle bisherigen Verfahrensschritte, wie etwa Verjährungsunterbrechungen, gegen sich gelten lassen. Der Wechsel der Rechtsform im Übrigen ist selbst dann unerheblich, wenn die Firma zwischendurch als Unternehmen eines Einzelkaufmanns fortgeführt worden ist.

III. Betroffener Personenkreis

Die Anwendung der Vorschrift setzt voraus, dass jemand als vertretungs- 25
berechtigtes Organ einer JP oder als Mitglied eines solchen Organs, als Vorstand eines nicht rechtsfähigen Vereins oder als Mitglied eines solchen Vorstandes, als vertretungsberechtigter Gesellschafter einer rechtsfähigen Personengesellschaft, als Generalbevollmächtigter oder in leitender Stellung als Prokurist oder Handlungsbevollmächtigter einer JP oder einer in Abs. 1 Nr. 2 oder 3 genannten Personenvereinigung **(Abs. 1 Nr. 4)** oder als sonstige Person, die für die Leitung des Betriebs oder Unternehmens

einer JP oder einer der in Nr. 2 oder 3 genannten Personenvereinigung verantwortlich, nicht hingegen höchstpersönlich (*Celle* NStZ-RR 2005, 82), handelt **(Abs. 1 Nr. 5).** Eine dieser Personen muss im Zusammenhang mit ihrer Tätigkeit für die vertretene JP oder Personengesellschaft eine Ordnungswidrigkeit als Anknüpfungstat begangen haben. Der später tätige Insolvenzverwalter scheidet in allen Fällen als tauglicher Täter aus (KK-*Rogall* 51).

26 Die **AG** wird nach außen vom Vorstand vertreten (§§ 78, 82 AktG). Seine Mitglieder sind auch die stellvertretenden Vorstandsmitglieder (§ 94 AktG). Vertretungsmacht hat ferner das vom Gericht bestellte Vorstandsmitglied (§ 85 AktG) und der entsprechend § 30 BGB bestellte Vertreter. Nach Auflösung der AG tritt der Abwickler an die Stelle des Vorstandes (§§ 265, 269 AktG).

27 Bei der **KGaA** treten an die Stelle des Vorstands die persönlich haftenden Gesellschafter (§§ 282, 283 AktG). Vertretungsberechtigte Organe der GmbH sind die Geschäftsführer (§§ 6, 35 GmbHG). Das können einzelne oder alle Gesellschafter, aber auch dritte Personen sein. Die Stellvertreter der Geschäftsführer sind Organe der GmbH (§ 44 GmbHG). Die Genossenschaft wird durch den Vorstand (§ 24 GenG) vertreten, der aus ordentlichen und stellvertretenen Mitgliedern besteht (§ 35 GenG).

28 **Eingetragene Vereine** (§ 21 BGB) und **wirtschaftliche Vereine** (§ 22 BGB) werden durch den Vorstand (§ 26 BGB) und ggf. durch besondere Vertreter (§ 30 BGB) vertreten. Auf privatrechtliche Stiftungen finden die Vereinsregelungen entsprechende Anwendung (§ 86 BGB). Der Vorstand hat die Stellung des gesetzlichen Vertreters.

29 Bei **JP des öffentlichen Rechts** gilt das jeweils maßgebliche Organisationsrecht, dass sich aus dem Gesetz oder der Satzung der JP ergibt.

30 Beim **nicht rechtsfähigen Verein** im Sinne von Abs. 1 Nr. 2 fallen Vorstand und einzelne Vorstandsmitglieder unter § 30. Die besonderen Vertreter im Sinne von § 30 BGB, die auch beim nicht rechtsfähigen Verein bestellt werden können, sofern sie wie der Vorstand handeln, sind ebenfalls erfasst. Zwar spricht § 30 Abs. 1 Nr. 2 ausdrücklich nur vom Vorstand des nicht rechtsfähigen Vereins, nicht von seinen sonstigen Vertretern. Die hier offenbar bestehende Gesetzeslücke (*RRH* 17) dürfte nicht gewollt sein. Wer in ordnungsgemäßer Weise zum besonderen Vertreter

im Sinne von § 30 bestellt worden ist, hat dadurch die Funktion des Vorstandsmitgliedes im Rahmen seiner Bestellung erhalten, kann den nicht rechtsfähigen Verein vertreten und verpflichten und löst deshalb auch die Haftung über § 30 aus. Dies ist kein Verstoß gegen das Analogieverbot, sondern Ergebnis einer an Sinn und Zweck der Vorschrift orientierten Auslegung ihres Wortlauts. Im Übrigen ist es problematisch, in dieser Frage den rechtsfähigen und den nicht rechtsfähigen Verein unterschiedlich zu behandeln. Eine Besserstellung des nicht rechtsfähigen Vereins, der unter wesentlich weniger engen rechtlichen Voraussetzungen als der rechtsfähige Verein tätig wird, ist schwer zu begründen (**a. A.** KK-*Rogall* 60; *RRH* 17). Die Anwendung von Abs. 1 Nr. 4 auf diesen Fall erscheint weniger vertretbar, weil der sonstige Vertreter weder als Generalbevollmächtiger noch in leitender Stellung als Prokurist oder Handlungsbevollmächtiger angesehen werden kann. Er ist dies weder tatsächlich noch rechtlich.

Die **oHG** wird von allen Gesellschaftern vertreten (§ 125 Abs. 1 HGB), so dass für die Festsetzung einer Verbandsgeldbuße die Zuwiderhandlung eines jeden Gesellschafters ausreicht. Dabei kommt es nicht auf den Umfang der rechtsgeschäftlichen Vertretungsmacht im Einzelnen an. Ist ein Gesellschafter im Einzelfall durch den Gesellschaftsvertrag von der Vertretung ausgeschlossen (§ 125 Abs. 4 HGB), so haftet die oHG gleichwohl, wenn er sich ahndbar verhalten hat (KK-*Rogall* 62). Sonst wären Umgehungen einfach zu bewerkstelligen. Zuwiderhandlungen externer Liquidatoren, die nach Auflösung der Gesellschaft anstelle der Gesellschafter vertraglich oder gerichtlich bestellt werden (§ 146 HGB) führen auch dann nicht zur Haftung der oHG, wenn ihre Handlungen im Verbandsinteresse begangen worden sind. **31**

Die **KG** wird allein durch die persönlich haftenden Gesellschafter (Komplementäre) vertreten (§§ 125, 161 HGB). Die Kommanditisten sind nach der zwingenden Vorschrift des § 170 HGB von der Vertretung ausgeschlossen, selbst wenn ihnen durch Gesellschaftsvertrag unter Ausschluss der Komplementäre die alleinige Geschäftsführung übertragen werden kann (*BGH* BB 1976, 526). Dies kann zu dem misslichen Ergebnis führen, dass gerade bei den Gesellschaften, bei denen die Anwendung des § 30 besonders sinnvoll erscheinen kann (kapitalistisch strukturierte Kommanditgesellschaften wie z. B. Abschreibungsgesellschaften), die tatsächliche **32**

Leitung der Unternehmen in den Händen der Kommanditisten liegt, deren Tätigwerden, sofern die Komplementäre deren Weisungen ausführen, nicht zur Anwendbarkeit des § 30 führen. Über diese Hürde zwingenden Handelsrechts hilft auch eine an Sinn und Zweck des § 30 orientierte Auslegung nicht hinweg.

33 Bei der **GmbH & Co. KG** ist der alleinvertretungsberechtigte Gesellschafter die GmbH und nicht eine natürliche Person. Deren Geschäftsführer handelt zwar mittelbar auch für die KG, kann aber schwerlich als „Gesellschafter" der KG eingestuft werden (KK-*Rogall* 64). Die Rechtsprechung hat – im Ergebnis zu Recht – § 30 auch auf diese Gesellschaftsform angewandt (*BGH* NStZ 1986, 79; *Dresden* NStZ 1997, 348; *Koblenz* BB 1977, 1571; *Stuttgart* MDR 1976, 691; *Hamm* NJW 1973, 1852); hat gleichwohl Geldbußen gegen diese Gesellschaftsform mit der Begründung festgesetzt, dass es dem Zweck des § 30 zuwiderlaufen würde, solche Konstellationen von der Haftung auszunehmen (zustimmend *RRH* 18; kritisch KK-*Rogall* 64, der darin einen „unverhohlenen Verstoß gegen das Gesetzlichkeitsprinzip" sieht).

34 Bei der Gesellschaft bürgerlichen Rechts, die nur als am Rechtsverkehr teilnehmende **Außen-GbR** der Nr. 3 unterfällt, ist die Vertretungsmacht der Gesellschafter an die gesellschaftsvertragliche Geschäftsführungsbefugnis geknüpft (*RRH* 18a). Die Geschäftsführung steht grundsätzlich allen Gesellschaftern gemeinschaftlich zu (§ 709 BGB). Die Außen-GbR haftet aber auch, wenn im Geschäftsvertrag Stimmenmehrheit für die Geschäftsführung vereinbart worden ist oder andere Formen der Geschäftsführung vereinbart werden (§§ 709 Abs. 2, 710, 711 BGB).

35 Die **Partnerschaftsgesellschaft** folgt im Wesentlichen dem Recht der oHG. Vor Eintragung in das Partnerschaftsregister ist sie GbR. Auf die Vertretung der Partnerschaft sind die §§ 125 Abs. 1, Abs. 2, 126, 127 HGB entsprechend anwendbar.

36 Durch das 2. UKG vom 27. 6. 1994 (BGBl. 1994 I S. 1440) wurde der Personenkreis der Täter, deren Handlung eine Geldbuße gegen die JP oder PV auslösen kann, um Generalbevollmächtigte sowie Prokuristen und Handlungsbevollmächtigte in leitender Stellung im Betrieb der JP oder PV erweitert (**Abs. 1 Nr. 4**). Die Vorschrift zählt die in Betracht kommenden Personen aus dem Leitungsbereich der Gesellschaften abschließend

Sechster Abschnitt. Verfall und Geldbuße **§ 30**

auf. Die Reichweite der unterschiedlichen Vollmachtsformen für Generalbevollmächtigte, Prokuristen und Handlungsbevollmächtigte ergibt sich aus §§ 164 ff. BGB und den §§ 48 ff. HGB. Bei Prokuristen und Handlungsbevollmächtigten muss ferner hinzukommen, dass sie in leitender Stellung gehandelt haben (*RRH* 18c). Bei Generalbevollmächtigten ist die Vertretungsmacht grundsätzlich unbeschränkt. Sie nehmen Leitungsfunktionen wahr (KK-*Rogall* 66). Sie stehen Organen und Organwaltern insoweit gleich. Bei Prokuristen und Handlungsbevollmächtigten ergibt sich der Umfang ihrer Vertretungsmacht aus dem Gesetz. Für die Anwendung des § 30 spielt es keine Rolle, inwieweit Einschränkungen bei der Vertretungsmacht bestehen und ob die Betroffenen sich im Rahmen ihrer Vertretungsmacht gehalten haben. Erforderlich ist aber stets, dass der Prokurist oder Handlungsbevollmächtigte eine leitende Stellung innehat (KK-*Rogall* 67). Dies ist im Einzelfall festzustellen.

Durch **Abs. 1 Nr. 5** ist der Kreis tauglicher Täter einer Anknüpfungstat erneut erweitert worden und zwar auf sonstige für die Leitung eines Betriebes einer JP oder PV verantwortlich handelnde Personen. Entscheidend ist hier eine Führungsposition des Täters, die auch schon aus der bloßen Innehabung von Kontrollbefugnissen herrühren kann (*RRH* 18d). Ausreichend sind Handlungen von Leitungspersonen, denen keine Vertretungs- bzw. Geschäftsführungsbefugnisse, sondern lediglich bestimmte Kontrollbefugnisse zustehen (*Achenbach* WpÜG Stand 5/2004, Vor § 60 Rn. 48). Das können diejenigen sein, denen innerhalb des Unternehmens die Verantwortung für einen bestimmten Bereich obliegt, wie etwa die interne Finanzkontrolle oder die Rechnungsprüfung. Zu Nr. 5 zählt aber auch der mit Leitungsbefugnissen ausgestattete Umweltbeauftragte (Begründung BT-Drucks. 14/8998 S. 10). Zu den Personen mit Kontrollbefugnissen in führender Position nach Art. 3 Abs. 1 des dem Gesetz vom 22. 8. 2002 zugrunde liegenden Zweiten Protokolls vom 19. 6. 1997 zum Übereinkommen über den Schutz der finanziellen Interessen der EG usw. gehören auch Mitglieder eines leitenden Aufsichts- oder Kontrollgremiums, also die Mitglieder eines Aufsichtsrats. Dies hat z. B. dann Bedeutung, wenn ein Aufsichtsratsmitglied selbst Bestechungshandlungen zugunsten der JP vornimmt (Begründung a. a. O.). Nr. 5 betrifft nicht nur Leitungspersonen mit Kontrollbefugnissen. Das Gesetz hat den Kreis tauglicher Täter zugleich generell auf solche Personen erstreckt, die zum Kreis der für die Leitung des Betriebs oder des Unternehmens verantwortlich handelnden Personen

37

gehören. Erfasst werden sollen auch Handlungen, die aufgrund bewusster Umgehungsstrategien von einer Leitungsperson begangen wird, die nicht eine in Abs. 1 Nr. 1 bis 4 genannte formale Position innehat.

38 Gegenüber dem **bisher geltenden Rechtszustand** ist insbesondere mit Abs. 1 Nr. 5 eine erhebliche Ausweitung des Anwendungsbereichs der Vorschrift verbunden. Der Sache nach enthält Abs. 1 Nr. 5 gegenüber den Fällen des Abs. 1 Nr. 1 bis 4 eine Art Generalklausel. An die Stelle formaler, zivilrechtlich definierter Positionen, die auch noch in Nr. 4 durch das materielle Kriterium der leitenden Stellung lediglich präzisiert werden, tritt in Nr. 5 das von einer formalen Bestimmung unabhängig formulierte Erfordernis des für die Leitung des Betriebs oder Unternehmens verantwortlichen Handelns (*Achenbach* wistra 2002, 441, 443).

39 Das **Merkmal „vertretungsberechtigt"** in den Absätzen 1 Nr. 1 und Nr. 3 umschreibt die Organstellung sowie die Stellung des Handelnden als nach dem Gesetz vertretungsberechtigter Gesellschafter. Es grenzt diese gegenüber den nicht vertretungsberechtigten Personen des Verbands wie Mitgliederversammlung, Geschäftsversammlung, Aufsichtsrat usw. ab. Geschehen in diesem Zusammenhang Straftaten oder Ordnungswidrigkeiten, so sind sie in aller Regel weder durch die Vertretungsmacht gedeckt, noch werden sie auf einer rechtsgeschäftlichen Ebene begangen. Nicht entscheidend ist dabei, dass das Organ allein zur rechtsgeschäftlichen Vertretung befugt ist und in Wahrnehmung dieser Angelegenheit gehandelt hat. Gemeint sind mithin die Organe, denen die Geschäftsführung nach innen oder außen obliegt, wobei es unerheblich ist, inwieweit das einzelne Organ die JP selbständig rechtsgeschäftlich vertreten kann (*Göhler/König* 13).

40 Bei den **Personengruppen** im Sinne von Abs. 1 Nr. 2 und 4 ist eine Vertretungszuständigkeit gesetzlich vorgegeben (Vorstand, Prokurist, Handlungsbevollmächtigter) oder sie liegt in der Natur der Sache (Generalbevollmächtigter). Auch hier kommt es nicht darauf an, ob die rechtsgeschäftliche Vertretung unbeschränkt ist und ob die Person in Wahrnehmung rechtsgeschäftlicher Angelegenheiten gehandelt hat, sondern allein auf die Zuständigkeit für die Geschäftsführung nach innen oder außen (*Göhler/König* 13a).

41 Während früher in **Einzelgesetzen** der betroffene Personenkreis noch über den Anwendungsbereich des § 30 hinaus ausgedehnt war (§ 39 des

Hypothekenbankgesetzes, § 40 des Schiffsbankgesetzes und § 59 des Kreditwesengesetzes), hat die durch Abs. 1 Nr. 5 erfolgte allgemeine Ausdehnung des Täterkreises diese einzelgesetzlichen Regelungen entbehrlich gemacht. § 39 HypBG und § 40 SchiffsBG wurden deshalb gestrichen. § 59 KwG wurde modifiziert.

Nicht erheblich ist, inwieweit die Bestellung des Täters als Organ wirksam ist (faktische Betrachtungsweise – KK-*Rogall* 70; *Többens* NStZ 1999, 6). Hier bestehen je nach Ausdehnung der faktischen Betrachtungsweise **Kollisionsmöglichkeiten mit dem Analogieverbot** (KK-*Rogall* 70; *Achenbach* Stree/Wessels-FS S. 562; *Mitsch* S. 124). **42**

IV. Anknüpfungstaten

Anknüpfungstaten des von Abs. 1 betroffenen Personenkreises sind Straftaten oder Ordnungswidrigkeiten, durch die Pflichten, welche die JP oder PV betreffen, verletzt worden sind oder die JP oder die PV bereichert worden ist oder bereichert werden sollte. Die Anknüpfungstaten müssen vorwerfbar sein. Erforderlich ist vorsätzliches, oder, sofern mit Strafe oder Geldbuße bedroht, fahrlässiges Handeln des Täters. Die Begehung einer lediglich mit Geldbuße bedrohten Handlung im Sinne von § 1 Abs. 2 genügt nicht (*Hamm* wistra 2000, 393 und 433; *Koblenz* wistra 2000, 199). Abs. 1 ist demnach streng akzessorisch (*RRH* 23). **43**

Anknüpfungstaten können **Zuwiderhandlungen** gegen sämtliche Straf- und Bußgeldtatbestände des geltenden Rechts sein. Insoweit wird nicht zwischen dem Kernstrafrecht und dem Nebenstrafrecht unterschieden. Ohne Bedeutung ist insbesondere, ob die Taten vermögensrechtlicher oder nicht vermögensrechtlicher Art sind (*RRH* 24). **44**

Durch die von dem Organ oder den sonstigen in Abs. 1 Nr. 1 bis 5 genannten Personen begangene Straftat oder Ordnungswidrigkeit müssen entweder **Pflichten verletzt worden sein**, die die JP oder PV treffen oder muss die juristische Person oder Personenvereinigung **bereichert** worden oder ihre Bereicherung beabsichtigt worden sein. Auf diese beiden Fallgruppen ist die Möglichkeit der Verhängung einer Geldbuße nach § 30 beschränkt (*RRH* 25). Sie können im Einzelfall auch kumulativ gegeben sein. **45**

§ 30 Erster Teil. Allgemeine Vorschriften

46 Der **Pflichtenverstoß** als Anknüpfungshandlung setzt die Verletzung einer betriebsbezogenen Pflicht voraus. Die Vorschrift deckt sich insoweit mit § 130. Dabei sind in erster Linie solche gesetzlichen Pflichten betriebsbezogen, die sachlich den Wirkungsbereich der JP oder PV betreffen und sich daher in Form von Geboten oder Verboten an die JP oder PV als Normadressaten wenden. Daneben kommen auch Gebote und Verbote in Betracht, die sich an jedermann richten.

47 Weil JP und PV nicht selbst handeln können, müssen diese Pflichten, die in aller Regel durch Straf- oder Bußgeldvorschriften abgesichert sind, durch die Organe im Sinne des Abs. 1 erfüllt werden.

48 Als wichtigster Anwendungsfall dieser Kategorie wird im Regelfall die **Begehung einer OWi nach § 130** angesehen, der die Aufsichtspflichtverletzung ahndet (*BGH* NStZ 1986, 79; *Düsseldorf* NStZ 1984, 366). Die Pflicht zu notwendigen Aufsichtsmaßnahmen in Betrieben oder Unternehmen trifft nach § 130 in erster Linie den Inhaber, dem der Betrieb oder das Unternehmen gehört. Für die Organe und Vertreter gilt § 9, nachdem § 130 Abs. 2 a. F. gestrichen wurde. Wie weit die Aufsichtspflicht reicht, richtet sich grundsätzlich nach dem Einzelfall. Wegen Einzelheiten vergleicht die Kommentierung zu § 130.

49 In Betracht kommen ferner **Gebote und Verbote, die jedermann treffen**, wie etwa die Vorschriften des StGB oder des StVG in Verbindung mit StVO und StVZO, aber auch bestimmte Unterlassungsdelikte in Fällen, in denen die JP oder PV aufgrund ihres Wirkungskreises eine Garantenstellung etwa im Hinblick auf die Vermeidung von Gefahren am Arbeitsplatz oder auch bestimmte Verkehrssicherungspflichten, etwa zum Schutz der Besucher eines Warenhauses hat. In Betracht kommen ferner bestimmte Treuepflichten bei der Übernahme der Besorgung fremder Vermögensangelegenheiten durch eine JP oder PV sowie Pflichten, deren Beachtung in einzelnen strafrechtlichen Nebengesetzen vorgeschrieben sind. Dies können ebenfalls Gebote oder Verbote sein, wie bestimmte Vorschriften nach dem Außenwirtschaftsgesetz, dem Jugendarbeitsschutzgesetz oder dem Arbeitnehmerentsendegesetz.

50 Die Pflicht, die verletzt worden ist, muss stets **betriebsbezogen** sein. Dies ist dann der Fall, wenn es sich um Pflichten handelt, die nach verwaltungsrechtlichen Grundsätzen im Zusammenhang mit dem Wirkungskreis der

Sechster Abschnitt. Verfall und Geldbuße § 30

JP oder PV bestehen und sie als Normadressaten treffen (*Göhler/König* 19). Dabei ist die Betriebsbezogenheit umso eher zweifelhaft, je allgemeiner das betreffende Gebot oder Verbot ist. Bei Pflichten, die jedermann gleichmäßig treffen, ist sie besonders sorgfältig zu prüfen. Sie ist zu bejahen, wenn die betreffenden Pflichten sich im Rahmen des Tätigkeitsbereichs der Normadressaten des Abs. 1 konkretisieren. Dazu müssen zumindest allgemeine Pflichten außerdem einen sachlichen, räumlichen oder personalbezogenen Zurechnungszusammenhang zum Betrieb aufweisen. Es reicht also nicht aus, das ein allgemeiner strafbewehrter Grundsatz besteht, wonach niemand anders vorsätzlich oder fahrlässig verletzt oder getötet werden darf. Die Anwendbarkeit des § 30 setzt voraus, dass eine JP oder PV beispielsweise bestimmte Konsumgüter in den Verkehr bringt, die geeignet sind, Gefährdungen oder Schäden für den Abnehmer mit sich zu bringen (*BGH* NJW 1990, 2560 m. Anm. *Schmidt-Salzer* NJW 1990, 2966).

Hinweise auf Betriebsbezogenheit ergeben sich z. B. aus bestimmten Verkehrssicherungs- oder Garantenpflichten. **51**

Gegen die JP oder PV kann ferner eine Geldbuße festgesetzt werden, wenn ein Normadressat im Sinne des Abs. 1 eine Straftat oder OWi begangen hat, durch die die JP oder die PV bereichert worden ist oder bereichert werden sollte. **Bereicherung** in diesem Sinne ist die Erzielung von Vermögensvorteilen als günstigere Gestaltung der Vermögenslage, d. h. jede Erhöhung des wirtschaftlichen Wertes ihres Vermögens (*BGH* VRS 42, 110). Ausreichend ist auch eine mittelbare Besserstellung der JP oder PV. Durch die eingetretene Bereicherung begründete Ersatzansprüche Dritter sind daher für die Feststellung der Voraussetzungen des Abs. 1 ohne Bedeutung, können aber im Rahmen des § 47 wie auch bei der Bemessung der Höhe der Geldbuße berücksichtigt werden. Nicht erforderlich ist ferner, dass die Bereicherung genau ermittelt wird. Es reicht aus festzustellen, dass die JP oder PV bereichert werden sollte. Dies ist der Fall, wenn der Normadressat die Bereicherung angestrebt hat (*RRH* 31). Dabei ist es nicht notwendig, dass das Bereicherungsstreben das alleinige Motiv des Handelns des Normadressaten war (*Göhler/König* 22). **52**

Liegt eine Straftat oder OWi zugrunde, so kann in vielen Fällen davon ausgegangen werden, dass der erstrebte oder tatsächlich erreichte **Vermögensvorteil** jedenfalls **rechtswidrig** ist. Voraussetzung für die Anwen- **53** dung der Vorschrift ist die Rechtswidrigkeit der Bereicherung allerdings nicht. So ist eine Bereicherung des Verbands eingetreten, wenn ein Organ der JP mit Mitteln der Nötigung eine rechtmäßige Forderung der JP eingetrieben hat (*RRH* 31).

54 Ist die Bereicherung tatsächlich eingetreten, so kommt es nicht darauf an, ob sie durch die Tat erstrebt worden ist oder nicht. Insoweit reicht schon die **tatsächliche Besserstellung**. Das Erstreben einer Bereicherung erfordert hingegen zielgerichtetes Handeln. Dabei genügt es nicht, dass der Täter die Bereicherung nur als sichere Folge seines auf ein anderes Ziel gerichteten Handelns kennt. Allerdings braucht die Anknüpfungstat selbst kein Bereicherungsdelikt im strafrechtlichen Sinn darzustellen.

55 Der Adressatenkreis muss jeweils als Organ, als Vorstand, als vertretungsberechtigter Gesellschafter oder als eine der in den Nrn 4 und 5 genannten Personen **gehandelt haben** (KK-*Rogall* 89). Dies erfordert, dass der Täter in Wahrnehmung der Angelegenheit der betreffenden JP und PV gehandelt hat. Sein Handeln muss in dieser Eigenschaft erfolgt sein (*Göhler/König* 24). Das hat sie dann nicht, wenn es nur um individuelles, privates Verhalten geht, das als Anknüpfungspunkt für § 30 nicht genügt. Handeln in diesem Sinne ist auch Unterlassen. Die Fälle der Nichtbeachtung von Sorgfaltspflichten machen einen erheblichen Teil des Anwendungsbereichs der Vorschrift aus (*RRH* 33). Auf eine **Überschreitung der** dem Täter eingeräumten **Vertretungsmacht** kommt es dabei nicht an (*BGH* NStZ 1997, 31 m. Anm. *Achenbach* JR 1997, 204).

56 Hat der Täter sowohl im **eigenen Interesse** wie im Interesse der von ihm vertretenen Gesellschaft gehandelt, ist § 30 anwendbar (*RRH* 33; *Göhler/König* 24; *Schmidt* wistra 1990, 137). Ob der Täter im Namen des Vertretenen oder im eigenen Namen gehandelt hat, hat für die Entscheidung, ob er im Interesse des Verbandes gehandelt hat, keine Bedeutung. Entscheidend ist vielmehr, ob der Täter „in Ausführung", „in Wahrnehmung" oder „bei Gelegenheit" seiner Vertretungstätigkeit gehandelt hat (*RRH* 33). Derjenige, der die Begehung der im eigenen Interesse gewollten Straftat oder OWi, wenn auch unter Ausnutzung seiner Organstellung vorbereitet und durchführt, ist ausschließlich selbst verantwortlich. Wer hingegen nach außen hin allein im eigenen Interesse aufgetreten ist, aber in Wahrheit für die JP oder PV gehandelt hat, verpflichtet die Organisation. Es kommt jeweils auf die tatsächlich gegebene Situation an. Besteht ein

funktionaler Zusammenhang zwischen der Tat und der Organstellung, so liegt Vertreterhandeln vor. Das ist der Fall, wenn sich das Handeln des Organs objektiv in die von dem vertretenen Verband verfolgten Ziele einpassen lässt und seiner Geschäftspolitik entspricht (KK-*Rogall* 91). Betrügt das Organ der JP den Vertragspartner bei Geschäftsverhandlungen, so besteht der funktionale Zusammenhang, nicht aber, wenn er auf einer Geschäftsreise einen Verkehrsunfall verursacht (*RRH* 34; KK-*Rogall* 91).

Auch bei **betriebsbezogenen Pflichten** kann ein Handeln als Vertreter ausscheiden, wenn das Organ im Betrieb der JP oder PV nicht mehr im Rahmen der objektiv von einem Organ wahrzunehmenden Aufgaben tätig wird, sondern sich wie ein beliebiger Betriebsangehöriger verhält. Ein Mitglied eines Organs kann eigennützig und gegen die Interessen der Gesellschaft handeln und dabei gleichzeitig Pflichten, die seiner Gesellschaft obliegen, verletzen. In diesem Fall kann die Zuwiderhandlung der Gesellschaft zugerechnet werden. 57

Richtet sich die Tat des Organs **gegen die JP oder PV selbst**, so kommt es auf die Situation im Einzelfall an. Sind diese Handlungen nicht in Vertretereigenschaft begangen, so stellen sie keine Verbandstat dar. Es handelt sich dann um eine ausschließlich im Eigeninteresse des Täters begangene Handlung, bei der er lediglich Verbandsmittel eingesetzt hat. Verletzt er mit diesem Handeln aber gleichzeitig eine seiner Gesellschaft obliegende Pflicht, so ist die Zuwiderhandlung der Gesellschaft ebenfalls zuzurechnen (*RRH* 34). Erscheint im Einzelfall die bußgeldrechtliche Haftung des Verbands ungerecht oder unangemessen, so kann nach dem Opportunitätsprinzip (§ 47) die Verfolgung gegen die JP oder PV unterbleiben (*RRH* 34; *Göhler/König* 27). 58

Besteht das **Vertretungsorgan** im Sinne des Abs. 1 **aus mehreren Personen**, so ist es nicht erforderlich, dass das Mitglied des Vertretungsorgans bei seiner Straftat oder OWi im Rahmen des ihm intern übertragenen Aufgabenbereichs handelt. Es kommt nur darauf an, dass das Organ als solches Pflichten verletzt, welche die JP und PV treffen. Die Vorschrift ist daher auch anwendbar, wenn der Täter im Aufgabenbereich der JP oder PV aber außerhalb seines internen Zuständigkeitsbereichs einen Gesetzesverstoß begangen hat, solange der innere, funktionale Zusammenhang zwischen seiner Organstellung und der Straftat bzw. OWi erhalten geblieben ist (*RRH* 35). Dies gilt auch, wenn das Organ Funktionen, insbeson- 59 re untergeordnete Aufgaben, an sich zieht, für die es nicht bestellt war (KK-*Rogall* 97). Diese Kompetenzüberschreitung hat zwar für die Verbandshaftung nach § 30 keine Bedeutung, kann aber für die Haftung nach § 130 wichtig sein, weil bei mehrgliedrigen Organen nur das jeweils zuständige Mitglied im Rahmen seiner Aufsichtspflicht unmittelbar tätig werden muss.

60 Die Bereicherungsalternative des Abs. 1 setzt nicht voraus, dass die Zuwiderhandlung des Organs **im Geschäfts- oder Wirkungskreis** der JP oder PV begangen worden ist. Die Vorschrift geht lediglich von eingetretener Bereicherung oder einer Bereicherungsabsicht als Folge oder Motivation der Straftat oder OWi aus. Bereicherungen dieser Art ergeben sich im Regelfall gerade erst durch außerhalb des gewöhnlichen Wirkungskreises der JP oder PV liegende Tätigkeiten. Hat der Täter allerdings ausschließlich sich selbst und nicht gleichzeitig auch die Gesellschaft bereichern wollen, so liegen die Voraussetzungen der Bereicherungsalternative nicht vor. In diesem Fall könnte die Pflichtverletzung des Abs. 1 gegeben sein, sofern der Täter als Organ gehandelt hat (*Göhler/König* 27; *RRH* 36).

V. Festsetzung und Höhe der Geldbuße

61 **Abs. 2** setzt fest, dass die Geldbuße im Falle einer vorsätzlichen Straftat bis zu **1 Million Euro** und im Falle einer fahrlässigen Straftat bis zu **500 000,– Euro** beträgt. Mit dieser durch das Gesetz vom 22. 8. 2002 erfolgten erneuten Anhebung ist der ausdrücklich angestrebte Gleichklang mit § 130 erreicht. Die Vorschrift trägt Veränderungen im Umfeld der Wirtschafts-OWi Rechnung und bedeutet gegenüber dem vorherigen Rechtszustand eine deutliche Verschärfung, weil das Maß der Geldbuße für den praktisch vorkommenden Regelfall damit ebenfalls deutlich ansteigt (*Achenbach* wistra 2002, 441).

62 Nach **Abs. 2 Satz 2** bestimmt sich das Höchstmaß der Geldbuße im Falle einer OWi nach dem für die OWi angedrohten Höchstmaß der Geldbuße. Nach Abs. 2 Satz 3 ist das Höchstmaß der Geldbuße der subsidiären OWi maßgebend, wenn es das Höchstmaß der Geldbuße nach Satz 1 übersteigt. Dies wird bislang praktisch bei Straftaten nach §§ 263 (*BGH* NJW 1995, 737) und 298 StGB als Anknüpfungstaten in Verbindung mit § 81 Abs. 2

GWB, wonach Geldbußen bis zur dreifachen Höhe des Mehrerlöses vorgesehen sind (*Göhler/König* 36; *Korte* NStZ 1997, 518).

Die Geldbuße wird nach den **wirtschaftlichen Verhältnissen des Verbandes** bemessen, die allerdings bei geringfügigen Ordnungswidrigkeiten außer Betracht gelassen werden können (KK-*Rogall* 119). Der Bemessungsakt berücksichtigt den Unrechtsgehalt der Anknüpfungstat und deren Auswirkungen auf den geschützten Organbereich (*BGH* wistra 1991, 268). Zu berücksichtigen sind das objektive Unrecht, die Bedeutung der verletzten Pflicht, die Schwere des Schadens und das Maß der Vorwerfbarkeit des Handelns des Täters. Zu berücksichtigen ist ferner, ob die JP oder PV durch ihre Mittel oder Organisation als Veranlasserin der Gesetzesverletzung in Betracht kommt oder ob Verstöße bestimmter Art in den Betrieben häufig vorkommen (*RRH* 43). Zu beachten ist ferner, ob Organe usw., die an der Tat nicht beteiligt sind, durch die Geldbuße gegen die JP oder PV besonders hart getroffen würden oder ob und ggf. welche Vorsorgemaßnahmen innerhalb des Verbandes getroffen worden sind, um künftig Zuwiderhandlungen der in Frage stehenden Art zu verhindern. **63**

Die gegen den Verband verhängte Geldbuße kann die gegen den Täter verhängte Geldstrafe oder Geldbuße auch **unterschreiten**, wenn der Täter in erster Linie im eigenen Interesse gehandelt und die Tat dem Verband letztlich mehr Schaden als Nutzen gebracht hat. Wird nur eine einseitige Ahndung gegen den Verband erwogen, so ist es nicht zulässig, die Nichtverfolgung des allein schuldhaft handelnden Organs bei der Bemessung der Geldbuße erschwerend ins Gewicht fallen zu lassen (KK-*Rogall* 116). Grundsätzlich gilt, dass die Höhe der Geldbuße gegen den Verband nach dem Zweck zu bemessen ist, der mit der Geldbuße nach § 30 verfolgt wird (*RRH* 43). **64**

Nach **Abs. 3** gelten § 17 Abs. 4 und § 18 entsprechend. Nach § 17 Abs. 4 soll die Geldbuße den wirtschaftlichen Vorteil, den der Täter aus der OWi gezogen hat, übersteigen. Reicht das gesetzliche Höchstmaß hierzu nicht aus, so kann es auch überschritten werden. Dies regelt den Abschöpfungsteil der Verbandsgeldbuße (KK-*Rogall* 121). Hieraus folgt, dass der wirtschaftliche Vorteil, der dem Verband aus der Tat zugeflossen ist, rechnerisch die untere Grenze der Geldbuße darstellt (*Brenner* NStZ 1998, 557). Der wirtschaftliche Vorteil darf nicht mit Gewinnen verrechnet werden, die im Falle eines ordnungsgemäßen Verhaltens voraussichtlich nicht ein- **65** getreten wären. Entscheidend ist, dass der Verband den Vorteil tatsächlich gezogen hat. Hinwegzudenken ist das rechtswidrige Verhalten. Legales Verhalten, das tatsächlich nicht stattgefunden hat, kann nicht hinzugedacht werden. Hypothetische Gewinne bleiben daher außer Betracht (KK-*Rogall* 125). Dies gilt auch für Gewinne, die aus der Fortsetzung einer legalen Tätigkeit hätten entstehen können (*BayObLG* wistra 1995, 362). Jedoch kann der Verband erbrachte Arbeitsleistungen wie Arbeitskraft, Einsatz von Produktionsmitteln usw. stets in Anrechnung stellen (*Achenbach* § 38 GWB Rn. 564). Das Bestehen möglicher zivilrechtlicher Ersatzansprüche oder deren Geltendmachung hindert die Abschöpfung nicht (*Achenbach* § 38 GWB Rn. 567; KK-*Rogall* 127). Das OWiG hat die Anrechnungsregel des § 73 Abs. 1 Satz 2 StGB nicht übernommen.

66 Durch die **Verweisung auf § 18** ist geregelt, dass auch bei einer Verbandsgeldbuße Zahlungserleichterungen zu gewähren sind, wenn deren Voraussetzungen vorliegen.

67 **Im Übrigen gilt**: Hat der Verband nach der Zuwiderhandlung seines Organs im Sinne von Abs. 1 Nr. 1 bis 5 seine Rechtsform gewechselt, so steht dies der Festsetzung einer Geldbuße gegen die neue Gesellschaft nicht entgegen, wenn das Unternehmen der Sache nach dasselbe geblieben ist und die frühere sowie die neue Gesellschaft unter die in § 30 erfassten Organisationsformen fällt (*BGH* wistra 1986, 221; *RRH* 50). Ob diese wirtschaftliche Identität besteht, ist in jedem Einzelfall von Amts wegen zu prüfen. Die Rechte an der Firmenbezeichnung sind dabei nicht ausschlaggebend; die Änderung der Firmenbezeichnung ist demnach für die Sanktionsmöglichkeit unerheblich, weil sie keine Identitätsveränderung bewirkt (*Göhler/König* 38a). Wechselt hingegen die Rechtsform des Unternehmens, so kommt es auf die nach wirtschaftlicher Betrachtungsweise festgestellte Identität zwischen den beiden Unternehmen an. Im Einzelfall ist dies Tatfrage (*BGH* wistra 1986, 221). Übernimmt ein Unternehmen ein anderes im Wege der Gesamtrechtsnachfolge, so kommt es darauf an, ob eine wirtschaftliche Fortführung von wesentlichen Teilen des übernommenen Unternehmens vorliegt. Nur in diesem Fall kann eine Geldbuße gegen das neue Unternehmen festgesetzt werden (*BGH* wistra 1986, 221). Schließen sich zwei Unternehmen zu einem neuen Unternehmen zusammen und haben zuvor beide Unternehmen ein Bußgeldverfahren gegen sich gehabt, so können gegen das neue Unternehmen gesonderte Geldbußen festgesetzt werden (*Göhler/König* 38e).

Nach **Abs. 4 Satz 1** kann in einem **selbständigen Verfahren** gegen eine JP oder PV eine Geldbuße (die sog. isolierte oder selbständige Verbandsgeldbuße) festgesetzt werden, wenn wegen der Tat des Organs nach Abs. 1 Nr. 1 bis 5 gegen dieses kein Straf- oder Bußgeldverfahren eingeleitet worden ist, ein solches zwar eingeleitet aber eingestellt worden ist oder aus anderen Gründen von Strafe abgesehen wird, es sei denn, die Nichtverfolgung des Organs beruht auf Rechtsgründen (Abs. 4 Satz 3). Diese Regelung ermöglicht es der Bußgeldbehörde, ohne Weiteres eine in einem Unternehmen zugunsten des Unternehmens begangene Straftat oder OWi lediglich mit einer Verbandsgeldbuße zu ahnden. Die Voraussetzungen für das selbständige Verfahren sind nach Abs. 4 abschließend geregelt. Liegen sie nicht vor, so besteht ein Verfahrenshindernis, das zur Einstellung des selbständigen Verfahrens veranlasst. **68**

Auch im selbständigen Verfahren muss zunächst eine **Straftat oder OWi eines Organs** festgestellt sein, um das Verfahren durchführen zu können. Dazu muss das Organ die Zuwiderhandlung schuldhaft bzw. vorwerfbar begangen haben (*BGH* NStZ 1994, 346; *Düsseldorf* wistra 1996, 77). Nicht feststehen muss die Identität des Täters (*Göhler/König* 40). Es muss nur sicher sein, dass ein Organ des Verbandes eine Straftat oder eine OWi begangen hat. Ferner ist die Festsetzung einer Geldbuße gegen eine JP im selbständigen Verfahren zulässig, wenn im Fall der Aufsichtspflichtverletzung nach § 130 nicht ermittelt werden kann, welches Organ für die Aufsichtsmaßnahme zuständig gewesen ist, sofern dies auf einem Organisationsmangel innerhalb der JP beruht (*BGH* NStZ 1994, 346). **69**

Die Gründe für die Nichtverfolgung des Organs sind außer den rechtlichen Verfolgungshindernissen nach **Abs. 4 Satz 3** unerheblich. Ist der Täter allerdings völlig unbekannt und muss daher offen bleiben, ob er überhaupt unter den durch Abs. 1 Nr. 1 bis 5 erfassten Personenkreis fällt sowie rechtswidrig und schuldhaft gehandelt hat, ist das selbständige Verfahren unzulässig (*RRH* 52; KK-*Rogall* 165). **70**

Rechtliche Verfolgungshindernisse im Sinne von Abs. 4 Satz 3 sind der Eintritt der Verfolgungsverjährung, soweit sie vor der Einleitung des selbständigen Verfahrens eingetreten ist (*BGH* wistra 1995, 314; *Dresden* **71**

NStZ 1997, 348), ferner Rechtskraft, Immunität, Exterritorialität, Amnestie und das Fehlen eines Strafantrages (KK-*Rogall* 169). Liegen derartige Verfolgungshindernisse vor, so darf kein selbständiges Verfahren gegen JP oder PV eingeleitet werden (*BGH* wistra 1995, 314). Ist das selbständige Verfahren bereits eingeleitet und droht während des Verfahrens Verfolgungsverjährung, so hindert dies das selbständige Verfahren nicht, weil im selbständigen Verfahren dann die Verfolgungshandlungen gegen den Verband die Verjährung der Verbandssanktion unterbrechen (Abs. 4 Satz 3 in Verbindung mit § 33 Abs. 1 Satz 2). Abwesenheit, Tod oder Verhandlungsunfähigkeit bilden jedoch kein rechtliches Verfolgungshindernis im Sinne von Abs. 4 Satz 3 (KK-*Rogall* 169).

72 Auch im selbständigen Verfahren müssen die **materiell-rechtlichen Voraussetzungen** des Abs. 1 für die Festsetzung einer Geldbuße gegen den Verband gegeben sein. Es muss also festgestellt werden, dass ein Organ usw. rechtswidrig und schuldhaft eine der in Abs. 1 genannten Straftaten oder OWi als Anknüpfungstat begangen hat (*BGH* NStZ 1994, 346). Ist daher der Täter nicht zu ermitteln, so ist das selbständige Verfahren schwierig durchzuführen, weil keine ausreichenden Feststellungen zur subjektiven Tatseite getroffen werden können (*RRH* 52). Ist andererseits der Täter zwar unbekannt, steht aber fest, dass es sich bei ihm um ein Organ des betroffenen Verbandes handelt und ist mit an Sicherheit grenzender Wahrscheinlichkeit anzunehmen, dass jedes als Täter in Frage kommende Organ schuldhaft gehandelt hätte, so ist die selbständige Anordnung einer Geldbuße nach Abs. 4 zulässig (*BGH* NStZ 1994, 346).

VI. Weitere Verfahrensfragen

73 Aus **Abs. 4 Satz 1** folgt ferner, dass dann, wenn das selbständige Verfahren gegen den Verband nicht durchgeführt werden kann oder ein solches Verfahren eingestellt wird, die Festsetzung der Geldbuße gegen den Verband jedenfalls in einem einheitlichen Verfahren erfolgt, wenn wegen der Anknüpfungstat des Organs oder Bevollmächtigten gegen das Organ ein Straf- oder Bußgeldverfahren durchgeführt wird (*Göhler/König* 28). Ein Verstoß gegen den Verfassungsgrundsatz „ne bis in idem" liegt nicht vor, weil sich die Individualsanktion gegen den Täter einer Straftat oder OWi richtet, während die Verbandsgeldbuße gegen die JP oder PV gerichtet ist, so dass in Wahrheit eine doppelte Ahndung nicht vorliegt (*Hamm* NJW 1973, 1853). Ist der Täter unmittelbar auch durch die Verbandsgeldbuße

Sechster Abschnitt. Verfall und Geldbuße § 30

betroffen, so ist dies bei der Festsetzung der gegen ihn gerichteten Individualsanktion zu berücksichtigen. Auch dem dient die Regelung, wonach ein einheitliches Verfahren vorgesehen ist.

Die **Erfordernisse des einheitlichen Verfahrens** dürfen nicht aus prozesstaktischen Gründen unterlaufen werden. Unzulässig (*Achenbach* WpÜG, Stand 5/2004, vor § 60 Rn. 56) sind daher aufgespaltene Verfahren gegen JP oder PV und deren Organe oder Vertreter, so dass sich die Verfolgungsbehörde zunächst Klarheit über die jeweiligen Beteiligungsverhältnisse verschaffen muss und bei der Festsetzung der Geldbuße gegen den Verband feststellen muss, in welchem Ausmaß Identität zwischen Gesellschaft und Gesellschafter vorliegt. Ist demnach bereits ein Strafverfahren anhängig, so ist das gegen den Verband eingeleitete Bußgeldverfahren einzustellen. Ein in diesem Verfahren dennoch ergangener Bußgeldbescheid, der den Voraussetzungen des Abs. 4 für ein selbständiges Verfahren nicht genügt, ist nicht nichtig, jedoch auf Einspruch hin aufzuheben und das Verfahren wegen eines Verfahrenshindernisses einzustellen (*BGH* wistra 1990, 67 m. Anm. *Göhler* NStZ 1991, 75). 74

Ist umgekehrt eine **rechtskräftige Bußgeldentscheidung gegen den Verband** ergangen, so hindert dies nicht, danach gegen deren Organ oder Vertreter wegen der Anknüpfungstat ein eigenes Bußgeldverfahren durchzuführen, so dass die Verfahren auch getrennt rechtskräftig werden können (*Göhler* wistra 1991, 131). 75

Im Übrigen gilt auch insoweit das **Opportunitätsprinzip**, so dass nur nach pflichtgemäßem Ermessen über die Festsetzung der Geldbuße zu entscheiden ist. Dies gilt nicht nur für die Höhe der Geldbuße, sondern auch für die Frage, ob es notwendig und angemessen ist, sowohl gegen den Verband als auch gegen das Organ oder den Vertreter eine Geldbuße festzusetzen. Dies kann davon abhängen, welche Bedeutung die Tat hat, ob der Vorwurf, der dem Organ zu machen ist, schwerwiegend ist, ob es selbst mittelbar durch die Geldbuße gegen den Verband getroffen wird, weil es an deren Kapital beteiligt ist oder weil es sonstige wirtschaftliche Nachteile tragen muss. Eine derartige doppelte Auswirkung der Ahndung ist wechselseitig zu berücksichtigen (*Hamm* NJW 1973, 1854). In diesen Fällen kann es richtig sein, das Verfahren gegen das Organ einzustellen und gegen den Verband ein selbständiges Verfahren nach Abs. 4 durchzuführen (*Göhler/König* 35). 76

77 Nach **Abs. 5** darf gegen den Verband der Verfall nach den §§ 73 oder 73a StGB bzw. nach § 29a nicht angeordnet werden, wenn gegen ihn wegen derselben Tat eine Geldbuße festgesetzt worden ist. Daraus folgt umgekehrt, dass, wenn gegen den Verband keine Geldbuße festgesetzt wird, wegen derselben Tat der Verfall angeordnet werden kann, sofern die dafür erforderlichen Voraussetzungen gegeben sind. Bei bestimmten Verstößen gegen das Wirtschaftsstrafgesetz kann ferner anstelle des Verfalls die Abführung des Mehrerlöses auch gegen einen Verband im Sinne der Vorschrift angeordnet werden. Wie bei § 29a kommt es hierbei nicht darauf an, welche Stellung dem Betriebsangehörigen, der die rechtswidrige Tat begangen hat, in dem Unternehmen zukommt. Es muss sich insbesondere nicht um ein Organ handeln (KK-*Rogall* 109). Dabei gilt Abs. 5 im Strafverfahren auch für die Abführung des Mehrerlöses, die gemäß § 8 Abs. 4 Satz 1 WiStG an die Stelle des Verfalls tritt. Wird demnach eine Geldbuße nach § 60 festgesetzt, so ist damit auch die nachträgliche Abführung des Mehrerlöses, die anstelle des Verfalls vorgesehen ist, ausgeschlossen (*RRH* 48; *Göhler/König* 37).

78 Aus der Systematik des Abs. 5 folgt umgekehrt, dass **nach Anordnung des Verfalls** oder der Abführung des Mehrerlöses gleichwohl gegen den Verband eine Geldbuße nach § 30 festgesetzt werden kann. In diesem Fall ist bei der Bemessung der Geldbuße der Verfall oder die Abführung des Mehrerlöses zu berücksichtigen. In dieser Situation empfiehlt es sich, nur eine Geldbuße festzusetzen, durch die abzuschöpfende Gewinne mitberücksichtigt werden.

79 Weil § 30 keinen eigenen OWi-Tatbestand umschreibt, richtet sich die **Verjährungsfrist für die Festsetzung der Verbandsgeldbuße** nicht nach Abs. 2 in Verbindung mit § 31 Abs. 2 (*RRH* 61a; *Göhler/König* 43a). Im Verfahren gegen den Verband gelten vielmehr die für die Tat der natürlichen Personen maßgeblichen Verjährungsvorschriften (akzessorische Verjährung – *BGHSt* 46, 207, 211; *Korte* NStZ 1997, 518). Wird demnach die Verjährung durch Handlungen gegenüber der natürlichen Person unterbrochen, so wirkt dies auch gegenüber dem Verband (*BGH* NJW 2001, 1436 m. Anm. *König* JR 2001, 426). Dies gilt auch dann, wenn gegen den „falschen" Organtäter ermittelt worden ist. Verjährungsrechtlich bildet die Leitungsebene hinsichtlich der identischen Tat eine Einheit (*Göhler/König* 43b; **a. A.** KK-*Rogall* 170).

Sechster Abschnitt. Verfall und Geldbuße **§ 30**

Ist im **Strafverfahren** auch über die Festsetzung einer Geldbuße gegen eine juristische Person oder eine Personvereinigung zu entscheiden, so gilt § 444 StPO mit den darin vorgesehenen Verweisungen. Die Rechtsstellung des Verbandes wird im einheitlichen Verfahren durch ihre Beteiligung an dem Verfahren gesichert. Auf diese Weise kann es sich rechtliches Gehör verschaffen und seine Verteidigungsrechte wahrnehmen (KK-*Rogall* 173). Seine prozessualen Möglichkeiten ergeben sich insbesondere aus § 444 Abs. 2 StPO in Verbindung mit den dort genannten weiteren Vorschriften. Dabei gelten auch im Strafverfahren die für das Zivilverfahren maßgeblichen Vertretungsgrundsätze (KK-*Rogall* 177), wobei dasjenige Organ, gegen das sich das Verfahren richtet, von der Vertretung des Verbandes ausgeschlossen ist. Ist die Anknüpfungstat Gegenstand des Strafverfahrens und werden die Personen im Sinne von Abs. 1 Nr. 1 bis 5 deswegen verfolgt, so scheiden sie als Zeugen aus. Im Übrigen können sie als Zeugen gehört werden. In dieser Eigenschaft stehen ihnen auch die mit der Zeugenstellung verbundenen Rechte zu. Das Beweisantragsrecht des Verbandes ist nach § 444 Abs. 2 Satz 2 StPO eingeschränkt (kritisch KK-*Rogall* 191). Das Rechtsmittel- und Wiederaufnahmerecht der StPO gilt auch für die Verbandsgeldbuße, die auch im Strafbefehlsverfahren festgesetzt werden kann (§ 438 Abs. 1 Satz 1 StPO). **80**

Für die Verbandsgeldbuße wegen Straftaten im selbständigen Verfahren gilt **§ 444 Abs. 3 Satz 1 StPO** mit den dort vorgenommenen Verweisungen. Durch Strafbefehl kann die selbständige Festsetzung einer Geldbuße nicht erfolgen, weil es insoweit an einer Bestrafung einer bestimmten Person fehlt (KK-*Rogall* 197). Rechtsmittel ist hier die sofortige Beschwerde gegen den die Geldbuße festsetzenden Beschluss, es sei denn, es ist durch Urteil entschieden worden. Wie bei Straftaten kann die Verbandsgeldbuße auch bei OWi in verbundenen Verfahren und – unter den Voraussetzungen des Abs. 4 – auch im selbständigen Verfahren festgesetzt werden. In beiden Verfahrensarten beginnt das Verfahren mit dem Bußgeldbescheid. Nach Einspruch entscheidet das Gericht im gerichtlichen Hauptverfahren nach den Regelungen des § 444 StPO, der nach § 46 Abs. 1 sinngemäß gilt. **81**

Wird eine Verbandsgeldbuße festgesetzt, so trägt der Verband zugleich die **Kosten des Verfahrens**. Dies gilt sowohl für die Festsetzung im Strafverfahren und zwar im einheitlichen wie im selbständigen Verfahren, in **82** dem der Verband in Ansehung der Kosten wie ein verurteilter Angeklagter nach § 465 Abs. 1 StPO behandelt wird, wie im einheitlichen oder selbständigen Bußgeldverfahren (KK-*Rogall* 203, 227).

83 Die **Vollstreckung** der Verbandsgeldbuße richtet sich nach den §§ 89 ff., auch soweit sie aufgrund eines Strafverfahrens im einheitlichen oder selbständigen Verfahren festgesetzt worden sind.

Siebenter Abschnitt. Verjährung

§ 31 Verfolgungsverjährung

(1) Durch die Verjährung werden die Verfolgung von Ordnungswidrigkeiten und die Anordnung von Nebenfolgen ausgeschlossen. § 27 Abs. 2 Satz 1 Nr. 1 bleibt unberührt.

(2) Die Verfolgung von Ordnungswidrigkeiten verjährt, wenn das Gesetz nichts anderes bestimmt,

1. **in drei Jahren bei Ordnungswidrigkeiten, die mit Geldbuße im Höchstmaß von mehr als fünfzehntausend Euro bedroht sind,**
2. **in zwei Jahren bei Ordnungswidrigkeiten, die mit Geldbuße im Höchstmaß von mehr als zweitausendfünfhundert bis zu fünfzehntausend Euro bedroht sind,**
3. **in einem Jahr bei Ordnungswidrigkeiten, die mit Geldbuße im Höchstmaß von mehr als eintausend bis zu zweitausendfünfhundert Euro bedroht sind,**
4. **in sechs Monaten bei den übrigen Ordnungswidrigkeiten.**

(3) Die Verjährung beginnt, sobald die Handlung beendet ist. Tritt ein zum Tatbestand gehörender Erfolg erst später ein, so beginnt die Verjährung mit diesem Zeitpunkt.

Übersicht

	Rn		Rn
I. Allgemeines	1–8	III. Verjährungsfristen	17–30
II. Eintritt und Wirkung der Verfolgungsverjährung	9–16	IV. Fristablauf	31–35

Siebenter Abschnitt. Verjährung § 31

I. Allgemeines

Die Vorschrift behandelt die **Verfolgungsverjährung** im OWi-Recht, und zwar ihre **Wirkung (Abs. 1)**, ihre **Fristen (Abs. 2)** und deren **Beginn (Abs. 3).** Das Ruhen der Verfolgungsverjährung und ihre Unterbrechung sind in den §§ 32 und 33 geregelt. 1

Die Auffassung von der **Rechtsnatur der Verfolgungsverjährung** hat sich im Laufe der Entwicklung der letzten Jahrzehnte gewandelt. Verfolgungsverjährung ist zunächst vom Reichsgericht als Institution des materiellen Rechts angesehen worden (*RGSt* 40, 90). Später hat das RG sie als ein aus materiellem und prozessualem Recht gemischtes Institut angesehen (*RGSt* 41, 176; 66, 328). Seit *RGSt* 76, 64 und 159 sowie 77, 209 und *BGHSt* 2, 307 sowie *BVerfGE* 1, 423 sieht die **Rechtsprechung** die Verfolgungsverjährung als prozessuales Verfahrenshindernis an. Ähnlich differenziert, wenn auch bis heute uneinheitlich, orientiert sich das **Schrifttum.** Zum Teil betrachtet es die Verfolgungsverjährung jedenfalls für die Strafverfolgung als ein materiellrechtliches Institut (*Bloy*, Die dogmatische Bedeutung der Strafausschließungs- und Strafaufhebungsgründe, 1976, S. 180, 190, 251), mit dem das Unrecht der Tat aufgehoben (*Bloy* S. 251) oder jedenfalls Strafe ausgeschlossen werde. Ein anderer Teil legt der Verjährung eine Doppelnatur mit einer materiellrechtlichen und einer verfahrensrechtlichen Seite bei (etwa *Tröndle/Fischer* § 78 Rn. 4; SK-*Rudolphi* § 78 Rn. 10; vgl. auch E 1962, S. 257). Ein weiterer Teil des Schrifttums (hierzu LK-*Jähnke* 8, Fn. 9) hält sie für eine Einrichtung des Prozessrechts. Darüber hinaus wird die Verjährung als eine Institution sui generis angesehen (*Grünwald*, Die Teilrechtskraft im Strafverfahren, 1964, S. 373). 2

Die seit langem insgesamt gesehen sehr einheitliche Auffassung der Rechtsprechung, wonach Verfolgungsverjährung ihrer rechtlichen Natur nach **ausschließlich ein Verfahrenshindernis** darstellt, ist zutreffend (*RRH* 2). Verjährungsregelungen sind gewillkürte Entscheidungen des hierzu berufenen Gesetzgebers mit dem Ziel, von einem bestimmten Zeitpunkt an vor Erreichen dieses Zeitpunkts verfolgbare Handlungen zukünftig nicht mehr zu verfolgen. Sie beeinflussen die grundsätzliche Entscheidung des Gesetzgebers, bestimmtes Verhalten als OWi zu umschreiben, und auch das grundsätzliche gesellschaftliche Unwerturteil hinsichtlich dieser Handlungen nicht. 3

219

§ 31 Erster Teil. Allgemeine Vorschriften

4 Die **Gründe**, aus denen sich der Gesetzgeber im Einzelfall entschließt, Verjährung eintreten zu lassen, mögen vielfältig sein. Wichtige Argumente insoweit sind möglicherweise auch das **schwindende Verfolgungsbedürfnis** im konkreten Einzelfall oder der **Beweismittelverlust**. Ein schwindendes Verfolgungsbedürfnis berührt aber das ursprüngliche Unwerturteil im Einzelfall nicht. Auch die aufgrund von Verjährungseintritt nicht mehr verfolgbare OWi bleibt eine Ordnungswidrigkeit, wenn auch eine solche, die nicht mehr verfolgt werden soll.

5 Auch die **Länge der vergangenen** Zeit beeinflusst die einmal begangene OWi als solche nicht (LK-*Jähnke* 9). Dementsprechend trifft der Gesetzgeber auch keine sachlich-rechtlichen Entscheidungen mittels prozessualer Regelungen, wenn er bestimmte Verjährungsfristen festlegt, zurücknimmt, verlängert oder sonst verändert (so aber LK-*Jähnke* 9). Der Eintritt der Verjährung ändert vielmehr an der Bewertung der Tat nichts.

6 Verjährung will dem **Rechtsfrieden** dienen (KK-*Weller* 2), möglicherweise auch etwaiger **Untätigkeit der Behörden** vorbeugen (*BGHSt* 12, 337). Verjährung berührt stets Fragen der Verfahrensökonomie, nach denen es sich als zweckmäßig herausstellt, die Verfolgungsintensität nach der Bedeutung abzustufen, welche die Sache in der Praxis noch hat. Sie bedeutet, dass der Staat im Einzelfall seine Ahndungsbemühungen einstellt, indem er auf eine **an sich mögliche Verfolgung der OWi auf gesetzlicher Grundlage verzichtet** (LK-*Jähnke* 9).

7 Von der Verfolgungsverjährung, die die Verfolgung der Tat ausschließt, ist die **Vollstreckungsverjährung** nach § 34 zu unterscheiden, die die Vollstreckung einer Bußgeldentscheidung unzulässig macht. Beide können nicht gleichzeitig laufen. Sie schließen sich gegenseitig aus. Die Vollstreckungsverjährung folgt der Verfolgungsverjährung unmittelbar nach. Einen verjährungsfreien Zwischenraum dazwischen gibt es nicht (KK-*Weller* 2; *BGHSt* 11, 396; 20, 200).

8 Hinsichtlich des In-Kraft-Tretens des Art. 155 Abs. 2 EGOWiG vgl. *RRH* vor § 31 Rn. 4 ff.; hinsichtlich der Überleitungsbestimmungen nach dem Landesrecht vgl. *RRH* vor § 31 Rn. 8. Das **Europäische Gemeinschaftsrecht** kennt erst seit den 70er Jahren Regelungen über die Verjährung. Die Verfolgungs- und Vollstreckungsverjährung für die Befugnis der EG-Kommission, wegen Zuwiderhandlungen gegen Vorschriften des Ver-

kehrs- oder Wettbewerbsrechts Geldbußen oder Sanktionen festzusetzen, regelt die Verordnung (EWG) Nr. 2988/74 des Rates vom 26. 11. 1974.

II. Eintritt und Wirkung der Verfolgungsverjährung

Verjährung gilt einheitlich für die Verfolgung der OWi und die Anordnung von Nebenfolgen, wenn über **beide Rechtsfolgen einheitlich** zu entscheiden ist (*Karlsruhe* NStZ 1987, 79). Die Festsetzung von Geldbuße und die Anordnung von Nebenfolgen verjähren in diesem Falle also nicht getrennt (*Göhler/König* 2).

Trotz Verjährung der Tat ist die Anordnung von Nebenfolgen dann zulässig, wenn die **Einziehung als Sicherungsmaßnahme** i. S. v. § 22 Abs. 2 Nr. 2 in Betracht kommt oder wenn über die Anordnung von Nebenfolgen in einem **selbständigen Verfahren** entschieden wird und vor Einleitung des selbständigen Verfahrens wegen der Tat noch keine Verjährung eingetreten war. Dies folgt aus der weiterhin bestehenden Anwendbarkeit des § 27 Abs. 2 Satz 1 Nr. 1. Diese Frage, die früher in Rechtsprechung und Schrifttum uneinheitlich beurteilt worden ist, hat der Gesetzgeber durch Art. 2 Nr. 5b des Zweiten Gesetzes zur Bekämpfung der Wirtschaftskriminalität vom 15. 5. 1986 (BGBl. I S. 721) klargestellt (*RRH* 1b).

Weil Verjährung gegenüber jedem Beteiligten selbständig unterbrochen wird, kann sie bei **mehreren Betroffenen** zu einem unterschiedlichen Zeitpunkt eintreten (KK-*Weller* 11).

Bei **tateinheitlichem Zusammentreffen** von mehreren OWi gilt zwar für jede von ihnen eine eigene Verfolgungsverjährung mit einer unter Umständen unterschiedlichen Frist (*BayObLG* NStZ 1989, 482). Die Unterbrechung der Verjährung bezieht sich allerdings auf die Verfolgung der Tat unter allen rechtlichen Gesichtspunkten und gilt so für sämtliche Ordnungswidrigkeiten (*BGHSt* 22, 105; *Göhler/König* 5).

Weil die Verfolgungsverjährung ihrer rechtlichen Natur nach ein Verfahrenshindernis ist, ist sie **in jeder Lage des Verfahrens**, also auch im Verfahren nach Einspruch und in der Rechtsbeschwerdeinstanz, **von Amts wegen** zu berücksichtigen. Voraussetzung für ihre Berücksichtigung in der Rechtsbeschwerdeinstanz ist allerdings, dass der Rechtsbehelf ordnungsgemäß eingelegt war. Ist Verjährung eingetreten, so ist das Verfahren wegen **Vorliegens eines Verfahrenshindernisses** einzustellen. Das gilt auch dann, wenn der Schuldspruch bereits rechtskräftig geworden ist (*BayObLG* VRS 44, 302). Ist nicht feststellbar, ob eine OWi verjährt ist, so gilt der Zweifelssatz zugunsten des Betroffenen.

14 Die **Einstellung wegen Verfolgungsverjährung** erfolgt im Ermittlungsverfahren gemäß § 46 Abs. 1 OWiG i.V.m. § 170 Abs. 2 StPO durch die Verfolgungsbehörde, wenn das Verfahren bei ihr anhängig ist. Hat die Verwaltungsbehörde trotz Verfolgungsverjährung einen Bußgeldbescheid erlassen und bemerkt sie dies vor Eintritt der Rechtskraft, so hat sie den Bußgeldbescheid zurückzunehmen. In der gleichen Weise hat die Verwaltungsbehörde zu verfahren, wenn sich die Verfolgungsverjährung nach ordnungsgemäß erfolgtem Einspruch (§ 67) des Betroffenen und vor Aktenübersendung an die StA (§ 69 Abs. 3 Satz 1) herausstellt. Ist hingegen der Einspruch nicht rechtzeitig, nicht in der vorgeschriebenen Form oder sonst nicht wirksam eingelegt, so muss ihn die Verwaltungsbehörde gemäß § 69 Abs. 1 Satz 1 als unzulässig verwerfen, ohne den Eintritt der Verjährung berücksichtigen zu können.

15 **Stellt die StA** die Verfolgungsverjährung fest oder ist diese im Gegensatz zur Verwaltungsbehörde der Auffassung, dass Verjährung eingetreten ist, so hat sie das Verfahren einzustellen (*RRH* 3a). Sind die Akten von ihr bereits dem Amtsgericht zur Entscheidung über den Einspruch gegen den Bußgeldbescheid vorgelegt, so ist das Verfahren außerhalb der Hauptverhandlung gemäß § 46 Abs. 1 OWiG i.V.m. § 206a StPO durch Beschluss einzustellen, in der Hauptverhandlung hingegen durch Urteil gemäß § 71 Abs. 1 OWiG i.V.m. § 260 Abs. 3 StPO. Stellt das Amtsgericht fest, dass der Einspruch nicht ordnungsgemäß eingelegt war, nachdem die Verwaltungsbehörde dies entweder übersehen hat oder weil das Gericht in dieser Frage anderer Auffassung als die Verwaltungsbehörde ist, so verwirft das Gericht den Einspruch als unzulässig, und zwar ebenso wie die Verwaltungsbehörde bei ihrer Entscheidung ohne Rücksicht auf eine eingetretene Verjährung (KK-*Weller* 15; *Göhler/König* 18; *RRH* 3a).

16 Bei unzulässiger **Rechtsbeschwerde** erfolgt Verwerfung als unzulässig, auch wenn schon vor der Bußgeldentscheidung Verjährung eingetreten war (*Karlsruhe* Justiz 1980, 93). Das Rechtsbeschwerdegericht kann die vor Erlass des angefochtenen Urteils oder Beschlusses eingetretene Verfolgungsverjährung **nicht berücksichtigen**, es sei denn, dass die Rechtsbeschwerde gerade wegen der Frage der fehlerhaften Beurteilung des Verjährungseintritts eingelegt worden ist (*BGHSt* 36, 63). Nach einem Urteil 1. Instanz oder nach einem Beschluss nach § 72 kann bei Einlegung der Rechtsbeschwerde bis zum rechtskräftigen Abschluss der Verfahrensverjährung nicht mehr eintreten, weil nach § 32 Abs. 2 die Verjährungsfrist dann nicht vor dem Zeitpunkt abläuft, in dem das Verfahren rechtskräftig abgeschlossen ist. Dies gilt unabhängig davon, ob die Rechtsbeschwerde zulässig oder unzulässig ist, da sie in jedem Fall den Eintritt der Rechtskraft der Bußgeldentscheidung hemmt, sofern die Rechtsbeschwerde nur form- und fristgerecht eingelegt wurde (*RRH* 4).

III. Verjährungsfristen

Die **Frist für die Verfolgungsverjährung** richtet sich nach der **Höhe der Bußgelddrohung.** Sondervorschriften mit längeren Fristen als drei Jahre oder kürzeren Fristen als sechs Monate enthalten etwa § 384 AO, § 128 Abs. 2 Branntweinmonopolgesetz, verschiedene Datenschutzgesetze der Länder, § 26 Abs. 3 StVG u. a. Aber auch bei dem Höchstbetrag der angedrohten Geldbuße ist § 17 Abs. 2 zu beachten, so dass **fahrlässige Handlungen** vielfach einer **kürzeren Verjährung** unterliegen (KK-*Weller* 17; *Göhler/König* 6; *BayObLGSt* 1989, 109). 17

Die **kurzen presserechtlichen Verjährungsfristen** gelten für die Verfolgung von OWi, die durch Verbreiten von Druckwerken begangen und als „Presseinhaltsdelikte" anzusehen sind, entsprechend, und zwar die kürzeren Fristen, die im Presserecht für Vergehen vorgesehen sind (*BGHSt* 28, 56; *Göhler/König* 7). Danach kann auch das Ankleben eines Plakats die Veröffentlichung eines Druckwerkes sein und unter die kurze presserechtliche Verjährungsfrist fallen (*Köln* NStZ 1990, 241). Bei Kartell-OWi gelten jedoch nach § 38 Abs. 5 GWB nicht die kurzen presserechtlichen Verjährungsfristen, sondern die des OWiG (*BGH* NStZ 1986, 367). Die in der Praxis der Strafverfolgungsbehörden wegen der kurzen presserechtlichen Verjährung auftretenden Probleme bestehen hier ebenso. 18

Nach Abs. 3 **beginnt die Verjährungsfrist,** sobald die Handlung beendet ist. Sofern ein zum Tatbestand gehörender Erfolg erst später eintritt, beginnt sie mit diesem Zeitpunkt. Damit unterscheidet die Vorschrift zwischen der Beendigung und der Vollendung einer Handlung. Vollendet ist sie, wenn sämtliche Merkmale des gesetzlichen Tatbestandes erfüllt sind (*BGHSt* 16, 208; *Beck/Berr* 168); beendet jedoch erst mit dem Zeitpunkt, 19 in dem auch nach natürlicher Auffassung das Handlungsgeschehen seinen tatsächlichen Abschluss gefunden oder der Betroffene seine Gesamttätigkeit beendet hat (*BGHSt* 24, 220).

20 Bei einer **vollendeten OWi** ist der Zeitpunkt der Beendigung der Handlung i. S. d. Abs. 3 zumeist gleichzeitig der der Vollendung des Tatbestandes, weil bei der weit überwiegenden Mehrzahl der Bußgeldtatbestände die auf die Verwirklichung des gesetzlichen Tatbestands gerichtete Tätigkeit mit der tatbestandsmäßigen Erfüllung des Bußgeldtatbestandes ihren endgültigen Abschluss gefunden hat. Später liegt der Beendigungszeitpunkt bei Dauer-OWi oder Unterlassungs-OWi. Hierher gehören OWi, welche die falschen Angaben zur Erlangung einer Genehmigung oder Bescheinigung mit Geldbuße bedrohen (z. B. § 33 Abs. 4 AWG), weil diese erst bei Erteilung bzw. Ablehnung der Genehmigung oder Bescheinigung ihren tatsächlichen Abschluss gefunden haben und damit als beendet anzusehen sind (*RRH* 12, **a. A.** *Göhler/König* 9b). Die leichtfertige Steuerverkürzung ist erst beendet, wenn die Veranlagung durchgeführt oder der Steuerbescheid zugestellt worden ist bzw. im regelmäßigen Geschäftsgang zugestellt worden wäre (*BGH* NStZ 1984, 414). Die Umsatzsteuerverkürzung ist in der Regel erst mit dem Zeitpunkt beendet, zu dem die Jahresanmeldung spätestens abzugeben war (*BGH* NStZ 1991, 137).

21 Wird dieselbe Bußgeldvorschrift durch **mehrere Verstöße** verwirklicht, so beginnt die Verjährung erst mit dem Zeitpunkt, in welchem die letzte Zuwiderhandlung beendet ist (*BGHSt* 32, 389 m. Anm. *Göhler* NStZ 1985, 64). Dies gilt auch für die Aufsichtspflichtverletzung, auf die sich die Verstöße beziehen (*BGH* aaO). Hier ist die Verletzung der Aufsichtspflicht nicht beendet, solange nach einer bestimmten Zuwiderhandlung gegen betriebsbezogene Pflichten in nächster Zeit weitere Verstöße dieser Art zu befürchten sind (*BGHSt* 32, 392).

22 Bei einer **unzulässigen Preisabsprache** ist die Zuwiderhandlung erst beendet, wenn die Verträge erfolgreich abgewickelt sind, also nicht vor Erteilung der Schlussabrechnung (*BGHSt* 32, 389; **a. A.** *Dannecker* NStZ 1985, 49).

23 Verbleibt die Handlung im **Versuchsstadium** und kann der Versuch geahndet werden (§ 13 Abs. 2), so beginnt die Verjährung bereits mit dem Abschluss des Versuchs (*RGSt* 42, 171). Bei einer Bedingung der Ahndungsmöglichkeit beginnt die Verjährung mit deren Eintritt (*Göhler/ König* 8).

Bei vom *BGH* als Rechtsfigur aufgegebenen fortgesetzten Handlungen (*BGHSt* 40, 138) begann die Verjährung mit der Beendigung der letzten Einzelhandlung (*BGHSt* 24, 221; **a. A.** Rüping GA 1985, 437). Beschränken sich Beteiligte (§ 14) bewusst nur auf einige Einzelhandlungen, so kommt es für den Verjährungsbeginn auf die Beendigung der letzten Einzelhandlung an, an welcher der Beteiligte mitgewirkt hat (*BGHSt* 20, 228). Bei gewerbs-, geschäfts- oder gewohnheitsmäßiger Begehung behalten die Einzelhandlungen ihre Selbständigkeit, so dass die Verjährung für jede Einzelhandlung gesondert läuft und für sich beginnt. 24

Bei **Dauer-OWi** beginnt die Verjährungsfrist mit der Beseitigung des rechtswidrigen Zustandes (*BGHSt* 20, 228). Ist bei Vorliegen einer Dauer-OWi der rechtswidrige Zustand bei Erlass des Bußgeldbescheides noch nicht beseitigt, so beginnt die Verfolgungsverjährung hinsichtlich des vom Bescheid erfassten Teils der OWi mit dem Erlass des Bußgeldbescheides (*BayObLG* NJW 1958, 1883; *RRH* 15), so dass die Zuwiderhandlung durch den Erlass dieses Bescheides mit der Folge unterbrochen wird, dass der spätere Teil der Dauer-OWi rechtlich eine besondere Handlung wird, die nicht mehr vom anhängigen Verfahren erfasst wird. 25

Bei **Zustands-OWi** beginnt der Lauf der Verjährung vom Ende der Handlung an, die den rechtswidrigen Zustand herbeigeführt hat (*BGHSt* 32, 294). So beginnt die Verjährungsfrist bei unerlaubtem Ablagern von Abfällen mit der Beendigung des Ablagerns (*BGHSt* 36, 255; *BayObLG* wistra 1993, 313), bei Nutzungsänderungen mit Abschluss der Änderung (*Karlsruhe* Justiz 1991, 502), beim Errichten eines Gebäudes ohne Genehmigung mit Abschluss des Baues (*RGSt* 37, 78), beim Einstellen eines Mitarbeiters ohne Gesundheitszeugnis mit der Begründung des Arbeitsverhältnisses (*Köln* GewArch 1979, 247). 26

Bei **Unterlassungs-OWi** beginnt die Verjährungsfrist, sobald die Pflicht zum Handeln entfällt (*BGHSt* 28, 380; *RRH* 16). Ist eine Handlung jedoch innerhalb einer gesetzlich bestimmten Frist vorzunehmen, so ist davon auszugehen, dass mit dem Ablauf der Frist die Handlungspflicht noch nicht entfällt, die OWi mithin noch nicht beendet ist. Dann beginnt die Verjährung erst, wenn die Verpflichtung zum Handeln durch die Vornah- 27 me der vom Gesetz verlangten Handlung oder aus sonstigen besonderen Gründen wegfällt (*RRH* 16a). Dies gilt nicht, wenn an der Nachholung der versäumten Handlung kein Interesse mehr besteht. Dann ist die OWi bereits mit der gesetzlich bestimmten Frist beendet (*Düsseldorf* VRS 74, 206).

28 **Handlungspflichten dauern meistens über den Fristablauf hinaus fort**, wenn Melde- bzw. Anzeigepflichten betroffen sind oder Beiträge, Abgaben, Steuern oder Gebühren zu leisten sind (*Zweibrücken* MDR 1981, 1042; *Düsseldorf* JZ 1985, 48). Eine solche Handlungspflicht entfällt bei Außerkrafttreten des sie auferlegenden Gesetzes (*Karlsruhe* NStZ 1981, 264) oder bei Beendigung der pflichtbegründenden Stellung in einem Betrieb (*Celle* NdsRpfl. 1975, 74). Unterlässt jemand bei der Inanspruchnahme öffentlicher Mittel trotz der Änderung anspruchsbegründender Umstände die erforderliche Änderungsanzeige, so endet die Anzeigepflicht spätestens in dem Zeitpunkt der Zahlungseinstellung (*Oldenburg* NdsRpfl. 1974, 126; KK-*Weller* 26). Verletzt ein Wehrpflichtiger die Pflicht zur sorgfältigen Aufbewahrung und Pflege von Bekleidungs- oder Ausrüstungsgegenständen und kommt eine solche Sache abhanden, dann beginnt die Verjährung mit dem Verlust der Sache (*Hamm* bei *Göhler/König* NStZ 1981, 55; **a. A.** *Oldenburg* NdsRpfl. 1980, 184: erst mit dem Ende der Wehrüberwachung oder der vor diesem Zeitpunkt durchgeführten Auskleidung).

29 Bei **fahrlässig durch Unterlassen begangenen Dauer-OWi** beginnt die Verjährung, sobald dem Betroffenen das Außerachtlassen seiner Pflicht zum Handeln nicht mehr vorgeworfen werden kann (*RRH* 16b). So entfällt die Eintragungspflicht bei fahrlässig unterlassenen Eintragungen im Fahrtenbuch frühestens mehrere Wochen nach der Fahrt (*BayObLG* DAR 1982, 256). Insoweit kommt es stets auf den **Einzelfall** an.

30 Beim unbeendeten Versuch einer OWi beginnt die Verjährung mit dem Abschluss der Versuchshandlungen. Beim beendeten Versuch beginnt sie mit der Vornahme der letzten Handlung, die der Täter nach seiner Vorstellung zur Vollendung der Tat für erforderlich hält (*RRH* 18). Tritt ein zum Versuch gehörender Erfolg erst später ein, so beginnt die Verjährung erst mit diesem Zeitpunkt (KK-*Weller* 32).

IV. Fristablauf

Nach der in den gesetzlichen Regelungen vorgesehenen Anzahl von Jahren oder Monaten läuft die **Verfolgungsfrist** mit Ende des Tages ab, der im Kalender dem Anfangstag vorangeht. Eine einjährige Verjährungsfrist, die am 1. Oktober begonnen hat, endet daher mit Ablauf des 30. September des folgenden Jahres, eine am 28. Februar begonnene 6-Monats-Frist hingegen schon mit Ablauf des 27. August. Fällt das Ende der Verjährungsfrist auf einen Sonntag, einen allgemeinen Feiertag oder einen Sonnabend, so wird nicht anders gerechnet. § 43 Abs. 2 StPO gilt nicht für die Verjährungsfristen des OWi-Rechts (*RRH* 23; *Göhler/König* 16; *KK-Weller* 36; *Beck/Berr* 168). 31

Abgesehen vom Fristablauf endet die Verfolgungsverjährung mit der **Rechtskraft** des Bußgeldbescheides, des Urteils, der Beschlüsse nach §§ 72, 79 Abs. 5 und 6 oder des Strafbefehls. Zu diesem Zeitpunkt beginnt die Vollstreckungsverjährung (§ 34 Abs. 3). Zu den Auswirkungen des Ruhens der Verfolgungsverjährung vgl. § 32. 32

In Einzelfällen kommt es nach Rechtskraft einer Bußgeldentscheidung zu einem **Wiederanlaufen der Verfolgungsverjährung**, wenn die Rechtskraft nachträglich wieder entfällt. So bei **Wiederaufnahme des Verfahrens** (§ 85 Abs. 1 i.V.m. § 370 Abs. 2 StPO) mit dem Zeitpunkt der Rechtskraft des Wiederaufnahmebeschlusses, der die Rechtskraft der Bußgeldentscheidung beseitigt, sofern nicht zwischenzeitlich Vollstreckungsverjährung eingetreten war, weil die bis zur Aufhebung der zunächst rechtskräftigen Bußgeldentscheidung laufenden Frist trotz der rückwirkenden Beseitigung der Bußgeldentscheidung nicht als Verfolgungs-, sondern als Vollstreckungsverjährung zu behandeln war (*Düsseldorf* MDR 1979, 335). 33

Das Gleiche gilt, wenn die Rechtskraft der Bußgeldentscheidung durch **Wiedereinsetzung in den vorigen Stand** beseitigt worden ist, es sei denn, dass die Verfolgungsverjährung schon vor Vorlage der Akten an das Gericht und damit schon vor Erlass des Wiedereinsetzungsbeschlusses eingetreten war (*Braunschweig* NJW 1973, 2119; *Hamm* VRS 50, 128). Die Wiedereinsetzung in den vorigen Stand wegen Versäumnis der Frist zum Einspruch gegen den Bußgeldbescheid verschafft damit dem Säumigen keine Vorteile, die er ohne die Säumnis nicht gehabt hätte, weil mit dem Wiedereinsetzungsbeschluss eine neue Verfolgungsverjährung nur 34 beginnt, wenn keine Vollstreckungsverjährung und die Verfolgungsverjährung auch nicht schon vor Rechtskraft des Bußgeldbescheides eingetreten war. Das Gleiche gilt, wenn im Wege der **Nachholung des rechtlichen Gehörs** eine Entscheidung ergeht, mit der die bereits eingetretene Rechtskraft des Bußgeldbescheides nachträglich wieder beseitigt und dem Verfahren Fortgang gegeben wird (*Frankfurt* MDR 1978, 513). Wird im Urteil die **Einziehung vorbehalten**, so ruht die Verjährung bis zur endgültigen Entscheidung über die Einziehung.

35 Im Übrigen gilt der Zweifelssatz, sofern unklar bleibt, ob im Einzelfall Verfolgungsverjährung eingetreten ist (*BayObLG* DAR 1974, 185). Ist der Zeitpunkt der Tatbegehung zweifelhaft geblieben, so gilt der für den Betroffenen günstigste (*BGH* NJW 1995, 1297). Diese Fragen können im Freibeweis-Verfahren geklärt werden (*Göhler/König* 20).

§ 32 Ruhen der Verfolgungsverjährung

(1) Die Verjährung ruht, solange nach dem Gesetz die Verfolgung nicht begonnen oder nicht fortgesetzt werden kann. Dies gilt nicht, wenn die Handlung nur deshalb nicht verfolgt werden kann, weil Antrag oder Ermächtigung fehlen.

(2) Ist vor Ablauf der Verjährungsfrist ein Urteil des ersten Rechtszuges oder ein Beschluss nach § 72 ergangen, so läuft die Verjährungsfrist nicht vor dem Zeitpunkt ab, in dem das Verfahren rechtskräftig abgeschlossen ist.

1 Die Vorschrift regelt das **Ruhen der Verfolgungsverjährung (Abs. 1)** und **schließt** nach dem Vorliegen einer Entscheidung im 1. Rechtszug den **Eintritt der Verfolgungsverjährung aus (Abs. 2).**

2 Ruhen der Verfolgungsverjährung bedeutet, dass ihr Ablauf zeitlich gehemmt ist. Die **Zeit des Ruhens** wird bei der Berechnung der Verjährungsfrist **nicht mitgerechnet** (*Göhler/König* 1). Dabei ist bei mehreren Tätern das Ruhen der Verjährung für jeden Täter getrennt zu beurteilen.

3 Das Ruhen der Verfolgungsverjährung bewirkt, dass entweder der **Beginn** der Verjährungsfrist **hinausgeschoben** oder ihr **Weiterlauf gehemmt** ist (*RRH* 1).

Siebenter Abschnitt. Verjährung **§ 32**

Die Verfolgung wird aus gesetzlichen Gründen **nicht begonnen oder** 4
nicht fortgesetzt, wenn jede Verfolgungshandlung rechtlich, nicht nur
tatsächlich, vorübergehend unzulässig oder unmöglich ist (KK-*Weller*
12). Das Ruhen der Verjährung gilt für die Tat im verfahrensrechtlichen
Sinne, also für die Tat unter allen rechtlichen Gesichtspunkten. Ruht die
Verfolgungsverjährung hinsichtlich einer **Straftat,** so erstreckt sich dies
auch auf die nach § 21 **verdrängte OWi** (*Göhler/König* 2). Bedeutungslos ist, ob die Verfolgung einer OWi deshalb nicht begonnen oder fortgesetzt werden kann, weil die OWi der Verfolgungsbehörde nicht bekannt
ist (*RRH* 1).

Anders als die Verjährungsunterbrechung vernichtet das Ruhen nicht den 5
bereits abgelaufenen Teil der Frist. Die **Verjährungsfrist läuft** nach Beendigung des Ruhens **weiter** (*RRH* 1).

Die für § 32 maßgeblichen rechtlichen Verfolgungshindernisse können 6
entweder in der Person des Täters oder in dem Umstand begründet sein,
dass die Verfolgung der OWi von einer rechtlichen Vorfrage abhängig
ist, die kraft Gesetzes in einem anderen Verfahren entschieden werden
muss.

Mit der **Person des Betroffenen** verknüpft ist das Fehlen der inländischen 7
Gerichtsunterworfenheit (exterritoriale Personen, §§ 18, 19 GVG) oder
das Vorrecht zur Verfolgung und Ahndung von OWi nach Art. VII Abs. 3
Nr. 3a und b, Abs. 2c NATO-Truppenstatut zugunsten des Entsendestaates
(*RRH* 9; KK-*Weller* 9; **a. A.** *Schwenk* NJW 1965, 2242). In letzterem Fall
sind zwar **einzelne unaufschiebbare Ermittlungshandlungen** durch die
deutschen Verfolgungsbehörden und Gerichte **möglich.** Insoweit handelt
es sich jedoch nicht um eigene Verfolgungstätigkeit der deutschen Behörden, sondern um Amts- oder Rechtshilfemaßnahmen für den bevorrechtigten Staat.

Die **Immunität der Parlamentsabgeordneten** hindert eine Verfolgung 8
wegen einer OWi nur, wenn die einschlägigen Immunitätsbestimmungen
keine Beschränkung auf die Verfolgung wegen strafbarer Handlungen
enthalten oder anderenfalls die Parlamente bis zum Ablauf der jeweiligen
Wahlperiode die Durchführung von Bußgeldverfahren gegen Abgeordnete genehmigen (*RRH* 7). Das Grundgesetz und nahezu sämtliche Länderverfassungen (Ausnahme Baden-Württemberg – Art. 38 Abs. 1 und

Berlin – Art. 35 Abs. 3) gewähren Immunitätsrechte nur bei Verfolgung wegen strafbarer Handlungen. Damit kann gegen **Bundestagsabgeordnete** und **Landtagsabgeordnete** außer in den erwähnten Ländern wegen Zuwiderhandlungen gegen Bußgeldtatbestände auch ohne Genehmigung der Parlamente ermittelt werden (*RRH* 7; **a. A.** *Maunz/Dürig/Herzog* Art. 46 Rn. 40; *Merten/Pfennig* MDR 1970, 806). Dies gilt auch für deutsche **Mitglieder des Europäischen Parlaments**, denen die den Abgeordneten des Deutschen Bundestages zuerkannte Immunität zusteht (§ 5 Europaabgeordnetengesetz vom 6. 4. 1979 – BGBl. I S. 413 – i. V. m. Art. 4 Abs. 2 des Aktes des Rates der EG vom 20. 9. 1976 zur Einführung allgemeiner unmittelbarer Wahlen der Abgeordneten der Versammlung – BGBl. 1977 II S. 735 – und Art. 10 Satz 1a des Protokolls über die Vorrechte und Befreiungen der EG – BGBl. 1965 II S. 1482; *Köln* NStZ 1987, 564). Dieser Rechtslage entspricht auch Nr. 298 RiStBV, in der allerdings klargestellt ist, dass der Übergang zum Strafverfahren nach § 81 nur mit Genehmigung der gesetzgebenden Körperschaft zulässig ist.

9   Eine zum Ruhen der Verfolgungsverjährung führende Vorfrage liegt vor, wenn das Verfahren **nach Art. 100 GG ausgesetzt** wird (*BVerfGE* 7, 36; *BGHSt* 24, 8; *Düsseldorf* NJW 1968, 117). Hierfür reicht aus, dass ein Aussetzungsbeschluss erlassen wird, sofern eine in anderer Sache über dieselbe Rechtsfrage anstehende Entscheidung des Bundesverfassungsgerichts noch nicht ergangen ist. Es kommt nicht darauf an, dass der Richter, der von der Verfassungswidrigkeit des Gesetzes überzeugt ist und weiß, dass diese Frage bereits beim Bundesverfassungsgericht anhängig ist, seinerseits selbst vorlegt. Dies ergibt sich bereits aus der Verbindlichkeit der späteren Entscheidung des Bundesverfassungsgerichts (**a. A.** *RRH* 6; KK-*Weller* 15; *Göhler/König* 4). Ein Ruhen der Verfolgungsverjährung bewirkt im Übrigen auch die **Aussetzung nach Art. 126 GG** i. V. m. § 86 Abs. 2 BVerfGG (*Hamm* GA 1969, 63), weil das zugrunde liegende Verfahren in diesem Fall bis zur Entscheidung des Bundesverfassungsgerichts ebenfalls nicht weiterbetrieben werden kann.

10 Eine **Verfassungsbeschwerde** nach § 90 BVerfGG, mit der eine Beschwerde im Bußgeldverfahren angefochten wird, führt hingegen nur dann zum Ruhen der Verjährung, wenn das Bundesverfassungsgericht von der ihm in § 32 BVerfGG eröffneten Möglichkeit Gebrauch macht, durch **einstweilige Anordnung** die Fortführung des Bußgeldverfahrens

so lange zu unterbinden, bis es über die Verfassungsbeschwerde entschieden hat (*Düsseldorf* NJW 1968, 117; *Göhler/König* 4).

Ist die weitere Verfolgung gemäß Art. 103 Abs. 3 GG aufgrund des **Verbots doppelter Verfolgung** derselben Sache ausgeschlossen, so liegt ebenfalls ein zeitweiliges Verfolgungshindernis vor (*RRH* 6a). **11**

Die Ablehnung eines Richters wegen **Besorgnis der Befangenheit** ist kein Verfolgungshindernis i. S. der Vorschrift. Er hat vor Erledigung des Ablehnungsverfahrens unaufschiebbare Handlungen vorzunehmen. Hierzu gehört im Regelfall auch die Anberaumung eines Termins zur Hauptverhandlung mit dem Ziel der Verjährungsunterbrechung nach § 33 Abs. 1 Nr. 11 (*Oldenburg* bei *Göhler/König* NStZ 1982, 12; *RRH* 6b). **12**

Auch bei Vorliegen eines **gesetzlichen Verfolgungshindernisses** ruht die Verfolgungsverjährung hingegen nicht, wenn die Handlung nur deshalb nicht verfolgt werden kann, weil **Antrag** oder **Ermächtigung** fehlen (Abs. 1 Satz 2). Dies ist in den gesetzlich gesondert geregelten Fällen nur ausnahmsweise der Fall (*Göhler/König* § 131 Rn. 5). Im Übrigen gilt dies für die Fälle des § 122 und § 130. **13**

Die **Verfolgung der Tat durch die StA** ist kein Verfolgungshindernis i. S. v. Abs. 1, und zwar auch dann nicht, wenn die Verwaltungsbehörde die Sache der StA nach § 41 vorzulegen hat oder wenn das Verfahren nach dem Ermessen des Gerichts ausgesetzt werden kann. Anders, wenn eine Sonderregelung eingreift (z. B. § 396 Abs. 3 i. V. m. § 410 Abs. 1 Nr. 5 AO). **14**

Das **Ruhen** der Verfolgungsverjährung **tritt** unmittelbar **kraft Gesetzes ein**, sobald die Voraussetzungen des Abs. 1 vorliegen. Ohne Bedeutung ist dabei, ob die OWi der Verfolgungsbehörde bereits bekannt ist (*BGH* NJW 1962, 2309; *RRH* 1). Im Falle des Art. 100 GG kommt es auf den Zeitpunkt des Vorlagebeschlusses und nicht auf den Eingang der Akten beim Bundesverfassungsgericht an (*Schleswig* NJW 1963, 1580). Das **Ruhen** der Verjährung **endet**, wenn das der Fortführung des Verfahrens entgegenstehende **rechtliche Verfolgungshindernis wegfällt**. Ist zweifelhaft, wie weit der Zeitraum reicht, in dem die Verjährung geruht hat, gilt der Zweifelssatz. Es ist also von dem **frühestmöglichen Endzeitpunkt** auszugehen (KK-*Weller* 19). **15**

Nach Abs. 2 ist der Ablauf der Verjährungsfrist bis zum **rechtskräftigen Abschluss des Verfahrens** gehemmt, wenn ein Urteil des 1. Rechtszuges **16** oder ein Beschluss nach § 72 ergangen ist. Damit schließen sowohl das Urteil in 1. Instanz, auch wenn es im Strafverfahren ergangen ist (*RRH* 13), als auch der Beschluss nach § 72 Abs. 1 den Eintritt der Verfolgungsverjährung für das gesamte weitere Verfahren aus. Dies gilt auch dann, wenn die Frist der absoluten Verjährung nach § 33 Abs. 3 Satz 2 verstrichen wäre. Dies folgt aus § 33 Abs. 3 Satz 4. Damit ist dem Betroffenen der Anreiz genommen, in einem Verfahrensstadium, in dem es nicht mehr sehr viele Möglichkeiten der Verjährungsunterbrechung gibt, durch geschicktes Taktieren die Verjährung doch noch zu erreichen (KK-*Weller* 21). Gleichgültig ist dabei der Meinungsstreit, ob es sich bei der Regelung des Abs. 2 um einen echten Fall des Ruhens der Verjährung i. S. d. Abs. 1 handelt oder um eine Ablaufhemmung (hierzu KK- *Weller* 22).

17 Absatz 2 gilt auch, wenn es sich um ein Verwerfungsurteil nach § 74 Abs. 2 handelt und unabhängig davon, ob der Betroffene gegen das Urteil Rechtsbeschwerde eingelegt oder wegen Versäumung der Hauptverhandlung zunächst Wiedereinsetzung in den vorigen Stand beantragt und das erkennende Gericht diese bewilligt hat (*Zweibrücken* bei Korte NStZ 2004, 18).

18 Die Wirkung des Abs. 2 tritt nur ein, wenn das **Urteil** 1. Instanz **verkündet** oder der **Beschluss** nach § 72 **unterschrieben** ist. War zu diesem Zeitpunkt die Verjährung bereits eingetreten, so greift die Vorschrift nicht ein. Gleichgültig ist dabei, ob das Urteil im Bußgeld- oder Strafverfahren ergangen ist. Das ergibt sich daraus, dass der Eintritt der Verjährungshemmung i. S. d. Abs. 2 die Tat im verfahrensrechtlichen Sinne erfasst. Tritt hingegen vor dem Erlass des Urteils oder des Beschlusses gemäß § 72 die Verjährung durch eine fehlerhafte Entscheidung, die dies übersieht, ein, so ist Heilung nicht gegeben (*RRH* 13; *Göhler/König* 8).

19 Die Ablaufhemmung nach Abs. 2 betrifft das **gesamte weitere Verfahren.** Damit besteht die Sperrwirkung hinsichtlich des Ablaufs der Verjährung fort, auch wenn das Urteil im Rechtsmittelverfahren aufgehoben wird. Sie tritt außerdem unabhängig davon ein, ob das Urteil freispricht, einstellt oder eine Geldbuße festsetzt (*BGHSt* 32, 209). Die Sperrwirkung tritt jedoch nicht hinsichtlich der Tat, die den Gegenstand des Verfahrens bildet, dann ein, wenn das Gericht den Sachverhalt in der Weise umgestaltet hat, dass es eine andere Tat seiner Entscheidung zugrunde legt (**a.A.**

Göhler/König 9; *BayObLG* VRS 57, 38). In diesem Fall erfasst die Entscheidung auch nicht mehr die ursprüngliche Tat im prozessualen Sinne.

Welchen **Regelungsgehalt** die die ursprüngliche Tat betreffende gerichtliche Entscheidung hat, ist gleichgültig. Sie kann sich daher auch auf prozessrechtliche Fragen wie etwa die örtliche Zuständigkeit des Gerichts oder die Wirksamkeit eines Bußgeldbescheides erstrecken (*Frankfurt* NStZ 1983, 224; *RRH* 13a). Jedoch wird in derartigen Fällen die Sperrwirkung des Abs. 2 nur bis zum Abschluss der Klärung derartiger Zweifelsfragen gelten können (*RRH* 13a). Ist danach die weitere Verfolgung möglich, so kann die vorangegangene prozessrechtliche Entscheidung nicht die Wirkung haben, den Verjährungseintritt für immer zu sperren (*Karlsruhe* VRS 52, 197). Vielmehr beginnt dann eine neue Verjährungsfrist zu laufen (*Stuttgart* NStZ 1983, 227; **a. A.** *Karlsruhe* VRS 52, 197). Wird die Bußgeldentscheidung im Wiederaufnahmeverfahren aufgehoben, so beginnt mit Rechtskraft dieses Beschlusses eine neue Verfolgungsverjährung zu laufen (*RRH* 13a). 20

Abs. 2 gilt nicht bei **Beschlüssen nach § 70 oder § 206a StPO** i.V.m. § 46 Abs. 1. Der eindeutige Gesetzeswortlaut steht einer entsprechenden oder analogen Anwendung von Abs. 2 unzweifelhaft entgegen (*BGH* NStZ 1986, 414; *Göhler* NStZ 1984, 63; *KK-Weller* 23; *Göhler/König* 10a). Ist hingegen der Einspruch gegen einen Bußgeldbescheid in der Hauptverhandlung entgegen § 260 StPO i.V.m. § 71 Abs. 1 statt durch Urteil durch Beschluss als unzulässig verworfen worden, so gilt Abs. 2 (*KK-Weller* 23), weil der Sache nach ein Urteil vorliegt (*BayObLG* NJW 1978, 903). 21

§ 153a Abs. 3 StPO enthält eine besondere Regelung über das Ruhen der Verjährung während des Laufes der für die **Erfüllung von Auflagen und Weisungen** nach § 153a StPO gesetzten Frist. Das Ruhen der Verjährung nach dieser Vorschrift bezieht sich auch auf die zugleich mit dem Vergehen vorliegende Ordnungswidrigkeit. Es beginnt mit dem Erlass der vorläufigen Einstellungsverfügung und nicht schon mit der staatsanwaltschaftlichen Bekanntgabe der Absicht einer Verfahrenseinstellung unter Auflagen oder Weisungen und Aufforderung an den Beschuldigten zur entsprechenden Zustimmung (*BayObLG* VRS 65, 288; *RRH* 15; *Göhler/König* 13). Dies gilt nur, wenn der Beschuldigte seine Zustimmung zur Erledigung gem. § 153a StPO gegeben hat (*BayObLG* VRS 65, 288; *Beck/Berr* 171). 22

§ 33 Unterbrechung der Verfolgungsverjährung

(1) Die Verjährung wird unterbrochen durch

1. die erste Vernehmung des Betroffenen, die Bekanntgabe, daß gegen ihn das Ermittlungsverfahren eingeleitet ist, oder die Anordnung dieser Vernehmung oder Bekanntgabe,
2. jede richterliche Vernehmung des Betroffenen oder eines Zeugen oder die Anordnung dieser Vernehmung,
3. jede Beauftragung eines Sachverständigen durch die Verfolgungsbehörde oder den Richter, wenn vorher der Betroffene vernommen oder ihm die Einleitung des Ermittlungsverfahrens bekanntgegeben worden ist,
4. jede Beschlagnahme- oder Durchsuchungsanordnung der Verfolgungsbehörde oder des Richters und richterliche Entscheidungen, welche diese aufrechterhalten,
5. die vorläufige Einstellung des Verfahrens wegen Abwesenheit des Betroffenen durch die Verfolgungsbehörde oder den Richter sowie jede Anordnung der Verfolgungsbehörde oder des Richters, die nach einer solchen Einstellung des Verfahrens zur Ermittlung des Aufenthalts des Betroffenen oder zur Sicherung von Beweisen ergeht,
6. jedes Ersuchen der Verfolgungsbehörde oder des Richters, eine Untersuchungshandlung im Ausland vorzunehmen,
7. die gesetzlich bestimmte Anhörung einer anderen Behörde durch die Verfolgungsbehörde vor Abschluß der Ermittlungen,
8. die Abgabe der Sache durch die Staatsanwaltschaft an die Verwaltungsbehörde nach § 43,
9. den Erlaß des Bußgeldbescheides, sofern er binnen zwei Wochen zugestellt wird, ansonsten durch die Zustellung,
10. den Eingang der Akten beim Amtsgericht gemäß § 69 Abs. 3 Satz 1 und Abs. 5 Satz 2 und die Zurückverweisung der Sache an die Verwaltungsbehörde nach § 69 Abs. 5 Satz 1,
11. jede Anberaumung einer Hauptverhandlung,
12. den Hinweis auf die Möglichkeit, ohne Hauptverhandlung zu entscheiden (§ 72 Abs. 1 Satz 2),
13. die Erhebung der öffentlichen Klage,
14. die Eröffnung des Hauptverfahrens,

15. den Strafbefehl oder eine andere dem Urteil entsprechende Entscheidung.

Im selbständigen Verfahren wegen der Anordnung einer Nebenfolge oder der Festsetzung einer Geldbuße gegen eine juristische Person oder Personenvereinigung wird die Verjährung durch die dem Satz 1 entsprechenden Handlungen zur Durchführung des selbständigen Verfahrens unterbrochen.

(2) Die Verjährung ist bei einer schriftlichen Anordnung oder Entscheidung in dem Zeitpunkt unterbrochen, in dem die Anordnung oder Entscheidung unterzeichnet wird. Ist das Schriftstück nicht alsbald nach der Unterzeichnung in den Geschäftsgang gelangt, so ist der Zeitpunkt maßgebend, in dem es tatsächlich in den Geschäftsgang gegeben worden ist.

(3) Nach jeder Unterbrechung beginnt die Verjährung von neuem. Die Verfolgung ist jedoch spätestens verjährt, wenn seit dem in § 31 Abs. 3 bezeichneten Zeitpunkt das Doppelte der gesetzlichen Verjährungsfrist, mindestens jedoch zwei Jahre verstrichen sind. Wird jemandem in einem bei Gericht anhängigen Verfahren eine Handlung zur Last gelegt, die gleichzeitig Straftat und Ordnungswidrigkeit ist, so gilt als gesetzliche Verjährungsfrist im Sinne des Satzes 2 die Frist, die sich aus der Strafdrohung ergibt. § 32 bleibt unberührt.

(4) Die Unterbrechung wirkt nur gegenüber demjenigen, auf den sich die Handlung bezieht. Die Unterbrechung tritt in den Fällen des Absatzes 1 Satz 1 Nr. 1 bis 7, 11 und 13 bis 15 auch dann ein, wenn die Handlung auf die Verfolgung der Tat als Straftat gerichtet ist.

Schrifttum: *Herzig*, Zur alsbaldigen Hinausgabe des Bußgeldbescheids in den Geschäftsgang, DAR 1980, 55; *ders.*, Zur Unterbrechung der Verfolgungsverjährung im Ordnungswidrigkeitenverfahren, DAR 1980, 362; *Kaiser*, Die Unterbrechung der Strafverfolgungsverjährung und ihre Problematik, NJW 1962, 1420; *ders.*, Zur Unterbrechung der Verfolgungsverjährung, insbesondere in Bußgeldsachen, NJW 1984, 1738; *Schäfer*, Einige Fragen zur Verjährung in Wirtschaftsstrafsachen, Festschrift für Dünnebier 1982, 541; *Woesner*, Künstliche Unterbrechung der Verfolgungsverjährung, NJW 1957, 1862.

Übersicht

	Rn		Rn
I. Allgemeines	1–2	IV. Zeitliche und persönliche Grenzen der Verjährungsunterbrechung	77–95
II. Unterbrechungshandlungen allgemein	3–11		
III. Einzelne Unterbrechungshandlungen	12–76		

I. Allgemeines

1 Die Vorschrift regelt die **Unterbrechung der Verfolgungsverjährung** bei OWi. Abs. 1 enthält einen **Katalog von Unterbrechungshandlungen** (Satz 1) und regelt die Verjährungsunterbrechung im **selbständigen Verfahren** wegen der Anordnung einer Nebenfolge (Satz 2). **Abs. 2** legt bei schriftlichen mit einer Unterschrift versehenen Anordnungen und Entscheidungen den **Zeitpunkt der Verjährungsunterbrechung** fest. **Abs. 3** regelt die **Wirkung der Verjährungsunterbrechung** sowie die **absolute Verjährung**. **Abs. 4** begrenzt die Wirkung der Unterbrechung in persönlicher Hinsicht (Satz 1) und verschafft einzelnen im Strafverfahren vorgenommenen Unterbrechungshandlungen auch Wirkung im Bußgeldverfahren (Satz 2).

2 Unterbrechung bewirkt, dass mit dem Tage, an dem sie eintritt eine neue Verjährungsfrist beginnt. Die bereits abgelaufene Frist wird nicht mehr berücksichtigt. Äußerste Grenze ist die absolute Verjährung nach Abs. 3 Satz 2. Bleibt zweifelhaft, ob eine wirksame Unterbrechungshandlung vorgenommen worden ist, so gilt der Zweifelssatz.

II. Unterbrechungshandlungen allgemein

3 Die Unterbrechung tritt nur bei den in Abs. 1 abschließend aufgezählten Unterbrechungshandlungen ein. Eine **Generalklausel** kennt das OWi-Recht nicht mehr. Die enumerative Aufzählung sämtlicher verjährungsunterbrechender Handlungen dient der Rechtssicherheit. Sie macht im Einzelfall die Prüfung, ob die Unterbrechungshandlung zur Förderung des Verfahrens geeignet oder bestimmt war (*BGH* NStZ 1985, 545), entbehrlich.

4 Der Katalog des Abs. 1 umfasst sowohl **richterliche als auch nichtrichterliche Unterbrechungsmaßnahmen.** Dies ist verfassungsrechtlich un-

§ 33

bedenklich (*BVerfGE* 29, 153). Verfolgungshandlungen, die der Katalog nicht enthält, haben keine verjährungsunterbrechende Wirkung, auch wenn sie vom Richter vorgenommen werden (KK-*Weller* 5). Eine **ausdehnende Anwendung** der im Katalog des Abs. 1 aufgezählten Unterbrechungstatbestände kommt nicht in Betracht. Sie sind auch einer **analogen Anwendung** nicht zugänglich (*BGHSt* 22, 383; *Göhler/König* 6).

Die im Katalog aufgeführten **Handlungen unterbrechen** die Verjährung **nur dann, wenn sie wirksam sind** (*Köln* VRS 44, 307). Dazu ist erforderlich, dass sie von einem inländischen Verfolgungsorgan, nämlich der Polizei (Nr. 1), der Verwaltungsbehörde, der StA oder dem Gericht vorgenommen worden sind (*München* GA 1983, 89 m. Anm. *Bartoly*; *Schreiber* NJW 1961, 2344). Sie müssen sich auf eine bestimmte Tat im Sinne eines konkreten historischen Ereignisses beziehen (*BGHSt* 22, 105 und 385) und sich gegen eine bestimmte Person richten (*BGHSt* 24, 323). Nicht erforderlich ist, dass der bestimmte Täter bei der Vornahme der Unterbrechungshandlung dem Namen nach bekannt ist oder mit seinem richtigen Namen oder überhaupt namentlich genannt wird (*BGH* GA 1961, 239). Ausreichend ist vielmehr, wenn der Täter hinreichend individuell bestimmt werden kann (*BGHSt* 24, 323). Soll der Täter hingegen der Person nach erst durch die Unterbrechungshandlung ermittelt werden, ist dies nicht ausreichend. Das gilt auch dann, wenn ein solcher Versuch mit Hilfe vorhandener schriftlicher Unterlagen möglich oder erfolgversprechend erscheint und der in Betracht kommende Personenkreis begrenzt oder namentlich bekannt ist (*BGHSt* 24, 323). 5

Die Unterbrechungshandlungen müssen **zum Zweck der Verjährungsunterbrechung** erfolgt sein; ob die Handlung zur Förderung des Verfahrens geeignet oder bekannt war, ist gleichgültig (*BGH* NStZ 1985, 545; *BayObLG* NJW 2000, 40). Demnach ist die Prüfung notwendig, ob die Merkmale der Unterbrechungshandlung in ihrer Zielrichtung erstrebt worden sind (*BayObLG* NStZ 2000, 40), ob also die Anordnung wirklich zur Ermittlung des Aufenthaltes ergangen ist, ob die Anordnung der Vernehmung, die Anberaumung der Hauptverhandlung oder der Hinweis nach § 72 Abs. 1 ernst gemeint ist (*Celle* bei *Göhler* NStZ 1982, 12; *Frankfurt* NJW 1979, 2161). Demnach kommt einer Handlung dann keine Unterbrechungswirkung zu, wenn es sich bei ihr um eine nicht **ernst gemeinte Scheinmaßnahme** handelt. Die Rücknahme, die Aufhebung oder 6 der Widerruf einer Prozesshandlung beseitigen die Unterbrechungswirkung jedoch nicht (*Schleswig* SchlHA 1976, 176).

7 Handlungen, die **nicht zulässig, nichtig oder unwirksam sind**, unterbrechen die Verjährung nicht. Die Fehlerhaftigkeit der Unterbrechungshandlung hindert aber die Unterbrechung der Verjährung nicht. Dementsprechend führen auch **Mängel in der Zuständigkeit** des die Unterbrechungshandlung vornehmenden Verfolgungsorgans nur dann zur Unwirksamkeit der Unterbrechungshandlung, wenn sie besonders schwerwiegender Natur sind, wenn etwa das Amt oder Gericht, das die Unterbrechungshandlung vornimmt, unter keinem denkbaren Gesichtspunkt sachlich zuständig ist oder – wie im Falle der funktionellen Unzuständigkeit – eine Verwaltungsbehörde oder ein Richter tätig wird, obwohl für den konkreten Verfahrensabschnitt im laufenden Verfahren keine Zuständigkeit besteht (*Preisendanz* NJW 1961, 1806). Dies gilt auch, wenn das Verfahren bei der entscheidenden Stelle **überhaupt noch nicht anhängig** ist. Fehlt hingegen nur die **örtliche Zuständigkeit**, so lässt dies die Wirksamkeit der Unterbrechungshandlung unberührt (*Hamm* VRS 59, 443). Auch die Ablehnung eines Richters wegen **Besorgnis der Befangenheit** stellt die danach von ihm vorgenommenen Unterbrechungshandlungen nicht in Frage (*Köln* VRS 59, 428).

8 Die Unterbrechungshandlungen sind nicht an eine **bestimmte Form** gebunden (*Göhler/König* 4). Während einzelne Maßnahmen ihrer Natur nach nur schriftlich erfolgen können, wie etwa der Bußgeldbescheid (Nr. 9), die Eröffnung des Hauptverfahrens (Nr. 14) oder der Erlass des Strafbefehls (Nr. 15), können andere Unterbrechungshandlungen formfrei, auch mündlich oder fernmündlich oder durch moderne Informationsübermittelungsmethoden erfolgen, so z.B. die Bekanntgabe der Einleitung des Ermittlungsverfahrens (Nr. 1) oder die Beauftragung eines Sachverständigen (Nr. 3).

9 Nach allgemeiner Auffassung kann die Unterbrechungshandlung auch durch **schlüssiges Handeln** erfolgen (*BGHSt* 30, 215; KK-*Weller* 11; *Göhler/König* 4). Dann ist es zumindest in den Fällen der Nr. 1 und Nr. 3 notwendig, dass sich für die Tatsache der Bekanntgabe, ihren Zeitpunkt und ihren Inhalt konkrete Anhaltspunkte aus den Akten ergeben, damit die Entscheidung über den Eintritt der Verjährungsunterbrechung nicht vom Erinnerungsvermögen des Ermittlungsorgans abhängt (*Göhler/König* 4).

Schriftliche Unterbrechungshandlungen brauchen nicht in jedem Fall **unterzeichnet** oder mit einem **Handzeichen des zuständigen Sachbearbeiters** versehen zu sein (*Köln* VRS 66, 362). Lässt sich der geäußerte Wille der Unterbrechungshandlung mit der erforderlichen Sicherheit auch ohne Unterschrift erkennen, so ist ihr Fehlen unschädlich (*BayObLG* VRS 62, 58). Das gilt auch für die Herstellung eines Anhörungsbogens oder des Bußgeldbescheides mittels elektronischer Datenverarbeitung (KK-*Weller* 11). 10

Die Unterbrechungshandlung muss nach ihrem Inhalt und dem Zeitpunkt ihres Ergehens für die Verfahrensbeteiligten **erkennbar sein** und von ihnen in ihrer Wirkung auf das Verfahren abgeschätzt werden können (*BGH* NJW 1979, 2414). Ggf. sind ergänzende Beweiserhebungen zum Zwecke der Aufklärung der tatsächlichen Grundlagen zulässig und erforderlich, wozu insbesondere bei formfreien mündlichen Unterbrechungshandlungen oder gar schlüssigem Handeln Anlass bestehen kann (*BGH* NJW 1982, 291). 11

III. Einzelne Unterbrechungshandlungen

Nach **Nr. 1** unterbricht die **erste Vernehmung des Betroffenen** oder die **Bekanntgabe, dass gegen ihn das Ermittlungsverfahren eingeleitet** ist. Unterbrechung bewirkt auch die Anordnung der Vernehmung des Betroffenen oder der Bekanntgabe, dass gegen ihn ein Ermittlungsverfahren eingeleitet worden ist. Nr. 1 enthält damit insgesamt vier Unterbrechungsmöglichkeiten. Sie stehen nicht kumulativ, sondern alternativ nebeneinander. Verjährung kann nach Nr. 1 **deshalb** nur einmal unterbrochen werden (*BGH* NJW 1977, 858; KK-*Weller* 13). Bei einer schriftlichen Anordnung ist deren Unterzeichnung der die Unterbrechung bewirkende entscheidende Zeitpunkt (*Göhler/König* JR 1971, 301). Keine Bedeutung hat, ob die getroffene Anordnung den Betroffenen auch erreicht (*Beck/Berr* 172). Weil im Übrigen Nr. 1 eine Handlung der Verfolgungsbehörde nicht verlangt (*Hamburg* MDR 1979, 1046), kann die Unterbrechungshandlung auch durch die Polizei vorgenommen werden (*RRH* 8). Dies gilt auch für die mündliche Anhörung durch die Polizei an Ort und Stelle (*Göhler/König* 7). Stellt ein Polizeibeamter demnach den Betroffenen auf frischer Tat 12 und eröffnet ihm, dass gegen ihn eine „Anzeige" erstattet werde, so ist ihm damit die Einleitung des Ermittlungsverfahrens bekannt gegeben und die Verjährung unterbrochen (*Hamm* NJW 1970, 1934). Dasselbe gilt, wenn dem Betroffenen an Ort und Stelle eröffnet wird, was ihm zur Last gelegt werde und dass er ein Aussageverweigerungsrecht sowie Gelegenheit zur Äußerung habe (*BayObLG* DAR 1973, 212). Die dadurch eingetretene Verjährungsunterbrechung ist nicht in Frage gestellt durch die Aushändigung eines Formblattes, in welchem die Feststellung des Verstoßes als „erster Hinweis" bezeichnet ist (*Schleswig* VRS 63, 138), jedoch sollte ein solcher Hinweis möglichst nicht gegeben werden, um Unklarheiten zu vermeiden. Um Zweifel über den Eintritt der Verjährungsunterbrechung auszuschließen, ist über das Ergebnis einer mündlichen Anhörung an Ort und Stelle ein Aktenvermerk zu fertigen.

13 Bei der ersten Vernehmung ist der Vernommene vom vernehmenden Beamten in unmissverständlicher Weise darauf hinzuweisen, dass er **als Betroffener und nicht als Zeuge** vernommen wird (*BayObLG* VRS 44, 62). Eine nur **informatorische Befragung**, die etwa der Feststellung und Klärung von Unfallursachen dient, ist noch keine die Verjährung unterbrechende Vernehmung (*Hamm* VRS 41, 384). Ergeben sich bei dieser informatorischen Befragung durch die Polizei allerdings Verdachtsgründe, so ist der Befragte als Betroffener anzuhören, so dass die Verjährung unterbrochen wird (*Göhler/König* 8).

14 Bei einer **Ladung zur Vernehmung** oder **Anhörung** unterbricht schon die Anordnung der Vernehmung bzw. Anhörung die Verjährung. Dies gilt jedoch nur, wenn sich aus der Vorladung eindeutig ergibt, dass der Vorgeladene als Betroffener vernommen werden soll (*KG* VRS 44, 127). Die Ladung zur Vernehmung kann auch fernmündlich angeordnet werden. Dabei ist unerheblich, ob sie den Betroffenen erreicht und ob es zu der Vernehmung kommt (*Hamm* NStZ 1988, 137). Jedoch empfiehlt es sich auch in diesen Fällen, die Tatsache der Ladung zur Vernehmung möglichst unter Benennung der Person, der die Mitteilung fernmündlich gemacht worden ist, aktenkundig zu machen.

15 Eine **schriftliche Anhörung**, die dem Betroffenen die Gelegenheit gibt, sich zu einer Beschuldigung zu äußern, reicht aus. Dabei kommt es darauf an, ob für den Betroffenen erkennbar ist, dass er einer OWi beschuldigt wird und Gelegenheit zur Äußerung erhält oder ob eine solche Anordnung

Siebenter Abschnitt. Verjährung § 33

getroffen worden ist. Ob die Anordnung der Anhörung den Betroffenen erreicht, ist unerheblich (*BGHSt* 25, 6). Die **Versendung eines Anhörungsbogens** bedeutet die Bekanntgabe der Einleitung eines Verfahrens (*BGHSt* 25, 6; *Stuttgart OLGSt* 6). Unschädlich ist, ob die Personalien des Betroffenen in dem Anhörungsbogen vollständig oder fehlerhaft angegeben sind, sofern die Identität des Betroffenen aus den weiteren Umständen zweifelsfrei abgeleitet werden kann (*Hamm* VRS 74, 121) oder dass der Anhörungsbogen den Betroffenen nicht erreicht (*Stuttgart OLGSt* 6). Der Anhörungsbogen kann mittels EDV gefertigt sein (*Brandenburg* v. 10. 2. 1998 – 2 Ss (OWi) 111 B/97), wobei die ggf. fehlende Kopie auch durch den Ausdruck der „Vorgangshinweise" ersetzt werden kann (*Brandenburg* v. 29. 4. 1997 – 1 Ss (OWi) 19 Z/97).

Die Zusendung eines Anhörungsbogens unterbricht nicht, wenn aus ihm **16** nicht klar hervorgeht, dass gegen den Adressaten ein Ermittlungsverfahren eingeleitet ist (*Hamm* StraFo 2002, 61). Das gilt auch für seine Versendung nach einer Kennzeichenanzeige mit PC (*Zweibrücken* NZV 2001, 483). Ob der Betroffene für sich von einem Ermittlungsverfahren ausgeht, ist unerheblich (*Zweibrücken* DAR 2003, 184). Ausreichend ist aber jedenfalls die Formulierung: „Ihnen wird zur Last gelegt ..." (*Hamm* VRS 98, 441).

Nicht ausreichend zur Verjährungsunterbrechung ist das Anbringen **17** eines Zettels an der Windschutzscheibe oder am Griff der Fahrertür eines Kfz, in dem der Fahrzeugbenutzer von der Polizei oder einem gemeindlichen Vollzugsbeamten auf eine von ihm begangene OWi hingewiesen und darauf aufmerksam gemacht wird, dass er „demnächst in dieser Angelegenheit noch einen schriftlichen Bescheid erhalten werde" (*Stuttgart* VRS 59, 441). Einer solchen Mitteilung kann im Regelfall nicht entnommen werden, dass bereits ein Bußgeldverfahren eingeleitet worden ist und nicht nur eine zukünftig in Betracht kommende Möglichkeit darstellt (*BGH* VRS 47, 290). Das gilt erst recht, wenn der Fahrzeugführer eine schriftliche Mitteilung dahingehend erhält, dass noch geprüft werde, ob eine Anzeige in Betracht komme (*Zweibrücken* VRS 45, 137). Ein polizeilicher Mängelbericht, der nicht zugleich mit einer Anzeige wegen der Teilnahme am Straßenverkehr mit einem nicht vorschriftsmäßigen Fahrzeug verbunden ist oder eine solche Anzeige ankündigt, unterbricht nicht (*BayObLG* DAR 1984, 246). Das gilt ebenfalls für die Übersendung des Fotos einer Rotlichtüberwachungsanlage (*Hamm* VRS 48, 364).

18 In der **Verfügung eines Amtshilfeersuchens** um erste Vernehmung eines Betroffenen liegt zugleich die Anordnung seiner Vernehmung. Sie unterbricht (*BayObLG* DAR 1981, 253). Anders, wenn eine Polizeidienststelle um Feststellung der Personalien und Führerscheindaten des Betroffenen ersucht wird (*BayObLG* DAR 1988, 370), es sei denn, der Auftrag lautet dahin, die Vernehmung des namentlich benannten Betroffenen durchzuführen (*BGH* NStZ 1985, 545), oder wenn durch eine Rückfrage klargestellt wird, dass die Durchführung einer Vernehmung des Betroffenen auch tatsächlich gewollt ist (*Karlsruhe* Justiz 1980, 156).

19 Die Erteilung einer mündlichen oder schriftlichen **Verwarnung** (§ 56) ist keine die Verjährung unterbrechende Bekanntgabe der Einleitung eines Ermittlungsverfahrens. Dies gilt auch, wenn der Betroffene das ihm damit auferlegte Verwarnungsgeld nicht zahlt, und zwar auch dann nicht, wenn er darauf aufmerksam gemacht worden ist, dass er im Falle der Nichtzahlung mit einer Anzeige rechnen müsse. Wird die schriftliche Verwarnung hingegen mit der Aufforderung verbunden, im Falle der Nichtzahlung des Verwarnungsgeldes zu dem erhobenen Vorwurf schriftlich Stellung zu nehmen, so liegt darin jedenfalls die Bekanntgabe des vorsorglich eingeleiteten Ermittlungsverfahrens (*BGHSt* 25, 344) und möglicherweise auch bereits die erste Vernehmung (*Hamburg* VRS 58, 434). In diesen Fällen ist mit der Anordnung der Übersendung die Verjährung unterbrochen.

20 Bei **Kennzeichenanzeigen** wird die Verjährung gegen den Fahrer nicht unterbrochen, wenn der Anhörungsbogen dem Halter zugeht, und zwar auch dann nicht, wenn der Fahrer die Rubrik über die Angaben zur Person des Betroffenen mit seinen Personalien ausfüllt und an die Bußgeldstelle zurücksenden lässt (*Hamm* DAR 1979, 310).

21 Nach **Nr. 2** unterbricht **jede richterliche**, auch die kommissarische (*Göhler/König* 19a) **Vernehmung** des Betroffenen oder eines Zeugen oder auch die **Anordnung** dieser Vernehmung die Verjährung. Gleichgültig ist, ob sie im Bußgeldverfahren der Verwaltungsbehörde, im gerichtlichen Bußgeldverfahren oder im Strafverfahren erfolgt. Vernehmung in diesem Sinne ist die Gelegenheit, sich zur Sache zu äußern. Eine nur informatorische Befragung durch den Richter genügt nicht zur Verjährungsunterbrechung (*Köln* DAR 1980, 55), es sei denn, dass eine öffentliche Behörde nach § 256 StPO i. V. m. § 46 Abs. 1 um eine Auskunft aus den bei ihr geführten Akten oder Registern ersucht wird. Dies ist eine besondere Form der Anordnung oder Durchführung einer Zeugenvernehmung (*Celle* MDR 1978, 75).

Macht der Betroffene vor dem Richter **nur Angaben zur Person**, so reicht dies zur Verjährungsunterbrechung bereits aus (*Hamm* MDR 1979, 781). Unerheblich ist auch, ob die Person, die später als Betroffener festgestellt wird, zunächst in die Rolle des Zeugen gerückt war (*BayObLG* bei *Göhler/König* NStZ 1990, 74). Die richterliche Anordnung der Vernehmung eines Zeugen zur Ermittlung der noch unbekannten Personalien eines Fahrzeugführers unterbricht jedoch nicht (*BGHSt* 42, 283). 22

Die Anordnung einer richterlichen Vernehmung geschieht in der Regel in der Form einer mit der **Terminsanberaumung verbundenen Ladungsverfügung** (*BGH* NJW 1977, 858). Sie muss durch einen Richter, beim Kollegialgericht durch den Vorsitzenden, erfolgen. Die Anweisung des Richters an seine Geschäftsstelle, eine Terminsverfügung oder einen Beschluss über die kommissarische Vernehmung eines Zeugen zu fertigen, reicht zur Verjährungsunterbrechung nicht aus (KK-*Weller* 36). Verwaltungsbehörde oder StA können eine richterliche Vernehmung nur beantragen, nicht jedoch anordnen. Wird eine Hauptverhandlung wegen des Ausbleibens eines Zeugen abgesetzt und zugleich angeordnet, diesen in einer neuen Hauptverhandlung zu vernehmen, so ist dies eine die Verjährung unterbrechende Anordnung einer richterlichen Vernehmung (*Celle* bei *Göhler* NStZ 1982, 12). Dies gilt nicht für die Vertagung der Hauptverhandlung auf unbestimmte Zeit (*Köln* VRS 59, 276), aus welchem Grund auch immer. 23

Der **Referendar, der ein Rechtshilfeersuchen erledigt**, vernimmt richterlich. Jede sonstige Anhörung durch einen Referendar ist nicht richterlich, wohl aber wenn sie auf Anordnung und unter Aufsicht des zuständigen Richters erfolgt. 24

Nach **Nr. 3** unterbricht jede **Beauftragung eines Sachverständigen** durch die Verfolgungsbehörde oder den Richter, wenn vorher der Betroffene vernommen oder ihm die Einleitung des Ermittlungsverfahrens bekannt gegeben worden ist. 25

Durch diese Regelung wird verhindert, dass der Ablauf der Verjährungsfrist bei einer schwierigen Sachlage verzögert werden kann, ohne dass der Betroffene überhaupt von der Einleitung des Ermittlungsverfahrens unter- 26 richtet ist. Die Beauftragung liegt in der Anordnung, einen **bestimmten Sachverständigen hinzuzuziehen** (*BGHSt* 27, 76). Ob und zu welchem Zeitpunkt der Auftrag den Sachverständigen erreicht, ist unerheblich. Die Beauftragung muss sich jedoch auf ein **bestimmtes Beweisthema** beziehen und für die Verfahrensbeteiligten erkennbar darauf gerichtet sein, eine Person als Sachverständigen heranzuziehen (*BGHSt* 28, 381).

27 Die Beauftragung ist an **keine Form** gebunden. Sie kann schriftlich, fernschriftlich, telegrafisch, mündlich, fernmündlich, durch moderne elektronische Übertragungsmedien und sogar durch schlüssige Handlung erfolgen (*BGH* NStZ 1984, 215). Zumindest dann, wenn sie nicht schriftlich erfolgt, muss sie sich aus den Akten ergeben.

28 Sachverständiger in diesem Sinne ist im Regelfall **nicht** der in die Organisation der StA eingegliederte **Wirtschaftsreferent**, sofern er nur mit Ermittlungen beauftragt ist. Ist ihm jedoch persönlich und losgelöst von der eigentlichen Ermittlungstätigkeit der Auftrag erteilt worden, eigenverantwortlich und frei von jeglicher Beeinflussung ein Gutachten zu einem bestimmten Beweisthema zu erstatten, so ist er Sachverständiger in diesem Sinne (*BGH* NStZ 1984, 215). Ist der Beauftragte der Person nach noch nicht bestimmt, so unterbricht erst das später an einen bestimmten Sachverständigen gerichtete Auftragsschreiben die Verjährung (*BayObLG* NStZ 1994, 118). Dies gilt auch, wenn der zunächst bestimmte Sachverständige durch einen anderen ersetzt wird (*BGHSt* 27, 76). Anders jedoch, wenn der Sachverständige der Person nach bereits bestimmt war. In diesem Fall unterbricht das in Ausführung der Anordnung an den Sachverständigen gerichtete Auftragsschreiben nicht erneut die Verjährung (*BayObLG* VRS 60, 127). Das gilt auch für die nur **wiederholende Aufforderung zur Gutachtenerstattung** (*Köln* MDR 1981, 166) oder die Aufforderung zu einer **Ergänzung des Gutachtens** (*BGHSt* 27, 76; *Beck/Berr* 175). War die Durchführung der Beauftragung eines Sachverständigen zunächst auf ein Hindernis gestoßen und wird nach dessen Wegfall der bereits vorgenommene Auftrag durchgeführt, so liegt keine erneute Beauftragung eines Sachverständigen vor (*Köln* bei *Göhler* NStZ 1983, 65). Eine erneute Beauftragung eines Sachverständigen ist auch nicht die Anordnung, den bereits beauftragten Sachverständigen kommissarisch vernehmen zu lassen (*BayObLG* bei *Rüth* DAR 1980, 271).

Wird der **Auftrag zurückgenommen**, so beseitigt dies die eingetretene Verjährung nicht. Im Übrigen ist für den Zeitpunkt der Verjährungsunterbrechung die Art der Beauftragung des Sachverständigen ausschlaggebend. Bei einer schriftlichen Anordnung oder einem Auftragsschreiben ist das Datum der Unterzeichnung des Schriftstückes maßgebend. Bei einer mündlichen oder fernmündlichen Beauftragung kommt es auf den aktenkundig gemachten Zeitpunkt des sie vermittelnden Gesprächs an (KK-*Weller* 43).

29

Nach **Nr. 4** unterbricht jede **Beschlagnahme- oder Durchsuchungsanordnung** der Verfolgungsbehörde oder des Richters und richterliche Entscheidungen, welche diese aufrechterhalten. Verfolgungsbehörde in diesem Sinne ist die Verwaltungsbehörde und die StA. Erfasst werden Beschlagnahme- oder Durchsuchungsanordnungen nur, wenn sie als Verfolgungsmaßnahme gedacht sind. Sollen sie der Vollstreckung einer Bußgeldentscheidung dienen, so unterbrechen sie nicht, so etwa, wenn die Verwaltungsbehörde in der irrigen Annahme, der Bußgeldbescheid sei rechtskräftig geworden, zur Vollstreckung des darin angeordneten Fahrverbots gemäß § 25 Abs. 2 Satz 3 StVG die Beschlagnahme des Führerscheins anordnet (*BayObLG* MDR 1987, 166).

30

Gemeint sind in erster Linie Beschlagnahme- und Durchsuchungsanordnungen, die ein Richter auf Antrag der StA getroffen hat. Dabei ist es gleichgültig, um welche Art von Beschlagnahme es sich dabei handelt und in welchem Verfahrensstadium sie ergeht. Demnach kommt sowohl eine Beschlagnahme von **Beweismitteln** (§§ 94, 98 StPO) als auch die zwangsweise **Sicherstellung von Einziehungsobjekten** in Betracht (§ 111b Abs. 1 StPO).

31

Bei der **Durchsuchungsanordnung** ist gleichgültig, ob die Durchsuchung bei dem der OWi Verdächtigen selbst oder bei einem Beteiligten (§ 102 StPO) oder bei einer dritten Person (§ 103 StPO) stattfinden soll. Jede Durchsuchungsanordnung unterbricht die Verjährung, und zwar auch dann, wenn in derselben Bußgeldsache nacheinander mehrere Durchsuchungen und Beschlagnahmen angeordnet werden. Dies gilt auch dann, wenn ein schon einmal durchsuchtes Objekt erneut durchsucht werden soll.

32

§ 33 Erster Teil. Allgemeine Vorschriften

33 Erlässt die **Verfolgungsbehörde** die entsprechenden Anordnungen, so muss **Gefahr im Verzuge** vorliegen, damit verjährungsunterbrechende Wirkung eintritt. Dies gilt nicht, wenn ein Polizeibeamter als **Ermittlungsperson der StA** die Anordnung trifft (*Göhler/König* 26). Ebensowenig unterbricht das Auskunftsersuchen zur Vermeidung einer Beschlagnahme- oder Durchsuchungsanordnung die Verjährung und auch nicht die Beschlagnahmeanordnung zur Vollstreckung einer Entscheidung (*BayObLG* bei *Göhler* NStZ 1987, 58).

34 Die Ausführung einer Durchsuchungs- und Beschlagnahmeanordnung beeinflusst den Verjährungsablauf nicht. Andererseits unterbrechen **richterliche Entscheidungen, die eine solche Anordnung aufrechterhalten.** Gleichgültig ist dabei, auf wessen Veranlassung und in welchem Verfahrensstadium sie ergehen. Dies kann im Rechtsbehelfsverfahren (§ 62) sein oder sich um Beschlüsse handeln, mit denen das Gericht eine Beschlagnahme, die von der Verfolgungsbehörde oder einem zum Hilfsbeamten der StA bestellten Beamten des Polizeidienstes wegen Gefahr im Verzug vorgenommen worden ist, bestätigt.

35 Nach **Nr. 5** unterbricht die **vorläufige Einstellung des Verfahrens** wegen Abwesenheit des Betroffenen durch die Verfolgungsbehörde oder den Richter sowie jede Anordnung der Verfolgungsbehörde oder des Richters, die nach einer solchen Einstellung des Verfahrens zur Ermittlung des Aufenthalts des Betroffenen oder zur Sicherung von Beweisen ergeht. Gemeint ist auch die Einstellung nach § 205 StPO i. V. m. § 46. Die Verjährung unterbricht ferner jede danach getroffene **Anordnung zur Aufenthaltsermittlung** des Betroffenen, wie z. B. die Anfrage an das Einwohnermeldeamt oder die Polizei oder zur Sicherung von Beweisen, wie z. B. die Zeugenvernehmung durch die Verwaltungsbehörde, die StA oder die Polizei. Die Unterbrechungswirkung tritt auch ein, wenn die Annahme der Anwesenheit auf einem Irrtum beruht (KK-*Weller* 52), nicht jedoch, wenn der Verwaltungsbehörde der Aufenthaltsort des Betroffenen bekannt ist, auch wenn er sich im Ausland befindet (*Karlsruhe* NStZ-RR 2000, 247).

36 Die **Vertagung auf unbestimmte Zeit** ist keine vorläufige Einstellung des Verfahrens wegen Abwesenheit des Betroffenen (*Hamm* VRS 57, 432). Nimmt die Verwaltungsbehörde oder der Richter die Aufenthaltsermittlung selbst vor, so kann die Anordnung in der Ermittlungshandlung

liegen (*Köln* VRS 57, 433). Trifft eine andere Behörde, die ihrerseits von der Verfolgungsbehörde um Durchführung der Anordnung zur Aufenthaltsermittlung ersucht worden ist, entsprechende Maßnahmen, so unterbrechen diese die Verjährung nicht (*BayObLG* VRS 42, 305). Im Übrigen ist eine besondere Form für eine Anordnung der Aufenthaltsermittlung nicht vorgesehen.

Nach **Nr. 6** unterbricht jedes Ersuchen der Verfolgungsbehörde oder des Richters, eine **Untersuchungshandlung im Ausland** vorzunehmen. Hierunter fallen sämtliche Rechts- und Amtshilfeersuchen der Verfolgungsbehörde und des Richters an ausländische Behörden oder Gerichte im Bußgeldverfahren, sofern solche aufgrund zwischenstaatlicher Verträge oder Vereinbarungen, aufgrund eines Gesetzes oder aufgrund Gewohnheitsrechts zulässig sind oder der ausländische Staat damit einverstanden ist (Nr. 300 RiStBV; KK-*Weller* 59). 37

Eine Untersuchungshandlung in diesem Sinne ist jede im Bußgeldverfahren zulässige Handlung zur Förderung des Verfahrens oder zur Sicherung oder Vornahme einer in der Bußgeldentscheidung zu erwartenden Nebenfolge. Dies können sein **Vernehmungen von Zeugen** oder eines **Betroffenen**, **Anträge auf Sicherstellung** oder **Beschlagnahme** von Gegenständen usw. (*RRH* 29). Auch ein **erfolgloses Ersuchen** unterbricht die Verjährung (KK-*Weller* 59). Voraussetzung ist, dass der Ersuchende in dem Zeitpunkt, in dem er das Ersuchen stellt, nicht bereits weiß, dass es keinen Erfolg haben wird. 38

Der **Zeitpunkt der Unterbrechung** ist der Tag der Unterzeichnung des Rechts- oder Amtshilfeersuchens **(Abs. 2).** 39

In **neueren zwischenstaatlichen Verträgen** zwischen Deutschland und anderen Staaten über Rechtshilfe in Strafsachen umfasst die vertragliche Regelung auch Verfahren wegen OWi, zumindest, soweit die Verfahren bei einer Justizbehörde anhängig sind. Ein **Amtshilfeersuchen einer Verwaltungsbehörde** ist demnach aufgrund dieser Verträge unzulässig und vermag nicht zu unterbrechen. Hinsichtlich der älteren Rechtshilfeverträge vgl. *RRH* 30 ff. 40

Mit einigen Staaten bestehen **Zusatzvereinbarungen**, nach denen die Rechtshilfe in Bußgeldsachen ohne Beschränkung auf die Anhängigkeit des Verfahrens einer Justizbehörde zulässig ist (Frankreich, Israel, Italien, 41

Niederlande, Schweiz). Nach diesen Verträgen sind auch die Verwaltungsbehörden als Verfolgungsbehörden zu Rechtshilfeersuchen berechtigt, teilweise sogar Polizeibehörden, soweit sie im Rahmen ihrer Zuständigkeit zu Auskünften und Vernehmungen befugt sind (Schweiz). In diesen Fällen unterbrechen deren Handlungen.

42 Nach Art. 49a des **Schengener Durchführungsübereinkommens** vom 19. 6. 1990 (BGBl. 1993 II S. 1010) wird Rechtshilfe auch in Verfahren wegen Handlungen, die nach dem nationalen Recht einer oder beider Vertragsparteien als Zuwiderhandlungen gegen Ordnungsvorschriften durch Behörden geahndet werden, gegen deren Entscheidung ein auch in Strafsachen zuständiges Gericht angerufen werden kann, geleistet. Im Übrigen ist aufgrund neuerer Verträge in Zoll-, Verbrauchssteuer- und Monopolangelegenheiten auch im Bußgeldverfahren der Verwaltungsbehörde Amtshilfe im Rechtshilfeverkehr möglich (im Einzelnen *RRH* 30c ff,).

43 Liegt **keine vertragliche Regelung** vor, so ist in jedem Einzelfall zu prüfen, ob ein ausländischer Staat Rechts- oder Amtshilfe in einem Bußgeldverfahren leisten wird. Dies kann nur dann erwartet werden, wenn die nach deutschem Recht als OWi eingestufte Verhaltensweise nach ausländischem Recht mit Strafe bedroht ist und eine **deutsche Justizbehörde** um Rechtshilfe ersucht (*RRH* 31b). Deshalb haben Ersuchen einer deutschen Verwaltungsbehörde in diesen Fällen keine Aussicht auf Erfolg.

44 Amtshilfeersuchen an deutsche Konsulate im Ausland mit dem Ziel der Vornahme von Untersuchungshandlungen (§ 15 KonsularG) unterbrechen die Verjährung, wenn der deutsche Konsul nach dem Recht des ausländischen Staates berechtigt ist, die ersuchte Amtshandlung vorzunehmen (KK-*Weller* 63). Das **Ersuchen um Übernahme der Verfolgung einer OWi** unterbricht ebenfalls (*Göhler/König* 28; a. A. KK-*Weller* 64). Für die Unterbrechungswirkung kommt es nicht darauf an, ob das Ersuchen lediglich die Vornahme einzelner Untersuchungshandlungen oder die Übernahme der Verfolgung als Ganzes betrifft.

45 Nach **Nr. 7** unterbricht die gesetzlich bestimmte **Anhörung einer anderen Behörde durch die Verfolgungsbehörde** vor Abschluss der Ermittlungen. Damit soll verhindert werden, dass eine gesetzlich vorgeschriebene Verfahrenserschwerung, die eine erhebliche Verzögerung mit sich bringen kann, zur Verjährung führt (KK-*Weller* 65). Ausreichend ist, wenn der anderen Behörde Gelegenheit zur Stellungnahme eingeräumt ist.

Beispiele für **gesetzliche Anhörungspflichten** finden sich in verschiedenen Gesetzen, wie etwa in § 411 AO, der vorschreibt, dass die Finanzbehörde in bestimmten Fällen einen Bußgeldbescheid erst erlassen darf, wenn der zuständigen Berufskammer Gelegenheit zur Stellungnahme gegeben ist. Weitere Beispiele finden sich in § 44 Abs. 2 GWB, § 38 Abs. 5 AWG usw. Hierzu zählt ebenfalls die in § 39 Abs. 2 Satz 2 vorgesehene Anhörung mit gleichfalls sachlich zuständigen Verwaltungsbehörden durch die nach § 39 Abs. 1 Satz 1 vorzugsweise zuständige Verwaltungsbehörde (*Hamm* NJW 1978, 1539). Zwar handelt es sich bei dieser Vorschrift um eine Soll-Vorschrift. Unter der Voraussetzung, dass die **Anhörung sachdienlich** ist, liegt sie aber nicht mehr im pflichtgemäßen Ermessen der Verfolgungsbehörde, sondern ist gesetzlich vorgeschrieben, so dass Nr. 7 zutrifft (*Hamm* VRS 55, 367). Ob die Anhörung sachdienlich und damit notwendig gewesen ist, muss nach den Umständen des Einzelfalles beurteilt werden. Die Anhörung der Verwaltungsbehörde durch die StA (§ 63 Abs. 3, § 403 Abs. 4 AO) ist hingegen keine solche i. S. v. Nr. 7, da die StA hier die Einstellung nach Abschluss der Ermittlungen erwägt (*Göhler/König* 29). Keine verjährungsunterbrechende Wirkung haben auch solche Anhörungen, die nur im Verwaltungswege etwa durch die RiStBV oder ministerielle AVs oder Erlasse vorgeschrieben sind (KK-*Weller* 67). **46**

Nach **Nr. 8** unterbricht die **Abgabe** der Sache durch die **StA an die Verwaltungsbehörde** nach § 43. Dadurch soll verhindert werden, dass im Hinblick auf die kurzen Verjährungsfristen nach OWiG die Verwaltungswege bei der Abgabe der Sache zur Verjährung führen. Unerheblich ist dabei, ob die Übersendung der Akten an die StA durch die Polizeibehörde zweckmäßig war. Es sei denn, es haben überhaupt keine sachlichen Gründe nach den §§ 40 bis 42 für die Übersendung an die StA vorgelegen (*Koblenz* VRS 57, 46) oder wenn sie missbräuchlich aus verfahrensfremden Gründen geschehen ist (*Düsseldorf* VRS 72, 123). Die Rücksendung der von der Verwaltungsbehörde übersandten Akten durch die StA nach Verzicht der StA auf Einleitung eines Strafverfahrens unterbricht nicht, weil damit keine Abgabe an die Verwaltungsbehörde, sondern eine Rückgabe nach § 43 Abs. 2 erfolgt, die nicht unterbricht (*Göhler/König* 30; *Göhler* **47**

NStZ 1986, 19). Will sich die StA hingegen die Entscheidung darüber, ob die Tat auch als Straftat zu verfolgen ist, noch vorbehalten, so liegt keine zur Verjährungsunterbrechung geeignete Abgabe vor (*BayObLG* VRS 52, 362).

48 Gibt die StA die Sache nach § 43 Abs. 1 an die Verwaltungsbehörde ab, so kommt es nicht nur dann zur Unterbrechung der Verjährung, wenn das sich auf die Straftat beziehende Verfahren nach § 170 Abs. 2 **eingestellt worden ist**, sondern auch dann, wenn sie das **öffentliche Interesse** an der Verfolgung eines Privatklagedelikts **verneint** und den Antragsteller auf den Privatklageweg verweist, im Übrigen aber die Sache an die Verwaltungsbehörde zur Verfolgung der damit zusammenhängenden OWi abgibt (*BayObLG* DAR 1981, 253). Stellt die StA das Verfahren wegen der Straftat erst ein, nachdem sie wegen dieser Tat Antrag auf Erlass eines Strafbefehls gestellt, diesen dann aber zurückgenommen hat, so kann die verjährungsunterbrechende Abgabe noch erfolgen (*Hamburg* VRS 58, 43). Eine bereits an die Verwaltungsbehörde abgegebene Sache, in der die Akten zur Durchführung eines Beschwerdeverfahrens zwischenzeitlich wieder an die StA gelangt waren, führt nicht zur Verjährungsunterbrechung, wenn die Akten aus rein verfahrenstechnischen Gründen hin- und hergeschickt werden müssen (*BayObLG* DAR 1980, 272).

49 Nach **Nr. 9** unterbricht der **Erlass des Bußgeldbescheides**, sofern er binnen zwei Wochen zugestellt wird (*BGHSt* 45 261), sonst die **erfolgte Zustellung** (§ 51). Dazu muss er wirksam sein (*Köln* VRS 57, 131). Unwirksam ist er nicht schon bei jeder Fehlerhaftigkeit, sondern nur wenn **schwerwiegende Mängel** es gebieten, ihm als Verwaltungsakt von vornherein jede rechtliche Wirksamkeit abzusprechen (*BGH* VRS 39, 442). Das kann der Fall sein, wenn die Verwaltungsbehörde, die ihn erlassen hat, sachlich unter Würdigung aller in Betracht kommenden Umstände **offenkundig unzuständig** war. Das ist der Fall, wenn eine Bundesbehörde anstelle einer Landesbehörde oder in kartellrechtlichen Bußgeldsachen eine andere Behörde als die Kartellbehörde tätig geworden ist (KK-*Weller* 76). Ebenso, wenn in NRW das Gewerbeaufsichtsamt einen Bußgeldbescheid wegen einer OWi nach § 111 erlässt (*Düsseldorf* MDR 1982, 957) oder wenn in Bayern anstelle der Zentralen Bußgeldstelle eine Kreisverwaltungsbehörde ein Bußgeld wegen einer Verkehrs-OWi verhängt (*BayObLGSt* 1971, 138). Wird der Erlass des Bußgeldbescheides zwei

Mal unter verschiedenen Daten verfügt, so gilt das Datum der zweiten Verfügung (*Stuttgart* OLGSt 6). War der Bußgeldbescheid vor In-Kraft-Treten des OWiGÄndG erlassen worden, so gilt für die Verjährungsunterbrechung neues Recht (*BGHSt* 45, 261).

Sonst lässt die **sachliche Unzuständigkeit** der den Bußgeldbescheid erlassenden Verwaltungsbehörde seine Wirksamkeit im Regelfall unberührt (*KG* VRS 44, 71). Die fehlende Unterzeichnung oder auch das Fehlen einer aus den Akten ersichtlichen Verfügung des Sachbearbeiters hinsichtlich des Erlasses eines Bußgeldbescheides macht ihn nicht unwirksam (*BGHSt* 42, 380). Wirksam ist auch der von einer **örtlich unzuständigen Verwaltungsbehörde** erlassene Bußgeldbescheid (*Düsseldorf* NStZ 1982, 123) und der Bußgeldbescheid mit mangelhaften, unrichtigen, ungenauen oder unvollständigen Angaben zur Person des Betroffenen (*Karlsruhe* VRS 62, 289 m. Anm. *Göhler/König* NStZ 1983, 65) oder zur Tat (*Köln* NStZ 1982, 123). 50

Bewirken solche Mängel oder Ungenauigkeiten jedoch Zweifel an der Identität des Betroffenen oder der Tat, so ist der Bußgeldbescheid unwirksam (*BGHSt* 23, 339). Anders wiederum, wenn trotz der fehlerhaften Tatbezeichnung unter Ausschluss jeglicher Verwechslungsmöglichkeiten feststeht, welcher Lebensvorgang im Sinne des konkreten historischen Ereignisses vom Bußgeldbescheid erfasst und durch ihn geahndet werden soll (*BGHSt* 23, 339). 51

Ist der Bußgeldbescheid im **EDV-Verfahren** hergestellt, so gehört es nicht zu den Wirksamkeitsvoraussetzungen, dass er durch eine datierte Aktenverfügung, die den Sachbearbeiter erkennbar macht, erlassen wird (*BGHSt* 42, 380). 52

Wird der Bußgeldbescheid **zurückgenommen**, so wird dadurch die verjährungsunterbrechende Wirkung nicht auch rückwirkend beseitigt (*Frankfurt* NJW 1979, 2161). War die Rücknahme aus sachlichen Gründen geboten und ist daraufhin ein **neuer Bußgeldbescheid** ergangen, so hat auch dieser zweite Bußgeldbescheid die Verjährung unterbrochen (*Frankfurt* NJW 1979, 2161), es sei denn, die Maßnahme dient nur der Unterbrechung der Verjährung und hat keinen sonstigen sachlichen Grund (*Stuttgart* OLGSt 13). Ebenso, wenn die Verwaltungsbehörde einem gegen den Rechtsfolgenausspruch im Bußgeldbescheid gerichteten 53

Einspruch des Betroffenen dergestalt stattgibt, dass sie den ursprünglichen Bußgeldbescheid aufhebt und ihn durch einen mit geringerer Rechtsfolge ersetzt (*Hamm OLGSt* 1). Wird die OWi versehentlich in zwei verschiedenen Verfahren verfolgt, so unterbricht nur der erste Bußgeldbescheid die Verjährung (*Köln* VRS 57, 131), weil der zweite Bescheid nichtig ist (*BayObLG* DAR 1977, 209).

54 Betrifft der Bußgeldbescheid eine **Verkehrs-OWi**, so wird die Verjährung nicht nur unterbrochen, sondern zugleich die Verjährungsfrist von drei Monaten auf sechs Monate verlängert (§ 26 Abs. 3 StVG), wobei auch hier die 2-wöchige Zustellungspflicht gilt. Erfolgt die Zustellung später, so beginnt die dann 6-monatige Verjährung erst mit der Zustellung (*BGHSt* 45, 261). Soweit Umstände für die Verjährungsunterbrechung ohne Einfluss sind, sind sie dies auch für die Verlängerung der Verjährungsfrist.

55 Nach **Nr. 10** unterbricht der **Eingang der Akten beim AG** nach Übersendung durch die Verwaltungsbehörde über die StA nach § 69 Abs. 3 Satz 1 sowie bei **erneuter Übersendung** nach § 69 Abs. 5 Satz 2. Maßgeblich ist der Eingang; er unterbricht nur, wenn er anhand des Akteninhalts und ohne zusätzliche Ermittlungen nachgewiesen werden kann (*Brandenburg* OLGSt 5). Auf die Vorlageverfügung bei der Verwaltungsbehörde oder die Übersendungsverfügung bei der StA kommt es nicht an. Der **Eingang beim Hauptgericht** unterbricht auch dann, wenn an sich eine unselbständige **Zweigstelle** zuständig ist, nicht jedoch der versehentliche Eingang bei einem anderen Gericht als dem AG oder bei einem örtlich unzuständigen AG, wohl aber der Eingang beim Familiengericht anstelle beim Bußgeldrichter desselben AG. Maßgeblich ist der **Eingangsstempel**, nicht der Zeitpunkt der Vorlage des Vorgangs durch die Geschäftsstelle. Fehlt jeder Eingangsnachweis, so ist die Akte verjährungsrechtlich nicht eingegangen, die Verjährung damit nicht unterbrochen.

56 Die Verjährung wird auch unterbrochen, wenn die Akten vorgelegt werden, obwohl ein **Einspruch des Betroffenen fehlt** (*Koblenz* VRS 68, 216), sofern sich das Verfahren gegen den richtigen Betroffenen richtet (KK-*Weller* 80). Das ist nicht der Fall, wenn das Verfahren gegen den falschen Zustellungsadressaten, etwa den Vater des Betroffenen infolge Namensverwechslung weitergeführt wird (*Karlsruhe* VRS 68, 226). Haben beide gleiche Vor- und Nachnamen, so wird das Verfahren nicht gegen den betroffenen Sohn fortgeführt, wenn auf den Einspruch des Vaters die Akten dem AG vorgelegt worden sind (**a. A.** *Koblenz* VRS 68, 216).

Für die **erneute Übersendung der Akte** an das AG nach zunächst erfolgter Zurückverweisung an die Verwaltungsbehörde als Folge offensichtlich ungenügender Sachaufklärung i. S. v. § 69 Abs. 5 Satz 1 zur erneuten richterlichen Entscheidung gilt dasselbe wie zu Rn. 55, 56. 57

Die Verjährung wird nach Nr. 10 ferner unterbrochen, wenn das AG die Sache nach § 69 Abs. 5 Satz 1 **an die Verwaltungsbehörde zurückverweist.** Entscheidend ist die Zurückverweisung mit dem Ziel der erneuten Zuständigkeit der Verwaltungsbehörde für die Verfolgung und Ahndung der OWi. Die Zurücksendung mit der Bitte um weitere Aufklärung des Sachverhalts verweist nicht in den Zuständigkeitsbereich der Verwaltungsbehörde zurück und unterbricht nicht (*Göhler/König* 36b). Ebenso nicht, wenn das Gericht die Sache aus Rechtsgründen, etwa, wenn der ausermittelte Sachverhalt die Annahme einer Tatbestandsverwirklichung nicht rechtfertigt, zurücksendet. Maßgeblich für die Verjährungsunterbrechung ist die **Unterzeichnung** der schriftlichen Verweisungsanordnung **durch den Richter**; sie sollte deshalb stets auch das Unterzeichnungsdatum aufweisen. 58

Nach **Nr. 11** unterbricht jede **Anberaumung einer Hauptverhandlung.** Ist die Anberaumung der Hauptverhandlung mit der Anordnung der Anhörung des Betroffenen und der Vernehmung von Zeugen verbunden, so liegen Nr. 11 und Nr. 2 vor. Wird in der Hauptverhandlung der Betroffene oder ein Zeuge vernommen, so wird die Verjährung erneut unterbrochen (*BGH* JR 1978, 125 m. Anm. *Göhler*), nicht jedoch, wenn der Betroffene in der Hauptverhandlung nur informatorisch befragt wird. 59

Anberaumung einer Hauptverhandlung ist die Festsetzung des Ortes, des Tages und der Stunde ihrer Durchführung (*Köln* VRS 69, 451). Die bloße Verfügung: „Die Hauptverhandlung wird angeordnet" ohne gleichzeitige Terminsbestimmung unterbricht nicht (KK-*Weller* 85). Anberaumung des Termins zur Hauptverhandlung ohne die Ladung des Betroffenen und der Zeugen zu verfügen, unterbricht (*Celle* NStZ 1982, 12). 60

Voraussetzung ist, dass der Hauptverhandlungstermin vom **Vorsitzenden des Gerichts**, beim AG also vom allein entscheidenden Richter, festgesetzt wird (§§ 213, 411 Abs. 1 Satz 2 StPO i. V. m. § 71 Abs. 1). Nimmt 61 die Geschäftsstelle die Terminsbestimmung vor, so wird die Verjährung nicht unterbrochen, wenn sich aus den Akten nicht mit Sicherheit feststellen lässt, dass diese Handlung auf richterliche Anordnung beruht (*BayObLG* DAR 1980, 271). Dazu reicht die Paraphe des Richters aus (*Koblenz* MDR 1981, 75). Die Terminsbestimmung durch einen **örtlich unzuständigen Richter** unterbricht (*Hamm* VRS 57, 47). Ebenso die Terminsanberaumung durch einen wegen Besorgnis der Befangenheit abgelehnten Richter (*Köln* VRS 59, 428).

62 Da **jede Anberaumung der Hauptverhandlung** zur Verjährungsunterbrechung führt, gilt dies auch für alle der ersten Terminierung nachfolgenden Terminsbestimmungen, gleichgültig, ob in der Sache bereits einmal verhandelt worden ist (KK-*Weller* 89).

63 **Wird die Hauptverhandlung verlegt**, so liegt darin die Anberaumung einer neuen Hauptverhandlung, sofern sich aus den Akten ergibt, dass sie vom Richter verfugt worden ist (*BayObLG* DAR 1980, 271). Der Hinweis in der Hauptverhandlung, dass neuer Termin von Amts wegen bestimmt werde, unterbricht die Verjährung nicht. Er ist keine Terminsverlegung in diesem Sinne (*Koblenz* VRS 67, 52). Unerheblich ist schließlich, ob eine frühere Hauptverhandlung nur unterbrochen (§ 228 StPO) oder ausgesetzt (§ 229 StPO) war (*RRH* 39). Entscheidend ist, dass es sich nicht nur um eine Scheinmaßnahme handelt, bei der eine Förderung des Verfahrens nicht beabsichtigt ist, etwa wenn von vornehrein die Absicht besteht, die Maßnahme gar nicht durchzuführen oder sogleich wieder aufzuheben. Die im Einzelfall bestehende objektive Ungeeignetheit zur Verfahrensförderung reicht dazu nicht aus. Ist die Maßnahme gewollt, so ist unerheblich, ob sie gerade mit dem Ziel der Verjährungsunterbrechung vorgenommen worden ist (*BayObLG* NStZ 2000, 40)

64 Nach **Nr. 12** unterbricht der **Hinweis auf die Möglichkeit, ohne Hauptverhandlung zu entscheiden** (§ 72 Abs. 1 Satz 2). Rechtlich kommt dem Hinweis die gleiche Bedeutung zu, wie die Anberaumung der Hauptverhandlung, da er den Betroffenen und der StA außerhalb der Hauptverhandlung Gelegenheit zum rechtlichen Gehör gibt (*RRH* 40). Ob der Hinweis an den Betroffenen oder an seinen Verteidiger gerichtet ist, ist gleichgültig, ebenso, ob der Hinweis nur an die StA gerichtet war (KK-*Weller* 91). Im Gegensatz zur Hauptverhandlung, die wiederholt angesetzt werden kann, besteht die Unterbrechungsmöglichkeit nach Nr. 12 nur ein-

mal, weil der Hinweis im Sinne der Vorschrift nur einmal gegeben werden kann (*BayObLG* DAR 1981, 253).

Hat der Betroffene einen **Verteidiger**, so unterbricht nur der **erste Hinweis**, gleichgültig, ob er an den Betroffenen oder den Verteidiger gerichtet ist (*Göhler/König* 40). **65**

Haben der Betroffene oder sein Verteidiger bereits mit dem Einspruch einer Entscheidung durch Beschluss **widersprochen**, so kann eine dennoch an sie gerichtete Anfrage, ob sie sich einer solchen Verfahrensweise widersetzen, im Regelfall nicht unterbrechen, es sei denn, es bestehen Anhaltspunkte dafür, dass nach wie vor eine Entscheidung ohne Hauptverhandlung möglich ist (**a. A.** *Göhler/König* 40). **66**

Hat der **Richter den Hinweis gegeben, aber von einer Beschlussentscheidung abgesehen** und Termin zur Hauptverhandlung anberaumt, so ändert das an der Unterbrechungswirkung der Nr. 12 nichts, es sei denn, der Hinweis war nur zum Schein oder willkürlich gegeben (*BayObLG* VRS 51, 57). Kein Hinweis i. S. v. Nr. 12 ist die Mitteilung, dass auf Antrag des Verteidigers, ohne Hauptverhandlung zu entscheiden, eine bereits anberaumte Hauptverhandlung abgesetzt und dem Verteidiger mitgeteilt wird, dass im schriftlichen Verfahren entschieden wird. Dies ist nur eine Unterrichtung über das weitere Vorgehen (*BayObLG* NStZ 1987, 58). **67**

Nach **Nr. 13** unterbricht die **Erhebung der öffentlichen Klage** nach §§ 170 Abs. 1, 200 StPO, der insoweit der **Antrag auf Erlass eines Strafbefehls** (§ 407 Abs. 1 Satz 4 StPO), die **Nachtragsanklage** (§ 266 StPO), die mündliche Anklage im **beschleunigten Verfahren** gemäß § 418 Abs. 3 Satz 2 StPO gleichstehen. Der Antrag auf Entscheidung im beschleunigten Verfahren nach § 417 StPO unterbricht noch nicht, da er nicht die Anklageerhebung ist. Dies gilt auch dann, wenn dem Antrag vorsorglich eine Anklageschrift beigefügt wird. Erklärt die StA jedoch, der beiliegende Anklageentwurf sei die zu erhebende Anklage, sofern der Richter die Durchführung des beschleunigten Verfahrens ablehnt, dann ist die tatsächliche Erhebung der öffentlichen Klage mit Wirksamwerden dieser Bedingung erfolgt, so dass Nr. 13 zutrifft. Im Übrigen ist entscheidend für den Zeitpunkt der Unterbrechung der Verjährung der Eingang der Klage oder des Antrags auf Erlass eines Strafbefehls usw. mit den Akten bei Gericht (*RRH* 43). Abs. 2 gilt hier nicht. Die spätere Rücknahme **68** der Klage beseitigt die eingetretene Verjährungsunterbrechung nicht (*Göhler/König* 41).

69 Nach **Nr. 14** unterbricht die **Eröffnung des Hauptverfahrens** in den Fällen der Anklageerhebung mittels Einreichung einer Anklageschrift. Sie erfolgt im strafprozessualen Zwischenverfahren durch Zulassung der Anklage zur Hauptverhandlung (§§ 203, 207 Abs. 1 StPO), wobei die in der Anklage bezeichnete Tat zugleich unter dem rechtlichen Gesichtspunkt einer OWi zu beurteilen ist (§ 82 Abs. 1). Gleichgültig ist, ob die öffentliche Klage die OWi bereits benennt. Auch wenn das Gericht eine angeklagte Straftat entgegen der Auffassung der StA nur unter dem rechtlichen Gesichtspunkt einer OWi zulässt oder das Vorliegen einer OWi sich erst im Verlaufe einer Hauptverhandlung ergibt, war mit der Eröffnung des Hauptverfahrens die Verfolgungsverjährung unterbrochen (KK-*Weller* 99).

70 Der Eröffnungsbeschluss muss **wirksam** sein. Dies ist er nicht, wenn er seiner verfahrenseinleitenden und verfahrensabgrenzenden Funktion unter keinen Umständen gerecht werden kann. Weniger schwerwiegende Mängel, etwa Entscheidung durch ein örtlich oder nicht absolut sachlich unzuständiges Gericht, ferner durch einen kraft Gesetzes ausgeschlossenen Richter (§§ 22, 23 StPO) machen zwar den Eröffnungsbeschluss fehlerhaft, lassen aber seine verjährungsunterbrechende Wirkung nicht rückwirkend entfallen (*BGH* NJW 1981, 133 m. Anm. *Meyer-Goßner* JR 1981, 379).

71 Die Verjährungsunterbrechung nach Nr. 14 tritt im Zeitpunkt der **Unterzeichnung des Eröffnungsbeschlusses** ein. Ist der Beschluss nicht unterzeichnet, so unterbricht er nur dann, wenn anhand der Akten einwandfrei festgestellt werden kann, dass das Gericht tatsächlich die Eröffnung des Hauptverfahrens beschlossen und nicht nur einen Eröffnungsbeschluss entworfen hat (KK-*Weller* 100). Lehnt das Gericht die Eröffnung ab, so unterbricht dieser Beschluss nicht. Anders die stattgebende Beschwerdeentscheidung nach Anfechtung eines Ablehnungsbeschlusses durch die StA (§ 210 Abs. 2 und 3 StPO – KK-*Weller* 100).

72 Nach **Nr. 15** wird die Verjährung unterbrochen durch den **Strafbefehl** oder eine **andere dem Urteil entsprechende Entscheidung.** Das Urteil selbst und der Beschluss nach § 72 Abs. 1 sind nicht aufgeführt. Für sie gilt § 32 Abs. 2. Ein Strafbefehl unterbricht auch, wenn er gemäß § 408a StPO in einer mittels Anklageschrift bei Gericht anhängig gemachten Strafsache nach Eröffnung des Hauptverfahrens ergeht, weil das Ausbleiben oder die Abwesenheit oder sonst ein wichtiger Grund der Durchführung einer Hauptverhandlung entgegensteht. Ob der Strafrichter oder das Schöffengericht den Strafbefehl erlassen hat, ist gleichgültig.

Eine dem Urteil entsprechende Entscheidung in diesem Sinne ist der Beschluss des AG, durch den der **Einspruch als vermeidbar zu spät** nach § 70 Abs. 1 verworfen wird (*Frankfurt* NStZ 1983, 224) oder der Beschluss, durch den das Verfahren nach **§ 206a Abs. 1 StPO** eingestellt wird (*BayObLG* VRS 53, 46), desgleichen ein Beschluss, durch den das AG einen Bußgeldbescheid außerhalb der Hauptverhandlung „als nicht geeignete Verfahrensgrundlage" zurückweist, weil hier der Sache nach ein Beschluss nach § 206a StPO vorliegt (*Göhler/König* 43). 73

Der durch Art. 2 Nr. 5b des 2. WiKG vom 15. 5. 1986 (BGBl. I S. 721) eingefügte Satz 2 des Abs. 1 stellt klar, dass im **selbständigen Verfahren** wegen der Anordnung einer Nebenfolge oder der Festsetzung einer Geldbuße gegen eine juristische Person oder Personenvereinigung die Verjährung durch die dem Satz 1 entsprechenden Handlungen zur Durchführung des selbständigen Verfahrens unterbrochen sind. Mit der Einleitung dieses selbständigen Verfahrens wird damit eine getrennte Verfolgungsverjährung eröffnet, sofern die Verfolgung der Tat bis dahin noch nicht verjährt war (*Frankfurt* NStZ 1992, 193). Die Verjährung der OWi selbst würde ein Verfahrenshindernis auch für die Einleitung eines selbständigen Verfahrens darstellen (*Göhler/König* 43a; *RRH* 45a). 74

Satz 2 gilt sowohl für das **verwaltungsrechtliche wie auch für das gerichtliche Bußgeldverfahren** (*RRH* 45b). Entsprechende Handlungen im Sinne der Vorschrift sind z. B. die erste sowie die richterliche Vernehmung des Nebenbeteiligten, die Sachverständigenbeauftragung zur Frage der Nebenfolgeanordnung wie etwa des Gewinnumfangs beim Verfall (*RRH* 45b) oder die selbständige Geldbußenfestsetzung nach § 30 Abs. 4, ferner die Beschlagnahme- oder Durchsuchungsanordnung gegen Nebenbeteiligte, der selbständige Bußgeldbescheid gegen eine juristische Person oder Personenvereinigung (§ 88 Abs. 2 Satz 1), der selbständige Verfallbescheid (§ 84 Abs. 3 Satz 1 und Satz 2 i. V. m. Abs. 6), der selbständige 75

Einziehungsbescheid (§ 87 Abs. 3 Satz 1 und Satz 2), der selbständige Bescheid über die Abführung des Mehrerlöses (§ 11 Abs. 2 Satz 2 WiStG).

76 Die verjährungsunterbrechende Wirkung tritt nur gegenüber dem Nebenbeteiligten ein, der im selbständigen Verfahren gewissermaßen in die Rolle des Betroffenen rückt (*Dresden* NStZ 1997, 438). Hinsichtlich der begrenzten persönlichen Wirkung der Verjährungsunterbrechung kann nichts anderes gelten als bei den Betroffenen. Allerdings gilt dies nicht für die Einziehung aus Sicherungsgründen nach § 27 Abs. 2 Satz 1 Nr. 1, weil in diesem Falle die Verjährung kein Verfahrenshindernis darstellt (*Göhler/König* 43c).

IV. Zeitliche und persönliche Grenzen der Verjährungsunterbrechung

77 Abs. 2 regelt den **Zeitpunkt der Unterbrechung** der Verjährung bei schriftlicher Anordnung oder Entscheidung. Danach ist in den Fällen, in denen die Unterbrechungshandlung schriftlich oder mit Unterschrift versehen vorgenommen wird, der Zeitpunkt der Unterzeichnung der Anordnung oder Entscheidung maßgeblich.

78 **Schriftliche Unterbrechungshandlungen** in diesem Sinne sind die nach Abs. 1 Satz 1 Nr. 1–12, 14. Soweit Unterbrechungshandlungen in den Diensträumen vorgenommen worden sind, sind sie nur beachtlich, wenn sie aktenkundig gemacht sind, und zwar mit dem **Handzeichen des Amtsträgers**, wenn auch nicht notwendigerweise in den Akten des Bußgeldverfahrens. Dies ist etwa der Fall bei Übersendung des Anhörungsbogens (*Köln* VRS 84, 104), bei richterlichen Verfügungen (*Koblenz* JR 1981, 42 m. Anm. *Göhler*), aber auch schriftlichen Beschlagnahme- und Durchsuchungsanordnungen nach Nr. 4, behördeninternen Anweisungen nach Nr. 5 (*RRH* 45b). Ausreichend ist bei einem Bußgeldbescheid auch die Faksimile-Unterschrift des zuständigen Beamten (*Stuttgart* NJW 1976, 1905).

79 Zeitlich gilt der **Tag der Unterzeichnung der Anordnung** oder Entscheidung, nicht ein zurückliegender Tag des Diktats der Entscheidung (*RRH* 46a). Das Diktieren der Entscheidung kann auch dann nicht die Verjährung unterbrechen, wenn die Entscheidung später mit einer dem Zeitpunkt des Diktats entsprechenden Tagesangabe versehen und vom Richter unterzeichnet war (*RRH* 46a). Dann gilt der Tag der tatsächlichen Unter-

zeichnung. Wird ein zunächst blanko unterzeichneter Bußgeldbescheid später durch die Kanzlei verfügungsgemäß ergänzt, so gilt ebenfalls der Tag der Unterzeichnung (**a. A.** *Düsseldorf* VRS 57, 434). Unterbleibt die vorgesehene Unterschrift bei der Unterbrechungshandlung ganz, so lässt dies die Wirksamkeit der Unterbrechung dann unberührt, wenn sich der Wille zur Vornahme dieser Handlung aus anderen Umständen **mit Sicherheit belegen** lässt (*RRH* 46a).

Bei Verwendung einer **EDV-Anlage** zum Erlass einer Anordnung kommt es auf den Zeitpunkt des Ausdrucks des Schriftstückes an, da er dem der Unterzeichnung entspricht (*Frankfurt* VRS 60, 213). Ein Bußgeldbescheid selbst kann wirksam nicht von einem Computer erlassen werden. Wirksamkeitsvoraussetzung ist, dass der Bußgeldbescheid auf einem – für den Betroffenen erkennbaren und nachprüfbaren – Willensakt der Behörde, letztlich also eines Bediensteten der Behörde beruht. Der Bußgeldbescheid bedarf keiner Unterschrift. Entscheidend ist also auch insoweit der Ausdruck des Schriftstückes, der die Unterzeichnung ersetzt (*BGHSt* 42, 380), es sei denn, dass der **Sachbearbeiter** in den vorprogrammierten Ablauf des EDV-Verfahrens **eingreift** und eine selbständige Anordnung trifft (*Stuttgart* Justiz 1982, 376) oder wenn er den Bußgeldbescheid nach seinem **Ausdruck überprüft und ergänzt** (*Celle* MDR 1989, 287). In diesen Fällen ist der Zeitpunkt der Verfügung des Sachbearbeiters entscheidend (*Göhler/König* 46). **80**

Abs. 2 Satz 2 enthält eine Ausnahme vom Grundsatz, dass mit der Unterzeichnung unterbrochen ist. Danach ist der Zeitpunkt maßgebend, in dem das unterzeichnete Schriftstück in den **Geschäftsgang gegeben worden ist**, sofern es nicht alsbald nach der Unterzeichnung in den Geschäftsgang gelangt. Voraussetzung ist, dass positiv festgestellt wird, dass das Schriftstück alsbald in den Geschäftsgang gelangt ist. Unter Geschäftsgang sind alle Stationen innerhalb der Gerichte und der Verfolgungsbehörden zu verstehen, die das unterzeichnete Schriftstück auf dem Wege bis zur Absendung oder zum behördeninternen Adressaten üblicherweise durchlaufen muss (*Düsseldorf* NZV 1993, 204). Der Geschäftsgang beginnt demnach nicht erst mit der Anordnung, das Schriftstück zum Zwecke der Zustellung in den Postgang zu geben (*Hamm* VRS 63, 58). **81**

Alsbald im Sinne des Satzes 2 bedeutet nicht unverzügliche, d.h. ohne schuldhaftes Zögern erfolgte Zuleitung an die Geschäftsstelle (*Beck/Berr* **82**

189) zwecks Mitteilung oder Zustellung des Schriftstücks, sondern nur die **Weitergabe im Rahmen des normalen Dienstbetriebs** (*Stuttgart* Justiz 1976, 524). Ein Zeitablauf von 11 oder 12 Tagen zwischen Unterzeichnung und Zustellung des Bußgeldbescheides bedeutet, dass er alsbald in den Geschäftsgang gelangt ist (*BayObLG* DAR 1984, 247). Auch längere Verzögerungen im Geschäftsgang sind im Regelfall ohne Einfluss auf den Zeitpunkt der Unterbrechung durch Unterzeichnung. Wird ein Bußgeldbescheid erst etwa vier Wochen nach seiner Unterzeichnung zugestellt, so ist davon auszugehen, dass diese Verzögerung ihren Grund nicht in einem verspäteten Hineingeben in den Geschäftsgang, sondern darin hat, dass die büromäßige Weiterbehandlung nicht sofort erledigt werden konnte (KK-*Weller* 112). Dies galt in besonderem Maße beim Neuaufbau von Bußgeldbehörden als Folge der deutschen Vereinigung nach 1990 in den neuen Bundesländern.

83 Wird die **Unterbrechungshandlung mündlich oder durch schlüssiges Verhalten** vorgenommen, so tritt die Unterbrechungswirkung unmittelbar mit der Vornahme der Handlung und nicht erst in dem Zeitpunkt ein, in dem sie aktenkundig gemacht wird oder dem Betroffenen zur Kenntnis gelangt. Sie muss aber aktenkundig gemacht sein, damit überhaupt Unterbrechungswirkung eintreten kann.

84 Nach Abs. 3 Satz 1 bewirkt jede wirksame Unterbrechung den **Beginn einer neuen Verjährungsfrist.** Der Tag der Unterbrechung ist der erste Tag der neuen Frist (KK-*Weller* 115). Die bis zum Unterbrechungszeitpunkt bereits abgelaufene Zeit bleibt, weil es nicht um das Ruhen der Verjährung geht, bei der Berechnung der neu in Lauf gesetzten Verjährungsfrist außer Betracht. Die Unterbrechung schiebt mithin den Eintritt der Verjährung hinaus. Ist fraglich, ob eine wirksame Unterbrechungshandlung vorliegt, so gilt der **Zweifelssatz zugunsten des Betroffenen.** Die spätere Rücknahme einer Unterbrechungshandlung lässt ihre verjährungsunterbrechende Wirkung unberührt (KK-*Weller* 115).

85 Nach Abs. 3 Satz 2 ist die Verfolgung spätestens verjährt **(absolute Verjährungsfrist)**, wenn seit dem in § 31 Abs. 3 bezeichneten Zeitpunkt das **Doppelte der gesetzlichen Verjährungsfrist**, mindestens jedoch zwei Jahre, verstrichen sind. Beträgt demnach die doppelte Verjährungsfrist weniger als zwei Jahre, so kann sie bis zu zwei Jahren auch über das Doppelte hinaus verlängert werden. Dieser Zeitpunkt gilt jetzt bis zum Erlass

Siebenter Abschnitt. Verjährung §33

eines Urteils oder eines Beschlusses nach § 72. Danach ist die Verfolgungsverjährung bis zum Abschluss des Verfahrens gehemmt. Bei der Berechnung der absoluten Verjährung ist der Zeitraum, in dem bereits Rechtskraft eingetreten war, nicht mit zu berücksichtigen, falls die Rechtskraft nachträglich durch Wiedereinsetzung in den vorigen Stand oder Wiederaufnahme des Verfahrens beseitigt wird (*Köln* VRS 57, 296). Zu berücksichtigen ist auch nicht der Zeitraum des Ruhens der Verjährung (*Göhler/König* 49).

Betragen die Verjährungsfristen drei Monate, sechs Monate oder ein Jahr, so tritt absolute Verjährung **einheitlich bei zwei Jahren** ein. Beträgt die Verjährungsfrist zwei oder drei Jahre, so dauert die Verjährung bei rechtzeitigen Unterbrechungshandlungen höchstens vier oder sechs Jahre. Innerhalb dieses Zeitraums beginnt nach einem rechtzeitigen Unterbrechungsakt jeweils eine neue Verjährung von zwei oder drei Jahren. **86**

Hat sich im Strafverfahren der Verdacht einer Straftat nicht erwiesen, ist jedoch eine OWi übrig geblieben, so trifft Abs. 3 Satz 3 eine besondere Regelung über die absolute Verjährungsfrist. Verdoppelt wird dann die Verjährungsfrist, die für die gerichtlich anhängig gewordene Straftat gilt (§ 78 Abs. 3 und Abs. 4 StGB). Deshalb ist z. B. bei einem gerichtlichen Verfahren wegen Trunkenheit im Verkehr nach § 316 StGB die Festsetzung einer Geldbuße wegen § 24a StVG auch noch nach Ablauf von zwei Jahren möglich. Voraussetzung ist, dass die **OWi** im Zeitpunkt der Gerichtshängigkeit **nicht schon verjährt** war (*RRH* 51). **87**

Nach Abs. 4 Satz 1 wirkt die **Unterbrechung der Verjährung** nur gegenüber demjenigen, **auf den sich die Handlung bezieht.** Sie muss gegen eine bestimmte Person als Täter gerichtet sein (*RRH* 53). Sie braucht sich aber nicht notwendigerweise an denjenigen zu richten, an den sie adressiert ist. Namentlich bekannt zu sein braucht der Betroffene ebenfalls noch nicht. Es reicht aus, wenn zumindest nähere Merkmale vorliegen, die den Betroffenen individuell bestimmen und ihn von allen anderen, auf die diese Merkmale nicht zutreffen, kennzeichnen (*BGH* NJW 1970, 914). Wird demnach das Verfahren gegen einen unbekannten Täter geführt, so fehlen diese individualisierenden Merkmale, so dass es nicht zu einer Verjährungsunterbrechung kommen kann (*RRH* 53). **88**

Der Betroffene ist jedoch ausreichend individualisiert, wenn bei Kennzeichenanzeigen wegen einer Verkehrs-OWi ein Beweisfoto bei den Akten ist, **89** auf dem er ohne weiteres als Fahrer zu erkennen ist. In diesem Fall unterbricht sowohl die richterliche Vernehmung des Fahrzeughalters (und späteren Betroffenen) zur Feststellung des Fahrers (*BayObLG* bei *Göhler/König* NStZ 1990, 74), wie auch die erste Vernehmung des Halters als Betroffenen unter Vorlage des Fotos (*Schleswig* SchlHA 1980, 179). Gleiches gilt, wenn der Betroffene zugleich als Halter und Fahrer erstmals vernommen wird (*Hamm* MDR 1990, 362 m. Anm. *Göhler/König* NStZ 1991, 74).

90 Bei **mehreren Tätern** kann eine **unterschiedlich lange Verjährungsfrist** in Gang gesetzt werden, wenn sich die Unterbrechungshandlung nur gegen einen Täter richtet. Der Bußgeldbescheid oder die Erhebung der öffentlichen Klage (Nr. 9, 13) kann sich stets nur auf denjenigen beziehen, der Adressat dieser Handlung ist. Dies gilt auch für die Vernehmung des Betroffenen, so dass sie die Verjährung gegen einen Mitbetroffenen nicht zugleich unterbrechen kann, selbst wenn diese Vernehmung der Sachaufklärung in dem Verfahren gegen den anderen Betroffenen dienen kann (*BayObLG* VRS 57, 42; **a. A.** *Göhler/König* 53). Anders, wenn von vornherein festgelegt ist, dass der Mitbetroffene zugleich angehört werden soll.

91 Werden gegen eine **juristische Person** oder **Personenvereinigung** i. S. d. § 30 Ermittlungen geführt, ohne dass ein bestimmter Betroffener bekannt wäre, so wird die Verjährung gegenüber bestimmten Einzelpersonen nicht durch eine gegen die „Firma" gerichtete Unterbrechungshandlung unterbrochen (*RRH* 53 a), es sei denn, dass sich hinter der Firma eine natürliche Person, also ein Einzelkaufmann, verbirgt (*Braunschweig* VRS 86, 139). Dies gilt jedoch nur dann, wenn sich hinter der Firma ausschließlich der Firmeninhaber selbst verbirgt (KK-*Weller* 123). Richtet sich die Unterbrechungsmaßnahme umgekehrt erkennbar nur gegen einen Einzelkaufmann, der zugleich Geschäftsführer und Gesellschafter einer denselben Familiennamen wie seine Einzelfirma führenden GmbH ist, so hat die Unterbrechungshandlung keine verjährungsunterbrechende Wirkung gegenüber der GmbH (*Karlsruhe* NStZ 1987, 89). Anders jedoch, wenn gegen eine Nachfolgegesellschaft oder gegen Gesellschafter der früheren Gesellschaft kein neues Bußgeldverfahren eingeleitet wird, sondern diese nur an die Stelle der betroffenen Handelsgesellschaft treten, die als Rechtssubjekt nicht mehr besteht. In diesem Fall müssen die Nachfolgegesellschaft, sofern gegen diese eine Geldbuße festgesetzt werden kann, und die Gesellschafter, soweit sie schon der früheren Gesellschaft angehört haben, das bisherige Verfahren einschließlich der Unterbrechungshandlungen gegen sich gelten lassen (*RRH* 53a).

Wandelt sich demnach eine **betroffene oHG** während des Bußgeldverfahrens **in eine GbR** um, so kann das Verfahren gegen die GbR nicht fortgeführt werden, auch wenn diese mit der früheren oHG identisch ist, weil gegen die GbR gemäß § 30 Abs. 1 kein Bußgeld festgesetzt werden kann. Das gegen die oHG eingeleitete Bußgeldverfahren muss in diesem Fall gegen die Gesellschafter der GbR weitergeführt werden, wenn diese die der früheren oHG zur Last gelegten Zuwiderhandlungen verschuldet haben. Unterbrechungshandlungen des gegen die oHG gerichteten Verfahrens behalten dann im weiteren gegen die Gesellschafter gerichteten Verfahren ihre Gültigkeit (*Stuttgart* Justiz 1972, 325).

92

Nach Abs. 4 Satz 2 tritt die Unterbrechung in den Fällen des Abs. 2 Satz 1 Nr. 1 bis 7, 11, 13 bis 15 auch dann ein, wenn die **Handlung auf die Verfolgung der Tat als Straftat gerichtet** ist. Der praktische Anwendungsbereich dieser Vorschrift ist in den Fällen gegeben, in denen sich im weiteren Ablauf des Verfahrens ergibt, dass die Straftat nicht erwiesen ist oder dass eine Strafe nicht verhängt wird. In diesen Fällen wirkt eine im Strafverfahren vorgenommene Untersuchungshandlung, die nach den genannten Nummern nach OWi-Recht verjährungsunterbrechende Wirkung hat, ebenso, als wäre sie im Bußgeldverfahren zur Verfolgung der OWi vorgenommen worden (*Karlsruhe* MDR 1975, 426). Demnach gilt Satz 2 bei tateinheitlichem Zusammentreffen zwischen einer Straftat und einer OWi, da durch § 21 Abs. 1 die OWi durch die Straftat verdrängt wird, und in Fällen der Tatmehrheit bei Straftaten, wenn es sich um einen einheitlichen historischen Vorgang (§ 264 StPO) handelt (*Hamm* VRS 53, 367), sowie bei echten und unechten Mischtatbeständen (*RRH* 56; *Karlsruhe* MDR 1975, 426).

93

Satz 2 gilt ferner dann, **wenn Straftat und OWi zwar selbständige Handlungen sind, aber eine Tat darstellen** (*Göhler/König* 57). Die Regelung, die die für die OWi geltende Verjährungsfrist unberührt lässt, hat Bedeutung nur für die absolute Verjährungsfrist. Grundsätzlich gilt, dass eine strafprozessual zulässige Verfolgungshandlung in den Fällen die Verjährung der OWi unterbricht, in denen diese zugleich unter den Katalog der in Abs. 4 Satz 2 angeführten Unterbrechungshandlungen fällt. Da-

94

durch werden die sonst notwendigen doppelspurigen Unterbrechungshandlungen vermieden (*RRH* 56a). So ist die vorläufige Fahrerlaubnisentziehung nach § 111a Abs. 3 StPO, die zugleich die Wirkung der Beschlagnahme des Führerscheins hat, einer richterlichen Beschlagnahmeanordnung bzw. deren richterlicher Aufrechterhaltung nach Nr. 4 gleichgestellt, obwohl bei einer Verkehrs-OWi lediglich ein Fahrverbot nach § 25 StVG und nicht ein Entzug der Fahrerlaubnis nach § 69 StGB zulässig ist (*Stuttgart* NJW 1976, 2223 m. Anm. *Rüth* MDR 1976, 953).

95 Die Regelung des Abs. 4 Satz 2 lässt die für die OWi geltende Verjährungsfrist unberührt (*Köln* VRS 70, 27), wenn **die OWi** zum Zeitpunkt der gerichtlichen Anhängigkeit **schon verjährt** ist. In einem Ermittlungsverfahren wegen einer Straftat, insbesondere bei Verkehrssachen, muss daher die StA durch geeignete Unterbrechungshandlungen sicherstellen, dass die Tat als OWi nicht verjährt, falls die Straftat nicht nachweisbar ist oder eine Strafe nicht verhängt wird (*RiStBV* Nr. 274).

§ 34 Vollstreckungsverjährung

(1) Eine rechtskräftig festgesetzte Geldbuße darf nach Ablauf der Verjährungsfrist nicht mehr vollstreckt werden.

(2) Die Verjährungsfrist beträgt

1. **fünf Jahre bei einer Geldbuße von mehr als eintausend Euro,**
2. **drei Jahre bei einer Geldbuße bis zu eintausend Euro.**

(3) Die Verjährung beginnt mit der Rechtskraft der Entscheidung.

(4) Die Verjährung ruht, solange

1. **nach dem Gesetz die Vollstreckung nicht begonnen oder nicht fortgesetzt werden kann,**
2. **die Vollstreckung ausgesetzt ist oder**
3. **eine Zahlungserleichterung bewilligt ist.**

(5) Die Absätze 1 bis 4 gelten entsprechend für Nebenfolgen, die zu einer Geldzahlung verpflichten. Ist eine solche Nebenfolge neben einer Geldbuße angeordnet, so verjährt die Vollstreckung der einen Rechtsfolge nicht früher als die der anderen.

Siebenter Abschnitt. Verjährung § 34

Die Vorschrift regelt die **Vollstreckungsverjährung** im OWi-Recht. Sie **1**
betrifft Geldbußen (Abs. 1 bis 3) und solche Nebenfolgen, die zu einer
Geldzahlung verpflichten (Abs. 5). Das **Ruhen der Vollstreckungsverjährung** ist in der Vorschrift mitgeregelt (Abs. 4). Sie will wie die Verfolgungsverjährung in erster Linie dem Rechtsfrieden dienen. Gleichzeitig
soll damit einer etwaigen Untätigkeit der Vollstreckungsbehörde entgegengewirkt werden (*BGH* NJW 1959, 894).

Abs. 1 legt fest, was Vollstreckungsverjährung bewirkt. Danach darf eine **2**
rechtskräftig festgesetzte Geldbuße nach **Ablauf der Verjährungsfrist
nicht mehr vollstreckt** werden. Die Unzulässigkeit der Vollstreckung
wegen Eintritts der Vollstreckungsverjährung kann gemäß § 103 Abs. 1
durch entsprechende Antragstellung bei Gericht geltend gemacht werden,
wobei unerheblich ist, ob der angefochtenen Vollstreckungsmaßnahme
eine behördliche oder eine gerichtliche Bußgeldentscheidung zugrunde
liegt (*RRH* 3). Vollstreckungsverjährung kann nicht unterbrochen werden.
Ihr Eintritt kann nur durch das Ruhen nach Abs. 4 hinausgeschoben
werden.

Nach Abs. 2 ist die Dauer der Vollstreckungsverjährung nicht mehr wie **3**
nach früherem Recht ohne Rücksicht auf die Höhe der Geldbuße einheitlich, sondern in Anlehnung an § 79 Abs. 3 Nr. 4 und 5 StGB nach der **Höhe der festgesetzten Geldbuße abgestuft.** Sind **mehrere Geldbußen** in
einer Entscheidung festgesetzt, so gilt für jede Geldbuße eine gesonderte
Frist (*Göhler/König* 2). Ob die einzelne Geldbuße für eine oder mehrere
tateinheitlich begangene OWi verhängt wurde, hat keine Bedeutung (KK-*Weller* 7). Eine gleichzeitig mit der Geldbuße verhängte Nebenfolge, die
zu einer Geldzahlung verpflichtet, darf zur Ermittlung der Länge der Vollstreckungsverjährungsfrist der Geldbuße nicht hinzugerechnet werden
(*RRH* 4). Keine Bedeutung hat auch die Tatsache, dass bei hohen Geldbußen die Vollstreckung bis zu ihrem Abschluss lange Zeit in Anspruch nehmen kann (*RRH* 4). Die Frist beginnt nach Abs. 2 am Tage der Rechtskraft
der Entscheidung (1. Verjährungstag – *Göhler/König* 2). Für die Berechnung der Frist gelten die Erläuterungen zu § 31 entsprechend.

Nach Abs. 4 Nr.1 **ruht die Verjährung**, solange nach dem Gesetz die **4**
Vollstreckung nicht begonnen oder nicht fortgesetzt werden kann. Dieser
Fall entspricht § 32 Abs. 1 Satz 2. Auch hier hemmen rechtliche Hindernisse den Ablauf der Verjährung. Ein rechtliches Vollstreckungshindernis

ist auch anzunehmen, wenn sich der Betroffene im **Ausland** aufhält und eine **Rechts- oder Amtshilfe** nicht gewährt wird, weil dann die Vollstreckung im Ausland aus rechtlichen Gründen unmöglich ist (*RRH* 7). Unterbleibt die Vollstreckung nach § 95 Abs. 2, so bewirkt das kein Ruhen der Vollstreckungsverjährung (*RRH* 7).

5 Nach Abs. 4 Nr. 2 ruht die Vollstreckungsverjährung ferner, wenn die **Vollstreckung ausgesetzt** ist. Dies kommt etwa in den Fällen von § 47 Abs. 2 StPO i.V.m. § 46 Abs. 1, § 102 Abs. 1 und § 103 Abs. 2 Satz 2 in Betracht. Das gilt auch, wenn gemäß § 360 Abs. 2 StPO verfügt ist, dass die weitere Vollstreckung bis zur rechtskräftigen Entscheidung über einen **Wiederaufnahmeantrag** (§ 370 Abs. 1 oder 2 StPO) nicht weiterbetrieben werden darf. Dasselbe gilt ferner, wenn eine entsprechende Anordnung durch den Gnadenträger im **Gnadenverfahren** getroffen worden ist. Das **Absehen von der Beitreibung** einer Geldbuße nach § 95 Abs. 2 fällt nicht unter Nr. 2 (*RRH* 8), weil dies dem Zweck der gewollten endgültigen Erledigung des Vollstreckungsverfahrens zuwiderliefe.

6 Nach Abs. 4 Nr. 3 ruht die Vollstreckungsverjährung im Übrigen, solange eine **Zahlungserleichterung bewilligt** ist. Damit ist sichergestellt, dass eine Vergünstigung nach §§ 18, 93 nicht die Folge hat, dass der durch sie bewirkte Aufschub die Vollstreckung einer Geldbuße wegen Eintritts der Verjährung unzulässig macht (*RRH* 9). Sofern die Zahlungserleichterung in der Bewilligung einer **einheitlichen Zahlungsfrist** für die gesamte Bußgeldsumme besteht, endet mit deren Ablauf das Ruhen der Verjährung. Ist hingegen **Ratenzahlung** bewilligt, so endet das Ruhen hinsichtlich der einzelnen Raten mit dem Eintritt der Fälligkeit, so dass insoweit Vollstreckung betrieben werden kann. Werden der Zahlungsaufschub oder die Bewilligung einer Ratenzahlung nachträglich aufgehoben, so endet das Ruhen der Verjährung jeweils mit dem Zeitpunkt der Aufhebung, so dass die Vollstreckungsverjährung von diesem Zeitpunkt an weiterläuft.

7 Nach Abs. 5 Satz 1 gelten die Abs. 1 bis 4 entsprechend für **Nebenfolgen, die zu einer Geldzahlung verpflichten.** Zu diesen Nebenfolgen gehören die Einziehung des Wertersatzes (§ 25), der Verfall (§ 29a), die Abführung des Mehrerlöses (§ 8 WiStG 1954), die Geldbuße gegen juristische Personen oder Personenvereinigungen (§ 30), und zwar auch für den Fall, dass die Geldbuße wegen einer Straftat ihrer Organe festgesetzt ist, weil hier § 79 Abs. 5 StGB nicht eingreift (*Göhler/König* 5). Wird nur eine zu einer

Geldzahlung verpflichtende Nebenfolge vollstreckt, so ist für die Dauer der Verjährungsfrist die Höhe des Betrages der Nebenfolge maßgebend (KK-*Weller* 18).

Nach Abs. 5 Satz 2 verjährt die Vollstreckung der einen Rechtsfolge nicht früher als die der anderen, wenn eine **Nebenfolge neben einer Geldbuße** angeordnet worden ist. Dadurch ist verhindert, dass für beide Rechtsfolgen eine unterschiedliche Vollstreckungsverjährung gilt. Die Regelung hat zur Folge, dass in den Fällen des Abs. 5 Satz 2 stets die längste Vollstreckungsverjährungsfrist für beide Rechtsfolgen gilt (*RRH* 12). Diese Regelung entspricht dem § 79 Abs. 5 Satz 1 StGB. Abs. 5 Satz 2 bezieht sich aber nur auf den Fall, dass gegen denselben Betroffenen aus einer OWi wegen derselben Zuwiderhandlung (§ 19) sowohl auf eine Geldbuße als auch auf eine zu einer Geldzahlung verpflichtende Nebenfolge erkannt worden ist. Beruhen Geldbuße und Nebenfolge auf verschiedenen miteinander in Tatmehrheit (§ 20) stehenden OWi, so findet die Vorschrift keine Anwendung (*Göhler/König* 5). Verletzt andererseits dieselbe Handlung den Tatbestand mehrerer OWi (§ 19 Abs. 1), von denen nur eine OWi auch die Ahndung mit einer Nebenfolge zulässt (§ 19 Abs. 2 Satz 2), so richtet sich die Vollstreckungsverjährung nach Abs. 5 Satz 2, wenn eine zur Geldzahlung verpflichtende Nebenfolge vollstreckt wird.

Auf andere **Nebenfolgen, die nicht zu einer Geldzahlung verpflichten**, wie etwa die Einziehung eines Gegenstandes (§ 22) und das Fahrverbot (§ 25 StVG) bezieht sich die Vorschrift nicht. Der Einziehungsanspruch des Staates unterliegt der allgemeinen Verjährung des BGB. Bei Anordnung eines Fahrverbots gilt für die Beschlagnahme des Führerscheins zwar keine Verjährungsfrist. Die Verwaltungsbehörde muss jedoch den Führerschein so schnell wie möglich sicherstellen, damit die Verbotsfrist nicht zum Nachteil des Betroffenen unangemessen verlängert wird (§ 25 Abs. 5 Satz 1 StVG). Ist der Führerschein ohne Verschulden des Betroffenen nicht amtlich verwahrt worden und hat der Betroffene dennoch das Fahrverbot befolgt, so kann im Wege der Gnade das Fahrverbot für die an sich noch nicht abgelaufene Zeit erlassen werden (*RRH* 15). Eine Sonderregelung enthält § 25 Abs. 2a StVG.

Zweiter Teil
Bußgeldverfahren

Erster Abschnitt. Zuständigkeit zur Verfolgung und Ahndung von Ordnungswidrigkeiten

Vorbemerkungen

Im zweiten Teil des OWiG ist das **eigenständige Verfahrensrecht** für die Verfolgung und Ahndung von OWi geregelt. Zur geschichtlichen Entwicklung KK-*Lampe* 2 ff. 1

Die ersten beiden Abschnitte des Zweiten Teils enthalten Vorschriften von grundsätzlicher Bedeutung für das gesamte Bußgeldverfahren. § 35 begründet ein **Vorrecht der Verwaltungsbehörde** für die Verfolgung und Ahndung der OWi. Die StA behält die **Sekundärzuständigkeit** für eng begrenzte Ausnahmefälle. Jedoch ist im Strafverfahren die StA für die Verfolgung der Tat auch unter dem Gesichtspunkt der OWi zuständig. Bis zum Erlass eines Bußgeldbescheides kann sie die Verfolgung der OWi übernehmen, wenn sie eine Straftat verfolgt, die mit der OWi zusammenhängt (§§ 40, 42). In diesen Fällen ist das für die **Strafsache zuständige Gericht** auch für die Ahndung der OWi zuständig (§§ 45, 82). Das Strafverfahren behält Vorrang vor dem Bußgeldverfahren (*BGHSt* 35, 290). Kompetenzkonflikte zwischen StA und Verwaltungsbehörde löst § 44: Die Verwaltungsbehörde ist an die Entschließung der StA gebunden, ob eine Tat als Straftat verfolgt wird oder nicht. 2

Für das Bußgeldverfahren bestimmt § 46 Abs. 1 die **sinngemäße Geltung der Vorschriften der allgemeinen Gesetze über das Strafverfahren**, namentlich der StPO, des GVG und des JGG. Dies gilt allerdings nur, wenn das OWiG nichts anderes bestimmt und auch nur sinngemäß. 3

Nach § 47 gilt für die Verfolgung und Ahndung von OWi das **Opportunitätsprinzip** und nicht das den Strafprozess beherrschende Legalitätsprinzip (§ 152 Abs. 2 StPO). § 47 gilt in allen Verfahrensabschnitten für die 4

Vor §§ 35 ff. Zweiter Teil. Bußgeldverfahren

Polizei als Ermittlungsorgan, die Verwaltungsbehörde als für die Verfolgung und Ahndung zuständige Stelle sowie die StA und das Gericht, soweit sie zur Verfolgung und Ahndung von OWi zuständig sind.

5 Eine Reihe von **Eingriffsbefugnissen nach der StPO** nimmt das OWiG von der sinngemäßen Anwendung ausdrücklich aus, z. B. Anstaltsunterbringung, Verhaftung und vorläufige Festnahme, Beschlagnahme von Postsendungen und Telegrammen sowie Auskunftsersuchen über Umstände, die dem Post- und Fernmeldegeheimnis unterliegen (§ 46 Abs. 3). Für Eingriffe in die Rechtssphäre des Betroffenen gilt der Grundsatz der Verhältnismäßigkeit, der sich aus dem Rechtsstaatsprinzip ergibt und Verfassungsrang hat.

6 Im Dritten Abschnitt des Zweiten Teiles (§§ 53 bis 64) passt das OWiG die Vorschriften der StPO den besonderen Notwendigkeiten des **summarischen Verfahrens der Verwaltungsbehörde** bis zum Erlass des Bußgeldbescheides an. Der mit „Einspruch und gerichtliches Verfahren" überschriebene Fünfte Abschnitt des Zweiten Teils (§§ 67 bis 80) regelt die von der StPO abweichenden Besonderheiten für das gerichtliche Verfahren nach Einspruch gegen die Bußgeldentscheidung der Verwaltungsbehörden.

7 Die OWi wird durch einen Bußgeldbescheid der Verwaltungsbehörde (§ 65) oder durch Urteil oder Beschluss des Gerichts (§§ 71, 72, 79 Abs. 5 und Abs. 6) geahndet. Der **Bußgeldbescheid der Verwaltungsbehörde** ist ein vorläufiger Spruch in einem vereinfachten Verfahren, der durch die **Selbstunterwerfung des Betroffenen** zu einem endgültigen Verfahren wird. Nach **Einspruch** des Betroffenen reduziert sich sein Regelungsgehalt auf eine **Beschuldigung**, die den Gegenstand des anschließenden gerichtlichen Verfahrens in sachlicher und persönlicher Hinsicht umschreibt (*BGH* NJW 1970, 2222). Das auf einen Einspruch des Betroffenen (§ 67) zur Prüfung berufene Gericht (§ 68) hat den Sachverhalt in einer Hauptverhandlung erschöpfend aufzuklären und rechtlich zu würdigen (*BGH* NJW 1970, 2222). Die so gewonnene Sachentscheidung kann die Qualität und das Gewicht eines Strafurteils haben. Dies gilt auch für die Beschlussentscheidung ohne Hauptverhandlung nach § 72.

8 Als einheitliches und ausschließliches **Rechtsmittel** ist unter im Einzelnen genannten Voraussetzungen gegen das Urteil und den Beschluss die Rechtsbeschwerde gegeben (§§ 79, 80).

Das OWiG ermöglicht einen **beweglichen Übergang ins Strafverfahren**, 9
wenn sich im Bußgeldverfahren ergibt, dass die Tat eine Straftat ist. Das
wird dadurch erreicht, dass das Gericht an die Beurteilung der Tat als OWi
nicht gebunden ist (§ 81 Abs. 1) und die Tat als Straftat unmittelbar nach
den Vorschriften über das Strafverfahren aburteilen kann (§ 81 Abs. 3).
Ebenso beurteilt das Gericht in einem Strafverfahren die in der Anklage bezeichnete Tat stets zugleich unter dem Gesichtspunkt einer OWi (§ 82).

Eine besondere Form der Sanktion ist das **Verwarnungsgeld** (§§ 56 bis 10
58). Die Verwarnung mit Verwarnungsgeld ist ein **zustimmungsbedürftiger Verwaltungsakt** (*BVerfGE* NJW 1967, 1748) und als solcher ein aliud
zum justizförmlich geregelten Bußgeldbescheid. Die wünschenswerte
weitere Erhöhung der Anwendungsgrenze des Verwarnungsgeldverfahrens insbesondere für massenhaft auftretende Verkehrs-OWi und die damit verbundene Ausweitung ausschließlich polizeilicher und verwaltungsmäßiger Erledigung von OWi führt nicht zwangsläufig zur alten
Zweigliedrigkeit des Verfahrens zurück und beseitigt erst recht nicht das
früher mühsam erreichte Ausscheiden von OWi aus dem kriminellen Unrecht (**a. A.** KK-*Lampe* 43). Es entlastet vielmehr das OWi-Verfahren um
nicht notwendigerweise im Rahmen dieses Verfahrens zu ahndende Fehlgriffe im Straßenverkehr und bewirkt zugleich die Möglichkeit einer **verbesserten Konzentration** auf die gewichtigeren OWi etwa im Lebensmittel- und Wirtschaftsrecht, die in den letzten Jahren an Bedeutung gewonnen haben. Letztlich bewirkt die Ausweitung des Verwarnungsgeldverfahrens im Bagatellbereich eine Stärkung des OWi-Verfahrens und unterstreicht seine Abgrenzung vom Strafverfahren.

§ 35 Verfolgung und Ahndung durch die Verwaltungsbehörde

(1) Für die Verfolgung von Ordnungswidrigkeiten ist die Verwaltungsbehörde zuständig, soweit nicht hierzu nach diesem Gesetz die Staatsanwaltschaft oder an ihrer Stelle für einzelne Verfolgungshandlungen der Richter berufen ist.

(2) Die Verwaltungsbehörde ist auch für die Ahndung von Ordnungswidrigkeiten zuständig, soweit nicht hierzu nach diesem Gesetz das Gericht berufen ist.

RiStBV Nrn. 269 bis 272

§ 35 Zweiter Teil. Bußgeldverfahren

1 Die Vorschrift begründet das **Vorrecht der Verwaltungsbehörde** zur Verfolgung und Ahndung von OWi **(Primärzuständigkeit der Verwaltungsbehörde)**. Das Bußgeldverfahren der Verwaltungsbehörde ist kein Strafverfahren (*BVerfGE* 8, 207). Die Geldbuße wird als nachdrückliche Pflichtenermahnung angesehen, nicht als mit ethischem Schuldvorwurf verbundene Kriminalstrafe. Die Primärzuständigkeit der Verwaltungsbehörde für die Verfolgung und Ahndung von OWi ist verfassungsrechtlich unbedenklich (*BVerfG* NJW 1969, 1619).

2 **StA und Gericht sind sekundär zuständig**, soweit das OWiG es bestimmt. Sondervorschriften in einzelnen Gesetzen, die die primäre Zuständigkeit der StA zur Verfolgung und des Gerichts zur Ahndung begründen würden, sind damit nicht vereinbar. Die StA ist, soweit sie nicht nach Sonderregelungen die Aufgabe der Verwaltungsbehörde hat, für die Ahndung von OWi nicht zuständig (*RRH* 1a). Für das Kartellrecht enthalten die §§ 81 bis 85 GWB nur besondere Zuständigkeitsregelungen für die Verwaltungsbehörde und das gerichtliche Verfahren, die aber das System des OWiG einhalten (KK-*Lampe* 5).

3 Die StA ist im **Vorverfahren** für die Verfolgung einer OWi nur **ausnahmsweise zuständig.** Sie ist nicht befugt, ausschließlich wegen einer OWi Anklage zu erheben. Im gerichtlichen Verfahren ist die StA für die Verfolgung einer OWi stets zuständig. In Verfahren nach Einspruch gegen einen Bußgeldbescheid wird sie es, sobald die Akten bei ihr eingehen (§ 69 Abs. 4 Satz 1 – RiStBV Nr. 269).

4 Im **vorbereitenden Verfahren wegen einer Straftat** ist die StA zugleich auch für die **Verfolgung einer OWi** zuständig, soweit die Verfolgung der Tat auch unter dem rechtlichen Gesichtspunkt einer OWi in Betracht kommt (§ 40) oder die Verfolgung einer OWi wegen des Zusammenhanges mit einer Straftat übernommen worden ist. Im **gerichtlichen Verfahren** ist die StA zuständig für die Verfolgung einer OWi in Verfahren nach Einspruch gegen einen Bußgeldbescheid, sobald die Akten bei der StA eingegangen sind (§ 69 Abs. 4 Satz 1), im Verfahren nach Anklage wegen einer Straftat, soweit es hier auf den rechtlichen Gesichtspunkt einer OWi mit ankommt (§§ 40, 82), im Verfahren wegen OWi, die mit Straftaten zusammenhängen (§§ 42, 83 OWiG), im Wiederaufnahmeverfahren gegen einen Bußgeldbescheid (§ 85 Abs. 4 Satz 2) oder gegen eine gerichtliche Bußgeldentscheidung sowie im Nachverfahren gegen einen Bußgeldbe-

scheid (§ 87 Abs. 4) oder gegen eine gerichtliche Bußgeldentscheidung (RiStBV Nrn. 270, 271). Im Verfahren nach Antrag auf gerichtliche Entscheidung gegen eine Maßnahme der Verwaltungsbehörde (§ 62) ist die StA nicht beteiligt (RiStBV Nr. 271 Abs. 2).

Wesentliche Gesichtspunkte der **Zusammenarbeit der StA mit den Verwaltungsbehörden** regelt RiStBV Nr. 272. Kernpunkt ist die Aufforderung an die StA, im Interesse einer sachgerechten Beurteilung und einer gleichmäßigen Behandlung die Belange der Verwaltungsbehörde zu berücksichtigen und sich deren besondere Sachkunde zunutze zu machen. 5

Eine **Stelle der Landesjustizverwaltung (GStA, StA)** oder die Landesjustizverwaltung selbst kann als zuständige Verwaltungsbehörde bestimmt werden (z. B. bei OWi nach § 115 oder nach Art. 1 § 8 RBerG). Wo dies der Fall ist, haben die Länder entsprechende Zuständigkeitsvorschriften erlassen. Die Kritik von Schoreit (DRiZ 1969, 116) an dieser Zuständigkeitsregelung ist nicht von der Hand zu weisen. Richtig ist zwar, dass der Begriff Verwaltungsbehörde i. S. d. OWiG einen besonderen funktionellen Gehalt hat und der StA neben der Aufgabe als Strafverfolgungsbehörde andere Aufgaben übertragen werden können (KK-*Lampe* 7; *Göhler/König* 3). Die Rolle und das Selbstverständnis des Staatsanwalts als Anklagebehörde und seine funktionale Ausstattung mit quasi richterlicher Unabhängigkeit bei der Frage der Einstellung des Verfahrens oder der Anklageerhebung lassen seine Umfunktionierung zur Verwaltungsbehörde zumindest als fraglich erscheinen. Dies gilt auch für die Landesjustizverwaltung selber, die nach § 147 GVG die Fachaufsicht über die StA führt und außerdem Dienstaufsichtsbehörde insoweit ist. Rechtlich ausgeschlossen ist die Zuweisung von Bußgeldkompetenz an die StA als Verwaltungsbehörde allerdings nicht. 6

Die Zuständigkeit der Verwaltungsbehörde zur Verfolgung umfasst die **selbständige und eigenverantwortliche Ermittlungstätigkeit** und die **unmittelbare und verantwortliche Mitwirkung** an einer etwaigen gerichtlichen Entscheidung über die Beschuldigung durch Unterbreitung des Sachverhalts. Dabei umfasst die Ermittlungszuständigkeit der Verwaltungsbehörde auch die Befugnis, Kontrollgeräte zur Feststellung von OWi einzusetzen usw. Die Abstimmung mit den örtlich zuständigen Polizeidienststellen in diesem Bereich ist nicht nur zweckmäßig (*Stuttgart* 7

MZV 1990, 439), sondern aus Gleichbehandlungsgründen gegenüber dem Betroffenen unabdingbar.

8 Eine **eigene Verfolgungszuständigkeit des Richters** gibt es nicht. Er kann allerdings nach § 46 Abs. 1 i.V.m. §§ 165, 166 StPO einzelne Ermittlungshandlungen als „Notstaatsanwalt" durchführen. Dabei dürfte nur die Befugnis zur Notbeweisaufnahme des Richters gemäß § 46 Abs. 1 i.V.m. § 166 StPO praktisch bedeutsam sein. In diesen Fällen übt der Richter eine selbständige und eigenverantwortliche Ermittlungstätigkeit aus (KK-*Lampe* 15). Er wird damit nicht zur Verwaltungsbehörde, der stets die weitere Verfügung zusteht (§ 46 Abs. 1 i.V.m. § 167 StPO). So könnte der Richter z.B. nicht das Verfahren nach § 47 Abs. 1 einstellen (*RRH* 9).

9 Der **Vorbehalt einer anderen Zuständigkeit** gilt auch für die Behörden und Beamten des **Polizeidienstes** nicht, obwohl sie nach § 53 Abs. 1 auch OWi zu erforschen haben (*Stuttgart* NZV 1990, 439). Sie werden ausschließlich als Ermittlungsorgane der Verfolgungsbehörde tätig, ohne selbständig für die Verfolgung zuständig zu sein, solange nicht die Polizeibehörde selbst Verwaltungsbehörde i.S.d. § 36 ist. Das ist etwa in Bayern der Fall, wo für die Verfolgung von Verkehrs-OWi neben der Zentralen Bußgeldstelle auch die Dienststellen der bayerischen Landespolizei und der bayerischen Grenzpolizei zuständig sind, solange sie die Sache nicht an die Zentrale Bußgeldstelle oder an die StA abgegeben haben oder wenn die StA die Sache nach § 41 Abs. 2 oder § 43 Abs. 1 an die Polizei zurück- oder abgibt. In Thüringen haben Polizeibehörden in diesem Umfang sämtliche Befugnisse der Verwaltungsbehörde. Sie können dort deshalb auch das Verfahren einstellen (nach § 170 Abs. 2 StPO i.V.m. § 46 Abs. 1 sowie nach § 47 Abs. 1) und, soweit nichts anderes bestimmt ist, auch die Kostenentscheidung nach § 25a StVG treffen. Ähnliches gilt in Niedersachsen, Nordrhein-Westfalen, Sachsen-Anhalt. Die den Dienststellen der Polizei als Verwaltungsbehörde eingeräumte Befugnis wird vom Dienststellenleiter oder seinem Beauftragten ausgeübt.

10 Nach Abs. 2 ist die **Verwaltungsbehörde auch für die Ahndung von OWi** zuständig, soweit nicht hierzu nach diesem Gesetz das Gericht berufen ist. Diese Zuständigkeit zur Ahndung hat die Befugnis zum Inhalt, über die dem Betroffenen zur Last gelegte Handlung zu entscheiden, sie also zu beurteilen, soweit das Verfahren nach Abschluss der Ermittlungen nicht

Erster Abschnitt. Zuständigkeit **§ 35**

eingestellt wird sowie die für die OWi angedrohten Rechtsfolgen festzusetzen. Sie erstreckt sich auf die Anordnung von Nebenfolgen, und zwar auch im selbständigen Verfahren (§ 87 Abs. 3 und Abs. 4, § 88 Abs. 2).

Die **Ahndungszuständigkeit** der Verwaltungsbehörde ist **primäre Zuständigkeit**. Sie endet im Einzelfall mit der Entscheidung des Betroffenen, ob er sich der Entscheidung der Verwaltungsbehörde unterwirft oder die ordentlichen Gerichte anruft. 11

Mit seinem **Einspruch gegen den Bußgeldbescheid** der Verwaltungsbehörde begründet der Betroffene die Ahndungszuständigkeit des Gerichts (§§ 71 ff.). Daneben ist das Gericht zur Ahndung berufen, wenn die StA die Verfolgung übernommen hat (§ 45), sowie im Wiederaufnahme- und im Nachverfahren (§ 85 Abs. 4 Satz 1, § 87 Abs. 4 Satz 2). Bußgeldbescheide können jedoch nur von der Verwaltungsbehörde erlassen werden; der Richter ist dafür unter keinem rechtlichen Gesichtspunkt zuständig (*Hamm* NJW 1970, 1805). 12

Die **StA** ist nur zur **Verfolgung**, nicht auch zur **Ahndung** von OWi zuständig, es sei denn, ihr ist ausnahmsweise die Ahndungszuständigkeit als Verwaltungsbehörde übertragen. Sie kann Bußgeldbescheide weder erlassen noch beantragen, allenfalls anregen. Wird im Laufe eines Ermittlungsverfahrens die verfolgte Straftat durch Gesetzesänderung zur OWi, so hat die StA das Verfahren gemäß § 170 Abs. 2 StPO einzustellen und bei der Verwaltungsbehörde ein Bußgeldverfahren anzuregen (KK-*Lampe* 23). 13

Ermittelt die Verwaltungsbehörde wegen einer OWi, so ist sie „Herrin" des Verfahrens. Sie leitet die Ermittlungen und entscheidet über die hierbei zu treffenden Maßnahmen (*RRH* 6). Sie ist nicht unabhängig, sondern den Weisungen der übergeordneten Behörde unterworfen, hat ein Auskunftsrecht gegenüber allen öffentlichen Behörden und kann sich der Behörden und Beamten des Polizeidienstes bedienen. Sie hat ein Antragsrecht hinsichtlich richterlicher Untersuchungshandlungen und Ordnungsmaßnahmen sowie bestimmter Zwangsmaßnahmen der StPO (*RRH* 6). 14

Die Rolle der Verwaltungsbehörde als „Herrin" des Verfahrens bedingt, dass von kommunalen Ordnungsbehörden angeordnete Verkehrsüberwachungsmaßnahmen, insbesondere Geschwindigkeitsmessungen nur dann von privaten Dritten vorgenommen werden können, wenn ein Mitarbeiter der Behörde daran teilnimmt, der in der Lage ist, die Durchführung zu 15 überwachen und die Sachleitung auszuüben (*Frankfurt* NZV 1995, 368). Dies gilt auch dann, wenn der Angestellte des privaten Unternehmens im Rahmen eines befristeten Arbeitnehmerüberlassungsvertrags der Verwaltungsbehörde gewissenmaßen ausgeliehen worden ist (*BayObLG* NZV 1997, 276; *Waechter* NZV 1997, 337; *Nick* NZV 1998, 13). Dies soll hinsichtlich Parkverstößen sogar dann gelten, wenn die Verwaltungsbehörde sich selbst deren Auswertung und den Erlass des Bußgeldbescheids vorbehält (*BayObLG* NJW 1997, 3454, *RRH* 6b).

§ 36 Sachliche Zuständigkeit der Verwaltungsbehörde

(1) Sachlich zuständig ist
1. **die Verwaltungsbehörde, die durch Gesetz bestimmt wird,**
2. **mangels einer solchen Bestimmung**
   a) die fachlich zuständige oberste Landesbehörde oder
   b) das fachlich zuständige Bundesministerium, soweit das Gesetz von Bundesbehörden ausgeführt wird.

(2) Die Landesregierung kann die Zuständigkeit nach Absatz 1 Nr. 2 Buchstabe a durch Rechtsverordnung auf eine andere Behörde oder sonstige Stelle übertragen. Die Landesregierung kann die Ermächtigung auf die oberste Landesbehörde übertragen.

(3) Das nach Absatz 1 Nr. 2 Buchstabe b zuständige Bundesministerium kann seine Zuständigkeit durch Rechtsverordnung, die nicht der Zustimmung des Bundesrates bedarf, auf eine andere Behörde oder sonstige Stelle übertragen.

1 Die Vorschrift regelt die **sachliche Zuständigkeit der Verwaltungsbehörde.** Sie entscheidet darüber, welche Verwaltungsbehörde dem Geschäftsbereich und der Instanz nach für die Verfolgung und Ahndung von OWi zuständig ist. Sie beschränkt sich darauf zu regeln, dass in erster Linie diejenige Verwaltungsbehörde sachlich zuständig ist, die durch Gesetz hierzu bestimmt wird und dass, wenn eine solche Bestimmung fehlt, die fachlich zuständige oberste Landesbehörde oder – wenn der Bußgeldtatbestand in einem Bundesgesetz enthalten ist, das durch eine Bundesbehörde ausgeführt wird – das fachlich zuständige Bundesministerium zuständig ist. In den Absätzen 2 und 3 der Vorschrift sind Delegationsmöglichkeiten geregelt.

Erster Abschnitt. Zuständigkeit § 36

Die in der DDR erlassenen Zuständigkeitsbestimmungen zur Verfolgung der als Bundesrecht oder Landesrecht fortgeltenden ehemaligen Ordnungsstrafvorschriften hatten ihre Gültigkeit behalten, soweit nichts anderes bestimmt war (Einigungsvertrag Anlage I Kapitel III Sachgebiet C Abschnitt III Nr. 4 Buchstabe c, BGBl. 1990 II S. 958, Anhang 4 P Bemerkung 4, dort Buchstabe c). Etwas anderes gilt, soweit durch den Einigungsvertrag Bundesrecht in Kraft gesetzt worden ist, das seinerseits einschlägige Zuständigkeitsbestimmungen enthält. Inzwischen dürften die Regelungen des Einigungsvertrages über die Weitergeltung von DDR-Zuständigkeitsbestimmungen wegen der in den neuen Bundesländern ergangenen Zuständigkeitsvorschriften weitgehend gegenstandslos sein. Wo dies nicht der Fall ist, gelten sie weiter (*RRH* 2a). 2

Sachlich zuständig ist nach Abs. 1 Nr. 1 vorrangig die Verwaltungsbehörde, die durch Gesetz bestimmt wird. Gemeint ist im Regelfall das **Gesetz, das die Bußgeldtatbestände enthält.** Die Bestimmung kann aber auch in einem anderen Gesetz getroffen werden. Für einzelne der Bußgeldtatbestände des dritten Teils des OWiG bestimmt § 131 Abs. 1 die sachlich zuständige Verwaltungsbehörde im Bundesbereich. Zuständigkeitsbestimmung durch Gesetz ist auch eine solche aufgrund Gesetzes, insbesondere aufgrund einer gesetzlichen Ermächtigung durch Rechtsverordnung (Art. 80 GG). Zu sachlich zuständigen Verwaltungsbehörden i. S. d. Nr. 1 können staatliche Behörden der Länder und des Bundes sowie die Behörden öffentlich-rechtlicher Körperschaften, Anstalten und Stiftungen nach Landesrecht und nach Bundesrecht bestimmt werden. Für Bundesstellen gilt dies nur dann, wenn es sich um OWi in Bundesgesetzen auf Gebieten der bundeseigenen Verwaltung handelt oder wenn die sachliche Zuständigkeit einer Bundesbehörde nach Art. 87 Abs. 3 GG begründet werden kann (*RRH* 4). Fällt die Verwaltungsmaterie in die Kompetenz der Länder, so kann auch bei Bußgeldtatbeständen des Bundesrechts die zuständige Verwaltungsbehörde aufgrund von Abs. 1 Nr. 1 durch Landesgesetz bestimmt werden (*Göhler/König* 2). 3

Ist die zuständige Verwaltungsbehörde nicht durch Gesetz i. S. v. Nr. 1 bestimmt worden, so ist nach Abs. 1 Nr. 2 die fachlich zuständige **oberste Landesbehörde** (Nr. 2a) oder das fachlich zuständige **Bundesministerium**, soweit das Gesetz von Bundesbehörden ausgeführt wird (Nr. 2b), sachlich zuständig. 4

§ 36 Zweiter Teil. Bußgeldverfahren

5 Fachlich zuständige oberste Landesbehörde ist die oberste Verwaltungsbehörde des Landes, in deren Ressort das durch die Bußgeldvorschrift bewehrte Gesetz fällt, insbesondere die Verwaltungsbehörde, die der für den Vollzug des Gesetzes zuständigen Behörde fachlich in höchster Instanz übergeordnet ist. Dies sind regelmäßig die **Landesministerien** (*RRH* 6). Handelt es sich um öffentlich-rechtliche Körperschaften, Anstalten und Stiftungen des Landesrechts, so ist das Landesministerium zuständig, das unmittelbar oder durch eine ihm unterstellte Behörde die Fachaufsicht führt. Die Landesressorts sind in diesen Fällen sachlich zuständig zur Verfolgung und Ahndung aller OWi nach Landesrecht und der OWi in Bundesgesetzen, soweit diese von den Ländern als eigene Angelegenheiten (Art. 84 GG) oder im Auftrag des Bundes (Art. 85 GG) ausgeführt werden (*RRH* 6).

6 Bei eigenständigen Bußgeldtatbeständen, denen keine auszuführenden verwaltungsrechtlichen Normen vorgelagert sind, ist zu prüfen, ob gemäß Abs. 1 Nr. 1 die Zuständigkeit ausdrücklich bestimmt ist. Ist die sachlich zuständige Verwaltungsbehörde auf diese Weise nicht ermittelbar, so greift der Grundsatz des Abs. 1 Nr. 2a. Zuständig ist dann die oberste Landesbehörde, zu deren Geschäftsbereich die Wahrung der Interessen gehört, die mit dem OWi-Tatbestand geschützt werden sollen. Dies gilt auch dann, wenn Interessen des Bundes in Rede stehen. So wäre bei Verletzung der allgemeinen Ordnungsvorschrift des § 111 gemäß Nr. 2a die Zuständigkeit der Landesinnenminister gegeben, auch wenn die falsche Namensangabe einer Bundesbehörde gegenüber erfolgte (KK-*Lampe* 7).

7 Das nach Nr. 2b fachlich zuständige Bundesministerium ist derjenige, zu dessen Ressort die das Gesetz ausführende Bundesbehörde gehört. Voraussetzung ist, dass das Bußgeld in einem Bundesgesetz angedroht wird, das gemäß Art. 86 oder 87 Abs. 3 GG von Bundesbehörden ausgeführt wird. Wird es von öffentlich-rechtlichen Körperschaften, Anstalten oder Stiftungen des Bundes ausgeführt, so ist das Bundesministerium fachlich zuständig, das unmittelbar oder durch eine nachgeordnete Behörde die Fachaufsicht führt.

8 Ein **Gesetz** wird i. S. v. Nr. 2b ausgeführt, wenn Rechtsnormen vorliegen, die verwaltungsmäßig vollzogen werden und mit Hilfe von Bußgeldvorschriften durchgesetzt werden sollen. Gesetz i. S. v. Nr. 2b ist deshalb nicht ein eigenständiger Bußgeldtatbestand, sondern nur eine

Erster Abschnitt. Zuständigkeit **§ 36**

verwaltungsrechtliche Regelung, an die eine Bußgeldvorschrift anknüpft (*RRH* 7).

Nach Abs. 2 kann die Landesregierung die Zuständigkeit nach Abs. 1 Nr. 2a durch **Rechtsverordnung auf eine andere Behörde oder sonstige Stelle übertragen.** Die Landesregierung kann diese Ermächtigung auf die oberste Landesbehörde übertragen. Die Übertragung der Zuständigkeit ist nur zulässig, wenn das besondere Gesetz i. S. v. Abs. 1 Nr. 1 die Verwaltungsbehörde nicht bestimmt, weil die Übertragungsmöglichkeit nach Abs. 2 ausschließlich für Fälle des Abs. 1 Nr. 2a gilt. Das besondere Gesetz, das die Bußgeldtatbestände enthält, kann also die Ermächtigung nach Abs. 2 sperren, offen halten oder abweichend gestalten, indem es entweder die Zuständigkeit der Verwaltungsbehörde selbst bestimmt, keine Bestimmung trifft oder eine eigene Ermächtigung zur Übertragung der Zuständigkeit vorsieht (*Göhler/König* 7). 9

Die Übertragung der Zuständigkeit nach Abs. 2 Satz 1 kann **in einer Rechtsverordnung für alle Sachgebiete** erfolgen, wie das in der größeren Anzahl von Ländern vorgesehen ist, oder auch nur für ein **spezielles Sachgebiet**, etwa für die OWi im Straßenverkehr oder für die OWi nach §§ 111 ff. OWiG, wie das andere Länder vorsehen. 10

Voraussetzung für die rechtswirksame Delegation der Bußgeldkompetenz ist eine **Rechtsverordnung der Landesregierung.** Damit wird auch hier die Übertragung der Zuständigkeiten im Bereich der Eingriffsverwaltung durch einen Rechtssatz vorgenommen (*BVerwG* DÖV 1962, 340). Die Zuständigkeit kann auf jede andere Behörde oder sonstige Stelle des Landes übertragen werden, auch gleichzeitig auf mehrere Behörden oder Stellen im Rahmen ihres jeweiligen Aufgabenbereichs (*RRH* 10). Sie kann in vollem Umfang oder nur für einzelne OWi, die dann genau zu bezeichnen sind, oder nur für Geldbußen bis zu einer bestimmten Höhe übertragen werden. 11

Zulässig ist auch, die Zuständigkeit auf **mehrere Behörden oder Stellen im Instanzenzug** derart zu übertragen, dass die Ahndungskompetenz der einzelnen Behörden nach der Höhe der Geldbuße oder der Bedeutung der Nebenfolge abgestuft wird. Dies geschieht z. B. für die Abgrenzung der Zuständigkeit zwischen den Oberfinanzdirektionen und den Hauptzollämtern in § 38 Abs. 4 AWG. Dabei kann die übergeordnete Verwal- 12 tungsbehörde den ihr an sich vorbehaltenen Bußgeldrahmen unterschreiten. Möglich ist ferner, die Zuständigkeit zur Verfolgung nicht jedoch zur Ahndung von OWi neben der sonst für die Verfolgung und Ahndung zuständigen Verwaltungsbehörde einer anderen Stelle, wie z. B. den Polizeibehörden, zu übertragen. Gemeint sind schließlich auch Behörden der Kommunen und anderer öffentlich-rechtlicher Körperschaften des Landesrechts ohne Rücksicht darauf, ob sie organisatorisch selbständige Behörden sind (*RRH* 10).

13 Nach Abs. 2 Satz 2 kann die **Landesregierung** die ihr in Abs. 2 Satz 1 erteilte Ermächtigung zur Delegation der Zuständigkeit nach Abs. 1 Nr. 2a auf die dort genannte fachlich zuständige oberste Landesbehörde übertragen. Hierzu bedarf es wiederum einer Rechtsverordnung. Delegiert sodann die oberste Landesbehörde die Zuständigkeit nach Abs. 1 Nr. 2a auf eine andere Stelle, so geschieht dies wiederum durch Rechtsverordnung.

14 Abs. 3 regelt eine entsprechende **Delegationsbefugnis für das zuständigen Bundesministerium** nach Abs. 1 Nr. 2b. Es kann, da in diesem Fall das Gesetz von Bundesbehörden ausgeführt wird, nur eine Behörde oder sonstige Stelle des Bundes für zuständig erklären, und zwar nur aus dem Geschäftsbereich des delegierenden Bundesministeriums. Die Übertragung der Zuständigkeit erfolgt durch Rechtsverordnung, die nicht der Zustimmung des Bundesrates bedarf (*RRH* 12). Eine Weitergabe der Delegationsbefugnis ist in Abs. 3 nicht vorgesehen. Ist hingegen die Zuständigkeit des Bundesministers durch besondere gesetzliche Bestimmung i. S. v. Abs. 1 Nr. 1 begründet, so besteht die Delegationsmöglichkeit nach Abs. 3 nicht, wohl aber eine solche aufgrund besonderer Gesetze.

15 **Mehrfache sachliche Zuständigkeit** kann gegeben sein, wenn mehrere Bußgeldvorschriften durch eine Tat verletzt und für die Verfolgung der OWi fachlich verschiedene Verwaltungsbehörden zuständig sind. Ist dies der Fall, so kann eine Vorzugszuständigkeit eintreten (§ 39). Meinungsverschiedenheiten werden durch Weisungen der Fachaufsichtsbehörden entschieden.

16 Ergibt sich, dass die zunächst mit der Sache befasste Verwaltungsbehörde **sachlich unzuständig** ist, so gibt sie die Sache an die sachlich zuständige Behörde ab. Diese ist **zur Übernahme verpflichtet** (*RRH* 15). Die Abga-

be erfolgt formlos durch Übersenden der Akten unter Verlangen einer Übernahmebestätigung.

Fehlt die **sachliche Zuständigkeit**, so ist die Wirksamkeit des Bußgeldbescheides nur dann berührt, wenn die Verwaltungsbehörde unter Würdigung aller in Betracht kommenden Umstände **offenkundig unzuständig** gewesen ist. Dies ist z. B. angenommen worden, wenn in Bayern anstelle der Zentralen Bußgeldstelle eine Kreisverwaltungsbehörde wegen einer Straßenverkehrs-OWi einen Bußgeldbescheid erlassen hat (*BayObLGSt* 1971, 135), wenn in NRW das Gewerbeaufsichtsamt anstelle des zuständigen Innenressorts eine OWi nach § 111 durch Bußgeldbescheid geahndet hat (*Düsseldorf* MDR 1982, 957), oder wenn die Deutsche Bahn wegen eines Parkverstoßes auf dem Bahnhofsvorplatz einen Bußgeldbescheid erlässt (*Celle* VRS 45, 226). Diese absolute sachliche Unzuständigkeit stellt nach rechtzeitigem Einspruch im gerichtlichen Verfahren ein **von Amts wegen** zu beachtendes Verfahrenshindernis dar. Das Verfahren ist von Amts wegen einzustellen, und zwar außerhalb der Hauptverhandlung durch Beschluss nach § 46 Abs. 1 i. V. m. § 206a, in der Hauptverhandlung durch Urteil nach § 46 Abs. 1 i. V. m. § 260 Abs. 3 StPO. 17

Führt die fehlende sachliche Zuständigkeit der Verwaltungsbehörde nicht zur Nichtigkeit des Bußgeldbescheides, so wird ein Verstoß gegen § 36 rechtlich bedeutungslos, wenn der Bußgeldbescheid durch Ablauf der Einspruchsfrist (§ 67) **formell rechtskräftig** wird. Bei rechtzeitigem Einspruch stellt die relative sachliche Unzuständigkeit kein von Amts wegen zu beachtendes Verfahrenshindernis dar, weil das **Gericht** den Bußgeldbescheid nicht auf seine Rechtmäßigkeit hin überprüft, sondern ohne Bindung an die Beurteilung der Verwaltungsbehörde **in der Sache selbst entscheidet** (*RRH* 17). Dies gilt auch, wenn bei zweifelhafter Rechtslage über die Zuständigkeit der Verwaltungsbehörde eine Gemeinde anstatt einer Bundesbehörde den Bußgeldbescheid erlässt (*Köln* NJW 1988, 1606). 18

§ 37 Örtliche Zuständigkeit der Verwaltungsbehörde

(1) Örtlich zuständig ist die Verwaltungsbehörde, in deren Bezirk
1. die Ordnungswidrigkeit begangen oder entdeckt worden ist oder
2. der Betroffene zur Zeit der Einleitung des Bußgeldverfahrens seinen Wohnsitz hat.

(2) Ändert sich der Wohnsitz des Betroffenen nach Einleitung des Bußgeldverfahrens, so ist auch die Verwaltungsbehörde örtlich zuständig, in deren Bezirk der neue Wohnsitz liegt.

(3) Hat der Betroffene im räumlichen Geltungsbereich dieses Gesetzes keinen Wohnsitz, so wird die Zuständigkeit auch durch den gewöhnlichen Aufenthaltsort bestimmt.

(4) Ist die Ordnungswidrigkeit auf einem Schiff, das berechtigt ist, die Bundesflagge zu führen, außerhalb des räumlichen Geltungsbereiches dieses Gesetzes begangen worden, so ist auch die Verwaltungsbehörde örtlich zuständig, in deren Bezirk der Heimathafen oder der Hafen im räumlichen Geltungsbereich dieses Gesetzes liegt, den das Schiff nach der Tat zuerst erreicht. Satz 1 gilt entsprechend für Luftfahrzeuge, die berechtigt sind, das Staatszugehörigkeitszeichen der Bundesrepublik Deutschland zu führen.

1 Die Vorschrift regelt die **örtliche Zuständigkeit** der Verwaltungsbehörde, also welche von mehreren sachlich zuständigen Verwaltungsbehörden (§ 36) im Einzelfall innerhalb des Bundes oder des Landes örtlich zuständig ist. Eine einmal begründete örtliche Zuständigkeit der Verwaltungsbehörde gilt grundsätzlich für das gesamte Bußgeldverfahren. Für den Fall, dass sich der Wohnsitz des Betroffenen ändert, gilt Abs. 2. Sofern der Betroffene im räumlichen Geltungsbereich des OWiG keinen Wohnsitz hat, ist nach Abs. 3 der gewöhnliche Aufenthaltsort maßgeblich. Abs. 4 regelt schließlich die Zuständigkeit bei OWi auf einem Schiff oder einem Luftfahrzeug.

2 Die Vorschrift weist die örtliche Zuständigkeit nach allen von ihr genannten Fällen den Verwaltungsbehörden **gleichrangig** zu. **Konkurrenzen** in der Zuständigkeit werden nach den Regeln des § 39 entschieden. Im selbständigen Verfahren bestehen nach § 87 Abs. 3 Satz 3 für die Einziehung und nach § 88 Abs. 2 Satz 2 für die Festsetzung einer Geldbuße gegen ju-

Erster Abschnitt. Zuständigkeit **§ 37**

ristische Personen zusätzliche örtliche Zuständigkeiten im gleichen Rang wie die des § 37 (*RRH* 1a).

Nach Abs. 1 Satz 1 Nr. 1 1. Alt. ist örtlich zuständig die Verwaltungsbehörde, **in deren Bezirk die OWi begangen ist.** Begehungsort als Ort der Handlung ist nach der Legaldefinition des § 7 Abs. 1 jeder Ort, an dem der Täter tätig geworden ist oder im Falle des Unterlassens hätte tätig werden müssen oder an dem der zum Tatbestand gehörende Erfolg eingetreten ist oder nach der Vorstellung des Täters eintreten sollte. Eine OWi kann demnach an mehreren Orten begangen sein, nämlich am Handlungsort und am Erfolgsort, so dass mehrere Verwaltungsbehörden nach dieser Vorschrift zuständig sind. Ein Versuch ist überall dort begangen, wo die Versuchshandlung vorgenommen wurde und irgendein tatbestandlicher Erfolg dieser Handlung eintreten sollte. Für Beteiligte enthält § 7 Abs. 2 eine besondere Regelung. Sind OWi in einem **Betrieb** oder in der **Zweigniederlassung eines Betriebes** begangen worden, so ist als Verwaltungsbehörde des Begehungsorts diejenige zuständig, in deren Bezirk der Betrieb oder die Zweigniederlassung liegt (KK-*Lampe* 3). 3

Der **Entdeckungsort** nach Abs. 1 Satz 1 Nr. 1 2. Alt. kann, muss aber nicht mit dem Begehungsort zusammenfallen. Auf bestimmten Sachgebieten werden OWi vielfach von den Behörden entdeckt, die mit der Durchführung des den verletzten Bußgeldbestand aufweisenden Gesetzes betraut sind (*RRH* 2a). Dabei dient es der Vereinfachung, wenn diese Behörden zugleich zur Verfolgung der entdeckten OWi örtlich zuständig sind. Die OWi ist entdeckt, wenn **konkrete Tatsachen** den Verdacht ihrer Begehung begründen. Gleichgültig ist, ob die entdeckende Behörde oder Stelle für die Verfolgung der OWi zuständig ist. Es genügt stets auch die Entdeckung durch andere Ermittlungsorgane wie etwa die Polizei. Erheblich ist allerdings nur die dienstliche, nicht auch die private Kenntnis von einer OWi, so dass keine Zuständigkeit des Entdeckungsorts gegeben ist, wenn lediglich eine Privatperson die OWi entdeckt und anzeigt (*RRH* 2a). 4

Nach Abs. 1 Nr. 2 ist örtlich zuständig auch die Verwaltungsbehörde, in deren Bezirk der Betroffene zur Zeit der Einleitung des Bußgeldverfahrens seinen **Wohnsitz** hat. Die Vorschrift entspricht § 8 StPO. Der Wohnsitz bestimmt sich nach §§ 7 bis 11 BGB. Der uneingeschränkt Geschäftsfähige begründet ihn durch ständige Niederlassung an einem Ort. Sie muss von dem Willen getragen sein, ihn zum räumlichen Schwerpunkt 5 seiner gesamten Lebensverhältnisse zu machen. Eine Absicht, für immer dort zu bleiben, ist nicht erforderlich (*Köln* NJW 1972, 394).

6 Wohnsitz ist nicht dasselbe wie Wohnung, allerdings lässt die **Wohnung** in einer Gemeinde und die Anmeldung auf einen Wohnsitz schließen. Wohnsitz ist auch der gesetzliche Wohnsitz. Dies ist bei Berufs- und Zeitsoldaten der **Standort** (§ 9 Abs. 1 BGB), bei Soldaten, die Wehrpflicht leisten, im Regelfall jedoch nicht. Dort bleibt der Familienwohnort Wohnsitz, es sei denn, der Wehrpflichtige hat sich anlässlich der Einberufung von seiner Familie gelöst. Der **Sitz juristischer Personen** wird in den Satzungen bestimmt.

7 Bei **mehrfachen Wohnsitzen** gibt es eine mehrfache örtliche Zuständigkeit. Eine mehrfache Zuständigkeit aufgrund einer Änderung des Wohnsitzes kann sich nur ergeben, wenn dies zur Zeit der Einleitung des Bußgeldverfahrens geschieht. Bei Änderung des Wohnsitzes nach Einleitung des Bußgeldverfahrens gilt Abs. 2.

8 Wann das Bußgeldverfahren **eingeleitet** ist, ist im OWiG nicht ausdrücklich geregelt. Es genügt jede Maßnahme der Verwaltungsbehörde und ihrer Ermittlungsbeamten, der übrigen in § 35 Abs. 1 genannten Verfolgungsorgane oder der Polizei (§ 53), die erkennbar darauf abzielt, gegen jemanden wegen einer OWi vorzugehen. Dies können Fahndungsmaßnahmen, die Einholung einer behördlichen Auskunft, die Vernehmung von Zeugen, Durchsuchungen usw. sein. Auch erste Ermittlungshandlungen, die nach den §§ 165, 166 StPO vom Richter vorgenommen werden, können als Einleitung des Bußgeldverfahrens i. S. v. Abs. 1 Nr. 2 anzusehen sein. Jedoch ist das Ermittlungsverfahren mit der jeweils ersten der genannten Verfolgungsmaßnahmen eingeleitet.

9 Ändert sich der Wohnsitz des Betroffenen nach Einleitung des Bußgeldverfahrens, so ist nach Abs. 2 auch die Verwaltungsbehörde örtlich zuständig, in deren Bezirk der neue Wohnsitz liegt. Auch insoweit gibt es keine vorrangige Zuständigkeit der Verwaltungsbehörde des alten oder des neuen Wohnsitzes. Eine Übertragung der Verfolgung der OWi von der ursprünglich nach Abs. 1 Nr. 2 zuständigen Verwaltungsbehörde auf die nach Abs. 2 für den neuen Wohnsitz des Betroffenen zuständige Behörde erfolgt durch Vereinbarung nach § 39 Abs. 2 oder durch Entscheidung nach § 39 Abs. 3.

Nach Abs. 3 wird die Zuständigkeit der Verwaltungsbehörde auch durch den **gewöhnlichen Aufenthalt** bestimmt, sofern der Betroffene im räumlichen Geltungsbereich des OWiG keinen Wohnsitz hat. Gewöhnlicher Aufenthaltsort ist der Ort, an dem für längere Zeit der räumliche Schwerpunkt des Lebens liegt, ohne dass dort aus rechtlichen oder tatsächlichen Gründen ein Wohnsitz begründet ist. Dies kann der Studienort oder ein selbst gewähltes Krankenhaus sein. **10**

Ein gewöhnlicher Aufenthaltsort im Wortsinn kann aber auch die **Justizvollzugsanstalt**, sofern die Inhaftierung nicht nur kurze Zeit dauert und nicht baldige Rückkehr an den Wohnsitz zu erwarten ist, ferner das **psychiatrische Krankenhaus** sein, in das der Betroffene durch richterliche oder behördliche Zwangsmaßnahme untergebracht worden ist. Dementsprechend ist sein Aufenthaltsort auch nicht davon abhängig, dass der Betroffene sich freiwillig dort aufhält (**a. A.** *RRH* 6). Maßgeblich ist allerdings für die Anwendbarkeit von Abs. 3, dass der Betroffene, der sich für **längere Zeit** in einer Justizvollzugsanstalt oder einem psychiatrischen Krankenhaus aufhält, seinen bisherigen Wohnsitz aufgibt. Wehrpflichtige Soldaten haben ihren gewöhnlichen Aufenthalt in der Regel am Familienwohnsitz (*RRH* 6), Ausländer im Inland, sofern ihr Aufenthalt auf Dauer angelegt und ihr Verbleib gesichert ist (*Karlsruhe FamRZ* 1990, 1352), Asylbewerber hingegen in der Regel nicht im Inland. **11**

Abs. 4 regelt die örtliche Zuständigkeit bei OWi auf einem **Schiff** oder einem **Luftfahrzeug**, die berechtigt sind, die Bundesflagge bzw. das Staatszugehörigkeitszeichen der Bundesrepublik Deutschland zu führen, sofern die Tat außerhalb des räumlichen Geltungsbereichs des OWi begangen worden ist. In diesen Fällen kann möglicherweise nach den Absätzen 1 bis 3 keine Verwaltungsbehörde örtlich zuständig sein, dann nämlich, wenn der Betroffene im Inland weder einen Wohnsitz noch einen gewöhnlichen Aufenthaltsort hat oder der Tatort nicht im Bezirk einer Verwaltungsbehörde liegt oder die Zuwiderhandlung außerhalb des Geltungsbereichs des OWiG entdeckt wird. Auch diese besondere Zuständigkeit tritt im Rang gleichwertig neben die nach Abs. 1 bis 3 (KK-*Lampe* 12). **12**

Schiff i. S. d. Abs. 4 sind die zur See- und Binnenschifffahrt bestimmten Wasserfahrzeuge jeder Art, die nach dem Flaggenrechtsgesetz verpflichtet oder berechtigt sind, die Bundesflagge zu führen. Dazu zählen auch Tragflügelboote, Luftkissen- und Unterwasserfahrzeuge sowie nicht **13**

ständig verankertes schwimmendes Gerät deutscher Eigentümer und von einem deutschen Ausrüster gecharterte Schiffe nach § 11 Flaggenrechtsgesetz.

14 **Heimathafen** ist der Hafen, von dem aus mit dem Schiff die See- oder Binnenschifffahrt betrieben wird. Hat ein Binnenschiff keinen Heimathafen, so ist der Ort der Eintragung im Schiffsregister maßgebend (KK-*Lampe* 18). Ist der nach der Tat im räumlichen Geltungsbereich des OWiG zuerst erreichte Hafen ein anderer als der Heimathafen, so ist die örtliche Zuständigkeit gleichrangig auch im Bezirk des zuerst erreichten Hafens begründet (Abs. 4 Satz 1).

15 Die Tat **muss auf dem Schiff begangen** sein. Das ist sie nicht, wenn sie in dem das Schiff umgebenden Wasser begangen ist **(a. A.** *RRH* 10; KK-*Lampe* 17), wohl aber, wenn sie auf von dem Schiff ausgefahrenen Rettungsbooten oder Flößen begangen ist. Ein **Wrack** ist ein Schiff im Sinne dieser Vorschrift.

16 **Luftfahrzeuge** i. S. d. Abs. 4 Satz 2 sind Flugzeuge, Hubschrauber, Luftschiffe, Segelflugzeuge, Frei- und Fesselballone und die übrigen in § 1 Abs. 2 LuftVG genannten Geräte, soweit sie von Menschen betreten werden können und damit überhaupt tatortfähig sind (*RRH* 13). Die Befugnis, das **Staatszugehörigkeitszeichen** der Bundesrepublik Deutschland zu führen, haben nur Luftfahrzeuge, die im ausschließlichen Eigentum deutscher Staatsangehöriger stehen (§ 2 Abs. 5, § 3 LuftVG). Diese Luftfahrzeuge müssen in die **Luftfahrzeugrolle**, das vom Luftfahrtbundesamt in Braunschweig geführt wird, eingetragen sein. Zuständig ist hier die Verwaltungsbehörde am Ort des Flughafens, auf dem das Luftfahrzeug zum Zwecke seines Betriebs dauernd stationiert ist. Zuerst erreicht ist der Flughafen, auf dem das Flugzeug im Geltungsbereich des OWiG zuerst landet. Dies gilt auch für Notlandungen außerhalb eines Flughafens, sofern das Flugzeug im Anschluss daran nicht mehr startfähig ist.

17 Ist die Verwaltungsbehörde, die mit der Sache befasst ist, **örtlich unzuständig**, so gibt sie die Sache an die zuständige Verwaltungsbehörde ab. Wird der Bußgeldbescheid rechtskräftig, so wird der Mangel der örtlichen Zuständigkeit rechtlich bedeutungslos. Auch der rechtzeitig erhobene Einwand gegen die örtliche Zuständigkeit führt nur bei besonders schwerwiegenden Mängeln zur Einstellung des Verfahrens durch das Gericht.

§ 38 Zusammenhängende Ordnungswidrigkeiten

Bei zusammenhängenden Ordnungswidrigkeiten, die einzeln nach § 37 zur Zuständigkeit verschiedener Verwaltungsbehörden gehören würden, ist jede dieser Verwaltungsbehörden zuständig. Zwischen mehreren Ordnungswidrigkeiten besteht ein Zusammenhang, wenn jemand mehrerer Ordnungswidrigkeiten beschuldigt wird oder wenn hinsichtlich derselben Tat mehrere Personen einer Ordnungswidrigkeit beschuldigt werden.

RiStBV Nr. 272 Abs. 3

Die Vorschrift **erweitert die örtliche Zuständigkeit** bei zusammenhängenden OWi, gilt also nur für solche OWi, bei denen in sachlicher Hinsicht **dieselbe Zuständigkeit** besteht. Die Zuständigkeit der Verwaltungsbehörde nach § 38 tritt gleichrangig neben die nach § 37. Eine der Sache nach vergleichbare Regelung enthalten die §§ 389, 410 Abs. 1 Nr. 1 AO für die örtliche Zuständigkeit der Finanzbehörden in Straf- und Bußgeldverfahren. Die Vorschrift verweist nur auf § 37, stellt also den Zusammenhang nur im Hinblick auf die örtliche Zuständigkeit, nicht auch im Hinblick auf die sachliche Zuständigkeit her. Letzteres wäre unzweckmäßig und würde auf praktische und rechtliche Schwierigkeiten stoßen (*Göhler/König* 1).   1

Nach Satz 2 besonders geregelt ist der Fall des **persönlichen Zusammenhangs**, wenn also eine Person mehrerer OWi beschuldigt wird oder wenn hinsichtlich derselben Tat mehrere Personen als Beteiligte i. S. v. § 14 oder als Nebentäter einer OWi beschuldigt werden. Ein persönlicher Zusammenhang in diesem Sinne besteht nicht, wenn mehrere OWi, die zu einer Tat i. S. d. § 264 StPO gehören, verfolgt werden, weil sie eine verfahrensrechtliche Einheit bilden, auch wenn sie materiell-rechtlich im Verhältnis der Tatmehrheit zueinander stehen.   2

In den Fällen des persönlichen oder sachlichen Zusammenhangs kann jede Verwaltungsbehörde die örtliche Zuständigkeit für die Gesamtheit der zusammenhängenden OWi für sich beanspruchen, wenn in ihrem Bezirk auch nur bezüglich einer dieser OWi eine örtliche Zuständigkeit nach § 37 begründet und sie nach § 36 für diese OWi sachlich zuständig ist (*RRH* 4). Sie ahndet alle zusammenhängenden Zuwiderhandlungen in einem **einheitlichen Bußgeldbescheid**, sofern sie auch für die anderen   3

OWi sachlich zuständig ist. Fehlt es ihr an dieser sachlichen Zuständigkeit für die anderen OWi, so kann sie diese nicht in ihr Verfahren einbeziehen (*Göhler/König* 6).

§ 39 Mehrfache Zuständigkeit

(1) **Sind nach den §§ 36 bis 38 mehrere Verwaltungsbehörden zuständig, so gebührt der Vorzug der Verwaltungsbehörde, die wegen der Tat den Betroffenen zuerst vernommen hat, ihn durch die Polizei zuerst hat vernehmen lassen oder der die Akten von der Polizei nach der Vernehmung des Betroffenen zuerst übersandt worden sind. Diese Verwaltungsbehörde kann in den Fällen des § 38 das Verfahren wegen der zusammenhängenden Tat wieder abtrennen.**

(2) **In den Fällen des Absatzes 1 Satz 1 kann die Verfolgung und Ahndung jedoch einer anderen der zuständigen Verwaltungsbehörden durch eine Vereinbarung dieser Verwaltungsbehörden übertragen werden, wenn dies zur Beschleunigung oder Vereinfachung des Verfahrens oder aus anderen Gründen sachdienlich erscheint. Sind mehrere Verwaltungsbehörden sachlich zuständig, so soll die Verwaltungsbehörde, der nach Absatz 1 Satz 1 der Vorzug gebührt, die anderen sachlich zuständigen Verwaltungsbehörden spätestens vor dem Abschluss der Ermittlungen hören.**

(3) **Kommt eine Vereinbarung nach Absatz 2 Satz 1 nicht zustande, so entscheidet auf Antrag einer der beteiligten Verwaltungsbehörden**
1. **die gemeinsame nächsthöhere Verwaltungsbehörde,**
2. **wenn eine gemeinsame höhere Verwaltungsbehörde fehlt, das nach § 68 zuständige gemeinsame Gericht und,**
3. **wenn nach § 68 verschiedene Gerichte zuständig wären, das für diese Gerichte gemeinsame obere Gericht.**

(4) **In den Fällen der Absätze 2 und 3 kann die Übertragung in gleicher Weise wieder aufgehoben werden.**

RiStBV Nr. 272 Nr. 3

Erster Abschnitt. Zuständigkeit § 39

Die Vorschrift regelt in Anlehnung an die §§ 12, 13 Abs. 2 und Abs. 3 StPO und § 390 AO wie zu verfahren ist, wenn **mehrere Verwaltungsbehörden sachlich oder örtlich zuständig** sind. Eine derartige Regelung ist notwendig, weil jede OWi wegen des **Verbots der doppelten Sanktion (§ 84)** nur einmal geahndet werden darf. Die Vorschrift gilt bei Sonderregelungen über die örtliche Zuständigkeit entsprechend (vgl. § 8 Abs. 1 Halbs. 2 FPersG). Dadurch soll das Konkurrenzverhältnis bei mehrfacher Zuständigkeit durch formale Merkmale entschieden, aber auch eine Änderung der Vorrangzuständigkeiten nach sachlichen Umständen ermöglicht werden. Die Vorschrift regelt nicht, wie zu verfahren ist, wenn mehrere Verwaltungsbehörden örtlich oder sachlich zuständig sind und noch keine Vorrangzuständigkeit begründet ist (*Göhler/König* 1). **1**

Nach Abs. 1 Satz 1 gebührt von mehreren nach den §§ 36 bis 38 zuständigen Verwaltungsbehörden derjenigen der Vorzug, die wegen der Tat **den Betroffenen zuerst vernommen** hat, ihn durch die Polizei zuerst hat vernehmen lassen oder der die Akten von der Polizei nach der Vernehmung des Betroffenen zuerst übersandt worden sind. Es wird demnach nicht darauf abgestellt, welche Verwaltungsbehörde zuerst mit der Sache befasst war oder zuerst ein Verfahren eingeleitet hat (wie in § 390 AO). **2**

Die **Vernehmung des Betroffenen** richtet sich nach § 55 i.V.m. § 163a StPO. Sie besteht darin, dass dem Betroffenen Gelegenheit gegeben wird, sich mündlich oder schriftlich zur Sache zu äußern. Ob er die Gelegenheit nutzt oder nicht, ist gleichgültig. Vernommen ist der Betroffene auch dann, wenn er erklärt, nichts zur Sache aussagen zu wollen (*RRH* 7). Wer für die Verwaltungsbehörde die Vernehmung durchführt, ist Sache innerdienstlicher Anordnung. Maßgeblich ist der Termin der Anhörung und der Vernehmung, nicht der Zeitpunkt der Ladung zur Vernehmung, auch nicht das Ersuchen an die Polizei, die Vernehmung durchzuführen oder der Eingang des Ersuchens bei der Polizei (*Göhler/König* 6). Bei der **schriftlichen Anhörung** durch Aufforderung zur schriftlichen Äußerung bzw. durch Übersendung des Fragebogens ist für die Vorzugszuständigkeit der Zeitpunkt maßgeblich, in dem die Aufforderung bzw. der Fragebogen der Verwaltungsbehörde dem Betroffenen zugegangen ist. Von diesem Zeitpunkt an hat der Betroffene Gelegenheit zur Äußerung (KK-*Lampe* 10). **3**

Vernimmt die Polizei von sich aus den Betroffenen, so kommt es auf den Zeitpunkt des Eingangs der Akten bei der Verwaltungsbehörde an, sofern **4**

sie überhaupt zuständig ist. Ist dies nicht der Fall, so tritt die Vorrangzuständigkeit bei der an sich zuständigen Verwaltungsbehörde ein, welcher die Akten zuständigkeitshalber weitergeleitet sind (KK-*Lampe* 13). Die unzuständige Verwaltungsbehörde leistet dann lediglich Amtshilfe durch Aktenversendung von der Polizei an die zuständige Stelle (*Göhler/König* 6).

5 Die **erste Mitteilung** an den Betroffenen über die Einleitung des Ermittlungsverfahrens gegen ihn steht der ersten Vernehmung i. S. v. Abs. 1 Satz 1 gleich (*RRH* 7), weil diese Mitteilung dem Betroffenen erkennbar macht, welche Verwaltungsbehörde über den Vorwurf der OWi entscheidet.

6 Abs. 1 regelt im Hinblick auf eine Vorzugszuständigkeit die Fälle nicht ausdrücklich, in denen die StA nach § 40 oder § 42 das Verfahren auch wegen einer OWi führt, die Sache aber gemäß § 43 an eine Verwaltungsbehörde abgibt. Sind mehrere Verwaltungsbehörden in diesem Falle sachlich oder örtlich zuständig, so wendet sich der Staatsanwalt an die Verwaltungsbehörde, der nach § 39 Abs. 1 Satz 1 der Vorzug gebührt. Besteht keine Vorzugszuständigkeit, so wählt der StA unter mehreren zuständigen Verwaltungsbehörden diejenige aus, deren Einschaltung wegen ihrer besonderen Sachkunde oder im Interesse der Beschleunigung oder Vereinfachung des Verfahrens oder aus anderen Gründen sachdienlich erscheint (RiStBV Nr. 272 Abs. 3).

7 Dabei ist zu berücksichtigen, dass die **StA** durch Übersendung der Akten an eine der mehreren zuständigen Verwaltungsbehörden bei sinngemäßer Anwendung des § 39 Abs. 1 Satz 1 deren Vorzugszuständigkeit **herbeiführt**, wenn der Betroffene wegen der Tat bereits vernommen ist. War die StA nur im Strafverfahren mit der Sache befasst und ist der Betroffene in diesem Verfahren zu der ihm zur Last gelegten Tat vernommen worden, so entsteht die Vorzugszuständigkeit ebenfalls bei der Verwaltungsbehörde, an welche die StA nach Einstellung des Strafverfahrens die Sache abgibt (*RRH* 9a). Die Vernehmung im Strafverfahren steht demnach der im Bußgeldverfahren gleich.

8 Nach Abs. 2 kann in den Fällen des Abs. 1 Satz 1 die Verfolgung und Ahndung der OWi jedoch einer anderen als der zuständigen Verwaltungsbehörde **durch Vereinbarung übertragen werden**, wenn dies zur Beschleunigung oder Vereinfachung des Verfahrens oder aus anderen Grün-

den sachdienlich erscheint. Der **Beschleunigung** des Verfahrens dient es z. B., wenn die Zuständigkeit auf die Verwaltungsbehörde übertragen wird, die ihr Ermittlungsverfahren inzwischen am meisten gefördert hat und dadurch am schnellsten zum Abschluss bringen wird.

Der **Vereinfachung** kann es dienen, wenn die Übertragung auf die Verwaltungsbehörde erfolgt, in deren Bezirk die meisten Zeugen oder die wichtigsten Augenscheinsobjekte sind oder in dem der neue Wohnsitz des Betroffenen liegt. Aus **anderen Sachgründen** sachdienlich ist die Übertragung der Zuständigkeit etwa dann, wenn im Falle der Tateinheit (§ 19) die Sache von derjenigen Verwaltungsbehörde erledigt werden kann, die über die bessere Sachkunde zur Beurteilung des Gesamtvorgangs oder jedenfalls der schwerer wiegenden Zuwiderhandlung verfügt (KK-*Lampe* 21; *RRH* 15). 9

Nach dem Wortlaut der Vorschrift ist die **Vereinbarung zwischen allen Verwaltungsbehörden** zu treffen, die nach den §§ 36 bis 38 zur Verfolgung der in Frage stehenden Tat sachlich oder örtlich zuständig sind (*RRH* 16; **a. A.** *Göhler/König* 13 für den Fall, dass mehrfache örtliche Zuständigkeiten bestehen). Mit dieser sich auf den Wortlaut der Vorschrift stützenden Auslegung dürfte allerdings das Ziel einer Verfahrensbeschleunigung und Verfahrensvereinfachung kaum vereinbar sein. 10

Ob die Voraussetzungen für die Übertragung der Vorzugszuständigkeit nach Abs. 2 Satz 1 vorliegen, **entscheiden** die beteiligten Verwaltungsbehörden nach **pflichtgemäßem Ermessen**. Die vereinbarte Zuständigkeitsübertragung ist nicht anfechtbar. Insbesondere kann der Betroffene im gerichtlichen Verfahren nicht geltend machen, die übernehmende Behörde sei mangels Vorliegens der Voraussetzungen des Abs. 2 Satz 1 zum Erlass des Bußgeldbescheides oder zur Vornahme anderer verjährungsunterbrechender Handlungen nicht zuständig gewesen (*Göhler/König* 14). 11

Die Vereinbarung ist **formfrei.** Sie soll aber aktenkundig gemacht werden. Zudem sind die Akten der übernehmenden Behörde zu übersenden. Jedenfalls muss die übernehmende Behörde durch die abgebende Behörde in den Stand versetzt werden, das Verfahren ordnungsgemäß zu bearbeiten (KK-*Lampe* 22). 12

Nach Abs. 2 Satz 2 soll die vorzugsweise zuständige Behörde die übrigen sachlich zuständigen Behörden spätestens **vor Abschluss der Ermittlun-** 13

gen, also vor Erlass des Bußgeldbescheides oder vor Einstellung des Verfahrens **hören.** Von der Anhörung kann abgesehen werden, wenn die vorzugsweise zuständige Behörde der Ansicht ist, genügend eigene Sachkunde zu haben. Die Nichtbeachtung der Anhörungspflicht ist für die sachliche Zuständigkeit ohne Bedeutung.

14 Abs. 3 regelt wie zu verfahren ist, wenn eine **Vereinbarung** nach Abs. 2 Satz 1 **nicht zustande kommt.** In diesem Fall entscheidet auf Antrag einer der beteiligten Verwaltungsbehörden entweder die gemeinsame nächsthöhere Verwaltungsbehörde (Nr. 1) oder wenn sie fehlt, das nach § 68 zuständige gemeinsame Gericht (Nr. 2) oder wenn nach § 68 verschiedene Gerichte zuständig wären, das für diese Gerichte gemeinsame obere Gericht (Nr. 3).

15 Welches die **gemeinsame nächsthöhere Verwaltungsbehörde** ist, ergibt sich aus der Behördenorganisation des jeweiligen Landes oder des Bundes. Eine gemeinsame nächsthöhere Verwaltungsbehörde gibt es für Landesbehörden immer nur innerhalb desselben Landes, nicht für Behörden verschiedener Länder. Die Entscheidung der gemeinsamen nächsthöheren Verwaltungsbehörde ist kein behördeninterner Erlass, sondern eine Anordnung zur Regelung eines Einzelfalls mit unmittelbarer Wirkung für den Betroffenen, die in Form eines Verwaltungsaktes ergeht. Die Anordnung ist gleichwohl unanfechtbar, weil es sich um eine Entscheidung in einem Inzidentverfahren handelt, die nicht einmal mit dem Bußgeldbescheid gerügt werden kann, weil die Unzuständigkeit der den Bescheid erlassenden Verwaltungsbehörde nicht zu dessen Unwirksamkeit führt und auf Einspruch auch nicht vom Gericht überprüft wird (KK-*Lampe* 28). Die nächsthöhere Verwaltungsbehörde muss den Betroffenen nicht beteiligen. Er hat aber ein Recht zur Gegenvorstellung.

16 Für die **Entscheidung der Gerichte** nach Nr. 2 und Nr. 3 gelten die in §§ 12 Abs. 2, 13 Abs. 2 Satz 2 StPO entwickelten Grundsätze. Auch deren Entscheidung ist **unanfechtbar.** Sie ergehen ebenfalls in einem **Inzidentverfahren** und sind keine des ersten Rechtszuges. § 304 Abs. 1 StPO gilt nicht. Für Entscheidungen der OLG und des BGH folgt die Unanfechtbarkeit bereits aus § 304 Abs. 4 StPO. Allerdings können die Gerichte ihre Entscheidung auf einen Widerspruch des Betroffenen hin ändern oder aufheben (*Celle* NdsRpfl 1957, 39), so dass eine **vorherige Anhörung** in Einzelfällen zweckmäßig sein kann (KK-*Lampe* 30).

Erster Abschnitt. Zuständigkeit **§ 39**

Die Entscheidungen nach Abs. 3 bewirken, dass das Bußgeldverfahren auf die in der Entscheidung bestimmte Behörde **übergeht.** Die Zuständigkeit der abgebenden Behörde endet. Die Lage des Verfahrens wird vom Wechsel der Zuständigkeit nicht verändert. Die bestimmte Verwaltungsbehörde darf sich nicht für örtlich unzuständig erklären. Auf fehlende sachliche Zuständigkeit kann sich die Behörde in jedem Stadium des Verfahrens und auch noch nach einer Zuständigkeitsbestimmung gemäß Abs. 3 berufen (*RRH* 24). **17**

Nach Abs. 4 kann in den Fällen der Absätze 2 und 3 die Übertragung in gleicher Weise wieder **rückgängig gemacht werden.** Dies kann also wiederum entweder durch Vereinbarung gemäß Abs. 2 oder durch Entscheidung auf Rückübertragung der Zuständigkeit gemäß Abs. 3 geschehen. Auch diese Maßnahme erfolgt nach pflichtgemäßem Ermessen, wobei die Voraussetzungen des Abs. 2 Satz 1 auch für die Rückübertragung zu beachten sind. Für das Verfahren, die Wirkung und die Anfechtbarkeit der Rückübertragung gelten die Ausführungen über die Übertragung nach Absätzen 2 und 3. **18**

Nach **Einstellung des Verfahrens** durch die mit der Vorzugszuständigkeit nach § 39 ausgestattete Verwaltungsbehörde bleiben die übrigen ursprünglich ebenfalls zuständigen Behörden von der weiteren Verfolgung der Tat ausgeschlossen (KK-*Lampe* 33). Nur die vorzugsweise zuständige Verwaltungsbehörde ist befugt, das Verfahren wiederaufzunehmen (*Göhler/König* 18; *Berz* JurA 1971, 306). Wird gleichwohl von einer anderen Verwaltungsbehörde, die ursprünglich ebenfalls zuständig war, ein Bußgeldbescheid erlassen, so ist dieser nicht unwirksam, solange sich die Zuständigkeitsveränderungen für den Betroffenen nicht als Willkür darstellen (KK-*Lampe* 33). **19**

Bei **Steuer-OWi** ist die Vorzugszuständigkeit abweichend geregelt (§ 90 i.V.m. § 310 Abs. 1 Nr. 1 AO). Danach kommt es nicht auf die erste Vernehmung des Betroffenen, sondern darauf an, welches Finanzamt ein Bußgeldverfahren zuerst eingeleitet hat. Diese Spezialregelung gilt aber nur im Konkurrenzverhältnis der Finanzbehörden untereinander, nicht zwischen Finanzbehörden und anderen Verwaltungsbehörden. Konkurrieren diese, so gilt § 39 (*RRH* 28). **20**

§ 40 Verfolgung durch die Staatsanwaltschaft

Im Strafverfahren ist die Staatsanwaltschaft für die Verfolgung der Tat auch unter dem rechtlichen Gesichtspunkt einer Ordnungswidrigkeit zuständig, soweit ein Gesetz nichts anderes bestimmt.

RiStBV Nr. 273 ff.

1 Die Vorschrift regelt die **primäre Zuständigkeit der StA** bei der Verfolgung der Tat im verfahrensrechtlichen Sinne im Strafverfahren auch unter dem rechtlichen Gesichtspunkt einer OWi. Sie entspricht § 82 Abs. 1, der auch dem Gericht die Befugnis einräumt, im Strafverfahren die in der Anklage bezeichnete Tat zugleich unter dem rechtlichen Gesichtspunkt einer OWi zu beurteilen. Die Regelung basiert auf dem Vorrang des Strafverfahrens und der umfassenden Würdigung der Tat in diesem Verfahren sowohl unter dem Gesichtspunkt einer Straftat als auch einer OWi (KK- *Lampe* 1).

2 Die StA ist zuständig, wenn sie ein **strafrechtliches Ermittlungsverfahren einleitet**, d. h. die Tat als Straftat verfolgt. Umfasst die dem Beschuldigten zur Last gelegte Tat mehrere Handlungen im materiell-rechtlichen Sinne und ist eine von ihnen eine OWi, so prüft die StA, ob Verfolgung der OWi geboten ist (§ 47 Abs. 1 Satz 1). Bejaht sie dies, so macht sie ihre Entschließung aktenkundig und klärt den Sachverhalt auch unter dem rechtlichen Gesichtspunkt der OWi auf, ohne dass es einer Übernahme der Verfolgung bedarf. Ist zweifelhaft, ob ein einheitliches Tatgeschehen vorliegt, so ist es zweckmäßig, die Verfolgung der OWi ausdrücklich zu übernehmen (RiStBV Nr. 273 Abs. 3, Nr. 277 Abs. 3). Die Kompetenz der StA bleibt erhalten, solange das Strafverfahren schwebt. Dabei kommt es auf das Verfahrensstadium nicht an. Entfällt die Verfolgung wegen einer Straftat, so endet die Ermittlungskompetenz der StA (*Berz* JurA 1971, 289; **a. A.** *Oppe* MDR 1969, 261). Die StA stellt das Verfahren wegen des Verdachts der Straftat ein und gibt die Sache an die zuständig gewordene Verwaltungsbehörde ab (*Göhler/König* 3). Voraussetzung ist, dass Anhaltspunkte dafür verblieben sind, dass die Tat als OWi verfolgt werden kann. Die StA kann einen Bußgeldbescheid weder erlassen noch beantragen (*Hamm* NJW 1970, 1805).

3 Sind das Strafverfahren und die OWi **einzustellen**, etwa weil die StA bereits die Tatbegehung nicht für erweisbar erachtet, so kann sie das Verfahren auch wegen der OWi einstellen. Das gilt auch, wenn sie eine Ahndung

nach § 47 Abs. 1 nicht für geboten erachtet. Die Zuständigkeit der StA für die Einstellung folgt aus ihrer Funktion als Verfolgungsbehörde und ergibt sich aus § 43 Abs. 1.

Wird das Verfahren von der StA unter dem **rechtlichen Gesichtspunkt der OWi eingestellt**, so müssen die Gründe für die Einstellung dem Anzeigenden in der Regel nicht mitgeteilt werden. Der Verwaltungsbehörde wird die Einstellung mitgeteilt, wenn sie wegen der OWi bereits ein Bußgeldverfahren eingeleitet hatte (RiStBV Nr. 275 Abs. 5). An die Einstellungsentscheidung der StA ist die Verwaltungsbehörde gebunden. Sie darf die Verfolgung unter diesem Gesichtspunkt nur mit Zustimmung der StA wieder aufnehmen (*RRH* 6). 4

Vor der Einstellung des Verfahrens wegen der OWi bedarf es entsprechend § 63 Abs. 3 der **Anhörung der Verwaltungsbehörde.** Davon kann die StA absehen, wenn sie in der Beurteilung bestimmter OWi ausreichende Erfahrung hat oder wenn die Einstellung des Verfahrens allein von einer Rechtsfrage abhängt, für deren Entscheidung es auf die besondere Sachkunde der Verwaltungsbehörde nicht ankommt (RiStBV Nr. 275 Abs. 1). 5

Im gerichtlichen Verfahren ist die **StA ausschließliche Verfolgungsbehörde**, und zwar auch für die Verfolgung der Tat unter dem selbständigen rechtlichen Gesichtspunkt einer OWi im Verfahren nach Einspruch (§ 69 Abs. 4 Satz 1), nach Erhebung der öffentlichen Klage wegen einer zusammenhängenden OWi (§§ 64, 83) oder wegen eines Tatgeschehens, innerhalb dessen im materiell-rechtlichen Sinne Tatmehrheit zwischen Straftat und OWi gegeben ist, ferner im Verfahren nach Zulassung der Anklage unter dem rechtlichen Gesichtspunkt einer OWi (§ 82 Abs. 2), im Wiederaufnahmeverfahren (§ 85 Abs. 4 Satz 3) sowie im Nachverfahren (§ 87 Abs. 4 Satz 3). Dasselbe gilt für die Verfolgung der Tat im Strafverfahren unter dem unselbständigen Gesichtspunkt der OWi (§ 82 Abs. 1). 6

Durch das Gesetz zur Bekämpfung der Korruption vom 13. August 1997 (BGBl. I S. 2038) ist der Vorschrift eine Vorbehaltsklausel angefügt worden, die im Zusammenhang mit der Neuregelung in § 30 Abs. 4 steht. Von dem Vorbehalt ist bislang in § 82 GWB Gebrauch gemacht worden (*Korte* NStZ 1997, 517). 7

§ 41 Abgabe an die Staatsanwaltschaft

(1) Die Verwaltungsbehörde gibt die Sache an die Staatsanwaltschaft ab, wenn Anhaltspunkte dafür vorhanden sind, dass die Tat eine Straftat ist.

(2) Sieht die Staatsanwaltschaft davon ab, ein Strafverfahren einzuleiten, so gibt sie die Sache an die Verwaltungsbehörde zurück.

1 Das **Strafverfahren** ist gegenüber dem OWi-Verfahren **vorrangig** (*BGHSt* 35, 290). Deshalb muss geregelt sein, dass die Verwaltungsbehörde die Sache an die StA abgibt, wenn Anhaltspunkte dafür vorhanden sind, dass die Tat eine Straftat ist (Abs. 1), weil zur Verfolgung strafbarer Handlungen ausschließlich die StA zuständig ist. Die örtliche Zuständigkeit der StA ergibt sich aus § 143 GVG i. V. m. §§ 7 ff. StPO. Die Vorschrift löst eine strafrechtliche Garantenpflicht aus (*BGHSt* 43, 82). Geben die verantwortlichen Mitarbeiter der Verwaltungsbehörde trotz Vorliegens ihrer Voraussetzungen nicht an die Statsanwaltschaft ab, kann ihnen u. U. Strafvereitelung durch Unterlassen vorgeworfen werden. Dies gilt zumindest für die Kartellbehörde (*Korte* NStZ 1997, 517; *König* JR 1997, 403; *Göhler/König* 1; *Tröndle/Fischer*, § 298 Rn. 23).

2 Die **Abgabepflicht** besteht, wenn die Verwaltungsbehörde bei der Untersuchung der Handlung in OWi-Verfahren Anhaltspunkte für eine Straftat feststellt. Nicht erforderlich ist der Verdacht einer Straftat, d.h. eine gewisse Wahrscheinlichkeit für das Vorliegen einer strafbaren Handlung. Das Vorliegen von Anhaltspunkten erfordert weniger. Dafür genügt schon eine gewisse, wenn auch möglicherweise zweifelhafte Wahrscheinlichkeit. Der im § 41 verwendete Begriff entspricht dem des § 152 Abs. 2 StPO. Demnach genügt ein Anfangsverdacht für das Vorliegen einer strafbaren Handlung (*RRH* 2).

3 **Ob die Tatsachen** i. S. v. § 152 Abs. 2 StPO **zureichen**, um ein Ermittlungsverfahren einzuleiten, ist der Beurteilung der StA vorbehalten (*Düsseldorf* bei *Göhler/König* 4). Die Verfolgbarkeit der Straftat wird nicht vorausgesetzt, so dass die Verwaltungsbehörde nicht prüft, ob der Verfolgung der Straftat Verfolgungshindernisse entgegenstehen. Anders, wenn ein Verfahrenshindernis völlig eindeutig vorliegt.

4 Ein **Zeitpunkt für die Abgabe** ist nicht vorgeschrieben. § 163 Abs. 2 StPO gilt für die Verwaltungsbehörde nicht. Die Verwaltungsbehörde ist

insbesondere nicht verpflichtet, die für eine strafbare Handlung sprechenden Beweise zu erheben, muss allerdings den Sachverhalt soweit aufklären, dass sie sich darüber schlüssig werden kann, ob Anhaltspunkte für eine Straftat vorhanden sind. Gelegentlich können die Umstände des Falles eine unverzügliche Abgabe nahelegen, wenn ein rasches Einschreiten der StA geboten ist. Es kann sich auch als erforderlich herausstellen, dass die Verwaltungsbehörde noch auf eine Verjährungsunterbrechung hinwirkt, weil die Abgabe des Vorgangs an die StA stets mit gewisser zeitlicher Verzögerung verbunden ist.

Liegen **Zweifel tatsächlicher oder rechtlicher Art** am Vorliegen von Anhaltspunkten vor, so gibt die Verwaltungsbehörde die Sache gleichwohl an die StA ab. Das tut sie auch, wenn sie der Auffassung ist, dass die Straftat verjährt sei (*RRH* 3). 5

Bei **Tatmehrheit** besteht eine Abgabepflicht dann, wenn innerhalb der Tat als historisches Ereignis Anhaltspunkte für eine Straftat vorhanden sind. In diesem Fall darf das Ermittlungsverfahren nicht in ein OWi- und ein Strafverfahren aufgespalten werden. Die Sache ist vielmehr insgesamt an die StA abzugeben, weil in diesem Fall über die Taten nur einheitlich entschieden werden kann (*Göhler/König* 3). Eine teilweise Abgabe kommt nur in Betracht, wenn mehrere Taten vorliegen und nur bei einer Anhaltspunkte für eine Straftat gegeben sind. Es kann sich aber empfehlen, dass die Verwaltungsbehörde **auch in einem solchen Fall** den gesamten Vorgang der StA zur Prüfung vorlegt, ob die Verfolgung wegen der zusammenhängenden OWi nach § 42 übernommen wird. 6

Verfolgt die StA die Tat als Straftat, so ist sie primär auch für die Verfolgung der Tat unter dem rechtlichen Gesichtspunkt einer OWi zuständig, beendet also die Zuständigkeit der Verwaltungsbehörde. Diese schließt ihr Verfahren formell ab und übergibt die Akten der StA. Erlässt sie in Unkenntnis eines schwebenden Strafverfahrens einen Bußgeldbescheid, so ist er trotz fehlender Zuständigkeit der Verwaltungsbehörde nicht unwirksam, also auch rechtskraftfähig. Die Rechtskraft des Bußgeldbescheides beseitigt die Abgabepflicht nach § 41 nicht, sofern sich danach Anhaltspunkte für eine Straftat ergeben (KK-*Lampe* 8). 7

Ist die Verwaltungsbehörde auch **Ermittlungsbehörde für die Straftat**, wie etwa bei §§ 386 ff. AO, §§ 37, 38 Abs. 4 AWG, so leitet sie bei An- 8 haltspunkten für die Straftat das Ermittlungsverfahren wegen der Straftat ein und führt es durch. Eine Abgabe an die StA erübrigt sich, doch steht die Entscheidung über den Abschluss des Ermittlungsverfahrens der StA zu, im Steuerstrafverfahren auch der Finanzbehörde (§§ 386, 399 AO). Der Weg für die Fortsetzung des Bußgeldverfahrens ist erst nach Einstellung des Strafverfahrens wieder frei.

9 Nach Abs. 2 hat die StA die Pflicht, die Sache an dieselbe Verwaltungsbehörde, die sie abgegeben hat, zurückzugeben, wenn sie davon **absieht, ein Strafverfahren einzuleiten**, weil das Vorliegen zureichender Anhaltspunkte für eine Straftat zu verneinen ist. Die Prüfung, ob die Tat als OWi verfolgt werden kann, steht der StA in diesem Falle nicht zu. Die Rückgabe erfolgt urschriftlich mit den übersandten Akten. Die Abgabe an eine andere zuständige Verwaltungsbehörde ist nach allgemeiner Meinung nicht zulässig, weil die StA selbst von einer Ermittlungstätigkeit absieht und deshalb keine Veranlassung hat, auf den weiteren Verlauf des Ermittlungsverfahrens noch einzuwirken (KK-*Lampe* 13).

10 Abgabe und Rückgabe der Sache geschehen **formfrei**. Notwendig ist eine Abgabeerklärung, die im Hinblick auf die gesetzliche Folge des Zuständigkeitsübergangs schriftlich, und zwar im Regelfall durch Aktenverfügung abgegeben werden sollte. Die Abgabeerklärung sollte zumindest eine kurze Begründung enthalten, weil dadurch der Fortgang des Verfahrens gefördert wird (*Göhler/König* 11).

§ 42 Übernahme durch die Staatsanwaltschaft

(1) Die Staatsanwaltschaft kann bis zum Erlass des Bußgeldbescheides die Verfolgung der Ordnungswidrigkeit übernehmen, wenn sie eine Straftat verfolgt, die mit der Ordnungswidrigkeit zusammenhängt. Zwischen einer Straftat und einer Ordnungswidrigkeit besteht ein Zusammenhang, wenn jemand sowohl einer Straftat als auch einer Ordnungswidrigkeit oder wenn hinsichtlich derselben Tat eine Person einer Straftat und eine andere einer Ordnungswidrigkeit beschuldigt wird.

(2) Die Staatsanwaltschaft soll die Verfolgung nur übernehmen, wenn dies zur Beschleunigung des Verfahrens oder wegen des Sachzu-

sammenhangs oder aus anderen Gründen für die Ermittlungen oder die Entscheidung sachdienlich erscheint.

RiStBV Nr. 277 ff.

Die Vorschrift regelt die **sekundäre Zuständigkeit der StA** im Falle des Zusammenhanges mit einer Straftat und einer OWi (*Göhler/König* 1). Sie unterscheidet sich von § 40 darin, dass es nicht wie bei § 40 um die Frage geht, ob eine Tat sowohl Straftat als auch Verstoß gegen Bußgeldvorschriften ist, sondern darum, ob es zweckmäßig ist, neben der Strafverfolgung im selben Verfahren eine damit zusammenhängende OWi zu verfolgen. Während bei § 40 Tatidentität zwischen OWi und Straftat besteht und die StA kraft Gesetzes zur Verfolgung der Tat unter beiden rechtlichen Gesichtspunkten verpflichtet ist, können zusammenhängende Taten materiell-rechtlich und prozessual selbständige Taten sein (KK-*Lampe* 1).

Die StA wird erst durch die Übernahme zuständig, die die ursprünglich bestehende **Zuständigkeit der Verwaltungsbehörde beseitigt.**

Die Übernahme durch die StA setzt einen **Zusammenhang zwischen Straftat und OWi** voraus. Voraussetzung ist ferner, dass wegen der OWi noch kein Bußgeldbescheid erlassen ist. Übernimmt die StA in Unkenntnis des Bußgeldbescheides die Verfolgung und erhebt sie die **öffentliche Klage**, so ist die Eröffnung des Hauptverfahrens wegen der OWi abzulehnen oder das Verfahren insoweit nach §§ 206a, 260 Abs. 3 StPO wegen eines Verfahrenshindernisses (§ 84 Abs. 1 oder anderweitige Rechtshängigkeit) einzustellen. **Nimmt die Verwaltungsbehörde** nach Einspruch des Betroffenen **den Bußgeldbescheid zurück**, so wird damit die Übernahme wieder zulässig, weil dann der Bußgeldbescheid als nicht erlassen gilt. Ist die StA nach Einspruch gegen den Bußgeldbescheid zuständig geworden, so ist eine Verbindung mit einer zusammenhängenden Strafsache möglich (§§ 4, 13, 237 StPO).

Nach Abs. 1 Satz 2 besteht zwischen einer Straftat und einer OWi ein **Zusammenhang**, wenn jemand sowohl einer Straftat als auch einer OWi oder wenn hinsichtlich derselben Tat eine Person einer Straftat und eine andere einer OWi beschuldigt wird.

Wird jemand sowohl einer Straftat als auch einer OWi beschuldigt, so liegt ein **persönlicher Zusammenhang** vor. § 42 gilt in diesem Fall nur,

§ 42 Zweiter Teil. Bußgeldverfahren

wenn mehrere Taten im prozessualen Sinne gegeben sind. Liegt **Tatidentität** zwischen der Straftat und der OWi vor, so ist die StA bereits nach § 40 originär zuständig, ohne dass es einer Übernahme des Bußgeldverfahrens bedürfte.

6   Ein **sachlicher Zusammenhang** besteht, wenn eine Person einer Straftat und eine andere einer OWi beschuldigt wird. Erforderlich ist, dass das Verfahren eine Tat im prozessualen Sinne zum Gegenstand hat (*KK-Lampe* 4). Auf die rechtliche Qualifikation ihrer Mitwirkung an der Tat kommt es dabei nicht an. Ein Zusammenhang i. S. v. Satz 2 besteht mithin bei Beteiligung i. S. v. § 14, aber auch etwa bei fahrlässiger Nebentäterschaft hinsichtlich Straftat und OWi (*RRH* 6). Unerheblich ist, ob der eingetretene Erfolg oder die Gesetzesverletzung das Ergebnis gleichgerichtet oder entgegengesetzt wirkender Kräfte ist (*BGHSt* 12, 341).

7   Liegt eine **Beteiligung** oder eine **Teilnahme im Rechtssinne** nicht vor, so kann es darauf ankommen, ob eine Tat im natürlichen Sinne gegeben ist, ob also ein einheitlicher Vorgang vorliegt, bei dem sich die Handlung der einen Person mit der einer anderen zu einem einheitlichen tatsächlichen Ganzen verbindet.

8   Die Übernahme durch die StA setzt voraus, dass sie die Straftat verfolgt. Es muss also das **Strafverfahren anhängig** sein, wobei es nicht darauf ankommt, in welchem Stadium es sich befindet. Zumeist wird sich die Frage einer Übernahme der Verfolgung der OWi bereits im Ermittlungsverfahren stellen. Das Ermittlungsverfahren darf noch nicht durch Einstellung abgeschlossen sein. Da die StA aber nicht gehindert ist, ein eingestelltes Ermittlungsverfahren wiederaufzunehmen, kann sie die Verfolgung der OWi gemäß § 42 auch danach wieder übernehmen.

9   Ist die **öffentliche Klage bereits erhoben** oder läuft schon das **gerichtliche Verfahren**, so ist die Übernahme gleichwohl möglich, wenn sich erst dann herausstellt, dass eine einheitliche Aburteilung zweckmäßig ist. Die StA kann dann die Verfolgung der zusammenhängenden OWi übernehmen und insoweit Nachtragsanklage erheben (*RRH* 2; **a. A.** *KK-Lampe* 7).

10 Nach Abs. 2 soll die StA die Verfolgung nur übernehmen, wenn dies zur Beschleunigung des Verfahrens oder wegen des Sachzusammenhangs oder aus anderen Gründen für die Ermittlungen oder die Entscheidung

Erster Abschnitt. Zuständigkeit **§ 42**

sachdienlich erscheint. Dies ist in erster Linie zu bejahen, wenn die Taten in einer **engen zeitlichen oder räumlichen Beziehung zueinander** stehen oder wenn einheitliche Ermittlungen den Betroffenen oder die Ermittlungsbehörden weniger belasten (RiStBV Nr. 277 Abs. 1). Die StA soll grundsätzlich nicht die Verfolgung solcher OWi übernehmen, mit deren Beurteilung sie im Allgemeinen nicht vertraut ist (z. B. Kartell-OWi, OWi nach den innerstaatlichen EG-Durchführungsbestimmungen). Im Zweifel soll die StA vor der Übernahme die sonst zuständige Verwaltungsbehörde anhören (RiStBV Nr. 277 Abs. 2).

Der **Beschleunigung der Ermittlungen** dient die Übernahme der Verfolgung in Fällen, in denen die StA bei der Ermittlung einer Straftat feststellt, dass für die Aufklärung einer damit zusammenhängenden OWi nur noch wenige Umstände ermittelt werden müssen und der Verwaltungsbehörde durch die Übernahme die Einarbeitung in einen umfangreichen Akteninhalt erspart und das Verfahren rascher zum Abschluss gebracht werden könne (*RRH* 8). Der Beschleunigung dient auch, wenn die StA aufgrund ihrer Ermittlungen hinsichtlich der Straftat zu dem Ergebnis kommt, dass zwar auch eine OWi vorliegt, deren Ahndung aber nicht geboten ist. Vor der Einstellung muss in diesen Fällen die Verwaltungsbehörde gehört werden (§ 63 Abs. 3). Schließlich beschleunigt die Übernahme der Verfolgung der OWi das Verfahren in Fällen, in denen damit zu rechnen ist, dass der Betroffene gegen einen Bußgeldbescheid Einspruch einlegen wird, weil dadurch rascher eine gerichtliche Entscheidung erreicht werden kann (*RRH* 8). **11**

Die StA macht die **Übernahme aktenkundig** und **unterrichtet zugleich die Verwaltungsbehörde**, wenn diese bereits ein Bußgeldverfahren eingeleitet hat oder eine solche Möglichkeit nahe liegt (RiStBV Nr. 277 Abs. 3). Ergeben die Ermittlungen wegen der OWi, dass deren weitere Verfolgung im Zusammenhang mit der Straftat nicht sachdienlich erscheint, so gibt die StA die Sache insoweit an die Verwaltungsbehörde ab (§ 43 Abs. 2; RiStBV Nr. 278 Abs. 1). **12**

Die Übernahme verschafft der StA **alle Rechte der Verfolgungsbehörde.** Sie klagt den Betroffenen wegen der OWi an, wenn die Ermittlungen hierfür genügend Anlass geben. Dies geschieht nach § 64. Mit Einstellung des Verfahrens wegen der OWi durch die StA ist die Verwaltungsbehörde gehindert, das Bußgeldverfahren erneut aufzugreifen (KK-*Lampe* 21), es **13**

301

sei denn, es liegen neue Beweismittel oder neue Tatsachen vor (*Berz* JurA 1971, 301).

14 Liegen die Voraussetzungen von Abs. 1 nicht vor, so ist die **Übernahme unzulässig** und, falls sie doch erfolgt, unwirksam. Das Gericht muss hinsichtlich der OWi die Eröffnung des Hauptverfahrens bzw. den Antrag auf Erlass eines Strafbefehls ablehnen. Ist das Hauptverfahren eröffnet oder ein Strafbefehl erlassen, so ist die Verletzung von Abs. 1 unbeachtlich (*RRH* 9a). Die Verletzung des Abs. 2 ist vom Gericht nicht nachprüfbar und beeinträchtigt die Wirksamkeit der Übernahme nicht, weil es sich insoweit nur um eine Ermessensrichtlinie für die StA handelt, es sei denn, es handelt sich um einen besonders deutlichen Ermessensmissbrauch (*RRH* 9a). In diesem Fall kann das Gericht die Eröffnung des Verfahrens ablehnen. Hat es eröffnet, so ist auch ein Verstoß gegen Abs. 2 unbeachtlich.

§ 43 Abgabe an die Verwaltungsbehörde

(1) Stellt die Staatsanwaltschaft in den Fällen des § 40 das Verfahren nur wegen der Straftat ein oder übernimmt sie in den Fällen des § 42 die Verfolgung nicht, sind aber Anhaltspunkte dafür vorhanden, daß die Tat als Ordnungswidrigkeit verfolgt werden kann, so gibt sie die Sache an die Verwaltungsbehörde ab.

(2) Hat die Staatsanwaltschaft die Verfolgung übernommen, so kann sie die Sache an die Verwaltungsbehörde abgeben, solange das Verfahren noch nicht bei Gericht anhängig ist; sie hat die Sache abzugeben, wenn sie das Verfahren nur wegen der zusammenhängenden Straftat einstellt.

RiStBV Nrn. 276, 278, 279

1 Die Vorschrift regelt die **Abgabe des Verfahrens durch die StA** an die Verwaltungsbehörde. Die Abgabepflicht der StA ist das Gegenstück zur Abgabepflicht der Verwaltungsbehörde in § 41 (KK-*Lampe* 1). Die Vorschrift ergänzt die Zuständigkeitsvorschriften der §§ 40, 42. Kommt es aus im Strafverfahren liegenden Gründen bei der StA nicht zu einer Verfolgung der Ordnungswidrigkeit, so muss sichergestellt sein, dass die Verwaltungsbehörde die ihr grundsätzlich obliegende Verfolgung vornehmen kann.

Die StA gibt die Sache nach Abs. 1 **an die Verwaltungsbehörde** ab, sofern sie in den Fällen des § 40 das Verfahren nur wegen der Straftat einstellt oder in den Fällen des § 42 die Verfolgung nicht übernimmt, wenn Anhaltspunkte dafür vorhanden sind, dass die Tat als OWi verfolgt werden kann. Die Vorschrift gilt nur im **Ermittlungsverfahren**, nicht mehr nach Erhebung der öffentlichen Klage (*RRH* 1). Eine Abgabepflicht besteht nur, wenn die Voraussetzungen der §§ 40, 42 vorliegen. Hat die StA sonst Kenntnis vom Verdacht einer OWi, die mit dem strafrechtlichen Ermittlungsverfahren nicht zusammenhängt, so prüft sie nach pflichtgemäßem Ermessen, ob eine Abgabe an die Verwaltungsbehörde zweckmäßig ist. 2

Liegt § 40 vor, so muss die StA die Sache an die Verwaltungsbehörde abgeben, wenn sie das Ermittlungsverfahren nur wegen der Straftat einstellt, es sei denn, dass keine Anhaltspunkte dafür vorhanden sind, dass die Tat als OWi verfolgt werden könnte. In dieser Lage **entfällt die Zuständigkeit der StA** für die Verfolgung der OWi. Die originäre Verfolgungskompetenz der Verwaltungsbehörde lebt wieder auf (§ 35 Abs. 1). Die Abgabe der Sache hat deshalb **keine konstitutive Wirkung** (KK-*Lampe* 4). Mit Einstellung des Strafverfahrens durch die StA und ihrer damit gleichzeitig eintretenden Unzuständigkeit zur Verfolgung der OWi wird die ursprüngliche Kompetenz der Verwaltungsbehörde automatisch wiederhergestellt (*Karlsruhe* Justiz 1981, 22; **a. A.** *Berz* JurA 1971, 294, hierzu ausführlich KK-*Lampe* 4). Bis zur Einstellung des Strafverfahrens hat die StA die Dispositionsbefugnis auch im Hinblick auf die OWi. Sie kann das Verfahren wegen der OWi allein einstellen (§ 46 Abs. 2 i. V. m. § 170 Abs. 2 StPO) oder auch das Verfahren unter beiden rechtlichen Gesichtspunkten gleichzeitig einstellen. 3

Die Abgabepflicht tritt nur bei **Einstellung wegen fehlenden Tatverdachts** nach § 170 Abs. 2 oder gemäß § 153 StPO ein. Die Einstellung nach § 153a StPO ist eine Sachentscheidung, die eine Schuldüberzeugung der StA voraussetzt, bei der durch die Auflage oder Weisung das besondere öffentliche Interesse an der Strafverfolgung als erledigt angesehen wird. Es handelt sich also um eine vorgerichtliche Ahndung, die nach § 21 die weitere Verfolgung der mit derselben Tat begangenen OWi aus- 4 schließt (KK-*Lampe* 5). Bei dieser Lage hätte die Abgabe der Sache durch die StA keinen Sinn.

5 In den **Fällen des § 42** ist die StA zur Abgabe an die Verwaltungsbehörde verpflichtet, wenn sie die Verfolgung der OWi nicht übernimmt oder wenn nach einer Übernahme ihre sekundäre Verfolgungszuständigkeit durch Einstellung des Strafverfahrens beendet ist. Ist die StA bei Nichtübernahme des Verfahrens der Auffassung, dass keine Anhaltspunkte für eine verfolgbare OWi vorhanden sind, so vermerkt sie dies in den Akten. Eine förmliche Einstellung kann nicht erfolgen, weil die StA die Verfolgung nicht übernommen und damit auch kein Ermittlungsverfahren eingeleitet hat. Gleichwohl werden der Verwaltungsbehörde die Vorgänge oder Abdruck der Vorgänge, soweit sie sich auf die OWi beziehen, übersandt (RiStBV Nr. 277 Abs. 4, Nr. 276 Abs. 2).

6 Hat die StA die Verfolgung der OWi übernommen, so kann sie gemäß Abs. 2 Halbsatz 1 die Sache jederzeit an die Verwaltungsbehörde abgeben, solange das Verfahren noch nicht durch die Einreichung der Anklageschrift bzw. den Antrag auf Erlass eines Strafbefehls bei Gericht anhängig ist. Ob sie abgibt, steht allein in ihrem **Ermessen.** Die Abgabe kommt vor allem in Betracht, wenn sich die Umstände, die für die Übernahme nach § 42 maßgebend waren, im Laufe des Verfahrens geändert haben, etwa wenn durch nachträgliche erforderlich gewordene Ermittlungen die Handlung der OWi unangemessen verzögert würde, insbesondere wenn die Verfolgung der OWi zu verjähren droht. Die Abgabe wird nicht dadurch gehindert, dass die StA das Verfahren wegen der Straftat einstellt und gegen diese Entscheidung Beschwerde eingelegt wird (RiStBV Nr. 276 Abs. 3).

7 Die **Verwaltungsbehörde ist** im Rahmen des § 42 an die Entscheidung der StA **gebunden.** Sie kann also die Übernahme der Sache nicht verweigern. Ist allerdings das Verfahren bereits bei der StA einstellungsreif, so muss die StA auch die Einstellung vornehmen (*RRH* 10).

8 Die **Gründe für die Abgabe** der Sache an die Verwaltungsbehörde sind bei Abgabe der Sache mitzuteilen. Ebenso, worin die StA Anhaltspunkte dafür sieht, dass die Tat als OWi verfolgt werden kann (RiStBV Nr. 278 Abs. 1, Nr. 276 Abs. 2). Der Verwaltungsbehörde ist insbesondere auch mitzuteilen, warum die StA die weitere Verfolgung der OWi im Zusammenhang mit der Straftat als nicht sachdienlich ansieht. Zutreffender Auf-

Erster Abschnitt. Zuständigkeit § 43

fassung zufolge ist ein solcher Hinweis allerdings entbehrlich, wenn sicher ist, dass die Verwaltungsbehörde die Anhaltspunkte für eine OWi aufgrund ihrer eigenen Sachkunde unmittelbar aus den übersandten Akten feststellen kann (*RRH* 11).

Eine Mitteilungspflicht gegenüber dem Beschuldigten über die Abgabe der Sache an die Verwaltungsbehörde **besteht nicht**, jedoch entspricht eine solche freiwillige Mitteilung dem guten Umgang miteinander. Hat es sich um eine Strafanzeige gehandelt und hat der Anzeigeerstatter auf die Einstellungsnachricht nicht verzichtet, so ist ihm die Einstellung des Strafverfahrens mit Gründen mitzuteilen. Dann sollte ihm aber auch die Abgabe des Verfahrens wegen der OWi bekannt gegeben werden, um unnötigem weiteren Verwaltungsaufwand vorzubeugen. 9

Hat die StA den Anzeigeerstatter **auf den Privatklageweg verwiesen**, weil das öffentliche Interesse an der Strafverfolgung verneint wurde und gibt sie das Verfahren zur Verfolgung der OWi gemäß §§ 40, 43 an die Verwaltungsbehörde ab (*RRH* 13; **a. A.** *BayObLG* MDR 1977, 247; *Kellner* MDR 1977, 626), so ist damit die Entscheidung der StA über die Nichtverfolgung der Straftat noch nicht endgültig. Die Erhebung der **Privatklage** lässt das Verfahren **zweispurig** werden, weil die Verwaltungsbehörde an die Privatklageverweisung durch die StA gebunden ist (§ 44). Erhebt der Verletzte die Privatklage, so steht diesem Verfahren ein noch anhängiges Bußgeldverfahren oder ein rechtskräftiger Bußgeldbescheid nicht entgegen. Wird der Angeklagte im Privatklageverfahren wegen derselben Handlung verurteilt, so ist ein rechtskräftiger Bußgeldbescheid nach § 86 aufzuheben, es sei denn, es liegt Tatmehrheit vor. In diesem Fall können Bußgeldbescheid und Straferkenntnis nebeneinander bestehen bleiben. 10

Nach Abs. 2 2. Halbsatz hat die StA die Sache an die Verwaltungsbehörde abzugeben, wenn sie das Verfahren nur wegen der **zusammenhängenden Straftat einstellt.** Gemeint sind Fälle, in denen die StA mit der Übernahme der Verfolgung ein Ermittlungsverfahren auch wegen der OWi eingeleitet hat. Mit Einstellung der zusammenhängenden Straftat entfällt für sie jede Möglichkeit, weiteren Einfluss auf das unbeendete Bußgeldverfahren zu nehmen, jedoch kann die StA vor oder spätestens gleichzeitig mit Einstellung des Verfahrens wegen der Straftat auch das wegen der OWi geführte Verfahren einstellen (KK-*Lampe* 8). 11

12 Die **Abgabe nach Übernahme** kommt nur in Betracht, wenn die zusammenhängende Sache noch nicht bei Gericht anhängig ist. Bis zum Beginn der Hauptverhandlung ist die StA nicht gehindert, die Klage zurückzunehmen. Mit der Rücknahmeerklärung wird die Sache in den Stand des Ermittlungsverfahrens zurückversetzt, so dass die StA nach § 43 Abs. 2 verfahren kann.

13 Erwägt die StA, das Verfahren in den Fällen des § 40 oder § 42 wegen der OWi einzustellen, so hat sie die Verwaltungsbehörde anzuhören (§ 63 Abs. 3; RiStBV Nr. 278 Abs. 2). Davon kann abgesehen werden, wenn die **StA** in der Beurteilung bestimmter OWi selbst **ausreichende Erfahrung** hat oder wenn die Einstellung des Verfahrens allein schon von einer **Rechtsfrage** abhängt, für deren Entscheidung es auf die besondere Sachkunde der Verwaltungsbehörde nicht ankommt (RiStBV Nr. 275 Abs. 1 Satz 2). Würde andererseits die Anhörung der Verwaltungsbehörde das Verfahren unangemessen verzögern, so sieht die StA von der Einstellung des Verfahrens unter dem rechtlichen Gesichtspunkt einer OWi ab und gibt die Sache, sofern sie die Tat nicht als Straftat weiterverfolgt, an die Verwaltungsbehörde ab, sofern Anhaltspunkte dafür vorhanden sind, dass die Tat als OWi verfolgt werden kann (Nr. 275 Abs. 3 RiStBV).

§ 44 Bindung der Verwaltungsbehörde

Die Verwaltungsbehörde ist an die Entschließung der Staatsanwaltschaft gebunden, ob eine Tat als Straftat verfolgt wird oder nicht.

1 Die Vorschrift regelt die **Bindung der Verwaltungsbehörde** im Hinblick auf die Entschließung der StA, ob eine Tat als Straftat verfolgt wird oder nicht. Dadurch soll ein Kompetenzkonflikt zwischen beiden Behörden verhindert werden. Ein derartiger Kompetenzkonflikt könnte immer dann eintreten, wenn die StA das Strafverfahren mangels hinreichenden Tatverdachts einstellt, die Verwaltungsbehörde dagegen wegen des Verdachts einer Straftat die Verfolgung der OWi ablehnt (§ 21) oder wenn die StA die Tat als Straftat verfolgt, die Verwaltungsbehörde dagegen mangels Verdachts einer Straftat die Verfolgung der OWi für zulässig ansieht. Für beide Fallgestaltungen ist die **Entschließung der StA für den Fortgang des Verfahrens bestimmend.** Diese Regelung rechtfertigt sich

Erster Abschnitt. Zuständigkeit § 44

aus dem Vorrang des Strafverfahrens und der ausschließlichen Zuständigkeit der Organe der Strafrechtspflege zur Beurteilung von Straftaten (KK-*Lampe* 1).

Die Bindungswirkung gilt nur für die **Beurteilung der Tat als Straftat** (*RRH* 2). Der Anwendungsbereich der Vorschrift umfasst alle Formen des Zusammentreffens von Straftaten und OWi in einer Tat. Die Bindung erstreckt sich auch auf die Frage, ob die OWi zu der Straftat im Verhältnis der Tateinheit (§ 21) steht oder ob die OWi im Rahmen eines einheitlichen historischen Ereignisses begangen worden ist. Die Bindung gilt ferner für die Frage, ob der Verfolgung der Tat als Straftat ein Verfolgungshindernis entgegensteht oder nicht (*Göhler/König* 4). 2

Stellt die StA im Falle des § 40 das Verfahren lediglich wegen der Straftat ein und sieht sie von einer Abgabe nach § 43 ab, weil sie das Vorliegen von Anhaltspunkten für eine OWi verneint, **tritt eine Bindungswirkung nicht ein.** In diesem Falle ist die Verwaltungsbehörde nicht gehindert, ein Bußgeldverfahren durchzuführen (*Karlsruhe* Justiz 1981, 22). In diesen Fällen hat die StA ihre Zuständigkeit für die Verfolgung einer Straftat gar nicht erst begründet oder nachträglich beseitigt und sich damit die Möglichkeit genommen, auf ein OWi-Verfahren einzuwirken und insoweit Bindungswirkung zu entfalten. Sie hat es vielmehr bei der originären Zuständigkeit der Verwaltungsbehörde zur Verfolgung von OWi belassen oder der Verwaltungsbehörde diese Zuständigkeit zurückgegeben (KK-*Lampe* 7). 3

Von der Entschließung der StA, dass keine Straftat vorliegt, ist auszugehen, wenn die StA auf eine Strafanzeige hin **kein Ermittlungsverfahren einleitet** (§ 152 Abs. 2 StPO), wenn sie nach Vorlage der Akten durch die Verwaltungsbehörde (§ 41) deren Ansicht über die Anhaltspunkte für die Straftat nicht teilt und die Sache an die Verwaltungsbehörde zurückgibt, wenn sie das Verfahren wegen der Straftat einstellt und die Sache nach § 43 Abs. 1 an die Verwaltungsbehörde abgibt und wenn die StA das Strafverfahren unter Opportunitätsgesichtspunkten einstellt. In diesen Fällen kann sich die Verwaltungsbehörde nicht auf den gegenteiligen Standpunkt stellen, eine Straftat annehmen und unter Hinweis auf § 21 Abs. 1 Satz 1 die Verfolgung der Tat als OWi ablehnen, es sei denn, es liegt eine Einstellung nach § 153a StPO vor (KK-*Lampe* 8). 4

5 Hat die StA ein strafrechtliches Ermittlungsverfahren eingeleitet oder bereits Anklage erhoben, so folgt aus der Bindungswirkung des § 44, dass die Verwaltungsbehörde **das Bußgeldverfahren nicht fortführen darf.** Sie gibt die Sache gemäß § 41 Abs. 1 an die StA ab. Ihre von der Entscheidung der StA abweichende Ansicht, dass keine Straftat, sondern eine OWi vorliegt, ändert daran nichts. Allerdings bedeutet die Bitte der StA um Übersendung der Bußgeldvorgänge, um die Notwendigkeit der Einleitung eines strafrechtlichen Ermittlungsverfahrens prüfen zu können, noch keine Bindungswirkung. Die Verwaltungsbehörde entspricht einem solchen Ersuchen unter dem Gesichtspunkt der **Amtshilfe.**

6 Entscheidend ist die **gegenwärtige Entschließung der StA.** Hat sie das Ermittlungsverfahren eingestellt, dann aber wieder die Ermittlungen aufgenommen, so muss die Verwaltungsbehörde das Bußgeldverfahren wegen derselben Tat einstellen (*RRH 5; Göhler/König 8*).

7 Die **Verwaltungsbehörde kann** die Entschließung der StA **nicht anfechten.** Möglich sind Gegenvorstellung oder Dienstaufsichtsbeschwerde. Ferner unterliegt die Entschließung der StA nur in begrenztem Umfang richterlicher Kontrolle. Der Verletzte kann sich im Klageerzwingungsverfahren gegen die Einstellung des Strafverfahrens wehren. Ordnet das Gericht in diesem Verfahren die Erhebung der öffentlichen Klage an (§ 175 StPO), so gibt die Verwaltungsbehörde ihre Vorgänge an die StA nach § 41 Abs. 1 ab, wenn sie wegen derselben Tat ein Bußgeldverfahren führt.

8 **Die rechtskräftige Entscheidung des Gerichts** (§§ 81, 82) über die Tat als Straftat oder als OWi ist auch für die Verwaltungsbehörde bindend. Sie schließt eine nochmalige Verfolgung der Tat als OWi aus (*RRH 8*). Hat andererseits das Gericht die Eröffnung des Hauptverfahrens rechtskräftig abgelehnt (§ 204 StPO), weil ein Straftatbestand nicht verwirklicht ist, so kann die Verwaltungsbehörde die Tat gleichwohl als OWi verfolgen, wenn neue Tatsachen oder Beweismittel vorliegen, weil der Ablehnungsbeschluss nach § 204 StPO nur beschränkter Rechtskraft fähig ist.

9 Sieht das Gericht **keine Tatidentität** zwischen der Straftat und der OWi, so ist es für die Verfolgung der OWi unzuständig und lehnt insoweit die Eröffnung aus prozessualen Gründen ab. Die StA übersendet in diesem Fall die Vorgänge der Verwaltungsbehörde, weil keine Entscheidung des Gerichts über die OWi vorliegt, die deren weiterer Verfolgung entgegen-

Erster Abschnitt. Zuständigkeit § 45

stünde. Dasselbe gilt, wenn bei bestehender Tatidentität zwischen OWi und Straftat der Verfolgung der Straftat ein Verfahrenshindernis entgegensteht und die Eröffnung des Strafverfahrens deshalb abzulehnen ist.

Die Entschließung der StA bedarf **keiner besonderen Form.** Sie richtet sich nach der StPO. Einer Mitteilung ihrer Entschließung über die Verfolgung der Tat als Straftat an die Verwaltungsbehörde bedarf es grundsätzlich nicht (*RRH* 6a). 10

§ 45 Zuständigkeit des Gerichts

Verfolgt die Staatsanwaltschaft die Ordnungswidrigkeit mit einer zusammenhängenden Straftat, so ist für die Ahndung der Ordnungswidrigkeit das Gericht zuständig, das für die Strafsache zuständig ist.

Die Vorschrift ergänzt § 35 Abs. 2 und § 42. Mit der Regelung des § 42 soll eine einheitliche Entscheidung über eine Straftat und eine damit zusammenhängende OWi in einem Verfahren erreicht werden (*RRH* 1). Hiervon ausgehend regelt § 45, dass zur Ahndung einer OWi, die die StA mit einer zusammenhängenden Straftat verfolgt, **nicht die StA, sondern das Gericht berufen ist.** Im Zusammenhang mit § 35 Abs. 2 regelt die Vorschrift, dass das Gericht zur Ahndung der OWi zuständig ist, das für die Strafsache örtlich und sachlich zuständig ist. Weil es sich nicht um die gerichtliche Überprüfung eines Bußgeldbescheides der Verwaltungsbehörde auf Einspruch des Betroffenen handelt, ist § 68 nicht anwendbar. 1

Die **örtliche Zuständigkeit** des Gerichts richtet sich nach den §§ 7 ff. StPO, die **sachliche Zuständigkeit** nach dem GVG, die für **Jugendsachen** nach §§ 39 ff. JGG. Von einem Wechsel der gerichtlichen Zuständigkeit für die zusammenhängende Straftat etwa durch Verbindung nach den §§ 4, 13 StPO, durch Eröffnung vor einem anderen Gericht nach § 209 Abs. 1 StPO oder durch Verweisung nach § 270 StPO wird auch die OWi erfasst, die mit dieser Strafsache zusammen verfolgt wird. Aus der örtlichen und sachlichen Zuständigkeit des Gerichts folgt die der StA (§§ 142, 143 GVG). Bei **mehrfacher örtlicher Zuständigkeit** nach den §§ 7 bis 13 StPO führt die Ermittlungen grundsätzlich diejenige StA, in deren Bezirk die Tat began- 2

309

gen wurde. Zur Ahndung der OWi erstreckt die StA die Klage oder den Strafbefehlsantrag wegen der zusammenhängenden Straftat auf die OWi.

3 Das für die Strafsache zuständige Gericht befindet **über Straftat und OWi einheitlich** nach den Vorschriften der StPO (*RRH* 2). Die Ahndung der zusammenhängenden OWi erfolgt durch Festsetzung einer Geldbuße (§ 17) und etwaiger Nebenfolgen im Urteil oder im Strafbefehl. Kommt das Gericht nicht zu einer Verurteilung, insbesondere, weil es das Verfahren wegen der Straftat einstellt, so kann die übrig bleibende OWi nicht in einem Strafverfahren geahndet werden (*Frieling* NJW 1969, 1058).

4 Eine **Trennung der Strafsache von der zusammenhängenden Bußgeldsache** nach Eröffnung des Hauptverfahrens wegen der zusammenhängenden OWi ist nicht zulässig, weil eine selbständige gerichtliche Zuständigkeit für die Ahndung einer OWi ohne Vorschaltverfahren fehlt. Sie ist nur im Falle des Einspruchs gegen einen Bußgeldbescheid gegeben. §§ 2 Abs. 2, 4, 13 Abs. 2 StPO sind nicht anwendbar, soweit wegen der zusammenhängenden OWi das Hauptverfahren eröffnet ist (h. M., teilweise anders KK-*Lampe* 3 ff.).

5 Richtet sich das Verfahren gegen **Straftaten Jugendlicher und Heranwachsender**, so ist das Jugendgericht auch für die Ahndung zusammenhängender OWi eines Erwachsenen zuständig (§§ 39 ff., 108 JGG). Richtet sich die Strafsache gegen einen Erwachsenen, so ist nach § 45 das nach allgemeinem Verfahrensrecht zuständige Erwachsenengericht auch für die Ahndung der übernommenen zusammenhängenden OWi eines Jugendlichen oder Heranwachsenden zuständig. Die §§ 103 Abs. 2, 112 JGG sind auf diesen Fall nicht anwendbar, weil eine Zuständigkeit des Jugendgerichts für OWi nur im Einspruchsverfahren besteht (*Göhler/König* 5). Dies ist sachgerecht, weil das Schwergewicht in diesen Fällen stets bei der Straftat liegen dürfte.

Zweiter Abschnitt
Allgemeine Verfahrensvorschriften

§ 46 Anwendung der Vorschriften über das Strafverfahren

(1) Für das Bußgeldverfahren gelten, soweit dieses Gesetz nichts anderes bestimmt, sinngemäß die Vorschriften der allgemeinen Gesetze über das Strafverfahren, namentlich der Strafprozeßordnung, des Gerichtsverfassungsgesetzes und des Jugendgerichtsgesetzes.

(2) Die Verfolgungsbehörde hat, soweit dieses Gesetz nichts anderes bestimmt, im Bußgeldverfahren dieselben Rechte und Pflichten wie die Staatsanwaltschaft bei der Verfolgung von Straftaten.

(3) Anstaltsunterbringung, Verhaftung und vorläufige Festnahme, Beschlagnahme von Postsendungen und Telegrammen sowie Auskunftsersuchen über Umstände, die dem Post- und Fernmeldegeheimnis unterliegen, sind unzulässig. § 160 Abs. 3 Satz 2 der Strafprozessordnung über die Gerichtshilfe ist nicht anzuwenden. Ein Klageerzwingungsverfahren findet nicht statt. Die Vorschriften über die Beteiligung des Verletzten am Verfahren und über das länderübergreifende staatsanwaltschaftliche Verfahrensregister sind nicht anzuwenden; dies gilt nicht für § 406e der Strafprozeßordnung.

(4) § 81a Abs. 1 Satz 2 der Strafprozeßordnung ist mit der Einschränkung anzuwenden, daß nur die Entnahme von Blutproben und andere geringfügige Eingriffe zulässig sind. In einem Strafverfahren entnommene Blutproben und sonstige Körperzellen, deren Entnahme im Bußgeldverfahren nach Satz 1 zulässig gewesen wäre, dürfen verwendet werden. Die Verwendung von Blutproben und sonstigen Körperzellen zur Durchführung einer Untersuchung im Sinne des § 81e der Strafprozeßordnung ist unzulässig.

(5) Die Anordnung der Vorführung des Betroffenen und der Zeugen, die einer Ladung nicht nachkommen, bleibt dem Richter vorbehalten. Die Haft zur Erzwingung des Zeugnisses (§ 70 Abs. 2 der Strafprozeßordnung) darf sechs Wochen nicht überschreiten.

(6) Im Verfahren gegen Jugendliche und Heranwachsende kann von der Heranziehung der Jugendgerichtshilfe (§ 38 des Jugendge-

richtsgesetzes) abgesehen werden, wenn ihre Mitwirkung für die sachgemäße Durchführung des Verfahrens entbehrlich ist.

(7) Im gerichtlichen Verfahren entscheiden beim Amtsgericht Abteilungen für Bußgeldsachen, beim Landgericht Kammern für Bußgeldsachen und beim Oberlandesgericht sowie beim Bundesgerichtshof Senate für Bußgeldsachen.

(8) Die Vorschriften zur Durchführung des § 191a Abs. 1 Satz 1 des Gerichtsverfassungsgesetzes im Bußgeldverfahren sind in der Rechtsverordnung nach § 191a Abs. 2 des Gerichtsverfassungsgesetzes zu bestimmen.

Übersicht

	Rn		Rn
I. Allgemeines	1–9	III. Ausdrückliche Ausnahme	
II. Reichweite der Verweisung	10–20	von der Verweisung	21–51

I. Allgemeines

1 Die Vorschrift enthält anders als das ältere OWi-Recht **eine allgemeine Verweisung** und erklärt sinngemäß die Vorschriften der allgemeinen Gesetze über das Strafverfahren, namentlich die StPO, das GVG und das JGG für anwendbar. Sie basiert auf der Entscheidung des Gesetzgebers, die früher vorhandene strenge Zweigleisigkeit von Bußgeldverfahren und Strafverfahren zu beseitigen (*RRH* 1). Der Verzicht auf diese aus heutiger rechtspolitischer Sicht aus unterschiedlichen Gründen **wieder zu befürwortende Trennung** hatte das Ziel, eine einheitliche Verfahrensordnung zugrunde zu legen, zumindest soweit nicht das Wesen der OWi und des Bußgeldverfahrens entgegensteht.

2 Die zunehmende Überlastung der Strafverfolgungsbehörden unterstreicht die Notwendigkeit einer **Straffung der Verfahrensabläufe** vor dem Strafrichter gleichermaßen wie vor dem Bußgeldrichter. Legislatorische Versuche, dieses Problem auf der Basis des geltenden Rechts und durch Veränderung der bestehenden Verfahrensordnungen zu erreichen, haben nicht zu messbaren Erfolgen geführt. Eine Entlastung der Strafgerichte, deren Verfahrensordnung aus rechtsstaatlichen Gründen mit Garantien von Verfassungsrang versehen sein muss, kann wegen dieser Mindeststandards letztlich immer nur systemimmanent erfolgen.

Zweiter Abschnitt. Allgemeine Verfahrensvorschriften § 46

Eine Verfahrensordnung für die Durchführung der gerichtlichen Verfahren, mit denen OWi geahndet werden, also Handlungen, denen kein sozialethisches Unwerturteil entgegengehalten wird, benötigen diese Mindeststandards nicht in dem Umfang, wie eine Strafverfahrensordnung. So kann nicht überzeugend begründet werden, warum die große Masse der **Verkehrs-OWi**, sobald sie vor den Richter gelangt, schon grundsätzlich nach den für die Strafprozessordnung geltenden Maßstäben zu behandeln sind. 3

Auf der anderen Seite ist bei besonders gewichtigen OWi, bei denen zwar ein sozialethisches Unrechtsurteil nicht zu fällen ist, die aber ein **erhebliches gesellschaftsschädigendes Potential** aufweisen, die für ihre richtige Beurteilung erforderliche Sachkunde des Richters nicht immer gegeben, so dass auch insoweit der Gedanke der Verfahrenseinheit eher Probleme aufwirft, als sie löst. Eine **grundlegende Reform des OWiG** müsste daher versuchen, das Verfahren von der richterlichen Befassung mit der großen Masse von Bagatelltaten zu befreien und andererseits für die Ahndung von OWi, die vor das Gericht gehören, **Spruchkörper und Verfahrensordnungen eigener Struktur** zu entwickeln. 4

Die Notwendigkeit solcher Überlegungen verdeutlicht sich noch, wenn man bedenkt, dass ein Großteil der zur Umwelt- und Wirtschaftskriminalität zählenden Straftaten aus Gründen ihrer inneren Logik durchaus auch schwerwiegende OWi sein könnten. Sie als solche zu verfolgen, würde eine **deutliche Verschiebung des OWi-Rechts** hin zur Ahndung aus wirtschaftlichen Gründen besonders schädigenden Verhalten bedeuten. In diesem Falle wäre bei der gleichen Verhaltensweise der sozialethische Schuldvorwurf nicht mehr zu erheben, der im Strafrecht ohnehin nicht an die Schadenshöhe, sondern an bestimmte Verhaltensweisen des Täters geknüpft ist. 5

Dieser Bedeutungszuwachs im Bereich der aus wirtschaftlichen Gründen gesellschaftsschädigenden Verhaltensweisen belegt, dass für sie das Erfordernis der besonderen strafprozessualen Verfahrensgarantien ebenso wenig erforderlich ist, wie für einen zivilrechtlich begründeten Schadensersatzprozess, bei dem es um erhebliche Beträge geht. Im Übrigen ist der Gedanke der **einheitlichen Verfahrensordnung**, wie sich aus den zahlreichen und gewichtigen Unterschieden ergibt, ohnehin **Fiktion**. Dies gilt schon für den Opportunitätsgrundsatz, der dem OWi-Verfahren zugrunde 6 liegt und der zumindest dem deutschen Strafprozessrecht fremd ist. Die dort geregelten §§ 153 ff. StPO sind nicht Ausprägungen eines Opportunitätsprinzips, sondern stellen **Ausnahmen** und **Modifikationen** des vorherrschenden **Legalitätsprinzips** dar.

7 Zu den allgemeinen Gesetzen über das Strafverfahren, die durch Abs. 1 **für sinngemäß anwendbar erklärt werden**, gehören außer den dort genannten auch EGStPO, EGGVG, DRiG, ZuSEG, StrEG, das Gesetz zum NATO-Truppenstatut und zu den Zusatzvereinbarungen (BGBl. 1961 II, S. 1183), das NATO-Truppenstatut (BGBl. 1961 II, S. 1183, 1190) und das Zusatzabkommen hierzu (BGBl. 1961 II, S. 1218) einschließlich der Unterzeichnungsprotokolle (BGBl. 1961 II, S. 1183, 1313) selbst. Die MRK ist im gerichtlichen Bußgeldverfahren anwendbar (KK-*Lampe* 6 ft.; **a. A.** *RRH* 2 ff.; *Celle* NJW 1960, 880). Der Europäische Gerichtshof für Menschenrechte hat in seiner Entscheidung von 21. Februar 1984 (NStZ 1984, 269) Art. 6 Abs. 3e MRK für das gerichtliche Bußgeldverfahren für anwendbar erklärt. Dem ist die innerstaatliche Rechtsprechung überwiegend gefolgt (*Schroth* EuGRZ 1985, 557; **a. A.** *Göhler* NStZ 1985, 64; *Göhler/Seitz* 10a).

8 Aus der Anwendbarkeit der **MRK** im gerichtlichen Bußgeldverfahren, soweit dies sinngemäß **überhaupt** möglich ist, folgt, dass der im Bußgeldverfahren verurteilte ausländische Betroffene mit den durch die notwendige Zuziehung eines Dolmetschers entstandenen Kosten nicht durch die Gerichtskasse in Anspruch genommen werden kann. Art. 6 Abs. 3e MRK räumt dem der Gerichtssprache nicht mächtigen Beschuldigten oder Beklagten für das gesamte Strafverfahren und zwar auch schon für vorbereitende Gespräche mit seinem Verteidiger einen Anspruch auf Zuziehung eines Dolmetschers ein, auch wenn kein Fall der notwendigen Verteidigung gegeben ist (*BGH* StV 2001, 2).

9 **Sinngemäße Anwendung** i. S. v. Abs. 1 bedeutet, dass die Vorschriften in den allgemeinen Strafverfahrensgesetzen, die bei der Verfolgung einer Straftat für die StA, das Gericht, den Beschuldigten und sonstige Beteiligte gelten, auch im Bußgeldverfahren jeweils entsprechend auf die StA, das Gericht, den Betroffenen und andere Beteiligte anzuwenden sind. Die allgemeinen Regeln über das Strafverfahren gelten auch für die Verfolgung und Ahndung von OWi im Falle des § 83 Abs. 1 und im Rahmen eines Strafverfahrens, in dem sie die angeklagte Tat letztlich als OWi dar-

stellt (§ 82 Abs. 1), wobei jedoch Sondervorschriften zu beachten sind (§ 83 Abs. 1). Der Begriff Bußgeldverfahren i. S. v. Abs. 1 umfasst ferner die Verfahren nach rechtskräftigem Bußgeldbescheid, d. h. das Vollstreckungs- und das Wiederaufnahmeverfahren, die im Siebten und Neunten Abschnitt des OWiG geregelt sind (KK-*Lampe* 4).

II. Reichweite der Verweisung

Nach Abs. 2 hat die **Verfolgungsbehörde**, soweit das Gericht nichts anderes bestimmt, im Bußgeldverfahren **dieselben Rechte und Pflichten wie die StA** bei der Verfolgung von Straftaten. Damit ist zugleich klargestellt, dass die Verwaltungsbehörde, soweit sie zur Ahndung von OWi zuständig ist, im Bußgeldverfahren **nicht dieselbe Stellung** besitzt wie die StA, da sie nur deren Rechte und Pflichten eingeräumt bekommt und auch nicht dieselbe Stellung wie das Gericht im Strafverfahren. Daraus folgt, dass die Vorschriften der allgemeinen Verfahrensgesetze, die für das Gericht und die gerichtlichen Entscheidungen gelten, auf die Verwaltungsbehörde nicht sinngemäß anwendbar sind, soweit sie nicht vom OWiG ausdrücklich in Bezug genommen sind (z. B. §§ 52, 60, 62, 87 Abs. 1, 88 Abs. 1, 105, 110).

Abs. 2 berücksichtigt ferner, dass **Rechte und Pflichten der Verfolgungsbehörde** im Bußgeldverfahren zum Teil **abweichend** von denen der **StA** im Strafverfahren gestaltet sein können. Umgekehrt ist der Rückschluss nicht zutreffend, der StA ständen als Verfolgungsbehörde dieselben Befugnisse wie der Verwaltungsbehörde zu, weil dieser **zusätzliche quasi-richterliche Entscheidungsbefugnisse** eingeräumt sind, die über die Befugnisse der StA als Verfolgungsbehörde hinausgehen (*Göhler/Seitz* 7).

Zu den Vorschriften der StPO, **die nicht sinngemäß angewendet werden können**, sind etwa die über die Ausschließung und Ablehnung von Richtern wegen Befangenheit (§§ 22 ff. StPO – *RRH* 4), die Vorschriften über die Leichenschau (§§ 87 bis 91 StPO), die vorläufige Entziehung der Fahrerlaubnis (§ 111a StPO), das vorläufige Berufsverbot (§ 132a StPO), die notwendige Verteidigung (§ 140 Abs. 1 Nrn. 1 bis 3, 5 bis 7 StPO), die Privat- und Nebenklage (§§ 374 ff. StPO). Weitere Ausnahmen regeln die anderen Absätze des § 46.

§ 46 Zweiter Teil. Bußgeldverfahren

13 Die allgemeinen Gesetze über das Strafverfahren **sind nur sinngemäß anzuwenden**. Dies gilt insbesondere, wenn die Vorschriften schon im Strafverfahren nur bei bestimmten Straftatbeständen anzuwenden sind und dadurch die Übertragung auf das OWi-Verfahren ausgeschlossen ist. Das sind z. B. die Vorschriften über die Rasterfahndung (§§ 98a, 98b StPO), über den Einsatz Verdeckter Ermittler (§§ 110a bis 110e StPO), die Einrichtung von Kontrollstellen (§ 111 StPO), die sog. Schleppnetzfahndung (§ 163d StPO), die Ausschreibung zur polizeilichen Beobachtung (§ 163e StPO). Die sich aus diesen Abgrenzungen möglicherweise ergebenden Schwierigkeiten zeigen zugleich die hohe Problematik der dem OWiG zugrunde liegenden Ideen von einer einheitlichen Verfahrensordnung, denn es erscheint eher zufällig, bestimmte modernere Ermittlungsmethoden, die nach dem Inkrafttreten des OWiG für die StPO eingeführt worden sind, nur deshalb als nicht sinngemäß anwendbar zu betrachten, weil sie in den Absätzen 3 ff. der Vorschriften nicht aufgezählt sind oder weil sie der zugrunde liegenden gesetzlichen Regelung zufolge nur auf bestimmte Straftatbestände angewendet werden dürfen.

14 Naheliegend ist vielmehr das Sinngemäße der Anwendbarkeit dieser StPO-Vorschriften daraus herzuleiten, dass es neben besonders schwerwiegenden Straftaten auch besonders schwerwiegende OWi gibt.

15 Nach dem auch im OWi-Verfahren geltenden **Grundsatz der Verhältnismäßigkeit** ist bei Eingriffsrechten, die im Strafverfahren der StA und den sonstigen Strafverfolgungsorganen zustehen, stets näher zu prüfen, ob und in welchem Umfang sie **im Bußgeldverfahren gerechtfertigt** sind, weil auch insoweit der Grundsatz gilt, dass bei Eingriffen die Maßnahme nicht nur zur Erreichung des angestrebten Zwecks geeignet und erforderlich sein muss, sondern auch der mit ihr verbundene Eingriff nicht außer Verhältnis zur Bedeutung der Sache und der Intensität des bestehenden Tatverdachts stehen darf (*BVerfGE* 27, 219; KK-*Lampe* 12; *Göhler/Seitz* 9; *Gramse* BB 1984, 374). Dementsprechend muss auch im OWi-Verfahren ein angemessenes Verhältnis zwischen Mittel, Zweck und Schwere des Eingriffs einerseits und der Bedeutung des Verfahrens andererseits gewahrt sein.

16 Dieses **Übermaßverbot** setzt der Rechtmäßigkeit eines sonst zulässigen Eingriffs bei dessen Anordnung, Vollziehung und Fortdauer eine Grenze. Das bedeutet nicht, dass im Bußgeldverfahren so schwerwiegende Eingriffe wie im Strafverfahren niemals zulässig sein können (KK-*Lampe* 13; **a. A.**

Zweiter Abschnitt. Allgemeine Verfahrensvorschriften § 46

Gramse BB 1984, 374). Es ist durchaus denkbar, dass der Vorwurf einer Straftat mit besonders leichter Fahrlässigkeit keineswegs schwerer wiegt als der einer OWi. Anderserseits ist davon auszugehen, dass im OWi-Verfahren von Eingriffsbefugnissen, die der StA zustehen, auch bei sinngemäßer Anwendung nur zurückhaltend Gebrauch zu machen ist (KK-*Lampe* 13).

Einer ebenfalls differenzierten Prüfung bedarf die entsprechende Anwendung von **Vorschriften der StPO**, die dem **Schutz des Angeklagten im Strafverfahren** dienen, auch wenn OWi-Verfahren für den Betroffenen nicht selten eine „Prangerwirkung" (KK-*Lampe* 15) haben, die nicht hinter der eines öffentlichen Strafverfahrens zurücksteht. Dies ist besonders bei der Abwägung des Anspruchs der Öffentlichkeit auf Unterrichtung über besonders gesellschaftsschädigende OWi einerseits und dem Anspruch des Betroffenen auf Schutz seiner Persönlichkeitsrechte andererseits zu berücksichtigen. Dies gilt auch bei Ermittlungshandlungen mit Außenwirkung, die im Ergebnis einer Veröffentlichung des Vorwurfs gleichkommen (KK-*Lampe* 15). **17**

Die **Unschuldsvermutung** des Art. 6 Abs. 2 MRK kann im Bußgeldverfahren nur eingeschränkt gelten, weil sie den gesetzlichen Nachweis einer Schuld i. S. eines sozialethischen Unrechtsurteils voraussetzt. Sinngemäß auf das OWi-Verfahren ist daher nur der ihr zugrunde liegende Gedanke anzuwenden, dass jemandem eine Tat erst nachgewiesen werden muss, bevor man ihn als Täter bezeichnen und behandeln kann (ähnlich *EuGH* bei *Göhler/König* NStZ 1988, 65). **18**

Beweisverbote, die im Strafverfahren als rechtsstaatliche Schranken der Erhebung und der Verwertung von Beweisen entgegenstehen, **gelten auch im Bußgeldverfahren** (*Göhler/Seitz* 10c), so etwa die Aussage- und Untersuchungsverweigerungsrechte der §§ 52, 53, 55, 81c, 136, 136a, 243 Abs. 4 StPO. Allerdings sind die Anhörungsgebote des § 136 Abs. 1 StPO wegen der weniger bedeutsamen Rechtsfolgen im Bußgeldverfahren in § 55 abgeschwächt. Ein Verstoß gegen ein Verbot oder Gebot bei der Beweisaufnahme führt dann zu einem Verwertungsverbot, wenn nach einer Einzelfallprüfung feststeht, dass der Verstoß den Rechtskreis des Betroffenen wesentlich berührt hat (*BGHSt* 11, 215), soweit nicht Grundsätze des fairen Verfahrens ein Verwertungsverbot erfordern. Hier gilt im Übrigen auch die sich ausdifferenzierende Rechtsprechung über Beweismittel, die durch Privatpersonen und verdeckte Ermittlungsmethoden erlangt worden sind. **19**

20 Die Verwertung der Ergebnisse von **Geschwindigkeitskontrollen**, die von einer nicht zuständigen kommunalen Behörde angeordnet worden sind, können verwertet werden (*Göhler/Seitz* 10d; **a. A.** *Frankfurt* NJW 1992, 1400 m. abl. Anm. *Joachim/Radtke* NZV 1993, 94; hiergegen *Frederich* DAR 1992, 185). Eine **Blutprobe**, die in rechtswidriger Weise entnommen worden ist, kann verwertet werden (*Köln* VRS 60, 201). Fehlerhafte **Durchsuchungen** im Strafverfahren können zu Beweisverwertungsverboten führen (*Krekeler* NStZ 1993, 264).

III. Ausdrückliche Ausnahme von der Verweisung

21 Nach **Abs. 3** ist die sinngemäße Anwendung der StPO-Vorschriften über die Anstaltsunterbringung (§ 81 StPO), die Verhaftung und die vorläufige Festnahme (§§ 112 bis 131 StPO), über die Beschlagnahme von Postsendungen und Telegrammen (§§ 99 bis 101 StPO), über Auskunftsersuchen bei Umständen, die dem Post- und Fernmeldegeheimnis unterliegen (§ 12 FAG) unzulässig. Damit ist auch das **Jedermann-Recht** zur **vorläufigen Festnahme** nach § 127 Abs. 1 wegen einer OWi ausgeschlossen (*Kurth* NJW 1979, 1377; *Vogel* NJW 1978, 1228).

22 Die Verhängung von **Ordnungshaft** (§§ 177, 178 GVG) ist nicht ausgeschlossen, weil die Vorschriften über sitzungspolizeiliche Maßnahmen in der Hauptverhandlung im gerichtlichen Bußgeldverfahren Anwendung finden (*Koblenz* VRS 61, 356; *Düsseldorf* JZ 1985, 1012; KK-*Lampe* 21). Weil sitzungspolizeiliche Maßnahmen dem Gericht vorbehalten sind, besteht die Möglichkeit ihrer Anordnung nicht für die Verwaltungsbehörde.

23 Weitere auf **kurzfristige Freiheitsbeschränkungen** über die Vorführung des Betroffenen oder Zeugen und bei der Anwendung unmittelbaren Zwanges nach gesetzlichen Vorschriften hinaus sind für das Bußgeldverfahren nicht vorgesehen und daher unzulässig. So ist es bei Beachtung des Verhältnismäßigkeitsgrundsatzes ausgeschlossen, einen Betroffenen bis zum Ende des Tages, der dem Beginn der Vorführung folgt, festzuhalten.

24 Die StA als Verfolgungsbehörde hat im Bußgeldverfahren wegen des Richtervorbehaltes nach Abs. 5 **geringere Rechte als sie sie im Strafverfahren hat.** Sie kann nur die richterliche Anordnung der Vorführung beantragen, und dies auch nur dann, wenn diese Maßnahme zuvor dem Betroffen oder dem Zeugen angedroht worden war (KK-*Lampe* 24). Soweit in Ausnahmefällen die körperliche Untersuchung des Betroffenen oder eines Zeugen im Bußgeldverfahren zulässig ist, rechtfertigen die einschlägigen Ermächtigungsnormen das Festhalten des Betroffenen nur, soweit das zur Durchsetzung der Maßnahmen erforderlich ist. So darf er bis zum Eintreffen des für den Abtransport bestellten Kfz festgehalten, zwangsweise dem nächsten Arzt oder Krankenhaus überführt oder zunächst in einem Polizeirevier festgehalten werden, bis der Arzt erscheint (KK-*Lampe* 25; *Köln* NStZ 1986, 236; *Waldschmidt* NJW 1979, 1920; **a. A.** *Geerds* GA 1965, 321; *Benser* NJW 1980, 1611).

Nach Abs. 3 Satz 2 ist ferner die Vorschrift des § 160 Abs. 3 Satz 2 StPO **25** über die **Gerichtshilfe** unanwendbar. Im Bußgeldverfahren geht es nicht darum, die persönlichen und sozialen Umstände eines Betroffenen zu ermitteln, die für die Festlegung der Sanktionen von Bedeutung sind.

Nach Abs. 3 Satz 3 findet das **Klageerzwingungsverfahren** nicht statt. Die **26** §§ 171 Satz 2 bis 177 StPO sind demnach auch nicht sinngemäß anzuwenden. Das schließt die Möglichkeit einer Dienstaufsichtsbeschwerde des Verletzten gegen die Einstellung des Verfahrens allerdings nicht aus (KK-*Lampe* 46). Ein Anzeigeerstatter, dem die Einstellung des Verfahrens mitgeteilt wird, muss auf diese Möglichkeit nicht ausdrücklich hingewiesen werden.

Nach Abs. 3 Satz 4 sind auch die Vorschriften über die **Beteiligung des 27 Verletzten** am Verfahren (§§ 374 bis 406h StPO) nicht anzuwenden. Das OWi-Recht erscheint ungeeignet und ist auch nicht dafür bestimmt, Rechtsverletzungen gegenüber persönlich Verletzten ausgleichend zu bereinigen.

Daraus folgt, dass auch die Vorschriften der StPO über das **Adhäsionsver- 28 fahren** nicht entsprechend anzuwenden sind, weil auch sie sich in das verfahrensrechtliche System des OWi-Rechts nicht einfügen (*Göhler/Seitz* 20a). Kommt allerdings in einem Bußgeldverfahren oder selbständigen Verfahren die Anordnung der Rückerstattung des Mehrerlöses in Betracht, so gelten nach § 9 Abs. 3 WiStG die §§ 403 bis 406c StPO mit Ausnahme des § 405 Satz 1, § 406a Abs. 3 und § 106c Abs. 2 StPO entsprechend.

Nach Abs. 3 Satz 4 sind ferner die Vorschriften über das **länderübergrei- 29 fende staatsanwaltschaftliche Verfahrensregister** (§§ 492–495 StPO)

§ 46 Zweiter Teil. Bußgeldverfahren

nicht anzuwenden. Daraus folgt, dass für die Verfolgung und Ahndung von OWi keine Auskünfte aus diesem Register erteilt werden dürfen.

30 Abs. 4 2. Halbsatz, eingeführt durch das JustizmitteilungsG vom 18. Juni 1997 – BGBl. I S. 1430 – lässt § 406e StPO über die **Akteneinsicht des Verletzten** sinngemäß gelten, so dass der Verletzte einer OWi ein Akteneinsichtsrecht nach dieser Vorschrift hat. Verletzter ist hier, wessen Rechte **unmittelbar** durch die OWi **beeinträchtigt** worden sind. Die nur mittelbare Beeinträchtigung reicht nicht.

31 Der Verletzte muss sein **berechtigtes Interesse** an der Akteneinsicht, die auch von einem RA ausgeübt werden kann (§ 406e Abs. 1 Satz 1 StPO) darlegen. Er braucht es nicht glaubhaft zu machen (LR-*Hilger* 6). Es liegt insbesondere vor, wenn bürgerlich-rechtliche Ansprüche geltend gemacht werden sollen.

32 Stehen überwiegende **schutzwürdige Interessen des Betroffenen** oder eines Dritten der Akteneinsicht entgegen, so sind sie zu versagen (§ 406e Abs. 2 Satz 1 StPO); sie kann versagt werden, wenn sie den Untersuchungszweck gefährden würde (§ 406e Abs. 2 Satz 2 StPO). Ggf. ist die Einsicht auf Aktenbestandteile zu beschränken.

33 Die Akten können dem **RA** auf seinen Antrag in seine Geschäftsräume oder seine Wohnung **mitgegeben werden** (§ 406e Abs. 3 StPO). Die Entscheidung hierüber steht im Ermessen der Verwaltungsbehörde (*Göhler/Seitz* 20 f.). Sie entscheidet auch über die Akteneinsicht insgesamt, und zwar auch nach rechtskräftigem Abschluss des Verfahrens, stets jedoch nach **Anhörung des Betroffenen.** Die ablehnende Entscheidung ist zu begründen.

34 Gegen die ablehnende Entscheidung der Verwaltungsbehörde ist **Antrag auf gerichtliche Entscheidung** nach § 62 zu stellen, und zwar auch für den Betroffenen, sofern dem Verletzten Akteneinsicht gewährt worden ist. Die Entscheidung des Gerichts ist nicht anfechtbar (§ 406e Abs. 4 Satz 2 StPO).

35 Weist der Verletzte ein berechtigtes Interesse nach, so können ihm auch ohne Einschaltung eines RA **Auskünfte und Abschriften** aus den Akten erteilt werden. Dies gilt nicht, sofern Versagungsgründe nach § 406e Abs. 2 StPO vorliegen. Die ablehnende Entscheidung der Verwaltungsbehörde ist durch Antrag auf gerichtliche Entscheidung nach § 62 anfechtbar.

Nach Abs. 4 ist § 81a Abs. 1 Satz 2 der Strafprozessordnung nur mit der **36** Einschränkung anzuwenden, dass allein die **Entnahme von Blutproben und andere geringfügige Eingriffe** zulässig sind. Nach § 81a Abs. 1 Satz 2 sind im Strafprozess Entnahmen von Blutproben und andere körperliche Eingriffe, die von einem Arzt nach den **Regeln der ärztlichen Kunst** zu Untersuchungszwecken vorgenommen werden, ohne Einwilligung des Beschuldigten zulässig, wenn kein Nachteil für seine Gesundheit zu befürchten ist. Die **körperliche Untersuchung** dient dazu, die Beschaffenheit des Körpers und seine Funktionsfähigkeit festzustellen, soweit sie für das Verfahren von Bedeutung sind. Die **Durchsuchung der Person**, also ihrer Kleidung und der Körperoberfläche, gehört nicht zu den zulässigen Maßnahmen. Die **Entnahme von Blutproben** dürfte in erster Linie in Betracht kommen, wenn der Verdacht einer OWi nach § 24a StVG besteht. Zum Blasen in ein Gerät zur Prüfung der Atemluft auf den Alkoholgehalt kann der Betroffene allerdings auch im OWi-Verfahren nicht gezwungen werden (*BayObLG* NJW 1963, 772; *Stuttgart* Justiz 1971, 30).

Die Untersuchung des Betroffenen kommt auch in Betracht, wenn dies **37** zur **Identitätsfeststellung** notwendig ist wie etwa das Absetzen der Brille oder das Herausnehmen der Haare aus der Stirn (*Düsseldorf* VRS 80, 458) oder wenn Zweifel an seiner Zurechnungsfähigkeit bestehen und die Aufklärung dieses Umstandes deshalb geboten ist, weil es das öffentliche Interesse verlangt, die Handlung wegen ihrer Bedeutung oder wegen wiederholter Begehung zu verfolgen (*Göhler/Seitz* 22). Auch in diesen Fällen sind nur geringfügige körperliche Eingriffe zulässig. Hierzu gehören jedenfalls nicht die Lumbalpunktion oder die Enzephalographie sowie die meisten sonstigen, nach § 81a Abs. 1 StPO für das Strafverfahren zulässigen Eingriffe. Sie wären nicht mehr geringfügig.

Nach Abs. 4 Satz 2 dürfen in einem Strafverfahren entnommene **Blutpro- 38 ben** oder andere **Körperzellen verwendet** werden, sofern ihre Entnahme nach Abs. 4 Satz 1 zulässig war. Ihre Verwendung zur Durchführung einer **molekulargenetischen Untersuchung**, zu welchem Zweck auch immer, ist nach Abs. 4 Satz 3 unzulässig.

Obwohl Abs. 4 die Vorschrift des § 81b StPO nicht in Bezug nimmt, wird **39** die entsprechende Anwendung dieser Vorschrift von einem Teil des Schrifttums (KK-*Lampe* 27) für zulässig gehalten. Dem ist zu widersprechen. Die **erkennungsdienstlichen Maßnahmen** dienen nicht der Über-

§ 46 Zweiter Teil. Bußgeldverfahren

führung des Beschuldigten in einem bestimmten Strafverfahren, sondern der vorsorglichen Bereitstellung von sachlichen Hilfsmitteln für die **Erforschung und Aufklärung von Straftaten** (*BVerwG* NJW 1983, 1338). Sie sind überwiegend **präventiver** Natur (*OVG Münster* NJW 1972, 2147). Die gewonnenen Unterlagen gelangen nicht in Ermittlungsakten, sondern werden in örtliche und zentrale polizeiliche Materialsammlungen aufgenommen. Sie liefern die Grundlage für Observationen und für die Ermittlung unbekannter oder künftiger Straftäter (*OVG Hamburg* MDR 1977, 80). Dies alles deutet darauf hin, dass ihre auch sinngemäße Anwendung auf das OWi-Verfahren nicht in Betracht kommt. Dementsprechend ist es auch nicht zulässig, im OWi-Verfahren Lichtbilder und Fingerabdrücke des Betroffenen gegen seinen Willen aufzunehmen und Messungen oder ähnliche Maßnahmen an ihm vorzunehmen (**a. A.** *Göhler/König* 32; KK-*Lampe* 27).

40 Die Inbezugnahme des § 81a Abs. 1 Satz 2 StPO in Abs. 4 schließt im Übrigen die entsprechende Anwendbarkeit des § 81c StPO aus. Sonst dürften die körperliche Untersuchung der an der Tat nicht beteiligten Dritten, sofern sie als Zeugen in Betracht kommen, ohne die Einschränkung des Abs. 4 erfolgen. Hier wären nur die allgemeinen Grenzen der entsprechenden Anwendung von Strafprozessrecht im OWi-Verfahren zu beachten.

41 Die nach **Abs. 4** eingeschränkt zulässige Untersuchung kann auch an **Frauen** vorgenommen werden. Dann gilt § 81d StPO, d.h. die Untersuchung ist einer Frau oder einem Arzt zu übertragen. Auf Verlangen der zu untersuchenden Frau soll eine andere Frau oder ein Angehöriger zugelassen werden. Dies mag möglicherweise für die Entnahme einer Blutprobe übertrieben vorsorglich sein, gilt jedoch für andere zulässige Eingriffe, auch wenn sie nur geringfügig sind.

42 Die **Anordnung der Untersuchung** treffen der Richter, bei Gefahr im Verzug auch die Verwaltungsbehörde oder die zu Hilfsbeamten der StA bestellten Polizeibeamten. **Gefahr im Verzug** ist im Regelfall nur bei der erforderlichen Blutentnahme für einen Alkoholtest zu erwarten. In anderen Fällen kann mit Rücksicht auf die Verhältnismäßigkeit der Maßnahme auf eine richterliche Anordnung nicht verzichtet werden (KK-*Lampe* 37). Bei freiwilliger Mitwirkung des Betroffenen sind die zulässigen körperlichen Untersuchungen auch ohne Anordnung durch den Richter möglich. Seine Einwilligung ist widerruflich. Sie ersetzt die richterliche Anord-

nung, nicht jedoch auch die anderen Zulässigkeitsvoraussetzungen. Die Einwilligung rechtfertigt daher nicht körperliche Eingriffe, die etwa nach Abs. 4 unzulässig wären. So kann sich die Einwilligung auch nicht darauf beziehen, dass die Entnahme der Blutprobe nicht von einem Arzt, sondern von einer Krankenschwester oder einem Sanitäter durchgeführt wird (KK-*Lampe* 38).

Die Anordnung kann mit **unmittelbarem Zwang** durchgesetzt werden, wobei der Grundsatz der Verhältnismäßigkeit besonders zu beachten ist (*Kleinknecht* NJW 1964, 2181). Der Betroffene kann also zur angeordneten Blutentnahme zu einem Arzt oder einem Krankenhaus gebracht werden. Für die Vollstreckung sind die Verwaltungsbehörde und die zu Hilfsbeamten bestellten Polizeibeamten zuständig. **43**

Nach **Abs. 5** hat die Verwaltungsbehörde kein Recht, Betroffene oder Zeugen, die einer Ladung nicht nachkommen, **vorzuführen.** Das Recht ist vielmehr **dem Richter vorbehalten.** Der Richter ordnet auf Antrag der Verfolgungsbehörde an, dass der Betroffene oder Zeuge der Verwaltungsbehörde oder StA vorzuführen ist. Die sonstigen Rechte der Verfolgungsbehörde im Zusammenhang mit der Vernehmung von Betroffenen, Zeugen und Sachverständigen entsprechen denjenigen der StA im Strafverfahren (*RRH* 10b). Abs. 5 Satz 2 ist durch Art. 5 Nr. 2 des 1. Justizmodernisierungsgesetzes vom 24. August 2004 (BGBl. 2004 I S. 2198) als Folge der Aufhebung von § 48 eingefügt worden. Die Dauer der Beugehaft zur Erzwingung des Zeugnisses ist auf sechs Wochen (§ 70 Abs. 2 StPO: sechs Monate für das Strafverfahren) begrenzt. Ihre Bemessung steht im richterlichen Ermessen. Der Betroffene hat keinen Anspruch auf Ausschöpfung der Frist bis zur höchstzulässigen Dauer. **44**

Nach **Abs. 6** kann in Verfahren gegen Jugendliche und Heranwachsende von der Heranziehung der **Jugendgerichtshilfe** nach § 38 JGG abgesehen werden, wenn deren Mitwirkung für die sachgemäße Durchführung des Verfahrens entbehrlich ist. Dies ist bei einfachen Ordnungsverstößen Jugendlicher oder Heranwachsender zumeist der Fall. Es kann aber auch darauf ankommen, die Persönlichkeit und den Entwicklungsstand des Betroffenen genauer zu prüfen, insbesondere, wenn Vollstreckungsmaßnahmen (§ 98 Abs. 1) getroffen werden sollen. Die Beiziehung der Jugendgerichtshilfe empfiehlt sich in diesen Fällen. Anders ist es regelmäßig im Bereich von Schulversäumnissen, bei zu erwartenden empfindlichen **45**

Geldbußen und immer dann, wenn bei der Verfolgung einer OWi Fehlentwicklungen des Jugendlichen oder Heranwachsenden erkennbar werden, jedenfalls aber bei Zweifeln an der Verantwortlichkeit des jugendlichen Betroffenen für die Tat (KK-*Lampe* 48).

46 Abs. 7 regelt die **Zuständigkeit besonderer Spruchkörper** im Bußgeldverfahren. Dies sind beim AG Abteilungen für Bußgeldsachen, beim *LG* Kammern für Bußgeldsachen und beim *OLG* sowie beim *BGH* Senate für Bußgeldsachen. Allerdings bleibt im Rahmen der Geschäftsverteilung die Möglichkeit offen, demselben Spruchkörper gleichzeitig Straf- und Bußgeldsachen zuzuweisen. Für die Terminierung empfiehlt RiStBV Nr. 285 Abs. 2, die Termine zur Hauptverhandlung in OWi-Sachen in ihrer Aufeinanderfolge von denen in Strafsachen getrennt festzusetzen und auch die Bezeichnung der Sache auf Formularen und Terminszetteln nach Bußgeld- und Strafverfahren zu unterscheiden.

47 Die **Immunität der Abgeordneten** ist nach Art. 46 Abs. 2 GG und den meisten Verfassungen der Länder kein Verfolgungshindernis für das Bußgeldverfahren. Demnach gelten für sie keine Besonderheiten, solange nicht die zwangsweise Durchsetzung der Anordnungen das Gewicht freiheitsbeschränkender Maßnahmen erreicht. Dann tritt Unzulässigkeit nach Art. 46 Abs. 3 GG ein. Dies gilt nicht für die Abgeordneten des Landtages Brandenburg, gegen die auch dann zwangsweise weiter vorgegangen werden kann, sofern der Landtag nicht die Beendigung der Exekutivmaßnahmen nach Art. 58 der Landesverfassung von Brandenburg verlangt.

48 Zu den **Exterritorialen** und weitere durch gewisse Vorrechte und Befreiungen **begünstigte Personen** sowie die gegen diese Personen unzulässigen Maßnahmen vgl. das Rundschreiben des Bundesministers des Innern vom 17. August 1993 (GMBl. S. 591 ff.). Danach darf gegen Exterritoriale weder eine Geldbuße festgesetzt noch ein Bußgeldverfahren eingeleitet werden. Auch Maßnahmen nach § 51 StPO sowie die Erhebung eines Verwarnungsgeldes sind nicht zulässig. Andererseits dürfen gegen Konsuln und ihnen gleichgestellte Personen Bußgeldverfahren durchgeführt werden. Es sei denn, sie haben in amtlicher Eigenschaft gehandelt. Dies tun sie im Regelfall nicht, wenn sie am Straßenverkehr teilnehmen, auch wenn es sich um eine Fahrt von oder zu Dienstgeschäften handelt (*RRH* 18).

49 Hinsichtlich der Angehörigen der in der Bundesrepublik Deutschland stationierten **ausländischen Truppen** gelten das NATO-Truppenstatut und

Zweiter Abschnitt. Allgemeine Verfahrensvorschriften § 46

die Zusatzvereinbarungen dazu. Diese Vorschriften gelten auch für Ordnungswidrigkeiten, jedoch nicht in den neuen Bundesländern (Anlage I Kapitel I Abschnitt I Nr. 5 zum Einigungsvertrag, BGBl. II S. 889). Gemäß Teil I des Unterzeichnungsprotokolls zum Zusatzabkommen vom 3. August 1959 betrachtet die Bundesrepublik Deutschland Handlungen, die als OWi geahndet werden, als nach dem Recht des Aufnahmestaates strafbare Handlungen i. S. d. Art. VII des NATO-Truppenstatuts. Unter Gerichtsbarkeit i. S. d. Vorschriften des NATO-Truppenstatuts und der Zusatzvereinbarungen ist auch die Zuständigkeit der Verwaltungsbehörden zur Verfolgung und Ahndung von OWi zu verstehen.

Bei OWi von **Angehörigen der Mitglieder fremder Truppen** oder von Mitgliedern des **zivilen Gefolges** und deren Angehörigen ist zum Teil die ausschließliche **deutsche Gerichtsbarkeit** gegeben, weil der genannte Personenkreis nicht ohne weiteres dem Militärstrafrecht seines Entsendestaates unterliegt. Bei der Verfolgung von OWi dieses Personenkreises muss daher in jedem Einzelfall geprüft werden, ob der Betroffene überhaupt der deutschen Gerichtsbarkeit unterliegt. **50**

Abs. 8 bezieht sich auf die am 1.8. 2002 in Kraft getretenen §§ 186 und 191a GVG (Art. 20 Nr. 3 und Nr. 5 des Gesetzes zur Änderung des Rechts der Vertretung durch Rechtsanwälte vor dem Oberlandesgericht vom 23. 7. 2002 – BGBl. 2002 I S. 2850) über die Verständigung mit hör- oder sprachbehinderten, blinden oder sehbehinderten Personen. Die Vorschrift ist durch Art. 1 Nr. 2 des Gesetzes zur Änderung des Ordnungswidrigkeitenverfahrensrechts vom 26. 7. 2002 (BGBl. 2002 I S. 2864) angefügt worden. Danach sind die Vorschriften zur Durchführung des § 191a Abs. 1 Satz 1 GVG für das Bußgeldverfahren in der in § 191a Abs. 2 GVG vorgesehenen Rechtsverordnung festzulegen. In der Rechtsverordnung bestimmt der Bundesminister der Justiz, unter welchen Voraussetzungen und in welcher Weise einer blinden oder sehbehinderten Person die für sie bestimmten gerichtlichen Schriftstücke in einer für sie wahrnehmbaren Form zugänglich gemacht werden, sowie ob und wie diese Person bei der Wahrnehmung ihrer Rechte mitzuwirken hat. Die Rechtsverordnung war bei Redaktionsschluss noch nicht erlassen. **51**

§ 47 Verfolgung von Ordnungswidrigkeiten

(1) Die Verfolgung von Ordnungswidrigkeiten liegt im pflichtgemäßen Ermessen der Verfolgungsbehörde. Solange das Verfahren bei ihr anhängig ist, kann sie es einstellen.

(2) Ist das Verfahren bei Gericht anhängig und hält dieses eine Ahndung nicht für geboten, so kann es das Verfahren mit Zustimmung der Staatsanwaltschaft in jeder Lage einstellen. Die Zustimmung ist nicht erforderlich, wenn durch den Bußgeldbescheid eine Geldbuße bis zu einhundert Euro verhängt worden ist und die Staatsanwaltschaft erklärt hat, sie nehme an der Hauptverhandlung nicht teil. Der Beschluss ist nicht anfechtbar.

(3) Die Einstellung des Verfahrens darf nicht von der Zahlung eines Geldbetrages an eine gemeinnützige Einrichtung oder sonstige Stelle abhängig gemacht oder damit in Zusammenhang gebracht werden.

RiStBV Nr. 273 Abs. 3

Schrifttum: *Berz*, Rechtskraft und Sperrwirkung im Ordnungswidrigkeitenrecht, Diss. Bochum 1971; *ders.*, Die Sperrwirkung staatsanwaltschaftlicher und behördlicher Einstellungen nach dem OWiG, JurA 1971, 285; *ders.*, Der Urteilstenor bei Zusammentreffen von Straftaten und Ordnungswidrigkeiten, VOR 1973, 262; *Herde*, Die Entscheidung über die notwendigen Auslagen des Betroffenen bei der Einstellung eines Bußgeldverfahrens nach § 47 Abs. 2 OWiG, DAR 1984, 305; *ders.*, Die richterliche Verfahrenseinstellung in Bußgeldsachen nach § 47 Abs. 2 des Gesetzes über Ordnungswidrigkeiten (OWiG), DAR 1984, 134; *Kruse*, Wann und wie sollten Ordnungswidrigkeiten im Verkehr unbedingt verfolgt werden?, DAR 1978, 179; *H. Müller*, Die Handhabung des „pflichtgemäßen Ermessen(s)" nach § 47 OWiG bei der Ahndung von Ordnungswidrigkeiten, GA 1988, 317; *Oppe*, Die Staatsanwaltschaft und das OWiG, MDR 1969, 261; *Zettel*, Einstellungsverfügungen und -beschlüsse bei Zusammentreffen von Straftaten und Ordnungswidrigkeiten, MDR 1978, 531.

Übersicht

	Rn		Rn
I. Allgemeines, Opportunitätsgrundsatz	1–7	II. Pflichtgemäßes Ermessen	8–28
		III. Einstellung des Verfahrens	29–47

I. Allgemeines, Opportunitätsgrundsatz

Die Vorschrift sichert den Opportunitätsgrundsatz **im OWi-Verfahren.** 1
Es unterscheidet sich damit grundlegend von dem dem Legalitätsprinzip
verpflichteten Strafverfahren. Auch insoweit erweist sich der Gedanke
von der grundsätzlichen Einheit der Verfahren als Fiktion.

Zwar wird im **Schrifttum** (KK-*Bohnert* 1; *Göhler/Seitz* 2) als Grund für 2
die Entscheidung des Gesetzgebers, dem OWi-Verfahren den Opportunitätsgrundsatz zugrunde zu legen, die gegenüber Straftaten geringere Bedeutung der Ordnungsverstöße angegeben. Dies mag für die Masse der einfachen Ordnungsverstöße insbesondere etwa des Straßenverkehrsrechts zutreffend sein, obwohl ihr Unrechtsgehalt sich letztlich von dem massenhaft begangener Rechtsverstöße im Bereich der einfachen Kriminalität praktisch nicht unterscheidet, denn es beruht allein auf gesetzgeberischer Entscheidung, nicht auf gesellschaftlicher Notwendigkeit, die Beförderungserschleichung oder den Ladendiebstahl mit dem **sozialethischen Unwerturteil der Straftat** zu belegen und nicht als OWi anzusehen. Die hohe Dunkelziffer und die hohe Einstellungsquote bei diesen beiden Deliktsarten bewirken faktisch ihre Behandlung nach Opportunitätsgesichtspunkten, auch wenn sie dem Legalitätsgrundsatz unterliegen. Auf der anderen Seite haben sich in den letzten Jahrzehnten besonders gewichtige OWi-Tatbestände entwickelt, wie etwa im Lebensmittel-, Umwelt- oder Waffenkontrollrecht. Diese gewichtigen OWi rechtfertigen die Frage, ob es rechtspolitisch richtig ist, sie ebenfalls uneingeschränkt dem Opportunitätsgrundsatz zu unterstellen. De lege ferenda wird man für besonders gewichtige OWi-Tatbestände möglicherweise eine Verfolgungspflicht und damit Ausnahmen vom Opportunitätsgrundsatz prüfen müssen.

Die Vorschrift gilt für **sämtliche Verfahrensstadien** und **Verfahrenswei-** 3
sen innerhalb des OWi-Verfahrens (KK-*Bohnert* 3). Dazu zählen die Frage der Verfolgungsaufnahme, der Umfang der Verfolgungsmaßnahmen, die Durchführung des Verfahrens bis zur Entscheidung einschließlich des Rechtsbeschwerdeverfahrens, ferner die Anordnung der Einziehung von Gegenständen, der Verfall von Vermögensvorteilen, die Festsetzung von Geldbußen zu Lasten von Personenvereinigungen und juristischen Personen als Nebenfolge oder die Frage des Wiederaufgreifens eines eingestellten Verfahrens (KK-*Bohnert* 3). Dem Opportunitätsgrundsatz unterliegen

die Entscheidungen über die Beschränkung eines anhängigen Bußgeldverfahrens in tatsächlicher und rechtlicher Hinsicht, über den Erlass und die Rücknahme eines Bußgeldbescheides, über die Vorlage der Akten beim AG durch die StA nach Einspruch gegen den Bußgeldbescheid, über die Erstreckung der öffentlichen Klage auf die OWi in den Fällen des § 64, über die Rücknahme dieser Klage durch die StA mit nachfolgender Einstellung im gerichtlichen Bußgeld- oder Strafverfahren (*RRH* 5). Die Vorschrift kann entsprechend angewandt werden, wenn einmal festgesetzte Ordnungsmittel wieder aufgehoben werden sollen (KK-*Bohnert* 3).

4 Die Anwendung des Opportunitätsgrundsatzes erfordert eine **Abwägung nach Zweckmäßigkeitsgesichtspunkten** (*Göhler/Seitz* 3). Es muss ein angemessenes Verhältnis zwischen der erstrebten Zielrichtung, wie etwa der Verbesserung der Verkehrssicherheit oder des Umweltschutzes und dem Einsatz der Geldbuße bestehen. Soweit der mit der Verhängung der Geldbuße vorwiegend erstrebte Zweck, eine bestimmte Ordnung durchzusetzen, auch in anderer, weniger belastender Weise erreicht werden kann, wie etwa durch eine Verwarnung oder durch die Aufklärung seitens des Polizeibeamten bei Verkehrsverstößen, sind diese Mittel zunächst einzusetzen. Es kann auch darum gehen, aus Zweckmäßigkeitsgesichtspunkten bestimmte Verstöße mit besonderem Nachdruck zu verfolgen, andere hingegen nicht. Möglich ist ferner, dass das Bedürfnis, gegen bestimmte Verstöße einzuschreiten, aus allgemeinen gesellschaftlichen Gründen zunehmen oder abnehmen kann. Dies ist zu berücksichtigen. Ggf. kann auch eine Ahndung entbehrlich erscheinen.

5 Durch die Struktur des OWi-Verfahrens ist deren **grundsätzliche sanktionsrechtliche Ausrichtung** vorgegeben, so dass bei der Anwendung des Opportunitätsgrundsatzes vorrangig diese Vorgabe und nicht eine **verwaltungsrechtliche Zielrichtung** der Abwägung zugrunde zu legen ist (*Göhler/Seitz* 3; *Dannecker* ZLR 1993, 270). Andererseits ist zu berücksichtigen, dass es bei der Verfolgung von OWi nicht darum geht, eine Tat zu sühnen, so dass von der Verfolgung auch schon dann abgesehen werden kann, wenn die Verfolgung im Verhältnis zur Bedeutung des Verstoßes **zu aufwendig** wäre.

6 Besteht eine **unklare Sachlage**, deren genaue Aufklärung auf Schwierigkeiten stößt, so kann von einer weiteren Verfolgung schon durch die Verwaltungsbehörde Abstand genommen werden, falls der Einsatz der Mittel

zur Feststellung der OWi unverhältnismäßig erscheint (*Dannecker* ZLR 1993, 271). Unzulässig ist die Abwälzung der Aufklärung der OWi in das gerichtliche Verfahren seitens der Verwaltungsbehörde.

Bei **unklarer Rechtslage** wird zunehmend nach dem Opportunitätsgrundsatz verfahren (*Göhler/Seitz* 4a). Zutreffend ist, dass bei dieser Situation ein gleichwohl durchgeführtes OWi-Verfahren der Sache nichts nützt und der Glaubwürdigkeit der Verwaltungsbehörden und der Gerichte schaden kann. Die Nichtverfolgung aus Opportunitätsgesichtspunkten bei unklarer Rechtslage räumt allerdings den ursprünglich erhobenen Vorwurf einer OWi im Sinne einer Feststellung, dass eine OWi nicht vorläge, nicht aus. Sie bedeutet nur, dass es die Verwaltungsbehörde für zu kompliziert erachtet, die sich aus dem Vorwurf der OWi ergebenden Zweifelsfragen im Einzelfall zu klären. Tatsächlich besteht bei einer unklaren Rechtslage keine rechtliche Möglichkeit, den Vorwurf einer OWi zu erheben, so dass ein Verfahren gar nicht erst eingeleitet werden darf. Ist es gleichwohl eingeleitet worden, so ist es **aus Rechts- und nicht aus Opportunitätsgründen einzustellen**. 7

II. Pflichtgemäßes Ermessen

Nach Abs. 1 liegt die Verfolgung der OWi im pflichtgemäßen Ermessen der Verfolgungsbehörde. Sie ist berechtigt, das Verfahren einzustellen, solange es bei ihr anhängig ist. Die Verfolgungsbehörde handelt nur dann pflichtgemäß, wenn sie **allein sachliche Umstände** dafür gelten lässt, ob, in welchem Umfang und wie eine OWi verfolgt wird oder nicht (*Göhler/Seitz* 7). Sie darf **nicht willkürlich oder offenkundig nach Belieben** handeln. Sie muss den **Gleichheitsgrundsatz des Art. 3 Abs. 1 GG** beachten und prüfen, inwieweit ein Sachverhalt dem anderen gleicht. Sie darf nicht willkürlich von einer bisherigen Verwaltungsübung abweichen, also nicht einen ordnungswidrigen Zustand längere Zeit dulden und von der Verfolgung einschlägiger OWi absehen, dann aber ohne vorherige Warnung gegen Betroffene durch Bußgeldbescheid einschreiten (*Menger* VerwArch 1960, 71; *Schmidt* NJW 1970, 2280). Sie darf sich ferner nicht über eine Richtlinie, die sie oder die vorgesetzte Behörde zur Handhabung des Verwaltungsermessens erteilt und die sie praktiziert hat, im Einzelfall ohne sachlichen Grund hinwegsetzen (*Hamburg* JR 1956, 230). 8

Problematisch erscheint die verbreitete Übung der Verfolgungsbehörde, bei sonst gleicher Sachlage **in einem Fall einzugreifen, im anderen aber** 9 nicht. Zwar gebietet der Gleichheitsgrundsatz nicht, im konkreten Fall einen rechtswidrigen Zustand zu dulden, weil in vergleichbaren Fällen ebenso verfahren oder noch nicht eingeschritten worden ist (*BVerwGE* 5, 351; *Hamm* NJW 1988, 2630). Für den Betroffenen, der wegen seiner OWi verfolgt wird, wirkt das Handeln der Verwaltungsbehörde in jedem Fall willkürlich. Das gilt insbesondere bei nicht ganz unerheblichen Verstößen gegen Verwaltungsrecht. Die Verwaltungsbehörde sollte in diesen Fällen zumindest **sachlich nachvollziehbare Gründe** dafür haben, bei vergleichbarer Fallsituation in einem Fall zu verfolgen und im anderen Fall nicht. Etwas anderes gilt für die notwendigerweise **selektive Verfolgung von Geschwindigkeitsüberschreitungen** im massenhaften Straßenverkehr, weil hier schon objektiv nicht die Möglichkeit besteht, alle Verstöße gleichzeitig zu erfassen und zu ahnden. Bestünde sie durch Einsatz entsprechend verbesserter Erfassungsgeräte, so würde wohl nur eine unterschiedslose Einleitung von Verfahren gegen alle erfassten Täter nicht willkürlich sein.

10 Sicherlich willkürlich wäre es, die Verfolgung und Ahndung von OWi von **parteipolitischen Bindungen** oder der **sozialen Stellung** des Betroffenen abhängig zu machen (*RRH* 13). Dies wäre die Berücksichtigung unsachlicher, dem OWi-Recht fremder Beweggründe. Die Nichtverfolgung einer OWi darf auch nicht davon abhängig gemacht werden, dass der Betroffene eine Geldleistung erbringt. Eine derartige Fallsituation könnte zur Strafbarkeit der Beteiligten führen.

11 Die Anwendung pflichtgemäßen Ermessens erfordert die Berücksichtigung **sämtlicher Umstände des Falles** wie etwa der Bedeutung und der Auswirkung der Tat, des Grades der Vorwerfbarkeit, der Wiederholungsgefahr durch den Täter und durch andere, der Häufigkeit gleichartiger Verstöße des Täterverhaltens usw. Ferner ist der Grundsatz der Verhältnismäßigkeit zu beachten.

12 Entschließt sich die Verwaltungsbehörde, von der Verfolgung der OWi abzusehen, so kann diese Entschließung in einem gerichtlichen Verfahren nicht nachgeprüft werden (*Saarbrücken* VRS 46, 205). Der Anzeigende kann die Einleitung eines Bußgeldverfahrens nicht durch gerichtliche Entscheidung erzwingen. Auch die **verwaltungsgerichtliche Untätigkeitsklage** oder der **Antrag auf gerichtliche Entscheidung** nach § 62 ist gegen die **Nichtverfolgung einer OWi** nicht gegeben (*RRH* 15). Ihm

Zweiter Abschnitt. Allgemeine Verfahrensvorschriften § 47

bleibt der Weg der Dienstaufsichtsbeschwerde an die vorgesetzte Behörde. Diese kann im Rahmen ihrer Weisungsbefugnis nach pflichtgemäßem Ermessen **die untergeordnete Verwaltungsbehörde weisen**, muss dabei aber ebenfalls nach pflichtgemäßem Ermessen handeln und darf ihre Entscheidung nur nach sachlichen Gesichtspunkten treffen (*RRH* 16). **Bedenken gegen die Weisung** sind nach beamtenrechtlichen Grundsätzen in Form von Gegenvorstellungen zu erheben. Ist der Weisungsempfänger davon überzeugt, dass keine OWi vorliegt, so darf er einer Weisung der vorgesetzten Dienstbehörde, gleichwohl zu verfolgen, nicht nachkommen (§ 344 Abs. 2 Satz 2 StGB; *RRH* 16).

Umgekehrt kann der Betroffene gegen die Entschließung der Verwaltungsbehörde, **eine OWi zu verfolgen**, ebenfalls nur Gegenvorstellungen erheben oder die vorgesetzte Behörde anrufen, solange das Verfahren bei der Verwaltungsbehörde anhängig ist. Erteilt die vorgesetzte Behörde die Weisung, das Verfahren nach Abs. 1 Satz 2 einzustellen, so braucht die Weisung nicht befolgt zu werden, wenn der Angewiesene davon überzeugt ist, dass der Vorwurf einer OWi zu Recht erhoben wird. Allerdings macht sich der Angewiesene bei Ausführung dieser Weisung nicht nach § 258a StGB strafbar, weil die Vorschrift nicht für das Bußgeldverfahren gilt (*Tröndle/Fischer*, StGB, 52. Aufl., Rn. 2). Die Situation ist insoweit jedoch nicht vergleichbar mit der des StA bei der Frage der Einstellung nach §§ 153 ff. StPO. Nach allgemeiner Übung umfasst das Recht der ministeriellen Fachaufsicht nach § 147 GVG nicht die Möglichkeit, der StA im nachgeordneten Bereich eine derartige Weisung zu erteilen, weil im Verhältnis zwischen Fachaufsichtsbehörde und StA kein beamtenrechtliches Über-Unterordnungsverhältnis besteht. Der Staatsanwalt hat hinsichtlich der Frage der Anklageerhebung und der Einstellung aus Opportunitätsgesichtspunkten eine richterähnliche Stellung. Dies ist beim Beamten der Verwaltungsbehörde gegenüber der vorgesetzten Behörde anders. 13

Wird Einspruch gegen den Bußgeldbescheid erhoben, so entscheidet das mit der Sache befasste Gericht ohne Bindung an den Bußgeldbescheid über die Tat neu. Es prüft nicht die Ermessensentscheidung der Verwaltungsbehörde nach, sondern **setzt sein Ermessen uneingeschränkt an die Stelle des Ermessens der Verwaltungsbehörde.** Es befindet unabhängig von der Verwaltungsbehörde darüber, ob wegen der im Bußgeld- 14 bescheid enthaltenen Beschuldigung eine Geldbuße verhängt werden soll oder nicht (*RRH* 18). Hält das Gericht eine Ahndung nicht für geboten, so kann es nach Abs. 2 Satz 1 das Verfahren einstellen, und zwar auch dann, wenn die StA in den Fällen des § 42 die öffentliche Klage auf die OWi erstreckt hat oder wenn es im Strafverfahren die Anklage nur unter dem rechtlichen Gesichtspunkt einer OWi zugelassen hat (§ 82 Abs. 2). Das Ermessen des Gerichts erfasst auch die Höhe der Geldbuße (*RRH* 19).

15 Die **Verfolgungspraxis** bei Verkehrs-OWi ist **unbefriedigend.** Das liegt nicht zuletzt daran, dass die massiv angestiegene Verkehrsdichte bestimmte, besonders häufig wiederkehrende Verstöße nahezu unvermeidbar werden lassen. So ist im fließenden Verkehr die Einhaltung von Geschwindigkeitsbegrenzungen im unteren Bereich der durch den Ausbauzustand der Straßen möglichen Geschwindigkeit kaum durchzusetzen, aber auch objektiv kaum möglich für den einzelnen Kraftfahrer, wenn alle anderen Kraftfahrer die Höchstgeschwindigkeit nicht zu stark aber deutlich überschreiten. Hier wird der **rechtstreue Kraftfahrer** nicht selten zum **gefährlichen Hindernis.** Derartige Situationen erfordern eine Ausrichtung des pflichtgemäßen Ermessens der Verwaltungsbehörde an der Gefährlichkeit des Rechtsverstoßes, also den weitgehenden Verzicht auf die Ahndung allgemein als normal angesehener, ungefährlicher Rechtsverstöße.

16 Dies gilt insbesondere für geringfügige, objektiv ungefährliche **Geschwindigkeitsüberschreitungen**, **Parkrechtsverstöße** in Ballungszentren und vergleichbare Lagen. Da **Rotlichtverstöße** von Kraftfahrern an Kreuzungen stets von besonderer Gefährlichkeit sind, kann dies auch dann nicht gelten, wenn sie an bestimmten Kreuzungen häufig vorkommen. Das Ziel, die allgemeine Verkehrsdisziplin zu verbessern (*Göhler/Seitz* 16) dürfte durch OWi-Maßnahmen nicht mehr zu erreichen sein. Erforderlich ist vielmehr eine Beschränkung der verkehrsregelnden Maßnahmen auf das insbesondere unter **Gefährlichkeitsgesichtspunkten** unbedingt Notwendige (*Göhler/Seitz* 12), sodann aber die Durchsetzung dieser Maßnahmen nach Möglichkeit in großem Umfang.

17 Bei einem **Verkehrsunfall** ist von Verfolgung abzusehen, wenn der Betroffene selbst nicht unerheblich geschädigt worden ist und der Grad der Vorwerfbarkeit sowie die Bedeutung der Tat im Übrigen gering sind (Entschließung des 8. Deutschen Verkehrsgerichtstages JZ 1970, 357), ebenso, wenn den Unfallbeteiligten ein **erhebliches Mitverschulden** trifft und demgegenüber das eigene Verschulden eher gering erscheint (*Herde* DAR 1984, 136). Zumeist erscheint die Ahndung einer bei einem Verkehrsunfall außerdem noch vorliegenden OWi unverhältnismäßig. Der Vorbereitung des **zivilrechtlichen Schadensersatzverfahrens** dient das OWi-Verfahren im Übrigen nicht (*Deutscher* NZV 1999, 185).

Die Vorschrift gilt auch für **Steuer-OWi**, sofern nicht ein besonders vorwerfbares Verhalten für die Durchführung des OWi-Verfahrens spricht (*Göhler/Seitz* 20a). **18**

Bei **Kartell-OWi** und schwerwiegenden OWi auf den Gebieten des **Wirtschaftsrechts** kann eine Abrede der Kartellbehörde mit dem Betroffenen über den Abschluss des Verfahrens in Betracht kommen, wenn dadurch die Aufklärung des Sachverhalts erleichtert wird. Die damit verbundene Beschränkung auf bedeutsamere Verstöße ist im Regelfall angemessen und entspricht pflichtgemäßem Ermessen der Verwaltungsbehörde, sofern sie frei von willkürlichen Elementen ist. **19**

Die **Einstellung mangels hinreichenden Tatverdachts** nach § 170 Abs. 2 StPO i. V.m. § 46 Abs. 1 **geht** der Einstellung nach § 47 Abs. 1 Satz 2 und Abs. 2 **vor**. Richtig ist, dass dadurch die Möglichkeit einer Außenlagenentscheidung zugunsten des Betroffenen nach §§ 467, 467a StPO eröffnet ist. Neben der Einstellung nach § 47 Abs. 1 Satz 2 ist für eine sinngemäße Anwendung der §§ 153 ff. StPO kein Raum. § 47 erfasst alle diese Fälle (*RRH* 20; **a. A.** KK-*Bohnert* 107). **20**

Die Einstellung des Verfahrens setzt voraus, dass ein Verfahren tatsächlich eingeleitet worden war. Es müssen also mindestens **erste Ermittlungen** angestellt oder eingeleitet sein oder **Ermittlungsergebnisse** anderer Behörden vorliegen, auf die ein Verfahren gestützt werden kann. Fehlen sie und ist doch der Verdacht einer OWi nicht ersichtlich, so kann der Vorgang formlos abgelegt werden (*RRH* 21). **21**

Ist das Verfahren wegen der OWi auf Einspruch oder öffentliche Klage bei Gericht anhängig, so setzt die Einstellung wegen der OWi nach Abs. 1 Satz 2 durch die StA voraus, dass sie die **Klage wegen der OWi zurücknimmt**. Dies ist auch im gerichtlichen Strafverfahren wegen der OWi bis zur Verkündung des Urteils im 1. Rechtszug möglich. Nach Beginn der **22**

§ 47 Zweiter Teil. Bußgeldverfahren

Hauptverhandlung ist die Rücknahme der Klage nur noch mit Zustimmung des Betroffenen zulässig (§ 411 Abs. 3 Satz 2 i. V. m. § 303 StPO).

23 Erwägt die StA in den Fällen der §§ 40, 42 im **Vorverfahren** das Verfahren nach Abs. 1 Satz 2 einzustellen, so hat sie gemäß § 63 Abs. 3 grundsätzlich die sonst zuständige **Verwaltungsbehörde** zu **hören.** Dies gilt entsprechend, wenn sie erwägt, die Klage wegen der OWi im gerichtlichen Bußgeld- oder Strafverfahren zurückzunehmen.

24 Pflichtgemäßes Ermessen gilt ebenfalls für den Umfang der Verfolgung (*Göhler/Seitz* 24). Die Verfolgungsbehörde kann in diesem Rahmen nach dem Opportunitätsgrundsatz die Verfolgung in tatsächlicher und rechtlicher Hinsicht begrenzen. Bei mehreren Handlungen kann sie die Verfolgung auf eine oder einzelne von ihnen beschränken. Unwesentliche, für die Bemessung der Geldbuße nicht ins Gewicht fallende Handlungen kann sie ausscheiden. Dies gilt auch dann, wenn mehrere natürliche Handlungen im Rechtssinne als eine einheitliche Handlung anzusehen seien.

25 Verletzt dieselbe Handlung mehrere Gesetze, so kann die Verwaltungsbehörde einzelne Gesetzesverletzungen unberücksichtigt lassen. Die StA kann bei einer Tat im verfahrensrechtlichen Sinne das Verfahren auch nur wegen der OWi einstellen (*Göhler/Seitz* 24).

26 Die **Verfahrensbegrenzung nach Opportunitätsgesichtspunkten** bietet sich an, wenn dadurch eine einfachere und schnellere, insbesondere summarische Erledigung des Verfahrens, die dem Grundgedanken des OWi-Verfahrens entspricht, möglich ist.

27 Beschränkungen in der Verfolgung müssen in dem Bußgeldbescheid nicht erwähnt werden. Sie brauchen nicht aktenkundig gemacht zu werden, es sei denn, es ist mit einem Einspruch des Betroffenen zu rechnen, damit das Gericht und die StA im weiteren Verlauf des Verfahrens prüfen können, ob die Beschränkung noch vom pflichtgemäßen Ermessen der Behörde gedeckt ist. Im Falle eines Einspruchs sollte die Beschränkung in jedem Fall aktenkundig gemacht werden, bevor die Akten von der Verwaltungsbehörde an die StA übersandt werden (*Göhler/Seitz* 28).

28 Ist die **StA Verfolgungsbehörde** und erstreckt sie die öffentliche Klage auf die OWi (§ 64), so vermerkt sie eine etwaige Beschränkung der Tat in bußgeldrechtlicher Hinsicht in den Akten, damit die Berechtigung der Be-

Zweiter Abschnitt. Allgemeine Verfahrensvorschriften § 47

schränkung ggf. gerichtlich nachgeprüft werden kann und die Möglichkeit besteht, ausgeschiedene Teile in die Untersuchung wieder einzubeziehen.

III. Einstellung des Verfahrens

Nach Abs. 1 Satz 2 kann die **Verfolgungsbehörde** das Verfahren einstellen, solange es bei ihr anhängig ist. Dies ist es so lange, wie sie die **Dispositionsbefugnis** darüber hat, ob die OWi verfolgt wird oder nicht. Verfolgungsbehörde in diesem Sinne ist die **Verwaltungsbehörde** bis zu dem Zeitpunkt, in dem der Bußgeldbescheid durch Ablauf der Einspruchsfrist rechtskräftig wird oder zu dem sie bei eingelegtem Einspruch die Akten an die **StA** übersendet. Die StA hat die Dispositionsbefugnis über die Verfolgung der OWi in den Fällen der §§ 40 und 42 im Vorverfahren, also bis zu einer etwaigen Abgabe der Sache an die Verwaltungsbehörde nach § 43 sowie im gerichtlichen Strafverfahren, ferner im gerichtlichen Bußgeldverfahren, und zwar jeweils bis zur Verkündung eines Urteils im 1. Rechtszug oder bis zum Erlass eines Beschlusses nach § 72, bei Einspruch gegen den Bußgeldbescheid von dem in § 69 Abs. 4 Satz 1 bezeichneten Zeitpunkt an sowie in den Fällen des § 82 Abs. 2 nach Zulassung der Anklage unter dem rechtlichen Gesichtspunkt einer OWi (*RRH* 23). 29

Nach Abs. 2 Satz 1 kann das **Gericht** das bei ihm anhängige Verfahren in jeder Lage einstellen, wenn es eine Ahndung nicht für geboten hält. Auch diese Entscheidung unterliegt dem Opportunitätsgrundsatz. Aus der Einstellungsmöglichkeit in vollem Umfang folgt die Möglichkeit des Gerichts, die Ahndung in tatsächlicher oder rechtlicher Hinsicht zu beschränken; sie ist aber immer dann in Betracht zu ziehen, wenn die Ahndung der Tat der ansonsten üblichen Verwaltungspraxis widerspräche (*Karlsruhe* NStZ-RR 2005, 213). Auf der anderen Seite kann das Gericht von der Verfolgungsbehörde **ausgeschiedene Tatteile oder Gesetzesverletzungen** jederzeit wieder in das Verfahren einbeziehen und zum Gegenstand der Verhandlung machen. Im Rechtsbeschwerdeverfahren gilt Abs. 2 Satz 1 für das Rechtsbeschwerdegericht. 30

Erwägt das Gericht, das Verfahren gemäß Abs. 2 Satz 1 einzustellen, so muss es der Verwaltungsbehörde **Gelegenheit zur Stellungnahme** geben (§ 76 Abs. 1 Satz 2), es sei denn, dass deren besondere Sachkunde für die Entscheidung nicht erforderlich ist (§ 76 Abs. 2). Die Anhörung des Betroffenen und etwaiger Nebenbeteiligter vor Einstellung des Verfahrens 31 ist nicht erforderlich (*RRH* 34; **a. A.** *Göhler/Seitz* 36). Dies ergibt sich auch nicht aus § 153 Abs. 2 StPO, der wegen der vorliegenden Sonderregelung nicht entsprechend anwendbar ist (*RRH* 34). Gleichwohl kann sich die Anhörung gelegentlich empfehlen, um die richterliche Entscheidung auf eine breitere Basis zu stellen.

32 Die Einstellung des Verfahrens durch das Gericht erfordert die **Zustimmung der StA**, die ihrerseits nicht von der Anhörung der Verwaltungsbehörde abhängig ist und gegen deren Verweigerung der Betroffene keine Anfechtungsmöglichkeit, insbesondere nicht nach §§ 23 ff. EGGVG hat (*Hamm* NStZ 1985, 472). Erfolgt die Einstellung in der Hauptverhandlung, an der die geladene StA nicht teilnimmt, so ist ihre Zustimmung zur Einstellung nicht erforderlich (*RRH* 35). Anders, wenn eine Hauptverhandlung stattgefunden hat und das Gericht danach außerhalb der Hauptverhandlung das Verfahren einstellen will. Zweckmäßigerweise erklärt die StA ihre Zustimmung schon bei der Übersendung der Akten an das AG (§ 69 Abs. 4 Satz 2). Beachtet der StA allgemeine Richtlinien über die Erteilung oder Versagung der Zustimmung zur Einstellung oder Weisungen des Dienstvorgesetzten im Einzelfall nicht, so ist die von ihm erklärte Zustimmung gleichwohl rechtswirksam (*BGHSt* 19, 382).

33 Nach Abs. 2 Satz 2 **ist der gerichtliche Einstellungsbeschluss nicht anfechtbar.** Dies gilt für den Betroffenen, Nebenbeteiligte und die Verwaltungsbehörde. Der **StA steht die einfache Beschwerde** (§ 304 StPO i. V. m. § 46 Abs. 1; *Karlsruhe* Justiz 1987, 506; *RRH* 36) zu, sofern das Verfahren ohne ihre erforderliche Zustimmung eingestellt wurde oder wenn die Einstellung gegen Abs. 3 verstößt. Sie hat ferner das Beschwerderecht, wenn sich ergibt, dass die auf Abs. 2 gestützte Einstellung eine Straftat betrifft (*Celle* NJW 1966, 1329 m. Anm. *Krümpelmann*; **a. A.** KK-*Bohnert* 124), oder wenn das AG dem Antrag der StA auf Übergang in das Strafverfahren nicht entsprochen hat (*Oldenburg* DAR 1992, 437). Zuständiges **Beschwerdegericht** ist das LG. Die irrtümliche Bezeichnung der Beschwerde als Rechtsbeschwerde ist unschädlich (*Oldenburg* DAR 1992, 437).

34 Hat das Gericht mit Zustimmung der StA nach Abs. 2 unter allen rechtlichen Gesichtspunkten eingestellt und dabei übersehen, dass eine **Straftat** vorliegt, für die § 153 Abs. 2 StPO gegolten hätte, so besteht kein Beschwerderecht der StA (*RRH* 36).

Der Einstellungsbeschluss nach Abs. 2 hat beschränkte Rechtskraftwirkung. Eine nachträgliche Ahndung der Tat, die Gegenstand des eingestellten Verfahrens ist, als OWi, kann nur noch erfolgen, wenn neue Tatsachen oder Beweismittel bekannt werden, die zu einer anderen rechtlichen Beurteilung der Tat führen (*RRH* 36; weitergehend *Göhler/Seitz* 60; KK-*Bohnert* 35). Eine spätere Verfolgung der Tat als Straftat ist jederzeit möglich (*RRH* 36). 35

Mit dem Einstellungsbeschluss nach Abs. 2 ist eine **Kosten- und Auslagenentscheidung** zu treffen, die ebenfalls nicht anfechtbar ist. Weil es sich um eine gerichtliche Einstellung auf Ermessensgrundlage handelt, kann das Gericht gemäß § 467 Abs. 4 StPO i. V. m. § 46 Abs. 1 davon absehen, die notwendigen Auslagen des Betroffenen der Staatskasse aufzuerlegen. Dabei handelt es sich um eine Ausnahmeregelung (*Hamburg* NJW 1969, 1450). Allerdings dürfte es nicht ermessensfehlerhaft sein, dem Betroffenen die eigenen Auslagen aufzuerlegen, wenn die OWi als erwiesen angesehen werden kann und gleichwohl nach Opportunitätsgesichtspunkten eingestellt wird. 36

Ist die **erwiesene Zuwiderhandlung nur geringfügig**, so kann es ermessensfehlerhaft sein, dem Betroffenen die eigenen Auslagen aufzuerlegen. Dies gilt erst recht, wenn es fraglich ist, ob der Betroffene die OWi begangen hat, wenn also an sich schon im Vorverfahren eine Einstellung geboten gewesen wäre (*Göhler/Seitz* 49). Das gilt ebenso, wenn im Rechtsbeschwerdeverfahren das Verfahren eingestellt wird, weil der Betroffene mit seinem Rechtsmittel im Wesentlichen Erfolg hat und wegen der noch übrig gebliebenen Gesetzesverletzung eine Verfolgung nicht mehr geboten erscheint (*Hamburg* NJW 1969, 1450). Insgesamt sind auch **Billigkeitserwägungen** zu berücksichtigen (*Herde* DAR 1984, 307 ff.), die sich nach dem Grundgedanken der §§ 5, 6 StrEG richten können. 37

Ist der Betroffene bereit, die **eigenen Auslagen zu übernehmen**, so ist es nicht ermessensfehlerhaft, auch so zu entscheiden. Der Betroffene darf auf diese Möglichkeit hingewiesen werden, damit er abwägen kann, ob er das Prozessrisiko einer etwaigen Beweisaufnahme und Verurteilung auf sich nehmen will (*Göhler/Seitz* 51). Ermessensfehlerhaft wäre aber die Ausübung eines Drucks auf den Betroffenen in dieser Richtung. 38

39 Trifft das Gericht keine Entscheidung darüber, wer die notwendigen Auslagen des Betroffenen trägt, so trägt sie dem Ausnahmecharakter des § 467 Abs. 4 folgend der Betroffene.

40 Nach Abs. 2 Satz 2, eingefügt durch Gesetz vom 26. Januar 1998 (BGBl. I S. 156, 340) ist die nach Abs. 2 Satz 1 sonst erforderliche Zustimmung der StA zur Einstellung durch das Gericht nicht erforderlich, wenn die Geldbuße 100,– Euro nicht erreicht und die StA erklärt hat, sie werde an der Hauptverhandlung nicht teilnehmen. Hat die StA diese Erklärung nicht abgegeben, so bleibt es bei dem Zustimmungserfordernis. Schweigen der StA auf entsprechende Anfrage des Gerichts beseitigt das Zustimmungserfordernis nicht, ebenso nicht der Vorbehalt, teilzunehmen.

41 Nach Abs. 3 darf die Einstellung nicht von der **Zahlung eines Geldbetrages an eine gemeinnützige Einrichtung** oder sonstige Stelle abhängig gemacht oder auch nur damit in Zusammenhang gebracht werden. Diese Vorschrift grenzt die Einstellungsmöglichkeiten nach § 47 von der des § 153a StPO ab. Sie gilt sowohl für die Verwaltungsbehörde und die StA als auch für das Gericht.

42 **Gemeinnützig** in diesem Sinne sind nicht nur die Einrichtungen, die formal steuerrechtlich als gemeinnützig anerkannt sind, sondern alle Einrichtungen, die gemeinnützig arbeiten. Sonstige Stellen sind die Landeskasse, Gemeinden, Gemeindeverbände, Körperschaft und Anstalten des öffentlichen Rechts, Behörden und behördenähnliche Institutionen, sonstige Verbände, Vereine usw.

43 Abs. 3 betrifft nur **Geldzahlungen**, so dass es nicht unzulässig ist, die Einstellung des Verfahrens von anderen Voraussetzungen abhängig zu machen, wie etwa der **Wiedergutmachung** des Schadens durch den Betroffenen, der **Beseitigung eines rechtswidrigen Zustandes**, der freiwillige Besuch **sozialer Trainingskurse**, insbesondere bei Verkehrsverstößen Jugendlicher und Heranwachsender usw.

44 Verstößt die einstellende Stelle gegen Abs. 3, so bleibt die Einstellung einschließlich ihrer eingetretenen Bindungswirkungen wirksam, selbst wenn die Bedingung, die gestellt worden ist, nichtig gewesen ist (KK-*Bohnert* 149); lediglich die Bedingung oder Auflage war unwirksam (*RRH* 27). Leistet der Betroffene auf eine rechtswidrige Einstellungszusage des Gerichts eine Zahlung an die gemeinnützige Einrichtung, so darf wegen des zivilrechtlichen Erstattungsanspruchs des Betroffenen die Zahlung nicht auf die verwirkte Geldbuße angerechnet werden (*BayObLGSt* 1997, 127). Stellt das Gericht das Verfahren entgegen Abs. 3 ein, so kann Rechtsbeugung nur in den engen Grenzen, die die neuere Rechtsprechung gezogen hat, vorliegen (*BGH* NJW 1999, 1122 m. Bem. Herdegen NStZ 1999, 456; *Scheffler* JR 2000, 117; *Seebode* JZ 2000, 317).

Insgesamt gesehen erscheint die **Sinnhaftigkeit** dieser Regelung nur schwer einsehbar. Sie ist jedenfalls nicht geeignet, eine unerwünschte Auslegung in der Richtung zu verhindern, dass § 153a StPO im Bußgeldverfahren sinngemäß gelte. Er gilt nicht sinngemäß, weil er eine Ausnahme vom Legalitätsgrundsatz des § 152 StPO und nicht eine Ausformung des Opportunitätsgrundsatzes ist. Seine Anwendung kann wegen der Spezialität des § 47 auch nicht über § 46 Abs. 1 erfolgen. Die Sicherung dieser Systematik ist über Abs. 3 nicht möglich. 45

Auf der anderen Seite ist nicht einzusehen, dass es zulässig ist, die Einstellung des Verfahrens von bestimmten Handlungen des Betroffenen abhängig zu machen, die alles Mögliche betreffen, nur nicht die Zahlung eines Geldbetrages an eine gemeinnützige Einrichtung im weiteren Sinne. Im Gegenteil entspricht es gerade dem Charakter des Bußgeldverfahrens, ein **freiwilliges Anerbieten des Betroffenen** in dieser Hinsicht **zu fördern** und so die Durchführung eines Bußgeldverfahrens bis zum Ende zu vermeiden, weil hier – anders als im Strafverfahren – gerade nicht ein sozialethisches Unwerturteil beseitigt werden muss. 46

Gegen die Einstellung des Verfahrens entgegen Abs. 3 hat die StA die Möglichkeit der **Beschwerde** (*Göhler/Seitz* 34). Die Opportunitätsentscheidung des Gerichts wird nur durch das Erfordernis **pflichtgemäßen Ermessens** begrenzt. Die Vorschrift unterscheidet sich damit wesentlich von vergleichbaren Vorschriften, die, wie etwa die §§ 153, 153a StPO spezifizierte Voraussetzungen für ihre Anwendung vorsehen. Rechtsbeugung begehen kann daher nur der Richter, der die Einstellung **ohne Ermessensausübung, aus sachfremden Erwägungen** oder etwa nur deshalb vornimmt, um eine obergerichtliche Entscheidung bewusst zu missachten. Rechtswidrig sind ferner Gesichtspunkte **parteipolitischer, persönlicher** oder **außerdienstlicher Art**, sowie die Einstellung eines an das Gericht zurückverwiesenen Verfahrens mit der Begründung, die neue Verhandlung und Entscheidung bereite zu viel Arbeit und koste zu viel Zeit. 47

§ 48
(aufgehoben)

§ 49 Akteneinsichtsrecht des Betroffenen und der Verwaltungsbehörde

(1) Die Verwaltungsbehörde kann dem Betroffenen Einsicht in die Akten unter Aufsicht gewähren, soweit nicht überwiegende schutzwürdige Interessen Dritter entgegenstehen.

(2) Ist die Staatsanwaltschaft Verfolgungsbehörde, so ist die sonst zuständige Verwaltungsbehörde befugt, die Akten, die dem Gericht vorliegen oder im gerichtlichen Verfahren vorzulegen wären, einzusehen oder sichergestellte und beschlagnahmte Gegenstände zu besichtigen. Die Akten werden der Verwaltungsbehörde auf Antrag zur Einsichtnahme übersandt.

1   Abs. 1 ist durch das Justizmitteilungsgesetz vom 18. Juni 1997 (BGBl. I S. 1430, 2779) eingefügt worden. Der bisherige Text der Vorschrift ist Abs. 2 geworden. Damit ist die gesetzliche Regelung einer **bereits bewährten Praxis** angepasst worden (Begr. S. 32).

2   Ob dem Akteneinsichtsgesuch des Betroffenen entsprochen wird, entscheidet die Verwaltungsbehörde nach pflichtgemäßem Ermessen. Dabei hat die Frage des Umfangs oder der Schwierigkeit der einzusehenden Akten nachrangige Bedeutung. Entscheidend ist vielmehr, inwieweit die Gewährung der Akteneinsicht den **Verwaltungsablauf beeinträchtigen** kann und ob **schutzwürdige Belange Dritter** betroffen sein können. Zu versagen ist die Akteneinsicht ferner, wenn sie den **Untersuchungszweck gefährdet.**

3   Akteneinsicht ist nur in den **Diensträumen** der zuständigen Verwaltungsbehörde zu gewähren. Ggf. kommen Diensträume anderer Behörden in Betracht, die im Wege der Amtshilfe zur Verfügung gestellt werden. Die die Akteneinsicht gewährende Behörde stellt in jedem Fall, auch wenn der Betroffene einen Verteidiger hat und diesem anstelle des Betroffenen Einsicht gewährt wird, eine **Aufsichtsperson**, die die Akteneinsicht überwacht.

4   Gegen die Entscheidung der Verwaltungsbehörde, die Akteneinsicht zu **versagen**, ist Antrag auf Entscheidung des Gerichts (§ 62) zulässig.

Abs. 2 gewährt der an sich für die Verfolgung der OWi zuständigen Verwaltungsbehörde in den Fällen ein **unbeschränktes Akteneinsichtsrecht**, in denen die StA zur Verfolgung zuständig ist. Damit soll gesichert werden, dass die sonst zuständige Verwaltungsbehörde nicht von jeder Mitwirkung am Verfahren wegen der OWi ausgeschlossen ist. Sie erhält damit zugleich die Möglichkeit, aus ihrer Sachkunde auf besondere Umstände hinzuweisen, die von ihrem Standpunkt aus zur Beurteilung der Sache erheblich sind (Begr. BT-Drucks. V/1269 S. 81).

Sonst zuständige Verwaltungsbehörde ist im gerichtlichen Bußgeldverfahren nach Einspruch, im Wiederaufnahmeverfahren oder im Nachverfahren diejenige Verwaltungsbehörde, deren Bußgeldbescheid angefochten ist, im Übrigen die Verwaltungsbehörde, die nach den §§ 36 ff. sachlich und örtlich zuständig wäre, wenn nicht die StA die OWi verfolgen würde. Bei mehrfachen Zuständigkeiten (§ 39) steht jeder Verwaltungsbehörde das Akteneinsichtsrecht zu. Ist eine Vorrangszuständigkeit eingetreten, so beschränkt sie sich auf eine der zuständigen Verwaltungsbehörden.

Das Akteneinsichtsrecht der Verwaltungsbehörde ist **unbeschränkt** und **unbedingt**. Es besteht in allen Stadien des Verfahrens. Die für den Verteidiger geltenden Beschränkungen der StPO sind auf die Verwaltungsbehörde nicht anzuwenden. Allerdings darf durch die Akteneinsicht das Verfahren nicht verzögert werden. Sie darf auch nicht gewährt werden, wenn Akten wegen dringender Ermittlungshandlungen derzeit nicht entbehrlich sind (*RRH* 4).

Das Einsichtsrecht bezieht sich nach Satz 1 auf **alle Akten**, die in dem Verfahren wegen der OWi dem Gericht bereits vorliegen oder im gerichtlichen Verfahren vorzulegen wären sowie auf alle sichergestellten und beschlagnahmten Gegenstände.

Das Einsichtsrecht umfasst den **gesamten Inhalt der Akten**, soweit er die OWi betrifft. Es gilt der Grundsatz der Aktenvollständigkeit. Alle schriftlichen Unterlagen, die für das Verfahren entstanden sind, gehören in die Akten und unterliegen dem Einsichtsrecht.

Zu den **Gerichtsakten** gehören die von der StA nach § 69 Abs. 4 Satz 2 oder § 199 Abs. 2 StPO vorgelegten Ermittlungsakten mit allen Anlagen sowie die im gerichtlichen Verfahren entstandenen Vorgänge. Hierzu ge-

§ 49 Zweiter Teil. Bußgeldverfahren

hören grundsätzlich auch **Beiakten** (Akten über Vorstrafen, Personalakten, Akten aus anderen Verfahren usw.), jedoch darf in Akten einer anderen Verwaltungsbehörde Einsicht nur mit deren ausdrücklicher Zustimmung gewährt werden (KK-*Lampe* 5). Die ersuchte Behörde kann auf eine Sperrerklärung gemäß § 96 StPO hinwirken.

11 Die **Handakten der StA oder der Polizei** sowie andere Schriftstücke über innerdienstliche Vorgänge zum behördeninternen Gebrauch werden dem Gericht nicht vorgelegt und werden daher von dem Akteneinsichtsrecht nicht erfasst. Den Inhalt der Handakten bestimmt die StA nach pflichtgemäßem Ermessen. In die Handakten der StA dürfen für das Verfahren wesentliche Schriftstücke oder Gegenstände, die dem Gericht vorzulegen wären, nicht aufgenommen werden, um sie der Akteneinsicht zu entziehen. Auch die Aufarbeitung wesentlicher Vermerke aus den Handakten vor Übergang in die Sachakten ist unzulässig und bringt den Verdacht der Aktenmanipulation mit sich.

12 **Akten vertraulichen Inhalts** legt die StA dem Gericht nur vor, wenn sie diese gleichzeitig zum Bestandteil der gerichtlichen Akten erklärt. Damit unterliegen sie auch der Einsicht.

13 Wesentliche Schriftstücke oder Gegenstände dürfen aus den Akten nicht **entfernt** werden oder in die **Handakten der StA zurücktransportiert** werden, um die Akteneinsicht zu beschränken. Wird eine OWi zugleich mit einer Straftat verfolgt, so ist die Akteneinsicht, soweit dies möglich ist, auf den Teil der Akten zu beschränken, der die OWi betrifft, falls nicht die Verwaltungsbehörde aufgrund besonderer Vorschriften auch zur Einsicht in die Strafakten befugt ist (etwa § 13 Abs. 2 WiStG, § 38 Abs. 2 AWG, § 38 Abs. 2 MOG).

14 Die Verwaltungsbehörde darf sich **Ablichtungen** und **Abschriften** aus den Akten fertigen oder fertigen lassen, sie jedoch nur für ihre eigenen Zwecke verwenden.

15 Nach Satz 2 sind die Akten der Verwaltungsbehörde auf deren Antrag **zur Einsichtnahme zu übersenden**, und zwar je nach Lage des Verfahrens von der StA oder vom Gericht. Wird die Verwaltungsbehörde um Stellungnahme ersucht, etwa zur Frage der Einstellung im Falle des § 63 Abs. 3, so empfiehlt sich zugleich die Übersendung der Akte an die Verwaltungsbehörde auch ohne deren Antrag (*RRH* 9). Die Übersendung von

Ablichtungen wesentlicher Aktenteile dürfte häufig den Belangen der Verwaltungsbehörde genügen und die Übersendung der vollständigen Akten entbehrlich machen, so dass der mit dem Transport der Akten stets verbundene Zeitverlust und die Gefahr eines Aktenverlustes verringert werden. Im Zweifel hat die Verwaltungsbehörde jedoch Anspruch auf Übersendung der Originalakten, so dass es sich empfiehlt, fernmündlich vorab zu klären, in welcher Weise das Akteneinsichtsrecht gewährt werden soll.

§ 49a Verfahrensübergreifende Mitteilungen von Amts wegen

(1) Von Amts wegen dürfen Gerichte, Staatsanwaltschaften und Verwaltungsbehörden personenbezogene Daten aus Bußgeldverfahren den zuständigen Behörden oder Gerichten übermitteln, soweit dies aus der Sicht der übermittelnden Stelle erforderlich ist für
1. die Verfolgung von Straftaten oder von anderen Ordnungswidrigkeiten,
2. Entscheidungen in anderen Bußgeldsachen einschließlich der Entscheidungen bei der Vollstreckung von Bußgeldentscheidungen oder in Gnadensachen oder
3. sonstige Entscheidungen oder Maßnahmen nach § 479 Abs. 2 der Strafprozessordnung;

Gleiches gilt für die Behörden des Polizeidienstes, soweit dies die entsprechende Anwendung von § 478 Abs. 1 der Strafprozessordnung gestattet. § 479 Abs. 3 der Strafprozessordnung gilt sinngemäß.

(2) Die Übermittlung ist auch zulässig, wenn besondere Umstände des Einzelfalls die Übermittlung für die in § 14 Abs. 1 Nr. 4 bis 9 des Einführungsgesetzes zum Gerichtsverfassungsgesetz genannten Zwecke in Verbindung mit Abs. 2 Satz 2 und 4 jeder Vorschrift in sinngemäßer Anwendung erfordern.

(3) Eine Übermittlung nach den Absätzen 1 und 2 unterbleibt, soweit für die übermittelnde Stelle offensichtlich ist, dass schutzwürdige Interessen des Betroffenen an dem Ausschluss der Übermittlung überwiegen.

(4) Für die Übermittlung durch Verwaltungsbehörden sind zusätzlich sinngemäß anzuwenden

§ 49a Zweiter Teil. Bußgeldverfahren

1. die §§ 12, 13, 16, 17 Nr. 2 bis 5 und §§ 18 bis 21 des Einführungsgesetzes zum Gerichtsverfassungsgesetz und
2. § 22 des Einführungsgesetzes zum Gerichtsverfassungsgesetz mit der Maßgabe, dass an die Stelle des Verfahrens nach den §§ 23 bis 30 dieses Gesetzes das Verfahren nach § 62 Abs. 1 Satz 1, Abs. 2 und an die Stelle des in § 25 des Einführungsgesetzes zum Gerichtsverfassungsgesetz bezeichneten Gerichts das in § 68 bezeichnete Gericht tritt.

Die für das Bußgeldverfahren zuständige Behörde darf darüber hinaus die dieses Verfahren abschließende Entscheidung derjenigen Verwaltungsbehörde übermitteln, die das Bußgeldverfahren veranlasst oder sonst an dem Verfahren mitgewirkt hat, wenn dies aus der Sicht der übermittelnden Stelle zur Erfüllung einer in der Zuständigkeit des Empfängers liegenden Aufgabe, die im Zusammenhang mit dem Gegenstand des Verfahrens steht, erforderlich ist; ist mit der Entscheidung, ein Rechtsmittel verworfen worden, so darf auch die angefochtene Entscheidung übermittelt werden. Das Bundesministerium, das für bundesrechtliche Bußgeldvorschriften in seinem Geschäftsbereich zuständig ist, kann insoweit mit Zustimmung des Bundesrates allgemeine Verwaltungsvorschriften im Sinne des § 12 Abs. 5 des Einführungsgesetzes zum Gerichtsverfassungsgesetz erlassen.

(5) Für Übermittlungen von Amts wegen sind ferner die §§ 480 und 481 der Strafprozessordnung sinngemäß anzuwenden, wobei an die Stelle besonderer Vorschriften über die Übermittlung oder Verwendung personenbezogener Informationen aus Strafverfahren solche über die Übermittlung oder Verwendung personenbezogener Daten aus Bußgeldverfahren treten. Eine Übermittlung entsprechend § 481 Abs. 1 Satz 2 der Strafprozessordnung unterbleibt unter der Voraussetzung des Absatzes 3. Von § 482 der Strafprozessordnung ist nur Abs. 1 sinngemäß anzuwenden, wobei die Mitteilung des Aktenzeichens auch an eine andere Verwaltungsbehörde, die das Bußgeldverfahren veranlasst oder sonst an dem Verfahren mitgewirkt hat, erfolgt.

I. Allgemeines

1 Nachdem das Strafverfahrensänderungsgesetz 1999 **(StVÄG 1999)** vom 2. 8. 2000 (BGBl. 2000 I S. 1253) mit seinen Hauptteilen am 1. 11. 2000 in Kraft getreten ist, waren in den §§ 474 bis 491 StPO Vorschriften für

die Verwendung personenbezogener Daten, die in einem Strafverfahren erhoben worden sind sowie für die Verarbeitung dieser Daten in Dateien und ihre Nutzung geschaffen. Diese Vorschriften gelten über die Generalverweisung in § 46 Abs. 1 grundsätzlich sinngemäß auch für das Bußgeldverfahren (*RRH* vor § 49a bis § 49d). Zwar erfordert bereits die sinngemäße Geltung, dass keine Pauschale, sondern nur eine dem Wesen des OWi-Rechts angepasste Anwendung dieser Vorschriften erfolgt. So kann es erforderlich sein, dass die im Strafverfahren bestehenden Eingriffsbefugnisse den Verfolgungsbehörden im Bußgeldverfahren nicht oder nur mit Einschränkungen zu gewähren sind (KK-*Lampe* § 46 Rn. 12; *RRH* § 46 Rn. 6 f.). Der Gesetzgeber hat deshalb im Interesse der Rechtssicherheit und Rechtsklarheit eine gesetzliche Konkretisierung der sinngemäßen Geltung der für die StPO neu geschaffenen Regelungen zur Erteilung von Auskünften und zur Akteneinsicht, zur sonstigen Verwendung von Daten für verfahrensübergreifende Zwecke sowie zur Verarbeitung und Nutzung personenbezogener Daten in Dateien für das Bußgeldverfahren für geboten erachtet (BT-Drucks. 14/9001 Begründung S. 7). Diese gesetzliche Konkretisierung soll zugleich der Sicherstellung der Umsetzung der Vorgaben des Volkszählungsurteils des Bundesverfassungsgerichts (*BVerfGE* 65, 1, 44 ff.) auch im Bußgeldverfahren dienen.

Die Vorschriften sind durch das **Gesetz zur Änderung des Ordnungswidrigkeitenverfahrensrechts** vom 26. 7. 2002 (BGBl. 2002 I S. 2864) eingeführt worden. Durch dieses Gesetz wurde § 49a OWiG a. F. ergänzt und neu gefasst sowie § 49b (verfahrensübergreifende Mitteilungen auf Ersuchen; sonstige Verwendung von Daten für verfahrensübergreifende Zwecke), § 49c (Dateienregelungen) und § 49d (Mitteilungen bei Archivierung mittels Bild- und anderen Datenträgern) neu in das OWiG eingefügt. Das Gesetz ist am 1. 10. 2002 in Kraft getreten (BGBl. 2002 I S. 3516). 2

Die **Neuregelungen der §§ 49a bis 49d** gelten grundsätzlich für alle gerichtlichen und verwaltungsbehördlichen Bußgeldverfahren. Soweit es sich um die in § 35 SGB I genannten Stellen als Bußgeldbehörden handelt, ist davon auszugehen, dass sich die Befugnis zur Verarbeitung und Nutzung von Sozialdaten weiterhin ausschließlich nach den abschließenden Vorgaben des SGB X sowie den einzelnen Büchern des SGB bemisst. Dies gilt auch für solche Sozialdaten, die von dem Sozialleistungsträger als Bußgeldbehörde an andere Stellen – insbesondere nach Einspruch ge- 3

§ 49a
Zweiter Teil. Bußgeldverfahren

gen einen Bußgeldbescheid an Gerichte oder Staatsanwaltschaften – übermittelt werden, dem Sozialleistungsträger aber weiterhin bekannt sind. Allein durch die Übermittlung ändert sich nichts daran, dass für den Sozialleistungsträger diese Daten weiterhin den Datenschutzvorschriften des SGB unterliegen. Zu den besonderen gesetzlichen Bestimmungen, die von den Regelungen des Entwurfs unberührt bleiben, gehören auch die Vorschriften zur Unterrichtung und Übermittlung von personenbezogenen Daten im Zusammenhang mit der Bekämpfung von illegaler Beschäftigung und Schwarzarbeit (BT-Drucks. 14/9001 S. 8).

II. Verfahrensübergreifende Mitteilungen von Amts wegen

4 Die Vorschrift schafft die gesetzliche Grundlage für die **verfahrensübergreifende Übermittlung personenbezogener Daten** aus Bußgeldverfahren von Amts wegen durch Gerichte, Staatsanwaltschaften, Verwaltungsbehörden und Behörden des Polizeidienstes an die für die jeweiligen Aufgaben zuständigen Gerichte, Staatsanwaltschaften und Behörden. Die Vorschrift übernimmt auf diese Weise den Regelungsgehalt des § 479 StPO. Sie regelt nur die Übermittlung personenbezogener Daten von Amts wegen. Die verfahrensübergreifende Ermittlung auf Ersuchen ist in § 49b geregelt. Allgemein bestehende Mitteilungspflichten werden weder durch § 49a noch durch die §§ 13, 16 und 17 EGGVG begründet, weil diese Vorschriften nur Mitteilungsbefugnisse enthalten (*RRH* 2).

5 Drei spezifische Vorschriften des **Bundes- oder Landesrechts**, die die Übermittlung und Verwendung personenbezogener Informationen aus Bußgeldverfahren von Amts wegen anordnen oder zulassen, bleiben von den Übermittlungsregelungen der Vorschrift sowie der §§ 12 ff. EGGVG unberührt (Abs. 5 Satz 1 in Verbindung mit § 480 StPO). Solche vorrangigen bereichsspezifischen Übermittlungsvorschriften enthalten z. B. § 18 Abs. 1 und Abs. 2 BVerfSchG, § 8 Abs. 1 und 2 BNDG, § 76 AuslG, § 8 Abs. 2 AsylVfG, § 36a BRAO, § 64a BNotO sowie die Vorschriften zur Unterrichtung und Übermittlung von personenbezogenen Daten im Zusammenhang mit der Bekämpfung von illegaler Beschäftigung und Schwarzarbeit. Soweit in den §§ 480 und 481 Abs. 1 Satz 2 StPO ggf. der Staatsanwaltschaft als Strafverfolgungsbehörde Übermittlungsbefugnisse aus Bußgeldverfahren eingeräumt werden, stehen diese Befugnisse gemäß § 46 Abs. 2 bereits gleichermaßen der Verwaltungsbehörde als Verfolgungsbehörde zu (*RRH* 3).

Nach **Abs. 1 Satz 1 Halbsatz 1** ist die Übermittlung personenbezogener 6
Daten aus Bußgeldverfahren zulässig. Übermitteln bedeutet die Bekanntgabe von Daten an die empfangsberechtigte Stelle. Dabei können die Daten an diese Stelle weitergegeben werden oder es kann veranlasst werden, dass die empfangsberechtigte Stelle die für sie zur Einsicht oder zum Abruf bereitgehaltenen Daten einsieht.

Jede Form der Übermittlung ist gemeint. Sie kann also durch Brief, 7
Telefon, Telefax oder Übersendung der Akten, aber auch unter Zuhilfenahme moderner Kommunikationsmittel (§ 110a) erfolgen.

Personenbezogene Daten sind Einzelangaben über persönliche oder 8
sachliche Verhältnisse einer bestimmten oder bestimmbaren natürlichen Person (§ 3 Abs. 1 BDSG). Bestimmt ist die Person, wenn sie durch die Angaben von Name, Anschrift usw. selbst bezeichnet wird. Sie ist bestimmbar, wenn sie mit Hilfe weiterer Erkenntnisse identifiziert werden kann (*RRH* 4). Angabe über persönliche Verhältnisse sind z. B. die durch § 111 erfassten Personalien, ferner Daten zu körperlichen Merkmalen oder Überprüfungen. Angaben über sachliche Verhältnisse betreffen im Bußgeldverfahren z. B. die Einkommens- und Vermögensverhältnisse.

Personenbezogene Daten aus Bußgeldverfahren sind nicht nur solche des 9
Betroffenen, also der natürlichen Person, die wegen einer OWi verfolgt wird, sondern auch Daten anderer am Verfahren beteiligter natürlicher Personen. Daten, die ausschließlich **Verbandsgeldbußen** betreffen, sind nicht personenbezogen in diesem Sinne. Ob und inwieweit die Kenntnis dieser Daten zur Erfüllung der in Abs. 1 Satz 1, Halbsatz 1 Nr. 1 bis 3 genannten Aufgaben erforderlich ist, entscheidet die das Verfahren führende Stelle nach pflichtgemäßem Ermessen (*RRH* 4).

Im Einzelfall muss die verfahrensübergreifende Übermittlung von Daten 10
aus Bußgeldverfahren aus Sicht der übermittelnden Stelle für die Tätigkeit der empfangenden Stelle **erforderlich** sein. Das sind sie nach **Nr. 1**, wenn sie für die Verfolgung von Straftaten oder von anderen Ordnungswidrigkeiten notwendig sind. Zur Verfolgung einer anderen Ordnungswidrigkeit sind sie notwendig, wenn die Hinweise an eine andere Verwaltungsbehörde zur Einleitung eines Bußgeldverfahrens, zur Höhe einer dort zu verhängenden Geldbuße oder zur Einstellung des Verfahrens nach Opportunitätsgesichtspunkten erforderlich ist.

§ 49a Zweiter Teil. Bußgeldverfahren

11 Sie können nach **Nr. 2** ferner erforderlich sein für Entscheidungen in anderen, bereits anhängigen Bußgeldverfahren einschließlich der Entscheidung bei der Vollstreckung von Bußgeldentscheidungen oder in Gnadensachen. Ferner nach **Nr. 3** für sonstige Entscheidungen und Maßnahmen nach § 479 Abs. 2 StPO auf dem Gebiet der Strafvollstreckung, auf dem Gebiet des Strafvollzugs oder für Entscheidungen in Strafsachen wie etwa dem Widerruf einer Strafaussetzung zur Bewährung nach § 56f StGB.

12 Die Übermittlung der Daten muss in diesen Fällen für ein **anderes Bußgeldverfahren** oder eine andere Bußgeldsache übergreifend sein. Die Vorschrift gilt deshalb nicht für die Übermittlung von Daten an am vorliegenden Bußgeldverfahren mitwirkender Stelle oder an Gerichte im Instanzenzug. Für diese verfahrensinterne Übermittlung gelten die Vorschriften über das Bußgeldverfahren (z. B. § 63 Abs. 2, § 76 Abs. 4 – *RRH* 6).

13 Nach **Abs. 1 Satz 1 Halbsatz 1** dürfen Gerichte, Staatsanwaltschaften und Verwaltungsbehörden aus dem jeweils bei ihnen geführten Bußgeldverfahren personenbezogene Daten verfahrensübergreifend übermitteln. Gleiches gilt für Behörden des Polizeidienstes, soweit sie sachlich zuständige Verwaltungsbehörden im Sinne des § 36 sind und in dieser Zuständigkeit als Verfolgungsbehörden auch Bußgeldverfahren führen. Darüber hinaus gibt Abs. 1 Satz 1 Halbsatz 2 den Behörden des Polizeidienstes, auch soweit sie nicht selbst Verfolgungsbehörden sind, sondern nach § 53 als deren Ermittlungsorgane tätig werden, in entsprechender Anwendung des § 478 Abs. 1 Satz 5 StPO die Befugnis zur unmittelbaren Übermittlung personenbezogener Daten aus Bußgeldverfahren von Amts wegen an andere Behörden des Polizeidienstes oder zur Gewährung einer entsprechenden Akteneinsicht, ohne dass es einer Entscheidung des Gerichts oder einer Ermächtigung durch die Staatsanwaltschaft nach § 478 Abs. 1 Satz 1 bis 3 StPO bedarf. Mit der Einbeziehung der Behörden des Polizeidienstes reicht der Anwendungsbereich der Vorschrift über den bisherigen § 49a, der die Polizeibehörden nur erfasste, soweit sie selbst als Verfolgungsbehörden tätig waren, hinaus (BT-Drucks. 14/9001 S. 11).

14 **Abs. 1 Satz 2** erklärt § 479 Abs. 3 StPO für sinngemäß anwendbar. Die dort in Bezug genommenen Vorschriften der StPO haben auch für die Übermittlung von Amts wegen aus Bußgeldverfahren grundsätzlich Be-

Zweiter Abschnitt. Allgemeine Verfahrensvorschriften **§ 49a**

deutung. Dies gilt etwa für die Verwendungsbeschränkungsregelung in § 477 Abs. 5 StPO sowie im Hinblick auf § 478 Abs. 1 und 2 StPO.

Durch die Verweisung auf die entsprechende Anwendung von **§ 477 Abs. 1 StPO** ist festgelegt, dass die Übermittlung von Daten in vereinfachter Form auch durch Überlassung von Abschriften aus den Akten erfolgen kann. **15**

Aus der entsprechenden Anwendung von **§ 477 Abs. 2 StPO** folgt, dass die Übermittlung von Daten unterbleibt, wenn der Übermittlung Zwecke des Bußgeldverfahrens oder besondere bundesgesetzliche oder entsprechende landesgesetzliche Verwendungsregelungen entgegenstehen. Darunter fallen auch Übermittlungsverbote nach Bundes- und Landesrecht. In Betracht kommen hier neben Amts- und Berufsgeheimnissen insbesondere das Steuergeheimnis gemäß § 30 Abs. 1, Abs. 4 AO, das Sozialgeheimnis des § 35 SGB I und das Statistikgeheimnis nach § 16 BStatG. Soweit Spezialgesetze die Übermittlung von an sich geschützten Daten zulassen, gilt diese Regelung (*RRH* 8 b). **16**

Aus der entsprechenden Anwendbarkeit des **§ 477 Abs. 5 StPO** ergibt sich, dass personenbezogene Daten grundsätzlich nur zu dem Zweck verwendet werden dürfen, für den sie übermittelt worden sind. Die Verantwortung für die Zulässigkeit der Übermittlung der Daten von Amts wegen trägt stets die übermittelnde Stelle (§ 479 Abs. 3 Halbsatz 2 StPO). **17**

Die Frage der **Erforderlichkeit der Übermittlungen** nach Abs. 1 Satz 1 wird von der zur Übermittlung befugten Stelle aufgrund einer Schlüssigkeitsprüfung beurteilt. Sind die personenbezogenen Daten nach der für die empfangende Stelle geltenden Rechtsvorschriften zur Erfüllung ihrer Aufgaben beachtlich, so ist die Kenntnis dieser Daten auch erforderlich (*RRH* 9). Auf der anderen Seite regelt Abs. 1 Mitteilungsrechte, jedoch keine Mitteilungspflichten und auch nicht, inwieweit die empfangende Stelle von den Mitteilungen Gebrauch macht. **18**

Adressaten der Mitteilung personenbezogener Daten aus Bußgeldverfahren sind diejenigen Behörden und Gerichte, die aus Sicht der übermittelnden Stelle mit Aufgaben nach **Abs. 1 Satz 1 Nr. 1 bis 3** befasst sind. Das sind die für die Verfolgung von OWi und die Vollstreckung von Bußgeldentscheidungen zuständigen Verwaltungsbehörden, Staatsanwaltschaften und Gerichte, die im Übrigen nach § 53 tätigen Behörden des **19**

349

§ 49a   Zweiter Teil. Bußgeldverfahren

Polizeidienstes, die für Gnadensachen zuständigen Stellen sowie die für die Verfolgung von Straftaten und für Entscheidungen und Maßnahmen nach § 479 Abs. 2 StPO zuständigen Staatsanwaltschaften, Strafgerichte und Verwaltungsbehörden. Zulässig ist die Übermittlung nur an öffentliche Stellen des Bundes oder eines Landes (§ 12 Abs. 1 Satz 1 EGGVG). Dazu gehören neben den Gerichten und den staatlichen Behörden andere öffentlich-rechtlich organisierte Einrichtungen des Bundes, der Länder, der Gemeinden und Gemeindeverbände sowie bundesunmittelbare Körperschaften, Anstalten und Stiftungen des öffentlichen Rechts sowie deren Vereinigungen ungeachtet ihrer Rechtsform (§ 2 Abs. 1 und Abs. 2 BDSG – *RRH* 10). Den öffentlichen Stellen des Bundes und der Länder gleichgestellt sind gemäß § 12 Abs. 2 EGGVG öffentlich-rechtliche Religionsgemeinschaften, sofern sichergestellt ist, dass bei den Empfängern ausreichende Datenschutzmaßnahmen getroffen werden. Nicht erfasst sind Übermittlungen auf Ersuchen und auch nicht Mitteilungen an nichtöffentliche Stelle und Privatpersonen. Die Rechtsgrundlagen für diese Übermittlungen ergeben sich aus § 49b i.V.m. §§ 474 ff. StPO.

20 **Abs. 2** erlaubt die Übermittlung personenbezogener Daten aus Bußgeldverfahren durch Gerichte, Staatsanwaltschaften, Verwaltungsbehörden und Behörden des Polizeidienstes von Amts wegen an öffentliche Stellen auch in anderen als den in Abs. 1 Satz 1 genannten Fällen. Voraussetzung ist, dass die Übermittlung für die in § 14 Abs. 1 Nr. 4 bis 9 EGGVG genannten Zwecke in Verbindung mit § 14 Abs. 2 Satz 2 und Satz 4 EGGVG in sinngemäßer Anwendung erfordern.

21 § 14 EGGVG gilt nur für Strafsachen. Deshalb kann seine Anwendung auch nur sinngemäß erfolgen. Die Beschränkung auf die Erforderlichkeit der Bekanntgabe entspricht dem Grundsatz der Verhältnismäßigkeit (*RRH* 11).

22 Die Zwecke, die von Abs. 2 abgedeckt sind, betreffen **dienstrechtliche Maßnahmen bei Personen**, die in einem öffentlich-rechtlichen Amtsverhältnis stehen (Nr. 4); die Entscheidung über eine Kündigung oder für andere arbeitsrechtliche Maßnahmen, ferner eine Amtsenthebung, den Widerruf, die Rücknahme und die Einschränkung einer behördlichen Erlaubnis, Genehmigung oder Zulassung zur Ausübung eines Gewerbes (Nr. 5); Dienstordnungsmaßnahmen mit versorgungsrechtlichen Folgen (Nr. 6); den Widerruf, die Rücknahme, die Versagung oder Einschränkung der Berechtigung (Nr. 7); Maßnahmen der Aufsicht im Zusammenhang mit Unfallverhütungsvorschriften und Arbeitsschutzvorschriften (Nr. 8); die Abwehr erheblicher Nachteile für die Umwelt (Nr. 9).

Die Übermittlung ist insbesondere erforderlich, wenn die Tat bereits ihrer Art nach geeignet ist, Zweifel an der **Zuverlässigkeit oder Eignung des Betroffenen** für die gerade von ihm ausgeübte berufliche und gewerbliche oder ehrenamtliche Tätigkeit oder für die Wahrnehmung von Rechten aus einer ihm erteilten Berechtigung, Genehmigung oder Erlaubnis hervorzurufen (§ 14 Abs. 2 Satz 2 EGGVG). Diese gesetzliche Aufzählung ist nicht abschließend, wie sich aus der Verwendung des Wortes „insbesondere" ergibt (*RRH* 11). Die übermittelnde Stelle muss nach den Umständen des Einzelfalles unter Abwägung der Interessen des von der Mitteilung Betroffenen einerseits und dem Informationsbedürfnis der empfangenden Stelle andererseits nach pflichtgemäßem Ermessen prüfen und entscheiden. 23

Nach **Abs. 3** unterbleibt eine Übermittlung nach den Absätzen 1 und 2, soweit für die übermittelnde Stelle offensichtlich ist, dass schutzwürdige Interessen des Betroffenen am Ausschluss der Übermittlung überwiegen. Diese Abwägungsklausel gilt für alle in den Absätzen 1 und 2 genannten Übermittlungen (BT-Drucks. 14/9001 S. 12). Im Regelfall bedeutet dies, dass Daten aus Bußgeldverfahren erst nach rechtskräftigem Abschluss des Verfahrens übermittelt werden dürfen, wenn dies zur Erfüllung der Aufgaben des Empfängers ausreichend ist. Das schutzwürdige Interesse des Betroffenen muss „offensichtlich" überwiegen. Das bedeutet, dass die für die Ermittlung zuständige Stelle im Einzelfall insoweit keine weiteren Ermittlungen mehr durchführen muss (*RRH* 15; *Wollweber* NJW 1997, 2488). 24

Für die Übermittlung durch Verwaltungsbehörden sind nach **Abs. 4** weitere Vorschriften des EGGVG sinngemäß anzuwenden. Nach Abs. 1 Satz 1 Nr. 1 gelten die §§ 12, 13, 16, 17 Nr. 2 bis 5 sowie die §§ 18 bis 21 des EGGVG sinngemäß für die Übermittlung personenbezogener Daten in Bußgeldverfahren durch Verwaltungsbehörden. Diese Regelung überträgt den Verwaltungsbehörden die Befugnis zur Datenübermittlung aus von ihnen geführten Bußgeldverfahren und die damit verbundenen Pflichten in demselben Umfang und in gleicher Weise, wie sie nach den genannten Vorschriften für die ordentlichen Gerichte und Staatsanwaltschaften in ih- 25

§ 49a   Zweiter Teil. Bußgeldverfahren

ren Bußgeldverfahren gelten. Nach Satz 1 Nr. 2 wird darüber hinaus durch die sinngemäße Anwendbarkeit des § 22 EGGVG die gerichtliche Überprüfung der Rechtmäßigkeit der Übermittlung personenbezogener Daten ermöglicht, jedoch mit der Maßgabe, dass nicht die §§ 23 ff. EGGVG, sondern die §§ 62 und 68 anwendbar sind.

26 Darüber hinaus erlaubt **Abs. 4 Satz 2** der für das Bußgeldverfahren zuständigen Behörde die Übermittlung der das Verfahren abschließenden Entscheidung an diejenige Verwaltungsbehörde, die das Bußgeldverfahren veranlasst oder sonst an dem Verfahren mitgewirkt hat. Diese Regelung entspricht einem allgemeinen Bedürfnis der Praxis nach Informationen über den Ausgang von auch sie interessierenden Verfahren (*RRH* 19). Allerdings ist dies nach Abs. 4 Satz 2 nur dann zulässig, wenn die Übermittlung der Entscheidung aus Sicht der übermittelnden Behörde zur Erfüllung einer in der Zuständigkeit der empfangenden Stelle liegenden Aufgabe, die im Zusammenhang mit dem Gegenstand des Verfahrens steht, erforderlich ist. Diese Regelung folgt den Grundsätzen der Verhältnismäßigkeit und der Zweckbindung (*RRH* 19).

27 Die das Verfahren **abschließende Entscheidung** kann mit oder ohne Begründung übermittelt werden. Sofern es für die Erfüllung der Aufgaben der empfangenden Stelle notwendig oder jedenfalls in hohem Maße hilfreich ist, auch die Entscheidungsgründe zu kennen, empfiehlt es sich, die vollständige Entscheidung zu übermitteln. Ist mit der das Verfahren abschließenden Entscheidung ein Rechtsmittel verworfen worden, so darf die Bußgeldbehörde nach Abs. 4 Satz 2 Halbsatz 2 der empfangenden Stelle auch die angefochtene Entscheidung übermitteln.

28 Nach **Abs. 4 Satz 3** wird die Befugnis des Bundesministeriums der Justiz, allgemeine Verwaltungsvorschriften zu den nach §§ 12 ff. EGGVG zulässigen Mitteilungen auch für die Übermittlung durch Verwaltungsbehörden erlassen.

29 **Abs. 5** konkretisiert die sinngemäße Anwendung der §§ 480 bis 482 StPO für die Übermittlung von personenbezogenen Daten aus Bußgeldverfahren von Amts wegen. Satz 1 stellt ferner klar, dass an die Stelle besonderer Vorschriften über die Übermittlung oder Verwendung personenbezogener Informationen aus Strafverfahren solche über die Übermittlung oder Verwendung personenbezogener Daten aus Bußgeldverfahren treten. Diese

Zweiter Abschnitt. Allgemeine Verfahrensvorschriften § 49a

Darstellung ist deklaratorischer Natur. Nach Satz 2 unterbleibt unter den Voraussetzungen des Abs. 3 eine Übermittlung entsprechend § 481 Abs. 1 Satz 2 StPO. Satz 3 regelt, dass von § 482 StPO nur dessen Abs. 1 sinngemäß anzuwenden ist, wobei die Mitteilung des Aktenzeichens auch an eine andere Verwaltungsbehörde, die das Bußgeldverfahren veranlasst oder sonst an dem Verfahren mitgewirkt hat, erfolgen kann.

Die **Behörden des Polizeidienstes** dürfen ihnen vorliegende personenbezogene Informationen aus Bußgeldverfahren auch nach Maßgabe der Polizeigesetze verwenden (§ 481 Abs. 1 Satz 1 StPO; Abs. 5 Satz 1). Dann ist die Verarbeitung und Nutzung dieser Daten nicht nur für Zwecke des Bußgeldverfahrens, für die sie erhoben worden sind zulässig, sondern auch für allgemein-polizeiliche Zwecke der Gefahrenabwehr, der vorbeugenden Bekämpfung von Ordnungswidrigkeiten sowie zur Erfüllung von durch andere Rechtsvorschriften in diesem Bereich übertragene Aufgaben (*RRH* 13). Dazu gehört auch, dass die Verfolgungsbehörden personenbezogene Daten aus Bußgeldverfahren von Amts wegen an Polizeibehörden übermitteln dürfen (§ 481 Abs. 1 Satz 2 StPO). Die Übermittlung zur präventiven Verwendung unterbleibt, soweit für die übermittelnde Stelle offensichtlich ist, dass schutzwürdige Interessen des Betroffenen an dem Ausschluss der Übermittlung überwiegen. 30

Wird die Polizei ausschließlich zum **Schutz privater Rechte** tätig, darf sie personenbezogene Informationen aus Bußgeldverfahren nicht zu präventiv polizeilichen Zwecken verwenden. In diesen Fällen und zu diesem Zweck darf die Verfolgungsbehörde auch nicht von Amts wegen personenbezogene Informationen aus Bußgeldverfahren übermitteln (§ 481 Abs. 1 Satz 3 StPO). Diese Einschränkung gilt nicht, wenn die Polizei zugleich auch im Rahmen der Gefahrenabwehr tätig wird. Stehen spezielle bundesgesetzliche oder entsprechende landesgesetzliche Verwendungsregelungen entgegen, so ist die Übermittlung auch zu den genannten Zwecken an die Polizei unzulässig (§ 481 Abs. 2 StPO). 31

Dass von § 482 StPO die Absätze 2 bis 4 nicht gelten, beruht darauf, dass die dort vorgesehene Pflicht zur **automatischen Mitteilung an die Polizei** nicht für das Bußgeldverfahren passt, für das sie wegen seines Massencharakters zu erheblichen Verwaltungsaufwand führen würde (BT-Drucks. 14/9001 S. 13). Die Nichtgeltung dieser Absätze des § 482 StPO ist jedoch lediglich zur Klarstellung ausdrücklich normiert worden. Im 32

§ 49b

Zweiter Teil. Bußgeldverfahren

Übrigen verbleibt es für die Verwaltungsbehörde bei der Möglichkeit, mit Hilfe des nach Satz 1 mitgeteilten Aktenzeichens die erforderlichen Daten im Wege der Akteneinsicht oder Aktenauskunft entsprechend § 474 StPO zu erhalten.

§ 49b Verfahrensübergreifende Mitteilungen auf Ersuchen, sonstige Verwendung von Daten für verfahrensübergreifende Zwecke

Für die Erteilung von Auskünften und Gewährung von Akteneinsicht auf Ersuchen sowie die sonstige Verwendung von Daten aus Bußgeldverfahren für verfahrensübergreifende Zwecke gelten die §§ 474 bis 478, 480 und 481 der Strafprozessordnung, sinngemäß, wobei

1. in § 474 Abs. 2 Satz 1 Nr. 1 der Strafprozessordnung an die Stelle der Straftat die Ordnungswidrigkeit tritt,
2. in § 474 Abs. 2 Satz 1 Nr. 2 und 3, § 480 und § 481 der Strafprozessordnung an die Stelle besonderer Vorschriften über die Übermittlung oder Verwendung personenbezogener Informationen aus Strafverfahren solche über die Übermittlung oder Verwendung personenbezogener Daten aus Bußgeldverfahren treten,
3. in § 477 Abs. 2 Satz 1 der Strafprozessordnung an die Stelle der Zwecke des Strafverfahrens die Zwecke des Bußgeldverfahrens treten,
4. in § 477 Abs. 3 Nr. 2 der Strafprozessordnung an die Stelle der Frist von zwei Jahren eine Frist von einem Jahr tritt und
5. § 478 Abs. 3 Satz 1 der Strafprozessordnung mit der Maßgabe anzuwenden ist, dass für die Übermittlung durch Verwaltungsbehörden über den Antrag auf gerichtliche Entscheidung das in § 68 bezeichnete Gericht im Verfahren nach § 62 Abs. 1 Satz 1, Abs. 2 entscheidet.

1 Die Vorschrift bestimmt für das Bußgeldverfahren die Maßgaben für die sinngemäße Anwendung einer Anzahl von Regelungen aus dem Bereich der §§ 474 ff. StPO über die **Erteilung von Auskünften und Akteneinsicht auf Ersuchen** sowie die sonstige Verwendung von Daten für verfahrensübergreifende Zwecke. Sie regelt Mitteilungen auf Ersuchen an nicht

Zweiter Abschnitt. Allgemeine Verfahrensvorschriften § 49b

am Bußgeldverfahren beteiligte Stellen und Personen sowie die sonstige Verwendung von Daten aus Bußgeldverfahren für verfahrensübergreifende Zwecke. Der Einleitungssatz konkretisiert die Generalverweisung des § 46 Abs. 1. Aus dem Ersten Abschnitt des Achten Buches der Strafprozessordnung sind die §§ 479, 482 StPO nicht genannt. Diese betreffen Mitteilungen von Amts wegen, deren Anwendbarkeit bereits in § 49a geregelt ist. Genannt werden jedoch die §§ 480 und 481 StPO, da diese auch Mitteilungen auf Ersuchen betreffen. Dabei eröffnet die sinngemäße Anwendung von § 481 StPO auch die verfahrensübergreifende Verwendung von Daten aus Bußgeldverfahren zu präventiven Zwecken nach Maßgabe der Polizeigesetze (BT-Drucks. 14/9001 S. 13).

Verfahrensübergreifende Zwecke liegen vor, wenn die Informationserhebung für ein bestimmtes anderes Verfahren oder in einem bestimmten anderen Vorgang erfolgen als dasjenige, dessen Akten eingesehen werden sollen. Unmittelbar aus § 474 Abs. 1 StPO ergibt sich bereits, dass das generelle Akteneinsichtsrecht von Gerichten, Staatsanwaltschaften und anderen Justizbehörden zum Zweck der Rechtspflege auch für Verwaltungsbehörden zum Zweck der Verfolgung von Ordnungswidrigkeiten gilt. Die Befugnis zur Verarbeitung und Nutzung von Sozialdaten aus Bußgeldverfahren, die von einer der in § 35 Abs. 1 SGB I genannten Stellen als Bußgeldbehörde durchgeführt werden, richten sich hingegen weiterhin ausschließlich nach den abschließenden Vorgaben des SGB. Das gilt auch für diejenigen Sozialdaten, die von dem Sozialleistungsträger als Bußgeldbehörde an andere Stellen übermittelt werden. Die Übermittlung ändert nichts daran, dass für den Sozialleistungsträger diese Daten weiter den Datenschutzvorschriften des SGB unterliegen (BT-Drucks. 14/9001 S. 8; *RRH* 2). 2

Unberührt von § 49b bleiben auch die Vorschriften zur Unterrichtung und Übermittlung personenbezogener Daten im Zusammenhang mit der Bekämpfung von illegaler Beschäftigung und Schwarzarbeit. 3

§ 474 Abs. 1 StPO verlangt, dass die Akteneinsicht für **Zwecke der Rechtspflege** erforderlich ist. Dies auf das Bußgeldverfahren übertragen konkretisiert den allgemeinen Verhältnismäßigkeitsgrundsatz. Die Erforderlichkeit ist durch die die Einsicht begehrende Stelle zu prüfen, wenn auch nicht gesondert darzulegen (*RRH* 3). Verlangt eine der in § 474 Abs. 1 StPO genannten Stellen Akteneinsicht aus Bußgeldverfahren für 4 verfahrensübergreifende Zwecke, so kann und muss die ersuchte Stelle bis auf weiteres von Erforderlichkeit ausgehen.

5 **Andere öffentliche Stellen** als die in § 474 Abs. 1 StPO genannten Gerichte, Staatsanwaltschaften und anderen Justizbehörden erhalten Mitteilungen aus Bußgeldakten für verfahrensübergreifende Zwecke nur unter den Voraussetzungen des § 474 Abs. 2 StPO. Diesen dort genannten Stellen werden gemäß § 474 Abs. 2 Satz 1 StPO grundsätzlich nur Auskünfte aus Akten erteilt. Die Akteneinsicht findet in der Regel nicht statt.

6 Unter den Voraussetzungen des § 474 Abs. 3 StPO kann ausnahmsweise **Akteneinsicht** gewährt werden.

7 **Nr. 1** stellt klar, dass es bei der sinngemäßen Anwendung von § 474 Abs. 2 Nr. 1 StPO ausschließlich um Rechtsansprüche im Zusammenhang mit der Ordnungswidrigkeit gehen kann.

8 **Nr. 2** regelt, dass sowohl bei § 474 Abs. 2 Satz 1 Nr. 2 als auch bei den §§ 480 und 481 StPO sich die spezialgesetzlichen Befugnisse auf die Übermittlung und Verwendung von Daten aus Bußgeldverfahren beziehen müssen. Dabei sind Auskünfte zur Vorbereitung von Maßnahmen im Sinne von § 474 Abs. 2 Nr. 3 solche, die in § 14 Abs. 1 Nr. 5 und Nr. 7 EGGVG genannten Erlaubnisse, Genehmigungen, Zulassungen, Berechtigungen oder die Verleihung von Orden etc. sowie deren Widerruf oder Entziehung (*Brodersen* NJW 2000, 2536; *RRH* 3) betreffen. Hierzu zählen ferner die Regelungen in den §§ 12 ff. EGGVG, deren Anwendbarkeit auf das Bußgeldverfahren bereits in § 49a konkretisiert ist.

9 Die **Datenübermittlung an Polizeibehörden** speziell für Zwecke der Gefahrenabwehr ist in § 481 StPO geregelt.

10 Hinsichtlich der **Besichtigung amtlich verwahrter Beweisstücke** nimmt der sinngemäß geltende § 474 Abs. 4 StPO das Regel-Ausnahme-Verhältnis zwischen Auskunft und Akteneinsicht insofern auf, als dass grundsätzlich darüber nur Auskunft erteilt wird und lediglich Justizbehörden unter den Voraussetzungen von § 474 Abs. 1 StPO besichtigen können, öffentliche Stellen einschließlich der Nachrichtendienste hingegen nur, wenn die Voraussetzungen des § 474 Abs. 2 und Abs. 3 StPO kumulativ vorliegen.

11 Der sinngemäß anwendbare § 474 Abs. 5 StPO erlaubt die **Übersendung der Akten** zum Zwecke der Akteneinsicht.

§ 49b

Der sinngemäß geltende § 474 Abs. 6 StPO, wonach landesrechtliche Regelungen über das Recht zur Akteneinsicht für **parlamentarische Ausschüsse** unberührt bleiben, hat nur klarstellende Bedeutung (*RRH* 3). **12**

§ 475 StPO ist ohne Maßgaben sinngemäß anwendbar. Das bedeutet, dass **Privatpersonen, die nicht Verfahrensbeteiligte** sind sowie sonstige Stellen, d. h. private Einrichtungen (Kreditinstitute, Versicherungen, Interessenschutzverbände – *RRH* 4), Auskünfte sowie ausnahmsweise Akteneinsicht unter den zusätzlichen Voraussetzungen des § 475 Abs. 2 StPO aus Akten eines laufenden oder abgeschlossenen Bußgeldverfahrens erhalten, allerdings grundsätzlich nur über einen Rechtsanwalt. Voraussetzung ist die Darlegung eines **berechtigten Interesses** an der Informationserteilung. Dieses kann bestehen bei der Verfolgung bzw. Abwehr von Rechtsansprüchen. Allein die Tatsache, dass die Akten den Antragsteller betreffende personenbezogene Daten enthalten, reicht für sich genommen nicht aus (*Brodersen* NJW 2000, 2536). Die Darlegung verlangt schlüssigen Vortrag, nicht hingegen Glaubhaftmachung. In Betracht kommen auch teilweise Auskünfte. Im Übrigen ist § 477 Abs. 5 StPO zu beachten. **13**

Die Auskunft ist im Falle des § 475 StPO zu versagen, sofern ein **schutzwürdiges Interesse des Betroffenen** im Sinne von § 3 Abs. 1 BDSG vorliegt, dass das berechtigte Interesse des Antragstellers überwiegt (*Stuttgart* NStZ-RR 2000, 349; *Hamburg* NJW 1995, 1440). Weitere Ablehnungsgründe ergeben sich aus § 477 Abs. 2 Satz 1 StPO. **14**

Die **Mitgabe der Akten an den Rechtsanwalt** zur Akteneinsicht ermöglicht § 475 Abs. 3 Satz 2 StPO. Danach darf er Akten grundsätzlich nur in den Diensträumen der Verwaltungsbehörde bzw. des Gerichts oder der Staatsanwaltschaft einsehen. § 475 Abs. 4 StPO erlaubt die Auskunftserteilung, nicht aber die Akteneinsicht oder Besichtigung amtlich verwahrter Beweismittel an Privatpersonen und private Einrichtungen auch ohne Einschaltung eines Rechtsanwalts. Diese Entscheidung ergeht nach pflichtgemäßem Ermessen. Versagungsgründe können sich auch aus § 475 Abs. 1 Satz 2 StPO sowie den sinngemäß geltenden §§ 477 Abs. 2 und Abs. 3, 478 Abs. 2 StPO ergeben. **15**

Auch die Regelung des § 476 StPO für die Übermittlung personenbezogener Informationen für **wissenschaftliche Zwecke** ist ohne Maßgaben **16** sinngemäß anzuwenden. Danach können Hochschulen, andere Einrichtungen, die wissenschaftliche Forschung betreiben und öffentliche Stellen in Akten enthaltene personenbezogene Informationen mitgeteilt werden, wenn ein Erfordernis für die Durchführung einer bestimmten wissenschaftlichen Forschungsarbeit dargelegt ist, die Nutzung anonymisierter Daten dazu nicht ausreicht oder die Anonymisierung mit unverhältnismäßigem Aufwand verbunden wäre. Ferner muss das öffentliche Interesse an der Forschungsarbeit das schutzwürdige Interesse des Betroffenen am Ausschluss der Auskunft erheblich überwiegen.

17 Hier muss die **ersuchende Stelle** das Vorliegen der gesetzlichen Voraussetzungen für die Mitteilung der nicht anonymisierten Daten im Einzelnen darlegen, wobei eine sachgerechte Prüfung durch die entscheidende Stelle stattfinden muss. Der Prüfungsmaßstab des § 477 Abs. 4 Satz 2 StPO gilt auch hier. Die entscheidende Stelle hat einen Ermessensspielraum und kann die Erlaubnis mit Auflagen verbinden.

18 § 476 Abs. 2 bis 8 StPO enthalten Regelungen zum Schutz des **allgemeinen Persönlichkeitsrechts.** Sie sind ebenfalls zu beachten.

19 Die **Nrn. 3 und 4** konkretisieren die Anwendbarkeit von § 477 StPO. Nach Nr. 3 ist klargestellt, dass bei der Anwendung von § 477 Abs. 2 Satz 1 StPO an die Stelle der Zwecke des Strafverfahrens die Zwecke des Bußgeldverfahrens treten. Nr. 4 halbiert die Frist des § 477 Abs. 3 Nr. 2 StPO. Dadurch soll dem Grundsatz Rechnung getragen werden, aufgrund der geringeren Schwere von Ordnungswidrigkeiten nur in engerem Umfang Eingriffe in das Recht auf informationelle Selbstbestimmung zuzulassen (BT-Drucks. 14/9001 S. 14).

20 § 478 StPO ist ohne Maßgaben sinngemäß anzuwenden. Diese Vorschrift enthält **Verfahrensregelungen zur Auskunftserteilung und zur Akteneinsicht** nach den §§ 474 bis 476 StPO. Die sinngemäße Anwendung der Zuständigkeitsregel in § 478 Abs. 1 Satz 1 StPO bedarf keiner Vorgabe, das im Zwischenverfahren nach Einspruch die Staatsanwaltschaft für die Erteilung von Auskünften und Akteneinsicht zuständig ist. Dies ergibt sich bereits aus der wortlautgleichen Zuständigkeitsregelung in § 406e Abs. 4 Satz 1 StPO, aus der sich ergibt, dass im Zwischenverfahren die Staatsanwaltschaft zuständig ist, solange sie die Aufgaben der Verfolgungsbehörde wahrnimmt, während die Verwaltungsbehörde bis zum

Zwischenverfahren und wieder nach rechtskräftigem Abschluss des Verfahrens sowie das Amtsgericht nach Übersendung der Akten an dieses zuständig ist (BT-Drucks. 14/9001 S. 14; *RRH* 7).

Für **Beiakten** trifft § 478 Abs. 2 StPO eine Regelung dahingehend, dass 21 der Antragsteller die Zustimmung der insoweit aktenführenden Stelle einholen und nachweisen muss. Werden Verfahren verbunden oder gelangen Fotokopien aus den Beiakten zu den Akten der nach Abs. 1 zuständigen Stelle, so trägt diese im Rahmen des § 477 Abs. 4 StPO die Verantwortung auch bezüglich dieser Aktenbestandteil gewordenen Daten. Lässt sich nicht hinreichend beurteilen, ob der Übermittlung von Daten aus diesen Aktenbestandteilen rechtliche Hindernisse entgegenstehen, etwa weil es sich um Steuer- oder Sozialdaten handelt, kann die nach Abs. 1 zuständige Stelle ihre Entscheidung von der Zustimmung der Stelle abhängig machen, aus deren Akten diese Teile stammen.

Nummer 5 ist durch das Gesetz über die Verwendung elektronischer Kom- 22 munikationsformen in der Justiz (Justizkommunikationsgesetz – JKomG) vom 22. 3. 2005 – BGBl. I S. 837 – eingeführt worden. Danach ist § 478 Abs. 3 Satz 1 StPO in der Weise anwendbar, dass im Fall von Auskünften und Akteneinsicht für Privatpersonen und sonstige Stellen (§ 475 StPO) gegen die Entscheidung der Verwaltungsbehörde über die Übermittlung von Daten gerichtliche Entscheidung nach § 62 Abs. 1 Satz 1 beantragt werden kann. Zuständig ist das Amtsgericht, in dessen Bezirk die Verwaltungsbehörde ihren Sitz hat (§ 62 Abs. 2 i.V.m. § 68). Die weiteren Voraussetzungen des § 68 sind gegebenenfalls zu berücksichtigen.

§ 49c Dateiregelungen

(1) Für die Verarbeitung und Nutzung personenbezogener Daten in Dateien gelten vorbehaltlich besonderer Regelungen in anderen Gesetzen die Vorschriften des Zweiten Abschnitts des Achten Buches der Strafprozessordnung nach Maßgabe der folgenden Vorschriften sinngemäß.

(2) Die Speicherung, Veränderung und Nutzung darf vorbehaltlich des Absatzes 3 nur bei Gerichten, Staatsanwaltschaften und Verwaltungsbehörden einschließlich Vollstreckungsbehörden sowie den Be-

§ 49c   Zweiter Teil. Bußgeldverfahren

hörden des Polizeidienstes erfolgen, soweit dies entsprechend den §§ 483, 484 Abs. 1 und § 485 der Strafprozessordnung zulässig ist; dabei treten an die Stelle der Zwecke des Strafverfahrens die Zwecke des Bußgeldverfahrens. Personenbezogene Daten aus Bußgeldverfahren dürfen auch verwendet werden, soweit es für Zwecke eines Strafverfahrens, Gnadenverfahrens oder der internationalen Rechts- und Amtshilfe in Straf- und Bußgeldsachen erforderlich ist. Die Speicherung personenbezogener Daten von Personen, die zur Tatzeit nicht strafmündig waren, für Zwecke künftiger Bußgeldverfahren ist unzulässig.

(3) Die Errichtung einer gemeinsamen automatisierten Datei entsprechend § 486 der Strafprozessordnung für die in Abs. 2 genannten Stellen, die den Geschäftsbereichen verschiedener Bundes- oder Landesministerien angehören, ist nur zulässig, wenn sie zur ordnungsgemäßen Aufgabenerfüllung erforderlich und unter Berücksichtigung der schutzwürdigen Interessen der Betroffenen angemessen ist.

(4) § 487 Abs. 1 Satz 1 der Strafprozessordnung ist mit der Maßgabe anzuwenden, dass die nach den Absätzen 1 bis 3 gespeicherten Daten den zuständigen Stellen nur für die in Abs. 2 genannten Zwecke übermittelt werden dürfen; § 49a Abs. 3 gilt für Übermittlungen von Amts wegen entsprechend. § 487 Abs. 2 Satz 1 der Strafprozessordnung ist mit der Maßgabe anzuwenden, dass die Übermittlung erfolgen kann, soweit sie nach diesem Gesetz aus den Akten erfolgen könnte.

(5) Soweit personenbezogene Daten für Zwecke der künftigen Verfolgung von Ordnungswidrigkeiten gespeichert werden, darf die Frist im Sinne von § 489 Abs. 4 Satz 2 Nr. 1 der Strafprozessordnung bei einer Geldbuße von mehr als 250 Euro fünf Jahre, in allen übrigen Fällen des § 489 Abs. 4 Satz 2 Nr. 1 bis 3 der Strafprozessordnung zwei Jahre nicht übersteigen.

1   Die Vorschrift regelt parallel zu § 49b Satz 1 in Abs. 1 ausdrücklich die **sinngemäße Anwendung der §§ 483 bis 491 StPO** im Hinblick auf das Bußgeldverfahren und enthält in den Absätzen 2 bis 5 Konkretisierungen und Sonderregelungen für das Bußgeldverfahren. Sie enthält damit eine gesetzliche Festlegung des konkreten Umfangs der sinngemäßen Anwendung der durch das Strafverfahrensänderungsgesetz 1999 (BGBl. 2000 I

Zweiter Abschnitt. Allgemeine Verfahrensvorschriften § 49c

S. 1253) neu geschaffenen Regelungen zur Verarbeitung und Nutzung personenbezogener Daten in Dateien. Sie geht entsprechend der Regelvorgabe des § 46 Abs. 1 davon aus, dass die entsprechenden Vorschriften der Strafprozessordnung grundsätzlich auch im Bußgeldverfahren sinngemäß Anwendung finden. Einschränkungen erfährt die sinngemäße Anwendung insoweit, als keine pauschale, sondern nur eine dem Wesen des OWi-Rechts angepasste Anwendung dieser Vorschriften möglich ist. § 49c räumt wegen der gegenüber dem Strafverfahren geringeren Bedeutung des Bußgeldverfahrens dem Recht auf informationelle Selbstbestimmung teilweise mehr Raum ein, als diesem in den entsprechenden Vorschriften der StPO eingeräumt wird (*RRH* 2).

Die **Errichtung zentraler Dateien auf Bundes- oder auf Landesebene**, 2
in denen Datenbestände mehrerer Stellen bei einer Stelle zusammengefügt und der so gewonnene Gesamtbestand von Daten über diese Stelle den übermittelnden bzw. eingebenden oder auch anderen Stellen zugänglich gemacht werden kann, kann nicht auf die Vorschrift gestützt werden. Durch ihre Anknüpfung an die Vorschriften des Zweiten Abschnitts des Achten Buches der Strafprozessordnung können nach ihr nur diejenigen Dateien und Verfahren im Bereich des Bußgeldverfahrens eingerichtet werden, die im Strafverfahren nach den §§ 483 bis 491 StPO zulässig sind. Dort werden zentrale Dateien jedoch nicht geregelt. § 49c ist insbesondere keine Rechtsgrundlage für ein zentrales Register vergleichbar dem in den §§ 492 ff. StPO geregelten länderübergreifenden staatsanwaltschaftlichen Verfahrensregister für Daten aus Bußgeldverfahren (BT-Drucks. 14/9001 S. 14).

Die Vorschrift begrenzt bei der Errichtung von Dateien für Daten aus 3
Bußgeldverfahren den **Umfang der Datenspeicherung** für zukünftige Bußgeldverfahren (Absätze 2 und 3) und verkürzt die Überprüfungsfristen zur Löschung der Daten (Abs. 5). Außerdem sieht die Regelung eine möglichst umfassende Information zur Übermittlung und Nutzung zwischen den Daten aus Bußgeldverfahren und denen aus Strafverfahren vor (Abs. 2 Satz 2). Danach können grundsätzlich in Dateien gespeicherte Daten aus Bußgeldverfahren auch für Zwecke eines Strafverfahrens, Gnadenverfahrens oder der internationalen Rechts- und Amtshilfe in Straf- und Bußgeldsachen verwendet werden. Die Übermittlung von Amts wegen ist nur zulässig, wenn sie zur ordnungsgemäßen Aufgabenerfüllung erforderlich und unter Berücksichtigung der schutzwürdigen Interessen

§ 49c Zweiter Teil. Bußgeldverfahren

der Betroffenen angemessen ist (Abs. 4 Satz 2 in Verbindung mit Abs. 3 – *RRH* 3).

4 Durch die **Verweisung** auf die sinngemäße Anwendung der Vorschriften des Achten Buches der StPO hat der Gesetzgeber auf eine generelle bereichsspezifische Regelung für die Verarbeitung und Nutzung personenbezogener Daten in Dateien für das OWi-Verfahren verzichtet. Daher sind die Dateienregelungen der §§ 483 bis 491 StPO auch für das Bußgeldverfahren anwendbar, soweit sich nicht aus den Sonderregelungen der Absätze 2 bis 5 etwas Abweichendes ergibt.

5 Aufgrund der sinngemäßen Anwendung der §§ 483 bis 485 StPO können Daten in Dateien für Zwecke des Bußgeldverfahrens, für **Zwecke künftiger Bußgeldverfahren** sowie zur **Vorgangsverwaltung** gespeichert werden. Mischformen werden durch das Gesetz nicht ausgeschlossen.

6 **Regelungen zur Berichtigung, Löschung oder Sperrung personenbezogener Daten** in Dateien zum Schutz der Persönlichkeit des Betroffenen enthält § 489 StPO. Danach ist die speichernde Stelle verpflichtet, unrichtige Daten zu berichtigen, gleichgültig, ob ein entsprechender Antrag des Betroffenen vorliegt. Zu löschen sind in Dateien gespeicherte Daten, wenn die Speicherung unzulässig war, oder wenn sich herausstellt, dass die Kenntnis der Daten für die jeweiligen gesetzlichen Speicherzwecke nicht mehr erforderlich ist. Mit Verfahrenserledigung sind nach § 489 Abs. 2 Satz 2 StPO die Daten in einer Verfahrensdatei zu löschen, sofern die Speicherung zu diesem Zeitpunkt nicht nach den §§ 484, 485 zulässig bleibt. Dies gilt auch für Daten für Zwecke künftiger Bußgeldverfahren vorbehaltlich ihrer fortdauernden Speicherung nach § 485 StPO. Schließlich sind Daten in einer Verwaltungsvorgangsdatei nach Wegfall der Erforderlichkeit ihrer Speicherung zu löschen.

7 Die Regelungen der §§ 487, 488 StPO betreffen die **Zulässigkeit** und die **Grenzen** der Übermittlung von Daten sowie die Zulässigkeit eines automatisierten Abrufverfahrens. Begrenzungen hierzu enthält Abs. 4.

8 Der **Auskunftsanspruch** des Betroffenen ergibt sich aus § 491 StPO. Er erfordert einen entsprechenden Antrag. Diese Regelung gilt nicht für Verfahrensbeteiligte und für Auskünfte und Akteneinsicht an Private entsprechend § 475.

Zweiter Abschnitt. Allgemeine Verfahrensvorschriften § 49c

Nach § 490 StPO hat die speichernde Stelle für jede automatisierte Datei eine **Errichtungsanordnung** zu erstellen. Der Mindestinhalt der Errichtungsanordnung ergibt sich aus der Vorschrift. **9**

Sonderregelungen gelten für **Sozialdaten**. Die Befugnis zur Verarbeitung und Nutzung dieser Daten richtet sich ausschließlich nach den abschließenden Vorgaben des zweiten Kapitels des SGB X sowie den einzelnen Büchern des SGB. Dies gilt auch für Sozialdaten, die von dem Sozialleistungsträger als Bußgeldbehörde an andere Stellen übermittelt werden, dem Sozialleistungsträger aber weiterhin bekannt sind. Die Übermittlung ändert nichts daran, dass für den Sozialleistungsträger diese Daten weiterhin den Datenschutzvorschriften des SGB unterliegen (*RRH* 13). **10**

Abs. 2 konkretisiert die für die Errichtung der Dateien in Bußgeldverfahren befugten Stellen sowie die Errichtungszwecke und den Datenumfang. Die Befugnis zur Speicherung, Veränderung oder Nutzung personenbezogener Daten aus Bußgeldverfahren in Dateien steht nur den Gerichten, Staatsanwaltschaften und Verwaltungsbehörden einschließlich Vollstreckungsbehörden zu. Die nach § 53 tätigen Behörden des Polizeidienstes zählen hinzu. Nach Satz 1 ist klargestellt, dass sich die Erforderlichkeit und damit die Zulässigkeit der Speicherung, Veränderung und Nutzung in Dateien zusammengefasster Daten entsprechend den Vorschriften der StPO nach den Zwecken des Bußgeldverfahrens bzw. anderer künftiger Bußgeldverfahren richtet. **11**

Nach § 483 StPO können Dateien als **Verfahrensdatei** zur Durchführung des Straf- oder Bußgeldverfahrens angelegt werden. Voraussetzung ist, dass die Daten zuvor aufgrund einer gesonderten Ermächtigungsgrundlage erhoben worden sind. Die Bindung der Befugnis an den Erhebungszweck ordnet das Gesetz an, indem es die Verwendung der erhobenen Daten auf Zwecke des Bußgeldverfahrens, in dem die Daten ermittelt worden sind, beschränkt. **12**

Die in § 484 Abs. 1 StPO aufgezählten Daten dürfen nach **Abs. 2 Satz 1** für Zwecke zukünftiger Bußgeldverfahren in Dateien gespeichert, verändert oder genutzt werden. Der hiernach zulässige Umfang der aufzubewahrenden Daten begrenzt die Dateien auf so genannte Aktenhinweissysteme. Die Speicherung weiterer personenbezogener Daten ist im Hin- **13** blick auf das geringere Gewicht von OWi ausgeschlossen (BT-Drucks. 14/9001 S. 15; *RRH* 18).

14 Für **Zwecke der Vorgangsverwaltung** ermächtigt § 485 StPO die vorgangführenden Stellen in dem erforderlichen Umfang, d. h. soweit dies zur Vorgangsverwaltung notwendig ist, personenbezogene Daten in Dateien zu speichern, zu verändern oder zu nutzen. Die Befugnis zur Nutzung von ausschließlich zu Zwecken der Vorgangsverwaltung gespeicherten Daten erweitert § 485 Satz 2 StPO für Zwecke des konkreten Bußgeldverfahrens und Satz 3 für Zwecke künftiger Bußgeldverfahren, soweit eine Speicherung nach § 484 StPO zulässig wäre.

15 Nach **Abs. 2 Satz 2** ist die Verwendung von in Bußgelddateien gespeicherten personenbezogenen Daten zulässig, soweit es für Zwecke des Strafverfahrens, eines Gnadenverfahrens oder eines Verfahrens der internationalen Rechtshilfe in Straf- und Bußgeldsachen erforderlich ist. Die Verwendung wird damit nicht nur auf die Verfolgung von Straftaten beschränkt, sondern ist für alle Zwecke des Strafverfahrens zulässig.

16 **Abs. 2 Satz 3** enthält eine Beschränkung der Speicherungsermächtigung im Hinblick auf Personen, die zur Tatzeit nicht strafmündig waren.

17 Nach **Abs. 3** ist die Errichtung einer gemeinsamen automatisierten Datei entsprechend § 486 StPO für die in Abs. 2 genannten Stellen, die den Geschäftsbereichen verschiedener Bundes- oder Landesministerien angehören, nur zulässig, wenn sie zur ordnungsgemäßen Aufgabenerfüllung erforderlich und unter Berücksichtigung der schutzwürdigen Interessen des Betroffen angemessen ist. Für gemeinsame Dateien, die den Bereich eines Landes nicht überschreiten, gelten die Landesdatenschutzgesetze (*RRH* 22). Bei länderübergreifenden Dateien ist eine Vereinbarung zwischen den beteiligten Ländern erforderlich.

18 Die **ordnungsgemäße Aufgabenerfüllung** muss die Errichtung gemeinsamer Dateien notwendig machen. Zu berücksichtigen sind ferner die schutzwürdigen Interessen der Betroffenen. Zu messen sind diese Fragen dabei am Zweck der Datei, der Art der zu verarbeitenden Daten und dem Kreis der verarbeitenden Stellen. Dabei bedürfen besonders sorgfältiger Prüfung solche Dateien, die den Geschäftsbereichen verschiedener Bundes- oder Landesministerien angehören. Die Erforderlichkeit und die Angemessenheit einer gemeinsamen Datei misst sich in erster Linie am

Sachzusammenhang zwischen den Zuständigkeitsbereichen der jeweiligen Stellen. Je geringer dieser potenzielle Zusammenhang ist, umso weniger ist die gemeinsame Datei zulässig (*RRH* 25).

Aus der auch ohne Maßgabe sinngemäß anwendbaren Vorschrift des § 490 StPO folgt, dass die Errichtung einer gemeinsamen Datei einer **Errichtungsanordnung** bedarf, die in Form einer gemeinsamen Errichtungsanordnung oder durch abgestimmte einzelne Errichtungsanordnungen der beteiligten Stellen erlassen sein kann. Der Mindestinhalt einer Errichtungsanordnung ergibt sich aus § 490 StPO. **19**

Nach **Abs. 4 Satz 1** wird die Übermittlungsregelung des § 487 StPO für die Übermittlung von Daten aus Dateien in Bußgeldverfahren modifiziert. Die Übermittlung aus bußgeldrechtlichen Dateien ist nur an die zur Wahrnehmung der in Abs. 2 genannten Zwecke berufenen Stellen zulässig, d. h. an Gerichte, Staatsanwaltschaften und Verwaltungsbehörden einschließlich der Vollstreckungsbehörden und zwar für Zwecke des Bußgeldverfahrens oder für Zwecke des Strafverfahrens, des Gnadenverfahrens oder der internationalen Rechts- und Amtshilfe in Straf- und Bußgeldsachen. Zulässig ist daher die Übermittlung der in Verfahrensdateien gemäß § 483 StPO, Dateien für künftige Bußgeldverfahren (§ 484 Abs. 1 StPO) und Dateien der Vorgangsverwaltung (§ 485 StPO) gespeicherten Daten, soweit sie für Zwecke des Übermittlungsempfängers erforderlich sind. **20**

Für die **Übermittlung von Amts wegen** gilt § 49a Abs. 3 entsprechend. Danach hat die Übermittlung zu unterbleiben, soweit für die übermittelnde Stelle offensichtlich erkennbar ist, dass das schutzwürdige Interesse des Betroffenen am Unterbleiben der Übermittlung überwiegt. Für die Mitteilungen von Amts wegen entsprechend §§ 479 und 481 Abs. 1 Satz 2 StPO ergibt sich dies bereits aus der sinngemäßen Anwendung von § 487 Abs. 2 Satz 2 StPO. **21**

Abs. 4 Satz 2 erklärt § 487 Abs. 2 StPO für insoweit anwendbar, als die Übermittlung erfolgen kann, soweit sie nach diesem Gesetz aus den Akten erfolgen könnte. Das gilt entsprechend für Übermittlungen nach den §§ 479, 480 und 481 Abs. 1 Satz 2 StPO. **22**

Die **Berichtigung, Löschung und Sperrung** von Daten in Dateien bestimmt sich über die entsprechende Anwendung der Regelungen in § 489 StPO (BT-Drucks. 14/9001 S. 16). Der Absatz enthält Sonderregelungen **23** betreffend die Aussonderungsprüffristen für Dateien, die der Verwendung von Daten für künftige Bußgeldverfahren dienen. Hierbei handelt es sich um **Höchstfristen**, nach deren Ablauf die Prüfung der Löschung in jedem Fall zu erfolgen hat (*RRH* 31). Das Gesetz enthält keine festen Löschungsfristen, um angesichts der Vielgestaltigkeit der gespeicherten Daten und der Unterschiedlichkeit der behördlichen Aufgaben eine flexible Handhabung der Löschung zu ermöglichen. Nach Ablauf bestimmter Fristen ist die Prüfung jedoch von Amts wegen vorgeschrieben.

24 Die **Länge der Prüffristen** ist gegenüber den in § 489 Abs. 4 festgesetzten Fristen deutlich kürzer. Die Prüffrist für die Datenlöschung beträgt bei Betroffenen, die zur Zeit der Tat das 18. Lebensjahr vollendet hatten, 5 Jahre, wenn die Geldbuße auf mehr als 250,– Euro lautet. Bei Geldbußen bis zu 250,– Euro beträgt sie 2 Jahre. In den übrigen Fällen des § 489 Abs. 4 Nr. 2 (jugendliche Betroffene) und Nr. 3 (Freispruch, Ablehnung der Eröffnung und nicht nur vorläufige Verfahrenseinstellung) beträgt die Prüffrist einheitlich 2 Jahre. Diese Prüffrist gilt auch in den Fällen der Rückgabe der Sache an die Verwaltungsbehörde nach § 69 Abs. 5 Satz 2. Diese Rückgabe entspricht formell der Ablehnung der Eröffnung des Hauptverfahrens und kommt sachlich einer Einstellung des Verfahrens gleich.

§ 49d Mitteilungen bei Archivierung mittels Bild- und anderen Datenträgern

Sind die Akten nach Abschluss des Verfahrens nach ordnungsgemäßen Grundsätzen zur Ersetzung der Urschrift auf einen Bild- oder anderen Datenträger übertragen worden und liegt der schriftliche Nachweis darüber vor, dass die Wiedergabe inhaltlich und bildlich mit der Urschrift übereinstimmt, so kann Akteneinsicht durch Übermittlung eines Ausdrucks von dem Bild- oder anderen Datenträger erteilt werden; Gleiches gilt für die Erteilung von Auskünften oder anderen Mitteilungen aus den Akten. Auf der Urschrift anzubringende Vermerke werden in diesem Fall bei dem Nachweis angebracht.

1 Die Vorschrift bestimmt, **wie Akteneinsicht gewährt** werden kann und wie Auskünfte aus den Akten oder andere Mitteilungen erteilt werden können, wenn die Akten nach Abschluss des Verfahrens nach ordnungs-

Zweiter Abschnitt. Allgemeine Verfahrensvorschriften § 49d

gemäßen Grundsätzen zur Ersetzung der Urschrift auf einen Bild- oder anderen Datenträger übertragen worden sind. In diesem Fall ist ein Ausdruck des Datenträgers zu übermitteln. Durch die Regelung wird sichergestellt, dass die Person oder Stelle, der nach den Bestimmungen des § 49b, aber auch über die Verweisungskette von § 49a Abs. 1 Satz 2 Daten aus Bußgeldverfahren übermittelt werden, diese ohne besondere technische Hilfsmittel wahrnehmen kann (BT-Drucks. 14/9001 S. 16).

Die Vorschrift orientiert sich an der Regelung des **§ 299a ZPO**. Die Konkretisierung der in der Vorschrift angesprochenen Grundsätze kann wie bei § 299a ZPO durch Verwaltungsvorschriften erfolgen. 2

Die Regelung enthält keine Aussage zur Frage der **elektronischen Aktenführung** im laufenden Bußgeldverfahren oder zum elektronischen Geschäftsverkehr insgesamt. Sie ermächtigt aber die Behörden, die Akten anstelle im Original in der Form der Mikroverfilmung oder als elektronische Datei auf entsprechenden Medien (Disketten, CD-ROM oder Magnetbänder) aufzubewahren. 3

Die Akteneinsicht oder Auskunft aus den Akten wird im Falle der **Archivierung** in der Form des **Ausdrucks des Datenträgers** erteilt. Damit ist sichergestellt, dass die Person oder Stelle, der Daten aus dem Bußgeldverfahren übermittelt werden, diese ohne besondere technische Hilfsmittel wahrnehmen kann. Die Vorschrift schließt die Übermittlung einer Kopie des Datenträgers bzw. eines Auszugs davon nicht aus, wenn die empfangende Stelle damit einverstanden ist (*Zöller*, ZPO § 299a Rn. 5, 6). 4

Die **Regelung in § 49d** gilt sowohl für die Übermittlung von Daten von Amts wegen an Gerichte, Staatsanwaltschaften oder Verwaltungsbehörden nach § 49a als auch für die Erteilung von Auskünften und die Gewährung von Akteneinsicht auf Ersuchen für verfahrensübergreifende Zwecke nach § 49b. 5

Weitere Zulässigkeitsvoraussetzungen für die Übermittlung eines Ausdrucks von dem Datenträger ist das Vorliegen des schriftlichen Nachweises darüber, dass die Wiedergabe inhaltlich und bildlich mit der Urschrift übereinstimmt. Die Urschrift dieses Nachweises ist anstelle der Originalakten getrennt vom Datenträger zu archivieren. Auf der Urschrift anzubringende Vermerke, wie etwa über die Übermittlung eines Ausdrucks oder die Berichtigung einer Entscheidung nach der Archivierung, werden bei dem Nachweis angebracht. 6

§ 50 Bekanntmachung von Maßnahmen der Verwaltungsbehörde

(1) Anordnungen, Verfügungen und sonstige Maßnahmen der Verwaltungsbehörde werden der Person, an die sich die Maßnahme richtet, formlos bekanntgemacht. Ist gegen die Maßnahme ein befristeter Rechtsbehelf zulässig, so wird sie in einem Bescheid durch Zustellung bekanntgemacht.

(2) Bei der Bekanntmachung eines Bescheides der Verwaltungsbehörde, der durch einen befristeten Rechtsbehelf angefochten werden kann, ist die Person, an die sich die Maßnahme richtet, über die Möglichkeit der Anfechtung und die dafür vorgeschriebene Frist und Form zu belehren.

1 Die Vorschrift regelt die **Form der Bekanntmachung** von Verordnungen, Verfügungen und sonstigen Maßnahmen der Verwaltungsbehörde im Bußgeldverfahren. Sie ersetzt die regelungstechnisch komplizierte (KK-*Lampe* 1) sinngemäße Anwendung der §§ 35 ff. StPO für das Bußgeldverfahren, die eine doppelte Analogie von den für die gerichtliche Entscheidung geltenden Vorschriften über die staatsanwaltschaftlichen Ermittlungsverfahren erfordert hätte.

2 Für die Bekanntmachung von Maßnahmen der **StA im Ermittlungsverfahren** gilt eine besondere Regelung. Insoweit gelten die §§ 35, 35a StPO sinngemäß.

3 Nach Abs. 1 Satz 1 werden Anordnungen, Verfügungen und sonstige Maßnahmen der Verwaltungsbehörde im Bußgeldverfahren der Person, an die sich die Maßnahme richtet, **formlos bekannt gemacht.** Maßnahmen, Anordnungen und Verfügungen umschreiben für das Bußgeldverfahren den Begriff des Verwaltungsaktes i. S. v. § 35 Satz 1 VwVfG. § 62 verwendet dieselben Formulierungen. Die Vorschrift erfasst alle Maßnahmen ohne Rücksicht auf ihre Form. Sie können schriftlich, mündlich und durch schlüssige Handlung ergehen.

4 **Maßnahmen** in diesem Sinne sind der **Bußgeldbescheid** (§ 65), die **Verwerfung des Einspruchs** (§ 69 Abs. 1 Satz 1), die **Beschlagnahmeanordnung**, die **Anordnung der Notveräußerung**, der **Ordnungsgeldbescheid**, Entscheidungen, die sich auf die Wahl oder Bestellung des **Verteidigers** beziehen, der **selbständige Kosten- und Auslagenbescheid**, der **Kostenfestsetzungsbescheid** (§ 106), der **Bescheid über die Entschädi-**

Zweiter Abschnitt. Allgemeine Verfahrensvorschriften § 50

gungspflicht (§ 110 Abs. 1), der **Kostenbescheid** nach § 25a Abs. 1 StVG. Ferner die **Anordnung der körperlichen Untersuchung** des Betroffenen (§ 81a StPO), die **Anordnung einer Durchsuchung** (§ 105 StPO), die **Anordnung der Sicherheitsleistung** (§§ 127 ff.), die **Versagung der Akteneinsicht**, die **Verwarnung mit Verwarnungsgeld**, ferner jede Maßnahme, die gegen eine dritte Person gerichtet ist.

Personen, an die sich die Maßnahme richtet, können neben dem Betroffenen auch **Dritte** (Zeugen, Sachverständige, Verteidiger, Einziehungsbeteiligte usw. – *RRH* 1a) sein. 5

Nach Abs. 1 Satz 1 werden die dort genannten Maßnahmen **formlos bekannt gemacht**, d.h. es besteht keine besondere Formvorschrift für die Bekanntmachung. Hierzu genügt es, dass ein Abdruck der Verfügung durch einfachen Brief übersandt, in geeigneten Fällen auch nur ihr Inhalt schriftlich mitgeteilt wird. Zulässig ist auch die mündliche Eröffnung der Maßnahme durch einen Bediensteten der Verwaltungsbehörde, der allerdings die Bekanntgabe in den Akten folgen sollte. Jedoch empfiehlt sich Schriftform immer dann, wenn die Maßnahme jemanden beschwert und deshalb Antrag auf gerichtliche Entscheidung zulässig ist (§ 62). 6

Nach Abs. 2 Satz 2 ist die Maßnahme in einem Bescheid durch **Zustellung** bekannt zu machen, wenn gegen sie ein **befristeter Rechtsbehelf** zulässig ist. Zustellung ist die in gesetzlicher Form ausgeführte und beurkundete Übergabe eines Schriftstücks. Sie dient nicht nur dazu, den Nachweis über den Zeitpunkt der Übergabe des Schriftstücks zu sichern, sondern soll auch gewährleisten, dass der Zustellungsadressat Kenntnis von dem zuzustellenden Bescheid nehmen und sich darauf einstellen kann. 7

Befristete Rechtsbehelfe sind der **Einspruch** gegen den Bußgeldbescheid (§ 67), gegen den selbständigen Einziehungsbescheid (§ 87 Abs. 3 Satz 1 und 2), gegen den selbständigen Bußgeldbescheid gegen eine juristische Person oder Personenvereinigung (§ 88 Abs. 2 Satz 1) und der selbständige Bescheid über die Abführung des Mehrerlöses (§§ 10 Abs. 1, 11 Abs. 2 Satz 2 WiStG). Ferner der Antrag auf gerichtliche Entscheidung nach § 62, soweit das OWiG in Einzelfällen eine Frist vorsieht, wie etwa in § 100 Abs. 2 Satz 1 gegen die nachträgliche Anordnung der Einziehung, in § 108 Abs. 1 Nr. 1 und 2 gegen den selbständigen Kostenbescheid und den Kostenfestsetzungsbescheid, in § 110 Abs. 2 Satz 1 gegen 8 den Bescheid über die Entschädigungspflicht. Wird der Bescheid nicht durch Zustellung, sondern nur formlos bekannt gemacht, so steht dies einer unwirksamen Zustellung gleich und eine Rechtbehelfsfrist wird nicht in Lauf gesetzt (*RRH* 3; *Göhler/Seitz* 6).

9 Hält die Verwaltungsbehörde die Zustellung auch in den Fällen des Abs. 1 Satz 1 aus **besonderen Gründen** für erforderlich, so ordnet sie sie an. Dies ist etwa der Fall bei der **Ladung des Betroffenen**, sofern sie mit einer Vorführungsandrohung verbunden wird, bei einer **Beschlagnahmeanordnung** oder bei einem **Anhörungsbogen**. Das Zustellungsverfahren richtet sich nach § 51.

10 Nach Abs. 2 ist bei der Bekanntmachung eines Bescheides der Verwaltungsbehörde, der durch einen befristeten Rechtsbehelf angefochten werden kann, die Person, an die sich die Maßnahme richtet, über die Möglichkeit der Anfechtung und die dafür vorgeschriebene **Frist und Form zu belehren**. Diese Verpflichtung zur Rechtsbehelfsbelehrung ist § 35a StPO nachgebildet und will dem Betroffenen einen möglichst effektiven Rechtsschutz gewähren (KK-*Lampe* 10). Die Belehrung muss klar, unmissverständlich und vollständig sein (*BGH* NJW 1971, 389).

11 Zu belehren ist einerseits über den gegen die konkrete Maßnahme **zulässigen Rechtsbehelf**. Dies ist im Bußgeldverfahren der Einspruch und der fristgebundene Antrag auf gerichtliche Entscheidung. Der Antrag auf Wiedereinsetzung in den vorigen Stand nach § 45 StPO i. V. m. § 52 Abs. 1 ist nicht gemeint, weil er sich nicht gegen den Bescheid der Verwaltungsbehörde richtet. Eine Belehrung über ihn ist gesetzlich nicht vorgesehen und ist nicht erforderlich (*Hamm* VRS 63, 362; *RRH* 5).

12 Die Belehrung muss die **gesetzliche Frist** für den Rechtsbehelf angeben. Dazu gehört die Angabe des Tages ihres Beginns oder Endes. Klarzustellen ist, dass der Rechtsbehelf innerhalb der Frist eingegangen sein muss (*BGH* NJW 1955, 1526). Weil es nicht möglich ist, auf alle nach dem Gesetz denkbaren Möglichkeiten des Fristbeginns oder des Fristablaufs hinzuweisen, muss die konkrete Berechnung der Frist dem Betroffenen überlassen bleiben. Dies ist verfassungsrechtlich unbedenklich (*BVerfG* NJW 1971, 2217; a. A. *Weihrauch* NJW 1972, 243). Der Fristablauf kann auch von der gewählten Zustellungsart abhängen. Es kann dem Betroffenen zugemutet werden, sich in diesen Fällen um konkrete Fristberechnung zu bemühen.

Zweiter Abschnitt. Allgemeine Verfahrensvorschriften § 50

Sinnvoll erscheint der Hinweis, dass sich nach § 43 Abs. 2 StPO die Frist verlängert, wenn das Fristende an Sonnabenden, Sonntagen und allgemeinen Feiertagen wäre (*Weihrauch* NJW 1972, 243; **a.A.** KK-*Lampe* 13; *RRH* 6). Wird ein befristeter Rechtsbehelf als unzulässig verworfen, weil die Frist versäumt ist, so sollte die Belehrung auch auf die Möglichkeit der Wiedereinsetzung hinweisen (*Nöldeke* NStZ 1991, 70; *RRH* 5).

Der Adressat ist über die **Form des Rechtsbehelfs** zu belehren. Ihm ist zu erklären, dass der Einspruch schriftlich oder zur Niederschrift bei der Verwaltungsbehörde, die den Bußgeldbescheid erlassen hat, einzulegen ist (§ 67 Abs. 1 Satz 2). Eine darüber hinausgehende Belehrung über die Form in jedem Einzelfall und bei jeder einzelnen Möglichkeit, wie etwa der Möglichkeit der fernmündlichen Einlegung zur Niederschrift der Verwaltungsbehörde, ist nicht erforderlich. Der Betroffene muss sich ggf. erkundigen, auf welche Weise noch das Formerfordernis für den Rechtsbehelf gewahrt ist. Dies gilt insbesondere für die Verwendung moderner Kommunikationstechniken. Die Rechtsbehelfsschrift ist in deutscher Sprache abzufassen (*BVerfG* NJW 1983, 2764). Darauf ist in der Belehrung hinzuweisen. 13

Ausländische Betroffene sind darüber zu belehren, dass der schriftliche Rechtsbehelf in deutscher Sprache eingelegt werden muss (*BVerfG* NJW 1983, 2764). Die Rechtsbehelfsbelehrung sollte in der Heimatsprache des Betroffenen abgefasst sein (*Lemke* in HK-StPO § 35a Rn. 8; KK-*Lampe* 16 m.w.N.). 14

Die Belehrung ist **zwingend vorgeschrieben** (*Hamm* NJW 1956, 1330). Fehlt sie, so wird zwar die Wirksamkeit der Zustellung und damit der Beginn der Rechtsbehelfsfrist nicht beeinflusst (*BGH* NStZ 1984, 329), jedoch gilt dann die unwiderlegliche Vermutung, dass eine etwa eingetretene Versäumung der Rechtsmittelfrist unverschuldet ist, es sei denn, dass die fehlende, die unvollständige oder die irreführende Rechtsbehelfsbelehrung für die Fristversäumung nicht ursächlich gewesen sein kann (*Lemke* in HK-StPO, § 44 Rn. 36 ff.). 15

Der von der Vorschrift vorgesehene **Adressat der Rechtsbehelfsbelehrung** kann auf sie wirksam verzichten (*BGH* NStZ 1984, 181; *Göhler/Seitz* 16a). Allerdings gilt dies nur für solche Fälle, in denen die Entscheidung, über deren Anfechtbarkeit zu belehren wäre, in Anwesenheit des 16

Betroffenen verkündet wird. Diese Möglichkeit wird kaum praktisch, weil die Bescheide der Verwaltungsbehörde, die einem befristeten Rechtsbehelf unterliegen, schriftlich ergehen und zuzustellen sind, es sei denn, die Zustellung des Bescheids ist in den Diensträumen der Verwaltungsbehörde gegen Empfangsbekenntnis erfolgt.

17 Wird nach § 51 Abs. 3 an den **Verteidiger des Betroffenen** zugestellt, so ist die vorgeschriebene Belehrung mit der Zustellung des Bescheids an den Verteidiger erfolgt. Die Benachrichtigung des Betroffenen nach § 51 Abs. 3 Satz 2 braucht keine Rechtsbehelfsbelehrung mehr zu enthalten (*Karlsruhe* Justiz 1989, 68; **a. A.** *RRH* 10; KK-*Lampe* 18). Es ist in diesem Fall Aufgabe des Verteidigers, fristwahrend tätig zu werden. In Bußgeldverfahren gegen Jugendliche gilt § 67 Abs. 2 JGG i. V. m. § 46 Abs. 1 für die Rechtsbehelfsbelehrung entsprechend. Der Erziehungsberechtigte und der gesetzliche Vertreter sollen formlos belehrt und darauf hingewiesen werden, dass sie ihr Anfechtungsrecht nur innerhalb der für den Betroffenen laufenden Frist ausüben können (KK-*Lampe* 18).

§ 51 Verfahren bei Zustellungen der Verwaltungsbehörde

(1) Für das Zustellungsverfahren der Verwaltungsbehörde gelten die Vorschriften des Verwaltungszustellungsgesetzes, wenn eine Verwaltungsbehörde des Bundes das Verfahren durchführt, sonst die entsprechenden landesrechtlichen Vorschriften, soweit die Absätze 2 bis 5 nichts anderes bestimmen. Wird ein Schriftstück mit Hilfe automatischer Einrichtungen erstellt, so wird das so hergestellte Schriftstück zugestellt.

(2) Ein Bescheid (§ 50 Abs. 1 Satz 2) wird dem Betroffenen zugestellt und, wenn er einen gesetzlichen Vertreter hat, diesem mitgeteilt.

(3) Der gewählte Verteidiger, dessen Vollmacht sich bei den Akten befindet, sowie der bestellte Verteidiger gelten als ermächtigt, Zustellungen und sonstige Mitteilungen für den Betroffenen in Empfang zu nehmen; für die Zustellung einer Ladung des Betroffenen gilt dies nur, wenn der Verteidiger in der Vollmacht ausdrücklich zur Emp-

fangnahme von Ladungen ermächtigt ist. Wird ein Bescheid dem Verteidiger nach Satz 1 Halbsatz 1 zugestellt, so wird der Betroffene hiervon zugleich unterrichtet; dabei erhält er formlos eine Abschrift des Bescheides. Wird ein Bescheid dem Betroffenen zugestellt, so wird der Verteidiger hiervon zugleich unterrichtet, auch wenn eine Vollmacht bei den Akten nicht vorliegt; dabei erhält er formlos eine Abschrift des Bescheides.

(4) Wird die für den Beteiligten bestimmte Zustellung an mehrere Empfangsberechtigte bewirkt, so richtet sich die Berechnung einer Frist nach der zuletzt bewirkten Zustellung.

(5) § 6 Abs. 1 des Verwaltungszustellungsgesetzes und die entsprechenden landesrechtlichen Vorschriften sind nicht anzuwenden. Hat der Betroffene einen Verteidiger, so sind auch § 7 Abs. 1 Satz 1 und 2 und Abs. 2 des Verwaltungszustellungsgesetzes und die entsprechenden landesrechtlichen Vorschriften nicht anzuwenden.

Übersicht

	Rn		Rn
I. Allgemeines	1–6	IV. Weitere Zustellungsmöglichkeiten	37–64
II. Zustellungsarten	7–23		
III. Ersatzzustellung im Übrigen	24–36	V. Mangelhafte Zustellung	65–69

I. Allgemeines

Die Vorschrift regelt das **Verfahren bei Zustellungen der Verwaltungsbehörde**, und zwar in Abs. 1 das für das Zustellungsverfahren anwendbare Recht sowie – unsystematisch – die Verfahrensweise bei mit Hilfe automatischer Einrichtungen hergestellten Schriftstücken. Die Absätze 2 und 3 legen die Adressaten der Zustellung fest. Abs. 4 regelt die Fristberechnung bei Zustellung an mehrere Empfangsberechtigte. Abs. 5 sieht bestimmte Rückausnahmen zu Abs. 1 Satz 1 vor. Die Vorschrift ist durch das Gesetz zur Novellierung des Verwaltungszustellungsrechts vom 12. August 2005 (BGBl. I 2005 S. 2354) geändert worden, das am 1. Februar 2006 mit Ausnahme der Streichung des bisherigen Absatzes 5 Satz 3 in Kraft tritt. Die abgedruckte Fassung des § 51 berücksichtigt die durch die Neufassung des VwZG eingeführten Änderungen zum 1. Februar 2006. Die Streichung von Abs. 5 Satz 3 gilt ab 1. August 2006.

§ 51 Zweiter Teil. Bußgeldverfahren

2 **Zustellung** ist die in gesetzlicher Form ausgeführte und beurkundete Übergabe eines Schriftstücks. Sie ist eine besondere Form der Bekanntgabe und hat den Zweck, bei bedeutungsvolleren Vorgängen den Nachweis von Zeit und Art der Übergabe zu sichern. Zu diesem Zweck sind bei der Übergabe des Schriftstücks bestimmte Formvorschriften zu beachten. **Dabei regelt die Vorschrift die Art und Weise der Zustellung.** In welchen Fällen bei der Bekanntmachung einer Maßnahme die Form der Zustellung vorgeschrieben ist, bestimmt sich nach § 50 Abs. 1 Satz 2. Im Übrigen ergibt sich aus Abs. 1 Satz 1, dass die dort genannten Zustellungsvorschriften nicht nur bei der Zustellung von Bescheiden, sondern ganz allgemein in Verfahren der Verwaltungsbehörde anzuwenden sind. Ist die StA Verfolgungsbehörde, so richtet sich das Zustellungsverfahren nach §§ 35 ff. StPO i.V.m. § 46 Abs. 1. Dasselbe gilt für das gerichtliche Bußgeldverfahren.

3 Abs. 1 Satz 1 verweist auf das **Verwaltungszustellungsgesetz**, sofern eine Verwaltungsbehörde des **Bundes** das Verfahren durchführt. Führen Verwaltungsbehörden der **Länder** das Bußgeldverfahren, so gelten die entsprechenden **landesrechtlichen Vorschriften.** Das sind die Verwaltungszustellungsgesetze der Länder in ihrer jeweils geltenden Fassung. Dabei haben die Länder entweder das VwZG des Bundes insgesamt oder in seinen wesentlichen Vorschriften für anwendbar erklärt oder auch mit dem VwZG des Bundes nahezu vollständig übereinstimmende Landesgesetze erlassen. Der Bundesminister des Innern hat ergänzend zum VwZG allgemeine Verwaltungsvorschriften erlassen (vom 13. Dezember 1966, Beilage zum Bundesanzeiger Nr. 240). Von dieser Möglichkeit haben einige Länder ebenfalls Gebrauch gemacht (vgl. die Auflistung bei *Göhler/Seitz* 2a). Im Bußgeldverfahren wegen Steuer-OWi gilt Bundesrecht auch für die Zustellung von Bescheiden der Landesfinanzbehörden (§ 1 Abs. 1 VwZG). Dasselbe gilt für Bescheide der Kartellbehörden (*RRH* 2).

4 Nach § 2 Abs. 1 Satz 1 VwZG kann das Schriftstück in **Urschrift, Ausfertigung oder beglaubigter Abschrift** sowie als elektronisches Dokument zugestellt werden. Urschriften gehören in die Behördenakten. Zugestellt wird eine Ausfertigung. Unter Ausfertigung sind Abschriften, Durchdrucke oder Ablichtungen zu verstehen, die im Rechtsverkehr die Urkunde ersetzen sollen und deshalb von der Behörde in besonderer Form ausgestellt werden. Die Ausfertigung muss einen amtlichen Ausfertigungsvermerk enthalten, der mit dem Dienstsiegel versehen und von dem hierzu ermächtigten Bediensteten der Verwaltungsbehörde unter Angabe von Ort und Datum unterzeichnet werden muss. Fehlt der Ausfertigungsvermerk, so ist die Zustellung unwirksam (*Hamm* NJW 1978, 830), ebenso bei Fehlen der Unterschrift oder wenn die Geschäftsnummer auf dem Umschlag fehlt oder schwerwiegend unrichtig ist (*Hamm* NZV 2003, 298). Namensfaksimile reichen aus (KK-*Lampe* 17).

In Bußgeldverfahren ist grundsätzlich auch die Zustellung einer **beglaubigten Abschrift**, **Ablichtung** oder eines **beglaubigten Durchdrucks** zulässig. Lediglich der Bußgeldbescheid selbst (§ 65) und ihm gleichstehende Bescheide (§§ 87 Abs. 3 Satz 1 und 2, 88 Abs. 2 Satz 1, 10 Abs. 1, 11 Abs. 2 Satz 2 WiStG) sind in Form der Ausfertigung zuzustellen, weil diese Bescheide die Wirkung eines Urteils erlangen können. Die Zustellung der Urschrift ersetzt stets die einer Ausfertigung oder beglaubigten Abschrift (§ 2 Abs. 1 VwZG). 5

Wird ein zuzustellendes Schriftstück im Wege der **elektronischen Datenverarbeitung** hergestellt, so kann das so hergestellte Schriftstück auch zugestellt werden, also in der Form, in der es von der EDV-Anlage ausgedruckt ist. Es bedarf nicht des Abdrucks eines Dienstsiegels der Verwaltungsbehörde, die das Bußgeldverfahren durchführt und nicht der Angabe des Namens des zuständigen Sachbearbeiters der Verwaltungsbehörde (*RRH* 3a). Druckt die EDV-Anlage infolge von Bedienungsfehlern oder aus ähnlichen Gründen einen Bescheid mit anderem Inhalt aus als der Sachbearbeiter verfügt hat, so ist nicht der Computerausdruck, sondern die Verfügung des Sachbearbeiters als Urschrift maßgebend (*Stuttgart* VRS 63, 370). Betrifft die Abweichung einen wesentlichen Punkt, so ist die Zustellung unwirksam (KK-*Lampe* 19). Gem. § 5 Abs. 5 VwZG muss das elektronische Dokument mit einer qualifizierten Signatur nach dem Signaturgesetz versehen sein. Das Empfangsbekenntnis ist an die Behörde zurückzusenden. Eine Rechtsbehelfsfrist wird nicht in Lauf gesetzt, sofern die neuen gesetzlichen Voraussetzungen nicht eingehalten sind. Die auch weiterhin beachtlichen Fehlermöglichkeiten moderner EDV-Anlagen führen dazu, dass in diesen Fällen auch der Bußgeldbescheid unwirksam ist (**a. A.** *Stuttgart* VRS 63, 370; *RRH* 3a). Hier ist der Schutz des Betroffenen vorrangig vor der Durchsetzung des Gedankens, dass ein behördlicher Bescheid nur dann nichtig ist, wenn er besonders grob fehlerhaft ist. Immerhin kann die nicht verfügte, aber durch den elektronisch 6 hergestellten Bußgeldbescheid ausgedruckte Anordnung eines Fahrverbots ungewollt und unberechtigt erhebliche Einwirkungen beim Betroffenen haben.

II. Zustellungsarten

7   Nach dem VwZG sind mehrere **Zustellungsarten** möglich, nämlich die Zustellung durch die Post mit Zustellungsurkunde (§ 3 VwZG), die Zustellung durch die Post mittels Einschreibens durch Übergabe oder Einschreibens gegen Rückschein (§ 4 VwZG) und die Zustellung durch die Behörde gegen Empfangsbekenntnis (§ 5 VwZG). Diese Zustellungsarten stehen der Verwaltungsbehörde nach freiem Ermessen zur Auswahl. Sie soll möglichst diejenige wählen, die die geringsten Auslagen oder den geringsten Aufwand verursacht. Dieses Argument gewinnt durch die in letzter Zeit eingetretenen massiven Portoerhöhungen bei der Post als Folge ihrer Privatisierung zunehmend an Bedeutung. Zu prüfen ist deshalb, ob die Zustellung durch innerbehördliche Zustellungsdienste gegen Empfangsbekenntnis nicht letztlich zur preiswertesten Art der Zustellung wird.

8   Die Wahl der Zustellungsart kann jedoch nicht nur von dem mit ihr verbundenen finanziellen Aufwand bestimmt werden. Entscheidend ist vielmehr, der Verwaltungsbehörde einen **möglichst sicheren Nachweis** über die Tatsache und den Zeitpunkt des Zugangs des Bescheides zu sichern (*RRH* 4). Dies ist gegenüber der Zustellung mittels eingeschriebenen Briefs jedenfalls die Zustellung durch die Post mit ZU, eher noch die Zustellung durch die Behörde gegen EB.

9   Im Übrigen sieht das VwZG **Sonderarten der Zustellung** vor, wie etwa die Zustellung im Ausland (§ 9 VwZG), und die öffentliche Zustellung (§ 10 VwZG). Weitere Besonderheiten bestehen bei der Zustellung an Binnenschiffer, Seeleute und Soldaten.

10 Die **Zustellung kann an jedem Ort**, an dem der Empfänger angetroffen wird, erfolgen (§ 5 VwZG, § 177 ZPO). Ort ist dabei nicht eine Ortschaft, so dass auch auf freiem Felde zugestellt werden kann. Die Zustellung sollte nicht an unangemessener Stelle erfolgen (*RRH* 5b). Erfolgt sie gleichwohl, so ist sie nicht unwirksam und gewährt auch kein Recht zur Annahmeverweigerung (*RRH* 5b; KK-*Lampe* 22).

Zweiter Abschnitt. Allgemeine Verfahrensvorschriften § 51

Die Zustellung durch die **Post mit ZU** wird in der Weise bewirkt, dass **11** von der Verwaltungsbehörde der Post das verschlossene Schriftstück mit dem Ersuchen übergeben wird, die Zustellung einem Postbediensteten des Bestimmungsortes zu übertragen. Dabei ist der Umschlag mit dem für den Empfänger bestimmten Schriftstück mit dessen Anschrift, der Bezeichnung der absendenden Verwaltungsbehörde sowie der Geschäftsnummer zu versehen. Der Umschlag enthält das seinerseits verschlossene Schriftstück sowie einen vorbereiteten Vordruck der ZU (§ 182 Abs. 1 Satz 1 ZPO). Die Mindestangaben ergeben sich aus § 182 Abs. 2 Nr. 1, 2, 4 bis 8 ZPO. Das zuzustellende Schriftstück wird dem Zustellungsempfänger von dem Postbediensteten übergeben, der hierüber eine Urkunde aufnimmt, die an die veranlassende Verwaltungsbehörde zurückgeleitet wird. Der Postbedienstete führt die Postzustellung nach dem VwZG in denselben Formen aus, die für die gerichtliche Zustellung vorgeschrieben sind (*RRH* 5).

Seit dem 1.1.1998 ist ein Lizenznehmer der Briefzustellungsleistungen **12** erbringt, verpflichtet, Schriftstücke förmlich zuzustellen. Die von seinen Bediensteten vorschriftsmäßig bewirkten Zustellungen sind wirksam (*Rostock* DAR 2002, 232; *RRH* 5).

Die ZU ist eine **öffentliche Urkunde**, die den Beweis darin bezeugter Tat- **13** sachen, insbesondere des Zeitpunkts der Übergabe des Schriftstücks, begründet. Behauptet der Empfänger, dass der Vorgang unrichtig beurkundet ist, so hat er hierfür Beweis zu erbringen. Die Übergabe der Abschrift der ZU kann der Bedienstete dadurch ersetzen, dass er den Tag der Zustellung auf der Sendung vermerkt und dies in der ZU bezeugt. Unterlässt er den Vermerk, so wird dadurch die Zustellung nicht unwirksam, jedoch werden die in § 9 Abs. 3 VwZG bezeichneten Fristen nicht in Lauf gesetzt (Gemeinsamer Senat der Obersten Bundesgerichte NJW 1977, 621). Dasselbe gilt, wenn der Bedienstete zwar den Vermerk anbringt, der auf der Sendung vermerkte Zustellungstag aber von dem Datumsvermerk der ZU abweicht (*BVerwG* NJW 1980, 1482), oder wenn die ZU keine Eintragung über den Zustellungsempfänger enthält (*OVG Bautzen* NVwZ 1994, 81).

Nicht jeder Fehler auf der ZU macht die Zustellung unwirksam (KK- **14** *Lampe* 41). Wohl aber, wenn die Geschäftsnummer der absendenden Behörde fehlt (*Düsseldorf* VRS 66, 46), der Zeitpunkt der Zustellung nicht angegeben ist (*BVerwG* NJW 1983, 1076), die Unterschrift des zustellenden Bediensteten fehlt (*BGH* BB 1961, 692) oder die Tatsache der Übergabe nicht angegeben ist (*Göhler/Seitz* 20). Ebenso, wenn in der ZU die Übergabe des Schriftstücks an den Empfänger vermerkt ist, während tatsächlich eine Ersatzzustellung erfolgt ist (*Celle* NdsRpfl. 1985, 173), die Identität der Person der zugestellt werden soll, aus der ZU nicht unzweifelhaft zu entnehmen ist oder die Zustellung bei Namensidentität an einen anderen als den wirklich gemeinten Empfänger, etwa an den Vater des Betroffenen, der den gleichen Vornamen wie dieser hat, bewirkt worden ist.

15 Die Zustellung durch die Post mittels **Einscheibens** (§ 4 VwZG) ist auch bei Bußgeldbescheiden zulässig (*Hamm* NJW 1970, 1092; *von Oertzen* NJW 1969, 2160; *Dreising* NJW 1970, 440). Diese Zustellungsart empfiehlt sich nur dann, wenn damit zu rechnen ist, dass der Empfänger oder ein Ersatzempfänger angetroffen wird, der bereit ist, das Schriftstück anzunehmen (*BVerfGE* 36, 127). Das sog. „Einwurf-Einschreiben" ist jedoch zur Zustellung nach § 4 VwZG ungeeignet (*Dübbers* NJW 1997, 2503; *Kim/Dübbers* NJ 2001, 65) und in der Vorschrift nicht vorgesehen.

16 Das Schriftstück gilt mit dem 3. Tag nach **Aufgabe zur Post** als zugestellt (§ 4 Abs. 2 Satz 2 VwZG), und zwar auch dann, wenn feststeht, dass das Schriftstück dem Empfänger früher zugegangen ist. Ist es andererseits nicht oder zu einem späteren Zeitpunkt zugegangen, so gilt diese Fiktion nicht (*Göhler/Seitz* 23). Der 3. Tag nach Aufgabe zur Post ist entsprechend der gewöhnlichen Fristberechnung ggf. der auf einen Sonntag oder gesetzlichen Feiertag folgende Tag (**a. A.** *Göhler/Seitz* 23). Samstag ist kein Feiertag. Allerdings müssen überhaupt Postzustellungen an diesen Tagen erfolgen können.

17 Die Sendung wird dem in der Anschrift bezeichneten **Empfänger**, seinem **Ehegatten** oder **Postbevollmächtigten ausgeliefert.** Werden diese Personen nicht angetroffen, so kann die Sendung einem **Ersatzempfänger** (§ 178 ZPO) übergeben werden. Dafür kommen bei Einschreiben Angehörige des Empfängers, seines Ehegatten oder Postbevollmächtigten, in der Wohnung oder im Geschäft des Empfängers angestellte Personen, Lebensgefährten des Empfängers in Betracht. Verweigert der Empfänger, sein Ehegatte oder der Postbevollmächtigte die Annahme der Sendung, so gilt sie als unzustellbar und ist an die absendende Behörde zurückzusenden. Sie ist dem Empfänger dann nicht zugegangen (BVerwGE 36, 127). Verweigern Ersatzempfänger die Annahme, so erhält der Empfänger

Zweiter Abschnitt. Allgemeine Verfahrensvorschriften § 51

einen Benachrichtigungsschein, in dem er aufgefordert wird, die Sendung innerhalb von sieben Werktagen beim Zustellpostamt abzuholen. Gleiches gilt, wenn weder der Empfänger noch der Ersatzempfänger angetroffen werden konnten.

Der **Zugang der Sendung** richtet sich nach postalischen Regeln. Das Schriftstück ist mit der Auslieferung an den Empfänger oder einen Ersatzempfänger zugegangen (*BayObLG* DAR 1983, 255). Wird das Einschreiben über ein abschließbares Postfach des Empfängers zugestellt, so ist es diesem erst mit der tatsächlichen Auslieferung zugegangen und nicht bereits mit dem Einwerfen des Benachrichtigungsscheins in das Postschließfach (*BVerwG* NJW 1983, 2344). 18

Der nach § 4 Abs. 2 VwZG zwingende **Vermerk über den Tag der Aufgabe zur Post** ist Voraussetzung für die Wirksamkeit der Zustellung mittels eingeschriebenen Briefes (KK-*Lampe* 48). Der Aktenvermerk braucht von dem mit der Aufgabe der Sendung beauftragten Bediensteten nicht abgezeichnet zu werden. Der in die Akten eingeklebte Posteinlieferungsschein kann den Vermerk ersetzen (*BVerwG* Rpfleger 1982, 30; *OVG Bremen* NJW 1974, 1722; KK-*Lampe* 48; **a. A.** *BGHZ* 32, 373; *RRH* 9). Der Rückschein genügt zum Nachweis der Zustellung (§ 4 Abs. 2 Satz 1 VwZG). Die Zustellung ist unwirksam, wenn der Aktenvermerk auf einen Zeitpunkt vor dem Ausstellungstag des zuzustellenden Schriftstückes lautet (*BayObLG* VRS 39, 221). 19

Bei **Zweifeln** am Zugang oder seinem Zeitpunkt ist die Behörde beweispflichtig (§ 4 Abs. 2 Satz 3 VwZG). Langwierige Beweisführung in dieser Richtung ist allerdings entbehrlich, wenn die Zustellung einfach in derselben oder einer anderen Zustellungsart wiederholt werden kann. 20

Bei **Zustellung durch die Behörde gegen Empfangsbekenntnis** (EB, § 5 VwZG) wird im Regelfall das Schriftstück dem Betroffenen durch einen Bediensteten der Verwaltungsbehörde ausgehändigt (§ 5 Abs. 1 VwZG). Dies entspricht im Wesentlichen der Zustellung durch die Post mit ZU (KK-*Lampe* 51), allerdings wird hier durch die Verwaltungsbehörde selbst ausgehändigt und die Übergabe nicht vom Überbringer beurkundet, sondern vom Empfänger bescheinigt. Für die Empfangsbescheinigung soll das amtliche Muster verwendet werden. Eine andere Form ist wirksam, wenn sie Namen und Anschrift des Empfängers sowie Datum 21 der Aushändigung und die Unterschrift des Empfängers bzw. Ersatzempfängers enthält. Fehlt das Datum der Aushändigung, so läuft die Rechtsbehelfsfrist nicht (*VGH Kassel* NJW 1984, 445). Das EB soll mit vollem Namen unterschrieben werden.

22 Gemäß § 5 Abs. 4 VwZG kann die **Zustellung** durch die Verwaltungsbehörde gegen EB bei Behörden, Körperschaften, Anstalten und Stiftungen des öffentlichen Rechts, ferner bei Rechtsanwälten, vereidigten Buchprüfern, Steuerberatungsgesellschaften und Wirtschaftsprüfungsgesellschaften **in vereinfachter Form** und auch elektronisch erfolgen. Diesen Empfängern kann das Schriftstück in jeder geeignet erscheinenden Form übermittelt werden, wobei der Empfänger das von der absendenden Behörde vorbereitete EB mit Datum des Zugangs und seiner Unterschrift versieht und an die Behörde zurücksendet. Für den Nachweis des Zugangs ist das Datum, das der Empfänger auf dem EB vermerkt hat, maßgeblich. Bei einem Rechtsanwalt kommt es auf den Zeitpunkt an, an dem er persönlich das zuzustellende Schriftstück als zugestellt angenommen hat (*Karlsruhe* MDR 1984, 71). Will der Rechtsanwalt nur mit Paraphe unterzeichnen, ist der Eindruck seines Kanzleistempels auf dem EB erforderlich.

23 Die Möglichkeit der Zustellung mittels Vorlegens der Urschrift (§ 6 VwZG a. F.) besteht nicht mehr. Diese Möglichkeit galt nur im Zustellungsverkehr unter Behörden.

III. Ersatzzustellung im Übrigen

24 Wird der Zustellungsempfänger in seiner Wohnung nicht angetroffen, so kann das Schriftstück in der Wohnung, nicht außerhalb (*RRH* 6a), einem **erwachsenen Familienangehörigen,** einer in der Familie **beschäftigten Person** oder einem erwachsenen **Mitbewohner** zugestellt werden (§ 178 Abs. 1 Nr. 1 ZPO). Dabei ist Wohnung diejenige Räumlichkeit, die der Adressat zur Zeit der Zustellung für eine gewisse Dauer zum Wohnen benutzt, in der er also hauptsächlich lebt, schläft und seinen tatsächlichen Lebensmittelpunkt hat (*BGH* NJW-RR 1997, 1161; *RRH* 6a). Ist der Adressat verzogen oder aus unterschiedlichen Gründen (Strafhaft über einen Monat – *BGH* NJW 1978, 1858; Kasernierung – *BayObLG* VRS 41, 281; Sanatoriumsaufenthalt – *BayObLG* DAR 1976, 176; mehrmonatiger beruflicher Auslandsaufenthalt – *BayObLG* NJW 1968, 513) für längere Zeit von seiner Wohnung abwesend, so ist eine Ersatzzustellung nach dieser Vorschrift unwirksam (*RRH* 6a).

Die Ersatzzustellung nach § 178 Abs. 1 Nr. 1 ZPO ist unwirksam, wenn 25
sie in Räumen vorgenommen wird, die nicht die Wohnung des Adressaten
sind oder nicht zu seiner Wohnung gehören. Jedoch muss der Adressat
einen nach außen erweckten Eindruck, es handele sich um seine Wohnung, gegen sich gelten lassen (*RRH* 6a). Trifft der Zustellende den
Adressaten nicht in der Wohnung an, so braucht er nicht nachzuprüfen, ob
sich der nicht doch in der Wohnung aufhält (KK-*Lampe* 27; *RRH* 6a).
Bestreitet hingegen der Adressat auch schon die Ersatzzustellung in der
Wohnung oder gibt es sonst Zweifel an der Ersatzzustellung, so ist dem
gegebenenfalls durch **Beweiserhebung** nachzugehen (*BerlinerVerfGSt*
NStZ 2002, 586).

Erwachsene Familienangehörigen sind alle Personen, die zu dem 26
Adressaten in einem familienrechtlich relevanten Verhältnis stehen. Das
sind Ehegatten, erwachsene Kinder und Enkel, Verwandte, Verschwägerte, Schwiegereltern und Schwiegerkinder. Ferner zurückgekehrte frühere
Ehegatten, Pflegekinder, Verlobte, nichteheliche, auch gleichgeschlechtliche Lebensgefährten und der Lebenspartner im Sinne des LPartG (**a. A.**
RRH 6b). Der erwachsene Familienangehörige **muss nicht volljährig,**
aber körperlich und geistig soweit entwickelt sein, dass man von ihm die
ordnungsgemäße Weiterleitung des zuzustellenden Schriftstücks des
zuzustellenden Schriftstücks an den Adressaten erwarten kann. Entscheidend hierfür ist das **äußere Erscheinungsbild** des Betreffenden
(*RRH* 6b).

In der Familie **beschäftigte Personen** sind feste Hausangestellte, nicht je- 27
doch die Haushalts- und Putzhilfe, auch nicht die legal im Minijob arbeitende. Die Tätigkeit eines Verwandten, der lediglich die Post entgegennimmt und die Blumen gießt, reicht nicht (*Nürnberg* NJW-RR 1998, 495).
Die in der Familie beschäftigte Person braucht nicht im Haushalt des
Adressaten zu wohnen.

Erwachsene **ständige Mitbewohner** sind Personen, die mit dem Adressa- 28
ten dauernd in einer gemeinsamen Wohnung wohnen, ohne zur Familiie
zu gehören, ohne in der Familie beschäftigt zu sein und ohne in der Rolle
des Partners einer Lebensgemeinschaft oder einer formalen Lebenspartnerschaft mit dem Adressaten oder einem anderen Familienzugehörigen
zu sein.

§ 51 Zweiter Teil. Bußgeldverfahren

29 Nach § 178 Abs. 1 Nr. 2 ZPO kann auch in **Geschäftsräumen** an eine dort beschäftigte Person ersatzweise zugestellt werden. Es muss sich um einen Geschäftsraum des Adressaten handeln. Welche Berufs- oder Gewerbeausübung dem zugrunde liegt, ist gleichgültig, jedoch muss der Adressat seinen Beruf oder sein Gewerbe dort regelmäßig ausüben und dort auch grundsätzlich erreichbar sein. Gemeinschaftliche Nutzung mit anderen ist unschädlich; eine räumliche Trennung des Geschäftsraums von der Wohnung ist nicht erforderlich (*RRH* 6f). Liegt der Geschäftsraum in der Wohnung, so gelten wahlweise Nr. 1 und Nr. 2.

30 In dem **Geschäftsraum ist die Person beschäftigt,** wenn der Adressat sie mit einem Dienst in diesem Raum tatsächlich betraut hat, wobei es nicht auf ein bestehendes Arbeits- oder Angestelltenverhältnis ankommt. Hierzu zählt etwa auch ein Rechtsreferendar im Vorbereitungsdienst (*BFH* NJW 1994, 960), aber auch ein Auszubildender in den dem Anwaltsberuf typischen Geschäften (*RRH* 6g).

31 Die Erzatzzustellung ist nur **innerhalb des Geschäftsraums** zulässig, wobei das zuzustellende Schriftstück nicht unbedingt mit dem Geschäft des Adressaten zu tun haben muss, sondern auch eine rein private Angelegenheit betreffen kann. Eine Erzatzzustellung im Geschäftsraum ist aber unwirksam, wenn sie an eine Person erfolgen soll, die vom Adressaten lediglich stillschweigend zur Entgegennahme von Zustellungen ermächtigt worden ist, ohne von ihm sonst beschäftigt zu werden (*BayObLG* NStZ-RR 2001, 445).

32 Ist der Adressat **Bewohner einer Gemeinschaftseinrichtung** und wird er dort nicht angetroffen, so kann der Zusteller das Schriftstück in der Gemeinschaftseinrichtung deren Leiter oder einem dazu ermächtigten Vertreter zugestellt werden (§ 178 Abs. 1 Nr. 3 ZPO). Gleichgültig ist, ob die Gemeinschaftseinrichtung öffentlich-rechtlich oder privatrechtlich geführt wird (*RRH* 6h).

33 Nach § 180 ZPO kann das zuzustellende Schriftstück auch in einer zur Wohnung oder zum Geschäftsraum gehörenden **Briefkasten** oder eine **ähnliche Einrichtung** eingelegt werden, wenn auch die Ersatzzustellung nach § 178 Nr. 1 oder Nr. 2 ZPO nicht durchgeführt werden konnte. Der Briefkasten muss deutlich erkennbar zur Wohnung oder zum Geschäftsraum gehören. Ist er übervoll oder gibt es andere Anzeichen dafür, dass er

nicht regelmäßig geleert wird, darf er zur Ersatzzustellung nicht verwendet werden (*RRH* 6i). Ein **Gemeinschaftsbriefkasten** in einem überschaubaren Mehrfamilienhaus kann hingegen verwendet werden (*BGH* Rpfleger 2001, 141). Eine ähnliche Vorrichtung wie ein Briefkasten ist etwa der Briefschlitz in der Haustür eines Einfamilienhauses (BT-Drucks. 14/4554 S. 12), nicht jedoch der zum **Hindurchschieben eines Poststücks** ausreichende Abstand der Haustür vom Fußboden, weil der zwar zum Postempfang geeignet, nicht jedoch dafür eingerichtet ist.

Die Erzsatzzustellung durch **Einlegen in den Briefkasten** einer Gemeinschaftseinrichtung sieht § 180 ZPO nicht vor. Ist hier die persönliche Ersatzzustellung nicht möglich, muss die durch Niederlegung nach § 181 ZPO erfolgen. Im Übrigen gilt das Schriftstück mit dem Einlegen in den Briefkasten oder dem Verwenden der ähnlichen Vorrichtung als erfolgt (§ 180 Satz 2 ZPO). Der Lauf einer Rechtsbehelfsfrist beginnt von diesem Zeitpunkt an, spätestens jedoch mit Entnahme des Schriftstücks durch den Adressaten und seine Kenntnisnahme zu laufen (*RRH* 6i). **34**

Die Ersatzzustellung **durch Niederlegung** ist in § 181 ZPO geregelt. Weil sie die am wenigsten sichere Zustellungsart ist, kommt der Deutlichkeit der Mitteilung und der Sicherheit ihres Zugangs besondere Bedeutung zu (*RRH* 6o). Die Mitteilung kann auch unter der Tür hindurchgeschoben oder vor der Wohnungstür angelegt (*BVerwG* NJW 1985, 1179) oder an sie angeheftet werden. **35**

Wird die **Annahme** der Zustellung ohne gesetzlichen Grund **verweigert**, so ist das zu übergebende Schriftstück am Ort der Zustellung zurückzulassen (§ 179 ZPO). Hierdurch ist die Zustellung bewirkt. Hat entgegen der Annahme des Postbediensteten ein gesetzlicher Weigerungsgrund vorgelegen, so ist die nach § 179 ZPO vorgenommene Zustellung unwirksam. Die Annahme dürfen verweigern: der Hauswirt oder Vermieter stets (§ 178 ZPO), sonstige Ersatzpersonen nur, wenn die Voraussetzungen für eine Ersatzzustellung fehlen, aber auch derjenige, dem eine Zustellung zu unzumutbarer Zeit übergeben werden soll oder an dessen Identität Zweifel bestehen, wie etwa bei Namensgleichheit von Vater und Sohn. **36**

IV. Weitere Zustellungsmöglichkeiten

Die **Zustellung im Ausland** mittels Ersuchen der zuständigen ausländischen Behörde (§ 9 Abs. 1 VwZG) ist **Rechtshilfe.** Sie ist nur zulässig, **37** wenn insoweit völkerrechtliche Vereinbarungen bestehen, wie dies für das Bußgeldverfahren der Verwaltungsbehörden insbesondere in Zoll-, Verbrauchssteuer- und Monopolangelegenheiten im Verhältnis zu einzelnen Staaten der Fall ist.

38 Eine Zustellung im Ausland kann auch durch Einschreiben mit Rückschein sowie elektronisch (§ 9 Abs. 1 Nr. 4 VwZG) bewirkt werden, soweit dies aufgrund **völkerrechtlicher Vereinbarungen** zulässig ist (§ 37 Abs. 2 StPO i. V. m. § 46 Abs. 1; *Meyer-Goßner* NJW 1993, 499). Darüber hinaus darf die Zustellung von Bescheiden im Ausland unmittelbar auf dem Postwege nicht erfolgen, weil dies die fremde Gebietshoheit in unzulässiger Weise berühren kann. Fehlt eine völkerrechtliche Vereinbarung, so kann ein im Bußgeldverfahren gegen einen Ausländer ergangener Bescheid der Verwaltungsbehörde derzeit im Ausland nicht zugestellt werden.

39 **Ist zwischen Deutschland und einem ausländischen Staat** vereinbart oder aufgrund besonderer Umstände wie etwa eines Notenwechsels damit zu rechnen, dass die ausländischen Behörden bei einem Ersuchen der StA auch die Zustellung von Bescheiden der Verwaltungsbehörde bewirken, so kann die Verwaltungsbehörde die StA um entsprechende Amtshilfe ersuchen (RiStBV Nr. 300). Örtlich zuständig ist die StA, die bei Einspruch gegen den Bußgeldbescheid Verfolgungsbehörde wäre (*RRH* 13).

40 **Zustellungen an Deutsche in ausländischen Staaten**, mit denen Deutschland diplomatische oder konsularische Beziehungen unterhält, können bei Vorliegen entsprechender Ermächtigungen durch die zuständige deutsche Auslandsvertretung bewirkt werden. Die Zustellungsersuchen sind unmittelbar an sie zu übersenden. In diesen Fällen handelt es sich nicht um Rechtshilfeverkehr mit dem Ausland, sondern um **innerstaatlichen Amtshilfeverkehr**, der nach innerdeutschen Bestimmungen stattfindet (KK-*Lampe* 61). In welchen Staaten deutsche Auslandsvertretungen an welche Personen Zustellungen veranlassen dürfen, ergibt sich für justizanhängige Verfahren aus dem Länderteil der RiVASt. An Deutsche, die exterritorial sind, wird mittels Ersuchens des Auswärtigen Amtes zugestellt, wenn sie zur Mission des Bundes gehören. Dasselbe gilt für den Vorsteher der deutschen Konsulate. Im Übrigen kann die Beörde bei der Zustellung im Ausland anordnen, dass derjenige, an den zugestellt werden soll, innerhalb einer angemessenen Frist einen Zustellungsbevollmächtigten benennt, der im Inland wohnt oder dort einen Geschäftsraum hat (§ 9 Abs. 3 Satz 1 VwZG). Wird dem nicht entsprochen, so kann das Dokument zur Post gegeben werden. Es empfiehlt sich für die Justizbehörden, zum Dienst als Zustellungsbevollmächtigte bereite Personen vorrätig zu haben.

Der **Zustellungsnachweis** erfolgt bei der Zustellung **im Ausland** durch die Bescheinigung der ersuchten Behörde oder des ersuchten Beamten, dass zugestellt ist (§ 9 Abs. 2 VwZG). 41

Öffentliche Zustellungen sind nach § 10 Abs. 1 VwZG bei unbekanntem Aufenthalt des Empfängers, Unausführbarkeit oder voraussichtlicher Erfolglosigkeit der Zustellung, weil der Empfänger sich im Ausland aufhält, zulässig. Es muss Gründe dafür geben, dass die Behörde annehmen muss, dass alle anderen Möglichkeiten der Zustellung aussichtslos sind. Öffentliche Zustellung ist nur ultima ratio (*VGH Mannheim* NJW 1992, 526; *BGH* NJW 1992, 2280; *RRH* 14), weil stets damit zu rechnen ist, dass sie erfahrungsgemäß nicht zur Kenntnis des Adressaten gelangt. Die öffentliche Zustellung bedarf der besonderen Anordnung durch einen zeichnungsberechtigten Beamten (§ 10 Abs. 1 VwZG). Dadurch soll gewährleistet werden, dass das Vorliegen der gesetzlichen Voraussetzungen der öffentlichen Zustellung besonders sorgfältig geprüft wird (*RRH* 14). Welcher Beamte zeichnungsbefugt ist, bestimmt die innere Behördenorganisation (KK-*Lampe* 65). 42

Als Voraussetzung muss der **Aufenthalt des Empfängers unbekannt** sein (§ 10 Abs. 1 Nr 1 VwZG). In der Regel ist eine Zustellung an seine letzte bekannte Anschrift zu versuchen, es sei denn, auch eine solche gibt es nicht oder es steht mit an Sicherheit grenzender Wahrscheinlichkeit fest, dass dieser Zustellungsversuch erfolgreich sein wird. Das ist nicht bereits der Fall, wenn der Betroffene in einer vorhandenen Straße eine nicht vorhandene Hausnummer angegeben hat, ein Einschreiben mit Rückschein in anderer Sache mit dem Vermerk „nicht abgefordert, Lagerfrist abgelaufen" zurückgekommen ist, oder der Betroffene mitgeteilt hat, er lebe im Ausland und komme nur gelegentlich an die im Inland angegebene Adresse (*Celle* StV 1985, 495). Die Verwaltungsbehörde muss vielmehr den Aufenthalt durch Auskunftsersuchen ermitteln. Bei Ausländern ist ggf. beim Ausländerzentralregister nachzufragen (*Stuttgart* NJW 1976, 1599). Ggf. kommt auch die Niederlegung eines Suchvermerks im 43

BZR (§ 27 BZRG; § 10 Abs. 2 VwZG), die Veröffentlichung einer Benachrichtigung im Bundesanzeiger oder im elektronischen Bundesanzeiger in Betracht.

44 Das **Verfahren der öffentlichen Zustellung** regelt § 10 Abs. 2 VwZG. Das zuzustellende Schriftstück ist in einer von der Behörde allgemein bestimmten Stelle auszuhängen. Es kann auch eine Benachrichtigung ausgehängt werden, in der angegeben ist, dass und wo das Schriftstück eingesehen werden kann. Von dieser Möglichkeit sollte Gebrauch gemacht werden, wenn das Aushängen des Schriftstücks zu einer unnötigen Prangerwirkung für den Empfänger führen würde. Neben der Aushängung kann das Schriftstück oder ein Auszug in einer örtlichen oder überörtlichen Zeitung veröffentlicht werden (§ 10 Abs. 2 VwZG). In Betracht kommt auch die Veröffentlichung einer Benachrichtigung im Bundesanzeiger oder im elektronischen Bundesanzeiger. Richtet die Behörde eine elektronische Benachrichtigungstafel ein, so ist das von Abs. 2 gedeckt.

45 Ist bekannt, dass der Empfänger in einem **ausländischen Gebiet** lebt, in dem es an **geordneten staatlichen Einrichtungen fehlt**, oder mit dem es keine diplomatischen und konsularischen Beziehungen sowie kein Rechtshilfeverkehr besteht oder wenn der ausländische Staat Rechtshilfe verweigert, kann öffentlich zugestellt werden. In diesem Fall ist die öffentliche Zustellung dem Empfänger formlos mitzuteilen, wenn dessen Anschrift bekannt ist und Postverbindung besteht. Die Wirksamkeit der öffentlichen Zustellung wird davon nicht berührt.

46 Das Schriftstück gilt an dem Tag als zugestellt, an dem seit dem Tag des Aushängens **zwei Wochen verstrichen** sind (§ 10 Abs. 2 Satz 6 VwZG). Die Frist wird nach § 43 StPO i.V.m. § 46 Abs. 1 berechnet. Der Tag des Aushängens ist nicht mitzurechnen. Wird also an einem Montag ausgehängt, so beginnt die Zweiwochenfrist am folgenden Dienstag und endet mit dem übernächsten Montag. Die Zustellung gilt mit dem Tageswechsel vom Montag zum Dienstag als bewirkt. § 43 Abs. 2 StPO über Fristende an Sonn- und Feiertagen findet auch hier Anwendung.

47 Der **Tag des Aushängens und der Tag der Abnahme** sind auf dem Schriftstück zu vermerken (§ 186 Abs. 3 ZPO). Der Vermerk muss vom zuständigen Beamten unterzeichnet sein (KK-*Lampe* 69). Das Fehlen des Vermerks oder die unvollständige Zeichnung macht die Zustellung un-

Zweiter Abschnitt. Allgemeine Verfahrensvorschriften § 51

wirksam (*BGHZ* 80, 320). Bei Ladungen beträgt die Aushängefrist ein Monat (§ 15 Abs. 3 Satz 1 VwZG).

An **Binnenschiffer** und **Seeleute** kann kraft Gewohnheitsrechts auf allen Wasserstraßen und in den Häfen Deutschlands auch mit Hilfe der Wasserschutzpolizei gegen EB zugestellt werden (*Hamm* NJW 1965, 1613). **48**

Bei Zustellung an **Soldaten** gilt der Erlass des Bundesministers der Verteidigung vom 16. März 1982 (VMBl. S. 130), geändert durch Erlass vom 20. Juni 1983 (VMBl. S. 182). Danach kann eine Ersatzzustellung bei Kasernierung auch an den Kompaniefeldwebel („Spieß"), bei dessen Abwesenheit an seinen Vertreter, außerdem auch an den anwesenden Kompaniechef erfolgen. Nicht zulässig ist die ersatzweise Zustellung an einen Soldaten auf der Poststelle (*RRH* 22). Ist allerdings die Zustellung nach den allgemeinen Vorschriften ordnungsgemäß erfolgt, so berührt die Nichtbeachtung der auf Erlass beruhenden Regelung für die Bundeswehr die Wirksamkeit nicht. **49**

An **Nichtsesshafte** kann die Zustellung durch die Polizei gegen EB in den ortsüblichen Aufenthalts- oder Übernachtungsstellen erfolgen. **50**

Nach Abs. 2 ist dem Betroffenen zuzustellen, ferner einem Nebenbeteiligten, wenn seine Verfahrensbeteiligung angeordnet ist. Abweichend von § 7 Abs. 1 VwZG und den entsprechenden landesrechtlichen Vorschriften, die hier nicht gelten, bestimmt Abs. 2, dass die Zustellung auch dann an den Betroffenen erfolgt, wenn er nur **beschränkt geschäftsfähig** ist, denn er hat ohne Rücksicht auf Alter und Geschäftsfähigkeit ein selbständiges Recht zum Einspruch und zum befristeten Antrag auf gerichtliche Entscheidung (KK-*Lampe* 79). Dem gesetzlichen Vertreter des Betroffenen ist ein Bescheid formlos mitzuteilen, weil er unabhängig vom Betroffenen zur Einlegung des Rechtsbehelfs berechtigt ist (*RRH* 26). **51**

Der Bescheid gegen einen **Jugendlichen** soll außerdem dem Erziehungsberechtigten mitgeteilt werden. Bei mehreren Erziehungsberechtigten reicht die Mitteilung an einen von ihnen aus. Maßgebend für den Fristablauf ist aber nur die Zustellung an den Betroffenen, nicht die Mitteilung an den gesetzlichen Vertreter bzw. den Erziehungsberechtigten (*Göhler/ Seitz* 40). Unterbleibt die Mitteilung an sie, so haben sie bei einer Fristversäumung nur dann, wenn die Zustellung an den Betroffenen ordnungsge- **52** mäß erfolgt ist, keinen Anspruch auf Wiedereinsetzung in den vorigen Stand (teilweise **a. A.** *Göhler/Seitz* 40; *RRH* 26).

53 Der Bescheid kann auch an einen **Vertreter des Betroffenen** zugestellt werden, der allgemein oder für bestimmte Angelegenheiten bestellt ist (§ 7 Abs. 1 VwZG). Bevollmächtigte in diesem Sinne, deren Bevollmächtigung auch stillschweigend erfolgen kann (*BGH* NJW 1990, 3276) sind insbesondere Generalbevollmächtigte, Prokuristen, Zustellungsbevollmächtigte, Prozessbevollmächtigte und Handlungsbevollmächtigte nach § 54 HGB. Ob ein Bevollmächtigter zur Annahme eines Bescheides in einem Bußgeldverfahren berechtigt ist, richtet sich nach dem von der Verwaltungsbehörde zu prüfenden Umfang der Vollmacht. So haben Prokuristen und Handlungsbevollmächtigte nicht das Recht, Bescheide entgegenzunehmen, die keinen Bezug zum Handelsgewerbe des Betroffenen haben (*RRH* 28). Kann der Umfang der Bevollmächtigung zur Entgegennahme der Zustellung nicht ohne besonderen Aufwand geklärt werden, ist an den Betroffenen selbst zuzustellen.

54 Ist ein Bevollmächtigter bestellt, so erfolgt die Zustellung an ihn nur, wenn er eine **schriftliche Vollmacht** vorgelegt hat (§ 7 Abs. 1 VwZG). Weil eine Bevollmächtigung lediglich rechtsgeschäftliche Vertretung des Betroffenen bedeutet, besteht auch bei Vorlage einer schriftlichen Bevollmächtigung keine Verpflichtung der Verwaltungsbehörde, an den Bevollmächtigten zuzustellen. Eine Zustellung an den Betroffenen bleibt wirksam (**a. A.** KK-*Lampe* 82; *Göhler/Seitz* 42; *RRH* 28).

55 Hat der Betroffene **mehrere Bevollmächtigte** bestellt, so genügt die Zustellung an einen von ihnen (§ 7 Abs. 1 Satz 3 VwZG). Einem von mehreren Betroffenen bestellten Bevollmächtigten braucht der Bescheid nur einmal zugestellt zu werden, jedoch ist für jeden Betroffenen eine Ausfertigung beizufügen (§ 7 Abs. 2 VwZG).

56 Für die **Zustellung an Verteidiger** enthält das VwZG keine besondere Regelung mehr. Es gelten die gewöhnlichen Regeln der Zustellung gegen Empfangsbekenntnis (§ 5 Abs. 4 VwZG). Voraussetzung der Ermächtigung ist ein wirksames Verteidigungsverhältnis. Bei einem Wahlverteidiger muss sich dessen Vollmacht bei den Akten befinden. Eine Abschrift oder Ablichtung der Vollmacht reicht aus (*BayObLG* DAR 1983, 252), ebenso ein Aktenvermerk, aus dem sich ergibt, dass der Betroffene seinem

Verteidiger im Verhältnis zur Verwaltungsbehörde mündlich Vollmacht erteilt hat (*Celle* NJW 1984, 444; *Stuttgart* NStZ 1988, 193). Ist keine dieser Möglichkeiten gegeben, so ist die Zustellung an den Verteidiger unwirksam (*Karlsruhe* Justiz 1982, 375). Eine nach der Zustellung zu den Akten gegebene Vollmacht heilt diesen Mangel nicht (*Stuttgart* Justiz 1983, 466).

Im gemeinsamen Auftreten des Betroffenen mit einem Rechtsanwalt vor der Verwaltungsbehörde liegt noch keine Vollmachterteilung an einen Wahlverteidiger (*BGH* NJW 1996, 406). 57

Die **Zustellungsvollmacht** gilt für die Dauer der Verteidigervollmacht, im Falle ihres Widerrufs oder ihrer sonstigen Beendigung so lange, bis dies aktenkundig geworden ist (*Koblenz* VRS 71, 203). Zustellungsvollmacht i. S. v. Abs. 3 gewährt auch die Untervollmacht des Wahlverteidigers (*RRH* 32). Hat der Betroffene mehrere Verteidiger, so kann an jeden von ihnen zugestellt werden (*BGH* NStZ 1987, 422). Die anderen Verteidiger sind in diesem Falle zu unterrichten. Hat eine Sozietät von mehr als drei Rechtsanwälten Verteidigervollmacht, so kann an sie nach § 137 Abs. 1 Satz 2 StPO i. V. m. § 46 Abs. 1 nicht wirksam zugestellt werden (*BayObLG* NJW 1976, 861), es sei denn, ein Sozius ist zum allgemeinen Vertreter bestellt. 58

Eine Ladung des Betroffenen darf dem Verteidiger nur dann zugestellt werden, wenn er in der bei den Akten befindlichen Vollmacht ausdrücklich zur Empfangnahme einer Ladung ermächtigt ist. Die allgemein gehaltene Vollmacht, Zustellungen aller Art in Empfang zu nehmen, reicht nicht aus (*Köln* NJW-RR 1998, 240). 59

Ob sie an den Betroffenen oder seinen Verteidiger zustellen will, liegt im pflichtgemäßen Ermessen der Verwaltungsbehörde, soweit nicht der Verteidiger die Zustellung ausschließlich **an sich verlangt** (*Göhler* 44d). Allerdings sollte die Zustellung an den Verteidiger nach dem Zweck der Vorschrift die Regel sein, zumal sie nach § 5 Abs. 4 VwZG einfach und kostensparend durchgeführt werden kann (*RRH* 33). 60

Abs. 3 Sätze 2 und 3 stellen sicher, dass der **jeweils andere Teil**, nämlich der Betroffene bei Zustellung an den Verteidiger und dieser bei Zustellung an den Betroffenen alsbald vom Inhalt des zugestellten Bescheids und auch darüber unterrichtet wird, an wen förmlich zugestellt wurde (*RRH* 34). Der jeweils andere erhält formlos eine Abschrift des dem an- 61

§ 51 Zweiter Teil. Bußgeldverfahren

deren zugestellten Bescheids, und zwar der Verteidiger auch dann, wenn seine Vollmacht noch nicht bei den Akten vorliegt, der Behörde aber bereits angezeigt oder sonst bekannt ist. Weil nur die förmliche Zustellung die rechtlich wirksame Bekanntmachung eines Bescheids ist, nicht etwa die formlose Mitteilung an den anderen (*Hamburg* NJW 1965, 1614), ist die Mitteilung an den anderen für den Lauf der Frist zur Einlegung eines befristeten Rechtsbehelfs auch nicht maßgebend (*RRH* 34).

62 Das **Unterlassen der formlosen Unterrichtung** berührt die Wirksamkeit der Zustellung selbst nicht und stellt auch keinen Verstoß gegen Art. 103 Abs. 1 GG dar (*BVerfG* NJW 1978, 1575; *BGH* NJW 1977, 640 zu § 145a StPO). Allerdings kann ein Grund für die Wiedereinsetzung in den vorigen Stand (§ 52) als Folge unterlassener Benachrichtigung gegeben sein. Schließlich kann die absichtliche Unterlassung der Benachrichtigung des Verteidigers ein Verstoß gegen das Gebot des fairen Verfahrens sein (*Frankfurt* NStZ 1990, 556).

63 Zustellungen an einen **Rechtsanwalt aus einem anderen EU-Mitgliedsstaat**, der als Verteidiger tätig wird, können an diesen unmittelbar bewirkt werden, solange er sich im Inland aufhält und eine zustellungsfähige Anschrift vorlegt (*Göhler/Seitz* 48). Ist Letzteres nicht der Fall, so hat der ausländische RA, sobald er als Verteidiger im Verfahren vor der Verwaltungsbehörde tätig wird, einem inländischen RA Zustellungsvollmacht zu erteilen. Dann werden die Zustellungen für den ausländischen RA an diesen bewirkt. Ist eine Zustellungsvollmacht nicht erteilt, so gilt derjenige inländische RA als bevollmächtigt, mit dem einvernehmlich gehandelt wird. Vorsorglich sollte in diesen Fällen stets an den Betroffenen zugestellt werden.

64 Kommt es zur **Doppelzustellung** an mehrere Empfangsberechtigte, so richtet sich die Berechnung einer Frist nach der zuletzt bewirkten Zustellung (Abs. 4). Dies gilt jedoch nur, wenn spätere Zustellung angeordnet und bewirkt wurde, bevor die durch die erste Zustellung in Gang gesetzte Frist abgelaufen ist (*BGHSt* 22, 221). Eine durch wirksame Zustellung in Lauf gesetzte und abgelaufene Frist wird durch eine später angeordnete und bewirkte Zustellung nicht erneut eröffnet (*BGH* NStZ 1985, 17). Wird an den Verteidiger mehrfach zugestellt, so ist für die Fristberechnung die erste wirksame Zustellung maßgeblich (*BGH* NJW 1978, 60).

Dies gilt auch dann, wenn eine der Formen der Ersatzzustellung gewährt wird (*RRH* 35).

V. Mangelhafte Zustellung

Die Zustellung ist unwirksam, wenn bei ihrer Ausführung gegen zwingende Zustellungsvorschriften verstoßen wurde oder sonstige schwere Mängel vorliegen (*RRH* 36). Dagegen ist die **Verletzung bloßer Ordnungsvorschriften** wie etwa die Unterlassung der Niederlegung eines Suchvermerks bei öffentlicher Zustellung nach § 15 Abs. 5 VwZG unschädlich. Allerdings kann ein solcher Verstoß für den Lauf der Rechtsbehelfsfrist die gleichen Folgen haben wie eine unwirksame Zustellung. 65

Unwirksam ist eine Zustellung, wenn die **Ausfertigung** des Bescheids in wesentlichen Punkten nicht mit der Urschrift übereinstimmt, die **Zustellungsurkunde** in wesentlichen Punkten **unrichtig** ist, der gegen den Gemeinschuldner gerichtete Bescheid dem Konkursverwalter ausgehändigt wird, die Zustellung bei Namensidentität an einen anderen als den wirklich gemeinten Empfänger erfolgt, die **Identität des Empfängers** mit dem Zustellungsadressaten objektiv **zweifelhaft** ist (*Göhler/Seitz* 50). Unwirksamkeit ist ferner gegeben, wenn bei Zustellung durch die Post mit Zustellungsurkunde die **Beurkundung der Übergabe fehlt**, wenn entgegen der beurkundeten unmittelbaren Zustellung in Wirklichkeit eine **Ersatzzustellung** vorgenommen worden ist, wenn die Zustellungsurkunde nicht unterschrieben ist oder wenn der **Vermerk** über die Vornahme der Ersatzzustellung, die Angabe ihres Grundes oder des Ortes ihrer Niederlegung **fehlt**, wenn zur **Nachtzeit** ohne Erlaubnis des Behördenleiters nach § 3 oder § 5 VwZG zugestellt und die Annahme verweigert wurde, wenn bei öffentlicher Zustellung ihre Voraussetzungen nicht vorlagen (*RRH* 36). 66

Abs. 5 Satz 3 ist mit Wirkung vom 1. August 2006 gestrichen. Bis dahin gilt die bisherige Fassung mit dem Wortlaut „Für die Heilung von Zustellungsmängeln gilt § 9 des Verwaltungszustellungsgesetzes". Danach ist bis zum Stichtag eine Heilung von Zustellungsmängeln ausgeschlossen, wenn mit der Zustellung eine Rechtsmittelfrist beginnt, auch wenn der Empfangsberechtigte das Schriftstück nachweisbar erhalten hat. Eine Heilung durch Verzicht oder Zustimmung sieht das Gesetz nicht vor. Die Zustellung muss also mit Wirkung **ex nunc** wiederholt werden (*Göhler/* 67

Seitz 52). In allen anderen Fällen der Zustellung werden bei nachweisbarem Zugang gemäß § 9 VwZG (a. F.) und den entsprechenden landesrechtlichen Vorschriften die Zustellungsmängel geheilt. Danach gilt das Schriftstück bei Vorliegen von Zustellungsmängeln in dem Zeitpunkt als zugestellt, in dem der Empfangsberechtigte es nachweislich erhalten hat.

68 Diese Regelung entfällt mit Wirkung vom 1. August 2006. Dann gilt nach § 8 VwZG (n. F.) ein Dokument als im tatsächlichen Zugangszeitpunkt zugestellt, sofern sich die formgerechte Zustellung nicht nachweisen lässt oder wenn es auch unter Verletzung zwingender Zustellungsvorschriften zugegangen ist. Im Fall elektronischer Zustellung gilt es als in dem Zeitpunkt zugegangen, in dem der Empfänger das Empfangsbekenntnis zurückgesandt hat. Eine Heilung durch Verzicht oder Zustimmung sieht das Gesetz auch in der neuen Fassung nicht vor. Fehlt auch die Zugangsweise im Sinne von § 8 VwZG (n. F.), muss die Zustellung wiederholt werden.

69 Die Kosten der Zustellung sind Auslagen gemäß § 107 Abs. 3 Nr. 2 und Nr. 3.

§ 52 Wiedereinsetzung in den vorigen Stand

(1) Für den befristeten Rechtsbehelf gegen den Bescheid der Verwaltungsbehörde gelten die §§ 44, 45, 46 Abs. 2 und 3 und § 47 der Strafprozessordnung über die Wiedereinsetzung in den vorigen Stand entsprechend, soweit Absatz 2 nichts anderes bestimmt.

(2) Über die Gewährung der Wiedereinsetzung in den vorigen Stand und den Aufschub der Vollstreckung entscheidet die Verwaltungsbehörde. Ist das Gericht, das bei rechtzeitigem Rechtsbehelf zur Entscheidung in der Sache selbst zuständig gewesen wäre, mit dem Rechtsbehelf befasst, so entscheidet es auch über die Gewährung der Wiedereinsetzung in den vorigen Stand und den Aufschub der Vollstreckung. Verwirft die Verwaltungsbehörde den Antrag auf Wiedereinsetzung in den vorigen Stand, so ist gegen den Bescheid innerhalb von zwei Wochen nach Zustellung der Antrag auf gerichtliche Entscheidung nach § 62 zulässig.

Übersicht

	Rn		Rn
I. Allgemeines	1–4	III. Antrag auf Wiedereinsetzung und Entscheidung	24–51
II. Voraussetzungen der Wiedereinsetzung	5–23		

I. Allgemeines

Wiedereinsetzung in den vorigen Stand ist kein Rechtsmittel, sondern ein **außerordentlicher Rechtsbehelf**, durch den das Verfahren in einen Abschnitt vor Versäumung der Frist zurückversetzt und ihm damit ein anderer Verlauf gegeben wird als den, der die Folge der Säumnis gewesen wäre (*BGH* NJW 1973, 521). Sie hat weder Devolutiv- noch Suspensiveffekt. Sie dient nicht dem Zweck, die zugrunde liegende Entscheidung anzufechten und ihre Nachprüfung zu veranlassen. 1

Mit der Wiedereinsetzung wird der **Verfahrenszustand vor der Säumnis** wiederhergestellt mit der Wirkung, dass die Frist nunmehr als gewahrt gilt. Im Bußgeldverfahren sind befristete Rechtsbehelfe, bei denen eine Wiedereinsetzung in Betracht kommt, in erster Linie der Einspruch gegen den Bußgeldbescheid und ihm gleichgestellte selbständige Bescheide so- 2 wie der Antrag auf gerichtliche Entscheidung, wenn er in Abweichung vom Grundsatz des § 62 in Einzelfällen befristet ist. Wiedereinsetzung kann auch gegen die Versäumung der Wiedereinsetzungsfrist des § 45 Abs. 1 Satz 1 StPO gewährt werden.

3 Nach Abs. 1 gelten für den befristeten Rechtsbehelf gegen den Bescheid der Verwaltungsbehörde die §§ 44, 45, 46 Abs. 2 und 3 und § 47 der Strafprozessordnung über die Wiedereinsetzung in den vorigen Stand entsprechend, soweit Abs. 2 nichts anderes bestimmt.

4 Eine **entsprechende Anwendung** der §§ 44 ff. StPO über § 46 Abs. 1 für das Verfahren der Verwaltungsbehörde war nicht möglich, weil die strafprozessualen Vorschriften nur für Fristen gelten, die bei Gericht einzuhalten sind. Die strafprozessualen Bezüge der §§ 44 ff. StPO (hierzu *Lemke* in HK-StPO Rn. 3 ff.) haben für das Verfahren vor der Verwaltungsbehörde keine Bedeutung.

II. Voraussetzungen der Wiedereinsetzung

5 Die Wiedereinsetzung in den vorigen Stand setzt voraus, dass der Betroffene die **Frist** zur Einlegung eines Rechtsmittels **versäumt** hat und dass diese Säumnis nicht auf sein **Verschulden** zurückzuführen ist. Wird bewusst kein Rechtsmittel eingelegt oder ein Rechtsmittel wirksam zurückgenommen, so hat keine Verhinderung i. S. d. § 44 Satz 1 vorgelegen. Die Vorschrift betrifft die Versäumung einer Rechtsbehelfsfrist, nicht deren Verkürzung, die darin liegt, dass der Betroffene erst kurz vor Ablauf der Frist Kenntnis von der Zustellung erlangt (*Göhler/Seitz* 2). Ist die Frist noch nicht abgelaufen, etwa weil sie infolge unwirksamer Zustellung noch gar nicht in Lauf gesetzt worden ist, so ist ein Wiedereinsetzungsantrag gegenstandslos. Es hat erneute Zustellung zu erfolgen.

6 Ist der Antragsteller **rechtsirrig so behandelt** worden, als habe er die Frist versäumt und ist der Rechtsbehelf deshalb verworfen worden, so ist Wiedereinsetzung zu gewähren (*BGH* NStZ 1988, 210; *RRH* 6).

7 Wiedereinsetzung kann erteilt werden, wenn der Antragsteller an der **Wahrung der Frist unverschuldet verhindert** gewesen ist. Allgemein ist die Verhinderung **nicht unverschuldet**, wenn er bei Anwendung der ihm nach seinen persönlichen Eigenschaften und Verhältnissen sowie nach den Umständen des Einzelfalles die Frist hätte wahren können. Wann dies der Fall ist, muss unter Berücksichtigung des Anspruchs auf ein faires Verfahren (*BVerfGE* 38, 111) geprüft werden, wobei zu beachten ist, dass das Wiedereinsetzungsrecht nicht den Sinn hat, den Betroffenen aus der Beachtung von Fristen und Förmlichkeiten zu entlassen (*BVerfGE* 42, 124).

Umgekehrt ist eine **Fristversäumung unverschuldet**, wenn dem Antragsteller kein Vorwurf gemacht werden kann, dass er die Frist versäumt hat. Die Anforderungen an die zumutbare Sorgfaltspflicht dürfen nicht überspannt werden (*BVerfG* NJW 1994, 1856; *Müller* NJW 1995, 3224), wenn dadurch der Zugang zum Gericht und damit die Gewährung des rechtlichen Gehörs in unzumutbarer, sachlich nicht gerechtfertigter Weise erschwert werden würde (*BVerfG* NJW 2002, 3692). Dies gilt nach ständiger Rechtsprechung des Bundesverfassungsgerichts insbesondere bei der Versäumung der Frist für den Einspruch gegen den Bußgeldbescheid (*BVerfGE* 41, 335; *Goerlich* NJW 1976, 1526). **8**

Das Verschulden muss in einer **direkten Beziehung** zu der Fristversäumnis stehen, also für diese **unmittelbar ursächlich** sein. Das ist etwa nicht der Fall, wenn ein selbstverschuldeter Unfall zur Fristversäumnis führt (*RRH* 8; *Göhler/Seitz* 4). **9**

Eigenes Verschulden des Betroffenen liegt vor, wenn er als Rechtsunkundiger die Rechtsbehelfsfrist selbst berechnet und ihm dabei ein Fehler unterläuft, wenn er die Rechtsbehelfsschrift vergisst (*BGH* VersR 1975, 40), sie an eine unzuständige Stelle richtet und aus dem Inhalt der Schrift nicht erkennbar ist, an wen sich das eingegangene Schriftstück richten soll (*Hamm* MDR 1978, 73). Ferner, wenn der Betroffene die Rechtsbehelfsschrift falsch adressiert und so spät zur Post gibt, dass die Schrift trotz sofortiger Weiterleitung erst verspätet bei der zuständigen Stelle eingeht (*Hamm* NStZ 1985, 185), wenn er sich über die Rechtsbehelfsfrist überhaupt nicht im Klaren ist und sich trotzdem nicht erkundigt oder eine ungeeignete Person um Auskunft ersucht (*RRH* 9), wenn er seinen Beistand zu spät mit der Einlegung des Rechtsbehelfs beauftragt (*RRH* 9) oder wenn er die Rechtsbehelfsschrift durch einen Bekannten zur Post aufgeben lässt und sich vor Ablauf der Frist nicht über die fristgemäße Absendung vergewissert (*Düsseldorf* StV 1990, 486), es sei denn, dass der Betroffene nach den Umständen darauf vertrauen konnte, dass der Beauftragte die Frist wahren werde. Eigenes Verschulden liegt auch vor, wenn der Betroffene die Rechtsbehelfsfrist im Vertrauen auf die Richtigkeit der **10**

Auskunft des Stationsreferendars eines Rechtsanwalts versäumt und von dem Referendarstatus weiß (VGH *München* NJW 1991, 125).

11 Gründe für **unverschuldete Fristversäumnis** sind z. B. Naturkatastrophen, erhebliche Störungen im Straßen- und Schienenverkehr, insbesondere ein unverschuldeter Verkehrsunfall, aber auch eine Verhaftung, schwere plötzliche Erkrankung, wohl auch die unmittelbar bevorstehende Niederkunft der Ehefrau oder Partnerin (*Celle* MDR 1966, 949; *RRH* 10).

12 Bei **Unkenntnis des Betroffenen** von der Zustellung eines Bescheides bei Abwesenheit ist zu unterscheiden: Hat der Betroffene eine ständige Wohnung und verlässt er diese vorübergehend und für eine relativ kurze Zeit (*RRH* 11: bis zu sechs Wochen), so braucht er für die Zeit seiner Abwesenheit keine besonderen Vorkehrungen hinsichtlich möglicher Zustellungen zu treffen. Versäumt er aus Unkenntnis von einer gleichwohl erfolgten Zustellung die Anfechtungsfrist, so ist ihm Wiedereinsetzung zu gewähren, und zwar auch dann, wenn er vorher von der Polizei als Betroffener angehört worden war und deshalb mit der Möglichkeit der Zustellung eines Bußgeldbescheids rechnen musste (*BVerfGE* 35, 298).

13 Wer sich **regelmäßig außerhalb seiner ständigen Wohnung** aufhält (Fernfahrer), muss Vorkehrungen dafür treffen, dass er rechtzeitig Kenntnis von einer Zustellung erhält. Führt er bewusst seine Unerreichbarkeit herbei, so ist die Fristversäumnis verschuldet (*BVerfGE* 35, 299; KK-*Lampe* 15). Hat der Betroffene keinen Briefkasten, so soll seine Fristversäumung nicht unverschuldet sein, wenn darauf der Verlust des Benachrichtigungszettels zurückzuführen ist (*BVerfGE* 41, 336). Diese Auffassung übersieht, dass zumindest bei Mietwohnungen die Frage, ob ein ordnungsgemäßer Briefkasten angebracht ist, dem unmittelbaren Einfluss des Mieters entzogen ist. Häufig ist auch ein ordnungsgemäßer Briefkasten im Treppenhaus angebracht und von dem Postbediensteten wegen verschlossener Haustür nicht zu erreichen. Dies zu ändern liegt zumeist nicht im Einflussbereich des Mieters.

14 Durch **Rechtsunkenntnis bewirkter Irrtum** berechtigt zur Wiedereinsetzung, wenn sie nicht vorwerfbar ist. Das ist nicht der Fall, wenn der Rechtsmittelführer die Frist unzutreffend selbst berechnet und sie dann voll ausnutzt (*BVerfG* NJW 1971, 2217). Der verbreitete Irrtum, der

Zweiter Abschnitt. Allgemeine Verfahrensvorschriften § 52

24. und der 31. Dezember seien gesetzliche Feiertage, scheint hingegen entschuldbar (a. A. *BGH* MDR 1974, 547).

Gewöhnliche Postlaufzeiten sowie mögliche, voraussehbare Laufzeitverlängerungen durch reduzierte Dienste an Wochenenden und Feiertagen muss der Betroffene einkalkulieren. Darüber hinausgehende Verzögerungen hat er regelmäßig nicht zu vertreten (*BVerfG* NStZ 1983, 83), auch nicht nach Privatisierung der Postdienste und auch dann nicht, wenn ihn eine erhöhte Sorgfaltspflicht trifft (*Hamburg* NJW 1974, 68) oder wenn er die Möglichkeit hätte, mit wesentlichen Mehrkosten eine posteigene Telekopieanlage zu benutzen. Dies gilt für Benutzer privater Zustelldienste gleichermaßen. Allerdings können insoweit besondere Anforderungen an die Nachweisbarkeit eines normalen Postlaufs erforderlich sein. 15

Fehlt die Postleitzahl, ist aber der Empfangsort eindeutig erkennbar und möglicherweise sogar maschinenlesbar, so ist Wiedereinsetzung gerechtfertigt. Das ist nicht der Fall, wenn die Fristversäumung auf Nichtbeachtung der Leerungszeiten beruht. 16

Grundsätzlich ist auch der **ausländische Bürger** an die gesetzlichen Fristen und die sonstigen prozessualen Förmlichkeiten gebunden (*BGH* NJW 1982, 532), allerdings dürfen mangelnde Kenntnisse der deutschen Sprache nicht zu einer Verkürzung seiner verfassungsrechtlichen Rechtsschutzgarantien führen (*BVerfGE* 42, 123). Im Einzelfall können die Auswirkungen von Sprachproblemen durch entgegenkommende Behandlung von Wiedereinsetzungsanträgen allerdings wesentlich gemildert werden (*Frankfurt* StV 1986, 288; *Goerlich* NJW 1976, 1526). Auf der anderen Seite kann sich ein in Deutschland lebender und der deutschen Sprache gewandt bedienender Ausländer nicht darauf berufen, er habe die Rechtsbehelfsbelehrung nicht vollständig verstanden. In diesem Falle trifft ihn ein Verschulden, wenn er sich nicht bei der Verwaltungsbehörde oder einem Rechtsanwalt kundig macht (KK-*Lampe* 14). 17

Behördliche Verantwortung ist dem Antragsteller nicht anzulasten. So, wenn er von einem Angehörigen der Verwaltungsbehörde falsch beraten wird und deshalb eine Rechtsbehelfsfrist versäumt oder wenn der einer unzuständigen Stelle übersandte Einspruch nicht oder ohne Grund verspätet an die zuständige Verwaltungsbehörde weitergeleitet wird oder die mögliche fernmündliche Durchgabe an diese Verwaltungsbehörde unter- 18 blieben ist (*Zweibrücken* NJW 1982, 1008; *RRH* 13). Dies gilt nicht, wenn die Rechtsbehelfsschrift erst am letzten Tag der Einlegungsfrist bei der unzuständigen Verwaltungsbehörde eingeht, weil dann ein hohes Mitverschulden des Betroffenen selbst vorliegt (*Düsseldorf* NStZ 1984, 184 m. Anm. *Maul*).

19 **Behördliche Verantwortung liegt auch vor**, wenn bei einem telegrafisch eingelegten Einspruch das verspätet eingegangene Telegramm der Verwaltungsbehörde vorher rechtzeitig fernmündlich zugesprochen, dies aber nicht aktenkundig gemacht wird, wenn der Angehörige einer Verwaltungsbehörde sich weigert, die Rechtsbehelfseinlegung in einer Niederschrift zu beurkunden und dies zur Versäumung einer Rechtsbehelfsfrist führt (*Stuttgart* NStZ 1989, 42), wenn das Telefaxgerät der Verwaltungsbehörde funktionsunfähig oder abgeschaltet ist, wenn der Eingang eines per Telefax eingelegten Einspruchs nicht nachgewiesen werden kann, weil das Empfangsprotokoll bei der Verwaltungsbehörde vernichtet war (*Karlsruhe* NStZ 1994, 200), wenn mündliche Erklärungen oder Ratschläge des Bediensteten einer Verwaltungsbehörde zu Unklarheiten über Abgabe oder Einstellung eines Bußgeldverfahrens durch die StA ursächlich für die Fristversäumung sind (*BVerfGE* 40, 50), beim Fehlen eines Hausbriefkastens bei der Verwaltungsbehörde, der nicht unbedingt über eine Zugangskontrolleinrichtung verfügen muss, der aber, wenn er darüber verfügt, intakt sein muss, ferner bei verspätetem Abholen aus dem Postfach oder einem Abholfach der Verwaltungsbehörde beim AG (*BVerfG* NJW 1991, 1167) Ein behördliches Faxgerät muss auch nach Dienstschluss funktionsfähig sein (*BGH* FamRZ 1997, 414) und insbesondere auch den Eingang eines Fax nachweisen können (*Karlsruhe* NStZ 1994, 200; *RRH* 13).

20 Fällt die Fristversäumung in den **Verantwortungsbereich des Prozessbevollmächtigten**, so ist im Regelfall Wiedereinsetzung zu gewähren, sofern nicht dem Antragsteller selbst die Verantwortung für die Fristversäumung zuzuweisen ist oder wenn er selbst untätig bleibt, obwohl ihm die Unzuverlässigkeit des Verteidigers bekannt ist (*BGH* NJW 1973, 521 m. Anm. *Peters* JR 1973, 470), insbesondere wenn er die Fristversäumung voraussehen kann (*BGH* NJW 1973, 1138), etwa, weil der Verteidiger seine weitere Tätigkeit für den Betroffenen von einer Vorschusszahlung (*BGH* DAR 1985, 200) oder von der Begleichung alter Schulden (*BGH*

Zweiter Abschnitt. Allgemeine Verfahrensvorschriften § 52

EzSt Nr. 4) abhängig macht oder brieflich darauf hinweist, er werde Einspruch nur auf ausdrückliche Anordnung einlegen, diese Anordnung aber ausbleibt (*BGH* NStZ 1990, 25).

Das **alleinige Verschulden des Verteidigers** oder dessen Kanzleipersonals ist auch im Bußgeldverfahren dem Betroffenen nicht als eigenes Verschulden anzurechnen, falls diesen nicht selbst ein Mitverschulden trifft. In diesem Fall müssen sich die Verfahrensbeteiligten nach § 45 Abs. 2 StPO das Verschulden des Verteidigers zurechnen lassen. Ein Versehen seines Kanzleipersonals ist für den Rechtsanwalt und den Vertretenen nur dann unverschuldet, wenn das Personal sorgfältig ausgewählt und überwacht wird und eine zur Verhinderung von Fristüberschreitungen taugliche Büroorganisation vorhanden ist. Dies ist dann nicht der Fall, wenn der Prozessbevollmächtigte Aufsichts- und Kontrollpflichten verletzt hat, Anweisungen über die verantwortliche Behandlung von Fristsachen unterlassen hat und auch sonst für Fehler seines Büros und seines Personals verantwortlich erscheint. Insoweit ist ein strenger Maßstab zugunsten des Antragstellers anzulegen. Nichts anderes gilt, wenn die Frist durch das Verschulden eines vom Betroffenen beauftragten Dritten, der nicht Rechtsanwalt ist (Rechtsbeistand, als Verteidiger auftretender Hochschullehrer – *Schmid* NJW 1976, 941), zumindest für den Fall, dass der Dritte fristgebundene Handlungen rechtzeitig vornehmen konnte. 21

Kraft gesetzlicher Vermutung liegt ein unverschuldetes Fristversäumnis vor, wenn die in § 50 Abs. 2 vorgeschriebene Rechtsbehelfsbelehrung unterblieben ist, sofern auf die Belehrung nicht wirksam verzichtet wurde. Die bewusste Verhinderung der Rechtsbehelfsbelehrung wird wie ein Verzicht behandelt (*Düsseldorf* NZV 1990, 365). Dem Unterbleiben der Belehrung steht es gleich, wenn diese in wesentlichen Punkten unvollständig oder unrichtig erteilt wurde. Erforderlich ist, dass das Unterbleiben oder die Mangelhaftigkeit der Belehrung über die Fristversäumnis ursächlich war (*Düsseldorf* NStZ 1986, 233 m. Anm. *Wendisch*). 22

Wird ein mit einem befristeten Rechtsbehelf anfechtbarer Bescheid dem Betroffenen **ohne Rechtsbehelfsbelehrung** zugestellt und erhält der Betroffene erst am letzten Tag der Frist zur Einlegung des Rechtsbehelfs Kenntnis von Frist und Form des zulässigen Rechtsbehelfs, so ist ihm selbst dann Wiedereinsetzung zu bewilligen, wenn er die Frist bei telegrafischer oder telefonischer Einlegung des Rechtsbehelfs hätte einhalten 23 können. Der Betroffene kann zwischen beiden Möglichkeiten wählen (*Stuttgart* NJW 1976, 1279).

III. Antrag auf Wiedereinsetzung und Entscheidung

24 Das Wiedereinsetzungsverfahren wird **auf Antrag oder von Amts wegen** eingeleitet. Ist innerhalb der Antragsfrist die versäumte Handlung nachgeholt worden, so kann Wiedereinsetzung von Amts wegen gewährt werden (§ 45 Abs. 2 Satz 3 StPO).

25 Für den Antrag ist eine **besondere Form** nicht vorgeschrieben. Er kann schriftlich oder zur Niederschrift bei der Behörde erklärt werden. Eine falsche Bezeichnung des Rechtsbehelfs schadet nicht (*RRH* 18). Insoweit gilt § 300 StPO entsprechend. Es braucht auch nicht ein ausdrücklicher Antrag auf Wiedereinsetzung gestellt werden. Vielmehr reicht aus, dass sich der Wunsch nach Wiedereinsetzung der Sache nach aus dem Vortrag des Beteiligten oder dem Sachzusammenhang ergibt. Dies gilt etwa, wenn ein rechtsunkundiger Antragsteller in Kenntnis der Verspätung darum bittet, der Rechtsbehelf möge trotz der Verspätung als wirksam angesehen werden (*RRH* 18).

26 **Antragsberechtigt** ist jeder Verfahrensbeteiligte, der eine Rechtsbehelfsfrist versäumt hat, also der Betroffene oder ein sonstiger Beteiligter, an den sich die anzufechtende Maßnahme richtet und dem der befristete Rechtsbehelf zusteht, auch der gesetzliche Vertreter, wenn er die Frist für einen Rechtsbehelf aus eigenem Recht versäumt (§§ 62 Abs. 2 Satz 2, 67 Satz 2 i. V. m. § 296 StPO) und der Wiedereinsetzungsgrund in jeweils seiner Person vorliegt (*BayObLG* NJW 1954, 1379). Ein für den Vertretenen bestehender Wiedereinsetzungsgrund kann nicht von seinem gesetzlichen oder gewillkürten Vertreter geltend gemacht werden. Der Verteidiger bedarf zu einem Wiedereinsetzungsantrag für den Betroffenen einer besonderen Vollmacht, weil § 297 StPO nur für Rechtsmittel im eigentlichen Sinn gilt (*Kleinknecht* NJW 1961, 87).

27 **Adressat des Wiedereinsetzungsantrags** ist die Verwaltungsbehörde, bei der der Rechtsbehelf hätte eingelegt werden müssen. Das ist diejenige, die den Bescheid erlassen hat. Nicht zulässig ist, den Antrag zur Fristwahrung auch an das nach § 68 zuständige Gericht zu richten (*RRH* 20; KK-*Lampe* 21), es sei denn, dass das AG bereits mit dem Rechtsbehelf befasst ist.

Zweiter Abschnitt. Allgemeine Verfahrensvorschriften § 52

Der Antrag ist **innerhalb einer Frist von einer Woche** nach Wegfall des Hindernisses zu stellen (§ 45 Abs. 1 Satz 1 StPO). Für die Berechnung der Frist gilt § 43 StPO. Das Hindernis ist weggefallen, wenn der Betroffene die Versäumung der Frist erkennt und in der Lage ist, den Rechtsbehelf einzulegen. Hatte der Betroffene von dem gegen ihn ergangenen Bescheid der Verwaltungsbehörde keine Kenntnis, etwa weil ihn eine Zustellung nicht erreicht hat, so beginnt die Antragsfrist mit der Erlangung der Kenntnis des anzufechtenden Bescheids (KK-*Lampe* 22). 28

Bei einer noch vor Ablauf der Rechtsbehelfsfrist abgesandten, **verspätet bei der Verwaltungsbehörde eingegangenen** Rechtsbehelfsschrift beginnt die Frist, wenn der Antragsteller von der Verspätung erfährt, im Regelfall also erst mit Zustellung der den Rechtsbehelf verwerfenden Entscheidung oder dem Hinweis der Verwaltungsbehörde über die Möglichkeit der Wiedereinsetzung. Hat der Betroffene einen Verteidiger, insbesondere mit Zustellungsvollmacht, so beginnt die Frist mit der Kenntnis des Verteidigers, sofern die Zustellung an den Betroffenen früher erfolgt ist, im Übrigen mit der Kenntnis des Betroffenen selbst **(a. A.** *BayObLGSt* 1955, 188). Ist nicht aufzuklären, ob der Antrag innerhalb der Wochenfrist des § 45 gestellt ist, so ist zugunsten des Antragstellers von Fristeinhaltung auszugehen (*BGH* NJW 1960, 2202; **a. A.** *Celle* MDR 1982, 774; *Göhler/Seitz* 16). Dies gilt auf jeden Fall dann, wenn die Zweifel auf Verschulden oder Vorgänge innerhalb der Verwaltungsbehörde oder der Post beruhen, wie etwa beim Abhandenkommen der Akten, bei Mängeln des Nachtbriefkastens, wenn der Briefumschlag mit Poststempel nicht zu den Akten genommen wurde oder wenn die Unmöglichkeit der Aufklärung sonst in die Risikosphäre dieser Stellen fällt (*RRH* 21; KK-*Lampe* 22). 29

Wird die **Wochenfrist** des § 45 Abs. 1 Satz 1 StPO zur Anbringung des Wiedereinsetzungsantrags ohne Verschulden **versäumt**, so kann auch dagegen Wiedereinsetzung beansprucht werden (*Düsseldorf* NJW 1982, 60). Die Antragsfrist beginnt mit dem Ablauf des Tages, an dem das Hindernis behoben ist, das den Antragsteller von der Einhaltung der Frist abgehalten hat (*BGH* NJW 2000, 592). 30

Der Antrag muss die die Wiedereinsetzung **begründenden Tatsachen benennen.** Dazu gehört die Darlegung aller zwischen dem Beginn und dem Ende der versäumten Frist liegenden Umstände, die für die Frist bedeutsam sind, ferner Angaben dazu, wie und ggf. durch wessen Verschul- 31 den es zur Versäumung der Frist gekommen ist (*BGH* NJW 1959, 1779). Jedenfalls sind auch die Umstände anzugeben, aus denen sich ergibt, wann das die Versäumung verursachende Hindernis beseitigt war (*BGH* NStZ 1991, 295). Was sich allerdings ohne Zweifel bereits aus der Akte ergibt, braucht nicht in jedem Fall noch vorgetragen zu werden (*BayObLGSt* 1952, 61).

32 Liegt der Wiedereinsetzungsgrund der **unterbliebenen Rechtsbehelfsbelehrung** vor, so bedarf es der ausdrücklichen Angabe der Glaubhaftmachung dieses Grundes nicht (*Saarbrücken* Rpfleger 1960, 342), sofern nicht ohnehin bereits Wiedereinsetzung von Amts wegen erfolgt. Es genügt der Hinweis auf § 50 Abs. 2.

33 Wer **irrigerweise** so behandelt worden ist, als habe er eine Frist versäumt, braucht diesen Grund nicht vorzutragen (*Stuttgart* OLGSt 17). Die entsprechenden Feststellungen sind von Amts wegen zu treffen.

34 Im Ergebnis muss die **Begründung also wenigstens die versäumte Frist** benennen, den Grund, aus dem der Antragsteller an der Einhaltung der Frist gehindert war und den Zeitpunkt, zu dem das Hindernis entfallen ist. Die lediglich zu spät vorgenommene Handlung braucht nicht nach Abs. 2 Satz 2 nachgeholt zu werden. Die Einhaltung dieser Frist ist auch dann nicht zu verlangen, wenn für die nachzuholende Handlung üblicherweise andere Fristen gelten (*BGH* NJW 1976, 1414).

35 Der Antragsteller muss die Tatsachen zur Begründung des Antrags **glaubhaft machen.** Ziel der Glaubhaftmachung ist, dem Gericht die Versäumungsgründe sogleich wenigstens wahrscheinlich zu machen (*BVerfGE* 26, 319; *Koblenz* OLGSt 3) oder die behaupteten Tatsachen für wahr zu halten (*Düsseldorf* OLGSt 6). Die Glaubhaftmachung kann entbehrlich sein, wenn der Wiedereinsetzungsgrund behördenbekannt ist oder sich zumindest hinreichend nachvollziehbar unmittelbar aus den Akten ergibt. Fehlt die Glaubhaftmachung oder genügt sie nicht, so ist der Antrag unbegründet.

36 Die Glaubhaftmachung soll selbst in der Frist des § 45 Abs. 1 StPO erfolgen, kann aber bis zur Entscheidung über den Antrag nachgeholt werden (*Celle* MDR 1976, 336), so dass insoweit keine Präklusion eintritt **(a. A.** *Stuttgart* NJW 1976, 1278).

Mittel zur Glaubhaftmachung sind sämtliche Möglichkeiten, die geeignet erscheinen, die Wahrscheinlichkeit der Richtigkeit der vorgebrachten Wiedereinsetzungsgründe darzutun (*BVerfGE* 38, 39). Bei Wiedereinsetzungsgründen, die auf Handlungen, Unterlassungen oder Wahrnehmungen des Verteidigers bei seiner Berufsausübung als Rechtsanwalt beruhen, genügt die einfache schriftliche oder mündliche Erklärung des Verteidigers, auch wenn sie nicht „anwaltlich versichert" wird (*Schleswig* MDR 1972, 165), jedenfalls aber auch die eidesstattliche Versicherung der Kanzleiangestellten (*BGH* NStZ 1983, 34). 37

Bei **Benennung von Zeugen** genügt es, wenn vorgebracht ist, sie hätten eine schriftliche Bestätigung des Wiedereinsetzungsvorbringens verweigert (*BayObLGSt* 1955, 210). Die Zeugen müssen jedenfalls so genau benannt werden, dass sie identifizierbar sind (*BGH* bei AK-*Lemke* 18). Macht der Antragsteller geltend, die Fristversäumung beruhe auf dem Verschulden eines Beamten, so genügt es, wenn er den Beamten benennt (*BayObLGSt* 1955, 223). 38

Die **eidesstattliche Versicherung** kann Mittel zur Glaubhaftmachung sein, und zwar auch des Beschuldigten, wenn sie aus den übrigen nachvollziehbaren Gründen glaubhaft ist (*Hamburg* JR 1955, 274 m. Anm. *Mittelbach*; *Hamm* MDR 1965, 843; **a. A.** etwa *Koblenz* OLGSt 3; *RRH* 24; *Göhler/Seitz* 21, der sie als solche als unzulässig ansieht, sie aber als schlichte Erklärung anerkennt). 39

Ergibt sich aus einer **schlichten eigenen Erklärung** des Antragstellers im Zusammenhang mit dem Sachverhalt im Übrigen eine hinreichende Wahrscheinlichkeit ihrer Richtigkeit, so reicht sie zur Glaubhaftmachung aus (*BVerfG* HRSt StPO § 44 Nr. 5). Dies gilt auch dann, wenn der Betroffene außerstande ist, zureichende Beweismittel beizubringen (*Düsseldorf* StV 1985, 224), insbesondere wenn ein Beweismittel ohne sein Verschulden bei der Behörde verloren ging (*Düsseldorf* NStZ 1990, 150). 40

Zur **Entscheidung** über den Antrag auf Wiedereinsetzung ist grundsätzlich die Verwaltungsbehörde zuständig, die den Bescheid, der zu spät angefochten wurde oder verspätet angefochten werden soll, erlassen hat. Bei ihr ist der Antrag anzubringen. Sie entscheidet auch über den Aufschub der Vollstreckung. Eine Zuständigkeit des Gerichts zur Entscheidung über die Wiedereinsetzung ist nur im Ausnahmefall des § 52 Abs. 2 41

Satz 2 gegeben, wenn nämlich das Gericht, das bei rechtzeitigem Rechtsbehelf zur Entscheidung in der Sache selbst zuständig gewesen wäre, mit dem Rechtsbehelf bereits befasst ist.

42 Der Antrag auf Wiedereinsetzung hemmt die Vollstreckung des Bescheids der Verwaltungsbehörde **nicht** (§ 47 Abs. 1 StPO). Er beseitigt auch nicht die Wirksamkeit eines rechtskräftig verhängten Fahrverbots nach § 25 StVG (*Köln* NJW 1987, 80). Allerdings kann die Verwaltungsbehörde den Aufschub der Vollstreckung anordnen (§ 47 Abs. 2 StPO i. V. m. Abs. 2 Satz 1). Dies setzt voraus, dass der Wiedereinsetzungsantrag nach Frist und Form zulässig gestellt ist und in der Sache erfolgversprechend erscheint.

43 Die **Verwaltungsbehörde gewährt Wiedereinsetzung** in den vorigen Stand, wenn sie den Antrag für zulässig und begründet hält. Die Entscheidung bedarf keiner Begründung. Sie ist aktenkundig zu machen und dem Antragsteller nach § 50 Abs. 1 Satz 1 formlos mitzuteilen.

44 Wiedereinsetzung kann ausnahmsweise auch **stillschweigend**, also ohne ausdrückliche Anordnung gewährt werden. Dies sollte aus Gründen der Rechtsklarheit und auch im Hinblick auf die subsidiäre Zuständigkeit des Gerichts nach Abs. 2 Satz 2 im Regelfall nicht erfolgen.

45 Die Wiedereinsetzung durch die Verwaltungsbehörde ist **unanfechtbar** (§ 46 Abs. 2 StPO) und **unwiderruflich** (*BVerfGE* 14, 10), auch wenn sich ihre Fehlerhaftigkeit nachträglich herausstellt. Die Bindungswirkung der Entscheidung erstreckt sich auf das gerichtliche Bußgeldverfahren (*Göhler/König* NStZ 1984, 63 f.). An eine erfolgte Wiedereinsetzung ist auch das nach Abs. 2 Satz 2 i. V. m. § 68 subsidiär zuständige Gericht gebunden, wenn es mit dem Verfahren befasst wird (KK-*Lampe* 35).

46 Nach gewährter Wiedereinsetzung bei versäumter Einspruchsfrist führt die Verwaltungsbehörde das **Zwischenverfahren** nach § 69 Abs. 2 und 3 durch. Wurde mit der Wiedereinsetzung die Versäumung der Frist eines Antrags nach § 62 geheilt, so prüft sie die Möglichkeit einer Abhilfe (*RRH* 27).

47 Die Verwaltungsbehörde **verwirft den Antrag**, wenn sie ihn für unzulässig oder für unbegründet hält. Er ist unzulässig, wenn die Rechtsbehelfsfrist nicht abgelaufen war, wenn er von einer nicht antragsberechtigten Person oder nicht fristgerecht gestellt war, wenn er nicht fristgerecht begründet war oder wenn der versäumte Rechtsbehelf nicht rechtzeitig nachgeholt wurde. Ein an sich unzulässiger Antrag wird gleichwohl nicht verworfen, wenn eine Wiedereinsetzung von Amts wegen geboten ist (KK-*Lampe* 37). Hat die Verwaltungsbehörde das übersehen und wird sie erst durch einen verspäteten und damit unzulässigen Antrag darauf aufmerksam gemacht, so gewährt sie Wiedereinsetzung von Amts wegen (KK-*Lampe)*.

Der Antrag wird als unbegründet verworfen, wenn die Verwaltungsbehörde nicht mit der gebotenen Wahrscheinlichkeit davon ausgehen kann, dass der Antragsteller die Rechtsbehelfsfrist ohne sein Verschulden versäumt hat, wenn also **keine tragenden Gründe vorgebracht sind** oder die **Glaubhaftmachung überhaupt unterblieben** ist. Der den Antrag verwerfende Bescheid ist zu begründen (§ 34 StPO) und im Hinblick auf den dagegen gegebenen befristeten Rechtsbehelf dem Antragsteller mit Rechtsmittelbelehrung zuzustellen (§ 50 Abs. 1 Satz 2, Abs. 2). **48**

Der den Antrag auf Wiedereinsetzung **verwerfende Bescheid** der Verwaltungsbehörde kann innerhalb von zwei Wochen mit dem Antrag auf gerichtliche Entscheidung nach § 62 angefochten werden (Abs. 2 Satz 3). Zuständig für die Entscheidung ist das nach § 68 zuständige AG. Die Entscheidung des Gerichts ist nicht anfechtbar (§ 62 Abs. 2 Satz 3). **49**

Die **Kosten der Wiedereinsetzung** in den vorigen Stand fallen dem Antragsteller zur Last (§ 473 Abs. 7 StPO i.V.m. § 105 Abs. 1), auch wenn dem Antrag entsprochen wird. Eine gesonderte Kostenentscheidung ist nur erforderlich, wenn Wiedereinsetzung gewährt wird. Die Kosten des Wiedereinsetzungsverfahrens trägt der Antragsteller unabhängig vom Ausgang des Bußgeldverfahrens, also auch dann, wenn das Verfahren eingestellt oder er freigesprochen wird (*RRH* 31a). Wird der Antrag auf Wiedereinsetzung verworfen, so bedarf es keiner besonderen Kostenentscheidung, wenn der Antragsteller nach der vorausgegangenen Entscheidung in der Sache, z.B. nach dem Bußgeldbescheid, ohnehin die Kosten des Verfahrens zu tragen hat (*RRH* 31a). Seine eigenen Auslagen im Wiedereinsetzungsverfahren trägt der Antragsteller stets selbst. **50**

Gegen den den Wiedereinsetzungsantrag verwerfenden Beschluss des Gerichts ist **sofortige Beschwerde** zulässig (§ 46 Abs. 3 StPO), sofern nicht § 304 Abs. 4 StPO entgegensteht (*BGH* NJW 1976, 525). Das gilt auch **51** für Verwerfungsbeschlüsse, die im gerichtlichen Verfahren ohne Antrag ergangen sind. Wird ein Beschluss mangels Anfechtung rechtskräftig, so könnte bei Gegenvorstellungen die entsprechende Anwendung des Wiederaufnahmerechts in Betracht kommen (*Lemke* in HK-StPO § 46 Rn. 10). Beruht die Verwerfung auf unrichtiger tatsächlicher Grundlage, so kann das Gericht des letzten Rechtszuges sie zurücknehmen (*BayObLGSt* 1952, 61); das Revisionsgericht ist insoweit an die Rechtskraft nicht gebunden (*BGH* bei AK-*Lemke* 14).

Dritter Abschnitt
Vorverfahren

Vorbemerkungen

1 Der dritte Abschnitt (§§ 53 bis 64) regelt das **Vorverfahren der Verfolgungsbehörde** bis zum Erlass des Bußgeldbescheides durch sie, soweit sie die OWi mit einer zusammenhängenden Straftat verfolgt bzw. bis zur Einstellungsverfügung durch Verwaltungsbehörde oder StA. Die Gliederung des Abschnitts in vier Teile (I. Allgemeine Vorschriften – §§ 53 bis 55; II. Verwarnungsverfahren – §§ 56 bis 58; III. Verfahren der Verwaltungsbehörde – §§ 59 bis 62; IV. Verfahren der Staatsanwaltschaft – §§ 63, 64) erscheint willkürlich. Sie entspricht jedenfalls nicht einem denkbaren Ablauf des Vorverfahrens nach einzelnen Stufen (*Göhler/König* 2).

2 Der dritte Abschnitt regelt das Vorverfahren nicht abschließend, sondern enthält nur **ergänzende Vorschriften.** Neben ihnen gelten über § 46 Abs. 1 sinngemäß die allgemeinen Vorschriften über das Strafverfahren, insbesondere die der StPO (hierzu eingehend KK-*Wache* vor § 53).

I. Allgemeine Vorschriften

§ 53 Aufgaben der Polizei

(1) Die Behörden und Beamten des Polizeidienstes haben nach pflichtgemäßem Ermessen Ordnungswidrigkeiten zu erforschen und dabei alle unaufschiebbaren Anordnungen zu treffen, um die Verdunkelung der Sache zu verhüten. Sie haben bei der Erforschung von Ordnungswidrigkeiten, soweit dieses Gesetz nichts anderes bestimmt, dieselben Rechte und Pflichten wie bei der Verfolgung von Straftaten. Ihre Akten übersenden sie unverzüglich der Verwaltungsbehörde, in den Fällen des Zusammenhangs (§ 42) der Staatsanwaltschaft.

(2) Die Beamten des Polizeidienstes, die zu Ermittlungspersonen der Staatsanwaltschaft bestellt sind (§ 152 des Gerichtsverfassungsgesetzes), können nach den für sie geltenden Vorschriften der Strafprozessordnung Beschlagnahmen, Durchsuchungen, Untersuchungen und sonstige Maßnahmen anordnen.

Die Vorschrift ist an § 163 StPO angelehnt. Sie regelt die **Erforschungspflicht** der Behörden und Beamten des Polizeidienstes bei OWi, präzisiert und begrenzt ihren entsprechenden Auftrag in Abs. 1 und überträgt ihnen durch Abs. 2 bestimmte Zwangsmaßnahmen. 1

Behörden und Beamte des Polizeidienstes sind **Ermittlungsorgane** bei der Erforschung von OWi, soweit sie nicht selbst Verwaltungsbehörde i.S.v. § 36 sind (*RRH* 1). Dies sind sie etwa in den Fällen des § 26 Abs. 1 StVG. 2

Der Begriff „Polizeidienst" ist ebenso wie in § 163 StPO im **materiellen Sinne** zu verstehen (KK-*Wache* 6). Hierzu gehören alle Behörden und Beamten, deren Aufgabe die selbständige, aus eigener Initiative betriebene Verfolgung von Straftaten ist (*RRH* 4), also nicht nur die gemäß § 152 Abs. 2 GVG zu Ermittlungspersonen (geändert durch Art. 5 Nr. 3a, 3b des 1. Justizmodernisierungsgesetzes vom 24. August 2004 – BGBl. 2004 I 2198 für das OWiG) der StA bestellten Polizeibeamten. Diese sind in Abs. 2 besonders hervorgehoben und mit erweiterten Befugnissen ausgestattet. Polizeidienst i.S.v. Abs. 1 Satz 1 sind auch die Ordnungsbehörden und Ordnungsämter sowie die Sonderpolizeien. Soweit allerdings die Tä- 3

§ 53 Zweiter Teil. Bußgeldverfahren

tigkeit der Ordnungsbehörden auf bloße Gefahrenabwehr beschränkt ist, hat sie nicht die Funktion des Polizeidienstes. Abs. 1 geht von der Zuständigkeit zur Ermittlung von Straftaten aus und erweitert diese auf OWi (*Göhler/König* 2). Zählen andererseits Beamte zum Polizeidienst i. S. v. Abs. 1 Satz 1, so gilt ihre Ermittlungskompetenz nach Abs. 1 für alle Sachbereiche des OWi-Rechts.

4 Die Befugnis der Verwaltungsbehörde und in den Fällen der §§ 40, 42 der StA, von **sich aus Ermittlungen wegen OWi** einzuleiten und diese entweder selbst durchzuführen oder vornehmen zu lassen, bleiben unberührt. Die Polizei ist verpflichtet, einem solchen Ersuchen der Verfolgungsbehörde zu entsprechen. Dies ergibt sich aus der Rolle der **Verfolgungsbehörde als Herrin des Bußgeldverfahrens** (*RRH* 3; KK-*Wache* 4). Insoweit liegt deshalb auch die Leitung der Ermittlungen sowie die Entscheidung über die im Ermittlungsverfahren zu treffenden Maßnahmen in der Hand der Verfolgungsbehörde. Sie kann sich jederzeit in die Ermittlungstätigkeit der Polizei einschalten, hat ein Recht auf Anwesenheit bei Durchführung der polizeilichen Ermittlungen, kann auf ihr Ersuchen beanspruchen, über Ort und Zeit der Ermittlungen unterrichtet zu werden und bleibt auch Herrin über den Abschluss des Ermittlungsverfahrens (*RRH* 3). Im Falle von Steuer-OWi gilt dies für die zuständige Finanzbehörde ebenso.

5 **Sonderbehörden und Sonderbeamte** sind insbesondere der BGS als Polizei des Bundes, dem auch die bahnpolizeilichen Aufgaben obliegen sowie die Zollverwaltung, soweit ihr Aufgaben des BGS übertragen worden sind, die Hauptzollämter und Zollfahndungsämter bei OWi nach dem AWG (§ 37 Abs. 2 AWG), dem MOG (§ 37 MOG), dem BNatSchG (§ 30c BNatSchG), ferner die Zollfahndungsämter und die mit der Steuerfahndung betrauten Dienststellen der Landesfinanzbehörden (§§ 404, 410 Abs. 1 Nr. 9 AO), das Bundesamt für Güterverkehr (§ 100 GüKG), die Kontrollbeamten zur Überwachung der Fischerei auf See (§ 6 Abs. 4 Satz 3 Seefischereigesetz), und die Wasserschutzpolizei (*Göhler/König* 6).

6 Der Verfolgungsauftrag der Sonderpolizeien ist durch ihren sachlichen Aufgabenkreis beschränkt. So ist der BGS als Bahnpolizei auf dem Gebiet der Bahnanlagen der Bundeseisenbahnen zuständig und deshalb nicht befugt, wegen Verkehrs-OWi auf Bahnhofsvorplätzen oder anderen Bahnanlagen, die dem öffentlichen Verkehr dienen, einzuschreiten. Der BGS als

Bahnpolizei ist keine zuständige Verwaltungsbehörde i. S. d. § 26 Abs. 1 StVG (*Göhler/König* 6a), es sei denn, dass ihm etwa die Befugnis zur Überwachung des ruhenden Verkehrs ausdrücklich übertragen worden ist.

Die Polizei hat OWi nach **pflichtgemäßem Ermessen zu erforschen.** Sie 7
hat damit Sachverhalte, die den Verdacht einer OWi begründen, zu ermitteln und aufzuklären, wobei dieser Erforschungsauftrag nur im Rahmen der sachlichen und örtlichen Zuständigkeit insbesondere auch der jeweiligen Sonderpolizei gilt. Dienstlich erlangtes Wissen vom Verdacht einer OWi außerhalb seines Zuständigkeitsbereichs muss der einzelne Polizeibeamte daher dem zuständigen Beamten weitergeben (*RRH* 5). Auch außer Dienst und in Zivilkleidung ist er nicht sachlich unzuständig (*Celle* NdsRpfl 1964, 258).

Anders als in § 163 StPO, der auf dem Legalitätsprinzip basiert, besteht 8
für die Behörden und Beamten des Polizeidienstes **keine unbedingte Pflicht zur Verfolgung.** Sie entscheiden nach pflichtgemäßem Ermessen auch, in welchem Umfang die Ermittlungen durchzuführen sind und mit welchen Mitteln dies geschieht (*Göhler/König* 8); jedoch wird dadurch die Verwaltungsbehörde nicht gebunden (*RRH* 7).

Weisungen der vorgesetzten Behörde hat die Polizeibehörde, Weisun- 9
gen des Dienstvorgesetzten der einzelne Beamte zu befolgen, soweit sie im Rahmen des pflichtgemäßen Ermessens getroffen worden sind (*Göhler/König* 10). So können Behörden und Beamte angewiesen werden, sich auf die Verfolgung bestimmter OWi zu konzentrieren und die Verfolgung anderer OWi zurückzustellen (KK-*Wache* 10). Auch für den Einzelfall sind spezielle Weisungen der vorgesetzten Behörde oder des Vorgesetzten möglich. Der einzelne Polizeibeamte kann daher nicht unter Berufung auf seinen Erforschungsauftrag nach Abs. 1 Satz 1 entgegen der Weisung eines Vorgesetzten darauf bestehen, eine bedeutungslose OWi zu erforschen und seine Ermittlungsergebnisse der Verfolgungsbehörde vorzulegen (*RRH* 7).

Bei einer **bedeutungslosen OWi** können die Behörden und Beamten des 10
Polizeidienstes davon absehen, Ermittlungen einzuleiten. Das gilt auch, wenn der mit einer Verfolgung verbundene Verfahrensaufwand nicht mehr in einem angemessenen Verhältnis zur Bedeutung der OWi stehen würde (*Göhler/König* 9).

§ 53 Zweiter Teil. Bußgeldverfahren

11 Hat die Polizei Zweifel, ob die Verfolgung einer OWi geboten ist, so **unterrichtet** sie die für die Verfolgung zuständige Verwaltungsbehörde und **holt deren Weisung ein.** Die Verfolgungsbehörde ist auch zu unterrichten, wenn die Polizei die Ermittlungen einstellt, weil sie die Verfolgung nicht mehr für geboten hält, sofern dies objektiv zweifelhaft ist (*KK-Wache* 12). Diese Wechselwirkung zwischen den Aufgaben und Funktionen der Verfolgungsbehörde und der Behörden und Beamten des Polizeidienstes erfordert auch bei der Verfolgung von OWi einen engen Kontakt zwischen ihnen.

12 **Die Verpflichtung der Polizei** zur Erforschung einer OWi setzt ein, sobald sie, gleichgültig auf welche Weise, vom Verdacht einer Zuwiderhandlung Kenntnis erlangt (*RRH* 8), d.h. für sie zureichende tatsächliche Anhaltspunkte für die Begehung einer OWi vorliegen. Die Polizei kann sich durch informatorische, formlose Befragung ein grobes Bild darüber verschaffen, ob der Verdacht einer Zuwiderhandlung besteht und wer als Betroffener in Betracht kommt. Ergibt sich ein konkreter Verdacht gegen eine bestimmte Person, so leitet die Polizei ein förmliches Verfahren zur Erforschung der OWi ein. Im Rahmen ihrer nachfolgenden Ermittlungstätigkeit obliegt der Polizei ferner die Beweissicherung, die nach Abs. 1 Satz 1 zunächst alle unaufschiebbaren Anordnungen umfasst. Da die Polizei im Rahmen ihrer Erforschungspflicht auch schon alle für die Vorbereitung der Entscheidung der Verfolgungsbehörde dienlichen Ermittlungshandlungen vornimmt, kann sie auch schon im Ermittlungsverfahren einen Sachverständigen zur Aufklärung des Sachverhalts heranziehen (*RRH* 8).

13 Nach Abs. 1 Satz 2 haben die Behörden und Beamten des Polizeidienstes bei der Erforschung von OWi **dieselben Rechte und Pflichten wie bei der Verfolgung von Straftaten**, soweit das OWiG nichts anderes bestimmt. Ihre Rechte und Pflichten bestimmen sich daher insoweit nach der StPO. Hierzu gehören Fahndungsmaßnahmen aller Art, die Feststellung der Identität und die Vernehmung des Betroffenen oder von Zeugen, Maßnahmen nach §§ 81a ff. für Zwecke des Bußgeldverfahrens, die Herbeiführung richterlicher Untersuchungshandlungen, die Einholung von Auskünften öffentlicher Behörden, die Einleitung von Beschlagnahmen, Durchsuchungen, Untersuchungen und anderen Zwangsmaßnahmen der StPO, jedoch stets nur im Rahmen der Regelungen der StPO, nicht des möglicherweise abweichenden Polizeirechts.

Dritter Abschnitt. Vorverfahren § 53

Die Behörden und Beamten des Polizeidienstes **ermitteln von Amts wegen.** Hierzu sind sie gegenüber der Verfolgungsbehörde berechtigt und verpflichtet (*Göhler/König* 18), wenn auch nur im Rahmen des pflichtgemäßen Ermessens. Sie sind zur Entgegennahme von Anzeigen wegen OWi befugt und verpflichtet (*Göhler/König* 19) und entsprechen im Übrigen im Rahmen des pflichtgemäßen Ermessens den Ersuchen der Verfolgungsbehörde. Diese sind an die Behörde der Polizei zu richten. Die Verfolgungsbehörde kann nicht verlangen, dass ein bestimmter Beamter ihr Ersuchen ausführt (*RRH* 11). Jedoch unterliegt er auch insoweit dem Weisungsrecht seiner vorgesetzten Behörde oder seines vorgesetzten Beamten (KK-*Wache* 19). Meinungsverschiedenheiten zwischen der Verfolgungsbehörde werden im Wege der Dienstaufsichtsbeschwerde ausgetragen (*Göhler/König* 21).

14

Nach Abs. 1 Satz 3 **hat die Polizei ihre Akten unverzüglich** der für die Verfolgung der OWi zuständigen Verfolgungsbehörde **zu übersenden.** Diese Regelung ähnelt der des § 163 Abs. 2 Satz 1 StPO. Sie unterscheidet sich aber von ihr schon dadurch, dass die Verpflichtung der Polizei im OWi-Verfahren nur in pflichtgemäßem Ermessen steht. Sie ist demnach auch nur zur Vorlage der Akten verpflichtet, wenn sie nach pflichtgemäßem Ermessen die Verfolgung der OWi durch die Verwaltungsbehörde oder die StA für geboten hält, Ermittlungen nach Abs. 1 einleitet, diese bis zu einer vorläufigen Aufklärung des Sachverhalt durchführt und so die Verfolgungsbehörde in die Lage versetzt, aufgrund der vorgelegten Vorgänge zu entscheiden, ob die OWi verfolgt und zur Ahndung gebracht oder das Verfahren eingestellt werden soll (KK-*Wache* 24).

15

Hält die Polizei selbst die Verfolgung nicht für geboten und führt deshalb keine weiteren Ermittlungen mehr durch, so müssen die Akten gleichwohl der Verfolgungsbehörde zur abschließenden Entscheidung vorgelegt werden. Davon absehen kann die Polizei allerdings, wenn sie von vornherein oder nach ersten Ermittlungen eine Verfolgung nicht für geboten hält und der Vorgang auch noch keine Außenwirkung entfaltet hatte. Sind hingegen nach außen wirkende Ermittlungshandlungen vorgenommen und aktenkundig gemacht worden, muss der Vorgang vorgelegt werden (KK-*Wache* 24).

16

Anzeigen wegen OWi nimmt die Polizei entgegen und leitet sie an die Verfolgungsbehörde weiter, selbst wenn sie nach pflichtgemäßem Ermes-

17

sen eine Ahndung für nicht geboten erachtet (*RRH* 12b). Erteilt sie selbst hingegen eine Verwarnung und Verwarnungsgeld, so braucht sie, sofern die Verwarnung wirksam wird, die Anzeige nicht an die Verfolgungsbehörde weiterzuleiten (*RRH* 12b).

18 Die Polizei selbst ist nicht, sofern sie nicht zuständige Verfolgungsbehörde ist, zu einer **Einstellung des Verfahrens** befugt. Die Einstellungsverfügung steht nur der zuständigen Verwaltungsbehörde zu. Bei von der Polizei für richtig gehaltener Einstellung sind daher die Akten vorzulegen. Diese Pflicht entfällt, wenn dem Betroffenen lediglich eine Verwarnung mit Verwarnungsgeld (§ 56) durch Beamte des Polizeidienstes erteilt worden ist, nicht jedoch, wenn die Verwarnung nicht wirksam wird, weil der Betroffene das Verwarnungsgeld nicht zahlt (*RRH* 12).

19 **Die Akten sind derjenigen Verwaltungsbehörde vorzulegen,** die örtlich und sachlich zuständig für die Verfolgung ist (§§ 36 ff.). Sind dies mehrere Verwaltungsbehörden, so wird mit der Übersendung der Akten an eine von ihnen deren Vorrangszuständigkeit begründet, wenn der Betroffene vorher vernommen ist (§ 39 Abs. 1).

20 **Die Akten werden der StA vorgelegt,** wenn die OWi mit einer Straftat zusammenhängt (§ 42 Abs. 1 Satz 2), damit die StA prüfen kann, ob sie von ihrer Übernahmemöglichkeit Gebrauch machen will. In Grenzfällen muss die Sache der StA vorgelegt werden, um ihr die Möglichkeit zu geben, hierüber zu entscheiden. In Fällen von Tateinheit zwischen Straftat und OWi gilt dies bereits nach § 163 Abs. 2 Satz 1 StPO, weil das Strafverfahren Vorrang hat (§ 21 – *Göhler/König* 27). Dies gilt auch, wenn innerhalb desselben Lebenssachverhaltes eine Strafnorm verletzt worden ist.

21 Gegen **Maßnahmen der Behörden und Beamten des Polizeidienstes** als Ermittlungsorgane im Verfahren wegen OWi kann nur im Wege der **Gegenvorstellung** und der **Dienstaufsichtsbeschwerde** vorgegangen werden (KK-*Wache* 30). Die Anfechtung nach § 62 ist nicht zulässig. Wird das Verhalten eines Beamten gerügt, so liegt Dienstaufsichtsbeschwerde im eigentlichen Sinne vor; wird die Art und Weise der Sachbehandlung bemängelt, so ist eine Fachaufsichtsbeschwerde gegeben. Über beide entscheidet der Dienstvorgesetzte. Hilft die Behörde der Fachaufsichtsbeschwerde nicht ab, so entscheidet letztlich die zuständige Verfolgungsbehörde (KK-*Wache* 30). Eine unmittelbare Anrufung des Gerichts gegen Maßnahmen der Polizei ist nur in den Fällen zulässig, in denen dies nach den sinngemäß geltenden Vorschriften der StPO auch im Strafverfahren möglich wäre (§§ 98 Abs. 2 Satz 2, 111l Abs. 6 Satz 1, 132 Abs. 3 Satz 2 StPO – *Göhler/König* 29).

Für die **Verfolgung von Verkehrs-OWi** durch die Polizei haben die Länder inhaltlich weitgehend übereinstimmende Richtlinien erlassen. Ihre Anwendung steht allerdings ebenfalls unter dem Vorbehalt des pflichtgemäßen Ermessens des Beamten oder der Behörde des Polizeidienstes. **22**

Die Befugniszuweisung nach Abs. 2 ist abhängig von der Funktion des einzelnen Beamten als **Ermittlungsperson der StA**. In welchen Fällen Beamte des Polizeidienstes zu Hilfsbeamten der StA bestellt sind, ergibt sich aus § 152 GVG i. V. m. den entsprechenden, ganz überwiegend bundeseinheitlichen Rechtsverordnungen der Länder. Die Grenzen der Befugnis dieser Beamten ergeben sich aus den entsprechenden Regelungen der StPO. Sie können nicht nach Opportunitätsgesichtspunkten vom einzelnen Beamten oder der einzelnen Polizeibehörde erweitert, wohl aber eingeengt werden. **23**

§ 54
(weggefallen)

§ 55 Anhörung des Betroffenen

(1) § 163a Abs. 1 der Strafprozessordnung ist mit der Einschränkung anzuwenden, dass es genügt, wenn dem Betroffenen Gelegenheit gegeben wird, sich zu der Beschuldigung zu äußern.

(2) Der Betroffene braucht nicht darauf hingewiesen zu werden, dass er auch schon vor seiner Vernehmung einen von ihm zu wählenden Verteidiger befragen kann. § 136 Abs. 1 Satz 3 der Strafprozessordnung ist nicht anzuwenden.

Die Vorschrift **modifiziert die Regelung des § 163a StPO** für das OWi-Verfahren. § 163a Abs. 1 Satz 1 StPO verpflichtet die Ermittlungsbehör- **1** den, den Beschuldigten spätestens vor dem Abschluss der Ermittlungen zu vernehmen, wenn das Verfahren nicht eingestellt wird. Nach Satz 2 genügt es in einfachen Sachen, dass dem Beschuldigten Gelegenheit gegeben wird, sich schriftlich zu äußern. Die unveränderte, sinngemäße Anwendung der strafprozessualen Regelung auf das OWi-Verfahren würde zwar zu Verzögerungen des OWi-Verfahrens führen, weil grundsätzlich eine förmliche Vernehmung des Betroffenen erforderlich wäre (KK-*Wache* 1). Die Zurücknahme von die Rechtsstaatlichkeit staatlicher Verfahren sichernden Garantien für den Bereich der OWi kann aber nicht mehr mit dem geringeren Unwertgehalt einer OWi und wegen des minderen Gewichts der im Bußgeldverfahren möglichen Sanktionen begründet werden (**a. A.** KK-*Wache* 1). Soweit es sich um Vorwürfe handelt, die möglicherweise zu erheblichen Sanktionen führen, auch wenn es sich nicht um strafrechtliche Sanktionen handelt, könnte es erforderlich sein, über § 55 hinaus die Förmlichkeiten des § 163a StPO zumindest hinsichtlich der Vernehmung des Betroffenen einzuhalten.

2 **Die Anhörung des Betroffenen** ist stets erforderlich, bevor gegen ihn ein Bußgeldbescheid erlassen wird. Dies folgt schon aus dem Grundsatz des rechtlichen Gehörs. Sie ist entbehrlich, wenn das Verfahren eingestellt wird (§ 163a Abs. 1 Satz 1 StPO i. V. m. § 46 Abs. 1) oder wenn der Betroffene lediglich verwarnt und ein Verwarnungsgeld erhoben wird. Hierfür ist das Einverständnis des Betroffenen vorausgesetzt (§ 56 Abs. 2 Satz 1). Bei Einstellung des Verfahrens wegen eines Halte- oder Parkverbotsverstoßes muss der Halter des Kfz angehört werden, und zwar nicht in der Rolle des Betroffenen (*Göhler/König* 1), sondern als Kfz-Halter, sofern eine Kostenentscheidung zu seinem Nachteil getroffen werden soll.

3 Die Anhörung erfolgt in der Weise, dass dem Betroffenen **Gelegenheit** gegeben wird, **sich zu der Beschuldigung zu äußern.** Trotz der nicht gelungenen Wortwahl ist damit nicht gemeint, dass der Betroffene in die Rolle des Beschuldigten i. S. d. StPO rückt. Gelegenheit zur Äußerung kann dem Betroffenen mündlich oder schriftlich sowie durch Ladung zur Vernehmung gegeben werden. Ob der Betroffene von der Gelegenheit zur Äußerung Gebrauch macht, entscheidet er selbst (*RRH* 5). Der Betroffene ist verpflichtet, auf Ladung vor der Verfolgungsbehörde zu erscheinen (§ 163a Abs. 3 Satz 1 StPO i. V. m. § 46 Abs. 1, 2). Er braucht nicht vor der Polizei zu erscheinen, sofern sie nicht selbst zuständige Verwaltungs-

behörde ist. Seine Vorführung darf die Verfolgungsbehörde wohl androhen, nicht aber anordnen. Die Anordnung ist dem Richter vorbehalten (§ 46 Abs. 5).

Macht der Betroffene von der ihm angebotenen Möglichkeit, sich zu äußern, **keinen Gebrauch**, so ist der Vorschrift des Abs. 1 genügt. Erklärt er, nur vor dem Richter aussagen zu wollen, so entscheidet die Verfolgungsbehörde, ob und zu welchem Zeitpunkt eine richterliche Vernehmung beantragt werden soll (§ 162 StPO i. V. m. § 46 Abs. 2). Notwendig ist sie nicht, denn dem Betroffenen war Gelegenheit zur Äußerung gegeben. 4

Der späteste Zeitpunkt für die Gelegenheit zur Äußerung ist der bevorstehende Abschluss der Ermittlungen, d. h. der Zeitpunkt, zu dem die Verwaltungsbehörde oder in den Fällen des § 42 die StA den Abschluss der Ermittlungen in der Akte vermerkt. 5

Durch die Anhörung soll dem Betroffenen Gelegenheit gegeben werden, **sich zum Verdacht einer OWi zu äußern** und sich ggf. gegen diesen Verdacht zu verteidigen. Ferner soll er die Möglichkeit haben, **seine persönlichen Verhältnisse darzulegen**, soweit sie für die Bemessung der Geldbuße von Bedeutung sein können (*Göhler/König* 3). Insoweit ist die Anhörung Mittel zur Wahrung des rechtlichen Gehörs, zur Aufklärung des Sachverhalts und zur Vorbereitung der bußgeldrechtlichen Entscheidung. Deshalb können dem Betroffenen auch einzelne Fragen gestellt werden und er kann zur Wahrheit ermahnt werden, wenn seine Erklärungen unglaubhaft erscheinen (*RRH* 6a). Er kann auf Ersuchen der Verwaltungsbehörde auch richterlich vernommen werden (§ 162 StPO i. V. m. § 46 Abs. 2), wenn er es ablehnt, der Verwaltungsbehörde gegenüber Angaben zu machen (KK-*Wache* 4; *Göhler/König* 3). 6

Die **Form der Anhörung** ist durch Abs. 1 nicht vorgeschrieben. Daraus, dass lediglich Gelegenheit zur Äußerung gewährt werden muss, ergibt sich, dass eine förmliche mündliche Vernehmung, etwa in den Diensträumen der Verfolgungsbehörde, über die zudem ein Protokoll aufzunehmen ist, gesetzlich nicht verlangt ist. Eine auch nicht protokollierte mündliche Anhörung an Ort und Stelle reicht ebenso aus, wie die Übersendung eines Anhörungsbogens, der dem Betroffenen Gelegenheit gibt, sich schriftlich zu äußern. Dabei kann es im Hinblick auf die Bedeutung der OWi zur Si- 7 cherung des späteren Verfahrens um so zweckmäßiger sein, auch bereits für die Anhörung strafprozessuale Förmlichkeiten einzuhalten. Abs. 1 fordert nicht, verbietet aber auch nicht ihre Einhaltung. Die Verfolgungsbehörde und ihre Ermittlungsorgane bestimmen die Form der Anhörung nach pflichtgemäßem Ermessen. Sie enthält zumindest die Bekanntgabe des Vorwurfs gegen den Betroffenen, die Mitteilung, gegen welche Bußgeldvorschriften er damit verstoßen haben soll, die Befragung zur Person zwecks Feststellung ihrer Identität (KK-*Wache* 10) und die Gelegenheit der Äußerung zur Sache. Es empfiehlt sich, sowohl die gestellten Fragen als auch die erhaltenen Antworten aktenkundig zu machen.

8 **Angaben zur Person** muss der Betroffene machen (*BayObLG* NJW 1969, 2057; *Düsseldorf* NJW 1970, 1888). Hierzu gehören auch die Angaben über seine persönlichen Verhältnisse, die in § 111 aufgeführt sind, nicht jedoch unbedingt die Angabe seines Berufes.

9 Der Betroffene ist ferner darüber zu belehren, dass es ihm **freisteht, sich zur Sache zu äußern** oder nicht auszusagen. Auch diese Belehrung sollte zur Sicherung des späteren Verfahrens aktenkundig gemacht werden. Gleichgültig ist dabei, ob ihn die Verfolgungsbehörde oder die Polizei als ihr Ermittlungsorgan anhört. Dies gilt auch, wenn dem Betroffenen Gelegenheit zur schriftlichen Äußerung gegeben wird.

10 **Unterbleibt die Belehrung** bei der Anhörung durch einen Ermittlungsbeamten, so führt dies zu einem Verbot, die Aussage des Betroffenen gegen seinen Willen zu verwerten (*BGH* NJW 1992, 1463). Dies gilt auch dann, wenn feststeht, dass der Betroffene sein Recht zu schweigen ohne Belehrung gekannt hat, denn auch im Bußgeldverfahren sichert der Hinweis auf das Schweigerecht des Betroffenen ein **faires Verfahren** (*Göhler/König* 9). Allerdings besteht ein Verwertungsverbot dann nicht, wenn der verteidigte Angeklagte in der Hauptverhandlung ausdrücklich der Verwertung der ohne Belehrung zustande gekommenen Sachaussagen zugestimmt hat (*Oldenburg* VRS 88, 286). Es reicht schon nicht aus, dass der verteidigte Betroffene der Verwertung nicht widersprochen hat, so dass es sich empfiehlt, dass er ausdrücklich zur Verwertung seiner Angaben befragt wird (**a. A.** *Göhler/König* 9). Jedenfalls kann die Verletzung der Belehrungspflicht und der Verfahrensrüge geltend gemacht werden (*Hecker* NJW 1997, 1833).

Lehnt der Betroffene jede Äußerung zur Sache ab, so dürfen daraus 11
keine für ihn nachteiligen Schlüsse gezogen werden, weil sonst sein
Schweigerecht ausgehöhlt würde (*BGHSt* 45, 363; *Düsseldorf* NStZ
2001, 260; *Köln* NStZ 1991, 52; KK-*Wache* 17). Schweigt er, so muss die
Verfolgungsbehörde bemüht sein, den Sachverhalt ohne seine Hilfe aufzuklären, wobei sich die Ermittlungen nach den konkreten Umständen
des Einzelfalles richten (*BGH* NJW 1974, 2295). Das Schweigen des Betroffenen darf auch nicht zu seinem Nachteil gewürdigt werden, wenn der
Vorwurf der OWi im Übrigen erwiesen erscheint und es nur noch um die
Festsetzung der Sanktion geht. Schweigt der Betroffene allerdings nur
teilweise und sagt er zu anderen Punkten aus, so kann das Schweigen auf
bestimmte Einzelfragen zu seinem Nachteil verwertet werden (*BGHSt* 32,
144; *RRH* 10), nicht jedoch, wenn er nur anfänglich schweigt und dann
doch aussagt (*Göhler/König* 10).

Dasselbe gilt, wenn er bei im Übrigen umfänglicheren Sachangaben einzelne Fragen mit nichtssagenden Erklärungen, die keine Aussage zur 12
Sache enthalten oder sonst lückenhaft beantwortet. Ein solches **teilweises
Schweigen** liegt aber nicht vor, wenn der Betroffene im Bußgeldverfahren
lediglich erklärt, er sei unschuldig (*Hamm* NJW 1973, 1708), wenn er im
Anhörungsbogen nur seine Personalien angibt (*Karlsruhe* DAR 1978,
77), wenn er hinsichtlich einer Verkehrs-OWi erklärt, zwar der Halter,
nicht aber der Fahrer des unfallbeteiligten Fahrzeuges gewesen zu sein
(*Hamburg* MDR 1976, 1864), oder wenn er über persönliche Verhältnisse,
die für den Nachweis des Tatvorwurfs von Bedeutung sein können, keine
Angaben macht (*BayObLG* NJW 1981, 1385). Belastendes teilweises
Schweigen liegt auch nicht vor, wenn der Betroffene sonstige Entlastungsbeweismittel nicht angibt (*Göhler/König* 11b) oder sich auf den –
vermeintlichen – Eintritt der Verjährung beruft (*BayObLG* VRS 62, 373).

Die Zeugnisverweigerung eines nahen Angehörigen darf nicht gegen 13
den Betroffenen verwertet werden (*Bremen* VRS 79, 27). Dies gilt auch
für das Ergebnis vertraulicher Ermittlungen im Umfeld des Betroffenen,
das durch Vernehmung der Ermittlungsbeamten in die Hauptverhandlung
eingeführt wird (*Köln* VRS 91, 290).

Die Erklärung des Betroffenen im Anhörungsbogen kann verlesen und 14
gegen ihn verwertet werden (*Zweibrücken* VRS 60, 442 m. Anm. *Göhler*
NStZ 1982, 12). Stellt er im Rahmen der mündlichen oder schriftlichen

Anhörung zu seiner Entlastung Beweisanträge, so muss ihnen stattgegeben werden, wenn sie von Bedeutung sind. Der Betroffene braucht jedoch auf sein Recht, einzelne Beweiserhebungen zu beantragen, im OWi-Verfahren nicht hingewiesen zu werden. Die entsprechende Vorschrift des § 136 Abs. 1 Satz 3 StPO ist durch Abs. 2 Satz 2 ausdrücklich ausgenommen. Dies gilt auch, soweit durch § 163a Abs. 4 StPO auf § 136 Abs. 1 Satz 3 StPO verwiesen worden ist. Beweisanträge des Betroffenen sind in den Akten zu vermerken (KK-*Wache* 22). Die Polizei kann die beantragten Beweiserhebungen im Rahmen ihres Verfahrens selbst vornehmen. Folgt sie dem Beweisantrag nicht, so entscheidet darüber die Verfolgungsbehörde. Die endgültige Ablehnung beantragter Beweiserhebungen ist gerichtlich nicht anfechtbar (§ 62 Abs. 1 Satz 2). Gegen sie sind nur Gegenvorstellungen und Dienstaufsichtsbeschwerde gegeben.

15 Nach Abs. 2 Satz 1 braucht der Betroffene ferner nicht darauf hingewiesen zu werden, dass er auch schon vor seiner Vernehmung **einen von ihm zu wählenden Verteidiger befragen kann.** Auch diese Regelung, die von der nicht mehr zutreffenden Auffassung ausgeht, wonach der Vorwurf von OWi stets weniger schwerwiegend ist als der von Straftaten, ist zumindest für schwerwiegende OWi bedenklich. Ist demnach die Sach- oder Rechtslage schwierig oder ist nach den Umständen des Falles mit einer empfindlichen Geldbuße zu rechnen, so ist der Hinweis auf die Verteidigerkonsultation erforderlich (*Göhler/König* 13). Erklärt der Betroffene, dass er einen Verteidiger befragen wolle, bleibt aber nach Ablauf einer angemessenen Frist eine Erklärung aus, so war ihm Gelegenheit zur Äußerung gegeben (KK-*Wache* 23).

16 Bei einer **Erweiterung des Vorwurfs** ist der Betroffene erneut anzuhören, auch wenn er schon Gelegenheit zur Äußerung gehabt hat. Dies gilt jedoch nicht, wenn – ohne Erweiterung des Vorwurfs – lediglich neue tatsächliche Gesichtspunkte zur Untermauerung dieses Vorwurfs bekannt werden (*Göhler/König* 14).

17 Die bloß **informatorische Befragung** ist noch nicht Vernehmung i. S. d. Vorschrift. Deshalb ist vor ihrem Beginn ein Hinweis auf die Aussagefreiheit nicht erforderlich. Notwendig ist jedoch der Hinweis darauf, dass es sich lediglich um eine informatorische Befragung und noch nicht um eine Vernehmung handele. Führt die informatorische Befragung jedoch zu einem Tatverdacht gegen den Befragten, so muss dieser wie ein Betroffener behandelt werden (*Karlsruhe* NZV 1994, 122; *RRH* 13a). Eine mündliche Vorbesprechung zur Vorbereitung der schriftlichen Vernehmung ist nicht mehr informatorische Befragung, sondern bereits Teil der Vernehmung zur Sache (*RRH* 13a). Nicht erfragte Spontanäußerungen des Betroffenen gegenüber einem Ermittlungsbeamten vor einer von dem Beamten bereits vorgesehenen Belehrung gehören noch nicht zur eigentlichen Vernehmung und unterliegen deshalb ggf. keinem Verwertungsverbot (*BGH* NStZ 1990, 43). Sie dürfen trotz Aussageverweigerung des Betroffenen durch Vernehmung des Beamten, vor dem die Äußerung abgegeben wurde, als Beweismittel verwertet und in das gerichtliche Verfahren eingeführt werden (*Köln* NStZ 1991, 52).

Der Verteidiger hat das Recht, bei der Vernehmung des Betroffenen anwesend zu sein. Er muss deshalb vom Termin benachrichtigt werden, soweit es ohne Gefährdung des Untersuchungserfolges möglich ist. Ist er verhindert, so hat er keinen Anspruch auf Verlegung des Termins (§§ 163a Abs. 3 Satz 2, 168c Abs. 1, Abs. 5 StPO i. V. m. § 46). Jedoch gebietet die Fürsorgepflicht im Regelfall, ein weitgehendes Anwesenheitsrecht des Verteidigers sicherzustellen (*Schaefer* MDR 1977, 980; *Riegel* ZRP 1978, 20). Deshalb sollte dem Verteidiger auch bei polizeilichen Vernehmungen die Anwesenheit gestattet werden (*Göhler/König* 17). 18

Die verbotenen Vernehmungsmethoden der StPO sind auch im Bußgeldverfahren unzulässig (*Lemke* in HK-StPO, 14 ff.). Dies gilt insbesondere für die Täuschung und das Versprechen von gesetzlich nicht vorgesehen Vorteilen. Dabei liegt eine Täuschung nicht nur vor, wenn der Vernehmende böswillig handelt, also den Betroffenen bewusst irreführt oder einen entstandenen Irrtum ausnutzt, sondern auch schon dann, wenn der Betroffene zur Sache gehört wird, obwohl er objektiv in einen Irrtum versetzt ist, der die Freiheit der Willensentschließung oder der Willensbetätigung beeinträchtigt. So darf der Betroffene nicht darüber im Unklaren gelassen werden, dass er nicht verpflichtet ist, auszusagen (*RRH* 19; *Kunert* MDR 1967, 539). Unzulässig ist der Hinweis, die Sache werde als Strafsache behandelt und an die StA abgegeben, falls der Betroffene nicht aussage oder die Handlung weiterhin bestreite (*Göhler/König* 21). Ferner, wenn eine Erklärung unter dem Ehrenwort erlangt wird, keine Anzeige zu machen (*BGH* MDR 1954, 17 [Dall.]), oder wenn der Betroffene unter der Vorspiegelung, er sei nur Zeuge und deshalb zur Aussage verpflichtet, 19 vernommen wird. Unzulässig ist ferner, den Betroffenen zu vernehmen, obwohl er infolge Alkoholgenusses in seiner Willensentschließung stark beeinträchtigt ist (*Schmidt* NJW 1962, 666). Tatfrage ist in diesem Zusammenhang, wann die einfache Überlistung des Betroffenen noch erlaubte Vernehmungsmethode und wann Täuschung ist, die die Freiheit der Willensentschließung und Willensbetätigung des Betroffenen beeinträchtigt.

20 Die Aussage des Betroffenen, die durch verbotene Vernehmungsmethoden zustande gekommen ist, unterliegt einem **strikten Verwertungsverbot**, es sei denn, dass sie vom Betroffenen in freier Willensbestimmung wiederholt wird (*BGHSt* 27, 359).

II. Verwarnungsverfahren

§ 56 Verwarnung durch die Verwaltungsbehörde

(1) Bei geringfügigen Ordnungswidrigkeiten kann die Verwaltungsbehörde den Betroffenen verwarnen und ein Verwarnungsgeld von fünf bis fünfunddreißig Euro erheben. Sie kann eine Verwarnung ohne Verwarnungsgeld erteilen.

(2) Die Verwarnung nach Absatz 1 Satz 1 ist nur wirksam, wenn der Betroffene nach Belehrung über sein Weigerungsrecht mit ihr einverstanden ist und das Verwarnungsgeld entsprechend der Bestimmung der Verwaltungsbehörde entweder sofort zahlt oder innerhalb einer Frist, die eine Woche betragen soll, bei der hierfür bezeichneten Stelle oder bei der Post zur Überweisung an diese Stelle einzahlt. Eine solche Frist soll bewilligt werden, wenn der Betroffene das Verwarnungsgeld nicht sofort zahlen kann oder wenn es höher ist als zehn Euro.

(3) Über die Verwarnung nach Absatz 1 Satz 1, die Höhe des Verwarnungsgeldes und die Zahlung oder die etwa bestimmte Zahlungsfrist wird eine Bescheinigung erteilt. Kosten (Gebühren und Auslagen) werden nicht erhoben.

(4) Ist die Verwarnung nach Absatz 1 Satz 1 wirksam, so kann die Tat nicht mehr unter den tatsächlichen und rechtlichen Gesichtspunkten verfolgt werden, unter denen die Verwarnung erteilt worden ist.

Übersicht

	Rn		Rn
I. Allgemeines	1–7	III. Verfahren bei Verwarnung mit Verwarnungsgeld	15–28
II. Verwarnung durch die Verwaltungsbehörde	8–14	IV. Anfechtung und Rücknahme der Verwarnung	29–32

I. Allgemeines

Das Verwarnungsverfahren hat den Zweck, bei geringfügigen OWi mit Einverständnis des Betroffenen eine gegenüber dem förmlichen Bußgeldverfahren **erleichterte und vereinfachte Ahndung** zu ermöglichen. Dies geschieht in der Weise, dass dem Betroffenen sein Fehlverhalten vorgehalten, darüber eine Entscheidung aber nicht getroffen und ihm mit seinem Einverständnis ein Verwarnungsgeld auferlegt wird. Dieses Verfahren dient dem Interesse des Betroffenen, der dadurch Zeit und Kosten spart sowie der Entlastung der Verfolgungsbehörde, die ihre Kräfte auf die Verfolgung schwerer wiegender Rechtsverletzungen konzentrieren kann (*RRH* 1; *Kupsch* NJW 1987, 352). Es hat besonders Bedeutung für die Erledigung von OWi geringeren Gewichts, die massenhaft und gleichartig vorkommen. **1**

Die Verwarnung kann **mit oder ohne Verwarnungsgeld** erteilt werden. In der Praxis ist die Verwarnung mit Verwarnungsgeld die Regel. Allerdings darf dies nicht unter dem Blickwinkel der Sanierung öffentlicher Haushalte gesehen werden. **2**

Die Verwarnung mit Verwarnungsgeld ist keine Ahndung eines Fehlverhaltens (*Hamm* NJW 1979, 2114; *Göhler/König* vor § 56 Rn. 6; **a. A.** *RRH*, vor § 56 Rn. 1); jedoch ist dies eher eine Frage der Terminologie (KK-*Wache* vor § 56 Rn. 3). Sie ist ein **mitwirkungsbedürftiger Verwaltungsakt aus Anlass einer OWi** (*KG* NJW 1990, 1803), beruht auf dem Einverständnis des Betroffenen mit einer geringen präventiven Maßnahme in einem zusätzlichen Vorschaltverfahren, das die Verfolgung und Entscheidung erübrigt (*Göhler/König* vor § 56 Rn. 6). Erfolgt sie noch im Laufe des Ermittlungsverfahrens wegen einer OWi, so löst sie ein Verfolgungshindernis aus. **3**

Die Zahlung des Verwarnungsgeldes ist eine freiwillige Leistung, die nicht erzwungen werden kann und für den Betroffenen auch keine weite- **4**

ren Folgen hat, also auch nicht zur Eintragung in das VZR führt (§ 28 Nr. 3 StVG). Verfassungsrechtliche Bedenken gegen das Verwarnungsverfahren bestehen nicht (*BVerfGE* 22, 125).

5 Der Begriff „Verwarnungsgeld" kennzeichnet die geldliche Einbuße, die dem Betroffenen auferlegt wird, **um der Verwarnung Nachdruck zu verleihen.** Ihre Höhe hängt davon ab, ob der Betroffene nach der Art der Zuwiderhandlung, die Anlass für die Verwarnung ist, mehr oder weniger fühlbar an seinem Rechtsverstoß festgehalten wird (Denkzettel-Funktion). Der Verwaltungsaufwand des Verwarnungsverfahrens hat auf die Höhe des Verwarnungsgeldes keinen Einfluss (*Göhler/König* vor § 56 Rn. 7).

6 Für die praktische Anwendung des Verwarnungsverfahrens bei OWi im Straßenverkehr sind nähere Vorschriften in der vom Bundesminister für Verkehr erlassenen Allgemeinen Verwaltungsvorschrift für die Erteilung einer Verwarnung bei Straßenverkehrs-OWi – dem **Verwarnungsgeldkatalog**, der auf § 27 Abs. 1 und 2 StVG basiert – sowie den entsprechenden Richtlinien der Länder nach § 58 Abs. 2 über die Erteilung von Verwarnungen durch die Polizei festgelegt.

7 **Unzulässig** ist die Verwarnung mit Verwarnungsgeld gegenüber Exterritorialen und anderen nach den §§ 18 bis 20 GVG von der deutschen Gerichtsbarkeit befreiten Personen, ebenso gegenüber Kindern, weil sie nicht vorwerfbar handeln (§ 12 Abs. 1 Satz 1). Jugendliche können verwarnt werden, wenn sie nach ihrer sittlichen und geistigen Entwicklung reif genug sind, das Unrecht ihres Verhaltens einzusehen und nach dieser Einsicht zu handeln (§ 12 Abs. 1 Satz 2), was bei Verkehrs-OWi regelmäßig der Fall ist (*RRH* vor § 56 Rn. 2b). Dabei kann die Verhängung eines Verwarnungsgeldes zweifelhaft sein und wird besser durch eine an das persönliche Verantwortungsgefühl appellierende Belehrung, Aufklärung oder Ermahnung des Jugendlichen ersetzt. Heranwachsende können wie Erwachsene (*BayObLG* NJW 1972, 837), Ausländer wie Deutsche verwarnt werden. Dies gilt auch für die Mitglieder der ausländischen Stationierungskräfte der NATO, deren zivilem Gefolge und deren Angehörigen (*RRH* vor § 56 Rn. 2b).

II. Verwarnung durch die Verwaltungsbehörde

Bei geringfügigen OWi kann nach Abs. 1 die Verwaltungsbehörde den Betroffenen verwarnen und ein Verwarnungsgeld von fünf bis fünfunddreißig Euro erheben. Die Anhebung des Mindestbetrages für das Verwarnungsgeld war durch Art. 1 Nr. 8 des Gesetzes vom 26. Januar 1998 (BGBl. I S. 156 – hierzu *Katholnigg* NJW 1998, 568) erfolgt. **8**

Die Verwarnung setzt eine rechtswidrige **und vorwerfbare Handlung** voraus, ohne dass eine gründliche Aufklärung des Sachverhalts erforderlich wäre. Es reicht aus, dass nach dem äußeren Erscheinungsbild eine OWi gegeben ist. Die Verwarnung wird von der Verwaltungsbehörde erteilt, die zur Verfolgung der in Frage stehenden OWi nach den §§ 36 ff. sachlich und örtlich zuständig ist. Funktional zuständig ist der Behördenleiter oder der nach innerdienstlicher Regelung an seiner Stelle zuständige Bedienstete. Zur Erteilung der Verwarnung und Erhebung des Verwarnungsgeldes im schriftlichen Verfahren kann sich die Verwaltungsbehörde der Einrichtungen der EDV bedienen (*RRH* 2). Die StA erteilt keine Verwarnung, auch wenn sie Verfolgungsbehörde ist. Es sei denn, sie ist nach § 36 die sachlich zuständige Verwaltungsbehörde. Das Gericht hat keine Verwarnungskompetenz (*RRH* 2). **9**

Der Betroffene hat keinen Anspruch auf die Erteilung einer Verwarnung (*Düsseldorf* NZV 1991, 441). Ob eine Verwarnung erteilt werden soll und ob sie mit oder ohne Verwarnungsgeld verbunden wird, entscheidet nach pflichtgemäßem Ermessen die für die Erteilung der Verwarnung zuständige Stelle oder Person. Im gerichtlichen Verfahren kann deshalb nicht geltend gemacht werden, dass bei einem Verwarnungstatbestand der Erlass eines Bußgeldbescheides unzulässig gewesen sei (*Göhler/König* 17a; *Koblenz* VRS 74, 389). Weil das Verwarnungsverfahren keinen förmlichen Regeln unterliegt, ist es der rechtlichen Nachprüfung durch das Gericht entzogen (*Köln* VRS 75, 221 m. Anm. *Göhler* NStZ 1989, 64). Bedeutungslos ist daher, ob die Verwarnung deshalb nicht zustande gekommen ist, weil der Betroffene damit nicht einverstanden war, ihn das Verwarnungsgeldangebot der Verwaltungsbehörde nicht erreicht hat oder sonstige Gründe das Zustandekommen der Verwarnung oder deren Wirksamkeit verhindert haben (*Göhler/König* 17a). Wird in so einer Situation ein Bußgeldbescheid erlassen, so treffen den Betroffenen auch die Kosten des Bußgeldverfahrens (*Göhler/König* 17a). Ein Verwarnungsgeldange- **10**

bot kann – auch stillschweigend durch Erlass des Bußgeldbescheides – zurückgenommen werden, solange die Verwarnung noch nicht wirksam geworden ist (*KG* NJW 1990, 1803 m. Anm. *Göhler* NStZ 1991, 74; dagegen Anm. *Wolf/Harr* JR 1991, 273).

11 Die Verwarnung kann **mündlich oder schriftlich** erteilt werden; Abs. 1 schreibt eine bestimmte Form nicht vor. Jedoch erscheint Schriftform zweckmäßig, wenn der Täter an Ort und Stelle nicht angetroffen wird, eine weitere Prüfung entbehrlich erscheint und diese Form der Erledigung für die Verwaltungsbehörde den geringsten Verwaltungsaufwand mit sich bringt. Die vorherige Anhörung des Betroffenen nach § 55 ist entbehrlich, er braucht auch nicht auf ein Aussageverweigerungsrecht hingewiesen zu werden. Bei einer schriftlichen Verwarnung erübrigt sich jede vorherige Befragung (*RRH* 9; *Göhler/König* 16). Sinnvollerweise sollte aber mit der schriftlichen Verwarnung dem Betroffenen zugleich die Gelegenheit zur Äußerung durch Übersendung eines Anhörungsbogens gegeben werden, damit ein Bußgeldbescheid erlassen werden kann, sofern der Betroffene nicht einverstanden ist oder das Verwarnungsgeld nicht zahlt. Das darin liegende Druckmittel gegenüber dem Betroffenen ist unbedenklich, weil das Verwarnungsverfahren wesentlich auch in seinem Interesse liegt. Es ist mit der Belehrung über sein Weigerungsrecht zu verbinden, das ihm verdeutlicht, dass diese Form der Erledigung des Verfahrens von seiner freiwilligen Mitwirkung abhängt (*Göhler/König* 17).

12 Bei **tateinheitlichem Zusammentreffen** mehrerer geringfügiger OWi (§ 19) kann wegen der gesamten Handlung eine Verwarnung mit Verwarnungsgeld unter allen rechtlichen Gesichtspunkten erteilt werden. Erforderlich ist allerdings, dass die Gesetzesverstöße in ihrer Summe noch als geringfügig i. S. v. Abs. 1 Satz 1 anzusehen sind und dass zu ihrer Ahndung der Höchstbetrag des Verwarnungsgeldes von 35,– Euro ausreicht.

13 Bei mehreren geringfügigen Zuwiderhandlungen, die zueinander in **Tatmehrheit** (§ 20) stehen, werden die einzelnen Verstöße getrennt verwarnt und es wird für jede Zuwiderhandlung ein gesondertes Verwarnungsgeld erhoben (*RRH* 7a), sofern nicht bei einzelnen Verstößen nach § 47 Abs. 1 Satz 2 von einer Ahndung abgesehen werden kann oder eine Verwarnung ohne Verwarnungsgeld erteilt wird. Auch hier darf die Summe der Verwarnungsgelder den zulässigen Höchstbetrag von 35,– Euro nicht übersteigen, weil sonst das ordnungswidrige Verhalten des Betroffenen insgesamt nicht mehr als geringfügig gewertet werden kann. Es ist also in dieser Situation ein Bußgeldverfahren einzuleiten (*RRH* 7a; KK-*Wache* 13). Die Überschreitung des Höchstbetrages darf auch nicht dadurch umgangen werden, dass lediglich die bedeutsamste der mehreren Zuwiderhandlungen bis zur Höchstgrenze mit Verwarnung mit Verwarnungsgeld geahndet wird und im Übrigen besonders großzügig von den Möglichkeiten des § 47 Abs. 1 Gebrauch gemacht oder in allen anderen Fällen Verwarnung ohne Verwarnungsgeld erteilt wird (*RRH* 7a; *Wetekamp* DAR 1986, 77). Werden bei Tatmehrheit die einzelnen geringfügigen Zuwiderhandlungen aber durch verschiedene Beamte mit Verwarnungsgeld geahndet, so ist es nicht zu vermeiden, dass die Summe der insgesamt festgesetzten Verwarnungsgelder den Betrag von 35,– Euro übersteigt. Die Wirksamkeit der einzelnen erteilten Verwarnungen mit Verwarnungsgeld wird in diesem Falle nicht berührt (*RRH* 7a).

Nebenfolgen, die nach dem OWiG oder anderen Gesetzen im Bußgeldverfahren festgesetzt werden können, wie etwa das Fahrverbot nach § 25 StVG, können nicht mit einer Verwarnung verbunden werden (KK-*Wache* 14). Dies gilt nicht für die selbständige Einziehung nach § 27, weil sie auch dann angeordnet werden kann, wenn die Verwaltungsbehörde von der Verfolgung einer OWi nach § 47 absieht oder das Verfahren einstellt. Eine andere Beurteilung kann aber erforderlich sein, wenn der Betroffene bei seinem Einverständnis mit der Verwarnung und nach Zahlung des Verwarnungsgeldes grundsätzlich nicht mehr mit einer späteren Einziehung rechnen muss (*RRH* 8). **14**

III. Verfahren bei Verwarnung mit Verwarnungsgeld

Abs. 2 und Abs. 3 regeln **Verfahrensfragen** bei Verwarnung mit Verwarnungsgeld durch die Verwaltungsbehörde, und zwar Wirksamkeitsvoraussetzungen (Abs. 2 Satz 1), ihre Einschränkung (Abs. 2 Satz 2), die Regelung weiterer Formalien (Abs. 3 Satz 1) sowie eine Kostenregelung (Abs. 3 Satz 2). **15**

Nach Abs. 2 Satz 1 ist Voraussetzung für die Wirksamkeit der Verwarnung das **Einverständnis des Betroffenen** mit der Verwarnung und der Tatsache sowie der Höhe des Verwarnungsgeldes. Das Einverständnis muss sich nicht darauf beziehen, dass die sachlich-rechtlichen Vorausset- **16** zungen einer Verwarnung vorliegen (*RRH* 12). Die Zahlung des angekündigten Verwarnungsgeldes bedeutet stillschweigendes Einverständnis (*Göhler/König* 21). Wird bei einer mündlichen Verwarnung das Verwarnungsgeld nicht sofort gezahlt, so kann das Einverständnis mit der Verwarnung sofort erklärt, aber auch eine Überlegungsfrist bis zum Ablauf der Zahlungsfrist zugestanden werden. Das Einverständnis liegt dann wiederum in der Zahlung. Verlangt der Betroffene das Verwarnungsgeld zurück, bevor der Polizeibeamte die Quittung ausstellt und überreicht, so liegt keine wirksame Verwarnung vor.

17 Verweigert der Betroffene sein Einverständnis, so wird über die ihm vorgeworfene OWi im Bußgeldverfahren entschieden. In diesem Fall sollte der Betroffene sofort angehört und der Sachverhalt soweit aufgeklärt werden, dass das Verfahren ohne weitere Ermittlungen durchgeführt werden kann. Erklärt der Betroffene nach ursprünglicher Weigerung, mit der Zahlung nunmehr einverstanden zu sein, so kann die Verwarnung erteilt werden (KK-*Wache* 18). Zulässig ist aber auch ein nochmaliges schriftliches Angebot, das der Betroffene durch Zahlung annehmen kann (*Koblenz* VRS 57, 158). Wird das Verhalten des Betroffenen, wenn auch irrtümlich, als Weigerung gedeutet und deshalb Anzeige erstattet, so hat kein Verwarnungsverfahren stattgefunden (*Göhler/König* 22).

18 Weitere Voraussetzung der Wirksamkeit der Verwarnung nach Abs. 2 Satz 1 ist, dass der Betroffene das **Verwarnungsgeld tatsächlich zahlt.** Es muss zur richtigen Zeit und am richtigen Ort gezahlt werden (*Köln* VRS 56, 135). Die sofortige Zahlung in bar an Ort und Stelle oder in der Behörde oder Polizeidienststelle sollte immer verlangt werden, wenn das Verwarnungsgeld 10,– Euro nicht übersteigt (*RRH* 14). Kann der Betroffene dagegen das Verwarnungsgeld nicht sofort zahlen, so soll ihm nach Abs. 2 Satz 2 eine maximal eine Woche betragende Frist eingeräumt werden. Dies gilt insbesondere, wenn das Verwarnungsgeld höher ist als 10,– Euro. Hierbei handelt es sich um eine Vorschrift für den Regelfall, die eine abweichende Handhabung aus den besonderen Umständen des Einzelfalles erlaubt. Ist der Betroffene bereit und fähig, ein 10,– Euro übersteigendes Verwarnungsgeld alsbald zu entrichten, so hindert die Soll-Vorschrift des Satzes 2 die Verwaltungsbehörde oder den Beamten nicht, auch die sofortige Zahlung zu wählen (*RRH* 14). Die schriftliche Erteilung der Verwarnung enthält notwendigerweise die Bewilligung einer Zahlungsfrist.

Die im Einzelfall getroffene Bestimmung ist entscheidend. Die Verwaltungsbehörde muss jedoch die hierüber getroffene Verwaltungsvorschrift beachten. Ein **Verstoß gegen die Soll-Vorschrift** des Abs. 2 Satz 2 führt nicht zur Unwirksamkeit der Verwarnung (*RRH* 14). 19

Das Verwarnungsgeld ist bei der Stelle einzuzahlen, die von der Verwaltungsbehörde hierzu bestimmt wird. Das kann auch eine andere Kasse oder Zahlstelle als die der Verwaltungsbehörde sein. An dieser Stelle kann es bar gezahlt oder auch an sie überwiesen werden. Zulässig ist jede Zahlungsmöglichkeit, jedoch trägt im Falle der Überweisung der Betroffene das Risiko des rechtzeitigen Eingangs (KK-*Wache* 22). Ausnahme ist die Einzahlung bei der Post zur Überweisung an die hierfür bestimmte Stelle. Dann reicht es für die Fristwahrung aus, wenn das Geld innerhalb der Frist bei der Post eingezahlt ist, wobei das von der Post bestätigte Datum entscheidet. 20

Bei **verspäteter Zahlung** ist die Verwarnung nicht wirksam (Koblenz VRS 56, 158). Wiedereinsetzung in den vorigen Stand wegen Fristversäumung ist nicht vorgesehen. Sie wäre mit der auf rasche und einfache Erledigung des Verfahrens gerichteten Zielsetzung des Verwarnungsverfahrens nicht vereinbar (*Göhler/König* 28). Allerdings kann die Verwaltungsbehörde die Frist nachträglich verlängern, und zwar auch dann noch, wenn die Zahlung verspätet eingegangen ist. Zweifel hinsichtlich der Rechtzeitigkeit der Zahlung wirken sich zugunsten des Betroffenen aus (*Köln* VM 1985, 45 m. Anm. *Göhler* NStZ 1986, 19; **a. A.** *Wetekamp* DAR 1986, 79). 21

Bei **nachträglich verlängerter Zahlungsfrist** ist die Verwarnung wirksam, sofern innerhalb dieser verlängerten Frist gezahlt ist. Eine nachträgliche Fristverlängerung liegt auch in der Annahme des Verwarnungsgeldes durch den zuständigen Beamten (*BayObLG* DAR 1971, 304), sofern dieser das Verwarnungsgeld in Kenntnis der abgelaufenen Frist annimmt (*Köln* VRS 66, 364 m. Anm. *Göhler* NStZ 1985, 64). Einen Anspruch auf die Verlängerung der Frist hat der Betroffene nicht. Beantragt er sie und lehnt die Verwaltungsbehörde diese ab, so gilt deren Entscheidung. In diesem Fall ist er hierüber formlos zu unterrichten. Die Ablehnung der Frist- 22 verlängerung ist auch nicht nach § 62 anfechtbar (*Göhler/König* 29). Ist die Frist versäumt und wird sie nachträglich nicht verlängert, so kann die Verwaltungsbehörde einen Bußgeldbescheid erlassen. Nach seinem Erlass ist eine Verlängerung der Frist nicht mehr möglich. Überhaupt scheidet die Erteilung einer Verwarnung oder eine nachträgliche Fristsetzung zur Zahlung eines zuvor angebotenen Verwarnungsgeldes nach Erlass des Bußgeldbescheides aus (*KG* NJW 1990, 1803).

23 Nach Abs. 3 Satz 1 wird über die Verwarnung nach Abs. 1 Satz 1, die Höhe des Verwarnungsgeldes und die erfolgte Zahlung bzw. die etwa bestimmte Zahlungsfrist **eine Bescheinigung erteilt.** Die Person des Betroffenen braucht nicht namentlich bezeichnet zu werden (KK-*Wache* 25), sie muss aber durch bestimmte Umstände, wie etwa das amtliche Kennzeichen eines Kfz hinreichend bestimmt feststellbar sein. Die Bescheinigung wird auch schon vor Zahlung ausgestellt, wenn eine Zahlungsfrist bestimmt ist. Der Betroffene erhält dadurch zusammen mit dem Zahlungsbeleg die Möglichkeit, urkundlich den Nachweis zu führen, dass er wirksam verwarnt ist und deshalb das Verfahrenshindernis des Abs. 4 besteht. Mängel der Bescheinigung sind für die Wirksamkeit der Verwarnung ohne Bedeutung (KK-*Wache* 25).

24 **Gebühren und Auslagen** werden für das Verwarnungsverfahren nicht erhoben (Abs. 3 Satz 2).

25 Ist die Verwarnung mit Verwarnungsgeld wirksam erteilt, so bewirkt dies nach Abs. 4 ein **Verfolgungshindernis in Form eines Verfahrenshindernisses eigener Art** (*Düsseldorf* NJW 1991, 241). Dies gilt nicht für eine Verwarnung ohne Verwarnungsgeld oder eine Verwarnung ohne Zahlung des Verwarnungsgeldes. Ist eine schriftliche Verwarnung von einer für die Verfolgung der OWi nicht zuständigen Behörde aufgrund besonderer verwaltungsrechtlicher Vorschriften ausgesprochen worden, etwa nach Erreichen einer bestimmten Punktzahl im VZR, so stellt dies keine wirksame Verwarnung i. S. v. Abs. 1 Satz 1 dar (*BayObLG* NJW 1975, 746). Gleichwohl ist von weiterer Verfolgung abzusehen (*Göhler/König* 42). Dies gilt auch, wenn anstelle der zunächst im Einverständnis des Betroffenen in Betracht gezogenen Verwarnung mit Verwarnungsgeld schließlich eine solche ohne Verwarnungsgeld erteilt worden ist (*Braunschweig* VRS 33, 49). Anderes Verwaltungshandeln würde in diesem Falle gegen Vertrauensschutzgesichtspunkte verstoßen.

Die Tat, wegen der die Verwarnung erfolgte, **kann nicht mehr als OWi verfolgt werden**, und zwar auch dann nicht, wenn es sich in Wahrheit nicht um eine geringfügige OWi gehandelt hat. Die weitere Verfolgung ist aber nur unter den tatsächlichen und rechtlichen Gesichtspunkten ausgeschlossen, unter denen die Verwarnung erteilt wurde. Das Verfolgungshindernis des Abs. 4 geht daher nicht so weit wie eine rechtskräftige Entscheidung. Waren also bewusst oder versehentlich Zuwiderhandlungen, die mit der gerügten OWi tateinheitlich zusammentreffen, nicht in die Verwarnung einbezogen, so bleiben diese nicht erfassten Teile oder Gesetzesverletzungen verfolgbar (*Düsseldorf* NJW 1991, 241). Etwas anderes kann gelten, wenn der Betroffene davon ausgegangen ist oder auch davon ausgehen durfte, dass mit der Verwarnung und der Zahlung des Verwarnungsgeldes das gesamte Tatgeschehen in tatsächlicher und rechtlicher Hinsicht erledigt werden sollte und er im Vertrauen hierauf das Einverständnis mit der Verwarnung erteilt hat (*Düsseldorf* NJW 1991, 241; *Koblenz* VRS 71, 145; KK-*Wache* 37). Überhaupt kommt es bei dieser Frage auf den Vergleich der Vorstellung des Betroffenen mit der Entscheidungswirklichkeit der Verfolgungsbehörde an. 26

Das Verfolgungshindernis des Abs. 4 besteht nur dann, wenn eine **Verwarnung** positiv **festgestellt ist.** Zum Nachweis hierfür ist die **Bescheinigung** nach Abs. 3 bestimmt. Kann die Wirksamkeit der Verwarnung auf andere Weise festgestellt werden, so ist die Nichterteilung der Bescheinigung unschädlich. Bleiben Zweifel an der Erteilung einer wirksamen Verwarnung, so gehen sie zu Lasten des Betroffenen (**a. A.** *Braunschweig* DAR 1967, 225). 27

Abs. 4 verbietet nur die anderweitige Verfolgung der Tat als OWi, nicht aber als Straftat. Wird der Betroffene in einem **späteren Strafverfahren verurteilt**, so kommt eine entsprechende Anwendung von § 86 nur dann in Betracht, wenn die Gesetzesverletzung, deretwegen die Verwarnung erteilt worden war, auch strafbegründend ist (*Göhler/König* 45). Sonst ist sie mit der Verwarnung aus der Verfolgungsmöglichkeit ausgeschieden. War sie strafbegründend, so reicht es aus, das Verwarnungsgeld bei der Strafzumessung zu berücksichtigen (KK-*Wache* 39). 28

IV. Anfechtung und Rücknahme der Verwarnung

29 Die Verwarnung mit Verwarnungsgeld ist durch **Antrag auf gerichtliche Entscheidung** nach § 62 anfechtbar (KK-*Wache* 26). Die Anfechtung ist bei der Verwaltungsbehörde anzubringen, welche die Verwarnung erteilt hat. Ist die Verwarnung von einem Polizeibeamten erteilt worden, so ist die Anfechtung zunächst bei seiner Polizeibehörde geltend zu machen (*Göhler/König* 36). Nimmt diese die Verwarnung nicht zurück oder verweigert die Rückzahlung des Verwarnungsgeldes, so entscheidet die Verwaltungsbehörde (KK-*Wache* 27).

30 Die Verwarnung kann nur in **beschränktem Umfang angefochten** werden: Der Betroffene kann lediglich die förmlichen Voraussetzungen für die Erteilung der Verwarnung rügen, also dass die Belehrung über das Weigerungsrecht und sein Einverständnis nicht vorgelegen haben (*BVerwGE* 24, 11) oder dass das Einverständnis infolge arglistiger Täuschung, Drohung oder Zwang abgegeben wurde (*Koblenz* NJW 1965, 1781). Der Betroffene kann die Anfechtung also nicht darauf stützen, dass keine OWi vorgelegen habe oder dass das Verwarnungsgeld nicht entsprechend den Richtlinien festgesetzt worden sei, weil er sich mit diesen Einwendungen mit seinem eigenen Verhalten in Widerspruch setzen würde (*Göhler/König* 33). Ein wesentlicher Mangel liegt ferner vor, wenn die Verwarnung wegen einer strafbaren Handlung erteilt wurde (KK-*Wache* 30), ferner, wenn beim Verwarnungsgeld der gesetzlich zulässige Höchstbetrag überschritten worden ist, oder wenn die Verwarnung von einer sachlich oder örtlich unzuständigen Verwaltungsbehörde erteilt worden ist oder wenn sie von einem Polizeibeamten ausgesprochen worden ist, der zur Erteilung der Verwarnung nicht ermächtigt war.

31 Die Verwaltungsbehörde ist auch befugt, die **Verwarnung mit Verwarnungsgeld zurückzunehmen**, wenn sie nachträglich zu dem Ergebnis kommt, dass eine Ahndung der OWi nicht geboten ist. Dies gilt jedoch nicht zuungunsten des Betroffenen bei wirksam erteilter Verwarnung (KK-*Wache* 33). Wird sie gleichwohl zurückgenommen oder das Verwarnungsgeld zurückgezahlt, bleibt zugunsten des Betroffenen das Verfolgungshindernis bestehen (*Göhler/König* 37a). In diesem Fall darf die Verwaltungsbehörde die mit der Verwarnung geahndete Tat nicht mehr im Bußgeldverfahren verfolgen und anstelle der Verwarnung einen Bußgeldbescheid erlassen.

Von der Verwaltungsbehörde zur Klarstellung zurückzunehmen ist hinge- 32
gen eine **nichtige Verwarnung, die kein Verfahrenshindernis** bewirkt.
Nichtig ist die Verwarnung, wenn eine der formellen Wirksamkeitsvoraussetzungen (Belehrung, Einverständnis, Zahlung) fehlt, wenn eine strafbare
Handlung durch eine Verwarnung geahndet wird oder weil die Verwaltungsbehörde sachlich absolut unzuständig war. Ein Bußgeldbescheid
nach erteilter Verwarnung ist zwar nicht nichtig, muss aber zurückgenommen werden, wenn er noch nicht rechtskräftig ist (*Göhler/König* 44b).

§ 57 Verwarnung durch Beamte des Außen- und Polizeidienstes

(1) Personen, die ermächtigt sind, die Befugnis nach § 56 für die Verwaltungsbehörde im Außendienst wahrzunehmen, haben sich entsprechend auszuweisen.

(2) Die Befugnis nach § 56 steht auch den hierzu ermächtigten Beamten des Polizeidienstes zu, die eine Ordnungswidrigkeit entdecken oder im ersten Zugriff verfolgen und sich durch ihre Dienstkleidung oder in anderer Weise ausweisen.

Die Vorschrift regelt **Förmlichkeiten für die Erteilung von Verwarnun-** 1
gen durch Beamte des Außen- und Polizeidienstes, soweit diese ermächtigt sind, die Befugnis nach § 56 für die Verwaltungsbehörde im Außendienst wahrzunehmen (Abs. 1) bzw. Beamte des Polizeidienstes sind
(Abs. 2).

Beamte des Außendienstes dürfen Verwarnungen nur erteilen, wenn und 2
soweit sie hierzu ermächtigt sind. Dies werden sie vom Behördenleiter
durch innerdienstliche Anordnung. Die Ermächtigung kann allgemein für
Verwarnungen im Zuständigkeitsbereich der Verwaltungsbehörde erteilt
oder auf bestimmte Fälle beschränkt werden. Sie wird zweckmäßigerweise für die Zuwiderhandlungen ausgesprochen, die den vom Außenbeamten betreuten Sachbereich betreffen und bei denen nach der Art und Weise
ihrer Begehung eine Verwarnung an Ort und Stelle angezeigt erscheint
(KK-*Wache* 2). Ermächtigt werden können nicht nur Beamte im staatsrechtlichen Sinne, sondern auch Angestellte.

Abs. 1 regelt eine **Ausweispflicht für Personen**, die entsprechend er- 3
mächtigt sind. Es genügt der Ausweis über die Eigenschaft als Angehöri-

ge der Verwaltungsbehörde, nicht etwa der Ausweis über die Ermächtigung (a. A. *RRH* 2). Ausweis kann der Dienstausweis, aber auch eine Uniform etwa beim Zoll sein, ferner ein mit Aufschrift und amtlichem Kennzeichen versehenes Dienst-Kfz (KK-*Wache* 3). Das Vorzeigen eines Ausweises ist ferner entbehrlich, wenn der Betroffene die Ermächtigung des Verwarnenden kennt oder erkennbar auf den Nachweis der Ermächtigung verzichtet. Die Ausweispflicht ist Ordnungsvorschrift. Sie soll gegenüber dem Betroffenen die Berechtigung des Bediensteten zur Erteilung der Verwarnung klarstellen. Ihre Verletzung berührt nicht die Wirksamkeit der Verwarnung (*RRH* 2).

4 Den Beamten des Polizeidienstes steht die Befugnis zur Verwarnung in ihrer Eigenschaft und Zuständigkeit als **Ermittlungsbehörden** bei der Erforschung von OWi, in den Grenzen einer Ermächtigung und im Rahmen des ersten Zugriffs zu. Zu den Beamten des Polizeidienstes zählen auch die als Angestellte beschäftigten Hilfspolizeibeamten und -beamtinnen („Politessen" – *BVerwG* VkBl 1970, 710).

5 Polizeibeamte dürfen Verwarnungen nur im Rahmen ihrer **örtlichen und sachlichen Zuständigkeit** erteilen. Beamte von Sonderpolizeien haben eine Verwarnungskompetenz nur im Rahmen ihres sachlich beschränkten Aufgabenbereichs, während die Beamten der allgemeinen Polizei die Verwarnungskompetenz bei OWi auf allen Sachgebieten haben, sofern ihre Ermächtigung so weit reicht (KK-*Wache* 5). Die örtliche Zuständigkeit der Beamten des Polizeidienstes begrenzt ihre Befugnis zur Erteilung der Verwarnung ebenso wie ihren Erforschungsauftrag. Fehlen örtliche oder sachliche Zuständigkeit, so ist die Verwarnung nur dann unwirksam, wenn die Unzuständigkeit offenbar ist, etwa wenn ein bayerischer Polizeibeamter in Hamburg eine Verwarnung aussprechen würde.

6 Die Befugnis nach § 56 steht den Beamten des Polizeidienstes nur zu, **wenn sie hierzu ermächtigt sind.** Damit muss festgelegt sein, wer im Rahmen der sachlichen Zuständigkeit persönlich und sachlich die Verwarnung erteilen kann. Soll die Ermächtigung im Rahmen der Zuständigkeit der Polizei nur bei bestimmten OWi gelten, so muss sie entsprechend beschränkt sein. Sonst gilt sie bei allen OWi, deren Erforschung in den Rahmen der Zuständigkeit der Polizei fällt. Denkbar sind bei generellen Ermächtigungen auch interne Beschränkungen.

Weitere Voraussetzung für die Erteilung einer Verwarnung ist, dass die ermächtigten Beamten des Polizeidienstes eine **OWi entdecken oder im ersten Zugriff verfolgen.** Die OWi wird von demjenigen entdeckt, der sie von sich aus wahrnimmt. Sie wird im ersten Zugriff verfolgt, wenn und so lange die zur Aufklärung des Sachverhalts und zur Sicherung der Verfolgung notwendigen und unaufschiebbaren Ermittlungen durchgeführt werden (*RRH* 6). Nicht erforderlich ist, dass der Täter auf frischer Tat betroffen wird oder dass der Beamte, der die Verwarnung erteilt, die Tat von sich aus entdeckt hat. Es genügt, dass er sie verfolgt. Verfolgung im ersten Zugriff setzt ferner nicht voraus, dass der Beamte im Außendienst tätig ist. Auch der Beamte im Innendienst, der den Betroffenen nach Entdeckung der Tat mündlich anhört, kann die Verwarnung erteilen. Dies kann ferner der Dienstvorgesetzte des Polizeibeamten, der von einer Verwarnung abgesehen und eine OWi-Anzeige vorgelegt hat (*RRH* 6). 7

Der Beamte des Polizeidienstes muss sich zur Erteilung der Verwarnung **ausweisen.** Dies kann durch die Dienstbekleidung oder in anderer Weise geschehen. Bei einer schriftlichen Verwarnung weist er sich durch den Dienststempel aus, in den Diensträumen schon durch seine dortige Tätigkeit. Auch insoweit handelt es sich um eine Ordnungsvorschrift, deren Verletzung die Wirksamkeit der Verwarnung nicht berührt. 8

Anderen Stellen als der Verwaltungsbehörde und anderen Personen als den Verwaltungsangehörigen ist durch besondere Rechtsvorschrift die Befugnis zur Verwarnung eingeräumt, wie etwa dem **Hauptzollamt** und seinen im Außendienst tätigen Angehörigen bei OWi nach dem Außenwirtschaftsgesetz (§ 42 AWG) und nach dem Gesetz zur Durchführung der gemeinsamen Marktorganisationen (§ 38 MOG), der **Bundesanstalt für den Güterfernverkehr** und ihren Beauftragten (§ 100 Abs. 2 GÜKG). Die Befugnis dieser Behörden zur Erteilung von Verwarnungen mit oder ohne Verwarnungsgeld besteht auch noch, wenn der Behörde die Akten vorgelegt sind, also nicht nur bei der Verfolgung im ersten Zugriff (*Göhler/König* 8). 9

§ 58 Ermächtigung zur Erteilung der Verwarnung

(1) Die Ermächtigung nach § 57 Abs. 2 erteilt die oberste Dienstbehörde des Beamten oder die von ihr bestimmte Stelle. Die oberste Dienstbehörde soll sich wegen der Frage, bei welchen Ordnungswidrigkeiten Ermächtigungen erteilt werden sollen, mit der zuständigen Behörde ins Benehmen setzen. Zuständig ist bei Ordnungswidrigkeiten, für deren Verfolgung und Ahndung eine Verwaltungsbehörde des Bundes zuständig ist, das fachlich zuständige Bundesministerium, sonst die fachlich zuständige oberste Landesbehörde.

(2) Soweit bei bestimmten Ordnungswidrigkeiten im Hinblick auf ihre Häufigkeit und Gleichartigkeit eine möglichst gleichmäßige Behandlung angezeigt ist, sollen allgemeine Ermächtigungen an Verwaltungsangehörige und Beamte des Polizeidienstes zur Erteilung einer Verwarnung nähere Bestimmungen darüber enthalten, in welchen Fällen und unter welchen Voraussetzungen die Verwarnung erteilt und in welcher Höhe das Verwarnungsgeld erhoben werden soll.

1 Die Vorschrift regelt die Ermächtigung zur **Erteilung der Verwarnung** und ergänzt insoweit § 57.

2 Nach Abs. 1 Satz 1 erteilt die **oberste Dienstbehörde des Beamten oder die von ihr bestimmte Stelle** die Ermächtigung nach § 57 Abs. 2. Dies ist bei der allgemeinen Polizei in der Regel der MI des jeweiligen Landes. Bei Sonderpolizeien kommt es auf deren Organisation und behördliche Einbindung an. So ist für die Bundespolizei der BMI zuständig. Die Befugnis nach Abs. 1 Satz 1 kann von der obersten Dienstbehörde auf eine andere Stelle ihres Geschäftsbereichs übertragen werden.

3 Die Ermächtigung wird in Form von **internen Verwaltungsvorschriften** erteilt, also nicht in Form eines Rechtssatzes, dessen es nicht bedarf (KK-*Wache* 1). In gleicher Weise wird die Befugnis auf nachgeordnete Stellen übertragen. Die Ermächtigung wird regelmäßig bestimmten Beamtengruppierungen erteilt, jedoch sind auch Einzelermächtigungen denkbar. Dies ist in den einzelnen Ländern in Verwaltungsvorschriften geregelt.

4 Nach Abs. 1 Satz 2 soll sich die oberste Dienstbehörde wegen der Frage, bei welchen OWi Ermächtigungen erteilt werden sollen, **mit der zuständigen Behörde** ins Benehmen setzen. Dieses Zusammenwirken ist erforderlich, weil die Ermächtigung zur Verwarnung nicht nur für Verkehrs-

OWi, sondern auch für OWi auf allen anderen Sachgebieten erteilt werden kann. Dadurch wird in die Kompetenz der sachlich zuständigen Verwaltungsbehörden eingegriffen: sie sind nach wirksamer Verwarnung gehindert, die Tat als OWi zu verfolgen. Wird die Ermächtigung ohne sachliche Beschränkung erteilt, so gilt sie für alle OWi, zu deren Erforschung die Polizei entsprechend ihrem Auftrag aus § 53 verpflichtet ist.

Die Befugnis zur Erteilung der Verwarnungen kann in sachlicher Hinsicht durch einen **positiven oder negativen Katalog** begrenzt werden. Wird ein positiver Katalog gewählt, so muss sich mit allen Ressorts ins Benehmen gesetzt werden, die auf einen der im Katalog aufgeführten Sachgebieten für die Verfolgung von OWi zuständig sind. Die Nichtbeachtung der Benehmensvorschrift hat auf die Wirksamkeit der Ermächtigung und die Erteilung der Verwarnung keinen Einfluss (KK-*Wache* 3). 5

Nach Abs. 2 sollen bei bestimmten OWi, die geringfügig sind und die im Hinblick auf ihre Häufigkeit und Gleichartigkeit möglichst gleichmäßig behandelt werden sollen, **allgemeine Ermächtigungen an Verwaltungsangehörige** und **Beamte des Polizeidienstes** gerichtet werden, die nähere Bestimmungen darüber enthalten, in welchen Fällen und unter welchen Voraussetzungen die Verwarnung erteilt und in welcher Höhe das Verwarnungsgeld erhoben werden soll. Für den Erlass derartiger Richtlinien ist diejenige Behörde zuständig, welche die Ermächtigung zur Verwarnung ausspricht. Dies ist bei Beamten des Polizeidienstes die oberste Dienstbehörde oder die von ihr bestimmte Stelle. 6

Die nach Abs. 2 erlassenen Richtlinien sind als **Verwaltungsvorschriften** für die Verwaltungsbehörde, die ermächtigten Verwaltungsangehörigen und die Polizeibeamten **verbindlich.** Das Gericht ist nicht an sie gebunden. Sie erleichtert es allerdings auch dem Gericht, ein angemessenes Bußgeld festzusetzen. Besondere gesetzliche Ermächtigungen zum Erlass von Verwaltungsvorschriften über die Erteilung einer Verwarnung enthalten z. B. § 27 StVG, § 60 JArbSchG, § 6 FPersG. 7

III. Verfahren der Verwaltungsbehörde

§ 59 Vergütung von Sachverständigen, Dolmetschern und Übersetzern, Entschädigung von Zeugen und Dritten

Für die Vergütung von Sachverständigen, Dolmetschern und Übersetzern sowie die Entschädigung von Zeugen und Dritten (§ 23 des Justizvergütungs- und -entschädigungsgesetzes) ist das Justizvergütungs- und -entschädigungsgesetz anzuwenden.

1 Die Vorschrift erklärt das Justizvergütungs- und -entschädigungsgesetz für die Vergütung von Sachverständigen, Dolmetschern und Übersetzern sowie die Entschädigung von Zeugen und Dritten für entsprechend anwendbar. Das JVEG (BGBl. 2004 I S. 776) ist als Artikel 2 des Gesetzes zur Modernisierung des Kostenrechts vom 5.5.2004 (BGBl. 2004 I S. 718 ff., S. 776 ff.) in Kraft getreten. Aus seinen Übergangsvorschriften (§§ 24, 25 JVEG) ergibt sich, dass das bisherige Recht weiterhin anzuwenden ist, sofern der Auftrag an den Sachverständigen, Dolmetscher oder Übersetzer vor dem 1. Juli 2004 erteilt worden ist. Die Vorschrift des § 59 hat nur noch deklaratorische Bedeutung. Ihr bisheriger Regelungszweck, nämlich die Ausdehnung der ZSEG-Regelungen auf das behördliche Bußgeldverfahren, ist weggefallen. § 1 Abs. 1 Nr. 1 JVEG regelt nun abweichend vom bisherigen ZSEG unmittelbar, dass dieses Gesetz auch für das behördliche Bußgeldverfahren gilt. Eine entsprechende Klarstellung enthält die Begründung in BT-Drucks. 15/1971 S. 178 li. Sp.

2 Weitergehende Regelungen über den Einsatz von Zeugen und Sachverständigen im OWi-Verfahren sind im OWiG nicht getroffen. Damit gelten auch insoweit über § 46 die Vorschriften der Strafprozessordnung über Zeugen (§§ 48 ff. StPO) und über Sachverständige (§§ 72 ff. StPO) sinngemäß. Zeugen und Sachverständige sind danach verpflichtet, auf Ladung vor der Verwaltungsbehörde zu erscheinen und zur Sache auszusagen oder ihr Gutachten zu erstatten (§ 161a Abs. 1 Satz 1 StPO i.V.m. § 46 Abs. 1). Durch Festsetzen eines Ordnungsgeldes kann die Verwaltungsbehörde Zeugen und Sachverständige zur Erfüllung ihrer Pflichten anhalten.

3 **Die verfahrensrechtlichen Befugnisse der Verwaltungsbehörde** bei der Vernehmung von Zeugen und Sachverständigen sind damit weitgehend denen der StA im strafrechtlichen Ermittlungsverfahren angenähert.

Allerdings kann die Verwaltungsbehörde nicht die zwangsweise Vorführung eines Zeugen anordnen, der einer Ladung zur Vernehmung nicht nachgekommen ist (§ 46 Abs. 5). Ebenso wie der StA ist es auch der Verwaltungsbehörde verwehrt, Ordnungshaft zu verhängen, für die allein der Richter zuständig ist (§ 161a Abs. 2 Satz 2 StPO).

Zeugen sind Personen, die in dem Verfahren gegen einen anderen als Beweismittel hinzugezogen werden, um Aussagen über Tatsachen zu machen, die sie wahrgenommen haben. Tatsachen in diesem Sinne sind nicht Meinungen, Schlussfolgerungen oder Werturteile, wohl aber einfache Bewertungen des Zeugen selbst über Eigenschaften und Zustände (KK-*Wache* 2). 4

Der Zeuge muss **zur Vernehmung erscheinen und wahrheitsgemäß aussagen**. Damit erfüllt er staatsbürgerliche Pflichten, die von der Rechtsordnung nicht begründet, sondern vorausgesetzt sind (*BVerfG* NJW 1988, 898). Sie treffen alle deutschen Staatsangehörigen, auch soweit sie sich im Ausland aufhalten, ferner Ausländer und Staatenlose, sofern sie sich im Inland aufhalten (*Hamburg* MDR 1967, 686). Exterritoriale sind von der Zeugenpflicht befreit (§§ 18, 19 GVG). Als Nebenpflicht ist mit der Zeugeneigenschaft die Pflicht verbunden, Wahrnehmungen zur Prüfung der Glaubwürdigkeit zu machen und zu bekunden, Gegenüberstellungen zu dulden und an Augenscheinseinnahmen teilzunehmen (*BGH* GA 1965, 108). 5

Die Befugnis, die Aussage ganz oder teilweise **zu verweigern**, lässt die Zeugenpflicht entfallen. Die Zeugnisverweigerungsrechte der Angehörigen (§ 52 StPO) und der Berufsgeheimnisträger sowie deren Berufshelfer (§§ 53, 53a StPO) gelten auch für das OWi-Verfahren. Ferner haben öffentlich Bedienstete auch in diesem Verfahren gemäß § 54 StPO ihre besondere Verschwiegenheitspflicht. Schließlich kann jeder Zeuge Auskunft auf solche Fragen verweigern, deren Beantwortung ihm selbst oder einem Angehörigen die Gefahr zuziehen würde, wegen einer Straftat oder einer OWi verfolgt zu werden (§ 55 StPO). Weitere Weigerungsrechte ergeben sich aus dem Beratungsgeheimnis der Richter, dem Wahlgeheimnis nach Art. 38 Abs. 1 GG und den Vorschriften der Länderverfassungen sowie für Abgeordnete aus Art. 47 Satz 1 GG. Nach Ansicht des *BVerfG* wird der Zeugniszwang ausnahmsweise und unter ganz besonderen Umständen auch durch Art. 1 Abs. 1, 2 Abs. 1 GG begrenzt, dann nämlich, 6

§ 59 Zweiter Teil. Bußgeldverfahren

wenn die Zeugenvernehmung wegen der Eigenart des Beweisthemas in einem grundrechtlich geschützten Bereich der privaten Lebensgestaltung eingreifen würde (*BVerfG* JZ 1973, 780 m. Anm. *Würtenberger*; DÖV 1975, 637 m. Anm. *Bergmann*).

7   Im Verfahren hat der Zeuge **Anspruch auf angemessene Behandlung und Ehrenschutz.** Er darf nicht zum bloßen Verfahrensobjekt erniedrigt werden (*BVerfG* NJW 1975, 104). Allerdings haben die besonderen Schutzvorschriften, die nicht zuletzt aufgrund des Zeugenschutzgesetzes für das strafrechtliche Ermittlungsverfahren und die Hauptverhandlung vor Gericht gelten, im OWi-Verfahren im Regelfall keine Bedeutung. Anders, soweit es sich um schwerwiegende, insbesondere außenwirtschaftliche Verstöße handelt, die nicht Gegenstand der Ermittlungen der StA, sondern der Bußgeldbehörde sind.

8   **Zeugnisfähig** sind grundsätzlich alle natürlichen Personen, auch Kinder und Personen mit körperlichen und geistigen Gebrechen, sofern sie zur Wahrnehmung von Lebensvorgängen und ihrer zutreffenden Wiedergabe fähig sind und die Bedeutung der Wahrheitspflicht begreifen. Haben Minderjährige oder Betreute wegen einer psychischen Krankheit oder einer geistigen oder seelischen Behinderung von der Bedeutung des Zeugnisverweigerungsrechts keine genügende Vorstellung, so dürfen sie nur vernommen werden, wenn sie zur Aussage bereit sind und auch ihr gesetzlicher Vertreter der Vernehmung zustimmt (§ 52 Abs. 2 Satz 1 StPO).

9   Die am Verfahren beteiligten Personen sind nicht Zeugen, soweit die Entscheidung im Bußgeldverfahren unmittelbar gegen sie ergeht und in ihre Rechte eingreifen kann. Hierzu rechnen außerdem die Nebenbeteiligten, die nicht als Zeugen vernommen werden dürfen, soweit das Verfahren ihre Sache betrifft. Dagegen können Dolmetscher, Sachverständige, gesetzliche Vertreter und der Beistand des Betroffenen als Zeugen vernommen werden, der Verteidiger jedoch bei Interessenkollision erst nach Niederlegung der Verteidigung nach standesrechtlichen Regeln (*RRH* 3). Auch die Bediensteten der Verwaltungsbehörde können Zeuge sein, jedoch darf sich derjenige Bedienstete der Verwaltungsbehörde, der den Bußgeldbescheid unterzeichnet, nicht selbst als Zeuge aufführen (*RRH* 3).

10 Für die Zeugenvernehmung im Bußgeldverfahren gelten die §§ 57, 58 StPO sinngemäß. Es liegt im Ermessen der Verwaltungsbehörde und ihrer

Ermittlungsorgane, ob **die Vernehmung mündlich oder schriftlich durchgeführt wird.** Ersucht die Verwaltungsbehörde darum, einen Zeugen mündlich zu vernehmen, so müssen die von der Verwaltungsbehörde in Anspruch genommenen Ermittlungsorgane dem allerdings entsprechen (KK-*Wache* 5). Eine mündliche Zeugenempfehlung ist immer dann erforderlich, wenn es entscheidend auf die Aussage eines Zeugen ankommt und für die Glaubwürdigkeit eines Zeugen der persönliche Eindruck maßgebend ist. Dies ist in der Regel bei schwierigen und bedeutsamen OWi der Fall, aber auch dann, wenn im Rahmen der Vernehmung ergänzende Fragen und Vorhalte zu erwarten sind.

Die Verwaltungsbehörde kann einen Zeugen, der außerhalb ihres Bezirks wohnt, zur mündlichen Vernehmung laden, wenn es auf **seinen persönlichen Eindruck** maßgebend ankommt (*Göhler/Seitz* 6). Ist dies nicht der Fall, dann erfolgt die Vernehmung durch die örtlich zuständige Polizeibehörde als Ermittlungsorgan der Verwaltungsbehörde, das Gericht oder die örtlich zuständige Verwaltungsbehörde im Wege der Amtshilfe (*Göhler/Seitz* 5). Für die Vernehmung des Bundespräsidenten, von Abgeordneten, Mitgliedern des Bundesrates und Regierungsmitgliedern gelten die §§ 49, 50 StPO sinngemäß. Sie sollte nur schriftlich erfolgen. Dies gilt ebenfalls für Ladung und Vernehmung von Angehörigen diplomatischer Vertretungen. 11

Die Ladung des Zeugen benennt die Bußgeldsache durch Angabe des Betroffenen oder der Tat. Die Angabe des Beweisthemas ist zwar nicht notwendig, aber zweckmäßig, insbesondere dann, wenn dies zur Vorbereitung des Zeugen auf seine Aussage erforderlich ist. Die Ladung muss die Zeugeneigenschaft erkennen lassen und ihn ggf. auffordern, Schriftstücke oder andere Beweismittel zur Vernehmung mitzubringen (RiStBV Nr. 64). Die Ladung enthält den Hinweis auf die gesetzlichen Folgen des Ausbleibens. 12

Eine **Form der Ladung** ist nicht vorgeschrieben. Sie sollte im Regelfall durch einfachen Brief unter Benutzung eines Vordrucks erfolgen. Ggf. kann Zustellung notwendig sein. Dies empfiehlt sich ferner dann, wenn es darauf ankommen kann, die ordnungsgemäße Ladung nachzuweisen. Mündliche, fernmündliche, telegrafische oder Ladung unter Verwendung sonstiger moderner technischer Mittel ist möglich. Kinder und Jugendliche werden über einen gesetzlichen Vertreter geladen. Bei Kindern als 13

Zeugen sollen die Erziehungsberechtigten mit geladen werden. Die Kosten hierfür werden nach § 11 Abs. 1 Satz 2 ZuSEG erstattet. Ein Hinweis hierauf erscheint zweckmäßig.

14 **Vor Beginn der Vernehmung** sind die Zeugen zur Wahrheit zu ermahnen und über ihre Zeugnis- und Auskunftsverweigerungsrechte zu belehren. Ein Hinweis auf die Möglichkeit zu seiner Beeidigung schon bei der Verwaltungsbehörde ist entbehrlich. Die Zeugen sind sodann einzeln zu vernehmen, und zwar in Abwesenheit des später zu hörenden Zeugen. Sie werden zunächst zur Person befragt. Dies betrifft Vorname, Familienname, Alter, berufliche Stellung und Wohnort. Verweigern Zeugen ohne rechtlichen Grund diese Angaben, so gilt § 111. Mit Beginn der Vernehmung zur Sache ist dem Zeugen Gelegenheit zu geben, über das, was ihm zur Sache bekannt ist, zusammenhängend zu berichten. **Lenkende Hinweise und Vorhalte** dürfen den Bericht unterbrechen, wenn persönliche Probleme des Zeugen erkennbar machen, dass eine zusammenhängende Aussage nicht zu erzielen ist oder wenn Weitschweifigkeit und offenbare Unrichtigkeiten der Zeugenaussage zu erkennen sind (KK-*Wache* 13). Der Zeuge kann sich seiner schriftlichen Unterlagen bedienen. Ihm können ferner frühere Erklärungen, Aussagen dritter Personen oder Unterlagen vorgehalten bzw. vorgelesen werden.

15 Die Verwaltungsbehörde kann die **Gegenüberstellung** mit anderen Zeugen oder dem Betroffenen anordnen, wenn dies für das weitere Verfahren geboten erscheint (*Göhler/Seitz* 14). Der Zeuge muss dieser Anordnung folgen. Ggf. beantragt die Verwaltungsbehörde die richterliche Anordnung der Vorführung zur Gegenüberstellung.

16 Der **Verteidiger des Betroffenen** hat ebenfalls das Recht, an den Zeugen im Anschluss an dessen Bericht Fragen zu stellen.

17 Entsteht aufgrund der Zeugenvernehmung der **Verdacht einer OWi**, so ist die Zeugenvernehmung hierzu abzubrechen und der bisherige Zeuge als Betroffener anzuhören (*Göhler/Seitz* 16).

18 Über die Vernehmung von Zeugen soll von der Verwaltungsbehörde ein **Protokoll** aufgenommen werden, soweit dies ohne erhebliche Verzögerung der Ermittlungen möglich ist (§ 168b Abs. 2 StPO). Die Protokollierung geschieht in wörtlicher Rede, weil sie für den Beamten, der über die OWi zu entscheiden hat, das Beweisergebnis genauer wiedergibt. Das

Protokoll enthält Angaben über die Verwaltungsbehörde und die Bußgeldsache, um die es geht, ferner über Ort und Tag der Verhandlung, Namen der mitwirkenden Personen der Verwaltungsbehörde, Personalien des Zeugen und vorgeschriebene Belehrungen. Es wird durch einen Protokollführer erstellt. Dies kann jeder Bedienstete der Verwaltungsbehörde sein. Der Inhalt des Protokolls kann, was besonders zweckmäßig erscheint, in einer gebräuchlichen Kurzschrift oder auf einem Tonaufnahmegerät vorläufig aufgezeichnet werden. Ggf. ist auch die Videoaufzeichnung angezeigt (§ 58a StPO).

Das Protokoll wird dem Zeugen **zur Genehmigung vorgelesen** oder zur Durchsicht vorgelegt. Die Genehmigung wird darin vermerkt. Sodann wird es von den vernehmenden Angehörigen der Verwaltungsbehörde, dem Protokollführer und dem Zeugen unterzeichnet. Im Falle einer Videoaufnahme wird die entsprechende Genehmigung ebenfalls aufgenommen. Lehnt der Zeuge ab, das Protokoll zu genehmigen oder zu unterschreiben, so ist der Grund der Weigerung in der Niederschrift anzugeben. Im Regelfall ist dies allerdings Anlass zu überprüfen, ob die Angaben des Zeugen wirklich zutreffend wiedergegeben worden sind (KK-*Wache* 18). 19

Bei **einfach gelagerten Sachverhalten** oder in **Eilfällen** kann der Vernehmende von der Aufnahme eines Protokolls absehen. Dann wird über das Ergebnis der Vernehmung ein Aktenvermerk angefertigt. 20

Bei nur **informatorischer Befragung** des Zeugen sind weder vorausgehende Belehrungen noch die Anfertigung eines Protokolls erforderlich. 21

In einfachen Sachen ist die **schriftliche Vernehmung** vorzugswürdig, wenn der Zeuge glaubwürdig erscheint und von ihm eine vollständige Auskunft erwartet werden kann oder wenn der Zeuge für seine Aussage Akten, Geschäftsbücher oder andere umfangreiche Schriftstücke benötigt (*RRH* 10). Die Vernehmung kann durch Übersendung eines Fragebogens durchgeführt werden, durch den der Zeuge aufgefordert wird, sich schriftlich zu äußern. Der Fragebogen muss die notwendigen Belehrungen und Bezeichnung der Bußgeldsache enthalten, ferner die Aufforderung, Angaben zur Person zu machen und einen zusammenhängenden Bericht zur Sache zu geben. Über den Formularteil eines solchen Fragebogens hinaus können zusätzliche Fragen gestellt werden. Er sollte darüber hinaus den Hinweis enthalten, dass der Zeuge zur mündlichen Vernehmung vor die 22

Verwaltungsbehörde oder den Richter geladen werden kann, falls er sich nicht innerhalb einer bestimmten Frist oder nicht vollständig äußert (*Göhler/Seitz* 20). Ein **Ordnungsgeld** kann gegen den Zeugen, der eine Aufforderung zur schriftlichen Äußerung unbeachtet lässt, nicht festgesetzt werden (KK-*Wache* 21).

23 War die **Verweigerung der Aussage** grundlos, so ist die Festsetzung eines Ordnungsgeldes und die Auferlegung der Kosten als Ungehorsamsfolge zulässig. Außerdem kann die Vorführung aufgrund richterlicher Anordnung erfolgen. Die Maßnahme liegt im Ermessen der Verwaltungsbehörde. Sie kann davon absehen, wenn die Verletzung der Zeugenpflicht das Verfahren nicht oder nur unwesentlich erschwert oder verzögert hat (*Göhler/Seitz* 64), oder wenn der Vorwurf, der den Zeugen trifft, gering ist (*Düsseldorf* VRS 90, 440) oder wenn der Zeuge in einem Verfahren von geringer Bedeutung die Vernehmung wegen persönlicher Geschäfte versäumt, deren Aufschub ihm schwer zumutbar war (*Koblenz* MDR 1988, 1074). Verzichtet die Verwaltungsbehörde auf die Festsetzung eines Ordnungsgeldes, so gilt dies auch für die Auferlegung der Säumniskosten (*Düsseldorf* wistra 1994, 77).

24 Verhängt die Verwaltungsbehörde ein Ordnungsgeld, so erlässt sie einen **Ordnungsgeldbescheid**, der zugleich die **Kostenentscheidung** zum Nachteil des Zeugen enthalten kann. Allerdings entstehen Kosten durch die Säumnis des Zeugen oder der Verweigerung der Aussage nur in seltenen Fällen. Sind sie nur geringfügig, so ist von einer Kostenentscheidung abzusehen. Sind dem Betroffenen durch das Verhalten des Zeugen notwendige Auslagen entstanden, so kann er verlangen, dass sie dem Zeugen auferlegt werden. Ist die Staatskasse verpflichtet, die notwendigen Auslagen eines Beteiligten zu erstatten, so hat sie auch die dem Beteiligten durch die Säumnis eines Zeugen entstandenen Kosten zu tragen, selbst wenn sie diesem auferlegt worden waren (*Göhler/Seitz* 69).

25 Gegen den Ordnungsgeld- und Kostenbescheid ist **Antrag auf gerichtliche Entscheidung** zulässig. § 62 geht dem § 161a Abs. 3 StPO als speziellere Regelung vor (KK-*Wache* 71). Sind dem Betroffenen Auslagen entstanden und unterlässt es die Verwaltungsbehörde, sie dem Zeugen aufzuerlegen, so kann er gegen die ablehnende Entscheidung der Verwaltungsbehörde ebenfalls gerichtliche Entscheidung nach § 62 Abs. 1 Satz 1 beantragen (*Düsseldorf* VRS 87, 437), und zwar auch dann noch,

wenn ein Bußgeldbescheid bereits erlassen ist (*RRH* 25). Der Antrag auf gerichtliche Entscheidung ist nicht befristet. Er kann noch nach Zahlung des Ordnungsgeldes gestellt werden und ist auf die Höhe des Ordnungsgeldes beschränkbar (KK-*Wache* 71). Wird der Ordnungsgeldbescheid auf Antrag des Zeugen aufgehoben, so sind ihm in der Regel seine notwendigen Auslagen zu erstatten, es sei denn, dass er durch sein Verhalten den Erlass des Ordnungsgeldbescheides veranlasst hat (*Göhler/Seitz* 72).

Der Zeuge kann sich während des gesamten Verfahrens eines Rechtsanwalts als Beistand bedienen. Gesetzliche Grundlagen zu dessen Ausschließung fehlen derzeit (*BVerfG* NJW 2000, 2660). Hat er einen Beistand, darf er gleichwohl nicht aus diesem Grund einem Vernehmungstermin fernbleiben (*BGH* NStZ 1989, 484). Kosten werden dem Zeugen außerdem nicht erstattet, soweit ihm nicht ein Zeugenbeistand von Staats wegen bestellt wird (hierzu für das Strafverfahren *Seitz* JR 1998, 309). Die Bestellung liegt im Ermessen der Verwaltungsbehörde (*Göhler/Seitz* 19a). Die Bestellung oder deren Ablehnung sind unanfechtbar (*Hamm* NZV 2000, 179). Zuständig ist die Verwaltungsbehörde (*Rieß* NJW 1998, 3242; **a. A.** *RRH* 9a). 26

Der **Sachverständige** ist wie der Zeuge persönliches Beweismittel. Er hat die Aufgabe, der Verwaltungsbehörde aufgrund seiner besonderen Sachkunde oder aufgrund besonderer Untersuchungsmethoden auf einem bestimmten Fachgebiet über Tatsachen und Erfahrungssätze Auskunft zu geben oder Tatsachen zu beurteilen. Er erweitert das Wissen der Verfolgungsorgane und des Gerichts und wird für sie bei der Erfassung und Beurteilung eines Sachverhalts wie ein Gehilfe tätig. Er unterscheidet sich vom Zeugen dadurch, dass er jederzeit durch einen anderen Sachkundigen ersetzt werden kann, während der Zeuge nicht auswechselbar ist, ferner dadurch, dass der Zeuge Auskunft über Wahrnehmungen gibt, die er ohne Auftrag Dritter und im Regelfall ohne besondere Sachkunde gemacht hat, während der Sachverständige Tatsachen, zu deren Wahrnehmung eine besondere Sachkunde notwendig ist und die er im Auftrag festgestellt hat, vermittelt. Soweit sich die Tätigkeit des Sachverständigen mit der Funktion des Zeugen überschneidet, kann er auch als sachverständiger Zeuge gehört werden. Sagt der Sachverständige schließlich über im Rahmen seiner Tätigkeit festgestellte Tatsachen aus, deren Wahrnehmung eine besondere Sachkunde nicht erfordert, so ist er bei der Übermittlung 27 dieser Tatsachen nicht Sachverständiger, sondern einfacher Zeuge (KK-*Wache* 75).

28 Nach § 72 StPO sind auf Sachverständige die **Vorschriften über Zeugen** entsprechend anzuwenden, soweit nicht in den §§ 73 ff. StPO besondere Vorschriften für die Sachverständigen getroffen sind.

29 Den Sachverständigen trifft die **Gutachterpflicht des § 75 StPO**. Er hat seiner Ernennung zum Sachverständigen Folge zu leisten, wenn er zur Erstattung von Gutachten der erforderten Art öffentlich bestellt ist oder wenn er die Wissenschaft, die Kunst oder das Gewerbe, deren Kenntnis Voraussetzung der Begutachtung ist, öffentlich zum Erwerb ausübt oder wenn er zu ihrer Ausübung öffentlich bestellt oder ermächtigt ist. Inhaltlich besteht seine Gutachterpflicht ferner darin, dass er der Ladung der Verwaltungsbehörde zu folgen, sein Gutachten sach- und fristgerecht vorzubereiten und mündlich oder schriftlich zu erstatten hat. Ob **Angehörige einer Behörde** zur Erstattung des Gutachtens verpflichtet sind, hängt von ihren Dienstvorschriften ab. Die Behörde selbst kann aufgrund der Pflicht zur Amtshilfe verpflichtet sein, ein Gutachten abzugeben. Ihr Gutachten kann auch im Einspruchsverfahren in der Hauptverhandlung verlesen werden (*Göhler/Seitz* 84).

30 Der **Sachverständige** wird in der Regel **von der Verwaltungsbehörde bestellt.** Sie wählt ihn nach pflichtgemäßem Ermessen aus. Ist ihr kein geeigneter Sachverständiger bekannt, so wendet sie sich an Berufsorganisationen oder an diejenige Behörde, in deren Geschäftsbereich die zu begutachtende Frage fällt. Sind auf bestimmten Fachgebieten öffentliche Sachverständige bestellt, so sollen andere Personen nur gewählt werden, wenn dies besondere Umstände erfordern. Hat der Betroffene einen Verteidiger und ist damit zu rechnen, dass das Gutachten des Sachverständigen in ein späteres gerichtliches Verfahren eingeführt werden wird, so empfiehlt es sich, den Sachverständigen mit Zustimmung der Verteidigung zu bestellen (KK-*Wache* 80). Dies ist nicht erforderlich, wenn der Gegenstand der Untersuchung ein häufig wiederkehrender, tatsächlich gleichartiger Sachverhalt ist (Blutalkoholgutachten) oder wenn eine Gefährdung des Untersuchungszwecks oder eine Verzögerung des Verfahrens zu befürchten ist (RiStBV Nr. 70 Abs. 1). Dies gilt bereits im Ermittlungsverfahren der Verwaltungsbehörde.

Dritter Abschnitt. Vorverfahren § 59

Die Einschränkung, dass § 74 StPO erst **nach Gerichtshängigkeit des Strafverfahrens** anwendbar ist, hat für das OWi-Verfahren keine Bedeutung, weil nach § 46 Abs. 1 diese Vorschrift nur sinngemäß anzuwenden ist und keine Einschränkungen im OWi-Verfahren vorgesehen sind. Eine entsprechende Einschränkung würde im Übrigen das Verfahren vor der Verwaltungsbehörde in unvertretbarer Weise verzögern und Zweckmäßigkeits- und Wirtschaftlichkeitserwägungen zuwiderlaufen (im Ergebnis ebenso KK-*Wache* 81). 31

Nach § 76 StPO hat der Sachverständige das Recht, sein **Gutachten zu verweigern**, sofern für ihn Gründe der §§ 52, 53, 53a und 55 gegeben sind. Er kann ferner aus anderen Gründen auf seinen Antrag hin von der Verpflichtung zur Erstattung des Gutachtens entbunden werden, etwa wenn es unzumutbar erscheint, eine besondere Härte bedeutet oder wenn er wegen hohen Alters oder beruflicher Überlastung sich nicht in der Lage sieht. Dies gilt auch, wenn er sich für ungeeignet hält oder das Gutachten in angemessener Zeit nicht erstellen kann. 32

Im Übrigen **leitet die Verwaltungsbehörde** die Tätigkeit des Sachverständigen, soweit dies erforderlich erscheint (§ 78 StPO). Dies beginnt mit der klaren und eindeutigen Auftragsbeschreibung, der Mitteilung möglicherweise gegebener Anknüpfungstatsachen, sofern der Sachverständige sie nicht selbst als Befundtatsachen ermitteln soll (*BGH* StV 1995, 113). Dazu können Belehrungen des Sachverständigen gehören, nicht jedoch Festlegungen hinsichtlich der fachlichen Durchführung der Untersuchungen, der Wahl bestimmter Untersuchungsmethoden usw. Dies hat allein der Sachverständige selbst zu entscheiden. Soweit erforderlich, ist dem Sachverständigen zur Vorbereitung des Gutachtens Einsichtnahme in die Akten zu ermöglichen. Die Verwaltungsbehörde kann dem Sachverständigen ferner weitere Erkenntnisse durch Vernehmung von Zeugen bzw. des Betroffenen beschaffen, ihm die Teilnahme an den Vernehmungen gestatten und ihm ein unmittelbares Fragerecht einräumen. Ein **eigenes Vernehmungsrecht** steht dem Sachverständigen hingegen nicht zu. 33

Verletzt der Sachverständige seine Gutachterpflicht, indem er trotz ordnungsgemäßer Ladung nicht zum Termin erscheint oder unberechtigt die Erstattung des Gutachtens verweigert, so kann die Verwaltungsbehörde ihm die durch die **Verletzung seiner Pflicht verursachten Kosten** auferlegen und gegen ihn ein **Ordnungsgeld** festsetzen (§ 77 Abs. 1 Satz 1, 34

§ 59 Zweiter Teil. Bußgeldverfahren

Satz 2 StPO). Dies gilt auch, wenn der Sachverständige die für das Gutachten notwendigen Vorarbeiten verweigert, einzelne Beweisfragen nicht beantwortet oder sich der Leitung durch die Verfolgungsbehörde entzieht (KK- *Wache* 89).

35 Für die **Entschädigung von Zeugen und Sachverständigen** im Verfahren der Verfolgungsbehörde gelten die Bestimmungen des Gesetzes über die Entschädigung von Zeugen und Sachverständigen ZSEG für Beauftragungen vor dem 1. Juli 2004 (§ 25 JVEG). Die Entschädigung von Zeugen ist in § 2, die von Sachverständigen in § 3 geregelt. Zeugen werden für ihren Verdienstausfall entschädigt, und zwar auch bei schriftlicher Beantwortung einer Beweisfrage (§ 2 Abs. 1 ZSEG), Sachverständige werden für ihre Leistung entschädigt. Die Entschädigungssätze ergeben sich aus den jeweils geltenden Vorschriften im ZSEG.

36 Zeugen oder Sachverständigen ist auf Antrag ein **Vorschuss** zu bewilligen, wenn sie mittellos sind oder wenn ihnen, insbesondere wegen der Höhe der entstehenden Kosten, darunter Reisekosten, nicht zugemutet werden kann, diese aus eigenen Mitteln vorzuschießen (§ 14 Abs. 1 ZSEG). Dies kann auch durch Ausstellung von Fahrausweisen oder Gutscheinen für den kostenlosen Erwerb von Fahrausweisen geschehen.

37 Die **Festsetzung der Entschädigung** erfolgt durch die Verwaltungsbehörde. Die Entschädigung wird aus der Kasse desjenigen Verwaltungsträgers gezahlt, dem die Verwaltungsbehörde angehört. Gegen die Festsetzung ist ein Antrag auf gerichtliche Entscheidung nach § 62 zulässig, der als speziellere Regelung dem § 16 ZSEG vorgeht (*RRH* 27).

38 Für Beauftragungen von Sachverständigen und die Entschädigung von Zeugen nach dem 1. Juli 2004 gelten die Vorschriften des JVEG. Werden Angehörige einer Behörde oder einer sonstigen öffentlichen Stelle zu Begutachtungen herangezogen, die mit ihren Dienstaufgaben in Zusammenhang stehen, so gilt das Gesetz für sie nicht, sofern sie nicht ehrenamtlich tätig sind (§ 1 Abs. 2 JVEG).

39 Einer Heranziehung des Sachverständigen durch die Staatsanwaltschaft oder durch die Finanzbehörde steht die Heranziehung durch die Polizei oder eine andere Strafverfolgungsbehörde gleich, sofern sie im Auftrag oder mit vorheriger Billigung der Staatsanwaltschhaft oder der Finanzbehörde gehandelt hat (§ 1 Abs. 3 JVEG).

Der Anspruch auf Vergütung des Sachverständigen oder Entschädigung von Zeugen entsteht nur dann, wenn er rechtzeitig, d. h. binnen drei Monaten, geltend gemacht wird. Die Frist berechnet sich nach § 2 Abs. 1 Satz 2 JVEG. Sie beginnt im Regelfall mit dem Eingang des schriftlichen Gutachtens oder mit der Vernehmung des Sachverständigen oder Zeugen. **40**

Die Ansprüche des Sachverständigen errechnen sich nach den §§ 8 ff. JVEG und setzen sich aus einem Honorar für die Leistungen (§§ 9–11 JVEG), dem Fahrtkostenersatz (§ 5 JVEG), einer Aufwandsentschädigung (§ 6 JVEG) sowie besonderen Aufwendungsersatz (§§ 7, 12 JVEG) zusammen. Die Entschädigung von Zeugen und Dritten ergibt sich aus den §§ 19 ff. JVEG. Dritte in diesem Sinne sind Personen, die Gegenstände herausgeben sollen, Auskünfte zu erteilen haben, Telekommunikationsanschlüsse bereitstellen oder ihre eigene Datenverarbeitungsanlage zur Verfügung stellen müssen (§ 23 JVEG). **41**

Als **Auslagen** (§ 107 Abs. 3 Nr. 5) sind die an Zeugen und Sachverständige zu zahlenden Beträge anzusetzen, wenn ein Kostenschuldner vorhanden ist (*Göhler/Seitz* 101). **42**

§ 60 Verteidigung

Ist die Mitwirkung eines Verteidigers im Verfahren der Verwaltungsbehörde geboten (§ 140 Abs. 2 Satz 1 der Strafprozeßordnung), so ist für dessen Bestellung die Verwaltungsbehörde zuständig. Sie entscheidet auch über die Zulassung anderer Personen als Verteidiger und die Zurückweisung eines Verteidigers (§ 138 Abs. 2, § 146a Abs. 1 Satz 1, 2 der Strafprozeßordnung).

Schrifttum: *Jäger*, Notwendige Verteidigung im Bußgeldverfahren, 1994.

Die Vorschrift regelt die Zuständigkeit der Verwaltungsbehörde für die **Bestellung eines Verteidigers**, soweit seine Mitwirkung in ihrem Verfahren geboten ist (Satz 1) und deren Zuständigkeit für die Entscheidung über die Zulassung anderer Personen als Verteidiger sowie die Zurückweisung eines Verteidigers (Satz 2). Sie setzt im Übrigen die sinngemäße Anwendung der allgemeinen Vorschriften der StPO über die Verteidigung (§§ 137 ff. StPO) voraus. Der Betroffene kann sich also, ebenso wie im **1** gerichtlichen Bußgeldverfahren, in jeder Lage des Verfahrens vor der Verwaltungsbehörde des Beistands des von ihm selbst gewählten Verteidigers bedienen (*RRH* 1). Im Übrigen kann die Verwaltungsbehörde bei Vorliegen der gesetzlichen Voraussetzungen zur Bestellung eines Pflichtverteidigers veranlasst sein.

2 Satz 1 betrifft die **Bestellung** des Pflichtverteidigers durch die **Verwaltungsbehörde**. Sie stellt klar, was durch die bloße Verweisung des § 46 möglicherweise nicht eindeutig wäre, dass auch im Bußgeldverfahren der Verwaltungsbehörde wegen Besonderheiten in der Person des Betroffenen oder der zur Verfolgung stehenden Tat dem Betroffenen, wenn er nicht selbst einen Verteidiger bestellt, zur Wahrung seiner Rechte ein Verteidiger beigeordnet werden kann und hierfür, wenn und solange das Verfahren bei ihr anhängig ist, die Verwaltungsbehörde zuständig ist (*RRH* 2). Diese Verpflichtung ergibt sich aus der Verantwortung der Verwaltungsbehörde für die ordnungsgemäße Durchführung des Bußgeldverfahrens.

3 Die Vorschrift gilt nur für das **Verfahren der Verwaltungsbehörde**. Für die StA gilt sie nur dann, wenn die StA durch besondere Rechtsvorschrift zur sachlich zuständigen Verwaltungsbehörde nach § 36 bestimmt ist (*RRH* 2a; *Göhler/König* 1).

4 § 140 StPO ist nur stark eingeschränkt auf das Bußgeldverfahren anwendbar. Dementsprechend nimmt Satz 2 auch nur § 140 Abs. 2 Satz 1 StPO in Bezug. Sinngemäß auf das OWi-Verfahren angewendet bedeutet dies die Verpflichtung der Verwaltungsbehörde, auf Antrag oder von Amts wegen einen Pflichtverteidiger zu bestellen, wenn wegen der Schwere des Vorwurfs oder wegen der Schwierigkeit der Sach- oder Rechtslage seine Mitwirkung geboten erscheint oder wenn ersichtlich ist, dass der Betroffene sich nicht selbst verteidigen kann. Warum dies nicht auch gelten soll, wenn der Betroffene hör- oder sprachbehindert ist (§ 140 Abs. 2 Satz 2 StPO), ist nicht verständlich (**a. A.** *Göhler/Seitz* 28a).

5 Diese Vorschrift konkretisiert das **Rechtsstaatsprinzip** auch für das OWi-Verfahren. Mit dem Institut der notwendigen Verteidigung und mit der Bestellung eines Verteidigers ohne Rücksicht auf die Einkommens- und Vermögensverhältnisse des Betroffenen sichert der Gesetzgeber das Interesse, das der Rechtsstaat an einem verfahrensmäßig nicht zu beanstandenden OWi-Verfahren haben muss.

Der Verteidiger erfüllt damit einen gesetzlichen Auftrag, der nicht nur 6
im Interesse des Betroffenen, sondern auch in dem einer am Rechtsstaatsgedanken ausgerichteten Verfolgungspraxis für OWi liegt. Er ist ein selbständiges, den Verfolgungsbehörden gleichgeordnetes Organ der Rechtspflege. Ihn trifft die Pflicht, dazu beizutragen, dass das Verfahren sachdienlich und in prozessual geordneten Bahnen durchgeführt wird. Dabei ist er unabhängig, handelt also unter eigener Verantwortung. Er untersteht nicht der Kontrolle der ihn bestellenden Behörde. Seine Aufgabe besteht darin, alle zugunsten des Betroffenen sprechenden tatsächlichen und rechtlichen Gesichtspunkte geltend zu machen, Anträge zu stellen, bei Vernehmungen anwesend zu sein und die Einlegung von Rechtsbehelfen zu prüfen und ggf. durchzuführen.

Der Verteidiger ist nicht der **Unparteilichkeit** verpflichtet, sondern han- 7
delt für den Mandanten, auch wenn er nicht formell Vertreter des Betroffenen ist. Besteht die Möglichkeit einer Interessenkollision für den Verteidiger, weil er durch die Wahrnehmung der Interessen Dritter gehindert ist, seinen Pflichten als Verteidiger nachzukommen, so gebietet ihm seine Berufspflicht zu prüfen, ob er die Verteidigung übernehmen oder fortführen darf. Seine Zurückweisung in entsprechender Anwendung von § 146 StPO ist nicht zulässig (*BGH* NStZ 1992, 292).

Die **Schwere der Tat** i. S. v. Satz 1 i.V.m. § 140 Abs. 2 Satz 1 StPO beur- 8
teilt sich vor allem nach der zu erwartenden **Rechtsfolgenentscheidung**, d.h. aus der Höhe der zu erwartenden Geldbuße und dem Gewicht einer möglicherweise zu erwartenden **Nebenfolge.** Die Höhe der zu erwartenden Geldbuße allein kann ausreichen, wenn es sich um eine sehr hohe Geldbuße handelt, wie sie insbesondere bei Wirtschafts-OWi möglich sind. Dies gilt auch dann, wenn der Betroffene in guten wirtschaftlichen Verhältnissen lebt. Ein zu erwartendes Fahrverbot reicht allein nicht aus, um die Mitwirkung eines Verteidigers zu gebieten, wohl aber, wenn damit der Verlust des Arbeitsplatzes verbunden sein kann. Dies ist wegen sich verändernder wirtschaftlicher Verhältnisse stets zu berücksichtigen. Das gilt auch, wenn bei einer Straßenverkehrs-OWi aufgrund erheblicher Voreintragungen im VZR im Falle einer weiteren Eintragung wegen der Erreichung der Punktzahl nach dem Mehrfachtäter-Punktsystem mit einem Verwaltungsverfahren zur Entziehung der Fahrerlaubnis zu rechnen ist (**a. A.** KK-*Kurz* 31; *RRH* 5; *Göhler/Seitz* 25).

§ 60 Zweiter Teil. Bußgeldverfahren

9 Ebenso, wenn bei einer der in § 149 Abs. 1 Nr. 3 GewO aufgeführten OWi wegen einer weiteren Eintragung in das **Gewerbezentralregister** aufgrund des Bußgeldbescheides wegen bereits bestehender Voreintragungen ein Verwaltungsverfahren nach § 35 GewO zu erwarten ist oder wenn nach der Verwaltungspraxis mit großer Wahrscheinlichkeit die **Ausübung des Gewerbes untersagt** werden wird.

10 Zu berücksichtigen ist ferner in gewissen Grenzen die **Verteidigungsfähigkeit** des Betroffenen. Handelt es sich bei ihm um eine lebenserfahrene, umsichtige und geschäftsgewandte Person, die fähig ist, ihre Interessen mit Nachdruck selbst zu vertreten, so kann auch bei Vorliegen der Schwere der Tat ein Grund zur Bestellung eines Pflichtverteidigers entfallen (*Göhler/Seitz* 25).

11 Die **Schwierigkeit der Sach- und Rechtslage** kann bereits objektiv gegeben sein, sich allein aus den persönlichen Fähigkeiten des Betroffenen ergeben oder sogar auf beiden Gesichtspunkten beruhen. Eine **Sachlage** ist schwierig bei kompliziertem oder umfangreichem Sachverhalt oder wenn eine sachgemäße Verteidigung etwa im Hinblick auf wechselnde oder widersprechende Aussagen von Zeugen oder aufgrund komplizierter Sachverständigengutachten nicht ohne Unterstützung des Betroffenen möglich erscheint. Die Schwierigkeit der Rechtslage ist objektiv insbesondere gegeben, wenn es sich um schwierige, von einer Rechtsprechung noch nicht durchentschiedene Rechtsfragen handelt, die sich zudem auf abgelegeneren Gebieten des OWi-Rechts befinden und deren Beherrschung Spezialkenntnisse voraussetzt (*Oellerich* StV 1981, 434). Dass der Betroffene selbst rechtsunkundig ist, bedeutet noch nicht, dass eine Rechtslage objektiv schwierig ist. Sie kann aber schon schwierig werden durch die Existenz widersprechender gerichtlicher Entscheidungen (*Göhler/Seitz* 27; **a. A.** KK-*Kurz* 32). Eine **Rechtslage** ist in der Regel schwierig, wenn sich der Gesetzgeber einer komplizierten und vielschichtigen Verweisungstechnik bedient und die Konkretisierung zahlreich verwendeter unbestimmter Rechtsbegriffe Rechtsverordnungen überlässt (*Göhler/Seitz* 27).

12 Eine Verteidigerbestellung ist auch notwendig, wenn der Betroffene sich ersichtlich **nicht selbst verteidigen** kann. Hierbei muss es sich um Gründe handeln, die in seiner Person liegen. Das ist der Fall, wenn schon nicht sicher gewährleistet ist, dass der Betroffene in der Lage ist, dem Verfahren vor der Verwaltungsbehörde zu folgen, seine Interessen zu wahren und alle seiner Verteidigung dienenden Handlungen vorzunehmen, und zwar nicht nur, wenn er Merkmale einer psychischen Erkrankung zeigt oder Analphabet ist. Jeder in der Person des Betroffenen liegende Grund, der Anlass zu der Vermutung gibt, dass er dem Verfahren vor der Verwaltungsbehörde nicht in ausreichender Form folgen kann, seine Interessen nicht hinreichend wahrnimmt, keine sachdienlichen Anträge fördert usw. müssen für die Verwaltungsbehörde Anlass sein, zu prüfen, ob ein Pflichtverteidiger zu bestellen ist.

Auch hierbei hat das **Gewicht des Vorwurfs einer OWi** besondere Bedeutung, weil er auf die Anforderungen, die an eine ordnungsgemäße Verteidigung zu stellen sind, nicht ohne Einfluss ist. Nicht verständlich sind die auch weiterhin feststellbaren Bemühungen in Rechtsprechung und Schrifttum, die Verteidigungsfähigkeit sprachunkundiger Ausländer vor deutschen Verwaltungsbehörden eher nicht oder nur bei Vorliegen weiterer Gesichtspunkte eingeschränkt zu sehen. Dies kann nur dann der Fall sein, wenn die Sprachunkundigkeit als solche durch Herbeiziehung eines Dolmetschers ausgeglichen wird. Aber auch dann hat die Verwaltungsbehörde noch zu prüfen, ob die zuvor gegebene Einschränkung der Verteidigungsfähigkeit durch die Hinzuziehung eines Dolmetschers auch tatsächlich schon ausgeglichen worden ist. **13**

Auch für das OWi-Verfahren gilt, dass über den Wortlaut des § 140 Abs. 2 hinaus die Bestellung eines Verteidigers auf Antrag stets dann erforderlich ist, wenn die Ablehnung der Beiordnung eines Verteidigers den **Anspruch des Betroffenen auf ein faires Verfahren** verletzen würde (*BVerwG* NJW 1983, 1599). Auch dieses Argument kann einerseits den sprachunkundigen Ausländer betreffen, erscheint andererseits geeignet, die nicht verständliche Ausschließung hör- oder sprachbehinderter Betroffener nach § 140 Abs. 2 Satz 2 in die Bezugnahmeregelung des Satzes 1 auszugleichen. **14**

Die Bestellung eines Pflichtverteidigers erfolgt nicht, wenn der Betroffene bereits einen **Wahlverteidiger** hat (§ 141 Abs. 1 StPO). Legt hingegen der Wahlverteidiger im Verfahren vor der Verwaltungsbehörde sein Mandat nieder und beantragt die Bestellung eines Pflichtverteidigers, der er selbst sein kann, so entscheidet die Verwaltungsbehörde nach Abs. 1. **15**

16 Die Bestellung eines Pflichtverteidigers kann auch im Verfahren der Verwaltungsbehörde gegen **Jugendliche** und **Heranwachsende** erfolgen. Geschieht dies, so ist für eine sinngemäße Anwendung des § 68 JGG im Verfahren der Verwaltungsbehörde kein Raum (*RRH* 10; KK-*Kurz* 35).

17 Die Mitwirkung eines Verteidigers muss zur ausreichenden Wahrnehmung der Rechte des Betroffenen **geboten** sein (Satz 1). Das Vorliegen der Voraussetzungen des § 140 Abs. 2 Satz 1 StPO allein reicht demnach nicht aus (*Göhler/Seitz* 28b). Dies bedeutet, dass über die Beiordnung eines Verteidigers die zuständige Stelle nach pflichtgemäßem Ermessen entscheidet (KK-*Kurz* 40; *RRH* 12; *Göhler/Seitz* 29). Allerdings reduziert sich der Ermessensspielraum der Verwaltungsbehörde bei der Beurteilung dieser Frage um so deutlicher, je klarer die sonstigen Bestellungsvoraussetzungen vorliegen. Der Ermessensspielraum kann auch auf Null reduziert sein.

18 Ein **weiterer Ermessensspielraum der Verwaltungsbehörde** über das Vorliegen der Voraussetzungen des § 140 Abs. 2 Satz 1 StPO hinaus besteht nicht (*RRH* 8a). Lehnt die Verwaltungsbehörde den Antrag auf Bestellung eines Verteidigers ab, so muss sie ihre ablehnende Verfügung begründen, aktenkundig machen und dem Antragsteller bekannt machen. Gegen die Ablehnung des Antrags kann der Betroffene, nicht jedoch ein Rechtsanwalt, gegen die Ablehnung seiner Bestellung zum Pflichtverteidiger, gerichtliche Entscheidung nach § 62 beantragen (*RRH* 13).

19 Die Auswahl des zu bestellenden Verteidigers erfolgt in entsprechender Anwendung des § 142 StPO nach pflichtgemäßem Ermessen der Verwaltungsbehörde. Allerdings ist das **Auswahlermessen** im Hinblick auf den verfassungsrechtlichen Grundsatz, dass dem Betroffenen in der Regel der Anwalt seines Vertrauens als Pflichtverteidiger beizuordnen ist, **erheblich eingeschränkt** (*BVerfG* NJW 1975, 1015). Dem entspricht das Recht des Betroffenen, Gelegenheit zu erhalten, innerhalb einer zu bestimmenden Frist einen Rechtsanwalt zu bezeichnen und die Verpflichtung der Verwaltungsbehörde, diesen Verteidiger auch zu bestellen, wenn nicht gewichtige Gründe dem entgegenstehen (§ 142 Abs. 1 Satz 2 und 3 StPO).

20 Der Pflichtverteidiger muss nicht **ortsansässig** sein. Es kann auch Gründe für die Bestellung eines auswärtigen Rechtsanwalts geben, insbesondere wenn das Vertrauensverhältnis zwischen Betroffenem und Rechtsanwalt hierzu veranlasst (KK-*Kurz* 42). Weitere Gründe sind, dass der Rechtsanwalt den Betroffenen auch in früheren Verfahren bereits verteidigt hat (*Saarbrücken* StV 1983, 362) und anerkanntermaßen Spezialwissen in einer einschlägigen Materie aufweist (*München* StV 1986, 422).

Der zum Verteidiger bestellte Rechtsanwalt ist **verpflichtet, die Verteidigung zu übernehmen**, sofern er nicht aus wichtigen Gründen die Aufhebung der Beiordnung beantragt (§§ 48 Abs. 2, 49 BRAO). Die Bestellung erstreckt sich auch auf den **allgemeinen Vertreter** des Rechtsanwalts (§ 53 BRAO). Unterbevollmächtigung und Übertragung der Verteidigung auf einen **Referendar** sind unzulässig, jedoch kann ein Referendar von der Verwaltungsbehörde unmittelbar zum Pflichtverteidiger bestellt werden, sofern er seit der 1. juristischen Staatsprüfung mindestens 15 Monate unter Leitung der Landesjustizverwaltung im Vorbereitungsdienst beschäftigt ist (§ 142 Abs. 2 StPO). Ist der Referendar bei der Verwaltungsbehörde zur Ausbildung, so darf er nicht bestellt werden (§ 142 Abs. 2 letzter Halbsatz StPO in sinngemäßer Anwendung; *RRH* 17a). 21

Die Bestellung eines **Rechtslehrers an einer deutschen Hochschule** zum Pflichtverteidiger ist zulässig, wenn er einwilligt (**a. A.** KK-*Kurz* 44). Angehörige der **steuerberatenden Berufe** können nicht zum Pflichtverteidiger bestellt werden, auch nicht im Verfahren wegen Steuer-OWi, da § 392 i. V. m. § 410 Abs. 1 Nr. 3 AO eine nur von § 138 Abs. 1 StPO nicht aber auch von § 142 StPO abweichende Regelung getroffen hat (*RRH* 17b). 22

Hat die Verwaltungsbehörde einen Verteidiger bestellt, so wird dies dem bestellten und dem Betroffenen **formlos mitgeteilt** (§ 50 Abs. 1 Satz 1). Die Verfügung braucht nicht begründet zu werden. Die Beiordnung eines Pflichtverteidigers kann ausnahmsweise auch stillschweigend dadurch erklärt werden, dass die zuständige Stelle einen Rechtsanwalt, der nicht Wahlverteidiger ist, in dem gesetzlich gebotenen Umfang in Anspruch nimmt (KK-*Kurz* 45). 23

Beauftragt der Betroffene, obwohl er bereits einen Pflichtverteidiger hat, einen **Wahlverteidiger** und nimmt dieser die Wahl an, so nimmt die Verwaltungsbehörde die **Verteidigerbestellung zurück** (§ 143 StPO). Dies ist nicht der Fall, wenn der künftige Wahlverteidiger im Falle des § 138 Abs. 2 StPO nicht die Genehmigung der Verwaltungsbehörde erhält oder bei notwendiger Verteidigung nicht zum Pflichtverteidiger bestellt wer- 24

§ 60 Zweiter Teil. Bußgeldverfahren

den kann. Dann tritt der Wahlverteidiger neben dem Pflichtverteidiger auf (*Göhler/Seitz* 34).

25 Der **Widerruf der Verteidigerbestellung** ist auch bei Vorliegen wichtiger Gründe zulässig, dann nämlich, wenn ein Umstand vorliegt, der den Zweck der Pflichtverteidigung ernsthaft gefährdet. Dies kann bei dauernder Erkrankung oder Untätigkeit des Verteidigers, seinem Fehlverhalten von besonderem Gewicht, einem gestörten Vertrauensverhältnis zwischen Betroffenem und Verteidiger usw. der Fall sein. Die Bestellung ist ferner zurückzunehmen, wenn die Voraussetzungen des Verbots der Mehrfachverteidigung nach § 146 StPO vorliegen.

26 **Bestellung des Pflichtverteidigers** wirkt nur für das Verfahren vor der Verwaltungsbehörde, nicht für ein sich anschließendes gerichtliches Bußgeldverfahren (*Göhler/Seitz* 35). Sie umfasst auch die Befugnis zur Einlegung des Einspruchs und erstreckt sich auf das Zwischenverfahren vor der Verwaltungsbehörde und vor der StA. Die StA selbst ist zur Bestellung eines Verteidigers nicht befugt. Übernimmt die StA die Verfolgung, so wirkt die Bestellung des Pflichtverteidigers fort. Mit Rechtskraft des Bußgeldbescheides erlischt die Bestellung zum Pflichtverteidiger. Sie gilt nicht für das Vollstreckungsverfahren, für das nach allgemeiner Meinung die Voraussetzungen des § 140 Abs. 2 Satz 1 StPO auch in sinngemäßer Anwendung nicht mehr vorliegen.

27 Nach Satz 2 entscheidet die Verwaltungsbehörde auch über die **Zulassung anderer Personen** als Verteidiger und die Zurückweisung eines Verteidigers (§ 138 Abs. 2, § 146a Abs. 1 Satz 1, 2 der StPO).

28 Andere Personen in diesem Sinne können nur **geschäftsfähige natürliche Personen** sein, die nicht deutsche Rechtsanwälte und Rechtslehrer sind. In Betracht kommen insbesondere ausländische Rechtsanwälte, ferner Familienangehörige, Freunde und Bekannte. Juristische Personen können nicht Verteidiger sein (*BVerfGE* 43, 91) und deshalb auch nicht zugelassen werden, also nicht etwa eine Steuerberatungsgesellschaft oder eine Gewerkschaft. Auch nicht eine komplette Anwaltssozietät. Die Verwaltungsbehörde hat im Übrigen immer zu prüfen, ob die Verteidigung im Einzelfall mit den Vorschriften des Art. 1 §§ 1, 8 RBerG verstoßen würde. Die Zulassung kann nicht die nach diesen Vorschriften erforderliche Erlaubnis ersetzen (*BayObLG* GA 1972, 276).

Steuerberater, Steuerbevollmächtigte, Wirtschaftsprüfer, vereidigte 29
Buchprüfer können in Steuer-Bußgeldverfahren vor der Verwaltungsbehörde ohne Genehmigung als Verteidiger auftreten und auch gegen den Bußgeldbescheid Einspruch einlegen (*Göhler/Seitz* 8a). Im gerichtlichen Verfahren wegen einer Steuer-OWi können diese Personen jedoch die Verteidigung ohne Genehmigung des Gerichts nur in Gemeinschaft mit einem Rechtsanwalt oder einem Rechtslehrer an einer deutschen Hochschule führen (*Hamburg* BB 1981, 658).

Die Verwaltungsbehörde lässt solche Personen zu, solange das Bußgeld- 30 verfahren bei ihr anhängig ist. Ihre Genehmigung kann auch **stillschweigend durch schlüssiges Verhalten** erteilt werden, etwa durch Gewährung von Akteneinsicht. Das Verteidigungsverhältnis kommt jedoch erst dann zustande, wenn der Gewählte die Wahl als Verteidiger annimmt.

Die Verwaltungsbehörde entscheidet auch insoweit nach pflichtgemäßem 31 Ermessen. Dabei sind im Einzelfall die **schutzwürdigen Interessen des Betroffenen** mit den Interessen der Verwaltungsbehörde hinsichtlich eines ordnungsgemäßen Ablaufs des Bußgeldverfahrens abzuwägen (*BayObLG* MDR 1978, 862). Verwandtschaftliche oder freundschaftliche Beziehungen der zum Verteidiger gewählten Person zum Betroffenen und ein Interesse dieser Person am Ausgang des Bußgeldverfahrens allein stellen die Fähigkeit, den Betroffenen sachgemäß zu verteidigen, nicht von vornherein in Frage, sind aber bei der Entscheidung der Verwaltungsbehörde über die Zulassung dieser Personen zu berücksichtigen.

Der Antrag auf gerichtliche Entscheidung gegen die Versagung der Ge- 32 nehmigung ist zulässig, ebenso wie gegen die Zurücknahme der Genehmigung durch die Verwaltungsbehörde, wenn sich ergibt, dass die Genehmigung rechtsfehlerhaft war oder die Voraussetzungen für die Zulassung nachträglich weggefallen sind. In den Fällen des § 138a StPO ist die Rücknahme nicht zulässig; es ist nach den §§ 138c, 138d StPO zu verfahren (*Göhler/Seitz* 10b).

Nach Satz 1 entscheidet die Verwaltungsbehörde auch über die **Zurück-** 33 **weisung des Verteidigers** gemäß § 146a Abs. 1 Satz 1 und Satz 2 StPO. Die Zurückweisung eines Verteidigers erfolgt, sofern die Zahl der gewählten Verteidiger drei übersteigt (§ 137 Abs. 1 Satz 2 StPO) oder ein Verteidiger gleichzeitig mehrere Betroffene verteidigen will (§ 146 StPO

– Verbot der Mehrfachverteidigung). Die Folgen des Verstoßes gegen diese Vorschriften treten nicht kraft Gesetzes ein. Die Verteidigung wird nicht ohne weiteres wirksam. Der Verteidiger muss vielmehr ausdrücklich zurückgewiesen werden, sobald erkennbar ist, dass die Verteidigung unzulässig ist. Erst wenn die Zurückweisung durch die Verwaltungsbehörde unanfechtbar ist, verliert er seine Verteidigerbefugnisse. Ermessensspielraum hat sie hierfür nicht. Beim Vorliegen der gesetzlichen Voraussetzungen muss sie entsprechend handeln. Der Verteidiger kann der Zurückweisung dadurch entgehen, dass er die Verteidigerbeziehung zu einem der Beschuldigten beendet.

34 **Der Pflichtverteidiger wird nicht zurückgewiesen.** Stellt sich heraus, dass seine Tätigkeit gegen das Verbot der Mehrfachverteidigung verstößt, so wird seine Beiordnung aufgehoben und ein anderer Pflichtverteidiger bestellt.

35 Die **Ausschließung eines Verteidigers** ist auch im Bußgeldverfahren der Verwaltungsbehörde zulässig, da die §§ 138a ff. StPO, die eine abschließende Regelung enthalten, sinngemäß anzuwenden sind (*RRH* 34). Ausgeschlossen werden können nicht nur alle Personen, die als Verteidiger gewählt werden können, sondern auch die nach § 141 StPO als Verteidiger bestellten Personen und die nach § 138 Abs. 2 StPO zugelassenen Verteidiger (*BGH* NStZ 1997, 46; **a. A.** *Koblenz* NJW 1978, 2521 m. abl. Anm. *Rieß* JR 1979, 37).

36 In Betracht kommt von den **Ausschließungstatbeständen** des § 138a Abs. 1 StPO nur die Nr. 1 (Beteiligung an der OWi, die Gegenstand des Bußgeldverfahrens ist). Führt hingegen ein vom Verteidiger erteilter unrichtiger Rat dazu, dass der Beratene eine OWi begeht, so ist der Verteidiger deshalb nicht schon Beteiligter an dieser OWi (*Stuttgart* NJW 1987, 2883).

37 Die sinngemäße Anwendung des Abs. 1 Nr. 2 (Missbrauch des Verkehrsrechts) auf das OWi-Verfahren ist fernliegend (**a. A.** *Göhler/Seitz* 18a), es sei denn, der Betroffene befindet sich in anderer Sache in behördlicher Verwahrung (KK-*Kurz* 61). Die Führung eines Bußgeldverfahrens gegen einen in Haft befindlichen Betroffenen und die Begehung von OWi oder die Gefährdung der Sicherheit der Vollzugsanstalt durch den Verteidiger aus diesem Anlass sind kaum vorstellbar.

Die Ausschließung nach § 138a StPO bedingt im Übrigen das Vorliegen eines **dringenden oder hinreichenden Verdachts** einer vorwerfbaren Beteiligung an der Handlung des Betroffenen. Nicht erforderlich ist die Einleitung eines Bußgeldverfahrens gegen den Verteidiger wegen Beteiligung (*BGHSt* 36, 133 m. Anm. *Fezer* JR 1990, 79 und *Mehle* NStZ 1990, 92). Erforderlich ist jeweils vorsätzliche Tatbegehung; bedingter Vorsatz reicht aus (*BGH* wistra 1993, 181). 38

Den Ausschließungsantrag stellt die Verwaltungsbehörde und begründet ihn. Über die Ausschließung entscheidet das OLG (§ 138c Abs. 1 Satz 1 StPO), in dessen Bezirk die Verwaltungsbehörde ihren Sitz hat. Der Antrag muss die Tatsachen und die Beweismittel enthalten, aus denen sich das den Ausschluss rechtfertigende Verhalten des Verteidigers ergeben soll. Ist dies nicht der Fall, so wird der Antrag als unzulässig verworfen (*Göhler/Seitz* 19). Die rechtskräftig angeordnete Ausschließung wirkt für das gesamte Verfahren einschließlich der Vollstreckung, nach Einspruch gegen einen Bußgeldbescheid auch für ein anschließendes gerichtliches Verfahren, falls sie nicht nach § 138a Abs. 3 Satz 1 StPO wieder aufgehoben worden ist. Der ausgeschlossene Verteidiger ist überdies daran gehindert, den Betroffenen in anderen Bußgeld- oder Strafverfahren zu verteidigen (§ 138a Abs. 4 StPO). 39

Der Verteidiger hat nach § 147 StPO das Recht auf **Akteneinsicht** und auf Besichtigung sichergestellter oder beschlagnahmter Gegenstände. Hierbei nimmt er ein Recht des Betroffenen wahr. Das **Einsichts- und Besichtigungsrecht** ist bis zum Abschluss des Verfahrens bei der Verwaltungsbehörde **beschränkbar**, wenn es den Untersuchungszweck gefährden kann (§ 147 Abs. 2 StPO). Dazu ist eine konkrete Gefahr nicht erforderlich; die Möglichkeit der Gefährdung genügt (*RRH* 38). Jedoch darf die Einsicht in die in § 147 Abs. 3 StPO genannten Niederschriften und Gutachten in keiner Lage des Verfahrens versagt werden. Dabei handelt es sich um Niederschriften über die Vernehmung des Betroffenen, wobei es nicht darauf ankommt, ob die Vernehmung von der Polizei, der Verwaltungsbehörde, der StA oder einem Richter auf Ersuchen der Verwaltungsbehörde durchgeführt worden ist. Ferner handelt es sich um weitere Untersuchungshandlungen, bei denen dem Verteidiger die Anwesenheit gestattet worden ist oder hätte gestattet werden müssen sowie in Gutachten von Sachverständigen. 40

41 Akteneinsicht wird in den **Diensträumen der Verwaltungsbehörde** gewährt (RiStBV Nr. 189 Abs. 3, Nr. 296). Handelt es sich beim Verteidiger um einen Rechtsanwalt oder einen Rechtsbeistand, so können ihm auf seinen Antrag die Akten zur Einsichtnahme in seine Kanzlei oder in seine Wohnung mitgegeben oder übersandt werden, soweit nicht wichtige Gründe, wie etwa die Unentbehrlichkeit der Akten zur Durchführung eiliger Ermittlungen oder wegen drohender Verfolgungsverjährung dem entgegenstehen (§ 147 Abs. 4 Satz 1 StPO). Beweisstücke, die dem Rechtsanwalt nicht mitgegeben werden dürfen, können ggf. an die Verwaltungsbehörde des Geschäfts- oder Wohnorts des Rechtsanwalts zur Besichtigung übersandt werden (*Göhler/Seitz* 52a). Sind von Videoaufnahmen oder Lichtbildmappen Kopien vorhanden, so ist deren Überlassung an den Verteidiger zulässig. Videoaufzeichnungen sind dem Verteidiger gegebenenfalls in Kopie zugänglich zu machen (*BayObLG* NStZ 1991, 190). Die Übersendung einer solchen Kopie erfüllt den Akteneinsichtsanspruch in geeigneten Fällen (*Koblenz* NStZ-RR 2000, 311).

42 Über die **Gewährung der Akteneinsicht** entscheidet die Verwaltungsbehörde, die das Verfahren durchführt (§ 147 Abs. 5 StPO). Dies gilt auch dann, wenn die Polizei nach § 53 ermittelt, sofern sie nicht selbst zuständige Verwaltungsbehörde ist und auch für den Fall, dass sich die Akten zu einer richterlichen Handlung vorübergehend beim Gericht befinden (*Hamm* NStZ 1982, 348). Die **Versagung der Akteneinsicht** kann durch Antrag auf gerichtliche Entscheidung nach § 62 angefochten werden (*Frankfurt* StV 1989, 97; **a. A.** KK-*Kurz* 103). Nicht anfechtbar ist hingegen die Entscheidung der Verwaltungsbehörde, die Herausgabe der Akten zur Einsichtnahme in der Kanzlei oder in der Wohnung des Verteidigers abzulehnen (§ 147 Abs. 4 Satz 2 StPO).

43 Die StA entscheidet über die Akteneinsicht, wenn ihr die Akten nach Einspruch gegen den Bußgeldbescheid von der Verwaltungsbehörde übersandt worden sind. Gegen ihre die Akteneinsicht ablehnende Entscheidung ist der Antrag nach §§ 23 ff. EGGVG an das OLG gegeben (*Bremen* NZV 1989, 322; **a. A.** KK-*Kurz* 103). Mit der Wahrnehmung des Akteneinsichtsrechts darf der Verteidiger juristische Mitarbeiter oder auch Sachverständige beauftragen, wenn dies wegen des Erfordernisses besonderer Sachkunde oder wegen des Umfangs des Verfahrensverstoßes angezeigt erscheint (*Brandenburg* NJW 1996, 62).

Wird zugleich mit dem Einspruch Akteneinsicht beantragt, so hat die 44
Verwaltungsbehörde im Zwischenverfahren dem zu entsprechen, bevor
sie die Akten an die StA übersendet (§ 69 Abs. 3 Satz 2). Nach Übersendung der Akten durch die StA an das AG ist dieses für die Gewährung der Akteneinsicht zuständig (§ 69 Abs. 4 Satz 2).

Der Betroffene hat kein Recht auf Akteneinsicht, auch nicht sein ge- 45
setzlicher Vertreter oder sein Beistand, ebenfalls nicht ein Rechtsanwalt,
der selbst Betroffener ist (*RRH* 38b). Allerdings ist es der Verwaltungsbehörde nicht verwehrt, bei einfach gelagerten Sachverhalten einem Betroffenen, der sich selbst verteidigen will, unter Aufsicht in ihren Räumen
oder bei einer anderen Dienststelle Einsicht zu gewähren, wenn im Einzelfall keine schwerwiegenden Gründe dagegen sprechen. Ist der Betroffene, der sich selbst verteidigen will, ein Rechtsanwalt, so kann ihm in
einem einfach gelagerten Fall die Verfahrensakte auch an seine Kanzlei
zur kurzfristigen Einsichtnahme übersandt werden, wenn die Akteneinsicht in der Verwaltungsbehörde aus praktischen oder zeitlichen Gründen
nicht in Betracht kommt.

Am Bußgeldverfahren **nicht beteiligten Privatpersonen** und **privaten** 46
Einrichtungen wird die Einsicht in die Akten grundsätzlich verwehrt, jedoch können ihnen ggf. einfach und schnell zu erledigende Auskünfte erteilt werden, wenn sie ein berechtigtes Interesse daran darlegen und sonst
Bedenken nicht bestehen (RiStBV Nr. 185 Abs. 4, Nr. 296).

Über die **Gebühren und Auslagen des Rechtsanwalts** im Verfahren vor 47
der Verwaltungsbehörde als Wahlverteidiger oder als Pflichtverteidiger
gelten die entsprechenden Vorschriften des RVG. Gegen die Festsetzung
der Pflichtverteidigervergütung durch die Verwaltungsbehörde ist anstelle
der unbefristeten Erinnerung der ebenfalls unbefristete Rechtsbehelf nach
§ 62 zulässig, über den das nach § 68 zuständige AG durch unanfechtbaren Beschluss entscheidet (KK-*Kurz* 106; *Göhler/Seitz* 66). Die an den
Pflichtverteidiger zu zahlenden Beträge sind als Auslagen anzusetzen,
wenn ein Kostenschuldner vorhanden ist.

§ 61 Abschluß der Ermittlungen

Sobald die Verwaltungsbehörde die Ermittlungen abgeschlossen hat, vermerkt sie dies in den Akten, wenn sie die weitere Verfolgung der Ordnungswidrigkeit erwägt.

1 Die Vorschrift entspricht § 169a StPO. Sie gilt nur für das Verfahren der Verwaltungsbehörde, für das Verfahren der StA dann, wenn sie zuständige Verwaltungsbehörde ist. Hat die StA die Verfolgung der OWi übernommen (§ 42) und erwägt sie die öffentliche Klage wegen der Straftat und der OWi zu erheben, so gilt § 169a (*Göhler/Seitz* 1).

2 **Der Vermerk ist zu den Akten zu bringen**, sobald die Ermittlungen abgeschlossen sind und die Verwaltungsbehörde zu der Entschließung der weiteren Verfolgung der OWi gelangt ist (KK-*Kurz* 2). Dieser Zeitpunkt ist erreicht, wenn nach ihrer Beurteilung der ermittelte Sachverhalt in tatsächlicher und rechtlicher Hinsicht den Erlass eines Bußgeldbescheids oder eines Einziehungsbescheids rechtfertigt. Der Abschlussvermerk überführt das Ermittlungsverfahren förmlich vom Ermittlungsabschnitt in den Entschließungsabschnitt. In der Regel fällt er mit dem Erlass des Bußgeldbescheids zeitlich zusammen. Will die Verwaltungsbehörde nach Abschluss der Ermittlungen das Verfahren einstellen, weil sie entweder eine Ahndung nicht für geboten oder aus tatsächlichen oder rechtlichen Gründen nicht für möglich hält, bedarf es des abschließenden Aktenvermerks nicht (KK-*Kurz* 2).

3 **Der Aktenvermerk**, der mit Datum und Unterschrift des zuständigen Verwaltungsangehörigen versehen wird, kann auch formularmäßig oder mittels eines Stempels angebracht werden. Dies empfiehlt sich vor allem bei massenhaft vorkommenden OWi, insbesondere Verkehrs-OWi. In einem Verfahren gegen mehrere Betroffene muss sich aus dem Abschlussvermerk ergeben, gegen welchen von ihnen die Ermittlungen abgeschlossen sind. Der Abschlussvermerk wird dem Betroffenen nicht mitgeteilt. Er kann nicht nach § 62 angefochten werden (*Göhler/Seitz* 3).

4 **Mit Anbringung des Abschlussvermerks** steht dem Verteidiger das Recht auf **uneingeschränkte Akteneinsicht** und auf **Besichtigung** amtlich verwahrter Beweisstücke zu (§ 147 Abs. 2 StPO; § 60). Hat er bereits vorher Akteneinsicht beantragt oder ist ihm diese bislang versagt worden,

so ist ihm von diesem Zeitpunkt an, spätestens aber vor Erlass des Bußgeldbescheides Akteneinsicht zu gewähren (*RRH* 4).

Der Abschlussvermerk steht **weiteren Ermittlungen** nicht entgegen. Seine Wirkung hängt nicht davon ab, dass die Ermittlungen auch tatsächlich abgeschlossen sind. Finden nach seiner Anbringung weiter Ermittlungen statt, bevor die Verwaltungsbehörde den Bußgeldbescheid erlässt, so wird der Vermerk nicht mehr getilgt. In dem dann entstehenden Zwischenstadium behält der Verteidiger das unbeschränkte Recht auf Akteneinsicht (*RRH* 5). Der endgültige Abschluss der Ermittlungen wird in diesen Fällen durch einen erneuten Vermerk festgehalten (*Göhler/Seitz* 5). 5

Für das **weitere Bußgeldverfahren** ist der Abschlussvermerk keine Verfahrensvoraussetzung. Sein Fehlen in den Akten oder seine Fehlerhaftigkeit lassen die Wirksamkeit des Bußgeldbescheides unberührt (KK-*Kurz*; *RRH* 4b). 6

§ 62 Rechtsbehelf gegen Maßnahmen der Verwaltungsbehörde

(1) Gegen Anordnungen, Verfügungen und sonstige Maßnahmen, die von der Verwaltungsbehörde im Bußgeldverfahren getroffen werden, können der Betroffene und andere Personen, gegen die sich die Maßnahme richtet, gerichtliche Entscheidung beantragen. Dies gilt nicht für Maßnahmen, die nur zur Vorbereitung der Entscheidung, ob ein Bußgeldbescheid erlassen oder das Verfahren eingestellt wird, getroffen werden und keine selbständige Bedeutung haben.

(2) Über den Antrag entscheidet das nach § 68 zuständige Gericht. Die §§ 297 bis 300, 302, 306 bis 309 und 311a der Strafprozeßordnung sowie die Vorschriften der Strafprozeßordnung über die Auferlegung der Kosten des Beschwerdeverfahrens gelten sinngemäß. Die Entscheidung des Gerichts ist nicht anfechtbar, soweit das Gesetz nichts anderes bestimmt.

RiStBV Nr. 271 Abs. 2

Schrifttum: *Bode*, Das Verwarnungsverfahren, DAR 1969, 57; *ders.*, Gerichtlicher Rechtsschutz gegen die Verwarnung ohne Verwarnungsgeld?, DAR

1987, 369; *Gutzler-Nölkensmeier*, Das Bußgeldverfahren in Kartellsachen nach dem neuen Gesetz über Ordnungswidrigkeiten, WRP 1969, 1; *Oswald*, Rechtsweg für Anfechtung einer Verwarnung, DAR 1972, 919; *Pfennig*, Der Rechtsweg für Klagen gegen eine Verwarnung nach § 56 OWiG, MDR 1969, 281; *Pohl-Sichtermann/Demuth*, Rechtsschutz gegen verwaltungsbehördliche Verwarnungen, MDR 1971, 345; *Röhl*, Das rechtliche Gehör, NJW 1964, 273; *Wetekamp*, Rechtsfragen der Verwarnung bei Verkehrsordnungswidrigkeiten, DAR 1986, 75.

1 Die Vorschrift regelt die Anfechtbarkeit von Anordnungen, Verfügungen und sonstigen Maßnahmen der Verwaltungsbehörde im Bußgeldverfahren, die nicht in der Form des Bußgeldbescheides (§ 65) ergehen. Sie lehnt sich an die §§ 304, 305 StPO und § 23 EGGVG an (*Göhler/Seitz* 1) und sieht den Antrag auf gerichtliche Entscheidung an das nach § 68 zuständige AG vor. Die Vorschrift konkretisiert den Grundsatz des Art. 19 Abs. 4 GG (KK-*Kurz* 1) und schließt damit zugleich den Verwaltungsrechtsweg für die Anfechtung derartiger Maßnahmen der Verwaltungsbehörden aus. Für die Anfechtung des Bußgeldbescheids (§ 65), des selbständigen Einziehungsbescheids (§ 87 Abs. 1 Satz 3), des selbständigen Bußgeldbescheids gegen juristische Personen und Personenvereinigungen (§ 88 Abs. 2) und des selbständigen Bescheids über die Abführung des Mehrerlöses (§§ 10, 11 Abs. 2 Satz 2 WiStG) gilt die Sonderregelung der §§ 67 ff., die dem § 62 vorgeht.

2 Gegen Maßnahmen der Verwaltungsbehörde im Vollstreckungsverfahren ist in § 103 Abs. 1 Nr. 2 und 3 i. V. m. § 104 Abs. 1 Nr. 1 ein eigener, dem § 62 entsprechender Rechtsbehelf vorgesehen. Die §§ 52 Abs. 2 Satz 3, 69 Abs. 1 Satz 2, 100 Abs. 2 Satz 1, 108 Abs. 1 Satz 1, 110 Abs. 2 Satz 1 OWiG und § 25a Abs. 3 Satz 1 StVG lassen gegen die dort aufgeführten Entscheidungen der Verwaltungsbehörde ausdrücklich, wenn auch – abgesehen von § 108 Abs. 1 Satz 1 Nr. 3 – befristet den Antrag auf gerichtliche Entscheidung (§ 62) zu. Die Vorschrift gilt nicht für Einstellungsverfügungen der Verwaltungsbehörde. Sie ist auch für den anzeigeerstattenden Verletzten nicht anfechtbar (*RRH* 1).

3 Die §§ 23 ff. EGGVG gelten bei Maßnahmen der Verwaltungsbehörde nicht. **Insoweit ist § 62 spezieller** (*Frankfurt* NStZ-RR 1997, 246). Wird keine andere Regelung getroffen, so kommt hingegen bei Maßnahmen der StA auch die sinngemäße Anwendung der §§ 23 ff. EGGVG in Betracht (*Göhler/Seitz* 1a).

Dritter Abschnitt. Vorverfahren § 62

Anfechtbar sind Anordnungen, Verfügungen und sonstige Maßnahmen 4
der Verwaltungsbehörde. Maßnahme in diesem Sinn ist der Sache nach
ein Verwaltungsakt, den die Verwaltungsbehörde im Bußgeldverfahren
mit Rechtswirkung nach außen trifft und die in den Rechtskreis des Betroffenen
oder eines Dritten eingreift. Ob die angefochtene Maßnahme
mündlich, schriftlich oder durch eine schlüssige Handlung getroffen wird,
ist gleichgültig.

Die Maßnahme muss **selbständige Bedeutung** haben und darf nicht nur 5
der Vorbereitung einer das Bußgeldverfahren abschließenden Entscheidung
dienen (Abs. 1 S. 2). Maßnahmen, die zur Aufklärung des Sachverhalts
getroffen werden, haben nur dann selbständige Bedeutung, wenn sie
schon für sich betrachtet, also unabhängig von der späteren Entscheidung
über den Vorwurf der OWi, materielle Rechte einer Person beeinträchtigen
oder die ihr zustehenden positiven Verfahrensrechte verkürzen.

Für das OWi-Verfahren kommen die Beschlagnahme von Gegenständen, 6
die Durchsuchung, die Anordnung einer erkennungsdienstlichen Behandlung,
die Notveräußerung, die Sicherheitsleistung, die Ablehnung
eines Antrags auf Verteidigerbestellung oder deren Rücknahme, die Versagung
der Akteneinsicht, die Anordnung der körperlichen Untersuchung,
die Verwarnung mit Verwarnungsgeld, die Feststellung der Unwirksamkeit
der Einspruchsrücknahme, die Festsetzung von Ordnungsgeld
gegen Zeugen und Sachverständige und der Höhe ihrer Entschädigung
in Betracht. Selbständige Bedeutung hat ferner jede Maßnahme, die
gegen eine dritte Person gerichtet ist, weil sie unabhängig davon wirkt,
wie die spätere Entscheidung ausfällt (*Göhler/Seitz* 3).

Ohne selbständige Bedeutung und demnach nicht von § 62 betroffen 7
sind etwa die Einleitung des Bußgeldverfahrens, die Verfügung einen
Zeugen zu vernehmen, die Beauftragung des Sachverständigen, die Zurückweisung
des Antrags, die Bestellung eines Sachverständigen wegen
Ablehnungsgrundes zurückzunehmen, die Ablehnung eines Beweisantrages
oder die unterlassene Anhörung einer anderen Behörde. In
diesen Fällen handelt es sich um vorbereitende Maßnahmen, die in einem
inneren Zusammenhang mit der nachfolgenden Sachentscheidung getroffen
werden und keine weiteren Verfahrenswirkungen äußern (*RRH* 10,
11). Derartige unselbständige Maßnahmen können nur mit dem gegen die
Sachentscheidung zulässigen Rechtsbehelf angefochten werden (*RRH*

463

11). Die Verwaltungsbehörde kann unselbständige Maßnahmen auch jederzeit von Amts wegen ändern, solange sie eine das Verfahren abschließende Entscheidung noch nicht getroffen hat (*Göhler/Seitz* 4). Die Ablehnung eines Akteneinsichtsgesuchs nach Abschluss des Bußgeldverfahrens hat hingegen selbständige Bedeutung (*Stuttgart* NStZ-RR 2001, 129).

8 **Zulässigkeitsvoraussetzung für den Antrag** ist, dass der Betroffene und andere Personen, gegen die sich die Maßnahme richtet, durch sie beschwert sind. Das sind sie, wenn durch die selbständige Maßnahme der Verwaltungsbehörde unmittelbar in ihre Rechte und schutzwürdigen Interessen eingegriffen wird. Maßgeblich ist der Zeitpunkt der beantragten Entscheidung (*Düsseldorf* NStZ-RR 1997, 116). Die Beschwer kann auch in der Unterlassung einer rechtlich möglichen oder gebotenen Entscheidung bestehen, die für den Betroffenen eine günstigere Rechtslage geschaffen hätte (*BGHSt* 28, 330). Nach ihrem Wegfall kann der an sich gegebene Antrag wegen prozessualer Überholung unzulässig sein (*BVerfG* NJW 1997, 2163; *Göhler/Seitz* 10).

9 Der Betroffene oder der Dritte kann ein **Feststellungsinteresse** im Hinblick auf die erfolgte Beeinträchtigung seiner Rechte und schutzwürdigen Interessen haben. Ein solches nachwirkendes Feststellungsinteresse ist vor allem in Fällen tiefgreifender Grundrechtseingriffe gegeben, in denen die direkte Belastung durch den Hoheitsakt sich nach dem typischen Verfahrensablauf auf eine Zeitspanne beschränkt, in der der Betroffene die gerichtliche Entscheidung kaum noch erlangen kann (*BVerfG* NJW 1997, 2163 m. Anm. *Fezer* JZ 1997, 1062; *Göhler/Seitz* 10a).

10 Ein **berechtigtes Rechtsschutzinteresse** besteht auch bei Wiederholungsgefahr oder bei diskriminierenden Auswirkungen der Maßnahme von besonderem Gewicht (*Hamm* NStZ 1989, 85). Wegen der Besonderheiten des Bußgeldverfahrens gegenüber dem Strafverfahren ist ein nachwirkendes Feststellungsinteresse allerdings eher selten zu erwarten (*Göhler/Seitz* 10a).

11 **Satz 1 betrifft nur Maßnahmen der Verwaltungsbehörde**, also solche, die vom Behördenleiter oder einem nach innerdienstlicher Geschäftsverteilung zuständigen Verwaltungsangehörigen getroffen wurden. Hierzu zählt auch die Ablehnung eines Akteneinsichtsgesuchs nach Abschluss des Bußgeldverfahrens (*Stuttgart* NStZ-RR 2001, 179). Richterliche Maßnahmen, die auf Antrag der Verwaltungsbehörde für Zwecke des Bußgeldverfahrens angeordnet oder vorgenommen werden und die damit im Zusammenhang stehenden richterlichen Entscheidungen sind nach den Vorschriften der StPO, d. h. nach den §§ 304 ff. StPO anzufechten.

Maßnahmen der Beamten des Polizeidienstes im Bußgeldverfahren können nicht unmittelbar mit dem Antrag nach § 62 angefochten werden, es sei denn, die Polizei ist selbst sachlich zuständige Verwaltungsbehörde i. S. v. § 36. Der Betroffene muss deshalb gegen die Maßnahme des Polizeibeamten oder der Polizeibehörde zunächst die Entscheidung der Verwaltungsbehörde herbeiführen, gegen deren Entscheidung der Antrag nach § 62 sodann statthaft ist (*RRH* 5). 12

Zum Bußgeldverfahren gehört auch das **Vollstreckungsverfahren.** Die **Verwarnung** nach § 56 ist Maßnahme im Bußgeldverfahren und unterliegt deshalb dem Rechtsbehelf des § 62. Andere Maßnahmen, die nur gelegentlich eines Bußgeldverfahrens zu anderen Zwecken getroffen werden, sind wie andere Verwaltungsakte im Verwaltungsrechtsweg, also nach den Vorschriften der VwGO anzufechten, sofern deren Voraussetzungen gegeben sind (KK-*Kurz* 6). 13

Antragsberechtigt sind der Betroffene und andere Personen, gegen die sich die Maßnahme richtet und die durch die Maßnahme beschwert sind. Für die Ausübung des Antragsrechts reicht Verhandlungsfähigkeit aus, soweit nicht ausnahmsweise Prozessfähigkeit gefordert wird (*RRH* 9). Ein **Nebenbeteiligter** hat die Befugnisse des Betroffenen zwar erst mit Erlass des Bußgeldbescheides (§§ 87 Abs. 2 Satz 1, Abs. 6, 88 Abs. 3). Er hat aber vorher als „andere Person", gegen die sich eine Maßnahme der Verwaltungsbehörde richten kann, ein eigenes Antragsrecht. 14

Andere Personen sind solche, gegen die das Bußgeldverfahren selbst nicht, wohl aber eine einzelne Maßnahme gerichtet ist (*RRH* 9). Dies sind insbesondere **Zeugen** und **Sachverständige**, gegen die ein Ordnungsgeld festgesetzt wird oder die sich gegen die Höhe der festgesetzten Entschädigung wenden, der von einer Beschlagnahme betroffene **Gewahrsamsinhaber**, wenn er nicht selbst Betroffener ist, der gewählte Verteidiger, der im Bußgeldverfahren nicht zugelassen oder zurückgewiesen wird, der **Pflichtverteidiger**, der sich gegen die Höhe der festgesetzen Vergütung 15 wendet, nicht aber der Vertreter der Staatskasse, wenn diese durch die Entscheidung belastet ist (*Göhler/Seitz* 8).

16 **Ein selbständiges Antragsrecht** hat bei einer Maßnahme gegen den Betroffenen auch sein Verteidiger, bei einem Nebenbeteiligten auch sein Vertreter, der gesetzliche Vertreter und der Erziehungsberechtigte nach § 67 Abs. 3 JGG (*Göhler/Seitz* 9).

17 **Das Verfahren** ist in Abs. 2 geregelt. Nach Satz 1 entscheidet über den Antrag das nach § 68 zuständige Gericht. Sinngemäß gelten die §§ 297 bis 300, 302, 306 bis 309 und 311a der StPO sowie die Vorschriften der StPO über die Auferlegung der Kosten des Beschwerdeverfahrens (Abs. 2 Satz 2). Nach Satz 3 ist die Entscheidung des Gerichts nicht anfechtbar, soweit das OWiG nichts anderes bestimmt.

18 Der **Rechtsbehelf** wird bei der Verwaltungsbehörde eingelegt, deren Maßnahme angefochten wird (Abs. 2 Satz 2 i. V. m. § 306 Abs. 1 Satz 1 StPO). Die Anbringung des Antrags beim zuständigen AG ist auch in Eilfällen unzulässig. Wird der Antrag bei einer unzuständigen Stelle eingereicht, so ist er an die zuständige Verwaltungsbehörde weiterzuleiten (*Hamm* MDR 1978, 73). In diesem Fall wird der Antrag erst dann wirksam, wenn er bei der zuständigen Stelle eingeht.

19 Der Antrag braucht nicht als solcher bezeichnet zu sein. Eine **irrtümliche Falschbezeichnung** etwa als Beschwerde oder Einspruch ist unschädlich (§ 300 StPO). Der Antrag soll schriftlich oder zur Niederschrift der Verwaltungsbehörde gestellt werden, kann aber auch fernmündlich angebracht werden, weil dadurch die Sache von der Verwaltungsbehörde an das Gericht übergeleitet wird und deshalb zur Eröffnung des Rechtswegs die Schriftform als gewahrt anzusehen ist (*RRH* 19c). Telegrafische, fernschriftliche Einlegung, ferner Verwendung von Telefax, Telebrief oder sonstiger moderner Kommunikationsmittel, die in irgendeiner Weise zur Wahrung der Schriftform führen kann, genügt (eingehend hierzu *RRH* 19b).

20 Erforderlich ist ferner nicht die **handschriftliche Unterzeichnung** (*Düsseldorf* NStZ-RR 1999, 49; *RRH* 19c). Ausreichend ist vielmehr, dass sich aus dem Inhalt des Antrags die Person des Erklärenden hinreichend zuverlässig ergibt und feststeht, dass das Schriftstück bereits mit Wissen und Willen des Antragsberechtigten der Verwaltungsbehörde zugeleitet worden ist (*RRH* 19a). Ausreichend ist deshalb die Verwendung eines Faksimile-Stempels oder das Diktatzeichen eines Rechtsanwalts i. V. m. dem Briefkopf. Der Schriftform genügt schriftlich die Fotokopie der handschriftlich gefertigten Antragsschrift (*RRH* 19a).

Die Antragsschrift muss in deutscher Sprache abgefasst sein (*RRH* 19d). **21** Ein in **fremder Sprache** gestellter Antrag ist grundsätzlich ohne verfahrensrechtliche Wirkung. Handelt es sich jedoch um eine gängige, dem Verwaltungsangehörigen verständliche Fremdsprache, so kann sich aus dem Verstehen des Inhaltes der Antragsschrift durch den Angehörigen der Verwaltungsbehörde eine Fürsorgepflicht gegenüber dem Betroffenen ergeben. Es spricht dann ferner nichts dagegen, den richtig verstandenen Antrag nach § 62 auch entsprechend zu behandeln (*Düsseldorf* NStZ-RR 2000, 215). Für die Sorben enthält der Einigungsvertrag eine von § 184 GVG abweichende Sonderregelung für das gerichtliche Verfahren. Sie haben das Recht, in den Heimatkreisen der sorbischen Bevölkerung vor Gericht sorbisch zu sprechen.

Eine **Begründung** ist für den Antrag nicht vorgeschrieben, empfiehlt sich **22** aber (*RRH* 20). Behält sich der Antragsteller eine Begründung oder eine Ergänzung der Begründung seines Rechtsbehelfs vor, so muss die Verwaltungsbehörde zur Gewährleistung rechtlichen Gehörs angemessene Zeit mit der Entscheidung abwarten. Setzt das Gericht zur Begründung eine Frist, so muss sie angemessen sein und ihr Ablauf abgewartet werden, auch wenn die Sache bereits entscheidungsreif ist. Eine erst nach Ablauf der Frist nachgereichte und zu den Akten gelangte Begründung ist noch zu berücksichtigen, solange die Entscheidung über den Antrag nicht getroffen ist. Ggf. gilt § 33a StPO. Wird der Antrag an eine Bedingung geknüpft, so ist er unzulässig. Er kann auf bestimmte Beschwerdepunkte beschränkt werden.

Der Antrag ist grundsätzlich unbefristet, soweit nicht das Gesetz ausdrücklich Befristungen vorsieht (§§ 52 Abs. 2 Satz 3, 69 Abs. 1 Satz 2, 100 Abs. 2 Satz 1, 108 Abs. 1 Satz 2 Halbs. 1, 110 Abs. 2 Satz 1, § 25a Abs. 3 Satz 1 StVG – zwei Wochen nach Zustellung des Bescheides). **23** Sobald eine Sachentscheidung ergangen ist, ist der Rechtsweg bei unveränderter Sachlage erschöpft und eine Wiederholung des Antrages unzulässig (*RRH* 17). **Verändert sich die Sachlage** nachträglich, so ist die Stellung eines neuen Antrages zulässig, gegen dessen Ablehnung der

§ 62 Zweiter Teil. Bußgeldverfahren

Rechtsbehelf nach § 62 erneut besteht. Bleibt der **Antragsteller** längere Zeit **untätig**, obwohl er die Rechtslage kannte oder in zumutbarer Weise hätte kennen können, so kann der Antrag ausnahmsweise durch Verwirkung unzulässig werden (*BVerfGE* 32, 305; KK-*Kurz* 10).

24 In sinngemäßer Anwendung von § 306 Abs. 2 führt die Verwaltungsbehörde ein **Abhilfeverfahren als Zwischenverfahren** durch. Sie prüft zunächst selbst, ob der Antrag zulässig und begründet ist. Erachtet sie den Antrag für unzulässig, so kann sie ihn gleichwohl als Gegenvorstellung behandeln und prüfen, ob er zur Änderung der angefochtenen Entscheidung Anlass gibt (*RRH* 21). Hierzu ist sie auch bei Unzulässigkeit des Antrages nach § 62 befugt. Zur Verwerfung des unzulässigen Antrages ist allein das AG zuständig (KK-*Kurz* 21).

25 Hält die Behörde den **Antrag für zulässig und begründet**, so trifft sie eine Abhilfeentscheidung, nimmt also die angefochtene Maßnahme zurück oder erlässt die beantragte oder eine andere Verfügung. Neues erhebliches Vorbringen muss die Verwaltungsbehörde bei ihrer Entscheidung über die Abhilfe berücksichtigen (*Göhler/Seitz* 17a). Die Abhilfeentscheidung wird den Beteiligten formlos mitgeteilt (*RRH* 21). Beseitigt die Abhilfe die mit dem Antrag geltend gemachte Beschwer vollständig, so wird der Antrag gegenstandslos und befasst nicht mehr das nach § 68 zuständige Gericht. Übersieht die Verwaltungsbehörde die Möglichkeit einer Abhilfeentscheidung, so wird die Sache vom Gericht entsprechend berücksichtigt. Die Zurückverweisung durch das Gericht kommt nur in Betracht, wenn dadurch das Verfahren beschleunigt wird (*Göhler/Seitz* 17a).

26 Hilft die Verwaltungsbehörde nicht oder nur zum Teil ab, so ist der Antrag sofort, spätestens vor Ablauf von drei Tagen nach Eingang des Antrages dem AG vorzulegen, und zwar unmittelbar und nicht über die StA, die hier nicht beteiligt ist (RiStBV Nr. 271 Abs. 2). Eine Überschreitung der Vorlagefrist hat keine verfahrensrechtlichen Konsequenzen (*RRH* 21). Die Nichtabhilfe muss nicht begründet werden, wenn der Antrag kein neues erhebliches Vorbringen enthält (*München* NJW 1973, 1143). Sie ist jedoch in den Akten zu vermerken, wobei sich eine kurze Darstellung des Standpunktes der Verwaltungsbehörde empfiehlt. Dem Antragsteller braucht die Nichtabhilfe nicht mitgeteilt zu werden, da sie nicht selbständig anfechtbar ist (*RRH* 21; *Göhler/Seitz* 18). Eine entsprechende Mitteilung empfiehlt sich aber im Hinblick auf die Möglichkeit für den Antrag-

Dritter Abschnitt. Vorverfahren **§ 62**

steller, auch in diesem Stadium des Verfahrens seinen Antrag noch zurückzunehmen und auf ihn zu verzichten.

Beim befristeten Antrag auf gerichtliche Entscheidung ist Abhilfe durch die Verwaltungsbehörde ebenfalls zulässig. § 311 Abs. 3 Satz 1 StPO findet keine Anwendung (Abs. 2 Satz 2). **27**

Der Antrag auf gerichtliche Entscheidung hat **keine aufschiebende Wirkung** (§ 307 Abs. 1 StPO). Die Maßnahme der Verwaltungsbehörde ist daher sofort vollstreckbar, soweit es sich nicht um ihre Anordnung über die nachträgliche Einziehung nach § 100 Abs. 1 Nr. 1 und den Kostenfestsetzungsbescheid nach § 106 Abs. 2 Satz 2 handelt. Deren Vollstreckung ist erst nach Rechtskraft zulässig, so dass dem befristeten Antrag gegen eine solche Entscheidung aufschiebende Wirkung zukommt (*RRH* 22). **28**

Zuständig für die Entscheidung über den Antrag ist ausschließlich das AG, in dessen Bezirk die Verwaltungsbehörde ihren Sitz hat, also nicht das OLG (*Frankfurt* NStZ-RR 1997, 246), falls nicht eine abweichende Regelung nach § 68 Abs. 3 oder § 58 Abs. 1 GVG getroffen ist (*Göhler/Seitz* 24). In Kartellsachen entscheidet grundsätzlich ebenfalls das AG, soweit nicht die besondere Zuständigkeit des OLG nach §§ 83, 86 GWB gegeben ist. **29**

Das zuständige Gericht **prüft die angefochtene Maßnahme** in rechtlicher und tatsächlicher Hinsicht in vollem Umfang, soweit es um Ermessensfragen geht jedoch nur in rechtlicher Hinsicht, d.h. im Hinblick auf Ermessensüberschreitung und Ermessensfehlgebrauch (*RRH* 23). Das AG kann entsprechend § 308 Abs. 2 StPO Ermittlungen durch die Verwaltungsbehörde oder die Polizei anordnen oder selbst vornehmen. **30**

Das AG entscheidet **ohne mündliche Verhandlung durch Beschluss** (§ 309 Abs. 1 StPO), der zu begründen ist, sofern er anfechtbar ist oder wenn der Antrag abgelehnt wird (§ 34 StPO). Eine Begründung empfiehlt sich aber auch in allen anderen Fällen. Die Anhörung der StA ist nicht erforderlich, weil sie am Verfahren nicht beteiligt ist (RiStBV Nr. 271 Abs. 2). Die Anhörung der Verwaltungsbehörde durch das Gericht kommt nur in besonderen Fällen in Betracht, etwa wenn der Antragsteller neue Tatsachen oder neue rechtliche Gesichtspunkte vorgebracht hat. **31**

Erweist sich der Antrag als unzulässig, so wird er als unzulässig **verworfen**, ist er unbegründet, so wird er **zurückgewiesen**. Die Zurückverwei- **32** sung an die Verwaltungsbehörde unter Aufhebung der angefochtenen Entscheidung ist nur ausnahmsweise bei schweren Mängeln des Verfahrens der Behörde zulässig. Hält das Gericht den Antrag für begründet, so hebt es die angefochtene Maßnahme auf und trifft zugleich die in der Sache erforderliche Entscheidung (§ 309 Abs. 2 StPO). Hierbei gilt das Verbot der Schlechterstellung (reformatio in peius) mangels ausdrücklicher Vorschriften ebenso wenig wie im Beschwerdeverfahren nach §§ 304 ff. StPO, es sei denn, dass durch den Beschluss Rechtsfolgen endgültig festgelegt werden und das Verfahren wie durch ein Urteil mit einer Sachentscheidung abgeschlossen wird. Dies kann insbesondere bei der Anordnung von Ordnungsmitteln der Fall sein (KK-*Kurz* 27).

33 **Die Entscheidung des Gerichts ist unanfechtbar**, soweit das Gesetz nichts anderes bestimmt (Abs. 2 Satz 3). So ist nach §§ 100 Abs. 2 Satz 2, 108 Abs. 1 Satz 2 Halbs. 2 und 110 Abs. 2 Satz 2 die sofortige Beschwerde (§ 311 StPO) zulässig, über die das LG (Kammer für Bußgeldsachen) entscheidet (§ 73 Abs. 1 GVG), und zwar im Verfahren gegen Jugendliche und Heranwachsende als Jugendkammer (§ 41 Abs. 2 Satz 2 JGG). § 310 Abs. 2 StPO über die Anfechtung der Beschwerdeentscheidung ist trotz § 46 Abs. 1 nicht anwendbar, weil § 310 in der spezielleren Norm des Abs. 2 Satz 2 ausdrücklich nicht in Bezug genommen ist **(a. A.** *Göhler/Seitz* 31). Jedoch gilt die Vorschrift über das Nachholen des rechtlichen Gehörs des § 311a sinngemäß, sofern die Anhörung des Verfahrensgegners unterblieben ist. Dies gilt nicht für die Beteiligung der Verwaltungsbehörde, die nicht der Gewährung rechtlichen Gehörs i. S. d. Art. 103 Abs. 1 GG dient (*RRH* 26).

34 Nach Abs. 2 Satz 2 gelten die Vorschriften der StPO über die Auferlegung der **Kosten des Beschwerdeverfahrens** sinngemäß. Daraus folgt, dass der Antragsteller die Kosten eines zurückgenommenen oder erfolglos gestellten Antrags zu tragen hat (§ 473 Abs. 1 Satz 1 StPO). Bei Zurücknahme des Antrags trifft das Gericht die Kostenentscheidung in einem selbständigen Kostenbeschluss.

35 Ist der Antrag auf gerichtliche Entscheidung erfolgreich gewesen, so kommt in entsprechender Anwendung des § 467 Abs. 1 StPO hinsichtlich der Kosten und Auslagen des Rechtsbehelfsverfahrens auch eine **Kosten- und Auslagenentscheidung zugunsten des Antragstellers** in Betracht (*Haentschel* DAR 1988, 156; *Göhler/Seitz* 32a). Dies gilt vor allem für

die Anfechtung der Maßnahmen der Verwaltungsbehörde nach Rechtskraft des Bußgeldbescheides wie z. B. des Kostenfestsetzungsbescheides nach § 106, ferner für die Anfechtung der Maßnahmen der Verwaltungsbehörde, die gegen einen Dritten gerichtet sind, wie etwa eines Ordnungsgeldbescheides oder eines Kostenbescheides gegen den Kfz-Halter in den Fällen des § 25a Abs. 1 StVG.

War der Antrag auf bestimmte Punkte beschränkt und insoweit erfolgreich, so trägt ebenfalls die Staatskasse die Kosten einschließlich der notwendigen Auslagen des Antragstellers. Bei Teilerfolg sind nach Billigkeitsgesichtspunkten die Auslagen, einschließlich der notwendigen Auslagen des Antragstellers, der Staatskasse aufzuerlegen, soweit es unbillig wäre, den Antragsteller selbst damit zu belasten. Hat der Antrag nur deshalb Erfolg, weil der Antragsteller beachtliche Tatsachen verspätet bekannt gibt, so besteht kein Anlass, dessen notwendige Auslagen auf die Staatskasse zu übernehmen, es sei denn, dass bei der angefochtenen Maßnahme diese Tatsachen unter keinen Umständen hätten mit verwertet werden können (*Stuttgart* Justiz 1987, 116). Für die Fälle der erfolgreichen Anfechtung der Verwerfung des Einspruchs (§ 69 Abs. 1) oder des Antrags auf Wiedereinsetzung in den vorigen Stand wegen Versäumung der Einspruchsfrist (§ 52 Abs. 2) durch die Verwaltungsbehörde enthält § 109 Abs. 1 eine besondere Kostenregelung. 36

Nicht zum Rechtsbehelf nach § 62 führen **Gegenvorstellung** und **Aufsichtsbeschwerde** mit dem Ziel einer Überprüfung der Maßnahme der Verwaltungsbehörde. Diese Möglichkeiten sind unbefristet zulässig und setzen keine Beschwer voraus. Entscheidet das Gericht aber über einen gleichzeitig gestellten Antrag nach § 62, so geht dessen Entscheidung vor (*RRH* 32). Die Gegenvorstellung ist bei der Verwaltungsbehörde, welche die angefochtene Maßnahme getroffen hat, vorzubringen. Sie soll dadurch veranlasst werden, ihre Entscheidung nochmals zu überprüfen und ggf. zugunsten des Antragstellers abzuändern. 37

Die Aufsichtsbeschwerde ist als **Fachaufsichtsbeschwerde** anzusehen, wenn sie den sachlichen Inhalt der angefochtenen Maßnahme beanstandet, als **Dienstaufsichtsbeschwerde**, wenn das persönliche Verhalten des Verwaltungsangestellten gerügt wird. Über die Fachaufsichtsbeschwerde entscheidet die Behörde, der die Organaufsicht über die Verwaltungsbehörde zusteht, über die Dienstaufsichtsbeschwerde der Dienstvorgesetzte. 38

Wer dies im Einzelnen ist, richtet sich nach dem jeweiligen Verwaltungsaufbau im Bund und in den Ländern.

39 **Maßnahmen der StA**, die diese als Verfolgungsbehörde im Bußgeldverfahren trifft, können nach den Vorschriften der StPO angefochten werden. Ist die StA jedoch selbst zuständige Verwaltungsbehörde oder handelt es sich um die Auslagenentscheidung der StA, so gilt § 62.

IV. Verfahren der Staatsanwaltschaft

§ 63 Beteiligung der Verwaltungsbehörde

(1) Hat die Staatsanwaltschaft die Verfolgung der Ordnungswidrigkeit übernommen (§ 42), so haben die mit der Ermittlung von Ordnungswidrigkeiten betrauten Angehörigen der sonst zuständigen Verwaltungsbehörde dieselben Rechte und Pflichten wie die Beamten des Polizeidienstes im Bußgeldverfahren. Die sonst zuständige Verwaltungsbehörde kann Beschlagnahmen, Notveräußerungen, Durchsuchungen und Untersuchungen nach den für Ermittlungspersonen der Staatsanwaltschaft geltenden Vorschriften der Strafprozeßordnung anordnen.

(2) Der sonst zuständigen Verwaltungsbehörde sind die Anklageschrift und der Antrag auf Erlaß eines Strafbefehls mitzuteilen, soweit sie sich auf eine Ordnungswidrigkeit beziehen.

(3) Erwägt die Staatsanwaltschaft in den Fällen des § 40 oder § 42, das Verfahren wegen der Ordnungswidrigkeit einzustellen, so hat sie die sonst zuständige Verwaltungsbehörde zu hören. Sie kann davon absehen, wenn für die Entschließung die besondere Sachkunde der Verwaltungsbehörde entbehrt werden kann.

RiStBV Nrn. 272, 275, 278 Abs. 2

1 Die Vorschrift behandelt die Rolle der Verwaltungsbehörde, **sofern die StA** die OWi mit einer zusammenhängenden Straftat verfolgt (§ 42), also **selbst Verfolgungsbehörde** ist. Es soll sichergestellt sein, dass die besondere Sachkunde der sonst zuständigen Verwaltungsbehörde sowie ihre personellen Kräfte und sachlichen Mittel auch dann nutzbar gemacht werden, wenn sie nicht selbst Verfolgungsbehörde ist (*Göhler/Seitz* 1). Der StA prüft im Interesse einer sachgerechten Beurteilung und einer gleichmäßigen Behandlung die Belange der Verwaltungsbehörde und macht sich ihre besondere Sachkunde zunutze, und zwar insbesondere bei Verstößen gegen Rechtsvorschriften, die nicht zu seinem vertrauten Arbeitsgebiet gehören (RiStBV Nr. 272 Abs. 1). Auch in seinen weiteren Entscheidungen hat der StA immer zu prüfen, ob hierfür die besondere Sachkunde der zuständigen Verwaltungsbehörde von Bedeutung sein kann oder deren Interessen im besonderen Maße berührt sind. Trifft dies zu, so hört er sie (RiStBV Nr. 272 Abs. 2).

Die Vorschrift überträgt durch Abs. 1 den mit der Ermittlung von OWi betrauten Angehörigen der sonst zuständigen Verwaltungsbehörde dieselben Rechte und Pflichten wie die **Beamten des Polizeidienstes im Bußgeldverfahren**, und zwar im Rahmen der örtlichen und sachlichen Zuständigkeit der Verwaltungsbehörde (*RRH* 2). Das sind diejenigen Verwaltungsangehörigen, denen die Ausübung der Ermittlungsbefugnisse der Behörde allgemein oder in beschränktem Umfang übertragen worden ist. 2

Sonst zuständige Verwaltungsbehörde ist diejenige, die nach den §§ 36 ff. sachlich und örtlich zuständig wäre, wenn die StA die Verfolgung nicht übernommen hätte. Ergäbe sich danach eine mehrfache Zuständigkeit, so entscheidet § 39 Abs. 1 Satz 1 oder das nach sachlichen Gesichtspunkten auszuübende Wahlrecht der StA (RiStBV Nr. 272 Abs. 3 Satz 1). Die StA kann auch durch Übersendung der Akten an eine der mehreren zuständigen Verwaltungsbehörden deren Vorrangzuständigkeit begründen (RiStBV Nr. 272 Abs. 3 Satz 2). Besteht eine Vorrangzuständigkeit nicht, so gilt § 63 für jede der zuständigen Verwaltungsbehörden. 3

Will die StA eine OWi wegen einer **zusammenhängenden Straftat** verfolgen, so hat sie dies der sonst zuständigen Verwaltungsbehörde mitzuteilen, sofern sie bereits das Bußgeldverfahren eingeleitet hat oder diese Möglichkeit naheliegt (RiStBV Nr. 277 Abs. 3). Auf diese Weise sollen Klarheit über die Verfolgungszuständigkeit hergestellt und doppelte Ermittlungen vermieden werden. 4

Die Ermittlungsbeamten der Verwaltungsbehörde werden auf **Ersuchen** der StA tätig, um einzelne Maßnahmen zur Erforschung des Sachverhalts 5

§ 63 Zweiter Teil. Bußgeldverfahren

zu treffen. Das Ersuchen wird an die Verwaltungsbehörde gerichtet, die ihrerseits ihre Angehörigen einsetzt. Die mit den Ermittlungen betrauten Angehörigen der Verwaltungsbehörde sind verpflichtet, dem Ersuchen der StA zu entsprechen. Sie haben darüber hinaus nach pflichtgemäßem Ermessen alle keinen Aufschub duldenden Anordnungen zu treffen, um die Verdunklung der Sache zu verhüten.

6 Nach Abs. 1 Satz 2 hat die sonst zuständige Verwaltungsbehörde ferner die Befugnis, die dort genannten **Eilmaßnahmen** nach den für die Ermittlungspersonen der StA geltenden Vorschriften zu treffen, sofern Gefahr im Verzug ist.

7 Nach Abs. 2 sind der sonst zuständigen Verwaltungsbehörde nach Übernahme der Verfolgung der OWi die **Anklageschrift** und der **Antrag auf Erlass eines Strafbefehls** mitzuteilen, soweit sie die OWi berühren. Eine bestimmte Form der Mitteilung ist nicht vorgeschrieben. Es genügt ein die OWi betreffender Auszug. Dabei sind schutzwürdige Interessen des Betroffenen, anderer Verfahrensbeteiligter oder Dritter bei der Mitteilung aus Gesichtspunkten der informationellen Selbstbestimmung zu berücksichtigen. Dies kann jedoch nicht dazu führen, dass das Interesse der StA an der Mitwirkung der Verwaltungsbehörde und an der Nutzbarmachung ihrer Sachkenntnis in der Regel und nicht nur in besonderen Ausnahmefällen hinter dem Interesse an der Wahrung des Rechtes auf informationelle Selbstbestimmung zurücktritt **(a. A.** KK-*Kurz* 10).

8 Die Verwaltungsbehörde kann auf **ihre Unterrichtung verzichten.** Dies kann für den jeweiligen Einzelfall, bei OWi einer bestimmten Art oder ganz generell geschehen (*Göhler/Seitz* 8). Der Verzicht erfolgt nach pflichtgemäßem Ermessen und bietet sich insbesondere dort an, wo es um die Verfolgung aus Sicht der Verwaltungsbehörde massenhaft auftretender, sachlich und rechtlich einfacher OWi handelt, wie etwa bei Straßenverkehrs-OWi.

9 Nach Abs. 3 Satz 1 besteht für die Verwaltungsbehörde das Recht, **von der StA angehört zu werden,** sofern sie erwägt, das Verfahren wegen der OWi einzustellen. Hiervon kann die StA absehen, wenn für ihre Entschließung, ob sie das Verfahren mangels hinreichenden Tatverdachts (§ 170 Abs. 1 StPO) oder nach Opportunitätsgesichtspunkten (§ 47 Abs. 1) einstellt, die besondere Sachkunde der Verwaltungsbehörde objektiv entbehrlich ist. Nach RiStBV Nr. 275 Abs. 1 Satz 2 kann ferner von der Anhörung abgesehen werden, wenn der StA in der Beurteilung bestimmter OWi selbst ausreichende Erfahrung hat oder wenn die Einstellung des Verfahrens allein von einer Rechtsfrage abhängt, für deren Entscheidung es auf die besondere Sachkunde der Verwaltungsbehörde nicht ankommt.

Bei **OWi nach den Steuergesetzen** einschließlich der Gesetze über Eingangsabgaben und Monopole ist die sonst zuständige Verwaltungsbehörde (Finanzamt, Hauptzollamt) vor der Einstellung zu hören. Dies gilt bei OWi nach dem WiStG, dem AWG und dem MOG gleichermaßen, da die Verwaltungsbehörde in diesen Fällen auch im Strafverfahren stets zu beteiligen ist (RiStBV Nr. 275 Abs. 2). **10**

Beabsichtigt die StA zwar die Einstellung des Verfahrens, würde die **Anhörung** der Verwaltungsbehörde das Verfahren aber **unangemessen verzögern**, so verzichtet die StA nicht etwa auf ihre Anhörung, sondern sieht von der Einstellung des Verfahrens unter dem rechtlichen Gesichtspunkt der OWi ab. In diesem Falle gibt sie die Sache, sofern sie die Tat nicht als Straftat weiterverfolgt, an die Verwaltungsbehörde ab, wenn Anhaltspunkte dafür vorhanden sind, dass die Tat als OWi verfolgt werden kann (RiStBV Nr. 275 Abs. 3). **11**

Hat die StA das Verfahren wegen der OWi **eingestellt**, so teilt sie der sonst zuständigen Verwaltungsbehörde dies mit, sofern sie wegen der OWi bereits ein Bußgeldverfahren eingeleitet hatte (RiStBV Nr. 275 Abs. 5 Satz 2). **12**

§ 64
Erstreckung der öffentlichen Klage auf die Ordnungswidrigkeit

Erhebt die Staatsanwaltschaft in den Fällen des § 42 wegen der Straftat die öffentliche Klage, so erstreckt sie diese auf die Ordnungswidrigkeit, sofern die Ermittlungen hierfür genügenden Anlaß bieten.

RiStBV Nrn. 278, 280

Schrifttum: *Frieling*, Probleme bei der Übernahme der Verfolgung von Ordnungswidrigkeiten durch die Staatsanwaltschaft und bei deren gerichtlicher Ahndung, NJW 1969, 1058; *Krüger*, Die Übernahme der Verfolgung von Ordnungswidrigkeiten durch die Staatsanwaltschaft, NJW 1969, 1336.

§ 64 Zweiter Teil. Bußgeldverfahren

1 Die Vorschrift knüpft an § 42 an. Sie regelt den Fall der **Erhebung der öffentlichen Klage** durch die StA wegen der Straftat und deren Erstreckung auf die OWi. Sie betrifft auch den Antrag auf Entscheidung im beschleunigten Verfahren nach § 417 StPO sowie den Antrag auf Erlass eines Strafbefehls. Bieten die Ermittlungen genügenden Anlass für die Erstreckung der öffentlichen Klage auf die OWi, so erfolgt dies durch einheitliches Vorgehen der StA in diesen Fällen.

2 In der **einheitlichen Anklageschrift** oder dem **einheitlichen Antrag** auf Erlass eines Strafbefehls bzw. Aburteilung im beschleunigten Verfahren ist die OWi zu bezeichnen, die dem Angeschuldigten oder einem Betroffenen zur Last gelegt wird. Wer nur wegen einer OWi verfolgt wird, ist in Anklageschrift oder Anträgen lediglich als Betroffener zu bezeichnen (RiStBV Nr. 280 Abs. 2).

3 **Das weitere Verfahren** wegen der OWi richtet sich nach den Vorschriften der StPO. Ergänzend gelten einzelne Vorschriften des OWiG (§ 83). Wird gegen den Strafbefehl bei einem sachlichen Zusammenhang nur vom Angeschuldigten oder vom Betroffenen Einspruch eingelegt, so wird er im Übrigen teilweise rechtskräftig. Legt nur der Betroffene Einspruch ein, so wird das Verfahren als reines Bußgeldverfahren weitergeführt. § 72 ist nicht anwendbar (*RRH* 3).

4 Die Erstreckung der öffentlichen Klage auf die OWi setzt voraus, dass die Ermittlungen hierfür **genügenden Anlass** bieten. Ist dies nicht der Fall, so erfolgt Einstellung entsprechend § 170 Abs. 2 StPO. Ist der Betroffene der Tat, in der die OWi erblickt wird, hinreichend verdächtig und ist deshalb nach der Prognose der StA die Ahndung der OWi durch das Gericht im Strafurteil oder im Strafbefehl mit Wahrscheinlichkeit zu erwarten, so besteht genügender Anlass für das Vorgehen nach § 64. Die Tat muss also genügend bewiesen und rechtlich eindeutig als OWi zu qualifizieren sein; Rechtfertigungsgründe, Schuldausschließungsgründe und Verfahrenshindernisse dürfen nicht gegeben sein. Die StA muss die Verfolgung der OWi auch unter dem Gesichtspunkt der Opportunität für geboten halten (*RRH* 4).

5 Die **gerichtliche Zuständigkeit** für die einheitliche Verfolgung von Straftat und OWi richtet sich nach der Zuständigkeit für die Straftat (§ 45). Verfolgt die Finanzbehörde eine Steuerstraftat, die mit einer Steuer-OWi zusammenhängt, so kann sie in den Fällen, in denen sie nach § 400 AO selbst Antrag auf Erlass eines Strafbefehls stellt, nach § 64 handeln.

Vierter Abschnitt
Bußgeldbescheid

§ 65 Allgemeines

Die Ordnungswidrigkeit wird, soweit dieses Gesetz nichts anderes bestimmt, durch Bußgeldbescheid geahndet.

Das Ermittlungsverfahren der Verwaltungsbehörde endet, soweit es nicht zu einer Abgabe der Sache an die StA bzw. zur Übernahme seitens der StA (§§ 41, 42) kommt, **durch Einstellung oder durch Ahndung der OWi** durch Bußgeldbescheid. Dem Bußgeldbescheid gleichgestellt sind der selbständige Einziehungsbescheid (§ 87 Abs. 3 Satz 2) und der selbständige Bußgeldbescheid gegen eine juristische Person oder Personenvereinigung (§ 88 Abs. 2). Gerichtliche Entscheidungen sind nicht Bußgeldbescheide. 1

Der Bußgeldbescheid ist dem Strafbefehl nachgebildet (KK-*Kurz* 5). Er enthält die **Beschuldigung**, die den Gegenstand des Verwaltungsverfahrens in persönlicher, sachlicher und rechtlicher Hinsicht abgrenzt und damit den Umfang der Rechtskraft (§ 84) bestimmt (*BGH* NJW 1970, 2222). Diese **Abgrenzungsfunktion** erfüllt er, wenn nach seinem Inhalt zweifelsfrei feststeht, gegen welche bestimmte, unverwechselbare Person er sich richtet und welcher Lebensvorgang erfasst und geahndet werden soll (KK-*Kurz* 5). Erfüllt der Bußgeldbescheid seine Abgrenzungsfunktion, so bildet er die tragfähige Grundlage für das auf Einspruch nachfolgende gerichtliche Verfahren (*BayObLG* NJW 1972, 1771). 2

Ferner hat der Bußgeldbescheid eine **Informationsfunktion** in der Weise, dass er selbst einen in Rechtsfragen unerfahrenen Bürger ohne Akteneinsicht und ohne Einholung des Rates eines Rechtskundigen in die Lage versetzen soll, zu erkennen, welcher konkrete Vorwurf gegen ihn erhoben wird und zu prüfen, ob er Einspruch einlegen und ggf. wie er seine Verteidigung in der Hauptverhandlung vorbereiten soll (*BGH* NJW 1970, 2222). 3

Schließlich ist der Bußgeldbescheid **Rechtsgrundlage für die Vollstreckung** sobald er rechtskräftig geworden ist (§§ 89, 90). Er ist damit zugleich **Vollstreckungstitel**. Deshalb muss er eindeutig erkennen lassen, 4 gegen wen er sich richtet und er darf die ausgesprochene Rechtsfolge nicht im Unklaren lassen (KK-*Kurz* 7).

5   Der Bußgeldbescheid ist **Verwaltungsakt.** Er ist nicht Urteil oder Strafbefehl, sondern lediglich vorläufiger Spruch in einem Vorschaltverfahren mit einem Angebot an den Betroffenen, die Beschuldigung sachinhaltlich anzuerkennen und sich dem summarischen Bußgeldverfahren zu fügen (*BGH* NJW 1970, 2222). Unterwirft sich der Betroffene dem vorläufigen Spruch der Verwaltungsbehörde, so wird der Bußgeldbescheid rechtskräftig und vollstreckbar.

6   Eine besondere Form schreibt das Gesetz für den Bußgeldbescheid nicht ausdrücklich vor. Er sollte im **Regelfall schriftlich** erlassen werden. Wendet die Verwaltungsbehörde das **EDV-Verfahren** an, so kann der Bußgeldbescheid auch durch eine EDV-Anlage hergestellt werden. Dabei gehört es nicht zu den Verfahrensvoraussetzungen des gerichtlichen Bußgeldverfahrens, dass der Erlass des Bußgeldbescheides in einer für Außenstehende erkennbaren Weise aktenmäßig dokumentiert ist (*BGHSt* 42, 380), wenn sie auch wünschenswert erscheint (*BGHSt* 42, 385).

7   Wird ein Bußgeldbescheid **in Form eines Durchschreibesatzes** hergestellt, so ist es ohne praktische Bedeutung, welcher Teil im Falle des Erlasses des Bußgeldbescheids dessen Urschrift darstellt (KK-*Kurz* 13). Es gehört nicht zu den Verfahrensvoraussetzungen, dass sich die Urschrift in den Akten befindet. Ggf. sind Erlass und Inhalt mit allen verfügbaren Erkenntnisquellen im Freibeweisverfahren festzustellen (*Oldenburg OLGSt* a. F. § 66 OWiG S. 7).

8   **Der Bußgeldbescheid ist erlassen**, sobald er unterzeichnet und in den Geschäftsgang gegeben ist. Er kann nicht wirksam von einem Computer erlassen werden (*BGHSt* 42, 383). Wirksamkeitsvoraussetzung ist hier vielmehr, dass er auf einem für den Betroffenen erkennbaren und nachprüfbaren Willensakt der Behörde, letztlich also eines Bediensteten der Behörde beruht, wobei die Behörde durch ihren Bediensteten geprüft hat, ob sie aufgrund des ermittelten Sachverhaltes, der auch das Anhörungsergebnis umfasst, die Überzeugung von der Schuld des Betroffenen gewonnen hat und eine Ahndung nach pflichtgemäßem Ermessen für geboten

Vierter Abschnitt. Bußgeldbescheid § 65

hält (*BGHSt* 42, 383). Das Fehlen der Unterschrift beeinträchtigt den Erlass des Bußgeldbescheids nicht (*BGHSt* 42, 384).

Zustellungsmängel sind ohne Einfluss auf die Wirksamkeit des Bescheids. Sie können lediglich verhindern, dass die Einspruchsfrist in Lauf gesetzt wird (KK-*Kurz* 23). 9

Solange ein Bußgeldbescheid existiert, kann wegen derselben Handlung kein zweiter erlassen werden. Ist jedoch das Verfahren aufgrund eines Verfahrenshindernisses eingestellt worden, so ist die Verwaltungsbehörde nicht daran gehindert, wegen derselben Zuwiderhandlung einen neuen Bußgeldbescheid zu erlassen. Die Einstellungsentscheidung entfaltet insoweit keine materielle Rechtskraft (*Hamm* NJW 1973, 1624). Allerdings dürfen inzwischen keine Verfahrenshindernisse wie etwa Verjährung eingetreten sein (KK-*Kurz* 24). 10

Solange sie Verfolgungsbehörde ist, **kann die Verwaltungsbehörde den Bußgeldbescheid zurücknehmen.** Danach darf sie einen neuen Bußgeldbescheid erlassen (*Düsseldorf* NJW 1986, 1505). Die Rücknahme sollte dem Betroffenen zugestellt werden. Wird ein neuer Bußgeldbescheid erlassen, so gilt das Verbot der reformatio in peius für ihn nicht. Er kann also im Ausspruch über die Geldbuße und eventuelle Nebenfolgen zum Nachteil des Betroffenen abweichen, und zwar selbst dann, wenn keine neuen den Betroffenen belastenden Tatsachen bekannt geworden sind (*Hamm* VRS 41, 302). 11

Der Bußgeldbescheid hat **beschränkte Rechtskraft.** Sie steht lediglich einer nochmaligen Verfolgung derselben Tat als OWi entgegen, lässt aber die Verfolgung wegen einer Straftat zu (§ 84). 12

§ 66 Inhalt des Bußgeldbescheides

(1) Der Bußgeldbescheid enthält
1. Angaben zur Person des Betroffenen und etwaiger Nebenbeteiligter,
2. den Namen und die Anschrift des Verteidigers,
3. die Bezeichnung der Tat, die dem Betroffenen zur Last gelegt wird, Zeit und Ort ihrer Begehung, die gesetzlichen Merkmale der Ordnungswidrigkeit und die angewendeten Bußgeldvorschriften,
4. die Beweismittel,
5. die Geldbuße und die Nebenfolgen.

(2) Der Bußgeldbescheid enthält ferner
1. den Hinweis, dass
   a) der Bußgeldbescheid rechtskräftig und vollstreckbar wird, wenn kein Einspruch nach § 67 eingelegt wird,
   b) bei einem Einspruch auch eine für den Betroffenen nachteiligere Entscheidung getroffen werden kann,
2. die Aufforderung an den Betroffenen, spätestens zwei Wochen nach Rechtskraft oder einer etwa bestimmten späteren Fälligkeit (§ 18)
   a) die Geldbuße oder die bestimmten Teilbeträge an die zuständige Kasse zu zahlen oder
   b) im Falle der Zahlungsunfähigkeit der Vollstreckungsbehörde (§ 92) schriftlich oder zur Niederschrift darzutun, warum ihm die fristgemäße Zahlung nach seinen wirtschaftlichen Verhältnissen nicht zuzumuten ist, und
3. die Belehrung, dass Erzwingungshaft (§ 96) angeordnet werden kann, wenn der Betroffene seiner Pflicht nach Nummer 2 nicht genügt.

(3) Über die Angaben nach Absatz 1 Nr. 3 und 4 hinaus braucht der Bußgeldbescheid nicht begründet zu werden.

Schrifttum: *Demuth*, Mängel des Bußgeldbescheids und ihre Auswirkungen, VOR 1973, 44; *Doller*, Störanfälligkeiten im amtsgerichtlichen Bußgeldverfahren, DRiZ 1981, 201; *Puppe*, Die Individualisierung der Tat in Anklageschrift und Bußgeldbeschcid und ihre nachträgliche Korrigierbarkeit, NStZ 1982, 230.

Vierter Abschnitt. Bußgeldbescheid § 66

Übersicht

	Rn		Rn
I. Allgemeines	1–2	III. Weitere Hinweise im Bußgeldbescheid (Abs. 2)	24–29
II. Formeller Mindestinhalt des Bußgeldbescheides	3–23	IV. Mängel des Bußgeldbescheides	30–50

I. Allgemeines

Die Vorschrift legt den **Mindestinhalt des Bußgeldbescheides** fest. Sie ist zum Teil der entsprechenden Regelung in § 409 StPO über den Strafbefehl nachgebildet (Abs. 1), enthält darüber hinaus materielle Regelungen zur Umsetzung des Bußgeldbescheides (Abs. 2) und eine die Begründungspflicht einschränkende Regelung (Abs. 3). Daneben verlangt § 105 i.V.m. § 464 Abs. 1 StPO, dass jeder Bußgeldbescheid mit einer Kostenentscheidung zu versehen ist. Selbstverständlichkeiten wie diejenigen, dass der Bescheid als Bußgeldbescheid gekennzeichnet wird und die ausstellende Behörde ihren Sitz sowie den Tag seiner Ausstellung benennen muss, sind nicht gesondert geregelt (*RRH* 1). 1

Das **Layout des Bescheides** ist der Verwaltungsbehörde, die ihn erlässt, überlassen. Die Verwendung von Formularen empfiehlt sich nicht nur aus Gründen der Verwaltungsvereinfachung. Die im OWi-Verfahren in nicht allzu ferner Zukunft vorherrschende EDV-Technik wird ohne einschränkende Regelungen oder Vereinbarungen die weitere Individualisierung der äußeren Ausgestaltung der Bußgeldbescheide fördern, wobei nicht aus den Augen verloren werden darf, dass mit ihnen teilweise sehr wesentliche Rechtsverstöße und die Verhängung erheblicher Sanktionen zum Ausdruck gebracht werden. 2

II. Formeller Mindestinhalt des Bußgeldbescheides

Abs. 1 zählt den **Mindestinhalt** des Bußgeldbescheides **in formeller Hinsicht** auf. Dazu gehören die Bezeichnung der Person oder der Personen, gegen die die Rechtsfolgen angeordnet werden und des Verteidigers, die Umschreibung der Tat in rechtlicher und tatsächlicher Hinsicht einschließlich der Benennung der Beweismittel sowie die angeordneten Rechtsfolgen und etwaige Nebenfolgen. 3

Die Angaben zur Person müssen so genau sein, dass der Betroffene und weitere Nebenbeteiligte (*Hamburg* OLGSt 6) jederzeit ohne weitere 4

Nachforschungen identifiziert werden können. Dazu gehören der Familienname und Vornamen mit unterstrichenem Rufnamen, ggf. der Geburtsname, und zwar auch bei Männern als Betroffenen, die vollständige Anschrift und der Geburtstag des Betroffenen sowie der möglichen Nebenbeteiligten. Die Angaben des Geburtsortes, des Berufs, des Familienstandes und der Staatsangehörigkeit, die in Anklage und Strafbefehl enthalten sein sollen (RiStBV Nr. 110 Abs. 2a) sind für das OWi-Verfahren in der Regel entbehrlich. Allerdings ist bei Minderjährigen Name und Wohnort des gesetzlichen Vertreters anzugeben. Das religiöse Bekenntnis geht die Verfolgungsbehörden im OWi-Verfahren nichts an.

5 Befindet sich der Betroffene in **amtlicher Verwahrung** oder ist er **untergebracht**, so ist darauf zumindest mit dem Ort der Unterbringung hinzuweisen (KK-*Kurz* 3).

6 Ggf. können die Aufnahme des Datums der Ausstellung und der Klasse des **Führerscheins** sowie des **amtlichen Kennzeichens** des bei Tatbegehung benutzten Kraftfahrzeugs von Interesse sein (*Köln* VM 1986, 52; *Karlsruhe* VRS 62, 289).

7 Bei einem **Einzelkaufmann** ist der Bußgeldbescheid nicht an seine Firma, sondern an ihn zu richten, und zwar selbst dann, wenn der Firmenname identisch mit dem des Kaufmanns ist (*RRH* 2). Gegen **juristische Personen** oder **Personenvereinigungen** ist ein Bußgeldbescheid nur im selbständigen Verfahren möglich. In diesem Fall richtet sich der Bußgeldbescheid gegen eine Firma. Soll er aber gegen vertretungsberechtigte Organe oder Gesellschafter gerichtet sein, so müssen sie persönlich als Betroffene bezeichnet werden (*Hamm* NJW 1973, 1624).

8 Gegen **mehrere Betroffene** kann in einem einheitlichen Verfahren gemeinsamer Bußgeldbescheid erlassen werden. Dabei ist jeder einzelne Betroffene so genau zu bezeichnen, dass er zweifelsfrei identifizierbar ist. Es ist auch gegen jeden einzelnen Betroffenen die für ihn zutreffende Rechtsfolge gesondert auszusprechen (KK-*Kurz* 6).

9 Nach Abs. 1 Nr. 2 sind Name und Anschrift des **Verteidigers** anzugeben. Mit zunehmender Verwendung moderner Kommunikationsmittel empfiehlt es sich, vorhandene **E-Mail-Adressen** des Verteidigers in den Bußgeldbescheid aufzunehmen.

Nach Abs. 1 Nr. 3 enthält der Bußgeldbescheid die Bezeichnung der **Tat**, die dem oder den Betroffenen zur Last gelegt wird, **Zeit** und **Ort** ihrer Begehung, die **gesetzlichen Merkmale** der OWi und die angewendeten **Bußgeldvorschriften.** Insoweit gleicht die Vorschrift dem § 409 Abs. 1 Nr. 3 und Nr. 4 StPO, die seinerseits dem in § 200 Abs. 1 Satz 1 StPO legal definierten Anklagesatz für das Strafverfahren entspricht. Unerlässlich ist die Angabe, was der Betroffene zu einer bestimmten Zeit an einem bestimmten Ort getan hat. Die gesetzlichen Merkmale der Tat müssen in verständlicher Weise beschrieben werden. Sie dürfen nicht nur formelhaft mit den Worten des Gesetzes bezeichnet werden. Der geschichtliche Vorgang muss so beschrieben sein, dass auch dem nicht juristisch vorgebildeten Adressaten erkennbar wird, welches Tun oder Unterlassen Gegenstand der Ahndung sein soll und gegen welchen Vorwurf er sich als Betroffener ggf. verteidigen muss. Erst wenn der Inhalt des Bußgeldbescheides keinen Zweifel über die Identität der Tat lässt, erfüllt er seine Aufgabe, den Tatvorwurf in sachlicher Richtung hinreichend abzugrenzen und erreicht die von einem rechtskräftigen Bußgeldbescheid ausgehende Sperrwirkung für andere Verfahren (*BGH* NJW 1970, 2222; KK-*Kurz* 10). 10

Welche **tatsächlichen Angaben** den Tatvorgang genügend abgrenzen, ist Sache des Einzelfalls. 11

Was sich tatsächlich ereignet hat, ist so anzugeben, dass dadurch die **gesetzlichen Merkmale des Bußgeldtatbestandes** konkret erkennbar werden (*Göhler/Seitz* 13a). Dies kann durch eingehendere Umschreibung, aber auch durch die Verwendung allgemein verständlicher Kurzbezeichnungen geschehen, wie etwa falsches Parken, falsches Halten (*Göhler/Seitz* 13a). Zulässig ist auch, **Schlüsselziffern** zu verwenden, die im Bußgeldbescheid selbst an geeigneter Stelle erläutert werden oder deren Bedeutung dem Betroffenen bekannt ist (*Celle* MDR 1978, 250). Dies ist insbesondere bei massenhaft vorkommenden Verfahren zweckmäßig. Die Verwendung von Abkürzungen kann problematisch sein. Das Abweichen von der gebräuchlichen Schreibweise etwa bei der Benutzung von EDV-Einrichtungen, deren Software z. B. keinen Umlaut schreiben kann, ist unproblematisch, soweit es sich lediglich um die Umschreibung der Tat handelt. Dort wo es auf die Exaktheit der Schreibweise ankommen kann, muss sie in geeigneter Weise sichergestellt werden, notfalls durch einen Hinweis auf das technische Problem. 12

§ 66 Zweiter Teil. Bußgeldverfahren

13 Die Angabe von **Tatzeit und Tatort** folgt den Voraussetzungen der §§ 6 und 7. Je präziser Tatzeit und Tatort angegeben werden, um so eindeutiger identifiziert der Bußgeldbescheid das Tatgeschehen. Wird dem Betroffenen eine Dauer-OWi vorgeworfen, so ist der Zeitraum der Tatbegehung anzugeben (KK-*Kurz* 11). Ist die Tatzeit nicht mehr genau bestimmbar, so ist dies anzugeben. Sofern nicht mehr festgestellt werden kann, ob die Tat in **nicht verjährter Zeit** begangen worden ist, muss von der Ahndung abgesehen werden. Auch der Tatort ist so genau wie möglich anzugeben, insbesondere, wenn Verwechslungsgefahr besteht, wie etwa bei einem Rotlichtverstoß auf einer Straße mit zahlreichen Ampelanlagen (*Hamm* VRS 54, 54).

14 Die **Angaben zur inneren Tatseite** (Vorsatz, Fahrlässigkeit) gehören zur Bezeichnung der Tat. Sie ergeben sich häufig bereits aus der Schilderung des Sachverhalts, so dass sie in diesen Fällen nicht ausdrücklich dargelegt werden müssen. Enthält der Bußgeldbescheid bei Vorwürfen, die in der Regel fahrlässig begangen werden, wie etwa Verkehrs-OWi, keine Angaben zur Schuldform, so wird vom Vorwurf fahrlässigen Handelns ausgegangen. Soll dennoch im gerichtlichen Verfahren eine Geldbuße wegen vorsätzlichen Handelns festgesetzt werden, so muss der Betroffene vorher auf diese Veränderung des rechtlichen Gesichtspunktes hingewiesen werden (§ 265 Abs. 1 StPO; KK-*Kurz* 18).

15 Gesetzliche Merkmale der OWi sind die **abstrakten Tatbestandsmerkmale der Bußgeldvorschrift.** Sie werden neben der Bezeichnung der Tat benannt, um dem Betroffenen den Vorwurf verständlicher zu machen. Ergibt jedoch schon die Bezeichnung der Tat alle gesetzlichen Merkmale der OWi, so brauchen sie nicht besonders benannt zu werden (*RRH* 6).

16 Die **angewendeten Bußgeldvorschriften** werden nach Paragraph, Absatz, Nummer, Buchstabe und der Bezeichnung des Gesetzes angegeben. Ggf. werden auch die eine Blankettvorschrift ausfüllenden Normen, ferner Vorschriften über die Schuldform (§ 10), den Versuch (§ 13), das Zusammentreffen mehrerer Gesetzesverletzungen (§§ 19, 20), die Beteiligungsform (§ 14) und das Handeln für einen anderen (§ 9) benannt. Vorschriften, die eine Nebenfolge zulassen und die Tatsachen, die deren Anwendung rechtfertigen, werden ebenfalls angegeben.

17 Bei **Anordnung eines Fahrverbots** ist ggf. über die Anrechnung einer Verwahrung, Sicherstellung, Beschlagnahme des Führerscheines oder die

Vierter Abschnitt. Bußgeldbescheid § 66

vorläufige Entziehung der Fahrerlaubnis auf das Fahrverbot nach § 25 Abs. 6 StVG zu entscheiden. Deshalb müssen diese Daten ggf. im Bußgeldbescheid erkennbar sein. Das Fahrverbot kann ferner auf bestimmte Arten von Kfz, auf die Eigentumsverhältnisse am Fahrzeug oder auf ein einzelnes bestimmtes Fahrzeug bezogen beschränkt werden (*Hamm* NJW 1975, 1983). Entsprechende Angaben müssen aus dem Bußgeldbescheid eindeutig erkennbar werden.

Bei **OWi nach den §§ 24, 24a StVG** ist in den Fällen des § 28a StVG, 18 wenn vom Regelsatz der Geldbuße mit Rücksicht auf die wirtschaftlichen Verhältnisse abgewichen werden soll, diese Vorschrift bei den entsprechenden Bußgeldvorschriften anzugeben. Im Übrigen enthält der Bußgeldbescheid ggf. die Punktezahl, mit dem der Verstoß im VZR bewertet wird, weil gerade diese Frage für die Entscheidung des Betroffenen, Einspruch einzulegen, von besonderer Bedeutung ist. Das bedeutet auch, dass vermerkt wird, wenn der Bußgeldbescheid nicht in das VZR eingetragen wird (*Göhler/Seitz* 17a).

Die **Beweismittel** müssen so genau bezeichnet werden, dass der Betroffe- 19 ne prüfen kann, ob die Tat beweisbar oder ein Einspruch aussichtsreich ist. Dazu gehört bei Zeugen Name und Anschrift. Die Bezugnahme auf eine polizeiliche Anzeige reicht im Regelfall nicht aus. Allerdings braucht nur die Art des Beweismittels bezeichnet zu werden. Die Angabe, zu welchem Ergebnis das Beweismittel geführt hat, wie etwa die Inhaltsangabe der Vernehmung, gehört nicht in den Bußgeldbescheid.

Die Geldbuße muss der **Höhe** nach bestimmt sein. Fehlt eine solche Be- 20 stimmung, so ist die Festsetzung wirkungslos. Sie kann auch später nicht ergänzt werden (*BGH* bei *Göhler/Seitz* 19). Im Falle von Tateinheit (§ 19) ist nur eine einzige Geldbuße festzusetzen. Bei Tatmehrheit (§ 20) sind die Geldbußen gesondert aufzuführen. Wird gegen zwei Betroffene nur eine einzige Geldbuße festgesetzt, so ist der Bußgeldbescheid unwirksam und nicht vollstreckbar, also nichtig i. S. v. § 57 (*Göhler/Seitz* 19).

Wird gegen eine juristische Person oder Personenvereinigung eine Geld- 21 buße festgesetzt (§ 30), so wird genau angegeben, **wegen welcher Tat ihres Organs** usw. die Geldbuße festgesetzt wird (*Stuttgart* NJW 1968, 1296) sowie welche Merkmale des § 30 im Einzelnen vorliegen.

22 Bei **Anordnung eines Fahrverbots** (§ 25 Abs. 1 StVG) werden **Umfang und Dauer** festgelegt. Der Betroffene wird ferner über den Zeitpunkt der Wirksamkeit des Fahrverbots in den Fällen des § 25 Abs. 2, 2a StVG im Bußgeldbescheid belehrt. In den Fällen des § 25 Abs. 2a StVG teilt die Verwaltungsbehörde zweckmäßigerweise auch den Zeitpunkt des Ablaufs der **Vier-Monats-Frist** mit.

23 **Nebenfolgen**, die in den Bußgeldbescheid nach Abs. 1 Nr. 5 aufzunehmen sind, sind die **Einziehung** von Gegenständen und des Wertersatzes (§§ 22 ff.), die **Unbrauchbarmachung** sowie die **Beseitigung** der widerrechtlichen Kennzeichnung der im Besitz des Betroffenen befindlichen Gegenstände und deren Vernichtung (§ 145 Abs. 4 MarkenG), die Anordnung des **Verfalls** (§ 29a) sowie die **Abführung des Mehrerlöses** nach §§ 8 ff. WiStG. In der Einziehungsanordnung sind die Gegenstände genau zu bezeichnen, damit die Vollstreckung möglich ist (*KG* VRS 85, 125). Erfolgt die Einziehung aufgrund einer besonderen Einziehungsvorschrift (z. B. § 20 EichG), so wird diese Vorschrift benannt. Nach § 26 ist das Erlöschen von Rechten Dritter ausdrücklich anzuordnen, wenn dies in Betracht kommt. Hat sich jedoch der Betroffene mit der formlosen Einziehung der bei ihm sichergestellten Gegenstände einverstanden erklärt, so bedarf es der förmlichen Anordnung im Bußgeldbescheid nicht (*BayObLG* wistra 1997, 109). Im Bußgeldbescheid auszusprechen sind im Übrigen die Anordnung des Vorbehalts der Einziehung und die Anweisung nach § 24 Abs. 2 Satz 2, nicht aber eine Entscheidung über die Entschädigung nach § 28 (*Göhler/Seitz* 21). Für die Anordnung des Verfalls und die Abführung des Mehrerlöses gelten die entsprechenden Voraussetzungen.

III. Weitere Hinweise im Bußgeldbescheid (Abs. 2)

24 Nach Abs. 2 enthält der Bußgeldbescheid **Hinweise** (Nr. 1), **Aufforderungen** (Nr. 2) und **Belehrungen**, die sich an den Betroffenen richten. Weitere Belehrungsvorschriften finden sich in den Sondergesetzen wie etwa §§ 25 Abs. 8 StVG, 41a Abs. 4 BJagdG. Sie sind ggf. auch in den Bußgeldbescheid aufzunehmen. Der Hinweis darauf, dass der Bußgeldbescheid rechtskräftig und vollstreckbar wird, wenn kein Einspruch nach § 67 eingelegt wird und dass bei einem Einspruch auf eine für den Betroffenen nachteilige Entscheidung getroffen werden kann, also das Verbot der reformatio in peius in diesem Stadium des OWi-Verfahrens nicht gilt, könnten nach dem missglückten Wortlaut der Vorschrift formularmäßig erfolgen.

Das reicht jedoch insbesondere im Hinblick auf Nr. 1a nicht aus. Hinzu kommen muss vielmehr die **Belehrung über die Möglichkeit des Einspruchs**, die dafür vorgeschriebene Frist und Form sowie die Stelle, an der der Einspruch anzubringen ist (§ 409 Abs. 1 Nr. 7 StPO). Die Belehrung weist auch darauf hin, dass der Einspruch nicht in jedem Fall der Schriftform bedarf (a. A. KK-*Kurz* 31), ferner, dass zur Fristwahrung der rechtzeitige Eingang des Einspruchs bei der Verwaltungsbehörde, die den Bußgeldbescheid erlassen hat, erforderlich ist und welche Mindestangaben ein Einspruch als Wirksamkeitsvoraussetzung hat. **25**

Der **Hinweis** auf die Möglichkeit einer nachteiligeren Entscheidung im Falle des Einspruchs kann **formelmäßig allgemein** gehalten werden. **26**

Nach Abs. 2 Nr. 2 enthält der Bußgeldbescheid die Aufforderung an den Betroffenen, spätestens zwei Wochen nach Rechtskraft oder einer etwa bestimmten späteren Fälligkeit (§ 18) in bestimmter Weise **zu zahlen** oder im Falle der **Zahlungsunfähigkeit** der Vollstreckungsbehörde (§ 92) in bestimmter Weise darzutun, warum ihm die Zahlung nicht zuzumuten ist. Diese Angaben dienen allein der Verfahrensvereinfachung. Durch sie erübrigt sich eine besondere Zahlungsaufforderung nach Rechtskrafteintritt. **27**

Die Regelung der Nr. 2b erlegt dem Betroffenen im Falle seiner Zahlungsunfähigkeit bestimmte **Mitwirkungspflichten** auf. Dabei dürfen die Anforderungen an seine Darstellungskraft nicht überspannt werden. Ggf. muss die Vollstreckungsbehörde aufgrund eines einfachen Hinweises des Betroffenen das Vorliegen der Voraussetzungen des § 93 durch Rückfrage bei ihm weiter aufklären. Verletzt der Betroffene auch dieses Mindestmaß an Mitwirkungspflichten, so schafft er selbst die Grundlage für die Anordnung der Erzwingungshaft. Darüber ist er nach Abs. 2 Nr. 3 bereits im Bußgeldbescheid zu belehren. **28**

Nach Abs. 3 ist über die Angaben des Abs. 1 Nr. 3 und 4 hinaus **keine weitere Begründung** des Bußgeldbescheides vorgeschrieben. Das bedeutet nicht, dass in Einzelfällen, insbesondere bei komplizierteren Sachverhalten oder zur Vermeidung offensichtlich unbegründeter und damit letztlich überflüssiger Einsprüche eine weitergehende Begründung zweckmäßig erscheinen kann. Dabei kommt es jeweils auf den Einzelfall an. **29**

IV. Mängel des Bußgeldbescheides

30 **Verstöße gegen die Vorschriften über den Inhalt des Bußgeldbescheides** haben nach Einspruch nur dann verfahrensrechtliche Folgen, wenn es sich um besonders schwerwiegende Mängel handelt, die in der Hauptverhandlung auch nicht geheilt werden können (*RRH* 18). Wie der Strafbefehl so hat der Bußgeldbescheid im Verfahren nach Einspruch nur die Bedeutung einer Verfahrensgrundlage. Das Gericht prüft in dieser Beziehung lediglich, ob er formell und inhaltlich eine ausreichende Verfahrensgrundlage darstellt.

31 Ist der Bußgeldbescheid so **schwerwiegend mangelhaft**, dass er keine ausreichende Verfahrensgrundlage darstellt, so muss das Verfahren wegen Fehlens eines wirksamen Bußgeldbescheides als Prozessvoraussetzung eingestellt werden. Dies geschieht außerhalb der Hauptverhandlung durch Beschluss (§ 206a StPO), in der Hauptverhandlung durch Urteil (§ 260 Abs. 3). Freispruch ergeht in diesen Fällen nicht (*BGH* NJW 1970, 2222). War die Tat zu diesem Zeitpunkt noch nicht verjährt, so hindert die Einstellung nicht daran, einen neuen Bußgeldbescheid zu erlassen (*Hamm* NJW 1972, 1725).

32 Der Bußgeldbescheid ist **nicht mangelhaft**, wenn er eine Tat umschreibt, die dem Betroffenen nicht nachgewiesen werden kann. In diesem Falle ist nicht einzustellen, sondern freizusprechen (*RRH* 19; *Demuth* VOR 1973, 59; *Braunschweig* VRS 87, 143).

33 Die **unrichtige Bezeichnung** der in Abs. 1 Nr. 1 und 2 genannten Personen ist unschädlich, wenn zweifelsfrei festgestellt werden kann, wer als Betroffener gemeint ist (*Hamm* VRS 40, 460). Fehler beim Familiennamen oder Vornamen des Betroffenen führen nur dann zur Unwirksamkeit im Sinne einer fehlenden Prozessvoraussetzung, wenn diese zu Zweifeln an der Identität des Betroffenen Anlass geben (*Köln* VRS 70, 458). Die Identität wird im Wege des Freibeweises festgestellt (*Hamm* JR 1971, 383). Unzutreffende Angaben über Geburtsdatum und Geburtsort sind unschädlich (*Düsseldorf* VRS 65, 455), ebenso unzutreffende Führerscheindaten oder die Angabe eines falschen Kfz-Kennzeichens (*Göhler/Seitz* 4a).

34 Allerdings können mangelhafte Angaben zur Person in der Praxis zu **fehlerhafter Zustellung** führen mit der Folge, dass der Bußgeldbescheid dem wirklich Betroffenen nicht wirksam zugestellt worden ist, also die

Einspruchsfrist für ihn noch nicht in Lauf gesetzt ist und andererseits der von dem Zustellungsempfänger eingelegte Einspruch unzulässig und nicht geeignet ist, die Sache gegen den Betroffenen in das gerichtliche Verfahren überzuleiten (*Karlsruhe* VRS 62, 289 m. Anm. *Göhler* NStZ 1983, 64). Dies kann ferner dazu führen, dass der von dem wirklich Betroffenen im Verfahren des Gerichts stillschweigend oder ausdrücklich erklärte Einspruch gegen den Bußgeldbescheid die Unzulässigkeit des gegen ihn durchgeführten Verfahrens nicht heilen kann, weil es an einem von ihm bei der Verwaltungsbehörde eingelegten Einspruchs fehlt (*Göhler/Seitz* 4b; **a. A. Koblenz** VRS 68, 216 m. Anm. *Göhler* NStZ 1988, 66; *BayObLG* JR 1989, 477), während der von dem Zustellungsempfänger für sich eingelegte Einspruch zur Einstellung des gegen ihn gerichteten Einspruchsverfahrens führt, weil dieses den Erlass eines Bußgeldverfahrens voraussetzen würde.

Kann in einer derartigen Situation aufgeklärt werden, wer der wirklich Betroffene und wer nur Zustellungsempfänger ist, so besteht Klarheit für das weitere Verfahren nach Einspruch: sieht sich der Zustellungsempfänger selbst als Betroffener an, so kann er sich mit dem Einspruch gegen den Bußgeldbescheid wehren. Wird das Verfahren gegen ihn weitergeführt, so ist dieses, wenn sich der wahre Sachverhalt herausstellt, wegen eines Verfahrenshindernisses, nämlich wegen Fehlen eines Bußgeldbescheides gegen ihn einzustellen (*Karlsruhe* VRS 68, 226). Seine notwendigen Auslagen hat dann die Staatskasse zu tragen (*Göhler* NStZ 1988, 66). 35

Wird das Verfahren auf Einspruch des Zustellungsempfängers sodann **gegen den wirklich Betroffenen weitergeführt**, so ist es bei Klärung des Sachverhalts wegen Fehlens einer Verfahrensvoraussetzung nach §§ 206a, 260 Abs. 3 StPO mit der Kostenfolge des § 467 Abs. 1 StPO einzustellen, ggf. auch noch durch das AG im Rechtsbeschwerdeverfahren unter Aufhebung der Sachentscheidung (*Karlsruhe* VRS 62, 289 m. Anm. *Göhler* NStZ 1983, 64). Nicht zutreffend wäre in diesem Falle die Begründung, dass der Betroffene nicht selbst, sondern nur der Zustellungsempfänger Einspruch eingelegt hat, dieser sei jedoch nicht wirksam, so dass der Bußgeldbescheid rechtskräftig geworden sei (*BayObLG* JR 1989, 477 m. Anm. *Göhler* NStZ 1990, 74). 36

Bei **Mängeln der äußeren Gestaltung** muss im Freibeweis festgestellt werden, ob ein Bußgeldbescheid überhaupt wirksam erlassen worden ist. 37

Dazu ist ggf. zur Aufklärung der gesamte Akteninhalt heranzuziehen. Der Bußgeldbescheid ist bei Verwendung von EDV-Anlagen nicht schon wirksam erlassen, wenn er lediglich elektronisch gespeichert ist.

38 Das Fehlen der Angabe der **ausstellenden Behörde** oder das **Datum des Erlasses** des Bußgeldbescheides führen nicht zu seiner Unwirksamkeit (*Hamm* VRS 41, 219; *BayObLG* DAR 1971, 191). Lässt sich allerdings nachträglich durch Freibeweis nicht mehr klären, wann der Bußgeldbescheid erlassen worden ist, so gilt für die Frage der Verfolgungsverjährung der Zweifelssatz zugunsten des Betroffenen (KK-*Kurz* 41).

39 Die **unrichtige oder unvollständige Wiedergabe der Tat** nach Abs. 1 Nr. 3 ist unschädlich, sofern zweifelsfrei feststeht, welcher Lebensvorgang erfasst werden sollte. Das ist der Fall, wenn bei vernünftiger Betrachtung für den Betroffenen keine Zweifel über die Identität der Tat entstehen können. Dabei ist zwar der Inhalt des Bußgeldbescheides nicht allein maßgebend. Es kann jedoch nicht verlangt werden, Mängel der Tatbestandsabgrenzung durch Herbeiziehung anderer Erkenntnisquellen, insbesondere des Akteninhaltes zu heilen (*BGH* NJW 1977, 2222; **a.A.** *RRH* 25). Darüber hinaus ist der Mangel der Informationsfunktion solange unschädlich, wie er nicht zu einer unklaren Abgrenzung des vorliegenden Tatgeschehens zu anderen Lebenssachverhalten führt (KK-*Kurz* 43).

40 Ein **offensichtlicher Irrtum bei der Bezeichnung der Tat** ist unschädlich, und zwar auch soweit es um Tatzeit und Tatort geht, sofern der Betroffene anhand anderer Angaben im Bußgeldbescheid zweifelsfrei ermitteln kann, welche Tat geahndet werden soll. Dies gilt auch für eine unrichtige Wiedergabe des Geschehensablaufs oder die erkennbare Verwechslung der Tatbeiträge, etwa bei Verkehrsunfällen (*Frankfurt* NStZ 1992, 89).

41 **Fehlt jede Bezeichnung der Tat** und der verletzten gesetzlichen Vorschriften, so ist der Bußgeldbescheid keine wirksame Verfahrensgrundlage (*RRH* 28).

42 Die Wirksamkeit des Bußgeldbescheides wird durch eine **falsche rechtliche Würdigung** des zugrunde gelegten Sachverhaltes durch die Verwaltungsbehörde (*BayObLG* bei *Göhler/Seitz* 49) nicht berührt. Ebenso lässt die **mangelhafte Bezeichnung der Beweismittel** die Wirksamkeit des Bußgeldbescheides unberührt, weil diese Angabe für die Natur des Bußgeldbescheides als Verfahrensgrundlage ohne Bedeutung ist (*RRH* 31).

Fehlt die Festsetzung der Geldbuße oder wird eine im Bußgeldverfahren unzulässige oder unbestimmte Rechtsfolge angeordnet, so stellt der Bußgeldbescheid keine ausreichende Verfahrensgrundlage dar (*Göhler/Seitz* 48). Dies ist etwa der Fall, wenn statt einer Geldbuße eine Geldstrafe oder sogar eine Ersatzfreiheitsstrafe verhängt ist. Hierfür fehlt der Verwaltungsbehörde offensichtlich die Kompetenz. Dies gilt ferner, wenn die Höhe der Geldbuße nicht bestimmt ist oder wenn der Bußgeldbescheid hinsichtlich der angeordneten Rechtsfolgen in sich widersprüchlich ist. Der Erlass eines Bußgeldbescheides mit unzulässigen oder unbestimmten Rechtsfolgen steht jedoch dem Erlass eines neuen Bußgeldbescheides nicht entgegen. 43

Fehlen Hinweise nach Abs. 2 oder sind sie unvollständig, so berührt dies die Wirksamkeit des Bußgeldbescheides nicht. Das Fehlen oder die Unvollständigkeit der Belehrung über die Einspruchsmöglichkeit nach Abs. 2 Nr. 1a rechtfertigt die Wiedereinsetzung in den vorigen Stand (*RRH* 34). Die unterbliebene Belehrung nach Abs. 2 Nr. 1b über die Möglichkeit der Verschlechterung hat keinen Einfluss auf die Wirksamkeit des Bußgeldbescheides. Allerdings bedarf es eines rechtlichen Hinweises im nachfolgenden Verfahren, wenn ein Fahrverbot in Betracht kommt, das im Bußgeldbescheid noch nicht angeordnet war (*BGHSt* 29, 274). Das Fahrverbot ist Nebenstrafe. 44

Die **Beitreibung** nach Rechtskraft des Bußgeldbescheides und Ablauf der Frist von zwei Wochen ist auch ohne die Zahlungsaufforderung nach Abs. 2 Nr. 2 zulässig. Ist die Aufforderung nach Abs. 2 Nr. 3 unterblieben, so darf Erzwingungshaft jedoch nicht angeordnet werden (§ 96 Abs. 1 Nr. 3). In diesem Fall muss die Aufforderung nachgeholt werden (*RRH* 35). 45

Die **teilweise Unwirksamkeit des Bußgeldbescheides** führt nicht notwendig zu seiner vollständigen Unwirksamkeit. Genügt der mangelfreie Teil den an einen Bußgeldbescheid zu stellenden Mindestanforderungen, so bleibt er wirksam (KK-*Kurz* 72). Bei einem zugleich gegen mehrere Personen gerichteten Bußgeldbescheid kann die Unwirksamkeit auch nur einen Teil der Betroffenen erfassen. Dann bleibt er im Übrigen wirksam. 46

Werden einem Betroffenen mehrere prozessual selbständige Taten gleichzeitig zur Last gelegt, so berührt der Mangel hinsichtlich einzelner abtrennbarer Zuwiderhandlungen die Wirksamkeit des Bescheids wegen der anderen OWi nicht.

47 **Folgen der Unwirksamkeit** eines gesamten Bußgeldbescheides sind entweder Rücknahme oder Einstellung, je nach Lage des Verfahrens. Ist die Verwaltungsbehörde zugleich Verfolgungsbehörde, so kann sie den unwirksamen Bußgeldbescheid jederzeit zurücknehmen und einen neuen Bußgeldbescheid erlassen, wobei die Verfolgungsverjährung nicht unterbrochen wird.

48 Ist die **Verfolgungszuständigkeit auf die StA übergegangen**, so stellt diese das Verfahren wegen Fehlens einer Prozessvoraussetzung ein, wenn sie die Unwirksamkeit des Bußgeldbescheides erkennt. Stellt sich der Verfahrensmangel erst im gerichtlichen Verfahren heraus, so führt er dort zur Einstellung nach § 206a StPO außerhalb oder § 260 Abs. 3 StPO in der Hauptverhandlung. Stellt das Gericht das Verfahren wegen der Unwirksamkeit des Bußgeldbescheides ein, so bindet diese Feststellung auch für das neue Verfahren (*Köln* VRS 57, 131).

49 Weist der rechtskräftig gewordene Bußgeldbescheid schwerwiegende Mängel auf, so kann er wie jeder Verwaltungsakt nichtig sein (*RRH* 37), wobei keine Einigkeit im Schrifttum darin besteht, wann dies der Fall ist. Jedenfalls bestehen wegen der Besonderheiten des OWi-Verfahrens gegenüber dem gewöhnlichen Verwaltungsverfahren Bedenken gegen die schlichte Übernahme der Lehre von der Nichtigkeit von Verwaltungsakten (*RRH* 39). Wird sie angewandt, so jedoch nur im Sinne der sog. Evidenztheorie (*BGH* wistra 1990, 67; *RRH* 37).

50 Nichtigkeit wird angenommen beim Vorliegen bestimmter Verfahrenshindernisse wie etwa der Verletzung des Rechtssatzes ne bis in idem (*Köln* NStZ-RR 1998, 375; *Oldenburg* MDR 1992, 704; anders *Koblenz* NStZ 1981, 195; zurückhaltend *Göhler/Seitz* 57a), bei Aburteilung ohne rechtliches Gehör (*Göhler/Seitz* 57; KK-*Kurz* 70; *RRH* 37) oder bei Verhängung von Sanktionen, die das OWi-Verfahren nicht kennt (*Göhlert/Seitz* 57; *RRH* 37), nicht jedoch bei Erlass des Bußgeldbescheids durch eine unzuständige Verwaltungsbehörde (*BayObLGSt* 1971, 135; 1973, 5), es sei denn, die Unzuständigkeit tritt besonders krass zutage.

Fünfter Abschnitt
Einspruch und gerichtliches Verfahren

I. Einspruch

§ 67 Form und Frist

(1) Der Betroffene kann gegen den Bußgeldbescheid innerhalb von zwei Wochen nach Zustellung schriftlich oder zur Niederschrift bei der Verwaltungsbehörde, die den Bußgeldbescheid erlassen hat, Einspruch einlegen. Die §§ 297 bis 300 und 302 der Strafprozeßordnung über Rechtsmittel gelten entsprechend.

(2) Der Einspruch kann auf bestimmte Beschwerdepunkte beschränkt werden.

Übersicht

	Rn		Rn
I. Allgemeines	1–6	II. Einlegung des Einspruchs	
II. Einspruchsberechtigte	7–17	und Verfahren	18–30
		IV. Beschränkung d. Einspruchs	31–46

I. Allgemeines

Durch den Einspruch lehnt der Betroffene den vorläufigen Spruch der Verwaltungsbehörde, der das Bußgeldverfahren zum Abschluss bringen soll, ab. Der Einspruch ist kein Rechtsmittel, sondern ein Rechtsbehelf eigener Art (*RRH* 1; *Göhler/König* Vorbem. 1). Er führt im gerichtlichen Verfahren nicht zur Nachprüfung der getroffenen Entscheidung; er bringt die Sache vielmehr nach erfolglosem Zwischenverfahren in das gerichtliche Hauptverfahren und bewirkt so den Übergang der Sache aus dem Bereich der Verwaltung vor den Richter (*BGHSt* 29, 175). 1

Mit dem Einspruch verliert der Bußgeldbescheid die Bedeutung einer **vorläufigen Entscheidung** und behält nur noch die einer tatsächlich und rechtlich näher bezeichneten Beschuldigung, deren Aufrechterhaltung seitens der zuständigen Verfolgungsbehörde zu überprüfen ist. 2

Das Verschlechterungsverbot gilt nach Einlegung des Einspruchs nicht. Die Verwaltungsbehörde ist danach nicht gehindert, den ersten Bußgeldbescheid zurückzunehmen und in einem zweiten Bescheid nachteiligere 3

Rechtsfolgen festzusetzen. Im gerichtlichen Verfahren gilt das Verschlechterungsverbot kraft besonderer Vorschriften nur, wenn das Gericht durch Beschluss entscheidet (§ 72 Abs. 3 Satz 2).

4 **Das gerichtliche Verfahren wird anhängig**, indem die StA die Akten dem Gericht zur Entscheidung über die Sache zuleitet (*BayObLG* VRS 58, 44). Hat ein anderer als der Betroffene Einspruch gegen den Bußgeldbescheid in der irrigen Vorstellung eingelegt, dieser richte sich gegen ihn, und sind die Akten daraufhin dem Amtsgericht vorgelegt worden, so ist damit das Verfahren gegen den wirklich Betroffenen nicht wirksam in das gerichtliche Bußgeldverfahren übergeleitet worden (*Düsseldorf* NStZ 2000, 42). Mängel des Bußgeldbescheides und des vorausgegangenen Verfahrens sind unbeachtlich. Allerdings muss der Bußgeldbescheid wirksam sein.

5 **Der Gegenstand des Gerichtsverfahrens** wird in sachlicher, persönlicher und rechtlicher Hinsicht durch den Bußgeldbescheid festgelegt (*BayObLG* NJW 1973, 9). Damit übernimmt der Bußgeldbescheid die Rolle, die der Strafbefehl nach Einspruch oder die Anklageschrift und der Eröffnungsbeschluss im normalen Strafverfahren einnimmt. Mit dem Einspruch wird die Entscheidung der Bußgeldbehörde zur Beschuldigung (*Frankfurt* NJW 1976, 337). Die materiellen Bestimmtheitserfordernisse an den Bußgeldbescheid, wie sie sich aus § 66 Abs. 1 ergeben, werden zu **Verfahrensvoraussetzungen.** Mängel des Bußgeldbescheides werden nur im selben Umfang zu **Verfahrenshindernissen** wie entsprechende Mängel in der Anklageschrift (KK-*Bohnert* 6). Sachliche Fehler im Bußgeldbescheid bewirken ein Verfahrenshindernis nur dann, wenn unklar bleibt, auf welche Person oder welchen konkreten Sachverhalt sich der Bußgeldbescheid bezieht und welchen Umfang die Rechtskraft eines daraufhin ergangenen Urteils haben würde (*BGH* NStZ 1985, 464; *Karlsruhe* NStZ 1986, 321 m. Anm. *Hermann; Doller* DRiZ 1981, 201).

6 Wird der Einspruch zurückgenommen, rechtskräftig verworfen (§ 70) oder bleibt der Betroffene, dessen persönliches Erscheinen angeordnet war, ohne genügende Entschuldigung aus und verwirft das Gericht den Einspruch aus diesem Grunde (§ 74 Abs. 2), so gewinnt der Bußgeldbescheid seine **ursprüngliche Rechtsqualität** zurück (KK-*Bohnert* 7).

II. Einspruchsberechtigte

Einspruchsberechtigt sind der Betroffene und die ihm gleichgestellten 7
Beteiligten (§ 87 Abs. 2; § 88 Abs. 3), nicht jedoch die **StA** und die **Verwaltungsbehörde.** Wird der Bußgeldbescheid versehentlich einer anderen Person zugestellt als dem wirklich Betroffenen, kann der Adressat nicht für den wirklich Betroffenen, sondern nur für sich Einspruch einlegen (*Karlsruhe* VRS 62, 289; vgl. auch *Düsseldorf* NStZ 2000, 42). Fehlt es an einer hinreichenden Bezeichnung des Betroffenen, so ist der Bußgeldbescheid nichtig, auch wenn die Bezeichnung der Tat, die dem Betroffenen zur Last gelegt wird, an sich die Identifizierung des Adressaten ermöglichen würde (KK-*Bohnert* 9). Kann andererseits aufgrund der Angaben zur Person und der Bezeichnung der Tat der Adressat hinreichend identifiziert werden, so ist der Bußgeldbescheid wirksam, und zwar auch, wenn er sachlich unbegründet erscheint (KK-*Bohnert* 10).

Gleichgültig ist, ob der Betroffene **geschäftsfähig** ist (§§ 104, 106, 114 8
BGB; *BGH* NStZ 1983, 280). Ausreichend ist **Verhandlungsfähigkeit** (*RRH* 2), d.h. die Fähigkeit, in oder außerhalb einer Verhandlung seine Interessen vernünftig wahrzunehmen, die Verteidigung in verständiger und verständlicher Weise zu führen, Prozesserklärungen abzugeben und entgegenzunehmen (*Hamburg* MDR 1978, 422). Deshalb ist ein Jugendlicher mit normalem Reifegrad in der Regel auch verhandlungsfähig und kann demnach auch selbständig Einspruch einlegen (*RRH* 2).

Gesetzliche Vertreter und **Erziehungsberechtigte** (§ 67 Abs. 3 JGG) 9
haben ein selbständiges Einspruchsrecht (§ 67 Abs. 2 i. V. m. § 298 Abs. 1 StPO). Wer gesetzlicher Vertreter ist, richtet sich nach BGB. Bei ehelichen Minderjährigen sind dies die Eltern gemeinsam, wobei ein Elternteil im Einverständnis des anderen handeln kann (*RRH* 2a). Bei nichtehelichen Minderjährigen ist weiterhin die Mutter allein vertretungsberechtigt.

Der **Verzicht des Jugendlichen** auf den Einspruch hat keinen Einfluss 10
auf die Befugnis des gesetzlichen Vertreters. Umgekehrt gilt dasselbe. Der **gesetzliche Vertreter** kann nur innerhalb der für den Betroffenen laufenden Frist Einspruch einlegen. Ist ihm nicht nach § 51 Abs. 2 Mitteilung gemacht worden, so kommt für ihn Wiedereinsetzung in den vorigen Stand in Frage (*Hamm* GA 1961, 183). Eine Zurücknahme oder nachträgliche Beschränkung des vom gesetzlichen Vertreter eingelegten Einspruchs ist nur mit Zustimmung des Betroffenen möglich (*RRH* 2a). Der

Einspruch des gesetzlichen Vertreters bleibt wirksam, auch wenn die gesetzliche Vertretung beendet ist.

11 **Erziehungsberechtigter** i. S. v. § 67 Abs. 3 JGG ist nicht der **Erziehungsbeistand** oder die in einer Einrichtung nach § 34 SGB VIII für die Erziehung **verantwortliche Person**, auch nicht, wer sich gegenüber dem gesetzlichen Vertreter kraft Vertrages zur Erziehung verpflichtet hat wie etwa **Pflegeeltern** oder **Internate** (*Stuttgart* Justiz 1974, 470).

12 Der **Verteidiger** kann in eigenem Namen und aus eigenem Recht für den Betroffenen Einspruch einlegen (§ 297 StPO i. V. m. Abs. 1 Satz 2), soweit sich aus der Vollmachtsurkunde nichts Gegenteiliges ergibt und dies nicht im Widerspruch zu dem ausdrücklichen Willen des Betroffenen steht (*Karlsruhe* Justiz 1992, 485). **Die Vollmacht** kann bei rechtzeitigem Einspruch auch noch nach Ablauf der Einspruchsfrist **nachgereicht werden**, sofern die Bevollmächtigung im Zeitpunkt des Einspruchs tatsächlich gegeben war (*RRH* 2b). Ist dies nicht der Fall, so ist sein Einspruch unwirksam und als unzulässig zu verwerfen (*Göhler/Seitz* 2). Andererseits ist der Einspruch eines im Bußgeldverfahren nach § 146 StPO zurückgewiesenen Verteidigers wirksam (*BGH* NJW 1987, 453). Das strafprozessuale Verbot der Mehrfachverteidigung hat im OWi-Verfahren keine Bedeutung (KK-*Bohnert* 21).

13 Bei **Vertretung eines Nebenbeteiligten** gilt dies ebenso, sofern es sich bei dem Vertreter um einen Rechtsanwalt oder eine andere Person, die als Verteidiger gewählt werden kann, handelt oder wenn dem Nebenbeteiligten eine solche Person beigeordnet wird (*Göhler/Seitz* 3).

14 Einspruchsberechtigt kraft spezialgesetzlicher Befugnis (§§ 392 Abs. 1, 410 Abs. 1 Nr. 3 AO) sind auch **Steuerberater, Steuerbevollmächtigte, Wirtschaftsprüfer** und **vereidigte Buchprüfer.** Ihre Einspruchsberechtigung beschränkt sich allerdings auf Bußgeldbescheide des Finanzamts. Ihre Sonderkompetenz reicht von der Verteidigung im Ermittlungsverfahren des Finanzamts nach §§ 399 f. AO bis zur Einlegung des Einspruchs gegen den Bußgeldbescheid (*Lohmeyer* MDR 1974, 199). Sie besteht auch im Verfahren über die Wiedereinsetzung gemäß § 69 Abs. 1 Satz 1. Im Ermittlungsverfahren der StA oder im gerichtlichen Verfahren über Steuer-OWi dürfen sie die Verteidigung nur in **Gemeinschaft mit einem Rechtsanwalt oder einem Rechtslehrer** führen (*KG* NJW 1974, 916;

KK-*Bohnert* 35). Allerdings kann das Gericht, soweit kein Fall notwendiger Verteidigung vorliegt, nach §§ 138 Abs. 2 StPO, 392 Abs. 2 AO die Alleinvertretung genehmigen (KK-*Bohnert* 35).

Der Betroffene kann im Übrigen auch **andere Personen bevollmächtigen**, in seiner Vertretung Einspruch einzulegen. Dies können Familienangehörige sein oder der Bürovorsteher in einem Anwaltsbüro. Da diese Personen nicht von vornherein den öffentlichen Glauben aufweisen können, den ein Verteidiger nach der Strafprozessordnung aufweist, reicht es in diesen Fällen nicht aus, dass eine Vollmacht erst nachgereicht wird (**a. A.** *Thiele* DAR 1981, 11). Der Bevollmächtigte kann eigenhändig, aber mit dem Namen des Vollmachtgebers unterzeichnen (*BGH* NJW 1959, 732). Erforderlich ist, dass aus dem Schriftstück die **Identität des Erklärenden** sowie die **Ernstlichkeit, den Rechtsbehelf einzulegen**, ersichtlich sind (*RGSt* 17, 256). 15

Vertreter in der Prozesserklärung **können juristische Personen sein.** Deren Vertretungsberechtigter handelt regelmäßig für die juristische Person (*Hamm* NJW 1952, 1151). Der Vertreter tritt in fremdem Namen auf. Dabei handelt es sich sowohl um die Erklärung des Willens als auch um die Bildung des Willens selbst. Entscheidend ist der Inhalt der Vollmacht und deren Reichweite. Die Einschränkung der Vertretung im Willen auf höchstpersönliche Rechtsgüter ist für den Einspruch im Bußgeldverfahren bedeutungslos. 16

Die **Vertretung** eines Rechtsanwalts oder Rechtslehrers an einer Hochschule **durch sich selbst** zum Zwecke der Einspruchseinlegung ist unzulässig, weil die Stellung des Beschuldigten in Bußgeldverfahren mit der des Verteidigers nicht zu vereinbaren ist (*BVerfG* NJW 1980, 1677). 17

III. Einlegung des Einspruchs und Verfahren

Nach Abs. 1 Satz 1 ist der Einspruch innerhalb von zwei Wochen nach Zustellung schriftlich oder zur Niederschrift bei der Verwaltungsbehörde, die den Bußgeldbescheid erlassen hat, einzulegen. Zur Fristwahrung ist erforderlich, dass der Einspruch bei der **richtigen Verwaltungsbehörde** vor Ablauf der Frist eingegangen ist. Wird der Einspruch an eine **unzuständige Stelle** gesandt, so ist er nur dann rechtzeitig eingelegt, wenn er nach **Weiterleitung** innerhalb der Einspruchsfrist bei der zutreffenden Verwaltungsbehörde eingeht, es sei denn, die Weiterleitung ist durch 18 schuldhaftes Verhalten des ersten Adressaten verzögert worden. Die Einlegung bei einer **Außenstelle der Verwaltungsbehörde** genügt (*RRH* 3a). Ist für mehrere Behörden eine **gemeinsame Postannahmestelle** oder ein **gemeinsamer Telefaxanschluss** eingerichtet, so reicht es zur Fristwahrung aus, wenn der Einspruch bei dieser Stelle rechzeitig eingeht (*BGH* NJW 1981, 1216). Der Einwurf in ein internes **Behördenpostaustauschfach** kann zur Fristwahrung ausreichen, wenn der tatsächliche Postaustausch sichergestellt ist (anders *RRH* 3a). Bei einem **Postschließfach** der Empfängerbehörde kommt es für die Fristwahrung auf den Zeitpunkt des Einsortierens, nicht auf den Eingangsstempel oder den Zeitpunkt der Abholung durch die Empfängerbehörde an (*RRH* 3a; *Göhler/Seitz* 32c). Bleibt ungeklärt, ob die Einspruchsschrift noch vor Fristablauf in das Postfach eingelegt worden ist, so gilt der **Zweifelssatz** zugunsten des Betroffenen. Dies gilt auch für sonstige nicht behebbare Zweifel an der Rechtzeitigkeit des Einspruchs (*BGH* StV 1995, 454).

19 Der Einwurf in den Briefkasten der Behörde nach Dienstschluss aber vor Ablauf des letzten Tages reicht zur Fristwahrung aus, auch wenn es sich dabei nicht um einen **Nachtbriefkasten** handelt und deshalb mit der Leerung am selben Tag nicht mehr gerechnet werden kann (*BVerfG* NJW 1991, 2076).

20 Enthält der Bußgeldbescheid hinreichende Angaben über den **richtigen Adressaten** eines Einspruchs und wird die Einspruchsschrift gleichwohl unrichtig adressiert, so trifft die Verantwortung den Betroffenen. Die Angabe des **Aktenzeichens** der Bußgeldbehörde gehört nicht zu den Formalitäten des Einspruchs gegen den Bußgeldbescheid, so dass der Einspruch auch dann rechtzeitig eingegangen ist, wenn er wegen eines fehlenden Aktenzeichens innerhalb der Frist nicht zu den Akten gelangt ist (*RRH* 3a).

21 Adressat des Einspruchs ist die Verwaltungsbehörde, die den Bußgeldbescheid erlassen hat, auch wenn sie **sachlich oder örtlich unzuständig war.** Innerhalb der Behördenhierarchie ist Adressat des Einspruchs diejenige Behördenstufe, die über das Bußgeld entschieden hat (KK-*Bohnert* 44).

22 Ist die **erlassende Verwaltungsbehörde** im Bußgeldbescheid **unbestimmt** oder **gar nicht** angegeben, ist der Bescheid nichtig, und zwar auch dann, wenn durch Rechtskenntnis oder andere Umstände die erlassende Behörde erschlossen werden kann. Die **falsche Bezeichnung der**

Fünfter Abschnitt. Einspruch und gerichtliches Verfahren § 67

Behörde setzt die Einspruchsfrist nur dann in Lauf, wenn über die entscheidende Behörde kein Zweifel besteht (KK-*Bohnert* 46). Auch der **Sitz der Behörde** muss so genau bezeichnet werden, dass reibungslose Postzustellung möglich ist. Hat eine Verwaltungsbehörde **Außenstellen** oder **Zweigstellen**, so ist die Frist auch dann gewahrt, wenn der Einspruch rechtzeitig bei diesen eingeht, selbst wenn sie bisher mit der Angelegenheit nicht befasst waren (*BayObLG* VRS 53, 433). Ist allerdings der Außenstelle oder Zweigstelle die Zuständigkeit zur Verfolgung und Ahndung übertragen worden, so ist die Frist nur dann gewahrt, wenn der Einspruch rechtzeitig bei dieser, nicht aber bei der Hauptstelle eingeht. Die Hauptstelle muss aber bei Eingang bei ihr ohne Verzögerung ggf. per Fax weiterleiten. Im Zweifel ist bei rechtzeitigem Eingang der Einspruchsschrift in der Hauptstelle der Einspruch rechtzeitig eingelegt. Für Wiedereinsetzung in den vorigen Stand besteht dann kein Grund.

Für den Betroffenen, **der sich nicht in Freiheit befindet**, gilt § 67 Satz 2 i. V. m. § 299 StPO. Sein Einspruch kann auch zu Protokoll der Geschäftsstelle des Amtsgerichts eingelegt werden, in dessen Bezirk die Anstalt liegt, wo er auf behördliche Anordnung verwahrt wird. Die schriftliche Einlegung des Einspruchs bei dem Amtsgericht des Verwahrungsortes reicht nicht aus (*Düsseldorf* Rpfleger 1983, 363). Andere Möglichkeiten der Einspruchseinlegung bleiben hiervon unberührt. **23**

Der Einspruch muss **schriftlich oder zur Niederschrift der zuständigen Verwaltungsbehörde** eingelegt werden. Schriftlich bedeutet, dass aus dem Schreiben die Person des Erklärenden erkennbar sein muss. Ist dies der Fall, so schadet die fehlende Unterschrift nicht. Die Verwendung eines Faksimiles reicht aus. Ebenso reicht das Diktatzeichen eines Rechtsanwalts i. V. m. dem Briefkopf aus (*Oldenburg* NJW 1983, 1072), während das Fehlen dieses Diktatzeichens nicht mehr genügen soll (*BayObLG* NJW 1980, 2367). Die sich hieraus zu Recht ergebenden Zweifel (KK-*Bohnert* 63) können durch entsprechende organisatorische Maßnahmen in der Anwaltskanzlei vermieden werden. Zumindest sollte durch die Paraphe des Rechtsanwalts oder eines von ihm bestellten Bevollmächtigten erkennbar sein, dass die Einspruchsschrift auch tatsächlich abgesandt werden sollte. Die Einreichung beglaubigter Abschriften einer Einspruchsschrift reicht aus, nicht jedoch die einer unbeglaubigten Fotokopie (KK-*Bohnert* 63). **24**

25 Der Schriftform genügen ferner **Telegramm, Telebrief, Telex (Fernschreiben)** und **Telefax** (vgl. *BGH* NJW 1992, 244). Der Einspruch kann auch, anders als bei Rechtsmitteln, **telefonisch** zur Niederschrift bei der zuständigen Verwaltungsbehörde eingelegt werden (*BGHSt* 29, 173). Die vom beurkundenden Beamten oder Angestellten zu unterschreibende **Niederschrift** muss die Verwaltungsbehörde, den Tag der Einlegungserklärung, die Person des Erklärenden und den Inhalt der Erklärung enthalten sowie bei Komplikationen deren Auftreten und deren Grund (*BGHSt* 29, 173, 179 f.). Mängel der Niederschrift dürfen sich im Ergebnis nicht nachteilig für den Betroffenen auswirken (KK-*Bohnert* 74). Der gebräuchlichen Form einer Übertragung der Einspruchsschrift durch Telefax haften gewisse **technische Risiken** an. Wird der Zugang zu Verwaltungsbehörde oder Gericht über ein Telefaxgerät eröffnet, müssen diese auch nach Dienstschluss für dessen Funktionsfähigkeit sorgen. Geschieht dies nicht, können die Risiken nicht auf den Bürger abgewälzt werden (*BGH* NJW 1992, 244, 245).

26 Sofern die Verwaltungsbehörde durch Angabe einer Adresse für elektronische Post **(E-Mail)** deutlich gemacht hat, dass sie auf diesem Wege nach außen kommuniziert, ist die Einlegung eines Einspruchs auch in dieser Form möglich (KK-*Bohnert* 67a; *Göhler/Seitz* 22a). Ob einem eingehenden Telefax ein Schriftstück oder nur eine Datei zugrunde liegt, ist unerheblich. Auch mittels sog. „**Computerfaxe**", bei denen ein Schriftstück als Datei versandt wird und lediglich im Faxgerät des Empfängers zum Ausdruck kommt, kann der Einspruch wirksam eingelegt werden (vgl. *GmS-OGB* NJW 2000, 2340).

27 Eine **Begründung** des Einspruchs ist nicht vorgeschrieben, jedoch vor allem im Hinblick auf die Kostenfolge und für die Fälle des § 72 zweckmäßig.

28 Die **falsche Bezeichnung des Einspruchs**, etwa als Beschwerde, schadet nicht (Abs. 1 Satz 2 i.V.m. § 300 StPO). Ggf. ist das wirklich Gewollte durch klärende Rückfragen zu ermitteln. Bestreitet der Betroffene in seiner Stellungnahme im Anhörbogen den Vorwurf, so kann u.U. auch darin ein wirksamer Einspruch zu sehen sein, wenn dem Betroffenen zu diesem Zeitpunkt bereits der Bußgeldbescheid zugestellt war (*Brandenburg* VRS 102, 58), nicht aber vor Kenntnis des Bescheides. Unzulässig ist auch ein unter einer **Bedingung eingelegter Einspruch** gegen den Bußgeldbe-

Fünfter Abschnitt. Einspruch und gerichtliches Verfahren § 67

scheid, etwa wenn der Betroffene den Einspruch davon abhängig machen will, dass keine höhere Geldbuße festgesetzt wird oder keine weiteren Kosten entstehen (*BGHSt* 25, 187). Die bloße Bezeichnung einer **rechtlichen Bedingung**, wie etwa die des wirksamen Erlasses eines Bußgeldbescheides, ist unbeachtlich und berührt die Wirksamkeit des Einspruchs nicht.

Der Einspruch muss in **deutscher Sprache** eingelegt werden (§ 46 Abs. 1 i.V.m. § 184 GVG). Allerdings ist die schriftliche fremdsprachige Einlegung des Einspruchs gültig, wenn ihm die Übersetzung eines Dolmetschers (§ 185 GVG) beigefügt ist oder wenn der Einspruch von der Verwaltungsbehörde so zügig einem Dolmetscher übergeben werden kann, dass dessen Übersetzung innerhalb der Einspruchsfrist der Verwaltungsbehörde vorliegt. Ist klar erkennbar, dass die deutsche Übersetzung nach Fristablauf noch beigebracht werden wird, so reicht die rechtzeitige fremdsprachige Einlegung des Einspruchs. 29

Hat der **Mitarbeiter** in einer Empfängerbehörde, die etwa wegen Grenznähe sehr häufig auch mit Bußgeldverfahren gegen Angehörige des Nachbarstaates befasst ist, **so hinreichende Sprachkenntnisse**, um die Einspruchsschrift selbst übersetzen zu können, so ist auch die rechtzeitig eingegangene fremdsprachige Einspruchsschrift nicht verspätet, auch wenn ihr keine Übersetzung beigefügt oder eine solche nicht nachgereicht wird. Die Nichtanerkennung der Einspruchsschrift bei dieser Lage bedeutet behördliche Rechthaberei gerade gegenüber Bürgern eines Nachbarstaates. 30

IV. Beschränkung des Einspruchs

Abs. 2 ist durch Art. 1 Nr. 10 OWiGÄndG vom 26. Januar 1998 (BGBl. I S. 145) geändert worden. Während der Einspruch bislang nur auf einzelne Taten beschränkt werden konnte, kann er nun wie der Einspruch gegen einen Strafbefehl nach § 410 Abs. 2 StPO **auf einzelne Beschwerdepunkte** beschränkt werden (*Katholnigg* NStZ 1998, 570). Damit soll das Bußgeldverfahren vereinfacht und gestrafft werden (Begründung BT-Drucks. 13/5418 S. 8). 31

Schon vor der Gesetzesänderung war eine Beschränkung auf **einzelne**, abtrennbare **Taten** und die **Kosten- und Auslagenentscheidung** möglich (*Göhler/Seitz* 34a f.). Nunmehr gilt Gleiches für die **Höhe der Geldbuße**, für **eine von mehreren Geldbußen** und **abtrennbare Handlungen** inner- 32 halb einer Tat (*Göhler/Seitz* 34e f.) Der Einspruch kann auch auf den **Rechtsfolgenausspruch** beschränkt werden (*Hamm* ZAP EN-Nr. 636/ 2002; *Rostock* VRS 101, 380), sofern der Bußgeldbescheid den Anforderungen des § 66 Abs. 1 entspricht (*KG* VRS 102, 296) und darin ausreichende tatsächliche Feststellungen getroffen sind, die eine Überprüfung des Rechtsfolgenausspruchs ermöglichen (*Hamm* MDR 2000, 881). Bei einer Geschwindigkeitsüberschreitung etwa sind mindestens Angaben über die Messmethode und einen eventuell vorgenommenen Toleranzabzug erforderlich (*Hamm* a. a. O.). Einer Beschränkung steht zumeist nicht entgegen, dass der Bußgeldbescheid keine Angaben zur Schuldform enthält. Bei Verkehrs-OWi ist dann in der Regel von fahrlässiger Begehungsweise auszugehen (*Celle* VRS 97, 258; *Rostock* VRS 101, 380).

33 Umstritten ist, ob der Einspruch auf das **Fahrverbot** beschränkt werden kann. Die Rspr. sieht eine solche **Beschränkung** wie bei der Rechtsbeschwerde als **unwirksam** an, weil Geldbuße und Fahrverbot in einer so engen Beziehung miteinander stünden, dass die Anordnung des Fahrverbots nicht unabhängig von der Geldbuße beurteilt werden könnte (*KG* VRS 102, 296; *Rostock* VRS 101, 380; *BayObLG* NStZ-RR 2000, 19). Dem ist grundsätzlich zuzustimmen (*Göhler/Seitz* 34g; **a. A.** KK-*Bohnert* 58; Voraufl. 33). Durch die tatsächliche Spruchpraxis hat sich eine so enge Wechselwirkung zwischen Fahrverbot und Höhe der Geldbuße ergeben, dass die Entscheidung über die eine Rechtsfolge in aller Regel nicht ohne Auswirkungen auf die andere bleiben kann (vgl. *BGHSt* 24, 11, 12). Lediglich in atypischen Ausnahmefällen mag auch eine solche Teilanfechtung möglich sein.

34 Ist die Beschränkung zulässig, so wird der vom Einspruch nicht betroffene Teil des Bußgeldbescheids wie bei der teilweisen Rücknahme des Einspruchs rechtskräftig und vollstreckbar. Stellt sich in dem nachfolgenden gerichtlichen Verfahren heraus, dass die rechtskräftig erledigte Tat eine Straftat darstellt, so steht der Bußgeldbescheid der Verfolgung als Straftat nicht entgegen (§ 84 Abs. 1). War die Beschränkung unzulässig, so erstreckt sich der Einspruch auf den gesamten Bußgeldbescheid, d. h. er darf nicht als unzulässig verworfen werden (*RRH* 6).

35 Die **Rücknahme des Einspruchs** ist auch dann möglich, wenn er wegen Unzulässigkeit verworfen werden müsste (*RRH* 8). Nimmt der Betroffene den Einspruch zurück, so erstreckt sich seine Erklärung auch auf den Einspruch des Verteidigers (*Göhler/Seitz* 35). Die Rücknahme ist unwiderruflich und unanfechtbar. Sie ist aber nicht wirksam bei Täuschung oder Drohung durch die Justiz- oder die Verwaltungsbehörde (*BGH* wistra 1994, 30). Die Zahlung einer Geldbuße kann nicht – wie sonst – als konkludente Rücknahme angesehen werden, wenn zusätzlich ein Fahrverbot verhängt wurde (*AG Bad Freienwalde* DAR 2001, 137).

Eine **teilweise Rücknahme** des Einspruchs ist möglich, soweit die Beschränkung des Einspruchs zulässig ist (*RRH* 8). Die nachträgliche Beschränkung des Einspruchs stellt eine Teilrücknahme des Rechtsmittels dar, für die die Bestimmung des § 302 Abs. 2 StPO gilt; ein Verteidiger bedarf daher zur Beschränkung des Einspruchs in der Hauptverhandlung einer ausdrücklichen **Ermächtigung** durch den Betroffenen (*KG* Beschl. v. 19. 2. 1999 – 2 Ss 419/98). 36

Die **Rücknahme wird mit dem Eingang bei der Behörde wirksam**, bei der das Verfahren anhängig ist, also bei der Verwaltungsbehörde, der StA oder dem Gericht. Für ihre Form gilt dasselbe wie für den Einspruch. Bestehen Zweifel an dem rechtzeitigen Eingang der Rücknahmeerklärung, so gilt auch insoweit der Zweifelssatz zugunsten des Betroffenen (KK-*Bohnert* 114; **a. A.** *RRH* 8; *Hamm* NStZ 1983, 66). 37

Zweifel über die Erklärung der Rücknahme selbst gehen zu Lasten des Rücknehmenden (*Karlsruhe* Justiz 1981, 447). Steht zwar die Erklärung fest und bleibt lediglich deren Rechtzeitigkeit im Zweifel, so ist die Rücknahme als rechtzeitig zu behandeln (KK-*Bohnert* 114), so dass in diesem Fall auch die Wirkung der Rücknahme, nämlich die Bestandskraft des Bußgeldbescheides, als eingetreten anzusehen ist (**a. A.** *Göhler* NStZ 1983, 66). 38

Ist der Einspruch wirksam zurückgenommen, so unterbleibt die Abgabe der Akten an die StA (§ 69 Abs. 3 Satz 2). Bestehen darüber Zweifel, so muss die Verwaltungsbehörde diese durch Rückfrage beim Betroffenen klären. Erklärt er die Rücknahme für wirksam, so liegt spätestens darin die wirksame Rücknahme (*Göhler/Seitz* 39). Erklärt er sie hingegen für unwirksam, so entscheidet die Verwaltungsbehörde über die Fortsetzung des Verfahrens. 39

Erfolgt die Rücknahme nach Abgabe der Akten an die StA, so entscheidet das Gericht im Verfahren nach § 70 über die Wirksamkeit. Er- 40 folgt sie hingegen gegenüber dem Gericht selbst, so entscheidet dieses im Beschlussverfahren durch Einstellung gemäß § 46 Abs. 1 i.V.m. § 206a StPO, in mündlicher Verhandlung gemäß § 260 Abs. 3 StPO durch Prozessurteil.

41 Auch nach **Übergang des Verfahrens** in ein Strafverfahren ist die Rücknahme des Einspruchs möglich. So etwa, wenn OWi und Straftat zusammentreffen und die Sache nur unter dem Gesichtspunkt der OWi verfolgt wird, oder wenn die StA davon absieht, ein Strafverfahren einzuleiten und die Verwaltungsbehörde die Sache nur unter dem Gesichtspunkt der OWi behandelt (KK-*Bohnert* 115).

42 Erhebt die StA in den Fällen des § 42 wegen der Straftat **öffentliche Klage**, so ist die Rücknahme des Einspruchs zwar möglich, führt jedoch nur dann zum Abschluss des Verfahrens und zur Bindungswirkung des Bußgeldbescheids, **wenn die StA ihrerseits die Klage zurücknimmt** (§ 46 Abs. 1 i.V.m. § 156 StPO). Keine Bedeutung hat die Rücknahme im gerichtlichen Verfahren, wenn der Betroffene sowohl in strafrechtlicher als auch in ordnungsrechtlicher Hinsicht freizusprechen ist, weil das Gesetz eine insoweit differenzierte Freisprechung nicht vorsieht (KK-*Bohnert* 115). Bleibt das Verfahren Strafverfahren, so ist die Rücknahme des Einspruchs bedeutungslos (*BGH* NJW 1980, 2364).

43 Der **ausdrückliche Verzicht auf die Einlegung des Einspruchs** ist vom Erlass des Bußgeldbescheides an bis zum Ablauf der Einspruchsfrist möglich (Abs. 1 Satz 2 i.V.m. § 302 StPO). Für die Form des Verzichts gilt dasselbe wie für den Einspruch (*BGH* NStZ 1984, 181). Der Verzicht des Betroffenen bindet den Verteidiger, während der Verteidiger für einen Verzicht die Ermächtigung des Betroffenen benötigt. Der Verzicht ist unwiderruflich, und zwar auch dann, wenn der Betroffene ihn infolge eines Irrtums über die Auswirkungen des Bußgeldbescheides ausgesprochen haben sollte (*BGH* GA 1969, 281).

44 **Auf sein Einspruchsrecht verzichtet nicht**, wer der Verwaltungsbehörde bereits vor Eintritt der Rechtskraft eines im Bußgeldbescheid angeordneten Fahrverbots seinen Führerschein aushändigt (*Köln* VRS 71, 54). Auch die Zahlung der Geldbuße allein ohne weitere Hinweise darauf, dass der Betroffene auf eine gerichtliche Überprüfung keinen Wert legt, kann nicht als Verzicht ausgelegt werden (*Rostock* VRS 101, 380; *Göhler/Seitz* 41).

Ferner ist ein wirksamer Verzicht nicht anzunehmen, wenn Zweifel bleiben, ob tatsächlich eine Verzichtserklärung vorliegt (KK-*Bohnert* 122), weil der Verzichtswille sich aus der Erklärung bestimmt und eindeutig ergeben muss (*Köln* NJW 1980, 2720).

Der Verzicht wird, wie die Rücknahme, **schriftlich oder zur Niederschrift** der Verwaltungsbehörde erklärt. Fehlt die Schriftform, so darf der Verzichtswille nicht ohne weiteres aus den sonstigen Umständen hergeleitet werden (*Köln* VRS 71, 56). Ist der Verzicht wirksam, so ist ein gleichwohl eingelegter Einspruch als unzulässig zu verwerfen (*BGH* NStZ 1984, 181). 45

Das **Kosten- und Auslagenrisiko eines Einspruchs** trägt der Betroffene, auch wenn er nur eine geringere als die festgesetzte Geldbuße erstrebt und eine solche dann vom Gericht festgesetzt wird. Der Einspruch ist kein Rechtsmittel, so dass § 473 StPO nicht anwendbar ist (*Stuttgart* NStZ 1989, 589). 46

§ 68 Zuständiges Gericht

(1) Bei einem Einspruch gegen den Bußgeldbescheid entscheidet das Amtsgericht, in dessen Bezirk die Verwaltungsbehörde ihren Sitz hat. Der Richter beim Amtsgericht entscheidet allein.

(2) Im Verfahren gegen Jugendliche und Heranwachsende ist der Jugendrichter zuständig.

(3) Sind in dem Bezirk der Verwaltungsbehörde eines Landes mehrere Amtsgerichtsbezirke oder mehrere Teile solcher Bezirke vorhanden, so kann die Landesregierung durch Rechtsverordnung die Zuständigkeit des Amtsgerichts abweichend von Absatz 1 danach bestimmen, in welchem Bezirk

1. die Ordnungswidrigkeit oder eine der Ordnungswidrigkeiten begangen worden ist (Begehungsort) oder
2. der Betroffene seinen Wohnsitz hat (Wohnort),

soweit es mit Rücksicht auf die große Zahl von Verfahren oder die weite Entfernung zwischen Begehungs- oder Wohnort und dem Sitz des nach Absatz 1 zuständigen Amtsgerichts sachdienlich erscheint, die Verfahren auf mehrere Amtsgerichte aufzuteilen; § 37 Abs. 3 gilt

§ 68 Zweiter Teil. Bußgeldverfahren

entsprechend. **Der Bezirk, von dem die Zuständigkeit des Amtsgerichts nach Satz 1 abhängt, kann die Bezirke mehrerer Amtsgerichte umfassen. Die Landesregierung kann die Ermächtigung auf die Landesjustizverwaltung übertragen.**

RiStBV Nr. 283

1 Die Vorschrift regelt die **sachliche und die örtliche Zuständigkeit des Gerichts** im Verfahren nach Einspruch (Abs. 1), die Zuständigkeit im Verfahren gegen Jugendliche und Heranwachsende (Abs. 2) sowie die Vorgehensweise bei mehrfacher Zuständigkeit (Abs. 3). Die Höhe der Geldbuße spielt keine Rolle. Abweichende Regelungen in Spezialgesetzen bleiben unberührt. Im gerichtlichen Verfahren wegen Kartell-OWi nach § 81 GWB entscheidet das OLG, in dessen Bezirk die zuständige Kartellbehörde ihren Sitz hat (§ 83 GWB). Hält der Kartellsenat des OLG im Kartellbußgeldverfahren den hinreichenden Tatverdacht einer Straftat für gegeben, so hat er den Betroffenen auf die Veränderung des rechtlichen Gesichtspunkts hinzuweisen und die Sache an ein örtlich zuständiges LG oder AG als Strafgericht zu verweisen (*BGH* NStZ 1993, 546 m. Anm. *Rieß* NStZ 1993, 513). Zeigt die Hauptverhandlung vor einem dieser Gerichte, dass die Straftat ausscheidet und nur eine Kartell-OWi vorliegt, bleibt das Strafgericht gleichwohl zur Festsetzung einer Geldbuße befugt (*Rieß* NStZ 1993, 517). Wird hingegen die Straftat bereits im Eröffnungsbeschluss nur als Kartell-OWi gewürdigt, so erlässt das Strafgericht noch den Eröffnungsbeschluss, legt die Sache aber gemäß § 225a Abs. 1 StPO dem Kartellsenat des OLG vor.

2 **Örtlich zuständig** für die Entscheidung nach Einspruch gegen den Bußgeldbescheid ist nach Abs. 1 das AG, in dessen Bezirk die Verwaltungsbehörde, die ihn erlassen hat, ihren Sitz hat, d. h. der Ort, in dem das Dienstgebäude des Behördenleiters steht und sich deshalb der organisatorische Mittelpunkt der Behörde befindet (*RRH* 2). Hat eine Verwaltungsbehörde Außen- oder Zweigstellen, so ist ihr Sitz der Ort, an dem sich ihre Hauptstelle befindet, falls nicht der Außenstelle nach § 36 die Zuständigkeit übertragen ist. Auch bei gemeinsamen Strafsachenstellen für mehrere Finanzämter ist in der Regel von rechtlich unselbständigen Verwaltungseinheiten auszugehen, so dass der Sitz des zuständigen Finanzamts Sitz der Verwaltungsbehörde ist (*RRH* 2).

Fünfter Abschnitt. Einspruch und gerichtliches Verfahren **§ 68**

Ändert sich nach Erlass des Bußgeldbescheides die Zuständigkeit der 3
Verwaltungsbehörde etwa durch Neugliederung der Verwaltungsbezirke,
so lässt dies die gerichtliche Zuständigkeit unberührt (KK-*Bohnert* 7).

Die örtliche Zuständigkeit ist durch Abs. 1 Satz 1 **abschließend geregelt**, 4
so dass die §§ 7 bis 11 StPO nicht sinngemäß anzuwenden sind. Bei mehrfacher Zuständigkeit kann das Verfahren durch das gemeinschaftliche obere Gericht einem anderen der zuständigen Gerichte übertragen werden (§ 12 Abs. 2 StPO). Mehrere zusammenhängende Bußgeldsachen, die bei verschiedenen nach § 68 zuständigen Gerichten anhängig sind, können nach § 13 Abs. 1 Satz 2 StPO bei einem dieser Gerichte verbunden werden. Bei einem Zuständigkeitsstreit gilt § 13 Abs. 2 Satz 2 StPO.

Für die örtliche Zuständigkeit des Gerichts spielt die **sachliche oder ört-** 5
liche Unzuständigkeit der Verwaltungsbehörde für den Erlass des Bußgeldbescheides keine Rolle (**a. A.** KK-*Bohnert* 16). Auch der von einer Verwaltungsbehörde in positiver Kenntnis ihrer örtlichen Zuständigkeit erlassene Bußgeldbescheid ist wirksam (**a. A.** *AG Magdeburg* NJW 2000, 374). Eine weitergehende Konzentration als nach Abs. 1 ermöglicht § 58 GVG, der gemäß § 46 Abs. 1 sinngemäß gilt, sofern dies für eine sachdienliche Förderung und schnellere Erledigung des Verfahrens zweckmäßig ist. So ist bei einer Steuer-OWi nach den §§ 391, 410 Abs. 1 Nr. 2 AO eine Konzentrationszuständigkeit gegeben (*BGH* MDR 1983, 1041): zuständig ist das AG, in dessen Bezirk das LG seinen Sitz hat, in dessen Bezirk die Verwaltungsbehörde liegt. Demgegenüber gelten die Konzentrationsvorschriften des § 13 Abs. 1 WiStG, des § 38 Abs. 1 AWG und des § 38 Abs. 1 MOG nur für Strafsachen, nicht aber für Bußgeldsachen (*Göhler/Seitz* 5).

Das Gericht prüft bei Vorlage der Akten durch die StA seine eigene ört- 6
liche Zuständigkeit **selbständig**, und zwar bis zur Bestimmung des Termins zur Hauptverhandlung (§ 16 Satz 1 StPO). Der Betroffene kann den Einwand der Unzuständigkeit nur bis zum Beginn der Vernehmung zur Sache in der ersten Hauptverhandlung geltend machen (*Düsseldorf* VRS 71, 366).

Die **sachliche Zuständigkeit** liegt nach Abs. 1 Satz 2 beim AG; der 7
Amtsrichter entscheidet als Einzelrichter. Auch insoweit ist die Höhe der verhängten oder der erwarteten Geldbuße unerheblich. Eine abweichende

sachliche Zuständigkeitsregelung kann durch Spezialgesetz getroffen werden (z. B. Kartellsenat beim OLG gem. § 83 GWB).

8 Abs. 2 stellt klar, dass im Verfahren gegen Jugendliche und Heranwachsende der **Jugendrichter** sachlich zuständig ist. Daraus folgt, dass wegen der Akzessorietät der StA zum Gericht der **Jugend-StA** auch für das Vorlageverfahren zuständig ist (KK-*Bohnert* 28). Die besonderen Gerichtsstände des § 42 JGG werden durch § 68 nicht verdrängt (Begründung BT-Drucks. V/1269 S. 93). Diese Regelung wird zu Recht (KK-*Bohnert* 29) als unglücklich angesehen, weil sie zu einer erheblichen Anzahl weiterer Zuständigkeiten führt. Eine allgemeine Präferenz des Konzentrationsgedankens in § 68 Abs. 1 Satz 1 vor den Gerichtsständen des § 42 JGG besteht nicht (**a. A.** *Hamm* JMBlNW 1974, 119: Vorrang des § 68 vor § 42 JGG bei Verkehrs-OWi). Diese Vermehrung der Gerichtsstände gilt für Jugendliche wie für Heranwachsende gleichermaßen (KK-*Bohnert* 34). Hier besteht klärender legislatorischer Handlungsbedarf.

9 Im Ergebnis hat die Verwaltungsbehörde somit nach Einspruch gegen den Bußgeldbescheid die Sache statt an die zuständige StA nach § 68 an die StA bei dem Gericht abzugeben, dem die **vormundschaftsrichterlichen Erziehungsaufgaben** obliegen (§ 42 Abs. 1 Nr. 1 JGG) oder in dessen Bezirk sich der Betroffene im Zeitpunkt der nach § 69 Abs. 4 vorgeschriebenen Vorlage der Sache an das Amtsgericht aufhält (§ 42 Abs. 1 Nr. 2 JGG). Allerdings kann die Verwaltungsbehörde durch die Übersendung der Akten die StA nicht binden (*RRH* 6).

10 Nach Abs. 3 besteht die Möglichkeit, die **Zuständigkeitskonzentration zu dezentralisieren.** Ratio legis war die Absicht, den Schwierigkeiten aus dem Wege zu gehen, die für das gerichtliche Verfahren entstehen können, falls Länder für bestimmte Sachgebiete zentrale Bußgeldbehörden einrichten. Ohne die Ermächtigung in Abs. 3 wäre bei der Einrichtung einer solchen zentralen Behörde gemäß Abs. 1 ein Gericht für den gesamten Bezirk der Behörde zuständig. Dies würde nicht nur auf organisatorische Probleme stoßen, sondern wäre auch für den Betroffenen, der weit weg vom Gerichtsort wohnt, nachteilig. Außerdem müsste das Gericht vielfach ohne die für die Beurteilung des Sachverhalts notwendige Ortskenntnis entscheiden (*RRH* 8).

Die Dezentralisierungsbefugnis gilt nicht bei sachlicher Zuständigkeit von **Bundesbehörden.** Hierfür können die Landesregierungen durch Rechtsverordnung gemäß § 46 Abs. 1 i.V.m. § 58 Abs. 1 GVG mittlere Zuständigkeiten schaffen, sofern das zuständige Bundesministerium die Zuständigkeit nach § 36 Abs. 3 den entsprechenden unteren Stellen übertragen hat (KK-*Bohnert* 35). **11**

Die Dekonzentration nach Abs. 3 ist zulässig, wenn der **Bezirk der zuständigen Verwaltungsbehörde eines Landes** das ganze Gebiet des Landes oder große Teile davon oder einzelne AG-Bezirke oder mehrere Teile solcher Bezirke umfasst. Allerdings ist eine Dekonzentration, die ganz allgemein die Zuständigkeit desjenigen AG vorsieht, in dessen Bezirk die OWi begangen worden ist oder desjenigen, in der der Betroffene seinen Wohnsitz oder seinen gewöhnlichen Aufenthalt hat, durch Abs. 3 nicht gedeckt. Eine so konstruierte Dekonzentration unterläuft die Regelung des Abs. 1. Eine Dekonzentration nach Abs. 3 Satz 1 ist auch nicht zulässig, wenn eine Bundesbehörde die zuständige Verwaltungsbehörde ist und sie im Bundesgebiet nur einen Sitz hat. Anderenfalls würde der Verordnungsgeber in die Gerichtsorganisation anderer Länder eingreifen. In diesem Fall ist für das ganze Bundesgebiet dasjenige AG örtlich zuständig, in dessen Bezirk der Sitz der Verwaltungsbehörde liegt, wie etwa das AG Köln bei Bußgeldbescheiden des Bundesamtes für Güterverkehr (*Göhler/Seitz* 12). **12**

Die Dekonzentration kann nur durch Rechtsverordnung geändert werden, weil dies einen Eingriff in die Gerichtsbezirke bedeutet und der gesetzliche Richter abweichend bestimmt wird (*RRH* 9). Die Zuständigkeit des AG kann abweichend danach bestimmt werden, in welchem Bezirk die OWi oder eine von mehreren OWi begangen worden ist (Begehungsort – Abs. 3 Satz 1 Nr. 1) oder der Betroffene seinen Wohnsitz hat (Wohnort – Abs. 3 Satz 1 Nr. 2). Demnach kann das nach Abs. 3 bestimmte AG auch außerhalb des Bezirks der Verwaltungsbehörde liegen. Voraussetzung ist, dass eine solche Regelung mit Rücksicht auf die große Zahl von Verfahren oder die weite Entfernung zwischen Begehungs- oder Wohnort und dem Sitz des nach Abs. 1 zuständigen AG sachdienlich erscheint. **13**

Fehlt es an diesen Voraussetzungen, so ist eine von Abs. 1 abweichende Zuständigkeitsregelung nicht sachdienlich und deshalb unzulässig (*RRH* **14**

9). Allerdings reicht das Vorliegen einer von beiden Voraussetzungen aus. Auch die Bestimmung nach Begehungsort und Wohnort ist möglich. In diesem Fall besteht eine mehrfache gerichtliche Zuständigkeit, so dass es darauf ankommt, welchem AG die StA die Sache nach § 69 Abs. 2 Satz 2 zur Entscheidung vorlegt (KK-*Bohnert* 41).

15 Jedenfalls muss der Wohnort oder Begehungsort **innerhalb des Bundeslandes** liegen, weil nur für diesen Fall eine nach Abs. 3 Satz 1 getroffene Bestimmung gelten kann. Sonst würde der Verordnungsgeber wiederum in die Gerichtsorganisation eines anderen Landes eingreifen. Liegt der Wohnort des Betroffenen außerhalb des Landes, so ist hilfsweise der Bezirk nach dem Begehungsort zu bestimmen oder umgekehrt. Fehlt eine solche Bestimmung, so gilt Abs. 1 Satz 1, und zwar auch dann, wenn sich die Zuständigkeit des AG nach der VO nicht bestimmen lässt.

16 Ist ein Verfahren wegen **mehrerer OWi** gegeben, über die in einem einzigen Bußgeldbescheid entschieden ist, so kann bei einer nach Abs. 3 bestehenden Regelung auch eine **mehrfache örtliche Zuständigkeit** der AGe gegeben sein, etwa wenn die OWi in mehreren Bezirken begangen sind oder mehrere Betroffene in verschiedenen Bezirken wohnen. In diesen Fällen kann die StA einem von ihnen die Sache zur Entscheidung vorlegen. Dieses AG darf sich nicht für unzuständig erklären (*RRH* 9). Eine Trennung der durch einen Bußgeldbescheid verbundenen Sachen im gerichtlichen Verfahren erscheint unzweckmäßig, ist aber rechtlich möglich.

17 Wird von der Ermächtigung nach Abs. 3 Gebrauch gemacht, so **verdrängt die neue Zuständigkeit diejenige nach Abs. 1 Satz 1**. Eine kumulative Zuständigkeit des Gerichts am Sitz der Verwaltungsbehörde sowie des AG am Begehungs- oder Wohnort besteht nicht. Die dezentrale Zuständigkeitsbestimmung aufgrund einer VO nach Abs. 3 gilt nicht nur für das Einspruchsverfahren, sondern für alle gerichtlichen Entscheidungen im Bußgeldverfahren, für welche auf die Zuständigkeit nach § 68 verwiesen wird, also auch in den Fällen der §§ 62 Abs. 2 Satz 1, 104 Abs. 1 Nr. 1, 108 Abs. 1, 108a Abs. 2, Abs. 3 Satz 2, 110 Abs. 2 (*BGH* NStZ 2002, 586; NStZ 2002, 153). Die Abwägung, ob eine Dekonzentration vorgenommen werden soll, steht unter dem verfassungsrechtlichen Vorbehalt des Art. 19 Abs. 4 GG (*Bohnert* GA 1987, 193). Das Recht auf tatsächlich wirksame gerichtliche Kontrolle von Verwaltungsentschei-

dungen darf nicht durch unzumutbare, aus Sachgründen nicht zu rechtfertigende Einschränkungen verkürzt werden (*BVerfG* NJW 1977, 1233).

Die Dekonzentrationsbefugnis gilt im **Verfahren gegen Jugendliche und** **18** **Heranwachsende** ebenfalls, jedoch mit der Maßgabe, dass nur die Zuständigkeit des AG nach Abs. 1 Satz 1 verändert werden kann. Die weiteren sich aus § 42 JGG ergebenden Zuständigkeiten des AG werden durch die Dekonzentration nicht erfasst und stehen mit dieser in Konkurrenz (KK-*Bohnert* 42). Besteht nach Abs. 3 i.V.m. einer hier zu erlassenden Rechtsverordnung eine wahlweise Zuständigkeit des AG oder kommt eine solche nach § 42 JGG in Betracht, so entscheidet der StA, dem die Verwaltungsbehörde die Akten vorgelegt hat, nach pflichtgemäßem Ermessen, ob er die Sache an die für ein anderes AG zuständige StA weiterleiten soll (RiStBV Nr. 283).

War die Verwaltungsbehörde sachlich oder örtlich nicht zuständig, so **19** kann dies auch dann nicht gerügt werden, wenn sich dies auf die gerichtliche Zuständigkeit auswirken würde **(a. A.** KK-*Bohnert* 43). Verstößt das Gericht gegen Abs. 1 Satz 1, indem es seine Zuständigkeit annimmt, obwohl die Verwaltungsbehörde im Gerichtsbezirk ihren Sitz nicht hat und obwohl keine andere Zuständigkeit gegeben ist, so kann dieser Fehler durch Rechtsbeschwerde gerügt werden, falls die Voraussetzungen des § 80 gegeben sind. Bei besonders gravierenden Verstößen gegen Zuständigkeits- und Verfahrensbestimmungen kann ein Urteil ausnahmsweise auch nichtig sein (vgl. *Köln* VRS 103, 440; NStZ-RR 2002, 341). Verstöße gegen die sachliche Zuständigkeit des Einzelrichters (Abs. 1 Satz 2) können gerügt werden. Entscheidet entgegen Abs. 2 statt des Jugendrichters der nach Erwachsenenrecht zuständige Richter, so ist dieser Rechtsfehler mit der Rechtsbeschwerde angreifbar (KK-*Bohnert* 48).

§ 69 Zwischenverfahren

(1) Ist der Einspruch nicht rechtzeitig, nicht in der vorgeschriebenen Form oder sonst nicht wirksam eingelegt, so verwirft ihn die Verwaltungsbehörde als unzulässig. Gegen den Bescheid ist innerhalb von zwei Wochen nach Zustellung der Antrag auf gerichtliche Entscheidung nach § 62 zulässig.

(2) Ist der Einspruch zulässig, so prüft die Verwaltungsbehörde, ob sie den Bußgeldbescheid aufrechterhält oder zurücknimmt. Zu diesem Zweck kann sie

1. weitere Ermittlungen anordnen oder selbst vornehmen,
2. von Behörden und sonstigen Stellen die Abgabe von Erklärungen über dienstliche Wahrnehmungen, Untersuchungen und Erkenntnisse (§ 77a Abs. 2) verlangen.

Die Verwaltungsbehörde kann auch dem Betroffenen Gelegenheit geben, sich innerhalb einer zu bestimmenden Frist dazu zu äußern, ob und welche Tatsachen und Beweismittel er im weiteren Verfahren zu seiner Entlastung vorbringen will; dabei ist er darauf hinzuweisen, dass es ihm nach dem Gesetz freistehe, sich zu der Beschuldigung zu äußern oder nicht zur Sache auszusagen.

(3) Die Verwaltungsbehörde übersendet die Akten über die Staatsanwaltschaft an das Gericht, wenn sie den Bußgeldbescheid nicht zurücknimmt und nicht nach Absatz 1 Satz 1 verfährt; sie vermerkt die Gründe dazu in den Akten, soweit dies nach der Sachlage angezeigt ist. Die Entscheidung über einem Antrag auf Akteneinsicht und deren Gewährung (§ 49 Abs. 1 dieses Gesetzes, § 147 der Strafprozeßordnung) erfolgen vor Übersendung der Akten.

(4) Mit dem Eingang der Akten bei der Staatsanwaltschaft gehen die Aufgaben der Verfolgungsbehörde auf sie über. Die Staatsanwaltschaft legt die Akten dem Richter beim Amtsgericht vor, wenn sie weder das Verfahren einstellt noch weitere Ermittlungen durchführt.

(5) Bei offensichtlich ungenügender Aufklärung des Sachverhalts kann der Richter beim Amtsgericht die Sache unter Angabe der Gründe mit Zustimmung der Staatsanwaltschaft an die Verwaltungsbehörde zurückverweisen; diese wird mit dem Eingang der Akten wieder für die Verfolgung und Ahndung zuständig. Verneint der

Richter beim Amtsgericht bei erneuter Übersendung den hinreichenden Tatverdacht einer Ordnungswidrigkeit, so kann er die Sache durch Beschluss endgültig an die Verwaltungsbehörde zurückgeben. Der Beschluss ist unanfechtbar.

RiStBV Nrn. 281, 282, 284

Übersicht

	Rn		Rn
I. Allgemeines	1–3	III. Verfahren bei Staatsanwaltschaft und Gericht	19–35
II. Verfahren bei der Verwaltungsbehörde	4–18		

I. Allgemeines

Die Vorschrift regelt den **Abschluss des Verfahrens bei der Verwaltungsbehörde** und das **Zwischenverfahren nach Einspruch.** Zweck der Regelung ist es zu vermeiden, dass die StA und das Gericht mit Sachen befasst werden, in denen unzweifelhaft feststeht, dass es zu keiner Sachentscheidung kommen wird, wie etwa bei einem unzulässigen Einspruch, oder in denen der Sachverhalt noch nicht für eine gerichtliche Entscheidung hinreichend aufgeklärt ist. Dementsprechend trifft die Verwaltungsbehörde die Pflicht, bei einem Einspruch im Wege einer Selbstkontrolle der Verwaltung näher zu prüfen, ob die vorhandenen Beweismittel für das gerichtliche Verfahren zur Feststellung der Beschuldigung, die mit dem Einspruch in Abrede gestellt ist, voraussichtlich ausreichen wird (*Göhler/Seitz* 1). 1

Der von der **Verwaltungsbehörde entgegengenommene Einspruch** wird von ihr selbständig geprüft. Kommt sie zu dem Ergebnis seiner Unzulässigkeit, so entscheidet sie nach Abs. 1. Hiergegen ist die gerichtliche Entscheidung nach § 62 zulässig. Kommt die Verwaltungsbehörde zum Ergebnis der Wirksamkeit des Einspruchs, so kann sie die Sachprüfung erneut aufnehmen und den Bußgeldbescheid entweder zurücknehmen oder die Sache über die StA an das Gericht weitergeben. Die StA wird mit dem Eingang der Akten Verfolgungsbehörde. Damit entscheidet die Verwaltungsbehörde nach Abs. 1 Satz 1 selbst über die Unzulässigkeit des Einspruchs, während Abs. 2 Satz 1 bestimmt, dass ihr bei zulässigem Ein- 2 spruch eine Prüfungspflicht obliegt, ob sie den Bußgeldbescheid aufrechterhält oder zurücknimmt. Zu diesem Zweck kann sie weitere Ermittlungen vornehmen und behördliche Beweismittel herbeischaffen (Abs. 2 Satz 2).

3 **Verwirft die Verwaltungsbehörde den Einspruch nicht** und nimmt sie den Bußgeldbescheid auch nicht zurück, so übersendet sie nach Abs. 3 die Akten über die StA an das Gericht. Zuvor entspricht sie einem Antrag auf Akteneinsicht, und zwar nach der Neuformulierung des Abs. 3 Satz 2 durch das OWiGÄndG vom 26. Juli 2002 (BGBl. I S. 2864) sowohl einem Antrag des Betroffenen wie einem solchen seines Verteidigers. Abs. 4 Satz 1 lässt die Aufgaben der Verfolgungsbehörde mit dem Eingang der Akten bei der StA auf diese übergehen. Wenn sie das Verfahren nicht einstellt oder weitere Ermittlungen nicht für erforderlich hält, gibt sie die Akten an das AG weiter. Bei offensichtlich ungenügender Aufklärung des Sachverhalts hat das AG die Möglichkeit, die Sache unter Angabe der Gründe an die Verwaltungsbehörde zurückzugeben (Abs. 5 Satz 1). Hierzu ist die Zustimmung der StA erforderlich. Das AG kann die ihm erneut übersandte Sache schließlich endgültig der Verwaltungsbehörde zurückgeben (Abs. 5 Satz 2).

II. Verfahren bei der Verwaltungsbehörde

4 **Ist der Einspruch nicht rechtzeitig, nicht in der vorgeschriebenen Form oder sonst nicht wirksam eingelegt**, so verwirft ihn die Verwaltungsbehörde als unzulässig (Abs. 1 Satz 1). Dies ist der Fall, wenn Vorschriften über die Einlegung des Einspruchs nicht beachtet worden sind, und zwar nicht nur dann, wenn der Einspruch nicht in der richtigen Frist oder Form eingelegt worden ist, sondern auch dann, wenn er etwa von einer nicht einspruchsberechtigten Person eingelegt wurde (*RRH* 4). Gleiches gilt, wenn auf den Einspruch wirksam verzichtet worden ist, wenn ein Bevollmächtigter die Anspruchsschrift unterschrieben, die Bevollmächtigung aber nicht nachgewiesen hat, oder wenn der Einspruch von einem Verteidiger eingelegt wird, der zuvor wegen eines Verstoßes gegen § 137 Abs. 1 Satz 2, § 146 StPO zurückgewiesen worden war. Durch die Einlegung eines etwa mangels Bevollmächtigung unwirksamen Einspruchs wird der Eintritt der Rechtskraft des Bußgeldbescheids nicht gehemmt, was einer Rücknahme und dem Erlass eines neuen Bescheides in dieser Sache entgegensteht. Wird das Verfahren gleich irrtümlich auf-

Fünfter Abschnitt. Einspruch und gerichtliches Verfahren **§ 69**

grund eines neu erlassenen Bescheides fortgesetzt, ist es unter Aufhebung etwa ergangener gerichtlichen Entscheidungen einzustellen (*Karlsruhe* NStZ-RR 2002, 80).

Ist der Einspruch aus diesen Gründen nicht wirksam eingelegt, so **ver-** 5
wirft ihn die Verwaltungsbehörde durch Bescheid **als unzulässig**, der zu begründen (§ 34 StPO) und förmlich zuzustellen ist (§ 50 Abs. 1). Er ist außerdem mit einer **Rechtsbehelfsbelehrung** nach Abs. 1 Satz 2 zu versehen (§ 50 Abs. 2). Dabei ist auch auf die Möglichkeit der Wiedereinsetzung in den vorigen Stand hinzuweisen. Ist bei einem verspäteten Einspruch wegen der Fristversäumung zugleich die Wiedereinsetzung beantragt worden, so ist, wenn die Fristversäumung festgestellt wird, zunächst vorrangig über diesen Antrag zu entscheiden, da sich im Falle der Gewährung der Wiedereinsetzung die Verwerfung des Einspruchs erübrigen würde (*Hamm* bei *Göhler* NStZ 1984, 64). Dies gilt auch, wenn eine Wiedereinsetzung von Amts wegen in Betracht kommt (*Göhler/Seitz* 6). Kann nicht sicher festgestellt werden, ob der Einspruch rechtzeitig eingelegt wurde, so gilt der Zweifelssatz zugunsten des Betroffenen (vgl. *BGH* StV 1995, 454; *RRH* 8).

Eine **Kostenentscheidung** ist in dem den Einspruch als unzulässig ver- 6
werfenden Bescheid entbehrlich, weil eine Gebühr nicht entsteht. Die Auslagen der Verwaltungsbehörde trägt der Betroffene bereits aufgrund der Kostenentscheidung des rechtskräftig gewordenen Bußgeldbescheides. In Betracht kämen auch nur Auslagen nach § 107 Abs. 3, wie etwa für die Zustellung des Verwerfungsbescheides.

Der Verwerfungsbescheid der Verwaltungsbehörde kann mit dem **befris-** 7
teten Antrag auf gerichtliche Entscheidung nach § 62 angefochten werden (Abs. 1 Satz 2). Wird der Antrag auf gerichtliche Entscheidung gestellt, so prüft die Verwaltungsbehörde zunächst, ob sie abhilft, d. h. ihren Verwerfungsbescheid aufhebt. Dies tut sie insbesondere dann, wenn sie wegen der Versäumung der Einspruchsfrist Wiedereinsetzung in den vorigen Stand gewährt hat oder wenn sie erkennt, dass der Verwerfungsbescheid einer gerichtlichen Überprüfung nicht standhalten würde, um eine unnötige Befassung des Gerichts zu vermeiden.

Die **gerichtliche Entscheidung** trifft das nach § 68 zuständige Gericht, 8
auch wenn der Antrag nicht innerhalb der vorgeschriebenen Frist einge-

gangen ist (§ 62 Abs. 2 Satz 1). Die StA ist an dem Verfahren nicht beteiligt. Der Antrag hat aufschiebende Wirkung. Der Bußgeldbescheid wird erst nach Rechtskraft vollstreckbar. Die Entscheidung des Gerichts ist unanfechtbar (§ 62 Abs. 2 Satz 3) und im Falle der Verwerfung unabänderlich, weil der Bußgeldbescheid damit in formeller Rechtskraft erwächst, was jeder weiteren gerichtlichen Entscheidung entgegensteht (*Frankfurt* NStZ-RR 1998, 284). Hebt es den Verwerfungsbescheid der Verwaltungsbehörde auf, so entscheidet es gleichwohl nicht über den Einspruch selbst, sondern gibt die Akten an die Verwaltungsbehörde zur Durchführung des Verfahrens nach Abs. 2 und 3 zurück. Das Gericht entscheidet, wenn es im Rechtsbehelfsverfahren über einen Antrag nach Abs. 1 Satz 2 zu entscheiden hat, nicht zugleich über einen von der Verwaltungsbehörde übersehenen Wiedereinsetzungsantrag. Es leitet vielmehr diesen Antrag der Verwaltungsbehörde zur Entscheidung über die Wiedereinsetzung zu. Gewährt das insoweit unzuständige Gericht die Wiedereinsetzung in den vorigen Stand gleichwohl, so ist dies für das weitere Verfahren bindend, also auch für die Verwaltungsbehörde (*Göhler/Seitz* 9).

9 Werden die Akten nach Einspruch gegen den Bußgeldbescheid der StA übersandt und stellt sie fest, dass der **Einspruch nicht wirksam eingelegt** ist, so legt sie die Akten der Verwaltungsbehörde zur Entscheidung über die Zulässigkeit des Einspruchs wieder vor. Dies gilt auch, wenn der Betroffene wegen Versäumung der Einspruchsfrist die **Wiedereinsetzung in den vorigen Stand** beantragt und die Verwaltungsbehörde hierüber noch nicht entschieden hat (RiStBV Nr. 281).

10 **Ist der Einspruch zulässig,** so prüft die Verwaltungsbehörde, ob sie den Bußgeldbescheid aufrechterhält oder zurücknimmt (Abs. 2). Sie muss prüfen, ob nach Aktenlage, ggf. in Verbindung mit dem Vorbringen des Betroffenen, die vorhandenen Beweismittel ausreichen, um im gerichtlichen Verfahren den Nachweis für die Beschuldigung führen zu können (*RRH* 12). Diese sachliche Nachprüfung ist nicht in das Ermessen der Verwaltungsbehörde gestellt; sie ist dazu verpflichtet.

11 Um ihrer Prüfungspflicht entsprechen zu können, ist die Verwaltungsbehörde berechtigt, **weitere Ermittlungen anzuordnen oder selbst vorzunehmen und behördliche Erklärungen** einzuholen (Abs. 2 Satz 2). In Betracht kommt insbesondere die Vernehmung von Zeugen, die Beauftra-

Fünfter Abschnitt. Einspruch und gerichtliches Verfahren § 69

gung eines Sachverständigen, die Beiziehung von Lichtbildern, die Einholung einer Äußerung des Betroffenen und die Einholung von Behördenerklärungen. Welche Ermittlungen sie durchführt, steht im Ermessen der Verwaltungsbehörde. Werden aber in einer Einspruchsschrift weitere erhebliche Beweismittel angegeben, so müssen sie erhoben werden, soweit dies nicht unverhältnismäßig ist oder Verjährungseintritt droht (*RRH* 13; *Düsseldorf* NStZ 1983, 323).

Die **Anordnung weiterer Ermittlungen** nach Abs. 2 Satz 2 Nr. 1 kann **12** schriftlich, mündlich oder fernmündlich erfolgen. Sie soll für das Gericht nachvollziehbar sein. Ihr Ergebnis muss aus den Akten ersichtlich sein. Die Verwaltungsbehörde kann die Ermittlungshandlungen ggf. auch selbst vornehmen. Sie kann aber auch andere Behörden um Amtshilfe ersuchen oder die Polizei beauftragen, die verpflichtet ist, dem Ersuchen zu entsprechen (§ 46 Abs. 2 i. V. m. § 161 Satz 2 StPO). Stehen ihr allerdings eigene Ermittlungsbeamte zur Verfügung, so hat sie in erster Linie diese zu beauftragen. Zeugen können um schriftliche Äußerungen gebeten werden (§ 77a Abs. 1).

Nach Abs. 2 Satz 2 Nr. 2 können weitere Ermittlungen auch durch **Einho- 13 lung von Erklärungen von Behörden und sonstigen Stellen** über dienstliche Wahrnehmungen, Untersuchungen und Erkenntnisse (§ 77a Abs. 2) erfolgen. Sonstige Stellen in diesem Sinne sind diejenigen, die Aufgaben der öffentlichen Verwaltung wahrnehmen, auch wenn es sich dabei nicht um Behörden im organisatorischen Sinn handelt, wie etwa Außenstellen. Erforderlich ist dabei, dass die Erklärungen von einer nach der inneren Behördenorganisation zuständigen Person für die Behörde oder Stelle nach außen abgegeben werden. Hierzu gehören vor allem Erklärungen von Verwaltungsbehörden oder Polizeidienststellen über eingerichtete Kontrollstellen zur Feststellung von Geschwindigkeitsüberschreitungen oder der Nichtbeachtung des Rotlichts, über das Messverfahren, die Ausschaltung von Fehlerquellen und den Standort, von dem aus der Amtsträger seine Beobachtungen gemacht hat usw. (*RRH* 15).

Die Verwaltungsbehörde kann nach Abs. 2 Satz 3 ferner dem **Betroffenen 14** Gelegenheit geben, sich innerhalb einer von ihr zu bestimmenden Frist **dazu zu äußern, ob und welche Tatsachen und Beweismittel** er im weiteren Verfahren zu seiner Entlastung vorbringen will. Er ist dabei darauf hinzuweisen, dass es ihm nach dem Gesetz frei stehe, sich zu der Beschul-

517

digung zu äußern oder nicht zur Sache auszusagen. Von dieser Möglichkeit ist nicht nur Gebrauch zu machen, wenn der Betroffene ohne nähere Begründung Einspruch eingelegt hat, sondern auch dann, wenn er bereits erklärt hat, dass er keine Angaben machen will. In diesem Falle ist das **rechtliche Gehör** die Voraussetzung für die Ablehnung von Beweisanträgen nach § 77 Abs. 2 Nr. 2 sowie für die Kostenentscheidung nach § 109a. Eine **Belehrung** über diese **Präklusionsmöglichkeiten** erscheint zweckmäßig (*RRH* 16).

15 Die Gelegenheit zur Äußerung kann dem Betroffenen **formularmäßig nach Eingang des Einspruchs** eingeräumt werden. Zulässig ist auch, ihm rechtliches Gehör zugleich mit dem Bußgeldbescheid innerhalb der Einspruchsfrist zu geben (BT- Drucks. 10/2652 S. 17), so dass sich eine nochmalige Aufforderung erübrigt. Die eingeräumte Frist soll dem Umfang und der Bedeutung der Sache entsprechen. Sie kann auf Antrag verlängert werden.

16 **Entkräftet das Vorbringen des Betroffenen** in der Einspruchsschrift oder die nähere Aufklärung des Sachverhalts die Beschuldigung oder erscheint eine **Ahndung danach nicht mehr geboten**, so nimmt die Verwaltungsbehörde den Bußgeldbescheid zurück und stellt das Verfahren ein. Ggf. kann die Verwaltungsbehörde auch den Bußgeldbescheid zurücknehmen und einen neuen, mit u. U. veränderten Rechtsfolgen erlassen. Die Rücknahme ist nur wirksam, wenn sie schriftlich erfolgt (*Stuttgart* OLGSt 3; offen gelassen *Saarbrücken* NJW 1992, 3183). Sie ist nicht zu begründen, wohl aber der Erlass eines neuen Bußgeldbescheides (**a. A.** *Göhler/Seitz* 22). Eine teilweise Rücknahme des Bußgeldbescheides sieht das Gesetz nicht vor. Sie ist unzulässig (*RRH* 17). Dies gilt auch für die nachträgliche Ergänzung oder Änderung des Bußgeldbescheides. Seine bloße Berichtigung ist hingegen erlaubt (*Göhler/Seitz* 24).

17 In einem **neuen Bußgeldbescheid** darf die Geldbuße auch erhöht werden. Das Verschlechterungsverbot gilt für die Verwaltungsbehörde nicht (*RRH* 17).

18 Nach **Rechtskraft des Bußgeldbescheides** ist seine Rücknahme ausgeschlossen. Ist er jedoch nichtig, so darf er auch dann noch förmlich zurückgenommen werden, um Klarheit zu schaffen (KK-*Bohnert* 26).

III. Verfahren bei Staatsanwaltschaft und Gericht

Das Verfahren bei StA und AG (Abs. 3 bis 5) ist durch Art. 1 Nr. 11 OWiGÄndG vom 26. Januar 1998 (BGBl. I S. 156) neu geregelt worden. **19**

Während die frühere Regelung den Zweck hatte, die Verwaltungsbehörde zu veranlassen, sich mit Einsprüchen auseinander zu setzen, bei denen es geboten erschien, und so **Gerichte und Betroffene von vermeidbaren Hauptverhandlungen zu entlasten** (*Katholnigg* NJW 1998, 570), sieht die Neuregelung nunmehr den Übergang der Befugnis zur Rückgabe der Sache auf den Richter beim AG vor, wobei die Stellung der StA als Verfolgungsbehörde und ihre Befugnis zu ergänzenden Ermittlungen erhalten bleibt. **20**

Voraussetzung für die Übersendung der Akten durch die Verwaltungsbehörde an das Gericht ist ein **zulässiger Einspruch**, der aber nicht zur Zurücknahme des Bußgeldbescheides geführt hat. Die Verwaltungsbehörde fertigt einen Aktenvermerk darüber, warum sie dem für zulässig erachteten Einspruch nicht gefolgt ist, allerdings nur, **soweit dies nach der Sachlage angezeigt erscheint** (Abs. 3 Satz 1 Halbsatz 2). Dies ist nicht der Fall, wenn sich der Betroffene nicht zur Sache eingelassen hat, obwohl er nach Abs. 2 Satz 3 ausdrücklich Gelegenheit dazu erhalten hatte oder wenn die in der Akte befindlichen Beweismittel hinreichend beweiskräftig erscheinen (*Göhler/Seitz* 36). **21**

Bringt der Betroffene hingegen **entlastende Argumente** vor, so muss der Aktenvermerk die Gründe, warum die Verwaltungsbehörde dem gleichwohl nicht gefolgt ist, benennen. Unterbleibt der Aktenvermerk bei einer derartigen Situation, so kann Rückgabe der Sache durch den RiAG nach Abs. 5 Satz 1 erfolgen. **22**

Die Verwaltungsbehörde nimmt bei der Übersendung der Akten an das Gericht ferner Stellung, sofern es auf ihre **besondere Sachkunde** ankommt sowie zu der Frage, ob sie im weiteren Verfahren beteiligt werden will (*Göhler/Seitz* 37). Vor der Übersendung der Akten über die StA an das Gericht entspricht sie einem **Akteneinsichtsgesuch des Verteidigers** nach § 147 Abs. 1 StPO oder des Betroffenen nach § 49, um so beiden Gelegenheit zur Rücknahme des Einspruchs oder zur Vorbereitung von Beweisanträgen usw. zu geben. **23**

§ 69   Zweiter Teil. Bußgeldverfahren

24   Nach Abs. 4 Satz 1 gehen die **Aufgaben der Verfolgungsbehörde** mit dem Eingang der Akten bei ihr auf die **zuständige StA** über. Örtlich zuständig ist die StA in dem AG-Bezirk, dessen Zuständigkeit nach § 68 gegeben ist. Im Verfahren gegen Jugendliche und Heranwachsende gilt § 42 JGG. Es empfiehlt sich in diesem Fall, die Akten an die StA bei dem Gericht abzugeben, dem die familien- und vormundschaftsrichterlichen Erziehungsaufgaben für den Betroffenen obliegen (*Göhler/Seitz* 39). Bei Verkehrs-OWi und im Verfahren gegen Heranwachsende gilt dies nicht. Bei **Kartell-OWi** sind die Akten über die GStA bzw. StA bei dem OLG an das OLG zu übermitteln.

25   Mit dem Zugang der Akten wird die StA vorübergehend **Herrin des Verfahrens**, bis der RiAG mit ihrer Zustimmung das Verfahren wieder an die Verwaltungsbehörde zurückverwiesen hat (Abs. 5 Satz 1).

26   Die StA prüft mit Eingang der Akten, ob sie das Verfahren einstellt oder weitere Ermittlungen durchführt. War der **Einspruch zulässig** und hatte die Verwaltungsbehörde die Unzulässigkeit **unzutreffend beurteilt**, so gibt die StA die Sache mit einem entsprechenden Hinweis an die Verwaltungsbehörde zurück. Ebenso, wenn die Verwaltungsbehörde einen **Wiedereinsetzungsantrag** übersehen hat (*Göhler/Seitz* 41). Die StA kann die Sache jedoch nicht selbst an die Verwaltungsbehörde zurückgeben, wenn sie die Sache für offensichtlich ungenügend aufgeklärt hält. In diesem Fall muss sie entweder selbst weitere Ermittlungen durchführen oder die Sache mit einem entsprechenden Hinweis an das AG weitergeben.

27   Die StA stellt das Verfahren ein, wenn sie **Verfahrenshindernisse** feststellt oder wenn sie aus **Opportunitätsgründen** nicht weiter verfolgen will. Die Einstellung nach § 47 Abs. 1 hindert auch die Verwaltungsbehörde an der weiteren Verfolgung der OWi (*Göhler/Seitz* 44). Erweist sich der **Bußgeldbescheid als unwirksam oder nichtig**, so stellt die StA wegen des Fehlens einer hinreichenden Verfahrensgrundlage ein.

28   Will die StA das Verfahren einstellen, so muss sie die **Verwaltungsbehörde zuvor anhören** (RiStBV Nr. 282 Abs. 5). Unterlässt sie die Anhörung, so bleibt eine dennoch erfolgte Einstellung wirksam. Die fehlerhafte Verfahrensbehandlung kann nur durch eine Aufsichtsbeschwerde gerügt werden.

Fünfter Abschnitt. Einspruch und gerichtliches Verfahren **§ 69**

Die Einstellung des Verfahrens muss mit einer **Auslagenentscheidung** 29
verbunden werden (§ 108a Abs. 1). Die Einstellungsverfügung kann nicht
mehr rückgängig gemacht werden. Ist sie erfolgt, ist daher Vorlage des
Vorgangs beim RiAG nach Abs. 4 Satz 2 nicht mehr möglich.

Bejaht die StA **hinreichenden Tatverdacht**, so legt sie dem zuständigen 30
(§ 68) RiAG die Akten vor. Sie verbindet dies ggf. mit dem Antrag, den
Betroffenen auf die nunmehrige Veränderung des rechtlichen Gesichtspunkts hinzuweisen (§ 81 Abs. 2 Satz 1). Ein bei der StA anhängiges Bußgeldverfahren hindert die StA nicht, wegen des gleichen Lebenssachverhalts Anklage zu erheben. Die bei dieser Lage erfolgende Rücknahme des Einspruchs hat auf das Schicksal der so eingeleiteten Strafsache keinen Einfluss (*RRH* 42). Mit Eingang der von der StA vorgelegten Akten beginnt die Zuständigkeit des Gerichts, ein Verfahren gemäß § 47 Abs. 2 einzustellen (*Hamm* VRS 100, 361).

Nach Abs. 5 Satz 1 kann der RiAG die Sache bei **offensichtlich ungenü-** 31
gender Aufklärung mit Zustimmung der StA an die Verwaltungsbehörde
zurückverweisen. Diese Regelung ist schwer verständlich, denn sie setzt
nach der Systematik des Abs. 4 voraus, dass die StA zuvor ebenso wie die
Verwaltungsbehörde den hinreichenden Verdacht einer OWi bejaht haben
muss; sonst hätte sie nicht dem RiAG vorlegen dürfen. Stimmt die StA zu,
so räumt sie auf diese Weise nachträglich ein, dass die Sache ungenügend
aufgeklärt worden ist und sie das außerdem nicht erkannt hat oder weitere
Ermittlungen nicht durchführen wollte.

Zurückverweisung kommt in Betracht, wenn nach dem Akteninhalt 32
Beweismittel zur Überführung des Beschuldigten ganz fehlen oder nicht
erhoben worden sind, obwohl ihre Erhebung nahe gelegen hätte oder wenn
Beweisanregungen des Betroffenen, die für die Entscheidung von wesentlicher Bedeutung sind, ohne plausiblen Grund nicht erhoben worden sind.
Gleiches gilt, wenn es ratsam erscheint, die Verwaltungsbehörde auch für
künftige vergleichbare Fälle zu einer sorgfältigen Prüfung nach Abs. 2 zu
veranlassen (RiStBV Nr. 282 Abs. 3).

Die Zurückverweisung liegt im Interesse des RiAG; er kann auch von 33
ihr absehen, obwohl der Sachverhalt aus seiner Sicht offensichtlich ungenügend aufgeklärt ist, sofern er selbst abschließend entscheiden will. Verweist er zurück, so vermerkt er seine Gründe in der Akte und übersendet

den Vorgang über die StA an die Verwaltungsbehörde. Stimmt die StA der Rückgabe nicht zu, etwa weil sie, wie zuvor bei Abgabe an den RiAG, die Sache für genügend aufgeklärt hält, so sendet sie den Vorgang an den RiAG mit einer entsprechenden Meinungsäußerung zurück. Ohne Zustimmung der StA ist eine Zurückverweisung aufgrund mangelhafter Aufklärung nicht möglich.

34 Mit Zugang der Akte aufgrund einer Zurückverweisung nach Abs. 5 Satz 1 wird die **Verwaltungsbehörde erneut Verfolgungsbehörde** wie vor der Einlegung des Einspruchs und ihrer Aktenübersendung an das Gericht nach Abs. 3 Satz 1. Sie kann nunmehr den Bußgeldbescheid zurücknehmen, das Verfahren einstellen, weiter ermitteln oder auch nach Rücknahme einen neuen Bußgeldbescheid erlassen. Sieht sie ihren Verdacht einer OWi nach neuen Ermittlungen bestätigt, so kann sie die Sache erneut dem RiAG über die StA übersenden. Hat sie nicht ausreichend ermittelt und verneint der RiAG wieder den dringenden Verdacht einer OWi, so kann er die Sache endgültig und in unanfechtbarer Weise (Abs. 5 Satz 2 und 3) an die Verwaltungsbehörde zurückgeben. Hierzu bedarf es der Zustimmung der StA nicht (*Göhler/Seitz* 60). Die Verwaltungsbehörde bleibt nun Verfolgungsbehörde, kann aber den Bußgeldbescheid nur noch zurücknehmen oder das Verfahren einstellen.

§ 70 Entscheidung des Gerichts über die Zulässigkeit des Einspruchs

(1) Sind die Vorschriften über die Einlegung des Einspruchs nicht beachtet, so verwirft das Gericht den Einspruch als unzulässig.

(2) Gegen den Beschluss ist die sofortige Beschwerde zulässig.

1 Nach § 69 Abs. 1 Satz 1 entscheidet **in erster Linie die Verwaltungsbehörde** über die Zulässigkeit des Einspruchs gegen einen Bußgeldbescheid. Die Zuständigkeit des Gerichts zur Verwerfung des Einspruchs nach Abs. 1 ist deshalb auf die Fälle beschränkt, in denen die Verwaltungsbehörde einen unzulässigen Einspruch nicht verworfen hat. Dabei ist gleichgültig, ob sie die Unzulässigkeit des Einspruchs übersehen oder ihn zu Unrecht als zulässig angesehen hat.

2 Das Gericht **verwirft den Einspruch als unzulässig**, wenn die Vorschriften über seine Einlegung nicht beachtet worden sind. Dies ist der Fall,

Fünfter Abschnitt. Einspruch und gerichtliches Verfahren   § 70

wenn der Einspruch verspätet eingelegt, die vorgeschriebene Form nicht beachtet, er von einer nicht einspruchsberechtigten Person ohne Nachweis der Vollmacht oder einer verhandlungsunfähigen Person eingelegt wurde oder wenn auf ihn wirksam verzichtet oder er bereits wirksam zurückgenommen worden war. **Zweifel über die Rechtzeitigkeit des Einspruchs** sind auch im gerichtlichen Verfahren zugunsten des Betroffenen zu entscheiden (vgl. *BGH* StV 1995, 454).

Welches Gericht für die Verwerfung **sachlich und örtlich zuständig** ist, bestimmt sich nach § 68. Der Einspruch wird durch Beschluss außerhalb der Hauptverhandlung verworfen. Der Beschluss ist zu begründen und wegen des befristeten Rechtsmittels nach Abs. 2 mit einer Rechtsmittelbelehrung zuzustellen (§ 35 Abs. 2, §§ 35a ff. StPO). Bei Verwerfung eines nicht rechtzeitig eingelegten Widerspruchs sollte auf die Möglichkeit der Wiedereinsetzung in den vorigen Stand hingewiesen werden. Der Verwerfungsbeschluss unterbricht als eine dem Urteil gleichstehende Entscheidung die Verfolgungsverjährung (§ 33 Nr. 15), ist aber nicht geeignet, das Ruhen der Verfolgungsverjährung gemäß § 32 Abs. 2 zu bewirken (*BGHSt* 34, 79). 3

Der Einspruch wird **durch Urteil verworfen**, wenn sich erst nach Beginn der Hauptverhandlung herausstellt, dass er unzulässig war. Gegen das Urteil ist nach § 79 Abs. 1 Satz 1 Nr. 4 die Rechtsbeschwerde zulässig, die jedoch nur zur Überprüfung der Zulässigkeit des Einspruchs führen kann. Hat das AG **versehentlich** in der Hauptverhandlung **durch Beschluss** entschieden, so ist die Rechtsbeschwerde gleichwohl zulässig (*BayObLG* NJW 1978, 903). Stellt sich bei verspätetet eingelegtem Einspruch ein **Verfahrenshindernis** heraus, so kann das Verfahren aus diesem Grunde nicht mehr eingestellt werden, auch wenn das Verfahrenshindernis nach Erlass des Bußgeldbescheides erst entstanden ist, weil dieser bereits rechtskräftig war. 4

Ist **Wiedereinsetzung in den vorigen Stand** möglich, so entscheidet das Gericht, das bei rechtzeitigem Einspruch zur Entscheidung in der Sache selbst zuständig und mit dem Rechtsbehelf bereits befasst ist auch hierüber (§ 52 Abs. 2 Satz 2), auch wenn in erster Linie die Verwaltungsbehörde zuständig ist. Wird allerdings nach Verwerfung des Einspruchs durch die Verwaltungsbehörde Wiedereinsetzung beantragt und Antrag auf ge- 5 richtliche Entscheidung nach § 62 gestellt, so entscheidet die Verwaltungsbehörde über den Wiedereinsetzungsantrag (*RRH* 3).

6 Hat das AG **auf unzulässigen Einspruch hin sachlich entschieden**, so ist das Urteil auf die zulässige Rechtsbeschwerde aufzuheben und der Einspruch zu verwerfen (*Hamm* NJW 1970, 1092; *RRH* 4). In diesen Fällen gilt das Verschlechterungsverbot (*Hanack* JZ 1974, 56). Wurde die Unzulässigkeit des Einspruchs übersehen und ist das Urteil rechtskräftig geworden, so wird der Bußgeldbescheid gleichwohl durch dieses Urteil ersetzt (*BGHSt* 26, 185).

7 Gegen den Beschluss nach Abs. 1 ist **sofortige Beschwerde** gem. § 311 StPO i.V.m. § 46 Abs. 1 zulässig (Abs. 2), nicht die Rechtsbeschwerde, da diese nach § 79 nur gegen Urteile und Beschlüsse nach § 72 statthaft ist. **Zuständig ist das LG** (Kammer für Bußgeldsachen; § 73 Abs. 1 GVG). Die Beschwerdeentscheidung ist **unanfechtbar** (§ 310 Abs. 2 StPO). Gegen den Verwerfungsbeschluss des LG ist jedoch die **Verfassungsbeschwerde** zulässig, wobei gerade im Hinblick auf die Befassung des Bundesverfassungsgerichts mit OWi-Sachen insbesondere mit Bagatellcharakter auf die Möglichkeit der Verhängung einer erheblichen Missbrauchsgebühr durch das Bundesverfassungsgericht hinzuweisen ist. Bei **Kartell-OWi** entscheidet der Kartellsenat des *BGH* über die sofortige Beschwerde gegen Beschlüsse des nach § 83 GWB zuständigen OLG. Dies ist nicht durch § 304 Abs. 4 StPO ausgeschlossen, da Abs. 2 als spezielle Regelung anzusehen ist (*BGH* NJW 1987, 451).

8 Hat das AG die **Rechtzeitigkeit des Einspruchs** übersehen und wurde fristgemäß sofortige Beschwerde eingelegt, so kann der Richter beim AG selbst abhelfen, falls dem Betroffenen zur Frage der Verspätung des Einspruchs als einer für ihn nachteiligen Tatsache noch kein rechtliches Gehör gewährt worden ist (§ 311 Abs. 3 Satz 2 StPO).

9 Der Beschluss, durch den der Einspruch als unzulässig verworfen wird, enthält eine **Kostenentscheidung.** Zwar entstehen keine Gebühren, möglicherweise aber Auslagen, wie etwa Zustellungskosten für den Beschluss, die von der Kostenentscheidung des Bußgeldbescheides nicht umfasst sind. Hierbei handelt es sich um Gerichtskosten und nicht um Kosten des Bußgeldverfahrens der Verwaltungsbehörde, so dass das Gericht die Kosten ansetzt und sie beitreibt.

Die **Geldbuße** und die **Kosten des Bußgeldverfahrens** der Verwaltungsbehörde werden nach rechtskräftiger Verwerfung des Einspruchs durch das Gericht ebenso wie bei der Verwerfung des Einspruchs durch Urteil nach § 74 Abs. 2 von der Verwaltungsbehörde **vollstreckt**, weil es sich nicht um die Vollstreckung einer gerichtlichen Bußgeldentscheidung i. S. v. § 91 handelt, sondern um die Vollstreckung des Bußgeldbescheides, die sich nach § 90 bzw. § 108 Abs. 2 richtet. Das Gericht hat in diesem Fall keine Sachentscheidung getroffen (*RRH* 8). 10

II. Hauptverfahren

§ 71 Hauptverhandlung

(1) Das Verfahren nach zulässigem Einspruch richtet sich, soweit dieses Gesetz nichts anderes bestimmt, nach den Vorschriften der Strafprozessordnung, die nach zulässigem Einspruch gegen einen Strafbefehl gelten.

(2) Zur besseren Aufklärung der Sache kann das Gericht

1. einzelne Beweiserhebungen anordnen,
2. von Behörden und sonstigen Stellen die Abgabe von Erklärungen über dienstliche Wahrnehmungen, Untersuchungen und Erkenntnisse (§ 77a Abs. 2) verlangen.

Zur Vorbereitung der Hauptverhandlung kann das Gericht auch dem Betroffenen Gelegenheit geben, sich innerhalb einer zu bestimmenden Frist dazu zu äußern, ob und welche Tatsachen und Beweismittel es zu seiner Entlastung vorbringen will; § 69 Abs. 2 Satz 3 Halbsatz 2 ist anzuwenden.

RiStBV Nrn. 285 bis 289

Übersicht

	Rn		Rn
I. Allgemeines	1–12	III. Gang der Hauptverhandlung	22–43
II. Vorbereitung der Hauptverhandlung	13–21	IV. Weitere Verfahrensvorschriften	44–54

I. Allgemeines

1 Die Vorschrift **regelt Grundsätze des Hauptverfahrens**, das sich nach zulässigem Einspruch gegen den Bußgeldbescheid nach den Vorschriften der Strafprozessordnung über das Strafbefehlsverfahren richtet **(Abs. 1)**. Sie ermöglicht ferner zur **besseren Aufklärung des Gerichts** die Anordnung von Beweiserhebungen, von Erklärungen von Behörden und sonstigen Stellen sowie die **Gewährung rechtlichen Gehörs** gegenüber dem Betroffenen **(Abs. 2)**.

2 Das gerichtliche Hauptverfahren **setzt den zulässigen Einspruch** gegen den Bußgeldbescheid voraus. Bei Unzulässigkeit des Einspruchs gilt § 70. Im weiteren Verfahren hat der Bußgeldbescheid nurmehr die Bedeutung einer Verfahrensvoraussetzung. Er bindet das Gericht in der Beurteilung der Tat nicht (§ 411 Abs. 4 StPO). Er wird in dem schließlich ergehenden Urteil nicht erwähnt (*RRH* 1).

3 Das gerichtliche Hauptverfahren richtet sich nach den Grundsätzen des **Strafbefehlsverfahrens**. Die Regelung ergänzt § 46 Abs. 1. Die sonstigen Verfahrensvorschriften gelten nach Einspruch gegen den Bußgeldbescheid nur insoweit, als sie auch nach Einspruch gegen den Strafbefehl gelten würden. Das bedeutet, dass kein Eröffnungsbeschluss ergeht und auch die übrigen entsprechend anwendbaren Vorschriften der StPO (§§ 213 bis 275) überwiegend durch spezielle Vorschriften verdrängt werden. Allerdings begrenzt der Bußgeldbescheid auch im gerichtlichen Bußgeldverfahren der Person und der Sache nach den Prozessgegenstand (*Düsseldorf* DAR 1991, 31). Mängel des Bußgeldbescheides und des Verfahrens der Verwaltungsbehörde sind im gerichtlichen Verfahren grundsätzlich unbeachtlich. Bei örtlicher Unzuständigkeit des Gerichts findet § 16 StPO entsprechende Anwendung (*Düsseldorf* NZV 1991, 244).

4 Das Gericht kann **Hauptverhandlungstermin** auch dann anberaumen, wenn es einen hinreichenden Verdacht nicht für gegeben hält. In diesem Fall kann es aber auch bei der StA die Rücknahme des Bußgeldbescheides oder des Einspruchs anregen oder im schriftlichen Verfahren freisprechen (§ 72), und zwar aus Rechtsgründen oder aus tatsächlichen Gründen, wenn auch in der Hauptverhandlung eine weitere Aufklärung des Sachverhalts nicht zu erwarten ist. Hält das Gericht unter Opportunitätsgesichtspunkten eine Ahndung nicht für geboten, so kann es mit Zustim-

Fünfter Abschnitt. Einspruch und gerichtliches Verfahren **§ 71**

mung der StA das Verfahren nach § 47 Abs. 2 außerhalb der Hauptverhandlung durch Beschluss einstellen.

Die gerichtliche Entscheidung kann vom Bußgeldbescheid **zum Nachteil** 5
des Betroffenen abweichen (§ 411 Abs. 4 StPO). Das Gericht kann auch zum Strafverfahren übergehen (§ 81). Im schriftlichen Verfahren gilt das Verschlechterungsverbot (§ 72 Abs. 3 Satz 2).

Ist der Einspruch unzulässig und hat die Verwaltungsbehörde dies über- 6
sehen, so gilt § 70, wenn das Gericht im Einspruchsverfahren mit der Sache befasst wird (*Göhler/Seitz* 5). Hat die StA schon vor Übersendung der Akten an das Gericht festgestellt, dass der Einspruch unzulässig ist, so gilt § 69. Stellt sich dies erst in der Hauptverhandlung heraus, so verwirft das Gericht den Einspruch durch Urteil.

Der Vorbehalt des Abs. 1 bezieht sich auf die nachfolgenden Vorschrif- 7
ten der §§ 72 bis 78 sowie auf die allgemeinen Verfahrensvorschriften der §§ 46 bis 49, die auch für das Hauptverfahren gelten. So bleibt auch im gerichtlichen Verfahren die Unterbringung, die Verhaftung und die Beschlagnahme von Postsendungen unzulässig. Für die Einstellung des Verfahrens gilt § 47 Abs. 2 weiterhin, die §§ 153 ff. StPO finden keine Anwendung. Abweichende Regelungen enthält auch Abs. 2 über weitere Ermittlungen durch das Gericht. Die §§ 72 bis 75, 77 bis 78 sollen das Verfahren gegenüber der StPO vereinfachen. § 73 enthält gegenüber § 411 Abs. 2 StPO eine Sonderregelung. § 74 trifft eine gegenüber § 412 StPO anderweitige Regelung für das Verfahren bei Abwesenheit des Betroffenen.

Die Vorschriften der StPO über die Hauptverhandlung finden im 8
Bußgeldverfahren nur in Grenzen entsprechende Anwendung. § 74 Abs. 1 durchbricht den Grundsatz der Unmittelbarkeit der Beweisaufnahme (§ 250 StPO) im Hinblick auf die Vernehmung des Betroffenen. § 75 entbindet die StA von der Pflicht zur Teilnahme an der Hauptverhandlung. Die §§ 77, 77a, 77b und 78 ermöglichen die Beschränkung der Beweisaufnahme und der Protokollierung sowie des Absehens von Urteilsgründen. Die Anwendbarkeit dieser Vorschriften schließt die Anwendbarkeit entgegenstehender Vorschriften der StPO aus.

Die die Hauptverhandlung betreffenden **Vorschriften des GVG und des** 9
JGG gelten, von einzelnen Ausnahmen abgesehen, sinngemäß. Die sinn-

gemäße Geltung der allgemeinen Verfahrensvorschriften bedeutet im Übrigen, dass ihre Anwendung im Bußgeldverfahren nur insoweit geboten ist, als dafür ein genereller Regelungsbedarf besteht. Dies ist nicht der Fall, wenn die sinngemäße Anwendung sich mit den Grundregeln des OWi-Verfahrens oder mit allgemeinen Rechtsgrundsätzen des OWi-Rechts nicht vereinbaren lässt (KK-*Senge* 5).

10 **Die Rechtskraft des Bußgeldbescheides bildet ein Verfahrenshindernis**, das in jeder Lage des Verfahrens von Amts wegen zu berücksichtigen ist (*Hamm* VRS 53, 49). Mit dem rechtskräftigen Bußgeldbescheid liegt eine das Bußgeldverfahren abschließende Sachentscheidung vor, neben der eine auf einen Verfahrensabschnitt begrenzte Einstellung nicht in Betracht kommt. Verwirft das Gericht den zulässigen Einspruch in der Hauptverhandlung entgegen § 260 Abs. 3 StPO nicht durch Prozessurteil, sondern durch Beschluss nach § 70, so wird das weitere Verfahren so betrieben, wie wenn durch Urteil entschieden worden wäre (*BayObLG* DAR 1978, 214). **Das Rechtsmittel gegen diesen Beschluss** ist demnach die **Rechtsbeschwerde** nach § 79 Abs. 1 Nr. 4 und nicht die sofortige Beschwerde nach § 70 Abs. 2. Anders ist es beim Beschluss nach § 206a StPO, mit dem das Bußgeldverfahren außerhalb der Hauptverhandlung wegen eines Verfahrenshindernisses eingestellt wird (*Oldenburg* NJW 1970, 622).

11 **Ist der Bußgeldbescheid mangelhaft**, aber nicht nichtig, oder bestehen Verfahrensfehler aus dem Vorverfahren, so bedeutet dies für das gerichtliche Bußgeldverfahren kein Verfahrenshindernis. Verfahrensfehler bei der Verwaltungsbehörde sind im Regelfall unbeachtlich für das gerichtliche Bußgeldverfahren, es sei denn, sie würden nach den Vorschriften der StPO Beweisverwertungsverbote nach sich ziehen (KK-*Senge* 10).

12 Ohne Bedeutung ist demnach, dass der **Bußgeldbescheid** entgegen § 200 Abs. 1 StPO **die Beweismittel nicht vollständig** angibt (*Hamm* MDR 1971, 1029), unrichtige Angaben zur Person und zum Fahrzeug des Betroffenen enthält, soweit seine Identität gleichwohl festgestellt werden kann (*Köln* VRS 70, 458), Zustellungsmängel wegen Nichtbeachtung von § 51 Abs. 2 (*Düsseldorf* NJW 1982, 2833), Zuständigkeitsmängel (*Düsseldorf* GA 1982, 178; *BayObLG* MDR 1970, 865). Auch die Unzuständigkeit der Verwaltungsbehörde zum Erlass des Bußgeldbescheides hat im gerichtlichen Bußgeldverfahren nur dann Auswirkung, wenn sie die

Nichtigkeit des Bußgeldbescheides bedeutet (allgemein *BGH* NJW 1977, 1784).

II. Vorbereitung der Hauptverhandlung

Für die Vorbereitung der Hauptverhandlung im gerichtlichen Buß- 13
geldverfahren gelten die §§ 213 ff. StPO. Der Vorsitzende des Gerichts bestimmt Termin zur Hauptverhandlung, falls er nicht nach § 72 entscheiden will. Er prüft, ob er von Amts wegen Zeugen und Sachverständige laden lassen oder den Betroffenen auf Antrag von der Verpflichtung zum Erscheinen in der Hauptverhandlung entbinden will (§ 73 Abs. 2). Er lädt Jugendliche persönlich, Kinder zu Händen ihres gesetzlichen Vertreters (*Schweckendieck* NStZ 1990, 170). Die Ladungen zur Hauptverhandlung werden nach Anordnung durch den Vorsitzenden von der Geschäftsstelle des Gerichts bewirkt (§ 214 StPO). Sie werden dem Betroffenen und dem Verteidiger förmlich zugestellt (§§ 35 Abs. 2, 217, 218 StPO). Die Zustellungsmodalitäten richten sich nach den §§ 37, 40 StPO, soweit sich nicht aus § 74 etwas anderes ergibt.

Die mit der Ladung des Betroffenen zu verbindende **Belehrung** ist im 14
Bußgeldverfahren mit dem nach § 74 Abs. 3 vorgesehenen Inhalt zu versehen. Dem Vertreidiger kann die Terminsladung nicht mit Wirkung für den Betroffenen zugestellt werden (§ 145a Abs. 2 StPO i.V.m. § 71 Abs. 1), wenn sich eine Ermächtigung des Verteidigers zur Entgegennahme von Ladungen nicht aus der Verteidigervollmacht ergibt (*BayObLG* NJW 2004, 532).

Die unterlassene Ladung des Verteidigers nach § 218 StPO begründet 15
die Rechtsbeschwerde (*Düsseldorf* NZV 1994, 44; OLGSt 1). Dies gilt auch, wenn eine Verteidigervollmacht nicht vorliegt, das Mandatsverhältnis aber vor dem Termin bekannt war (*BGHSt* 36, 259). Die Rechtsbeschwerde ist auch begründet bei nicht nachgewiesener oder verspäteter Ladung des Verteidigers (*Stuttgart* NStZ 1989, 91). Die Kenntnis des Verteidigers vom Termin ersetzt seine Ladung nicht (*BayObLG* VRS 68, 274), jedoch kann die Rechtsbeschwerde auf die unterbliebene Ladung nicht gestützt werden, wenn sie für das Fernbleiben nicht ursächlich war (KK-*Senge* 49).

Hat sich ein Verteidiger erst nach Anberaumung der Hauptverhandlung 16
gemeldet und sind ihm daraufhin antragsgemäß die **Akten zur Einsicht-**

nahme übersandt worden, so kann der Rechtsbeschwerde entgegenstehen, dass er den Termin zur Hauptverhandlung aus der Akte entnehmen konnte und damit auf andere Weise rechtzeitig vom Termin zuverlässig Kenntnis erlangt hat (vgl. *BGHSt* 36, 259, 261).

17 Die §§ 222a, 222b StPO über die **Mitteilung der Besetzung des Gerichts** finden keine Anwendung, denn sie gelten nach zulässigem Einspruch gegen den Strafbefehl beim Amtsgericht ebenfalls nicht (*RRH* 6). Dies gilt auch im erstinstanzlichen Verfahren vor dem OLG, sofern dieses nach § 72 durch Beschluss entscheidet (*BGH* NStZ 1986, 518; **a. A.** *Göhler/Seitz* 27a).

18 Die Regelung des Abs. 2 dient der **Aufklärung des Sachverhalts vor der Hauptverhandlung.** Die Vorschrift entspricht weitgehend § 69 Abs. 2 Satz 2 und 3. Sie will erreichen, dass über die Beschuldigung möglichst in einer Hauptverhandlung entschieden werden kann und Vertagungen entbehrlich werden (*Göhler/Seitz* 23a). Die vom Gericht nach Abs. 2 Satz 1 getroffenen Anordnungen sind nicht anfechtbar (§ 305 StPO).

19 Die Möglichkeit der **Anordnung einzelner Beweiserhebungen** durch das Gericht vor der Hauptverhandlung kommt im Hinblick auf die durch das 1. JuMoG vom 24. August 2004 (BGBl. I S. 2198) erweiterten Verlesungsmöglichkeiten etwa für die Feststellung von Vermögensschäden oder nichtdienstliche ärztliche Atteste sowie BAK-Berechnungen in Betracht (§§ 251, 256 StPO i.V. m. § 77a Abs. 4 Satz 2). Adressaten der gerichtlichen Beweisanordnung sind die Verwaltungsbehörde, die Beamten des Polizeidienstes oder auch die StA, die sich wiederum ihrer Hilfsbeamten bedienen oder auch in Einzelfällen selbst ermitteln kann. Ihre Verpflichtung hierzu beruht zumindest auf den **Grundsätzen der Amtshilfe** (*RRH* 6a).

20 Die **Einholung behördlicher Erklärungen** durch das Gericht folgt den Regelungen in § 69. Die Gelegenheit zur Äußerung für den Betroffenen nach Abs. 2 Satz 2 soll dazu beitragen, möglicherweise sonst bestehende Aufklärungsdefizite in der Hauptverhandlung zu verringern (*Göhler/Seitz* 23d). Dies führt häufig zwar nicht weiter, wenn der Betroffene schon im Zwischenverfahren vor der Verwaltungsbehörde die ihm nach § 69 Abs. 2 Satz 3 gewährte Möglichkeit der Äußerung nicht genutzt hat. Allerdings kann die **vergebliche Anhörung Grundlage für die Ablehnung**

von **Beweisanträgen** nach § 77 Abs. 2 Nr. 2 und für eine Auslagenentscheidung nach § 109a Abs. 2 sein.

Von dem Fall des § 72 abgesehen braucht die Hauptverhandlung nicht anberaumt zu werden, wenn das Gericht eine **Ahndung der OWi** mit Zustimmung der StA **nicht für geboten hält**, wenn einer Hauptverhandlung für längere Zeit die Abwesenheit des Betroffenen oder ein anderes in seiner Person liegendes Hindernis entgegensteht und **das Verfahren** nach § 205 StPO **vorläufig einzustellen** ist. Ebenso, wenn das Gericht das Vorliegen eines endgültigen Verfahrenshindernisses wie **Verjährung, rechtskräftige Entscheidung in derselben Sache, grob mangelhafter Bußgeldbescheid** usw. feststellt. In diesen Fällen stellt das Gericht das Verfahren durch Beschluss nach § 206a StPO ein. Gegen den Einstellungsbeschluss nach § 205 StPO ist die einfache Beschwerde nach § 304 StPO gegeben, gegen den Einstellungsbeschluss nach § 206a StPO die sofortige Beschwerde durch die StA (*Oldenburg* NJW 1970, 622). Nach Durchführung einer Hauptverhandlung ist allerdings grundsätzlich durch Urteil und nicht im Beschlusswege zu entscheiden (*Karlsruhe* NStZ-RR 2002, 271). Die Hauptverhandlung wird schließlich nicht anberaumt, wenn die StA die Klage oder der Betroffene den Einspruch zurücknimmt (*RRH* 7). **21**

III. Gang der Hauptverhandlung

Der Gang der Hauptverhandlung ist in den §§ 243, 244 Abs. 1, 258 und 260 StPO geregelt. Abweichungen von dieser Reihenfolge sind aus sachlichen Gründen zulässig, sofern die Beteiligten nicht widersprechen. Das kann vor allem bei umfangreichen Sachen in Frage kommen (*RRH* 9). **22**

Die Hauptverhandlung beginnt mit dem **Aufruf der Sache**, der Feststellung der **Anwesenheit des Betroffenen**, des **Verteidigers**, der **Zeugen** und **Sachverständigen** (§ 243 Abs. 1 StPO). Nach dem Aufruf der Sache verlassen die Zeugen den Sitzungssaal, nachdem sie gemeinsam gemäß § 57 StPO zur Wahrheit ermahnt und darauf hingewiesen worden sind, dass sie auch vereidigt werden können. Der **Vertreter der Verwaltungsbehörde** kann an der gesamten Verhandlung teilnehmen. **23**

Nachdem die Zeugen den Sitzungssaal verlassen haben, wird der Betroffene über seine **persönlichen Verhältnisse** vernommen. **Vorstrafen** sind nach § 243 Abs. 4 Satz 3 StPO nur insoweit festzustellen, als sie für die Entscheidung von Bedeutung sind, also etwa für die Höhe der Geldbuße **24**

(*RRH* 12). In diesem Fall können die Vorstrafen erst nach der Beweisaufnahme festgestellt werden, wenn die Schuldfrage geklärt ist. Dasselbe gilt für die Eintragungen im Verkehrszentralregister hinsichtlich der Verkehrs-OWi.

25 Der im Bußgeldbescheid enthaltene **Vorwurf wird verlesen.** Dies entspricht der Verlesung des Anklagesatzes nach § 243 Abs. 3 Satz 1 StPO. Der Staatsanwalt verliest; bei Abwesenheit übernimmt dies der Richter, der sich gemäß § 78 Abs. 1 Satz 1 auf die Bekanntgabe des wesentlichen Inhalts beschränken kann, sofern es nicht auf den Wortlaut ankommt. Wird gegen das Verlesungsgebot verstoßen, so beruht das Urteil bei einfacher Sach- und Rechtslage nicht auf diesem Fehler, so dass die Rechtsbeschwerde darauf nicht gestützt werden kann.

26 **Nach der Verlesung des Vorwurfs** stellt der Richter fest, dass gegen den Bußgeldbescheid form- und fristgerecht Einspruch eingelegt worden ist. Sodann wird der Betroffene zur Sache vernommen. Will das Gericht von der rechtlichen Beurteilung des Sachverhalts im Bußgeldbescheid abweichen, so ist er auch auf die Veränderung des rechtlichen Gesichtspunkts hinzuweisen (§ 265 StPO). Der Hinweis ist beispielsweise vor der Verhängung eines Fahrverbots gemäß § 25 StVG erforderlich, wenn ein solches im Bußgeldbescheid nicht angeordnet worden war (*BGH* NJW 1980, 2479) oder wenn eine Bußgeldvorschrift mehrere Tatbestände enthält, deren Begehungsweisen ihrem Wesen nach verschieden sind (*BGH* NStZ 1984, 328). Gleiches gilt, wenn der Tatrichter abweichend vom Bußgeldbescheid von der Vergünstigung des § 25 Abs. 2a StVG (Schonfrist) absehen (*Schleswig* SchlHA 2003, 214) oder statt fahrlässiger wegen vorsätzlicher Begehungsweise verurteilen will (*Braunschweig* NStZ-RR 2002, 179). Der Hinweis ist eine wesentliche Förmlichkeit i. S. des § 273 StPO, deren Beachtung nur durch das Protokoll bewiesen werden kann (ebd.).

27 Nach der Vernehmung des Betroffenen folgt die **Beweisaufnahme.** Das Gericht ist grundsätzlich verpflichtet, die Beweisaufnahme zur Erforschung der Wahrheit von Amts wegen auf alle Tatsachen und Beweismittel zu erstrecken, die für die Entscheidung von Bedeutung sind. Gleichwohl **bestimmt das Gericht den Umfang der Beweisaufnahme** unter besonderer Berücksichtigung der Bedeutung der Sache selbst. Durch die Spezialregelungen in den §§ 77 bis 78 gelten die §§ 244 ff. StPO über die Beweisaufnahme nur mit Einschränkungen.

Fünfter Abschnitt. Einspruch und gerichtliches Verfahren § 71

Nach Schluss der Beweisaufnahme ist dem Betroffenen und dem Verteidiger von Amts wegen nach § 258 StPO das Wort zu erteilen. Ein Verstoß dagegen begründet dann die Rechtsbeschwerde, wenn nicht auszuschließen ist, dass die verfahrensabschließenden Äußerungen des Betroffenen Einfluss auf den Rechtsfolgenausspruch genommen hätten (*Brandenburg* NStZ-RR 2003, 89). Die Erteilung des letzten Wortes oder die Nichtgewährung werden durch das Hauptverhandlungsprotokoll bewiesen (ebd.). **28**

Die Hauptverhandlung schließt mit der Verkündung des Urteils. Es lautet auf Festsetzung einer Geldbuße und ggf. Anordnung einer Nebenfolge, auf Freispruch oder Einstellung wegen eines Verfahrenshindernisses (§ 260 StPO). Freispruch durch Sachurteil hat zu erfolgen, wenn feststeht, dass eine OWi nicht vorliegt. Dies gilt auch dann, wenn ein Verfahrenshindernis gegeben ist. **29**

Ergeht bei an sich **gebotenem Freispruch** ein das **Verfahren einstellendes Urteil** nach § 260 Abs. 3 StPO, so ist der Betroffene beschwert. Er kann die Rechtsbeschwerde darauf stützen, um einen Freispruch zu erreichen (*Oldenburg* NJW 1985, 1177). Die Einstellung nach § 47 Abs. 2 erfolgt auch in der Hauptverhandlung durch Beschluss. Dasselbe gilt für die vorläufige Einstellung nach § 205 StPO. Die Urteilsverkündung richtet sich nach § 268 StPO. Nach dem entsprechend anwendbaren § 464 Abs. 1 StPO muss das Urteil auch eine Kostenentscheidung enthalten (*RRH* 17). **30**

Der Tenor besteht im Falle der Verurteilung aus der rechtlichen Bezeichnung der Tat, der Festsetzung der Geldbuße, dem Kostenausspruch und eventuell der Anordnung von Nebenfolgen. Zahlungserleichterungen gehören ebenfalls in den Tenor. Die Angabe der Schuldform ist unentbehrlich (*Düsseldorf* DAR 1990, 111). Die Angabe der angewendeten Vorschriften erfolgt nicht im Tenor, sondern danach (§ 260 Abs. 5). Auch in Bußgeldsachen ist die Tat in der Urteilsformel mit Worten anschaulich und verständlich zu bezeichnen, nicht durch Verweis auf die angewendeten Vorschriften (*Düsseldorf* VRS 99, 468). **31**

Für die **Begründung des Urteils** gelten grundsätzlich dieselben Vorschriften wie für Strafsachen. Das Urteil stellt die für erwiesen erachteten Tatsachen, in denen die gesetzlichen Merkmale der OWi gefunden werden (§ 267 StPO), so dar, dass das Rechtsbeschwerdegericht die richtige Rechtsanwendung nachprüfen kann, wobei aber in Bußgeldsachen knap- **32** per begründet werden sollte als in Strafsachen. Besondere Anforderungen stellt die Rspr. etwa an die Darstellung von Geschwindigkeitsüberschreitungen (*Hamm* VRS 106, 469; *Koblenz* NStZ 2004, 396).

33 Das Gericht muss eine **Beweiswürdigung** vornehmen (§ 261 StPO), die dem Rechtsbeschwerdegericht eine Überprüfung ermöglicht (*Göhler* NStZ 1986, 19). In Bußgeldsachen sind zwar geringere Anforderungen an die Urteilsgründe zu stellen. Bei Konstellationen wie Aussage gegen Aussage müssen indes die wesentlichen Umstände für die Beurteilung der Glaubwürdigkeit dargelegt werden (*BayObLG* OLGSt 2). Bei der Identifizierung mittels Beweisfotos entbindet die Verweisung nach § 267 Abs. 1 Satz 3 StPO von der näheren Beschreibung des Bildes (*Hamm* NZV 2003, 102). Anzuführen sind ferner die Umstände, die für die Zumessung der Geldbuße bestimmend gewesen sind, und zwar jedenfalls eine Abweichung vom Bußgeldkatalog und insbesondere bei der Verhängung eines Fahrverbots (*BGH* NJW 1992, 446; *Hamm* VRS 106, 474) oder bei außergewöhnlich hohen Geldbußen (*RRH* 18). Für die Absetzung der schriftlichen Urteilsgründe gilt auch im Bußgeldverfahren § 275 Abs. 1 StPO (*Celle* NZV 1993, 449).

34 Von einer schriftlichen **Begründung des Urteils kann abgesehen werden**, wenn alle zur Anfechtung Berechtigten auf die Einlegung der Rechtsbeschwerde verzichten oder wenn innerhalb der Frist Rechtsbeschwerde nicht eingelegt wird (§ 77b Abs. 1). Wird gegen die Versäumung der Frist für die Rechtsbeschwerde Wiedereinsetzung gewährt oder ist von der StA oder dem Betroffenen im Fall des § 77b Abs. 1 Satz 3 bei Nichtteilnahme an der Hauptverhandlung Rechtsbeschwerde eingelegt worden, so sind die Urteilsgründe innerhalb der Frist des § 275 Abs. 1 Satz 2 StPO nachzuholen (§ 77b Abs. 2).

35 **Das Urteil kann** in entsprechender Anwendung von § 319 Abs. 1 ZPO **berichtigt werden**, wenn es sich um einen offensichtlichen Mangel des Ausdrucks für das erkennbar Gewollte handelt, der in einem Schreib- oder Erfassungsversehen bestehen kann oder auch darin, dass der Tenor den beschlossenen Spruch nicht vollständig wiedergibt. Ein unzulässiger Berichtigungs- oder Ergänzungsbeschluss ist unwirksam (*Celle* GA 1960, 217). Im Übrigen ist das Urteil mit der Verkündung, die mit der Mitteilung der Urteilsformel und der Gründe abgeschlossen ist, nicht mehr abänderbar oder ergänzbar (*BGH* NJW 1953, 155). Bei einer Abweichung zwi-

schen den mündlichen und schriftlichen Urteilsgründen sind die schriftlichen Gründe maßgebend (*RRH* 20).

Die **Rücknahme der Klage** ist bis zur Verkündung des Urteils im 1. Rechtszug zulässig (§ 111 Abs. 3 Satz 1 StPO). Der Beschluss steht insoweit dem Urteil gleich. Nach Beginn der Hauptverhandlung ist die Rücknahme der Klage nur mit Zustimmung des Betroffenen möglich. Sind die Akten dem Gericht noch nicht vorgelegt worden, so kommt eine Rücknahme der Klage nicht in Betracht. In diesem Fall stellt die StA das Verfahren ein. Die Rücknahme der Klage wegen örtlicher Unzuständigkeit lässt den Bußgeldbescheid unberührt und erlaubt die Vorlage an das zuständige AG. Nimmt die StA die Klage zurück und stellt sie das Verfahren ein, so teilt sie dies dem Betroffenen und der Verwaltungsbehörde mit (RiStBV Nr. 289 Abs. 2). Ggf. beantragt sie bei Gericht eine Entscheidung über die notwendigen Auslagen. 36

Die Rücknahme der Klage kann nur bis zur **Verkündung des Urteils im 1. Rechtszug** erfolgen, es sei denn, dass das Urteil in der Beschwerdeinstanz aufgehoben und die Sache zurückverwiesen worden ist. Dann ist die Rücknahme auch in der neuen Hauptverhandlung bis zur Urteilsverkündung zulässig (*BGH* NJW 1980, 2480). 37

Der Verkündung des Urteils steht der **Erlass des Beschlusses nach § 72** gleich. Der Beschluss ist erlassen, wenn er nach vollständiger Abfassung unterschrieben ist. Auf den Zeitpunkt der Bekanntmachung oder der Unabänderbarkeit des Beschlusses kommt es nicht an (**a. A.** *Karlsruhe* Justiz 1980, 150). Vor Zustellung des Beschlusses kann das Gericht ihn zurücknehmen, so dass damit eine Rücknahmeerklärung wirksam wird. 38

Nach Beginn der Hauptverhandlung ist für die Rücknahme der Klage die Zustimmung des Betroffenen erforderlich. Dadurch soll verhindert werden, dass die StA den Betroffenen durch die Rücknahme der Klage benachteiligt, wenn die Verhandlung einen unerwünschten Verlauf nimmt. **Bei mehreren Hauptverhandlungen** kommt es für das Erfordernis der Zustimmung zur Rücknahme auf die erste an, in der sachlich verhandelt worden ist (*BayObLG* NJW 1973, 2308). Für die Zustimmung ist keine Form vorgeschrieben. Einverständnis durch schlüssige Handlung genügt. Bei Rücknahme der Klage durch die StA zu dem Zweck, das Verfahren einzustellen, kann bereits im **Schweigen des Betroffenen** die Zustim- 39 mung gesehen werden, weil ihm dies nicht zum Nachteil gereicht (*Hamm* JZ 1969, 269). Die Zustimmung ist wie die Rücknahme unwiderruflich (*RRH* 25).

40 Mit Zurücknahme der Klage tritt die Beendigung dieses gerichtlichen Verfahrens ein. Ein **gerichtlicher Einstellungsbeschluss ist entbehrlich**, weil das Gericht mit der Sache nicht mehr befasst ist. Jedoch kann das Gericht durch Beschluss eine selbständige Kostenentscheidung gemäß § 467a StPO erlassen und auf Antrag die dem Betroffenen erwachsenen notwendigen Auslagen der Staatskasse auferlegen. § 108a gilt hier nicht (*RRH* 26).

41 **Für die Rücknahme des Einspruchs** gilt das für die Rücknahme der Klage Festgestellte entsprechend. Sie ist auch dann zulässig, wenn der Einspruch unzulässig ist. Die Rücknahme ist zeitlich begrenzt durch den Beginn der Verkündung des Urteils im 1. Rechtszug. Hat das Rechtsbeschwerdegericht die Rechtsbeschwerde hinsichtlich des Schuldspruchs verworfen und das Urteil des AG nur im Bußgeldausspruch aufgehoben, so kann der Einspruch nicht mehr wirksam zurückgenommen werden, weil hier bereits eine teilweise rechtskräftige Verurteilung im 1. Rechtszug vorliegt (*Köln* NStZ 1987, 372).

42 **Nach Beginn der Hauptverhandlung** ist für die Rücknahme des Einspruchs die Zustimmung der StA erforderlich. Ist die StA in der Hauptverhandlung nicht vertreten, so bedarf es ihrer Zustimmung nicht (§ 75 Abs. 2). War der Einspruch bereits vor Erlass der Entscheidung des AG in der Sache zurückgenommen, so ist diese im Rechtsbeschwerdeverfahren aufzuheben und der Einspruch als unzulässig zu verwerfen. Die Einstellung des gerichtlichen Verfahrens kommt nicht in Betracht (*Göhler* NStZ 1994, 73; **a. A.** *Koblenz* NJW 1973, 2118).

43 **Lässt sich nicht klären, ob die Rücknahme des Einspruchs vor Erlass der Entscheidung eingegangen ist**, so ist das Verfahren aus Gründen der Rechtssicherheit nicht nach dem Zweifelssatz einzustellen (*Göhler* NStZ 1983, 66; *RRH* 28). Dabei ist unerheblich, ob der Richter von der Rücknahme Kenntnis hatte (*Düsseldorf* VRS 1979, 120).

IV. Weitere Verfahrensvorschriften

Für das Bußgeldverfahren gelten auch noch **weitere Verfahrensvorschriften der StPO.** So finden für die Hauptverhandlung grundsätzlich die Vorschriften der StPO Anwendung, die nach zulässigem Einspruch gegen einen Strafbefehl gelten. Welche das sind, ist durch die gewählte Verweisungstechnik unübersichtlich und nicht auf den ersten Blick erkennbar. 44

Die Vorschriften über die **Anwesenheit in der Hauptverhandlung** (§§ 226, 230 bis 236, 247 StPO) gelten nur zum Teil. § 226 Abs. 1 StPO gilt für den Richter und die Urkundsbeamten und den Betroffenen, soweit er nicht von der Erscheinenspflicht befreit ist, für die StA jedoch nur, soweit sie an der Hauptverhandlung teilnehmen will (§ 75 Abs. 1). Vor der in der Ladung angegebenen festgesetzten Terminsstunde darf bei Abwesenheit des Betroffenen oder seines Verteidigers mit der Hauptverhandlung nicht begonnen werden. Von der Hinzuziehung eines Urkundsbeamten kann am Amtsgericht durch unanfechtbare Entscheidung abgesehen werden (§ 226 Abs. 2 StPO). § 230 Abs. 1 StPO ist nur bei entschuldigtem Ausbleiben des Betroffenen anzuwenden, in anderen Fällen nicht (§ 74 Abs. 1). 45

Für den nach § 73 Abs. 1 in der **Hauptverhandlung erschienenen Betroffenen** gelten die §§ 231 Abs. 1 und 231c. Die §§ 232 bis 234 StPO werden durch §§ 73, 74 verdrängt. Die §§ 231a, 231b StPO gelten nur dann entsprechend, wenn der Betroffene unter den dort vorgesehenen Voraussetzungen an der Hauptverhandlung teilnimmt. § 236 StPO gilt nicht sinngemäß. 46

Vorschriften über die **Aussetzung und Unterbrechung** (§§ 228, 229 StPO) gelten sinngemäß (*Karlsruhe* Justiz 1988, 72). Die Unterbrechungsfrist beträgt nach der Änderung des § 229 Abs. 1 StPO durch das 1. JuMoG vom 24. August 2004 (BGBl. I S. 2198) nunmehr drei Wochen. Über einen Aussetzungsantrag wird durch Beschluss entschieden, der im Falle der Ablehnung zu begründen ist (*BayObLG* DAR 1988, 367). Wird gegen § 229 StPO verstoßen, so kann nur in Ausnahmefällen verneint werden, dass das Urteil hierauf beruht (*BGH* StV 1997, 282). 47

Für die **Verlesung von Schriftstücken** gilt, soweit § 77a nicht einschlägig ist, auch § 249 Abs. 1 StPO. § 78 Abs. 1 verdrängt § 249 Abs. 2 StPO je- 48 doch. Die Verlesung einer Urkunde, die im Wege des **Urkundenbeweises** zur Verfahrensgrundlage gemacht wird, ist auch in Bußgeldsachen dann nicht ordnungsgemäß bewiesen, wenn im Protokoll lediglich vermerkt ist, die Urkunde sei zum Gegenstand der Hauptverhandlung gemacht worden (*Düsseldorf* VRS 77, 228).

49 Der Grundsatz über die **Unmittelbarkeit der Beweisaufnahme** gilt. Er wird jedoch durch § 77a eingeschränkt. Die Aussage eines Zeugen in einer ausgesetzten Hauptverhandlung darf auch im Bußgeldverfahren nicht verwertet werden, wenn sie nicht ordnungsgemäß zum Gegenstand der Hauptverhandlung gemacht worden ist (*BayObLG* DAR 1981, 254). Soll eine **kommissarische Zeugenvernehmung** stattfinden, so muss der Verteidiger von dem Termin benachrichtigt werden, selbst wenn sie im Ausland stattfindet und das dortige Gericht dem Verteidiger die Teilnahme an der Vernehmung gestatten will (*Göhler/Seitz* 38b). Geschieht dies nicht, so darf die kommissarische Vernehmung nicht verwertet werden (*BayObLG* DAR 1980, 269). Nehmen der Betroffene und der Verteidiger jedoch die Verlesung der Niederschrift widerspruchslos hin, so wird dadurch die Rüge der Verletzung des § 224 Abs. 1 StPO verwirkt.

50 **Soweit auf der Grundlage des § 77a eine Verlesung von Protokollen** über die Vernehmung von Zeugen, Sachverständigen und Mitbetroffenen **nicht erlaubt ist**, weil etwa ein Verfahrensbeteiligter nicht zustimmt, gilt § 251 StPO auch im Bußgeldverfahren (§ 77a Abs. 4 Satz 2).

51 **Zeugnisverweigerungsrechte** dürfen auch im Bußgeldverfahren nicht umgangen werden.

52 Für die Verlesung von **behördlichen Gutachten** gilt § 256 StPO. Der TÜV und ähnliche Institutionen haben nicht die Eigenschaft einer öffentlichen Behörde i. S. v. § 256 Abs. 1 StPO (*Köln* MDR 1964, 254).

53 **Die Vorschriften des GVG** gelten für die Hauptverhandlung entsprechend. Die **Öffentlichkeit** der Verhandlung (§ 169 Satz 1 GVG) gilt auch hier, jedoch sind an die Einhaltung dieses Prinzips wegen der geringeren Bedeutung des Bußgeldverfahrens für die Allgemeinheit und seiner vereinfachten Ausgestaltung nicht die gleichen Anforderungen zu stellen wie im Strafverfahren (*Franke* ZRP 1977, 143; **a. A.** KK-*Senge* 54). In einem Verfahren von geringerer Bedeutung wie etwa wegen eines Verkehrsverstoßes ist der Grundsatz der Öffentlichkeit nicht verletzt, wenn das Gericht im Verlauf der Hauptverhandlung einen Ortstermin bestimmt, ohne am Gerichtssaal einen Hinweis auf den Ortstermin auszuhängen und nach Durchführung des Ortstermins die Verhandlung im Gerichtssaal fortsetzt (*Düsseldorf* NJW 1983, 2514 m. Anm. *Göhler* NStZ 1984, 64). Jedoch empfiehlt es sich zur Vermeidung unnötiger Rechtsbeschwerden, auch insoweit die Prinzipien des Strafprozessrechtes einzuhalten. Die Verletzung des Grundsatzes der Öffentlichkeit ist ein absoluter Beschwerdegrund nach § 79 Abs. 3 Satz 1 i.V.m. § 338 Nr. 6 StPO (*Hamm* NJW 1976, 122).

Sitzungspolizeiliche Maßnahmen in der Hauptverhandlung (§§ 176 ff. GVG) sind zulässig. Ordnungsmittel wegen Ungebühr dürfen gegen den Verteidiger des Betroffenen nicht festgesetzt werden (*Düsseldorf* wistra 1994, 79). Die Vorschriften über die Gerichtssprache (§§ 184 bis 191 GVG) gelten. Sie ist deutsch (§ 184 GVG). Das Recht der **Sorben**, in den Heimatkreisen der sorbischen Bevölkerung (insbesondere im Land *Brandenburg*) sorbisch zu sprechen, bleibt unberührt. Ein **Ausländer**, der die deutsche Sprache nicht versteht, hat grundsätzlich keinen Anspruch darauf, dass das schriftliche Urteil in eine für ihn verständliche Sprache übersetzt wird (*Hamburg* NJW 1978, 2462), zumindest sofern ein Dolmetscher für die Hauptverhandlung hinzugezogen worden ist. 54

Die **Vorschriften des JGG** über das Hauptverfahren sind ebenfalls sinngemäß anzuwenden, soweit dieses Gesetz nichts anderes bestimmt (§ 46 Abs. 1). Dies gilt insbesondere für die Vorschriften über die Nichtöffentlichkeit der Hauptverhandlung (§§ 48, 109 Abs. 1 Satz 4 JGG), die Anwesenheitsregelungen der §§ 50, 51 JGG, die Ladung der Erziehungsberechtigten und der gesetzlichen Vertreter, die nach § 50 Abs. 2 JGG in unbedeutenden Sachen nicht erforderlich ist. Von der Benachrichtigung der Jugendgerichtshilfe kann unter den Voraussetzungen des § 46 Abs. 6 abgesehen werden. Diese Vorschrift gilt in jedem Verfahrensstadium. 55

§ 72 Entscheidung durch Beschluß

(1) Hält das Gericht eine Hauptverhandlung nicht für erforderlich, so kann es durch Beschluß entscheiden, wenn der Betroffene und die Staatsanwaltschaft diesem Verfahren nicht widersprechen. Das Gericht weist sie zuvor auf die Möglichkeit eines solchen Verfahrens und des Widerspruchs hin und gibt ihnen Gelegenheit, sich innerhalb von zwei Wochen nach Zustellung des Hinweises zu äußern; § 145a Abs. 1 und 3 der Strafprozeßordnung gilt entsprechend. Das Gericht kann von einem Hinweis an den Betroffenen absehen und auch gegen seinen Widerspruch durch Beschluß entscheiden, wenn es den Betroffenen freispricht.

(2) Geht der Widerspruch erst nach Ablauf der Frist ein, so ist er unbeachtlich. In diesem Falle kann jedoch gegen den Beschluß innerhalb einer Woche nach Zustellung die Wiedereinsetzung in den vorigen Stand unter den gleichen Voraussetzungen wie gegen die Versäumung einer Frist beantragt werden; hierüber ist der Betroffene bei der Zustellung des Beschlusses zu belehren.

(3) Das Gericht entscheidet darüber, ob der Betroffene freigesprochen, gegen ihn eine Geldbuße festgesetzt, eine Nebenfolge angeordnet oder das Verfahren eingestellt wird. Das Gericht darf von der im Bußgeldbescheid getroffenen Entscheidung nicht zum Nachteil des Betroffenen abweichen.

(4) Wird eine Geldbuße festgesetzt, so gibt der Beschluß die Ordnungswidrigkeit an; hat der Bußgeldtatbestand eine gesetzliche Überschrift, so soll diese zur Bezeichnung der Ordnungswidrigkeit verwendet werden. § 260 Abs. 5 Satz 1 der Strafprozeßordnung gilt entsprechend. Die Begründung des Beschlusses enthält die für erwiesen erachteten Tatsachen, in denen das Gericht die gesetzlichen Merkmale der Ordnungswidrigkeit sieht. Soweit der Beweis aus anderen Tatsachen gefolgert wird, sollen auch diese Tatsachen angegeben werden. Ferner sind die Umstände anzuführen, die für die Zumessung der Geldbuße und die Anordnung einer Nebenfolge bestimmend sind.

(5) Wird der Betroffene freigesprochen, so muß die Begründung ergeben, ob der Betroffene für nicht überführt oder ob und aus welchen Gründen die als erwiesen angenommene Tat nicht als Ord-

nungswidrigkeit angesehen worden ist. Kann der Beschluß nicht mit der Rechtsbeschwerde angefochten werden, so braucht nur angegeben zu werden, ob die dem Betroffenen zur Last gelegte Ordnungswidrigkeit aus tatsächlichen oder rechtlichen Gründen nicht festgestellt worden ist.

(6) Von einer Begründung kann abgesehen werden, wenn die am Verfahren Beteiligten hierauf verzichten. In diesem Fall reicht der Hinweis auf den Inhalt des Bußgeldbescheides; das Gericht kann unter Berücksichtigung der Umstände des Einzelfalls nach seinem Ermessen zusätzliche Ausführungen machen. Die vollständigen Gründe sind innerhalb von fünf Wochen zu den Akten zu bringen, wenn gegen den Beschluß Rechtsbeschwerde eingelegt wird.

Schrifttum: *Doller*, Störanfälligkeit im Beschlußverfahren nach § 72 OWiG, DRiZ 1981, 203; *Göhler*, Empfiehlt sich eine Änderung des Rechtsbeschwerdeverfahrens in Bußgeldsachen?, Schäfer-FS S. 39; *Kaiser*, Zur sinnvollen Anwendung des Beschlußverfahrens in Bußgeldsachen, NJW 1979, 2231; *Meurer*, Die Zulässigkeit der Rechtsbeschwerde gegen Beschlußentscheidungen in Bußgeldsachen, NStZ 1984, 8; *Müller-Engelmann*, Das Beschlußverfahren als Möglichkeit zur Entlastung der Amtsgerichte und zur Verfahrensbeschleunigung in Bagatellsachen, ZRP 1981, 133; *Schmidt von Rhein*, Das schriftliche Verfahren in Bußgeldsachen, NStZ 1981, 380; *Wittschier*, Das Verbot der reformatio in peius und der Schuldspruch, StV 1986, 173.

Übersicht

	Rn		Rn
I. Allgemeines	1–2	III. Entscheidung im schrift-	
II. Schriftliches Verfahren	3–24	lichen Verfahren	25–39
		IV. Rechtsbeschwerde	40–50

I. Allgemeines

Die Vorschrift durchbricht den im Strafbefehlsverfahren geltenden Grundsatz, wonach auf zulässigen Einspruch hin **aufgrund einer Hauptverhandlung zu entscheiden** ist (§ 411 Abs. 1 Satz 1 StPO). Sie eröffnet die Möglichkeit, im schriftlichen Verfahren und ohne Beweiserhebung in einer Hauptverhandlung durch Beschluss zu entscheiden. Nach den Vorstellungen des Gesetzgebers ist die Entscheidung aufgrund einer mündlichen Verhandlung die Regel und das schriftliche Verfahren die Ausnah- 1 me (KK-*Senge* 1). Zweck der Ausnahmebestimmung ist allein die Vereinfachung und Beschleunigung des Verfahrens (*Karlsruhe* NStZ-RR 2002, 271). Die zunehmend knapper werdenden personellen und sachlichen Ressourcen bei der Justizgewährung, das Anwachsen der OWi-Verfahren im Bagatellbereich, insbesondere bei den Verkehrs-OWi, und die zunehmende Bedeutung schwerwiegender OWi in nebenstrafrechtlichen Gebieten sprechen dafür, dass de lege ferenda bei schwer wiegenden Verstößen die Hauptverhandlung und bei leichteren Verstößen das schriftliche Verfahren die Regel sein sollte.

2 **Das schriftliche Verfahren in Bußgeldsachen verstößt nicht gegen das GG oder die MRK.** Art. 103 Abs. 1 GG fordert die Anhörung in der mündlichen Verhandlung nicht (*BVerfGE* 9, 11). Dasselbe gilt für Art. 6 MRK (*Röhl* NJW 1964, 275; *RRH* 2a), soweit er überhaupt im Bußgeldverfahren anwendbar ist (*Schmidt* NStZ 1981, 380).

II. Schriftliches Verfahren

3 Abs. 1 enthält die Befugnisnorm für die Entscheidung im schriftlichen Verfahren durch das Gericht. Danach kann es durch Beschluss entscheiden, wenn es eine Hauptverhandlung nicht für erforderlich hält, sofern der Betroffene und die StA diesem Verfahren nicht widersprechen (Satz 1). Es steht in seinem Ermessen, ob es eine Hauptverhandlung für erforderlich hält. Sie erscheint nicht erforderlich, wenn der dem Betroffenen zur Last gelegte Sachverhalt einfach gelagert und die richterliche Sachentscheidung ohne weitere Ermittlungen möglich ist (KK-*Senge* 4), wenn bereits nach Aktenlage ein Freispruch in Betracht kommt, der Betroffene geständig ist und nur eine Reduzierung der Geldbuße anstrebt oder wenn nur eine Rechtsfrage zu entscheiden ist (Begründung BT-Drucks. V/1269 S. 35; *BGH* NJW 1972, 881).

4 Das Gericht kann jederzeit im Laufe eines schriftlichen Verfahrens zu dem Ergebnis kommen, **dass eine Hauptverhandlung erforderlich ist und sie anberaumen.** Seine Entscheidung kann mit der Rechtsbeschwerde nicht angefochten werden (*Hamm* VRS 50, 133).

5 **Das schriftliche Verfahren schließt** eine Beweiserhebung nicht aus (KK-*Senge* 5; **a. A.** *KG* VRS 45, 303). § 71 Abs. 2 erlaubt die Beweiserhebung auch außerhalb der Hauptverhandlung. Kann das Verfahren allerdings im Falle der Notwendigkeit weiterer Ermittlungen voraussehbar

Fünfter Abschnitt. Einspruch und gerichtliches Verfahren § 72

durch Hauptverhandlung rascher zum Abschluss gebracht werden, dann ist so zu verfahren. Nur so kann dem Grundsatz des rechtlichen Gehörs entsprochen werden, wonach dem Betroffenen neue Tatsachen oder Beweisergebnisse, zu denen er noch nicht gehört wurde, zumindest dann, wenn sie zu seinem Nachteil verwertet werden sollen, bekannt gegeben und ihm Möglichkeit zur Stellungnahme, die wiederum der StA mitgeteilt werden muss (§ 33 Abs. 2 StPO), zu geben ist. Seine Anhörung ist auch erforderlich, wenn sich der **rechtliche Gesichtspunkt** ändert. Ferner ist § 76 zu beachten. In diesen Fällen bewirkt das schriftliche Verfahren keinen Gewinn an Verfahrensbeschleunigung und -vereinfachung (*RRH* 4).

Geboten ist eine Hauptverhandlung unabhängig davon, ob die sonstigen Voraussetzungen für das schriftliche Verfahren vorliegen, jedenfalls dann, wenn **Verdachtsgründe für eine Straftat** gegeben sind, weil in diesem Fall nicht ohne Hauptverhandlung entschieden werden kann (§ 81 Abs. 3 Satz 1), ferner in Fällen von grundsätzlicher Bedeutung, sei es in rechtlicher oder tatsächlicher Hinsicht (*Göhler/Seitz* 10). In diesen Fällen wird durch die Entscheidung aufgrund der Hauptverhandlung die Rechtsbeschwerde über § 79 Abs. 1 Satz 2 eröffnet, sofern die Voraussetzungen des § 79 Abs. 1 Satz 1 nicht vorliegen. 6

Die Beschlussentscheidung erfordert, dass der Betroffene und die StA nach Hinweis auf die Möglichkeit eines solchen Verfahrens und des Widerspruchs nicht widersprochen haben (Abs. 1 Satz 1 und Satz 2). Das **ausdrückliche Einverständnis mit dem Beschlussverfahren ist nicht erforderlich**; es ist lediglich das Fehlen eines Widerspruchs festzustellen (*RRH* 6). Widerspruchsberechtigt ist der Betroffene und der Nebenbeteiligte, der die Rechte des Betroffenen hat (§ 87 Abs. 2 Satz 1, Abs. 6, § 88 Abs. 3), sowie die StA. Der Verteidiger, der gesetzliche Vertreter des Betroffenen und der Erziehungsberechtigte haben ebenfalls das Widerspruchsrecht, der Verteidiger jedoch nicht gegen den Willen des Betroffenen, während der gesetzliche Vertreter oder der Erziehungsberechtigte auch eigenständig entscheiden kann. 7

Hat der Verteidiger der Beschlussentscheidung widersprochen, erklärt sich aber der Betroffene mit der Beschlussentscheidung einverstanden, so gilt seine Erklärung, und zwar auch dann, wenn dem Verteidiger die Einverständniserklärung des Betroffenen nicht bekannt war (*BayObLG* VRS 68, 469). Hat der Verteidiger der Beschlussentscheidung zugestimmt und 8

543

veränderte sich die Sachlage, so gilt ein späterer Widerspruch des Verteidigers (*BayObLG* DAR 1979, 244). Für den Betroffenen kann auch ein anderer Vertreter, der hierzu bevollmächtigt ist, den Widerspruch erklären.

9 **Ist kein Widerspruch erhoben**, so ist von zumindest stillschweigendem Einverständnis des Beteiligten mit dem Beschlussverfahren auszugehen (*BGHSt* 24, 294). Dies gilt nicht, wenn der Widerspruch bereits ausdrücklich vor dem Hinweis nach Abs. 1 Satz 2 erklärt wurde, da dieser Widerspruch nicht durch späteres Schweigen gegenstandslos wird (*Schleswig* StraFO 2004, 390). Im Ergebnis wird das Einverständnis unterstellt, wenn die Beteiligten die ihnen eingeräumte Möglichkeit zum Widerspruch nicht nutzen. Lassen sie aber durch ihr Verhalten erkennen, dass sie mit der Entscheidung im schriftlichen Verfahren oder mit einem Verfahren nach Lage der Akten ohne Aufklärung des Sachverhalts nicht einverstanden sind, so gilt diese Unterstellung nicht (*Düsseldorf* VRS 62, 291). Die Zustimmung zur Entscheidung durch Beschluss wird auch hinfällig, wenn das Gericht anschließend weitere entscheidungserhebliche Ermittlungen anstellt (*Brandenburg* NJ 2000, 660).

10 **Ob eine Widerspruchserklärung**, die das schriftliche Verfahren sperrt, **vorliegt**, ist unter Berücksichtigung der Umstände des Einzelfalles, insbesondere des wirklichen Willens des Betroffenen (*BayObLG* DAR 1976, 178) festzustellen. Bedeutung hat dabei auch das Gebot eines **fairen Verfahrens** (*Koblenz* NStZ 1991, 191 m. Anm. *Senge)*. Eine Widerspruchserklärung kann sich auch aus schlüssigem Verhalten ergeben, insbesondere aus dem erklärten Wunsch nach weiterer Aufklärung des Sachverhalts. Eine solche konkludente Erklärung kann etwa beim Bestreiten des Sachverhalts und der Nennung weiterer Beweismittel im Einspruchsschreiben vorliegen (*Hamm* Prozessrecht aktiv 2004, 86). Auch die Erklärung des Betroffenen, er erhoffe sich von einer Gegenüberstellung mit Polizeibeamten einen Freispruch, ist als Widerspruch anzusehen (*Brandenburg* NJ 2000, 660).

11 **Der Widerspruch kann formlos**, also schriftlich, fernmündlich, ggf. auch mündlich, zur Niederschrift des Urkundsbeamten oder mittels elektronischer Kommunikationsmittel **erhoben** werden. Adressat der Widerspruchserklärung ist das Gericht. Eine dem Gericht nicht zugegangene Widerspruchserklärung hat auf dessen Verfahren keinen Einfluss (*KG* VRS 39, 445).

Fünfter Abschnitt. Einspruch und gerichtliches Verfahren § 72

Ist der Widerspruch wirksam gegenüber der Verwaltungsbehörde oder bei der StA erklärt worden, so tritt seine **Sperrwirkung** gegen das schriftliche Verfahren gleichwohl erst mit dem Eingang bei Gericht ein (KK-*Senge* 14), es sei denn, das Verfahren war dort noch anhängig und die genannten Behörden haben die Weiterleitung der Widerspruchserklärung an das Gericht unterlassen (*BayObLG* DAR 1982, 262). Haben der Betroffene oder sein Verteidiger hingegen Kenntnis von der Rechtshängigkeit der Sache bei Gericht, so kann die Widerspruchserklärung nur gegenüber dem Gericht abgegeben werden. Der ergangene Beschluss kann in diesen Fällen nicht gemäß § 79 Abs. 1 Satz 1 Nr. 5 mit der Rechtsbeschwerde angefochten werden (*BayObLG* NJW 1978, 1986). 12

Ist der Widerspruch an eine Bedingung geknüpft, wie etwa an die Nichterhebung von bestimmten Beweisen, so ist er gleichwohl nicht ohne weiteres wirkungslos (*Hamm* MDR 1972, 74; *Meurer* NStZ 1984, 9). Der Grundsatz der Bedingungsfeindlichkeit von Rechtsmitteln und vergleichbaren Rechtshandlungen ist auf den Widerspruch nicht anwendbar. Weil der Widerspruch der Sicherung des rechtlichen Gehörs dient, muss der Betroffene auch berechtigt sein, unter bestimmten Bedingungen auf sein Recht verzichten zu können, wenn er dies unmissverständlich zum Ausdruck bringt (*RRH* 10). Eine Bedingung ist stets dann zulässig, wenn es ausschließlich in der Hand des Gerichts liegt, der Bedingung zu entsprechen (*Schleswig* SchlHA 2003, 209). 13

Für den Fall, dass das Verfahren **abweichend von den Bedingungen** des Betroffenen durchgeführt wird, liegt ein Widerspruch vor (*Schleswig* SchlHA 2003, 209), es sei denn, es hat sich lediglich um eine Anregung gehandelt (*Meurer* NStZ 1984, 10). Bedingung in diesem Sinne kann etwa sein, dass dem Verteidiger zuvor Akteneinsicht gewährt wird, dass der Betroffene nicht freigesprochen oder das Verfahren nicht eingestellt wird (*Hamm* VRS 49, 443), dass das Fahrverbot wegfällt (*Düsseldorf* NJW 1990, 1059), dass eine Geldbuße bis zu einer bestimmten Höhe verhängt (*Schleswig* SchlHA 2003, 209) oder eine bestimmte Kostenentscheidung getroffen wird (*Düsseldorf* VRS 84, 302; *Göhler* NStZ 1994, 73). Gleiches gilt, wenn der Betroffene erklärt, dass er auf Einwendungen gegen den Schuldvorwurf nur dann verzichtet, wenn die Geldbuße deutlich hinter der im Bußgeldbescheid festgesetzten zurückbleibt (*Hamm* NStZ 14

1982, 388). In diesen Fällen erfordert eine nur geringfügige Herabsetzung der Geldbuße eine Hauptverhandlung (*Göhler* NStZ 1988, 67).

15 **Die bloße Erklärung des Betroffenen**, dass das Verfahren eingestellt werden müsse, ist kein Widerspruch (*Hamm* VRS 43, 131). Dies gilt auch, wenn er nur die dem Bußgeldbescheid zugrunde liegende Rechtsauffassung bestreitet, lediglich neue Beweismittel ankündigt (*Göhler/Seitz* 17), einen Antrag auf Terminsverlegung stellt, nachdem das Gericht die Hauptverhandlung anberaumt hat (*KG* JR 1970, 430 m. Anm. *Göhler*), Fristverlängerung zur Stellungnahme über die Frage der Beschlussentscheidung beantragt oder um rechtzeitige Bekanntgabe des Termins zur Hauptverhandlung bittet (*BayObLG* DAR 1974, 187). In derartigen Fällen kann das Gericht das öffentliche Verfahren wählen und dem Betroffenen die Gelegenheit zur Äußerung nach Abs. 1 Satz 2 geben (*Göhler/Seitz* 17).

16 Bei einem **„vorsorglich"**, **„vorerst"** oder **„vorläufig"** eingelegten Widerspruch gegen das schriftliche Verfahren muss das Gericht klären, wie der Betroffene sich endgültig entschlossen hat (*Karlsruhe* Justiz 1977, 315). Bei einer unklaren oder widersprüchlichen Erklärung ist dem Beteiligten Gelegenheit zur Klarstellung zu geben (*BayObLG* DAR 1983, 255). Insgesamt ist es Aufgabe des Gerichts, in Zweifelsfällen Klarheit zu schaffen.

17 **Ist der Verteidiger des Beschuldigten vom Gericht bestellt** oder befindet sich seine **schriftliche Vollmacht** bei den Akten, so kann er für den Betroffenen den Hinweis nach Abs. 1 Satz 2 entgegennehmen. § 145a Abs. 1 und Abs. 3 StPO gelten insoweit entsprechend. Dies bedeutet nicht, dass Zustellungen für den Betroffenen stets an den Verteidiger zu bewirken sind (*RRH* 14). Sie können entweder an den Betroffenen oder an den Verteidiger erfolgen, wobei jeweils der andere von der Zustellung formlos zu unterrichten ist.

18 Wird die Vollmacht erst **nach Zustellung** zu den Akten gebracht, so war die Zustellung mangelhaft. Ist der Betroffene nicht nach § 145a Abs. 3 StPO von der Zustellung an den Verteidiger unterrichtet worden, so ist der Hinweis an den Verteidiger dennoch für ihn wirksam (*BGHSt* 26, 379). Die Gewährung von Akteneinsicht, selbst wenn der Verteidiger daraus die Absicht des Gerichts entnehmen kann, im schriftlichen Verfahren zu ent-

Fünfter Abschnitt. Einspruch und gerichtliches Verfahren § 72

scheiden, ersetzt den Hinweis nach Abs. 1 Satz 2 nicht (*Köln* NZV 1992, 261).

Nach Abs. 1 Satz 2 kann der Widerspruch **nur innerhalb von zwei Wochen** nach einem entsprechenden gerichtlichen Hinweis erhoben werden. Eine kürzer gesetzte Frist ist unwirksam und eröffnet nicht etwa die Möglichkeit einer vorzeitigen Beschlussentscheidung. Die Frist kann vom Richter auch nicht verlängert werden (eingehend *BayObLG* OLGSt 6). Für die Fristberechnung gelten die §§ 42, 43 StPO. 19

Hat das Gericht eine Fristsetzung versäumt, so kann es nicht im schriftlichen Verfahren entscheiden, und zwar auch dann nicht, wenn eine Frist von etwa einem Monat verstrichen ist (*Göhler/Seitz* 39). 20

Ein **verspätet** eingegangener Widerspruch ist unbeachtlich (Abs. 2 Satz 1). Jedoch kann innerhalb einer Woche nach Zustellung die Wiedereinsetzung in den vorigen Stand gewährt werden (Abs. 2 Satz 2). Das Gericht kann auch, insbesondere zur Heilung von Gehörsverstößen, den verspäteten Widerspruch beachten und Hauptverhandlung anberaumen (*Göhler/Seitz* 44a). 21

Die Rücknahme des Widerspruchs ist zulässig. Sie kann formlos erklärt werden, sollte aber zur Klärung in geeigneter Weise aktenkundig sein. Nimmt der Betroffene den Widerspruch zurück, so erstreckt sich seine Erklärung auch auf den Widerspruch des Verteidigers (*BayObLG* VRS 68, 409). Die Frage einer Entscheidung im schriftlichen Verfahren kann sich auch noch nach begonnener Hauptverhandlung stellen, etwa wenn eine veränderte Sach- oder Rechtslage eingetreten ist oder wenn der Beschluss auf die Rechtsbeschwerde aufgehoben wird und das Gericht nunmehr ohne Hauptverhandlung erneut entscheiden will (hierzu *Koblenz* JR 1974, 435 m. Anm. *Cramer*). Dann ist auch die Frage des Widerspruchs hiergegen erneut zu prüfen. 22

In der **Rücknahme** des Widerspruchs liegt nicht stets auch ein **Verzicht** auf das Widerspruchsrecht (**a. A.** *Karlsruhe* NJW 1970, 1697). Dies gilt auch für einen bereits erklärten Verzicht, so dass ein späterer Widerspruch bei veränderter Sach- und Rechtslage nicht von vornherein wirkungslos ist (*Göhler/Seitz* 43). 23

Der Antrag auf Wiedereinsetzung in den vorigen Stand ist bei dem AG zu stellen, bei Kartell-OWi beim OLG (*Göhler/Seitz* 44c). Die Einbrin- 24 gung des Antrages beim Rechtsbeschwerdegericht wahrt die Wiedereinsetzungsfrist nicht. Es entscheidet das Gericht, das den Beschluss erlassen hat. Mit der Gewährung der Wiedereinsetzung wird der Beschluss nach § 72 hinfällig, ohne dass dies ausdrücklich ausgesprochen werden müsste (*BayObLG* NJW 1972, 1724). Das schließt nicht aus, erneut im schriftlichen Verfahren zu entscheiden, wenn der Betroffene damit einverstanden ist. Wird der Wiedereinsetzungsantrag durch das AG verworfen, so ist hiergegen die sofortige Beschwerde zulässig (§ 46 Abs. 3 StPO i. V. m. § 46 Abs. 1). Über die sofortige Beschwerde entscheidet das LG. Unterbleibt die Rechtsbehelfsbelehrung nach Abs. 2, so kann auch wegen der Fristversäumung nach Abs. 2 die Wiedereinsetzung in den vorigen Stand beansprucht werden (KK-*Senge* 31).

III. Entscheidung im schriftlichen Verfahren

25 **Der Beschluss ist eine Gerichtsentscheidung** mit urteilsgleichen Wirkungen. Sie ist sowohl der formellen als auch der materiellen Rechtskraft fähig (*BayObLG* NJW 1973, 1140). Der Richter überprüft auch im Beschlussverfahren nicht den Bußgeldbescheid als eine vorausgegangene Entscheidung, sondern entscheidet selbst über die von der Verwaltungsbehörde gegen den Betroffenen erhobene und von der StA mit der Aktenvorlage an das Gericht aufrechterhaltene Beschuldigung (*BayObLG* NJW 1972, 1771).

26 Nach Abs. 3 entscheidet das Gericht darüber, ob der Betroffene **freigesprochen**, gegen ihn eine **Geldbuße festgesetzt**, eine **Nebenfolge angeordnet** oder das **Verfahren eingestellt** wird. Der Freispruch im schriftlichen Verfahren ist auch möglich, wenn dem Betroffenen kein Hinweis auf die Möglichkeiten eines Widerspruchs gegeben worden war oder dieser dem schriftlichen Verfahren widersprochen hat (Abs. 1 Satz 3).

27 Der Beschluss besteht aus **Rubrum**, **Tenor** und **Gründen** und muss vom Richter unterschrieben sein. In das Rubrum sind außer dem Betroffenen, dem Verteidiger, gesetzlichen Vertretern und Erziehungsberechtigten auch etwaige Nebenbeteiligte aufzuführen, weil die Entscheidung gegen sie wirkt und dies für die Vollstreckung erkennbar sein muss (*Göhler/Seitz* 49). Der Tenor entspricht dem Urteilstenor. Die dazu ergangene Rechtsprechung gilt auch für das schriftliche Verfahren.

Fünfter Abschnitt. Einspruch und gerichtliches Verfahren § 72

Der Freispruch braucht in seinem erkennenden Teil nicht anzugeben, 28
wegen welcher Tat der Betroffene freigesprochen ist. Die Aufnahme einer
Kurzbezeichnung in das Rubrum ist unschädlich. Die Gründe des Freispruchs sind im Tenor nicht zu nennen, sondern den Beschlussgründen
vorbehalten. Neben dem Freispruch ist die Anordnung der Einziehung
aus Sicherungsgründen zulässig, wenn sie bereits im Bußgeldbescheid angeordnet war (*Göhler/Seitz* 50).

Nach Abs. 3 Satz 2 gilt das Verschlechterungsverbot für das Beschlussverfahren. Unzulässig ist damit etwa die Erhöhung der Geldbuße, 29
die Anordnung einer im Bußgeldbescheid nicht enthaltenen Nebenfolge
oder eine Verschlechterung in der Kostenentscheidung (*RRH* 24), nicht
aber eine andere rechtliche Qualifizierung der Tat. Ob eine Änderung des
Rechtsfolgenausspruchs in Art und Höhe eine Verschlechterung darstellt,
ist nach einem Gesamtvergleich des Rechtsfolgenausspruchs im Bußgeldbescheid mit dem des Beschlusses zu beurteilen (*BGH* NJW 1980, 1967).

Deshalb kann der **Wegfall einer Nebenfolge** die Erhöhung einer Geldbuße in dem Maße rechtfertigen, in dem sich der Wegfall für den Betroffenen wirtschaftlich vorteilhaft auswirkt. Zulässig ist ebenfalls die angemessene Erhöhung der Geldbuße im Beschluss bei Wegfall des im Bußgeldbescheid angeordneten Fahrverbots (*BGH* NJW 1971, 105). Die 30
Missachtung des Verschlechterungsverbots kann mit der Rechtsbeschwerde gerügt werden, sofern die Zulässigkeitsvoraussetzungen für das
Rechtsmittel allgemein vorliegen (*Göhler/Seitz* 62).

**Abs. 4 enthält Vorschriften über den Tenor und die Begründung des 31
eine Geldbuße festsetzenden Beschlusses.** Die Vorschrift entspricht im
Wesentlichen denen über das Urteil in Strafsachen. Danach soll der Tenor
zur Bezeichnung der OWi die gesetzliche Überschrift verwenden oder,
falls eine solche fehlt, eine anschauliche Bezeichnung wählen. Nach dem
Tenor werden die angewendeten Vorschriften nach Paragraph, Absatz,
Nummer, Buchstabe und mit der Bezeichnung des Gesetzes aufgeführt
(§ 260 Abs. 5 Satz 1 StPO).

Die Begründung des Beschlusses enthält die **für erwiesen** erachteten Tatsachen, in denen das Gericht die gesetzlichen Merkmale der OWi sieht. 32
Dabei muss die Begründung eines verurteilenden Beschlusses im Wesentlichen den Anforderungen genügen, die an die Begründung eines nicht

freisprechenden Urteils gestellt werden. Es müssen die der Verurteilung zugrunde liegenden Tatsachen in einer Weise dargetan sein, die dem Rechtsbeschwerdegericht die rechtliche Überprüfung ermöglicht. Hierzu gehört die Darlegung und Auseinandersetzung mit der Einlassung des Betroffenen und mit Umständen, die der Ahndung entgegenstehen können (*Stuttgart* NJW 1977, 1410). Für die angeordneten Nebenfolgen ist die tatsächliche und rechtliche Grundlage anzugeben. Schließlich sind auch die für die Bemessung der Geldbuße bestimmenden Umstände anzuführen (Satz 5).

33 Bei **Freispruch des Betroffenen** muss die Begründung nach Abs. 5 ebenso wie nach § 267 Abs. 5 StPO im Einzelnen ergeben, ob das Gericht den Beweis für die Tat oder für einzelne Tatmerkmale des Tatbestandes oder für die Schuld des Betroffenen als nicht erbracht ansieht oder ob es der Überzeugung ist, dass der festgestellte Sachverhalt keine OWi darstellt. Dazu ist einleitend eine kurze Mitteilung der Beschuldigung in tatsächlicher und rechtlicher Hinsicht erforderlich, weil sonst die die Freisprechung tragenden Gründe nicht verständlich sind (*RRH* 27).

34 **Kann der Beschluss nicht mit der Rechtsbeschwerde angefochten werden**, so braucht nur angegeben zu werden, ob die dem Betroffenen zur Last gelegte OWi aus tatsächlichen oder rechtlichen Gründen nicht festgestellt worden ist. Diese Regelung weicht von § 267 Abs. 5 Satz 2 StPO ab. Ferner kann wegen § 77b Abs. 1 Satz 1 von der schriftlichen Begründung eines Urteils ganz abgesehen werden, wenn alle zur Anfechtung Berechtigten auf die Einlegung der Rechtsbeschwerde verzichten oder wenn innerhalb der Frist Rechtsbeschwerde nicht eingelegt ist. Diese Vorschrift gilt auch für die Beschlussentscheidung nach § 72 (**a. A.** *RRH* 27).

35 Für die **Kosten- und Auslagenentscheidung** gelten gemäß § 46 Abs. 1 bei Verurteilung § 465 StPO und bei Freispruch oder Einstellung § 467 StPO sinngemäß (*RRH* 29).

36 **Der Beschluss ist** der StA sowie dem Betroffenen und einem etwaigen Nebenbeteiligten mit einer Rechtsmittelbelehrung **zuzustellen** (*Karlsruhe* Justiz 1973, 358). Die Rechtsmittelbelehrung erstreckt sich auf die Zulässigkeitsvoraussetzungen nach § 79 Abs. 1 Satz 1. Zustellung ist aber auch dann erforderlich, wenn die Rechtsbeschwerde nicht zulässig ist, weil sonst keine Rechtskraft eintritt. Dem der deutschen Sprache nicht

Fünfter Abschnitt. Einspruch und gerichtliches Verfahren **§ 72**

oder nicht ausreichend mächtigen Betroffenen sind Beschluss und Rechtsmittelbelehrung in einer ihm verständlichen Sprache zuzustellen (KK-*Senge* 72). Hat der Betroffene einen zum Empfang von Zustellungen ermächtigten Verteidiger (§ 145a Abs. 1 StPO) und erfolgt die Zustellung an diesen, so kann die nach § 145a Abs. 3 StPO gebotene Unterrichtung des ausländischen Betroffenen in deutscher Sprache gehalten sein.

Nach dem durch das OWiGÄndG vom 26. Januar 1998 (BGBl. I S. 156) eingeführten Abs. 6 kann das Gericht bei entsprechendem Verzicht der Beteiligten **von einer Begründung seines Beschlusses absehen.** Das Gericht holt deren Zustimmung, die eindeutig, vorbehaltlos und ausdrücklich erklärt werden muss (*Göhler/Seitz* 63a), bereits mit dem Einverständnis mit der Beschlussentscheidung ein (*Katholnigg* NJW 1998, 570). Schweigt der Betroffene auf eine entsprechende Frage des Gerichts, so darf sein Einverständnis nicht unterstellt werden; anders kann es bei einem „beredten" Schweigen sein, also dem Schweigen auf die Mitteilung des Gerichts, es gehe von einem Einverständnis aus, wenn der Betroffene nicht binnen bestimmter Frist das Gegenteil erklärt (zweifelnd *Göhler/Seitz* 63a). 37

Nach Abs. 6 Satz 2 reicht im Falle des Begründungsverzichts als Begründungsersatz der Hinweis auf den **Inhalt des Bußgeldbescheides** aus; jedoch kann das Gericht ergänzende Ausführungen machen. Dieser Regelung folgt § 267 Abs. 4 Satz 2 StPO. 38

Wird gegen den Beschluss Rechtsbeschwerde eingelegt, so ist er zu begründen. Für die vollständige Begründung gilt eine Höchstfrist von fünf Wochen wie nach § 257 Abs. 1 Satz 2 StPO, jedoch ohne die für das Strafverfahren geltenden Verlängerungsmöglichkeiten. Die speziellere gesetzliche Regelung in Abs. 6 schließt die sinngemäße Anwendung des § 275 Abs. 1 Satz 2 Halbsatz 2 StPO über § 46 aus. Ist die Frist abgelaufen, so haben Änderungen und Ergänzungen der Gründe keine rechtliche oder tatsächliche Bedeutung. 39

IV. Rechtsbeschwerde

Der Beschluss ist mit der Rechtsbeschwerde anfechtbar, wenn die Voraussetzungen des § 79 Abs. 1 Satz 1 vorliegen, d. h. wenn die in Nr. 1 bis 3 festgesetzten Wertgrenzen erfüllt sind, eine Nebenfolge nichtvermögensrechtlicher Art angeordnet wurde oder der Betroffene dem Verfahren nach § 72 widersprochen hatte. Die Zulassung der Rechtsbeschwerde ist 40 gegen Beschlüsse nach § 72 ausgeschlossen, so dass in Bagatellfällen bei Entscheidungen durch Beschluss das Verfahren grundsätzlich auf eine gerichtliche Instanz beschränkt wird, es sei denn, es handelt sich um rechtsgrundsätzliche Fragen.

41 Eine gegen den Beschluss nach § 72 **unzulässige sofortige Beschwerde** ist in eine Rechtsbeschwerde umzudeuten (*Hamm* VRS 45, 306). Hingegen ist bei Einstellung nach § 206a StPO die sofortige Beschwerde zulässig. Durch den Widerspruch gegen das schriftliche Verfahren kann die Einstellung durch Beschluss nach § 206a StPO allerdings nicht verhindert werden, weil der Widerspruch die Hauptverhandlung lediglich in den Fällen notwendig macht, in denen sie ohne § 72 erforderlich gewesen wäre (*RRH* 31).

42 Gegen die in dem Beschluss enthaltene **Kostenentscheidung** ist sofortige Beschwerde zulässig.

43 **Hat der Richter trotz fehlender Belehrung nach § 72 Abs. 1 Satz 2 durch Beschluss entschieden**, so ist die Rechtsbeschwerde nach § 79 Abs. 1 Satz 1 Nr. 5 in der Fassung durch das Anhörungsrügengesetz vom 9. 12. 2004 (BGBl. I S. 3220) zulässig, weil dem Betroffenen in diesem Fall kein genügendes rechtliches Gehör gewährt worden ist (*Köln* NJW 1970, 1336). Die gilt ebenso, wenn die Belehrung nicht dem Gesetz entspricht, etwa indem dem Betroffenen keine Frist zur Stellungnahme zu dem Hinweis nach Abs. 1 Satz 2 gewährt wurde oder wenn das Gericht vor Ablauf der Frist entschieden hat (*RRH* 32).

44 Die Rechtsprechung lässt die Rechtsbeschwerde **ferner** zu, wenn der Hinweis den Betroffenen nicht in die Lage versetzt, die Bedeutung der Möglichkeit der Entscheidung aufgrund einer Hauptverhandlung oder durch Beschluss und ihre Folgen zu erkennen, etwa wenn der Betroffene nur darüber belehrt wird, dass das AG im Beschlussverfahren nicht zu seinen Ungunsten vom Bußgeldbescheid abweichen dürfe, nicht aber darüber, dass die Rechtsbeschwerde bei Entscheidung durch Beschluss nicht zugelassen werden könne (**a. A.** *Oldenburg* MDR 1970, 612).

45 Die Rechtsbeschwerde ist ferner zulässig, wenn unter dem Gesichtspunkt des **Gebots eines fairen Verfahrens** ein Widerspruch zu unterstellen ist, falls das Gericht gegen dieses Gebot verstoßen hat. Der Grundsatz des **rechtlichen Gehörs** ist auch im OWi-Verfahren von so grundlegender Bedeutung, dass nach der Ergänzung durch das Anhörungsrügengesetz vom 9. 12. 2004 (BGBl. I S. 3220) gem. § 79 Abs. 1 Satz 1 Nr. 5 nunmehr grundsätzlich die Rechtsbeschwerde gegen Beschlüsse nach § 72 zulässig ist, wenn dem Betroffenen das rechtliche Gehör versagt wurde.

Weiter ist die Rechtsbeschwerde zulässig, **wenn das Gericht gegen das Verschlechterungsverbot verstoßen hat (a. A.** *KG* JR 1970, 432; *Frankfurt* NJW 1976, 1327). Insoweit handelt es sich um einen eindeutigen Gesetzesverstoß, der die Annahme nahe legt, dass der Betroffene selbstverständlich dem schriftlichen Verfahren widersprochen hätte, wenn er hätte annehmen müssen, dass das Gericht entgegen Abs. 3 Satz 2 zu seinem Nachteil entscheiden will. Darauf, dass hier auch ein Verstoß gegen das Gebot eines fairen Verfahrens vorliegt, kommt es nicht mehr an (*RRH* 37). Gleichgültig ist, ob das Gericht den Betroffenen vor der schriftlichen Entscheidung auf das Verschlechterungsverbot hingewiesen hat (*BGH* VRS 67, 364), weil die Belehrung über die Beachtung des Verschlechterungsverbots keine Zulässigkeitsvoraussetzung für das schriftliche Verfahren ist. 46

Bei einer Verletzung des rechtlichen Gehörs ist, wenn der Beschluss unanfechtbar und auch § 79 Abs. 1 Satz 1 Nr. 5 nicht anwendbar ist, **das rechtliche Gehör nach § 33a StPO nachträglich zu gewähren** (*BVerfGE* 42, 243). In diesem Nachverfahren, das auch im Wege der Hauptverhandlung durchgeführt werden kann (*BayObLG* NJW 1973, 1140), darf die sodann neu ergehende Entscheidung keine strengeren Rechtsfolgen aussprechen als die zunächst erlassene. Lehnt das AG die nachträgliche Gewährung des rechtlichen Gehörs ab, so ist hiergegen die einfache Beschwerde nach § 304 StPO zulässig (*Göhler/Seitz* 81). 47

Der Erlass des Beschlusses nach § 72 führt das Ruhen der Verjährung herbei (§ 32 Abs. 2), sofern die Verjährungsfrist vorher noch nicht abgelaufen war. Dabei kommt es auf den Zeitpunkt der Unterzeichnung des Beschlusses an. Ist die Rechtsbeschwerde unzulässig, so kann eine vor Erlass der angefochtenen Entscheidung eingetretene Verjährung nicht berücksichtigt werden (*BayObLG* DAR 1987, 319), gleichgültig, ob die Rechtsbeschwerde überhaupt unzulässig ist oder ob sie nur nicht form- und fristgerecht eingelegt ist (*Celle* NdsRPfl. 1977, 169). 48

Der Beschluss wird mit fruchtlosem Ablauf der Beschwerdeeinlegungsfrist rechtskräftig. Ist fristgerecht Rechtsbeschwerde eingelegt, so 49 wird er erst mit deren Zurücknahme oder Verwerfung rechtskräftig. Die Rechtskraft erstreckt sich auch auf die Verfolgung der Tat als Straftat (§ 84 Abs. 2). Gegen den rechtskräftigen Beschluss kann wie bei einem Urteil die Wiederaufnahme des Verfahrens beantragt werden (§ 85). Eine Berichtigung der Entscheidungsformel des Beschlusses außerhalb dieser Verfahren ist nur bei einem offensichtlichen Versehen zulässig (*Göhler/ Seitz* 83).

50 Nach dem **Übergang ins Strafverfahren**, also mit dem Hinweis gegenüber dem Betroffenen auf die Veränderung des rechtlichen Gesichtspunktes gemäß § 81 Abs. 2, im Verfahren nach § 82 Abs. 2 und im Verfahren nach § 83 Abs. 1 ist das Beschlussverfahren nicht anwendbar.

§ 73 Anwesenheit des Betroffenen in der Hauptverhandlung

(1) Der Betroffene ist zum Erscheinen in der Hauptverhandlung verpflichtet.

(2) Das Gericht entbindet ihn auf seinen Antrag von dieser Verpflichtung, wenn er sich zur Sache äußert oder erklärt hat, daß er sich in der Hauptverhandlung nicht zur Sache äußern werde, und seine Anwesenheit zur Aufklärung wesentlicher Gesichtspunkte des Sachverhalts nicht erforderlich ist.

(3) Hat das Gericht den Betroffenen von der Verpflichtung zum persönlichen Erscheinen entbunden, so kann er sich durch einen schriftlich bevollmächtigten Verteidiger vertreten lassen.

1 Die Vorschrift ist durch Art. 1 Nr. 13 des OWiGÄndG vom 26. Januar 1998 (BGBl. I S. 156) neu gefasst worden. **Sie hat die bisherige Regelung**, nach der eine Verpflichtung des Betroffenen zum Erscheinen in der Hauptverhandlung nicht bestanden hatte, **ins Gegenteil verkehrt.** Nunmehr besteht **Anwesenheitspflicht.** Nach der Begründung soll die Neuregelung künftig Auseinandersetzungen darüber vermeiden, ob die Anordnung des persönlichen Erscheinens des Betroffenen gerechtfertigt war oder nicht, darauf beruhende Rechtsbeschwerden verhindern und so der Rechtsklarheit und der Entlastung der Gerichte dienen. Die entsprechende Änderung war in der Praxis auf Kritik gestoßen (*Göhler* DAR 1996, 191)

Fünfter Abschnitt. Einspruch und gerichtliches Verfahren § 73

und vom 34. Verkehrsgerichtstag (1996) mit großer Mehrheit abgelehnt worden (*Göhler/Seitz* 1).

Nach Abs. 1 ist der **Betroffene zum Erscheinen in der Hauptverhandlung verpflichtet.** Dies gilt auch für geringfügige Fälle und auch dann, wenn der Gerichtsort von seinem Wohnort weit entfernt liegt. Dem Betroffenen wird eine Mitwirkung im Einspruchsverfahren abverlangt. Beachtet er sie nicht, so hat dies den Verlust seines Anspruchs auf eine Hauptverhandlung ohne seine Teilnahme zur Folge. Dies ist rechtlich unbedenklich. Lehnt der Betroffene es ab, zur Aufklärung des Sachverhalts in einer ihm zumutbaren Weise mitzuwirken, so braucht auch das Gericht seine Pflicht zur Sachaufklärung nicht zu erfüllen und kann den Einspruch verwerfen (*BVerfG* DAR 1991, 156; *BGH* NJW 1992, 2494). 2

Abs. 2 entschärft die Anwesenheitspflicht des Betroffenen: Stellt er den Antrag, von seiner Pflicht zum Erscheinen in der Hauptverhandlung entbunden zu werden, so hat das Gericht diesem Antrag zu folgen, sofern sich der Betroffene zur Sache geäußert hat oder unmissverständlich erklärt hat, dass er sich in der Hauptverhandlung ohnehin nicht zur Sache äußern werde, und wenn seine Anwesenheit aus Sicht des Gerichts zur Aufklärung wesentlicher Gesichtspunkte des Sachverhaltes nicht erforderlich ist. Der Betroffene muss mithin initiativ werden, wenn er zur Hauptverhandlung nicht erscheinen will. Für ihn ist die Neuregelung jedoch günstig, da er jetzt nur noch dann zur Hauptverhandlung kommen muss, wenn es um die Aufklärung wesentlicher Gesichtspunkte geht (*Katholnigg* NJW 1998, 570). Erklärt er von sich aus sein Einverständnis mit der Entscheidung im Beschlussweg, so liegt darin ein Entbindungsantrag, wenn auch die übrigen Voraussetzungen von Abs. 2 vorliegen (*BayObLG* OLGSt 12). Liegt kein Entbindungsantrag vor, darf der Betroffene auch dann nicht ohne weiteres entbunden werden, wenn für ihn ein Verteidiger auftritt (*BayObLG* VRS 106, 123), es sei denn, dieser ist auch zur Stellung eines solchen Antrags bevollmächtigt und stellt den Antrag noch zu Beginn der Hauptverhandlung (*Naumburg* ZfS 2002, 592; *Köln* NStZ-RR 2002, 114). 3

Der Betroffene hat sich in hinreichender Weise zur Sache geäußert, wenn seine Äußerung in der Hauptverhandlung durch das Gericht verwertbar ist (*Göhler/Seitz* 6). Dabei können seine früheren Vernehmungen und seine schriftlichen oder protokollierten Erklärungen, die nach § 74 Abs. 1 Satz 2 durch Mitteilung ihres wesentlichen Inhalts oder durch Ver- 4 lesung in der Hauptverhandlung einzuführen sind, ausreichen. Hat sich der Betroffene jedoch darauf beschränkt, die Beschuldigung zu bestreiten oder zu erklären, er könne sich an den Vorfall, der ihm zur Last gelegt wird, nicht erinnern, so liegt keine hinreichende Äußerung zur Sache vor. Ebenso, wenn der Betroffene lediglich die Richtigkeit der von der Verwaltungsbehörde vorgenommenen Untersuchungen oder Erkenntnisse unsubstantiiert und pauschal bestreitet. In diesen Fällen ist das Gericht nicht verpflichtet, ihn von seiner Erscheinungspflicht in der Hauptverhandlung zu befreien, denn der Betroffene hat dann keinen ihm möglichen und zumutbaren Beitrag zur Aufklärung des Sachverhalts geleistet. Handelt es sich dabei darüber hinaus um wesentliche Gesichtspunkte des Sachverhalts, so kann er schon nach Abs. 2 letzter Halbsatz nicht von seiner Anwesenheitspflicht entbunden werden.

5 **Die Anwesenheit des Betroffenen zur Aufklärung des Sachverhalts ist auch weiterhin erforderlich**, wenn seine Anwesenheit zu seiner Identifizierung notwendig ist, das Gericht zuverlässigere Angaben von Zeugen oder Mitbetroffenen erwarten kann, sofern diese in Gegenwart des Betroffenen abgegeben werden, oder wenn zu erwarten ist, dass der bislang schweigende Betroffene in der Hauptverhandlung aufgrund von gerichtlichen Vorhalten die Möglichkeit erhalten soll, seine Entscheidung zu überdenken (*BGH* NJW 1992, 2494 m. Anm. *Göhler* NStZ 1993, 73; *Göhler/Seitz* 8). In diesem Sinne von Bedeutung ist auch die Frage, ob der Betroffene vorsätzlich oder fahrlässig gehandelt hat, sowie die Klärung der näheren Umstände, die für die Anordnung eines Fahrverbots bestimmend sind.

6 Besteht anstelle der im Bußgeldbescheid angenommenen OWi der **Verdacht einer Straftat**, so kann es erforderlich sein, den Betroffenen zur Aufklärung des Sachverhalts nicht von seiner Erscheinungspflicht zu entbinden, damit der reibungslose Übergang in das Strafverfahren ermöglicht wird, es sei denn, der Betroffene hat sich auch schon zu den strafrechtlichen Folgen des Vorgangs geäußert.

7 Nach Abs. 3 kann sich der Betroffene, der von der Verpflichtung zum persönlichen Erscheinen entbunden ist, **durch einen schriftlich bevollmächtigten Verteidiger vertreten lassen.** Dieser vertritt den Betroffenen in der Erklärung und im Willen und kann für ihn deshalb zur Sache aussagen, insbesondere auch den Vorwurf einräumen (*Göhler/Seitz* 27). Dies

gilt nicht für den RA, der in Untervollmacht ohne schriftliche Vollmacht auftritt. Gleichwohl darf er nicht zurückgewiesen werden oder sein Beweisantrag ohne gerichtliche Entscheidung bleiben (*Hamm* AnwBl. 1981, 31). Ein solcher Verfahrensfehler begründet die Rechtsbeschwerde (*Göhler/Seitz* 26).

Die Möglichkeit, **den Betroffenen durch einen ersuchten Richter anzuhören**, ist durch § 73 abgeschafft. Sie ist nicht mehr erforderlich, weil sich der Betroffene nach Abs. 2 schriftlich äußern kann (*BGH HRSt* 1; *BayObLG* OLGSt 2). Hält das Gericht die Befragung des Betroffenen zur Aufklärung wesentlicher Gesichtspunkte des Sachverhalts für erforderlich, so wird nicht seine Vernehmung durch den ersuchten Richter anberaumt, sondern von seiner Entbindung von der Erscheinungspflicht abgesehen. Diese vom Gesetz nicht geregelte, aber naheliegende Schlussfolgerung aus der Mitwirkungspflicht des Betroffenen (*Katholnigg* NJW 1998, 570), führt zu einer Entlastung der Justiz und des Betroffenen sowie zu einer Beschleunigung des OWi-Verfahrens. Erscheint der Betroffene nach seinem Antrag auf Äußerung vor einem Richter seines Wohnortes unentschuldigt nicht in der Hauptverhandlung, so verwirft das Gericht den Einspruch ohne Verhandlung zur Sache durch Urteil (§ 74 Abs. 2). 8

§ 74 Verfahren bei Abwesenheit

(1) Die Hauptverhandlung wird in Abwesenheit des Betroffenen durchgeführt, wenn er nicht erschienen ist und von der Verpflichtung zum persönlichen Erscheinen entbunden war. Frühere Vernehmungen des Betroffenen und seine schriftlichen oder protokollierten Erklärungen sind durch Mitteilung ihres wesentlichen Inhalts oder durch Verlesung in die Hauptverhandlung einzuführen. Es genügt, wenn die nach § 265 Abs. 1 und 2 der Strafprozeßordnung erforderlichen Hinweise dem Verteidiger gegeben werden.

(2) Bleibt der Betroffene ohne genügende Entschuldigung aus, obwohl er von der Verpflichtung zum Erscheinen nicht entbunden war, hat das Gericht den Einspruch auch ohne Verhandlung zur Sache durch Urteil zu verwerfen.

(3) Der Betroffene ist in der Ladung über die Absätze 1 und 2 und die §§ 73 und 77b Abs. 1 Satz 1 und 3 zu belehren.

(4) Hat die Hauptverhandlung nach Absatz 1 oder Absatz 2 ohne den Betroffenen stattgefunden, so kann er gegen das Urteil binnen einer Woche nach Zustellung die Wiedereinsetzung in den vorigen Stand unter den gleichen Voraussetzungen wie gegen die Versäumung einer Frist nachsuchen. Hierüber ist er bei der Zustellung des Urteils zu belehren.

1   Die Vorschrift ist durch Art. 1 Nr. 13 des OWiGÄndG vom 26. Januar 1998 (BGBl. I S. 156) neu gefasst worden. Sie ergänzt § 73 und regelt das Verfahren bei **erlaubter Abwesenheit des Betroffenen** (Abs. 1 und Abs. 4), bei **nicht erlaubter Abwesenheit** (Abs. 2 und Abs. 4) und enthält **Belehrungspflichten** (Abs. 3 und Abs. 4 Satz 2).

2   Nach Abs. 1 Satz 1 wird die Hauptverhandlung in Abwesenheit des Betroffenen durchgeführt, wenn er von der **Verpflichtung zum persönlichen Erscheinen entbunden** war und auch tatsächlich nicht erschienen ist, unabhängig davon, ob er sich nach § 73 Abs. 3 durch einen schriftlich bevollmächtigten Verteidiger vertreten lässt. Erscheint er gleichwohl, so hat er trotz der ursprünglichen Entbindung von der Anwesenheitspflicht die gewöhnlichen Rechte des Betroffenen in der Hauptverhandlung, und zwar auch gegenüber seinem an sich umfassend bevollmächtigten Verteidiger.

3   Ist der Betroffene von der Anwesenheitspflicht entbunden, so braucht das Gericht mit einer **Verspätung** des möglicherweise gleichwohl auftretenden Betroffenen nicht zu rechnen. Hat er jedoch einen **bevollmächtigten Verteidiger**, so gebietet es die Rücksichtnahme auf dessen Terminslage, eine angemessene Zeit auf ihn zu warten. Erscheint der von der Anwesenheitspflicht entbundene Betroffene dennoch und dazu verspätet zur Hauptverhandlung, so muss ihm Gelegenheit gegeben werden, sich selbst zur Sache zu äußern (*Göhler/Seitz* 6).

4   **Ist der Verteidiger nicht i. S. v. § 73 Abs. 3 schriftlich bevollmächtigt**, so gelten Abs. 1 und Abs. 4 auch dann, wenn der Verteidiger auftritt und für den Betroffenen Erklärungen zur Sache abgibt. Das Gericht führt in diesem Falle gleichwohl das Verfahren bei erlaubter Abwesenheit, so dass nicht auf die Mitteilung oder Verlesung i. S. v. Abs. 1 Satz 2 verzichtet werden kann (*Göhler/Seitz* 9).

5   Im Abwesenheitsverfahren nach Abs. 1 müssen **frühere Vernehmungen des Betroffenen** und seine schriftlichen oder protokollierten **Erklärun-**

gen durch Mitteilung ihres wesentlichen Inhalts oder durch Verlesung in die Hauptverhandlung eingeführt werden (Abs. 1 Satz 2). Erforderlich ist, dass sich der Betroffene als Betroffener im vorliegenden Verfahren zur Sache geäußert hat, nicht etwa nur als Zeuge. Ob die Vernehmung von der Verwaltungsbehörde, der Polizei, der StA oder einem Richter durchgeführt worden ist, ist gleichgültig. **Ausreichend ist auch die schriftliche Anhörung.** Zulässig ist ferner die Einführung der Erklärung des Betroffenen in der Einspruchsschrift oder etwa in einer späteren Eingabe an das Gericht (*Göhler/Seitz* 11).

Ist der Betroffene durch einen schriftlich bevollmächtigten Verteidiger vertreten (§ 73 Abs. 3) und bleiben sowohl er als auch der Verteidiger erlaubt der Hauptverhandlung fern, so werden auch die durch einen **Schriftsatz des Verteidigers** vorgetragenen Angaben des Betroffenen nach Abs. 1 Satz 2 in die Hauptverhandlung **eingeführt** (*Frankfurt* NZV 1993, 281 m. Anm. *Göhler* NStZ 1994, 74). **6**

Nicht ausreichend ist die Bekanntgabe eines **Vermerks der Vernehmungsperson** über eine mündliche Anhörung oder der richterliche Bericht über eine fernmündliche Erklärung des Betroffenen zur Sache, die er ihm gegenüber abgegeben hat. In beiden Fällen handelt es sich nicht um schriftliche oder protokollierte Erklärungen des Betroffenen selbst (*Göhler/Seitz* 12). **7**

Ist der Betroffene **mehrfach vernommen** worden und hat er außerdem unterschiedliche Erklärungen abgegeben, so sind sämtliche Vernehmungen und Erklärungen in die Hauptverhandlung einzuführen. Dabei reicht es insbesondere bei teilweise übereinstimmenden und teilweise abweichenden Erklärungen aus, wenn die übereinstimmenden Erklärungen einmal und sodann die abweichenden Erklärungen eingeführt werden. **8**

Die Mitteilung des wesentlichen Inhalts oder die Verlesung früherer Erklärungen des Betroffenen werden in das **Protokoll** aufgenommen. Fehlt ein Protokollvermerk, so ist davon auszugehen, dass die Erklärung des Betroffenen nicht Gegenstand der Verhandlung gewesen ist, so dass ihre Verwertung im Urteil unzulässig ist. **9**

Hinweise über die **Veränderung des rechtlichen Gesichtspunktes** nach § 265 Abs. 1 und 2 StPO sind dem Betroffenen bei seiner Ladung zur **10**

Hauptverhandlung und der damit verbundenen Mitteilung, dass er vom Erscheinen in der Hauptverhandlung entbunden ist, zu erteilen. Zugleich muss ihm Gelegenheit zur Äußerung gegeben werden. Hat der Betroffene jedoch einen schriftlich bevollmächtigten Verteidiger, so genügt es, wenn diesem die Hinweise in der Hauptverhandlung gegeben werden.

11 War der Betroffene von der Verpflichtung zum Erscheinen in der Hauptverhandlung nicht entbunden und bleibt er trotzdem ohne genügende Entschuldigung aus, so **verwirft das Gericht den Einspruch** ohne Verhandlung zur Sache durch Urteil (Abs. 2). Diese Regelung ist § 329 Abs. 1 Satz 1 StPO nachgebildet. Voraussetzungen der Verwerfung ist in jedem Fall die ordnungsgemäße Ladung des Betroffenen (§ 216 StPO i.V. m. § 71). Wird dagegen verstoßen und hilft auch die Rechtsbeschwerdeinstanz nicht ab, kann wegen Verstoßes gegen Art. 103 Abs. 1 GG die Verfassungsbeschwerde begründet sein (*BVerfG* [Kammer] NStZ-RR 2004, 372). Verbleibende Zweifel an der Ordnungsgemäßheit der Ladung können der Rechtsbeschwerde zum Erfolg verhelfen (*Jena* StraFO 2004, 357). Liegen die Voraussetzungen dieser Vorschrift vor, so hat das Gericht keine Wahlmöglichkeit. Die damit verbundene mögliche Härte gegenüber dem Betroffenen wird durch die Wiedereinsetzungsmöglichkeit nach Abs. 4 ausgeglichen. Abs. 2 gilt nicht, wenn der Betroffene vom persönlichem Erscheinen entbunden ist und lediglich sein Verteidiger nicht erscheint (*Koblenz* und *Jena* bei *Korte* NStZ 2004, 674).

12 Ist die Hauptverhandlung lediglich unterbrochen worden, so gilt Abs. 2, wenn der hierzu ordnungsgemäß geladene Betroffene am Tag der Fortsetzung der Hauptverhandlung unentschuldigt fernbleibt (*Jena* bei *Korte* NStZ 2004, 674). Ist die Hauptverhandlung ausgesetzt oder vertagt worden, so kann der Einspruch ohne weitere Sachbehandlung verworfen werden, wenn die Voraussetzungen von Abs. 2 vorliegen (*Hamm* NStZ 1992, 498). Hat das Beschwerdegericht das Sachurteil bereits aufgehoben, so ist Verwerfung des Einspruchs ohne erneute Verhandlung zur Sache unzulässig, sofern damit ein Verstoß gegen das Verschlechterungsverbot oder eine in der Sache abweichende Entscheidung von der des Rechtsbeschwerdegerichts verbunden ist (*Göhler/Seitz* 24; **a.A.** wohl *Köln* VRS 98, 217; differenzierend KK-*Senge* 21). War jedoch das den Einspruch verwerfende Urteil aufgehoben und die Sache zurückverwiesen, so ist erneute Verwerfung des Einspruchs möglich (*Göhler/Seitz* 25).

Fünfter Abschnitt. Einspruch und gerichtliches Verfahren § 74

Die Abwesenheit des Betroffenen ist genügend entschuldigt, wenn ihm 13
das Erscheinen unter Berücksichtigung der konkreten Umstände und der
Bedeutung der Sache nicht zumutbar und nicht möglich war. Dabei kann
es sich um persönliche oder berufliche Gründe handeln. Das Gericht trifft
die dazu erforderlichen Feststellungen im Freibeweisverfahren. Ein
nichtssagendes ärztliches Attest berechtigt für sich gesehen noch nicht
zur Verwerfung des Einspruchs (*BayObLG* OLGSt 10). Verbleiben Zweifel, ob der Betroffene genügend entschuldigt ist, und können sie auch im
Freibeweisverfahren nicht geklärt werden, so darf der Einspruch nicht
verworfen werden (*Düsseldorf* NZV 1994, 449).

Hat das Gericht nach Abs. 2 entschieden, so muss das Urteil auch Ausführungen zur nicht genügenden Entschuldigung des ausgebliebenen Betroffenen enthalten (*Hamm* und *KG* bei *Korte* NStZ 2004, 675; *Göhler/Seitz* 14
35). Für die **Zustellung des Abwesenheitsurteils** gelten die allgemeinen
Zustellungsvorschriften. Hält das Gericht die in der Hauptverhandlung erschienene Person infolge eines Vergleichs mit einem bei den Akten befindlichen Lichtbild nicht für den Betroffenen und verwirft es deshalb
den Einspruch nach Abs. 2, muss es dies in den Gründen des Verwerfungsurteils in einer für das Rechtsbeschwerdegericht nachprüfbaren
Weise darlegen (*Köln* NStZ 2004, 700).

Abs. 3 enthält **Belehrungspflichten** über die Konsequenzen, die sich aus 15
erlaubter und unerlaubter Abwesenheit des Betroffenen ergeben, sowie
über die Möglichkeiten des Absehens von Urteilsgründen nach § 77b
Abs. 1 Satz 1 und Satz 3. Wird hingegen die Hauptverhandlung unterbrochen und ein neuer Termin bestimmt, so braucht nicht erneut nach Abs. 3
belehrt zu werden (*BayObLG* OLGSt 11).

Nach Abs. 4 kann der Betroffene gegen das Urteil innerhalb einer Woche 16
nach Zustellung **Wiedereinsetzung in den vorigen Stand** beantragen,
wenn die Hauptverhandlung in seiner erlaubten oder unerlaubten Abwesenheit stattgefunden hat. Maßgeblich sind die allgemeinen Voraussetzungen der Wiedereinsetzung in den vorigen Stand wegen Versäumung
einer Frist (§§ 235, 44 StPO). Wird ihm Wiedereinsetzung gewährt, so ist
dem Abwesenheitsverfahren nach Abs. 1 und Abs. 2 nachträglich die
Grundlage entzogen (KK-*Senge* 49). **Das Urteil wird hinfällig,** ohne dass
es eines besonderen Ausspruchs hierüber bedarf (*BayObLGSt* 1972, 43).
Eine vorsorglich eingelegte Rechtsbeschwerde oder ein vorsorglich ge-

§ 74   Zweiter Teil. Bußgeldverfahren

stellter Antrag auf Zulassung der Rechtsbeschwerde wird mit Gewährung der Wiedereinsetzung gegenstandslos. Eine Entscheidung über das Rechtsmittel ist nicht mehr möglich (*Oldenburg* NdsRpfl. 1985, 78).

17 Hatte der Betroffene **keine Kenntnis von der Ladung** zur Hauptverhandlung, so ist die Wiedereinsetzung nur dann begründet, wenn seine **Unkenntnis unverschuldet** ist. Das ist sie auch, wenn ihm von seinem Verteidiger unzutreffende Auskünfte über den Hauptverhandlungstermin gegeben worden sind oder wenn er davon ausgehen durfte, dass sein Verteidiger den Hauptverhandlungstermin wahrnehmen würde, ihn aber versehentlich versäumt hat (*Göhler/Seitz* 46, 47).

18 **Für die Wiedereinsetzung ist das AG zuständig.** Wird der Antrag auf Wiedereinsetzung verworfen, so ist dagegen die sofortige Beschwerde statthaft (§ 46 Abs. 3 StPO i.V.m. § 46). Über die Wiedereinsetzungsmöglichkeiten ist der Betroffene nach Abs. 4 Satz 2 mit der Zustellung des Urteils zu belehren. Unterbleibt die Belehrung, so kann er Wiedereinsetzung wegen einer Fristversäumung beanspruchen (§ 44 StPO i.V.m. § 46). Eine irrtümliche Belehrung, die an § 329 StPO anknüpft, begründet nicht ohne weiteres die Wiedereinsetzung (vgl. *BayObLG* wistra 1995, 76; *Göhler/Seitz* 46, 47).

19 Gegen das Abwesenheitsurteil kann auch **von Amts wegen** Wiedereinsetzung gewährt werden (*BVerfG* NJW 1976, 1839). Dies bietet sich an, wenn der Wiedereinsetzungsgrund in einem Verfahrensfehler des Gerichts, etwa der Verletzung des rechtlichen Gehörs oder einer unterbliebenen Ladung des Betroffenen besteht. Die Wiedereinsetzung von Amts wegen wird nicht dadurch ausgeschlossen, dass der Betroffene gegen das Urteil Rechtsbeschwerde einlegt oder den Antrag auf Zulassung der Rechtsbeschwerde stellt, ohne zugleich die Wiedereinsetzung zu beantragen (*Düsseldorf* NJW 1980, 1704).

20 **Der Betroffene kann wählen**, ob er den Wiedereinsetzungsantrag stellen oder Rechtsbeschwerde einlegen bzw. Zulassung der Rechtsbeschwerde beantragen will. **Betreibt er beide Verfahren**, so kann die Rechtsbeschwerde auf dieselben Gründe gestützt werden, die bereits Gegenstand des Antrags auf Wiedereinsetzung sind (*Düsseldorf* NStZ 1988, 318), ohne dass das Rechtsbeschwerdegericht an die Bewertung der geltend gemachten Wiedereinsetzungsgründe durch den Tatrichter gebunden wäre

Fünfter Abschnitt. Einspruch und gerichtliches Verfahren § 74

(*Düsseldorf* VRS 65, 446). Gibt der Tatrichter dem Wiedereinsetzungsantrag statt, so ist die Beschlussverwerfung der Rechtsbeschwerde als unzulässig wirkungslos (KK-*Senge* 50).

Treffen der Antrag auf Wiedereinsetzung und Rechtsbeschwerde bzw. **21** Antrag auf Zulassung der Rechtsbeschwerde zusammen, so gilt nach § 79 Abs. 3 Satz 2 die Regelung des § 342 StPO. **Der Antrag auf Wiedereinsetzung ist vorgreiflich.** Das Rechtsbeschwerdegericht darf sich mit der Sache nicht befassen, solange der Wiedereinsetzungsantrag nicht rechtskräftig abgelehnt ist (KK-*Senge* 51).

Mit der Rechtsbeschwerde kann gerügt werden, dass das AG den Ein- **22** spruch zu Unrecht wegen unentschuldigten Ausbleibens verworfen hat, weil die Voraussetzungen hierfür nicht gegeben waren (*Koblenz* ZfS 1992, 103; *Göhler/Seitz* 48a), nicht jedoch in diesem Fall der Schuldspruch, weil das Gericht nach Abs. 2 ohne Verhandlung zur Sache verworfen hat (*Koblenz* NStZ-RR 2004, 373). Ein Verstoß gegen Abs. 2 ist mit der Verfahrensrüge geltend zu machen (*Brandenburg* NStZ-RR 1997, 275). Ausreichend ist wohl nicht, wenn nur der Sachrüge entnommen werden kann, dass die Verwerfung des Einspruchs überprüft werden soll (vgl. auch *Koblenz* NStZ-RR 2004, 374 zu den Anforderungen an die Verfahrensrüge).

Wird **Verfahrensrüge** erhoben, so muss unter Darlegung bestimmter Tat- **23** sachen, die im Einzelnen aufzuführen sind, näher vorgetragen werden, weshalb das AG das Ausbleiben des Betroffenen nicht als entschuldigt habe ansehen dürfen (*BayObLG* NStZ-RR 1997, 182). Gleiches gilt bei der Rüge, das Gericht habe zu Unrecht den Entbindungsantrag des Betroffenen abgelehnt (*Köln* NStZ-RR 1996, 212). Der Umfang der Darlegung richtet sich danach, ob sich der Verfahrensfehler bereits aus dem Inhalt des angefochtenen Urteils ergibt (*Zweibrücken* wistra 1995, 117).

Mit der Verfahrensrüge kann auch geltend gemacht werden, der Betroffe- **24** ne oder sein Verteidiger seien zur Hauptverhandlung **nicht ordnungsgemäß geladen** worden (*Karlsruhe* Justiz 1996, 95; *Göhler/Seitz* 48b).

Auch das den Einspruch verwerfende Urteil muss eine **Kostenentschei- 25 dung** enthalten. Der Kostenausspruch des Bußgeldbescheides der Verwaltungsbehörde erstreckt sich nicht auf das gerichtliche Verfahren (*Göhler/Seitz* 50).

§ 75 Teilnahme der Staatsanwaltschaft an der Hauptverhandlung

(1) Die Staatsanwaltschaft ist zur Teilnahme an der Hauptverhandlung nicht verpflichtet. Das Gericht macht der Staatsanwaltschaft Mitteilung, wenn es ihre Mitwirkung für angemessen hält.

(2) Nimmt die Staatsanwaltschaft an der Hauptverhandlung nicht teil, so bedarf es ihrer Zustimmung zur Einstellung des Verfahrens (§ 47 Abs. 2) und zur Rücknahme des Einspruchs in der Hauptverhandlung nicht.

RiStBV Nr. 287

1 Die Vorschrift klärt, dass die StA zur **Teilnahme an der Hauptverhandlung nicht verpflichtet** ist (Abs. 1 Satz 1), erlegt dem Gericht Mitteilungspflichten an die StA auf (Abs. 1 Satz 2) und legt fest, dass es der Zustimmung der StA zur Einstellung des Verfahrens nach § 47 Abs. 2 und zur Rücknahme des Einspruchs in der Hauptverhandlung nicht bedarf, sofern die StA an der Hauptverhandlung nicht teilnimmt.

2 **Die StA übernimmt die Verantwortung** für die Beschuldigung durch die Vorlage der Akten an das Gericht nach Einspruch gegen den Bußgeldbescheid der Verwaltungsbehörde. Ob sie teilnimmt, steht in ihrem pflichtgemäßen Ermessen (*RRH* 1). Die StA trifft ihre Entscheidung nach der Bedeutung des Falles und der jeweiligen Sach- und Rechtslage (KK-*Senge* 3).

3 **Abs. 1 Satz 1 hebt nur die Pflicht zur Teilnahme auf**, nicht das jederzeitige Recht der StA auf Beteiligung an der gesamten Hauptverhandlung oder an Teilen derselben. Dieses Recht folgt aus ihrer Stellung, ihren Aufgaben und Befugnissen im Bußgeldverfahren (KK-*Senge* 2). Sie übernimmt mit dem Eingang der Akten die Aufgaben der Verfolgungsbehörde und vertritt ferner das öffentliche Interesse im gerichtlichen Bußgeldverfahren. Diese Aufgabe erfordert, dass ihr ein prozessuales Recht zur Mitwirkung in der Hauptverhandlung zusteht (*Karlsruhe* MDR 1972, 627).

4 **Die StA nimmt an der Hauptverhandlung teil**, wenn sie einer Entscheidung durch Beschluss widersprochen hat (§ 72 Abs. 1) oder Anhaltspunkte dafür vorhanden sind, dass die Tat auch unter dem rechtlichen Gesichtspunkt einer Straftat beurteilt werden könne (§ 81; vgl. RiStBV Nr. 287 Abs. 1).

Fünfter Abschnitt. Einspruch und gerichtliches Verfahren § 75

Sie soll im Übrigen an der Hauptverhandlung teilnehmen, wenn ihre **Mit-** 5
wirkung aus besonderen Gründen geboten erscheint. Das kommt vor
allem in Betracht, wenn das Gericht ihr mitgeteilt hat, dass es ihre Mitwirkung an der Hauptverhandlung für angemessen hält, die Aufklärung des
Sachverhalts eine umfangreiche Beweisaufnahme erfordert, eine hohe
Geldbuße oder eine bedeutsame Nebenfolge in Betracht kommt, eine
Rechtsfrage von allgemeiner Bedeutung zu entscheiden ist, die Verwaltungsbehörde die Teilnahme der StA an der Hauptverhandlung angeregt
hat oder mit einer gerichtlichen Einstellung des Verfahrens nach § 47
Abs. 2 in Fällen zu rechnen ist, in denen dies vom Standpunkt des öffentlichen Interesses nicht unbedingt vertretbar erscheint (RiStBV Nr. 287
Abs. 2 Buchst. a bis f). Sind Richtlinien und Weisungen, insbesondere der
Landesjustizverwaltung, über die Teilnahme an der Hauptverhandlung ergangen, so sind sie zu beachten (*BGH* DRiZ 1978, 314).

Neben der StA hat auch die Verwaltungsbehörde im gerichtlichen 6
Bußgeldverfahren **Mitwirkungsrechte.** Die Aufgaben beider Behörden
ergänzen sich (*Göhler/Seitz* 4). Die Verwaltungsbehörde soll sich vorwiegend zu Fachfragen ihres Sachgebiets äußern, während die StA zur Aufklärung des Sachverhalts und zur rechtlichen Beurteilung beitragen soll,
wenn dies wegen der Bedeutung des Falles und der jeweiligen Sach- und
Rechtslage geboten ist. Ggf. ist die Teilnahme zwischen der Verwaltungsbehörde und der StA abzusprechen (KK-*Senge* 4). Ist nach Auffassung
der StA die besondere Sachkunde der Verwaltungsbehörde für die Entscheidung von Bedeutung, so wirkt sie darauf hin, dass ein Vertreter der
Verwaltungsbehörde an der Hauptverhandlung teilnimmt (RiStBV Nr.
288 Abs. 2).

Die Möglichkeit der Nichtteilnahme der StA an der Hauptverhandlung 7
macht die **Mitteilung des Termins** zur Hauptverhandlung an sie **nicht
entbehrlich,** und zwar auch dann nicht, wenn sie vorher erklärt hat, an der
Hauptverhandlung nicht teilnehmen zu wollen, weil sie jederzeit das
Recht hat, sich anders zu entscheiden (*Karlsruhe* NJW 1972, 1384). Jedoch kann die StA auf das Recht auf Benachrichtigung vom Termin verzichten (*RRH* 2). Zweckmäßigerweise erklärt sie schon bei der Übersendung der Akten an das Gericht, ob sie an der Hauptverhandlung teilnehmen wird, damit der Richter entsprechend terminieren kann. Hat die
Hauptverhandlung gegen den Willen der StA oder ohne Terminsnachricht

an sie in ihrer Abwesenheit stattgefunden, so kann darauf die Rechtsbeschwerde nach § 79 Abs. 1 Satz 1 Nr. 1 bis 4, Satz 2 gestützt werden (*Stuttgart* Justiz 1975, 317); § 79 Abs. 1 Satz 1 Nr. 5 ist jedoch nicht anzuwenden, da die StA sich grundsätzlich nicht auf eine Verletzung des prozessualen Grundrechts auf rechtliches Gehör berufen kann.

8   Nach Abs. 1 Satz 2 **macht das Gericht** der Staatsanwaltschaft **Mitteilung von dem Termin zur Hauptverhandlung**, wenn es ihre Mitwirkung für angemessen hält. Die Mitteilung begründet für die StA zwar keine Pflicht zur Teilnahme an der Hauptverhandlung, sollte aber im Regelfall zu ihrer Mitwirkung führen. Die Mitteilung kommt insbesondere dann in Betracht, wenn ein Übergang ins Strafverfahren nach § 81 zu erwarten ist (*RRH* 3), liegt im Übrigen aber im Ermessen des Gerichts und hängt von der Bedeutung der Sache ab. Die Mitteilung kann formlos, also auch mündlich oder fernmündlich geschehen. Ein Verstoß gegen RiStBV Nr. 287 Abs. 2 ist lediglich ein Verstoß gegen Verwaltungsvorschriften. Die Hauptverhandlung kann also außer im Falle des § 81 auch ohne die StA durchgeführt werden. § 226 StPO findet insoweit keine Anwendung (*RRH* 3).

9   Bei einer **wesentlich veränderten Prozesslage** kann das Gericht unter dem Gesichtspunkt des fairen Verfahrens gegenüber der StA verpflichtet sein, ihr Mitteilung zu machen oder ihr zumindest nachträglich rechtliches Gehör zu gewähren. Ein Verstoß hiergegen kann für die StA die Rechtsbeschwerde begründen (*Koblenz* MDR 1989, 845).

10 **Nimmt die StA an der Hauptverhandlung nicht teil**, so ist ihre Zustimmung zur Einstellung des Verfahrens abweichend von § 47 Abs. 2 nicht erforderlich, sofern die Verfahrenseinstellung in der Hauptverhandlung erfolgt. Das Zustimmungserfordernis lebt wieder auf, wenn die Hauptverhandlung vertagt und das Verfahren sodann außerhalb der Hauptverhandlung eingestellt wird (KK-*Senge* 9). Bei Abwesenheit der StA in der Hauptverhandlung bedarf es ferner ihrer Zustimmung zur Verwerfung des Einspruchs nach § 74 Abs. 2 Satz 1 und zur Zurücknahme des Einspruchs in der Hauptverhandlung nicht (Abs. 2). Dies gilt auch dann, wenn die StA im ersten Hauptverhandlungstermin ihre Zustimmung zur Einstellung des Verfahrens oder zur Zurücknahme des Einspruchs verweigert hat, sofern sie an einem späteren Hauptverhandlungstermin nicht mehr mitwirkt und nunmehr das Verfahren eingestellt werden soll oder der Ein-

spruch zurückgenommen wird (KK-*Senge* 9). Damit ist die Rücknahme des Einspruchs bei Abwesenheit der StA sofort wirksam. Das Gericht kann sie nicht mit der Erklärung ablehnen, dass die Anwesenheit der StA erforderlich sei (*Göhler/Seitz* 8).

Die **Rechtsmittelfrist** beginnt für die abwesende StA erst dann, **wenn ihr** 11 **die Entscheidung zugestellt wird.** Ohne Zustellung wird das Urteil nicht rechtskräftig und nicht vollstreckbar (*Kaiser* NJW 1968, 1816). Hat die StA an der Hauptverhandlung nicht teilgenommen, so kann von der schriftlichen Urteilsbegründung abgesehen werden, wenn der Betroffene auf Rechtsbeschwerde verzichtet und die StA nicht vor der Hauptverhandlung die schriftliche Begründung des Urteils beantragt hat (§ 77b Abs. 1 Satz 2).

Der Verzicht der StA auf Teilnahme an der Hauptverhandlung oder auf 12 Terminsnachricht **bedeutet keinen Rechtsmittelverzicht** und nicht den **Verzicht auf Gewährung des rechtlichen Gehörs bei veränderter Sachlage.** Der StA ist deshalb in jedem Fall das Urteil zuzustellen. Will das AG nach einer in Abwesenheit der StA durchgeführten Hauptverhandlung ins schriftliche Verfahren übergehen, so muss es der StA vorher die Gelegenheit geben, sich zum bisherigen Beweisergebnis zu äußern (*Köln* VRS 59, 140). Dies gilt insbesondere dann, wenn das Gericht bei seiner Entscheidung Erkenntnisse verwerten will, die erst nach Vorlage der Akten bei Gericht dort angefallen sind und zu denen sich die StA noch nicht äußern konnte.

§ 76 Beteiligung der Verwaltungsbehörde

(1) Das Gericht gibt der Verwaltungsbehörde Gelegenheit, die Gesichtspunkte vorzubringen, die von ihrem Standpunkt für die Entscheidung von Bedeutung sind. Dies gilt auch, wenn das Gericht erwägt, das Verfahren nach § 47 Abs. 2 einzustellen. Der Termin zur Hauptverhandlung wird der Verwaltungsbehörde mitgeteilt. Ihr Vertreter erhält in der Hauptverhandlung auf Verlangen das Wort.

(2) Das Gericht kann davon absehen, die Verwaltungsbehörde nach Absatz 1 zu beteiligen, wenn ihre besondere Sachkunde für die Entscheidung entbehrt werden kann.

(3) Erwägt die Staatsanwaltschaft, die Klage zurückzunehmen, so gilt § 63 Abs. 3 entsprechend.

(4) Das Urteil und andere das Verfahren abschließende Entscheidungen sind der Verwaltungsbehörde mitzuteilen.

RiStBV Nr. 288

1   Die Vorschrift regelt die **Stellung der Verwaltungsbehörde im gerichtlichen Bußgeldverfahren.** Mit dem Eingang der Akten bei der StA gehen ihre Aufgaben auf die StA über. Sie verliert damit die Dispositionsbefugnis über die Sache, kann den Bußgeldbescheid nicht mehr zurücknehmen und das Verfahren nicht mehr einstellen, ist aber am weiteren Verfahren insofern noch beteiligt, als sie grundsätzlich, außer im Fall des Abs. 2, im gerichtlichen Verfahren Gelegenheit erhalten muss, ihren Standpunkt vorzutragen (Abs. 1 Satz 1). Durch die Regelung ist sichergestellt, dass die **besondere Sachkunde der Verwaltungsbehörde** im gerichtlichen Verfahren zur Geltung kommt. Die Vorschrift ist nicht nur Ausprägung eines Anspruchs der Verwaltungsbehörde auf rechtliches Gehör, sondern räumt ihr eine verfahrensrechtliche Beteiligung ein, die dem Ziel der Wahrheitsermittlung dienen soll (*RRH* 1), weil sie ihre besondere Sachkunde in das Verfahren einbringt. Die Rolle der Verwaltungsbehörde ist nicht die Rolle einer Nebenklägerin entsprechend §§ 355 ff. StPO, weil das den Grundsätzen der Verfahrensvereinfachung und der Verfahrensbeschleunigung entgegenliefe (Begründung BT-Drucks. V/1269 S. 98; KK-*Senge* 1).

2   Die Verwaltungsbehörde wird als **Hilfsorgan des Gerichts** tätig, um ihm ein möglichst vollständiges und zutreffendes Bild von dem Sachverhalt sowie der Bedeutung und Bewertung der OWi zu vermitteln, damit das Gericht in der Lage ist, in der Sache eine richtige Entscheidung zu treffen (*Göhler/Seitz* 2). Sie ist deshalb zur Objektivität verpflichtet (KK-*Senge* 3).

3   **Weil sie nicht Beweismittel, insbesondere nicht Sachverständige oder Zeugin ist**, muss das Gericht neue Tatsachen oder gutachterliche Äußerungen, die durch den Vertreter der Verwaltungsbehörde vor Gericht gemacht werden, prozessordnungsgemäß in die Hauptverhandlung einführen, damit sie verwertet werden können. Die vom Vertreter der Verwaltungsbehörde bekundeten Tatsachen oder mitgeteilten gutachterlichen

Stellungnahmen können daher nur dadurch zum Gegenstand der Beweisaufnahme gemacht werden, dass entweder an den Betroffenen, Zeugen oder Sachverständigen entsprechende Fragen gestellt bzw. Vorhalte gemacht werden oder der Vertreter der Verwaltungsbehörde selbst als Zeuge oder Sachverständiger vernommen wird (*Hamm* MDR 1978, 427). Nach § 256 StPO und § 77a Abs. 2 ist es auch zulässig, die Tatsachen oder gutachterliche Feststellungen enthaltenden **schriftlichen behördlichen Stellungnahmen durch Verlesung zum Gegenstand der Beweisaufnahme** zu machen. Werden durch die Verwaltungsbehörde neue Tatsachen in das Verfahren eingeführt, so muss dem Betroffenen, insbesondere wenn er in der Hauptverhandlung nicht anwesend ist oder wenn das Gericht im schriftlichen Verfahren entscheidet, rechtliches Gehör gewährt werden. Der StA ist gemäß § 46 Abs. 1 i.V.m. § 33 StPO Gelegenheit zur Stellungnahme zu geben (KK-*Senge* 3).

Die Vorschrift gilt nicht nur für die Hauptverhandlung, sondern für das gesamte gerichtliche Bußgeldverfahren, also auch für das Rechtsbeschwerdeverfahren, Wiederaufnahmeverfahren und Nachverfahren nach § 87 Abs. 4. Die grundsätzliche Pflicht zur Anhörung der Verwaltungsbehörde besteht daher auch dann, wenn das Gericht das Verfahren außerhalb der Hauptverhandlung einstellen oder durch Beschluss entscheiden will. 4

Nach Abs. 1 Satz 1 gibt das Gericht der Verwaltungsbehörde die Gelegenheit, die Gesichtspunkte vorzubringen, die von ihrem Standpunkt für die Entscheidung von Bedeutung sind. Gemeint ist die Verwaltungsbehörde, die den Bußgeldbescheid erlassen hat. Das Gericht ist aber auch nicht daran gehindert, diejenige Verwaltungsbehörde zu hören, die sonst über besondere Sachkunde verfügt (*Göhler/Seitz* 3). Die Gelegenheit zur Äußerung wird der jeweiligen Verwaltungsbehörde vor der Sachentscheidung, aber auch schon vor allen sonst bedeutsamen Beschlüssen und Verfügungen gegeben. 5

Kann nach Auffassung der StA die besondere Sachkunde der Verwaltungsbehörde für die Entscheidung von Bedeutung sein, so wirkt sie darauf hin, dass ein Vertreter der Verwaltungsbehörde an der Hauptverhandlung teilnimmt (RiStBV Nr. 288 Abs. 2). Dies kann formlos geschehen. Ausreichend kann ein fernmündlicher Hinweis sein, der aktenkundig gemacht werden sollte. 6

7 Hat die Verwaltungsbehörde bereits mit der **Vorlage der Akten an die StA eine Stellungnahme** im Sinne von Abs. 1 Satz 1 abgegeben, so bedarf es ihrer erneuten Anhörung im Regelfall nicht mehr. Etwas anderes gilt, wenn sich neue Tatsachen oder neue rechtliche Gesichtspunkte im weiteren Verlauf des Verfahrens ergeben haben, die ihre erneute Äußerung als sachgemäß erscheinen lassen (KK-*Senge* 7). Dies gilt nicht, wenn die Verwaltungsbehörde mit der Aktenübersendung oder zu einem späteren Zeitpunkt ausdrücklich zum Ausdruck gebracht hat, dass aus ihrer Sicht eine Stellungnahme nicht geboten ist. Das hindert das Gericht zwar nicht, verpflichtet es aber auch nicht, die Verwaltungsbehörde dennoch zur Abgabe einer Stellungnahme zu ersuchen, wenn dies aus Sicht des Richters für die Wahrheitsfindung wünschenswert erscheint (KK-*Senge* 9).

8 **Die Verwaltungsbehörde ist nicht verpflichtet**, eine Stellungnahme abzugeben. Es entspricht in diesem Fall aber gutem Stil, dem Gericht umgehend mitzuteilen, dass von der Abgabe einer Stellungnahme abgesehen werde, um das Verfahren nicht zu verzögern. Will sie sich äußern, so kann sie sich auch zur Frage der Ahndung äußern (*Stuttgart* Justiz 1973, 399), insbesondere zur Höhe der Geldbuße und zur Anordnung von Nebenfolgen. Ihre Stellungnahme kann schriftlich oder mündlich erfolgen. Das Gesetz schreibt keine besondere Form vor. An ihre Stellungnahme ist das Gericht nicht gebunden (*RRH* 5).

9 **Nach Abs. 1 Satz 2** ist die Verwaltungsbehörde zu hören, wenn das Gericht erwägt, das Verfahren nach § 47 Abs. 2 einzustellen. Dies gilt auch dann, wenn das Gericht die Einstellung außerhalb der Hauptverhandlung erwägt (*Göhler/Seitz* 19), es sei denn, dass die Verwaltungsbehörde selbst schon vorher Umstände aufgezeigt hat, die der Einstellung entgegenstehen. Dann braucht sie nicht mehr zur Einstellung des Verfahrens gehört zu werden.

10 **Nach Abs. 1 Satz 3** wird der Termin zur Hauptverhandlung der Verwaltungsbehörde mitgeteilt. Dies kann formlos, insbesondere fernmündlich geschehen. Ist die Verwaltungsbehörde in der Hauptverhandlung vertreten, so braucht sie nicht nochmals benachrichtigt zu werden, wenn die Hauptverhandlung nur unterbrochen wird (*Göhler/Seitz* 14). Wird hingegen die Hauptverhandlung ausgesetzt, so ist die Mitteilung des neuen Termins erforderlich (KK-*Senge* 12). Hält das Gericht die Anwesenheit eines

Fünfter Abschnitt. Einspruch und gerichtliches Verfahren § 76

Vertreters der Verwaltungsbehörde für angemessen (§ 75 Abs. 1 Satz 2), so empfiehlt es sich aus Gründen der Verfahrensvereinfachung, dies zugleich mit der Terminsnachricht mitzuteilen. Sehr zweckmäßig ist ferner, sofort mitzuteilen, zu welchen Punkten eine Stellungnahme erwünscht ist.

Nach Abs. 1 Satz 4 hat der Vertreter der Verwaltungsbehörde das Recht zur Äußerung in der Hauptverhandlung. Dies setzt voraus, dass er auch ein Anwesenheitsrecht in der Hauptverhandlung hat. Der Vertreter der Verwaltungsbehörde kann allerdings nicht selbst Fragen an den Betroffenen oder einen Zeugen stellen (*Stuttgart* Justiz 1973, 399), wohl aber anregen, an Zeugen oder Sachverständige bestimmte Fragen zu stellen, es sei denn, der Vorsitzende hat dem Vertreter der Verwaltungsbehörde im Einverständnis der Verfahrensbeteiligten gestattet, unmittelbar Fragen zu stellen (*Stuttgart* Justiz 1973, 399). 11

Der Vertreter der Verwaltungsbehörde hat kein **formelles Antragsrecht.** Er kann insoweit ebenfalls nur Anregungen geben. Wann und wie oft ihm das Wort erteilt wird, bestimmt der Vorsitzende im Rahmen seiner Verhandlungsleitung. Ist diese Verhandlungsleitung als unzulässig zu beanstanden, so kann eine Entscheidung des Gerichts herbeigeführt werden (§ 238 Abs. 2 StPO), etwa, wenn dem Vertreter der Verwaltungsbehörde das Wort überhaupt nicht erteilt wird oder nicht zu einem Punkt, bei dem es gerade auf die Sachkunde der Verwaltungsbehörde ankommt. Allerdings ist ihm nur auf Verlangen das Wort zu erteilen. Wünscht er es nicht, so braucht er von Amts wegen nicht befragt zu werden, es sei denn, der Amtsaufklärungsgrundsatz erfordert dies. 12

Nach Abs. 2 kann das Gericht davon absehen, die Verwaltungsbehörde nach Abs. 1 zu beteiligen, **wenn ihre besondere Sachkunde für die Entscheidung entbehrlich ist.** Die Formulierung deutet nicht darauf hin, dass es sich insoweit um eine eng begrenzte Ausnahmeregelung handele (so aber Begründung BT-Drucks. V/1269 S. 98; KK-*Senge* 18), die nur bei solchen Taten eingreife, deren Beurteilung dem Gericht aufgrund seiner eigenen praktischen Erfahrungen in ähnlichen Sachen auch ohne Mithilfe der Verwaltungsbehörde möglich sei. Es liegt vielmehr im Ermessen des Gerichts zu beurteilen, ob die besondere Sachkunde der Verwaltungsbehörde benötigt wird. 13

14 Das **Absehen von der Beteiligung** der Verwaltungsbehörde kommt bei allen massenhaft auftretenden **Bagatell-OWi** in Betracht. Dies sind insbesondere Verkehrs-OWi, aber auch u. U. die Tatbestände der §§ 111 bis 122, 124 bis 128 und 130 (KK-*Senge* 18). Aber auch in diesen Fällen kann es Ausnahmen geben, die die Beteiligung der Verwaltungsbehörde erfordern, insbesondere wenn es etwa um Ampelschaltpläne, Gründe für besondere Verkehrsführung usw. geht. Entscheidend ist, ob durch die Beteiligung der Verwaltungsbehörde die Möglichkeit einer besseren Sachaufklärung gewährleistet ist. Ggf. kann es sich empfehlen, die Frage der Beteiligung der Verwaltungsbehörde in kurzem fernmündlichem Kontakt zwischen Gericht und StA zu klären.

15 Ist die zu beurteilende **OWi von erheblicher Bedeutung** und erfordert sie **besondere Fachkenntnisse**, die der nur juristisch ausgebildete Richter nicht hat, so ist die Beteiligung der Verwaltungsbehörde unverzichtbar. Dies kann insbesondere bei Zuwiderhandlungen gegen KWKG, GWB, AWG, KWG usw. der Fall sein. In diesen Fällen dient eine Zurücknahme des richterlichen Selbstverständnisses und die Einbindung der Verwaltungsbehörde in der Hauptverhandlung zumeist der Wahrheitsfindung.

16 **Liegen die Voraussetzungen von Abs. 2 vor**, so sieht das Gericht davon ab, der Verwaltungsbehörde Gelegenheit zur Stellungnahme zu geben und ihr den Termin zur Hauptverhandlung mitzuteilen. In diesem Fall hat der Vertreter der Verwaltungsbehörde auch keinen Anspruch darauf, dass ihm in der Hauptverhandlung, an der er gleichwohl teilnimmt, das Wort erteilt wird. Meldet er sich gleichwohl zu Wort, so ist dies hinreichendes Indiz für das Gericht, davon auszugehen, dass es sich gleichwohl um einen Fall handelt, bei dem das Gericht gut beraten ist, die besondere Sachkunde der Verwaltungsbehörde einzubeziehen.

17 Nach Abs. 3 hat die StA die Verwaltungsbehörde **vor der Rücknahme der Klage** in oder außerhalb der Hauptverhandlung **grundsätzlich anzuhören**. Sie kann nur davon absehen, wenn die Voraussetzungen des § 63 Abs. 3 Satz 2 vorliegen. Ausnahme hierzu ist die Verfolgung von Steuer-OWi, weil hier die Finanzbehörde stets zu hören ist (vgl. § 403 Abs. 4 AO). An die Stellungnahme der Verwaltungsbehörde ist die StA nicht gebunden. Insbesondere bedarf es für die Klagerücknahme ihrer Zustimmung nicht (KK-*Senge* 20).

Fünfter Abschnitt. Einspruch und gerichtliches Verfahren § 76

Nach Abs. 4 sind der Verwaltungsbehörde stets das **Urteil und alle das Verfahren abschließenden Entscheidungen formlos mitzuteilen**, also auch ein Beschluss nach § 72 und eine Einstellung nach § 47 Abs. 2. Die Vorschrift stellt sicher, dass die Verwaltungsbehörde stets über den Ausgang der von ihr initiierten Verfahren unterrichtet wird. Die Verpflichtung nach Abs. 4 gilt auch in den Fällen, in denen das Gericht nach Abs. 2 davon abgesehen hat, die Verwaltungsbehörde zu beteiligen, also auch in allen Fällen von Bagatell-OWi, die zu gerichtlicher Entscheidung geführt haben. **18**

Der Verwaltungsbehörde steht kein Rechtsmittel zu. Erscheint es aus ihrer Sicht aber angezeigt, die tatrichterliche Entscheidung überprüfen zu lassen, so setzt sie sich mit der StA ins Benehmen und regt bei ihr unter Darlegung ihres Standpunktes die Rechtsbeschwerde an. Außerdem kann die StA nach RiStBV Nr. 292 vorsorglich Rechtsbeschwerde einlegen, wenn Zweifel an der Begründetheit der Anregung bestehen, diese sich aber vor Ablauf der Rechtsmittelfrist nicht mehr beheben lassen. **19**

Der Betroffene kann mit der Rechtsbeschwerde nicht rügen, dass das Gericht von der Regelung des Abs. 2 keinen Gebrauch gemacht, sondern die Verwaltungsbehörde im gerichtlichen Verfahren nach Abs. 1 beteiligt hat. Abs. 2 dient nicht den Interessen des Betroffenen und berührt seine formelle Stellung im gerichtlichen Bußgeldverfahren nicht, auch wenn nicht übersehen werden kann, dass seine Interessen im gerichtlichen Verfahren sowohl durch den Verzicht auf die Sachnähe der Verwaltungsbehörde als auch durch ihre Einbringung wesentlich berührt sein können. Stellt sich hingegen die Unterlassung der Beteiligung der Verwaltungsbehörde als Verletzung der Aufklärungspflicht dar, so kann die Rechtsbeschwerde begründet sein. Voraussetzung ist, dass sich eine entsprechende Aufklärung aufdrängen musste und das Urteil auf der unterbliebenen Beteiligung beruht (KK- *Senge* 24). **20**

§ 77 Umfang der Beweisaufnahme

(1) Das Gericht bestimmt, unbeschadet der Pflicht, die Wahrheit von Amts wegen zu erforschen, den Umfang der Beweisaufnahme. Dabei berücksichtigt es auch die Bedeutung der Sache.

(2) Hält das Gericht den Sachverhalt nach dem bisherigen Ergebnis der Beweisaufnahme für geklärt, so kann es außer in den Fällen des § 244 Abs. 3 der Strafprozeßordnung einen Beweisantrag auch dann ablehnen, wenn
1. **nach seinem pflichtgemäßen Ermessen die Beweiserhebung zur Erforschung der Wahrheit nicht erforderlich ist oder**
2. **nach seiner freien Würdigung das Beweismittel oder die zu beweisende Tatsache ohne verständigen Grund so spät vorgebracht wird, daß die Beweiserhebung zur Aussetzung der Hauptverhandlung führen würde.**

(3) Die Begründung für die Ablehnung eines Beweisantrages nach Absatz 2 Nr. 1 kann in dem Gerichtsbeschluß (§ 244 Abs. 6 der Strafprozeßordnung) in der Regel darauf beschränkt werden, daß die Beweiserhebung zur Erforschung der Wahrheit nicht erforderlich ist.

Schrifttum: *Böttcher*, Das neue Beweisrecht im Verfahren nach dem OWiG, NStZ 1986, 393 ff.; *Göhler*, Die Reformvorschläge für das Bußgeldverfahren, DAR 1981, 333; *ders.*, Zu den Änderungen des Bußgeldverfahrens wegen Verkehrsordnungswidrigkeiten, DAR 1987, 65; *Holz*, Der Beweiserhebungsumfang im gerichtlichen Bußgeldverfahren nach früherem und neuen Recht, Diss. 1987; *Leisner*, Der Umfang der Beweisaufnahme im gerichtlichen Bußgeldverfahren nach der Novellierung des § 77 OWiG, Diss. 1992.

1 Die Vorschrift regelt den **Umfang der Beweisaufnahme** im gerichtlichen OWi-Verfahren. Sie überträgt dem Gericht die Bestimmung ihres Umfangs innerhalb der Grenzen der Pflicht, die Wahrheit von Amts wegen zu erforschen **(Abs. 1)**, gibt dem Gericht unter bestimmten Voraussetzungen die Möglichkeit, über die Fälle des § 244 Abs. 3 StPO hinaus Beweisanträge abzulehnen **(Abs. 2)**, und ermöglicht, in bestimmten Fällen die Begründung für die Ablehnung eines Beweisantrages auf Formelwendungen zu beschränken **(Abs. 3)**.

Der Grundsatz der **Aufklärungspflicht von Amts wegen** gilt auch für das gerichtliche Bußgeldverfahren. Das Gericht prüft hiernach zunächst, ob der Sachverhalt aufgrund des Akteninhalts genügend geklärt ist. Hält es weitere Ermittlungen für erforderlich, so verfährt es nach § 71 Abs. 2 oder beraumt die Hauptverhandlung an (*Göhler/Seitz* 1). 2

Das Gericht hat die Wahrheit von Amts wegen **zu erforschen** (Abs. 1 Satz 1). Den Betroffenen trifft also **keine Darlegungs- oder Beweislast** (*Koblenz* DAR 1987, 296). Er ist auch nicht zur Mitwirkung bei der Täterfeststellung in irgendeiner Art und Weise verpflichtet. Für ihn gilt wie für den Angeklagten der Grundsatz des **nemo tenetur se ipsum accusare.** In Bußgeldsachen sind an den Schuldnachweis selbst keine geringeren Anforderungen zu stellen als im Strafverfahren (*BGH* NJW 1974, 2295). 3

Die Amtsaufklärungspflicht des Bußgeldrichters deckt sich grundsätzlich mit der des Strafrichters. In beiden Verfahrensarten verpflichtet der Grundsatz der Amtsaufklärung zur **Erhebung nur jener Beweise, die für die Entscheidung von Bedeutung sind**, von denen also vernünftigerweise eine weitere Aufklärung der Sache zu erwarten ist (KK-*Senge* 3). Abs. 1 Satz 1 gibt dem Richter im Rahmen dieser Pflicht unter besonderer Berücksichtigung der Bedeutung der Sache eine erweiterte Dispositionsbefugnis. Hiervon geht schon die amtliche Begründung (BT-Drucks. 10/2652 S. 22; vgl. auch *RRH* 3) aus. Diese höhere Dispositionsbefugnis des Richters hat zwischenzeitlich in das neu strukturierte beschleunigte Verfahren und das Strafbefehlsverfahren Eingang gefunden (§§ 420 Abs. 4, 408 Abs. 3 StPO). 4

Die vom Gesetzgeber bewusst gewollte (*Göhler/Seitz* 3) **Einräumung einer** entsprechenden **Dispositionsbefugnis für den Richter** ist für das Bußgeldverfahren mit seiner großen Anzahl von Bagatellfällen besonders wichtig. Dem Richter ist damit sowohl im OWi-Verfahren als auch bei bestimmten strafprozessualen Situationen eine Dispositionsbefugnis über den Umfang der Beweisaufnahme in Fällen, die von einer einfachen Sach- und Rechtslage gekennzeichnet sind, eingeräumt, wobei seine grundsätzliche Amtsaufklärungspflicht die Grenze dieser Dispositionsbefugnis darstellt. Der Tatrichter braucht sich jedenfalls im Bußgeldverfahren umso weniger zu einer Beweisaufnahme gedrängt sehen, je geringer die Bedeutung einer weiteren Aufklärung im Blick auf das Ergebnis ist (*BGH* NJW 2005, 1381). 5

§ 77 Zweiter Teil. Bußgeldverfahren

6 Während in den strafprozessualen beschleunigenden Verfahrensarten eine **Einschränkung der Dispositionsbefugnis** des Strafrichters durch die Begrenzung des Anwendungsbereichs des Strafbefehlsverfahrens und des beschleunigten Verfahrens nach §§ 417 ff. StPO gegeben ist, ergibt sich für das OWi-Verfahren aus Abs. 1 Satz 1 eine derartige Einschränkung für den OWi-Richter nicht. Die Vorschrift gilt für alle gerichtlichen OWi-Verfahren, auch für solche von erheblicher gesellschaftlicher Bedeutung und für Verfahren, die ein besonderer Schwierigkeitsgrad kennzeichnet.

7 **Insoweit stellt Abs. 1 Satz 2 ein Korrektiv dar.** Nach Abs. 1 Satz 1 hat das Gericht schon kein freies Ermessen darin, den Umfang der Beweisaufnahme nach seinem Belieben zu bestimmen (*Düsseldorf* NJW 1992, 1521). Die Pflicht der Aufklärung kann im Einzelfall eine Ausdehnung der Beweisaufnahme gebieten, weil diese sich nach den Umständen des Falles zur Erforschung der Wahrheit aufdrängt. Dies kann insbesondere bei gesteigerter tatsächlicher oder rechtlicher Bedeutung der Angelegenheit der Fall sein.

8 So kann es erforderlich sein, bei erheblichen Verstößen gegen das Kriegswaffenkontrollrecht, das Lebensmittelrecht, das Gewerberecht, das Wettbewerbsrecht usw. **die Beweisaufnahme** trotz der Möglichkeit der Einschränkung des Abs. 1 Satz 1 **auf alle Tatsachen und Beweismittel zu erstrecken, die für die Entscheidung von Bedeutung sein können**, um die Entscheidung auf eine gesicherte Tatsachengrundlage zu stellen und die Überzeugung des Richters von ihrem Vorliegen in den Hintergrund treten zu lassen.

9 **Diese Bedeutung des Satzes 2** erscheint heute vorrangig gegenüber der, die der Gesetzgeber ihr beigemessen hat (BT-Drucks. 10/2652 S. 22). Danach sollte durch Abs. 1 Satz 2 klargestellt sein, dass die Pflicht zur Aufklärung von Amts wegen den Richter nicht dazu zwingt, „auch bei der geringfügigsten Sache jede nur denkbare Erkenntnisquelle bis auf den letzten Rest auszuschöpfen". Die im Schrifttum geäußerten Bedenken, wonach der Hinweis auf die Bedeutung der Sache nicht dazu führen dürfe, der Pflichtvorbehaltserforschung im Bagatellbereich einen anderen Inhalt zu geben als in bedeutungsvollen Verfahren und an die richterliche Überzeugungsbildung geringere Anforderungen zu stellen (KK-*Senge* 4; *Böttcher* NStZ 1984, 393), sind durch die Einführung einer entsprechenden

richterlichen Dispositionsbefugnis in strafprozessualen Verfahrensarten fraglich geworden.

Eine derartige Abstufung beweisrechtlicher Grundsätze **nach der Bedeutung der Sache** erscheint keineswegs unzulässig (a. A. *Cramer* DAR 1981, 278) und begegnet auch keinen verfassungsrechtlichen Bedenken (**a. A.** KK-*Senge* 4; *Berg* DAR 1982, 105), solange der Richter nicht seine Verpflichtung zur Amtsaufklärung als solche vernachlässigt und bei seiner richterlichen Überzeugungsbildung das Willkürverbot nicht verletzt. **10**

Eine Verletzung der richterlichen Aufklärungspflicht kann danach auch im Bußgeldverfahren gegeben sein, wenn das Gericht davon absieht, Beweise zu erheben, deren Benutzung sich nach der Sachlage aufdrängt oder zumindest nahe liegt (*Göhler/Seitz* 7). Je geringer die Bedeutung einer weiteren Aufklärung im Blick auf das Ergebnis ist umso weniger braucht sich das Gericht zu einer Beweisaufnahme gedrängt zu sehen (*BGH* NJW 2005, 1381). Die im Urteil vorgenommene Beweiswürdigung unterliegt bei einer Sachrüge auch in dieser Richtung der Nachprüfung auf Rechtsfehler, sofern die Sachrüge entsprechend erhoben worden ist (*BayObLG* VRS 87, 42). Entsprechende Rechtsfehler sind z. B. Verstöße gegen Erfahrungssätze oder Denkgesetze. Unter Aufklärungsgesichtspunkten drängt es sich auf, von dem Betroffenen vor der Hauptverhandlung genannte Entlastungszeugen auch dann in der Hauptverhandlung zu hören, wenn der Betroffene zu ihr nicht erschienen ist und nicht etwa nur einen den Betroffenen belastenden Zeugen zu vernehmen (*BayObLG* DAR 1984, 247). **11**

Etwas anderes gilt, wenn der benannte Zeuge nicht erreichbar ist (*KG* NZV 1990, 43). Hat sich der Richter bereits nach der Vernehmung eines Polizeibeamten seine Überzeugung von dem zu beurteilenden Sachverhalt gebildet, so gebietet die Aufklärungspflicht trotz des Bestreitens des Betroffenen die Vernehmung weiterer Polizeibeamter nicht, wenn nach Aktenlage von diesen Zeugen keine abweichenden Aussagen zu erwarten sind und der Betroffene auch nichts anderes konkret vorträgt (*Hamm* NStZ 1984, 462 m. Anm. *Göhler* NStZ 1985, 66). Kann ein weiterer Zeuge aber die Aussage eines zuvor vernommenen Zeugen entkräften, so drängt sich auf, auch diesen Zeugen zu vernehmen (*Karlsruhe* NStZ 1988, 226). **12**

§ 77 Zweiter Teil. Bußgeldverfahren

13 Ganz allgemein hängt es von der **Lage des Einzelfalles** ab, in welchem Umfang der Richter im Rahmen seiner Wahrheitserforschungspflicht und unter Beachtung seiner Dispositionsbefugnis aus Abs. 1 auf die Erhebung von Beweisen verzichten kann. Dies kann von dem **völligen Verzicht** auf eine weitergehende Beweisaufnahme im Falle der Verwertung zuverlässiger gerichtskundiger Tatsachen oder Erfahrungssätze durch den Richter bis hin zur **Notwendigkeit, alle sich anbietenden Beweise** zu erheben, reichen, wobei die Bezugnahme auf gerichtskundige oder allgemeinkundige Tatsachen oder Erfahrungssätze schon deshalb problematisch sein kann, weil jeder Richter über eigene, durch seine Persönlichkeit, seine soziale Herkunft, seine Ausbildung usw. bestimmte Erfahrungssätze verfügt. Der völlige Verzicht auf eine Beweisaufnahme aufgrund alleiniger Verwertung derartiger Erfahrungssätze ist daher häufig problematisch.

14 **Die Durchführung der Beweisaufnahme** erfolgt unter Beachtung der Grundsätze des **Strengbeweisverfahrens**, soweit nicht die vereinfachte Beweisaufnahme nach §§ 77a Abs. 1 bis 3, 78 Abs. 1 zulässig ist oder bezüglich früherer Äußerungen des Betroffenen zur Sache nach § 74 Abs. 1 verfahren werden kann. Die durch Abs. 1 geschaffene Erleichterung hinsichtlich des Umfanges der Beweisaufnahme gibt dem Gericht nicht die Befugnis, andere als von der StPO anerkannte Beweismittel (Geständnis, Zeuge, Sachverständiger, Urkunde und Augenschein) zu benutzen oder den Beweis unter Missachtung der Grundsätze der Mündlichkeit und der Unmittelbarkeit der Beweisaufnahme zu erheben (KK-*Senge* 10).

15 Unzulässig ist es deshalb, **fernmündliche Auskünfte** von Privatpersonen durch Mitteilung des Richters oder eines anderen Verfahrensbeteiligten in die Hauptverhandlung einzuführen und zu verwerten (*Hamm* VRS 49, 193), oder einen polizeilichen Bericht über die Vernehmung des Betroffenen, bei der keine Vernehmungsniederschrift erstellt wurde, zu verlesen. Lichtbilder sind wiederum Gegenstand des Augenscheinsbeweises, wenn sie als eigenständige Beweismittel dienen. Das ist etwa der Fall, wenn es um die Klärung der Frage geht, ob auf dem Lichtbild, das bei einer Verkehrskontrolle aufgenommen wurde, die Person des Betroffenen abgebildet ist. Hierüber entscheidet der Tatrichter. Seine Entscheidung unterliegt nicht der Nachprüfung durch das Rechtsbeschwerdegericht (*BGH* NJW 1979, 2318).

16 **Lichtbilder können auch als Vernehmungshilfsmittel benutzt werden**, indem sie im Rahmen eines Vorhaltes von den Verfahrensbeteiligten be-

trachtet und erörtert werden (*BGH* NJW 1962, 2361). Geht es um die Frage, ob der Betroffene eine Geschwindigkeitsüberschreitung begangen hat, so reicht das Lichtbild als solches nicht aus. Hinzukommen muss eine Geschwindigkeitsmessung, die ordnungsgemäß und zuverlässig durchgeführt worden sein muss. Anders, wenn der Betroffene die Geschwindigkeitsüberschreitung überzeugend einräumt. Dann bedarf es keines weiteren Beweises (**a. A.** *Düsseldorf* DAR 1986, 29).

Nach Abs. 2 kann das Gericht Beweisanträge nicht nur in den Fällen des § 244 Abs. 3, sondern auch in den in den Nrn. 1 und 2 genannten Fällen **ablehnen.** Nach § 244 Abs. 3 ist ein Beweisantrag abzulehnen, wenn die Erhebung des Beweises **unzulässig** ist. Er darf abgelehnt werden, wenn eine Beweiserhebung wegen **Offenkundigkeit** überflüssig ist, wenn die Tatsache, die bewiesen werden soll, für die Entscheidung **ohne Bedeutung oder schon erwiesen ist**, wenn das Beweismittel **völlig ungeeignet** oder wenn es **unerreichbar** ist, wenn der Antrag **zum Zweck der Prozessverschleppung** gestellt ist oder wenn eine **erhebliche Behauptung**, die zur Entlastung der Anklage bewiesen werden soll, **so behandelt werden kann, als wäre die behauptete Tatsache wahr.** Die Inbezugnahme dieser Vorschrift in Abs. 2 bedeutet, dass alle diese Möglichkeiten für den OWi-Richter auch bestehen. Insoweit gelten für das OWi-Verfahren die von Rechtsprechung und Schrifttum zu § 244 Abs. 3 StPO entwickelten Grundsätze. 17

Die Ablehnung eines Beweisantrages nach Abs. 2 Nr. 1 ist zulässig, wenn das Gericht nach seinem pflichtgemäßen Ermessen die Beweiserhebung zur Erforschung der Wahrheit nicht für erforderlich hält. Diese Möglichkeit erfordert, dass eine Beweisaufnahme stattgefunden hat, dass das Gericht danach den Sachverhalt für geklärt hält, also zur Überzeugung gelangt ist, die Wahrheit sei gefunden, und dass schließlich die beantragte Beweiserhebung zur Erforschung der Wahrheit nach pflichtgemäßem Ermessen nicht erforderlich ist (*Düsseldorf* NStZ 1991, 542 m. Anm. *Göhler* VRS 85, 124). Fehlt es bereits an der vorangegangenen Beweiserhebung, ist es unerheblich, ob der Beweisantrag auch mit anderer Begründung hätte abgelehnt werden können (*BayObLG* JR 2003, 518 m. Anm. *Seitz*). 18

Die zuvor notwendige richterliche Überzeugungsbildung kann sich auch auf gerichtskundige oder allgemeinkundige Tatsachen und Erfah- 19 rungssätze gestützt haben. Der Sachverhalt muss lediglich so eindeutig geklärt sein, dass die beantragte Beweiserhebung an der Überzeugung des Gerichts nichts ändern würde (*Düsseldorf* NZV 1989, 163).

20 Dies ist schon nicht der Fall, **wenn sich gleichwertige Beweismittel gegenüberstehen**, etwa wenn nach der Aussage nur eines Zeugen ein Gegenzeuge oder mehrere Gegenzeugen benannt werden (*RRH* 11). Hält das Gericht also den Sachverhalt für geklärt, so wägt es ab, ob die beantragte Beweiserhebung zur Erforschung der Wahrheit noch erforderlich ist. Entscheidend ist dabei das Gewicht, das den Ergebnissen der bisherigen Hauptverhandlung, insbesondere einer bereits durchgeführten Beweisaufnahme im Verhältnis zu dem zusätzlich beantragten Beweis nach der gesamten Beweislage zukommt. Abs. 2 Nr. 1 konkretisiert insoweit Abs. 1 Satz 2 (KK- *Senge* 16).

21 Die Ablehnung eines Beweisantrages **wegen Verspätung** nach Abs. 2 Nr. 2 soll Betroffene oder Nebenbeteiligte davon abhalten, aus sachfremden Beweggründen Beweismittel, deren Vorhandensein und Bedeutung längst bekannt sind, bis zum Ende der Hauptverhandlung zurückzuhalten, um durch eine verspätete Antragstellung die Aussetzung der Hauptverhandlung, ihre Wiederholung oder die Verfahrenseinstellung nach § 47 Abs. 2 zu erreichen. Die frühere Beschränkung der Vorschrift auf geringfügige OWi ist durch Art. 1 Nr. 15 des OWiGÄndG vom 28. Januar 1998 (BGBl. I S. 156) abgeschafft worden, wobei auch hierdurch die Pflicht des Gerichts nach Abs. 1, die Wahrheit zu erforschen, nicht eingeschränkt ist (*Katholnigg* NJW 1998, 571). Das Gericht ist nach seiner freien Würdigung berechtigt, einen Beweisantrag abzulehnen, wenn das Beweismittel oder die zu beweisende Tatsache in einem Verfahren ohne verständigen Grund so spät vorgebracht wird, dass die Beweiserhebung zur Aussetzung der Hauptverhandlung führen würde.

22 Voraussetzung ist auch hier, dass der Sachverhalt zur **Überzeugung des Gerichts** geklärt ist und das späte Vorbringen des Beweisantrags dazu führen würde, dass eine Beweiserhebung die Aussetzung der Hauptverhandlung erfordert.

23 **Der Betroffene handelt ohne verständigen Grund** zumeist dann, wenn ihm ein früheres Vorbringen objektiv möglich und subjektiv zumutbar war. Ein verständiger Grund ist etwa dann anzunehmen, wenn in der

Fünfter Abschnitt. Einspruch und gerichtliches Verfahren § 77

Hauptverhandlung neue, dem Betroffenen vorher nicht bekannte und von ihm berechenbare Umstände aufgetaucht sind, die aus seiner Sicht eine weitere Beweisaufnahme notwendig machen, etwa weil ein Zeuge in der Hauptverhandlung in wesentlichen Punkten von früheren Aussagen abweicht (Begründung BT-Drucks. 10/2652 S. 23). Ist dem Betroffenen ein Beweismittel und dessen Bedeutung bekannt, so liegt es in seinem Risiko, wenn er es bewusst zurückhält.

Dies gilt jedoch nicht uneingeschränkt. So ist es durchaus ein verständiger Grund, wenn der Betroffene erkennt, dass durch ein früheres Vorbringen seine Verteidigungsposition ungünstig beeinflusst worden wäre oder wenn dadurch für einen Angehörigen die Gefahr einer Verfolgung wegen einer OWi oder die eines sonst nachteiligen Verfahrens ausgelöst worden wäre. Gleiches gilt, wenn durch ein früheres Vorbringen ein zum persönlichen Lebensbereich gehörendes Geheimnis des Betroffenen offenbart worden wäre (*Göhler/Seitz* 21). 24

Das Gericht entscheidet in freier Beweiswürdigung darüber, ob für den verspäteten Beweisantrag ein verständiger Grund vorliegt oder nicht. Dem Gericht ist insoweit ein Beurteilungsspielraum eingeräumt, wobei es auf die Umstände des Einzelfalles ankommt, zu denen u. a. auch die Erkenntnismöglichkeiten des Betroffenen und sonstiger Verfahrensbeteiligter gehören. 25

Nach Abs. 3 kann die Ablehnung eines Beweisantrages, die stets in einem Beschluss zu begründen ist (§ 244 Abs. 6 StPO, **in der Regel kurz gehalten werden.** Bei der Ablehnung eines Beweisantrages nach Abs. 2 Nr. 1 kann sich das Gericht in der Regel auf die Begründung beschränken, dass die Beweiserhebung zur Erforschung der Wahrheit nicht erforderlich ist. Die Vorschrift gestattet bei Anwendung von Abs. 2 Nr. 1 eine auf die Wiedergabe des Gesetzestextes reduzierte Begründung. Im Abwesenheitsverfahren gemäß § 74 kann ein Beweisantrag, den der Betroffene im Rahmen von schriftlichen Erklärungen zur Sache angebracht hat und der in der Hauptverhandlung vom Gericht verlesen worden ist, ausnahmsweise auch noch in den Urteilsgründen beschieden werden, sofern kein Verteidiger anwesend ist (KK-*Senge* 40). So wird im Übrigen bei der Ablehnung von Hilfsbeweisanträgen stets verfahren (*RRH* 13). 26

Eine nähere Begründung des Ablehnungsbeschlusses ist dann notwendig, wenn die Ablehnung des Beweisantrages auf § 244 Abs. 3 StPO 27 gestützt wird. Wird ein Beweisantrag z. B. als bedeutungslos abgelehnt, so ist in dem Beschluss darzulegen, ob dies aus rechtlichen oder tatsächlichen Gründen der Fall ist, wobei auch die Tatsachen anzugeben sind, aus denen sich die Unerheblichkeit ergibt. Deshalb ist es einfacher für das Gericht, in Fällen, in denen die Ablehnung des Beweisantrages wegen Bedeutungslosigkeit in Betracht kommt, sie auf Abs. 2 Nr. 1 zu stützen.

28 Eine nähere Begründung ist auch notwendig, **wenn die Ablehnung auf Abs. 2 Nr. 2** gestützt wird, weil die Gründe für die Ablehnung nach dieser Vorschrift nach den Umständen des Falles so unterschiedlich sein können, dass insoweit eine nähere Darlegung durch das Gericht unumgänglich erscheint (BT-Drucks. 10/2652 S. 24). Keinesfalls ausreichend ist zur Begründung die Übernahme des Textes von Abs. 2 Nr. 2 (*Köln* VRS 75, 119).

29 **Ist der Beweisantrag nach Abs. 3 mit einer Kurzbegründung abgelehnt worden**, so muss in dem Urteil die Ablehnung im Rahmen der Beweiswürdigung so begründet werden, dass sie für das Rechtsbeschwerdegericht nachprüfbar ist (*BayObLG* JR 2003, 518 m. krit. Anm. *Seitz*; *Jena* VRS 106, 302). Dabei legt das Gericht im Einzelnen dar, worauf die sichere Überzeugung gestützt ist und aus welchen Gründen die dagegen vorgebrachten Beweismittel keinen weiteren Aufklärungswert haben. Ausreichend ist, wenn der Urteilsbegründung im Zusammenhang entnommen werden kann, dass der Sachverhalt so eindeutig geklärt ist, dass die zusätzlich beantragte Beweiserhebung an der Überzeugung des Gerichts nichts geändert hätte und für die Aufklärung entbehrlich gewesen ist (*Zweibrücken* MDR 1991, 1192).

30 **Verstöße gegen die dem Richter obliegende Pflicht zur umfassenden Sachaufklärung** können mit der Rechtsbeschwerde oder dem Antrag auf Zulassung der Rechtsbeschwerde als Verletzung des § 77 Abs. 1 i. V. m. § 244 Abs. 3 StPO gerügt werden. Die Aufklärungsrüge muss als Verfahrensrüge den Anforderungen des § 344 Abs. 2 Satz 2 StPO genügen. Das bedeutet für ihre Zulässigkeit, dass der Beschwerdeführer die Sache benennt, deren Aufklärung er vermisst, das Beweismittel angibt, dessen sich der Richter zur weiteren Aufklärung hätte bedienen sollen, darlegt, aufgrund welcher ihm bekannten Umstände sich das Gericht zur Beweisaufnahme hätte gedrängt sehen müssen, und schließlich mitteilt, zu welchem voraussichtlichen Ergebnis die unterlassene Sachaufklärung geführt hätte (KK-*Senge* 51).

Fünfter Abschnitt. Einspruch und gerichtliches Verfahren **§ 77a**

Soll mit der Rechtsbeschwerde beanstandet werden, dass ein Beweisantrag zu Unrecht abgelehnt worden sei, gehört es zur ordnungsgemäßen Begründung, dass der Inhalt des Antrages und des gerichtlichen Ablehnungsbeschlusses mitgeteilt und die Tatsachen bezeichnet werden, die die Fehlerhaftigkeit dieses Beschlusses ergeben (*BGH* NJW 1980, 1292). Dabei stellt es einen selbständigen Anfechtungsgrund dar, wenn ein Beweisantrag nach Abs. 2 Nr. 2 abgelehnt und zur Begründung lediglich auf das Gesetz verwiesen worden ist (*Köln* VRS 75, 119). 31

Beanstandet die Rechtsbeschwerde, **dass ein Beweisantrag nicht beschieden worden sei**, so ist die Mitteilung des Beweisantrages erforderlich sowie der Hinweis, das der Antrag nicht beschieden wurde und das Protokoll keine Feststellungen über die Bescheidung des Antrages enthält, wohl aber über seine Stellung (KK-*Senge* 53). Bei Ablehnung eines Hilfsbeweisantrages kann die Rechtsbeschwerde auf den Inhalt der Urteilsgründe verweisen, sofern sie auch die Sachbeschwerde erhoben hat (KK-*Senge* 54). 32

Die Verfassungsbeschwerde kann begründet sein, wenn ein **erst in der Hauptverhandlung gestellter Beweisantrag** auf Vernehmung eines Entlastungszeugen mit der Begründung zurückgewiesen worden ist, der Zeuge hätte schon früher benannt werden können, obwohl der Betroffene geltend macht, erst jetzt die Anschrift des Zeugen ermittelt zu haben (*BVerfG* NJW 1992, 2811 m. Anm. *Göhler* NStZ 1993, 74). 33

§ 77a Vereinfachte Art der Beweisaufnahme

(1) Die Vernehmung eines Zeugen, Sachverständigen oder Mitbetroffenen darf durch Verlesung von Niederschriften über eine frühere Vernehmung sowie von Urkunden, die eine von ihnen stammende schriftliche Äußerung enthalten, ersetzt werden.

(2) Erklärungen von Behörden und sonstigen Stellen über ihre dienstlichen Wahrnehmungen, Untersuchungen und Erkenntnisse sowie über diejenigen ihrer Angehörigen dürfen auch dann verlesen werden, wenn die Voraussetzungen des § 256 der Strafprozeßordnung nicht vorliegen.

(3) Das Gericht kann eine behördliche Erklärung (Absatz 2) auch fernmündlich einholen und deren wesentlichen Inhalt in der Hauptverhandlung bekanntgeben. Der Inhalt der bekanntgegebenen Erklärung ist auf Antrag in das Protokoll aufzunehmen.

(4) Das Verfahren nach den Absätzen 1 bis 3 bedarf der Zustimmung des Betroffenen, des Verteidigers und der Staatsanwaltschaft, soweit sie in der Hauptverhandlung anwesend sind. § 251 Abs. 1 Nr. 2 und 3, Abs. 2 Nr. 1 und 2, Abs. 3 sowie die §§ 252 und 253 der Strafprozeßordnung bleiben unberührt.

Schrifttum: *Böttcher*, Das neue Beweisrecht im Verfahren nach dem OWiG, NStZ 1986, 393 ff.

1 Die Vorschrift begründet für das gerichtliche Bußgeldverfahren **dem Strafverfahrensrecht noch weitgehend unbekannte Verfahrensvereinfachungen** bei der Beweisaufnahme, die allerdings der Zustimmung der Verfahrensbeteiligten bedürfen, soweit sie an der Hauptverhandlung teilnehmen. Sie enthält Ausnahmen vom Grundsatz der Unmittelbarkeit der Beweisaufnahme (*Göhler/Seitz* 1) in den hier geregelten Fällen. Liegen sie vor, so ist nach **Abs. 1** die Verlesung von Niederschriften über eine frühere Vernehmung von Zeugen, Sachverständigen oder Mitbetroffenen sowie die Verlesung von Urkunden zulässig, die eine von ihnen stammende schriftliche Äußerung enthalten.

2 Nach Abs. 2 dürfen Erklärungen von Behörden und sonstigen Stellen über ihre dienstlichen Wahrnehmungen, Untersuchungen und Erkenntnisse verlesen werden, auch wenn die Voraussetzungen von § 256 StPO nicht vorliegen. Nach **Abs. 3** kann das Gericht eine behördliche Erklärung im Sinne von Abs. 2 auch fernmündlich einholen und deren wesentlichen Inhalt in der Hauptverhandlung bekannt geben. **Abs. 4** legt fest, dass das Verfahren nach den Absätzen 1 bis 3 der Zustimmung des Betroffenen, des Verteidigers und der StA, soweit sie in der Hauptverhandlung anwesend sind, bedürfen, und erklärt bestimmte weitere Vorschriften der StPO als von diesen Regelungen unberührt.

3 Die **Auflockerung des strengen Verfahrenrechts der StPO** für das Bußgeldverfahren gibt dem Richter über die in § 77 Abs. 2 und Abs. 3 enthaltene Öffnung des Beweisantragsrechtes hinaus weitere Instrumente an die Hand, welche ihn in die Lage versetzen, rasche Entscheidungen ohne

Fünfter Abschnitt. Einspruch und gerichtliches Verfahren **§ 77a**

übermäßigen Verfahrensaufwand zu treffen (Begründung BT-Drucks. 10/ 2652 S. 24).

Die Verfahrensvereinfachungen im Rahmen der Beweisaufnahme nach den Absätzen 1 bis 3 haben die **Entscheidung des Richters**, eine **Beweisaufnahme durchzuführen**, zur Voraussetzung. Sie sind Teil einer von den Verfahrensbeteiligten oder dem Gericht für erforderlich erachteten Beweisaufnahme. 4

Die Regelung des § 249 Abs. 2 Satz 1 StPO, **durch die die Möglichkeit des Selbstleseverfahrens von Urkunden** deutlich ausgeweitet ist, kann als eine weitere Anpassung strafprozessualer Vorschriften an als nützlich und richtig erkannte Möglichkeiten des OWi-Rechts gelten. Die damit möglicherweise verbundene geringfügige Öffnung des Grundsatzes der Unmittelbarkeit der Beweisaufnahme hat nicht nur unter dem Aspekt der Verfahrensvereinfachung, sondern wesentlich auch unter dem Aspekt eines erweiterten Opferschutzes Bedeutung. 5

Abs. 1 knüpft an § 251 Abs. 1 StPO an, der die Verlesung von anderen als richterlichen Niederschriften von Zeugen, Sachverständigen oder Mitbeschuldigten sowie von Urkunden, die von ihnen stammende schriftliche Äußerungen enthalten, unter bestimmten Voraussetzungen gestattet. Danach ist im Bußgeldverfahren diese Verlesung anstelle der Vernehmung auch dann zulässig, wenn der Zeuge, Sachverständige oder Mitbetroffene gerichtlich vernommen werden könnte, sofern die Voraussetzungen von Abs. 4 vorliegen. Für die Verlesung von Vernehmungen und Erklärungen des Betroffenen gilt nicht Abs. 1, sondern § 74 (*RRH* 3). 6

Niederschriften über frühere Vernehmungen können **richterliche als auch nichtrichterliche Protokolle** sein. Für richterliche Vernehmungsprotokolle gelten wegen der Inbezugnahme des § 251 Abs. 2 StPO in Abs. 4 Satz 2 die dafür bestehenden Spezialvorschriften in § 251 Abs. 2 StPO, soweit die Verlesung nicht bereits nach § 251 Abs. 1 StPO zulässig ist. Infolge der grundlegenden Änderungen von § 251 StPO durch das 1. Justizmodernisierungsgesetz (vom 24. 8. 2004, BGBl. I S. 2198) wurden die Verlesungsmöglichkeiten erheblich erweitert. 7

Ohne Zustimmung der Beteiligten nach Abs. 4 Satz 1 können demnach Vernehmungsniederschriften und schriftliche Erklärungen enthaltende Urkunden stets unter den Voraussetzungen von § 251 Abs. 1 Nr. 2 und 3, 8

Abs. 2 oder Abs. 3 StPO verlesen werden (vgl. Abs. 4 Satz 2). Eine Verlesung **nichtrichterlicher Vernehmungsprotokolle** oder entsprechender Urkunden ist demnach möglich, wenn der Zeuge, Sachverständige oder Mitbetroffene verstorben ist oder aus einem anderen Grunde in absehbarer Zeit gerichtlich nicht vernommen werden kann (§ 251 Abs. 1 Nr. 2 StPO) oder soweit die Niederschrift oder Urkunde das Vorliegen oder die Höhe eines Vermögensschadens betrifft (§ 251 Abs. 1 Nr. 3 StPO).

9 Eine Ersetzung der Vernehmung durch **Verlesung richterlicher Vernehmungsprotokolle ohne Zustimmung der Beteiligten** kommt entweder unter den genannten Voraussetzungen des § 251 Abs. 2 Nr. 2 und 3 StPO in Betracht oder unter folgenden Voraussetzungen: Dem Erscheinen des Zeugen, Sachverständigen oder Mitbetroffenen in der Hauptverhandlung stehen für eine längere oder ungewisse Zeit Krankheit, Gebrechlichkeit oder andere nicht zu beseitigende Hindernisse entgegen (§ 251 Abs. 2 Nr. 1 StPO) oder dem Zeugen oder Sachverständigen ist das Erscheinen in der Hauptverhandlung wegen großer Entfernung unter Berücksichtigung der Bedeutung seiner Aussage nicht zuzumuten (§ 251 Abs. 2 Nr. 2 StPO).

10 **Im Übrigen erfasst Abs. 1** auch staatsanwaltschaftliche, polizeiliche und behördliche Vernehmungsniederschriften, sowie Vernehmungsniederschriften ausländischer Behörden (KK-*Senge* 4).

11 **Die Verlesbarkeit der Vernehmungsniederschrift** hängt nicht davon ab, ob bestimmte Förmlichkeiten eingehalten sind. Die fehlende Unterschrift des Vernehmenden oder der Beweisperson oder die Zuziehung eines nicht vereidigten Dolmetschers sind grundsätzlich unschädlich, können aber den Beweiswert der Niederschrift beeinträchtigen. Leiden richterliche Protokolle an einem Mangel, etwa wenn bei einer im Ermittlungsverfahren durchgeführten Vernehmung die Benachrichtigung des Betroffenen nach § 168c Abs. 5 StPO unterblieben ist (*BayObLG* NJW 1977, 203), so kommt eine Verlesung nach Abs. 1 gleichwohl in Betracht (*RRH* 4). Eine Niederschrift über eine Vernehmung, die verlesen werden darf, liegt immer schon dann vor, wenn sie den Formvorschriften des § 168b Abs. 2 i.V.m. § 168a StPO entspricht.

12 **Eine informatorische Befragung** ist keine Vernehmung. Auch ein Aktenvermerk vom vernehmenden Beamten über das wesentliche Ergebnis

Fünfter Abschnitt. Einspruch und gerichtliches Verfahren § 77a

einer mündlichen Aussage nach § 168a Abs. 1 StPO ist keine Niederschrift über eine Vernehmung und darf deshalb nicht nach Abs. 1 anstelle der Vernehmung verlesen werden. Wohl aber können Vermerke des Vernehmenden über den Gang der Vernehmung und das Verhalten des Vernommenen, die im Protokoll enthalten sind, mit verlesen werden (*RRH* 4; vgl. auch § 256 Abs. 1 Nr. 5 StPO).

Urkunden i. S. v. Abs. 1 sind Schriftstücke jeder Art, die verlesbar und 13 geeignet sind, durch ihren allgemein verständlichen oder durch Auslegung zu ermittelnden Gedankeninhalt Beweis zu erbringen (*BGHSt* 27, 136). Sie brauchen nicht aus demselben Verfahren zu stammen oder für dieses abgegeben zu sein (*BGHSt* 20, 160). Urkunden in diesem Sinne sind auch Gutachten von Sachverständigen, ärztliche Atteste, dienstliche Äußerungen von Polizeibeamten, die von Polizeibeamten gefertigte OWi-Anzeige (*Köln OLGSt* § 251 StPO Nr. 13) sowie die schriftliche Stellungnahme in einem Anhörungsbogen. Urkunden, die erst zum Zweck ihrer Verwertung in der Hauptverhandlung hergestellt worden sind, fallen ebenfalls unter Abs. 1 (KK-*Senge*). Dementsprechend kann der Richter die schriftlich abgegebene Stellungnahme eines Zeugen, die er im Rahmen der vorbereitenden Sachaufklärung nach § 71 Abs. 2 Nr. 1 eingeholt hat, nach Abs. 1 in die Hauptverhandlung einführen und verwerten.

Nach Abs. 2 können **Erklärungen von Behörden oder sonstigen Stellen** 14 über ihre dienstlichen Wahrnehmungen, Untersuchungen und Erkenntnisse sowie über diejenigen ihrer Angehörigen auch unabhängig von den Voraussetzungen des § 256 StPO verlesen werden, soweit alle in der Hauptverhandlung anwesenden Beteiligten damit einverstanden sind (Abs. 4 Satz 1). Die **Verlesungsmöglichkeiten nach § 256 StPO** wurden durch das 1. Justizmodernisierungsgesetz (vom 24. 8. 2004, BGBl. I S. 2198) erheblich erweitert. **Ohne Zustimmung der Beteiligten** dürfen nunmehr nach § 256 StPO verlesen werden: die ein Zeugnis oder ein Gutachten enthaltenden Erklärungen öffentlicher Behörden, der für solche Gutachten allgemein vereidigten Sachverständigen oder der Ärzte eines gerichtsärztlichen Dienstes mit Ausnahme von Leumundszeugnissen (§ 256 Abs. 1 Nr. 1 StPO); ärztliche Atteste über Körperverletzungen, die nicht zu den schweren gehören (§ 251 Abs. 1 Nr. 2 StPO); ärztliche Berichte zur Entnahme von Blutproben (§ 251 Abs. 1 Nr. 3 StPO); Gutachten über die Auswertung eines Fahrtschreibers, die Bestimmung der Blutgruppe oder des Blutalkoholgehalts einschließlich seiner Rückrechnung (§ 251 Abs. 1 Nr. 4 StPO); Protokolle sowie in einer Urkunde enthaltene Erklärungen der Strafverfolgungsbehörden über Ermittlungshandlungen, soweit diese nicht eine Vernehmung zum Gegenstand haben (§ 251 Abs. 1 Nr. 5 StPO).

15 **Behördliche Erklärungen in diesem Sinne** sind auch jene Vorgänge, die im anhängigen Bußgeldverfahren bei der Verwaltungsbehörde, der Polizei oder der StA angefallen sind (Begründung BT-Drucks. 10/2652 S. 24). Dementsprechend sind z. B. Aktenvermerke des Sachbearbeiters der Verwaltungsbehörde über das Verhalten des Betroffenen anlässlich einer Anhörung, die Telefonnotiz aus dem Vorverfahren über den Inhalt eines Ferngesprächs, der Bericht eines Polizeibeamten über seine Wahrnehmungen am Unfallort sowie die Äußerungen des Betroffenen ihm gegenüber, die Mitteilung der zuständigen Polizeidienststelle über technische Einzelheiten einer Geschwindigkeitsmessung, den Stand des Messgerätes, mögliche Fehlerquellen und deren Beseitigung sowie über die Wahrnehmungen der bei der Kontrolle eingesetzten Polizeibeamten (KK-*Senge* 10) verlesbar.

16 **Behörde** ist eine nach öffentlichem Recht errichtete, mit der Erfüllung öffentlicher Aufgaben betraute Stelle des Staates oder eines anderen Trägers der öffentlichen Verwaltung, die in ihrem Bestand von den sie vertretenen Personen unabhängig ist (*Koblenz* NJW 1984, 2424). **Sonstige** Stellen sind solche, die Aufgaben der öffentlichen Verwaltung wahrnehmen, auch wenn es sich nicht um Behörden im organisatorischen Sinn handelt, also auch Teile von Behörden (*RRH* 7).

17 **Behörden oder sonstige Stellen sind demnach** alle Polizeibehörden, Verwaltungsbehörden, und zwar auch der Gemeinden und Landkreise, Gerichte, Träger der Sozialversicherung, Krankenanstalten der öffentlichen Hand, gerichtsmedizinische Institute der Universitäten, Fakultäten oder Fachbereiche der Universitäten, Rechtsanwalts-, Ärzte-, Zahnärzte-, Apotheker-, Industrie- und Handelskammern, Handwerkskammern, Vollzugsanstalten, Gerichtskassen, öffentliche Sparkassen und sonstige Körperschaften und rechtsfähige Anstalten des öffentlichen Rechts. Die technischen Überwachungsvereine sind keine öffentliche Behörden, wohl aber sonstige Stellen im Sinne dieser Vorschrift (*RRH* 7), ebenso das ein-

Fünfter Abschnitt. Einspruch und gerichtliches Verfahren **§ 77a**

zelne Polizeireviere oder auch private Unternehmen, die mit der Wahrnehmung staatlicher Aufgaben beauftragt worden sind (KK-*Senge* 12).

Erklärungen von Behörden oder sonstigen Stellen i. S. v. Abs. 2 liegen 18
vor, wenn sie im Rahmen der Behörde von der im Rahmen der inneren Behördenorganisation zur Vertretung der Behörde berechtigten Personen nach außen abgegeben werden (*BGH* VRS 48, 209). Nicht notwendig ist, dass die Erklärung stets vom Leiter der Behörde oder seinem ständigen Vertreter unterschrieben ist. Es genügt, wenn ein Sachbearbeiter die Erklärung im Auftrag unterzeichnet hat, sofern er befugt war, die Erklärung für die Behörde abzugeben und dies auch wollte (*BGH* NStZ 1984, 231). Abs. 2 gilt nicht, wenn der Angehörige einer Behörde die Erklärung für sich persönlich, etwa aufgrund einer genehmigten Nebentätigkeit (*RRH* 8) und nicht für die Behörde abgibt (*BGH* NStZ 1984, 231). Äußerungen von Behörden in diesem Sinne sind demnach auch Äußerungen der Bußgeldbehörde gegenüber dem zuständigen Gericht über das Ergebnis der in einem Bußgeldverfahren durchgeführten Ermittlungen.

Verlesen werden können nur **schriftlich abgegebene Erklärungen.** Aus- 19
schließlich für den innerdienstlichen Gebrauch erstellte Vermerke sind keine verlesbaren Erklärungen der Behörden. Der Bericht eines Ermittlungsbeamten an seinen Vorgesetzten ist daher keine Erklärung im Sinne von Abs. 2. Wird er aber in die Erklärung der Behörde aufgenommen, so ist sie verlesbar (*RRH* 8).

Dienstliche Wahrnehmungen, Untersuchungen und Ergebnisse sind 20
Wahrnehmungen tatsächlicher Art als auch gutachtliche Äußerungen. Sie müssen bei einer amtlichen Tätigkeit angefallen sein. Die Verwaltungsbehörde kann also etwa bei einer eingerichteten Kontrollstelle zur Feststellung von Geschwindigkeitsüberschreitungen oder der Nichtbeachtung des Rotlichts dem Gericht Erkenntnisse darüber vermitteln, wie das Messverfahren funktioniert, welche Fehlerquellen vorhanden oder ausgeschaltet worden sind und welche Wahrnehmungen bei der Kontrollstelle von einem Amtsträger gemacht wurden, von welcher Stelle diese getroffen wurden, wie sich der Betroffene ihm gegenüber verhalten hat und ob hinsichtlich der getroffenen Feststellungen Zweifel bestehen können (*Göhler/Seitz* 7). Mit Hilfe solcher Entscheidungsgrundlagen, die sonst nach dem strengen Beweisrecht nur mit Hilfe eines erheblichen Personal-, Zeit- und Kostenaufwands beschafft werden könnten, kann das gerichtliche

§ 77a Zweiter Teil. Bußgeldverfahren

Verfahren rasch und beschränkt auf die Einwendungen des Betroffenen durchgeführt werden (Begründung BT-Drucks. 10/2652 S. 26).

21 Nach Abs. 3 kann das Gericht eine behördliche Erklärung im Sinne von Abs. 2 auch **fernmündlich einholen** und deren wesentlichen Inhalt in der Hauptverhandlung bekannt geben. Auch diese Vorschrift geht über § 256 StPO hinaus, wonach die behördliche Erklärung in schriftlicher Form vorliegen muss, damit sie verwertet werden kann (*Karlsruhe* MDR 1976, 247). Sie erweitert insoweit die Möglichkeiten von Abs. 1.

22 **Das Gesetz trägt damit dem Umstand Rechnung**, dass sich in der Hauptverhandlung neue Gesichtspunkte ergeben können, die durch die Einholung einer behördlichen Erklärung im Sinne von Abs. 2 schnell aufgeklärt werden können, etwa wenn es um Messdaten über Verkehrs- oder Wetterverhältnisse geht (Begründung BT-Drucks. 10/2652 S. 26), aber auch wenn spezielle Fragen zu klären sind, wie etwa ob bei der durchgeführten Radarmessung bestimmte Fehlerquellen erkannt und ausgeschaltet worden sind (KK-*Senge* 16). Für die teilweise als erforderlich angesehene Einschränkung des Anwendungsbereichs von Abs. 3 auf bestimmte Fallkonstellationen ist ein sachlicher Grund nicht erkennbar.

23 Die fernmündliche Einholung von Erklärungen erfasst nur **Kommunikationswege, bei denen keine automatische schriftliche Fixierung** der Erklärung möglich ist. Alle anderen modernen Übermittlungswege, etwa durch Telefax, Online-Verbindungen usw. fallen unter Abs. 1. Wird eine Erklärung fernmündlich eingeholt, so erscheint es stets ratsam, den Inhalt in einem Aktenvermerk niederzulegen, der zu den Akten genommen wird (KK-*Senge* 16).

24 **Dem Betroffenen und seinem Verteidiger** kann Gelegenheit zur Teilnahme an dem Telefongespräch gegeben werden. Am günstigsten ist eine Telefonanlage, die das Mithören und Mitsprechen seitens des Betroffenen und seines Verteidigers ermöglicht.

25 **Der wesentliche Inhalt** der fernmündlich eingeholten Erklärung **ist in der Hauptverhandlung bekannt zu geben.** Hat der Richter über das Telefonat einen Aktenvermerk gefertigt, so empfiehlt sich dessen Verlesung auch dann, wenn der Betroffene oder sein Verteidiger an dem Ferngespräch teilgenommen haben. Abs. 3 setzt nicht voraus, dass die behördliche Erklärung während der Hauptverhandlung fernmündlich eingeholt worden ist. Bekannt gegeben werden kann deshalb auch jede behördliche Erklärung, die der Richter im Rahmen der vorbereitenden Sachaufklärung bereits früher fernmündlich eingeholt hat. Allerdings empfiehlt es sich bei genügend zur Verfügung stehender Zeit, von der Möglichkeit des Abs. 3 Abstand zu nehmen und schriftliche Erklärungen nach Abs. 2 einzuholen.

Nach Abs. 4 Satz 1 bedarf das Verfahren nach den Absätzen 1 bis 3 der **Zustimmung des Betroffenen, des Verteidigers und der StA**, soweit sie in der Hauptverhandlung anwesend sind. Die Zustimmung bezieht sich nach dem Wortlaut der Vorschrift auf die Ersetzung der Vernehmung durch Verlesung, nicht auf die Verwertung des Beweismittels, so dass der Widerspruch gegen die Verwertung nach Zustimmung zur Verlesung unbeachtlich ist **(a. A.** *Göhler/Seitz* 14). Findet die Hauptverhandlung in Abwesenheit des Betroffenen, seines Verteidigers oder der StA statt, so ist die Zustimmung der jeweils Abwesenden nicht erforderlich. Stimmt nur ein Anwesender nicht zu, so kommt es auf das Einverständnis anderer Verfahrensbeteiligter nicht an. In dem Schweigen des Betroffenen zu der Zustimmungserklärung seines Verteidigers ist eine stillschweigende Zustimmung auch des Betroffenen zu sehen (*BayObLG* NJW 1978, 1817). 26

Maßgeblich sind nur **in der Hauptverhandlung abgegebene Erklärungen.** Teilt der Betroffene vor dem Termin mit, dass er der vereinfachten Beweisaufnahme nach Abs. 1 bis 3 nicht zustimmen werde, hindert das die Anwendung der Absätze 1 bis 3 nicht, sofern der Betroffene an der Hauptverhandlung nicht teilnimmt. Eine einmal erklärte Zustimmung ist unwiderruflich (*BGH* bei KK-*Senge* 19). 27

Sind sowohl der Betroffene als auch der Verteidiger anwesend, so ist die Zustimmung von beiden erforderlich. Der Verteidiger kann in diesem Fall den Betroffenen nicht vertreten. Hat der Betroffene mehrere Verteidiger, so müssen alle zustimmen, nicht jedoch Erziehungsberechtigte und gesetzliche Vertreter (*RRH* 12). 28

Die Zustimmung kann auch stillschweigend oder durch schlüssige Handlungen erklärt werden (*BGH* NStZ 1986, 207). Sie liegt etwa vor, wenn der Richter die Beteiligten fragt, ob der Verlesung zugestimmt werde und gegen die Ausführung der Verlesung kein Widerspruch erhoben wird. Für die Annahme einer stillschweigenden Zustimmung ist es erfor- 29 derlich, dass der Wille der Beteiligten zweifelsfrei hervortritt (*Köln* StV 2001, 342). Darauf, dass dem Schweigenden klar ist, dass die Urkunde oder das sonstige Beweismittel in der Entscheidung verwertet werden soll (*Göhler/Seitz* 14a), kommt es nicht an. Es ist insbesondere nicht erforderlich, einen Verlesungsgrund anzugeben oder in der Hauptverhandlung zu betonen, dass die Verlesung unmittelbar der Urteilsfindung dient (**a. A.** *Göhler/Seitz* 14a). Die Urteilsfindung ist stets Sinn und Zweck der Hauptverhandlung. Die Belehrung des Betroffenen über die vereinfachte Beweisaufnahme nach Abs. 1 bis 3 und die Möglichkeit, entsprechend in seiner Abwesenheit ohne seine Zustimmung zu verfahren, ist nicht vorgeschrieben. Es bedarf keiner Unterrichtung über die Beweismittel, deren Verwertung nach Abs. 1 bis 3 erfolgen kann (KK-*Senge* 20).

30 **Die Zustimmung ist bedingungsfeindlich und unwiderruflich**, so dass nach der Verlesung der Verwertung nicht mehr wirksam widersprochen werden kann. Anwesende Verfahrensbeteiligte sind jedoch nicht daran gehindert, nach der Verlesung weitere Beweisanträge zu stellen (*RRH* 12). Die Zustimmung der Verfahrensbeteiligten ist auch für den Verzicht auf die Verlesung oder die Bekanntgabe des wesentlichen Inhalts des Schriftstücks erforderlich (§ 78 Abs. 1 Satz 3).

31 Bei **Abwesenheit in der Hauptverhandlung** entfällt das Zustimmungserfordernis. Das gilt auch im Fall des § 74 Abs. 2, wenn nach Abs. 1 verfahren wird. Ist nur der Verteidiger anwesend, so genügt seine Zustimmung. Ist der Betroffene entschuldigt, darf die Hauptverhandlung gar nicht durchgeführt werden, so dass auch in diesem Fall die Zustimmung nicht entbehrlich ist.

32 Nach **Abs. 4 Satz 2** bleiben § 251 Abs. 1 Nr. 2 und 3, Abs. 2 Nr. 1 und 2, Abs. 3 und 4 sowie §§ 252 und 253 StPO **unberührt**; nach diesen Vorschriften bedarf es keiner Zustimmung der Beteiligten im Sinne von Abs. 4 Satz 1. Über die Verlesungsmöglichkeiten des § 251 Abs. 1 und 2 StPO hinaus (hierzu oben Rn. 8 und 9) ermöglicht **§ 251 Abs. 3 StPO** die Verlesung von Vernehmungsniederschriften, Urkunden und anderen als Beweismittel dienenden Schriftstücken immer dann, wenn diese **anderen Zwecken als unmittelbar der Urteilsfindung** dient, insbesondere etwa der Vorbereitung einer Entscheidung darüber, ob die Ladung und Vernehmung einer Person erfolgen soll.

Fünfter Abschnitt. Einspruch und gerichtliches Verfahren § 77a

Die entsprechende Anwendbarkeit des § 251 Abs. 4 StPO betrifft Verfahrensweisen im Zusammenhang mit der Verlesung. Nach Satz 2 der Vorschrift wird insbesondere der Grund der Verlesung bekannt gegeben. Gemeint sind damit lediglich die gesetzlichen Voraussetzungen, die eine Verlesung rechtfertigen. Durch die Inbezugnahme des § 252 StPO ist geklärt, dass die Aussage eines vor der Hauptverhandlung vernommenen Zeugen, der erst in der Hauptverhandlung von seinem Recht, das Zeugnis zu verweigern, Gebrauch macht, nicht verlesen werden darf. 33

Aus § 253 StPO ergibt sich, dass einem Zeugen oder Sachverständigen, der sich an eine Tatsache nicht mehr erinnert, Teile des Protokolls über seine frühere Vernehmung zur Gedächtnisstütze vorgelesen werden können. Dasselbe gilt, wenn sich bei den verschiedenen Vernehmungen Widersprüche zeigen. In diesem Fall kann die frühere Aussage zur Behebung des Widerspruchs vorgelesen werden. Diese Verlesungsmöglichkeiten beruhen auf gesetzlicher Regelung und bedürfen nicht des Einverständnisses der Verfahrensbeteiligten in der Hauptverhandlung. 34

Das Gericht entscheidet durch Beschluss in der Hauptverhandlung darüber, ob es nach Abs. 1 bis 3 verfahren will. Seine Entscheidung erfolgt nach pflichtgemäßem Ermessen. Das Ermessen findet seine Grenze in der Amtsaufklärungspflicht des § 77 Abs. 1 i.V.m. § 244 Abs. 2 StPO. Liegt es im Interesse der Wahrheitsfindung nahe oder drängt es sich auf, die Beweisaufnahme unmittelbar durchzuführen, so ist für die Verfahrensweise nach Abs. 1 kein Raum (*Böttcher* NStZ 1986, 395). Das ist etwa der Fall, wenn sich nach Aktenlage gleichwertige Zeugenaussagen in wesentlichen Punkten widersprechen oder erhebliche Abweichungen aufweisen und der Richter gehalten ist, sich seine Überzeugung aufgrund eines persönlichen Eindrucks in der Hauptverhandlung zu bilden oder wenn sich die Notwendigkeit abzeichnet, dem Zeugen, Sachverständigen oder Mitbetroffenen in der Hauptverhandlung ergänzende Fragen zu stellen (KK-*Senge* 22). 35

Die Verwendung von nur mittelbaren Beweismitteln kann mit der Aufklärungsrüge als rechtsfehlerhaft beanstandet werden (*Göhler/Seitz* 19). Fehlt ein Gerichtsbeschluss über die Anwendung der Absätze 1 bis 3, so beruht das Urteil auf diesem Verfahrensverstoß nicht, wenn allen Verfahrensbeteiligten der Grund der Verlesung klar war (*Düsseldorf* bei *Göhler/Seitz* 20). Aus der vereinfachten Beweisaufnahme stammende Erkennt- 36 nisse können nach dem Übergang ins Strafverfahren nicht verwertet werden (§ 81 Abs. 3 Satz 2). Die Beweisaufnahme muss in diesem Fall nach den strafprozessualen Regeln wiederholt werden.

§ 77b Absehen von Urteilsgründen

(1) Von einer schriftlichen Begründung des Urteils kann abgesehen werden, wenn alle zur Anfechtung Berechtigten auf die Einlegung der Rechtsbeschwerde verzichten oder wenn innerhalb der Frist Rechtsbeschwerde nicht eingelegt wird. Hat die Staatsanwaltschaft an der Hauptverhandlung nicht teilgenommen, so ist ihre Verzichtserklärung entbehrlich; eine schriftliche Begründung des Urteils ist jedoch erforderlich, wenn die Staatsanwaltschaft dies vor der Hauptverhandlung beantragt hat. Die Verzichtserklärung des Betroffenen ist entbehrlich, wenn er von der Verpflichtung zum Erscheinen in der Hauptverhandlung entbunden worden ist, im Laufe der Hauptverhandlung von einem Verteidiger vertreten worden ist und im Urteil lediglich eine Geldbuße von nicht mehr als zweihundertfünfzig Euro festgesetzt worden ist.

(2) Die Urteilsgründe sind innerhalb der in § 275 Abs. 1 Satz 2 der Strafprozeßordnung vorgesehenen Frist zu den Akten zu bringen, wenn gegen die Versäumung der Frist für die Rechtsbeschwerde Wiedereinsetzung in den vorigen Stand gewährt, in den Fällen des Absatzes 1 Satz 2 erster Halbsatz von der Staatsanwaltschaft oder in den Fällen des Absatzes 1 Satz 3 von dem Betroffenen Rechtsbeschwerde eingelegt wird.

1 Die Vorschrift, geändert durch Art. 1 Nr. 16 des OWiGÄndG vom 26. Januar 1998 (BGBl. I S. 156), tritt für das gerichtliche Bußgeldverfahren an die Stelle von § 267 Abs. 4 und Abs. 5 Satz 2 StPO. Sie gibt dem Gericht die Möglichkeit, **von der schriftlichen Begründung des Urteils ganz abzusehen**, sofern alle zur Anfechtung Berechtigten auf die Einlegung der Rechtsbeschwerde verzichten oder wenn innerhalb der Frist Rechtsbeschwerde nicht eingelegt wird (Abs. 1 Satz 1), regelt die Möglichkeiten des Verzichts auf eine schriftliche Begründung für den Fall der Abwesenheit der StA bei der Hauptverhandlung (Abs. 1 Satz 2) sowie bei Geldbu-

ßen von nicht mehr als 250,– Euro für den Fall, dass der Betroffene vom Erscheinen in der Hauptverhandlung entbunden worden ist (Abs. 1 Satz 3). Abs. 2 legt fest, wann die Urteilsgründe innerhalb einer bestimmten Frist zu den Akten zu bringen sind.

Bei Vorliegen der Voraussetzungen des Abs. 1 **besteht das Urteil aus dem Rubrum und dem Tenor**, d. h. im Fall der Verurteilung aus dem Schuldspruch, dem Rechtsfolgenausspruch und der Kosten- und Auslagenentscheidung. Da dieses Urteil regelmäßig vollständig in das Protokoll aufgenommen wird, bedarf es auch einer gesonderten Herstellung einer Urteilsurschrift nicht (§ 275 Abs. 1 StPO). 2

Voraussetzung für das Absehen von einer schriftlichen Begründung des Urteils ist nach Abs. 1 Satz 1 entweder, dass alle zur Anfechtung Berechtigten auf die Einlegung der Rechtsbeschwerde verzichten oder dass innerhalb der Frist Rechtsbeschwerde nicht eingelegt wird. Der Verzicht kann von den Verfahrensbeteiligten schriftlich oder zu Protokoll schon unmittelbar nach der Urteilsverkündung oder auch innerhalb der Rechtsmittelfrist erklärt werden (*BGH* NJW 1984, 1974). Ist der Betroffene bei der Verkündung nicht anwesend, so läuft die Rechtsbeschwerdefrist erst ab Zustellung, so dass in diesem Fall das Absehen von Urteilsgründen nicht in Betracht kommt, sofern der Betroffene nicht vor Zustellung des Urteils auf die Rechtsbeschwerde verzichtet, was möglich ist, wenn er sich vom Inhalt der Entscheidung unterrichten konnte. 3

Widerruf, Zurücknahme oder Anfechtung des Verzichts sind nicht zulässig (*BGH* NStZ 1983, 280). Für den Verzicht auf die Rechtsbeschwerde benötigt der Verteidiger eine besondere Ermächtigung (§ 302 Abs. 2 StPO). Widersprechen sich entsprechende Erklärungen des Betroffenen und des Verteidigers, so ist der Wille des Betroffenen maßgebend (*Düsseldorf* MDR 1983, 512). 4

Ein teilweises Absehen von einer schriftlichen Urteilsbegründung kann bei einer Verurteilung wegen mehrerer in Tatmehrheit zueinander stehenden OWi in Betracht kommen, soweit hinsichtlich einer OWi die Voraussetzungen von Abs. 1 vorliegen (*Hamm* VRS 74, 447), nicht jedoch bei Verurteilung wegen mehrerer tateinheitlich begangener OWi. 5

Liegt **kein Antrag der in der Hauptverhandlung abwesenden StA zur schriftlichen Begründung des Urteils** vor (Abs. 1 Satz 2 Halbsatz 2), 6 kommt es für das Absehen von einer Urteilsbegründung auf ihren Rechtsmittelverzicht nicht an. Dieser ist insoweit entbehrlich. Das bedeutet, dass bei einem Verzicht des Betroffenen auf Rechtsmittel das Urteil der StA bereits ohne Gründe zugestellt werden kann (Begründung BT-Drucks. 10/2652 S. 27). Gleiches gilt, wenn der Betroffene innerhalb der Rechtsmittelfrist kein Rechtsmittel einlegt. Sinnvoll ist, bei Fehlen eines Rechtsmittelverzichts des Betroffenen nicht darauf zu warten, ob er ein Rechtsmittel einlegt, sondern das Urteil nach der Hauptverhandlung der StA durch Übersendung der Akten mit der formularmäßigen Anfrage zuzustellen, ob sie ihrerseits auf Einlegung eines Rechtsmittels verzichtet (*Göhler/Seitz* 3).

7 **Hat die StA die schriftliche Begründung** vor der Hauptverhandlung beantragt, so kann ihr das Urteil auch nur mit einer schriftlichen Begründung zugestellt werden. Eine spätere Ergänzung nach Abs. 2 ist möglich, wenn das Gericht den Antrag der StA auf schriftliche Urteilsbegründung übersehen hat (*RRH* 4; **a. A.** *Celle* MDR 1989, 482). Die StA sollte von ihrem Antragsrecht nur in bedeutsamen oder rechtlich schwierigen Bußgeldsachen Gebrauch machen. Bei einem erkennbaren Missbrauch dieses Rechts kommt die Überprüfung im Dienstaufsichtswege in Betracht (*RRH* 4).

8 Hat die StA vor der Hauptverhandlung keinen Antrag nach Abs. 1 Satz 2 gestellt und **ergibt sich für sie die Bedeutung der Sache erst in der Hauptverhandlung**, so hat sie ein nachträgliches Antragsrecht, um sie nicht zu zwingen, gegen ein möglicherweise als zutreffend bewertetes Urteil nur deshalb Rechtsbeschwerde einzulegen, um ein schriftlich begründetes Urteil zu erlangen (KK-*Senge* 6). In diesem Fall beginnt die Frist zur Begründung der Rechtsbeschwerde auch erst mit der Zustellung eines mit Gründen versehenen Urteils (*BGH* HRSt 2).

9 Nach Abs. 1 Satz 3 ist die **Verzichtserklärung** in den Fällen **entbehrlich**, in denen nur eine Geldbuße bis zu 250,– Euro verhängt worden ist, der Betroffene auf seinen Antrag hin vom Erscheinen in der Hauptverhandlung entbunden und im Verlaufe der Hauptverhandlung von einem zur Abgabe von Erklärungen bevollmächtigten Verteidiger vertreten war. Es genügt, wenn der Verteidiger **zu irgendeinem Zeitpunkt** der Hauptverhandlung aufgetreten ist; seine ständige Teilnahme ist entbehrlich (*Katholnigg* NJW 1998, 571). Die Anwendung von Abs. 1 Satz 3 kommt

Fünfter Abschnitt. Einspruch und gerichtliches Verfahren § 77b

nicht in Betracht, wenn ein Fahrverbot neben der Geldbuße festgesetzt wurde, allenfalls wenn Bußgeld und vermögensrechtliche Nebenfolge insgesamt 250,– Euro nicht übersteigen (*Jena* NStZ-RR 2003, 273).

Der Sinn der Regelung, dem von seiner Erscheinungspflicht in der Hauptverhandlung entbundenen Betroffenen zuzumuten, sich von seinem Verteidiger über die **mündliche Urteilsbegründung unterrichten zu lassen**, um auf dieser Grundlage über die Einlegung eines Rechtsmittels zu entscheiden, würde allerdings verfehlt, wenn der Verteidiger nicht zumindest zur Urteilsbegründung auftreten würde, sofern ihm die entscheidenden Gesichtspunkte nicht schon zuvor vom Gericht mitgeteilt wurden. **10**

Bei weniger einfach gelagerten Fällen kann es der Auftrag des bevollmächtigten Verteidigers erfordern, auch den Gang der Hauptverhandlung zu beobachten, so dass es für das Gericht notwendig sein kann, die Frage eines Verzichts auf die Urteilsbegründung ausdrücklich zu klären, wenn der Verteidiger gleichwohl nur zur Urteilsverkündung aufgetreten ist. **11**

Ist Wiedereinsetzung in den vorigen Stand gegen die Versäumung der Frist für die Rechtsbeschwerde gewährt, in den Fällen des Abs. 1 Satz 2 Halbsatz 1 von der StA oder in den Fällen des Abs. 1 Satz 3 von dem Betroffenen Rechtsbeschwerde eingelegt worden, **so sind die Urteilsgründe innerhalb der in § 275 Abs. 1 Satz 2 der StPO vorgesehenen Frist zu den Akten zu bringen (Abs. 2).** Die Frist des § 275 Abs. 1 Satz 2 StPO beginnt mit der Einlegung der Rechtsbeschwerde (*Brandenburg* OLGSt 1; *BGH* HRSt 1). Wird die Wiedereinsetzung durch das OLG gewährt, so ist das Urteil innerhalb von fünf Wochen nach Erlass des Wiedereinsetzungsbeschlusses zu den Akten zu bringen. Es obliegt den mit der Aktenzurückleitung befassten Justizbehörden, dafür Sorge zu tragen, dass diese lange Frist eingehalten wird (*KG* NZV 1992, 123). Sie ist aber keine Ausschlussfrist, nach deren Ablauf das Urteil nicht mehr begründet werden darf; die Pflicht zur Absetzung des Urteils besteht fort (*BGH* HRSt 1). **12**

Die 5-Wochen-Frist **verlängert sich** um zwei Wochen, wenn die Hauptverhandlung länger als drei Tage gedauert hat und für jeden begonnenen Abschnitt von zehn Hauptverhandlungstagen um weitere zwei Wochen, wenn die Hauptverhandlung länger als zehn Tage gedauert hat (§ 275 Abs. 1 Satz 2 StPO). Im gewöhnlichen OWi- Verfahren ist diese Regelung ohne Relevanz. **13**

§ 78   Zweiter Teil. Bußgeldverfahren

14 Eine **Überschreitung der Frist** des § 275 Abs. 1 Satz 2 StPO ist **unzulässig** (*RRH* 5). Fehlen die Urteilsgründe nach Ablauf dieser Frist, so ist das Urteil im Falle einer zulässigen Rechtsbeschwerde im Regelfall schon auf die Sachrüge hin aufzuheben, weil dem Rechtsbeschwerdegericht in diesem Fall eine Nachprüfung auf sachlich-rechtliche Fehler nicht möglich ist (*Schleswig* SchlHA 1993, 246). Eine nachträgliche Begründung oder eine sachliche Ergänzung der Urteilsgründe nach Fristablauf ist unbeachtlich (*Köln* VRS 56, 149), und zwar auch dann, wenn das AG wegen irrtümlicher Annahme der Rechtskraft von einer schriftlichen Begründung des Urteils abgesehen hat (*BayObLG* NStZ 1992, 136 m. Anm. *Göhler* JR 1992, 172).

15 Bei einer **Zulassungsrechtsbeschwerde** kann das Fehlen von Urteilsgründen nicht mit der Verfahrensrüge angegriffen werden, soweit es sich um das Verfahren wegen geringfügiger OWi handelt; das Fehlen von Urteilsgründen ist in diesen Fällen auch mit der Sachrüge im Zulassungsrechtsbeschwerdeverfahren nur begrenzt angreifbar (*Göhler/Seitz* 8). Ein unzulässig abgekürztes Urteil ist im Übrigen kein absoluter Rechtsbeschwerdegrund im Sinne von § 338 Nr. 7 StPO i. V. m. § 79 Abs. 3 Satz 1, sondern kann nur nach § 337 StPO i.V.m. § 79 Abs. 3 Satz 1 die Rechtsbeschwerde begründen (*KG* NZV 1992, 332), es sei denn, dass das Urteil erst nach Ablauf der Frist nach § 275 Abs. 1 Satz 2 zu den Akten gebracht worden ist (*Oldenburg* NdsRpfl 1986, 132).

§ 78   Weitere Verfahrensvereinfachungen

(1) Statt der Verlesung eines Schriftstücks kann das Gericht dessen wesentlichen Inhalt bekanntgeben; dies gilt jedoch nicht, soweit es auf den Wortlaut des Schriftstücks ankommt. Haben der Betroffene, der Verteidiger und der in der Hauptverhandlung anwesende Vertreter der Staatsanwaltschaft von dem Wortlaut des Schriftstücks Kenntnis genommen oder dazu Gelegenheit gehabt, so genügt es, die Feststellung hierüber in das Protokoll aufzunehmen. Soweit die Verlesung von Schriftstücken von der Zustimmung der Verfahrensbeteiligten abhängig ist, gilt dies auch für das Verfahren nach den Sätzen 1 und 2.

(2) § 273 Abs. 2 der Strafprozeßordnung ist nicht anzuwenden.

Fünfter Abschnitt. Einspruch und gerichtliches Verfahren   § 78

(3) Im Verfahren gegen Jugendliche gilt § 78 Abs. 3 des Jugendgerichtsgesetzes entsprechend.

(4) Wird gegen einen Jugendlichen oder Heranwachsenden eine Geldbuße festgesetzt, so kann der Jugendrichter zugleich eine Vollstreckungsanordnung nach § 98 Abs. 1 treffen.

Die Vorschrift sieht **weitere Verfahrensvereinfachungen gegenüber** 1
den Regeln der StPO vor. Die Absätze 1 bis 3 beziehen sich auf die Hauptverhandlung und regeln Möglichkeiten, anstelle der Verlesung eines Schriftstücks dessen wesentlichen Inhalt bekannt zu geben (Abs. 1), den Verzicht auf die Protokollierung in der Hauptverhandlung (Abs. 2), die Anwendbarkeit vereinfachender Vorschriften des JGG auch im OWi-Verfahren (Abs. 3) sowie die Möglichkeit, eine Vollstreckungsanordnung nach § 98 Abs. 1 auch schon im Urteil bzw. im Beschluss nach § 72 gegen einen Jugendlichen oder Heranwachsenden zu treffen (Abs. 4).

Nach Abs. 1 können Schriftstücke, deren Verlesung vorgeschrieben 2
oder erlaubt ist, in vereinfachter Form in die Hauptverhandlung eingeführt werden. Kommt es auf ihren genauen Wortlaut nicht an, so tritt an die Stelle ihrer Verlesung die Bekanntgabe ihres wesentlichen Inhaltes durch das Gericht (Abs. 1 Satz 1). Die Vorschrift gilt für alle Fälle, in denen die Verlesung von Schriftstücken in der Hauptverhandlung überhaupt erlaubt oder sogar vorgeschrieben ist (Begründung BT-Drucks. 10/2652 S. 27). Das gilt für die Fälle des § 77b Abs. 1 und Abs. 2 sowie der §§ 249 Abs. 1, 251 Abs. 1 bis 3, 253, 254 und 256 StPO.

Die Bekanntgabe des wesentlichen Inhalts eines Schriftstücks ist nicht 3
von der Zustimmung der Verfahrensbeteiligten abhängig. Die **Vorschrift setzt die Verlesbarkeit** voraus (*Göhler/Seitz* 1b).

Auf den Wortlaut des Schriftstücks kommt es an, wenn sich aus der Art 4
der Darstellung für die Wahrheitsfindung Schlussfolgerungen ergeben können. Die Verlesung kann dann auf diese Stelle der Niederschrift beschränkt werden, weil es dann nur auf diese Stelle ankommt (KK-*Senge* 4), wobei der Zusammenhang mit den dazugehörigen Teilen des Schriftstücks beachtet werden muss. Beantragt ein Verfahrensbeteiligter trotz der Regelung des Abs. 1 Satz 1 die Verlesung eines Schriftstücks, so sollte das Gericht dem folgen, um mögliche Verfahrensfehler zu vermeiden.

§ 78 Zweiter Teil. Bußgeldverfahren

5 **Die Zustimmung der Verfahrensbeteiligten** zu der vereinfachten Einführung des Schriftstücks ist erforderlich, wenn deren Zustimmung auch zur Verlesung des Schriftstücks erforderlich wäre (Abs. 1 Satz 3). Diese Regelung, die dazu führt, dass in den Fällen der vereinfachten Beweisaufnahme nach § 77a Abs. 1 und Abs. 2 zwei Zustimmungserklärungen erforderlich sind, wenn das Gericht nach Abs. 1 verfahren will, erscheint sachlich nicht erforderlich und im Hinblick auf das Ziel der Verfahrensvereinfachung unzweckmäßig.

6 Nach Abs. 1 Satz 2 kann auf die **Bekanntgabe** des wesentlichen Inhalts des Schriftstücks **verzichtet werden**, wenn das Schriftstück den Verfahrensbeteiligten bekannt ist oder sie Gelegenheit hatten, zuvor davon Kenntnis zu nehmen. Es genügt, dies im Protokoll festzustellen (*RRH* 3). Die Zustimmung der Verfahrensbeteiligten für diese Verfahrensweise ist nur erforderlich, wenn die Verlesung der Schriftstücke überhaupt von deren Zustimmung abhängig ist (§ 77a Abs. 4). In allen anderen Fällen ist die Bekanntgabe des wesentlichen Inhalts, soweit sie Abs. 1 Satz 1 zulässt, oder das Selbstleseverfahren nach Abs. 1 Satz 2 auch ohne Zustimmung der Verfahrensbeteiligten zulässig. Dies gilt z. B. für die Fälle der §§ 249, 251, 254 StPO. Die Zustimmung kann grundsätzlich auch stillschweigend erfolgen, wenn der diesbezügliche Wille der Beteiligten zweifelsfrei hervortritt (*Köln* StV 2001, 342).

7 Die Bekanntgabe des wesentlichen Inhalts nach Abs. 1 Satz 1 geschieht durch den **Vorsitzenden oder den beauftragten Beisitzer** vor Abschluss der Beweisaufnahme. Sie dient der Vereinfachung des Verfahrens. Sie bewirkt, dass die Öffentlichkeit und die Verfahrensbeteiligten von dem Teil einer Schrift unterrichtet werden, auf den es nach Auffassung des Gerichts wesentlich ankommt (*Kurth* NStZ 1981, 232). Der Inhalt darf nur streng sachlich geschildert werden. Eine Würdigung der Bedeutung der Schrift ist unzulässig (*RRH* 5).

8 Ist das **Schriftstück fremdsprachig**, so kann es wegen § 184 GVG nicht verlesen werden. Die Bekanntgabe des wesentlichen Inhalts kann jedoch in deutscher Sprache erfolgen, sofern das Gericht die Fremdsprache beherrscht oder eine Übersetzung vorliegt. Dann kann nach Abs. 1 verfahren werden, sofern das Schriftstück verlesen werden darf (*RRH* 5).

9 Nach Abs. 2 ist die Vorschrift des **§ 273 Abs. 2 StPO nicht anzuwenden.** Grundsätzlich gelten für den Inhalt des Protokolls und die Hauptverhand-

Fünfter Abschnitt. Einspruch und gerichtliches Verfahren § 78

lung die §§ 272, 273 StPO. Durch den Wegfall von § 273 Abs. 2 StPO entfällt im OWi-Verfahren die Notwendigkeit, die wesentlichen Ergebnisse der Vernehmungen des Betroffenen sowie der Zeugen und Sachverständigen im Protokoll festzuhalten. Dies erschien dem Gesetzgeber im Hinblick auf die gegenüber dem Strafprozess eingeschränkte Bedeutung des OWi-Verfahrens gerechtfertigt. Unberührt bleibt jedoch § 273 Abs. 3 StPO (*Hamm* MDR 1971, 508), so dass im Einzelfall die vollständige Niederschrift und Verlesung der Ergebnisse der Vernehmung erforderlich ist, wenn es auf die Feststellung eines Vorgangs in der Hauptverhandlung oder des Wortlauts einer Aussage oder einer Äußerung ankommt.

Im Verfahren gegen Jugendliche und Heranwachsende gelten die Vorschriften des JGG grundsätzlich sinngemäß, soweit das OWiG nichts anderes vorsieht (§ 46 Abs. 1). Die Verhandlung gegen Jugendliche ist nicht öffentlich (§ 48 Abs. 1 JGG). In der Hauptverhandlung gegen einen Heranwachsenden kann die Öffentlichkeit gemäß § 109 Abs. 1 Satz 2 JGG ausgeschlossen werden. Die Vorschrift des § 50 Abs. 1 JGG über die Anwesenheit in der Hauptverhandlung wird durch § 73 Abs. 1 verdrängt. § 50 Abs. 2 JGG ist nur sinngemäß anwendbar, so dass das Erscheinen des Erziehungsberechtigten und des gesetzlichen Vertreters angeordnet werden kann, sofern auch der Jugendliche aufgrund einer solchen Anordnung zum Erscheinen verpflichtet ist. Von der Heranziehung der Jugendgerichtshilfe (§ 38 JGG) kann gemäß § 46 Abs. 6 abgesehen werden, wenn ihre Mitwirkung für die sachgemäße Durchführung des Verfahrens entbehrlich ist. Insoweit entfällt auch die Terminsmitteilung nach § 50 Abs. 3 JGG. **10**

Abs. 3 erklärt **§ 78 Abs. 3 JGG** im Verfahren gegen Jugendliche für **entsprechend anwendbar.** Danach darf zur Vereinfachung, Beschleunigung und jugendgemäßen Gestaltung des Verfahrens von Verfahrensvorschriften abgewichen werden, soweit dadurch die Erforschung der Wahrheit nicht beeinträchtigt wird. **11**

Von welchen Vorschriften im Rahmen des § 78 Abs. 3 JGG abgewichen werden darf, liegt weitgehend im Ermessen des Gerichts (*RRH* 16). Die Vorschrift setzt insofern Grenzen, als die Abweichung einerseits nur zur Vereinfachung, Beschleunigung und jugendgemäßen Gestaltung des Verfahrens zulässig ist, anderseits aber die Pflicht des Gerichts zur Erforschung der Wahrheit nicht berührt werden darf. Verzichtet werden **12**

kann daher auf die Einhaltung der Ladungsfristen (§ 217 StPO), die Beiziehung eines Protokollführers, die strenge Ordnung des § 243 StPO, nicht aber auf die Gewährung des rechtlichen Gehörs und die Beachtung des Grundsatzes der Unmittelbarkeit der Beweisaufnahme, soweit nicht das OWiG ohnehin Ausnahmen hierzu zulässt. **Anzuwenden sind weiterhin** auch die Vorschriften über die Öffentlichkeit. Die allgemein vertretene Auffassung (KK-*Senge* 10; *RRH* 16), wonach Abs. 3 hinsichtlich des Umfangs der Beweisaufnahme gegenüber § 77 keine weitere Vereinfachung gestatte, erscheint zweifelhaft, da § 78 Abs. 3 Satz 1 JGG allein darauf abstellt, dass hierdurch die Erforschung der Wahrheit nicht beeinträchtigt wird.

13 Abs. 4 ermöglicht dem Jugendrichter eine **Vollstreckungsanordnung gegen Jugendliche und Heranwachsende** nach § 98 Abs. 1 schon im Urteil und im Beschluss gemäß § 72 nach Einspruch gegen den Bußgeldbescheid sowie im Urteil in Verfahren nach § 82 Abs. 2 oder § 83 Abs. 1. Diese im Erkenntnisverfahren vorweggenommene Vollstreckungsanordnung erspart eine spätere gerichtliche Entscheidung. Sie gibt bereits dem Jugendrichter die Möglichkeit festzulegen, dass der Jugendliche oder Heranwachsende, wenn er die Geldbuße nicht zahlen kann, an deren Stelle die Erbringung von Arbeitsleistungen, die Schadenswiedergutmachung, die Teilnahme am Verkehrsunterricht bei einer Verletzung von Verkehrsvorschriften oder sonst eine bestimmte Leistung erbringen kann.

14 Macht der Richter von dieser Möglichkeit Gebrauch, so tritt die Verpflichtung, die andere Leistung zu erbringen, nicht von vornherein an die Stelle der Verhängung der Geldbuße. **Der Betroffene** hat vielmehr **die Wahl**, die Geldbuße zu zahlen oder die andere Leistung zu erbringen (*Köln* VRS 67, 45).

15 **Der Jugendrichter trifft die Vollstreckungsanordnung** im Urteil oder im Beschluss nach § 72. Ein besonderer Beschluss ist nicht erforderlich, weil die Vollstreckungsanordnung nicht anfechtbar ist (§ 104 Abs. 3 Satz 2), so dass unterschiedliche Rechtsmittel nicht in Betracht kommen (*Göhler/Seitz* 6). Dies gilt auch, wenn der Richter es gleichwohl vorgezogen hat, getrennte Entscheidungen zu formulieren.

16 **Der Jugendliche oder Heranwachsende** ist über die Bedeutung der Anordnung nach § 98 Abs. 1 und über die Folgen einer vorwerfbaren Zuwi-

derhandlung **zu belehren.** Dies ist erforderlich, weil die Belehrung Voraussetzung für die Anordnung des Jugendarrestes nach § 98 Abs. 2 ist, der verhängt werden kann, sofern der Jugendliche weder die Geldbuße gezahlt hat noch die ihm alternativ auferlegte sonstige Leistung erbracht hat. Zur Sicherheit empfiehlt es sich, die Belehrung in die Vollstreckungsanordnung selbst aufzunehmen oder, wenn sie nur mündlich erfolgt, zumindest aktenkundig zu machen (*RRH* 20). Für die nachträgliche Änderung der Vollstreckungsanordnung und die Verhängung von Jugendarrest ist aber nicht das Gericht des 1. Rechtszuges, sondern der Vollstreckungsleiter zuständig.

Nach dem früheren, durch das 1. Justizmodernisierungsgesetz (vom 24. August 2004, BGBl. I S. 2198) weggefallenen Abs. 5, der nunmehr durch die allgemeine Regelung in § 226 Abs. 2 StPO ersetzt wurde, kann vom Strafrichter in der Hauptverhandlung **von der Hinzuziehung des Urkundsbeamten der Geschäftsstelle abgesehen** werden. Die Entscheidung liegt im Ermessen des Richters und ist unanfechtbar. Verzichtet er, so fertigt er das Protokoll über die Hauptverhandlung durch Diktat auf Tonträger oder auf andere Weise selbst an. Diese Verfahrensweise ist in anderen Gerichtssparten längst üblich. **17**

Die Entscheidung des Richters ist Teil seiner richterlichen Unabhängigkeit, nicht Justizverwaltungsakt. **Weisungen der Justizverwaltung sind unbeachtlich.** Unterlässt der Richter zu entscheiden, so bleibt es bei der Hinzuziehung des Urkundsbeamten als Protokollführer (*Katholnigg* NJW 1998, 571), jedoch sollte der Richter im Interesse der Eindeutigkeit seiner Entscheidung in jedem Einzelfall darüber befinden. **18**

III. Rechtsmittel

§ 79 Rechtsbeschwerde

(1) Gegen das Urteil und den Beschluß nach § 72 ist Rechtsbeschwerde zulässig, wenn

1. gegen den Betroffenen eine Geldbuße von mehr als zweihundertfünfzig Euro festgesetzt worden ist,
2. eine Nebenfolge angeordnet worden ist, es sei denn, daß es sich um eine Nebenfolge vermögensrechtlicher Art handelt, deren Wert im Urteil oder im Beschluß nach § 72 auf nicht mehr als zweihundertfünfzig Euro festgesetzt worden ist,
3. der Betroffene wegen einer Ordnungswidrigkeit freigesprochen oder das Verfahren eingestellt oder von der Verhängung eines Fahrverbots abgesehen worden ist und wegen der Tat im Bußgeldbescheid oder Strafbefehl eine Geldbuße von mehr als sechshundert Euro festgesetzt, ein Fahrverbot verhängt oder eine solche Geldbuße oder ein Fahrverbot von der Staatsanwaltschaft beantragt worden war,
4. der Einspruch durch Urteil als unzulässig verworfen worden ist oder
5. durch Beschluß nach § 72 entschieden worden ist, obwohl der Beschwerdeführer diesem Verfahren rechtzeitig widersprochen hatte oder ihm in sonstiger Weise das rechtliche Gehör versagt wurde.

Gegen das Urteil ist die Rechtsbeschwerde ferner zulässig, wenn sie zugelassen wird (§ 80).

(2) Hat das Urteil oder der Beschluß nach § 72 mehrere Taten zum Gegenstand und sind die Voraussetzungen des Absatzes 1 Satz 1 Nr. 1 bis 3 oder Satz 2 nur hinsichtlich einzelner Taten gegeben, so ist die Rechtsbeschwerde nur insoweit zulässig.

(3) Für die Rechtsbeschwerde und das weitere Verfahren gelten, soweit dieses Gesetz nichts anderes bestimmt, die Vorschriften der Strafprozeßordnung und des Gerichtsverfassungsgesetzes über die Revision entsprechend. § 342 der Strafprozeßordnung gilt auch entsprechend für den Antrag auf Wiedereinsetzung in den vorigen Stand nach § 72 Abs. 2 Satz 2 Halbsatz 1.

Fünfter Abschnitt. Einspruch und gerichtliches Verfahren **§ 79**

(4) Die Frist für die Einlegung der Rechtsbeschwerde beginnt mit der Zustellung des Beschlusses nach § 72 oder des Urteils, wenn es in Abwesenheit des Beschwerdeführers verkündet und dieser dabei auch nicht nach § 73 Abs. 3 durch einen schriftlich bevollmächtigten Verteidiger vertreten ist.

(5) Das Beschwerdegericht entscheidet durch Beschluß. Richtet sich die Rechtsbeschwerde gegen ein Urteil, so kann das Beschwerdegericht auf Grund einer Hauptverhandlung durch Urteil entscheiden.

(6) Hebt das Beschwerdegericht die angefochtene Entscheidung auf, so kann es abweichend von § 354 der Strafprozeßordnung in der Sache selbst entscheiden oder sie an das Amtsgericht, dessen Entscheidung aufgehoben wird, oder an ein anderes Amtsgericht desselben Landes zurückverweisen.

RiStBV Nr. 291 bis 293

Schrifttum: *Bauer*, Kann der Einspruch gegen den Bußgeldbescheid auf materiell-rechtlich selbständige Taten beschränkt werden?, wistra 1993, 329; *Baukelmann*, Die Zulassung der Rechtsbeschwerde im Bußgeldverfahren, 1983; *Cramer*, Die Rechtsbeschwerde nach dem OWiG, Aktuelles Recht, Band 5 (1969); *ders.*, Die Rechtsprechung zur Rechtsbeschwerde nach dem OWiG, VOR 1972, 102 ff.; *Demuth/Schneider*, Die Zulassung der Rechtsbeschwerde nach § 80 OWiG, NJW 1970, 1999; *Göhler*, Empfiehlt sich eine Änderung der Rechtsbeschwerde in Bußgeldsachen?, Schäfer-FS S. 39; *ders.*, Aufhebung eines Bußgeldbescheides bei einer nachträglichen Verfahrenseinstellung nach § 153a Abs. 1 StPO wegen derselben Handlung?, NStZ 1984, 158; *Jeske-Knoell*, Zur Sicherung einer einheitlichen Rechtsprechung nach § 80 OWiG, MDR 1971, 272; *Katholnigg*, Das Gesetz zur Änderung des Gesetzes über Ordnungswidrigkeiten und anderer Gesetze, NJW 1998, 568; *Kempf*, Das neue Ordnungswidrigkeitenverfahren, StV 1986, 364; *Kupsch*, Das neue Ordnungswidrigkeitenrecht, NJW 1987, 352; *Maurer*, Die Zulässigkeit der Rechtsbeschwerde gegen Beschlußentscheidungen in Bußgeldsachen, NStZ 1984, 8; *Meurer*, Ein Verstoß gegen das Verschlechterungsverbot des § 72 Abs. 2 Satz 2 OWiG führt noch nicht zur Zulässigkeit der Rechtsbeschwerde, NStZ 1982, 22; *Rüth*, Die Verwerfung der zulässigen Rechtsbeschwerde durch das Rechtsbeschwerdegericht als offensichtlich unbegründet, VOR 1974, 81; *Weidemann*, Die Zulassung der Rechtsbeschwerde nach § 80 I OWiG bei divergierender Entscheidung, NStZ 1985, 1.

Übersicht

	Rn		Rn
I. Allgemeines	1–9	IV. Anwendung des Revisionsrechts (Abs. 3 und 4)	37–68
II. Zulässigkeitsvoraussetzungen (Abs. 1)	10–32	V. Entscheidung durch Beschluss (Abs. 5 und 6)	69–81
III. Weitere, eingeschränkte Zulässigkeitsvoraussetzungen (Abs. 2)	33–36		

I. Allgemeines

1 Die beiden Vorschriften über die Rechtsbeschwerde (§ 79) und die Zulassung der Rechtsbeschwerde (§ 80) eröffnen den **III. Unterabschnitt über Rechtsmittel.** Das Rechtsmittelsystem des OWiG sieht gegen die Entscheidung der einzigen gerichtlichen Tatsacheninstanz, sei es mit oder ohne Hauptverhandlung, allein die Rechtsbeschwerde als Rechtsmittel vor. Diese ist nicht in allen Fällen statthaft. Generell zulässig ist die Rechtsbeschwerde in den abschließend aufgezählten Fällen des § 79 Abs. 1 Satz 1. Darüber hinaus ist in Einzelfällen die Zulassung der Rechtsbeschwerde möglich (Abs. 1 Satz 2). Diese hat zur Voraussetzung, dass der Tatrichter aufgrund einer Hauptverhandlung durch Urteil entschieden hat und einem Antrag durch den Senat für Bußgeldsachen beim OLG als Rechtsbeschwerdegericht unter den Voraussetzungen des § 80 Abs. 1 i. V. m. Abs. 2 entsprochen worden ist. Der Zulassungsantrag ist demnach nicht ein Rechtsmittel eigener Art, sondern ein dem Rechtsbeschwerdeverfahren vorgeschaltetes besonderes Prüfungsverfahren zur Feststellung der Zulässigkeit der Rechtsbeschwerde im Einzelfall (KK-*Steindorf* vor § 79 Rn. 2).

2 Die Rechtsbeschwerde ist **echtes Rechtsmittel.** Sie ist mit **Devolutiv- und Suspensiveffekt** ausgestattet. Im Übrigen ist sie in Form und Ausgestaltung der Revision angeglichen. Das Rechtsbeschwerdegericht ist an die tatsächlichen Feststellungen und die Beweiswürdigung in der angefochtenen Entscheidung gebunden. Es befasst sich nur mit der Frage, ob eine Gesetzesverletzung vorliegt, d. h. ob eine Rechtsnorm nicht oder nicht richtig angewendet worden ist und das Urteil auf dieser Gesetzesverletzung beruht (§ 337 StPO). Die absoluten Revisionsgründe des § 338 StPO gelten, soweit die darin genannten Verfahrensvorschriften auch im Bußgeldverfahren gelten können.

Fünfter Abschnitt. Einspruch und gerichtliches Verfahren § 79

Die allgemeinen Vorschriften über Rechtsmittel (§§ 296 bis 303 StPO) 3
gelten sinngemäß. Anfechtungsberechtigt ist außer dem Betroffenen und
den Nebenbeteiligten nicht die Verwaltungsbehörde, wohl aber die StA,
da sie im gerichtlichen Verfahren die Aufgabe der Verfolgungsbehörde
hat. Sie kann das Rechtsmittel auch zugunsten des Betroffenen einlegen
(*Göhler/Seitz* vor § 79 Rn. 2).

§ 302 StPO gilt sinngemäß. Der Rechtsmittelverzicht muss aber auch in 4
Bußgeldsachen eindeutig und zweifelsfrei erklärt sein (*Zweibrücken* VRS
83, 358). Zahlt der Betroffene die Geldbuße, so verzichtet er damit nicht
(*Düsseldorf* LRE 24, 52). Vereitelt er eine Belehrung über die Einlegung
der Rechtsbeschwerde bewusst, so verzichtet er damit auf sämtliche Rügen, die aus der unterbliebenen Rechtsmittelbelehrung hergeleitet werden
können (*Düsseldorf* VRS 78, 458).

Die §§ 79, 80 **regeln** die Anfechtung der Sachentscheidung im gerichtli- 5
chen Verfahren **abschließend.** Danach ist die Sachentscheidung nur unter
bestimmten Voraussetzungen anfechtbar und dann nicht mit der Berufung
oder Revision, sondern nur mit der Rechtsbeschwerde.

Bei **weniger bedeutsamen OWi** ist das Verfahren grundsätzlich auf eine 6
richterliche Instanz beschränkt. So ist die Entscheidung durch Beschluss
nach § 72 in Sachen von geringer Bedeutung unanfechtbar. Entscheidet
das AG aufgrund einer Hauptverhandlung, so kann die Nachprüfung des
Urteils ausnahmsweise zugelassen werden, allerdings nur zur Fortbildung
des Rechts und zur Wahrung der einheitlichen Rechtsprechung, nicht aber
zur Durchsetzung von Gerechtigkeit im Einzelfall (*Göhler*, Schäfer-FS
S. 42). Ohne diese Beschränkung des Rechtsbeschwerdeverfahrens wäre
es nicht möglich, die Aufgabe der Obergerichte, der Vereinheitlichung
der Rechtsprechung und der Fortbildung des Rechts zu dienen, zu sichern
(*BGH* NJW 1993, 3081).

Gegenüber dem Revisionsverfahren ist das Rechtsbeschwerdeverfahren 7
vereinfacht. Das Beschwerdegericht entscheidet grundsätzlich durch Beschluss. Es kann außerdem in der Sache selbst entscheiden und so das Verfahren rasch zum Abschluss bringen. Im Falle der Zurückverweisung
kann dasselbe Gericht entscheiden, dessen Urteil oder Beschluss aufgehoben ist.

8 Die **Beteiligung der Verwaltungsbehörde** richtet sich nach § 76. Die Vorschrift gilt auch im Rechtsbeschwerdeverfahren (**a. A.** *Kaiser* NJW 1968, 1817; KK-*Steindorf* vor § 79 Rn. 12). Das Rechtsbeschwerdegericht wird die Verwaltungsbehörde vor der Entscheidung hören, außer wenn es ihre Sachkunde für die Entscheidung entbehren kann. Die Beteiligung der Verwaltungsbehörde im Rechtsbeschwerdeverfahren dürfte allerdings selten sein, weil es bei Fragen der Vereinheitlichung der Rechtsprechung und der Fortbildung des Rechts im Regelfall nicht auf die Sachkunde der Verwaltungsbehörde ankommt (*Göhler/Seitz* vor § 79 Rn. 8). Jedenfalls ist die Verwaltungsbehörde nicht zur Einlegung der Rechtsbeschwerde berechtigt (*Karlsruhe* VRS 48, 80). Allerdings kann sie die Einlegung der Rechtsbeschwerde bei der StA anregen, ohne dass diese an diese Anregung gebunden wäre.

9 Die **Verfassungsbeschwerde** ist subsidiär (*BVerfG* NJW 1976, 1839). Ihre erfolgreiche Erhebung setzt voraus, dass der Betroffene ihm eingeräumte Möglichkeiten, seine Rechte zu wahren, ausgeschöpft hat, insbesondere die Wiedereinsetzung in den vorigen Stand, die Nachholung des rechtlichen Gehörs usw. (*BVerfG* NJW 1976, 1839). Im Übrigen muss die gegen den Betroffenen verhängte Geldbuße einen schweren und unabwendbaren Nachteil für ihn im Sinne von § 93a Abs. 4 BVerfGG darstellen. Ob dies bereits bei Verurteilung zu Geldbußen unter 40,– Euro bei Nichteintragung in das Verkehrszentralregister anzunehmen ist (*BVerfG* NJW 1984, 1346), erscheint zweifelhaft.

II. Zulässigkeitsvoraussetzungen (Abs. 1)

10 Rechtsbeschwerde ist gegen **Urteile und Beschlüsse nach § 72** zulässig, wenn eine der folgenden Voraussetzungen vorliegt (Abs. 1 Satz 1): Bei Verurteilung, wenn eine Geldbuße von mehr als 250,– Euro festgesetzt oder eine Nebenfolge angeordnet ist, es sei denn, dass es sich um eine Nebenfolge vermögensrechtlicher Art handelt, deren Wert im Urteil oder im Beschluss nach § 72 auf nicht mehr als 250,– Euro festgesetzt worden ist (Nrn. 1 und 2), bei Freispruch wegen einer OWi oder Verfahrenseinstellung und bei Absehen von der Verhängung eines Fahrverbots, wenn im Bußgeldbescheid oder Strafbefehl eine Geldbuße von mehr als 600,– Euro festgesetzt, ein Fahrverbot verhängt oder diese Folgen von der StA beantragt worden waren (Nr. 3), ferner, wenn der Einspruch durch Urteil als unzulässig verworfen worden ist (Nr. 4) oder wenn durch Beschluss nach § 72 entschieden worden ist, obwohl der Beschwerdeführer diesem Verfahren rechtzeitig widersprochen hatte oder ihm in sonstiger Weise das rechtliche Gehör versagt wurde (Nr. 5). Im Übrigen ist gegen das Urteil Rechtsbeschwerde zulässig, wenn sie nach § 80 zugelassen wird.

Eine Zulassung der Rechtsbeschwerde gegen **Beschlüsse nach § 72** ist nicht vorgesehen (*RRH* 4). Wird das Verfahren außerhalb der Hauptverhandlung wegen eines Verfahrenshindernisses nach § 206a StPO eingestellt, so ist nur die sofortige Beschwerde nach § 206a Abs. 2 StPO zulässig. War das AG bereits in das Verfahren nach § 72 eingetreten, so kommt gegen den Beschluss allein die Rechtsbeschwerde in Betracht (*Karlsruhe* Justiz 1977, 23). Ein Beschluss nach § 47 Abs. 2 ist nicht nach Abs. 1 Satz 1 Nr. 3 oder Nr. 5 anfechtbar, weil sich diese Vorschriften nur auf Entscheidungen durch Beschluss nach § 72 bzw. Urteil beziehen (*Karlsruhe* Justiz 1979, 214). 11

Nach Nr. 1 kann der Betroffene Rechtsbeschwerde einlegen, wenn eine **Geldbuße von mehr als 250,– Euro** festgesetzt worden ist. Diese die Prüfung der Zulässigkeitsvoraussetzungen vereinfachende Regelung begünstigt den wohlhabenden Betroffenen, gegen den unter Berücksichtigung seiner günstigeren wirtschaftlichen Verhältnisse wegen derselben Tat eine höhere Geldbuße als bei anderen Betroffenen festgesetzt worden ist und diese dann die Rechtsbeschwerde eröffnet. Gleichwohl ist eine solche Grenzziehung sachgerecht, weil das öffentliche Interesse an einer pragmatischen Abwicklung des OWi-Verfahrens solche in der Praxis wenig bedeutsamen Bevorzugungen deutlich überwiegt. 12

Ist für **eine Tat im prozessualen Sinne eine einzige Geldbuße** ausgeworfen, so muss sie 250,– Euro übersteigen, sollte jedoch nicht gerade 251,– Euro betragen (KK-*Steindorf* 13), weil dies befürchten ließe, dass für die Zumessung der Gedanke ausschlaggebend gewesen ist, die Rechtsbeschwerde zu ermöglichen. Wurden vom Gericht wegen einer Tat im verfahrensrechtlichen Sinn **mehrere Geldbußen** festgesetzt, so sind sie bei unbeschränkt eingelegter Rechtsbeschwerde zusammenzurechnen, so dass die Rechtsbeschwerde zulässig wird, wenn wegen der einen Tat insgesamt eine höhere Geldbuße als 250,– Euro festgesetzt wurde (*Hamburg* MDR 1978, 955). Bei mehreren Taten im prozessualen Sinn werden die Geldbußen nicht zusammengerechnet. 13

14 **Nr. 1 gilt auch für die StA**, so dass die zuungunsten des Betroffenen eingelegte Rechtsbeschwerde der StA bei einer Verurteilung zu einer Geldbuße von mehr als 250,– Euro zulässig ist; die in Nr. 3 festgelegte höhere Wertgrenze ist hierfür ohne Belang (*BGH* NJW 1991, 1367; Vorlagebeschluss *BayObLG* NStZ 1990, 497 m. Anm. *Göhler*; *RRH* 4b).

15 Nach Nr. 2 ist die Rechtsbeschwerde zulässig, **wenn eine Nebenfolge angeordnet worden ist**, es sei denn, dass es sich um eine Nebenfolge vermögensrechtlicher Art handelt, deren Wert nicht mehr als 250,– Euro beträgt. Nebenfolgen vermögensrechtlicher Art in diesem Sinne sind die Einziehung (§§ 22 ff.), die Verfallsanordnung (§ 29a) sowie die Abführung des Mehrerlöses (§§ 8 ff. WiStG). Dabei kommt es nach dem Wortlaut der Vorschrift allein auf die vom Gericht im Urteil oder im Beschluss nach § 72 getroffene Wertfestsetzung an. Der wirkliche Wert spielt keine Rolle (*RRH* 5). Die Rechtsbeschwerde ist demgemäß auch dann unzulässig, wenn der Wert der Nebenfolge vermögensrechtlicher Art, der auf nicht mehr als 250,– Euro festgesetzt worden ist, in Wahrheit höher liegt. Die Festsetzung erfolgt nach pflichtgemäßem Ermessen des Gerichts (*RRH* 5). Es ist nicht verpflichtet, hierzu ein Sachverständigengutachten einzuholen oder in anderer Weise Beweis zu erheben, aber auch nicht daran gehindert, die Beteiligten zu befragen. Wert ist der Verkehrswert des Gegenstandes, nicht das Affektionsinteresse für den Betroffenen.

16 **Nebenfolgen nicht vermögensrechtlicher Art** sind z. B. ein **Fahrverbot** oder das **Verbot der Jagdausübung** (§ 41a BJagdG) bzw. die Einziehung des Jagdscheins nach Landesrecht. In diesen Fällen ist die Rechtsbeschwerde immer gegeben. Die Eintragung in das Verkehrszentralregister nach § 28 StVG oder in das Gewerbezentralregister nach §§ 149 Abs. 2 Nr. 3 GewO ist nicht Nebenfolge in diesem Sinne (*BayObLG* NJW 1969, 2296).

17 **Lehnt das Gericht die Anordnung einer Nebenfolge** nicht vermögensrechtlicher Art ab, so richtet sich die Anfechtbarkeit allein nach der Höhe der Geldbuße. Wird neben einer Verurteilung wegen mehrerer Verkehrs-OWi, die selbständige Taten bilden, ein Fahrverbot angeordnet, so ist die Rechtsbeschwerde zulässig. Die Höhe der verhängten Geldbuße ist hier gleichgültig, weil hier ein Fall der Nr. 2 und nicht der Nr. 1 vorliegt.

18 **Die Beschränkung der Rechtsbeschwerde auf die Nebenfolge** ist wirksam, wenn sie unabhängig von der Höhe der Geldbuße angeordnet ist.

Das kann bei Einziehung aus Sicherungsgründen nach § 22 Abs. 2 Nr. 2 der Fall sein, trifft aber bei der Anordnung des Fahrverbots nach § 25 StVG nicht zu (*Koblenz* VRS 78, 362), weil sich hier der Rechtsfehler, der zur Aufhebung des Fahrverbots führen könnte, wegen der Wechselwirkung zwischen Fahrverbot und Höhe der Geldbuße auch auf die Festsetzung der Geldbuße auswirken kann (*Karlsruhe* ZfS 1992, 33). Wird mit der Rechtsbeschwerde nur die Anordnung der Nebenfolge gerügt, so ist damit der Schuldspruch angegriffen, wenn zur Schuldform hinreichende Feststellungen fehlen, die für die Beurteilung der Anordnung der Nebenfolge von Bedeutung sind (*Karlsruhe* ZfS 1992, 33).

Nr. 3 ist durch Art. 1 Nr. 18b des OWiGÄndG vom 26. Januar 1998 (BGBl. I S. 156) erweitert worden. Gemeint sind Fälle, in denen der Betroffene wegen einer OWi **freigesprochen**, das Verfahren gegen ihn **eingestellt** oder von der **Verhängung eines Fahrverbots abgesehen** worden ist. Sie öffnen **für die StA** die Möglichkeit der Rechtsbeschwerde, wenn wegen der Tat im Bußgeldbescheid oder im Strafbefehl eine Geldbuße von mehr als 600,– Euro festgesetzt worden war oder sie vergeblich ein Fahrverbot beantragt hatte. Im Falle der Nichtverhängung eines Fahrverbots ist die Rechtsbeschwerde für die StA unabhängig von der Nichtverhängung einer Geldbuße oder von der Einhaltung des Schwellenwerts für die Rechtsbeschwerde zulässig. **19**

Entscheidend ist stets die im konkreten Fall im Bußgeldbescheid oder im Strafbefehl festgesetzte Geldbuße oder der Antrag der StA. Wurden mehrere Geldbußen festgesetzt oder beantragt, so kommt es für die Wertgrenze auf den Begriff der Tat im prozessualen Sinn an. Die Geldbuße und der Wert einer vermögensrechtlichen Nebenfolge werden nicht zusammengerechnet (*RRH* 9). Weicht die im Bußgeldbescheid oder Strafbefehl festgesetzte Geldbuße von der beantragten ab, so entscheidet die höhere Geldbuße. **20**

Der Antrag der StA allein ist deshalb nicht maßgeblich, weil sie zur Teilnahme an der Hauptverhandlung nicht verpflichtet und auch nicht gehalten ist, einen bestimmten Antrag zu stellen. Bei abweichenden Anträgen der StA kommt es auf den zuletzt gestellten Antrag an (**a. A.** KK-*Steindorf* 22). Hat die StA im schriftlichen Verfahren nach § 72 eine höhere als die im Bußgeldbescheid festgesetzte Geldbuße beantragt, so ist dieser Antrag wegen § 72 Abs. 3 Satz 2 nicht zu beachten. **21**

§ 79

Zweiter Teil. Bußgeldverfahren

22 **Nach Nr. 4** ist die Rechtsbeschwerde zulässig, wenn der Einspruch durch Urteil als unzulässig verworfen worden ist, und zwar ohne Rücksicht auf die Höhe der im Bußgeldbescheid festgesetzten Geldbuße und den Wert etwa angeordneter Nebenfolgen vermögensrechtlicher Art. Die Vorschrift betrifft auch das Verfahren nach Verwerfung des Einspruchs als unzulässig durch Beschluss nach § 70 Abs. 1 und dessen Aufhebung durch die Strafkammer des Landgerichts auf sofortige Beschwerde nach § 70 Abs. 2 hin. Hier ist das AG zunächst gehalten, einen Hauptverhandlungstermin anzuberaumen. In diesem ist es aber nicht gehindert, die Unzulässigkeit des Einspruchs zu bestätigen, ohne dass eine Bindung an die gegenteilige Auffassung des Landgerichts bestünde (KK-*Steindorf* 23). Gegen diese in Urteilsform ergehende Entscheidung ist die sofortige Beschwerde nicht vorgesehen. In diesem Fall soll das Rechtsbeschwerdegericht abschließend und mit Bindungswirkung über die Zulässigkeit des Einspruchs befinden können.

23 **Nr. 4 gilt ferner**, wenn sich die Unzulässigkeit des Einspruchs erst in der Hauptverhandlung herausstellt und nunmehr seine Verwerfung durch Urteil ausgesprochen wird (*BayObLG* NJW 1962, 118).

24 **Nr. 4 gilt nicht** für die Verwerfung des Einspruchs nach § 74 Abs. 2 Satz 1 (*Düsseldorf* VRS 75, 54); auch nicht entsprechend (*Düsseldorf* VRS 75, 222). Die Zulässigkeit der Rechtsbeschwerde richtet sich hier nach Nr. 1 oder 2 (*Koblenz* VRS 75, 56). Die StA kann die Rechtsbeschwerde nach Nr. 4 nur zugunsten des Betroffenen einlegen (*RRH* 11).

25 **Nach Nr. 5** ist die Rechtsbeschwerde zulässig, wenn die Voraussetzungen für die Entscheidung im Beschlussverfahren, nämlich das Fehlen des rechtzeitigen Widerspruchs der StA und des Betroffenen, nicht vorgelegen haben. Insoweit kommt es nicht auf die Voraussetzungen des Abs. 1 Satz 1 Nrn. 1 bis 3 oder des Satzes 2 an. Gleichgültig ist ferner die Höhe der im Beschluss festgesetzten Geldbuße oder der Wert etwa angeordneter Nebenfolgen verwaltungsrechtlicher Art. Durch das Anhörungsrügengesetz (vom 9. Dezember 2004, BGBl. I S. 3220) wurde zu Nr. 5 ein Halbsatz angefügt. Danach ist die Rechtsbeschwerde auch zulässig, wenn dem Betroffenen im Beschlussverfahren nach § 72 das rechtliche Gehör versagt wurde. Außerhalb des Beschlussverfahrens sieht § 80 Abs. 1 Nr. 2 die Zulassung der Rechtsbeschwerde bei Gehörsverstößen im Urteilsverfahren vor.

Fünfter Abschnitt. Einspruch und gerichtliches Verfahren § 79

Wer das Rechtsmittel einlegt, ist Beschwerdeführer und muss dem 26
schriftlichen Verfahren widersprochen haben. Dies kann **auch die StA**,
und zwar **zugunsten des Betroffenen** sein. Sie muss rügen, dass ihr Widerspruch unbeachtlich geblieben ist (*Hamm* VRS 85, 122). Dies kann etwa der Fall sein, wenn der Betroffene vor der Entscheidung die Rücknahme seines Einspruchs erklärt hat, womit die Entscheidung des AG im schriftlichen Verfahren unzulässig geworden ist. Auf die Rechtsbeschwerde der StA ist dann die fehlerhaft ergangene Entscheidung des AG aufzuheben (*Hamm* VRS 85, 122).

Der Beschwerdeführer muss den Widerspruch gegen das Verfahren 27
nach § 72 rechtzeitig erhoben haben. Rechtzeitig ist er auch, wenn die Entscheidung vor Ablauf der Frist ergangen, der Widerspruch aber noch fristgemäß eingegangen ist (*Karlsruhe* Justiz 1980, 158). Hat hingegen das AG vor Ablauf der Frist im Beschlussverfahren entschieden, so ist die Rechtsbeschwerde nach Nr. 5 nicht gegeben, wenn der Beschluss erst nach Ablauf der Widerspruchsfrist in den Geschäftslauf gelangt ist und bis dahin einer Entscheidung im Beschlussverfahren nicht widersprochen war (*Koblenz* VRS 80, 50).

Ist der Widerspruch gegen das schriftliche Verfahren **nach Ablauf der** 28
Frist eingelegt worden, so hat der Betroffene die Möglichkeit der Wiedereinsetzung in den vorigen Stand, nicht hingegen die der Rechtsbeschwerde (*RRH* 12).

Ob eine Widerspruchserklärung vorliegt, ist unter **Berücksichtigung der** 29
Umstände des Einzelfalles, insbesondere des Willens des Betroffenen festzustellen (*Karlsruhe* bei *RRH* 12). Der Widerspruch muss nicht ausdrücklich erklärt werden, sondern kann auch in einem schlüssigen Verhalten gesehen werden. Es muss aber klar sein, dass ein Widerspruch gegen das schriftliche Verfahren gemeint ist. Dies ist fraglich, wenn der Betroffene allein zu erkennen gegeben hat, dass er mit einer Entscheidung aufgrund des bis dahin aktenkundigen Sachverhalts nicht einverstanden ist, sondern weitere Klärung des Tathergangs wünscht (*Stuttgart* bei *RRH* 12).

Hat das Gericht den Hinweis nach § 72 Abs. 1 Satz 2 unterlassen, ist 30
der Hinweis dem Betroffenen oder Verteidiger nicht zugegangen oder war die Belehrung unvollständig und deshalb **missverständlich**, so ist Nr. 5

entsprechend anwendbar (*RRH* 12a). Gleiches gilt, wenn trotz eines Antrages der StA der Hinweis nach § 81 Abs. 2 Satz 2 **unterlassen** und die StA auch nicht zur Hauptverhandlung geladen war (*BayObLG* NJW 1979, 119). **Darüber hinaus** ist Nr. 5 nunmehr auch bei allen sonstigen Verstößen gegen das Gebot rechtlichen Gehörs anwendbar, sofern diese sich auf die Entscheidung ausgewirkt haben können.

31 **Keinen Zulässigkeitsbeschränkungen** unterliegt die Rechtsbeschwerde, falls in rechtsfehlerhafter Weise gegen den Betroffenen Rechtsfolgen festgesetzt worden sind, die das Gesetz nicht kennt. Wird also nach Umwandlung von Straftatbeständen in Bußgeldtatbestände, die dem Gericht verborgen geblieben sind, gegen den Betroffenen eine Geldstrafe und eine Ersatzfreiheitsstrafe verhängt, so ist die Rechtsbeschwerde zulässig (*BayObLG* NJW 1969, 1316). Dasselbe gilt, falls gegen einen Jugendlichen oder Heranwachsenden Jugendstrafe, Zuchtmittel oder Erziehungsmaßregeln verhängt werden, oder wenn der Amtsrichter in Verkennung der Rechtslage für den Fall, dass eine verhängte Geldbuße nicht beigetrieben werden kann, eine nicht vorgesehene Ersatzhaft anordnet (*KK-Steindorf* 37). Hier ergibt sich die Zulässigkeit der Rechtsbeschwerde nicht aus einer Gesamtschau der Regelungen in Abs. 1 Satz 1 Nr. 1 und Nr. 2 (*Schleswig* SchlA 1989, 115; *Göhler/König* 18a), sondern aus allgemeinen rechtsstaatlichen Erwägungen. **Die Verweisung des Betroffenen auf den Gnadenweg erscheint in diesen Fällen greifbarer Gesetzeswidrigkeit unzumutbar.**

32 Nach Abs. 1 Satz 2 ist die Rechtsbeschwerde gegen das Urteil ferner zulässig, **wenn sie zugelassen wird** (§ 80). Dabei muss es sich um ein Urteil handeln. Dass das AG seine Entscheidung ohne Hauptverhandlung nach § 72 als Urteil bezeichnet hat, reicht hierzu nicht aus. Liegt also ein Beschluss nach § 72 vor, so ist zur Prüfung der Zulässigkeit lediglich auf die Nrn. 1, 2, 3 und 5 des Katalogs in Satz 1 zurückzugreifen. Auf § 80 kommt es auch an, wenn das angefochtene Urteil keine Gründe enthält (*BGH* HRSt 1).

III. Weitere, eingeschränkte Zulässigkeitsvoraussetzungen (Abs. 2)

33 **Abs. 2 enthält eine Sonderregelung** für den Fall, dass das Urteil oder der Beschluss nach § 72 mehrere Taten zum Gegenstand hat, die Voraussetzungen des Abs. 1 aber nur hinsichtlich einzelner Taten vorliegen. In die-

Fünfter Abschnitt. Einspruch und gerichtliches Verfahren **§ 79**

sen Fällen ist die Rechtsbeschwerde nur hinsichtlich derjenigen Taten gegeben, bei denen diese Voraussetzungen erfüllt sind. Dies gilt nur für die Fälle des Abs. 1 Satz 1 Nr. 1 bis 3 und Satz 2. In den Fällen des Abs. 1 Satz 1 Nr. 4 und 5 kommt es auf das Vorliegen der in Abs. 2 genannten Voraussetzungen nicht an.

Es muss sich um **mehrere Taten eines Betroffenen** handeln. Ein Betroffener kann also keine Rechtsbeschwerde einlegen, wenn gegen ihn wegen verschiedener Taten mehrere Geldbußen von jeweils nicht mehr als 250,– Euro festgesetzt oder mehrere entsprechende Nebenfolgen vermögensrechtlicher Art angeordnet wurden oder wenn in demselben Verfahren ein anderer Betroffener zu einer höheren Geldbuße als 250,– Euro verurteilt wurde. **34**

Bei mehreren Betroffenen, die sich an einer Tat beteiligt haben, müssen die Voraussetzungen des Abs. 1 für jeden getrennt vorliegen. Das Zusammenrechnen der gegen verschiedene Betroffene verhängten Geldbußen ist nicht zulässig. Dabei stellt die Vorschrift bei der Frage der Zulässigkeit der Rechtsbeschwerde nicht auf die einzelne OWi im materiellrechtlichen Sinne und nicht darauf ab, ob mehrere Geldbußen festgesetzt wurden oder mehrere Freisprüche erfolgt sind, sondern nur darauf, ob die Entscheidungen mehrere Taten im prozessualen Sinn zum Gegenstand haben. Ob dies der Fall ist, entscheidet das Rechtsbeschwerdegericht (*BGH* NJW 1971, 1948). Ergibt die Prüfung durch das Rechtsbeschwerdegericht, dass nur eine Tat im verfahrensrechtlichen Sinne vorliegt, so ist Abs. 2 nicht anwendbar. **35**

Bleibt die Frage offen, ob eine einheitliche Tat gegeben ist, so geht das Beschwerdegericht von der Statthaftigkeit der Rechtsbeschwerde aus (*BayObLG* wistra 1994, 80). Dabei hat es als einzige Prüfungsgrundlage die tatrichterlichen Feststellungen zur Verfügung, nicht den sonstigen Akteninhalt. **36**

Entscheidend sind die Umstände des Einzelfalles, so dass eine abweichende Beurteilung durch das Rechtsbeschwerdegericht durchaus dazu führen kann, dass eine große Anzahl in Tatmehrheit begangener OWi eine Tat im verfahrensrechtlichen Sinne darstellen (*BayObLG* NJW 1986, 2124). Hat der Tatrichter bei Vorliegen mehrerer Taten im prozessualen Sinn mehrere Geldbußen irrtümlich zu einer Gesamtgeldbuße von über **37**

250,– Euro zusammengefasst, so kommt es für die Zulässigkeit der Rechtsbeschwerde nicht auf die Summe, sondern auf die Höhe der für die einzelnen Taten festgesetzten Geldbußen an (*Hamm* VRS 60, 466).

IV. Anwendung des Revisionsrechts (Abs. 3 und 4)

38 Nach Abs. 3 gelten für die Rechtsbeschwerde und das weitere Verfahren, soweit das OWiG nichts anderes bestimmt, die Vorschriften der StPO und des GVG **über die Revision entsprechend.** Für den Antrag auf Wiedereinsetzung in den vorigen Stand nach § 72 Abs. 2 Satz 2 Halbsatz 1 gilt § 342 StPO entsprechend. Im Übrigen gelten wegen der Verweisung in § 46 Abs. 1 auch die allgemeinen Vorschriften der StPO über Rechtsmittel (§§ 296 bis 303 StPO, § 67 Abs. 3 JGG), also insbesondere die Vorschriften über die Anfechtungsberechtigung (*Göhler/Seitz* 26).

39 **Im Einzelnen gilt:** Die §§ 333 bis 335 StPO werden verdrängt durch die Sonderregelungen der §§ 79, 80 und 83 Abs. 2. Die §§ 336 bis 358 StPO sind entsprechend anwendbar mit folgender Einschränkung: § 338 Nr. 5 StPO gilt nur, wenn die Hauptverhandlung gegen den Willen der StA oder des Betroffenen in ihrer Abwesenheit stattgefunden hat (§§ 73 Abs. 1, 75 Abs. 1; vgl. auch *BGH* NStZ 1999, 44). § 341 StPO wird durch Abs. 4 ergänzt. § 342 StPO ist nach Abs. 3 Satz 2 auch auf den Antrag auf Wiedereinsetzung in den vorigen Stand nach § 72 Abs. 2 Satz 2 entsprechend anwendbar. § 349 StPO wird durch Abs. 5, § 354 durch Abs. 6 modifiziert. Die §§ 350, 351, 356 gelten nur entsprechend, falls im Bußgeldverfahren eine Hauptverhandlung stattgefunden hat (KK-*Steindorf* 47).

40 **Die entsprechende Anwendung von Vorschriften des GVG** hat zur Folge, dass das OLG zur Entscheidung über die Rechtsbeschwerde nach § 121 Abs. 1 Nr. 1a GVG zuständig ist. In Bayern war bis zu seiner Abschaffung stattdessen das BayObLG zuständig (Art. 11 Abs. 2 Nr. 3 des BayAGGVG, § 9 EGGVG). Die Vorschriften über die Vorlegung von Rechtssachen an den Bundesgerichtshof (§ 121 Abs. 2 GVG) gelten entsprechend (*BGH* NJW 1977, 723). Das LG ist grundsätzlich nicht zuständig. Verwirft ein LG dennoch eine Rechtsbeschwerde als unzulässig, so ist ausnahmsweise eine weitere Beschwerde statthaft (*Celle* VRS 45, 206).

41 **Beschwerdeberechtigt sind der Betroffene, die StA** (§ 69 Abs. 4), die das Rechtsmittel auch zugunsten des Betroffenen einlegen kann (§§ 296 Abs. 2, 301 StPO), sowie die **Nebenbeteiligten**, nicht jedoch die Verwaltungsbehörde. Sie ist gemäß § 76, der auch im Rechtsbeschwerdeverfahren gilt, zu beteiligen, insbesondere vor einer Einstellung nach § 47 Abs. 2, sofern ihre besondere Sachkunde bei der rechtlichen Nachprüfung der angefochtenen Entscheidung einzubeziehen ist.

Wie bei der Revision muss auch bei der Rechtsbeschwerde eine **Beschwer** 42 vorliegen (*BGH* NJW 1986, 1820). Beschwert ist ein Rechtsmittelführer nur, wenn die ergangene Entscheidung einen **unmittelbaren Nachteil** für ihn mit sich bringt, wenn in seine Rechte und geschützten Interessen also unmittelbar eingegriffen worden ist (*BGH* NJW 1955, 639). Dies gilt allerdings nur für Betroffene und für Nebenbeteiligte. Die StA als öffentliches Rechtspflegeorgan ist stets als beschwert anzusehen, wenn das AG eine unrichtige tatsächliche oder rechtliche Sachbehandlung vorgenommen hat. Die Beschwer der StA entfällt nicht dadurch, dass eine amtsrichterliche Entscheidung dem Antrag ihres Sitzungsvertreters entsprochen hat (*KG* JR 1969, 349). Fehlt die Beschwer bereits bei der Einlegung des Rechtsmittels, so ist es als unzulässig zu verwerfen. Entfällt sie erst nach Einlegung der Rechtsbeschwerde, so wird das Rechtsmittel gegenstandslos.

Die Rechtsbeschwerde muss **form- und fristgerecht** eingelegt werden. 43 Nach Abs. 3 Satz 1 i.V. m. § 341 Abs. 1 StPO muss sie bei dem Gericht, dessen Urteil angefochten wird, zu Protokoll der Geschäftsstelle oder schriftlich eingelegt werden. Zuständig für die Protokollierung außerhalb der Hauptverhandlung ist der Rechtspfleger (§ 24 Abs. 1 Nr. 1a Rechtspflegergesetz). Wird die Einlegung der Rechtsbeschwerde beim AG durch einen sonstigen Bediensteten entgegengenommen, so ist die Einlegung gleichwohl gültig, falls der Betroffene die Niederschrift unterzeichnet hat. Es liegt dann schriftliche Einlegung vor (*Koblenz* MDR 1982, 166).

Die Aufnahme der Einlegung der Rechtsbeschwerde in das **Protokoll der** 44 **Hauptverhandlung** im Anschluss an die Urteilsverkündung ist keine Einlegung zu Protokoll der Geschäftsstelle. Die Hauptverhandlung ist mit der Urteilsverkündung und der anschließenden Rechtsmittelbelehrung abgeschlossen (KK-*Steindorf* 66). Erfolgt die Aufnahme der Rechtsmitteleinlegung dennoch in der Sitzungsniederschrift, ist dies als formgerechte Einlegung der Rechtsbeschwerde anzuerkennen, weil es sich um ein **richterliches Protokoll** handelt (*BGH* JR 1983, 383 m. Anm. *Fezer*). Die Würde des Gerichts ist von dieser Art der Rechtsmitteleinlegung allerdings nicht berührt (**a. A.** *Koblenz* VRS 62, 297; KK-*Steindorf* 66).

45 **Der Schriftform genügen** handschriftliche, maschinenschriftliche oder mit Hilfe von modernen Kommunikationsmitteln verfasste Schreiben, die mit der Unterschrift des Urhebers versehen sind (zu den notwendigen Merkmalen einer Unterschrift KK-*Steindorf* 70). Der Schriftform ist bei Verwendung moderner Kommunikationsmittel genügt, wenn aus dem bei Gericht ankommenden Schriftstück der Inhalt der Erklärung und die Person des Urhebers hinreichend zuverlässig entnommen werden können.

46 Nach Abs. 3 Satz 1 i.V.m. § 341 Abs. 1 StPO muss die Rechtsbeschwerde **bei dem Gericht, dessen Urteil angefochten wird**, binnen einer Woche nach Verkündung des Urteils eingelegt sein. Hat die Verkündung des Urteils nicht in Anwesenheit des Betroffenen oder eines nach § 73 Abs. 3 schriftlich bevollmächtigten Verteidigers stattgefunden, so beginnt für diesen die Frist mit der Zustellung (§ 341 Abs. 2 StPO). Sie ist auch maßgeblich, falls ein Beschluss nach § 72 ergangen ist (Abs. 4) oder wenn die StA an der Hauptverhandlung nicht teilgenommen hat (§ 75 Abs. 1 Satz 1) und nunmehr Rechtsbeschwerde einlegen will.

47 Voraussetzung der Fristwahrung ist, dass bei schriftlicher Einlegung der Rechtsbeschwerde die Beschwerdeschrift innerhalb der Frist bei dem **zuständigen Gericht eingegangen** ist. Der Eingang bei einer auch für das zuständige Gericht gebildeten **gemeinsamen Briefannahmestelle** genügt (KK-*Steindorf* 61). Bestehen Zweifel an der Rechtzeitigkeit des Eingangs, so ist darüber ggf. Beweis zu erheben. Verbleiben sie, so gilt der Zweifelssatz (*BGH* NJW 1960, 2202), es sei denn, es lässt sich trotz Ausschöpfung aller Beweismöglichkeiten nicht klären, ob der Beschwerdeschriftsatz überhaupt bei Gericht eingegangen ist (*Hamm* NStZ 1982, 43).

48 Wird statt der Rechtsbeschwerde „Revision" eingelegt oder wird die Rechtsbeschwerde sonst **fehlerhaft bezeichnet**, so gilt § 300 StPO. Das Rechtsmittel ist umzudeuten. Greift der Betroffene mit der Rechtsbeschwerde einen vorausgegangenen Beschluss, etwa zur Zuständigkeit des Gerichts, an, so ist sein Rechtsmittel als Anfechtung des Urteils anzusehen (*Düsseldorf* VRS 59, 358).

49 Nach § 345 Abs. 1 Satz 1 StPO ist die **Rechtsbeschwerde** spätestens binnen eines Monats nach Ablauf der Frist zur Einlegung des Rechtsmittels bei dem Gericht, dessen Urteil angefochten wird, **zu begründen.** Die Begründungsfrist beginnt am ersten Tag nach Ablauf der Einlegungsfrist und endet im folgenden Monat mit dem Ablauf des Tages, der durch seine Zahl dem Tag des Fristbeginns entspricht (*Köln* NStZ 1987, 243). Beginnt die Begründungsfrist erst mit der Zustellung der Entscheidung, so muss diese wirksam sein (*Göhler/Seitz* 31). Das ist dann nicht der Fall, wenn die Urteilsausfertigung unvollständig ist (*Düsseldorf* VRS 86, 133) oder der Name des dort angegebenen Richters von dem abweicht, der in der Hauptverhandlung mitgewirkt hat. Die Frist beginnt für den bei der Urteilsverkündung abwesenden und nicht entsprechend durch einen Verteidiger vertretenen Betroffenen auch dann mit der Zustellung des Urteils, wenn dieses nicht mit Gründen versehen ist und die Voraussetzungen des § 77b Abs. 1 Satz 3 nicht vorlagen (*BGH* NJW 2004, 3643).

Hat der Beschwerdeführer die einwöchige Anfechtungsfrist des § 341 StPO ohne Verschulden versäumt, so kann ihm nach den allgemeinen Regeln (§ 44 StPO) **Wiedereinsetzung in den vorigen Stand** gewährt werden. Zuständig für das Wiedereinsetzungsgesuch ist das Gericht, das bei rechtzeitiger Handlung zur Entscheidung in der Sache selbst berufen gewesen wäre. Für die Einlegung der Rechtsbeschwerde bedeutet dies, dass stets das **Rechtsbeschwerdegericht über das Wiedereinsetzungsgesuch zu entscheiden** hat. Hat das AG entschieden, so droht die Entstehung falscher Instanzenzüge, sofern gegen die ablehnende Entscheidung des unzuständigen AG die sofortige Beschwerde erhoben wird, über die dann wiederum unzuständig das LG entscheidet (KK-*Steindorf* 63). 50

Der eine Wiedereinsetzung in den vorigen Stand hinsichtlich der Einlegungsfrist ablehnende Beschluss eines **sachlich unzuständigen Gerichts** bindet das Rechtsbeschwerdegericht nicht (KK-*Steindorf* 63). Hat das OLG den Wiedereinsetzungsantrag zurückgewiesen, so ist dieser Beschluss entgegen § 46 Abs. 3 StPO nicht anfechtbar (§ 304 Abs. 4 Satz 2 StPO). Ebenso wenig anfechtbar sind alle die Wiedereinsetzung bewilligenden Beschlüsse, auch die eines unzuständigen Gerichts (*Düsseldorf* NStZ 1988, 238). 51

Ist die **Frist zur Begründung der Rechtsbeschwerde** nicht eingehalten, so verwirft das AG das Rechtsmittel durch Beschluss als unzulässig (§ 346 Abs. 1 StPO). Tut es dies nicht, so entscheidet das Rechtsbeschwerdegericht entsprechend (§ 349 Abs. 1 StPO). Bei der Versäumung der Begründungsfrist kann Wiedereinsetzung gewährt werden, wenn nach Einlegung der Rechtsbeschwerde durch den Verteidiger das Urteil nur 52 dem Betroffenen zugestellt worden und die Benachrichtigung des Verteidigers unterblieben ist (*BayObLG* NStZ 1993, 242). Beruht die Versäumung der Begründungsfrist auf einem Verteidigerverschulden, das der Betroffene nicht zu vertreten hat, so ist grundsätzlich Wiedereinsetzung zu gewähren (*BGH* NJW 1993, 742).

53 Ist die **Verfahrensrüge** zwar erhoben, aber nicht ordnungsgemäß ausgeführt, so kommt Wiedereinsetzung in den vorigen Stand nicht in Betracht (*BGH* NStZ 1985, 492). **Neue Verfahrensrügen können** nach der Rspr. ebenfalls grundsätzlich **nicht nachgeschoben werden (a. A.** *Lemke* in HK-StPO § 44 Rn. 7). Dies gilt auch für die Ergänzung bereits erhobener Verfahrensrügen. Ist die Revisionsbegründung völlig unterblieben, obwohl der Betroffene einen Verteidiger insoweit beauftragt hatte, so ist ihm für den Fall Wiedereinsetzung zu gewähren, dass den Betroffenen selbst an der Versäumung der Frist kein Mitverschulden trifft (*BGH* StV 1988, 45). Ihn trifft Mitverschulden, wenn er einen Rechtsanwalt beauftragt, von dem er weiß, dass er verschiedentlich Fristen nicht ordnungsgemäß wahrgenommen hat.

54 Bei einer Versäumung der Begründungsfrist ist dem Erfordernis des § 45 Abs. 2 Satz 2 StPO nur genügt, wenn eine nach Form und Inhalt **zulässige Rechtsbeschwerdebegründung** zusammen mit dem **Antrag auf Wiedereinsetzung** vorgelegt wird. Andernfalls ist Wiedereinsetzung nicht zulässig (*Hamm* JMBlNW 1978, 106). Dies gilt dann nicht, wenn das Unterlassen der formgerechten Begründung auf einer unrichtigen oder unvollständigen Rechtsbelehrung beruht.

55 Wiedereinsetzung kommt auch in Betracht, wenn der **Rechtspfleger** die schriftliche Begründung des Betroffenen zu Protokoll aufgenommen, durchgelesen und geprüft und darauf hingewiesen hat, dass Teile der Begründung nicht formgerecht erfolgt sind. Es ist seine Aufgabe dafür zu sorgen, dass die Begründung formgerecht erstellt wird (*BVerfG* Rpfleger 1993, 57).

56 Die Rechtsbeschwerde kann nur auf eine **Gesetzesverletzung** gestützt werden (§ 337 StPO), wobei in der Begründung zwischen Sachrüge und Verfahrensrüge zu unterscheiden ist. Die Sachrüge lautet etwa: „Gerügt wird die Verletzung materiellen Rechts". Die Anforderungen an sie sind gering. Sie muss aber zumindest erhoben werden, und zwar ausdrücklich

Fünfter Abschnitt. Einspruch und gerichtliches Verfahren **§ 79**

(*Göhler/Seitz* 27c). Die Erklärung: „Wir bitten um Überprüfung in rechtlicher Hinsicht" kann bei verständiger Würdigung nur als Sachrüge verstanden werden und reicht aus (**a. A.** *Hamm* bei *Göhler/Seitz* 27c).

Insgesamt reicht es aus, wenn aus der Gesamtheit der Ausführungen in der Beschwerdebegründung entnommen werden kann, dass die Verletzung von materiellen Rechtssätzen oder dem sachlichen Recht zuzurechnenden Grundsätzen gerügt wird. Mit der Sachrüge erreicht der Betroffene eine Nachprüfung des Urteils hinsichtlich des gesamten sachlichen Rechts, und zwar auch, ob Verfahrensvoraussetzungen oder Verfahrenshindernisse vorliegen. **57**

Wird mit der Rechtsbeschwerde lediglich der **Eintritt der Verfolgungsverjährung** geltend gemacht, so ist damit schon die allgemeine Sachrüge erhoben, weil die Verjährungsfrage nur zu beantworten ist, wenn die gesamte Tat rechtlich zutreffend eingeordnet wird (*Düsseldorf* VRS 74, 45). Ebenso ist ganz allgemein mit der Rüge des Fehlens von Verfahrensvoraussetzungen oder des Vorliegens von Verfahrenshindernissen die Sachrüge erhoben (*Düsseldorf* NStZ 1992, 39). **58**

Die Sachrüge braucht nicht begründet zu werden. Nützlich dürften jedoch Ausführungen darüber sein, inwieweit und warum eine Verletzung des sachlichen Rechts vorliegt. Risikolos ist dies freilich dann nicht, wenn dadurch die Sachrüge in Frage gestellt wird, wenn etwa die Ausführungen in der Rechtsbeschwerdebegründung ergeben, dass nicht die Rechtsanwendung, sondern die Beweiswürdigung und die Richtigkeit der Urteilsfeststellungen beanstandet werden (*KG* NZV 1990, 43). **59**

Die **Verfahrensrüge** ist die Rüge der Verletzung von Rechtsnormen, die den Verfahrensablauf und dessen Gestaltung betreffen, wie etwa die örtliche Unzuständigkeit (*Köln* VRS 74, 32), die Ablehnung eines Richters wegen Befangenheit (*Düsseldorf* JMBlNW 1982, 235), das Unterlassen der Ladung zur Hauptverhandlung oder der Belehrung über die Folgen des Ausbleibens in der Hauptverhandlung, die Verletzung des Anwesenheitsrechts, die Verletzung der Aufklärungspflicht, die Ablehnung eines Beweisantrages, die Verletzung des Grundsatzes der Unmittelbarkeit, die Verletzung des Anspruchs auf rechtliches Gehör, die Verletzung des Grundsatzes der Öffentlichkeit, die Nichtgewährung des letzten Wortes, die Verletzung des Widerspruchsrechts gegen das schriftliche Verfahren (*Rostock* NStZ 1993, 597). **60**

61 **Die Anforderungen an Verfahrensrügen sind strenger** als die an Sachrügen. Nach § 344 Abs. 2 Satz 2 StPO müssen, um die Zulässigkeit dieser Rüge zu begründen, die den Mangel enthaltenen Tatsachen so genau bezeichnet und vollständig angegeben werden, dass das Beschwerdegericht allein anhand der Rechtsbeschwerdeschrift ohne Rückgriff auf die Akte prüfen kann, ob ein Verfahrensfehler vorliegt, sofern die behaupteten Tatsachen zutreffen (*Göhler/Seitz* 27d).

62 **Eine Bezugnahme** auf den Akteninhalt, auf Schriftstücke oder das Protokoll ist unzulässig. Ist der Tatsachenvortrag zu der Verfahrensrüge ungenau und unvollständig, so scheitert sie im Regelfall (*Gribbohm* NStZ 1983, 101 m. zahlr. Einzelfällen). Die Beanstandung, eine Rechtsmittelbelehrung sei unterblieben, ist keine zulässige Verfahrensrüge, weil damit das Zustandekommen der Entscheidung nicht gerügt wird (*BayObLG* bei *Göhler/Seitz* 27d).

63 **Die absoluten Revisionsgründe** nach § 338 StPO können mit der Verfahrensrüge auch im Rechtsbeschwerdeverfahren geltend gemacht werden. § 338 Nr. 5 StPO ist nur anwendbar, soweit die Hauptverhandlung gegen den Willen der StA, des Betroffenen oder des Verteidigers in deren Abwesenheit durchgeführt worden ist. Auch § 338 Nr. 6 StPO ist nach der Rechtsprechung ein absoluter Rechtsbeschwerdegrund.

64 Die Voraussetzungen für die Zulässigkeit der Rechtsbeschwerde nach Abs. 1 Satz 1 Nr. 1 bis 4 **brauchen nicht dargelegt zu werden**, soweit sie sich aus dem Inhalt der angefochtenen Entscheidung und den Beschwerdeanträgen **von selbst ergeben.** Die Rechtsbeschwerde kann auf die Frage der Bemessung der Geldbuße beschränkt werden (*Stuttgart* Justiz 1970, 239), ebenso auf die Rüge der Nichtbeachtung der Verjährung (*Frankfurt* NStZ 1982, 35).

65 Das **Verschlechterungsverbot** des § 358 Abs. 2 gilt auch im Rechtsbeschwerdeverfahren (*Karlsruhe* NJW 1974, 1718). Hat das AG auf Einspruch durch Urteil entschieden, obwohl der Bußgeldbescheid rechtskräftig war, so ist das Urteil des AG aufzuheben und der Einspruch als unzulässig zu verwerfen (*BGH* NJW 1975, 2027), wenn das Urteil für den Betroffenen nicht günstiger ist als der Bußgeldbescheid. Ist es günstiger, so muss dem Grundsatz des Verbots der Schlechterstellung Rechnung getra-

Fünfter Abschnitt. Einspruch und gerichtliches Verfahren § 79

gen werden, so dass die Rechtsbeschwerde zu verwerfen ist (*Hamm* NJW 1970, 1092; *RRH* 16).

Die Regelung der **Erstreckung** der Rechtsbeschwerde auf **Mitbetroffene** (§ 357 StPO) gilt im Bußgeldverfahren ebenfalls. Stellt das Beschwerdegericht das Verfahren wegen Verjährung durch Beschluss ein, so ist dieser Beschluss auf den Mitbetroffenen zu erstrecken (*BGH* NJW 1971, 2272). § 357 StPO gilt auch im Verhältnis des Betroffenen zum Nebenbeteiligten und umgekehrt, wenn beide an demselben tatsächlichen Ereignis beteiligt gewesen sind (*BGHSt* 12, 335) und derjenige, der keine Rechtsbeschwerde eingelegt hat, von derselben oder einer gleichartigen Rechtsverletzung betroffen ist (*RRH* 16). Voraussetzung ist stets, dass dem Beschwerdegericht überhaupt noch eine Entscheidungszuständigkeit eröffnet ist, also der Einspruch nicht etwa zuvor zurückgenommen wurde (*BGH* Beschl. v. 22. 2. 2005 – KRB 28/04). 66

Liegt ein **Verfahrenshindernis** vor, das nach der Entscheidung des Gerichts 1. Instanz eingetreten ist, so stellt dieses Gericht oder das Beschwerdegericht das Verfahren ein, vorausgesetzt, dass die statthafte Rechtsbeschwerde rechtzeitig eingelegt worden ist. Dies gilt nicht für die Verjährung, weil sie gemäß § 32 Abs. 2 ruht. Wurde das Verfahrenshindernis vom Gericht 1. Instanz übersehen, dann darf weder dieses Gericht noch das Beschwerdegericht die Entscheidung überprüfen, wenn die Rechtsbeschwerde nicht in der vorgeschriebenen Form und Frist begründet wurde oder nicht statthaft war, wie etwa bei einem Antrag auf Zulassung der Rechtsbeschwerde gegen den Beschluss nach § 72, wenn die Voraussetzungen von Abs. 1 Nr.1 bis 5 nicht vorliegen oder wenn der formgerecht behauptete Verstoß gegen § 72 nach Abs. 1 Satz 1 Nr. 5 widerlegt ist (*Karlsruhe* Justiz 1980, 93). In diesem Falle ist die Rechtsbeschwerde als unzulässig zu verwerfen. 67

Die **Vorlage an den BGH** ist notwendig, wenn das Beschwerdegericht von der Entscheidung eines anderen OLG, des BayObLG oder des BGH abweichen will. § 121 Abs. 2 GVG gilt entsprechend (*Hamm* VRS 80, 134). Bei Auslegung des EG-Rechts ist das OLG durch eine abweichende Auffassung eines anderen OLG nicht daran gehindert, der Auffassung des EuGH zu folgen (*BGHSt* 33, 76). In diesem Falle kommt allenfalls die Anrufung des EuGH in Betracht (*BGH* NZV 1989, 197). Wird beim *BGH* vorgelegt, so entscheidet er bei einer zulässigen Rechtsbeschwerde in der 68

Regel nur über die Rechtsfrage. Er ist jedoch nicht daran gehindert, auch in der Sache selbst zu entscheiden (*BGH* NJW 1993, 3081).

69 Nach Abs. 3 Satz 2 gilt bei Zusammentreffen der Rechtsbeschwerde mit einem Antrag auf Wiedereinsetzung in den vorigen Stand § 342 StPO entsprechend. Die Regelung soll eine **Zweispurigkeit des Rechtsbehelfsverfahrens vermeiden**, indem sie festlegt, dass die Entscheidung über die Rechtsbeschwerde bis zur Erledigung des Antrags auf Wiedereinsetzung ausgesetzt bleibt (*RRH* 16b). Ist der Antrag auf Wiedereinsetzung erfolgreich, so wird die Rechtsbeschwerde gegenstandslos (*BayObLG* NJW 1972, 1724). Anderenfalls kann die Rechtsbeschwerde gegen das den Einspruch nach § 74 Abs. 2 Satz 1 verwerfende Urteil auf dieselben Entschuldigungsgründe gestützt werden, die bereits in dem Wiedereinsetzungsverfahren erfolglos vorgebracht worden sind (*Düsseldorf* NStZ 1988, 318).

70 Die Einlegung nur der Rechtsbeschwerde ohne Verbindung mit dem Antrag auf Wiedereinsetzung gilt als **Verzicht auf den Wiedereinsetzungsantrag** (§ 342 Abs. 3 StPO; *Stuttgart* Justiz 1984, 405 für den Strafprozess; KK-*Steindorf* 145). Der Beschwerdeführer ist also gehalten, das Wiedereinsetzungsgesuch spätestens gleichzeitig mit der Rechtsbeschwerde anzubringen, um die Unzulässigkeit des Antrags zu umgehen. Wiedereinsetzung kann aber von Amts wegen gewährt werden (*RRH* 16b; **a. A.** *Baukelmann* NStZ 1984, 300). Umgekehrt schließt der Wiedereinsetzungsantrag die spätere Rechtsbeschwerde innerhalb der vorgeschriebenen Frist nicht aus (KK-*Steindorf* 145).

71 Durch die allgemeine Verweisung in § 46 Abs. 1 findet auch § 302 StPO Anwendung. Der **Rechtsmittelverzicht** muss auch in Bußgeldsachen eindeutig und zweifelsfrei erklärt sein (*Koblenz* VRS 61, 362). Verzicht und Rücknahme des Rechtsmittels führen zu seinem Verlust (*BGH* bei KK-*Steindorf* 146), bei Teilverzicht und Teilrücknahme, für die dieselben Grundsätze gelten wie Beschränkungen des Rechtsmittels, geht der Beschwerdeführer seines Rechtsmittels in den genannten Teilen verlustig. Beide Prozesshandlungen können schriftlich oder zu Protokoll der Geschäftsstelle erklärt werden. Bestehen Zweifel an dem Verzichts- oder Rücknahmewillen des Erklärenden, so kann von einer wirksamen Rechtsmittelrücknahme oder einem wirksamen Rechtsmittelverzicht nicht ausgegangen werden (*BGH* bei KK-*Steindorf* 146).

Fünfter Abschnitt. Einspruch und gerichtliches Verfahren § 79

Der **Verteidiger kann aus eigenem Recht, jedoch nicht gegen den Willen des Betroffenen**, Rechtsbeschwerde einlegen (§ 297 StPO). Er kann dieses Rechtsmittel auch von vornherein beschränken. Zur Rücknahme der Rechtsbeschwerde bedarf er jedoch nach § 302 Abs. 2 StPO i. V. m. § 71 einer ausdrücklichen Ermächtigung. Hat er eine solche besondere Ermächtigung zur Rechtsmittelrücknahme, so ist dies nicht zugleich auch die Ermächtigung zum Rechtsmittelverzicht, vielmehr muss sich die ausdrückliche Ermächtigung auf beide Möglichkeiten beziehen (KK-*Steindorf* 147). 72

Eine bestimmte Form ist für die **ausdrückliche Ermächtigung** nicht vorgeschrieben. Sie kann also auch mündlich oder telefonisch erteilt werden. Zur Sicherheit sollte sie jedenfalls in dem Vollmachtsformular enthalten sein, das der Betroffene für seinen Verteidiger unterschrieben hat (KK-*Steindorf* 147). Diese Ermächtigung erlischt mit dem Ende des Mandatsverhältnisses, kann aber auch jederzeit vorher widerrufen werden, und zwar ebenfalls mündlich oder schriftlich (*BGH* NJW 1957, 1040). 73

Adressat eines solchen Widerrufs ist der Verteidiger oder das Gericht (*BGH* NJW 1967, 1047). Wählt der Betroffene einen anderen Verteidiger, so ist gegenüber dem ursprünglichen Verteidiger der Widerruf erklärt (*BGH* bei KK-*Steindorf* 147; **a. A.** *München* NStZ 1987, 342). In diesen Fällen entscheidet das Gericht über die Wirksamkeit der unterschiedlichen Erklärungen. 74

V. Entscheidung durch Beschluss (Abs. 5 und 6)

Nach Abs. 5 **entscheidet das Gericht durch Beschluss**, auch wenn die Entscheidung nicht einstimmig ergeht (anders § 349 Abs. 2 und Abs. 4 StPO; *RRH* 18). Richtet sich die Rechtsbeschwerde gegen einen Beschluss, so entscheidet das Gericht in jedem Fall durch Beschluss. Ist ein Urteil vorausgegangen, so kann es nach seinem Ermessen auch aufgrund einer Hauptverhandlung durch Urteil entscheiden (Abs. 5 Satz 2). In diesem Fall gelten die Vorschriften der StPO über die Hauptverhandlung vor dem Revisionsgericht entsprechend. Dem Anspruch des Rechtsbeschwerdeführers auf rechtliches Gehör wird im Verfahren nach § 349 Abs. 2 StPO i.V.m. Abs. 3 dadurch Rechnung getragen, dass eine Verwerfung nur auf einen begründeten Antrag der StA ergeht, dem das Gericht zumin- 75 dest im Ergebnis, nicht aber in allen Teilen der Begründung folgen muss (*Koblenz* NStZ-RR 2004, 375).

76 **Die Hauptverhandlung kann angebracht sein,** wenn es auf den persönlichen Eindruck vom Betroffenen ankommt, was aber in Bußgeldsachen ganz selten der Fall sein dürfte (*Göhler/Seitz* 40), oder wenn die Rechtslage nicht einfach gelagert und der Betroffene durch einen Verteidiger vertreten ist, so dass ein Rechtsgespräch in der Hauptverhandlung zweckmäßig erscheint (KK-*Steindorf* 151). Kommt es zur Hauptverhandlung vor dem Rechtsbeschwerdegericht, so ist die GStA bzw. StA beim OLG beteiligt.

77 Die entsprechende Anwendung der §§ 350, 351 StPO führt dazu, dass der Betroffene und sein Verteidiger **nicht förmlich zur Hauptverhandlung vor dem Rechtsbeschwerdegericht geladen werden.** Ihnen sind vielmehr nur Ort und Zeit der Hauptverhandlung mitzuteilen (§ 350 Abs. 1 Satz 1 StPO). Die Benachrichtigung des Verteidigers genügt, wenn die Mitteilung an den Betroffenen nicht erfolgen kann (§ 350 Abs. 1 Satz 2 StPO).

78 **Der Betroffene, der nicht auf freiem Fuß ist,** hat keinen Anspruch auf Anwesenheit in der Hauptverhandlung (§ 350 Abs. 2 StPO), so dass seine Vorführung ausscheidet. Ihm kann jedoch in entsprechender Anwendung von § 350 Abs. 3 auf seinen Antrag hin ein Verteidiger für die Hauptverhandlung bestellt werden. Voraussetzung ist eine Situation, die § 140 Abs. 2 StPO entspricht, d. h. die Sach- und Rechtslage muss schwierig sein.

79 **Zuständig für die Bestellung eines Verteidigers** ist der Vorsitzende des Bußgeldsenats (*BGH* NJW 1964, 1035). Der Gang der Hauptverhandlung bestimmt sich nach § 351 Abs. 1 und 2 StPO. Danach beginnt sie mit dem Vortrag des Berichterstatters über die Ergebnisse des bisherigen Verfahrens. Hierauf folgen die Plädoyers, und zwar zunächst das des Beschwerdeführers. Ihm entgegnet der Gegner. Dem anwesenden Betroffenen gebührt in jedem Fall das letzte Wort (KK-*Steindorf* 151).

80 **Der Beschluss ist zu begründen.** Die Begründung ist nicht erforderlich, wenn die StA beantragt hat, die Rechtsbeschwerde als offensichtlich unbegründet zu verwerfen und das Beschwerdegericht einstimmig dieser Auffassung ist (§ 349 Abs. 2 StPO; *RRH* 18). Beschränkt sich die Stellungnahme der StA auf Rechtsausführungen zum Beschwerdevorbringen,

Fünfter Abschnitt. Einspruch und gerichtliches Verfahren § 79

ohne dass ein Antrag gestellt wird, die Rechtsbeschwerde als offensichtlich unbegründet zu verwerfen, so braucht der Beschwerdeführer hierzu vor der Entscheidung nicht gehört zu werden (*Celle* MDR 1975, 164).

Nach Abs. 6 **kann das Beschwerdegericht** abweichend von § 354 StPO **81 in der Sache selbst entscheiden** oder die Sache an das AG, dessen Entscheidung aufgehoben wird oder ein anderes AG desselben Landes zurückverweisen, wenn es die angefochtene Entscheidung aufgehoben hat. Die eigene Sachentscheidung hat Vorrang vor der Zurückverweisung (*Göhler/Seitz* 46). Das Beschwerdegericht kann in der Sache selbst dann entscheiden, wenn es im Ergebnis, auch bei einer anderen rechtlichen Würdigung, dem AG folgt (*Düsseldorf* VRS 79, 64). Bei Rechtsfehlern nur im Rahmen der Rechtsfolgenentscheidung ergibt sich dies schon aus § 354 Abs. 1a StPO.

Das Beschwerdegericht kann im Übrigen jede Sachentscheidung tref- 82 fen, die im Falle der Zurückverweisung das AG treffen könnte. Es kann die Geldbuße selbst festsetzen, also in Abweichung von der angefochtenen Entscheidung eine niedrigere Geldbuße (*Düsseldorf* NJW 1988, 1039; *Göhler/König* 45a), oder eine höhere Geldbuße (*Karlsruhe* NStZ 1988, 137). Es kann den Betroffenen freisprechen (*Koblenz* VRS 76, 397), statt einer einheitlichen Geldbuße mehrere Geldbußen festsetzen und umgekehrt (*Hamm* VRS 50, 70), die Anordnung einer Nebenfolge aufheben oder sie festsetzen (*Celle* NdsRpfl 1994, 21) oder sie aufheben und stattdessen die Geldbuße erhöhen (*Düsseldorf* VRS 69, 50), es sei denn, dass für die Anordnung eines Fahrverbots die tatsächlichen Grundlagen fehlen, die für die Beurteilung von Bedeutung sind. Das Beschwerdegericht kann auch den Vorbehalt der Einziehung anordnen oder eine weniger einschneidende Maßnahme nach § 24 Abs. 2 treffen (*Göhler/Seitz* 45b).

Ist das Urteil ungenügend begründet, so kann das Beschwerdegericht **83** die ausgesprochene Rechtsfolge selbst prüfen und entweder die Rechtsbeschwerde im Ergebnis als unbegründet verwerfen (*BayObLG* DAR 1969, 277), ohne dass es einer vorhergehenden Aufhebung des Urteils bedarf (*Düsseldorf* NJW 1981, 2478) oder das Urteil bestätigen. Es kann den Sachverhalt auch rechtlich anders würdigen als das AG (*Düsseldorf* NZV 1994, 42), ohne dass es eines Hinweises nach § 265 StPO bedarf, sofern der andere rechtliche Gesichtspunkt bereits vom AG erörtert worden und eine andere Verteidigungsmöglichkeit nicht ersichtlich ist (*Düsseldorf*

VRS 85, 394). Hierbei kommt der Frage, ob eine andere Verteidigungsmöglichkeit besteht, besondere Bedeutung zu.

84 **Das dürfte etwa der Fall sein**, wenn statt Vorsatz Fahrlässigkeit oder statt Fahrlässigkeit Vorsatz angenommen wird (*Celle* NJW 1990, 589; *Schleswig* SchlHA 1982, 107). Allerdings ergeht Freispruch, wenn nach den getroffenen Feststellungen die Beschuldigung nicht erwiesen ist und weitere Feststellungen nicht zu erwarten sind (*Göhler/Seitz* 45d), oder wenn der Betroffene wegen einer Tat verurteilt worden ist, die nicht Gegenstand des Verfahrens ist, während die verfahrensgegenständliche Tat nicht erwiesen ist.

85 Ergibt sich bei der Überprüfung der zulässigen Rechtsbeschwerde weder ein Verfahrenshindernis noch ein Fehler formellen oder materiellen Rechts, **so ist sie als unbegründet zu verwerfen.** Ist die Unbegründetheit offensichtlich, so findet § 349 Abs. 2 und 3 StPO Anwendung. Ob es zur Beschlussverwerfung nach § 349 Abs. 2 StPO (hierzu *Krehl* GA 1987, 162) kommt, liegt allein bei der StA, die den Antrag nach § 349 Abs. 2 StPO stellen muss.

86 Zeigt sich beim Rechtsbeschwerdegericht, dass **weitere tatsächliche Feststellungen** erforderlich und möglich sind, so hebt es auf und verweist zurück. Ihm ist es jedoch nicht verwehrt, aus mehreren vom AG festgestellten Tatsachen aufgrund von Erfahrungssätzen auf eine weitere Tatsache zu schließen, wenn dadurch eine ausreichende tatsächliche Basis für die Annahme einer OWi vorliegt und das Rechtsbeschwerdegericht selbst entscheiden kann (*Hamburg* MDR 1976, 864).

87 **Ist ausgeschlossen**, dass mögliche weitere Feststellungen **zu einer Besserstellung des Beschwerdeführers** führen können, so erübrigt sich eine Zurückverweisung. In solchen Fällen entscheidet das Rechtsbeschwerdegericht selbst (KK-*Steindorf* 161). Ist nur eine Teilaufhebung erfolgt, so ist das AG nach Zurückverweisung nur insoweit zu neuer Entscheidung berufen.

88 Die Zurückverweisung erfolgt in aller Regel **an das AG, das die angefochtene Entscheidung getroffen hat.** Jedoch kann das Rechtsbeschwerdegericht in entsprechender Anwendung des § 354 Abs. 2 StPO die Sache auch an eine andere Abteilung des AG zurückverweisen (*BayObLG* JR 1970, 353 m. Anm. *Göhler).* Dies dürfte sich anbieten, wenn dem AG schwerwiegende Verfahrensfehler unterlaufen sind (KK-*Steindorf* 161).

Fünfter Abschnitt. Einspruch und gerichtliches Verfahren § 79

Das AG ist bei der neuen Entscheidung nach Zurückverweisung **an die** **89** **Rechtsauffassung des Rechtsbeschwerdegerichts gebunden** (§ 358 Abs. 1 StPO). Die Bindung besteht allerdings nur soweit, wie die Aufhebungsbegründung reicht. Ist die angefochtene Entscheidung auf die Sachrüge hin aufgehoben worden, so binden Ausführungen zur Verfahrensrüge, die nur beiläufig erfolgt sind, das AG nicht (KK-*Steindorf* 162). Entsprechendes gilt für Hinweise, die das Rechtsbeschwerdegericht für die weitere Sachbehandlung gegeben hat.

Betrifft die Verletzung des sachlichen Rechts, deretwegen die Aufhebung **90** erfolgt, zugleich die Rechtsanwendung gegenüber **anderen Betroffenen, die selbst nicht Rechtsbeschwerde eingelegt haben**, so ist auch der sie betreffende Teil der Entscheidung des AG aufzuheben, als ob sie Rechtsbeschwerde eingelegt hätten (§ 357 StPO; *Zweibrücken* wistra 1987, 269). Auf Mitbetroffene ist ferner ein Beschluss, durch den das Rechtsbeschwerdegericht das Verfahren wegen Verfolgungsverjährung einstellt, zu erstrecken (*BGH* NJW 1971, 2272).

Neben dem Verschlechterungsverbot in § 72 Abs. 3 Satz 2 gilt für das **91** Rechtsbeschwerdeverfahren auch das Verschlechterungsverbot des § 358 Abs. 2 StPO. Hat der Betroffene Rechtsbeschwerde eingelegt, **so darf die angefochtene Entscheidung hinsichtlich der Rechtsfolge nicht zu seinem Nachteil geändert werden.** Dasselbe gilt, wenn die StA zu seinen Gunsten Rechtsbeschwerde eingelegt hat. Das Verschlechterungsverbot ist vom AG nach Zurückverweisung der Sache, aber auch vom Rechtsbeschwerdegericht, das nach Abs. 6 selbst entscheidet, zu beachten (*Düsseldorf* VRS 74, 300). Es bezieht sich nur darauf, dass die Rechtsfolgen nach dem Sanktionensystem des OWiG nicht zum Nachteil des Beschwerdeführers verändert werden dürfen. Hierzu zählt nicht das Punktebewertungssystem des Verkehrszentralregisters. Ob das Verschlechterungsverbot verletzt ist, muss eine Gesamtbewertung aller Sanktionen vor und nach der Entscheidung ergeben.

Entscheidet das Rechtsbeschwerdegericht in der Sache, so trifft es auch **92** eine **Kostenentscheidung** (§ 464 Abs. 1 und 2 StPO). Wird der Betroffene nach früherem Freispruch verurteilt, so trägt er die Kosten des Verfahrens und seine notwendigen Auslagen (§ 465 Abs. 1 Satz 1 StPO). Bei vollem Erfolg der Rechtsbeschwerde gilt § 467 StPO, bei teilweisem Erfolg § 473 Abs. 4 StPO. In diesem Falle ist die Gebühr zu ermäßigen und kann davon abgesehen werden, die notwendigen Auslagen den Beteiligten aufzuerlegen, soweit dies unbillig wäre. Hebt das Rechtsbeschwerdegericht die angefochtene Entscheidung auf und verweist die Sache an das AG zurück, so trifft es keine Kostenentscheidung. Die Kostenentscheidung wird vielmehr dem neuen Tatrichter mitübertragen, weil sich der endgültige Erfolg des Rechtsmittels noch nicht übersehen lässt.

93 **Stellt das Rechtsbeschwerdegericht das Verfahren nach § 47 Abs. 2 ein**, so ist wegen der Verfahrenskosten eine Überbürdung auf den Betroffenen nicht möglich (§ 467 Abs. 1 Satz 1 StPO), jedoch kann davon abgesehen werden, die notwendigen Auslagen des Betroffenen der Staatskasse zu überbürden (§ 467 Abs. 4 StPO). Dabei ist nicht zu beanstanden, dass das Rechtsbeschwerdegericht den Betroffenen fragt, ob er bereit ist, seine eigenen Auslagen zu übernehmen (KK-*Steindorf* 166). Dabei handelt es sich nicht um eine Bedingung für die Einstellung, sondern um die Gewährung rechtlichen Gehörs für den Betroffenen und ggf. seinen Verteidiger.

§ 80   Zulassung der Rechtsbeschwerde

(1) Das Beschwerdegericht lässt die Rechtsbeschwerde nach § 79 Abs. 1 Satz 2 auf Antrag zu, wenn es geboten ist,

1. **die Nachprüfung des Urteils zur Fortbildung des Rechts oder zur Sicherung einer einheitlichen Rechtsprechung zu ermöglichen, soweit Absatz 2 nichts anderes bestimmt, oder**
2. **das Urteil wegen Versagung des rechtlichen Gehörs aufzuheben.**

(2) Die Rechtsbeschwerde wird wegen der Anwendung von Rechtsnormen über das Verfahren nicht und wegen der Anwendung von anderen Rechtsnormen nur zur Fortbildung des Rechts zugelassen, wenn

1. **gegen den Betroffenen eine Geldbuße von nicht mehr als einhundert Euro festgesetzt oder eine Nebenfolge vermögensrechtlicher Art angeordnet worden ist, deren Wert im Urteil auf nicht mehr als einhundert Euro festgesetzt worden ist,**

oder

Fünfter Abschnitt. Einspruch und gerichtliches Verfahren **§ 80**

2. der Betroffene wegen einer Ordnungswidrigkeit freigesprochen oder das Verfahren eingestellt worden ist und wegen der Tat im Bußgeldbescheid oder im Strafbefehl eine Geldbuße von nicht mehr als einhundertfünfzig Euro festgesetzt oder eine solche Geldbuße von der Staatsanwaltschaft beantragt worden war.

(3) Für den Zulassungsantrag gelten die Vorschriften über die Einlegung der Rechtsbeschwerde entsprechend. Der Antrag gilt als vorsorglich eingelegte Rechtsbeschwerde. Die Vorschriften über die Anbringung der Beschwerdeanträge und deren Begründung (§§ 344, 345 der Strafprozessordnung) sind zu beachten. Bei der Begründung der Beschwerdeanträge soll der Antragsteller zugleich angeben, aus welchen Gründen die in Absatz 1 bezeichneten Voraussetzungen vorliegen. § 35a der Strafprozessordnung gilt entsprechend.

(4) Das Beschwerdegericht entscheidet über den Antrag durch Beschluss. Die §§ 346 bis 348 der Strafprozessordnung gelten entsprechend. Der Beschluss, durch den der Antrag verworfen wird, bedarf keiner Begründung. Wird der Antrag verworfen, so gilt die Rechtsbeschwerde als zurückgenommen.

(5) Stellt sich vor der Entscheidung über den Zulassungsantrag heraus, dass ein Verfahrenshindernis besteht, so stellt das Beschwerdegericht das Verfahren nur dann ein, wenn das Verfahrenshindernis nach Erlass des Urteils eingetreten ist.

RiStBV Nrn. 291, 293

Schrifttum: *Baukelmann*, die Zulassung der Rechtsbeschwerde im Bußgeldverfahren, 1983; *Cramer*, Die Rechtsprechung zur Rechtsbeschwerde nach dem Gesetz über Ordnungswidrigkeiten, Teil II – Probleme der Zulassungsbeschwerde, VOR 1972, 133 ff.; *ders.*, Gedanken zur Reform des Rechtsbeschwerdeverfahrens nach dem OWiG, Salger-FS S. 447; *Demuth/Schneider*, Die Zulassung der Rechtsbeschwerde nach § 80 OWiG, NJW 1970, 1999; vgl. auch zu § 79; *Göhler*, Empfiehlt sich eine Änderung des Rechtsbeschwerdeverfahrens in Bußgeldsachen?, Schäfer-FS S. 39; *Weidemann*, Die Zulassung der Rechtsbeschwerde nach § 80 I OWiG bei divergierender Entscheidung, NStZ 1985, 1 ff.

Übersicht

	Rn		Rn
I. Allgemeines	1–5	III. Verfahrensfragen (Abs. 3 bis 5)	44–70
II. Zulassungsvoraussetzungen (Abs. 1 und 2)	6–43		

I. Allgemeines

1 In den Fällen, in denen gegen Urteile die Rechtsbeschwerde nach § 79 Abs. 1 Satz 1 Nr. 1 bis 5 nicht zulässig ist, ist sie nach § 79 Abs. 1 Satz 2 möglich, wenn sie zugelassen wird. Damit soll bei weniger bedeutsamen OWi nur in Ausnahmefällen eine höchstrichterliche Entscheidung herbeigeführt werden können und hier auch nur dann, wenn durch Urteil entschieden ist (*Göhler/Seitz* 1). Eine falsche Entscheidung im Einzelfall, selbst wenn sie mit einem schweren Fehler versehen ist, rechtfertigt für sich allein noch nicht die Zulassung, weil Sinn der Regelung nicht die Erreichung der Gerechtigkeit im Einzelfall ist (*BGH* NJW 1971, 389). Die **Zulassungsbeschwerde** unterscheidet sich dadurch von der Rechtsbeschwerde nach § 79 Abs. 1 Satz 1 und ihrem Vorbild Revision, die beide auch der Durchsetzung der Einzelfallgerechtigkeit dienen (*Cramer* VOR 1972, 104 f.).

2 Der Antrag auf Zulassung der Rechtsbeschwerde ist **nur statthaft**, wenn die amtsrichterliche Entscheidung durch **Urteil** aufgrund einer Hauptverhandlung ergangen ist. Die Bezeichnung als Urteil ist gleichgültig. Trägt sie rechtsfehlerhafterweise die Bezeichnung „Beschluss", so ist sie dennoch als Urteil in diesem Sinne aufzufassen, so dass der Antrag auf Zulassung der Rechtsbeschwerde gestellt werden kann (KK-*Steindorf* 2).

3 Auch ein **abgekürztes Urteil** nach § 77b ist eine derartige Entscheidung (*Düsseldorf* VRS 72, 286). Gegen Beschlüsse nach § 72 ist der Antrag hingegen nicht statthaft, selbst wenn sie als Urteil geschrieben worden sind. Die Begrenzung der Zulassungsrechtsbeschwerde auf anzufechtende Urteile ist sachlich im Ergebnis nicht begründbar, wenn auch nicht aus verfassungsrechtlichen Gründen zu beanstanden. **De lege ferenda** ist daran zu denken, dass die Rechtsbeschwerde nach § 79 als auch die Zulassungsrechtsbeschwerde durch ein **Annahmerechtsmittel** ersetzt werden.

4 **Der Antrag auf Zulassung der Rechtsbeschwerde** ist kein Rechtsbehelf besonderer Art (**a.A.** *Göhler* 18), sondern ein besonderer Zugangsweg zur Rechtsbeschwerde nach § 79 (KK-*Steindorf* 5). Das OWi-Verfahren kennt nur ein einziges Rechtsmittel, nämlich die Rechtsbeschwerde. In § 79 Abs. 1 Satz 1 ist mittels eines Katalogs aufgeführt, in welchen Fällen die Rechtsbeschwerde bereits von Gesetzes wegen zulässig ist. Dieser Katalog wird durch § 79 Abs. 1 Satz 2 in der Weise erweitert, dass die Rechtsbeschwerde außerdem zulässig sein soll, wenn nach § 80 zugelassen wird. Dementsprechend ist die Zulassungsrechtsbeschwerde kein eigenständiges Rechtsmittel. Wird sie gleichwohl so bezeichnet, so dient dies allein der Klarstellung, auf welchem Wege die Rechtsbeschwerde zustande gekommen ist.

Die **inhaltlich komplizierte Vorschrift** regelt in den Absätzen 1 und 2, unter welchen Voraussetzungen die Rechtsbeschwerde nach § 79 Abs. 1 Satz 2 auf Antrag zuzulassen ist, in Abs. 3 formale Zulässigkeitsvoraussetzungen für den Zulassungsantrag, in Abs. 4 die Entscheidung des Beschwerdegerichts über den Zulassungsantrag und in Abs. 5, wie zu verfahren ist, wenn sich vor der Entscheidung über den Zulassungsantrag ein Verfahrenshindernis herausstellt. 5

II. Zulassungsvoraussetzungen (Abs. 1 und 2)

Nach Abs. 1 Nr. 1 **lässt das Beschwerdegericht die Rechtsbeschwerde zu**, wenn es geboten ist, die Nachprüfung des Urteils zur Fortbildung des Rechts oder zur Sicherung einer einheitlichen Rechtsprechung zu ermöglichen, soweit Abs. 2 nichts anderes bestimmt. Die Vorschrift ist § 132 Abs. 4 GVG nachgebildet. Eine ähnliche Regelung enthält auch § 116 Abs. 1 StVollzG. Das Rechtsbeschwerdegericht entscheidet hierbei **nicht nach seinem Ermessen.** Hält es die Nachprüfung des Urteils zur Fortbildung des Rechts oder zur Sicherung einer einheitlichen Rechtsprechung für erforderlich, so muss es die Rechtsbeschwerde zulassen (KK-*Steindorf* 7). 6

Anders als in § 132 Abs. 4 GVG hängt die Zulassung nach § 80 nicht auch davon ab, ob es sich um eine **Frage von grundsätzlicher Bedeutung** handelt. Dies dürfte im Hinblick auf die Überlastung der Rechtsbeschwerdegerichte ein, wenn auch de lege ferenda behebbarer, Mangel der gesetzlichen Regelung sein. 7

Fortbildung des Rechts ist die Aufstellung von Leitsätzen für die Auslegung von gesetzlichen Vorschriften des materiellen Rechts und des Ver- 8 fahrensrechts sowie die rechtsschöpferische Ausfüllung von Gesetzeslücken (*BGH* NJW 1971, 389). Der Fortentwicklung des Rechts sind auf dem Gebiet des materiellen Rechts **verfassungsrechtliche Schranken** gesetzt (KK-*Steindorf* 36; *Weidemann* NStZ 1985, 4). Das **Analogieverbot** gilt auch im Bereich des materiellen OWi-Rechts, soweit es sich um Begründung oder Schärfung der Sanktion handelt (Art. 103 Abs. 2 GG), während es im Verfahrensrecht nicht ausgeschlossen ist (*KG* NJW 1979, 1669). **Zugunsten des Täters** ist Analogie auch im materiellen OWi-Recht jederzeit möglich (*BGHSt* 28, 55).

9 **Die Fortbildung des Rechts kommt nur bei Rechtsfragen in Betracht**, die entscheidungserheblich sind, klärungsbedürftig, d. h. noch offen, zweifelhaft oder bestritten sind und die als abstraktionsfähige Fragen von praktischer Bedeutung sind (KK-*Steindorf* 37). Bei noch ungeklärten Fragen kann sowohl die Fortbildung des Rechts als auch die Sicherung einer einheitlichen Rechtsprechung die Zulassung rechtfertigen. Die Fortbildung des Rechts ist nicht nur die rechtsschöpferische Schließung von Lücken, sondern die Auslegung von Rechtssätzen. Dass bereits ein anderes OLG die Rechtsfrage im gleichen Sinne entschieden hat, wie es das zulassende OLG tun will, steht der Zulassung nicht entgegen, wenn dadurch ein aufgestellter Leitsatz gefestigt wird (*Hamburg* MDR 1970, 527; *BayObLG* NZV 1992, 162). Jedenfalls kommt hier aber stets auch der Zulassungsgrund der Sicherung einer einheitlichen Rechtsprechung in Betracht.

10 Fortbildung des Rechts kann auch die **Überprüfung der Verfassungsmäßigkeit** eines Gesetzes sein (*Hamm* NJW 1974, 2099), die Prüfung des Weiterbestandes einer **reichsrechtlichen Verordnung** als Landesrecht oder die Zulässigkeit der Abänderung durch den **Landesgesetzgeber** (*KG* NJW 1976, 1465).

11 **Zur Sicherung einer einheitlichen Rechtsprechung** wird die Rechtsbeschwerde zugelassen, wenn sonst schwer erträgliche Unterschiede entstehen oder fortbestehen würden (*Düsseldorf* VRS 85, 388). Entscheidend ist dabei, ob die Frage über den Einzelfall hinaus für die Rechtsprechung im Ganzen von Bedeutung ist. Bei einer Fehlentscheidung, die sich nur im Einzelfall auswirkt, ist die Einheitlichkeit der Rechtsprechung nicht gefährdet, selbst wenn der Rechtsfehler offensichtlich ist (*BGHSt* 24, 15; *Hamm* NZV 1993, 204).

Hinzu kommen muss, dass die Entscheidung in einer grundsätzlichen **12**
Frage getroffen worden ist und die durch Erfahrung begründete Befürchtung besteht, dass die Entscheidung schwer erträgliche Unterschiede in der Rechtsanwendung auslösen wird oder mit weiteren Fehlentscheidungen in gleichgelagerten Fällen zu rechnen ist (*BayObLG* bei *Göhler/Seitz* 5).

Weicht die angefochtene Entscheidung bewusst von einer höchstrichterlichen ab, so ist ein Grund für die Zulassung gegeben, wenn damit offen **13**
zutage tritt, dass die Rechtsprechung uneinheitlich ist. Bei unbewusstem Abweichen kommt es auf den Einzelfall, insbesondere die Bedeutung des möglichen Rechtsfehlers und den Grad der Wiederholungsgefahr durch dasselbe oder andere AGe an.

Von Bedeutung ist hier auch, **wie häufig die betreffende Rechtsfrage in** **14**
der Praxis der AGe auftaucht und in welchem Ausmaß mit ihrer fehlerhaften Beurteilung zu rechnen ist (*Göhler/Seitz* 5). Die Wiederholungsgefahr wird als besonders groß angesehen, wenn sich der Rechtsfehler aus einem vom AG verwendeten Formular ergibt (*Hamm* VRS 42, 307), und zwar auch dann, wenn hier ein unbewusster Verfahrensverstoß vorliegt. Damit wird vom Rechtsbeschwerdegericht letztlich eine **Prognoseentscheidung** für das zukünftige Verhalten des erkennenden und anderer Amtsrichter gefordert, durch die die Zulassungsfrage im Ergebnis doch Unwägbarkeiten unterliegt.

Nach Abs. 1 Nr. 1 muss es **geboten** sein, die Nachprüfung des Urteils zur **15**
Sicherung einer einheitlichen Rechtsprechung zu ermöglichen. Wegen der Grenzen des Abs. 2 sind **geringfügige OWi** von der Zulassung der Sicherung einer einheitlichen Rechtsprechung **ausgenommen.** Dies erscheint im Hinblick auf die Voraussetzungen, die für die Zulassung der Rechtsbeschwerde in diesem Bereich allgemein anerkannt sind, **systemwidrig.**

Die im Schrifttum teilweise vorgenommene Unterscheidung danach, **16**
ob ein Fehler im materiellen Recht oder im formellen Recht bei dem Zulassungsgrund der Sicherung einer einheitlichen Rechtsprechung vorliegt (*Göhler/Seitz* 6 ff.; *RRH* 5 ff.), ist in der Vorschrift nicht vorgesehen und erscheint wenig praktikabel. Auch der später geschaffene Abs. 2 unterscheidet mit seinen Beschränkungen für geringfügige OWi im Rahmen des Zulassungsgrundes „Sicherung einer einheitlichen Rechtsprechung"

nicht zwischen diesen beiden Fallgruppen. Es erscheint deshalb nicht angebracht, sachliches Recht und Verfahrensrecht unterschiedlich zu behandeln (KK-*Steindorf* 21).

17 **Rechtsfragen des materiellen Rechts** rechtfertigen die Zulassung auch, wenn die Entscheidung im Ergebnis nicht zu krassen Unterschieden führen würde (*Düsseldorf* NStZ 1991, 395 m. Anm. *Göhler* NZV 1991, 283; *Göhler/Seitz* 6; KK-*Steindorf* 23). Zulassungsgründe können sich im Hinblick auf alle Fragen sachlichen Rechts ergeben. So können Fragen des äußeren und inneren Tatbestands einer Bußgeldnorm, ihrer Verfassungsmäßigkeit, der Rechtswidrigkeit oder Vorwerfbarkeit genauso aufklärungsbedürftig sein, wie Fragen der Geldbußenbemessung nach § 17 (*Baukelmann* S. 200 ff.; *Schleswig* SchlHA 1973, 192). Voraussetzung ist, dass die allgemeinen Kriterien der Überprüfung zur Sicherung einer einheitlichen Rechtsprechung vorliegen und dass nicht die Ausschlussgründe des Abs. 2 gegeben sind.

18 **Hat das Rechtsbeschwerdegericht selbst die Rechtsfrage schon entschieden** und wird etwa zeitgleich in einem weiteren Fall die Zulassung der Rechtsbeschwerde beantragt, so kann diese unter dem Gesichtspunkt der Gleichbehandlung nicht mit dem rein formalen Standpunkt, die Rechtsfrage sei nun entschieden, abgelehnt werden (**a. A.** *Celle* NJW 1974, 1719 m. zust. Anm. *Demuth* NJW 1975, 704; abl. Anm. *Händel* NJW 1974, 2297; wie hier auch *RRH* 6; *Göhler/Seitz* 6; **a. A.** KK-*Steindorf* 24). Bei einer sicherlich selten auftretenden Fallgestaltung wie dieser kommt es nicht darauf an, ob Sinn der gesetzlichen Regelung war, die höheren Gerichte von der großen Masse der Bagatell-OWi zu befreien (so KK-*Steindorf* 24), denn es handelt sich gerade nicht um eine massenhaft auftretende Bagatellerscheinung.

19 Ist eine Norm, auf der das Urteil beruht, vom *BVerfG* für **verfassungswidrig** erklärt worden, so muss das Rechtsbeschwerdegericht trotz der Bindungswirkung des Urteils die Rechtsbeschwerde zulassen, um dafür Sorge zu tragen, dass seine Bindungswirkung auch tatsächlich durchgesetzt wird (*Göhler/Seitz* 6; **a. A.** KK-*Steindorf*). Dies ist kein Missbrauch des Instituts der Zulassung der Rechtsbeschwerde (**a. A.** KK-*Steindorf* 24).

20 Vor allem in **Fragen des Verfahrensrechts**, auf die es für den Betroffenen zumeist nicht in erster Linie ankommt, hat die Rechtsprechung die

Rechtsbeschwerde in einem Umfang zugelassen, der über das vom Gesetzgeber gewollte Maß hinausgehen dürfte (*RRH* 6). Dies verdeutlicht das bei den erwähnten Fallgestaltungen im Zusammenhang mit der Zulassung bei Rechtsfragen des sachlichen Rechts vermutete Fehlverständnis von der Aufgabe der Rechtsmittelgerichte im Bereich der obergerichtlichen Rechtsprechung in OWi-Sachen.

Bei der Zulassungsentscheidung im Hinblick auf die Sicherung der einheitlichen Rechtsprechung **in Verfahrensfragen** gelten keine anderen Voraussetzungen als bei Fragen des materiellen Rechts. Entscheidend ist hier deshalb nicht allein der Rang der Norm, die fehlerhaft angewendet wurde (so *Göhler/Seitz* 7), sondern wie sonst auch der Grad der Wiederholungsgefahr (KK-*Steindorf* 26). Die Notwendigkeit der Zulassung ist bei der Verletzung bedeutsamer Verfahrensgrundsätze, wie etwa des Rechts auf Anwesenheit in der Hauptverhandlung, der Aufklärungspflicht oder des Gebots eines fairen Verfahrens, stets naheliegend (*Koblenz* VRS 76, 380; **a. A.** KK-*Steindorf* 26), wobei es durchaus Bedeutung haben kann, ob der Richter bewusst oder unbewusst gegen die Verfahrensgrundsätze verstoßen hat (**a. A.** *RRH* 6), weil bei einem unbewussten Verstoß des Richters die Wiederholungsgefahr ferner liegen dürfte als bei einem bewussten, von anderer Rechtsprechung abweichenden Verstoß. 21

Wiederholungsgefahr ist nicht nur auf die Verletzung elementarer Verfahrensgrundsätze beschränkt. Sie kann gleichermaßen bei nachrangigen Fragen des formellen Rechts auftreten, die durch die starke Formalisierung des amtsgerichtlichen Verfahrens nicht nur aufgrund gesetzlicher Gestaltungsregelungen, sondern zur Verfahrensvereinfachung und Bewältigung der großen Anzahl amtsgerichtlicher OWi-Verfahren besonders nahe liegen. 22

Im Einzelnen können **Verfahrensverstöße, die wegen Wiederholungsgefahr die Zulassung der Rechtsbeschwerde zur Sicherung einer einheitlichen Rechtsprechung gebieten, sein:** die Verletzung des Rechts auf Anwesenheit in der Hauptverhandlung und Mitwirkung der StA (*Schleswig* SchlHA 2000, 150); das Anwesenheitsrecht eines Verteidigers (*BayObLG* DAR 1976, 166); Verstöße hinsichtlich der Wartepflicht des Gerichts (*Düsseldorf* NStZ 1984, 320), hinsichtlich des Beweisverfahrens (*Düsseldorf* VRS 62, 282), hinsichtlich der Aufklärungspflicht des Gerichts (*Hamm* VRS 57, 442), hinsichtlich der Beachtung der Verfahrens- 23 voraussetzungen (*Koblenz* VRS 71, 43), hinsichtlich der fehlenden Begründung oder Tatidentität (*Koblenz* VRS 63, 59, 140, 376), hinsichtlich der Urteilsabsetzungsfrist (*Oldenburg* NdsRpfl 1986, 132); unzulässige Ausschließung des Verteidigers wegen fehlender Krawatte (*Celle* StraFO 2002, 301).

24 Die **fehlerhafte Behandlung eines Beweisantrages** kann die Zulassung der Rechtsbeschwerde erfordern (*RRH* 6), es sei denn, es handelt sich eindeutig um einen Fehler im Einzelfall, der die Einheitlichkeit der Rechtsprechung nicht gefährdet (*Hamm* VRS 56, 357). So ist die Zulassung gerechtfertigt, wenn das AG Beweisanträge der Verteidigung in der Hauptverhandlung ohne Angabe von Gründen ablehnt (KK-*Steindorf* 31), es sei denn, es handelt sich um die Ablehnung eines Beweisantrages nach § 77 Abs. 2 Nr. 1 mit der danach möglichen knappen und formularmäßigen Begründung.

25 Bei **unzulänglichen Urteilsgründen** oder bei deren **Fehlen** kann die Zulassung geboten sein, um entweder zu den Anforderungen an die Urteilsgründe in Bußgeldsachen richtungsweisend Stellung zu nehmen (*BayObLG* NZV 1992, 333), jedenfalls aber, um einer grob fehlerhaften Abfassung der Urteilsgründe entgegenzuwirken und insoweit die Einheitlichkeit der Rechtsprechung zu wahren (*Hamm* JMBlNW 1980, 69: Benutzung eines Vordrucks für die Urteilsbegründung; vgl. aber auch *Schleswig* SchlHA 2003, 209 bei einfachen VerkehrsOWi).

26 Ein **unzulässigerweise abgekürztes Urteil** ist einem Urteil ohne jede Entscheidungsgründe nicht gleichzusetzen; nur letzteres stellt den absoluten Rechtsbeschwerdegrund nach § 338 Nr. 7 StPO dar. Die Unvollständigkeit kann nur nach § 337 StPO einen Rechtsbeschwerdegrund darstellen (*BayObLG* DAR 1985, 246).

27 Die **fehlerhafte Annahme der örtlichen Zuständigkeit** des AG ist kein Verfahrensverstoß, der die Zulassung der Rechtsbeschwerde erforderlich macht (*Karlsruhe* VRS 51, 211).

28 Sind **Rechtsfragen noch ungeklärt**, die für die Rechtsanwendung zukünftig von praktischer Bedeutung sind, so kann eine höchstrichterliche Entscheidung von vornherein verhindern, dass sich bei den unteren Gerichten eine unterschiedliche Rechtsprechung entwickelt. Die Zulassung der Rechtsbeschwerde kann in diesen Fällen deshalb zur Herbeiführung einer einheitlichen Rechtsprechung erforderlich sein (*Göhler/Seitz* 14; KK-*Steindorf* 35). Dies gilt auch, wenn ein OLG den bisher von ihm vertretenen Standpunkt aufgibt und eine neue Rechtsmeinung vertreten will (*Düsseldorf* JMBlNW 1988, 68), wobei hier allerdings zumeist auch der Zulassungsgrund der Rechtsfortbildung gegeben ist.

Nach Abs. 1 Nr. 2 lässt das Beschwerdegericht die Rechtsbeschwerde zu, **29** wenn es geboten ist, **das Urteil wegen Versagung des rechtlichen Gehörs aufzuheben.** Ziel der Regelung ist, durch eine Zulassung der Rechtsbeschwerde und die Aufhebung des Urteils die sonst begründet erscheinende Verfassungsbeschwerde zu ersparen (*Göhler/König* 16a). Hier führt die Bejahung der Statthaftigkeit häufig zur Begründetheit der Rechtsbeschwerde im Sinne einer Aufhebung des angefochtenen Urteils (KK-*Steindorf* 40), es sei denn, der Gehörsverstoß lässt sich in der Beschwerdeinstanz heilen und bleibt ohne Auswirkungen auf das Ergebnis. Der Zulassungsgrund tritt selbständig neben die in Nr. 1 genannten Gründe und gilt ohne die Einschränkungen des Abs. 2. Die Rechtsprechung hat die Notwendigkeit einer entsprechenden Regelung bereits früher erkannt (*Düsseldorf* NStZ 1984, 320 m. Anm. *Baukelmann*; vgl. auch *Plenum des BVerfG* NJW 2003, 1924). Ob auch ein Verstoß gegen das Willkürverbot die Zulassung nach Abs. 1 Nr. 2 rechtfertigt, erscheint zweifelhaft (vgl. *Schleswig* SchlHA 2003, 210).

Das rechtliche Gehör im Sinne von Art. 103 Abs. 1 GG **ist nicht ge- 30 währt**, wenn einem Betroffenen die Möglichkeit genommen wird, zu entscheidungserheblichen und ihm nachteiligen Tatsachen und Beweisergebnissen Stellung zu nehmen. Hierzu gehört auch der Anspruch des Betroffenen, dass das Gericht seine Ausführungen zur Kenntnis nimmt (*Köln* NStZ 1988, 31) und in seine Entscheidungsüberlegungen einbezieht (*BVerfG* NJW 1987, 485; *BGH* NJW 1978, 1984). Art. 103 Abs. 1 GG enthält die Mindestgarantie des rechtlichen Gehörs, die über die Vorschriften des einfachen Prozessrechts hinausgehen kann (*BVerfG* NJW 1957, 1228). Auf der anderen Seite kann die Verletzung von Verfahrensvorschriften des Prozessrechts, die ihrerseits über Art. 103 Abs. 1 GG hinausgehen, nach Abs. 1 Nr. 2 nicht geltend gemacht werden (*Karlsruhe* VRS 79, 376), wohl aber im Falle der Versagung rechtlichen Gehörs im Zwischenverfahren über eine Richterablehnung (*BayObLG* OLGSt 8).

§ 80 Zweiter Teil. Bußgeldverfahren

31 **Fälle der Verletzung des rechtlichen Gehörs liegen vor**, wenn dem Betroffenen der Schlussvortrag verweigert, sein Verteidiger zu Unrecht zurückgewiesen (*BayObLG* NStZ 1988, 281) oder seine Teilnahme an der Hauptverhandlung vereitelt wird (*Hamm* NJW 1972, 1063). Hat der Betroffene hingegen Gelegenheit zur Äußerung eingeräumt bekommen, so hatte er rechtliches Gehör (*Göhler* NStZ 1989, 65; KK-*Steindorf* 41).

32 Das **rechtliche Gehör ist ferner verletzt**, wenn in der Hauptverhandlung bei erlaubter Abwesenheit des Betroffenen und seines bevollmächtigten Verteidigers ein nicht angekündigter Beweis erhoben und zuungunsten des Betroffenen verwertet wird (*BayObLG* bei *Göhler* NStZ 1990, 76; *Koblenz* ZfS 1994, 228), ebenso, wenn ein Beweisantrag auf Vernehmung eines Entlastungszeugen unter Verstoß gegen § 77 zurückgewiesen wird (*Celle* VRS 84, 232), oder ein per Telefax übermittelter Beweisantrag des Betroffenen als unleserlich zurückgewiesen wird, ohne den Versuch zu machen, ihn fernmündlich aufzuklären (*Oldenburg* NdsRpfl 1992, 121), sowie wenn der Einspruch nach § 74 Abs. 2 verworfen wird, obwohl die Anordnung des persönlichen Erscheinens des Betroffenen unzulässig war und deswegen eine sachliche Einlassung des Betroffenen unberücksichtigt bleibt (*Köln* NStZ 1988, 31).

33 Ein **Zulassungsgrund nach Abs. 1 Nr. 2 besteht hingegen nicht**, wenn das AG in Abwesenheit des Betroffenen die Hauptverhandlung ohne Verletzung dessen Anwesenheitsrechts durchgeführt hat (*Göhler/Seitz* 16b), ebenso nicht bei einer fehlerhaften Nichtladung des Betroffenen zu einem Fortsetzungstermin, wenn es nach den Umständen nahe lag, dass der anwaltlich vertretene Betroffene bei ordnungsgemäßer Ladung zum Fortsetzungstermin nicht erscheinen würde (*Köln* VRS 76, 384) oder wenn im Einzelfall der Antrag auf Einholung eines Sachverständigengutachtens entgegen § 77 abgelehnt worden ist, weil die Auslegung und Anwendung des Verfahrensrechts vom *BVerfG* nicht grundsätzlich weiter zu überprüfen ist (*Köln* VRS 83, 446). Kein Zulassungsgrund ist auch die Einspruchsverwerfung nach § 74 Abs. 2 trotz vorheriger Einspruchsrücknahme, da hierdurch keine Beschwer in der Hauptsache, sondern allenfalls Kostennachteile entstehen (*Köln* NStZ-RR 2003, 242).

34 **Die StA** kann den Zulassungsantrag nicht auf Abs. 1 Nr. 2 mit der Begründung stützen, **ihr sei das rechtliche Gehör versagt worden**, weil für sie Art. 103 Abs. 1 GG nicht gilt (*RRH* 7). Der Anspruch auf rechtliches

Gehör gibt auch keinen Anspruch auf die Einhaltung bestimmter Beweisregeln, wie etwa auf die Unmittelbarkeit der Beweisaufnahme (*BayObLG* NJW 1960, 2287).

Ferner ist die **Hinweispflicht des § 265 StPO** kein Anwendungsfall des Anspruchs auf rechtliches Gehör, es sei denn, dass das Gericht überraschend einen Sachverhalt zugrunde legt, zu dem sich der Betroffene nicht äußern konnte, weil dieser bislang nicht Gegenstand der Verhandlung war (*Karlsruhe* Justiz 1988, 327). Es ist auch keine Frage des rechtlichen Gehörs, ob das Gericht die Verfahrensbeteiligten über **seine Rechtsansicht** unterrichtet (*BVerfG* NJW 1987, 1192), ebenso nicht bei unzureichender Sachaufklärung durch das Gericht (*Düsseldorf* VRS 82, 44). **35**

Ein Fall des Abs. 1 Nr. 2 liegt jedoch vor, wenn **Lichtbilder**, die ausweislich der Sitzungsniederschrift nicht Gegenstand eines Augenscheins waren, **als Beweismittel verwertet werden** (*BayObLG* DAR 1989, 373) oder wenn Messprotokolle nebst Plänen über die Einrichtung der Messstelle, die dem Betroffenen nicht bekannt waren, in den Urteilsgründen zu seinem Nachteil verwertet wurden. **36**

Die Zulassung kommt nicht in Betracht, **um nur die Nachprüfung des Urteils** unter dem Gesichtspunkt der Versagung des rechtlichen Gehörs **zu ermöglichen** (*Göhler/Seitz* 16c). Es ist vielmehr bereits im Zulassungsverfahren zu prüfen, ob das rechtliche Gehör verletzt ist (*BVerfG* NJW 1992, 2811), so dass schon im Zulassungsverfahren die erforderlichen Feststellungen im Freibeweisverfahren zu treffen sind. Der Betroffene muss deshalb bei einer entsprechenden Rüge darlegen, was er im Falle seiner Anhörung geltend gemacht hätte (*BayObLG* NJW 1992, 1907; *Stuttgart* ZfS 1994, 308). **37**

Abs. 2 schränkt die Zulassungsbeschwerde ein. Bei geringfügigen Fällen darf die Rechtsbeschwerde zur Prüfung der Anwendung von Rechtsnormen über das Verfahren nicht zugelassen werden und zur Prüfung von anderen Normen, nämlich solchen des materiellen Rechts nur zur Fortbildung des Rechts zugelassen werden, nicht auch zur Sicherung einer einheitlichen Rechtsprechung, wenn die Voraussetzungen der Nr. 1 oder 2 erfüllt sind. Damit ist die Zulassung einer Rechtsbeschwerde wegen der Anwendung von Verfahrensnormen zur Fortbildung des Rechts nur noch bei OWi, die keine geringfügigen Folgen gehabt haben, möglich. **38**

§ 80 Zweiter Teil. Bußgeldverfahren

39 **Bei den Beratungen dieser Vorschrift** war daran gedacht worden, für sog. Bagatellfälle ein Rechtsmittel überhaupt zu versagen. Davon hat der Gesetzgeber schließlich abgesehen, um auch bei weniger gewichtigen Verstößen eine sich nicht zersplitternde Fortentwicklung des sachlichen Rechts zu gewährleisten. Dass nach der Intention des Gesetzgebers schwer erträgliche Unterschiede in der Rechtsanwendung vermieden werden sollten, hat er unter dem Gesichtspunkt der Sicherung einer einheitlichen Rechtsprechung letztlich doch wieder mit ins Spiel gebracht (KK-*Steindorf* 43; *Celle* VRS 75, 463).

40 **Die Geringfügigkeitsgrenze** in Nr. 1 liegt bei **100,– Euro.** Werden in einer Entscheidung mehrere Geldbußen verhängt oder ist eine Kumulation von Geldbuße und Nebenfolge vorgenommen worden, so gelten die zu § 79 Abs. 1 Satz 1 Nr. 1 und 2 entwickelten Grundsätze. Danach ist die Zulassung der Rechtsbeschwerde möglich, falls mehrere Geldbußen, die wegen einer Tat im verfahrensrechtlichen Sinn verhängt worden sind, zusammengerechnet die Summe von 100,– Euro übersteigen (*RRH* 11). Liegen mehrere Taten im verfahrensrechtlichen Sinne vor, so scheidet die Zusammenrechnung aus (§ 79 Abs. 2). Treffen Geldbuße und Nebenfolge vermögensrechtlicher Art zusammen, so sind derartige Nebenfolgen wie Geldbußen zu behandeln, so dass auch insoweit eine Kumulation stattfindet. Die Anordnung von **Nebenfolgen nicht vermögensrechtlicher Art** und des **Fahrverbots** nach § 25 StVG eröffnen stets die Rechtsbeschwerde (§ 79 Abs. 1 Satz 1 Nr. 2).

41 **Abs. 2 Nr. 2 lehnt sich an § 79 Abs. 1 Satz 1 Nr. 3 an.** Die Grenze beträgt hier 150,– Euro. Die Zulassung der Rechtsbeschwerde kann bei Freispruch des Betroffenen oder Einstellung des Verfahrens durch das AG von der StA nur beantragt werden, wenn im Verlauf des bisherigen Verfahrens eine Geldbuße von mehr als 150,– Euro festgesetzt war, eine Frage des sachlichen OWi-Rechts im Streit ist und der Zulassungsgrund der Rechtsfortbildung vorliegt.

42 **Der Zulassungsantrag nach Abs. 2** erfordert ferner, dass sich der Rechtsverstoß aus der angefochtenen Entscheidung selbst ergibt, seiner Natur nach dem materiellen OWi-Recht zuzuordnen ist, folglich mit der Sachrüge angegriffen werden kann. Darüber hinaus muss der Zulassungsgrund Rechtsfortbildung begründet werden können.

Fünfter Abschnitt. Einspruch und gerichtliches Verfahren § 80

Diese Abgrenzung kann im Einzelfall Schwierigkeiten bereiten. Setzt 43
sich ein nur formularmäßig begründetes Verwerfungsurteil nach § 74
Abs. 2 nicht hinreichend mit den geltend gemachten Entschuldigungsgründen auseinander, so ist das Urteil lückenhaft. Insoweit handelt es sich
nicht nur um einen Verfahrensmangel hinsichtlich der Frage der genügenden Entschuldigung, sondern auch um einen Darlegungsmangel, der mit
der Sachrüge angreifbar ist (*Koblenz* VRS 68, 227; **a. A.** *RRH* 10).

III. Verfahrensfragen (Abs. 3 bis 5)

Für den Zulassungsantrag gelten die Vorschriften über die Einlegung 44
der Rechtsbeschwerde entsprechend (Abs. 3 Satz 1). Der Antrag muss bei
dem Gericht, dessen Urteil angefochten wird, also in der Regel beim AG,
binnen einer Woche nach Verkündung des Urteils bzw. bei Verkündung in
Abwesenheit des Beschwerdeführers, nach Zustellung zu Protokoll der
Geschäftsstelle oder schriftlich eingelegt werden (§ 341 StPO, § 79
Abs. 4). Der anstelle des Rechtspflegers (§ 24 Abs. 1 Nr. 1a RPflG) von
dem sachlich unzuständigen Beamten des mittleren Dienstes aufgenom-
mene Antrag ist als dessen schriftliche Erklärung wirksam, wenn das Protokoll von dem Betroffenen unterschrieben wurde (*Koblenz* VRS 54, 63).

Antragsberechtigt ist, wer zur Einlegung der Rechtsbeschwerde berech- 45
tigt ist. Auf der Seite der Verfolgungsbehörden ist nicht die Verwaltungsbehörde, sondern nur die StA antragsberechtigt (*Karlsruhe* VRS 48, 80).
Erklärt der Betroffene, gegen ein Urteil Rechtsbeschwerde einzulegen, so
ist dies zugleich als Antrag auf Zulassung zu behandeln, falls die Rechtsbeschwerde nur als Zulassungsbeschwerde statthaft ist (*RRH* 14; **a. A.**
Frankfurt MDR 1970, 258 m. Anm. *Göhler*). Der Zulassungsantrag kann
unzulässig sein, wenn er rechtsmissbräuchlich ist (*KG* VRS 55, 207). Ein
als Revision bezeichnetes Rechtsmittel gegen ein Berufungsurteil, durch
das der Angeklagte wegen Straftaten und OWi verurteilt wurde (§ 83),
kann als Revision und zugleich als Rechtsbeschwerde oder auch als Zulassungsantrag aufzufassen sein (*BayObLG* MDR 1970, 71).

Der Zulassungsantrag kann **zurückgenommen** werden. In diesem Falle 46
werden dem Antragsteller entsprechend § 473 Abs. 1 Satz 1 StPO in
einem selbständigen Kostenbeschluss **die Kosten auferlegt** (*RRH* 14).
Den Kostenbeschluss erlässt das AG, wenn sich die Sache noch bei ihm

befindet, sonst das OLG. Der Zulassungsantrag kann – auch auf die Frage der Geldbuße – beschränkt werden (*Hamm* DAR 1973, 139; *RRH* 14).

47 Für **Form und Frist** des Zulassungsantrags gelten § 341 Abs. 1 StPO, ergänzt durch § 79 Abs. 4 sowie § 342 StPO entsprechend (*Göhler/Seitz* 21). Ist der Beschwerdeführer nicht nach § 35a StPO belehrt worden, wie es Abs. 3 Satz 5 verlangt, und hat er die Frist für den Zulassungsantrag versäumt, so kann er Wiedereinsetzung in den vorigen Stand beanspruchen (§ 44 Satz 2 StPO i. V. m. § 46 Abs. 1). Innerhalb noch laufender Frist kann der Rechtsbehelf wiederholt werden, auch wenn der Antrag wegen vermeintlicher Fristversäumung bereits verworfen worden ist (*BayObLG* NJW 1972, 1097).

48 Nach Abs. 3 Satz 2 gilt der Zulassungsantrag als **vorsorglich eingelegte Rechtsbeschwerde.** Dadurch wird der Eintritt der Rechtskraft gehemmt (§ 79 Abs. 3 i. V. m. § 343 StPO; *Hamm* NJW 1970, 2040). Die Rechtsbeschwerde braucht nicht gesondert eingelegt zu werden (*RRH* 15). Allerdings ist gemäß Abs. 3 Satz 3 die Beachtung der Vorschriften über die Anbringung der Beschwerdeanträge und deren Begründung (§§ 344, 345 StPO) erforderlich. Diese komplizierende Regelung soll verhindern, dass die Rechtsbeschwerde zunächst zugelassen wird, obgleich feststeht, dass sie alsbald wegen Nichtbeachtung der für die Beschwerdeanträge und deren Begründung vorgeschriebenen Form- und Fristvorschriften nach § 349 Abs. 1 StPO i. V. m. § 79 Abs. 3 Satz 1 zu verwerfen wäre (*Hamm* JMBlNW 1975, 117).

49 **Außerdem will die Vorschrift sicherstellen**, dass bereits im Zulassungsverfahren ein Verteidiger, ein Rechtsanwalt oder ein Rechtspfleger mitwirkt (§ 345 Abs. 2 StPO), weil diese Personen unbegründet erscheinenden Zulassungsanträgen entgegenwirken und zugleich dafür sorgen können, dass der Zulassungsantrag selbst in der erforderlichen Form begründet wird (*Hamm* NStZ 1993, 193; *Göhler/Seitz* 31). Fraglich erscheint de lege ferenda, ob dieses komplizierte Zulassungsverfahren überhaupt erforderlich ist und nicht eine **eingeschränkte Rechtsbeschwerdemöglichkeit** ausreichend gewesen wäre.

50 **Eine Verfahrensrüge** muss der Formvorschrift des § 344 Abs. 2 Satz 2 StPO entsprechen. Ist dies nicht der Fall, so ist der Zulassungsantrag selbst unzulässig (*Düsseldorf* VRS 64, 41). Das unentschuldigte Ausblei-

Fünfter Abschnitt. Einspruch und gerichtliches Verfahren § 80

ben des Betroffenen wird vom Rechtsbeschwerdegericht erst geprüft, wenn eine formgerechte Verfahrensrüge erhoben worden ist (*Düsseldorf* NStZ 1983, 270). Ein Antrag auf Zulassung der Rechtsbeschwerde gegen ein Urteil nach § 74 Abs. 2 Satz 1 ist mangels ordnungsgemäßer Begründung unzulässig, wenn der Antrag lediglich mit der Ausführung begründet wird, dass der Betroffene sich der ihm vorgeworfenen OWi nicht schuldig gemacht habe.

Ein solches Urteil kann nur mit der **Rüge der Verletzung des Verfahrensrechts** angegriffen werden, **nicht mit der Sachrüge** (*Zweibrücken* NStZ 1981, 399; *RRH* 15). Auf diese Weise soll vermieden werden, dass einem Zulassungsantrag stattgegeben wird, obwohl feststeht, dass die Rechtsbeschwerde unzulässig ist. Der Zulassungsantrag ist auch unzulässig, wenn der Verteidiger nicht die Verantwortung für die Rechtsbeschwerde übernimmt (*Hamm* JMBlNW 1975, 117), oder wenn ein Rechtsanwalt im Namen einer Aktiengesellschaft unter Hinweis auf die Prokura handelt (*Stuttgart* Justiz 1977, 245). **51**

Nach Abs. 3 Satz 4 soll der Antragsteller bei der **Begründung der Beschwerdeanträge** zugleich angeben, aus welchen Gründen die in Abs. 1 genannten Voraussetzungen vorliegen. Er ist also, wenn auch nur aufgrund einer Sollvorschrift, gehalten, im Zulassungsantrag Ausführungen darüber zu machen, dass entweder die Fortbildung des Rechts oder die Sicherung einer einheitlichen Rechtsprechung die Nachprüfung des angefochtenen Urteils erforderlich machen. **52**

Unterlässt er dies, so wird sein Zulassungsantrag **gleichwohl nicht unzulässig**. Er kann sich aber umgekehrt durch ungeschickte Mitteilung seiner Rechtsauffassung zu den Fragen des Abs. 1 in die Gefahr einer beschleunigten Ablehnung seines Zulassungsantrags begeben. **53**

Nach Abs. 4 Satz 1 trifft die Entscheidung über den **Zulassungsantrag das OLG** durch nicht anfechtbaren (§ 304 Abs. 4 Satz 2 StPO) Beschluss. Wird die Rechtsbeschwerde nicht zugelassen, so wird der Zulassungsantrag als unbegründet verworfen. Dieser Beschluss führt zur Rechtskraft der angefochtenen Entscheidung (§ 34a StPO). **54**

Allerdings ist durch die Verweisung in Abs. 4 Satz 2 auf § 346 StPO geregelt, dass **zunächst das AG** im Rahmen des § 346 Abs. 1 StPO über den Antrag auf Zulassung der Rechtsbeschwerde zu entscheiden hat, wenn **55** der Antrag verspätet gestellt oder wenn die Beschwerdeanträge nicht rechtzeitig oder nicht in der vorgeschriebenen Form angebracht wurden (*Hamm* NJW 1970, 625).

56 **Gegen diese Entscheidung des AG** ist der Antrag auf Entscheidung des Rechtsbeschwerdegerichts nach § 346 Abs. 2 StPO gegeben. Eine Prüfung des Inhalts der Zulassungsrechtsbeschwerde nach § 344 Abs. 2 StPO steht dem AG jedoch nicht zu. Hat es keine Entscheidung nach § 346 Abs. 1 StPO i. V. m. Abs. 4 Satz 2 getroffen, so entscheidet das Beschwerdegericht über die Zulässigkeit (*Düsseldorf* VRS 64, 269).

57 **Hat das Beschwerdegericht zu entscheiden**, so sind der Zulassungsantrag sowie die Beschwerdeanträge und deren Begründung vom AG dem Gegner des Antragstellers zuzustellen, der binnen einer Woche Stellung nehmen kann. Nach Eingang der Gegenerklärung oder Ablauf der Frist werden die Akten durch die StA über den Generalstaatsanwalt dem Beschwerdegericht vorgelegt (§ 347 StPO). Ein Übersendungsbericht ist nur in umfangreichen Sachen beizufügen, also in den meisten Fällen entbehrlich (RiStBV Nr. 293 Abs. 1).

58 **Hat das AG nach § 346 Abs. 1 StPO verworfen**, so hebt das OLG auf den Antrag nach § 346 Abs. 2 StPO den angefochtenen Beschluss auf, wenn er unrichtig ist, und entscheidet selbst über den Zulassungsantrag. Andernfalls verwirft es den Antrag nach § 346 Abs. 2 StPO selbst als unzulässig oder als unbegründet. Eine Kostenentscheidung fällt nicht an. Hat das AG den Antrag auf Wiedereinsetzung in den vorigen Stand unzuständigerweise abgelehnt und ist diese Entscheidung formell rechtskräftig geworden, so kann das mit dem Antrag nach § 346 Abs. 2 StPO befasste Rechtsbeschwerdegericht gleichwohl noch über den Wiedereinsetzungsantrag des Betroffenen entscheiden (*Hamm* MDR 1979, 426; *RRH* 17).

59 Für die Entscheidung über den Antrag auf Zulassung durch das Rechtsbeschwerdegericht ist in Abs. 4 Satz 1 ausschließlich das **schriftliche Verfahren** vorgesehen, das durch den Beschluss des Bußgeldsenats abgeschlossen wird. Das Beschwerdegericht kann in einem einheitlichen Beschluss über die Zulassung und zugleich über die Rechtsbeschwerde entscheiden, wenn sich die Beteiligten bereits ausreichend zur Rechtsbeschwerde geäußert haben (*Saarbrücken* VRS 47, 49).

Fünfter Abschnitt. Einspruch und gerichtliches Verfahren   § 80

Eine Hauptverhandlung darf nicht vor Zulassung der Rechtsbeschwerde 60
anberaumt werden, weil sie über die Rechtsbeschwerde nur stattfinden
könnte, nachdem die Zulässigkeit der Rechtsbeschwerde bejaht ist (KK-
Steindorf 54). Die Anhörung des Betroffenen zur Stellungnahme der StA
ist im Zulassungsrechtsbeschwerdeverfahren nicht geboten, und zwar
auch dann nicht, wenn die StA auf unveröffentlichte oder sonst dem Betroffenen unbekannte OLG-Entscheidungen hinweist. Art. 103 Abs. 1 GG
gilt nur für neue Tatsachen oder Beweisergebnisse (*Düsseldorf* NJW
1990, 528). Dies gilt erst recht, wenn die Stellungnahme des General-
staatsanwalts hinsichtlich ihrer Rechtsansichten mit der Rechtsprechung
im Einklang steht (*RRH* 19).

Nach Abs. 4 Satz 3 i. d. F. von Art. 1 Nr. 19c des OWiGÄndG vom 26. 61
Januar 1998 (BGBl. I S. 156) bedarf der Beschluss, durch den der Antrag
verworfen wird, **keiner Begründung.** Die Beschlussverwerfung setzt keinen Verwerfungsantrag der StA voraus (*RRH* 19). § 349 Abs. 3 StPO gilt
nicht entsprechend (*Düsseldorf* VRS 39, 397). Sinnvoll kann sein, bei der
Beschlussverwerfung knapp darauf hinzuweisen, warum der Senat den
Antrag für unbegründet erachtet hat. Dass damit nicht das Rechtsempfin-
den des Betroffenen gestört werden darf (*Göhler* JR 1989, 478), ist selbstverständlich. Jedenfalls kann das AG bei unzulänglichen Urteilsgründen
hierauf hinweisen, um der Gefahr einer Wiederholung derartiger unzu-
länglicher Gründe vorzubeugen (*Hamm* NZV 1993, 204).

Der Beschluss ist den Beteiligten **formlos mitzuteilen**, weil er keine Frist 62
in Lauf setzt und unanfechtbar ist (§ 35 Abs. 2 Satz 2 StPO).

Nach Abs. 4 Satz 4 gilt die Rechtsbeschwerde als zurückgenommen, 63
wenn der Zulassungsantrag verworfen wird. Dies macht eine besondere
Entscheidung über das Rechtsmittel entbehrlich. In dem Verwerfungsbeschluss sind deshalb dem Antragsteller zugleich die **Kosten des Rechtsbeschwerdeverfahrens** aufzuerlegen (§§ 464 Abs. 1 und 2, 473 Abs. 1
StPO). Die Kostenentscheidung kann aber auch in einem selbständigen
Kostenbeschluss nachgeholt werden (*Göhler/Seitz* 46). Die entsprechende
Kostenfolge tritt ein, wenn der Beschwerdeführer seinen Zulassungsantrag zurücknimmt. In diesem Fall wird die Kostenfolge durch selbständigen Kostenbeschluss ausgesprochen. Zuständig hierfür ist das AG, es sei
denn, das Rechtsbeschwerdegericht war zu diesem Zeitpunkt bereits mit
der Sache befasst (KK-*Steindorf* 57).

§ 80 Zweiter Teil. Bußgeldverfahren

64 Über die **sofortige Beschwerde gegen die Kosten- und Auslagenentscheidung des AG** entscheidet im Zulassungsverfahren das Beschwerdegericht, weil es mit der Sache befasst ist, so dass der Grundgedanke des § 464 Abs. 3 Satz 3 StPO zutrifft (*BayObLG* NStZ 1988, 427; *Stuttgart* VRS 69, 43 m. Anm. *Göhler* NStZ 1986, 21). Wird die Rechtsbeschwerde nicht zugelassen, so ist auch die sofortige Beschwerde gegen die Kostenentscheidung als unzulässig zu verwerfen, weil die Kosten- und Auslagenentscheidung nicht anfechtbar ist, wenn die Anfechtung der Hauptentscheidung nicht statthaft ist (*BayObLG* DAR 1993, 374; KK-*Steindorf* 64).

65 **Hat der Bußgeldsenat die Rechtsbeschwerde zugelassen**, so ist über die sofortige Beschwerde gegen die Kosten- und Auslagenentscheidung des AG nicht mehr im Zulassungsverfahren, sondern im gewöhnlichen Rechtsbeschwerdeverfahren zu entscheiden (KK-*Steindorf* 64).

66 **Nach Abs. 5** darf ein **Verfahrenshindernis** vor Entscheidung über den Zulassungsantrag durch Einstellung nur berücksichtigt werden, wenn dieses nach Erlass des Urteils eingetreten ist. Das Beschwerdegericht hat sich demnach auf die Prüfung zu beschränken, ob die Voraussetzungen des Abs. 1 vorliegen. Verfahrenshindernisse sind im Zulassungsverfahren im Regelfall unbeachtlich, wenn sie vor Erlass des Urteils im 1. Rechtszug bereits vorgelegen haben, der Rechtsfehler des Urteils also darin liegt, dass sie nicht bereits dort beachtet worden sind (*BGH* JR 1989, 258 m. Anm. *Göhler*; *BayObLG* NJW 1992, 641; *Düsseldorf* NZV 1993, 204). Dem Rechtsbeschwerdegericht ist es im Zulassungsverfahren verwehrt, in eine Nachprüfung des Urteils hinsichtlich möglicher Verfahrenshindernisse einzutreten, solange es die Rechtsbeschwerde nicht zugelassen hat.

67 **Danach muss ein Verfahrenshindernis beachtet werden**, so dass dann ein Verfahren mit der Einstellung endet (*Köln* NJW 1987, 2386 m. Anm. *Göhler* NStZ 1988, 68). Diese Regelung gilt für alle Verfahrenshindernisse gleichermaßen, also für die Verjährung, die anderweitige rechtskräftige Entscheidung, die anderweitige Anhängigkeit, das Fehlen eines Bußgeldbescheides als Verfahrensgrundlage, die Rücknahme des Einspruchs vor Erlass des Urteils oder die verspätete Einlegung des Einspruchs (*BGH* NJW 1989, 990).

Die Frage der Verfolgungsverjährung ist im Zulassungsverfahren in der Regel nicht zu prüfen, außer wenn es wegen dieser Frage geboten erscheint, die Rechtsbeschwerde zuzulassen, um hierzu ein klärendes Wort zu sprechen (*Hamm* NStZ 1988, 137; *Frankfurt* ZfS 1991, 322; *Göhler/Seitz* 24; KK-*Steindorf* 60). **68**

Abs. 5 gilt nicht für die **Einstellung des Verfahrens nach § 47 Abs. 2** aufgrund eines form- und fristgerecht gestellten und begründeten Antrags nach § 80 ohne Zulassung. Die Frage, ob eine OWi nach Opportunitätsgesichtspunkten verfolgt werden soll, hat mit der Frage des Vorliegens eines Verfahrenshindernisses aus rechtlichen oder tatsächlichen Gründen nichts zu tun. Bei der Frage des Vorliegens eines Verfahrenshindernisses besteht grundsätzlich der Verfolgungswille bei den Verfolgungsbehörden. Ihr Verfolgungswille kann nur nicht umgesetzt werden. Bei der Entscheidung nach § 47 Abs. 2 besteht ein entsprechender Verfolgungswille gerade nicht, so dass das Vorliegen eines Verfahrenshindernisses in diesem Stadium des Verfahrens keine Bedeutung hat. **69**

Die Pflicht zur Vorlage beim *BGH* gemäß § 121 Abs. 2 GVG gilt auch im Zulassungsverfahren entsprechend. Dies folgt daraus, dass der Antrag als vorsorglich eingelegte Rechtsbeschwerde (Abs. 2 Satz 2) und die Rechtsbeschwerde als zurückgenommen gilt, wenn der Antrag verworfen wird (Abs. 4 Satz 4), so dass eine entsprechende Anwendung des § 79 Abs. 3 zumindest insoweit geboten ist, als es bei der Entscheidung darum geht, dass der Antrag auf Zulassung der Rechtsbeschwerde möglicherweise verworfen werden muss (*BGHSt* 23, 365; *RRH* 23). **70**

§ 80a Besetzung der Bußgeldsenate der Oberlandesgerichte

(1) Die Bußgeldsenate der Oberlandesgerichte sind mit einem Richter besetzt, soweit nichts anderes bestimmt ist.

(2) Die Bußgeldsenate der Oberlandesgerichte sind mit drei Richtern einschließlich des Vorsitzenden besetzt in Verfahren über Rechtsbeschwerden in den in § 79 Abs. 1 Satz 1 bezeichneten Fällen, wenn eine Geldbuße von mehr als fünftausend Euro oder eine Nebenfolge vermögensrechtlicher Art im Wert von mehr als fünftausend Euro festgesetzt oder beantragt worden ist. Der Wert einer Geldbuße

§ 80a Zweiter Teil. Bußgeldverfahren

und der Wert einer vermögensrechtlichen Nebenfolge werden gegebenenfalls zusammengerechnet.

(3) In den in Abs. 1 bezeichneten Fällen überträgt der Richter die Sache dem Bußgeldsenat in der Besetzung mit drei Richtern, wenn es geboten ist, das Urteil oder den Beschluss nach § 72 zur Fortbildung des Rechts oder zur Sicherung einer einheitlichen Rechtsprechung nachzuprüfen. Dies gilt auch in Verfahren über eine zugelassene Rechtsbeschwerde, nicht aber in Verfahren über deren Zulassung.

1 Die Vorschrift ist durch das 1. Justizmodernisierungsgesetz (vom 24. 8. 2004, BGBl. I S. 2198) vollständig geändert worden. Sie führt **für die Bußgeldsenate des OLG das Prinzip des originären Einzelrichters** ein. Die geänderte Vorschrift legt die durch Gesetz zur Änderung des Gesetzes über OWi und andere Gesetze vom 26. 1. 1998 (BGBl. I S. 156, 340) erstmals eingeführte Einzelrichterbesetzung bei den Bußgeldsenaten der Oberlandesgerichte in Umkehrung der bisherigen Rechtslage als Regel, die Dreierbesetzung hingegen als Ausnahme fest. Ziel dieser Änderung ist die, schon mit der vorherigen Änderung erstrebte, spürbare Entlastung der Oberlandesgerichte in OWi-Sachen. Diese hatte bislang vor allen Dingen deshalb nicht in gewünschter Weise funktioniert, weil nach dem bisherigen Gesetzeswortlaut in Verfahren über Rechtsbeschwerden der Bußgeldsenat mit drei Richtern entscheiden musste, wenn in der angefochtenen Entscheidung ein Fahrverbot verhängt wurde (*BGH* NJW 1998, 3209 m. Anm. *Deutscher* NZV 1999, 185). Fahrverbotsfälle machten indes gerade den Großteil aller Rechtsbeschwerden aus, so dass kein nennenswerter Entlastungseffekt mit der bisherigen Regelung erzielt werden konnte. Die Gesetzesänderung nimmt eine Anregung des *BGH* (*BGH* NJW 1998, 3209) zur Umkehrung des Regel-Ausnahme-Verhältnisses auf (Begründung BT-Drucks. 15/999 S. 36).

2 Abs. 1 geht vom **Grundsatz der Besetzung mit einem Richter** aus. Die Absätze 2 und 3 regeln Ausnahmen vom Einzelrichterprinzip. **Welcher Einzelrichter** innerhalb des Senats für die Bearbeitung der Bußgeldsache **zuständig** ist, regelt der betreffende Senat durch Beschluss aller dem Spruchkörper angehörenden Berufsrichter nach § 21g Abs. 1 GVG. Dieser Beschluss bestimmt gemäß § 21g Abs. 2 GVG vor Beginn des Geschäftsjahres für dessen Dauer, nach welchen abstrakt-generellen Grundsätzen die Mitglieder an den Verfahren mitwirken; er kann nur geändert

Fünfter Abschnitt. Einspruch und gerichtliches Verfahren § 80a

werden, wenn es wegen Überlastung, ungenügender Auslastung, Wechsels oder dauernder Verhinderung einzelner Mitglieder des Spruchkörpers nötig wird.

Der gesamte Senat soll nur noch in wirklich bedeutenden Fällen zusammentreten (Begründung BT-Drucks. 15/999 S. 36). Die **Zuständigkeit der Dreierbesetzung** kann auf zwei verschiedene Arten begründet werden: zum einen aufgrund der besonderen Wertgrenze von über 5 000,– Euro nach Abs. 2, zum anderen aufgrund unanfechtbarer Entscheidung des Einzelrichters nach Abs. 3. In dem **Verfahren über die Zulassung von Rechtsbeschwerden** nach § 80 entscheidet **in jedem Falle der Einzelrichter** (Begründung BT-Drucks. 15/999 S. 36; vgl. auch Abs. 3 Satz 2). Dies gilt auch in den Fällen des Abs. 2, wie sich aus dem dortigen Verweis auf § 79 Abs. 1 Satz 1 ergibt. Der vollständige Senat entscheidet originär nur über Rechtsbeschwerden nach § 79 Abs. 1 Satz 1 bei Überschreitung der Wertgrenze von 5 000,– Euro, nicht aber über zugelassene Rechtsbeschwerden nach § 79 Abs. 1 Satz 2. 3

Der **Einzelrichter** ist aufgrund dieser Einschränkung des Abs. 2 **stets originär zuständig** für Entscheidungen über nach § 79 Abs. 1 Satz 2 i.V.m. § 80 **zugelassene Rechtsbeschwerden** (*BGH* Beschl. v. 14. September 2004 – 4 StR 62/04; **a. A.** wohl *RRH* 6, allerdings unter Bezug auf die alte Rechtslage). In diesem Fall hat er nur die Möglichkeit der Übertragung auf die Dreierbesetzung gemäß Abs. 3 Satz 1. Dies gilt auch, wenn die Zulassung auf eine Versagung des rechtlichen Gehörs gestützt wird (*BGH* a.a.O.). Bei Nebenfolgen nichtvermögensrechtlicher Art (insb. Fahrverbot) entscheidet nunmehr grundsätzlich der Einzelrichter, sofern nicht im Übrigen die Voraussetzungen von Abs. 2 oder 3 vorliegen (*RRH* 5). Der Einzelrichter ist auch für sämtliche sonstigen **Nebenentscheidungen** (Wiedereinsetzung, Beschwerde gegen Ordnungsgeldbeschlüsse etc.) originär zuständig, sofern nicht bereits die Dreierbesetzung mit der Sache befasst ist **(a. A.** wohl *RRH* 6). 4

Die **Besetzung mit drei Richtern ist nach Abs. 2 obligatorisch**, wenn eine Geldbuße und/oder eine vermögensrechtliche Nebenfolge festgesetzt oder beantragt worden ist, deren Wert – allein oder zusammengerechnet – 5 000,– Euro übersteigt (Begründung BT-Drucks. 15/999 S. 36). Wie bei § 79 Abs. 1 Satz 1 Nr. 2 kann es zur Vermeidung von Wertungswidersprüchen für die Wertbemessung der vermögensrechtlichen Nebenfolge ei- 5

§ 80a

Zweiter Teil. Bußgeldverfahren

gentlich nur auf die Festsetzung im Urteil oder Beschluss, nicht aber auf den „wirklichen" Wert ankommen (vgl. oben § 79 Rn. 15). Der Wert einer lediglich erfolglos beantragten Nebenfolge vermögensrechtlicher Art, der sich nicht sogleich betragsmäßig ergibt, ist ggf. nach pflichtgemäßem Ermessen des Gerichts zu schätzen. Ist der Wert vom AG versehentlich nicht festgesetzt worden oder ergibt sich beim erfolglosen Antrag der Wert nicht ohne weiteres, ist nach Abs. 1 zunächst der Einzelrichter für die Bearbeitung zuständig, der die Sache nach Ermittlung des tatsächlichen Werts ggf. an die Dreierbesetzung formlos abzugeben hat. Nur wenn die Wertgrenze von 5 000,– Euro eindeutig überschritten wurde, ist die Zuständigkeit der Dreierbesetzung von vornherein begründet.

6 Für die **Wertberechnung** werden die Geldbuße und der Wert einer oder mehrerer vermögensrechtlicher Nebenfolgen zusammengerechnet. **Vermögensrechtliche Nebenfolgen** in diesem Sinne sind wie bei § 79 Abs. 1 Satz 1 Nr. 2 die Einziehung (§§ 22 ff.), die Verfallsanordnung (§ 29a) und die Abführung des Mehrerlöses (§§ 8 ff. WiStG; vgl. *Göhler/Seitz* § 79 Rn. 4). Der in dieser Weise ermittelte Wert muss 5 000,– Euro übersteigen. Die **Höhe der Beschwer** ist nach dem Wortlaut unerheblich. Dies kann zu dem wenig überzeugenden Ergebnis führen, dass bei Beantragung einer Geldbuße von 5 100,– Euro und der Festsetzung einer solchen von 4 900,– Euro die originäre Zuständigkeit des gesamten Senats für die Rechtsbeschwerde begründet ist. Sinnvoller wäre deshalb für die Bemessung der Wertgrenze eine Anknüpfung an die Beschwer des Beschwerdeführers gewesen. Da eine § 79 Abs. 2 entsprechende Regelung fehlt, wären eigentlich alle verhängten Geldbußen und vermögensrechtlichen Nebenfolgen bei mehreren Taten zusammenzurechnen. Dagegen spricht indes der Wortlaut, wonach „eine Geldbuße" und „eine Nebenfolge vermögensrechtlicher Art" – einzeln oder zusammengerechnet – die Wertgrenze übersteigen müssen. Mit der bisherigen Rspr. wird man daher darauf abstellen müssen, ob die Wertgrenze bei einer prozessualen Tat überschritten wurde oder nicht (vgl. *Hamburg* NStZ-RR 1999, 57). Nach dem Wortlaut kommt es für die Wertberechnung auch nicht darauf an, ob der Beschwerdeführer einzelne Taten oder einzelne Rechtsfolgen von seinem Beschwerdeangriff ausgenommen hat. Nach dem Sinn und Zweck des Gesetzes kann gleichwohl nur der Wert der im Rechtsbeschwerdeverfahren verbliebenen Taten oder Rechtsfolgen entscheidend sein (vgl. *Göhler/Seitz* 3).

Der gesamte Senat kann außer in den Fällen des Abs. 2 durch **unanfecht-** 7
bare Übertragung der Sache nach Abs. 3 Satz 1 durch den Einzelrichter zuständig werden. Diese Möglichkeit der Übertragung besteht nach Abs. 3 Satz 2 auch in den Verfahren über zugelassene Rechtsbeschwerden, nicht aber in Verfahren über deren Zulassung. Für sämtliche Zulassungsfragen ist der Einzelrichter demnach allein und ohne Übertragungsmöglichkeit zuständig. Für alle zugelassenen Rechtsbeschwerden ist der Einzelrichter – unabhängig von der Wertgrenze in Abs. 2 – originär zuständig, hat aber die Möglichkeit der Übertragung auf den gesamten Senat. Lässt der Einzelrichter eine Rechtsbeschwerde selbst zu, kann er das Verfahren erst anschließend auf den kompletten Senat übertragen.

Der Einzelrichter überträgt eine Sache nach Abs. 3 Satz 1 dann, wenn die 8
Nachprüfung von Urteil oder Beschluss zur **Fortbildung des Rechts** oder **zur Sicherung einer einheitlichen Rechtsprechung** geboten ist. Mit beiden Begriffen knüpft der Gesetzgeber an die Regelung in § 80 Abs. 1 Nr. 1 an. Auf die dortige Kommentierung kann deshalb verwiesen werden (§ 80 Rn. 6 ff.). Bei Vorliegen der Voraussetzungen ist die Übertragung obligatorisch. Ob sie vorliegen, entscheidet alleine der Einzelrichter. Seine Entscheidung ist unanfechtbar. Der Senat muss deshalb auch dann in Dreierbesetzung entscheiden, wenn er selbst die Rechtsauffassung des Einzelrichters nicht teilt. Erwägt der Einzelrichter die Vorlegung einer Rechtsfrage nach § 121 Abs. 2 GVG i.V.m. § 79 Abs. 3, hat er zunächst nach Abs. 3 Satz 1 den gesamten Senat zu befassen (vgl. *BGH* NJW 1998, 3211; *RRH* 8) oder, sofern es sich um eine noch nicht zugelassene Rechtsbeschwerde handelt, diese zunächst zuzulassen, um die Sache anschließend zu übertragen.

Sechster Abschnitt. Bußgeld- und Strafverfahren

§ 81 Übergang vom Bußgeld- zum Strafverfahren

(1) Das Gericht ist im Bußgeldverfahren an die Beurteilung der Tat als Ordnungswidrigkeit nicht gebunden. Jedoch darf es auf Grund eines Strafgesetzes nur entscheiden, wenn der Betroffene zuvor auf die Veränderung des rechtlichen Gesichtspunktes hingewiesen und ihm Gelegenheit zur Verteidigung gegeben worden ist.

(2) Der Betroffene wird auf die Veränderung des rechtlichen Gesichtspunktes auf Antrag der Staatsanwaltschaft oder von Amts wegen hingewiesen. Mit diesem Hinweis erhält er die Rechtsstellung des Angeklagten. Die Verhandlung wird unterbrochen, wenn das Gericht es für erforderlich hält oder wenn der Angeklagte es beantragt. Über sein Recht, die Unterbrechung zu beantragen, wird der Angeklagte belehrt.

(3) In dem weiteren Verfahren sind die besonderen Vorschriften dieses Gesetzes nicht mehr anzuwenden. Jedoch kann die bisherige Beweisaufnahme, die in Anwesenheit des Betroffenen stattgefunden hat, auch dann verwertet werden, wenn sie nach diesen Vorschriften durchgeführt worden ist; dies gilt aber nicht für eine Beweisaufnahme nach den §§ 77a und 78 Abs. 1.

RiStBV Nr. 290

Schrifttum: *Bangard*, Aktuelle Probleme der Sanktionierung von Kartellabsprachen, wistra 1997, 167; *Göhler*, Die Zuständigkeit des Kartellsenats zur strafrechtlichen Seite des bei ihm anhängigen Falles, wistra 1994, 17 und 260; *ders.*, Zum Bußgeld- und Strafverfahren wegen verbotswidriger Kartellabsprachen, wistra 1996, 132; *Odersky*, Der Wechsel zwischen Kartellbußverfahren und Strafverfahren, Salger-FS S. 357; *Ott*, Der Übergang vom Bußgeld- ins Strafverfahren, Diss. Tübingen 1994; *Rieß*, Die sachliche Zuständigkeit beim Wechsel von Kartellordnungswidrigkeit und Straftat, NStZ 1993, 513; *Würzberg*, Rücküberleitung vom Bußgeldverfahren zum Strafverfahren gemäß § 81 OWiG, NZV 1996, 61.

1 Die Vorschrift regelt den **Übergang vom OWi- zum Strafverfahren**. Sie gilt für alle OWi-Verfahren, in denen es nach wirksamer Einlegung

Sechster Abschnitt. Bußgeld- und Strafverfahren **§ 81**

des Einspruchs zu einem gerichtlichen Verfahren kommt. Sie erfasst sowohl das AG als Tatrichter als auch den Bußgeldsenat als Rechtsbeschwerdegericht, betrifft aber nur gerichtliche Sachentscheidungen. Ist die Strafkammer des LG bei Nebenverfahren (z. B. Wiedereinsetzung in den vorigen Stand) eingeschaltet, so ist deren rechtliche Qualifizierung einer Tat unerheblich. Ihr Hinweis nach Abs. 2 über die Veränderung des rechtlichen Gesichtspunktes wäre wirkungslos (KK-*Steindorf* 2).

Abs. 1 regelt, dass das Gericht im OWi-Verfahren **an die Beurteilung der Tat als OWi nicht gebunden** ist (Satz 1). Aufgrund eines Strafgesetzes darf es aber nur entscheiden, wenn der Betroffene zuvor auf die Veränderung dieses rechtlichen Gesichtspunktes hingewiesen und ihm Gelegenheit zur Verteidigung gegeben worden ist (Satz 2). Hinzuzulesen ist Abs. 2 Satz 1, wonach der Betroffene auf die Veränderung dieses rechtlichen Gesichtspunktes entweder auf Antrag der StA oder von Amts wegen hinzuweisen ist. 2

Das Gericht im OWi-Verfahren entscheidet über die Tat im prozessualen Sinn (*Stuttgart* Justiz 1982, 306). Verfahrensgrundlage ist der Bußgeldbescheid, der die Tat in tatsächlicher Hinsicht begrenzt, aber das Gericht in der rechtlichen Beurteilung der Tat als OWi oder als Straftat nicht bindet. Wie den Strafrichter, so trifft auch den Richter in OWi-Sachen eine **umfassende Kognitionspflicht** (*BGH* NJW 1988, 3163). Er hat über die Tat stets auch unter dem Gesichtspunkt zu befinden, ob in ihr die Tatbestandsmerkmale einer Straftat liegen. Kommt er zu der Auffassung, dass die Voraussetzungen einer Straftat gegeben sind, so darf er darüber nicht mit dem Hinweis hinweggehen, man befinde sich im OWi-Verfahren (*Stuttgart* Justiz 1982, 306). 3

Für den Übergang ins Strafverfahren **bedarf es keines Antrags der StA**. Er ist, sofern Anhaltspunkte für eine Straftat gegeben sind, **von Amts wegen** vorzunehmen. Dies widerspricht nicht dem Anklageprinzip des § 151 StPO, weil die StA diesem Grundsatz bereits dadurch entsprochen hat, dass sie die Akten dem Gericht nach Einspruch gegen den Bußgeldbescheid zur Ahndung der zugrundeliegenden Tat unterbreitet hat. Dadurch bringt die StA zum Ausdruck, dass sie die Tat unter jedem rechtlichen Gesichtspunkt verfolgt wissen will. 4

§ 81 Zweiter Teil. Bußgeldverfahren

5 **Der Verfolgungswille der StA** ist hinsichtlich einer Tat im prozessualen Sinne nicht teilbar. Sie kann die Verfolgung der Tat nicht mit bindender Wirkung für das Gericht auf einzelne Gesetzesverletzungen beschränken (KK-*Steindorf* 5). Folge der umfassenden Kognitionspflicht unter allen rechtlichen Gesichtspunkten ist die ebenfalls umfassende Rechtskraftwirkung der Entscheidung, die auch die Strafklage wegen der Tat verbraucht (§ 84 Abs. 2). Dies gilt auch bei Kartell-OWi, so dass der Kartellsenat des OLG bei dem hinreichenden Verdacht einer Straftat das Verfahren in das Strafverfahren überzuleiten hat (*BGH* NStZ 1993, 546). Der Kartellsenat entscheidet nicht selbst in der Sache, sondern muss das Verfahren analog § 270 StPO an das zuständige Strafgericht verweisen (*BGH* NStZ 1993, 546; a.A. *Göhler* NStZ 1993, 128; LR-*Schäfer/Harms* 23a zu § 121 GVG).

6 **Eine Einstellung des Strafverfahrens nach § 153 StPO** ist im Bußgeldverfahren vor Übergang ins Strafverfahren nicht möglich, weil diese Vorschrift im OWi-Verfahren nicht gilt (*RRH* 2a; KK-*Steindorf* 10; **a.A.** *Göhler/Seitz* 4). Das wäre auch nicht das Gegenteil einer Entscheidung aufgrund eines Strafgesetzes (**a.A.** *Göhler/Seitz* 4), weil sie die Prognose einer wenn auch geringen Schuld voraussetzt; andernfalls wäre nach § 170 Abs. 2 StPO einzustellen. Systematisch richtig muss deshalb auch bei beabsichtigter Einstellung nach § 153 StPO in das Strafverfahren übergegangen werden und sodann das Verfahren eingestellt werden. Dies erfordert bereits die saubere Abgrenzung der Einstellungsmöglichkeiten nach § 153 StPO einerseits und nach § 170 Abs. 2 StPO andererseits, auf die der Beschuldigte einen Anspruch hat, weil sie über die Feststellung, dass ein Tatverdacht nicht besteht einerseits, und eine Prognose geringer Schuld andererseits, entscheidet. Diese ordnungsgemäße Abwicklung der Beurteilung der Tat als OWi und als Straftat bereitet in der Praxis keine Probleme, weil sowohl die nach Abs. 1 Satz 2 und Abs. 2 Satz 1 erforderlichen Hinweise als auch die spätere Einstellung formularmäßig erfolgen können.

7 **Der Übergang ins Strafverfahren** bedeutet für den Betroffenen eine wesentliche Veränderung seiner Rechtsstellung. Er wird vom Betroffenen zum Angeklagten (Abs. 2 Satz 2). Die besonderen Vorschriften des OWiG sind nicht weiter anzuwenden (Abs. 3 Satz 1). Deshalb schreibt Abs. 1 Satz 2 vor, dass der Betroffene vor einer Entscheidung aufgrund eines

Strafgesetzes auf die Veränderung dieses rechtlichen Gesichtspunktes hinzuweisen und ihm Gelegenheit zur Verteidigung zu geben ist. Diese Vorschrift lehnt sich an § 265 Abs. 1 StPO an. Durch sie soll vermieden werden, dass der Verurteilte aufgrund einer für ihn so erscheinenden Überraschungsentscheidung als Straftäter verurteilt wird. Die Hinweispflicht gilt nicht nur für die Verurteilung, sondern für jede Entscheidung aufgrund eines Strafgesetzes (*BGH* NJW 1988, 3163). Vor Erklärung des Hinweises sollte dem Betroffenen Gelegenheit zur Stellungnahme gewährt werden; auch ohne eine solche Anhörung ist die Überleitung in das Strafverfahren aber wirksam, sofern der Hinweis erteilt wird (*Köln* NStZ-RR 2002, 149).

Der Hinweis erfolgt durch das Gericht auf Antrag der StA oder von Amts wegen (Abs. 2 Satz 1). Ein Hinweis der StA allein reicht nicht aus, ebenso wenig, dass der Betroffene oder sein Verteidiger von sich aus den rechtlichen Gesichtspunkt der Straftat ins Gespräch bringt (*Göhler/Seitz* 5), was unter bestimmten Umständen durchaus in seinem Interesse liegen kann, etwa wenn es um die Abwägung der Folgen einer Entscheidung nach § 30 einerseits oder der individuellen Strafverfolgung nach § 14 StGB andererseits geht (*Lemke* NJ 1996, 632). 8

Der Hinweis muss eindeutig und klar sein, damit dem Betroffenen verständlich wird, auf welche Tat er sich bezieht, welchen gesetzlichen Tatbestand das Gericht in Betracht zieht und aufgrund welcher tatsächlichen Umstände das Gericht nunmehr Entscheidungen aufgrund eines Strafgesetzes treffen will (*Karlsruhe* Justiz 1988, 72). Gegenüber einem Abgeordneten darf der Hinweis im Regelfall erst gegeben werden, wenn zuvor die Genehmigung zur Strafverfolgung erteilt wurde (*RRH* 3). Ohne eine solche Genehmigung kann die Tat nur als OWi geahndet werden. Dies gilt nicht für die Abgeordneten des Landtages Brandenburg, die nicht immun sind (Art. 58 der Verfassung des Landes Brandenburg). 9

Die Form des Hinweises ist nicht geregelt. Sie richtet sich nach dem Zeitpunkt, in dem er erforderlich wird (KK-*Steindorf* 12). Kommt die Überleitung ins Strafverfahren bereits vor der Hauptverhandlung in Betracht, so sollte der Hinweis bereits mit der Ladung zur Hauptverhandlung und jedenfalls schriftlich ergehen. Der Zugang des schriftlichen Hinweises an den Betroffenen sollte kontrollierbar sein, so dass sich Zustellung empfiehlt (*Göhler/Seitz* 14). Bei Abwesenheit des Betroffenen in der 10

Hauptverhandlung kann der Hinweis zu Protokoll gegeben werden, jedoch darf ohne den ausgebliebenen Betroffenen nicht weiterverhandelt werden.

11 **Die Bekanntgabe des Hinweises an den Verteidiger genügt nicht** (*Göhler/Seitz* 15), selbst wenn dieser vertretungsbefugt ist, weil seine Vertretungsbefugnis nur für das OWi-Verfahren erteilt worden ist. Ist jedoch der Hinweis dem Betroffenen vor der Hauptverhandlung wegen einer Tat mitgeteilt worden, die Gegenstand eines Strafbefehlsverfahrens hätte sein können und ist der Verteidiger vertretungsberechtigt, so kann die Hauptverhandlung in Abwesenheit des Betroffenen durchgeführt werden (*RRH* 7). Wird nach dem Hinweis in Abwesenheit des Angeklagten verhandelt, so sind gegen das Urteil die Rechtsmittel der StPO gegeben, auch wenn das Gericht die Straftat verneint hat (*BayObLG* NJW 1969, 1313 m. Anm. *Göhler* JR 1969, 470).

12 Nach Abs. 2 Satz 1 ist der Hinweis **von Amts wegen** zu erteilen, wenn das Gericht ihn für erforderlich hält oder wenn die StA einen entsprechenden Antrag stellt. Dadurch kann die StA den Übergang in das Strafverfahren herbeiführen, wenn sich der Verdacht einer Straftat ergibt. Sie kann das öffentliche Interesse nach § 232 StGB auch dann noch nachträglich bejahen, wenn sie es zunächst verneint und das Verfahren unter dem rechtlichen Gesichtspunkt einer Straftat eingestellt hatte (*Hamburg* NStZ 1986, 81; *Fricke* MDR 1990, 684; *Witt* MDR 1990, 1086).

13 Stellt sie den Antrag, den Betroffenen auf Veränderung des rechtlichen Gesichtspunktes hinzuweisen, **so liegt darin schlüssig auch die Bejahung des öffentlichen Interesses an der Strafverfolgung** (*BayObLG* NJW 1990, 461). Ihre Entscheidung über das Vorliegen des besonderen öffentlichen Interesses an der Strafverfolgung unterliegt keiner richterlichen Nachprüfung (*BGH* NJW 1991, 1726).

14 Stellt der StA den Antrag, **so muss das Gericht dem stattgeben.** Mit dem Antrag widerspricht der StA zugleich (*Göhler/Seitz* 11) einer Entscheidung durch Beschluss nach § 72 (RiStBV Nr. 290 Abs. 1 Satz 2). Wegen der weitreichenden Folgen, die sich aus dem Hinweis auf die Veränderung des rechtlichen Gesichtspunktes ergeben, wirkt der StA darauf hin, dass das Gericht den Betroffenen und seinen Verteidiger vor dem Hinweis hört, wenn er beantragt, den Hinweis zu geben oder das Gericht dies erwägt

Sechster Abschnitt. Bußgeld- und Strafverfahren **§ 81**

(RiStBV Nr. 290 Abs. 3). In aller Regel wird es sinnvoll sein, zunächst der StA Gelegenheit zur Stellung eines entsprechenden Antrages zu geben (KK-*Steindorf* 15; *Göhler/Seitz* 8).

Die StA sollte andererseits stets darauf bedacht sein, den Antrag **nicht voreilig und nicht ohne sachliche Begründung zu stellen,** nur um einen möglicherweise erforderlichen Übergang in das Strafverfahren zu einem späteren Zeitpunkt zu sichern. In groben Missbrauchsfällen ist der Richter wohl nicht an den Antrag gebunden, sondern kann ihn durch Beschluss zurückweisen (*Stuttgart* Justiz 2003, 597). Bei überlegtem Handeln der StA dürfte es in der Praxis auch nicht vorkommen, dass es das Gericht in der Hauptverhandlung ablehnt, dem Antrag der StA nach Abs. 2 Satz 1 zu entsprechen. Geschieht dies gleichwohl, so ist in analoger Anwendung von § 79 Abs. 1 Satz 1 Nr. 5 die Rechtsbeschwerde zulässig (*BayObLG* bei *Göhler* NStZ 1991, 77; *Göhler/Seitz* 11). 15

Liegt ein wirksamer Strafantrag des Verletzten trotz Verneinung des öffentlichen Interesses durch die StA **vor,** so muss das Gericht zum Strafverfahren übergehen. Zweifelhaft erscheint es, den Verletzten lediglich deshalb zur Stellung eines Strafantrages anzuregen, um den Betroffenen zur Rücknahme des Einspruchs zu veranlassen (*Göhler/Seitz* 8). 16

Die StA ist zur Rücknahme ihres Antrags berechtigt. Die Rücknahme kann auch noch nach der Beweisaufnahme erfolgen, sofern das Gericht den Hinweis nach Abs. 2 Satz 1 noch nicht erteilt hat. Bleibt die StA in der Hauptverhandlung aus oder beantragt sie nach Durchführung der Beweisaufnahme die Festsetzung einer Geldbuße, so kann darin die Rücknahme des Antrags gesehen werden (*RRH* 4). Der StA ist aber auch zumutbar, dies in der Hauptverhandlung zu verbalisieren. Hat die StA Hinweisantrag gestellt, muss sie auch an der Hauptverhandlung teilnehmen, weil dann nach Hinweiserteilung ohne sie nicht verhandelt werden kann (*Stuttgart* Justiz 2003, 597). 17

Mit dem Hinweis nach Abs. 2 Satz 1 **vollzieht sich der Übergang** in das Strafverfahren, weil der Betroffene von diesem Augenblick an die Rechtsstellung des Angeklagten hat (Abs. 2 Satz 2). Unerheblich ist, ob das Gericht die Sach- oder Rechtslage zu diesem Zeitpunkt richtig beurteilt hat (*Zweibrücken* VRS 53, 455). Unterbleibt der Hinweis und kommt es 18 gleichwohl zu einer Verurteilung wegen einer Straftat, so stellt dies kein von Amts wegen zu beachtendes Verfahrenshindernis dar.

19 Der Übergang ins Strafverfahren tritt zumindest **mit der Verurteilung aufgrund eines Strafgesetzes** ein, so dass gegen das Urteil die Rechtsmittel der StPO gegeben sind (*Hamburg* NStZ 1986, 81). Der Hinweis ersetzt nicht den Eröffnungsbeschluss, da der Betroffene bereits weiß, dass gegen ihn wegen dieser Tat ein Verfahren von staatlicher Seite geführt wird und er mit negativen Rechtsfolgen zu rechnen hat. Die gegenteilige Auffassung (KK-*Steindorf* 18) überzeugt nicht.

20 **Der Übergang in das Strafverfahren tritt in dem Zeitpunkt ein**, in dem das Gericht den Hinweis ausspricht oder außerhalb der Hauptverhandlung schriftlich verfügt. Erreicht der Hinweis den Betroffenen nicht, z. B. weil er in der Hauptverhandlung nicht anwesend ist, so tritt der Übergang in das Strafverfahren ebenfalls ein, jedoch darf die Hauptverhandlung nicht in Abwesenheit weitergeführt werden (*Göhler/Seitz* 17).

21 Der Hinweis nach Abs. 1 Satz 2 **kann auch noch im Rechtsbeschwerdeverfahren erfolgen** (*BGH* NJW 1988, 3162). Dies gilt sowohl bei einer Rechtsbeschwerde der StA zuungunsten des Betroffenen als auch bei Rechtsbeschwerde des Betroffenen. Wegen des Verschlechterungsverbots kann allerdings im Falle der Rechtsbeschwerde des Betroffenen nur eine Berichtigung des Schuldspruchs erfolgen. Das Verfahren ist regelmäßig als Revisionsverfahren fortzusetzen und bei Aufhebung an das AG zurückzuverweisen (*RRH* 6).

22 Mit dem Hinweis nach Abs. 1 Satz 2 erlangt der Betroffene nach Abs. 2 Satz 2 **die Rechtsstellung des Angeklagten.** Eine Rücknahme oder Anfechtung des Hinweises nach Abs. 2 Satz 1 ist von diesem Zeitpunkt an nicht mehr möglich. Der richterliche Hinweis, dass der Betroffene wegen fahrlässiger Körperverletzung statt wegen einer Verkehrs-OWi verurteilt werden könne, bewirkt den Übergang des OWi-Verfahrens in das Strafverfahren auch dann, wenn der Richter irrig davon ausgegangen ist, der Verletzte habe wirksam Strafantrag gestellt, auch wenn ein Strafantrag gar nicht mehr gestellt werden kann, weil der Verletzte gestorben ist (*RRH* 7).

23 **Erweist sich der Einspruch als unzulässig,** so kann er auch noch nach dem Übergang in das Strafverfahren verworfen werden, weil sich das Gericht nicht mit der Sache befassen darf (*Celle* bei *Göhler/Seitz* 20;

RRH 7). Dagegen ist § 412 StPO nicht entsprechend anzuwenden (*Göhler/ Seitz* 20).

Nach Abs. 2 Satz 3 wird die **Hauptverhandlung unterbrochen**, wenn das Gericht es für erforderlich hält oder wenn der Angeklagte es beantragt. Über sein Recht, die Unterbrechung zu beantragen, wird der nunmehrige Angeklagte nach Abs. 2 Satz 4 belehrt. Die Unterbrechung ist in jedem Falle notwendig, wenn der Betroffene oder die StA nicht anwesend ist, weil dann § 226 StPO gilt. In diesem Falle wird der zu Protokoll gegebene Hinweis dem Betroffenen mitgeteilt. Ist der nunmehrige Angeklagte anwesend, so ist die Hauptverhandlung von Amts wegen zu unterbrechen. 24

Das Unterlassen der Belehrung über sein Recht, die Unterbrechung zu beantragen, ist Revisionsgrund nach § 338 Nr. 8 StPO (*RRH* 8). Dasselbe gilt, wenn seinem Antrag auf Aussetzung nicht stattgegeben wird (*Göhler/Seitz* 21). Der Antrag darf auch nicht mit der Begründung abgelehnt werden, dass der Angeklagte durch die Unterbrechung das Verfahren nur verschleppen wolle, jedoch kann und sollte die Unterbrechung kürzer sein als die Dreiwochenfrist des § 229 Abs. 1 StPO. Es handelt sich nicht um eine Aussetzung im strafprozessualen Sinne, so dass eine Fortsetzung der Hauptverhandlung ohne ihre Erneuerung möglich ist. In der Regel ist jedoch eine der Ladungsfrist entsprechende Zeitspanne einzuhalten (*Göhler/Seitz* 21). 25

Nach Abs. 3 Satz 1 sind in dem weiteren Verfahren **die besonderen Vorschriften des OWiG nicht mehr anzuwenden.** Ausgeschlossen ist damit die Anwendung aller verfahrensrechtlichen Vorschriften des OWiG, nicht jedoch die Anwendung materiellen OWi-Rechts (*RRH* 9; KK-*Steindorf* 25). Ergibt die Überprüfung im Strafverfahren, dass die Tat doch nur eine OWi darstellt, so ist insoweit sachliches OWi-Recht anzuwenden. Die Verfahrensvorschriften des OWiG sind besondere Vorschriften im Sinne von Abs. 3 Satz 1, soweit sie von denen der StPO abweichen (KK-*Steindorf* 25). Unanwendbar sind insbesondere alle Vereinfachungsvorschriften des OWiG gegenüber der StPO. Für die Anwendbarkeit weiterer OWiG-Vorschriften auch im Strafverfahren nach Erteilung des Hinweises ist kein Raum (KK-*Steindorf* 25; **a. A.** *Göhler/Seitz* 22; *RRH* 9). 26

Nach Abs. 3 Satz 2 kann die **bisherige Beweisaufnahme**, die in Anwesenheit des Betroffenen stattgefunden hat, weiterhin verwendet werden, 27 und zwar auch dann, wenn sie nach den besonderen Vorschriften des OWiG durchgeführt worden sind, es sei denn, es handelt sich um die Beweisaufnahme nach §§ 77a und 78 Abs. 1. Dementsprechend ist die Verwertung einer Beweisaufnahme unzulässig, soweit sie ohne den Betroffenen stattgefunden hat und ihm deshalb keine Möglichkeit geboten hat, die Beweismittel zu sehen und zu befragen, ebenso wenn das Gericht vor Erteilung des Hinweises von der vereinfachten Art der Beweisaufnahme nach § 77a Gebrauch gemacht oder hinsichtlich von Urkunden nach § 78 Abs. 1 verfahren ist.

28 **Eine Beweisaufnahme ohne diese genannten Vereinfachungen** kann jedoch im weiteren Verfahren verwertet werden. Bereits vernommene Zeugen und Sachverständige brauchen im Regelfall nicht erneut vernommen zu werden, Urkunden nicht erneut verlesen und Ortsbesichtigungen nicht wiederholt zu werden. Sind Zeugen – wie es nun dem gesetzlichen Regelfall entspricht – nicht vereidigt worden, so kann sich im Strafverfahren nach Erteilung des Hinweises die Notwendigkeit ergeben, von der Möglichkeit einer Vereidigung nach § 59 StPO Gebrauch zu machen.

29 Nach der Erteilung des Hinweises sind nur noch **die Rechtsmittel der StPO, also Berufung und Revision**, gegeben, und zwar auch dann, wenn der Hinweis in Verkennung der Sach- und Rechtslage gegeben worden ist oder wenn das Gericht das Vorliegen einer Straftat oder deren Verfolgbarkeit verneint hat, ferner wenn es wegen einer Straftat auf eine Geldbuße erkannt hat (*Düsseldorf* JMBlNW 1975, 268). Legt in diesem Fall der Betroffene gegen die Festsetzung der Geldbuße die Rechtsbeschwerde ein, so ist sie als Berufung zu behandeln (*Göhler/Seitz* 24).

30 **Der Anschluss als Nebenkläger** ist nach dem Übergang in das Strafverfahren zulässig (§§ 395, 396 StPO), vorher nicht (*Göhler/Seitz* 26). Das Gericht berücksichtigt ein Privatklagedelikt aber auch dann, wenn die StA den Verletzten auf den Weg der Privatklage verwiesen hat, weil neben dem Bußgeldverfahren wegen derselben Tat das Privatklageverfahren nicht zulässig ist.

§ 82 Bußgelderkenntnis im Strafverfahren

(1) Im Strafverfahren beurteilt das Gericht die in der Anklage bezeichnete Tat zugleich unter dem rechtlichen Gesichtspunkt einer Ordnungswidrigkeit.

(2) Läßt das Gericht die Anklage zur Hauptverhandlung nur unter dem rechtlichen Gesichtspunkt einer Ordnungswidrigkeit zu, so sind in dem weiteren Verfahren die besonderen Vorschriften dieses Gesetzes anzuwenden.

RiStBV Nr. 294

Die Vorschrift ergänzt § 81. Sie regelt die Frage, wie in einem Strafverfahren zu verfahren ist, wenn nicht nur Straftaten, sondern auch OWi Gegenstand des Verfahrens sind. Beiden Vorschriften liegt der Gedanke zugrunde, dass das Gericht aus prozessökonomischen Gründen die Möglichkeit haben soll, eine Tat im prozessualen Sinn in ein und demselben Verfahren unter jedem in Betracht kommenden rechtlichen Gesichtspunkt rechtskräftig zu erledigen (Grundsatz der umfassenden Kognition – KK-*Steindorf* 1). Die Beurteilung einer Tat als OWi im Strafverfahren kommt allerdings nur dann in Betracht, wenn bei Tateinheit zwischen Straftat und OWi eine Strafe nicht verhängt wird (§ 21 Abs. 2) oder die Tat aus mehreren Handlungen im Sinne von § 20 besteht, von denen die eine als Straftat, die andere als OWi verfolgt wird (*RRH* 1).

Bei dem Verfahren nach Abs. 1 handelt es sich auch dann noch um ein Strafverfahren und nicht um ein OWi-Verfahren, wenn nur noch wegen einer OWi verhandelt wird, etwa wenn die StA wegen der Straftat das besondere öffentliche Interesse verneint hat (*Frankfurt* VRS 37, 205), oder der Strafantrag zurückgenommen worden ist. Die StA achtet nach Erhebung der öffentlichen Klage wegen einer Straftat darauf, dass das Gericht über die Tat zugleich unter dem rechtlichen Gesichtspunkt einer OWi entscheidet, wenn sich der Verdacht der Straftat nicht erweist oder eine Strafe nicht verhängt wird (RiStBV Nr. 294 Abs. 1).

Sie prüft weiterhin, ob bei einer Bestrafung die **Anordnung einer Nebenfolge der OWi** in Betracht kommt und berücksichtigt dies bei ihrem Antrag zur Entscheidung in der Sache (RiStBV Nr. 294 Abs. 2). Ist eine Handlung gleichzeitig Straftat und OWi, so kann das ordnungswidrige Verhalten für

§ 82 Zweiter Teil. Bußgeldverfahren

die Strafbemessung von Bedeutung sein oder die Grundlage für die Anordnung einer Nebenfolge bilden (RiStBV Nr. 273 Abs. 2 Satz 1).

4 Ist die dem Beschuldigten zur Last gelegte Tat im verfahrensrechtlichen Sinne materiell-rechtlich als **Tatmehrheit** aufzufassen und stellt eine von den Handlungen eine OWi dar, so prüft die StA, ob die Verfolgung der OWi geboten ist (§ 47 Abs. 1 Satz 1). Der Opportunitätsgrundsatz gilt insoweit auch für die StA. Bejaht sie die Erforderlichkeit der Verfolgung, so macht sie ihre Entschließung aktenkundig und klärt den Sachverhalt auch unter dem rechtlichen Gesichtspunkt der OWi auf.

5 Abs. 1 setzt voraus, dass zumindest eine **Anklageschrift der StA** vorliegt (KK-*Steindorf* 2). Mit der Erhebung der Anklage wird im Strafverfahren das Zwischenverfahren eingeleitet (§§ 199 ff. StPO). In diesem Verfahrensabschnitt untersucht das zuständige Gericht im schriftlichen Verfahren, ob hinreichender Tatverdacht (§ 203 StPO) gegen den Angeschuldigten vorliegt. Ergibt die Prüfung im Zwischenverfahren, dass kein hinreichender Tatverdacht für die Straftat und für die OWi gegeben ist, so wird die Eröffnung des Hauptverfahrens abgelehnt (§ 204 Abs. 1 StPO). Diese Entscheidung ist nach § 210 StPO seitens der StA mit der sofortigen Beschwerde anfechtbar.

6 **Wird der hinreichende Tatverdacht** lediglich hinsichtlich der Straftat bejaht, nicht jedoch bezüglich der OWi, so wird die Eröffnung des Hauptverfahrens beschlossen (§ 203 StPO). Die OWi wird durch die Straftat verdrängt (§ 21). Ergibt sich umgekehrt hinsichtlich der OWi hinreichender Tatverdacht, nicht aber hinsichtlich der Straftat, so liegt ein Fall des Abs. 2 vor. Das Hauptverfahren wird eröffnet und die Tat rechtlich abweichend von der Anklageschrift gewürdigt (§ 207 Abs. 2 Nr. 3 StPO). Hier hat die StA keine sofortige Beschwerde nach § 210 StPO.

7 Steht bei fehlendem hinreichenden Tatverdacht hinsichtlich der Straftat der Verfolgung der OWi ein **Verfahrenshindernis** entgegen, so wird die Eröffnung des Hauptverfahrens abgelehnt. Verfährt das Gericht bereits im Zwischenverfahren nach § 153 Abs. 2 StPO, so dass es die Straftat nicht verfolgt, aber den hinreichenden Tatverdacht einer OWi bejaht, so liegt wiederum ein Fall des Abs. 2 vor. Ergibt sich im Zwischenverfahren, dass sowohl hinsichtlich der Straftat nach § 153 Abs. 2 StPO als auch hinsichtlich der OWi nach § 47 Abs. 2 eine Einstellung zu erfolgen hat, so wird

Sechster Abschnitt. Bußgeld- und Strafverfahren **§ 82**

ein einheitlicher Einstellungsbeschluss des Gerichts erlassen, der mit Zustimmung der StA erfolgt.

Liegt nur eine Tat im verfahrensrechtlichen Sinne vor, enthält sie aber zwei verschiedene Handlungen im Sinne einer Straftat und einer OWi, so wird bei hinreichendem Tatverdacht hinsichtlich beider Tatteile die Eröffnung des Hauptverfahrens beschlossen. Bei Verneinung des hinreichenden Tatverdachts hinsichtlich der Straftat erfolgt Teileröffnung. Falls weder für die Straftat noch für die OWi hinreichender Tatverdacht ersichtlich ist, wird die Eröffnung des Hauptverfahrens nach § 204 StPO abgelehnt. 8

Liegt eine Tat im verfahrensrechtlichen Sinne und materiell-rechtliche Tateinheit zwischen Straftat und OWi vor, so kommt es im Hauptverfahren zum Strafausspruch, wenn die Begehung der Straftat erwiesen ist. **Die OWi bleibt unberücksichtigt.** Ist die Straftat nicht erwiesen, wohl aber die OWi, so wird wegen der OWi verurteilt. Ein Freispruch hinsichtlich der Straftat erfolgt nicht, weil die Tat nur rechtlich abweichend von der zugelassenen Anklage gewürdigt worden ist. Erweisen sich weder Straftat noch OWi, so ergeht einheitlicher Freispruch. 9

Macht das Gericht hinsichtlich der Straftat von **§ 153 Abs. 2 StPO** Gebrauch, erweist sich aber die OWi, so kann in der Hauptverhandlung eingestellt werden. Ein Freispruch hinsichtlich der Straftat erfolgt nicht. Ggf. kann das Urteil neben der Verurteilung zu Geldbuße die Beschränkung der Verfolgung nach § 153 Abs. 2 StPO enthalten (KK-*Steindorf* 8). Sollen sowohl die Straftat als auch die OWi aus Opportunitätsgründen nicht verfolgt werden, so ergeht ein einheitlicher Einstellungsbeschluss. 10

Kann die Straftat nicht nachgewiesen werden und steht der OWi ein Verfolgungshindernis entgegen, so wird freigesprochen (*Oldenburg* NdsRpfl 1985, 147 m. Anm. *Göhler* NStZ 1986, 22). Wird gleichwohl durch Urteil eingestellt, so muss in der Rechtsmittelinstanz freigesprochen werden (KK-*Steindorf* 9), wenn das einstellende Urteil sich nicht zur Nichtnachweisbarkeit der Straftat verhält. Kann umgekehrt wegen der Straftat nicht verurteilt werden, weil ein Verfahrenshindernis vorliegt, erweist sich aber die OWi, so erfolgt Verurteilung zur Geldbuße. Die Nichtverfolgbarkeit der Straftat wird nur in den Urteilsgründen angesprochen (*Göhler/Seitz* 11). Ist die Begehung der Straftat nicht nachweisbar und soll das Verfahren hinsichtlich der OWi nach § 47 Abs. 2 eingestellt wer- 11 den, wird im Urteil gleichzeitig wegen der Straftat freigesprochen und die Einstellung der OWi nach § 47 Abs. 2 ausgesprochen (*RRH* 2).

12 **Liegt Tatmehrheit von Straftat und OWi** vor, so wird in einem einheitlichen Urteil bestraft und eine Geldbuße verhängt, sofern die Begehung der Straftat und der OWi festgestellt ist (*RRH* 2). Ist nur die Begehung der OWi nachgewiesen, so wird insoweit eine Geldbuße verhängt, verbunden mit einem Freispruch hinsichtlich der Straftat (*BGH* NStZ 1988, 465). Für den Fall der Nichterweislichkeit der OWi, wohl aber der Straftat, wird umgekehrt tenoriert. Sind weder Straftat noch OWi nachweisbar, so ergeht einheitlich Freispruch.

13 Liegt nur eine Tat im verfahrensrechtlichen Sinne vor, besteht aber **sachlich-rechtlich Tatmehrheit**, so darf das Strafverfahren nicht in ein Strafverfahren und ein Bußgeldverfahren aufgespalten werden, weil sonst bei Rechtskraft der ersten Entscheidung Strafklageverbrauch insgesamt eintritt. Dies steht dem zweiten Urteil entgegen, so dass auf ein zulässiges Rechtsmittel das Verfahren einzustellen wäre (*Hamburg* VRS 49, 378).

14 **Liegen mehrere Taten im verfahrensrechtlichen Sinne** vor, so gelten die vorstehend entwickelten Grundsätze für jede von ihnen (KK-*Steindorf* 11). Gleiches gilt, wenn sich das Verfahren gegen mehrere Personen richtet. Hierbei kommt es darauf an, ob das Gericht bei einer Person die Eröffnung des Hauptverfahrens wegen der Straftat ablehnt. Bleibt dann nurmehr ein OWi-Verfahren gegen die andere Person übrig, so fehlt die Grundlage für eine gerichtliche Entscheidung (*Göhler/Seitz* 7).

15 **Im Rechtsmittelverfahren** ist Abs. 1 ebenfalls anzuwenden. Ist der Angeklagte nur wegen einer OWi verurteilt worden, so gelten gleichwohl nur die strafprozessualen Rechtsmittel, weil es sich um eine Entscheidung im Strafverfahren handelt. Die Rechtsbeschwerde ist nicht statthaft (*BGH* VRS 75, 307; *Göhler* JR 1969, 471; *RRH* 2a). Wird gleichwohl Rechtsbeschwerde eingelegt, so ist sie im Regelfall als Berufung zu behandeln. Sie gilt als Revision, wenn sich aus den Umständen eindeutig ergibt, dass der Beschwerdeführer auf eine Nachprüfung des Urteils in tatsächlicher Hinsicht verzichten will (*BayObLG* NJW 1969, 1313). War sich der Rechtsmittelführer der Wahlmöglichkeit zwischen Berufung und Revision nicht bewusst, so ist sein Rechtsmittel als Berufung anzusehen (*Hamm* VRS 67, 456).

Sechster Abschnitt. Bußgeld- und Strafverfahren § 82

Im Fall des § 313 StPO **ist die Berufung stets zulässig und muss angenommen werden**, wenn die Rechtsbeschwerde nach § 79 Abs. 1 zulässig oder nach § 80 Abs. 1 und 2 zuzulassen wäre (§ 313 Abs. 3 StPO). Die Nichtannahme der Berufung nach § 313 Abs. 2 StPO wegen offensichtlicher Unbegründetheit ist in diesen Fällen ausgeschlossen. Das Ziel der Regelung in § 313 StPO, in Bagatellsachen die Berufungsverfahren einzuschränken, ist aus Sicht des OWi-Rechts nur unvollkommen erreicht worden, weil weiterhin eine Instanz offen bleibt, die in einem reinen Bußgeldverfahren verschlossen wäre. Die Regelung in § 313 StPO ist hinsichtlich ihrer Auswirkungen auf das OWi-Recht nicht hinreichend durchdacht (*Göhler/Seitz* 25a). 16

Das Rechtsmittelgericht prüft im Rahmen seiner Kognitionspflicht das seiner Entscheidung unterstellte Tatgeschehen selbständig **unter straf- und bußgeldrechtlichen Gesichtspunkten.** Es kann dabei zu abweichenden Erkenntnissen über die Frage von Tateinheit oder Tatmehrheit gelangen. Seine Auffassung ist dann maßgebend (KK-*Steindorf* 12). Der Schuldspruch ist dementsprechend abzuändern. Über die Rechtsfolge kann das Rechtsmittelgericht entsprechend § 79 Abs. 6 allerdings nur dann entscheiden, wenn es nur noch um die Ahndung der OWi geht (*BayObLG* DAR 1983, 257) oder im Fall des § 354 Abs. 1 StPO nur eine Sanktionsentscheidung möglich bleibt (KK-*Steindorf* 12) bzw. ein Fall des § 354 Abs. 1a vorliegt. 17

Ein Hinweis auf die Veränderung des rechtlichen Gesichtspunktes ist notwendig, bevor gegen den Angeklagten wegen einer OWi eine Geldbuße festgesetzt wird (*Göhler/Seitz* 17). Diese Hinweispflicht besteht auch, wenn die Anwendung eines milderen Gesetzes erwogen wird. Ist ein Hinweis nach § 265 StPO zu erteilen, so ist auch zu beachten, dass nach § 265 Abs. 3 und 4 StPO weitere Vorschriften über die Aussetzung der Hauptverhandlung auf Antrag oder von Amts wegen bestehen. Eine Überleitung in das Bußgeldverfahren findet jedoch bei dieser Situation nicht statt. 18

Nach Erlass des Eröffnungsbeschlusses wird ein Strafverfahren nicht mehr zu einem OWi-Verfahren (*BGH* NJW 1988, 3162), und zwar auch dann nicht, wenn das OWi-Verfahren zunächst nach § 81 in ein Strafverfahren übergeleitet worden war. Auch wenn der Verdacht einer Straftat sich als unzutreffend herausstellt und eine Bußgeldvorschrift wieder 19 anwendbar erscheint, bleibt das Verfahren ein Strafverfahren (KK-*Steindorf* 14).

20 **Abs. 2 setzt voraus**, dass das Gericht die Anklage zur Hauptverhandlung auch nur unter dem rechtlichen Gesichtspunkt einer OWi zulassen kann und regelt für diesen Fall, dass in dem weiteren Verfahren die besonderen Vorschriften des OWiG anzuwenden sind. Allgemein (*RRH* 5; KK-*Steindorf* 15) wird dies als Übergang vom Straf- zum OWi-Verfahren angesehen. Gleichwohl kann die StA durch einen Antrag nach § 81 Abs. 2 Satz 1 wiederum den Übergang in das ursprüngliche Strafverfahren erzwingen. Verfährt sie so, so ist das Gericht gleichwohl nicht gehindert, nur wegen einer OWi auf eine Geldbuße zu erkennen. Der Grundsatz, dass nach Eröffnung des Hauptverfahrens hinsichtlich einer Straftat kein Übergang in das Bußgeldverfahren mehr stattfindet (*BGH* NJW 1988, 3162), wird hiervon nicht berührt.

21 Die Zulassung der wegen einer Straftat erhobenen Anklage nur unter dem rechtlichen Gesichtspunkt einer OWi kommt in Betracht, **wenn das Gericht den hinreichenden Verdacht für das Vorliegen einer Straftat verneint**, aber der Auffassung ist, dass es wegen einer OWi zur Verurteilung bei Durchführung der Hauptverhandlung kommen kann. Will das Gericht so handeln, so lässt es die dafür maßgebenden Gründe im Beschluss erkennen. Lehnt es die Eröffnung des Hauptverfahrens wegen einer Straftat ab und stellt es zugleich das Verfahren wegen einer OWi mit Zustimmung der StA nach § 47 Abs. 2 ein, so steht der StA hinsichtlich der Ablehnung der Eröffnung sofortige Beschwerde zu.

22 **Besondere Vorschriften dieses Gesetzes** im Sinne von Abs. 2 sind diejenigen, die auf eine Verfahrensvereinfachung abzielen (§§ 48, 73 bis 80). § 72 gilt nicht. Die Möglichkeit, durch Beschluss in der Sache zu entscheiden, setzt voraus, dass zuvor ein Bußgeldbescheid ergangen ist (KK-*Steindorf* 15).

23 **Hat die StA nicht Anklage erhoben**, sondern einen Antrag auf Erlass eines **Strafbefehls** gestellt oder ist Antrag auf **Aburteilung im beschleunigten Verfahren** erhoben worden, so gilt Abs. 2 gleichermaßen. Nach § 408 Abs. 2 Satz 1 lehnt der Richter den Erlass eines Strafbefehls ab, wenn er den Angeschuldigten nicht für hinreichend verdächtig hält. Diese Prüfung erstreckt er auch auf den Gesichtspunkt der OWi. Gelangt er da-

Sechster Abschnitt. Bußgeld- und Strafverfahren § 82

bei zur Auffassung, dass lediglich eine OWi gegeben ist, verbleibt aber die StA bei ihrem Strafbefehlsantrag, so beraumt das Gericht Hauptverhandlung unter Hinweis auf die Veränderung des rechtlichen Gesichtspunktes an (§ 408 Abs. 3 Satz 2 StPO; *BayObLG* NStZ 1983, 418).

Nimmt die StA entsprechend der Anregung des Gerichts **den Strafbefehlsantrag zurück**, so gibt sie die Sache gemäß § 43 Abs. 1 an die Verwaltungsbehörde ab. Die bloße Zurückweisung des Strafbefehlsantrags ist bei Vorliegen einer OWi nicht zulässig, weil die rechtskräftige Ablehnung des Antrages die Überleitung in das Bußgeldverfahren wegen derselben Tat sperrt und nur noch aufgrund neuer Tatsachen oder Beweismittel möglich ist (*BayObLG* NStZ 1983, 418). 24

Lehnt das Gericht nach § 419 Abs. 3 StPO die Aburteilung im beschleunigten Verfahren ab, weil es eine Straftat nicht für gegeben erachtet, liegen aber die Voraussetzungen der OWi vor, so wird wie beim Strafbefehl in vergleichbarer Lage verfahren. Lehnt es die Durchführung des beschleunigten Verfahrens ab, weil die besonderen Verfahrensvoraussetzungen nicht vorliegen (einfacher Sachverhalt, klare Beweislage), so entscheidet es selbst im gewöhnlichen Strafverfahren, sofern der Antrag auf Aburteilung im beschleunigten Verfahren mit einem Anklageentwurf versehen war. Anderenfalls gibt es die Sache an die StA zur Vorbereitung des gewöhnlichen Strafverfahrens zurück. 25

Im Privatklageverfahren kann Verurteilung oder Freispruch nur wegen der in § 374 StPO genannten Tatbestände erfolgen. Nach Aburteilung im Privatklageverfahren kann die Tat nicht nochmals unter dem Gesichtspunkt einer OWi verfolgt werden (*BayObLG* VRS 41, 382). Stellt das Gericht im Privatklageverfahren fest, dass nur eine OWi vorliegt, deren Verfolgung geboten erscheint (§ 377 Abs. 1 Satz 2 StPO), so unterrichtet es die StA, die ihrerseits entscheidet, ob sie die Verfolgung übernehmen will oder nicht (§ 377 Abs. 2 StPO). 26

Will die StA die Verfolgung nicht übernehmen, so stellt das Gericht, sofern kein Privatklagedelikt gegeben ist, das Verfahren nach § 389 StPO ein und teilt dies der Verwaltungsbehörde mit (§ 389 Abs. 2 StPO). Hält das Gericht ein Privatklagedelikt nicht für gegeben, aber auch die Verfolgung der OWi nicht für geboten, so spricht es wegen des Privatklagedeliktes frei. 27

28 Liegt Tateinheit zwischen Privatklagedelikt und OWi vor, wie etwa bei fahrlässiger Körperverletzung und einem Verstoß gegen die StVO, so ist das Privatklageverfahren zulässig, weil die OWi nach § 21 Abs. 1 zurücktritt. Ist bereits ein Bußgeldbescheid ergangen, so stellt dies kein Verfahrenshindernis für das Privatklageverfahren dar, jedoch muss er bei Verurteilung wegen einer Straftat aufgehoben werden (§ 86).

29 Bei Tatmehrheit zwischen Privatklagedelikt und OWi, auch innerhalb einer Tat im prozessualen Sinn, wie etwa bei einer Verkehrs-OWi und einer Beleidigung, ist das Privatklageverfahren hinsichtlich der OWi unzulässig, wenn nicht eine Katalogtat des § 374 Abs. 1 StPO vorliegt (*RRH* 11). In diesem Fall sieht das AG in entsprechender Anwendung von § 89 Abs. 1 StPO von der Verfolgung der OWi ab. Die Verwaltungsbehörde kann einen Bußgeldbescheid erlassen.

30 Eine Einstellung des gesamten Verfahrens wegen der Tat im verfahrensrechtlichen Sinne kommt nicht in Betracht, weil der Privatkläger sonst rechtlos gestellt würde (KK-*Steindorf* 18). Aus § 86 folgt, dass bei Tatmehrheit auch trotz Tatidentität ein rechtskräftiger Bußgeldbescheid und eine rechtskräftige Verurteilung im Privatklageverfahren nebeneinander bestehen können. Hat das Gericht aber unzulässigerweise die gesamte Tat im verfahrensrechtlichen Sinne rechtskräftig abgeurteilt, also auch hinsichtlich der OWi, so kann diese nicht mehr gesondert verfolgt werden (*BayObLG* VRS 41, 382).

31 Wird eine Strafdrohung im Wege der Gesetzesänderung durch eine Bußgelddrohung ersetzt, so bleibt das Gericht des Strafverfahrens sachlich zuständig. Das Verfahren ist allerdings nach den Vorschriften des OWiG weiterzuführen (*BayObLG* NJW 1969, 1452 m. Anm. *Kohlhaas* JR 1969, 350; **a.A.** *Frankfurt* MDR 1974, 859). Diese Verfahrensweise wird allgemein (*Göhler/Seitz* 27; *RRH* 12; KK-*Steindorf* 19) aus einer Rechtsanalogie zu den Überleitungsvorschriften des Art. 158 EGOWiG und des Art. 317 EGStGB abgeleitet. Dabei handelt es sich nicht um eine analoge Anwendung von Verfahrensvorschriften zu Lasten des Angeklagten, weil wie sonst auch die Herabstufung des sachlich-rechtlichen Vorwurfs mit einer zulässigen Vereinfachung und Beschleunigung des Verfahrens verbunden ist.

§ 72 ist jedoch kraft ausdrücklicher Regelung nicht anzuwenden (Art. 32
158 Abs. 1 Satz 3 EGOWiG; Art. 317 Abs. 1 Satz 1 EGStGB). Gegenüber
dem möglicherweise anwendbaren § 206b StPO ist § 82 die speziellere
Regelung (*Saarbrücken* NJW 1974, 1010). Werden gegen eine gerichtliche Entscheidung über das nach Bußgeldvorschriften geführte Verfahren Rechtsmittel der StPO eingelegt, so sind sie in die Rechtsbeschwerde oder einen Antrag auf deren Zulassung umzudeuten (*Oldenburg* MDR 1972, 346).

Ist **in Verkennung der Rechtslage** wegen einer Tat, die nur eine OWi dar- 33
stellt, Anklage erhoben, ein Strafbefehl erlassen oder das Hauptverfahren
wegen einer Straftat eröffnet worden, so ist das Verfahren nach Aufdeckung des Irrtums als Bußgeldverfahren fortzusetzen (*RRH* 12). Ist auch
noch auf Strafe erkannt worden, so sind Rechtsmittel der StPO dagegen
einzulegen (*Göhler/Seitz* 28).

§ 83 Verfahren bei Ordnungswidrigkeiten und Straftaten

(1) Hat das Verfahren Ordnungswidrigkeiten und Straftaten zum Gegenstand und werden einzelne Taten nur als Ordnungswidrigkeiten verfolgt, so gelten für das Verfahren wegen dieser Taten auch § 46 Abs. 3, 4, 5 Satz 2 und Abs. 7, die §§ 47, 49, 55, 76 bis 78, 79 Abs. 1 bis 3 sowie § 80.

(2) Wird in den Fällen des Absatzes 1 gegen das Urteil, soweit es nur Ordnungswidrigkeiten betrifft, Rechtsbeschwerde und im übrigen Berufung eingelegt, so wird eine rechtzeitig und in der vorgeschriebenen Form eingelegte Rechtsbeschwerde, solange die Berufung nicht zurückgenommen oder als unzulässig verworfen ist, als Berufung behandelt. Die Beschwerdeanträge und deren Begründung sind gleichwohl in der vorgeschriebenen Form anzubringen und dem Gegner zuzustellen (§§ 344 bis 347 der Strafprozessordnung); einer Zulassung nach § 79 Abs. 1 Satz 2 bedarf es jedoch nicht. Gegen das Berufungsurteil ist die Rechtsbeschwerde nach § 79 Abs. 1 und 2 sowie § 80 zulässig.

(3) Hebt das Beschwerdegericht das Urteil auf, soweit es nur Ordnungswidrigkeiten betrifft, so kann es in der Sache selbst entscheiden.

§ 83 Zweiter Teil. Bußgeldverfahren

1 Die Vorschrift regelt das Verfahren bei **gleichzeitiger Verfolgung mehrerer Taten im verfahrensrechtlichen Sinn**, von denen mindestens eine als Straftat und mindestens eine andere als OWi verfolgt wird. Dies kann der Fall sein, wenn die StA, die eine Straftat verfolgt, wegen des Zusammenhangs zwischen Straftat und OWi die Verfolgung der OWi übernimmt und die Anklage auch auf diese erstreckt (§ 42 Abs. 1, § 64), ferner wenn das Gericht, das im OWi-Verfahren über mehrere Taten zu entscheiden hat, wegen einer Tat in das Strafverfahren übergeht (§ 81), oder wenn das Gericht die Anklage der StA, die mehrere Straftaten zum Gegenstand hat, zulässt, jedoch wegen einer Tat nur unter dem rechtlichen Gesichtspunkt einer OWi (§ 82 Abs. 2). Bei diesen Fallsituationen geht die Vorschrift davon aus, dass grundsätzlich einheitlich die Vorschriften über das Strafverfahren gelten.

2 Sie sieht jedoch hinsichtlich der Taten, **die als OWi verfolgt werden, Ausnahmen** vor, indem sie einige von der StPO abweichende Bestimmungen des OWiG, die sonst nur für das Bußgeldverfahren gelten, für anwendbar erklärt. Diese Regelung trifft Abs. 1. In Anlehnung an § 335 Abs. 3 StPO führt Abs. 2 bei diesen Mischverfahren eine Koordinierung der Rechtsmittel herbei, um zu verhindern, dass durch die Einlegung unterschiedlicher Rechtsmittel verschiedene Rechtsmittelinstanzen gleichzeitig angerufen werden. Abs. 3 wendet die Verfahrensvereinfachung des § 79 Abs. 6 auch auf den Fall an, dass das Rechtsbeschwerdegericht bei Vorliegen von Mischverfahren das Urteil aufhebt, soweit es nur OWi betrifft.

3 **Abs. 1 setzt voraus**, dass mehrere Taten im prozessualen Sinne vorliegen (*München* NJW 1970, 261), von denen mindestens **eine Tat nur als OWi** verfolgt werden kann. Ob diese Situation gegeben ist, richtet sich nach der Anklage, wie sie vom Gericht beurteilt wird. Handelt es sich lediglich um eine Tat im prozessualen Sinne, so gilt die Vorschrift nicht.

4 Liegen die Voraussetzungen von Abs. 1 vor, so sind hinsichtlich der betreffenden Tat allgemein die Bestimmungen der StPO, **daneben aber auch die folgenden Vorschriften des OWiG anzuwenden**: § 46 Abs. 3 (Ausschluss der Anstaltsunterbringung, der Verhaftung und vorläufigen Festnahme, der Beschlagnahme von Postsendungen und Telegrammen sowie das Klageerzwingungsverfahren), § 46 Abs. 4 (Beschränkung der Eingriffsbefugnisse), § 46 Abs. 5 Satz 2 (Erzwingungshaft nach § 70 Abs. 2 StPO nur bis zu sechs Wochen), § 46 Abs. 7 (besondere Abteilungen und Spruchkörper für Bußgeldsachen), § 47 Abs. 2 (Einstellung des

Verfahrens), § 49 (Akteneinsicht der Verwaltungsbehörde), § 55 (Anhörung des Betroffenen), § 76 (Beteiligung der Verwaltungsbehörde), §§ 77, 78 (weitere Verfahrensvereinfachungen für die Beweisaufnahme), § 79 Abs. 1 bis 3 (Beschränkung der Rechtsbeschwerde) und § 80 (Zulassung der Rechtsbeschwerde).

Es gibt ferner kein schriftliches Verfahren nach § 72; der Betroffene und die StA sind entgegen den §§ 73 und 75 zum Erscheinen in der Hauptverhandlung verpflichtet und die Verhandlung ohne den Angeklagten und Betroffenen richtet sich nicht nach § 74, sondern nach den §§ 232, 233 StPO, und zwar auch dann, wenn es sich bei der gleichzeitigen Verfolgung von Straftaten und OWi nicht um eine Tat im prozessualen Sinn handelt, sondern um mehrere Taten. 5

Richtet sich ein Verfahren gegen mehrere Personen, von denen ein Beteiligter nur einer OWi beschuldigt wird, während einem anderen hinsichtlich derselben Tat eine Straftat zur Last gelegt wird, so gilt Abs. 1 ebenso, allerdings nicht für die §§ 48, 77 bis 78 Abs. 1 bis 3, weil insoweit hinsichtlich derselben Tat eine verfahrensrechtliche Differenzierung nicht möglich ist (KK-*Steindorf* 6). 6

Ist gegen einen Angeklagten wegen einer Straftat und gegen einen Betroffenen wegen einer OWi ein **einheitlicher Strafbefehl** ergangen und legt nur der Betroffene Einspruch ein, so wird das Verfahren als Bußgeldverfahren fortgesetzt (*BayObLG* VRS 46, 368), wobei § 72 wiederum nicht anwendbar ist. 7

Abs. 2 koordiniert die Rechtsmittel in den Fällen von Abs. 1. Die Vorschrift will verhindern, dass in einem einheitlichen Verfahren gleichzeitig zwei verschiedene Rechtsmittelinstanzen, nämlich die Strafkammer über die Berufung und der Senat für Bußgeldsachen über die Rechtsbeschwerde entscheiden (KK-*Steindorf* 7). Die Vorschrift ist an § 335 Abs. 3 StPO angelehnt, der für den Fall des Zusammentreffens von Berufung und Revision die rechtzeitig und in der vorgeschriebenen Form eingelegte Revision als Berufung behandelt, solange die Berufung nicht zurückgenommen oder als unzulässig verworfen ist. 8

Nach Abs. 2 Satz 1 wird in den Fällen des Abs. 1 eine rechtzeitig und in der vorgeschriebenen Form eingelegte **Rechtsbeschwerde als Berufung** behandelt, sofern gegen das Urteil, soweit es nur OWi betrifft, Rechtsbe- 9 schwerde und im Übrigen Berufung eingelegt war. Eine nicht form- und fristgerecht eingelegte Rechtsbeschwerde führt nicht zu einer sachlichen Nachprüfung in der Berufungsinstanz. In diesem Fall wird die Rechtsbeschwerde durch das Gericht, dessen Urteil angefochten ist, gemäß § 346 Abs. 1 StPO durch Beschluss als unzulässig verworfen (*RRH* 6).

10 Nach Abs. 2 Satz 2 sind die **Beschwerdeanträge und deren Begründung in der vorgeschriebenen Form anzubringen und dem Gegner zuzustellen** (§§ 344 bis 347 StPO). Die Nichteinhaltung dieser Vorschrift lässt die Rechtsbeschwerde im Berufungsverfahren jedoch nicht unzulässig werden, sofern sie nur rechtzeitig und formgerecht, d. h. schriftlich oder zur Niederschrift der Geschäftsstelle (§§ 314, 341 Abs. 1 StPO) eingelegt ist (*Stuttgart* bei *Göhler/Seitz* 10). Ist die Berufung jedoch zurückgenommen oder als unzulässig verworfen, so wird die unter Verstoß gegen Abs. 2 Satz 2 eingelegte Rechtsbeschwerde unzulässig (*Stuttgart* bei *Göhler/Seitz* 10). Sie wird auch in diesem Fall weiterhin als Berufung behandelt, wenn über die Berufung eines anderen Verfahrensbeteiligten inzwischen entschieden worden ist (*BayObLG* bei *Göhler/Seitz* 10).

11 **Erledigt sich die Berufung durch Rücknahme oder Verwerfung als unzulässig**, so erlangt die in zulässiger Weise angebrachte Rechtsbeschwerde wieder ihre Bedeutung. In diesem Fall wird sie nicht mehr als Berufung behandelt. Die Akten werden an das für die Behandlung der Rechtsbeschwerde zuständige Gericht abgegeben (*RRH* 7).

12 Nach Abs. 2 Satz 2 Halbsatz 2 **bedarf die Rechtsbeschwerde keiner Zulassung**, solange sie als Berufung behandelt wird. Daraus folgt, dass in dem Sonderfall der gleichzeitigen Einlegung von Berufung und Rechtsbeschwerde die Rechtsbeschwerde auch dann als Berufung behandelt wird, wenn die Voraussetzungen des § 79 Abs. 1 Satz 1 Nr. 1 bis 5 nicht vorliegen, also etwa wenn eine Geldbuße von nicht mehr als 100,– Euro festgesetzt worden ist, also sonst nur die Zulassungsbeschwerde gegeben wäre. Die Vorschrift setzt in diesem Fall lediglich die rechtzeitige und formgerechte Einlegung der Rechtsbeschwerde voraus.

13 **Ist diese Voraussetzung erfüllt**, so wird die Rechtsbeschwerde als Berufung behandelt (*RRH* 8). Wird allerdings die Berufung zurückgenommen oder als unzulässig verworfen, so müssen die Voraussetzungen des § 79 Abs. 1 vorliegen. Der Zulassungsantrag kann später nicht nachgeholt werden, wenn bekannt wird, dass die Rechtsbeschwerde nicht als Berufung behandelt werden kann, weil er befristet ist (§ 80 Abs. 2 Satz 1). In diesem Fall ist aber eine unbedingt eingelegte Rechtsbeschwerde nach § 300 StPO i.V.m. § 46 Abs. 1 als Antrag auf Zulassung der Rechtsbeschwerde anzusehen, so dass in Wahrheit eine Verfristung nicht eingetreten ist (*BayObLG* NJW 1970, 1202).

Nach Abs. 2 Satz 3 ist gegen das **Berufungsurteil die Rechtsbeschwerde** **14** nach § 79 Abs. 1 und 2 sowie § 80 zulässig, **im Übrigen die Revision.** Ist auch im Berufungsverfahren eine Geldbuße von nicht mehr als 250,– Euro festgesetzt worden, so kann der Betroffene insoweit nur Zulassungsbeschwerde beantragen. Hat das LG über Straftaten und OWi im Sinne von Abs. 1 im Berufungsurteil entschieden, so ist diese Entscheidung mit Revision oder Rechtsbeschwerde oder mit beidem anfechtbar.

Wird die Entscheidung in unbestimmter Weise angefochten, so ist hie- **15** rin sowohl Revision als auch Rechtsbeschwerde zu sehen, falls sich aus den Erklärungen oder den Umständen nichts anderes ergibt. Für die Entscheidung über die Revision ist der Strafsenat, über die hinsichtlich der Rechtsbeschwerde der Senat für Bußgeldsachen zuständig. Für beide gilt in der Sache Revisionsrecht, das nach § 79 Abs. 3 Satz 1 auch auf die Rechtsbeschwerde entsprechend anzuwenden ist.

Legt die Verteidigung lediglich Revision ein, so liegt darin nicht zu- **16** gleich die Einlegung der Rechtsbeschwerde oder der Antrag auf deren Zulassung, wenn die unterschiedliche Regelung der Anfechtung bereits in der Hauptverhandlung, aufgrund derer das Urteil ergangen ist, erörtert worden war (*BayObLG* NJW 1970, 1202). Trifft den Angeklagten kein Mitverschulden an der versäumten Vollanfechtung des Urteils, so kann ihm **Wiedereinsetzung in den vorigen Stand** bewilligt werden (KK-*Steindorf* 11). Anfechtungserklärungen des **juristischen Laien** sind wegen der für ihn kaum zu verstehenden Kompliziertheit dieser Regelungen stets zu seinen Gunsten auszulegen.

Nach Abs. 3 findet eine der Verfahrensvereinfachungen, die in § 79 **17** Abs. 6 vorgesehen sind, dass nämlich das Beschwerdegericht abweichend von § 354 Abs. 1 StPO und über § 354 Abs. 1a hinaus in der Sache selbst entscheiden kann, auch dann Anwendung, **wenn das Verfahren OWi und Straftat zum Gegenstand hat** und das Beschwerdegericht den nur

OWi betreffenden Teil des Urteils aufhebt (*RRH* 10). Die Zurückverweisungsverpflichtung des § 354 Abs. 2 StPO gilt in diesem Fall ebenfalls nicht, jedoch besteht die Zurückverweisungsmöglichkeit des § 79 Abs. 6.

18 Abs. 3 gilt hinsichtlich der Entscheidung über die Tat als OWi entsprechend, wenn das Revisionsgericht bei Vorliegen einer Tat im prozessualen Sinn die Straftat oder ihre Verfolgungsmöglichkeit endgültig verneint, also wegen der Straftat freisprechen oder das Verfahren einstellen müsste (*Schleswig* SchlHA 1988, 123; *Göhler/Seitz* 14). Verneint das Revisionsgericht eine Straftat und nimmt es stattdessen eine OWiG an, so kann es in sinngemäßer Anwendung von Abs. 3, § 79 Abs. 6 bei hinreichenden Feststellungen auch hinsichtlich des Rechtsfolgenanspruchs selbst entscheiden (*Celle* Urt. v. 7. April 2003 – ?1 Sa 17/03).

Siebenter Abschnitt. Rechtskraft und Wiederaufnahme des Verfahrens

§ 84 Wirkung der Rechtskraft

(1) Ist der Bußgeldbescheid rechtskräftig geworden oder hat das Gericht über die Tat als Ordnungswidrigkeit oder als Straftat rechtskräftig entschieden, so kann dieselbe Tat nicht mehr als Ordnungswidrigkeit verfolgt werden.

(2) Das rechtskräftige Urteil über die Tat als Ordnungswidrigkeit steht auch ihrer Verfolgung als Straftat entgegen. Dem rechtskräftigen Urteil stehen der Beschluß nach § 72 und der Beschluß des Beschwerdegerichts über die Tat als Ordnungswidrigkeit gleich.

Schrifttum: *Bauer/Molketin*, Zur Bedeutung des Grundsatzes ne bis in idem in Kartellbußgeldsachen, BB 1988, 1131; *Berz*, Rechtskraft und Sperrwirkung im Ordnungswidrigkeitsrecht, 1971; *Göhler*, Zur Rechtskraftwirkung von Bußgeldentscheidungen, wistra 1991, 91, 131; *Lillich*, Das Doppelstrafverbot bei Kartelldelikten im deutschen Recht und im Recht der Europäischen Gemeinschaft, 1978; *Molière*, Die Rechtskraft des Bußgeldbeschlusses, 1975; *Raisch*, „ne bis in idem" bei Sanktionen nach deutschem und europäischem Kartellrecht, Beitzke-FS S. 965.

Siebenter Abschnitt. Rechtskraft und Wiederaufnahme § 84

Die Vorschrift regelt die materiell-rechtliche Wirkung der **Rechtskraft** 1
des Bußgeldbescheides und der gerichtlichen Entscheidung. Sie wird ergänzt durch § 85 und § 86.

Nach Abs. 1 bewirkt die Rechtskraft des Bußgeldbescheides oder des gerichtlichen 2
Erkenntnisses über die Tat als OWi oder als Straftat, dass dieselbe Tat nicht mehr als OWi verfolgt werden kann. Die Vorschrift geht damit davon aus, dass auch ein **Bußgeldbescheid der Rechtskraft fähig** ist, obwohl üblicherweise bei Verwaltungsakten der Begriff der Rechtskraft nicht verwendet wird, sondern von seiner Bindungswirkung ausgegangen wird. Damit wird der Bußgeldbescheid eher in die Nähe des Strafbefehls nach §§ 407 ff. StPO gerückt, der im Falle der formellen Rechtskraft nach § 410 StPO ebenfalls der vollen materiellen Rechtskraft fähig ist (KK-*Steindorf* 2).

Der formell rechtskräftig gewordene Bußgeldbescheid steht einer erneuten 3
Verfolgung derselben Tat unter dem Gesichtspunkt derselben oder einer anderen OWi entgegen. Die rechtskräftige Entscheidung der Verwaltungsbehörde durch Bußgeldbescheid entfaltet keine Sperrwirkung hinsichtlich der Verfolgung von Straftaten. Verfolgbar bleiben Vorgänge, die mit der Tat im verfahrensrechtlichen Sinne, die Verfahrensgegenstand des rechtskräftig abgeschlossenen Bußgeldverfahrens gewesen sind, weder in äußerem noch in innerem Zusammenhang stehen und deshalb selbständige Taten im verfahrensrechtlichen Sinn darstellen (KK-*Steindorf* 4).

Dabei sind Tatteile, die nach sachlichem Recht eine **Bewertungseinheit** 4
oder eine **Dauer-OWi** darstellen, stets als eine einzige Tat im verfahrensrechtlichen Sinn aufzufassen. Damit erstreckt sich bei einer solchen Handlung die Sperrwirkung des rechtskräftigen Bußgeldbescheides auf die Verfolgung aller Handlungsteile, die vor seiner Zustellung verwirklicht worden sind, und zwar auch auf unentdeckt gebliebene Handlungsteile. Die rechtskräftige Verfolgung eines Verkehrsverstoßes hindert nicht unbedingt die Verfolgung weiterer OWi während der selben Fahrt; mehrere Taten im verfahrensrechtlichen Sinne können auch im Rahmen einer einheitlichen Fahrt dann angenommen werden, wenn dabei in unterschiedlichen Verkehrslagen mehrfach gegen Verkehrsvorschriften verstoßen wurde (*BayObLG* JR 2002, 523 m. Anm. *Seitz*; vgl. auch *Jena* NStZ 1999, 516).

§ 84 Zweiter Teil. Bußgeldverfahren

5 Bei einer **Dauer-OWi** bildet der Erlass des Bußgeldbescheides eine **Zäsur**. Alle Tatteile, die von dem rechtskräftig gewordenen Bußgeldbescheid erfasst sind, dürfen nicht zum zweiten Mal zum Gegenstand eines Bußgeldverfahrens gemacht werden, wohl aber kann eine neue Dauer-OWi beginnen, die eine neue Tat im verfahrensrechtlichen Sinne darstellt (*Düsseldorf* VRS 61, 301).

6 **Nicht ausgeschlossen** ist nach rechtskräftigem Bußgeldbescheid die nachträgliche Verfolgung der Tat **als Straftat** (*Koblenz* OLGSt 1). Dies kommt insbesondere in Betracht, wenn nachträglich neue Tatsachen oder Beweismittel bekannt werden, die eine Bewertung der Tat als Straftat nahe legen. Ist dies der Fall, kann die Verwaltungsbehörde verpflichtet sein, die Sache der StA zur weiteren Entschließung vorzulegen (*Göhler/Seitz* 13). Allerdings handelt die Verwaltungsbehörde pflichtwidrig, wenn sie trotz gegebener Anhaltspunkte für das Vorliegen einer Straftat einen Bußgeldbescheid erlässt, statt die Sache nach § 41 an die StA abzugeben.

7 **Wird die Sperrwirkung des Abs. 1 übersehen** und ergeht ein neuer Bußgeldbescheid, so ist dieser neue Bußgeldbescheid nicht von vornherein nichtig (*Göhler/Seitz* 11; KK-*Steindorf* 9). Einem weiteren Bußgeldbescheid steht vielmehr lediglich das Prozesshindernis der Sperrwirkung des ersten rechtskräftigen Bußgeldbescheids entgegen, was zur Einstellung des Verfahrens führt (*Naumburg* NJW 1995, 3332). Ansonsten ist der Fehler durch Wiederaufnahme des Verfahrens oder andere Rechtsbehelfe geltend zu machen (KK-*Steindorf* 9); eine Vollstreckung aus dem zweiten Bescheid ist jedenfalls ausgeschlossen, was ggf. analog § 458 StPO zu prüfen ist (*Koblenz* NStZ 1981, 195).

8 Liegt eine rechtskräftige Sachentscheidung **seitens des Gerichts über die Tat im verfahrensrechtlichen Sinne** vor, so ist **Sperrwirkung** eingetreten. Es besteht hinsichtlich der OWi eine Verfolgungssperre unter allen rechtlichen Gesichtspunkten, und zwar sowohl als OWi wie auch als Straftat (*RRH* 1). Zu den rechtskräftigen gerichtlichen Entscheidungen gehören nicht nur Urteile, und zwar Freisprüche und Verurteilungen, sondern auch Strafbefehle, ferner Beschlüsse nach §§ 72, 79, Beschlüsse, durch die die Eröffnung des Hauptverfahrens abgelehnt worden ist (§§ 204, 210 StPO), und Einstellungsbeschlüsse nach §§ 153 Abs. 2, 153a StPO oder nach § 47 Abs. 2.

Siebenter Abschnitt. Rechtskraft und Wiederaufnahme § 84

Der Eintritt der materiellen Rechtskraftwirkung ergibt sich daraus, dass 9
über den **Prozessgegenstand sachlich entschieden worden ist.** Der Umfang der Sperrwirkung reicht nur soweit, wie Tatidentität im Sinne des § 264 StPO besteht. Der Prozessgegenstand und dessen Umfang sind aus dem Inhalt des Bußgeldbescheides oder aus dem Eröffnungsbeschluss, im Falle einer Nachtragsanklage aus dem Gerichtsbeschluss gemäß § 266 Abs. 1 StPO zu ermitteln.

Keine absolute Sperrwirkung entfalten Sachentscheidungen mit einge- 10
schränkter Rechtskraftwirkung. Dies sind etwa die Ablehnung der Eröffnung des Hauptverfahrens (§ 204 StPO) vor ihrer Anfechtung, die Ablehnung des Antrags auf Erlass eines Strafbefehls (§ 408 Abs. 2 StPO), die Einstellung nach § 153 Abs. 2 StPO (vgl. hierzu *BGH* NJW 2004, 375) und die Einstellung nach § 47 Abs. 2. In diesen Fällen ist die Verfolgung als Straftat und als OWi weiterhin möglich, sobald neue Tatsachen oder neue Beweismittel vorliegen, die dem Gericht nicht bekannt waren, auch wenn sie ihm hätten bekannt sein können (*Göhler/Seitz* 15).

Gerichtliche Entscheidungen, die keine Sachentscheidung enthalten, 11
weil sie nicht über die Tat befinden, sondern nur Verfahrensfragen zum Gegenstand haben, haben keine Sperrwirkung. Hierzu zählen Beschlüsse, die das Verfahren wegen eines Verfahrenshindernisses einstellen und solche nach § 72 (KK-*Steindorf* 17). Geht es bei der Prozessentscheidung in Wahrheit um eine Sachentscheidung über die Tat, so ist die Entscheidung der materiellen Rechtskraft fähig. Dies gilt auch für Urteile in den Fällen des § 74 Abs. 2 Satz 1 (*RRH* 14).

Die gerichtliche Entscheidung über die Tat als OWi entfaltet **Sperrwir-** 12
kung für eine spätere Strafverfolgung. Die Vorschrift erweitert damit die grundsätzlich bestehende Sperrwirkung der gerichtlichen Entscheidung auf diejenige im Bußgeldverfahren. Eine spätere Verfolgung der Tat als Straftat ist auch bei neuen Tatsachen oder Beweismitteln nur noch im förmlichen Wiederaufnahmeverfahren möglich (§ 85), und zwar sowohl nach einem Sachurteil als auch nach einem Beschluss nach § 72 sowie nach einer Entscheidung des Beschwerdegerichts über die Tat als OWi nach § 79 Abs. 6.

Die Sperrwirkung gilt uneingeschränkt, so dass im Extremfall die Ab- 13
urteilung wegen einer OWi die spätere Verfolgung wegen eines Verbre-

chens sperrt, sofern der erforderliche enge sachliche Zusammenhang im Sinne der Tatidentität besteht. Dies wurde etwa verneint bei einer Dauer-OWi nach § 24a StVG und einer gelegentlich einer solchen Fahrt vorgenommenen sexuellen Nötigung (*Koblenz* NJW 1978, 716), sowie einem unerlaubten Besitz von Betäubungsmitteln während der Fahrt (*LG München II* NZV 2001, 359).

14 **Entscheidungen ausländischer Stellen**, und zwar von Gerichten oder Verwaltungsbehörden haben eine Sperrwirkung für die Verfolgung der Tat als OWi grundsätzlich nicht, weil das Verbot der Doppelverfolgung nach ständiger Rechtsprechung nicht im Verhältnis zur ausländischen Gerichtsbarkeit gilt (*BGHSt* 24, 57; KK-*Steindorf* 18). Eine Sperrwirkung besteht nur, soweit sie in einem zwischenstaatlichen Vertrag vereinbart und die Vereinbarung durch ein Ratifikationsgesetz in Kraft gesetzt ist. Das ist im Verhältnis zwischen Deutschland, Frankreich, den Benelux-Staaten, Italien, Portugal und Spanien sowie Griechenland, Österreich, Dänemark, Finnland, Island, Norwegen und Schweden nach dem Schengener Durchführungsübereinkommen der Fall (näher hierzu: *Göhler/Seitz* 18; KK-*Steindorf* 18; Art. 54–58 SDÜ). Ein Verbot der Doppelverfolgung ergibt sich ferner aus Art. VII des NATO-Truppenstatuts sowie aus dem EG-ne bis in idem-Übereinkommen (BGBl. 1998 II 2226; hierzu näher *Schomburg* NJW 2001, 801).

15 **Das Verbot der Doppelverfolgung** hindert bei einer Entscheidung nach dem EU-Recht nicht die Verfolgung eines Verstoßes gegen das nationale Recht, wenn er zuvor als ein Verstoß gegen das Gemeinschaftsrecht geahndet worden ist (*BGHSt* 24, 57). Liegt eine ausländische Entscheidung oder eine Entscheidung des EuGH über die Tat vor, so ist von der Verfolgung der Tat als OWi nach § 47 abzusehen, wenn durch diese Entscheidung der Unrechtsgehalt auch unter dem Gesichtspunkt des Verstoßes gegen innerstaatliche Vorschriften in vollem Umfang erfasst ist (KK-*Steindorf* 18).

16 Kommt es gleichwohl zur Festsetzung einer Geldbuße durch inländische Behörden bei vorausgegangenen ausländischen oder zwischenstaatlichen Entscheidungen über die Tat im verfahrensrechtlichen Sinne, so ist die dem Betroffenen auferlegte **Sanktion bei deren Bemessung anzurechnen** (*EuGH* NJW 1969, 1000 m. Anm. *Sieveking* MDR 1969, 364; *BGHSt* 24, 60; *Göhler/Seitz* 18).

§ 85 Wiederaufnahme des Verfahrens

(1) Für die Wiederaufnahme eines durch rechtskräftige Bußgeldentscheidung abgeschlossenen Verfahrens gelten die §§ 359 bis 373a der Strafprozeßordnung entsprechend, soweit die nachstehenden Vorschriften nichts anderes bestimmen.

(2) Die Wiederaufnahme des Verfahrens zugunsten des Betroffenen, die auf neue Tatsachen oder Beweismittel gestützt wird (§ 359 Nr. 5 der Strafprozeßordnung), ist nicht zulässig, wenn
1. gegen den Betroffenen lediglich eine Geldbuße bis zu zweihundertfünfzig Euro festgesetzt ist oder
2. seit Rechtskraft der Bußgeldentscheidung drei Jahre verstrichen sind.

Satz 1 Nr. 1 gilt entsprechend, wenn eine Nebenfolge vermögensrechtlicher Art angeordnet ist, deren Wert zweihundertfünfzig Euro nicht übersteigt.

(3) Die Wiederaufnahme des Verfahrens zuungunsten des Betroffenen ist unter den Voraussetzungen des § 362 der Strafprozeßordnung nur zu dem Zweck zulässig, die Verurteilung nach einem Strafgesetz herbeizuführen. Zu diesem Zweck ist sie auch zulässig, wenn neue Tatsachen oder Beweismittel beigebracht sind, die allein oder in Verbindung mit den früher erhobenen Beweisen geeignet sind, die Verurteilung des Betroffenen wegen eines Verbrechens zu begründen.

(4) Im Wiederaufnahmeverfahren gegen den Bußgeldbescheid entscheidet das nach § 68 zuständige Gericht. Wird ein solches Wiederaufnahmeverfahren von dem Betroffenen beantragt oder werden der Verwaltungsbehörde Umstände bekannt, die eine Wiederaufnahme des Verfahrens zulassen, so übersendet sie die Akten der Staatsanwaltschaft. § 69 Abs. 4 Satz 1 gilt entsprechend.

Die Vorschrift regelt die **Wiederaufnahme des Verfahrens** in **enger Anlehnung an die Vorschriften der StPO.** Nach Abs. 1 gelten für die Wiederaufnahme eines durch rechtskräftige Bußgeldentscheidung abgeschlossenen Verfahrens die §§ 359 bis 373a StPO entsprechend. Die Absätze 2 bis 4 enthalten abweichende Bestimmungen. Die Wiederaufnahme des Verfahrens ist ein Rechtsbehelf, der zu einer erneuten Nachprüfung

1

des rechtskräftig abgeschlossenen Verfahrens führt, wenn gegen die Beweisgrundlage des Verfahrens im Gesetz einzeln aufgezählte Einwendungen erhoben werden (*RRH* 1).

2 Für die Wiederaufnahme des Verfahrens ist die **ausschließliche Zuständigkeit des Gerichts** gegeben. Hat ein Gericht die Bußgeldentscheidung getroffen, so richtet sich die Zuständigkeit des Gerichts nach Abs. 1 i. V. m. § 367 StPO sowie § 140a GVG. Ist ein Bußgeldbescheid der Verwaltungsbehörde rechtskräftig geworden und soll dieses Verfahren wieder aufgenommen werden, so entscheidet das nach § 68 zuständige Gericht (Abs. 4 Satz 1). Bei Kartell-OWi entscheidet anstelle des AG das OLG (§ 85 GWB), und zwar bei einer gerichtlichen Bußgeldentscheidung ein anderer Senat des OLG, also nicht der Kartellsenat eines anderen OLG (*BGH* bei *Miebach* NStZ 1988, 209; *Göhler* NStZ 1988, 68).

3 **Verfolgungsbehörde im Wiederaufnahmeverfahren** ist die StA, auch wenn das Verfahren nur unter dem Gesichtspunkt einer OWi betrieben wird (Abs. 4 Satz 2 und 3). Sie ist dementsprechend nach § 368 Abs. 2 StPO anzuhören, wenn der Betroffene einen Wiederaufnahmeantrag stellt, und kann den Antrag nach Abs. 3 von sich aus stellen, ohne dass die Verwaltungsbehörde ihr die Akten nach Abs. 4 Satz 2 übersandt hat (*Göhler/Seitz* 2).

4 **Die Verwaltungsbehörde kann die Wiederaufnahme** nicht selbst beantragen, sondern lediglich **bei der StA anregen.** Dies kommt nur bei einer Wiederaufnahme zugunsten des Betroffenen im Hinblick auf eine OWi in Betracht, weil eine Wiederaufnahme unter dem Gesichtspunkt einer OWi zuungunsten des Betroffenen unzulässig ist (Abs. 3 Satz 1). Werden der Verwaltungsbehörde nachträglich Umstände bekannt, die die Verurteilung unter dem Gesichtspunkt einer Straftat zulassen, so gilt Abs. 4 Satz 2 nicht, weil in diesem Falle wegen der nur beschränkten Sperrkraftwirkung des Bußgeldbescheides die Wiederaufnahme des Verfahrens nicht notwendig ist (*Göhler/Seitz* 3).

5 **Die Vorschrift gilt für alle rechtskräftigen Bußgeldentscheidungen**, also bei Bußgeldbescheiden und bei Urteilen und Beschlüssen im Bußgeldverfahren (§§ 72, 79 Abs. 6) sowie gemäß § 373a StPO auch bei Strafbefehlen und bei Urteilen in Strafsachen (§§ 82, 83), soweit hier eine Geldbuße oder eine Nebenfolge festgesetzt ist (*Göhler/Seitz* 4).

Rechtskräftige Bußgeldentscheidung in diesem Sinne kann nur die Sach- **6**
entscheidung sein, die infolge ihrer **Sperrwirkung** eine andere Sachentscheidung nicht mehr zulässt. Ein Wiederaufnahmeverfahren ist daher nicht zulässig, wenn die rechtskräftige Bußgeldentscheidung auch außerhalb des Wiederaufnahmeverfahrens beseitigt werden kann, wie etwa bei Nichtigkeit der Bußgeldentscheidung oder bei Vorliegen der Teilrechtskraft hinsichtlich des nicht rechtskräftig gewordenen Teils der Entscheidung. **Ist die Sperrwirkung nur beschränkt,** wie etwa bei Einstellungsbeschlüssen nach § 47 Abs. 2, so ist ein Wiederaufnahmeverfahren auch dann unzulässig, wenn neue Tatsachen oder Beweismittel vorliegen. Das gilt auch in den Fällen des § 84 Abs. 1, wenn die Tat als Straftat verfolgt werden soll, nachdem die Verwaltungsbehörde einen rechtskräftig gewordenen Bußgeldbescheid erlassen hat (*RRH* 3). Gegen **Verwarnungen** (§ 56) ist das Wiederaufnahmeverfahren nicht eröffnet.

Nach Abs. 1 gelten die §§ 359 bis 373a StPO entsprechend, so weit die **7**
nachfolgenden Absätze nichts anderes regeln. Die Wiederaufnahme des Verfahrens zugunsten des Betroffenen richtet sich grundsätzlich nach § 359 Nr. 1 bis 6 StPO. Die Anwendung des § 359 Nr. 5 StPO wird durch Abs. 2 eingeschränkt.

§ 359 Nr. 1 StPO ist auch dann anzuwenden, wenn die **Falschurkunde** im **8**
Ermittlungsverfahren von der Verwaltungsbehörde **zuungunsten des Betroffenen** verwertet worden ist und nicht ausgeschlossen werden kann, dass sie für den Erlass des Bußgeldbescheides von Einfluss gewesen ist (*RRH* 7).

§ 359 Nr. 2 StPO ist bei Falschaussagen in der Hauptverhandlung oder an- **9**
sonsten nur dann anwendbar, wenn im Ermittlungsverfahren der **Zeuge oder Sachverständige richterlich vernommen** worden ist (§ 162 StPO), weil sich der Zeuge oder Sachverständige bei einer Vernehmung durch die Verwaltungsbehörde oder durch die Polizei keiner strafbaren Verletzung der Eidespflicht und keiner vorsätzlichen uneidlichen Falschaussage schuldig machen kann (KK-*Steindorf* 7). Die Sperrwirkung des § 364 Satz 1 StPO ist zu beachten: es muss eine rechtskräftige Verurteilung des Täters wegen der Tat vorliegen, es sei denn, diese scheitert an Verfolgungshindernissen. Liegt ein solches Verfolgungshindernis vor, so ist der Antrag bereits zulässig, wenn das Antragsvorbringen einen konkreten Tatverdacht ergibt, der zur Einleitung eines Ermittlungsverfahrens ausrei-

chen würde. In diesen Fällen ist immer zu prüfen, ob nicht auch ein Wiederaufnahmegrund nach § 359 Nr. 5 StPO gegeben ist (§ 364 Satz 2 StPO – *RRH* 8).

10 § 359 Nr. 3 StPO bezieht sich auf **Richter und Schöffen.** Der Wiederaufnahmegrund ist bei Bußgeldbescheiden gegeben, wenn der **Amtsträger, der den Bußgeldbescheid unterzeichnet hat**, sich einer strafbaren Verletzung seiner Amtspflichten schuldig gemacht hat. Dabei muss sich die Pflichtverletzung auf den Gegenstand des Bußgeldverfahrens beziehen. Die Sperrwirkung des § 364 StPO ist auch hier zu beachten. Nach § 359 Nr. 3 letzter Halbsatz StPO gilt die Vorschrift nicht, sofern die Verletzung vom Verurteilten selbst veranlasst ist. Daraus ergibt sich, dass der Betroffene dann keinen Anspruch auf Wiederaufnahme nach Nr. 3 hat, wenn er die Pflichtverletzung selbst, etwa durch Bestechung des Amtsträgers, verursacht hat.

11 § 359 Nr. 4 StPO ist gegeben, wenn sich die rechtskräftig gewordene Bußgeldentscheidung auf ein **aufgehobenes Zivilurteil** gründet (*RRH* 10). Dies ist nicht nur ein Zivilurteil der ordentlichen Gerichtsbarkeit, sondern sind alle Urteile der Zivil-, Arbeits-, Sozial-, Finanz- und Verwaltungsgerichte (KK-*Steindorf* 7). Ob der Bußgeldbescheid auf ein solches zivilgerichtliches Urteil gegründet ist, richtet sich danach, ob dieses Urteil als **urkundliche Beweisgrundlage** verwendet worden ist (KK-*Steindorf* 7).

12 Nach § 359 Nr. 5 StPO ist Wiederaufnahme zugunsten des Verurteilten zulässig, wenn **neue Tatsachen oder Beweismittel** beigebracht sind, die allein oder in Verbindung mit den früher erhobenen Beweisen die Freisprechung des Angeklagten oder die Anwendung milderer Rechtsnormen ermöglichen. Neue Tatsachen oder Beweismittel liegen dann vor, wenn sie bei Erlass der Bußgeldentscheidung der entscheidenden Stelle nicht bekannt gewesen sind oder von ihr entweder, weil nicht zur Kenntnis genommen oder falsch verstanden, jedenfalls versehentlich nicht verwendet worden sind (*Frankfurt* NJW 1978, 841). Sie müssen sich unmittelbar auf die Beurteilung der Tat oder den Wert anderer Beweismittel beziehen und geeignet sein, einen Freispruch des Betroffenen oder die Einstellung nach § 47, die Festsetzung einer geringeren Geldbuße, etwa aufgrund der Anwendung einer milderen Bußgeldvorschrift mit einem geringeren Höchstmaß oder den Wegfall von Nebenfolgen herbeizuführen (*Göhler/Seitz* 9).

Eine Änderung des Gesetzes oder der Rechtsprechung sind keine neuen Tatsachen oder Beweismittel in diesem Sinne.

Das Gutachten eines bisher nicht gehörten Sachverständigen ist nur 13 dann **neu** in diesem Sinne, wenn es geeignet erscheint, einem früher erstatteten Gutachten die für das Ergebnis wesentlichen und entscheidenden Grundlagen aufgrund neuer, möglichst überlegener Forschungsergebnisse zu entziehen, also nicht schon dann, wenn das neue Gutachten von dem früheren abweicht (*RRH* 11).

Die **bloße Herabsetzung der Geldbuße** wegen mildernder Umstände 14 kann mit der Wiederaufnahme nicht begehrt werden (§ 363 StPO), wohl aber bei nunmehriger Annahme von fahrlässigem anstelle vorsätzlichem Handeln und ganz allgemein bei angestrebter Veränderung des Bußgeldrahmens aufgrund der Anwendung anderer Rechtsvorschriften. Zulässig ist ferner das Begehren der Beseitigung einer Nebenfolge, soweit Wiederaufnahme nicht nach Abs. 2 Satz 2 oder nach § 439 Abs. 6 StPO ausgeschlossen ist (*Göhler/Seitz* 11).

Der **besondere Wiederaufnahmegrund des § 79 Abs. 1 BVerfGG** ist 15 auch auf Bußgeldentscheidungen entsprechend anwendbar, wenn auch nur als Wiederaufnahme zugunsten des Betroffenen (KK-*Steindorf* 21; offen gelassen von *BGH* NStZ 1992, 391). Danach ist die Wiederaufnahme des Verfahrens nach den gewöhnlichen Vorschriften zulässig, wenn eine rechtskräftige Bußgeldentscheidung auf einer vom Bundesverfassungsgericht für mit dem Grundgesetz unvereinbar oder auf einer für nichtig erklärten Norm beruht. § 363 StPO gilt hier nicht (*BGHSt* 18, 339). Wird eine landesrechtliche Bußgeldnorm durch das Verfassungsgericht des Landes für verfassungswidrig erklärt, so ist § 79 BVerfGG entsprechend anzuwenden, sofern das Landesrecht keine Bestimmung über die Wiederaufnahme enthält (*RRH* 16).

Der auf § 79 BVerfGG gestützte Wiederaufnahmeantrag kann von dem 16 Betroffenen oder der StA gestellt werden. Obliegt ihr die Vollstreckung und ist die Entscheidung noch nicht vollstreckt, so ist sie ggf. **zur Stellung des Antrags verpflichtet** (*Göhler* wistra 1984, 1), es sei denn, dass die Verurteilung auf eine inhaltsgleiche, aber nicht angegriffene Norm hätte gestützt werden können, weil § 79 BVerfGG grundsätzlich kein Vollstreckungsverbot enthält (*BVerfGE* 15, 311; *RRH* 17). Der neue Wiederaufnahmegrund einer Entscheidung des Europäischen Gerichtshofs für Menschenrechte (§ 359 Nr. 6 StPO) gilt nur für denjenigen, der in eigener Person dieses Urteil erstritten hat (KK-*Steindorf* 17a), ist also von geringer praktischer Bedeutung.

17 Nach Abs. 2 ist die Wiederaufnahme des Verfahrens nach § 359 Nr. 5 StPO nicht zulässig, wenn gegen den Betroffenen **lediglich eine Geldbuße bis zu 250,– Euro festgesetzt** ist oder seit Rechtskraft der Bußgeldentscheidung drei Jahre verstrichen sind. Bei einer Nebenfolge vermögensrechtlicher Art gilt die Sperre entsprechend, wenn deren Wert 250,– Euro nicht übersteigt.

18 Hat die Bußgeldentscheidung **mehrere Taten im prozessualen Sinn** zum Gegenstand, so gilt diese Einschränkung für jede einzelne von ihnen. Geldbuße und Nebenfolgen sind zusammenzurechnen. Ein Wiederaufnahmeantrag, der sich allein gegen die Anordnung der Nebenfolge richtet, ist dann unzulässig, wenn sie keinen höheren Wert als 250,– Euro hat, auch wenn daneben eine höhere Geldbuße festgesetzt ist (*Göhler/Seitz* 12).

19 Nach Ablauf von drei Jahren ist ein Wiederaufnahmeantrag nach § 359 Nr. 5 StPO **schlechthin unzulässig.** Die Frist beginnt mit der formellen Rechtskraft der Bußgeldentscheidung. Sie gilt auch dann, wenn die Vollstreckung noch nicht beendet ist. Wiedereinsetzung in den vorigen Stand ist nicht zulässig, weil § 44 StPO nicht für absolute Ausschlussfristen gilt (*Göhler/Seitz* 13). Wird ein Wiederaufnahmeantrag vor Ablauf der Frist gestellt, so wird er nicht unzulässig, wenn vor Zulassung der Wiederaufnahme (§ 367 StPO) die 3-Jahres-Frist verstreicht (*BGH* wistra 1991, 30). Dies gilt auch dann, wenn bei Stellung des Antrages der Fristablauf bereits zeitnah bevorsteht.

20 Die **3-Jahres-Frist gilt nur für Wiederaufnahmefälle nach § 359 Nr. 5 StPO.** Aufgrund des § 359 Nr. 1 bis 4 und 6 StPO kann trotz Zeitablaufs die Wiederaufnahme begehrt werden. Entscheidungen, die möglicherweise durch strafbare Mittel beeinflusst worden sind (§ 359 Nr. 1 bis 3 StPO), oder die in ihrer rechtlichen Grundlage erschüttert sind (§ 359 Nr. 4 und 6 StPO), sollen nicht zum Nachteil des Betroffenen Bestand haben dürfen (*Göhler/Seitz* 14).

Siebenter Abschnitt. Rechtskraft und Wiederaufnahme § 85

Nach Abs. 3 Satz 1 ist die Wiederaufnahme des Verfahrens zuungunsten **21** des Betroffenen unter den Voraussetzungen des § 362 StPO nur zu dem Zweck zulässig, **die Verurteilung nach einem Strafgesetz herbeizuführen.** Sie ist demnach nicht zulässig, wenn sie lediglich auf die Verurteilung wegen einer OWi abzielt. Das gilt für sämtliche rechtskräftigen Bußgeldentscheidungen. Ist der Betroffene freigesprochen worden, so kann gegen ihn mit dem Ziel der Festsetzung einer Geldbuße selbst dann im Wiederaufnahmeverfahren angestrengt werden, wenn der Freispruch im Bußgeldverfahren mit strafbaren Mitteln zustande gekommen ist oder der Betroffene nach Rechtskraft der Bußgeldentscheidung die Begehung der OWi glaubhaft eingestanden hat (*RRH* 24).

Bei **Bußgeldbescheiden der Verwaltungsbehörde** sind die Voraus- **22** setzungen der **Wiederaufnahme zuungunsten** des Betroffenen nicht gegeben. Ihr Bußgeldbescheid hindert die spätere Strafverfolgung ohnehin nicht. Ist im gerichtlichen Bußgeldverfahren der Betroffene freigesprochen worden, so kommen die Wiederaufnahmegründe nach § 362 Nr. 1 bis 4 StPO in Betracht, wenn sie geeignet erscheinen, eine Verurteilung wegen eines Strafgesetzes herbeizuführen. Bei einer Verurteilung zur Geldbuße kommen nur die Wiederaufnahmegründe nach § 362 Nr. 1 bis 3 StPO in Betracht.

§ 362 Nr. 4 StPO ist unanwendbar, weil der Betroffene **verurteilt** und **23** nicht freigesprochen war, es sei denn, der Wiederaufnahmegrund des Abs. 3 Satz 2 liegt vor, d. h. es sind neue Tatsachen oder Beweismittel beigebracht, die allein oder in Verbindung mit früher erhobenen Beweisen geeignet sind, die Verurteilung des Betroffenen wegen eines Verbrechens zu begründen.

Bei einer gerichtlichen Entscheidung durch Urteil im Strafverfahren, **24** durch die der Angeklagte zugleich wegen der Tat als OWi freigesprochen oder gegen ihn eine Geldbuße festgesetzt ist, kann die Wiederaufnahme zum Zwecke einer Ahndung oder strengeren Ahndung aufgrund von Bußgeldvorschriften nicht begehrt werden (KK-*Steindorf* 30). In diesem Fall gilt auch der besondere Wiederaufnahmegrund des Abs. 3 Satz 2 nicht, der in einem Verfahren, das von vornherein Strafverfahren gewesen ist, nicht in Betracht kommt. Hat ein Strafverfahren stattgefunden, so ist die Wiederaufnahme zuungunsten des Angeklagten nur wegen der Wiederaufnahmegründe der StPO zulässig (*Göhler/Seitz* 20).

§ 85   Zweiter Teil. Bußgeldverfahren

25 Bei einer **gerichtlichen Bußgeldentscheidung im Zusammenhang mit einer Strafsache** (Urteil, Strafbefehl, § 83) ist die Wiederaufnahme wegen der Tat unter den gleichen Voraussetzungen gegeben wie bei einer gerichtlichen Entscheidung in Bußgeldsachen (KK-*Steindorf* 31).

26 Nach Abs. 4 Satz 1 entscheidet im Wiederaufnahmeverfahren gegen den Bußgeldbescheid **das nach § 68 zuständige Gericht.** Das ist das AG, in dessen Bezirk die Verwaltungsbehörde ihren Sitz hat. Der Antrag auf Wiederaufnahme ist bei dem AG, nicht bei der Verwaltungsbehörde zu stellen. Wird er bei der Verwaltungsbehörde eingereicht, so übersendet sie ihn der StA, die ihn mit ihrer Stellungnahme dem Gericht vorlegt (*Göhler/Seitz* 22).

27 **Antragsberechtigt** sind neben dem Betroffenen und Nebenbeteiligten die in §§ 297, 298 StPO bezeichneten Personen (Verteidiger, gesetzliche Vertreter) und die StA. Das Gericht kann dem Antragsteller unter den Voraussetzungen der §§ 364a, 364b StPO einen Verteidiger bestellen. Werden der Verwaltungsbehörde Umstände bekannt, die eine Wiederaufnahme des Verfahrens zulassen, so übersendet sie gemäß Abs. 4 Satz 2 die Akten der StA. Ob sie hierzu verpflichtet ist, beurteilt sich nach allgemeinen Gesichtspunkten. Form und Inhalt des Antrags richten sich nach den §§ 365, 366 StPO. Der Betroffene kann den Antrag nur durch den Verteidiger, einen Rechtsanwalt oder zu Protokoll der Geschäftsstelle, also des Rechtspflegers stellen (§ 366 Abs. 2 StPO; § 24 Abs. 1 Nr. 2 RpflG).

28 **Ist die Bußgeldentscheidung bereits vollstreckt**, so gilt § 361 Abs. 1 StPO. Der Antrag auf Wiederaufnahme des Verfahrens ist danach auch nach abgeschlossener Vollstreckung zulässig. Der Tod des Betroffenen hindert ein Wiederaufnahmeverfahren ebenfalls nicht (*RRH* 37b; **a. A.** *Göhler/Seitz* 25a, KK-*Steindorf* 36). Auch ein Freispruch in einem gewichtigen OWi-Verfahren nach erfolgter Wiederaufnahme kann den guten Ruf des Verstorbenen wiederherstellen und weitergehende Nachwirkungen auf seine Angehörigen haben. § 361 StPO gilt demnach auch insoweit ohne Einschränkung.

29 **Für das Zulassungs- und Prüfungsverfahren** gelten die §§ 367 Abs. 2, 368 bis 370 StPO entsprechend. Ist der Antrag nicht in der vorgeschriebenen Form gestellt worden oder ist darin kein vom Gesetz genannter Grund zur Wiederaufnahme genannt oder kein geeignetes Beweismittel angeführt, so wird der Antrag als unzulässig verworfen. Besondere Bedeutung kommt dabei der Eignung der im Antrag genannten neuen Tatsachen und Beweismittel nach § 359 Nr. 5 StPO zu. Das Wiederaufnahmegericht trifft in diesen Fällen eine vorweggenommene Beweiswürdigung (KK-*Steindorf* 37).

Nach dieser Zulässigkeitsprüfung tritt das Gericht in die **sachliche Prüfung der Begründetheit** ein (§§ 369, 370 StPO). Haben die vom Antragsteller aufgestellten Behauptungen sich in der hierzu durchzuführenden Beweisaufnahme nicht erhärtet oder liegen die übrigen Voraussetzungen von § 370 Abs. 1 StPO vor, so wird der Wiederaufnahmeantrag ohne mündliche Verhandlung als unbegründet verworfen. Hiergegen gibt es die sofortige Beschwerde für den von der Entscheidung Benachteiligten (§ 372 StPO). 30

Ist die Begründetheitsprüfung positiv verlaufen, **so ordnet das Gericht die Wiederaufnahme des Verfahrens und die Erneuerung der Hauptverhandlung an** (§ 370 Abs. 2). Sie ist, soweit sie OWi zum Gegenstand hat, eine solche im Bußgeldverfahren, so dass gemäß § 76 die Verwaltungsbehörde an der neuen Hauptverhandlung zu beteiligen ist (*RRH* 41; a. A. *Kaiser* NJW 1968, 1817). In den übrigen Fällen ist sie eine Hauptverhandlung im Strafverfahren, jedoch gilt die Regelung des § 83 auch hier. 31

Das Gericht kann eine Hauptverhandlung auch dann anordnen, wenn sie noch nicht stattgefunden hat oder wenn das Wiederaufnahmeverfahren sich gegen einen im schriftlichen Verfahren ergangenen Beschluss nach § 72 gerichtet hat (KK-*Steindorf* 39). Das Gericht entscheidet darüber, vor welchem Gericht die neue Hauptverhandlung stattzufinden hat. Die Zuständigkeit des Gerichts für das künftige Verfahren richtet sich dabei nach den allgemeinen Vorschriften (*BGH* bei KK-*Steindorf* 39). 32

Nach § 371 Abs. 2 StPO kann das Wiederaufnahmegericht, bei öffentlichen Klagen jedoch nur mit Zustimmung der StA, den Verurteilten auch sofort freisprechen, wenn dazu bereits genügende Beweise vorliegen. Dies gilt auch dann, wenn das Gericht bei Wiederaufnahme zugunsten des Betroffenen nach Durchführung des Prüfungsverfahrens das Verfahren nach § 47 Abs. 2 einstellen will (*Göhler/Seitz* 28). In diesem Fall bezieht sich die Zustimmung der StA sowohl auf die Einstellung als auch auf das 33 abgekürzte Verfahren nach § 371 Abs. 2 StPO. Wird so verfahren, so ist der Bußgeldbescheid der Verwaltungsbehörde zugleich aufzuheben (§ 371 Abs. 3 StPO).

34 Hat hinsichtlich der aufgehobenen Bußgeldentscheidung eine Hauptverhandlung nicht stattgefunden, so steht dem Betroffenen eine Bekanntmachung des Freispruchs nicht zu, weil in diesem Fall der Zweck der Vorschrift (§ 371 Abs. 4), nämlich das **Rehabilitierungsinteresse des Verurteilten bekannt zu machen**, nicht gegeben ist. Dasselbe gilt bei Einstellung nach § 47 Abs. 2 (*RRH* 40).

35 Für die **Kosten des Wiederaufnahmeverfahrens** gilt § 473 Abs. 6 Nr. 1 StPO entsprechend. Dem Verteidiger steht bei einem Freispruch im abgekürzten Verfahren außer der Gebühr für das Wiederaufnahmeverfahren eine weitere Gebühr für das die Hauptverhandlung ersetzende verkürzte Bußgeldverfahren zu (*Göhler/Seitz* 30). Über die Kosten des Verfahrens wird bei Anordnung des Verfahrens nach § 370 Abs. 2 StPO erst bei der abschließenden Entscheidung aufgrund einer Hauptverhandlung oder durch gesonderten Beschluss entschieden.

§ 86 Aufhebung des Bußgeldbescheides im Strafverfahren

(1) Ist gegen den Betroffenen ein Bußgeldbescheid ergangen und wird er später wegen derselben Handlung in einem Strafverfahren verurteilt, so wird der Bußgeldbescheid insoweit aufgehoben. Dasselbe gilt, wenn es im Strafverfahren nicht zu einer Verurteilung kommt, jedoch die Feststellungen, die das Gericht in der abschließenden Entscheidung trifft, dem Bußgeldbescheid entgegenstehen.

(2) Geldbeträge, die auf Grund des aufgehobenen Bußgeldbescheides gezahlt oder beigetrieben worden sind, werden zunächst auf eine erkannte Geldstrafe, dann auf angeordnete Nebenfolgen, die zu einer Geldzahlung verpflichten, und zuletzt auf die Kosten des Strafverfahrens angerechnet.

(3) Die Entscheidung nach den Absätzen 1 und 2 werden in dem Urteil oder in der sonstigen abschließenden Entscheidung getroffen.

1 Die Vorschrift ermöglicht die Aufhebung des Bußgeldbescheides in einem **vereinfachten Wiederaufnahmeverfahren**, wenn später wegen

derselben Handlung in einem Strafverfahren Verurteilung erfolgt (Abs. 1 Satz 1), oder es nicht zu einer Verurteilung kommt, jedoch die Feststellungen, die das Gericht in der abschließenden Entscheidung trifft, dem Bußgeldbescheid entgegenstehen (Abs. 1 Satz 2). In Abs. 2 ist geregelt, was mit Geldbeträgen geschieht, die aufgrund des aufgehobenen Bußgeldbescheides gezahlt oder beigetrieben worden sind. Abs. 3 legt fest, wann und wo die Entscheidungen nach den Absätzen 1 und 2 zu treffen sind. Die Vorschrift dient dem Interesse der Klarheit der Rechtsverhältnisse und verhindert zum Schutz des Betroffenen, dass voneinander abweichende Entscheidungen nebeneinander Bestand haben (*Göhler/Seitz* 1). Sie findet sowohl auf rechtskräftige wie auf nicht rechtskräftige Bußgeldbescheide Anwendung (*BayObLG* DAR 1976, 179).

Die Vorschrift gilt nicht für gerichtliche Bußgeldentscheidungen. Bei diesen ist nur eine Wiederaufnahme unter den Voraussetzungen des § 85 möglich. Sie wird im Übrigen insbesondere bei zwei Fallgestaltungen praktisch. Die von der Verwaltungsbehörde als OWi verfolgte und durch Bußgeldbescheid rechtskräftig geahndete Handlung wird nachträglich von der StA als Straftat angesehen. Hierzu gehört auch der Fall, dass bei Vorliegen eines Mischtatbestandes die Verwaltungsbehörde die Handlung als OWi und die StA als Straftat bewertet hat. 2

In Betracht kommt die Vorschrift ferner, wenn die Verwaltungsbehörde nicht erkannt hat, dass in Tateinheit mit der von ihr verfolgten OWi eine Straftat vorliegt oder wenn Verwaltungsbehörde und StA, ohne es zu wissen, dieselbe Handlung als OWi bzw. als Straftat verfolgt haben und die StA vor Rechtskraft des Bußgeldbescheides und bevor das Bußgeldverfahren bei Gericht anhängig geworden ist (§ 69), wegen dieser Handlung Anklage erhoben hat (*Göhler/Seitz* 1). 3

Abs. 1 Satz 1 setzt voraus, dass gegen den Betroffenen ein Bußgeldbescheid ergangen ist und der Betroffene später wegen derselben Handlung in einem Strafverfahren verurteilt worden ist. In diesem Fall ist der Bußgeldbescheid aufzuheben, weil mit der Bejahung der Straftat gemäß § 21 Abs. 1 Satz 1 die OWi verdrängt wird (*BayObLG* NJW 1979, 827), so dass der Bußgeldbescheid keinen Bestand haben kann. Die Entscheidung nach Abs. 1 kann auch noch das Revisionsgericht treffen (KK-*Steindorf* 6). 4

5 Die Verurteilung des Betroffenen im Strafverfahren muss wegen derselben Handlung erfolgt sein, die auch dem Bußgeldbescheid zugrunde lag. Dabei muss es sich um dieselbe Handlung im materiell-rechtlichen Sinne handeln (§ 19). Eine Verurteilung wegen einer Tat im verfahrensrechtlichen Sinne reicht nicht aus. Liegt bei einem geschichtlichen Vorgang, der im natürlichen Sinne eine Einheit bildet, Tatmehrheit vor, so kommt es darauf an, ob die spätere Verurteilung gerade die Handlung betrifft, wegen der im Bußgeldbescheid eine Geldbuße festgesetzt war, weil die spätere Verurteilung nicht stets alle Handlungen einer Tat erfassen muss, etwa wenn der Verfolgung einzelner Handlungen Verfahrenshindernisse entgegenstehen oder nach § 154a StPO von der Verfolgung einzelner Teile einer Tat abgesehen werden kann (*Göhler/Seitz* 2).

6 Die Vorschrift findet keine Anwendung, wenn der Sachverhalt, welcher der Ahndung als OWi zugrunde lag, und der Sachverhalt, welcher Gegenstand der strafrechtlichen Verurteilung ist, zwar als eine Tat im prozessualen Sinn zu werten sind, im materiell-rechtlichen Sinne jedoch mehrere Handlungen (§ 20) vorliegen (*RRH* 7).

7 Dieselbe Handlung liegt nicht vor, wenn nach dem Erlass eines Bußgeldbescheides wegen einer Dauer-OWi diese fortgesetzt wird und so in eine Straftat übergeht (z. B. § 148 Nr. 1 GewO). In diesem Falle unterbricht der Bußgeldbescheid, wenn er Rechtskraft erlangt, das Dauerdelikt (*Göhler/Seitz* 2). Wird danach wegen der Verstöße eine Strafe verhängt, so ist er nicht aufzuheben (**a. A.** *Frankfurt* GewArch 1981, 296).

8 Abs. 1 Satz 2 ergänzt die Regelung des Abs. 1 Satz 1. Er betrifft die Fälle, in denen es im Strafverfahren nicht zu einer Verurteilung gekommen ist, jedoch in der abschließenden gerichtlichen Entscheidung Feststellungen getroffen worden sind, die mit den im Bußgeldbescheid getroffenen Feststellungen unvereinbar sind, **dem Bußgeldbescheid also die Grundlage entziehen würden.** Bei der abschließenden Entscheidung in der Sache muss es sich um eine gerichtliche Entscheidung handeln (KK-*Steindorf* 7).

9 In Betracht kommt jede abschließende gerichtliche Entscheidung zur Sache, **sofern darin Feststellungen getroffen werden** (Begründung BT-Drucks. V/1269 S. 111). Dies kann bereits der Beschluss über die Ablehnung der Eröffnung des Hauptverfahrens (§ 204 Abs. 1 StPO) sein, aus dem hervorgehen muss, ob er auf tatsächlichen oder auf rechtlichen Gründen beruht (*Göhler/Seitz* 8).

Wird das später eingeleitete Strafverfahren eingestellt, und zwar wegen eines Verfahrenshindernisses nach § 260 Abs. 3 StPO oder nach einer Vorschrift, die dies nach dem Ermessen des Gerichts erlaubt (z. B. §§ 153 Abs. 2, 153a Abs. 2 StPO), bleibt der Bußgeldbescheid in der Regel unberührt, weil sich die gerichtliche Beurteilung nur auf die Verfolgung der Tat als Straftat erstreckt hat (KK-*Steindorf* 9; **a. A.** *RRH* 12). Wirkt sich hingegen ausnahmsweise die Beurteilung, dass die Schuld des Täters gering ist, zugleich auf die Beurteilung der Handlung als OWi aus, so ist Abs. 1 Satz 2 anzuwenden (*Göhler/Seitz* 7). 10

Stellt das Gericht das Verfahren wegen eines Verfahrenshindernisses ein, so ist zu prüfen, ob das Verfahrenshindernis in gleicher Weise dem Bußgeldbescheid entgegenstünde. Das kann bei Exterritorialität oder Amnestie der Fall sein, trifft jedoch zumeist nicht zu, etwa wenn das Fehlen eines Strafantrages festgestellt ist, Immunität vorliegt oder die Verjährungsfrist nur hinsichtlich der Straftat abgelaufen ist, was aber wegen der kurzen Verjährungsfristen des OWi-Rechts kaum vorkommen dürfte (KK-*Steindorf* 10). 11

Kommt es im Strafverfahren zum Freispruch, so ist anhand der Entscheidungsgründe zu prüfen, ob die Feststellungen sich in der Weise beschränken lassen, dass sie nur das Strafverfahren betreffen oder ob sie auch das OWi-Verfahren erfassen. Erfolgt etwa Freispruch, weil die Täterschaft des Angeklagten nicht erweislich ist, weil er schuldunfähig gewesen ist, im rechtfertigenden Notstand gehandelt hat usw., so wirkt sich diese Feststellung zugleich auch auf die Annahme der OWi aus, so dass Abs. 1 Satz 2 vorliegt. Ist der Freispruch erfolgt, weil die Kausalität eines ordnungswidrigen Verhaltens für die Schadensfolge nicht festgestellt ist, so ist dem ordnungswidrigen Verhalten in einem ergangenen Bußgeldbescheid nicht die Grundlage entzogen. Die Feststellungen des Gerichts stehen dem Bußgeldbescheid nicht entgegen (KK-*Steindorf* 11). 12

Kommt es im Strafverfahren zu einem Freispruch mangels Beweises, so kann davon auch die Grundlage des Bußgeldbescheides betroffen sein, wenn die Nichterweislichkeit sich im Tatsächlichen auf den Kernbereich 13 des ordnungswidrigen Verhaltens, das zugleich die strafrechtliche Schuld ausmacht, bezieht. In diesem Fall ist der Bußgeldbescheid aufzuheben.

14 Liegen die Voraussetzungen von Abs. 1 vor, so ist der Bußgeldbescheid aufzuheben. Nach Abs. 3 hat das Gericht die Rechtsfolge der Aufhebung in den Entscheidungssatz aufzunehmen. Es reicht nicht aus, wenn in den Gründen beiläufig darauf hingewiesen wird, dass die Voraussetzungen der Aufhebung vorliegen. Die Aufhebung erfolgt jedoch nur in dem Umfang, in dem die Berechtigung des Bußgeldbescheides entfallen ist. Hat er mehrere selbständige Handlungen des Betroffenen zum Gegenstand gehabt und bezieht sich das nachträglich durchgeführte Strafverfahren nur auf eine dieser Handlungen, so erfasst die Aufhebung den Bußgeldbescheid auch nur in Bezug auf diese Einzelhandlung. Darüber hinaus bleibt er aufrechterhalten (KK-*Steindorf* 12). Eine bloße Milderung der im Bußgeldbescheid festgesetzten Geldbuße kommt auch dann nicht in Betracht, wenn die Feststellungen im Strafverfahren ergeben, dass die OWi an sich eine mildere Beurteilung verdient (*Göhler/Seitz* 9).

15 Nach Abs. 2 werden **Geldbeträge**, die aufgrund des aufgehobenen Bußgeldbescheides **bereits gezahlt oder beigetrieben sind**, auf die vermögensrechtlichen Folgen des Strafkerkenntnisses **angerechnet.** Dadurch sollen die wirtschaftlichen Nachteile des Betroffenen möglichst rasch ausgeglichen werden (*Göhler/Seitz* 10). Anzurechnen sind sämtliche Geldbeträge, die der Verurteilte bereits gezahlt hat. Dazu rechnen nicht nur die Geldbuße, und zwar auch im Falle des § 30 (*RRH* 14), sondern auch der Mehrerlös nach §§ 8 ff. WiStG, der Wertersatz anstelle des Einziehungsgegenstandes (§ 25), der Verfall eines Geldbetrages (§ 29a) sowie die Kosten des Bußgeldverfahrens (§ 105).

16 Diese Beträge sind insgesamt und nicht gesondert zunächst auf eine erkannte Geldstrafe, dann auf die angeordneten **Nebenfolgen**, die zu einer Geldzahlung verpflichten, und zuletzt auf die **Kosten des Verfahrens** einschließlich der **Vollstreckungskosten** (*Göhler/Seitz* 10a) anzurechnen, soweit sie der Angeklagte zu tragen hat. Die Anordnung geschieht so, dass die nachteiligeren Folgen des Strafkerkenntnisses zuerst beseitigt werden. Das Gericht kann die Anrechnung im Strafkerkenntnis in der Weise aussprechen, dass es die anzurechnenden Beträge nach dem Wortlaut von Abs. 2 abstrakt bezeichnet und dann die Geldstrafe sowie die etwa angeordneten Nebenfolgen, auf die angerechnet wird, konkret benennt (KK-*Steindorf* 15), sowie schließlich abstrakt die Kosten des Strafverfahrens aufführt, wobei die Vollstreckungskosten nicht gesondert erwähnt zu werden brauchen (*Göhler/Seitz* 10a).

17 Wird der Angeklagte nicht zu einer Geldstrafe oder einer Nebenfolge, **sondern zu einer Freiheitsstrafe** verurteilt, so ist die Anrechnung nur auf die Kosten des Strafverfahrens auszusprechen, soweit sie der Angeklagte zu tragen hat (*Göhler/Seitz* 10a).

18 **Geldbeträge, die durch Anrechnung nicht getilgt werden können**, sind an den Betroffenen zurückzuerstatten (*Göhler/Seitz* 10b). Wie die angerechneten, also nicht zurückgezahlten Beträge behördenintern behandelt werden, hängt von der Regelung im Einzelfall ab, etwa davon, ob eine Verwaltungsbehörde des Bundes den Bußgeldbescheid erlassen hat oder ob aus Gründen der Verwaltungsvereinfachung behördenintern auf Erstattung verzichtet wird und wie das in einzelnen Ländern rechtlich geregelt ist.

19 **Über die Rückzahlung des verbleibenden Überschusses** an den Betroffenen entscheidet das Gericht nicht (*BayObLG* NJW 1979, 827). Sollte auch das Rechtsmittelgericht die nach Abs. 1 und 2 erforderlichen Entscheidungen unterlassen haben, so sind diese vom Gericht des 1. Rechtszuges des Strafverfahrens nach §§ 102 Abs. 2, 104 Abs. 1 Nr. 4 nachzuholen.

20 Die **Vollstreckung** des Bußgeldbescheides **ist unzulässig**, soweit er aufgehoben ist. Schon vor der formellen Aufhebung des Bußgeldbescheides ist eine Aussetzung der Vollstreckung geboten (§ 102 Abs. 1).

Achter Abschnitt. Verfahren bei Anordnung von Nebenfolgen oder der Festsetzung einer Geldbuße gegen eine juristische Person oder Personenvereinigung

§ 87 Anordnung von Einziehung und Verfall

(1) Hat die Verwaltungsbehörde im Bußgeldverfahren über die Einziehung eines Gegenstandes zu entscheiden, so ist sie auch für die Anordnung der Verfahrensbeteiligung, die Beiordnung eines Rechtsanwalts oder einer anderen Person, die als Verteidiger bestellt werden darf, und die Entscheidung über die Entschädigung zuständig (§§ 431, 434 Abs. 2, § 436 Abs. 3 der Strafprozessordnung); § 60 Satz 2 gilt entsprechend.

(2) Vom Erlass des Bußgeldbescheides an hat der Einziehungsbeteiligte, soweit das Gesetz nichts anderes bestimmt, die Befugnisse, die einem Betroffenen zustehen. Ihm wird der Bußgeldbescheid, in dem die Einziehung angeordnet wird, zugestellt. Zugleich wird er darauf hingewiesen, dass über die Einziehung auch ihm gegenüber entschieden ist.

(3) Im selbständigen Verfahren wird die Einziehung in einem selbständigen Einziehungsbescheid angeordnet; § 66 Abs. 1, Abs. 2 Nr. 1 Buchstabe a und Abs. 3 gilt entsprechend. Der Einziehungsbescheid steht einem Bußgeldbescheid gleich. Zuständig ist die Verwaltungsbehörde, die im Falle der Verfolgung einer bestimmten Person zuständig wäre; örtlich zuständig ist auch die Verwaltungsbehörde, in deren Bezirk der Gegenstand sichergestellt worden ist.

(4) Das Nachverfahren (§ 439 der Strafprozessordnung) gegen einen Bußgeldbescheid ist bei der Verwaltungsbehörde zu beantragen, welche die Einziehung angeordnet hat. Die Entscheidung trifft das nach § 68 zuständige Gericht. Die Verwaltungsbehörde übersendet die Akten der Staatsanwaltschaft, die sie dem Gericht vorlegt; § 69 Abs. 4 Satz 1 gilt entsprechend.

(5) Die Entscheidung des Gerichts über die Einziehung eines Gegenstandes, dessen Wert zweihundertfünfzig Euro nicht übersteigt, ist nicht anfechtbar.

(6) Die Absätze 1, 2 Satz 1 und 2, Absatz 3 Satz 1 bis 3 Halbsatz 1 und Absatz 5 gelten im Verfahren bei Anordnung des Verfalls entsprechend.

Die Vorschrift regelt das Verfahren bei der **Anordnung der Einziehung** (§§ 22 ff.) und des **Verfalls** (§ 29a). Die §§ 430 bis 442 und 444 StPO gelten gemäß § 46 Abs. 1 sinngemäß auch für das verwaltungsbehördliche und gerichtliche Bußgeldverfahren (KK-*Boujong* 1). 1

Die Vorschrift sichert die **verfahrensrechtliche Beteiligung** von **Personen, die nicht selbst Betroffene sind**, in deren Rechtsstellung aber durch die Anordnung der Nebenfolge eingegriffen wird. Bevor ihre Verfahrensbeteiligung angeordnet ist, sind sie nur Beteiligungsinteressenten. Die Vorschrift konkretisiert ihren verfassungsrechtlichen Anspruch auf rechtliches Gehör (Art. 103 Abs. 1 GG) und gewährt, soweit das Eigentum berührt wird, effektiven Rechtsschutz. Sie sichert demnach, dass die Nebenbeteiligten mit dem Erlass des Bußgeldbescheides Verfahrenssubjekte mit eigenen verfahrensrechtlichen Befugnissen werden. 2

Einziehungsbeteiligte können der mögliche Eigentümer oder Rechtsinhaber des Einziehungsgegenstandes sowie derjenige, der ein sonstiges Recht an dem Gegenstand haben kann, sein. Ferner der Vorbehalts- oder Sicherungseigentümer, wenn das Erlöschen seines Rechts im Falle der Einziehung angeordnet werden kann. Beschränkt dinglich Berechtigte sind jedoch nur dann zu beteiligen, wenn das Erlöschen ihrer Rechte im Falle der Einziehung angeordnet werden könnte. Einziehungsbeteiligter kann schließlich der Beteiligte i. S. v. § 14 sein (*Göhler/König* 2). 3

Auch der **Verfallsbeteiligte** wird dies erst durch die Anordnung seiner Verfahrensbeteiligung; vorher ist er nur Verfallsinteressent (KK-*Boujong* 12). Voraussetzung der Verfallsbeteiligung ist, dass gegenüber einem anderen als dem Betroffenen wahrscheinlich der Verfall eines Geldbetrages nach § 29a angeordnet wird, weil dieser Dritte für eine mit Geldbuße bedrohte Handlung oder aus ihr einen Vermögensvorteil erlangt hat. 4

Juristische Personen oder Personenvereinigungen können als Einziehungsbeteiligte am Verfahren beteiligt werden, etwa wenn wegen der Handlung ihrer vertretungsberechtigten Organe die Einziehung auch ihnen gegenüber zulässig ist (§ 29 i. V. m. §§ 22 bis 25) und deshalb ihre Verfahrensbeteiligung angeordnet ist. Ist ihre Verfahrensbeteiligung angeordnet, 5 weil im Bußgeldverfahren über die Festsetzung einer Geldbuße gegen sie zu entscheiden ist, so rücken sie verfahrensrechtlich in eine dem Betroffenen ähnliche Rolle, da sich die Geldbuße gegen sie richtet (*Göhler/König* vor § 87, 8). Ihre Verfahrensbeteiligung kann ferner angeordnet werden, wenn über bestimmte Nebenfolgen oder die Abführung des Mehrerlöses gemäß §§ 8, 10 Abs. 2 WiStG zu entscheiden ist. In allen Fällen der Verfahrensbeteiligung wird die juristische Person oder Personenvereinigung durch die zur gerichtlichen Vertretung befugten Organe vertreten.

6 Der Einziehungsbeteiligte muss **prozessfähig** sein, wenn er wie ein Hauptintervenient die Einziehung bekämpfen will, weil er nur dann in Wahrung seiner vermögensrechtlichen Interessen handelt (*Göhler/König* 3). Verhandlungsfähigkeit reicht wohl jedenfalls dann aus, wenn der Einziehungsbeteiligte in die Stellung eines Betroffenen rückt (*Göhler/König* 3; weitgehend *RRH* 6 und KK-*Boujong* 46, wonach stets Verhandlungsfähigkeit ausreicht).

7 **Die Verfahrensbeteiligung wird durch eine förmliche Anordnung**, die den Beteiligungsinteressenten am Verfahren beteiligt, **ausgesprochen** (§ 431 Abs. 1 Satz 1 StPO). Dadurch werden die rechtlichen Auswirkungen der Einziehungsbeteiligung in formeller Hinsicht klargestellt. Die Anordnung muss vor der Entscheidung über die Einziehung getroffen werden. Allerdings reicht es im Bußgeldverfahren der Verwaltungsbehörde aus, dass die Anordnung der Verfahrensbeteiligung mit dem Bußgeldbescheid getroffen wird (*Göhler/König* 5).

8 Die Vorschrift regelt die Verfahrensfragen bei der Anordnung von Einziehung und Verfall **nicht abschließend.** Sie benennt in Abs. 1 drei Vorschriften der StPO ausdrücklich (§§ 431, 434 Abs. 2, 436 Abs. 3 StPO). Das bedeutet nicht, dass die übrigen Vorschriften der §§ 430 bis 442 und 444 StPO nicht auch über § 46 Abs. 1 sinngemäß gelten (KK-*Boujong* 1).

9 Abs. 1 regelt, dass die **Verwaltungsbehörde**, die im Bußgeldverfahren über die Einziehung eines Gegenstandes zu entscheiden hat, auch **zuständig** ist für die Anordnung der Verfahrensbeteiligung (§ 431 Abs. 1 StPO), die Beiordnung eines Rechtsanwalts oder einer anderen Person als Vertreter (§ 434 Abs. 2 StPO) und die Entscheidung über die Entschädigung nach § 28 (§ 436 Abs. 3 StPO). Unter welchen Voraussetzungen und in welcher Weise jemand als Einziehungsbeteiligter zum Verfahren hinzuge-

zogen wird oder in welchem Verfahrensstadium und welchem Umfang er beteiligt wird, regelt Abs. 1 nicht. Dies ergibt sich aus dem im Übrigen sinngemäß anzuwendenden § 431 StPO (KK-*Boujong* 16).

Voraussetzung für die Anordnung der Einziehung eines Gegenstandes ist das **Vorliegen der Voraussetzungen der** §§ 22, 23. Nicht gemeint ist die Anordnung der Einziehung des Wertersatzes, die allein gegen den Betroffenen vorgesehen ist (§ 25). Dies gilt wiederum nicht für juristische Personen oder Personenvereinigungen, gegen die selbst auf Einziehung des Wertersatzes nach § 25 erkannt werden kann (KK-*Boujong* 18). **10**

Die Verfahrensbeteiligung wird **von Amts wegen** angeordnet. Ein Antrag des Beteiligungsinteressenten ist nicht erforderlich. Ist die Anordnung erfolgt, so bleibt es dem Dritten überlassen, ob er sich an dem Verfahren beteiligen will. Erklärt er, dass er gegen die Einziehung des Gegenstandes keine Einwendungen vorbringen will, so kann der Einziehungsinteressent jederzeit erreichen, dass eine Verfahrensbeteiligung nicht angeordnet, der Einziehungsbeteiligte, dass eine bereits ergangene Anordnung wieder aufgehoben wird (§ 431 Abs. 6 StPO). **11**

Die Erklärung des Dritten, dass er gegen die Einziehung des Gegenstandes keine Einwendungen vorbringen wolle, beinhaltet keinen Verzicht auf das Recht am Einziehungsgegenstand, sondern nur einen Verzicht auf die Gewährung rechtlichen Gehörs (*RRH* 12). Sie entbindet demnach die Verwaltungsbehörde und das Gericht nicht von der Verpflichtung, bei der Entscheidung über die Einziehung die den Einziehungsgegenstand betreffenden Rechtsverhältnisse zu prüfen und zu berücksichtigen. Der Beteiligungsverzicht bezieht sich auf das ganze Verfahren und ist grundsätzlich unwiderruflich. Durch seine Verzichtserklärung scheidet der Verzichtende aus dem Verfahren als Nebenbeteiligter aus. Er kann als Zeuge vernommen werden. **12**

Ist infolge bestimmter Tatsachen anzunehmen, dass eine Beteiligung nicht ausführbar ist (§ 431 Abs. 1 Satz 2 StPO), so kann von ihr abgesehen werden, etwa bei unbekanntem Aufenthalt des Beteiligungsinteressenten (*BayObLG* NJW 1955, 1527), nicht jedoch schon bei einem Aufenthalt im Ausland (*Karlsruhe* NJW 1974, 709), wohl aber bei Verschleierung von Person oder Aufenthalt durch fingierte Angaben (*Göhler/König* 8). **13**

14 Die **Verfahrensbeteiligung ist auf die Einziehungsfrage beschränkt** (§ 431 Abs. 1 Satz 1 StPO). Hierzu gehört die Vorfrage, ob eine mit Geldbuße bedrohte Handlung vorliegt, weil dies im Allgemeinen die materielle Grundlage für die Einziehung überhaupt darstellt. Diese Vorfrage ist entbehrlich, wenn die Einziehung nur für den Fall in Betracht kommt, dass der Gegenstand dem Betroffenen gehört oder zusteht (§ 431 Abs. 2 Nr. 1), oder wenn der Gegenstand nach den Umständen, welche die Einziehung begründen können, dem Einziehungsbeteiligten auch aufgrund von Rechtsvorschriften außerhalb des OWi-Rechts ohne Entschädigung dauernd entzogen werden könnte (§ 431 Abs. 2 Nr. 2 StPO).

15 Die **materiell-rechtlichen Voraussetzungen der Beteiligung** müssen glaubhaft erscheinen. Voller Nachweis ist nicht erforderlich (KK-*Boujong* 24). Es reicht aus, dass das Recht wahrscheinlich besteht, also die Tatsachen, aus denen es sich ergibt, glaubhaft erscheinen. Entscheidend ist, dass dem Dritten in möglichst weitem Umfang Gelegenheit gegeben wird, durch Teilnahme am Verfahren seine Rechte zu wahren.

16 Die Anordnung erfolgt durch die Verwaltungsbehörde **förmlich** (§ 431 Abs. 1 Satz 1 StPO). Die Anordnung lautet, dass der Einziehungsinteressent am Verfahren beteiligt wird (KK-*Boujong* 26). Ist die Anordnung der Verwaltungsbehörde nicht im Bußgeldbescheid oder im selbständigen Einziehungsbescheid nach Abs. 3 enthalten, so erfolgt sie durch **gesonderten Bescheid**. Im gerichtlichen Verfahren ergeht ein **Beschluss**. Die Anordnung wird dem Einziehungsbeteiligten nach § 35 Abs. 2 Satz 2 StPO formlos bekannt gemacht (*Karlsruhe* NJW 1974, 712). Wird die Verfahrensbeteiligung abgelehnt oder eine Beschränkung der Beteiligung nach § 431 Abs. 2 StPO angeordnet, so wird die begründete Entscheidung dem Anfechtungsberechtigten mit Rechtsmittelbelehrung zugestellt (KK-*Boujong* 26).

17 Die Verfahrensbeteiligung kann bis zum **Ausspruch der Einziehung** angeordnet werden (§ 431 Abs. 4 StPO), also bis zum Erlass des Bußgeldbescheides und, wenn die Verfahrensbeteiligung von der Verwaltungsbehörde noch nicht angeordnet ist, nach Einspruch des Betroffenen im gerichtlichen Verfahren bis zur Verkündung des Urteils oder bis zum Erlass des Beschlusses nach § 72 (*Göhler/König* 12). Aus § 431 Abs. 4 StPO folgt, dass die Verfahrensbeteiligung nur bis zum Ende der letzten Tatsachen-

Achter Abschnitt. Verfahren bei Anordnung von Nebenfolgen **§ 87**

instanz, also nicht mehr im Rechtsbeschwerdeverfahren angeordnet werden kann (KK-*Boujong* 29; *Göhler/König* 12).

Hat die Verwaltungsbehörde die Verfahrensbeteiligung schon angeordnet, **18** **so wirkt dies** auch nach Einspruch gegen den Bußgeldbescheid **für das gerichtliche Bußgeldverfahren fort**; das Gericht kann jedoch die Beteiligung nach § 431 Abs. 2 StPO beschränken, sofern die Verwaltungsbehörde die an sich zulässige Beschränkung noch nicht vorgenommen hat. Andererseits kann das Gericht eine von der Verwaltungsbehörde ausgesprochene Beschränkung wieder aufheben und die Rechtsfolge der Einziehung aus dem Bußgeldverfahren ganz ausscheiden (KK-*Boujong* 29).

Die Anordnung der Verfahrensbeteiligung **kann nicht angefochten werden** (§ 431 Abs. 5 Satz 1 StPO). Wird sie hingegen abgelehnt, so kann im **19** gerichtlichen Bußgeldverfahren sofortige Beschwerde erhoben werden. Die Entscheidung über die Verfahrensbeteiligung kann aber auch von der Verwaltungsbehörde oder dem Gericht geändert werden, wenn aufgrund nachträglich eingetretener oder bekannt gewordener Umstände hierfür Anlass besteht (*Göhler/König* 13).

Nach Abs. 1 ist die Verwaltungsbehörde ferner zuständig für die **Beiord- 20 nung eines Rechtsanwalts oder einer anderen Person**, die als Verteidiger bestellt werden darf, sofern sie im Bußgeldverfahren über die Einziehung eines Gegenstandes zu entscheiden hat. Die weiteren Voraussetzungen ergeben sich aus dem in Bezug genommenen § 434 Abs. 2. Sie liegen vor, wenn die Sach- oder Rechtslage schwierig ist oder wenn der Einziehungsbeteiligte seine Rechte nicht selbst wahrnehmen kann.

Insoweit gelten die diesbezüglichen **Voraussetzungen der Verteidiger- 21 bestellung** nach § 60 i.V.m. § 140 Abs. 2 Satz 1 StPO entsprechend (s. o. bei § 60).

Die Verwaltungsbehörde, die über die Einziehung eines Gegenstandes entschieden hat, ist ferner zuständig für die Entscheidung darüber, dass **22** dem Einziehungsbeteiligten eine **Entschädigung** nicht zusteht (§ 436 Abs. 3 Satz 1 StPO; *Göhler/König* 38). Umstände, die einer Entschädigung entgegenstehen, ergeben sich aus § 28 Abs. 2, ferner, wenn als bewiesen angesehen wird, dass der Gegenstand nicht dem Einziehungsbeteiligten, sondern dem Betroffenen gehört (*Göhler/König* 38).

23 Würde es hingegen für den Einziehungsbeteiligten eine unbillige Härte bedeuten, ihm eine Entschädigung zu versagen, so spricht die Verwaltungsbehörde, die über die Einziehung zu entscheiden hat, die Entschädigung zugleich dem Grunde und der Höhe nach zu (§ 436 Abs. 3 Satz 2 StPO). **Diese Entscheidung kann nicht dem Nachverfahren vorbehalten bleiben** (*RRH* 31). Wer allerdings im Bußgeldverfahren die Rechte des Einziehungsbeteiligten ohne sein Verschulden nicht wahrnehmen konnte, kann seine Einwendungen gegen die Einziehung im Nachverfahren nach § 439 StPO vorbringen (*Göhler/König* 41). Dies gewährt ihm zugleich nachträgliches rechtliches Gehör.

24 **Nach Abs. 1 2. Halbsatz gilt § 60 Satz 2 entsprechend.** Danach entscheidet die Verwaltungsbehörde im Bußgeldverfahren im Zusammenhang mit der Einziehung eines Gegenstandes auch über die Zulassung anderer Personen als Verteidiger und die Zurückweisung eines Verteidigers (§ 138 Abs. 2, § 146a Abs. 1 Satz 1, 2 StPO).

25 Nach Abs. 2 Satz 1 hat der Einziehungsbeteiligte vom Erlass des Bußgeldbescheides an die Befugnisse, die einem Betroffenen zustehen, soweit das Gesetz nichts anderes bestimmt. **Er hat nicht die Rechtsstellung des Betroffenen im eigentlichen Sinne,** weil er dem Betroffenen nicht gleichgestellt, sondern ihm nur ein größtmögliches Maß an prozessualen Rechten gesichert werden soll (*RRH* 35). Hierzu gehören sein Anspruch auf rechtliches Gehör, sein Antragsrecht, seine Möglichkeiten, Rechtsbehelfe wie ein Betroffener einzulegen. Als Zeuge kann er nicht vernommen werden, zumindest nicht, soweit seine Verfahrensbeteiligung betroffen ist. Hinsichtlich der dem Betroffenen vorgeworfenen Handlungen kann er Zeuge sein.

26 Nach Abs. 2 Satz 2 wird dem Einziehungsbeteiligten der Bußgeldbescheid **zugestellt** und damit seine Einspruchsfrist in Lauf gesetzt. Satz 3 ergänzt § 66 hinsichtlich des Einziehungsbeteiligten.

27 Abs. 3 regelt Verfahrensfragen hinsichtlich der **Einziehung im selbständigen Verfahren.** Nach Satz 1 wird die Einziehung im selbständigen Einziehungsbescheid angeordnet. Sein Mindestinhalt ergibt sich aus der Inbezugnahme des § 66 mit Ausnahme des Abs. 2 Nr. 1b und Nr. 2. Der selbständige Einziehungsbescheid steht nach Satz 2 einem Bußgeldbescheid gleich. Dies hat Bedeutung für die Zustellung, Vollstreckung und die Anfechtung.

Achter Abschnitt. Verfahren bei Anordnung von Nebenfolgen § 87

Örtlich und sachlich zuständig für die Einziehung im selbständigen Verfahren ist nach Abs. 3 Satz 3 die Verwaltungsbehörde, die im Falle einer bestimmten Person zuständig wäre oder diejenige, in deren Bezirk der Gegenstand sichergestellt worden ist. Bei mehrfacher Zuständigkeit gilt § 39. **28**

Abs. 4 überträgt die Regelungen für das **Nachverfahren nach § 439 StPO** auf das Verfahren über die Einziehung eines Gegenstandes im Bußgeldverfahren. Die Voraussetzungen für die Zulässigkeit des Antrags richten sich nach denen des strafprozessualen Nachverfahrens. Erforderlich ist ein Antrag. Der Antragsteller erhält nachträglich das rechtliche Gehör. Der rechtskräftige Ausspruch der Einziehung des Gegenstandes kann beseitigt werden. Die Einzelheiten des Nachverfahrens ergeben sich aus dem aus sich heraus verständlichen § 439 StPO. **29**

Erforderlich ist, dass die Rechtsbeeinträchtigung als Folge der rechtskräftigen Anordnung der Einziehung eingetreten ist und dass der Antragsteller **ohne sein Verschulden** weder im Verfahren vor der Verwaltungsbehörde noch im Einspruchsverfahren die Rechte des Einziehungsbeteiligten hat wahrnehmen können. **30**

Das Nachverfahren ist innerhalb eines Monats nach Ablauf des Tages zu beantragen, an dem der Antragsteller von dem Bußgeldbescheid Kenntnis erlangt hat (§ 439 Abs. 2 Satz 1 StPO). Der Antrag ist unzulässig, wenn seit Eintritt der Rechtskraft der Bußgeldentscheidung zwei Jahre verstrichen sind und die Vollstreckung beendet ist (§ 439 Abs. 2 Satz 2 StPO). Diese Frist ist eine Ausschlussfrist, so dass Wiedereinsetzung in den vorigen Stand nicht möglich ist. **31**

Die Tatsachen, aus denen sich die Voraussetzungen für die Berechtigung des Nachverfahrens ergeben, sind **glaubhaft** zu machen (§ 439 Abs. 1 Satz 1 StPO). Eine bestimmte **Form** ist für den Antrag nicht vorgesehen; entsprechend § 67 Abs. 1 wird man wohl verlangen können, dass der Antrag schriftlich oder zur Niederschrift bei der Verwaltungsbehörde erfolgt (vgl. *Göhler/König* 43). **32**

Der Antrag wird **als unzulässig verworfen**, wenn er verspätet gestellt ist oder eine der sonstigen Zulässigkeitsvoraussetzungen fehlt. Dem Antragsteller kann bei nicht genügender Glaubhaftmachung Gelegenheit zur Er- **33** gänzung gegeben werden. Hinsichtlich der Wahrung der Monatsfrist gilt der Zweifelssatz zugunsten des Antragstellers.

34 Die Entscheidung trifft das **nach § 68 zuständige Gericht** (Abs. 4 Satz 2). Die Verwaltungsbehörde übersendet die Akten der StA, die sie dem Gericht vorlegt. Mit dem Eingang der Akten bei der StA gehen die Aufgaben der Verfolgungsbehörde von der Verwaltungsbehörde auf sie über (Abs. 4 Satz 3 2. Halbsatz i. V. m. § 69 Abs. 4 Satz 1).

35 Nach Abs. 5 ist die Entscheidung des Gerichts über die Einziehung eines Gegenstandes, **dessen Wert 250,– Euro nicht übersteigt**, nicht anfechtbar. Die Anfechtungsgrenze ist durch Art. 1 Nr. 21 OWiGÄndG vom 26. Januar 1998 (BGBl. I S. 156) von 200,– auf 500,– DM heraufgesetzt und numehr in Euro umgerechnet worden.

36 Nach Abs. 6 gelten die Abs. 1 bis 5 im Verfahren bei Anordnung des Verfalls (§ 29a) entsprechend, nicht jedoch die beim Verfall nicht passende Hinweispflicht nach Abs. 2 Satz 3 und ebenfalls nicht die zusätzliche Regelung der örtlichen Zuständigkeit der Verwaltungsbehörde nach Abs. 3 Satz 3 2. Halbsatz. Ausgeschlossen ist ferner das Nachverfahren nach Abs. 4. Der Grund hierfür besteht darin, dass die Beteiligung des Dritten durch die Verwaltungsbehörde bei der Anordnung des Verfalls ohnehin unverzichtbar ist, so dass die Voraussetzungen für ein Nachverfahren in diesen Fällen nicht vorliegen können, denn der Dritte konnte seine Rechte als Verfallsbeteiligter stets wahrnehmen und ihm war daher hinreichend rechtliches Gehör gewährt (KK-*Boujong* 108). Allerdings ist gegen die Verfallsanordnung im gerichtlichen Verfahren ein Nachverfahren gemäß §§ 442 Abs. 2 Satz 2, 439 StPO zulässig.

37 Die **Unbrauchbarmachung** ist eine der Einziehung gleichstehende Rechtsfolge (§ 442 Abs. 1 StPO). Für sie gelten daher die gleichen verfahrensrechtlichen Vorschriften. Dasselbe gilt für die Vernichtung und die Beseitigung eines gesetzwidrigen Zustandes, z. B. nach § 145 Abs. 4 i. V. m. § 144 Abs. 4 MarkenG (*Göhler/König* 60). An die Stelle des Einziehungsbeteiligten tritt hier der Rechtsinhaber des betreffenden Gegenstandes.

38 Die **Abführung des Mehrerlöses** nach § 10 Abs. 2 WiStG wird im Bußgeldverfahren der Verwaltungsbehörde mit dem Bußgeldbescheid ausgesprochen (§ 11 Abs. 2 Satz 1 WiStG). Die entsprechende Entscheidung kann auch im selbständigen Verfahren getroffen werden (§ 10 Abs. 1

WiStG), in dem ein selbständiger Bescheid ergeht, der einem Bußgeldbescheid gleichsteht. Insoweit gilt dasselbe Verfahren wie bei der Einziehung durch selbständigen Bescheid. Rechtsmittel gegen den Beschluss des AG im selbständigen Verfahren der Verwaltungsbehörde ist die sofortige Beschwerde an das LG (*BGH* NStZ 1983, 417 m. Anm. *Göhler*).

§ 88 Festsetzung der Geldbuße gegen juristische Personen und Personenvereinigungen

(1) Hat die Verwaltungsbehörde im Bußgeldverfahren über die Festsetzung einer Geldbuße gegen eine juristische Person oder eine Personenvereinigung zu entscheiden (§ 30), so ist sie auch für die Anordnung der Verfahrensbeteiligung und die Beiordnung eines Rechtsanwalts oder einer anderen Person, die als Verteidiger bestellt werden darf, zuständig (§ 444 Abs. 1, § 434 Abs. 2 der Strafprozessordnung); § 60 Satz 2 gilt entsprechend.

(2) Im selbständigen Verfahren setzt die Verwaltungsbehörde die Geldbuße in einem selbständigen Bußgeldbescheid fest. Zuständig ist die Verwaltungsbehörde, die im Falle der Verfolgung einer bestimmten Person zuständig wäre; örtlich zuständig ist auch die Verwaltungsbehörde, in deren Bezirk die juristische Person oder Personenvereinigung ihren Sitz oder eine Zweigniederlassung hat.

(3) § 87 Abs. 2 Satz 1 und 2 sowie Abs. 5 gilt entsprechend.

Die Vorschrift ist weitgehend § 87 angepasst. Sie regelt ergänzend das **Verfahren der Verwaltungsbehörde bei der Festsetzung einer Geldbuße gemäß § 30 gegen eine juristische Person oder Personenvereinigung.** Sie betrifft ferner das gerichtliche Verfahren bei der Festsetzung der Geldbuße (Abs. 1) sowie das Vorgehen im selbständigen Verfahren (Abs. 2). 1

Entscheidet die Verwaltungsbehörde im Bußgeldverfahren über die Festsetzung einer Geldbuße nach § 30, so ist sie auch für die **Anordnung der Verfahrensbeteiligung** und die **Beiordnung eines Rechtsanwalts** oder einer anderen Person, die als Verteidiger bestellt werden darf, zuständig. Durch die Inbezugnahme des § 444 Abs. 1 StPO ist geregelt, dass die Verfahrensbeteiligung der juristischen Person oder Personenvereinigung stets anzuordnen ist, wenn über die Festsetzung einer Geldbuße gegen sie zu 2

§ 88 Zweiter Teil. Bußgeldverfahren

entschieden ist, also die Voraussetzungen des § 30 wahrscheinlich vorliegen und die Festsetzung einer Geldbuße in Betracht kommt (*RRH* 5). Wie bei der Einziehung ist die Anordnung spätestens bis zur Festsetzung der Geldbuße in der letzten tatrichterlichen Instanz möglich (§§ 431 Abs. 4, 444 Abs. 1 Satz 2 StPO). Sie kann mithin auch noch im gerichtlichen Verfahren getroffen werden, wenn nur gegen ein Organ der juristischen Person oder Personenvereinigung ein Bußgeldbescheid ergangen ist und dieses Einspruch eingelegt hat (*Göhler/König* 2a).

3 **Ist die Anordnung unterblieben**, so darf eine Geldbuße gegen juristische Personen oder Personenvereinigungen nicht festgesetzt werden (KK-*Boujong* 7). Wird dennoch im Bußgeldbescheid oder in einer gerichtlichen Bußgeldentscheidung gegen einen Verband Geldbuße festgesetzt, so ist dies eine konkludente Beteiligungsanordnung (*Karlsruhe* Justiz 1987, 232).

4 Angeordnet wird stets die Beteiligung der juristischen Person oder Personenvereinigung als solche, **nicht die Beteiligung ihrer vertretungsberechtigten Personen.** Mit der Anordnung wird die juristische Person oder Personenvereinigung als solche und nicht eine natürliche Person als Organ oder Vertreter Verfahrensbeteiligte des Bußgeldverfahrens, soweit es die Tat der Organtäter betrifft (KK-*Boujong* 7).

5 Durch die Inbezugnahme des § 434 Abs. 2 StPO legt Abs. 1 ferner fest, dass die Bußgeldbehörde der juristischen Person oder Personenvereinigung einen **Rechtsanwalt** oder eine **andere Person, die als Verteidiger bestellt werden darf**, zuständigerweise beiordnen kann, sofern die **Sach- oder Rechtslage schwierig** ist oder wenn die Einziehungsbeteiligte ihre Rechte nicht selbst wahrnehmen kann. Da die Einziehungsbeteiligte nicht selbst, sondern durch ihre Organe handelt, kommt es letztlich auf deren Möglichkeit an, die Rechte der Einziehungsbeteiligten wahrzunehmen, während die Beurteilung einer Sach- und Rechtslage als schwierig vorrangig nach objektiven Gesichtspunkten erfolgt.

6 **Die Anordnung der Verfahrensbeteiligung** der juristischen Person oder Personenvereinigung ist gemäß §§ 444 Abs. 1 Satz 2, 431 Abs. 5 StPO **nicht anfechtbar.** Juristische Personen oder Personenvereinigungen werden durch die Ablehnung der Verfahrensbeteiligung nicht beschwert, sind daher auch nicht berechtigt, gegen den ablehnenden Bescheid der Verwaltungsbehörde Antrag auf gerichtliche Entscheidung (§ 62) zu stellen

Achter Abschnitt. Verfahren bei Anordnung von Nebenfolgen § 88

(KK-*Boujong* 9). Unberührt bleibt allerdings das Anfechtungsrecht der StA gegenüber dem Beschluss des Gerichts, durch den die Verfahrensbeteiligung abgelehnt wird. Die StA kann sofortige Beschwerde einlegen (§§ 444 Abs. 1 Satz 2, 431 Abs. 5 Satz 2 StPO).

§ 60 Satz 2 gilt entsprechend. Mithin ist die Verwaltungsbehörde auch berechtigt, über die Zulassung anderer Personen als Verteidiger und die Zurückweisung eines Verteidigers nach §§ 138 Abs. 2, 146a Abs. 1 Satz 1 und Satz 2 StPO zu entscheiden. 7

Abs. 2 regelt das selbständige Verfahren in Anlehnung an § 87 Abs. 3, jedoch unter Berücksichtigung der Besonderheiten der Einziehungsbeteiligung von juristischen Personen und Personenvereinigungen. **Die sachlichen Voraussetzungen** der selbständigen Festsetzung einer Verbandsgeldbuße sind in § 30 Abs. 4 geregelt. Für die Verfahrensbeteiligung nach Abs. 3 gilt § 444 Abs. 3 StPO entsprechend, der auf die §§ 440 und 441 Abs. 1 bis 3 StPO verweist. Voraussetzung für die Möglichkeit der Verwaltungsbehörde, im selbständigen Verfahren eine Geldbuße gegen die juristische Person oder Personenvereinigung festzusetzen, ist die Einordnung der Bezugstat als OWi (KK-*Boujong* 20). 8

Im selbständigen Verfahren vor der Verwaltungsbehörde wird die Verbandsgeldbuße in einem **selbständigen Bußgeldbescheid** festgesetzt (Abs. 2 Satz 1). Er steht dem sonstigen Bußgeldbescheid gleich. Die sachliche und örtliche Zuständigkeit der Verwaltungsbehörde ergibt sich aus Abs. 2 Satz 2 1. Halbsatz, eine ergänzende Sonderregelung für die örtliche Zuständigkeit der Verwaltungsbehörde folgt aus Abs. 2 Satz 2 2. Halbsatz. Bei **mehrfacher Zuständigkeit** findet § 39 entsprechende Anwendung. 9

Auch der an die juristische Person oder Personenvereinigung gerichtete selbständige Bußgeldbescheid **muss den Anforderungen des § 66 genügen**, weil es sich um einen Bußgeldbescheid und nicht um einen ihm gleichzuachtenden anderen Bescheid handelt. 10

Für das gerichtliche Verfahren gelten die Regelungen des § 444 Abs. 2 StPO sinngemäß. Die juristische Person oder die Personenvereinigung wird zur Hauptverhandlung geladen. Es kann bei Ausbleiben des Vertreters ohne genügende Entschuldigung ohne sie verhandelt werden. Für ihre Verfahrensbeteiligung gelten im Übrigen die §§ 432 bis 434, 435 Abs. 2 und 3 Nr. 1, 436 Abs. 2 und 4, 437 Abs. 1 bis 3, 438 Abs. 1 und, soweit nur 11 über ihren Einspruch zu entscheiden ist, 441 Abs. 2 und 3 StPO sinngemäß (§ 444 Abs. 2 Satz 2 StPO).

12 **Für ein Nachverfahren nach § 439 StPO ist kein Raum**, weil die Verhängung der Geldbuße gegen die juristische Person oder Personenvereinigung stets ihre vorherige Beteiligung voraussetzt (*Göhler/König* 15). Dies gilt auch für ein selbständiges Verfahren gegen sie (KK-*Boujong*). Entsprechend der Systematik des OWiG kommt es hingegen nicht darauf an, dass in § 444 Abs. 2 Satz 2 die Vorschrift des § 439 nicht in Bezug genommen ist, weil § 439 StPO über § 46 Abs. 1 auch unmittelbar sinngemäß gelten könnte.

13 Nach Abs. 3 gilt § 87 Abs. 2 Satz 1 und 2 sowie Abs. 5 entsprechend. Danach hat die juristische Person oder die Personenvereinigung vom Erlass des Bußgeldbescheides **an die Befugnisse, die einem Betroffenen zustehen.** Ihr wird der Bußgeldbescheid zugestellt (§ 87 Abs. 2 Satz 1 und 2). Durch die Inbezugnahme von § 87 Abs. 5 gilt ferner, dass die Entscheidung des Gerichts über die Einziehung eines Gegenstands, dessen Wert 250,– Euro nicht übersteigt, auch für eine juristische Person oder Personenvereinigung nicht anfechtbar ist.

14 Aus der Inbezugnahme des § 87 Abs. 2 Satz 1 in Abs. 3 folgt ferner, dass diese Vorschriften nicht gelten, **wenn das Gericht erstinstanzlich über eine OWi oder über die Nebenfolge durch Urteil oder Strafbefehl** entscheidet, denn nur die Verwaltungsbehörde ahndet eine OWi durch Bußgeldbescheid. Für das gerichtliche Bußgeldverfahren gelten daher die §§ 444 Abs. 1 und 2, 433 StPO, so dass die juristische Person oder Personenvereinigung erst mit Eröffnung des Hauptverfahrens die Befugnisse des Betroffenen erhält, sofern deren Beteiligung angeordnet ist.

15 Die juristische Person oder Personenvereinigung kann gegen den sie beschwerenden Teil eines einheitlichen Bußgeldbescheides **selbständig, also unabhängig von dem Betroffenen, Einspruch einlegen.** Machen sie hiervon Gebrauch, so erwächst der Rechtsfolgenausspruch gegen den Betroffenen in Teilrechtskraft. Andererseits kann der Betroffene allein den Bußgeldbescheid mit dem Einspruch (§ 67) anfechten. In diesem Fall wird der Ausspruch der Verbandsgeldbuße rechtskräftig. Ein Rechtsmittelverzicht wirkt nur für denjenigen, der ihn erklärt (KK-*Boujong* 12). Der Einspruch kann im Übrigen auf die Kostenentscheidung, soweit diese nach § 464 Abs. 3 StPO überhaupt anfechtbar ist, beschränkt werden.

Neunter Abschnitt. Vollstreckung der Bußgeldentscheidungen

§ 89 Vollstreckbarkeit der Bußgeldentscheidungen

Bußgeldentscheidungen sind vollstreckbar, wenn sie rechtskräftig geworden sind.

Der **Neunte Abschnitt** regelt in den §§ 89 bis 104 die Vollstreckung der Bußgeldentscheidungen der Verwaltungsbehörde und des Gerichts (§§ 89 bis 92), Zahlungsmodalitäten und die Beitreibung der Geldbuße (§§ 93 bis 95), die Anordnung und Vollstreckung von Erzwingungshaft (§§ 96, 97) sowie weitere besondere Fallsituationen im Zusammenhang mit der Vollstreckung von Bußgeldentscheidungen (§§ 98 bis 104). **Nicht zur Vollstreckung** zählen bestimmte Aufgaben, die nach Eintritt der Rechtskraft der Bußgeldentscheidung zu erledigen sind und als sog. Nebengeschäfte der Vollstreckung bezeichnet werden (*Göhler/Seitz* vor § 89, 18). Hierzu gehören die **Mitteilungen bestimmter Bußgeldentscheidungen an andere Behörden**, insbesondere an das Verkehrszentralregister beim Kraftfahrtbundesamt in Flensburg und an das Gewerbezentralregister, das beim Bundeszentralregister geführt wird. Weitergehende Mitteilungspflichten über den Ausgang des Verfahrens sind im Einzelnen gesetzlich geregelt. Eine Eintragung im Bundeszentralregister ist nicht vorgesehen, und zwar auch dann nicht, wenn im Strafverfahren eine Geldbuße festgesetzt oder eine Nebenfolge angeordnet worden ist, desgleichen nicht die Anordnung von Erzwingungshaft, die auch nicht in das Verkehrszentralregister und das Gewerbezentralregister einzutragen ist. Ebenso wird die Anordnung erzieherischer Maßnahmen nach § 98 Abs. 1 oder von Jugendarrest nach § 98 Abs. 2 nicht in das Erziehungsregister eingetragen (*Göhler/Seitz* vor § 89, 20). 1

Die wegen einer OWi festgesetzten Rechtsfolgen können Gegenstand eines **Gnadenerweises** sein. Insoweit gelten die allgemeinen Grundsätze für die Ausübung des Begnadigungsrechts durch den Bund und die Länder sinngemäß (*RRH* 5 ff.). 2

Das **pflichtwidrige Unterlassen der Vollstreckung** einer Bußgeldentscheidung ist nicht Strafvereitelung im Amt, weil die Strafvorschrift auf Strafen, nicht jedoch auf Geldbußen Anwendung findet (*BayObLG* NJW 3

1981, 772). Dagegen kann die unzulässige Vollstreckung einer Geldbuße oder Nebenfolge nach dem OWiG, eines Ordnungsgeldes oder Jugendarrestes den Tatbestand der Vollstreckung gegen Unschuldige nach § 345 Abs. 3 StGB erfüllen (*Göhler/Seitz* vor § 89, 13).

4 Die **Vollstreckung einer inländischen Bußgeldentscheidung im Ausland oder einer ausländischen Entscheidung im Inland** ist, von einzelnen Ausnahmen abgesehen (hierzu *RRH* 10), nicht möglich. Neuere europäische Übereinkommen wie etwa das Schengener Übereinkommen über die Zusammenarbeit in Verfahren wegen Zuwiderhandlungen gegen Verkehrsvorschriften und bei der Vollstreckung von dafür verhängten Geldbußen und Geldstrafen vom 28. April 1999 (hierzu *Neithard* NZV 2000, 240 und *Grünheid* NZV 2000, 237) wollen dies zumindest im europäischen Raum grundsätzlich ändern. Aufgrund eines Übereinkommens mit Österreich vom 31. August 1988 (BGBl. II 1990 S. 358, 1334) können dortige rechtskräftige Bußgeldbescheide über mindestens 25,– Euro auch im Bundesgebiet im Wege der Amtshilfe vollstreckt werden (KK-*Boujong* 34). Zwar können nach dem Gesetz über die Internationale Rechtshilfe in Strafsachen (IRG) vom 23. Dezember 1982 (BGBl. I S. 2071) ausländische Staaten auch um Übernahme der Vollstreckung einer im Inland verhängten Geldbuße ersucht werden (§ 71). Voraussetzung ist jedoch, dass im Hinblick auf den Grundsatz der Gegenseitigkeit im Einzelfall oder allgemein eine entsprechende Vereinbarung mit dem jeweiligen ausländischen Staat getroffen worden ist. Allerdings bleibt die Möglichkeit, bei gerichtlichen Bußgeldentscheidungen eine Zahlungsaufforderung im Rechtshilfeverkehr zustellen zu lassen (*RRH* 9 vor § 89). Durchsetzbar ist die Zahlungsaufforderung nicht.

5 Bußgeldentscheidungen sind vollstreckbar, wenn sie rechtskräftig geworden sind. Die Vorschrift drückt damit positiv aus, was mit § 449 StPO für Strafurteile negativ festgelegt ist. **Die Bußgeldentscheidung ist damit mit dem Eintritt ihrer formellen Rechtskraft vollstreckbar.** Eine vorläufige Vollstreckbarkeit, die zur Erhöhung der Effektivität der Verfolgung von OWi wünschbar ist, wurde vom Gesetzgeber wegen der damit für den Betroffenen verbundenen möglichen Nachteile ausgeschlossen (Begründung BT-Drucks. V/1269 S. 114).

6 Die Vorschrift bedeutet nicht, dass in jedem Fall mit Eintritt der Rechtskraft vollstreckt werden könne. Besteht ein **von Amts wegen zu beach-**

Neunter Abschnitt. Vollstreckung der Bußgeldentscheidungen § 89

tendes **Vollstreckungshindernis**, wie etwa Vollstreckungsverjährung (§ 34), die Anordnung der Wiederaufnahme des Verfahrens, eine Begnadigung, die Stundung nach §§ 18, 93, die Zahlung der Geldbuße bei Erzwingungshaft, der Tod des Betroffenen usw., so darf trotz Eintritts der Rechtskraft nicht vollstreckt werden (*Göhler/Seitz* 1).

Die Vorschrift gilt auch für **vollstreckungsfähige Nebenfolgen**, die in einer Bußgeldentscheidung angeordnet worden sind. Dazu gehören insbesondere die Nebenfolgen, die zu einer Geldzahlung verpflichten (KK-*Boujong* 1), wie die Einziehung des Wertersatzes (§ 25), der Verfall von Vermögensvorteilen (§ 29a), die Abführung des Mehrerlöses (§ 8 WiStG) und die Geldbuße gegen eine juristische Person oder Personenvereinigung (§ 30). 7

In Einzelfällen hat bereits der Eintritt der Rechtskraft der Bußgeldentscheidung **unmittelbar und ohne besonderen Vollstreckungsakt bestimmte Rechtswirkungen**, die der Durchsetzung der verhängten Sanktion dienen. So geht mit Rechtskraft der Einziehungsentscheidung das Eigentum an einem Gegenstand auf den Staat oder sonstigen Träger der öffentlichen Verwaltung über (§ 26 Abs. 1) und wird das Fahrverbot unmittelbar mit Rechtskraft der Bußgeldentscheidung wirksam (§ 25 Abs. 2 Satz 1 StVG). Das Verbot der Jagdausübung erlangt ebenfalls mit der Rechtskraft des Bußgeldbescheides Wirksamkeit (§ 41a Abs. 2 Satz 1 BJagdG). 8

Die Bußgeldentscheidung ist rechtskräftig geworden, wenn sie **mit einem Rechtsbehelf** wegen ungenutzten Ablaufs der Rechtsbehelfsfrist oder wegen der Rücknahme, des Verzichts oder der Verwerfung des Rechtsbehelfs **nicht mehr angefochten** werden kann oder eine Anfechtung deshalb nicht mehr zulässig ist, weil ein Rechtsmittel nicht gegeben ist (formelle Rechtskraft; *Göhler/Seitz* 2). Die Möglichkeit, Verfassungsbeschwerde einzulegen, hat keine dilatorische Wirkung; jedoch kann das *BVerfG* durch einstweilige Anordnung die Vollstreckung aussetzen (§ 32 BVerfGG). 9

Ist ein formell rechtskräftiger Bußgeldbescheid nichtig, so darf er nicht vollstreckt werden (*Göhler/Seitz* 2a). Wird die Rechtskraft einer Bußgeldentscheidung nachträglich durch die Gewährung der Wiedereinsetzung in den vorigen Stand oder durch die Anordnung der Wiederaufnahme des Bußgeldverfahrens nach § 370 Abs. 2 StPO i. V. m. § 85 Abs. 1 10 wieder beseitigt, so darf mit Wirksamkeit dieser Entscheidung nicht weiter vollstreckt werden. Der Antrag auf Wiedereinsetzung allein hemmt die Vollstreckung nicht, jedoch können Verwaltungsbehörde und Gericht im Rahmen ihrer Zuständigkeit einen Aufschub der Vollstreckung anordnen (KK-*Boujong* 57).

11 **Erwächst nur ein Teil der Bußgeldentscheidung in Rechtskraft**, so ist die Vollstreckung dieses rechtskräftigen Teils möglich (*Göhler/Seitz* 4). Das kann auch beim Bußgeldbescheid der Verwaltungsbehörde in Betracht kommen, etwa wenn in einem Bußgeldbescheid gegen mehrere Betroffene Geldbußen festgesetzt worden sind oder der Bußgeldbescheid auch gegen einen Nebenbeteiligten gerichtet ist, aber nur einer der Betroffenen oder der Nebenbeteiligten rechtzeitig Einspruch eingelegt hat, oder wenn wegen mehrerer selbständiger Taten eines Betroffenen mehrere Geldbußen verwirkt sind, aber nur hinsichtlich einer Tat Einspruch eingelegt wird. Dies gilt auch, wenn der Bußgeldbescheid nur wegen eines Nebenpunktes angefochten wird, soweit eine solche Beschränkung des Einspruchs zulässig ist. Das ist etwa wegen der Kosten der Fall (*Göhler/Seitz* 4).

12 **Teilrechtskraft** kann ferner im **Verhältnis vom Betroffenen zum Nebenbeteiligten** eintreten, etwa, wenn nur der Einziehungsbeteiligte Einspruch einlegt. Hier kann ggf. gegen den Betroffenen vollstreckt werden (KK-*Boujong* 61). Werden in einem einheitlichen Bußgeldbescheid gegen einen Betroffenen wegen mehrerer Taten im verfahrensrechtlichen Sinne mehrere Sanktionen festgesetzt und wird der Einspruch nach § 67 Abs. 2 auf einzelne Taten beschränkt, so kann die Vollstreckung durchgeführt werden, soweit mangels Anfechtung Rechtskraft eingetreten ist (*RRH* 5).

13 **Für Anordnungen, Verfügungen und sonstige Maßnahmen der Verwaltungsbehörde**, die im Bußgeldverfahren getroffen werden und die an sich vollstreckbaren Inhalt haben, wie etwa die Festsetzung von Ordnungsgeld gegen Zeugen und Sachverständige, **gilt die Vorschrift nicht**, weil es sich nicht um Bußgeldentscheidungen handelt. Sie sind sofort vollstreckbar. Der gegen sie zulässige Antrag auf gerichtliche Entscheidung hat keine aufschiebende Wirkung. Dies gilt jedoch nicht für die Anordnung der Verwaltungsbehörde, in der die nachträgliche Einziehung eines Gegenstandes oder des Wertersatzes angeordnet wird (§ 100 Abs. 1 Nr. 1). Diese Anordnung ergänzt die Bußgeldentscheidung sachlich, so dass eine Vollstreckung erst nach Rechtskraft zulässig ist (*Göhler/Seitz* 5).

Neunter Abschnitt. Vollstreckung der Bußgeldentscheidungen § 90

§ 90 Vollstreckung des Bußgeldbescheides

(1) Der Bußgeldbescheid wird, soweit das Gesetz nichts anderes bestimmt, nach den Vorschriften des Verwaltungs-Vollstreckungsgesetzes vom 27. April 1953 (BGBl. I S. 157) in der jeweils geltenden Fassung vollstreckt, wenn eine Verwaltungsbehörde des Bundes den Bußgeldbescheid erlassen hat, sonst nach den entsprechenden landesrechtlichen Vorschriften.

(2) Die Geldbußen fließen, soweit das Gesetz nichts anderes bestimmt, in die Bundeskasse, wenn eine Verwaltungsbehörde des Bundes den Bußgeldbescheid erlassen hat, sonst in die Landeskasse. Satz 1 gilt für Nebenfolgen, die zu einer Geldzahlung verpflichten, entsprechend.

(3) Ist die Einziehung oder Unbrauchbarmachung einer Sache angeordnet worden, so wird die Anordnung dadurch vollstreckt, dass die Sache dem Betroffenen oder dem Einziehungsbeteiligten weggenommen wird. Wird die Sache bei diesen Personen nicht vorgefunden, so haben sie auf Antrag der Verwaltungsbehörde bei dem Amtsgericht eine eidesstattliche Versicherung über den Verbleib der Sache abzugeben. § 883 Abs. 2 bis 4, die §§ 899, 900 Abs. 1 und 4 sowie die §§ 901, 902, 904 bis 910 und 913 der Zivilprozessordnung gelten entsprechend.

(4) Absatz 1 gilt für die Vollstreckung eines von der Verwaltungsbehörde festgesetzten Ordnungsgeldes entsprechend.

Die Vorschrift regelt die Rechtsanwendung bei der Vollstreckung des 1
Bußgeldbescheides (**Abs. 1**), den Empfänger von Geldbußen (**Abs. 2**),
die Vollstreckung der Einziehung oder Unbrauchbarmachung einer Sache
(**Abs. 3**) sowie die Vollstreckung eines von der Verwaltungsbehörde festgesetzten Ordnungsgeldes (**Abs. 4**). Sie betrifft nicht die Vollstreckung
gerichtlicher Bußgeldentscheidungen (hierzu § 91), findet aber auch Anwendung, wenn ein gegen den Bußgeldbescheid eingelegter Einspruch im
Verfahren vor der Verwaltungsbehörde, der StA oder dem Gericht zurückgenommen oder nach § 70 wegen Unzulässigkeit oder nach § 74 Abs. 2
Satz 1 wegen unentschuldigten Ausbleibens des Betroffenen verworfen
worden ist. In diesen Fällen liegt keine Sachentscheidung des Gerichts
mehr vor. Der Bußgeldbescheid erlangt Rechtskraft und bleibt wirksam,

so dass er gemäß §§ 90, 92 von der Verwaltungsbehörde zu vollstrecken ist (*Baldauf* NJW 1970, 460; KK-*Boujong* 2).

2 Die Vorschrift gilt auch für die Vollstreckung von Bußgeldentscheidungen, die durch die Verwaltungsbehörde gegen **Jugendliche und Heranwachsende** erlassen sind. Die Altersstufen der verantwortlichen Betroffenen haben für die Vollstreckung keine Bedeutung. Allerdings gelten Besonderheiten für die Anordnung von Erzwingungshaft. Ferner enthält § 98 eine Sonderregelung über die jugendgemäße Art der Vollstreckung.

3 Nach Abs. 1 wird der Bußgeldbescheid, soweit das Gesetz nichts anderes bestimmt, nach den Vorschriften des **Verwaltungsvollstreckungsgesetzes** vom 27. April 1953 (BGBl. I S. 157) in der jeweils geltenden Fassung vollstreckt, wenn eine Verwaltungsbehörde des Bundes den Bußgeldbescheid erlassen hat. War dies eine Verwaltungsbehörde des Landes, so gelten die entsprechenden landesrechtlichen Vorschriften (zu diesen näher *Göhler/Seitz* 6).

4 **Vorbehaltene anderweitige gesetzliche Regelungen** enthalten etwa § 16 Abs. 3 Bundeskindergeldgesetz, § 111 Abs. 3 Satz 1 Halbsatz 2 SGB IV, § 16 Abs. 4 Arbeitnehmerüberlassungsgesetz. Diese Vorschriften verweisen auf § 66 SGB X, der wiederum in Abs. 1 für die Vollstreckung zugunsten der Behörden des Bundes, der bundesunmittelbaren Körperschaften, Anstalten und Stiftungen des öffentlichen Rechts, das Verwaltungsverfahrensgesetz und in Abs. 3 für die Vollstreckung zugunsten der anderen Behörden die landesrechtlichen Vorschriften über das Verwaltungsvollstreckungsverfahren für anwendbar erklärt, jedoch in Abs. 4 auch die Vollstreckung in entsprechender Anwendung der Zivilprozessordnung und damit durch den Gerichtsvollzieher bzw. das AG zulässt. Abweichende Regelungen enthalten ferner § 412 Abs. 2 AO und § 25 Abs. 2, 3 StVG für die Beschlagnahme des Führerscheins.

5 **Vollstreckungsbehörde ist die Verwaltungsbehörde, die den Bußgeldbescheid erlassen hat** (§ 92). Sie ist Herrin des Vollstreckungsverfahrens, leitet und beaufsichtigt die Durchführung der Vollstreckung und trifft alle bedeutsamen Vollstreckungsentscheidungen (*Göhler/Seitz* 2). Ihre Befugnisse regeln sich im Übrigen nach §§ 93 ff. Sie ist auch für die Gewährung eines einstweiligen Vollstreckungsaufschubs zuständig, wenn etwa der Betroffene einen Antrag auf Wiedereinsetzung in den vorigen

Neunter Abschnitt. Vollstreckung der Bußgeldentscheidungen § 90

Stand oder einen Wiederaufnahmeantrag gestellt hat oder der Einziehungsbeteiligte ein Nachverfahren beantragt hat.

Mit der eigentlichen **Durchführung der Zwangsvollstreckung** sind im Regelfall andere Behörden betraut, die zweckmäßigerweise und zur Erleichterung der Abgrenzung Vollzugsbehörden genannt werden sollten (*RRH* 3). Sie unterliegen den **Weisungen der Vollstreckungsbehörde** i. S. d. § 92, die sich auf bestimmte Vollstreckungsmaßnahmen oder die Angabe, in welche Gegenstände zu vollstrecken ist, beziehen können. Die Einstellung des Zwangsvollstreckungsverfahrens haben die Vollzugsbehörden auf Weisung der Vollstreckungsbehörden vorzunehmen (*Göhler/Seitz* 3). 6

Erhalten sie keine Weisungen und geht es nicht um Befugnisse, die nach den §§ 93 ff. der Vollstreckungsbehörde vorbehalten sind, so führen die Vollzugsbehörden die Vollstreckung in eigener Verantwortung durch und bestimmen selbst deren Art und Weise im Einzelfall (KK-*Boujong* 8). Dies gilt hingegen nicht hinsichtlich der Verfügungsbefugnis über die Bußgeldforderung. Die Vollstreckungsbehörde und nicht die Vollzugsbehörde entscheidet daher grundsätzlich über die Bewilligung von gesetzlichen Zahlungserleichterungen oder über Anträge auf einstweiligen Aufschub der Vollstreckung (KK-*Boujong* 10). 7

Gegenstand der Vollstreckung sind nicht nur die im Bußgeldbescheid der Verwaltungsbehörde **rechtskräftig festgesetzten Geldbußen**, sondern auch die **angeordneten Nebenfolgen** und die **Kosten** des Verfahrens einschließlich der durch die Vollstreckung entstandenen Kosten. Die Vollstreckung wird von der Vollstreckungsbehörde durch die Vollstreckungsanordnung eingeleitet. Dieser innerdienstliche Akt braucht dem Betroffenen nicht mitgeteilt zu werden (*Göhler/Seitz* 9). Fehlt eine ausdrückliche Vollstreckungsanordnung, so ist dies unschädlich. Die Wirksamkeit der Vollstreckungshandlungen durch die Vollzugsbehörde werden davon nicht berührt. 8

In das bewegliche Vermögen wird durch **Pfändung** vollstreckt, und zwar bei Sachen, die sich in Gewahrsam des Schuldners befinden dadurch, dass sie der Vollziehungsbeamte in Besitz nimmt. Andere Sachen als Geld, Kostbarkeiten und Wertpapiere werden durch Anlegung von Siegeln gepfändet, verbleiben jedoch grundsätzlich im Gewahrsam des Schuldners. 9

Letztlich werden die gepfändeten Gegenstände auf schriftliche Anordnung der Vollstreckungsbehörde in der Regel durch den Vollziehungsbeamten öffentlich versteigert, sofern nicht aus besonderen Zweckmäßigkeitsgründen eine Verwertung in anderer Weise angezeigt erscheint.

10 **Forderungen werden durch die Vollzugsbehörde gepfändet.** An die Stelle des Pfändungs- und Überweisungsbeschlusses tritt die Pfändungs- und Überweisungsverfügung der Behörde, die dem Drittschuldner verbietet, an den Vollstreckungsschuldner zu zahlen, und dem Vollstreckungsschuldner gebietet, sich jeder Verfügung über die Forderung, insbesondere ihrer Einziehung zu enthalten und die Einziehung der gepfändeten Forderung anordnet (*Göhler/Seitz* 13).

11 Auf Verlangen der Vollzugsbehörde muss der Betroffene ihr ein **Vermögensverzeichnis** vorlegen, wenn ein **Vollstreckungsversuch** in das bewegliche Vermögen **fruchtlos verlaufen** ist oder Vollstreckungsversuche aussichtslos erscheinen. Die Richtigkeit und Vollständigkeit des Vermögensverzeichnisses muss der Betroffene an Eides statt versichern, sofern nicht die Vollzugsbehörde von der Abnahme dieser eidesstattlichen Versicherung absieht. Zuständig hierfür ist die Vollzugsbehörde, in deren Bezirk der Betroffene seinen Wohnsitz oder Aufenthalt hat (*Göhler/Seitz* 15). Abweichende Regelungen kann das Landesrecht im Einzelnen getroffen haben (KK-*Boujong* 21).

12 Für die Anordnung der **Haft zur Erzwingung der eidesstattlichen Versicherung** (§ 901 ZPO) ist auf Ersuchen der Vollzugsbehörde ausschließlich das AG zuständig (§ 899 ZPO). Sie bleibt zulässig, auch wenn wegen desselben Betrages bereits Erzwingungshaft nach § 96 angeordnet oder vollstreckt worden ist (*Göhler/Seitz* 15a).

13 **In das unbewegliche Vermögen sowie in Schiffe und Luftfahrzeuge** wird durch Eintragung einer **Sicherungshypothek** (§ 866 ZPO) oder im Wege der Zwangsversteigerung oder Zwangsverwaltung vollstreckt. Den Antrag kann die Vollzugsbehörde stellen. Dabei sollen Anträge auf Zwangsversteigerung oder Zwangsverwaltung nur gestellt werden, wenn feststeht, dass der Geldbetrag durch Pfändung nicht beigetrieben werden kann (*Göhler/Seitz* 16).

14 Nicht zulässig ist **dinglicher Arrest zur Sicherung der Vollstreckung** der Geldbuße, da die entsprechenden Vorschriften des Verwaltungsvoll-

Neunter Abschnitt. Vollstreckung der Bußgeldentscheidungen **§ 90**

streckungsgesetzes durch § 111d StPO verdrängt werden (*Göhler/ Seitz* 17). Ist vom Betroffenen für die Geldbuße und die Kosten eine Sicherheit nach § 132 StPO geleistet worden, so kann sich die Vollstreckungsbehörde aus ihr befriedigen. Nach § 132 Abs. 3 StPO beschlagnahmte Sachen werden nach den Grundsätzen, die für die Vollstreckung in das bewegliche Vermögen gelten, verwertet. Beschlagnahmtes Geld wird ggf. verrechnet (*RRH* 11a).

Nebenfolgen, die zu einer Geldzahlung verpflichten, werden ebenso vollstreckt wie die Geldbuße. Die Anordnung von Erzwingungshaft ist aber nur bei der Vollstreckung einer Geldbuße zulässig (§ 99 Abs. 1). Zur Sicherung des Verfalls und der Einziehung des Wertersatzes kann der dingliche Arrest angeordnet werden. Für die Vollziehung der Arrestanordnung gelten die §§ 932 ff. ZPO i.V. m. § 111d Abs. 2 StPO sinngemäß (*Göhler/Seitz* 20). 15

Werden Gegenstände eingezogen, so geht das Eigentum an der Sache oder das eingezogene Recht mit der Rechtskraft des Bußgeldbescheides oder des selbständigen Einziehungsbescheides nach § 87 Abs. 3 auf den Staat oder den sonstigen Träger der Verwaltung über (§ 26 Abs. 1). Befindet sich eine eingezogene Sache bei Eintritt der Rechtskraft des Bescheides bereits im amtlichen Gewahrsam, so ist eine Vollstreckung entbehrlich (*Göhler/Seitz* 22). Befindet sie sich im Besitz des Betroffenen oder des Einziehungsbeteiligten, der zur Herausgabe verpflichtet ist, so kann die Vollstreckungsbehörde ggf. einen Vollziehungsbeamten oder eine Polizeidienststelle im Wege der Amtshilfe mit der Wegnahme der Sache beauftragen (Abs. 3 Satz 1). Für die Durchsuchung der Wohnung ist im Falle, dass der Betroffene oder der Einziehungsbeteiligte nicht einverstanden ist, eine Anordnung des nach § 68 zuständigen AG erforderlich, es sei denn, es bestünde Gefahr im Verzug (*BVerfGE* 51, 97). 16

Wird die Sache beim Herausgabepflichtigen nicht vorgefunden, so kann die Verwaltungsbehörde beim AG als Vollstreckungsgericht, in dessen Bezirk der Betroffene oder der Einziehungsbeteiligte seinen Wohnsitz oder seinen Aufenthalt hat, die Anordnung der Abgabe einer eidesstattlichen Versicherung über den Verbleib der Sache beantragen (Abs. 3 Satz 2 und 3 i.V.m. §§ 883 Abs. 2, 3, 899 ZPO). Die Förmlichkeiten richten sich nach § 900 Abs. 1 ZPO. 17

§ 90 Zweiter Teil. Bußgeldverfahren

18 **Verweigert der Einziehungsbeteiligte**, der die Sache in Gewahrsam hat, **die Herausgabe** mit der Begründung, dass er an ihr ein **Recht zum Besitz** habe, so kann gegen ihn nur vollstreckt werden, sofern in der Einziehungsanordnung das Erlöschen dieses Rechts (§ 26 Abs. 2) angeordnet ist. Andernfalls kann nur Herausgabeklage nach § 985 BGB erhoben werden. Dies gilt ebenso, wenn sich die Sache nicht im Besitz des Betroffenen oder des Einziehungsbeteiligten, sondern eines Dritten befindet und dieser trotz Aufforderung nicht zur Herausgabe bereit ist (*Göhler/Seitz* 24).

19 **Bei eingezogenen Forderungen** wird der Schuldner zur Leistung aufgefordert. Zahlt er nicht, muss Zivilklage erhoben werden, damit ein vollstreckbarer Titel erreicht wird (*RRH* 40a).

20 Die **Unbrauchbarmachung** wird wie die Einziehung der Sache vollstreckt (§ 90 Abs. 3 Satz 1). Befindet sich die betreffende Sache nicht im amtlichen Gewahrsam, so ist sie dem Betroffenen wegzunehmen. Ggf. ist eine eidesstattliche Versicherung von dem Betroffenen zu verlangen (Abs. 3 Satz 2).

21 Das **Fahrverbot** (§ 25 StVG) wird mit der Rechtskraft der Bußgeldentscheidung wirksam (§ 25 Abs. 2 Satz 1 StVG). Für seine Dauer wird ein von einer deutschen Behörde erteilter Führerschein amtlich verwahrt. Wird er nicht freiwillig herausgegeben, so ist er zu beschlagnahmen (§ 25 Abs. 2 Satz 2, 4 StVG). Unter den Voraussetzungen des § 25 Abs. 2a StVG bestimmt die Verwaltungsbehörde oder das Gericht abweichend von Abs. 2 Satz 1, dass das Fahrverbot erst wirksam wird, wenn der Führerschein nach Rechtskraft der Bußgeldentscheidung in amtliche Verwahrung gelangt, spätestens jedoch mit Ablauf von vier Monaten seit Eintritt der Rechtskraft. Vollstreckungsmaßnahmen sind in diesen Fällen demnach auch erst nach Ablauf der 4-Monats-Frist zulässig.

22 Kann der **Führerschein** in den Fällen des § 25 Abs. 2 Satz 4, Abs. 3 Satz 2 StVG nicht beim Betroffenen gefunden werden, so hat er auf Antrag der Vollstreckungsbehörde bei dem AG eine eidesstattliche Versicherung über den Verbleib des Führerscheins abzugeben. Die Regelung des § 25 Abs. 4 StVG ist insoweit mit der des Abs. 3 Satz 3 identisch.

23 Der in amtliche Verwahrung genommene Führerschein wird dem Betroffenen so rechtzeitig zurückgereicht, dass er am **letzten Werktag der Verbotsfrist** bei ihm eintrifft, es sei denn, der Betroffene holt ihn selbst ab. In

Neunter Abschnitt. Vollstreckung der Bußgeldentscheidungen **§ 91**

jedem Fall ist ihm der Zeitpunkt mitzuteilen, zu dem das Fahrverbot endet und dass er vor Ablauf der Verbotsfrist ein Kfz nicht führen darf (*Göhler/ Seitz* 31).

In einem **ausländischen Führerschein** wird das Fahrverbot lediglich vermerkt (§ 25 Abs. 3 Satz 1 StVG). Ist dies nicht möglich, so ist ein gesonderter Vermerk zu erstellen und dieser mittels Lochung und gesiegelter Schnur oder auf andere Weise untrennbar mit dem Führerschein zu verbinden (*Göhler/Seitz* 31a). Ggf. kann der Führerschein zum Zweck der Anbringung dieses Vermerks beschlagnahmt werden (§ 25 Abs. 3 Satz 2 StVG). Die Verbotsfrist beginnt mit der Anbringung des Vermerks. 24

Nach Abs. 4 gilt Abs. 1 auch für die Vollstreckung eines von der Verwaltungsbehörde wegen der Verletzung der Zeugenpflicht oder der Gutachterpflicht festgesetzten **Ordnungsgeldes** entsprechend. Weil es sich insoweit nicht um eine Geldbuße handelt, ist § 90 Abs. 2 hierauf nicht anwendbar (*RRH* 42). Das Ordnungsgeld steht demnach der Kasse derjenigen Behörde zu, die es festgesetzt hat. **Erzwingungshaft ist unzulässig.** Im Übrigen fließen Geldbußen sowie die in Geld auszudrückenden Nebenfolgen der Staatskasse zu. Dies ist die Bundeskasse oder die Landeskasse, je nachdem, ob eine Verwaltungsbehörde des Bundes oder eines Landes den Bußgeldbescheid erlassen hat. Jedoch ermöglicht Abs. 2 Satz 1 eine anderweitige Regelung, soweit dies sachdienlich erscheint. 25

§ 91 Vollstreckung der gerichtlichen Bußgeldentscheidung

Für die Vollstreckung der gerichtlichen Bußgeldentscheidung gelten § 451 Abs. 1 und 2, die §§ 459 und 459g Abs. 1 sowie Abs. 2 in Verbindung mit § 459 der Strafprozessordnung, im Verfahren gegen Jugendliche und Heranwachsende auch § 82 Abs. 1, § 83 Abs. 2 sowie die §§ 84 und 85 Abs. 5 des Jugendgerichtsgesetzes sinngemäß.

Die Vorschrift gilt für die **Vollstreckung gerichtlicher Bußgeldentscheidungen**, d.h. der im gerichtlichen Bußgeldverfahren und im Strafverfahren erlassenen Entscheidungen, in denen eine Geldbuße oder eine Nebenfolge einer OWi verhängt worden ist (KK-*Boujong* 1). Für die Vollstreckung der gerichtlichen Bußgeldentscheidung gelten die dort genannten 1

§ 91 Zweiter Teil. Bußgeldverfahren

Vorschriften der Strafprozessordnung und im Verfahren gegen Jugendliche und Heranwachsende die dort erwähnten Vorschriften des Jugendgerichtsgesetzes sinngemäß. Ergänzend gelten im Erwachsenenrecht die Vorschriften der Strafvollstreckungsordnung und der EBAO (*Göhler/Seitz* 1).

2 **Vollstreckungsbehörde** ist die StA (§ 451 Abs. 1 StPO) einschließlich der **Amtsanwälte**, soweit die Landesjustizverwaltung ihnen diese Befugnis übertragen hat (§ 451 Abs. 2 StPO). Soweit es sich um Bußgeldentscheidungen des OLG und des BGH in Kartellsachen handelt, sind die Generalstaatsanwaltschaften bzw. der Generalbundesanwalt zuständig. Die **örtliche Zuständigkeit der StA** bestimmt sich nach dem Gericht des ersten Rechtszuges (§ 143 Abs. 1 GVG).

3 Im Verfahren gegen Jugendliche und Heranwachsende ist der **Jugendrichter Vollstreckungsleiter** (§ 82 Abs. 1 Satz 1 JGG). Örtlich zuständig ist der Jugendrichter für solche Entscheidungen, die er selbst oder das Jugendschöffengericht unter seinem Vorsitz im ersten Rechtszug erlassen hat (§ 84 Abs. 1 JGG), oder der Jugendrichter, dem die familien- und vormundschaftsrichterlichen Erziehungsaufgaben obliegen (§ 84 Abs. 2 Satz 1 JGG). Dies gilt auch für die Vollstreckung gegen Jugendliche, die im Zeitpunkt der Vollstreckung 18 Jahre geworden sind, da es für die Einordnung als Jugendlicher oder Heranwachsender allein auf die Tatzeit ankommt (*Göhler/Seitz* 3).

4 Nach dem in Bezug genommenen § 459 StPO gilt für die Vollstreckung der Geldstrafe die **Justizbeitreibungsordnung** sinngemäß, soweit das OWiG, insbesondere in den §§ 93 ff. nichts anderes bestimmt. Die Vollstreckung von Nebenfolgen richtet sich nach § 459g Abs. 1 StPO. Danach wird die Anordnung des Verfalls, der Einziehung oder der Unbrauchbarmachung dadurch vollstreckt, dass die Sache dem Verurteilten oder dem Verfalls- oder Einziehungsbeteiligten weggenommen wird. Auch insoweit gelten die Vorschriften der Justizbeitreibungsordnung. Nach § 459g Abs. 2 gelten für die Vollstreckung von Nebenfolgen, die zu einer Geldzahlung verpflichten, die §§ 459 (Anwendung der Justizbeitreibungsordnung), 459a (Regelung zur Gewährung von Zahlungserleichterungen), 459c Abs. 1 und 2 (Regelung zur Beitreibung der Geldzahlung) und § 459d (Regelung des Absehens von der Vollstreckung) StPO entsprechend.

Die **Kosten des gerichtlichen Bußgeldverfahrens** werden im Regelfall 5
zugleich mit der Geldbuße beigetrieben. Hierfür gelten die gleichen Vorschriften wie für die Vollstreckung der Geldbuße. Die Vollstreckung ist dem Rechtspfleger übertragen, und zwar auch bei Vollstreckung von Bußgeldentscheidungen gegen Jugendliche und Heranwachsende (KK-*Boujong* 14). Über **Einwendungen gegen Vollstreckungsmaßnahmen des Rechtspflegers** entscheidet der StA oder Richter, an dessen Stelle der Rechtspfleger tätig geworden ist (§ 31 Abs. 6 Satz 1 RPflG).

§ 92
Vollstreckungsbehörde

Vollstreckungsbehörde im Sinne der nachfolgenden Vorschriften dieses Abschnitts ist in den Fällen des § 90 die Verwaltungsbehörde, die den Bußgeldbescheid erlassen hat, sonst die Stelle, der nach § 91 die Vollstreckung obliegt.

Die Vorschrift regelt, dass Vollstreckungsbehörde i. S. d. §§ 93 ff. in den 1
Fällen des § 90 die Verwaltungsbehörde ist, die den Bußgeldbescheid erlassen hat, im Übrigen die Stelle, der nach § 91 die Vollstreckung obliegt. Sie enthält eine **Zuständigkeitsregelung** und definiert zugleich den Begriff der Vollstreckungsbehörde für die nachfolgenden Vorschriften in Art einer Legaldefinition (vgl. *RRH* 1).

§ 93 Zahlungserleichterungen

(1) Nach Rechtskraft der Bußgeldentscheidung entscheidet über die Bewilligung von Zahlungserleichterungen (§ 18) die Vollstreckungsbehörde.

(2) Die Vollstreckungsbehörde kann eine Entscheidung über Zahlungserleichterungen nach Absatz 1 oder nach § 18 nachträglich ändern oder aufheben. Dabei darf sie von einer vorausgegangenen Entscheidung zum Nachteil des Betroffenen nur auf Grund neuer Tatsachen oder Beweismittel abweichen.

(3) Für Entscheidungen über Zahlungserleichterungen gilt § 66 Abs. 2 Nr. 2 und 3 sinngemäß. Die Entscheidung erstreckt sich auch

auf die Kosten des Verfahrens; sie kann auch allein hinsichtlich der Kosten getroffen werden.

(4) Entfällt die Vergünstigung nach § 18 Satz 2, die Geldbuße in bestimmten Teilbeträgen zu zahlen, so wird dies in den Akten vermerkt. Die Vollstreckungsbehörde kann dem Betroffenen erneut eine Zahlungserleichterung bewilligen.

1   Die Vorschrift regelt die **Art und Weise**, mit der **Zahlungserleichterungen** aufgrund von § 18 bewilligt und umgesetzt werden. Sie verweist ferner in Abs. 3 auf § 66 Abs. 2 Nr. 2 und 3 und die dort geregelten Hinweise und Aufforderungen an den Betroffenen. Die Regelung ist im Übrigen an § 459a StPO angelehnt. Der Anwendungsbereich der Vorschrift ist weiter als der des § 18. Im Vollstreckungsverfahren können Zahlungserleichterungen grundsätzlich auch wegen einer Nebenfolge, die zu einer Geldzahlung verpflichtet (§ 99 Abs. 1), und wegen der Kosten des Bußgeldverfahrens bewilligt werden (*Göhler/Seitz* 1a).

2   Nach Abs. 1 **entscheidet über die Bewilligung von Zahlungserleichterungen** nach Rechtskraft der Bußgeldentscheidung die Vollstreckungsbehörde i. S. v. § 92. Neben ihr sind die mit der Beitreibung der Geldbuße aus einem Bußgeldbescheid betrauten Vollzugsbehörden nicht befugt, Zahlungserleichterungen zu bewilligen, jedoch können sie im Einzelfall die Vollstreckung nach den für die Beitreibung geltenden Vorschriften aus Billigkeits- oder Zweckmäßigkeitsgründen kurzfristig aufschieben (*RRH* 2). Im Verfahren zur Anordnung der Erzwingungshaft ist auch das Gericht neben der Vollstreckungsbehörde für die Bewilligung von Zahlungserleichterungen zuständig.

3   Die **sachlichen Voraussetzungen** für die Bewilligung von Zahlungsvergünstigungen **ergeben sich aus § 18.** Die Entscheidung ist nicht von einem Antrag des Betroffenen abhängig. Zahlungserleichterungen sind von Amts wegen zu bewilligen oder die Vollstreckung aufzuschieben, wenn der Vollstreckungsbehörde bekannt ist, dass dem Betroffenen nach seinen wirtschaftlichen Verhältnissen nicht zuzumuten ist, die Geldbuße sofort zu zahlen.

4   Nach Abs. 2 kann die Vollstreckungsbehörde eine Entscheidung über Zahlungserleichterungen nach Abs. 1 oder nach § 18 auch **nachträglich ändern oder aufheben.** Dies gilt auch, soweit eine solche Entscheidung vom Gericht getroffen worden ist (KK-*Boujong* 6). Auch diese Entschei-

dung der Vollstreckungsbehörde kann auf Antrag oder von Amts wegen erfolgen. Auch mehrfache nachträgliche Änderungen sind zulässig.

Erfolgt die Entscheidung zugunsten des Betroffenen, so ist sie nicht an das Vorliegen besonderer Voraussetzungen gebunden. Nach Abs. 2 Satz 2 darf die Vollstreckungsbehörde von einer vorausgegangenen Entscheidung zum Nachteil des Betroffenen jedoch nur aufgrund neuer Tatsachen oder Beweismittel abweichen. Dabei sind Tatsachen oder Beweismittel nur dann neu, wenn sie bei der vorausgegangenen Entscheidung der entscheidenden Stelle unbekannt waren, gleichgültig, ob sie ihr hätten bekannt sein können oder schon vorhanden waren (*RRH* 5). Versehentlich nicht genutzte, vorhandene Erkenntnisquellen stehen den unbekannten gleich. Die neuen Tatsachen oder Beweismittel müssen geeignet sein, in Verbindung mit den früher bekannten die Entscheidungsgrundlage zu verändern. 5

Keine neuen Tatsachen oder Beweismittel in diesem Sinne stellt eine **Änderung der rechtlichen Beurteilung** dar. Sie berechtigt nicht zu einer Abänderung der Entscheidung zum Nachteil des Betroffenen. Andererseits ist eine nachträgliche Veränderung zum Nachteil des Betroffenen zulässig, wenn sich seine wirtschaftlichen Verhältnisse erheblich gebessert haben, wenn nachträglich bekannt wird, dass er über Nebeneinnahmen verfügt oder er sich der Zahlung entziehen will (*Göhler/Seitz* 3). 6

Nach Abs. 3 Satz 1 gilt für Entscheidungen über Zahlungserleichterungen **§ 66 Abs. 2 Nr. 2 und 3** sinngemäß. Die Entscheidung hat demgemäß die Aufforderung zu enthalten, binnen gewisser Frist zu zahlen, sowie die Belehrung über die Möglichkeit einer Anordnung von Erzwingungshaft im Falle der Nichtzahlung. 7

In Abs. 3 Satz 2 ist festgelegt, dass sich die Entscheidung der Vollstreckungsbehörde auch auf die **Kosten des Verfahrens** erstreckt und ggf. auch allein hinsichtlich der Kosten getroffen werden kann. Gemeint sind hier nicht Kosten, die nicht im Zusammenhang mit einer Bußgeldentscheidung stehen, wie etwa die Kostenentscheidung nach § 25a StVG. Hierfür gilt § 107 Abs. 4 i. V. m. § 19 Verwaltungskostengesetz (*Göhler/Seitz* 5). 8

Die bewilligte Zahlungserleichterung wird automatisch mit dem Ablauf der Frist hinfällig, ohne dass es einer Aufhebung dieser Entscheidung und einer Prüfung der wirtschaftlichen Verhältnisse des Betroffenen bedarf, sofern die Bußgeldentscheidung oder die Entscheidung der Voll- 9 streckungsbehörde nach § 93 eine Verfallklausel i. S. d. § 18 Satz 2 enthält und deren Voraussetzungen vorliegen. Für diesen Fall schreibt Abs. 4 Satz 1 einen **Aktenvermerk** vor, der jedoch **keine konstitutive Bedeutung** hat, nicht anfechtbar ist und lediglich dokumentieren soll, dass die Vollstreckungsbehörde vor Einleitung der Vollstreckung das Vorliegen dieser Voraussetzung geprüft hat (*Göhler/Seitz* 6). Es ist indes nicht Aufgabe der Vollstreckungsbehörde, vor Anbringung des vorgeschriebenen Aktenvermerks die Frage zu klären, ob der Betroffene nach seinen wirtschaftlichen Verhältnissen die Rate nicht pünktlich zahlen konnte oder ob eine erneute Vergünstigung zu gewähren ist (KK-*Boujong* 9).

10 Der **Wegfall der Vergünstigung** wird nicht dadurch verhindert, dass eine nachträgliche Entschuldigung der Nichtzahlung oder der unpünktlichen Zahlung vorliegt. Nach Abs. 4 Satz 2 kann jedoch in diesem Fall erneut eine Zahlungserleichterung bewilligt werden.

11 Über **Einwendungen gegen die Ablehnung von Zahlungserleichterungen** oder eine Änderung oder Aufhebung nach Abs. 2 entscheidet das Gericht (§ 103 Abs. 1 Nr. 2). Die Entscheidung des Gerichts ist nicht anfechtbar (§ 104 Abs. 3 Satz 2). Die Vollstreckungsbehörde kann jedoch ihre Entscheidung ändern (*RRH* 8).

12 Nach § 34 Abs. 4 Nr. 3 **ruht die Vollstreckungsverjährung**, so lange eine Zahlungserleichterung bewilligt ist. Aus diesem Grunde müssen Entscheidungen über Zahlungserleichterungen aus den Akten unzweideutig ersichtlich sein (*Göhler/Seitz* 8).

§ 94 Verrechnung von Teilbeträgen

Teilbeträge werden, wenn der Betroffene bei der Zahlung keine Bestimmung trifft, zunächst auf die Geldbuße, dann auf die etwa angeordneten Nebenfolgen, die zu einer Geldzahlung verpflichten, und zuletzt auf die Kosten des Verfahrens angerechnet.

1 Die Vorschrift regelt die Verrechnung bei Teilzahlungen. Sie entspricht bei gleichem Regelungsgehalt dem § 459b StPO und regelt wie dort die **Reihenfolge der Anrechnung** so, dass die für den Betroffenen **nachteiligeren Folgen zuerst beseitigt** werden. Dies ist die Geldbuße wegen der Möglichkeit der Anordnung von Erzwingungshaft (*Göhler/Seitz* 1).

Neunter Abschnitt. Vollstreckung der Bußgeldentscheidungen § 94

Die Anrechnung von Teilleistungen richtet sich in erster Linie nach der **2**
Bestimmung des Betroffenen. Er kann ein Interesse daran haben, zuerst
eine Nebenfolge, die zu einer Geldzahlung verpflichtet, zu erledigen, um
dadurch einer Sicherstellung nach den §§ 111b ff. StPO die Grundlage zu
entziehen (KK-*Boujong* 2). Nicht zulässig ist eine von § 94 abweichende
Bestimmung der Vollstreckungsbehörde bei der Bewilligung von Ratenzahlungen (*Göhler/Seitz* 1).

Sind aufgrund **mehrerer Bußgeldentscheidungen** mehrere Geldbußen **3**
zu entrichten, so ist die Vollstreckungsbehörde befugt, Teilzahlungen bei
fehlender Bestimmung des Betroffenen auf die Geldbuße zu verrechnen,
die am ehesten verjährt (KK-*Boujong* 4), oder eine andere Regelung zu
treffen. Ist dem Betroffenen Ratenzahlung bewilligt und trifft er bei einer
Teilzahlung keine, auch keine stillschweigende Bestimmung, so wird die
Rate getilgt, die schon am längsten fällig ist (*RRH* 2a). Im Übrigen gilt
auch bei mehreren Geldbußen mangels abweichender Bestimmung des
Betroffenen im Verhältnis zu den Kosten die gesetzliche Tilgungsreihenfolge des § 94. Eine Verrechnung auf die Kosten erfolgt demnach erst,
wenn alle Geldbußen vollständig entrichtet sind.

Bei mehreren Nebenfolgen, die zu einer Geldzahlung verpflichten, wird **4**
die Teilzahlung entsprechend dem Zweck der Vorschrift zunächst auf die
für den Betroffenen nachteilige verrechnet. Beim Zusammentreffen einer
Geldbuße gegen juristische Personen und der Einzahlung des Wertersatzes, ist die Teilzahlung zuerst auf die Geldbuße zu verrechnen, weil deswegen Erzwingungshaft angeordnet werden kann (*RRH* 2b).

Ist **neben Geldstrafe eine Geldbuße** verhängt, so werden Teilbeträge zu- **5**
nächst auf die Geldstrafe angerechnet, sofern der Betroffene keine andere
Bestimmung getroffen hat (*RRH* 2b). In diesen Fällen finden § 459b StPO
und § 94 nebeneinander Anwendung.

Der Betroffene muss die **Bestimmung** i. S. d. Vorschrift **spätestens bei** **6**
der Zahlung vorgenommen haben. Eine nachträgliche Bestimmung ist
wirkungslos. Sie beeinflusst die Verrechnung nach der gesetzlichen Regelung nicht mehr.

Ebenfalls anwendbar ist die Vorschrift bei **teilweiser Beitreibung** von **7**
Geldbuße, **Nebenfolgen**, die zu einer Geldzahlung verflichten, und **Kosten** (KK-*Boujong* 7).

§ 95 Beitreibung der Geldbuße

(1) Die Geldbuße oder der Teilbetrag einer Geldbuße wird vor Ablauf von zwei Wochen nach Eintritt der Fälligkeit nur beigetrieben, wenn auf Grund bestimmter Tatsachen erkennbar ist, daß sich der Betroffene der Zahlung entziehen will.

(2) Ergibt sich, daß dem Betroffenen nach seinen wirtschaftlichen Verhältnissen die Zahlung in absehbarer Zeit nicht möglich ist, so kann die Vollstreckungsbehörde anordnen, daß die Vollstreckung unterbleibt.

1 Die Vorschrift regelt **Voraussetzungen und Modalitäten der Beitreibung**, und zwar dem Wortlaut nach nur der Geldbuße oder eines Teilbetrages der Geldbuße, tatsächlich aber auch von Nebenfolgen, die zu einer Geldzahlung verpflichten, und der Kosten.

2 **Nach Abs. 1 darf die Geldbuße oder der Teilbetrag** einer Geldbuße vor Ablauf von zwei Wochen nach Eintritt der Fälligkeit nur dann beigetrieben werden, wenn aufgrund bestimmter Tatsachen erkennbar ist, dass sich der Betroffene der Zahlung entziehen will. Die Vorschrift entspricht § 459c Abs. 1 StPO.

3 Die Vorschrift gewährt dem Betroffenen eine **Schonfrist**, während der ein **Beitreibungsverbot** besteht. Den Hinweis auf die Schonfrist enthält bereits der Bußgeldbescheid oder die in der Kostenrechnung enthaltene Zahlungsaufforderung an den Betroffenen (§§ 4, 5 EBAO). Sie gibt dem Betroffenen Gelegenheit, sich um die Beschaffung der erforderlichen Geldmittel zu bemühen oder seine Zahlungsunfähigkeit darzulegen. Die Frist beginnt mit der Fälligkeit, d.h. mit der Rechtskraft der Bußgeldentscheidung oder mit Ablauf einer nach § 18 oder § 93 bewilligten Zahlungsfrist. Enthält die Bewilligung nach § 18 eine Verfallklausel nach § 18 Satz 2 oder ist eine Zahlungserleichterung widerrufen worden, so wird der gesamte Restbetrag fällig (*Göhler/Seitz* 1). Auch für diesen Fall gilt die zweiwöchige Schonfrist des Abs. 1.

4 Ist hingegen aufgrund bestimmter Tatsachen erkennbar, dass der Betroffene sich der Zahlung entziehen will, **so ist die sofortige Beitreibung zulässig.** Der bloße Verdacht genügt nicht, ebenso wenig Säumigkeit gegenüber anderen Gläubigern. Erforderlich ist vielmehr, dass konkrete Umstände des Einzelfalls den Schluss nahe legen, der Betroffene wolle die

Durchsetzung des Bußgeldanspruchs verhindern. Das ist etwa der Fall, wenn er wesentliche Teile seines pfändbaren Vermögens beiseite schafft, seinen Wohnsitz aufgibt, ohne einen neuen zu begründen, seinen Aufenthalt häufig wechselt oder erkennen lässt, dass er sich ins Ausland absetzen will (KK-*Boujong* 9).

Liegen derart konkrete Anhaltspunkte für die Absicht des Betroffenen 5 vor, sich der Zahlung oder Vollstreckung zu entziehen, so ist die sofortige Vollstreckung auch dann zulässig, wenn der Betroffene um eine Zahlungsvergünstigung nachgesucht hat, über die allerdings grundsätzlich vorrangig zu entscheiden ist (KK-*Boujong* 8). Erforderlich ist aber auch in diesen Fällen der Eintritt der Fälligkeit der Geldbuße. Ist sie nach § 18 oder § 93 hinausgeschoben, so kann, auch wenn der Betroffene erkennbar die Vollstreckung vereiteln will, erst nach vorherigem Widerruf der Vergünstigung vollstreckt werden, es sei denn, es liegt ein Fall des § 18 Satz 2 vor (KK-*Boujong* 9).

Keine Schonfrist gilt für die Einziehung von Gegenständen (KK-*Boujong* 10). Hier geht nach § 26 Abs. 1 das Eigentum bereits mit Rechtskraft der Entscheidung auf den Staat oder den sonstigen Träger öffentlicher Gewalt über. Bedarf es zuvor einer Wegnahme, so wird der Verpflichtete aufgefordert, die Sache herauszugeben, falls eine solche Aufforderung nicht unzweckmäßig erscheint. 6

Abs. 1 gilt auch, wenn **gleichzeitig mit der Geldbuße die Kosten** des gerichtlichen Bußgeldverfahrens beigetrieben werden sollen. Deshalb ist die Frist nach Abs. 1 auch einzuhalten, wenn Kosten des Bußgeldverfahrens der Verwaltungsbehörde zugleich mit der Geldbuße beigetrieben werden (*Göhler/Seitz* 10). 7

Nach Abs. 2 kann die Vollstreckungsbehörde i. S. v. § 92 anordnen, dass 8 die **Vollstreckung unterbleibt**, wenn sich ergibt, dass dem Betroffenen nach seinen wirtschaftlichen Verhältnissen **die Zahlung in absehbarer Zeit nicht möglich ist.** Diese Vorschrift entspricht § 459c Abs. 2 StPO. Hier kommt es nicht auf die augenblickliche Unzumutbarkeit der Zahlung, sondern auf möglichst objektiv feststellbare Unmöglichkeit der Zahlung in absehbarer Zeit an. Dies ist nicht schon dann der Fall, wenn der Betroffene nicht über die erforderlichen Barmittel verfügt. Entscheidend ist vielmehr, ob es dem Betroffenen bei objektiver Beurteilung seiner Einkommens- und Vermögensverhältnisse nicht möglich ist, die erforderlichen Geldmittel durch Kreditaufnahme, Veräußerung oder Verpfändung von Vermögensgegenständen usw. aufzubringen (*Göhler/Seitz* 5).

9 Zu bedenken ist dabei aber auch, ob dem Betroffenen bei **objektiv bestehender Möglichkeit derartige Schritte möglicherweise nicht zuzumuten** sind (KK-*Boujong* 14; *RRH* 11). Nimmt dagegen ein Betroffener keine Arbeit auf, obwohl er dazu unter zumutbaren Bedingungen in der Lage wäre, kommt eine Anordnung nach Abs. 2 nicht in Betracht (*RRH* 12). Anders etwa, wenn bekannt ist, dass über das gesamte Vermögen des Betroffenen das Insolvenzverfahren eröffnet worden ist, er erst vor kurzem die eidesstattliche Versicherung abgegeben hat oder das Einkommen die Pfändungsfreigrenze nach § 850c ZPO nicht übersteigt (*RRH* 12).

10 **War die Beitreibung erfolglos**, ist dem Betroffenen aber aus objektiver Sicht die Zahlung zumutbar, so sind vor einer Entscheidung nach Abs. 2 erst weitere Zwangsmittel, wie die Anordnung von Erzwingungshaft nach § 96 durchzuführen.

11 Dass der **Aufenthalt des Betroffenen** zeitweise oder längerfristig **nicht bekannt** ist, ist kein Grund für die Einstellung der Vollstreckung nach Abs. 2, solange die Verjährung noch nicht eingetreten ist (KK-*Boujong* 14). Bei Jugendlichen und Heranwachsenden ist im Übrigen auch zu prüfen, ob eine Anordnung nach § 98 Abs. 1 in Betracht kommt.

12 **Die Anordnung nach Abs. 2 wird von Amts wegen oder auf Antrag getroffen.** Der Vollstreckungsbehörde steht insoweit ein **Ermessensspielraum** zu. Zuständig ist die Vollstreckungsbehörde i. S. v. § 92, nicht die Vollzugsbehörde (KK-*Boujong* 16). Da die Anordnung nach Abs. 2 eine innerdienstliche Maßnahme der Vollstreckungsbehörde darstellt, braucht sie, wenn sie von Amts wegen erlassen wird, dem Betroffenen nicht mitgeteilt zu werden. Hat er hingegen einen Antrag gestellt, so ist er über das Ergebnis zumindest zu unterrichten. Dies kann formlos geschehen, weil auch im Falle der Ablehnung der Betroffene keine Einwendungen nach § 103 Abs. 1 erheben kann (*Göhler/Seitz* 12).

13 **Wird das Absehen von der Vollstreckung nach Abs. 2 angeordnet**, so entfällt nicht die grundsätzlich bestehende Vollstreckbarkeit der Bußgeldentscheidung. Deshalb ist die auch im Schrifttum verwendete Wortwahl „Niederschlagung" (KK-*Boujong* 12) missverständlich. Die Maßnahme hat auch nicht die Bedeutung eines Verzichts auf die Bußgeldforderung. Deshalb kann die Vollstreckung wieder aufgenommen werden, wenn sich die wirtschaftlichen Verhältnisse des Betroffenen entgegen der früheren Prognose wieder gebessert haben, sofern nicht inzwischen Vollstreckungsverjährung (§ 34 Abs. 1) eingetreten ist (KK-*Boujong* 17).

Hat die Vollstreckungsbehörde das Absehen von der Vollstreckung nach Abs. 2 angeordnet, so ist sie nicht verpflichtet, aber berechtigt, **die wirtschaftliche Lage des Betroffenen von Zeit zu Zeit oder gar fortlaufend zu überprüfen.** Je nach Fallgestaltung und bei möglicherweise unsicherer Prognose nach Abs. 2 bietet sich eine derartige Überprüfung ausdrücklich an, insbesondere, wenn es sich bei Geldbuße, bezahlbaren Nebenfolgen und Kosten nicht um geringfügige Beträge handelt. 14

§ 96 Anordnung von Erzwingungshaft

(1) Nach Ablauf der in § 95 Abs. 1 bestimmten Frist kann das Gericht auf Antrag der Vollstreckungsbehörde oder, wenn ihm selbst die Vollstreckung obliegt, von Amts wegen Erzwingungshaft anordnen, wenn

1. die Geldbuße oder der bestimmte Teilbetrag einer Geldbuße nicht gezahlt ist,
2. der Betroffene seine Zahlungsunfähigkeit nicht dargetan hat (§ 66 Abs. 2 Nr. 2 Buchstabe b),
3. er nach § 66 Abs. 2 Nr. 3 belehrt ist und
4. keine Umstände bekannt sind, welche seine Zahlungsunfähigkeit ergeben.

(2) Ergibt sich, daß dem Betroffenen nach seinen wirtschaftlichen Verhältnissen nicht zuzumuten ist, den zu zahlenden Betrag der Geldbuße sofort zu entrichten, so bewilligt das Gericht eine Zahlungserleichterung oder überläßt die Entscheidung darüber der Vollstreckungsbehörde. Eine bereits ergangene Anordnung der Erzwingungshaft wird aufgehoben.

(3) Die Dauer der Erzwingungshaft wegen einer Geldbuße darf sechs Wochen, wegen mehrerer in einer Bußgeldentscheidung festge-

§ 96 Zweiter Teil. Bußgeldverfahren

setzter Geldbußen drei Monate nicht übersteigen. **Sie wird, auch unter Berücksichtigung des zu zahlenden Betrages der Geldbuße, nach Tagen bemessen und kann nachträglich nicht verlängert, jedoch abgekürzt werden. Wegen desselben Betrages darf die Erzwingungshaft nicht wiederholt werden.**

1 Erzwingungshaft ist Beugemittel zur Vollstreckung der Geldbuße, ohne Strafcharakter aufzuweisen. Sie soll den Betroffenen nachdrücklich dazu anhalten, entweder die rechtskräftig festgesetzte Geldbuße zu zahlen oder der Vollstreckungsbehörde seine vollständige oder teilweise Zahlungsunfähigkeit in hinreichendem Maße darzutun. Insoweit gleicht sie den Beugemaßnahmen des § 70 Abs. 2 StPO, § 390 Abs. 2 ZPO (KK-*Boujong* 1). Sie ist nicht Ersatzhaft, also keine hilfsweise Ahndung für eine begangene OWi. Vollstreckung der Erzwingungshaft befreit nicht von der Zahlungspflicht (*RRH* 1). Sinnvoll und zulässig ist sie nur dann, wenn sie sich gegen einen Zahlungsfähigen, aber Zahlungsunwilligen richtet (vgl. *VerfGH Berlin* NStZ-RR 2001, 211). Die Vorschrift ist **mit dem Grundgesetz vereinbar** (*BVerfG* NJW 1977, 293; *VerfGH Berlin* aaO).

2 Nach Abs. 1 kann das Gericht auf Antrag der Vollstreckungsbehörde nach § 92 oder **von Amts wegen Erzwingungshaft** anordnen, wenn die in § 95 Abs. 1 bestimmte Frist abgelaufen ist, die Geldbuße oder der bestimmte Teilbetrag einer Geldbuße nicht gezahlt ist, der Betroffene seine Zahlungsunfähigkeit nicht dargetan hat (§ 66 Abs. 2 Nr. 2b), er nach § 66 Abs. 2 Nr. 3 belehrt war und keine Umstände bekannt sind, welche seine Zahlungsunfähigkeit ergeben.

3 Erzwingungshaft kann nach Abs. 1 Nr. 1 **nur bei Nichtzahlung** der Geldbuße oder des bestimmten Teilbetrages einer Geldbuße angeordnet werden. **Gleichgültig ist**, ob sich die Geldbuße gegen eine natürliche oder eine juristische Person oder Personenvereinigung richtet. Die Vorschrift bezieht sich nicht auf die Vollstreckung von Nebenfolgen und Kosten oder ein Ordnungsgeld (*RRH* 3). **Sie ist gegen Jugendliche und Heranwachsende zulässig.** Hat der Betroffene nach Ablauf der Schonfrist des § 95 Abs. 1 noch gezahlt, so wird dadurch die nachfolgende Anordnung der Erzwingungshaft unzulässig (*Göhler/Seitz* 9).

4 **Zahlungsunwillig** ist er, wenn er weder zahlt noch darlegt, warum ihm die fristgerechte Zahlung nicht zugemutet werden kann (*Göhler/Seitz* 4).

Neunter Abschnitt. Vollstreckung der Bußgeldentscheidungen § 96

Gegenüber dem Zahlungsunfähigen, der seiner Pflicht zur Darlegung seiner wirtschaftlichen Verhältnisse nachgekommen ist, scheitert die Durchsetzung der Geldbuße. Die Anordnung von Erzwingungshaft ist unzulässig.

Der Betroffene ist seiner **Darlegungspflicht** nach Abs. 1 Nr. 2 **nicht nachgekommen**, wenn er innerhalb der Schonfrist ganz untätig geblieben ist oder sich auf unsubstantiierte Erklärungen beschränkt oder zwar eingehendere Erklärungen abgibt, aus denen sich aber die behauptete Unzumutbarkeit der Zahlung nicht ergibt. In diesen Fällen braucht das Gericht den Sachverhalt nicht aufzuklären (*Koblenz* NStZ 1992, 194). Von einem Rechtsanwalt und Steuerberater kann eine sachgerechte Mitwirkung bei der Darlegung einer Zahlungsunfähigkeit eher erwartet werden, als von fachunkundigen Laien (*VerfGH Berlin* NStZ-RR 2001, 211). Sind hinreichende Angaben zur Frage der Zahlungsunfähigkeit gemacht, so kann das Gericht, das die Angaben nicht ernsthaft in Zweifel zieht, Erzwingungshaft nicht anordnen. 5

Bezweifelt es die Angaben, so kann es den Sachverhalt von Amts wegen durch eigene Ermittlungen aufklären. Danach noch verbleibende Zweifel gehen nicht zu Lasten des Betroffenen (KK-*Boujong* 9). Ergibt jedoch die Aufklärung des Sachverhalts, dass der Betroffene in Wahrheit zahlungsfähig ist, so kann Erzwingungshaft angeordnet werden (*Göhler/Seitz* 11). Bei Freiberuflern kann u. U. auch die Vorlage entsprechender Belege verlangt werden (*VerfGH Berlin* NStZ-RR 2001, 211). 6

Zahlungsunfähigkeit i. S. v. Nr. 2 bedeutet die objektive Unmöglichkeit, die Geldbuße oder den bestimmten Teilbetrag der Geldbuße zu zahlen. Dem steht gleich, dass zwar objektiv eine gewisse Zahlungsfähigkeit besteht, ihm aber nach seinen wirtschaftlichen Verhältnissen, die er nach § 66 Abs. 2 Nr. 2b dargelegt hat, die Zahlung nicht zugemutet werden kann. Wann diese Voraussetzungen vorliegen, ist nach der Einzelfallsituation zu beurteilen. Das Scheitern eines früheren Vollstreckungsversuchs ist unerheblich (*RRH* 7), nicht jedoch, wenn der Betroffene näher darlegen kann, dass jedweder Vollstreckungsversuch scheitern werde. Regelmäßig ist Zahlungsunfähigkeit anzunehmen, wenn der Betroffene nur über das Existenzminimum verfügt, also etwa lediglich Sozialhilfe bzw. ALG II empfängt oder vor kurzem eine eidesstattliche Versicherung nach § 807 ZPO abgegeben hat (*Göhler/Seitz* 13). Wer allerdings über die Mittel zur 7

Haltung eines PKW verfügt, wird auch in aller Regel die Geldbußen für Verkehrs-OWi aufbringen können (KK-*Boujong* 12).

8 Nach Abs. 1 Nr. 3 ist weitere Voraussetzung für die Anordnung der Erzwingungshaft die **Belehrung nach § 66 Abs. 2 Nr. 3**. Sie ist schon im Bußgeldbescheid enthalten. Die Belehrung muss auch bei gerichtlichen Bußgeldentscheidungen erfolgen. Bei der nachträglichen Bewilligung von Zahlungserleichterungen muss der Betroffene nach § 93 Abs. 3 Satz 1 erneut belehrt werden. War die Belehrung nicht erfolgt, so kann sie vom Gericht im Verfahren nach § 96 nachgeholt werden (KK-*Boujong* 13), und zwar auch dann noch, wenn der Betroffene zur Frage der Anordnung von Erzwingungshaft gemäß § 104 Abs. 2 Satz 2 gehört wird. Wurde der die Belehrung enthaltende Bußgeldbescheid mehrere Jahre vor Anordnung der Erzwingungshaft erlassen, ist eine erneute Belehrung nach Durchführung des gerichtlichen Bußgeldverfahrens in Betracht zu ziehen (*LG Zweibrücken* VRS 100, 55).

9 Umstände, die die Zahlungsunfähigkeit des Betroffenen ergeben (Abs. 1 Nr. 4) **können aus dem Akteninhalt festgestellt werden**, aber auch dadurch bekannt werden, dass das Gericht die von dem Betroffenen gemachten Darlegungen, er sei zahlungsunfähig, nachprüft und sie bestätigt findet oder dass der Betroffene nach Ablauf der zweiwöchigen Schonfrist eingehende Angaben über seine Zahlungsunfähigkeit macht (*Göhler/Seitz* 15).

10 Die **Antragstellung** nach Abs. 1 steht im **Ermessen der Vollstreckungsbehörde.** Sie kann unter den ihr für die Vollstreckung der Geldbuße zur Verfügung stehenden Zwangsmitteln wählen, hat dabei allerdings den **Grundsatz der Verhältnismäßigkeit** zu beachten. Dazu gehört, dass sie zunächst die Beitreibung versucht und erst danach den Antrag auf Anordnung der Erzwingungshaft stellt, es sei denn, dass bereits **Beitreibungsversuche misslungen** sind oder die Beitreibung mit großer Wahrscheinlichkeit nicht zum Erfolg führen wird. Ergibt allerdings bereits der Beitreibungsversuch die Zahlungsunfähigkeit des Betroffenen, so ist die Anordnung der Erzwingungshaft unzulässig, weil dann Umstände bekannt sind, welche die Zahlungsunfähigkeit des Betroffenen ergeben (*Göhler/Seitz* 9a).

11 Abs. 2 gibt die **erneute Möglichkeit zu Zahlungserleichterungen.** Ergibt sich, dass dem Betroffenen nach seinen wirtschaftlichen Verhältnissen nicht zuzumuten ist, den zu zahlenden Betrag der Geldbuße sofort zu entrichten, so bewilligt das Gericht eine Zahlungserleichterung oder überlässt die Entscheidung darüber der Vollstreckungsbehörde. Die Voraussetzungen sind dieselben wie in § 18.

Das Gericht überlässt der Vollstreckungsbehörde die Entscheidung über die Zahlungserleichterungen, wenn es selbst zwar die Zahlungsunfähigkeit feststellt, **aber weitere Erklärungen darüber für erforderlich hält**, welche Zahlungserleichterungen angemessen sind. Ein Antrag auf Erzwingungshaft ist in diesem Falle zurückzuweisen (*Göhler/Seitz* 25). **12**

Abs. 2 findet auch noch nach **Anordnung der Erzwingungshaft** Anwendung. Damit ist auch noch im Stadium der Vollstreckung der Erzwingungshaft (§ 97) über Zahlungserleichterungen zu entscheiden, wenn sich erst in diesem Verfahrensabschnitt ergibt, dass der Betroffene die Geldbuße nicht zahlen kann. Dies folgt aus Abs. 2 Satz 2 (*KK-Boujong* 28). **13**

Nach Bewilligung einer Zahlungserleichterung durch Gericht oder Vollstreckungsbehörde ist die Anordnung der Erzwingungshaft aufzuheben, denn ihre Voraussetzungen sind nachträglich entfallen (*LG Kaiserslautern* KKZ 200, 255). Hat die Vollstreckungsbehörde die Zahlungsvergünstigung gewährt, so setzt sie hiervon das Gericht unverzüglich in Kenntnis. Insbesondere darf die Anordnung der Erzwingungshaft nicht für den Fall aufrechterhalten werden, dass der Betroffene künftig seine Pflicht zur Zahlung der Geldbuße nicht erfüllen werde; sie darf nur eine gegenwärtig bereits bestehende Zahlungspflicht durchsetzen (KK-*Boujong* 29). **14**

Abs. 3 regelt die **Dauer der Erzwingungshaft.** Ihre Höchstdauer ist wegen einer Geldbuße auf sechs Wochen, wegen mehrerer Geldbußen in einer Bußgeldentscheidung (§ 20) auf drei Monate begrenzt (Abs. 3 Satz 1). Der Monat rechnet nach 30 Tagen (§ 191 BGB). **15**

Die Erzwingungshaft wird **nach Tagen, nicht nach Wochen** bemessen (Abs. 3 Satz 2). Die Höchstdauer von drei Monaten bedeutet daher eine Dauer von 90 Tagen (KK-*Boujong* 33). **16**

Nach Abs. 3 Satz 3 darf wegen desselben Betrages die Erzwingungshaft **nicht wiederholt** werden. Hiervon betroffen ist jedoch nicht die Anordnung der Haft zur Erzwingung der Abgabe der eidesstattlichen Versicherung nach § 901 ZPO (*RRH* 22a; *Hermann* NStZ 1982, 252). **17**

§ 96 Zweiter Teil. Bußgeldverfahren

18 Der Beschluss über die Anordnung der Erzwingungshaft ist zu **begründen** und dem Betroffenen **zuzustellen** (§§ 34, 35 Abs. 2 Satz 1 StPO). Dieser kann innerhalb von einer Woche nach Zustellung (§ 311 StPO) **sofortige Beschwerde** gegen die Anordnung einlegen (§ 104 Abs. 3 Nr. 1). Zahlt der Betroffene die Geldbuße in der Zwischenzeit, kann das Beschwerdegericht entgegen § 311 Abs. 3 Satz 1 StPO abhelfen und den Erzwingungshaftbefehlsbeschluss des AG aufheben (*AG Lüdinghausen* DAR 2003, 186). Die **weitere Beschwerde ist nicht zulässig.** § 310 StPO findet auf die Erzwingungshaft keine Anwendung (*Hamm* NStZ 1992, 443). Die **Ablehnung** des Antrags auf Anordnung von Erzwingungshaft ist **unanfechtbar** (*RRH* 23).

19 Gegen **Jugendliche und Heranwachsende** ist die Anordnung der Erzwingungshaft möglich, sofern nicht eine Auflage nach § 98 Abs. 1 Satz 1 in Betracht kommt. Die **Immunität der Abgeordneten** hindert die Anordnung der Erzwingungshaft nicht (*Göhler/Seitz* 36; vgl. aber noch RiStBV Nr. 298 Satz 2 Halbsatz 2), allerdings muss bei Abgeordneten des Landtages von Baden-Württemberg und Sachsen die Anordnung der Erzwingungshaft genehmigt werden (für Baden-Württemberg Landtagsbeschluss vom 11.6.1996, Justiz 1996, 437; für Sachsen ABl. 1994, 968). Die Vollstreckung der Erzwingungshaft ist aber eine Beschränkung der persönlichen Freiheit des Abgeordneten und bedarf der in Immunitätsangelegenheiten üblichen Genehmigungen der gesetzgebenden Körperschaften (*Göhler/Seitz* 36). Dies gilt nicht für Brandenburg, dessen Landtagsabgeordnete nicht in diesem Sinne immun sind. Für sie muss durch Entscheidung des Landtags gemäß Art. 58 der Verfassung des Landes Brandenburg der Verzicht auf die Vollstreckung der Erzwingungshaft verlangt werden.

Neunter Abschnitt. Vollstreckung der Bußgeldentscheidungen § 97

§ 97 Vollstreckung der Erzwingungshaft

(1) Für die Vollstreckung der Erzwingungshaft gilt § 451 Abs. 1 und 2 der Strafprozessordnung, im Verfahren gegen Jugendliche und Heranwachsende gelten auch § 82 Abs. 1, § 83 Abs. 2 sowie die §§ 84 und 85 Abs. 5 des Jugendgerichtsgesetzes sinngemäß.

(2) Der Betroffene kann die Vollstreckung der Erzwingungshaft jederzeit dadurch abwenden, dass er den zu zahlenden Betrag der Geldbuße entrichtet.

(3) Macht der Betroffene nach Anordnung der Erzwingungshaft geltend, dass ihm nach seinen wirtschaftlichen Verhältnissen nicht zuzumuten ist, den zu zahlenden Betrag der Geldbuße sofort zu entrichten, so wird dadurch die Vollziehung der Anordnung nicht gehemmt. Das Gericht kann jedoch die Vollziehung aussetzen.

Für die Vollstreckung der Erzwingungshaft erklärt die Vorschrift Regelungen der StPO und des JGG für sinngemäß anwendbar. Ergänzend sind auch die Vorschriften der StVollstrO über die Vollstreckung von Freiheitsstrafen sinngemäß anzuwenden. Außerdem kommt bei Vorliegen der Voraussetzungen der §§ 455 bis 456 Abs. 1 deren sinngemäße Anwendung in Betracht (KK-*Boujong* 1).   1

Nach **Abs. 1** gilt für die Vollstreckung der Erzwingungshaft § 451 Abs. 1 StPO, während im Verfahren gegen Jugendliche und Heranwachsende die §§ 82 Abs. 1, 83 Abs. 2, 84 und 85 Abs. 5 des JGG sinngemäß gelten.   2

Nach § 451 Abs. 1 StPO erfolgt die Vollstreckung der Erzwingungshaft durch die **StA als Vollstreckungsbehörde**, außer im Verfahren gegen Jugendliche und Heranwachsende, gleichgültig, ob es sich um die Vollstreckung eines Bußgeldbescheides der Verwaltungsbehörde handelt oder um gerichtliche Bußgeldentscheidungen. Im Übrigen bleibt die Verwaltungsbehörde Vollstreckungsbehörde (*RRH* 2). Die örtliche Zuständigkeit der StA bestimmt sich nach dem Gericht, das die Erzwingungshaft angeordnet hat (§ 104 Abs. 1 Nr. 1 und 2).   3

Im Verfahren gegen Jugendliche und Heranwachsende ist der Jugendrichter Vollstreckungsleiter. Die Zuständigkeit für die Vollstreckung von Erzwingungshaft liegt nach Abs. 1 i.V.m. § 82 Abs. 1 Satz 1 JGG auch dann beim Jugendrichter, wenn für die Anordnung der Erzwingungshaft   4

Erwachsenenstrafrecht angewendet wurde; etwas anderes ergibt sich auch nicht aus § 110 JGG, da diese Norm in Abs. 1 nicht in Bezug genommen wurde (*BGH* NStZ-RR 2002, 347). Örtlich zuständig ist bei Bußgeldbescheiden der Verwaltungsbehörde der Jugendrichter, dem die vormundschaftsrichterlichen Erziehungsaufgaben obliegen (Abs. 1 i. V.m. § 84 Abs. 2 JGG). Die Vollstreckung der Erzwingungshaft durch den Jugendrichter ist weisungsgebundene Tätigkeit, jedoch nicht, soweit das Gericht die Vollziehung nach Abs. 3 Satz 2 aussetzen will. Nur insoweit handelt es sich um unabhängige richterliche Tätigkeit (*RRH* 4).

5 **Grundlage der Vollstreckung** der Erzwingungshaft ist die Urschrift oder eine von den Urkundsbeamten der Geschäftsstelle des Gerichts erteilte beglaubigte Abschrift des Anordnungsbeschlusses, auf der die Rechtskraft und der Zeitpunkt ihres Eintritts vermerkt sein müssen (§ 451 Abs. 1 StPO). Dies gilt gleichermaßen bei Bußgeldbescheiden gegen Jugendliche und Heranwachsende (KK-*Boujong* 6).

6 Die Einzelheiten über die **Zuständigkeit** und das **Verfahren** bei der Vollstreckung ergeben sich aus den sinngemäß anwendbaren Vorschriften der Strafvollstreckungsordnung (*RRH* 6).

7 **Vollstreckbar ist der Beschluss**, mit dem die Erzwingungshaft angeordnet wird, erst nach seiner **Rechtskraft.** Dies ist selbstverständlich und ergibt sich nicht erst daraus, dass auf ihn die für Bußgeldentscheidungen geltenden Grundsätze anzuwenden sind. Die Beschwerde gegen den Anordnungsbeschluss hat aufschiebende Wirkung (KK-*Boujong* 6); § 307 Abs. 1 StPO gilt insoweit nicht.

8 Die Vollstreckungsbehörde kann gegen den Betroffenen einen **Vorführungs- oder Haftbefehl** erlassen, wenn er der Ladung zum Antritt der Erzwingungshaft nicht nachkommt. Dies ergibt sich aus § 457 StPO i.V.m. den Vorschriften der Strafvollstreckungsordnung. Die fehlende Aufzählung des § 457 StPO in Abs. 1 spricht nicht gegen seine über § 46 Abs. 1 erfolgende sinngemäße Anwendung, verdeutlicht aber auch hier die Problematik der Verweisungstechnik im OWiG (KK-*Boujong* 8).

9 **Weitere Zwangsmaßnahmen** gegen den Betroffenen richten sich uneingeschränkt nach den entsprechenden Regelungen der StPO. Ein **Steckbrief** kann nicht erlassen werden, weil § 34 StVollstrO keine Anwendung findet (*Göhler/Seitz* 4). Bei der Anordnung entsprechender Maßnahmen erhält die Beachtung des Verhältnismäßigkeitsgrundsatzes besondere Bedeutung.

Nach Abs. 2 kann der Betroffene die Vollstreckung der Erzwingungshaft jederzeit dadurch **abwenden**, dass er den zu zahlenden Betrag der Geldbuße entrichtet. Diese Möglichkeit muss ihm auch dann noch gewährt werden, wenn er bereits zwangsweise der Vollzugsanstalt durch den mit der Vollstreckung des Haftbefehls beauftragten Polizeibeamten vorgeführt wird und den zur Abwendung der Vollstreckung erforderlichen Geldbetrag anbietet (*Göhler/Seitz* 6). 10

Erfolgt die Zahlung, so ist ein bereits inhaftierter Betroffener sofort zu entlassen, auch ohne dass es einer vorherigen Aufhebung des Beschlusses über die Anordnung der Erzwingungshaft bedürfte (*RRH* 8). Der Vollzug ist ferner abzubrechen, wenn das vom Gericht festgesetzte Höchstmaß erreicht ist oder wenn die Anordnung aus anderen Gründen als dem der Zahlung aufgehoben oder die Vollziehung ausgesetzt ist. Unerheblich ist, ob die Geldbuße durch den Betroffenen selbst oder durch jemand anderes für ihn entrichtet worden ist. 11

Nach Abs. 3 wird die **Vollziehung** der Anordnung von Erzwingungshaft **nicht gehemmt**, wenn der Betroffene nach ihrer Anordnung geltend macht, dass ihm nach seinen **wirtschaftlichen Verhältnissen nicht zuzumuten** ist, den zu zahlenden Betrag der Geldbuße sofort zu entrichten. Allerdings kann nach Abs. 3 Satz 2 das Gericht die Vollziehung aussetzen, mit der Folge, dass ein bereits inhaftierter Betroffener auf freien Fuß gesetzt werden muss. Bestätigen sich die Angaben des Betroffenen, so bewilligt das Gericht eine Zahlungserleichterung oder überlässt die Entscheidung darüber der Vollstreckungsbehörde (§ 96 Abs. 2 Satz 1) und hebt die Anordnung der Erzwingungshaft auf (§ 96 Abs. 2 Satz 2). 12

Die Vollstreckung der Erzwingungshaft **befreit den Betroffenen nicht von seiner Pflicht zur Zahlung der Geldbuße.** Eine vollzogene Erzwingungshaft kann deshalb auch nicht auf die Geldbuße angerechnet werden. Auch insoweit ist die Regelung verfassungsgemäß (*VerfGH Berlin* NStZ-RR 2001, 211). Insbesondere liegt kein Verstoß gegen das Verbot der Doppelbestrafung nach Art. 103 Abs. 3 GG vor (*BVerfG* NJW 1977, 293; **a. A.** *Menken* DAR 1976, 180). 13

14 Erzwingungshaft wird nach den **Vorschriften des StVollzG** vollzogen, soweit nicht ihre Eigenart und ihr Zweck entgegenstehen oder sonst etwas anderes geregelt ist. Eine gegen einen Jugendlichen angeordnete Erzwingungshaft sollte allenfalls in einer Jugendarrestanstalt vollzogen werden. In Betracht kommt aufgrund des Primats des Erziehungsgedankens bei Jugendlichen auch die Unterbringung in einem Heim der Jugendhilfe.

§ 98 Vollstreckung gegen Jugendliche und Heranwachsende

(1) Wird die gegen einen Jugendlichen festgesetzte Geldbuße auch nach Ablauf der in § 95 Abs. 1 bestimmten Frist nicht gezahlt, so kann der Jugendrichter auf Antrag der Vollstreckungsbehörde oder, wenn ihm selbst die Vollstreckung obliegt, von Amts wegen dem Jugendlichen auferlegen, an Stelle der Geldbuße

1. **Arbeitsleistungen zu erbringen,**
2. **nach Kräften den durch die Handlung verursachten Schaden wiedergutzumachen,**
3. **bei einer Verletzung von Verkehrsvorschriften an einem Verkehrsunterricht teilzunehmen,**
4. **sonst eine bestimmte Leistung zu erbringen,**

wenn die Bewilligung einer Zahlungserleichterung, die Beitreibung der Geldbuße oder die Anordnung der Erzwingungshaft nicht möglich oder angebracht erscheint. Der Jugendrichter kann die Anordnungen nach Satz 1 nebeneinander treffen und nachträglich ändern.

(2) Kommt der Jugendliche einer Anordnung nach Absatz 1 schuldhaft nicht nach und zahlt er auch nicht die Geldbuße, so kann Jugendarrest (§ 16 Jugendgerichtsgesetz) gegen ihn verhängt werden, wenn er entsprechend belehrt worden ist. Hiernach verhängter Jugendarrest darf bei einer Bußgeldentscheidung eine Woche nicht übersteigen. Vor der Verhängung von Jugendarrest ist dem Jugendlichen Gelegenheit zur mündlichen Äußerung vor dem Richter zu geben.

(3) Wegen desselben Betrags darf Jugendarrest nicht wiederholt angeordnet werden. Der Richter sieht von der Vollstreckung des Jugendarrests ab, wenn der Jugendliche nach Verhängung der Weisung nachkommt oder die Geldbuße zahlt. Ist Jugendarrest vollstreckt

Neunter Abschnitt. Vollstreckung der Bußgeldentscheidungen § 98

worden, so kann der Jugendrichter die Vollstreckung der Geldbuße ganz oder zum Teil für erledigt erklären.

(4) Die Absätze 1 bis 3 gelten auch für die Vollstreckung der gegen einen Heranwachsenden festgesetzten Geldbuße.

Die Vorschrift regelt das **Vollstreckungsverfahren gegen Jugendliche und Heranwachsende** in Abweichung von dem gegen Erwachsene. Sie gibt dem Jugendrichter die zusätzliche Möglichkeit, anstelle der in der Bußgeldentscheidung festgesetzten Geldbuße bestimmte erzieherische Maßnahmen anzuordnen. Sie beruht auf der Überlegung, dass es Belangen des **Erziehungsgrundsatzes** nicht entspricht, die Nichtzahlung einer festgesetzten Geldbuße mit Beitreibung oder Erzwingungshaft zu beantworten oder Zahlungserleichterung zu gewähren, die den Jugendlichen oder Heranwachsenden längere Zeit belasten (*Göhler/Seitz* 1). Solche Möglichkeiten sind gerade deshalb wünschenswert, weil das OWi-Verfahren im besonderen Maße geeignet sein kann, erzieherisch auf Jugendliche und Heranwachsende einzuwirken. 1

Die Anwendbarkeit der Abs. 1 bis 3 auch auf Heranwachsende ergibt sich aus Abs. 4. Die wahlweise Anwendung von Rechtsvorschriften für Jugendliche oder Erwachsene bei Heranwachsenden ist nicht vorgesehen. 2

Nach Abs. 1 kann der Jugendrichter auf Antrag der Vollstreckungsbehörde oder, sofern ihm selbst die Vollstreckung obliegt, auch von Amts wegen dem Jugendlichen auferlegen, **anstelle der gegen ihn rechtskräftig festgesetzten Geldbuße Arbeitsleistungen** zu erbringen, nach Kräften den durch die Handlung verursachten **Schaden wiedergutzumachen**, bei einer Verletzung von Verkehrsvorschriften an einem **Verkehrsunterricht** teilzunehmen oder sonst eine bestimmte **Leistung** zu erbringen. Weitere Voraussetzung ist, dass die Bewilligung einer Zahlungserleichterung, die Beitreibung der Geldbuße oder die Anordnung der Erzwingungshaft nicht möglich oder nicht angebracht erscheinen. 3

Die Vorschrift enthält keine veränderte Ahndung einer OWi auch durch Erziehungsmaßregeln oder Zuchtmittel, sondern lediglich eine jugendgemäße Art der Vollstreckung einer Geldbuße (*BayObLG* NJW 1972, 837). Allerdings treten die erzieherischen Maßnahmen von Abs. 1 Nr. 1 bis 4 an die Stelle der Geldbuße. Ihnen kommt deshalb auch Sanktionscharakter zu (KK-*Boujong* 4). 4

§ 98 Zweiter Teil. Bußgeldverfahren

5 Der Jugendrichter kann auch **bereits im Erkenntnisverfahren** zugleich mit der Festsetzung der Geldbuße eine **Anordnung** nach Abs. 1 Satz 1 **treffen**, dann nämlich, wenn er feststellt, dass dem Jugendlichen oder Heranwachsenden wegen seiner wirtschaftlichen Verhältnisse die Zahlung der Geldbuße Schwierigkeiten bereiten wird und die sonst übliche Vollstreckung nicht möglich oder angebracht erscheint (*Göhler/Seitz* 3).

6 Voraussetzung für die Anordnung nach Abs. 1 Satz 1 ist, dass die Geldbuße auch **nach Ablauf der zweiwöchigen Schonfrist** des § 95 Abs. 1 nicht gezahlt ist und die Bewilligung einer Zahlungserleichterung nach § 93, die Beitreibung der Geldbuße nach §§ 90, 91 oder die Anordnung der Erzwingungshaft nach § 96 nicht möglich oder angebracht erscheint.

7 „Nicht möglich" im Sinne von Abs. 1 Satz 1 sind die Bewilligung einer Zahlungserleichterung, die Beitreibung der Geldbuße oder die Anordnung von Erzwingungshaft insbesondere dann, wenn der Jugendliche und Heranwachsende darlegen kann, dass er die Geldbuße in überschaubarer Zeit nicht begleichen kann, **wenn also Beitreibungsmaßnahmen aus diesem Grund nicht zum Erfolg führen würden**, Zahlungserleichterungen nach § 93 deshalb zwecklos sind und die Anordnung der Erzwingungshaft wegen des Fehlens der Voraussetzungen des § 96 Abs. 1 Nr. 2 nicht zulässig wäre (KK-*Boujong* 9).

8 **Wann eine dieser Maßnahmen „nicht angebracht" erscheint**, beurteilt sich danach, ob die für Erwachsene geltenden Vollstreckungsformen aus Gründen, die mit dem Alter des Betroffenen zusammenhängen, mithin aus erzieherischen Gründen, nicht sachgerecht erscheinen (*RRH* 7). So kann es aus erzieherischen Gründen angebracht sein, anstelle einer an sich möglichen Stundung sofort eine Vollstreckungsanordnung nach § 98 zu treffen, um einerseits in besonders jugendgemäßer Weise, andererseits aber umgehend auf das Fehlverhalten des Jugendlichen oder Heranwachsenden zu reagieren. Von Bedeutung sind ferner die Auswirkungen von Beitreibung oder Erzwingungshaft etwa auf ein Ausbildungs- oder Arbeitsverhältnis des Jugendlichen oder Heranwachsenden (*Göhler/Seitz* 6).

9 Die in den Nrn. 1 bis 3 aufgezählten erzieherischen Maßnahmen sind **nicht abschließend;** Nr. 4 enthält eine Öffnungsklausel. Es bleibt damit dem pflichtgemäßen **Ermessen des Jugendrichters** überlassen, welche dieser Maßnahmen im Einzelfall an die Stelle der Geldbuße treten soll.

Neunter Abschnitt. Vollstreckung der Bußgeldentscheidungen § 98

Diese Entscheidung trifft er mit Rücksicht auf die Persönlichkeit des Jugendlichen, die Art des zugrunde liegenden Rechtsverstoßes und die Bedeutung der Sanktion für die Einwirkung auf den Jugendlichen. Auflagen, die gegen Rechtsnormen verstoßen oder außer Verhältnis zur Tat und zu der festgesetzten Geldbuße stehen, sind unzulässig (*Göhler/Seitz* 8). Sie müssen stets auch im Hinblick auf die Lebensführung des Jugendlichen zumutbar sein und dürfen ihn weder psychisch noch physisch überfordern.

Die **Arbeitsauflage** nach **Nr. 1** kann vor allem in der Anordnung bestehen, für eine soziale oder gemeinnützige Einrichtung für einen bestimmten Zeitraum unentgeltlich tätig zu sein. Eine entsprechende Arbeitsauflage ist verfassungsgemäß (*BVerfG* NStZ 1987, 275). Ihre Dauer muss in einem angemessenen Verhältnis zu der festgesetzten Geldbuße stehen, aber auch den zugrunde liegenden Rechtsverstoß berücksichtigen. **10**

Durch die Arbeitsleistung wird **kein Arbeitsverhältnis** i. S. d. Arbeitsrechts und **kein Beschäftigungsverhältnis** i. S. d. Sozialversicherung, der Arbeitslosenversicherung oder des Steuerrechts begründet. Damit wird eine Benachteiligung arbeitsloser Jugendlicher vermieden (BT-Drucks. 13/4941 S. 237). Allerdings gelten die **Vorschriften über den Arbeitsschutz** sinngemäß: Der Jugendliche und Heranwachsende ist gegen Arbeitsunfall gesetzlich versichert (§ 2 Abs. 2 Satz 2 SGB VII). Die **persönliche Haftpflicht** bei der Ausübung der Tätigkeit ist hingegen nicht abgesichert. Sie muss durch privaten Versicherungsschutz gewährleistet werden (*RRH* 10). **11**

Schadenswiedergutmachung i. S. v. **Nr. 2** meint die Wiedergutmachung des durch die OWi angerichteten Schadens. Sie dürfte eine erzieherisch besonders wirkungsvolle Maßnahme sein, weil sie eine für den Jugendlichen oder Heranwachsenden unmittelbar spürbare und deshalb besonders einsehbare Rechtsfolge seiner Tat darstellt. Die Erfahrungen mit Täter-Opfer-Ausgleich und Schadenswiedergutmachung im Jugendstrafrecht zeigen, dass Jugendliche und Heranwachsende für diese Sanktionsmöglichkeiten besonders zugänglich sind. **12**

Die Anordnung der Schadenswiedergutmachung steht ebenfalls unter dem **Vorbehalt der Verhältnismäßigkeit**, insbesondere auch der **wirtschaftlichen Zumutbarkeit**. So verkehrt sich der erzieherische Nutzen **13** der Maßnahme ins Gegenteil, wenn für die Wiedergutmachung des Schadens sehr erhebliche Geldmittel aufgewendet werden müssen, wie etwa nach Verkehrsunfällen, die durch nicht selten geringfügige Verkehrs-OWi verursacht worden sind. Kommt der Schadenswiedergutmachung gegenüber der Geldbuße die größere erzieherische Wirkung zu, so trifft der Jugendrichter eine entsprechende Anordnung bereits bei der Entscheidung über die Verhängung der Geldbuße.

14 Da Jugendliche und Heranwachsende nicht selten nur über **geringe Eigenmittel** verfügen, kann ihnen auch auferlegt werden, den Schaden durch **eigene Arbeitsleistung** zu beseitigen, etwa durch Reparatur eines beschädigten Gegenstandes oder sonstige geeignete Anstrengungen. Auch insoweit darf es nicht zu einer Überbeanspruchung und Entmutigung des Jugendlichen oder Heranwachsenden kommen (KK-*Boujong* 14).

15 Die Auflage nach **Nr. 2** ist nur zulässig, wenn der Jugendliche oder Heranwachsende **zivilrechtlich zum Schadensersatz** verpflichtet ist. In zivilrechtlich zweifelhaften oder umstrittenen Fällen sollte eine entsprechende Auflage unterbleiben. Die obere Grenze der Wiedergutmachungsauflage wird durch die Höhe des zivilrechtlichen Schadensersatzanspruchs gebildet. Hat der Jugendliche ganz oder teilweise den von ihm angerichteten Schaden wiedergutgemacht, so ist damit zugleich der gegen ihn gerichtete zivilrechtliche Anspruch in demselben Umfang erfüllt (KK-*Boujong* 15).

16 Nach **Nr. 3** kann dem Jugendlichen bei einer Verletzung von Verkehrsvorschriften ferner auferlegt werden, an einem **Verkehrsunterricht teilzunehmen.** Die Anordnung muss Art und Dauer des Unterrichts festlegen. Dabei kann es sich um theoretischen oder praktischen Verkehrsunterricht handeln. Etwaige Kosten sind von dem Jugendlichen zu tragen. Sie gehören nicht zu den Kosten des Bußgeldverfahrens. Deshalb ist vorher zu klären, ob der Jugendliche oder Heranwachsende die Kosten selbst aufbringen kann oder ob sie von den Eltern gemäß § 1610 Abs. 2 BGB oder einer anderen Stelle übernommen werden (KK-*Boujong* 16). Stehen die Kosten außer Verhältnis zum erzieherischen Zweck dieser Anordnung, muss der Jugendrichter auf sie verzichten oder sie zumindest modifizieren. Je nach Gegebenheit kann andererseits die Anordnung nach Nr. 3 zusätzlich zu der nach Nr. 2 sinnvoll sein.

§ 98 Neunter Abschnitt. Vollstreckung der Bußgeldentscheidungen

Nr. 4 gibt dem Jugendrichter die Möglichkeit, dem Jugendlichen oder Heranwachsenden die **Erbringung einer sonstigen bestimmten Leistung** aufzuerlegen. Der Begriff der Leistung ist hier im weitesten Sinn zu verstehen (KK-*Boujong* 17). Auch eine Unterlassung kann ggf. eine Leistung in diesem Sinne sein (*RRH* 13). Allerdings sollten aus erzieherischen Gründen nur solche Leistungen auferlegt werden, bei denen ein dem Jugendlichen vermittelbarer innerer Zusammenhang mit dem Rechtsverstoß besteht. Es sollten ferner nur solche Leistungen angeordnet werden, deren Ausführung zuverlässig überprüft werden kann. Der Jugendrichter muss die zu erbringenden **Leistungen klar und bestimmt bezeichnen.** Die Weisung, für einen bestimmten Zeitraum den Führerschein zu den Akten zu geben oder kein Kfz zu führen, ist eine Umgehung des § 25 StVG und damit unzulässig (*Düsseldorf* NJW 1968, 2156 m. Anm. *van Els*). 17

Die Auswahl unter den gesetzlich zulässigen Anordnungen trifft der Jugendrichter nach pflichtgemäßem Ermessen. Er kann mehrere Anordnungen nebeneinander treffen, aber nicht dem Jugendlichen die Wahl unter verschiedenen Auflagen nach Nrn. 1 bis 4 überlassen. Nicht gehindert ist der Jugendrichter daran, vor seiner Entscheidung in einem Gespräch mit dem Jugendlichen zu ermitteln, welche Anordnung voraussichtlich in besonderer Weise erzieherisch wirken wird. 18

Nach Abs. 2 kann gegen den Jugendlichen oder Heranwachsenden **Jugendarrest (§ 16 JGG)** verhängt werden, wenn er trotz entsprechender Belehrung schuldhaft einer Anordnung nach Abs. 1 nicht nachkommt und auch nicht die gegen ihn verhängte Geldbuße bezahlt. Systematisch ist der Jugendarrest hier selbständige Ungehorsamsfolge wegen der Nichtbeachtung von Anordnungen des Jugendrichters, durch den die ordnungsgemäße Ausführung der Entscheidungen der Verwaltungsbehörde oder des Jugendgerichts gesichert werden soll. Die **Vollstreckung von Jugendarrest** als selbständige Unrechtsfolge lässt die Pflicht zur Zahlung der Geldbuße oder zur Befolgung der Auflagen unberührt (*Göhler/Seitz* 20). Jugendarrest kann auch dann verhängt werden, wenn der Betroffene nach der Festsetzung der Geldbuße 21 Jahre alt geworden ist (*Göhler/Seitz* 20; KK-*Boujong* 27), sonst könnte der Heranwachsende die Nichterfüllung einfach über seinen 21. Geburtstag hinaus sanktionslos verzögern. 19

Die Gewährung rechtlichen Gehörs vor Verhängung von Jugendarrest nach Abs. 2 ist **obligatorisch.** Sie muss auch eine Belehrung über die Be- 20 deutung der Anordnung, insbesondere auch über die Wahlmöglichkeit, die Geldbuße zu zahlen oder der Auflage nachzukommen, ferner die Rechtsfolgen einer vorwerfbaren Zuwiderhandlung erfassen. Tatsache und Inhalt der Belehrung sollten als objektive Bedingung für die Verhängung des Jugendarrestes nach Abs. 2 in die Vollstreckungsanordnung aufgenommen und auch aktenkundig gemacht werden (*Göhler/Seitz* 23). Die mündliche Anhörung vor dem Jugendrichter erfasst nach Abs. 2 Satz 3 ferner Gesichtspunkte, die klären, ob der Jugendliche schuldhaft oder etwa nur aus Ungeschicklichkeit der Auflage zuwidergehandelt hat, sowie Hinweise darauf, welche verschiedenen Formen des § 16 JGG gegen ihn verhängt werden können.

21 Die Verhängung des Jugendarrestes ist dem Jugendrichter nach pflichtgemäßem Ermessen überlassen. Er ist **strengstes Mittel** der Reaktion auf die Nichterfüllung von Auflagen und daher im Regelfall nur bei **erheblichen Verstößen** angebracht. Er kann in Form des Freizeitarrestes, des Kurzarrestes und des Dauerarrestes verhängt werden. Einzelheiten ergeben sich aus § 16 JGG. Die Höchstdauer darf bei einer Bußgeldentscheidung eine Woche nicht übersteigen (Abs. 2 Satz 2).

22 **Wegen desselben Betrages darf Jugendarrest nicht wiederholt angeordnet werden** (Abs. 3 Satz 1). Dies gilt auch dann, wenn der wegen Verstoßes gegen eine Auflage verhängte Jugendarrest vollstreckt worden ist und der Jugendrichter die Auflage geändert oder durch eine andere Auflage ersetzt hat. Wird gegen eine solche geänderte Auflage verstoßen, so ist die Verhängung von Jugendarrest deshalb nicht möglich, auch wenn der Rahmen von Abs. 2 Satz 2 noch nicht ausgeschöpft worden ist (*Göhler/Seitz* 24a).

23 **Nach Abs. 3 Satz 2 sieht der Richter von der Vollstreckung des Jugendarrestes ab**, wenn der Jugendliche nach Verhängung der Weisung doch noch nachkommt oder die Geldbuße zahlt. Daher ist vor Beginn der Vollstreckung von Jugendarrest mit hinreichender Sicherheit festzustellen, ob dies der Fall ist. Ist im Zeitpunkt der Zahlung bereits Jugendarrest verhängt, die Verhängung aber noch nicht rechtskräftig, so führt die Anfechtung mit der sofortigen Beschwerde innerhalb der Wochenfrist des § 311 Abs. 2 StPO zur Aufhebung der Anordnung, weil die Voraussetzungen für den Jugendarrest entfallen sind. Zahlt der Jugendliche oder Heranwachsende nach Rechtskraft der Anordnung des Jugendarrestes die

Neunter Abschnitt. Vollstreckung der Bußgeldentscheidungen § 98

Geldbuße oder erfüllt er die Auflagen nach Abs. 1, so muss der Richter von der Vollstreckung des Jugendarrestes absehen. Eine gleichwohl erfolgende Vollstreckung des Jugendarrestes würde sich auch nicht aus seinem Rechtscharakter als selbständige Rechtsfolge rechtfertigen lassen.

Ist Jugendarrest vollstreckt worden, so kann der Jugendrichter die Vollstreckung der Geldbuße ganz oder zum Teil für erledigt erklären (Abs. 3 Satz 3). Eine entsprechende Entscheidung ist erforderlich, weil die Vollstreckung des Jugendarrestes an sich nicht die Bußgeldschuld tilgt und nicht von der Erfüllung der Auflage nach Abs. 1 befreit. Gleichwohl kann es aus erzieherischen Gründen sinnvoll sein, nach Verbüßung von Jugendarrest auf die Durchsetzung der ursprünglich vorgesehenen Sanktionen zu verzichten (*Göhler/Seitz* 28). 24

Die Verhängung des Jugendarrestes kann nach § 104 Abs. 3 Satz 1 Nr. 1 mit der sofortigen Beschwerde (§ 311 StPO) **angefochten** werden; die weitere Beschwerde (§ 310 StPO) ist nicht zulässig (*Göhler/Seitz* 30a). Die Anordnung einer Auflage nach Abs. 1, ihre spätere Abänderung und die Zurückweisung eines entsprechenden Antrages oder die Ablehnung eines Antrages, die Vollstreckung der Geldbuße für erledigt zu erklären, sind nicht anfechtbar (*RRH* 28). Der Jugendliche, sein gesetzlicher Vertreter oder Erziehungsberechtigter und der Heranwachsende kann aber im Wege der Gegenvorstellung eine nachträgliche Änderung der Auflage anstreben (KK-*Boujong* 37). Abweichend von § 307 Abs. 1 StPO hat die sofortige Beschwerde aufschiebende Wirkung. 25

Einwendungen gegen die Vollstreckung der Geldbuße können nach § 103 Abs. 1 Nr. 1 erhoben werden, wenn beanstandet werden soll, dass trotz Vorliegens der Voraussetzungen des Abs. 1 Satz 1 keine Anordnung beantragt oder von Amts wegen ergangen ist (*RRH* 29). Dies gilt auch, wenn eine Anordnung nach Abs. 1 ergangen ist, aber trotz noch laufender Frist die Vollstreckung der Geldbuße in der gewöhnlichen Form betrieben wird. 26

§ 99 Vollstreckung von Nebenfolgen, die zu einer Geldzahlung verpflichten

(1) Für die Vollstreckung von Nebenfolgen, die zu einer Geldzahlung verpflichten, gelten die §§ 93 und 95 entsprechend, für die Vollstreckung der Geldbuße gegen eine juristische Person oder eine Personenvereinigung gelten auch die §§ 94, 96 und 97.

(2) Ist der Verfall eines Geldbetrages (§ 29a) rechtskräftig angeordnet worden und legt der Betroffene oder der Verfallsbeteiligte eine rechtskräftige Entscheidung vor, in der gegen ihn wegen der mit Geldbuße bedrohten Handlung ein dem Verletzten erwachsener Anspruch festgestellt ist, so ordnet die Vollstreckungsbehörde an, daß die Anordnung des Verfalls insoweit nicht mehr vollstreckt wird. Ist der für verfallen erklärte Geldbetrag bereits gezahlt oder beigetrieben worden und wird die Zahlung auf Grund der rechtskräftigen Entscheidung an den Verletzten nachgewiesen, so ordnet die Vollstreckungsbehörde insoweit die Rückerstattung an den Betroffenen oder den Verfallsbeteiligten an.

1 Die Vorschrift enthält klarstellende und ergänzende Regelungen für die **Vollstreckung von Nebenfolgen**, die zu einer Geldzahlung verpflichten. Abs. 1 regelt, dass die §§ 93 und 95 entsprechend gelten, ferner für die Vollstreckung der Geldbuße gegen eine juristische Person oder eine Personenvereinigung auch die §§ 94, 96 und 97.

2 Die §§ 89 bis 91 gelten auch ohne besondere Bestimmung für die Vollstreckung von Nebenfolgen, die zu einer Geldzahlung verpflichten. Hier folgt die **Anordnung** stets in der **Bußgeldentscheidung**, und zwar auch gegen eine juristische Person oder Personenvereinigung und auch, wenn diese Entscheidung im Strafverfahren getroffen wird (*Göhler/Seitz* 2).

3 **Erzwingungshaft** nach § 96 kann auch wegen einer gegen eine juristische Person oder Personenvereinigung gemäß § 30 verhängten Geldbuße angewendet werden. Da sie naturgemäß nicht gegen die juristische Person oder Personenvereinigung selbst festgesetzt oder vollstreckt werden kann, wird sie gegen die vertretungsberechtigten Organe angeordnet und vollzogen. Wird auch eine Geldbuße gegen das Organ selbst verhängt, so beträgt das Höchstmaß der Erzwingungshaft gegen das Organ insgesamt drei Monate (KK-*Boujong* 5).

Neunter Abschnitt. Vollstreckung der Bußgeldentscheidungen § 99

Abs. 2 will eine doppelte Gewinnabschöpfung vermeiden. Die Regelung, die nicht lediglich ein Nachverfahren im Sinne von §§ 429 Abs. 1, 439 StPO darstellt, schützt einerseits den Verletzten hinreichend, bewahrt aber andererseits den Betroffenen bzw. Verfallsbeteiligten vor Doppelbelastungen; damit ist der Amtsrichter nicht gezwungen, allein zur Klärung etwaiger Ansprüche Dritter eine umfangreiche Beweisaufnahme durchzuführen (*BayObLG* wistra 2000, 395). Die Vorschrift setzt voraus, dass eine rechtskräftige Entscheidung eines Zivilgerichts über einen Ersatzanspruch des Verletzten ergangen ist. Die von dem Betroffenen oder Verfallsbeteiligten vorzulegende rechtskräftige Entscheidung kann auch in einem gegen den Verletzten erstrittenen Feststellungsurteil bestehen. Ein Prozessvergleich bewirkt einen entsprechenden Titel (§ 794 Abs. 1 Nr. 1 ZPO). 4

Das Verbot der Doppelbelastung nach Abs. 2 Satz 1 gilt nur, wenn dasselbe Verhalten des Betroffenen oder Verfallsbeteiligten, das die mit Geldbuße bedrohte Handlung verwirklicht und damit den Verfall ausgelöst hat, zugleich auch seine Schadensersatzpflicht begründet hat (*KK-Boujong* 9). Erforderlich ist ferner, dass die für verfallen erklärten Vermögensvorteile mit denen übereinstimmen, die Gegenstand des Schadensersatzanspruchs des Verletzten sind. Die Anwendung von Abs. 2 setzt dagegen nicht voraus, dass der Anspruch des Verletzten erst Tatfolge ist, sondern gilt auch für Fälle, in denen der Zahlungsanspruch des Dritten schon vor der Tat besteht und der Rechtsverstoß durch seine Nichterfüllung begangen wird (*BayObLG* wistra 2000, 395). 5

Nach Abs. 2 Satz 2 ordnet die Vollstreckungsbehörde **Rückerstattung an den Betroffenen oder den Verfallsbeteiligten** an, sofern der für verfallen erklärte Geldbetrag bereits gezahlt oder beigetrieben und die Zahlung aufgrund der rechtskräftigen Entscheidung an den Verletzten nachgewiesen worden ist. Möglich ist auch, den Betrag im Einverständnis des Betroffenen oder Verfallsbeteiligten unmittelbar an den Verletzten zu zahlen. Dadurch wird der Ersatzanspruch des Verletzten in Höhe dieses Betrages erfüllt (*KK-Boujong* 10). 6

Will der Betroffene oder Verfahrensbeteiligte die ihm günstigen Rechtsfolgen des Abs. 2 herbeiführen, so legt er die **rechtskräftige gerichtliche Entscheidung** oder den **Prozessvergleich** der Vollstreckungsbehörde vor. Dies kann auch der Verletzte tun, wenn er im Einverständnis mit dem Betroffenen die Auszahlung des Betrages an sich erstrebt. Eine Aus- 7 schlussfrist für die Vorlage ist nicht festgelegt; ein förmlicher Antrag ist nicht erforderlich (KK-*Boujong* 10).

8 **Lehnt die Vollstreckungsbehörde** eine Anordnung ganz oder teilweise ab oder unterlässt sie sie, so können Einwendungen nach § 103 Abs. 1 Nr. 2 erhoben werden. Über sie entscheidet das nach § 104 zuständige Gericht.

§ 100 Nachträgliche Entscheidungen über die Einziehung

(1) Über die Aufhebung des Vorbehalts der Einziehung und die nachträgliche Anordnung der Einziehung eines Gegenstandes oder des Wertersatzes (§ 24 Abs. 2 Satz 3, § 25 Abs. 4) entscheidet
1. die Verwaltungsbehörde, die den Bußgeldbescheid erlassen hat,
2. bei einer gerichtlichen Bußgeldentscheidung das Gericht.

(2) Gegen die nachträgliche Anordnung der Einziehung ist in den Fällen des Absatzes 1 Nr. 1 innerhalb von zwei Wochen nach Zustellung des Bescheides der Antrag auf gerichtliche Entscheidung nach § 62 zulässig. Gegen die Entscheidung des Gerichts ist sofortige Beschwerde zulässig, wenn der Wert des Beschwerdegegenstandes zweihundertfünfzig Euro übersteigt.

1 **Die Vorschrift enthält Verfahrensregelungen** für die in den §§ 24 Abs. 2 Satz 3 und 25 Abs. 4 vorgesehenen Nachtragsentscheidungen über die Aufhebung des Vorbehalts der Einziehung und die Anordnung der Einziehung eines Gegenstandes oder Wertersatzes. Abs. 1 regelt die Zuständigkeit für diese Entscheidung. In Abs. 2 ist die Anfechtbarkeit der nachträglichen Anordnung der Einziehung durch die Verwaltungsbehörde geregelt.

2 Nach Abs. 1 ist bei Bußgeldbescheiden für die **Aufhebung der Vorbehaltsklausel** für die nachträgliche Einziehung des Gegenstandes (§ 24 Abs. 2 Satz 3), sofern der von der Einziehung Betroffene (§§ 22 Abs. 2, 23) der Anordnung einer weniger einschneidenden Maßnahme (§ 24 Abs. 2 Satz 1) nicht nachgekommen ist, die Verwaltungsbehörde zuständig, die den Bußgeldbescheid erlassen hat (*RRH* 2).

3 Die Verwaltungsbehörde gewährt vor der Nachtragsentscheidung dem Betroffenen **rechtliches Gehör.** Anzuhören ist auch ein Einziehungsbeteiligter, sofern durch die nachträgliche Entscheidung stärker in seine Rechtsstellung eingegriffen werden kann, als das schon durch den Vorbehalt der Einziehung geschehen ist (*RRH* 3). Die nachträgliche Anordnung der Einziehung wird in Form eines Bescheids getroffen (Abs. 2 Satz 1), der mit einer Rechtsbehelfsbelehrung zu versehen und dem Betroffenen sowie einem Einziehungsbeteiligten zuzustellen ist. Wird der Vorbehalt der Einziehung aufgehoben, so genügt eine formlose Mitteilung an den Betroffenen. Dadurch wird der Erlass eines Bescheids jedoch nicht ausgeschlossen.

Bei gerichtlichen Bußgeldentscheidungen ist für die Nachtragsentscheidung das **Gericht 1. Instanz** zuständig. Dies gilt auch für das Verfahren gegen Jugendliche und Heranwachsende, weil es sich insoweit nicht um eine Vollstreckungsentscheidung handelt (*Göhler/Seitz* § 104 Rn. 5). 4

Nach Abs. 2 Satz 1 kann gegen die nachträgliche Anordnung der Einziehung in den Fällen des Abs. 1 Nr. 1 innerhalb von zwei Wochen nach Zustellung des Bescheids der **Antrag auf gerichtliche Entscheidung** nach § 62 gestellt werden. Insoweit gilt also nicht der Rechtsbehelf nach § 103 (*Göhler/Seitz* 4). Der Antrag kann nur innerhalb einer Frist von zwei Wochen nach Zustellung des Bescheids gestellt werden. Wiedereinsetzung in den vorigen Stand ist nach § 52 zulässig. 5

Gegen die Entscheidung des Gerichts nach Abs. 1 Nr. 2 ist **sofortige Beschwerde** nach § 311 StPO zulässig, sofern der Wert des Beschwerdegenstandes 250,– Euro übersteigt. 6

§ 101 Vollstreckung in den Nachlass

In den Nachlass des Betroffenen darf eine Geldbuße nicht vollstreckt werden.

Die Vorschrift verbietet die Vollstreckung der Geldbuße in den Nachlass des Betroffenen, auch wenn die Bußgeldentscheidung bereits zu seinen Lebzeiten rechtskräftig geworden ist. Ein entsprechendes Verbot enthält § 459c Abs. 3 StPO für die Vollstreckung einer Geldstrafe. Damit bewirkt der Tod des Betroffenen ein Vollstreckungshindernis, durch das die Geldbußenschuld kraft Gesetzes erlischt. Eine noch zu Lebzeiten des Betroffe- 1 nen begonnene Vollstreckung ist abzubrechen; bestehende Vollstreckungsmaßnahmen sind aufzuheben (*RRH* 1).

2 Hat das Vollstreckungsorgan den Erlös vor dem Tod des Betroffenen in Empfang genommen, so liegt in der Einzahlung bei der Kasse der Vollstreckungsbehörde keine Vollstreckung in den Nachlass mehr (*RRH* 1). **Hat der Erbe** in Unkenntnis der Rechtslage die **Geldbuße bezahlt**, so ist sie zurückzuerstatten (*RRH* 1). Im Übrigen kann er die Unzulässigkeit der Vollstreckung durch Einwendung nach § 103 Abs. 1 Nr. 1 geltend machen. Die Rückerstattung entfällt, sofern der Erbe die Geldbuße in Kenntnis der Rechtslage bezahlt hat.

3 **Das Vollstreckungsverbot gilt nicht für Nebenfolgen**, die zu einer Geldzahlung verpflichten. Sie können auch weiterhin in den Nachlass vollstreckt werden, sofern die Bußgeldentscheidung zu Lebzeiten des Betroffenen rechtskräftig geworden ist (*Göhler/Seitz* 2). Die Kosten des Verfahrens können demnach gemäß § 105 Abs. 1 bzw. § 465 Abs. 3 StPO in den Nachlass vollstreckt werden, sofern der Betroffene nicht vor Eintritt der Rechtskraft verstorben ist (*RRH* 2). Die Vollstreckung des Wertersatzes oder der Abführung des Mehrerlöses ist durch die Vorschrift nicht ausgeschlossen.

§ 102 Nachträgliches Strafverfahren

(1) Wird nach Rechtskraft des Bußgeldbescheides wegen derselben Handlung die öffentliche Klage erhoben, so soll die Vollstreckungsbehörde die Vollstreckung des Bußgeldbescheides insoweit aussetzen.

(2) Sind die Entscheidungen nach § 86 Abs. 1 und 2 im Strafverfahren unterblieben, so sind sie von dem Gericht nachträglich zu treffen.

1 Die Vorschrift ergänzt § 86. Wird der Betroffene in einem späteren Strafverfahren wegen derselben Handlung verurteilt, so kann ein bereits erlassener Bußgeldbescheid aufgehoben werden. Deshalb regelt Abs. 1, dass die Vollstreckungsbehörde die Vollstreckung des rechtskräftigen Bußgeldbescheides aussetzen soll, soweit wegen derselben Handlung Anklage gegen den Betroffenen erhoben wird.

2 **Die Erhebung der öffentlichen Klage** geschieht durch Einreichung der Anklageschrift (§ 170 Abs. 1 StPO), durch Antrag auf Erlass eines Straf-

Neunter Abschnitt. Vollstreckung der Bußgeldentscheidungen § 102

befehls (§ 407 Abs. 1 StPO), durch Antrag auf Aburteilung im beschleunigten Verfahren (§ 417 StPO) und durch Nachtragsanklage (§ 266 StPO).

Voraussetzung für die Aussetzung der Vollstreckung ist ferner die **Rechtskraft des Bußgeldbescheides.** Der Gesetzeswortlaut ist insoweit eindeutig (**a. A.** *RRH* 4; KK-*Boujong* 2). Wird demnach die öffentliche Klage vor Eintritt der Rechtskraft erhoben, so liegt für das Bußgeldverfahren ein Verfahrenshindernis vor, das die Verwaltungsbehörde von Amts wegen zu beachten hat und das der Betroffene durch Einspruch gegen den Bußgeldbescheid geltend machen kann (*Göhler/Seitz* 4). 3

Abs. 1 enthält eine **Soll-Vorschrift.** Das bedeutet, dass die Vollstreckungsbehörde, sobald sie von der Erhebung der öffentlichen Klage Kenntnis erhält, gleichgültig auf welchem Wege, die Vollstreckung aussetzen muss, denn bereits mit der Anklageerhebung ist hinreichender Tatverdacht einer Straftat bejaht und damit der Bestand des Bußgeldbescheides gefährdet. 4

Aussetzen i. S. v. Abs. 1 umfasst sowohl den **Aufschub** einer noch nicht begonnenen als auch die **Unterbrechung** oder **Einstellung** einer schon eingeleiteten Vollstreckung (*RRH* 10). 5

Über die Aussetzung entscheidet die Vollstreckungsbehörde, also die Verwaltungsbehörde, die den Bußgeldbescheid erlassen hat. Ist jedoch bereits Erzwingungshaft angeordnet worden, so ist die StA oder der Jugendrichter Vollstreckungsbehörde und daher zuständig (*Göhler/Seitz* 6). 6

Einwendungen gegen die Ablehnung der Aussetzung durch die Vollstreckungsbehörde können nach § 103 Abs. 1 Nr. 2 erhoben werden. Über sie entscheidet das nach § 104 Abs. 1 zuständige Gericht. 7

Sind die Entscheidungen nach § 86 Abs. 1 und 2 über die Beseitigung des Bußgeldbescheides und die Anrechnung der erlittenen Rechtsnachteile im Strafverfahren unterblieben, so **trifft nach Abs. 2 diese Entscheidungen das Gericht nachträglich.** Es entscheidet von Amts wegen. Seine Entscheidung ist nicht anfechtbar (§ 104 Abs. 3). 8

Ist der Bußgeldbescheid erst nach der strafgerichtlichen Entscheidung erlassen worden, so ist Abs. 2 nicht anwendbar. Wird aus einem solchen Bußgeldbescheid vollstreckt, so ist das **Wiederaufnahmeverfahren** unter den Voraussetzungen des § 85 gegeben (*Düsseldorf* NStZ 1989, 44). 9

§ 103 Gerichtliche Entscheidung

(1) Über Einwendungen gegen
1. **die Zulässigkeit der Vollstreckung,**
2. **die von der Vollstreckungsbehörde nach den §§ 93, 99 Abs. 2 und § 102 Abs. 1 getroffenen Anordnungen,**
3. **die sonst bei der Vollstreckung eines Bußgeldbescheides getroffenen Maßnahmen**

entscheidet das Gericht.

(2) Durch Einwendungen nach Absatz 1 wird die Vollstreckung nicht gehemmt. Das Gericht kann jedoch die Vollstreckung aussetzen.

1 Durch die Vorschrift wird ein **besonderer Rechtsbehelf für das Vollstreckungsverfahren** geschaffen. Vergleichbare Regelungen für die Vollstreckung im Strafverfahren enthalten die §§ 458 Abs. 1 und 3, 459h StPO. Die Vorschrift öffnet den Rechtsweg zu den ordentlichen Gerichten, nicht zu den Verwaltungsgerichten (*RRH* 1). Sie erfasst nicht die Entscheidungen nach den §§ 96, 97 Abs. 3 Satz 2, 98, 100 und 102 Abs. 2, da es sich insoweit nicht um Maßnahmen der Vollstreckungsbehörde handelt (*Göhler/Seitz* 1).

2 Nach Abs. 1 entscheidet das Gericht über Einwendungen gegen die Zulässigkeit der Vollstreckung **(Nr. 1)**, die von der Vollstreckungsbehörde nach den §§ 93, 99 Abs. 2 und 102 Abs. 1 getroffenen Anordnungen **(Nr. 2)** und die sonst bei der Vollstreckung eines Bußgeldbescheides getroffenen Maßnahmen **(Nr. 3)**. Einwendungen gegen die Zulässigkeit der Vollstreckung der Bußgeldentscheidung der Verwaltungsbehörde und des Gerichts müssen die Vollstreckung schlechthin, also den Fortbestand des Vollstreckungsverfahren betreffen (KK-*Boujong* 5).

3 **Das ist der Fall**, wenn Vollstreckungshindernisse geltend gemacht werden, etwa, dass die Bußgeldentscheidung nicht rechtskräftig sei, die Vollstreckung der Geldbuße oder Nebenfolge verjährt sei, die in der Bußgeldentscheidung aufgeführte Person nicht identisch mit der Person sei, gegen die sich die Vollstreckung richtet, die Geldbuße oder die Nebenfolge schon ganz oder teilweise bezahlt oder beigetrieben sei, der Bußgeldbescheid nichtig sei, der Vollstreckungstitel nachträglich weggefallen oder aufgehoben sei, die Bußgeldentscheidung wegen Wiederaufnahme des Verfahrens gegenstandslos geworden sei, die Vollstreckung für erledigt

Neunter Abschnitt. Vollstreckung der Bußgeldentscheidungen § 103

erklärt worden sei, die Schonfrist nach § 95 Abs. 1 noch nicht abgelaufen sei, Zahlungserleichterungen nach §§ 18, 93 gewährt worden seien, der Betroffene verstorben sei, die Fahrverbotsfrist des § 25 Abs. 5 StVG abgelaufen sei oder eine Anordnung nach § 98 Abs. 1 Satz 1 gegenüber einem Jugendlichen oder Heranwachsenden geboten sei (*Göhler/Seitz* 3).

Einwendungen gegen die Rechtmäßigkeit der Bußgeldentscheidung 4 werden im Vollstreckungsverfahren nicht mehr überprüft (*BayVerfGH* GA 1964, 51). Gegen die Bußgeldentscheidung als solche kann nur im Wege der Wiederaufnahme des Verfahrens vorgegangen werden, sofern die Voraussetzungen des § 85 vorliegen, es sei denn, die Nichtigkeit des Bußgeldbescheids wird geltend gemacht (*Göhler/Seitz* 4).

Vollstreckungsmaßnahmen in Bußgeldverfahren der Verwaltungsbehörde betrifft Abs. 1 Nr. 3, der sich nur auf die Vollstreckung eines Bußgeldbescheides bezieht. Hier sind die Einwendungen gegen die Art und Weise der Vollstreckung gerichtet. Jedoch ist Abs. 1 Nr. 3 unanwendbar, soweit nach den in den Verwaltungsvollstreckungsgesetzen für anwendbar erklärten Vorschriften der ZPO bestimmte Einwendungen nur im Wege der Klage vor den Zivilgerichten geltend gemacht werden können. Diese Regelungen gehen Abs. 1 Nr. 3 vor (KK-*Boujong* 11). Nicht gemeint sind ferner Einzelmaßnahmen bei der Vollstreckung gerichtlicher Bußgeldentscheidungen. Sie sind nach den Vorschriften der Justizbeitreibungsordnung geltend zu machen. Eröffnet ist im Übrigen der Rechtsweg nach § 23 EGGVG, soweit Justizverwaltungsakte bei der Vollstreckung gerichtlicher Bußgeldentscheidungen nicht unter die genannten Vorschriften fallen (KK-*Boujong* 12). 5

Die Einwendungen sind **gegenüber der Vollstreckungsbehörde** zu erheben, die sodann die Sache dem Gericht zur Entscheidung vorlegt, sofern sie nicht abhilft (*Göhler/Seitz* 9). In den Fällen des Abs. 1 Nr. 3 können die Einwendungen auch bei der Vollzugsbehörde geltend gemacht werden, die die Sache an die Vollstreckungsbehörde weiterleitet, wenn sie ihrerseits nicht abhelfen will. 6

Die Erhebung der Einwendungen ist **nicht fristgebunden.** Ist die Vollstreckungsmaßnahme beendet, so ist sie nur noch zulässig, sofern nicht ein nachwirkendes Feststellungsinteresse besteht (*RRH* 8b). 7

Die Einwendungen können **formlos** erhoben werden. Der Einwendungsberechtigte muss erkennen lassen, dass er durch die Maßnahme der Voll- 8 streckungsbehörde oder ihre Unterlassung in seinen Rechten verletzt ist. Ggf. muss er seine Angaben belegen, wie etwa das Vorbringen, er habe die Geldbuße bereits bezahlt.

9 Zur Einwendung i. S. d. Abs. 1 berechtigt sind neben dem Betroffenen dessen **Verteidiger** oder **gesetzlicher Vertreter**, sonst **bevollmächtigte Personen**, dritte Personen, die unmittelbar durch die Vollstreckung in ihren Rechten beeinträchtigt werden **(Erbe)**, der **Einziehungsbeteiligte**, wenn die Vollstreckung gegen ihn gerichtet ist, der **Verfallsbeteiligte**, wenn ein dem Verletzten erwachsener Anspruch rechtskräftig festgestellt worden ist oder die **juristische Person** oder **Personenvereinigung**, gegen die eine Geldbuße nach § 30 festgesetzt ist. Einwendungsberechtigt ist ein **Beteiligungsinteressent**, dessen Verfahrensbeteiligung nicht angeordnet war, wenn gegen ihn ohne einen besonderen Vollstreckungstitel vollstreckt wird (*Göhler/Seitz* 11).

10 Nach Abs. 2 wird durch die Erhebung von Einwendungen nach Abs. 1 die **Vollstreckung nicht gehemmt**, jedoch kann das Gericht die Vollstreckung aussetzen. Die Aussetzung der Vollstreckung kann auch schon die Vollstreckungsbehörde anordnen. Die Entscheidung des Gerichts, die eine Aussetzung ablehnt, ist unanfechtbar (§ 104 Abs. 3 Satz 2). Aufsichtsbeschwerden gegen die vorgesetzte Dienstbehörde und Gegenvorstellungen gegen die Anordnung der Vollstreckungsbehörde werden durch Abs. 1 nicht ausgeschlossen. Sie bleiben wahlweise neben der Anrufung des Gerichts zulässig.

§ 104 Verfahren bei gerichtlicher Entscheidung

(1) Die bei der Vollstreckung notwendig werdenden gerichtlichen Entscheidungen werden erlassen,

1. **von dem nach § 68 zuständigen Gericht, wenn ein Bußgeldbescheid zu vollstrecken ist,**
2. **von dem Gericht des ersten Rechtszuges, wenn eine gerichtliche Bußgeldentscheidung zu vollstrecken ist,**
3. **von dem Jugendrichter, dem die Vollstreckung einer gerichtlichen Bußgeldentscheidung obliegt, soweit nicht eine Entscheidung nach § 100 Abs. 1 Nr. 2 zu treffen ist,**

4. von dem Gericht des ersten Rechtszuges im Strafverfahren, wenn eine Entscheidung nach § 102 Abs. 2 zu treffen ist.

(2) Die Entscheidung ergeht ohne mündliche Verhandlung. Vor der Entscheidung ist den Beteiligten Gelegenheit zu geben, Anträge zu stellen und zu begründen.

(3) Die sofortige Beschwerde ist zulässig gegen die

1. Anordnung der Erzwingungshaft und die Verhängung des Jugendarrestes,
2. nachträgliche Entscheidung über die Einziehung (§ 100 Abs. 1 Nr. 2),
3. gerichtliche Entscheidung in den Fällen des § 103 Abs. 1 Nr. 2 in Verbindung mit § 99 Abs. 2;

dies gilt in den Fällen der Nummern 2 und 3 jedoch nur dann, wenn der Wert des Beschwerdegegenstandes zweihundertfünfzig Euro übersteigt. In den übrigen Fällen ist die Entscheidung nicht anfechtbar.

Die Vorschrift regelt für gerichtliche Entscheidungen im Zusammenhang mit der Vollstreckung die **örtliche und sachliche Zuständigkeit des Gerichts** (Abs. 1), einige **Verfahrensfragen** (Abs. 2) und die **Zulässigkeit der sofortigen Beschwerde** gegen einzelne gerichtliche Entscheidungen (Abs. 3). Sie ist § 462 StPO nachgebildet und ist wegen ihrer Detailregelungen dem § 462 StPO vorgehende Spezialnorm. 1

Abs. 1 gilt für alle **gerichtlichen Entscheidungen** bei der Vollstreckung von Bußgeldentscheidungen, auch wenn sie aufgrund von Vorschriften außerhalb des OWiG getroffen worden sind und die §§ 90 Abs. 1, 91 nur sinngemäß anzuwenden sind (*RRH* 2). Abs. 1 gilt nicht, soweit besondere vollstreckungsrechtliche Rechtsbehelfe nach sinngemäß geltenden Vorschriften der ZPO eingreifen, über die das AG als Vollstreckungsgericht entscheidet (*Göhler/Seitz* 1a), ferner nicht bei Entscheidungen des Jugendrichters als Vollstreckungsbehörde. 2

Nrn. 1 bis 3 enthalten **allgemeine Zuständigkeitsregelungen**. Nach **Nr. 1** ist das nach § 68 zuständige Gericht zur Entscheidung berufen, wenn ein Bußgeldbescheid zu vollstrecken ist. Das ist bei Bußgeldbescheiden gegen Erwachsene das AG, in dessen Bezirk die Verwaltungsbehörde ihren Sitz hat, soweit keine abweichende Regelung nach § 68 Abs. 3 gilt. Bei 3 abweichenden Zuständigkeitsbestimmungen nach § 68 Abs. 3 gelten diese auch für die Anordnung von Erzwingungshaft, da Nr. 1 allgemein auf § 68 und damit auch auf dessen Abs. 3 verweist (*BGH* NStZ 2002, 153). Im Verfahren gegen Jugendliche und Heranwachsende ist der Jugendrichter zuständig (§ 68 Abs. 2).

4 Nach **Nr. 2** ist das **Gericht des 1. Rechtszuges zuständig**, soweit eine gerichtliche Bußgeldentscheidung zu vollstrecken ist. Dies ist der Richter am AG, wenn er als Einzelrichter oder unter seinem Vorsitz das Schöffengericht entschieden hat. Gericht 1. Instanz kann auch eine Strafkammer des LG oder ein Strafsenat des OLG oder des BayObLG sein. Die Spruchkörper entscheiden in der Besetzung, die für Entscheidungen außerhalb der Hauptverhandlung vorgeschrieben ist. Das Gericht des 1. Rechtszuges ist auch dann zuständig, wenn die zu vollstreckende Bußgeldentscheidung von einem Gericht der höheren Instanz getroffen worden ist (KK-*Boujong* 7). Wird die Sache vom OLG an ein anderes AG zurückverwiesen (§§ 79 Abs. 6, 354 Abs. 2 StPO), so ist dessen Zuständigkeit nach Nr. 2 begründet, sofern es eine Bußgeldentscheidung erlässt (§ 7 Abs. 2 StVollstrO).

5 Nach **Nr. 3** ist für gerichtliche Vollstreckungsentscheidungen bei gerichtlichen Bußgeldentscheidungen gegen Jugendliche und Heranwachsende der Jugendrichter zuständig, dem die Vollstreckung einer gerichtlichen Entscheidung als Vollstreckungsleiter obliegt, soweit es sich nicht um einen Fall des § 100 Abs. 1 Nr. 2 handelt. Der nach Nr. 3 zuständige Jugendrichter erlässt alle Vollstreckungsentscheidungen. Im Falle des § 100 Abs. 1 Nr. 2 ist nach Abs. 1 Nr. 2 das Gericht 1. Instanz zuständig (*Göhler/Seitz* 5).

6 Ist der Jugendrichter Vollstreckungsbehörde, so gelten für Einwendungen gegen seine Anordnungen besondere Zuständigkeitsregelungen, um ihn nicht über die Rechtmäßigkeit seiner eigenen Vollstreckungsmaßnahmen entscheiden zu lassen. In diesen Fällen ist stets die **Jugendkammer** zuständig (§ 91 i. V. m. § 83 Abs. 2 JGG – *RRH* 7). Sie ist hingegen nicht zuständig, wenn die Vollstreckung einer gerichtlichen Bußgeldentscheidung in Jugendsachen nach § 91 i. V. m. §§ 84 Abs. 2, 85 Abs. 3 JGG einem anderen Richter zusteht. In diesem Falle gilt gemäß Abs. 1 Nr. 2 die Zuständigkeit des Gerichts des 1. Rechtszuges (*Göhler/Seitz* 9).

Neunter Abschnitt. Vollstreckung der Bußgeldentscheidungen § 104

Nach Abs. 1 Nr. 4 ist für nachträgliche Entscheidungen nach § 102 Abs. 2 das **Gericht des 1. Rechtszuges im Strafverfahren** zuständig. In diesem Fall wird nicht der Bußgeldbescheid, sondern die strafgerichtliche Entscheidung ergänzt. 7

Nach Abs. 2 Satz 1 ergeht die Entscheidung **ohne mündliche Verhandlung** durch Beschluss. Nach Abs. 2 Satz 2 ist vor Erlass dieses Beschlusses den Beteiligten **rechtliches Gehör** zu gewähren. Beteiligte in diesem Sinne sind der Betroffene, die Vollstreckungsbehörde, der Einziehungs-, Verfalls- oder sonstige Nebenbeteiligte oder ein Dritter, gegen den sich die Vollstreckungsmaßnahme richtet, im Verfahren gegen Jugendliche ferner der Erziehungsberechtigte, der gesetzliche Vertreter und die Jugendgerichtshilfe. Die StA ist nicht Verfahrensbeteiligte, solange es sich um die Vollstreckung eines Bußgeldbescheides der Verwaltungsbehörde handelt (KK-*Boujong* 11). 8

Die Entscheidung bedarf der Begründung, wenn sie anfechtbar ist oder durch sie ein Antrag abgelehnt wird (§ 34 StPO). Wird demnach dem Betroffenen die von der Vollstreckungsbehörde verweigerte Zahlungsvergünstigung auf seine Einwendungen hin gewährt, so ist eine Begründung nicht erforderlich. Die Entscheidung und die Rechtsmittelbelehrung werden entsprechend §§ 35, 35a StPO bekannt gemacht. Die gegen einen Jugendlichen oder Heranwachsenden ergehende Entscheidung soll auch dem Erziehungsberechtigten und dem gesetzlichen Vertreter bekannt gemacht werden (§ 67 Abs. 2 JGG). 9

Nach Abs. 3 ist die **sofortige Beschwerde** nur gegen bestimmte Entscheidungen der Vollstreckungsbehörde zulässig. Dies ist nach Abs. 3 Satz 1 die Anordnung der **Erzwingungshaft** und die Verhängung des **Jugendarrestes**, nach Abs. 3 Nr. 2 die nachträgliche Entscheidung über die **Einziehung** i. S. v. § 100 Abs. 1 Nr. 2 und nach Abs. 3 Nr. 3 bei gerichtlichen Entscheidungen in den Fällen des § 103 Abs. 1 Nr. 2 i. V. m. § 99 Abs. 2, sofern der **Wert des Beschwerdegegenstandes 250,– Euro übersteigt.** Über diese Fälle hinaus sind die bei der Vollstreckung notwendigen gerichtlichen Entscheidungen nicht anfechtbar (Abs. 3 Satz 2). 10

Bei der Anordnung der Erzwingungshaft und der Verhängung des Jugendarrestes hat die sofortige Beschwerde **aufschiebende Wirkung** (*Göhler/Seitz* 13). Beschwerdeberechtigt ist der Betroffene oder ein Nebenbetei- 11 ligter sowie der gesetzliche Vertreter oder der Erziehungsberechtigte. Die Vollstreckungsbehörde ist nicht beschwerdeberechtigt (*RRH* 10). Das Beschwerdegericht kann bei Zahlung der Geldbuße entgegen § 311 Abs. 3 Satz 1 StPO eine Abhilfeentscheidung treffen und den Beschluss des AG aufheben (*AG Lüdingshausen* DAR 2003, 186).

12 **Beschwerdegericht** ist die Kammer für Bußgeldsachen des LG, wenn sich die Beschwerde gegen eine Entscheidung des AG richtet, der Senat in Bußgeldsachen des OLG, sofern eine Entscheidung des LG angefochten wird. **Entscheidungen des OLG**, wie etwa zu Kartell-OWi (§ 85 GWB) sind **nicht anfechtbar**, auch nicht bei Anordnung der Erzwingungshaft (*RRH* 11). In Verfahren gegen Jugendliche und Heranwachsende entscheidet die Jugendkammer in Bußgeldsachen (§ 41 Abs. 2 Satz 2 JGG).

Zehnter Abschnitt. Kosten

I. Verfahren der Verwaltungsbehörde

§ 105 Kostenentscheidung

(1) Im Verfahren der Verwaltungsbehörde gelten § 464 Abs. 1 und 2, § 464a, § 464c, soweit die Kosten für Gebärdensprachdolmetscher betroffen sind, die §§ 464d, 465, 466, 467a Abs. 1 und 2, § 469 Abs. 1 und 2 sowie die §§ 470, 472b und 473 Abs. 7 der Strafprozessordnung sinngemäß, im Verfahren gegen Jugendliche und Heranwachsende ferner § 74 des Jugendgerichtsgesetzes.

(2) Die notwendigen Auslagen, die nach Absatz 1 in Verbindung mit § 465 Abs. 2, § 467a Abs. 1 und 2 sowie den §§ 470 und 472b der Strafprozessordnung die Staatskasse zu tragen hat, werden, soweit das Gesetz nichts anderes bestimmt, der Bundeskasse auferlegt, wenn eine Verwaltungsbehörde des Bundes das Verfahren durchführt, sonst der Landeskasse.

1 Die Vorschrift regelt die **Kostenentscheidung im Verfahren der Verwaltungsbehörde** durch sinngemäße Anwendung bestimmter Kostenvor-

§ 105

schriften der StPO sowie des § 74 JGG in Verfahren gegen Jugendliche und Heranwachsende (Abs. 1). Sie legt ferner fest, dass die notwendigen Auslagen, die nach Abs. 1 i.V.m. bestimmten Vorschriften der StPO die Staatskasse zu tragen hat, im Regelfall der Landeskasse, sofern jedoch eine Verwaltungsbehörde des Bundes das Verfahren durchführt, der Bundeskasse auferlegt werden. Durch die Verweisung auf die Kostenvorschriften der StPO wird der Verwaltungsbehörde für die Kostenentscheidung die Stellung des Gerichts eingeräumt (KK-*Schmehl* 1).

Die Notwendigkeit einer entsprechenden Regelung ergibt sich daraus, dass die Verwaltungsbehörde im Bußgeldverfahren bei sinngemäßer Anwendung der StPO nur die Stellung der StA einnimmt, während sich die Kostenvorschriften der StPO auf richterliche Entscheidungen beziehen (KK-*Schmehl* 1). Die schlichte Inbezugnahme von Vorschriften der StPO hätte daher nicht ausgereicht. Die anwendbaren Vorschriften der StPO sind in Abs. 1 abschließend aufgezählt. Weitere Kostenvorschriften enthalten die §§ 106 bis 108a. 2

Für die Kosten des gerichtlichen Bußgeldverfahrens gelten die **Kostenvorschriften der StPO und des JGG** schon über § 46 Abs. 1 sinngemäß (KK-*Schmehl* 3). Eine ergänzende Vorschrift für das gerichtliche Verfahren enthält § 109. In allen Verfahrensarten geltende Kostenvorschriften enthält im Übrigen § 109a sowie die kostenrechtliche Regelung des § 25a StVG. 3

Die sinngemäße Anwendung des § 464 StPO bedeutet, dass jede das Verfahren abschließende Entscheidung der Verwaltungsbehörde eine **Entscheidung über die Kostentragungspflicht** enthalten muss. Fehlt sie, so trägt die **Staatskasse** die Kosten (*Düsseldorf* MDR 1986, 76). Eine versehentlich unterbliebene Kostenentscheidung kann nicht mehr nachgeholt werden (*BGH* NStZ-RR 1996, 352). Die Kostenentscheidung der Verwaltungsbehörde betrifft nach § 464a StPO die Gebühren und Auslagen der Verwaltungsbehörde, ferner die des Vorverfahrens und der Vollstreckung sowie die notwendigen Auslagen eines Beteiligten. Die Auslagen der Verwaltungsbehörde und die notwendigen Auslagen der Beteiligten können nach § 464d StPO nach Bruchteilen verteilt werden. 4

Keiner Kostenentscheidung bedürfen die eine **Untersuchung einstellenden Entscheidungen** der Verwaltungsbehörde vor Erlass eines Bußgeld- 5 bescheides nach § 46 Abs. 1 i.V.m. § 170 Abs. 2 StPO oder nach § 47 Abs. 1. Diese Entscheidungen stehen der Einstellung des Strafverfahrens durch die StA gleich, für die ebenfalls keine Kostenentscheidung erforderlich ist (KK-*Schmehl* 12).

6 Stellt die Verwaltungsbehörde das Verfahren **nach Rücknahme** eines erlassenen Bußgeldbescheides **ein**, so ist gemäß § 467a StPO lediglich eine Auslagen-, nicht aber eine Kostenentscheidung vorgesehen. Die Kosten trägt in diesem Fall der nach Abs. 2 vorgesehene Kostenträger ohne einen eigenständigen Ausspruch (KK-*Schmehl* 13).

7 Durch die Inbezugnahme der §§ 465 und 466 StPO ist geregelt, dass der mit Bußgeld belegte Betroffene die **Verfahrenskosten** zu tragen hat und dass **Mitbetroffene für die Auslagen als Gesamtschuldner** haften. Nach § 465 Abs. 2 StPO ist die Aufteilung der Kosten zwischen Betroffenen und der Kasse der Verwaltungsbehörde zulässig, sofern durch Untersuchungen zur Aufklärung bestimmter belastender oder entlastender Umstände besondere Auslagen entstanden sind, diese Untersuchungen zugunsten des Betroffenen ausgegangen sind und es unbillig wäre, ihn damit zu belasten.

8 Nach § 465 Abs. 3 StPO **haftet der Nachlass** des vor Eintritt der Rechtskraft des Bußgeldbescheides verstorbenen Betroffenen **nicht** für die Kosten. Mit den Kosten des Verfahrens bleibt die Kasse der Verwaltungsbehörde belastet. Stirbt der Betroffene hingegen nach Rechtskraft des Bußgeldbescheides, so haftet sein Nachlass (KK-*Schmehl* 91).

9 Die sinngemäße Anwendung der §§ 469 Abs. 1 und 2 und 470 lässt die Kostenpflicht beim **Anzeigeerstatter**, sofern ein Verfahren durch eine vorsätzlich oder leichtfertig erstattete **unwahre Anzeige** veranlasst worden ist, sowie beim Antragsteller hinsichtlich der dem Betroffenen und einem Nebenbeteiligten erwachsenen notwendigen Auslagen, sofern sein Antrag, der zu dem Verfahren geführt hat, zurückgenommen wird. Kosten für einen Gebärdendolmetscher können dem Betroffenen dann gemäß § 464c StPO aufgelegt werden, wenn er diese durch schuldhafte Säumnis oder in sonstiger Weise schuldhaft unnötig verursacht hat.

10 In Verfahren wegen einer **Nebenfolge** (Einziehung und Vorbehalt der Einziehung – §§ 22 bis 24; Anordnung des Verfalls – § 29a; Geldbuße gegen eine juristische Person oder Personenvereinigung – § 30) können nach

Zehnter Abschnitt. Kosten § 105

§ 472b StPO die dem Nebenbeteiligten durch seine Beteiligung erwachsenen besonderen Kosten auferlegt werden, sofern sie nicht aus Billigkeitsgründen dem Betroffenen und im selbständigen Verfahren auch einem anderen Nebenbeteiligten auferlegt werden. Wird eine Geldbuße gegen eine juristische Person oder Personenvereinigung festgesetzt, so hat diese die Kosten des Verfahrens entsprechend den §§ 465, 466 StPO zu tragen (§ 472b Abs. 2 StPO).

Wird von der Anordnung einer der genannten Nebenfolgen oder der Festsetzung einer Geldbuße gegen die juristische Person oder Personenvereinigung **abgesehen**, so können die dem Nebenbeteiligten erwachsenen notwendigen Auslagen der Kasse der Verwaltungsbehörde oder einem anderen Beteiligten auferlegt werden (§ 472b Abs. 3 StPO). **Die Entscheidung erfolgt nach Billigkeitsgesichtspunkten.** 11

Durch die Inbezugnahme des § 473 Abs. 7 StPO ist festgelegt, dass die **Kosten der Wiedereinsetzung dem Antragsteller zur Last fallen**, soweit sie nicht durch einen unbegründeten Widerspruch des Gegners entstanden sind. Diese Kostenentscheidung ist nur dann zu treffen, wenn dem Wiedereinsetzungsgesuch stattgegeben wird. Bleibt der Antrag auf Wiedereinsetzung in den vorigen Stand ohne Erfolg, bedarf es einer Kostenentscheidung nicht. Die den Antragsteller belastende Kostenentscheidung wird auch später nicht geändert, wenn gegen ihn kein Bußgeldbescheid erlassen oder das Verfahren gegen ihn eingestellt wird. 12

Im Verfahren gegen **Jugendliche und Heranwachsende** gilt § 74 JGG sinngemäß. Danach kann die Verwaltungsbehörde davon absehen, dem jugendlichen und heranwachsenden Betroffenen Kosten und Auslagen aufzuerlegen. Kosten sind die Gebühren und Auslagen der Behörde nach § 107. Auslagen i.d.S. sind Auslagen der Nebenbeteiligten (*RRH* 39), nicht jedoch die notwendigen Auslagen des Betroffenen, die nicht der Kasse der Verwaltungsbehörde auferlegt werden können (*BGH* NStZ 1989, 239 m. Anm. *Brunner*; *Ostendorf* StV 1989, 309; *Eisenberg* JR 1990, 40). Maßgeblich für die Entscheidung sind Erziehungsgesichtspunkte (*RRH* 40). 13

Nach Abs. 2 werden die **notwendigen Auslagen**, die nach den entsprechend anwendbaren Vorschriften der StPO von der Staatskasse zu tragen sind, der Bundeskasse auferlegt, wenn eine Verwaltungsbehörde des Bun- 14 des das Verfahren durchführt, sonst der Landeskasse. Abweichende gesetzliche Regelungen sind möglich (vgl. auch § 90 Abs. 2). Im Regelfall trägt die Verwaltungsbehörde, die das Bußgeldverfahren durchführt, auch die notwendigen Auslagen.

15 **Abs. 2 gilt nicht für die Kosten des Verfahrens.** Die Vorschrift findet ferner im gerichtlichen Bußgeldverfahren nach Einspruch keine Anwendung. Hat demnach kraft richterlicher Entscheidung die Staatskasse notwendige Auslagen zu tragen, so fallen sie stets der Landeskasse zur Last, wobei gleichgültig ist, wer den Bußgeldbescheid erlassen hat (KK-*Schmehl* 146).

§ 106 Kostenfestsetzung

(1) Die Höhe der Kosten und Auslagen, die ein Beteiligter einem anderen zu erstatten hat, wird auf Antrag durch die Verwaltungsbehörde festgesetzt. Auf Antrag ist auszusprechen, daß die festgesetzten Kosten und Auslagen von der Anbringung des Festsetzungsantrages an entsprechend § 104 Abs. 1 Satz 2 der Zivilprozeßordnung zu verzinsen sind. Dem Festsetzungsantrag sind eine Berechnung der dem Antragsteller entstandenen Kosten, eine zur Mitteilung an den anderen Beteiligten bestimmte Abschrift und die Belege zur Rechtfertigung der einzelnen Ansätze beizufügen. Zur Berücksichtigung eines Ansatzes genügt es, dass er glaubhaft gemacht ist. Hinsichtlich der einem Rechtsanwalt erwachsenen Auslagen für Post- und Telekommunikationsdienstleistungen genügt die Versicherung des Rechtsanwalts, daß die Auslagen entstanden sind.

(2) Für die Zwangsvollstreckung aus dem Kostenfestsetzungsbescheid gelten die Vorschriften der Zivilprozeßordnung über die Zwangsvollstreckung aus Kostenfestsetzungsbeschlüssen sinngemäß. Die Zwangsvollstreckung ist erst zulässig, wenn der Kostenfestsetzungsbescheid unanfechtbar geworden ist. Die vollstreckbare Ausfertigung wird vom Urkundsbeamten der Geschäftsstelle des nach § 68 zuständigen Gerichts erteilt.

1 Die Vorschrift regelt das **Kostenfestsetzungsverfahren der Verwaltungsbehörde.** Für das gerichtliche Bußgeldverfahren gilt § 464b StPO;

für das Verfahren der StA § 108a Abs. 3. Das Verfahren dient der Festsetzung der Auslagenforderung, die ein Beteiligter gegen einen anderen oder gegen die Staatskasse hat, der Höhe nach (*Göhler/König* 1). Die Festsetzung setzt eine Entscheidung nach § 464 Abs. 2 StPO voraus, die dem Grunde nach eine Erstattungspflicht rechtskräftig ausspricht. Liegt sie nicht vor, so ist kein Raum für eine Kostenfestsetzung (KK-*Schmehl* 1).

Nach Abs. 1 Satz 1 wird die **Höhe der Kosten und Auslagen**, die ein Beteiligter einem anderen zu erstatten hat, **auf Antrag** durch die Verwaltungsbehörde festgesetzt. Sie ist dabei an ihre rechtskräftige Auslagenentscheidung gebunden, die sie zwar auslegen, aber nicht mehr überprüfen und ändern darf, selbst wenn sie inhaltlich fehlerhaft ist (*Karlsruhe* Rechtspfleger 1996, 368; **a. A.** *Oldenburg* NdsRpfl 1991, 301). Eine **fehlende Auslagenentscheidung** kann nicht durch die Entscheidung über die Höhe der Kosten und Auslagen nachgeholt werden (*Göhler/König* 2). Die Festsetzung der Höhe der Kosten und Auslagen durch die Verwaltungsbehörde erfolgt auf Antrag. Er ist nicht fristgebunden und sollte begründet werden, soweit dies zur Beurteilung der Angemessenheit der Verteidigergebühr durch die Verwaltungsbehörde erforderlich ist. Gleiches gilt, wenn die Festsetzung entgegen der Regelung des § 109a Abs. 1 verlangt wird. 2

Antragsberechtigt ist, wer in der Auslagenentscheidung als Erstattungsberechtigter benannt ist, ferner dessen Rechtsnachfolger. Der dem Grunde nach zuerkannte Erstattungsanspruch ist auch schon vor seiner ziffernmäßigen Festsetzung abtretbar und vererblich (LR-*Hilger* § 464b StPO Rn. 5). Ein möglicher Erstattungsanspruch kann bereits bei der Bestellung des Verteidigers an ihn abgetreten werden (*Koblenz* AnwBl 1975, 100). Der Verteidiger ist hingegen nicht antragsberechtigt, wenn er zuvor wegen Verstoßes gegen § 146 StPO zurückgewiesen worden ist (*Göhler/König* 4). 3

Antragsgegnerin ist regelmäßig die Staatskasse, sonst derjenige, dem die Zahlungspflicht auferlegt wurde oder sein Rechtsnachfolger. Bei mehreren Erstattungspflichtigen als Gesamtschuldnern kann der Antragsberechtigte wählen, gegen wen er seinen Erstattungsanspruch geltend machen will (§ 421 BGB). 4

5 Nach Abs. 1 Satz 2 ist auf Antrag von der Verwaltungsbehörde auszusprechen, dass die festgesetzten Kosten und Auslagen von der Anbringung des Festsetzungsantrages an gemäß § 104 Abs. 1 Satz 2 ZPO, also mit **fünf Prozentpunkten über den Basiszinssatz** nach § 247 BGB, **zu verzinsen** sind. Die Verzinsung kann auch noch in einem ergänzenden Festsetzungsbescheid angeordnet werden, sofern sie erst nach Rechtskraft des Festsetzungsbescheides beantragt worden ist (*Düsseldorf* JurBüro 1996, 562).

6 Nach Abs. 1 Satz 3 müssen dem Festsetzungsantrag eine **Berechnung** der dem Antragsteller entstandenen Kosten, eine zur Mitteilung an den anderen Beteiligten bestimmte **Abschrift** und die **Belege** zur Rechtfertigung der einzelnen Ansätze beigefügt werden. Zur Berücksichtigung eines Ansatzes genügt es, dass er **glaubhaft** gemacht wird (Abs. 1 Satz 3). Hinsichtlich der dem Rechtsanwalt erwachsenen Auslagen für Post- und Telekommunikationsdienstleistungen genügt die **anwaltliche Versicherung** (Abs. 1 Satz 5). Dies entspricht § 104 Abs. 2 ZPO.

7 **Vor dem Erlass des Bescheides** wird der Antragsgegner zu der Kostenrechnung des Antragstellers gehört. Wird dem Antrag nicht oder nur zum Teil entsprochen, so sind die Gründe hierfür im Bescheid anzugeben. Der Bescheid und die Abschrift der Kostenrechnung werden, wenn sie Bestandteil des Bescheides ist, dem Antragsgegner zugestellt. Dem Antragsteller wird die Entscheidung formlos mitgeteilt, sofern sein Antrag nicht ganz oder teilweise zurückgewiesen wird (§ 50 Abs. 1 Satz 2).

8 Gegen den Kostenfestsetzungsbescheid ist **Antrag auf gerichtliche Entscheidung** nach § 108 Abs. 1 Nr. 2 zulässig. Weitere Forderungen, die bislang nicht Gegenstand des Kostenfestsetzungsverfahrens waren, können nicht im Rechtsbehelfsverfahren geltend gemacht werden (*Hamm* NJW 1966, 2074). Ist ein im Kostenfestsetzungsantrag geltend gemachter Anspruch ganz oder teilweise übergangen worden, so kann auf Antrag anstelle des Rechtsbehelfs auch eine nachträgliche Ergänzung des Bescheides treten (LR-*Hilger* § 464b StPO Rn. 11).

9 **Der Bescheid der Verwaltungsbehörde** nach Abs. 1 enthält keine Kostenentscheidung. Das Kostenfestsetzungsverfahren ist **gebührenfrei.** Für den Rechtsanwalt als Vertreter des Antragstellers entsteht keine gesonderte Gebühr für den Kostenfestsetzungsantrag, anders für das Rechtsbe-

helfs- und Beschwerdeverfahren (§ 108) sowie für die Zwangsvollstreckung aus dem Kostenfestsetzungsbescheid.

Nach Abs. 2 Satz 1 gelten für die Zwangsvollstreckung aus dem Kostenfestsetzungsbescheid die **Vorschriften der Zivilprozessordnung** über die Zwangsvollstreckung aus Kostenfestsetzungsbeschlüssen sinngemäß. Dies sind die §§ 794 Abs. 2 Nr. 1, 795 ZPO. Der Kostenfestsetzungsbescheid ist **gesetzlicher Schuldtitel**. Aus ihm kann der Gläubiger die Zwangsvollstreckung unmittelbar betreiben. Allerdings kann die Zwangsvollstreckung wie sonst auch erst aufgrund einer mit der Vollstreckungsklausel versehenen Ausfertigung des Kostenfestsetzungsbescheides durchgeführt werden (§§ 724 Abs. 1, 795 ZPO). Die vollstreckbare Ausfertigung wird vom Urkundsbeamten der Geschäftsstelle des nach § 68 zuständigen AG erteilt (Abs. 2 Satz 3). 10

§ 107 Gebühren und Auslagen

(1) Im Verfahren der Verwaltungsbehörde bemisst sich die Gebühr nach der Geldbuße, die gegen den Betroffenen im Bußgeldbescheid festgesetzt ist. Wird gegen eine juristische Person oder eine Personenvereinigung eine Geldbuße nach § 30 festgesetzt, so ist von der juristischen Person oder der Personenvereinigung eine Gebühr zu erheben, die sich nach der gegen sie festgesetzten Geldbuße bemisst. Als Gebühr werden bei der Festsetzung einer Geldbuße fünf vom Hundert des Betrages der festgesetzten Geldbuße erhoben, jedoch mindestens 20 Euro und höchstens 7500 Euro.

(2) Hat die Verwaltungsbehörde im Falle des § 25a des Straßenverkehrsgesetzes eine abschließende Entscheidung getroffen, so beträgt die Gebühr 15 Euro.

(3) Als Auslagen werden erhoben

1. **Entgelte für Telegramme;**
2. **Entgelte für Zustellungen mit Zustellungsurkunde oder Einschreiben gegen Rückschein;**
3. **für jede Zustellung durch Bedienstete der Verwaltungsbehörde anstelle der tatsächlichen Aufwendungen ein Betrag von 7,50 Euro;**

4. Auslagen für öffentliche Bekanntmachungen
   a) bei Veröffentlichung in einem elektronischen Informations- und Kommunikationssystem, wenn ein Entgelt nicht zu zahlen ist oder das Entgelt nicht für den Einzelfall berechnet wird, je Veröffentlichung pauschal 1 Euro,
   b) in sonstigen Fällen die zu zahlenden Entgelte;
5. nach dem Justizvergütungs- und -entschädigungsgesetz zu zahlende Beträge, und zwar auch dann, wenn aus Gründen der Gegenseitigkeit, der Verwaltungsvereinfachung oder aus vergleichbaren Gründen keine Zahlungen zu leisten sind; ist aufgrund des § 1 Abs. 2 Satz 2 des Justizvergütungs- und -entschädigungsgesetzes keine Vergütung zu zahlen, ist der Betrag zu erheben, der ohne diese Vorschrift zu zahlen wäre; sind die Auslagen durch verschiedene Rechtssachen veranlasst, werden sie auf die einzelnen Rechtssachen angemessen verteilt; Auslagen für Übersetzer, die zur Erfüllung der Rechte blinder oder sehbehinderter Personen herangezogen werden (§ 191a Abs. 1 des Gerichtsverfassungsgesetzes), werden nicht, Auslagen für Gebärdensprachdolmetscher werden nur entsprechend den §§ 464c, 467a Abs. 1 Satz 2 in Verbindung mit § 467 Abs. 2 Satz 1 der Strafprozessordnung erhoben;
6. bei Geschäften außerhalb der Dienststelle
   a) die den Bediensteten der Verwaltungsbehörde aufgrund gesetzlicher Vorschriften gewährte Vergütung (Reisekosten, Auslagenersatz),
   b) die Auslagen für die Bereitstellung von Räumen,
   c) für den Einsatz von Dienstkraftfahrzeugen für jeden gefahrenen Kilometer 0,30 Euro;
   sind die Auslagen durch verschiedene Rechtssachen veranlasst, werden sie auf die einzelnen Rechtssachen angemessen verteilt;
7. an Rechtsanwälte zu zahlende Beträge;
8. Auslagen für die Beförderung von Personen;
9. Beträge, die mittellosen Personen für die Reise zum Ort einer Verhandlung, Vernehmung oder Untersuchung und für die Rückreise gezahlt werden, bis zur Höhe der nach dem Justizvergütungs- und -entschädigungsgesetz an Zeugen zu zahlenden Beträge;
10. an Dritte zu zahlende Beträge für

a) die Beförderung von Tieren und Sachen, mit Ausnahme der für Postdienstleistungen zu zahlenden Entgelte, die Verwahrung von Tieren und Sachen sowie die Fütterung von Tieren;
b) die Durchsuchung oder Untersuchung von Räumen und Sachen einschließlich der die Durchführung oder Untersuchung vorbereitenden Maßnahmen;
c) die Bewachung von Schiffen und Luftfahrzeugen;
11. Kosten einer Erzwingungshaft;
12. nach dem Auslandskostengesetz im Rahmen der Amtshilfe zu zahlende Beträge;
13. Beträge, die inländischen Behörden, öffentlichen Einrichtungen oder Bediensteten als Ersatz für Auslagen der in den Nummern 1 bis 11 bezeichneten Art zustehen, und zwar auch dann, wenn aus Gründen der Gegenseitigkeit, der Verwaltungsvereinfachung oder aus vergleichbaren Gründen keine Zahlungen zu leisten sind; diese Beträge sind durch die Höchstsätze für die bezeichneten Auslagen begrenzt;
14. Beträge, die ausländischen Behörden, Einrichtungen oder Personen im Ausland zustehen, sowie Kosten des Amts- und Rechtshilfeverkehrs mit dem Ausland, und zwar auch dann, wenn aus Gründen der Gegenseitigkeit, der Verwaltungsvereinfachung oder aus vergleichbaren Gründen keine Zahlungen zu leisten sind.

(4) Hat eine Verwaltungsbehörde des Bundes den Bußgeldbescheid erlassen, so sind für die Niederschlagung der Kosten bei unrichtiger Sachbehandlung sowie die Niederschlagung, den Erlass, die Verjährung und die Erstattung von Kosten § 14 Abs. 2 sowie die §§ 19 bis 21 des Verwaltungskostengesetzes vom 23. Juni 1970 (BGBl. I S. 821) anzuwenden, sonst die entsprechenden landesrechtlichen Vorschriften.

(5) Von demjenigen, der die Versendung von Akten beantragt, werden je durchgeführte Sendung einschließlich Rücksendung pauschal zwölf Euro als Auslagen erhoben. Wird die Akte elektronisch geführt und erfolgt ihre Übermittlung elektronisch, beträgt die Pauschale 5 Euro.

Die **Vorschrift regelt abschließend**, welche Gebühren und Auslagen im Bußgeldverfahren der Verwaltungsbehörde entstehen. Von wem sie zu zahlen sind, ergibt sich aus dem Bußgeldbescheid, der eine Kostenent- 1

§ 107 Zweiter Teil. Bußgeldverfahren

scheidung enthält. Fehlt sie, so trägt die Staatskasse die Kosten des Verfahrens. Die Vorschrift stellt gegenüber den im Verwaltungskostengesetz und den in den Landesgebührengesetzen enthaltenen Bestimmungen eine abschließende Sonderregelung dar. Deren Vorschriften finden nur Anwendung, soweit dies in Abs. 4 ausdrücklich bestimmt ist (*RRH* 1). Umfangreicher geändert wurde § 107 zuletzt durch das Kostenmodernisierungsgesetz vom 5. Mai 2004 (BGBl. I S. 718) mit Wirkung zum 1. Juli 2004. Die Änderungen betreffen die Beträge in Abs. 1 Satz 3, Abs. 2 und Abs. 5 sowie in größerem Umfang Abs. 3.

2 Für das gerichtliche Bußgeldverfahren gelten die §§ 1, 11 und 48 GKG i.V. m. Nr. 7110 ff. und 9000 des **Kostenverzeichnisses** zum GKG.

3 Durch die Gebühren der Abs. 1 und 2 ist der **allgemeine Verwaltungsaufwand** abgegolten. Abs. 3 enthält einen abschließenden Auslagenkatalog für fallbezogene Auslagen, der eine spezielle Erhebung gestattet. Für die im Vollstreckungsverfahren entstehenden Kosten gelten im Übrigen besondere Regelungen.

4 **Nach Abs. 1 Satz 1 bemisst sich im Verfahren der Verwaltungsbehörde die Gebühr** nach der Geldbuße, die gegen den Betroffenen im Bußgeldbescheid festgesetzt wird. Nach Abs. 1 Satz 2 gilt diese Regelung entsprechend für juristische Person oder Personenvereinigung.

5 Die **Höhe der Gebühr** wird durch Abs. 1 Satz 3 in der Weise festgesetzt, dass sie 5% des Betrages der festgesetzten Geldbuße beträgt mit der Untergrenze von 20,– Euro und der Obergrenze von 7500,– Euro. Der Mindestbetrag der Gebühr darf höher sein als die festgesetzte Geldbuße (*Göhler/König* 6). Sind in einem Bußgeldbescheid gegen denselben Betroffenen oder dieselbe juristische Person oder Personenvereinigung mehrere Geldbußen festgesetzt, so werden sie bei der Berechnung der Gebühr nach Abs. 1 Satz 3 zusammengezählt (*Göhler/König* 6a).

6 **Ungeschriebene Voraussetzung** des Abs. 1 ist ferner, dass der Bußgeldbescheid rechtskräftig wird, also der Betroffene keinen Einspruch einlegt, seinen eingelegten Einspruch zurücknimmt oder der Einspruch vom Gericht verworfen wird. Trifft das Gericht im Einspruchsverfahren eine Sachentscheidung aufgrund der Hauptverhandlung oder im Beschlussverfahren nach § 72, so entfällt die Gebühr für das Bußgeldverfahren vor der Verwaltungsbehörde, weil in diesem Fall ihr Bußgeldbescheid das Verfah-

Zehnter Abschnitt. Kosten **§ 107**

ren nicht abgeschlossen hat. Im Hinblick auf die Kosten bildet das Verfahren vor der Verwaltungsbehörde und das anschließende gerichtliche Verfahren eine **Einheit** (*BGH* NJW 1975, 2027). Maßgebend ist dann die gerichtliche Kostenentscheidung.

Für den Fall einer Kostenentscheidung nach § 25a StVG **(Halterhaftung)** beträgt die Gebühr 15,– Euro, sofern die Verwaltungsbehörde eine abschließende Entscheidung getroffen hat. Daneben werden Auslagen nach dem Katalog des Abs. 3 vom kostenpflichtigen Halter erhoben (*Göhler/König* 6b). 7

In Abs. 3 sind **Auslagen abschließend** aufgezählt, die für besondere Aufwendungen der Verwaltungsbehörde neben der Gebühr nach Abs. 1 Satz 1 und Satz 2, Abs. 2 erhoben werden, soweit sie nicht aus Billigkeitsgründen ganz oder teilweise der Staatskasse auferlegt worden sind (*Göhler/König* 7). Der Katalog stimmt weitgehend mit den Nrn. 9001 ff. Kostenverzeichnis zum GKG überein. Sonstige Auslagen dürfen ohne eine Gesetzesänderung von der Verwaltungsbehörde nicht erhoben werden. Im Übrigen dürfen Auslagen nach Abs. 3 nur erhoben werden, wenn sie wegen der Verfolgung der Tat als OWi und auch tatsächlich entstanden sind (*Göhler/König* 7, 7a). 8

Entgelte für **Telegramme** erfasst **Nr. 1**. Andere Entgelte für Telekommunikationsleistungen können nur unter den Voraussetzungen von Nr. 4 geltend gemacht weren. 9

Entgelte für **Zustellungen** nach **Nr. 2** dürfen angesetzt werden, nicht jedoch die Kosten für einfache Briefe und formlose Mitteilungen (*KK-Schmehl* 13). Gemeint sind Zustellungen nach dem Verwaltungszustellungsgesetz und den entsprechenden Gesetzen der Länder, also die Zustellung mit Zustellungsurkunde, unabhängig davon, wer die Zustellung vornimmt. Dies gilt jedoch nicht, wenn die Kosten durch unrichtige Sachbehandlung entstanden sind, wenn also die förmliche Zustellung gewählt worden ist, obwohl sie nicht vorgeschrieben und objektiv nicht erforderlich war (*Göhler/König* 9). Zustellungen gleichgestellt sind ab 1. 9. 2005 Einschreiben gegen Rückschein (Gesetz zur Novellierung des Verwaltungszustellungsrechts vom 12. 8. 2005, BGBl. I S. 2354; hierzu BT-Drucks. 15/5216 S. 15). 10

Stellt die Verwaltungsbehörde durch eigene Bedienstete zu (Nr. 3), so darf für jede Zustellung ein Betrag von 7,50 Euro pauschal anstelle der 11

§ 107 Zweiter Teil. Bußgeldverfahren

tatsächlichen Aufwendungen in Ansatz gebracht werden. Dies gilt nicht, soweit die Zustellung durch Aushändigung an der Amtsstelle oder nach § 5 Abs. 2 Verwaltungszustellungsgesetz erfolgt (*Göhler/König* 9a).

12 Kosten, die durch **öffentliche Bekanntmachung** entstehen (**Nr. 4**), können angesetzt werden, und zwar entweder die tatsächlich gezahlten Entgelte oder je Veröffentlichung in einem elektronischen Informations- und Kommunikationssystem pauschal 1,– Euro.

13 **Zeugen-, Dolmetscher- und Sachverständigenkosten,** die nach dem JVEG zu zahlen sind, können angesetzt werden (Nr. 5). Nicht hierher gehören Zeugen- und Sachverständigenkosten, die bei einer Untersuchungshandlung angefallen sind, die nicht zum Erlass eines Bußgeldbescheides geführt hat (*RRH* 12). Maßgeblich ist ferner nicht der von der Verwaltungsbehörde gezahlte, sondern der nach JVEG zu zahlende Betrag (*Schleswig* MDR 1985, 80). Die Kosten für die Beiziehung eines Dolmetschers und die Tätigkeit eines Übersetzers sind nach § 1 Abs. 1 Nr. 1 JVEG ebenfalls ansetzbar; Art. 6 Abs. 3 Buchst. e MRK gilt entsprechend nur im gerichtlichen Bußgeldverfahren (*EGMR* NJW 1985, 1273), so dass dem Betroffenen Dolmetscherkosten dort in aller Regel nicht angelastet werden (Nr. 9005 Kostenverzeichnis zum GVG). Auslagen können auch für die Sachverständigen von Behörden und sonstigen öffentlichen Stellen erhoben werden; sogar die hypothetische Vergütung solcher Sachverständigen, die ihr Gutachten in Erfüllung ihrer Dienstaufgaben erstatten und daher nach § 1 Abs. 2 Satz 2 JVEG nicht entschädigungsberechtigt sind, ist anzusetzen, wobei dieser Betrag richtigerweise der Dienststelle des Sachverständigen zufließen müsste.

14 Bei **Geschäften außerhalb der Dienststelle** sind aufgewendete Reisekosten und Auslagen, die Kosten für die Bereitstellung von Räumen und ein Betrag von 0,30 Euro für jeden mit einem Dienstkraftfahrzeug gefahrenen Kilometer anzusetzen **(Nr. 6)**. Zu den Kosten für die Bereitstellung von Räumen zur Abhaltung eines auswärtigen Termins gehören auch Miete, Heizung und Beleuchtung. Sind die Auslagen durch mehrere Geschäfte veranlasst, die sich auf verschiedene Rechtssachen beziehen, so werden sie pro rata verteilt.

15 Mit **an Rechtsanwälte zu zahlende Beträge (Nr. 7)** sind die Gebühren und Auslagen des bestellten Verteidigers (§ 60) gemeint, ferner die Kosten und Auslagen des einem Nebenbeteiligten beigeordneten Vertreters.

Dies gilt auch für die Kosten eines Pflichtverteidigers eines Ausländers, weil ihn Art. 6 Abs. 3 Buchst. c MRK hiervon nicht freistellt (*Göhler/König* 16; vgl. zu Ausnahmen *Frankfurt* NStZ-RR 2001, 63).

Auslagen für die **Beförderung von Personen (Nr. 8)** sind etwa die Kosten der Vorführung des Betroffenen oder eines Zeugen, ferner Kosten aufgrund der Beförderung des Betroffenen zur Blutentnahme, zur Feststellung seiner Identität oder zur Vollstreckung der Erzwingungshaft (KK-*Schmehl* 29). Kosten für den Transport eines gehbehinderten Zeugen gehören auch dazu (KK-*Schmehl* 29), da der Wortlaut insoweit keine Einschränkung enthält. **16**

Beträge, die **mittellosen Personen** für die Reise zum Ort einer Vernehmung oder Untersuchung und für die Rückreise gezahlt worden sind, werden bis zur Höhe der nach dem JVEG an Zeugen zu zahlenden Beträge angesetzt (Nr. 9). Vorschusszahlungen fallen nach Abrechnung unter Nr. 5 (KK-*Schmehl* 29). **17**

Angesetzt werden ferner an Dritte zu zahlende Beträge für die **Beförderung und Verwahrung von Tieren und Sachen**, sowie die **Fütterung von Tieren**, mit Ausnahme der Entgelte für Postdienstleistungen **(Nr. 10a)**, für die Durchsuchung oder Untersuchung von Räumen und Sachen einschließlich der die Durchsuchung oder Untersuchung vorbereitenden Maßnahmen **(Nr. 10b)** und für die Bewachung von Schiffen und Luftfahrzeugen **(Nr. 10c)**. Zu den nach Nr. 10b entstehenden Kosten gehören auch vorbereitende Maßnahmen, die der Durchsuchung oder Untersuchung vorausgehen, insbesondere das Öffnen von Räumen oder Behältnissen, soweit dadurch Kosten entstehen, wie etwa infolge der Zuziehung eines Schlüsseldienstes (KK-*Schmehl* 33a). **18**

Angesetzt werden **Kosten einer Erzwingungshaft (Nr. 11).** Hierzu gehören Haft- und Zustellungskosten, ansetzbare Kosten der Polizei, die ihr im Zusammenhang mit der Vollstreckung der Erzwingungshaft entstanden sind, und zwar unter Zugrundelegung der für die Strafhaft geltenden Sätze (§ 10 Abs. 2 JVKostO). Die Vollstreckungsbehörde (§ 97) teilt diese Kosten der Verwaltungsbehörde zur Einziehung beim Betroffenen mit. Soweit eine Erstattung nicht durch Gesetz oder Vereinbarung ausgeschlossen worden ist, sind die Kosten der Erzwingungshaft von der Verwaltungsbehörde an die Justizkasse abzuführen (KK-*Schmehl* 34). **19**

20 Beträge, die nach dem **Auslandskostengesetz** vom 21. Februar 1978 (BGBl. I S. 301) im Rahmen der Amtshilfe zu zahlen sind, können nunmehr ebenfalls angesetzt werden **(Nr. 12)**. Dies betrifft insbesondere Kosten, die für Amtshandlungen des Auswärtigen Amtes und der Auslandsvertretungen erhoben werden (§ 1 AKostG). Keine Gebühren sind insbesondere für mündliche und einfache schriftliche Auskünfte vorgesehen (§ 3 Nr. 1 AKostG).

21 Anzusetzen sind Beträge, die **inländischen Behörden**, öffentlichen **Einrichtungen** oder **Bediensteten** als Ersatz für Auslagen der in den Nrn. 1 bis 11 bezeichneten Art zustehen **(Nr. 13)**. Hierzu gehören die Auslagen der Polizei, jedoch nicht deren allgemeine Personal- und Sachkosten, ferner nicht die Auslagen für Lichtbildaufnahmen bei einer Radarmessung oder bei Überfahren des Rotlichts und Videoaufnahmen (*Göhler/König* 22a). Unerheblich ist, ob aus Gründen der Gegenseitigkeit, der Verwaltungsvereinfachung oder aus anderen Gründen Behörden untereinander keine Zahlung für deren Einsatz leisten. Die nach Nr. 1 anzusetzenden Beträge sind durch die Höchstsätze für die bezeichneten Auslagen begrenzt.

22 Anzusetzen sind schließlich Beträge, die **ausländischen Behörden**, Einrichtungen oder **Personen** im Ausland zustehen, sowie Kosten des Amts- und Rechtshilfeverkehrs mit dem Ausland **(Nr. 14)**. Diese Kosten sind ohne Beschränkung durch die Nrn. 1 bis 11 in voller Höhe anzusetzen, und zwar auch dann, wenn aus Gründen der Gegenseitigkeit, der Verwaltungsvereinfachung oder dergleichen keine Zahlungen zu leisten sind.

23 Abs. 4 regelt die Rechtsanwendung für den Fall, dass eine Verwaltungsbehörde des Bundes den Bußgeldbescheid erlassen hat und Gründe für die Niederschlagung der Kosten bei unrichtiger Sachbehandlung sowie die Niederschlagung, den Erlass, die Verjährung und die Erstattung von Kosten bestehen. In diesen Fällen gelten die §§ 14 Abs. 2, 19 bis 21 des Verwaltungskostengesetzes vom 23. Juni 1970 (BGBl. I S. 821). Handeln die Verwaltungsbehörden der Länder entsprechend, so gelten die entsprechenden landesrechtlichen Vorschriften (hierzu näher: *Göhler/König* 29 m. w. N.).

24 Bei unrichtiger Sachbehandlung werden die dadurch entstandenen Gebühren und Auslagen nicht erhoben, etwa wenn eine Rechtsnorm offensichtlich unzutreffend angewendet wurde, förmlich zugestellt wurde, obwohl förmliche Zustellung nicht vorgeschrieben war, fehlerhafte Berechnung von Auslagen vorliegt, die Einholung eines Sachverständigengutachtens bei richtiger Sachbehandlung nicht erforderlich gewesen wäre usw. Gegen eine Kostenrechnung, die solche Kosten enthält, kann gerichtliche Entscheidung beantragt werden (§ 108 Abs. 1 Nr. 3).

Die **Niederschlagung von Kosten** ist zulässig, wenn feststeht, dass die Einziehung keinen Erfolg haben wird, oder wenn die Kosten der Einziehung außer Verhältnis zur Höhe der Kosten des Bußgeldverfahrens stehen. Welche Gründe einer derartigen Einschätzung zugrunde liegen, ist ohne Bedeutung. In Frage können auch die wirtschaftlichen Verhältnisse des Schuldners oder andere Gründe, wie etwa sein Tod, seine Auswanderung usw. kommen. **25**

Der **Erlass ist zulässig**, wenn die Einziehung der Kosten nach Lage des Einzelfalles für den Kostenschuldner eine besondere Härte bedeuten würde (*RRH* 33). Er bewirkt das Erlöschen des Kostenanspruchs, der auch nicht weiterverfolgt wird, wenn der Schuldner wieder zu Geld kommt. Eine besondere Härte liegt vor, wenn den Schuldner eine unverschuldete wirtschaftliche Notlage trifft, bei der die Vollstreckung zu seinem finanziellen Zusammenbruch oder einer Existenzgefährdung führen würden. In Betracht kommen auch andere, insbesondere Billigkeitsgründe. **26**

Die **Stundung von Kosten** ist ein Hinausschieben ihrer Fälligkeit durch Gewährung einer Stundungsfrist oder von Teilzahlungen. Sie kommt in Betracht, wenn die Kosten nicht im Zusammenhang mit einem Bußgeldbescheid stehen, wie etwa im Falle einer Kostenentscheidung nach § 25a StVG. Sonst gilt § 93 Abs. 3 Satz 2 (*Göhler/König* 34). Gestundet werden darf nur, wenn die Einziehung der Kosten mit **erheblichen Härten** für den Kostenschuldner verbunden wäre und der Kostenanspruch durch die Stundung nicht gefährdet wird. Sie soll gegen **angemessene Verzinsung** und in der Regel nur gegen **Sicherheitsleistung** gewährt werden. **27**

Der **Kostenanspruch verjährt** nach drei Jahren, spätestens mit Ablauf des vierten Jahres nach seiner Entstehung. Die Verjährung beginnt mit Ablauf des Kalenderjahres, in dem er fällig geworden ist. Mit dem Eintritt der Verjährung erlischt der Anspruch. Die Verjährung kann nach § 20 Abs. 3 bis 5 Verwaltungskostengesetz unterbrochen werden. **28**

29 Die **Erstattung von Kosten** kann sich ergeben, wenn sie zu Unrecht erhoben oder fehlerhaft angesetzt und gleichwohl vom Kostenschuldner eingezogen worden sind, ferner bei Auslagen, die im Katalog nach Abs. 3 nicht enthalten sind oder für Untersuchungen, die nicht wegen einer OWi, sondern ausschließlich wegen des Verdachts einer Straftat vorgenommen worden sind. Der fehlerhafte Kostenansatz wird mit dem Rechtsbehelf nach § 108 Abs. 1 Nr. 3 angefochten, sofern nicht die Verwaltungsbehörde den Fehler selbst bereits festgestellt hat und erstattet.

30 Während früher für die **Aktenversendung an einen Rechtsanwalt** mangels ausdrücklicher Regelung keine Kosten erhoben werden konnten, sieht **Abs. 5** nunmehr für jede durchgeführte Sendung eine Auslagenpauschale von **zwölf Euro** vor. Die Regelung entspricht Nr. 9003 KVGKG. Hin- und Rücksendung gelten zusammen als eine Sendung (vgl. Nr. 9003 Abs. 1 KVGKG). Die Gebühr für eine elektronische Aktenübersendung nach § 110d Abs. 2 beträgt nach Einführung der elektronischen Aktenführung (vgl. § 110b) pauschal 5,– Euro.

§ 108 Rechtsbehelf und Vollstreckung

(1) Im Verfahren der Verwaltungsbehörde ist gegen den

1. **selbständigen Kostenbescheid,**
2. **Kostenfestsetzungsbescheid (§ 106) und**
3. **Ansatz der Gebühren und Auslagen**

der Antrag auf gerichtliche Entscheidung nach § 62 zulässig. In den Fällen der Nummern 1 und 2 ist der Antrag innerhalb von zwei Wochen nach Zustellung des Bescheides zu stellen; gegen die Entscheidung des Gerichts ist in den Fällen der Nummer 2 sofortige Beschwerde zulässig, wenn der Wert des Beschwerdegegenstandes zweihundert Euro übersteigt.

(2) Für die Vollstreckung der Kosten des Bußgeldverfahrens gelten die §§ 89 und 90 Abs. 1 entsprechend.

1 Die Vorschrift regelt **Rechtsbehelfe** und die **Vollstreckung** von Kostenentscheidungen im Verfahren der Verwaltungsbehörde. Nach Abs. 1 ist gegen den selbständigen Kostenbescheid, den Kostenfestsetzungsbescheid nach § 106 und den Ansatz der Gebühren und Auslagen der Antrag auf gerichtliche Entscheidung nach § 62 zulässig. In Abs. 1 Satz 2 1. Halbs. ist eine 2-Wochen-Frist zur Anfechtung des selbständigen Kostenbescheides und des Kostenfestsetzungsbescheides nach § 106 festgelegt. Hinsichtlich des Kostenfestsetzungsbescheides nach § 106 ist darüber hinaus gegen die Entscheidung des Gerichts die sofortige Beschwerde zulässig, wenn der Wert des Beschwerdegegenstandes 200,– Euro übersteigt.

Ein **selbständiger Kostenbescheid** i. S. v. Abs. 1 **Nr. 1** kommt in Betracht, wenn die Verwaltungsbehörde den Bußgeldbescheid zurücknimmt und das Verfahren einstellt sowie in den weiteren Fällen des § 105 Abs. 1, wenn die abschließende Entscheidung nicht in Form des Bußgeldbescheides oder eines selbständigen Einziehungsbescheides, sondern durch Einstellungsverfügung erfolgt. Ein selbständiger Kostenbescheid ist ferner die Entscheidung nach § 25a Abs. 2 StVG (*RRH* 3). Ist hingegen die Kostenentscheidung im Bußgeldbescheid enthalten (§ 105 Abs. 1 i. V. m. § 464 Abs. 1 StPO), so handelt es sich um eine unselbständige Kostenentscheidung, die nur zusammen mit der Sachentscheidung durch den Einspruch anfechtbar ist. 2

Abs. 1 **Nr. 2** betrifft ausschließlich den Kostenfestsetzungsbescheid nach § 106. Er ist **Vollstreckungstitel**, aus dem sich die Höhe der Kosten und Auslagen ergibt, die ein Beteiligter einem anderen zu erstatten hat. **Einwendungen** gegen die Grundentscheidung über die Erstattung der notwendigen Auslagen sind auch in dem Rechtsbehelfsverfahren nach Abs. 1 nicht mehr zulässig. Diese Entscheidung ist bindend, auch wenn sie unzutreffend ist (*RRH* 4a). Zulässig ist allerdings **gerichtliche Auslegung bei Unklarheit**. Im Übrigen kann im Rechtsbehelfsverfahren nach Abs. 1 nur noch die Festsetzung im Kostenfestsetzungsbescheid selbst nachgeprüft werden. Die Prüfungsbefugnis umfasst auch die Frage der Notwendigkeit sonstiger Auslagen. Weitere Forderungen, die bisher nicht Gegenstand des Kostenfestsetzungsverfahrens waren, können nicht geltend gemacht werden (*Hamm* NJW 1966, 2074). Allerdings kann nach rechtskräftigem Abschluss des Kostenfestsetzungsverfahrens ggf. ein weiterer Erstattungsantrag gestellt werden (*Göhler/König* 4). 3

Abs. 1 **Nr. 3** betrifft den Ansatz der **Gebühren und Auslagen der Verwaltungsbehörde** nach § 107. Auch mit diesem Antrag können Einwen- 4 dungen gegen die Kostenentscheidung der Verwaltungsbehörde selbst nicht geltend gemacht werden (*BGH* NJW 1992, 1458). Die Einwendungen dürfen nur darauf gestützt werden, dass § 107 nicht zutreffend angewendet worden ist, also insbesondere die Berechtigung des Gebührenansatzes, den Ansatz der Kosten, die bei richtiger Sachbehandlung nicht entstanden wären, die Notwendigkeit und die Höhe der Auslagen nach Abs. 3 sowie die Fälligkeit und die Zahlungspflicht (*Karlsruhe* Justiz 1976, 266) betreffen. Unzulässig sind ferner Einwendungen, die sich gegen die Notwendigkeit und Zweckmäßigkeit der die Auslagen verursachenden Anordnung der Verwaltungsbehörde richten.

5   Der **Antrag auf gerichtliche Entscheidung** kann in den Fällen der Nrn. 1 und 2 nur innerhalb einer Frist von zwei Wochen gestellt werden. Deshalb sind selbständige Kostenentscheidungen und Kostenfestsetzungsbescheide zuzustellen, während der Kostenansatz nach Nr. 3 formlos bekannt gemacht werden kann. Bei unverschuldeter Fristversäumnis gilt das Wiedereinsetzungsrecht. Eine **Wertgrenze** ist für den Antrag nach Abs. 1 Satz 1 **nicht vorgeschrieben.** § 304 Abs. 3 StPO gilt nicht entsprechend (§ 62 Abs. 2 Satz 2).

6   Mit der **sofortigen Beschwerde** nach § 311 StPO kann die Entscheidung des Gerichts nur in den Fällen der Nr. 2 angefochten werden. Außerdem muss der Wert des Beschwerdegegenstandes 200,– Euro überschreiten. Beschwerdewert ist der Unterschiedsbetrag zwischen dem in der angefochtenen Entscheidung des AG zugebilligten und dem im Beschwerdeverfahren für richtig gehaltenen Erstattungsbetrag (*Hamm* Rechtspfleger 1968, 90). In den Fällen des Abs. 1 Satz 1 Nr. 1 und 3 ist die Entscheidung des Gerichts unanfechtbar (§ 62 Abs. 2 Nr. 3).

7   **Beschwerdeberechtigt** sind die Antragsberechtigten und die im Beschwerdeverfahren beteiligte Verwaltungsbehörde, nicht aber der Vertreter der Staatskasse (*Göhler/König* 7). Die StA ist nicht am Verfahren beteiligt. Beschwerdegericht ist die Kammer für Bußgeldsachen des LG (§ 73 Abs. 1 GVG). Beschwerdegegner ist die Verwaltungsbehörde als Vertreterin des öffentlichen Interesses, wenn die Staatskasse oder die Kasse der Verwaltungsbehörde mit den notwendigen Auslagen belastet worden ist. Eine Anfechtung der Beschwerdeentscheidung ist ausgeschlossen (§ 310 Abs. 2 StPO).

Nach Abs. 2 gelten für die **Vollstreckung** der Kosten des Bußgeldverfahrens die §§ 89 und 90 Abs. 1 entsprechend. Das bedeutet, dass bei einem Bußgeldbescheid die Kostenentscheidung erst dann vollstreckbar ist, wenn sie zusammen mit dem Bußgeldbescheid rechtskräftig geworden ist (§ 89), ferner dass für die Vollstreckung grundsätzlich die Verwaltungsbehörde zuständig ist, die den Bußgeldbescheid erlassen hat (§ 90 Abs. 1). Die Vollstreckung richtet sich nach den Vorschriften des Verwaltungsvollstreckungsgesetzes, die auch bei der Vollstreckung der Geldbuße anzuwenden sind. Handelt es sich um einen Bußgeldbescheid der **Finanzbehörde**, so gelten die §§ 249 ff. AO. Erzwingungshaft zur Vollstreckung der Kosten ist unzulässig. Die Kosten fließen in die Kasse des Verwaltungsträgers, dem die Verwaltungsbehörde angehört. § 90 Abs. 2 ist nicht in Bezug genommen. 8

Im **gerichtlichen Verfahren** nach dem OWiG ist gegen den Kostenansatz des Kostenbeamten als Rechtsbehelf die **Erinnerung** an das Gericht und gegen dessen Entscheidung die einfache Beschwerde statthaft. Hinsichtlich der Anfechtung der gerichtlichen Kostenentscheidung gilt § 464 Abs. 3 StPO und hinsichtlich des Kostenfestsetzungsbeschlusses des Rechtspflegers § 464b Satz 3 StPO (*Göhler/König* 16). 9

II. Verfahren der Staatsanwaltschaft

§ 108a [Einstellung durch die Staatsanwaltschaft]

(1) Stellt die Staatsanwaltschaft nach Einspruch gegen den Bußgeldbescheid das Verfahren ein, bevor sie die Akten dem Gericht vorlegt, so trifft sie die Entscheidung nach § 467a Abs. 1 und 2 der Strafprozeßordnung.

(2) Gegen die Entscheidung der Staatsanwaltschaft kann innerhalb von zwei Wochen nach Zustellung gerichtliche Entscheidung beantragt werden; § 50 Abs. 2 sowie die §§ 52 und 62 Abs. 2 gelten entsprechend.

(3) Die Entscheidung über den Festsetzungsantrag (§ 464b Satz 1 der Strafprozeßordnung) trifft der Urkundsbeamte der Geschäftsstelle der Staatsanwaltschaft. Über die Erinnerung gegen den Festset-

zungsbeschluß des Urkundsbeamten der Geschäftsstelle entscheidet das nach § 68 zuständige Gericht.

RiStBV Nr. 282 Abs. 3

1 Die Vorschrift betrifft das **Verfahren** sowie **Kostenentscheidungen** nach Einstellung des Bußgeldbescheides durch die StA nach Einspruch gegen den Bußgeldbescheid, jedoch vor Aktenvorlage an das Gericht. In dieser Lage ist das Gericht noch nicht mit der Sache befasst.

2 **Nach Abs. 1 trifft die StA** in dieser Lage die Entscheidung nach § 467a Abs. 1 und 2 StPO. Sie trifft damit die Entscheidung über die Verpflichtung, die notwendigen Auslagen des Betroffenen oder eines Nebenbeteiligten zu tragen.

3 Die **Zuständigkeit der StA** beginnt mit Einlegung des Einspruchs gegen den Bußgeldbescheid der Verwaltungsbehörde und Vorlage der Akten an sie nach § 69 Abs. 4 Satz 1 und endet mit Aktenübersendung an das Gericht nach § 69 Abs. 4 Satz 2. Nimmt die Verwaltungsbehörde selbst den Bußgeldbescheid zurück, so trifft sie auch selbst die Entscheidung nach § 467a Abs. 1 und 2 (*RRH* 3). Stellt die StA nach Aktenübersendung an das Gericht das Verfahren ein, so trifft die Auslagenentscheidung das nach § 68 zuständige Gericht, das schon mit der Sache befasst war (*Göhler/König* 2).

4 **Staatskasse** i. S. v. § 467 Abs. 1 Satz 1 StPO ist die **Landeskasse.** Die Auslagenentscheidung ergeht als selbständiger Kostenbescheid. Die Kosten des Verfahrens trägt dabei grundsätzlich die Staatskasse mit Ausnahme von § 467 Abs. 2 bis 4 StPO. Ein Antrag des Betroffenen auf Entscheidung über die notwendigen Auslagen ist nicht erforderlich. Die StA kann auch von Amts wegen entscheiden, insbesondere wenn sich aus den Akten ergibt, dass dem Betroffenen notwendige Auslagen entstanden sind und die Einstellung mangels hinreichenden Verdachts erfolgt. Im Übrigen wird die StA in der Regel nur auf Antrag eine Auslagenentscheidung treffen (vgl. RiStBV Nr. 282 Abs. 3 Satz 2).

5 Nach den durch § 467a Abs. 1 Satz 2 in Bezug genommenen § 467 Abs. 2 bis 5 hat der Betroffene ausnahmsweise die notwendigen Auslagen selbst zu tragen, etwa bei **schuldhafter Säumnis**, ferner bei einem Fall des § 25a StVG oder bei Vorliegen der **Voraussetzungen des § 109a Abs. 2.**

Nach Abs. 2 kann gegen die Entscheidung der StA innerhalb von zwei **6**
Wochen nach Zustellung **gerichtliche Entscheidung** beantragt werden.
Hierfür gelten dieselben Vorschriften wie für den Rechtsbehelf gegen die
Kostenentscheidung der Verwaltungsbehörde. Der Antragsberechtigte ist
über die Möglichkeit der Antragstellung nach Abs. 2 und über die Form
und Frist zu belehren (§ 50 Abs. 2). Über den Antrag entscheidet nach
§ 62 Abs. 2 das nach § 68 zuständige Gericht. Die **Wiedereinsetzung in
den vorigen Stand** richtet sich nach § 52. Aus der entsprechenden Anwendung
des § 62 Abs. 2 Satz 2 folgt, dass für das Verfahren über den Antrag
auf gerichtliche Entscheidung sinngemäß die Vorschriften der StPO
über das Beschwerdeverfahren gelten (§§ 297 bis 300, 303, 306 bis 309
und 311a). § 473 über die Kosten des Beschwerdeverfahrens gilt ebenfalls
sinngemäß.

Gegen die Entscheidung des Gerichts darüber, wer die notwendigen Aus- **7**
lagen dem Grunde nach zu tragen hat, ist die **sofortige Beschwerde nicht
zulässig** (§ 62 Abs. 2 Satz 3).

Die Entscheidung über die Höhe der notwendigen Auslagen trifft nach **8**
Abs. 3 i.V.m. § 464b Satz 1 StPO der **Urkundsbeamte der Geschäftsstelle
der StA.** Seine Aufgabe wird vom Rechtspfleger wahrgenommen
(§ 21 Nr. 1 RPflG). Sein Vorgehen richtet sich über RiStBV Nr. 282
Abs. 3 Satz 3 auch nach RiStBV Nr. 145 Abs. 1 und Abs. 2, insbesondere
auch im Hinblick auf die Beteiligung des Vertreters der Staatskasse.

Der Kostenfestsetzungsbeschluss des Rechtspflegers kann mit der **Erin-** **9**
nerung angefochten werden. Das Rechtsmittel ist auf zwei Wochen nach
Zustellung des Beschlusses befristet (§ 11 Abs. 1 RPflG). Der Rechtspfleger
prüft, ob er der Erinnerung abhilft. Tut er dies nicht, so entscheidet der
Richter des nach § 68 zuständigen Gerichts (§ 11 Abs. 2 Satz 3 RPflG).
Gegen die Entscheidung dieses Gerichts ist die **sofortige Beschwerde**
statthaft (§ 104 Abs. 3 Satz 2 ZPO i.V.m. § 464b Satz 3 StPO; § 11 Abs. 3
RPflG). Das Beschwerdeverfahren richtet sich nach den Vorschriften der
StPO.

Die **Zwangsvollstreckung** aus dem rechtskräftig gewordenen Kostenfest- **10**
setzungsbescheid folgt nach § 464b Satz 3 StPO aus den entsprechend anwendbaren
Vorschriften der ZPO (§§ 794 Abs. 1 Nr. 2, 795 ZPO).

III. Verfahren über die Zulässigkeit des Einspruchs

§ 109 [Kosten bei Aufhebung des Bescheids der Verwaltungsbehörde]

(1) Wird der Bescheid der Verwaltungsbehörde über die Verwerfung
1. des Einspruchs (§ 69 Abs. 1) oder
2. des Antrags auf Wiedereinsetzung in den vorigen Stand wegen Versäumung der Einspruchsfrist

im Verfahren nach § 62 aufgehoben, so gilt auch für die Kosten und Auslagen dieses Verfahrens die abschließende Entscheidung nach § 464 Abs. 1 und 2 der Strafprozessordnung.

(2) Wird der Einspruch des Betroffenen gegen den Bußgeldbescheid verworfen (§§ 70, 74 Abs. 2), so trägt er auch die Kosten des gerichtlichen Verfahrens.

1 Die Vorschrift regelt ergänzend die **Kostentragungspflicht des Betroffenen** im gerichtlichen Verfahren nach § 62. Abs. 1 betrifft die Aufhebung des Bescheids der Verwaltungsbehörde über die Verwerfung des Einspruchs nach § 69 Abs. 1 (Abs. 1 Nr. 1) oder des Antrags auf Wiedereinsetzung in den vorigen Stand wegen Versäumung der Einspruchsfrist (Abs. 1 Nr. 2). Abs. 2 enthält darüber hinaus eine Regelung über die Kostentragungspflicht hinsichtlich des gerichtlichen Verfahrens im Falle der Verwerfung des Einspruchs des Betroffenen nach §§ 70, 74 Abs. 2. Die Vorschrift wird ergänzt durch die §§ 109a und 25a StVG. Im Übrigen gelten die restlichen Vorschriften der StPO und des JGG sinngemäß. Wieweit dies der Fall ist, ergibt sich aus der Erläuterung zu § 105.

2 **Hat der Betroffene** bei einem Antrag auf gerichtliche Entscheidung gegen die in Abs. 1 genannten Verwerfungsbescheide der Verwaltungsbehörde **Erfolg**, so ist für die Kosten und Auslagen dieses Verfahrens eine abschließende Entscheidung nach § 464 Abs. 1 und Abs. 2 StPO zu treffen. Nach § 464 Abs. 1 StPO muss darüber bestimmt werden, von wem die Kosten des Verfahrens zu tragen sind. In § 464 Abs. 2 StPO ist festgelegt, dass die Entscheidung darüber, wer die notwendigen Auslagen trägt, das Gericht in seiner Entscheidung im Verfahren nach § 62 trifft.

Zehnter Abschnitt. Kosten § 109

Wer die Kosten des Rechtsbehelfsverfahrens und die notwendigen 3
Auslagen des Betroffenen zu tragen hat, richtet sich danach, wie das nach der Aufhebungsentscheidung des Gerichts fortgeführte Bußgeldverfahren endet. Bleibt es bei der Festsetzung einer Geldbuße, weil das Gericht den Betroffenen schließlich verurteilt oder die Verwaltungsbehörde im Zwischenverfahren zwar den Bußgeldbescheid zurücknimmt, aber einen neuen Bußgeldbescheid erlässt, so hat der Betroffene die Kosten des Verfahrens und seine eigenen Auslagen und damit auch die des Rechtsbehelfs zu tragen (§ 465 Abs. 1 StPO). Wird der Betroffene freigesprochen oder wird das Verfahren eingestellt, so fallen die Kosten des Verfahrens und die notwendigen Auslagen des Betroffenen der Staatskasse zur Last. Diese Entscheidung erstreckt sich dann auch auf die im Zwischenverfahren entstandenen Kosten und Auslagen.

Abs. 2 enthält eine ergänzende Regelung über die Kostentragungspflicht 4
des Betroffenen im gerichtlichen Verfahren für den Fall, **dass der Einspruch gegen den Bußgeldbescheid vom Gericht verworfen wird** (§§ 70, 74 Abs. 2). Im Übrigen gelten auch für diesen Fall die §§ 465 ff. StPO sinngemäß. Abs. 2 gilt nicht für die Verwerfung des Einspruchs einer juristischen Person oder Personenvereinigung oder eines sonstigen Nebenbeteiligten.

Gleichgültig ist, ob der Einspruch in der Hauptverhandlung durch Urteil 5
oder durch Beschluss verworfen wird. Die Kostenentscheidung ist in jedem Fall zu treffen. Ist sie allerdings unterblieben, so kann sie nicht nachgeholt werden. Entbehrlich ist eine Kostenentscheidung, falls der Betroffene den Einspruch gegen den Bußgeldbescheid zurücknimmt (*Göhler/König* 10).

Gegen die Kostenentscheidung ist nach § 464 Abs. 3 StPO die **sofortige** 6
Beschwerde zulässig, soweit der Wert des Beschwerdegegenstandes 200,– Euro übersteigt (§ 304 Abs. 3 StPO; *RRH* 5). Wird gegen einen Beschluss nach § 70 sofortige Beschwerde eingelegt, so richtet sie sich ohne weiteres auch gegen die Kostenentscheidung.

Welche Kosten der Betroffene zu tragen hat, ergibt sich aus dem GKG. 7
In Nrn. 4110 ff. KVGKG sind die einzelnen Gebührentatbestände aufgeführt. Die Gerichtsgebühren bemessen sich in Bußgeldsachen grundsätzlich für alle Rechtszüge nach der rechtskräftig festgesetzten Geldbuße. In

welcher Höhe Auslagen geltend gemacht werden können, folgt aus Nrn. 9000 ff. KVGKG.

8 In den Fällen des Abs. 2 hat der Betroffene neben den Kosten des gerichtlichen Verfahrens auch die **Kosten des Verfahrens der Verwaltungsbehörde** zu tragen. Dies ergibt sich aus der Verwendung des Wortes „auch" in Abs. 2. Dabei handelt es sich um Gebühren und Auslagen nach § 107.

9 Gerichtskosten werden nach der Justizbeitreibungsordnung durch die Gerichtskasse **beigetrieben**, soweit nicht bei Kleinbeträgen darauf verzichtet wird. Kosten der Verwaltungsbehörde werden nach den Vorschriften der Verwaltungsvollstreckungsgesetze von den dort genannten Vollstreckungsbehörden vollstreckt.

IV. Auslagen des Betroffenen

§ 109a [Auslagenentscheidung bei geringer Geldbuße]

(1) War gegen den Betroffenen in einem Bußgeldbescheid wegen einer Tat lediglich eine Geldbuße bis zu zehn Euro festgesetzt worden, so gehören die Gebühren und Auslagen eines Rechtsanwalts nur dann zu den notwendigen Auslagen (§ 464a Abs. 2 Nr. 2 der Strafprozessordnung), wenn wegen der schwierigen Sach- oder Rechtslage oder der Bedeutung der Sache für den Betroffenen die Beauftragung eines Rechtsanwalts geboten war.

(2) Soweit dem Betroffenen Auslagen entstanden sind, die er durch ein rechtzeitiges Vorbringen entlastender Umstände hätte vermeiden können, kann davon abgesehen werden, diese der Staatskasse aufzuerlegen.

1 Die Vorschrift will der missbräuchlichen Ausnutzung von Verteidigungsmöglichkeiten durch Verlagerung von Kostenrisiken begegnen (KK-*Schmehl* 1). Sie enthält besondere kostenrechtliche Regelungen für das Bußgeldverfahren. Nach Abs. 1 gehören in einem Fall, in dem gegen den Betroffenen lediglich eine Geldbuße bis zu 10,– Euro festgesetzt worden ist, Gebühren und Auslagen des Rechtsanwalts nur in den in Abs. 1 genannten Fällen zu den notwendigen Auslagen. Abs. 2 sieht zudem vor, dass unter bestimmten Voraussetzungen davon abgesehen werden kann, die Auslagen des Betroffenen der Staatskasse aufzuerlegen.

Für die Anwendbarkeit des Abs. 1 ist erforderlich, dass eine Geldbuße bis zu 10,- Euro in dem Bußgeldbescheid festgesetzt war, eine Auslagenentscheidung zu Lasten der Staatskasse ergangen ist, der Betroffene also freigesprochen oder das Verfahren gegen ihn eingestellt worden ist, und die Beauftragung eines Rechtsanwalts nicht geboten war, weil die Sach- oder Rechtslage nicht schwierig war oder die Beauftragung eines Rechtsanwalts im Hinblick auf die geringere Bedeutung der Sache nicht geboten war. 2

Die Festsetzung einer Geldbuße bis zu 10,- Euro betrifft nur **eine Tat des Betroffenen.** Enthält der Bußgeldbescheid wegen Tatmehrheit mehrere Geldbußen bis zu 10,- Euro gegen denselben Betroffenen, so werden sie zusammengerechnet. 3

Zur Frage, wann wegen der **Schwierigkeit der Sach- und Rechtslage** oder der **Bedeutung der Sache** die Beauftragung eines Rechtsanwalts geboten war, vgl. die Erläuterung zu § 60. Die Schwierigkeit der Sachlage kann sich aus besonderen Verwicklungen und Aufklärungsmühen ergeben, die Schwierigkeit der Rechtslage aus divergierenden oder auch fehlenden Gerichtsentscheidungen zu der entscheidenden Rechtsfrage (vgl. *Göhler/König* 6). Für die Frage der Bedeutung der Sache sind alle berechtigten Belange des Betroffenen wie etwa Schadensersatzpflichten oder berufliche Folgen sorgfältig zu prüfen. 4

Ob eine Ausnahme von Abs. 1 vorliegt, ist im Kostenfestsetzungsverfahren zu entscheiden. In der Auslagenentscheidung braucht die ausnahmsweise vorliegende Erstattungsfähigkeit nicht festgestellt zu werden (*Göhler/König* 6a). Fehlt hingegen eine Auslagenentscheidung zum Nachteil des Betroffenen, so ist die Regelung von Abs. 1 auch im Kostenfestsetzungsverfahren zu berücksichtigen (*RRH* 4). 5

Nach Abs. 2 kann davon abgesehen werden, die notwendigen Auslagen des Betroffenen der Staatskasse aufzuerlegen, soweit sie durch ein **rechtzeitiges Vorbringen entlastender Umstände** hätten vermieden werden können. Sie wird nur bei Freispruch oder Einstellung praktisch. Sie gilt nicht, wenn es sich zunächst um ein Strafverfahren handelt, das letztlich in eine OWi mündet (KK-*Schmehl* 7). 6

§ 109a   Zweiter Teil. Bußgeldverfahren

7 Das **Verschweigen wesentlicher Umstände** setzt anders als bei § 467 Abs. 3 Satz 2 Nr. 1 StPO nicht voraus, dass der Betroffene sich überhaupt **zur Sache eingelassen** hat. Ob sich der Betroffene geäußert hat oder nicht, ist vielmehr gleichgültig (KK-*Schmehl* 6). Verfassungsrechtliche Bedenken gegen diese Regelung greifen nicht durch (KK-*Schmehl* 9), zumal die Regelung nur fakultativ ist. Wesentliche Umstände sind z. B. das Alibi oder Tatsachen, die einen Rechtfertigungsgrund begründen können, ferner die Tatsache, dass ein anderer den Rechtsverstoß begangen hat. Das Verschweigen bloßer Vermutungen und Möglichkeiten zählt nicht. Die Ausnahme des Abs. 2 gilt ferner nicht, wenn sich der Betroffene bei seiner Vernehmung eines entlastenden Umstandes überhaupt nicht bewusst war.

8 Abs. 2 enthält eine **Ermessensentscheidung.** Dabei kann und soll insbesondere berücksichtigt werden, ob der Betroffene **vernünftige und billigenswerte Gründe** für sein Verschweigen hatte (KK-*Schmehl* 12).

9 Die **möglichen entlastenden Umstände** müssen **rechtzeitig** vorgebracht werden, d. h. unter Anlegung eines objektiven Maßstabes so frühzeitig, dass dadurch sonst entstehende Auslagen vermieden worden wären. Ob dies der Fall ist, ist im Rahmen der Ermessensentscheidung nach Abs. 2 zu prüfen. Macht der Betroffene erst nach Erlass des Bußgeldbescheides entlastende Umstände geltend und behauptet er, er habe dies nicht vorher tun können, weil er keinen Anhörungsbogen erhalten habe, so ist es in der Regel schwierig, die Voraussetzungen von Abs. 2 festzustellen (*Göhler/König* 11). Dem kann letztlich nur durch Zustellung des Anhörungsbogens an den Betroffenen vor Erlass des Bußgeldbescheides begegnet werden.

10 Die Erstattung kann ganz oder teilweise versagt werden. So entfällt die Erstattungspflicht der Staatskasse vollständig, wenn der Betroffene bereits bei der Anhörung den entlastenden Umstand hätte vortragen können (KK-*Schmehl* 18). Die teilweise Versagung kommt in Betracht, wenn durch rechtzeitiges Vorbringen zwar nicht der Erlass eines Bußgeldbescheides, jedoch eine gerichtliche Hauptverhandlung hätte vermieden werden können.

11 Bestehen **gesetzliche Belehrungspflichten** und sind sie nicht beachtet worden, so ist dieser Umstand bei der Ermessensentscheidung nach

Abs. 2 zu berücksichtigen und kann ggf. zum völligen Verzicht auf seine Anwendung führen.

Liegen die Voraussetzungen des § 25a Abs. 1 Satz 1 StVG vor, so **tritt § 109a zurück.** § 467 Abs. 1 Satz 2 StPO gilt ferner nur, soweit § 109a und der daneben anwendbare § 467 Abs. 2 bis 4 StPO nicht eingreifen. Dabei verdrängt § 109a als **Spezialvorschrift** den § 467 Abs. 3 Nr. 1 StPO.

12

Elfter Abschnitt. Entschädigung für Verfolgungsmaßnahmen

§ 110 [Anwendbarkeit des StrEG]

(1) Die Entscheidung über die Entschädigungspflicht für einen Vermögensschaden, der durch eine Verfolgungsmaßnahme im Bußgeldverfahren verursacht worden ist (§ 8 des Gesetzes über die Entschädigung für Strafverfolgungsmaßnahmen), trifft die Verwaltungsbehörde, wenn sie das Bußgeldverfahren abgeschlossen hat, in einem selbständigen Bescheid.

(2) Gegen den Bescheid ist innerhalb von zwei Wochen nach Zustellung der Antrag auf gerichtliche Entscheidung nach § 62 zulässig. Gegen die Entscheidung des Gerichts ist sofortige Beschwerde zulässig.

(3) Über den Anspruch auf Entschädigung (§ 10 des Gesetzes über die Entschädigung für Strafverfolgungsmaßnahmen) entscheidet in den Fällen des Absatzes 1 die Verwaltungsbehörde.

(4) Ersatzpflichtig ist (§ 15 des Gesetzes über die Entschädigung für Strafverfolgungsmaßnahmen) in den Fällen des Absatzes 1, soweit das Gesetz nichts anderes bestimmt, der Bund, wenn eine Verwaltungsbehörde des Bundes das Verfahren durchführt, sonst das Land.

RiStBV Nr. 295

Die Vorschrift setzt die **sinngemäße Geltung des StrEG** für das Bußgeldverfahren voraus und regelt weitere Einzelheiten im Hinblick auf die

1

§ 110 Zweiter Teil. Bußgeldverfahren

Entscheidung über die Entschädigungspflicht bei Abschluss des Bußgeldverfahrens durch die Verwaltungsbehörde (Abs. 1) mit Rechtsbehelf hiergegen (Abs. 2). Abs. 3 regelt die Zuständigkeit im Falle der Entscheidung nach § 10 StrEG. Abs. 4 legt den Ersatzpflichtigen nach § 15 StrEG im Bußgeldverfahren fest.

2   Die **materiellen Entschädigungsregelungen des StrEG** gelten bei sinngemäßer Anwendung nur zugunsten des Betroffenen, nicht zugunsten Dritter (*RRH* 2a). Allerdings hat der Unterhaltsberechtigte nach § 11 Abs. 1 StrEG einen selbständigen Anspruch, der ggf. zu berücksichtigen ist (KK-*Schmehl* 2). Demgegenüber sind ein **Zeuge** wegen einer zu **Unrecht erlittenen Erzwingungshaft** (*BGH* NJW 1990, 397), ein **Dritter**, der von einer **Beschlagnahme**, einer **Durchsuchung** nach § 103 StPO oder von einer **Einziehung** betroffen ist, ebenso wie ein anderer **Nebenbeteiligter nicht** nach StrEG **entschädigungsberechtigt.** Dieser Kreis muss seine Ansprüche im Zivilrechtsweg bzw. nach den §§ 28, 87 oder § 439 StPO geltend machen (*KG* NJW 1978, 2406).

3   Die **Entschädigungspflicht** kann nur bei rechtskräftig festgesetzten Geldbußen und rechtskräftig angeordneten Nebenfolgen, soweit diese Rechtsfolgen später beseitigt oder gemildert werden, und ggf. nach Sicherstellung, Beschlagnahme, dinglichem Arrest und Durchsuchung entstehen. **Nicht entschädigungsfähig** ist die Entnahme einer Blutprobe oder eine sonstige Untersuchung, die Vorführung vor dem Richter, die Identitätsfeststellung und die Leistung einer Sicherheit nach § 132 StPO (*Göhler/König* 3). Der Sicherstellung einer Sache steht die freiwillige Herausgabe zu ihrer Abwendung gleich (*BGH* NJW 1975, 348). Zur Entschädigung für eine Beschlagnahme gehören auch die Nachteile, die dem Betroffenen durch die Herausgabe der Sache an einen Nichtberechtigten entstanden sind (*BGH* NJW 1979, 425).

4   **Zur Entschädigung führende Tatbestände** sind die Beseitigung der rechtskräftig angeordneten Rechtsfolgen im Wiederaufnahmeverfahren oder sonst im Straf- und Bußgeldverfahren, die Einstellung des Verfahrens mangels hinreichenden Tatverdachts oder nach § 47 Abs. 1 sowie der Freispruch im gerichtlichen Verfahren, nachdem in diesen Fällen vorher eine vorläufige Verfolgungsmaßnahme getroffen worden ist, ferner die Beseitigung der Entscheidung durch Gewährung der Wiedereinsetzung in

den vorigen Stand, sofern das nachfolgende Verfahren zu einer Beseitigung oder Milderung der Rechtsfolgen führt (*RRH* 3).

Ist das Verfahren nach § 47 Abs. 1 eingestellt worden, kann eine Entschädigung nach Billigkeit gemäß §§ 3, 4 Abs. 1 Nr. 2 StrEG erforderlich sein. Dies gilt auch, wenn die in einer Verurteilung angeordneten Rechtsfolgen geringer sind als die zunächst darauf gerichteten Verfolgungsmaßnahmen (*RRH* 6). Weichen sie geringfügig voneinander ab, so ist für eine Billigkeitsentschädigung kein Raum. Entscheidend ist eine Gesamtabwägung zwischen den in dem Verfahren verhängten Rechtsfolgen und den vorausgegangenen Maßnahmen (*BGH* GA 1975, 208). Bei der Billigkeitsentscheidung spielt ferner eine Rolle, ob der Betroffene die Verfolgungsmaßnahmen leicht fahrlässig selbst verursacht hat (*Göhler/König* 11). 5

Sind die Nachteile, die der Betroffene durch die vorläufige Maßnahme erlitten hat, bereits bei der Bußgeldbemessung **mildernd berücksichtigt worden**, so ist dies bei der Prüfung der Billigkeitsentschädigung zu berücksichtigen und kann zu ihrer Versagung führen (*Göhler/König* 11). Dies gilt auch, wenn von der Verfolgung einzelner Taten oder Gesetzesverletzungen von vornherein abgesehen worden ist und so die tatsächlich durchgeführten Verfolgungsmaßnahmen von vornherein von geringerem Gewicht sind als der tatsächliche Rechtsverstoß. 6

Nach § 5 StrEG ist eine Entschädigung unter bestimmten Voraussetzungen ausgeschlossen. Hier haben insbesondere die Abs. 2 und 3 Bedeutung. Nach § 5 Abs. 2 StrEG ist die Entschädigung ausgeschlossen, wenn und soweit der Betroffene die gegen ihn gerichteten Maßnahmen vorsätzlich oder grob fahrlässig selbst verursacht hat, nicht jedoch schon deshalb, weil er sich darauf beschränkt hat, nicht zur Sache auszusagen oder weil er es unterlassen hat, ein für ihn möglicherweise günstig ausgehendes Rechtsmittel einzulegen. Der Betroffene hat die Verfolgungsmaßnahme nicht ursächlich herbeigeführt, wenn die Maßnahme allein oder überwiegend durch unrichtige Zeugenaussagen oder aufgrund eines groben Bearbeitungsfehlers der Verfolgungsbehörden durchgeführt worden ist (*Düsseldorf* StV 1988, 446). Ob ein Betroffener grob fahrlässig gehandelt hat, richtet sich nach zivilrechtlichen Maßstäben (§§ 276, 277 BGB; *Karlsruhe* Justiz 1976, 376). **Grob fahrlässig handelt**, wer in ungewöhnlichem Maß die Sorgfalt außer Acht lässt, die ein verständiger Mensch in gleicher Lage anwenden würde, um sich vor Schaden durch Verfolgungsmaßnah- 7 men zu schützen, in dem er schon einfachste naheliegende Überlegungen anzustellen versäumt (*BGH* MDR 1983, 450).

8 **Nach § 5 Abs. 3 StrEG ist die Entschädigung ferner ausgeschlossen, wenn und soweit der Beschuldigte Verfolgungsmaßnahmen** dadurch **schuldhaft verursacht** hat, dass er einer ordnungsgemäßen Ladung vor den Richter nicht Folge geleistet hat. Die zweite Ausschlussmöglichkeit des § 5 Abs. 3 kann nicht auf das OWi-Verfahren sinngemäß angewandt werden. Die Nichtbefolgung einer Ladung vor die StA oder die Verwaltungsbehörde wird von § 5 Abs. 3 auch nicht in sinngemäßer Anwendung erfasst. Es könnten aber Fälle nach § 5 Abs. 2 StrEG vorliegen (*RRH* 10c).

9 Nach § 6 StrEG kann die Entschädigung ganz oder teilweise in den dort genannten Fällen, soweit sie auf das OWi-Verfahren sinngemäß angewendet werden können, versagt werden. Insoweit handelt es sich nicht um obligatorische, sondern um **fakultative Versagungsgründe.** Die entscheidende Stelle hat einen Ermessensspielraum. Die Voraussetzungen ähneln argumentativ denen in § 109a Abs. 2.

10 Als **Entschädigung kann der verursachte Vermögensschaden** verlangt werden, wenn er 25,– Euro übersteigt (§ 7 Abs. 2 StrEG). Hierzu rechnen auch die Kosten für die Inanspruchnahme eines Rechtsanwalts zur Abwehr der vorläufigen Verfolgungsmaßnahme, ferner ein Nutzungsausfall als Schaden bei einer Beschlagnahme, weil die Sache während der Beschlagnahmezeit nicht nutzbar war. Für Ursache und Höhe des Schadens ist der Antragsteller darlegungs- und beweispflichtig. Bei der Bemessung der Entschädigung sind Vorteile, wie etwa die Ersparung von Aufwendungen, ferner die Grundsätze des mitwirkenden Verschuldens zu berücksichtigen (*BGH* NJW 1975, 2341).

11 Abs. 1 regelt ergänzend zu § 8 StrEG **Verfahrensfragen,** wobei die Inbezugnahme des § 8 StrEG in Abs. 1 gesetzestechnisch ungenau ist. Nach Abs. 1 trifft die Entscheidung über die Entschädigungspflicht die Verwaltungsbehörde, wenn sie das Bußgeldverfahren abgeschlossen hat, in einem selbständigen Bescheid. Für das gerichtliche Bußgeldverfahren und die abschließenden Entscheidungen der StA im Bußgeldverfahren gelten die Verfahrensvorschriften des StrEG sinngemäß. Wird das Verfahren nach Einspruch gegen den Bußgeldbescheid von der StA eingestellt oder erlässt das Gericht nach Einspruch eine abschließende Bußgeldentscheidung, in der über die Sache entschieden wird, ist es für die Entschädigungsentscheidung zuständig, und zwar auch insoweit, als die Verfolgungsmaßnahme von der Verwaltungsbehörde angeordnet wurde (*RRH* 14).

Dies gilt auch, wenn das Bußgeldverfahren in das Strafverfahren übergegangen ist. Entscheidet das Gericht nur über eine Maßnahme der Verwaltungsbehörde nach § 62, so begründet dies nicht seine Zuständigkeit für die Entscheidung über die Entschädigung nach § 110. Gibt ferner die Verwaltungsbehörde die Sache nach § 41 an die StA ab, so liegt keine abschließende Entscheidung i. S. v. Abs. 1 vor, so dass die Verwaltungsbehörde für die Entscheidung über die Entschädigung nicht zuständig ist. Sie wird es, sofern die StA die Sache nach § 41 Abs. 2 an sie zurückgibt. 12

Die Abgabe des Verfahrens durch die StA an die Verwaltungsbehörde ist noch keine entschädigungserhebliche Einstellung nach StrEG. Ein Entschädigungsantrag zu diesem Zeitpunkt wäre unzulässig. Eine Belehrung nach § 9 Abs. 1 Satz 5 StrEG durch die StA sollte deshalb nicht erfolgen (*RRH* 15). Sind Verfolgungsmaßnahmen im strafrechtlichen Ermittlungsverfahren erfolgt, so entscheidet die Verwaltungsbehörde nicht über eine Entschädigung, weil es sich nur um Verfolgungsmaßnahmen im Bußgeldverfahren handelt (*Göhler/König* 24). 13

Die Verwaltungsbehörde entscheidet über die Entschädigung **von Amts wegen dem Grunde nach**, wenn sie eine solche Entscheidung durch Verfahren einstellt oder wenn sie einen Bußgeldbescheid erlässt. Sie trifft ihre Entscheidung in einem selbständigen Bescheid. § 8 Abs. 1 StrEG gilt nicht sinngemäß (*Göhler/König* 29). Der Berechtigte kann auf die Entscheidung verzichten (*RRH* 16). 14

Nach Abs. 2 ist gegen den Bescheid der Verwaltungsbehörde über die Entschädigung innerhalb von zwei Wochen nach Zustellung der **Antrag auf gerichtliche Entscheidung** nach § 62 zulässig. Gegen die hierauf erfolgende Entscheidung des Gerichts ist sofortige Beschwerde zulässig. 15

Nach Abs. 3 entscheidet über die Höhe des Entschädigungsanspruchs abweichend von § 10 Abs. 2 StrEG die Verwaltungsbehörde, wenn der Entschädigungsbescheid über den Grund rechtskräftig ist. Im Übrigen gilt § 10 StrEG entsprechend. Auch insoweit ist die Technik der Inbezugnahme des § 10 StrEG gesetzestechnisch nicht ganz gelungen. Gegen die Entscheidung der Verwaltungsbehörde über die Höhe der Entschädigung 16

Vor §§ 110a ff. Zweiter Teil. Bußgeldverfahren

steht dem Berechtigten nach § 13 StrEG der Rechtsweg zu den ordentlichen Gerichten offen, wenn sein Anspruch ganz oder teilweise abgelehnt oder der Antrag wegen Fristversäumnis als unzulässig verworfen worden ist (*RRH* 19).

17 **Ersatzpflichtig** ist der Bund, sofern eine Verwaltungsbehörde des Bundes, das Land, sofern eine Verwaltungsbehörde eines Landes das Verfahren durchgeführt hat (Abs. 4). Der Vorbehalt in Abs. 4 folgt dem in § 90 Abs. 2. Von ihm ist in einigen Bundesgesetzen und einigen Ländern Gebrauch gemacht worden (Beispiele *Göhler/König* 34).

Zwölfter Abschnitt. Elektronische Dokumente und elektronische Aktenführung

Vorbemerkungen

Schrifttum: *Bacher*, Eingang von E-Mail-Sendungen bei Gericht, MDR 2002, 669; *Berger*, Beweisführung mit elektronischen Dokumenten, NJW 2005, 1016; *Dästner*, Neue Formvorschriften im Prozeßrecht, NJW 2001, 3469; *Fischer-Dieskau*, Der Referentenentwurf zum Justizkommunikationsgesetz aus Sicht des Signaturrechts, MMR 2003, 701; *Redeker*, Elektronische Kommunikation mit der Justiz – eine Herausforderung für die Anwaltschaft, AnwBl. 2005, 348; *Roßnagel*, Das neue Recht elektronischer Signaturen, NJW 2001, 1817; *Viefhues*, Das Gesetz über die Verwendung elektronischer Kommunikationsformen in der Justiz, NJW 2005, 1009.

Gesetzesmaterialien: Gesetzesentwurf Bundesregierung: BR-Drucks. 609/04; Stellungnahme Bundesrat: BR-Drucks. 609/04 (Beschluss); Gesetzesentwurf Bundesregierung nebst Stellungnahme Bundesrat und Gegenäußerung Bundesregierung: BT-Drucks. 15/4067; Beschlussempfehlung und Bericht des Rechtsausschusses: BT-Drucks. 15/4952.

1 Der zwölfte Abschnitt wurde mit Wirkung zum **1. 4. 2005** durch Art. 7 des **Justizkommunikationsgesetzes (JKomG)** vom 22. 3. 2005 (BGBl. I S. 837) eingeführt. Ziel der Neuregelung ist es, einen umfassenden elektronischen Rechtsverkehr mit Behörden und Gerichten sowie die Führung elektronischer Akten im Bußgeldverfahren zu ermöglichen. Ausgangs-

Zwölfter Abschnitt. Elektronische Dokumente **Vor §§ 110a ff.**

punkt der Neuregelung ist unter dem Stichwort „E-Mail statt Aktenbock" die Initiative „BundOnline 2005" der Bundesregierung. Die schon in einigen Verfahrensordnungen bestehenden Möglichkeiten elektronischer Kommunikation werden durch das JKomG auf andere Verfahrensarten erweitert; zudem wird die elektronische Aktenführung als zusätzliche Option neben der traditionellen eingeführt. Die Verfahrensbeteiligten sollen zukünftig nicht nur im Zivilprozess und einigen Fachgerichtsbarkeiten, sondern auch im Bußgeldverfahren die Möglichkeit haben, elektronische Kommunikationsformen gleichberechtigt neben der – herkömmlich papiergebundenen – Schriftform oder der mündlichen Form rechtswirksam verwenden zu können (BT-Drucks. 15/4067 S. 24).

Die Regelungen entsprechen im Grundsatz dem **Vorschlag des Arbeitskreises „Ordnungswidrigkeiten"** der Arbeitsgruppe Elektronischer Rechtsverkehr der Bund-Länder-Kommission in seinem Schlussbericht vom 28. 2. 2003. Der Arbeitskreis war zu dem Ergebnis gelangt, dass – anders als im Strafverfahren – jedenfalls im justizbezogenen Verfahren wegen Straßenverkehrs-OWi die Einführung einer elektronisch geführten Verfahrensakte möglich ist. In modifizierter und ergänzter Form ist der Regelungsvorschlag des Arbeitskreises in den Regierungsentwurf eingeflossen. Der Gesetzgeber geht davon aus, dass insbesondere bei **Massenverfahren im Bereich der Straßenverkehrs-OWi**, die etwa im gerichtlichen Bereich rund 90% aller Verfahren ausmachen, die Zulassung der elektronischen Aktenführung einen wesentlichen Beitrag zu einer Beschleunigung der Verfahrensabläufe und zur Verbesserung der Effizienz leistet. 2

Die Zusammenfassung der Regelungen für elektronische Dokumente und zur elektronischen Aktenführung in dem neuen eigenständigen zwölften Abschnitt ergänzt die sonstigen Bestimmungen über das Bußgeldverfahren. Der neue Abschnitt beschränkt sich auf die **Regelung der Besonderheiten**, die zu beachten sind, wenn die Übermittlung elektronischer Dokumente an Behörden und Gerichte zugelassen ist oder die Akten im Verfahren zumindest zeitweise elektronisch geführt werden (BT-Drucks. 15/4067 S. 45). 3

Die umfangreichen Neuregelungen knüpfen an **bestehende Regelungen** an: Bereits das Zustellungsreformgesetz vom 25. 6. 2001 (BGBl. I S. 1206) und das Gesetz zur Anpassung von Formvorschriften des Privat- 4

Vor §§ 110a ff. Zweiter Teil. Bußgeldverfahren

rechts und anderer Formvorschriften an den modernen Rechtsgeschäftsverkehr vom 13. 7. 2001 (BGBl. I S. 1542) sowie das Dritte Gesetz zur Änderung verwaltungsverfahrensrechtlicher Vorschriften vom 21. 8. 2002 (BGBl. I S. 3322) enthalten erste Schritte zu einer Öffnung der Justiz für den elektronischen Rechtsverkehr. Geregelt wurden dabei insbesondere die rechtlichen Grundlagen für die Einreichung elektronischer Schriftsätze bei Gericht und für elektronische Zustellungen vom Gericht an einen festgelegten Personenkreis.

5 Der Bund hat auf dem Gebiet des Zivilprozesses von der Verordnungsermächtigung in § 130a Abs. 2 Satz 1 ZPO Gebrauch gemacht und mit der **Verordnung über den elektronischen Rechtsverkehr beim Bundesgerichtshof** (Elektronische Rechtsverkehrsverordnung – ERVVOBGH) vom 26. 11. 2001 (BGBl. I S. 3225) wegweisend Einzelheiten wie insbesondere Form und Format des übermittelten Dokuments, dessen Verschlüsselung und die Beifügung elektronischer Signaturen geregelt. Die VO über den elektronischen Rechtsverkehr beim BVerwG und beim BFH (vom 26. 11. 2004, BGBl. I S. 3091) schließt für diese obersten Fachgerichte daran an. In den Ländern ist der elektronische Rechtsverkehr auf Basis der bisherigen Rechtsgrundlagen bislang nur vereinzelt geregelt (vgl. etwa für das Land Brandenburg die VO über den elektronischen Rechtsverkehr in der ordentlichen Gerichtsbarkeit vom 18. 11. 2004, GVBl. II S. 887; für das FG Hamburg die VO über den elektronischen Rechtsverkehr in gerichtlichen Verfahren vom 9. 4. 2002, HmbGVBl. S. 41). Bund und Länder haben gemeinsam detaillierte organisatorisch-technische Leitlinien (OT-Leit) entwickelt, die technische Standards und Formate für den elektronischen Rechtsverkehr mit den Gerichten festlegen. Diese Leitlinien sollen die Grundlage für noch zu schaffende Rechtsverordnungen der Länder werden, mit denen die elektronische Kommunikation eingeführt wird (BT-Drucks. 15/4067 S. 24).

6 **Systematisch** ist der Abschnitt wie folgt **aufgebaut**: § 110a regelt die Grundlagen der elektronischen Kommunikation des Bürgers mit Behörden und Justiz im Bußgeldverfahren und enthält zugleich eine Verordnungsermächtigung für die Bundesregierung und für die Landesregierungen. Ohne Verordnungen nach § 110a Abs. 2 ist die elektronische Kommunikation nicht statthaft; diese müssen Beginn und Form der elektronischen Kommunikation in ihrem jeweiligen Zuständigkeitsbereich regeln. **§ 110b** enthält

die Grundlagen der neuen elektronischen Aktenführung und regelt die dabei zu berücksichtigenden Einzelheiten des Verhältnisses zwischen elektronischem Dokument und Urschrift. In § 110c geht es darum, wie elektronische Dokumente formwirksam durch Gerichte und Behörden erstellt und zugestellt werden können. In der Natur der Sache begründete Besonderheiten für den Aktenausdruck, die Akteneinsicht und die Aktenübersendung regelt § 110d. Aus § 110e ergibt sich schließlich, wie elektronische Dokumente in einer Beweisaufnahme zu behandeln sind und unter welchen Voraussetzungen sie dort die Urschrift ersetzen dürfen.

Zu dem **Verhältnis der §§ 110b bis 110e zu den §§ 49a ff.** gilt Folgendes (BT-Drucks. 15/4067 S. 47): Die Regelungen des zwölften Abschnitts betreffen nur die Besonderheiten der elektronisch geführten Akte. Daneben bleiben die allgemeinen Verfahrensvorschriften in den §§ 49a ff. anwendbar. Dies bedeutet insbesondere, dass sich die Frage der Errichtung von Dateien und die Frage der Verwendung der in ihnen enthaltener Daten weiterhin nach § 49c, §§ 483 ff. StPO richtet, unabhängig davon, ob die jeweiligen Daten in einer elektronisch geführten Akte gespeichert sind oder einer herkömmlichen Papierakte entnommen wurden. Für die Frage der Zulässigkeit der Übermittlung von Daten, auch aus einer gemeinsamen Datei, gelten also weiterhin § 49c und § 487 StPO. Errichten also StA und Gericht nach Einführung der elektronisch geführten Akte gemeinsame Dateien, dürfen gleichwohl dort für das Gericht gespeicherte Daten, also Daten des gerichtlichen Bußgeldverfahrens, der StA nur unter den Voraussetzungen von § 49c, §§ 483 ff. StPO übermittelt werden. Lediglich die Frage der Zulässigkeit der elektronisch geführten Akte richtet sich nach § 110b. 7

Die §§ 110b ff. betreffen auch **andere Regelungsbereiche als § 49d**. § 49d regelt die Archivierung abgeschlossener Bußgeldverfahren, die bisher noch in herkömmlicher Papierform geführt wurden. Diese werden nach § 49d auf einen Bild- oder anderen Datenträger übertragen, wobei die Richtigkeit und Vollständigkeit dieser Übertragung durch einen schriftlichen Nachweis bestätigt wird. Die Regelungen des 12. Abschnitts hingegen unterscheiden sich davon zunächst einmal insoweit, als sie die Aktenführung in laufenden Verfahren betreffen und grundsätzlich, vorbehaltlich näherer Bestimmung durch eine Rechtsverordnung, für alle Verfahrensabschnitte gelten. Auch beschränken sich die §§ 110b ff., ebenso wie die entsprechenden Regelungen in der ZPO, auf die mit Mitteln der 8

§ 110a Zweiter Teil. Bußgeldverfahren

elektronischen Datenverarbeitung geführte Akte. Ausschließlich optische Verfahren werden, anders als dies bei § 49d der Fall ist, nicht vorgesehen. Derartige Verfahren, wie etwa eine Mikroverfilmung der Akten, dürften bei laufenden Verfahren schon aus praktischen Gründen nicht in Betracht kommen (BT-Drucks. 15/4067 S. 47).

§ 110a Erstellung und Einreichung formgebundener und anderer Dokumente bei Behörden und Gerichten

(1) An die Behörde oder das Gericht gerichtete Erklärungen, Anträge oder deren Begründung, die nach diesem Gesetz ausdrücklich schriftlich abzufassen oder zu unterzeichnen sind, können als elektronisches Dokument eingereicht werden, wenn dieses mit einer qualifizierten elektronischen Signatur nach dem Signaturgesetz versehen und für die Bearbeitung durch die Behörde oder das Gericht geeignet ist. In der Rechtsverordnung nach Abs. 2 kann neben der qualifizierten elektronischen Signatur auch ein anderes sicheres Verfahren zugelassen werden, das die Authentizität und die Integrität des übermittelten elektronischen Dokuments sicherstellt. Ein elektronisches Dokument ist eingegangen, sobald die für den Empfang bestimmte Einrichtung der Behörde oder des Gerichts es aufgezeichnet hat. Ist ein übermitteltes elektronisches Dokument zur Bearbeitung nicht geeignet, ist dies dem Absender unter Angabe der technischen Rahmenbedingungen unverzüglich mitzuteilen. Soweit nicht die elektronische Aktenführung nach § 110b zugelassen ist, ist von dem elektronischen Dokument unverzüglich ein Aktenausdruck zu fertigen.

(2) Die Bundesregierung und die Landesregierungen bestimmen für ihren Bereich durch Rechtsverordnung den Zeitpunkt, von dem an elektronische Dokumente bei den Behörden und Gerichten eingereicht werden können, sowie die für die Bearbeitung der Dokumente geeignete Form. Die Bundesregierung und die Landesregierungen können die Ermächtigung durch Rechtsverordnung auf die zuständigen Bundes- oder Landesministerien übertragen. Die Zulassung der elektronischen Form kann auf einzelne Behörden, Gerichte oder Verfahren beschränkt werden.

(3) **Behörden im Sinne dieses Abschnitts sind die Staatsanwaltschaften und Verwaltungsbehörden einschließlich der Vollstreckungsbehörden sowie die Behörden des Polizeidienstes, soweit diese Aufgaben im Bußgeldverfahren wahrnehmen.**

Die Vorschrift regelt in **Abs. 1** die Grundlagen der elektronischen Kommunikation mit Behörden und Gerichten im Bußgeldverfahren. **Abs. 2** enthält eine Verordnungsermächtigung für Bundes- und Landesregierungen. In **Abs. 3** findet sich eine Legaldefinition des in diesem Abschnitt verwendeten Behördenbegriffs. Die Fassung von Abs. 1 Satz 5 beruht auf einem Änderungsvorschlag des Rechtsausschusses (BT-Drucks. 15/4952 S. 35); im Übrigen entspricht die Vorschrift der Fassung des Regierungsentwurfs. Die Norm lehnt sich in Aufbau und Inhalt an die entsprechenden Neuregelungen in § 41a StPO und § 130a ZPO an. Sie regelt die **Erstellung und Einreichung elektronischer Dokumente**, die im Bußgeldverfahren **von Verfahrensbeteiligten** (insb. dem Betroffenen, seinem Verteidiger, der StA) **oder** von nicht am Verfahren beteiligten **Dritten** (etwa bei Gesuchen um Akteneinsicht) an die das Verfahren bearbeitenden Behörden und Gerichte übermittelt werden (BT-Drucks. 15/4057 S. 45). Der elektronische Dokumentenverkehr in umgekehrter Richtung, also von Behörden und Gerichten an die Verfahrensbeteiligten oder Dritte, richtet sich hingegen nach § 110c. 1

In **Abs. 1 Satz 1** geht es um die elektronische Einreichung und Erstellung **formgebundener Dokumente.** Dies sind Dokumente, die nach dem OWiG schriftlich abzufassen oder zu unterzeichnen sind. Hierzu gehören etwa die Darlegung der Zahlungsunfähigkeit gegenüber der Vollstreckungsbehörde (§ 66 Abs. 2 Nr. 2), der Einspruch gegen den Bußgeldbescheid (§ 67 Abs. 1), die Einlegung der Rechtsbeschwerde (vgl. § 79 Abs. 3 Satz 1 i.V.m. § 341 Abs. 1 StPO) bzw. ihre Rücknahme und die schriftliche Vertretungsvollmacht nach § 73 Abs. 3. Es geht also um Dokumente, die regelmäßig für den Gang des Verfahrens von besonderer Bedeutung sind und bei denen deshalb Authentizität und Integrität in besonders zuverlässiger Weise gewährleistet werden müssen. Satz 1 findet immer schon dann Anwendung, wenn das Gesetz ausdrücklich bestimmt, dass eine bestimmte Erklärung schriftlich abzufassen ist. Unerheblich ist in diesem Fall dagegen, ob es zusätzlich einer handschriftlichen Unterzeichnung bedarf oder nicht (BT-Drucks. 15/4067 S. 45). 2

§ 110a Zweiter Teil. Bußgeldverfahren

3   **Nicht formgebundene Dokumente** können ebenfalls bei Behörden oder Gerichten als elektronische Dokumente eingereicht werden. In diesem Fall müssen sie lediglich zur Bearbeitung geeignet sein (vgl. BT-Drucks. 15/4067 S. 46). Voraussetzung der Einreichung solcher Dokumente ist jedoch, dass der elektronische Rechtsverkehr durch VO nach Abs. 2 bereits für die entsprechende Behörde bzw. das entsprechende Gericht und das jeweilige Verfahren zugelassen worden ist.

4   Anstelle von Schriftlichkeit oder Unterzeichnung sieht Abs. 1 Satz 1 die Beifügung einer **qualifizierten elektronischen Signatur** als Garantie für Authentizität und Integrität des elektronischen Dokuments vor. In § 2 Nr. 3 des Gesetzes über Rahmenbedingungen für elektronische Signaturen (SigG) vom 16. 5. 2001 (BGBl. I S. 876) wird der Begriff der qualifizierten elektronischen Signatur legaldefiniert. Es handelt sich dabei um eine elektronische Signatur, die ausschließlich dem Signaturschlüssel-Inhaber zugeordnet ist, die eine Identifizierung des Signaturschlüssel-Inhabers ermöglicht, die mit Mitteln erzeugt wird, die der Signaturschlüssel-Inhaber unter seiner alleinigen Kontrolle halten kann, die mit den entsprechenden Bezugsdaten so verknüpft werden kann, dass eine nachträgliche Datenveränderung erkannt werden kann, die auf einem zum Zeitpunkt ihrer Erzeugung gültigen qualifizierten Zertifikat beruht und die mit einer sicheren Signaturerstellungseinheit erzeugt werden kann (§ 2 Nr. 2 und 3 SigG).

5   Unter dem Begriff der **„elektronischen Signatur"** versteht das Gesetz Daten in elektronischer Form, die anderen elektronischen Daten beigefügt oder logisch mit ihnen verknüpft sind und die zur Authentifizierung dienen (§ 2 Nr. 1 SigG). **„Signaturschlüssel-Inhaber"** sind solche natürlichen Personen, die Signaturschlüssel besitzen; bei qualifizierten elektronischen Signaturen müssen ihnen die zugehörigen Signaturprüfschlüssel durch qualifizierte Zertifikate zugeordnet sein (§ 2 Nr. 9 SigG). **„Zertifikate"** in diesem Sinne sind elektronische Bescheinigungen, mit denen Signaturprüfschlüssel einer Person zugeordnet werden und mit denen die Identität dieser Person bestätigt wird (§ 2 Nr. 6 SigG). **„Qualifizierte Zertifikate"** sind Zertifikate für natürliche Personen, die eine Reihe bestimmter Angaben gemäß § 7 SigG enthalten müssen und nur von Zertifizierungsdiensteanbietern ausgestellt werden dürfen, die ihrerseits bestimmte Anforderungen erfüllen (§ 2 Nr. 7 SigG). Bei den **„Zertifizierungsdiensteanbietern"** handelt es sich um natürliche oder juristische Personen, die qualifizierte

Signifikate oder qualifizierte Zeitstempel ausstellen (§ 2 Nr. 8 SigG). **„Sichere Signaturerstellungseinheiten"** sind Software- oder Hardwareeinheiten zur Speicherung und Anwendung des jeweiligen Signaturschlüssels, die bestimmten Mindestanforderungen in Hinblick auf Fälschungssicherheit und Schutz vor unbefugter Nutzung erfüllen und die für qualifizierte elektronische Signaturen bestimmt sind (§ 2 Nr. 10 SigG).

Nach **Abs. 1 Satz 2** können durch eine VO gemäß Abs. 2 auch **andere sichere Verfahren** zur Sicherstellung von Authentizität und Integrität elektronischer Dokumente **zugelassen** werden. Solche sicheren Verfahren müssen gewährleisten, dass das elektronische Dokument dem angegebenen Absender zuzurechnen ist, in seiner Integrität geschützt übermittelt und nach Eingang bei Gericht oder Behörde so gespeichert wird, dass die Überprüfung der Integrität sichergestellt ist (BT-Drucks. 15/4067 S. 37, 46). Nach der Vorstellung des Gesetzgebers ist zur Sicherung der Integrität des Dokuments notwendig, dass die Übermittlung der Dokumente mittels kryptografischer Verfahren erfolgt, die mindestens auf den „Standards und Architekturen für eGoverment-Anwendungen (SAGA)" in der jeweils aktuellen Fassung beruhen, und dass das übermittelte Dokument beim Eingang im Bereich des Empfängers so gespeichert wird, dass seine Integrität für die Zeit der Speicherung überprüfbar ist (BT-Drucks. a. a. O.). 6

Voraussetzung der Einreichung formgebundener elektronischer Dokumente bei Behörden oder Gerichten ist neben der qualifizierten elektronischen Signatur oder eines durch VO zugelassenen anderen sicheren Verfahrens die **Eignung** des übermittelten Dokuments **zur Bearbeitung** durch die Behörde oder das Gericht. Dies entspricht den Regelungen in § 41a Abs. 1 Satz 1 StPO und § 130a Abs. 1 Satz 1 ZPO. Die Anforderungen an die entsprechende Form elektronischer Dokumente können durch eine VO nach Abs. 2 geregelt werden. Beispiele für solche Anforderungen enthält etwa die Anlage zu § 2 ERVVOBGH (vgl. Vorbemerkung Rn. 5), wonach alle derzeit gängigen Textdateiformate zulässig sind. 7

Kann das formgebundene oder formfreie Dokument von Behörden oder Gerichten **nicht bearbeitet** werden, muss der Empfänger nach **Abs. 1 Satz 4** dies dem Absender unter Angabe der geltenden technischen Rahmenbedingungen **unverzüglich mitteilen.** Die Vorschrift konkretisiert wie die entsprechenden Regelungen in § 130a Abs. 1 Satz 3 ZPO, § 55a Abs. 2 Satz 3 VwGO und § 41a Abs. 1 Satz 4 StPO die Fürsorgepflicht 8 beim Auftreten technischer Probleme (vgl. BT-Drucks. 15/4067 S. 43). Auch bei Beachtung der technischen Vorgaben kann es aus verschiedenen Gründen geschehen, dass Behörde oder Gericht ein ihnen übermitteltes Dokument nicht bearbeiten können.

9 **Unverzüglich** im Sinne von Abs. 1 Satz 4 bedeutet nach der auch für andere Rechtsgebiete maßgeblichen Legaldefinition in § 121 Abs. 1 Satz 1 BGB „ohne schuldhaftes Zögern". Soll durch die Einreichung des elektronischen Dokuments eine Frist gewahrt werden und wird die Fristwahrung durch den Mangel verhindert, muss die Mitteilung möglichst so rechtzeitig nach Eingang und Kenntnisnahme durch den Empfänger erfolgen, dass der Mangel noch fristgerecht beseitigt werden kann. Verstöße hiergegen können die Wiedereinsetzung in die deswegen versäumte Frist begründen (vgl. BT-Drucks. 15/4067 S. 37 zu § 55a VwGO).

10 Den **Zeitpunkt des Eingangs** eines formgebundenen oder formfreien elektronischen Dokuments bestimmt **Abs. 1 Satz 3**. Die Regelung entspricht § 41a Abs. 1 Satz 3 StPO. Danach kommt es entscheidend auf die Aufzeichnung des Dokuments durch die für den Empfang bestimmte Einrichtung bei Behörde oder Gericht an, nicht dagegen auf die Kenntnisnahme oder andere Zeitpunkte. Indem der Zeitpunkt des Eingangs auf den Zeitpunkt bezogen wird, zu welchem die übermittelte Datei beim Empfänger auf maschinenenlesbarem Datenträger aufgezeichnet ist, wird dem Absender ermöglicht, Fristen bis kurz vor ihrem Ablauf zu nutzen (vgl. BT-Drucks. 15/4067 S. 43).

11 Fraglich ist, welche Folgen es für die **Bestimmung des Eingangszeitpunkts** hat, wenn ein Dokument in **nicht bearbeitungsfähiger** oder in einer nicht der jeweiligen VO entsprechenden **Form** übermittelt wird. § 55a Abs. 2 Satz 1 VwGO sieht in solchen Fällen vor, dass ein elektronisches Dokument dem Gericht nur dann zugegangen ist, wenn es nicht nur dort aufgezeichnet, sondern auch in der von der entsprechenden VO vorgesehenen Form übermittelt wurde (vgl. auch § 52a Abs. 2 Satz 1 FGO). Das – wenig verständliche – Fehlen eines entsprechenden Zusatzes in Abs. 1 Satz 3 könnte im Umkehrschluss bedeuten, dass es im OWiG im Gegensatz zur VwGO und zur FGO nicht auf die Verwendung der vorgeschriebenen Form, sondern allein auf die Aufzeichnung der in irgendeiner Form übermittelten Datei ankommt. Für diese Auslegung sprechen neben den genannten systematischen Gründen wohl auch die Gesetzesmateria-

lien. Danach soll von der Frage, ob ein Dokument formgerecht nach Abs. 1 Satz 1 eingereicht wurde, die Frage des Eingangs zu unterscheiden sein. Zudem heißt es dort ohne weitere Einschränkung: „Ein elektronisches Dokument ist bereits dann eingegangen, wenn es aufgezeichnet ist" (BT-Drucks. 15/4067 S. 46).

In **Abs. 1 Satz 5** wird der **Umgang mit eingehenden elektronischen Dokumenten** geregelt. Werden die Akten nicht elektronisch, sondern in Papierform geführt, ist unverzüglich (also im Regelfall sofort, vgl. auch oben Rn. 9) ein Aktenausdruck zu fertigen, um das elektronische Dokument in Papierform zu den Akten zu nehmen. Die Erstellung des Aktenausdrucks richtet sich nach § 110d Abs. 1 (BT-Drucks. 15/4067 S. 46). Die vom Rechtsausschuss des Bundestags in diesem Satz vorgeschlagene Ersetzung des Worts „jedem" durch das Wort „dem" soll verdeutlichen, dass sich die Verpflichtung, Ausdrucke zu fertigen, nur auf solche Dokumente bezieht, denen überhaupt ein inhaltlicher Sinn beigemessen werden kann, nicht dagegen etwa auf eine Anhäufung von Steuerzeichen (BT-Drucks. 15/4952 S. 74 f.). **12**

Für die **weitere Speicherung des elektronischen Dokuments** gilt im Falle einer papiergebundenen Aktenführung nach Auffassung des Gesetzgebers Folgendes: Den Regelungen in § 110d Abs. 3 Satz 2 i.V. m. § 110b Abs. 2 Satz 3 und Abs. 3 kann der allgemeine Rechtsgedanke entnommen werden, dass ein zusätzlich zum Ausdruck vorhandenes Dokument bis zum Abschluss des Verfahrens so zu speichern ist, dass es erforderlichenfalls innerhalb einer Frist von einer Woche in elektronischer Form zur Verfügung gestellt werden kann, und dass der weiteren Bearbeitung des Verfahrens der gefertigte Ausdruck zugrunde zu legen ist, soweit kein Anlass besteht, an seiner Übereinstimmung mit dem elektronischen Dokument zu zweifeln. Dieser allgemeine Rechtsgedanke findet auch in den Fällen des Abs. 1 Satz 5 Anwendung (BT-Drucks. 15/4067 S. 46). **13**

Eine **Rechtsverordnungsermächtigung** enthält **Abs. 2 Satz 1**. Diese gilt für alle an Behörden und Gerichte übermittelten elektronischen Dokumente unabhängig davon, ob diese dem gesetzlichen Formerfordernis nach Abs. 1 unterliegen oder nicht. Zuständig für den Erlass der Rechtsverordnung sind die Bundesregierung bzw. die Landesregierungen für die jeweils ihrem Zuständigkeitsbereich unterfallenden Behörden und Gerichte. In der Rechtsverordnung ist neben der für die Bearbeitung der **14** elektronischen Dokumente geeigneten Form auch der Anfangszeitpunkt zu bestimmen, ab dem elektronische Dokumente eingereicht werden können. Abweichend von § 100b Abs. 1, der es gestattet, die nähere Bestimmung des Beginns der elektronischen Aktenführung der einzelnen Behörde zu überlassen, ist der in der Rechtsverordnung nach Abs. 2 bestimmte Anfangszeitpunkt im Interesse einer für den Bürger klaren und verlässlichen Regelung für alle von der Verordnung erfassten Behörden und Gerichte verbindlich (BT-Drucks. 15/4067 S. 46).

15 **Abs. 2 Satz 2** gestattet die **Übertragung der Zuständigkeit** für den Erlass der Rechtsverordnung auf die jeweiligen Fachministerien. Wird von dieser Möglichkeit Gebrauch gemacht, muss allerdings auf eine hinreichende Abstimmung zwischen den Rechtsverordnungen der einzelnen Ressorts geachtet werden. Abweichungen z. B. zwischen den Vorgaben für die Verwaltungsbehörden einerseits und denen für die Justiz andererseits müssen vermieden werden, soweit sie die Bearbeitung der Verfahren erschweren könnten. Die Zulassung der Übermittlung elektronischer Dokumente kann nach **Satz 3** auf bestimmte Behörden, Gerichte oder Verfahren **beschränkt** werden (BT-Drucks. 15/4067 S. 46).

16 Ebenso wie in den anderen Verfahrensordnungen bedarf die Rechtsverordnung der Bundesregierung nach den Sätzen 1 und 2 nach Art. 80 Abs. 2 GG **nicht der Zustimmung des Bundesrates.** Auf einen entsprechenden, rein deklaratorischen Hinweis im Gesetz selbst wurde – ebenso wie in § 130a ZPO und § 41a StPO – verzichtet (BT-Drucks. 15/4067 S. 46).

17 **Vor dem Erlass von Rechtsverordnungen** nach Abs. 2 werden Behörden und Gerichte eingehende elektronische Dokumente nur im Rahmen des **Amtsermittlungsgrundsatzes** zu berücksichtigen haben, während z. B. die strikte Vorgabe in Abs. 1 Satz 3 zum Eingangszeitpunkt für diese Fälle nicht unmittelbar greift. Zur zusätzlichen Frage der wirksamen Übermittlung von formgebundenen elektronischen Dokumenten bis zu diesem Zeitpunkt gilt Folgendes: Die Klärung der Frage, ob für die Übergangszeit bis zum Erlass der Rechtsverordnungen die Erklärung per E-Mail als wirksam anerkannt wird, obwohl bei der Übersendung einer E-Mail kein automatischer Ausdruck erfolgt, hat der Gesetzgeber ausdrücklich der Rechtsprechung überlassen (BT-Drucks. 15/4067 S. 46). Grundsätzlich kann dabei auf die Entscheidung des Gemeinsamen Senats der Obersten Gerichtshöfe des Bundes vom 5. 4. 2000 zum sog. Computerfax (NJW

2000, 2340) verwiesen werden, in der allerdings maßgeblich auf die Erstellung einer körperlichen Urkunde nebst Wiedergabe der eingescannten Unterschrift am Empfangsort auf Veranlassung des Absenders abgestellt wird. Dies und die zahlreichen Möglichkeiten einer Manipulation sprechen dagegen, eingehende E-Mails ohne qualifizierte elektronische Signatur den Computer-Faxen insoweit gleichzustellen. Auch die Anforderungen von Abs. 1 Satz 1, die der Sicherstellung von Authentizität und Integrität formgebundener elektronischer Dokumente dienen, zeigen den Willen des Gesetzgebers, im elektronischen Rechtsverkehr höhere Anforderungen an die Identifikation des Absenders zu stellen, als dies bei der Übermittlung von Computer-Faxen der Fall ist.

Der **Abs. 3** enthält eine **Legaldefinition** des im zwölften Abschnitt verwendeten **Behördenbegriffs**. Die Regelungen zur Übermittlung elektronischer Dokumente und zur elektronischen Aktenführung richten sich in erster Linie an die Verwaltungsbehörde, die StA und das Gericht. Sie kommen aber auch für die Polizei in Betracht, soweit diese etwa nach § 158 Abs. 1 Satz 1 StPO i.V.m. § 46 Abs. 1 eine Anzeige wegen einer OWi entgegennimmt oder ihre als Ermittlungsorgan gefertigten Akten nach § 53 Abs. 1 Satz 3 an die Verwaltungsbehörde oder die StA übermittelt. Die ausdrückliche Nennung der Vollstreckungsbehörde ist insb. in Hinblick auf § 66 Abs. 2 Nr. 2 erfolgt (BT-Drucks. 15/4067 S. 47). Der Kreis der konkret von den Regelungen betroffenen Behörden kann durch eine VO nach Abs. 2 Satz 3 bzw. § 100b Abs. 1 Satz 3 näher bestimmt werden.

§ 110b   Elektronische Aktenführung

(1) Die Verfahrensakten können elektronisch geführt werden. Die Bundesregierung und die Landesregierungen bestimmen für ihren Bereich durch Rechtsverordnung den Zeitpunkt, von dem an die Akten elektronisch geführt werden oder im behördlichen Verfahren geführt werden können sowie die hierfür geltenden organisatorisch-technischen Rahmenbedingungen für die Bildung, Führung und Aufbewahrung der elektronisch geführten Akten. Die Bundesregierung und die Landesregierungen können die Ermächtigung durch Rechtsverordnung auf die zuständigen Bundes- oder Landesministerien übertragen. Die Zulassung der elektronischen Aktenführung kann auf einzelne Behörden, Gerichte oder Verfahren beschränkt werden.

§ 110b

(2) Zu den elektronisch geführten Akten eingereichte und für eine Übertragung geeignete Schriftstücke und Gegenstände des Augenscheins (Urschriften) sind zur Ersetzung der Urschrift in ein elektronisches Dokument zu übertragen, soweit die Rechtsverordnung nach Abs. 1 nichts anderes bestimmt. Das elektronische Dokument muss den Vermerk enthalten, wann und durch wen die Urschrift übertragen worden ist. Die Urschriften sind bis zum Abschluss des Verfahrens so aufzubewahren, dass sie auf Anforderung innerhalb von einer Woche vorgelegt werden können.

(3) Elektronische Dokumente, die nach Abs. 2 hergestellt wurden, sind für das Verfahren zugrunde zu legen, soweit kein Anlass besteht, an der Übereinstimmung mit der Urschrift zu zweifeln.

(4) Enthält das nach Abs. 2 hergestellte elektronische Dokument zusätzlich zu dem Vermerk nach Abs. 2 Satz 2 einen mit einer qualifizierten elektronischen Signatur nach dem Signaturgesetz versehenen Vermerk darüber,

1. dass die Wiedergabe auf dem Bildschirm mit der Urschrift inhaltlich und bildlich übereinstimmt sowie
2. ob die Urschrift bei der Übertragung als Original oder in Abschrift vorgelegen hat,

kann die Urschrift bereits vor Abschluss des Verfahrens vernichtet werden. Dies gilt nicht für in Verwahrung zu nehmende oder in anderer Weise sicherzustellende Urschriften, die als Beweismittel von Bedeutung sind oder der Einziehung oder dem Verfall unterliegen (§§ 22 bis 29a, 46 dieses Gesetzes in Verbindung mit §§ 94, 111b bis 111n der Strafprozessordnung). Verfahrensinterne Erklärungen des Betroffenen und Dritter sowie ihnen beigefügte einfache Abschriften können unter den Voraussetzungen von Satz 1 vernichtet werden. In der Rechtsverordnung nach Abs. 1 kann abweichend von den Sätzen 1 und 3 bestimmt werden, dass die Urschriften aufzubewahren sind.

1 Die **Sätze 1 und 2 von Abs. 1** ermöglichen die **Zulassung einer elektronischen Führung der Verfahrensakten** im Bußgeldverfahren durch Rechtsverordnung. Für Gerichte kann die Zulassung nur in der Weise erfolgen, dass der Verordnungsgeber den Anfangszeitpunkt der elektronischen Aktenführung für die jeweiligen Stellen verbindlich festlegt. Für

Behörden kann der Verordnungsgeber hingegen entscheiden, ob er die elektronische Führung der Akten ab einem bestimmten Zeitpunkt zwingend vorschreibt oder sich darauf beschränkt, den Behörden ab diesem Zeitpunkt die Möglichkeit der elektronischen Aktenführung zu öffnen. Mit diesen zusätzlichen Gestaltungsmöglichkeiten wird dem Umstand Rechnung getragen, dass es angesichts der Vielzahl der für eine elektronische Aktenführung im Bußgeldverfahren in Betracht kommenden Behörden unter Umständen nicht möglich ist, bereits zum Zeitpunkt des Erlasses der Rechtsordnung vorher zu sagen, ab wann die jeweiligen Stellen über die erforderlichen technischen Voraussetzungen für eine elektronische Aktenführung verfügen werden (BT-Drucks. 15/4067 S. 47).

In der **Rechtsverordnung** sind die **organisatorisch-technischen Rahmenbedingungen** für die Bildung, Führung und Aufbewahrung der elektronisch geführten Akten zu regeln. Diese werden somit einheitlich bestimmt, wodurch gerade im Hinblick auf den potentiell sehr weiten Kreis der Verwaltungsbehörden partikulare Lösungen vermieden werden können, die ansonsten zu einer Beeinträchtigung der Rechtssicherheit führen könnten. Auch hier bedürfen die Rechtsverordnungen der Bundesregierung nicht der Zustimmung des Bundesrates (BT-Drucks. 15/4067 S. 47). 2

Nach **Abs. 1 Satz 3 und 4** kann die **Verordnungsermächtigung** auf die Ministerien **delegiert** und die Zulassung der elektronischen Aktenführung auf einzelne Behörden, Gerichte und Verfahren beschränkt werden. So kann der Verordnungsgeber etwa entscheiden, ob die Zulassung der elektronischen Aktenführung nur für bestimmte Arten von Verfahren (etwa Verfahren wegen Verkehrs-OWi nach § 24 StVG) erfolgen soll sowie ob und ggf. bei welchen Stellen zunächst Pilotversuche durchgeführt werden sollen (BT-Drucks. 15/4067 S. 47). 3

Die **Abs. 2 bis 4** regeln den **Medientransfer von der Papierform in ein elektronisches Dokument** sowie die damit in Zusammenhang stehende Frage der weiteren Behandlung der Papierdokumente nach dem Transfer. Diese Regelung ist notwendig, weil auch bei elektronischer Aktenführung Dokumente weiterhin in Papierform eingereicht werden. Der Rechtsanwender hat dabei zwei unterschiedliche Übertragungsverfahren: Wie in den übrigen Verfahrensordnungen gibt es ein geringeren Anforderungen unterliegendes Verfahren, bei dem die übertragenen Papierdokumente nach ihrer Übertragung bis zum Abschluss des Verfahrens aufbewahrt 4 werden müssen (Abs. 2). Daneben sieht Abs. 4 ein höheren Anforderungen unterliegendes Übertragungsverfahren vor, das es gestattet, nach der Übertragung weitgehend auf die Aufbewahrung der Urschriften zu verzichten. Die Wahl zwischen beiden Verfahren kann und wird auch unter Berücksichtigung wirtschaftlicher Gesichtspunkte erfolgen (BT-Drucks. 15/4067 S. 47).

5 **Abs. 2 Satz 1** enthält zunächst eine **Legaldefinition des Begriffs der Urschrift**, die der Verwendung dieses Worts in § 49d entspricht. Urschriften sind demnach die zu den elektronisch geführten Akten eingereichten und für eine Übertragung geeigneten Schriftstücke und Gegenstände des Augenscheins. Zu solchen Gegenständen des Augenscheins, die sich für eine Übertragung eignen, zählen nach der Vorstellung des Gesetzgebers etwa Unfallskizzen (BT-Drucks. 15/4067 S. 48). Urschriften in diesem Sinne sind grundsätzlich in ein elektronisches Dokument zu übertragen. Sie werden durch dieses elektronische Dokument ersetzt.

6 Durch die nach Abs. 1 ergangene **Rechtsverordnung** kann **vom Grundsatz der Übertragung aller hierzu geeigneter Urschriften abgewichen** werden. So kann der Verordnungsgeber beispielsweise bestimmen, dass eine zu einer elektronisch geführten Akte beigezogene, in Papierform geführte Akte auch dann nicht in elektronische Dokumente überführt werden muss, wenn sich die Papierdokumente bei technischer Betrachtung grundsätzlich für eine Übertragung eignen würden. Bei der Entscheidung, für welche Dokumente er Ausnahmen vom Grundsatz der Übertragung vorsieht, kann der Verordnungsgeber insbesondere auch wirtschaftlichen Gesichtspunkten Rechnung tragen. Er kann hierzu in der Rechtsverordnung auch Generalklauseln verwenden und die Entscheidung im Einzelnen in das Ermessen der jeweiligen Behörde oder des jeweiligen Gerichts stellen (BT-Drucks. 15/4067 S. 48).

7 Der **Dokumentation des Übertragungsaktes** dient die Regelung in **Abs. 2 Satz 2**, die § 298a Abs. 3 ZPO und § 55b Abs. 4 Satz 2 VwGO entspricht. Die Dokumentation erfolgt auf dem elektronischen Dokument in Form eines Vermerks. Dieser Vermerk muss mindestens die Information beinhalten, wann und durch wen die Urschrift übertragen worden ist. Beide Umstände können daher bei Bedarf im Nachhinein anhand des elektronischen Dokuments festgestellt werden. Eine Signierung dieses Vermerks

ist – wie bei den entsprechenden Regelungen in ZPO und VwGO – nicht erforderlich (vgl. aber auch Abs. 4).

Nach **Abs. 2 Satz 3** sind die **Urschriften bis zum Abschluss des Verfahrens aufzubewahren.** Damit soll sichergestellt werden, dass eine Überprüfung der Übereinstimmung von Urschrift und elektronischem Dokument jederzeit möglich bleibt, sofern keine qualifizierte Form des Vermerks nach Abs. 4 gewählt worden ist. Die Art der Aufbewahrung ist vom Gesetz nicht geregelt. Der Gesetzgeber wollte die Wahl eines den Aufgaben und Voraussetzungen der jeweiligen Stelle angemessenen und kostengünstigen Verfahrens nicht unnötig beschränken. Satz 3 bestimmt lediglich, dass bei jeder Form der Aufbewahrung gewährleistet sein muss, dass das Schriftstück oder Augenscheinsobjekt auf Anforderung spätestens binnen einer Woche vorgelegt werden kann. Die Bestimmung dieser Frist orientiert sich an der Ladungsfrist (§ 71 Abs. 1, § 217 StPO). Durch diese Regelung soll sichergestellt werden, dass die Dokumente vom Gericht im Bedarfsfalle ohne Zeitverlust im Rahmen der Vorbereitung der Hauptverhandlung angefordert werden können. Wurde die Urschrift vom Gericht übertragen, dürfte diese in der Praxis sogar wesentlich schneller und – je nach Art und Ort der Verwahrung – u. U. sogar in einer laufenden Hauptverhandlung angefordert und eingesehen werden können (BT-Drucks. 15/4067 S. 48). 8

Die **Bestimmung der Wochenfrist** erfolgt in erster Linie im Hinblick auf diejenigen Fälle, in denen die Urschrift bereits im behördlichen Bußgeldverfahren übertragen wurde und nicht bei Gericht aufbewahrt wird. In diesen Fällen könnte eine Beiziehung der Urschrift in einer laufenden Hauptverhandlung nur dann gewährleistet werden, wenn man die Verwaltungsbehörde verpflichten würde, bei Übersendung der Akten (§ 69 Abs. 3, § 110d Abs. 3) zugleich auch alle Urschriften zu übersenden. Von einer derartigen Verpflichtung sieht das Gesetz jedoch bewusst ab, weil durch sie mittelbar auch über die Art und Weise der Aufbewahrung der Urschriften entschieden würde, zumal mit einer solchen Verpflichtung nach Auffassung des Gesetzgebers ein erheblicher Verwaltungsaufwand verbunden sein soll. Müssten die Urschriften von der Verwaltungsbehörde stets mit übersandt werden, dürfte nämlich in der Praxis nur eine verfahrensbezogene Ablage der Urschriften in Betracht kommen, weil diese ansonsten statt in Einzelfällen in allen Fällen der Übersendung vergleichsweise auf- 9 wändig herausgesucht werden müssten. Solche Vorgaben zur Art der Aufbewahrung will der Gesetzgeber jedoch gerade vermeiden (BT-Drucks. 15/4067 S. 48). Ob mit dieser Regelung die erstrebte Vermeidung eines Mehraufwandes erreicht wird, erscheint zweifelhaft. Durch die gleichzeitige Übermittlung der Urschriften bei Aktenübersendung würde sich nicht nur eine weitere Verwaltung der Urschriften und eine dadurch bedingte Form „doppelter Aktenführung" bis zum Verfahrensende erübrigen, sondern auch dem Missstand begegnet, dass sich Zweifel an der Übereinstimmung von Urschrift zu elektronischem Dokument (etwa: Lichtbild bei Geschwindigkeitsüberschreitungen) in gerichtlichen Verfahren häufig erst durch neue Erkenntnisse in der Hauptverhandlung ergeben und die Anforderung der Urschrift in diesem Fall zu einer vermeidbaren Verfahrensverzögerung führen kann. Die Einzelheiten des Übertragungsverfahrens und der Behandlung der übertragenen Gegenstände können gegebenenfalls in einer Rechtsverordnung nach Abs. 1 oder durch innerdienstliche Weisung festgelegt werden (BT-Drucks. 15/4067 S. 48).

10 Hinsichtlich der **Aufbewahrungsdauer der elektronischen Akte** gelten die allgemeinen Vorschriften. Nach Abschluss des Verfahrens können die Urschriften vernichtet werden, soweit sich nicht aus anderen Vorschriften etwas Gegenteiliges ergibt. Dies steht nicht im Widerspruch zu § 49d, der von der Annahme ausgeht, dass nach Abschluss des Verfahrens Papierdokumente auf einen Bild- oder anderen Datenträger übertragen wurden und eine etwaige Vernichtung der Papierdokumente erst nach Feststellung der Übereinstimmung der Wiedergabe mit dem Papierdokument erfolgt. § 49d regelt Mitteilungen bei bestimmten Formen der Archivierung von in Papierform geführten Akten. Im Falle des § 110b wird die Akte hingegen selbst in elektronischer Form geführt und in dieser Form archiviert. Die von § 49d inzident angesprochene Frage des Medientransfers zu Zwecken der Archivierung stellt sich daher bei § 110b von vornherein nicht (BT-Drucks. 15/4067 S. 48).

11 In Anlehnung an § 55b Abs. 5 VwGO bestimmt **Abs. 3**, dass das im Wege des Medientransfers nach Abs. 1 hergestellte **elektronische Dokument** für das weitere Verfahren **der Bearbeitung regelmäßig zu Grunde gelegt werden** kann. Eine Ausnahme besteht lediglich in dem Falle, dass die Übereinstimmung von Urschrift und elektronischem Dokument infrage steht. Mit dieser Regelung kommt zum Ausdruck, dass auch in denjenigen

Fällen, in denen die Urschriften bis zum Abschluss des Verfahrens aufzubewahren sind (Abs. 2 Satz 3), die maßgebliche Verfahrensakte in elektronischer Form geführt und durch die elektronischen Dokumente gebildet wird. Die Urschriften werden lediglich für Ausnahmefälle vorgehalten, in denen sich im Verfahren ein Anlass ergibt, der den Rückgriff auf sie zur Aufklärung des Sachverhalts erforderlich erscheinen lässt. In der Regel wird daher ausschließlich an Hand der elektronisch geführten Akte gearbeitet. Dem Gericht bleibt es aber unbenommen, die Vorlage von Urschriften dann zu verfügen, wenn es dies als erforderlich ansieht (BT-Drucks. 15/4067 S. 48).

Die Regelung in **Abs. 4** ermöglicht eine **Vernichtung der Urschriften** 12
bereits **vor Abschluss des Verfahrens.** Diese Möglichkeit verlangt die besondere Zuverlässigkeit des durchgeführten Medientransfers. Nach Satz 1 soll dies durch einen qualifizierten Vermerk garantiert werden. Dieser Vermerk muss folgende Angaben kumulativ enthalten: die Angabe, wann und durch wen die Urschrift übertragen worden ist (Abs. 2 Satz 2), die Angabe, dass die Wiedergabe auf dem Bildschirm mit der Urschrift inhaltlich und bildlich übereinstimmt, sowie die Angabe darüber, ob die Urschrift bei der Übertragung als Original oder in Abschrift vorgelegen hat (Abs. 4 Satz 1 Nr. 2). Zudem ist dieser Vermerk mit einer qualifizierten elektronischen Signatur nach dem Signaturgesetz zu versehen (§ 2 Nr. 3 SigG; dazu näher oben § 110a Rn. 4 f.) und auf diese Weise gegen unbefugte Veränderungen zu sichern.

Die **Feststellung einer Übereinstimmung** von elektronischem Doku- 13
ment und Urschrift gemäß **Abs. 4 Satz 1 Nr. 1** geschieht durch Vergleich der Urschrift mit der Wiedergabe des elektronischen Dokuments auf einem Bildschirm. Im Rahmen dieser Prüfung ist insbesondere auch die Vollständigkeit der Wiedergabe aller beschriebenen Seiten der Urschrift festzustellen (BT-Drucks. 15/4067 S. 49).

Die **Feststellung**, ob die **Urschrift** bei der Übertragung **als Original oder** 14
als Kopie vorgelegen hat **(Abs. 4 Satz 1 Nr. 2)**, ist notwendig, weil dieser Umstand nach dem Medientransfer, der in der Praxis regelmäßig durch farbgetreues Scannen erfolgen wird, allein an Hand des elektronischen Dokuments kaum beurteilt werden kann. Diese Frage ist aber im Bußgeldverfahren für den **Beweiswert des elektronischen Dokuments** von Bedeutung. Elektronische Dokumente sind in der Beweisaufnahme wie

§ 110b

Zweiter Teil. Bußgeldverfahren

Schriftstücke zu verwenden (vgl. § 110e Abs. 1), werden also nach § 249 StPO i.V.m. § 71 Abs. 1 OWiG regelmäßig verlesen. Zwar ist auch die Verlesung von Abschriften, Kopien oder sonstigen Ablichtungen an Stelle des Originals möglich. Einen Ersatz für das Original bilden sie aber nur, wenn ihre Übereinstimmung mit dem Original feststeht. Dies muss ggf. im Strengbeweisverfahren unter Beachtung des Grundsatzes der freien Beweiswürdigung festgestellt werden (vgl. *BGH*, NStZ 1994, 227). Die Erweiterung der Verlesungsmöglichkeiten durch das 1. JuMoG (vgl. insb. § 251 Abs. 1 StPO) macht den Vermerk zur Frage, ob ein Original oder eine Kopie dem elektronischen Dokument zu Grunde lag, besonders wichtig. In den Gesetzesmaterialien wird als Beispiel die Verlesung eines in Papierform errichteten und später in ein elektronisches Dokument umgewandelten polizeilichen Vernehmungsprotokolls angeführt: Dabei müsse dem Gericht die Feststellung möglich sein, ob das elektronische Dokument das papierene Originaldokument des Protokolls oder nur eine Abschrift wiedergebe, ob also die übertragene Urschrift ein Original oder eine Abschrift war. Hierzu könne der Übertragungsvermerk nach § 110e Abs. 1 durch Verlesung in die Hauptverhandlung eingeführt und sein Inhalt unter besonderer Berücksichtigung der Vorkehrungen gewürdigt werden, die zur Gewährleistung der Zuverlässigkeit entsprechender Feststellungen getroffen wurden (BT-Drucks. 15/4067 S. 49).

15 Erst die Anbringung eines entsprechenden **Vermerks über den Charakter der Urschrift** rechtfertigt also die Möglichkeit, die Urschrift vor Abschluss des Verfahrens zu vernichten. Mit der Anbringung eines entsprechenden Vermerks dürfte nach Ansicht des Gesetzgebers regelmäßig **kein besonderer Prüfaufwand** verbunden sein. Da sich allerdings besonders hochwertige Kopien teilweise nur schwer vom Original unterscheiden lassen, kann die Zahl denkbarer Zweifelsfälle in der Praxis dadurch reduziert werden, dass die Verfahrensbeteiligten durch geeignete Hinweise (etwa in Rechtsbehelfsbelehrungen) gebeten werden, eingereichte Kopien durch entsprechende Vermerke auf dem Dokument als solche leicht erkennbar zu kennzeichnen (BT-Drucks. 15/4067 S. 49).

16 **Ausgenommen von der Vernichtungsmöglichkeit** sind die **in Abs. 4 Satz 2 bezeichneten Urschriften.** Dabei handelt es sich um Schriftstücke oder Augenscheinsobjekte, die als Beweismittel von Bedeutung sind und aus diesem Grund in Verwahrung genommen wurden, oder um solche, die der Einziehung bzw. dem Verfall unterliegen und für diesen Zweck sichergestellt wurden. Diese Ausnahme für sog. „Überführungsstücke" entspricht den Sonderregelungen für die Asservierung entsprechender Gegenstände in den Aktenordnungen und findet ihren Grund in der Tatsache, dass solche Urschriften in aller Regel zu anderen Zwecken als denen des Bußgeldverfahrens errichtet wurden und sie nach Abschluss des Verfahrens vielfach an den Berechtigten herauszugeben sind. Anstelle des in den Aktenordnungen verwendeten Begriffs „Gegenstände" verwendet der Gesetzgeber in Abs. 4 den Begriff „Urschriften", weil sich die Frage der Vernichtung nur hinsichtlich derjenigen Gegenstände stellt, die sich für eine Übertragung eignen und tatsächlich übertragen wurden (BT-Drucks. 15/4067 S. 50).

Nennenswerte **Mehrkosten** erwartet der Gesetzgeber durch diese Regelung nicht. Ein Mehraufwand werde am ehesten in den Fällen entstehen, in denen die Aufbewahrung solcher Überführungsstücke bisher durch schlichtes Einlegen in einen mit der Papierakte verbundenen Umschlag erfolgte (BT-Drucks. 15/4067 S. 49 f.). Soweit Urschriften aufbewahrt werden, sind sie in die Liste der Überführungsstücke aufzunehmen, die ihrerseits zu der elektronisch geführten Akte zu nehmen ist. 17

Die mit einer **vorzeitigen Vernichtung der Urschriften** verbundenen **Risiken** können nach Einschätzung des Gesetzgebers hingenommen werden. Das Risiko eines vollständigen Verlustes einzelner Beweismittel soll nach dem Schlussbericht des Arbeitskreises bei der elektronisch geführten Akte nicht größer sein als bei der Akte in Papierform, wenn die entsprechenden Datenbestände ordnungsgemäß gegen Verlust gesichert werden. Ein teilweiser Beweisverlust kann bei der Übertragung in ein elektronisches Dokument dadurch entstehen, dass die Urschrift nach ihrer Übertragung physisch nicht mehr vorhanden und die Beschaffenheit des Papiers der Urschrift und der Schrift nicht mehr rekonstruierbar ist. Im Bußgeldverfahren wird sich ein verbleibendes systemimmanentes Risiko daher auf die Fälle beschränken, in denen behauptet wird, eine übertragene und anschließend vernichtete Originalurkunde sei gefälscht gewesen. Aufgrund des differenzierten Regelungskonzepts der Sätze 2 und 3 wird sich dieses Risiko jedoch nur in den seltensten Fällen tatsächlich verwirklichen, da selbst dann, wenn eine solche Behauptung überhaupt in Betracht kommen kann, vielfach die Möglichkeit einer ergänzenden Beweis- 18 aufnahme besteht, durch die der Sachverhalt auch ohne Urschrift aufgeklärt werden kann. Sollte dies ausnahmsweise nicht möglich sein, wird – wie auch bei anderen unaufklärbaren Sachverhalten – nach dem Grundsatz „in dubio pro reo" zu verfahren sein (BT-Drucks. 15/4067 S. 49).

19 Eine **Ausnahme vom Grundsatz der Aufbewahrungspflicht** für alle beweisrelevanten Urschriften gemäß Abs. 4 Satz 2 findet sich in **Abs. 4 Satz 3**. Die Regelung in Satz 3 stellt klar, dass nicht alle potentiell beweisrelevanten Urschriften im Original aufbewahrt werden müssen. Ausgehend von dem Regelungsvorschlag des Arbeitskreises lässt der Gesetzgeber die Vernichtung von im Verfahren abgegebenen Erklärungen des Betroffenen wie etwa des Einspruchsschreibens und von Erklärungen Dritter sowie von ihnen beigefügten einfachen Abschriften ausdrücklich zu. Bezüglich der Abschriften ergibt sich dies wohl bereits aus Satz 2, weil einfache Abschriften kaum als Beweismittel von Bedeutung sein können. Relevante Beweisverluste durch diese Regelung befürchtet der Gesetzgeber nicht (BT-Drucks. 15/4067 S. 50; vgl. auch Rn. 18).

20 Die Regelung in **Abs. 4 Satz 4** ermöglicht es dem Verordnungsgeber anzuordnen, dass Papierdokumente, die nach den Sätzen 1 bis 3 unmittelbar nach der Übertragung vernichtet werden könnten, gleichwohl **für einen bestimmten Zeitraum weiter aufzubewahren** sind. Der Verordnungsgeber kann insbesondere anordnen, dass bestimmte Arten von Dokumenten wie etwa Zustellungsurkunden generell bis zu einem bestimmten Zeitpunkt (bspw. bis zum Abschluss des Verfahrens) aufzubewahren sind. Durch die Möglichkeit, den Aufbewahrungszeitraum zu bestimmen, will der Gesetzgeber dem Verordnungsgeber auch Gestaltungsspielraum bei der Frage einräumen, wer die Entscheidung über die Vernichtung trifft. In der Praxis soll nach dem Konzept der Sätze 1 bis 3 diese Entscheidung regelmäßig an Hand äußerer Merkmale auch von der die Urschrift übertragenden Person eigenständig getroffen werden. Hier sind Regelungen denkbar, wonach die Entscheidung über die Vernichtung regelmäßig dieser Person und nur in Zweifelsfällen einer übergeordneten Person übertragen werden. Eine solche Regelung kann etwa auch mit einer Bestimmung verbunden werden, wonach die Vernichtung der übertragenen Urschrift erst nach einer „Liegefrist" vorzunehmen ist. Die Dauer dieser Frist kann sich an der Zeitspanne orientieren, die regelmäßig vergeht, bis das elektronische Dokument erstmals in der elektronischen Akte bearbeitet wird.

Demjenigen, der das Verfahren bearbeitet, wäre es so im Regelfall möglich, anlässlich der Aktenbearbeitung einer von der übertragenden Person vorgesehenen Vernichtung zu widersprechen, falls diese im Einzelfall nicht sachgerecht sein sollte (BT-Drucks. 15/4067 S. 50).

§ 110c Erstellung und Zustellung elektronischer Dokumente durch Behörden und Gerichte

(1) Behördliche oder gerichtliche Dokumente, die nach diesem Gesetz handschriftlich zu unterzeichnen sind, können als elektronisches Dokument erstellt werden, wenn die verantwortenden Personen am Ende des Dokuments ihren Namen hinzufügen und das Dokument mit einer qualifizierten elektronischen Signatur nach dem Signaturgesetz versehen. Satz 1 gilt auch für Bußgeldbescheide, sonstige Bescheide sowie Beschlüsse, die außerhalb einer Verhandlung ergehen. Wird ein zu signierendes elektronisches Dokument automatisiert hergestellt, ist statt seiner die begleitende Verfügung zu signieren. Ein Urteil ist zu den Akten gebracht, wenn es auf dem dazu bestimmten Datenträger gespeichert ist.

(2) Die Zustellung von Anordnungen, Verfügungen und sonstigen Maßnahmen der Verwaltungsbehörde kann abweichend von § 51 Abs. 1 Satz 1 auch als elektronisches Dokument entsprechend § 174 Abs. 1, 3 und 4 der Zivilprozessordnung erfolgen; die übrigen Bestimmungen des § 51 bleiben unberührt. Die Zustellung an die Staatsanwaltschaft entsprechend § 41 der Strafprozessordnung kann auch durch Übermittlung der elektronisch geführten Akte erfolgen.

Die Vorschrift regelt die Möglichkeiten für Behörden und Gerichte, elektronische Dokumente zu erstellen und zuzustellen. **Abs. 1** betrifft die Erstellung formgebundener elektronischer Dokumente, **Abs. 2** die Voraussetzungen für die Zustellung elektronischer Dokumente in ihrer elektronischen Form. Mit Wirkung zum 1. 8. 2006 tritt Abs. 2 Satz 1 außer Kraft; Abs. 2 regelt dann nur noch Zustellungen an die StA, was auch in einer geänderten Überschrift deutlich werden wird (Art. 2 Abs. 8 Nr. 4, Art. 4 Abs. 2 des Gesetzes zur Novellierung des Verwaltungszustellungsrechts v. 12. 8. 2005, BGBl. I S. 2354). Die Zustellung elektronischer Dokumente

§ 110c Zweiter Teil. Bußgeldverfahren

wird dann für den Bereich des Bundesrechts durch § 5 Abs. 4 und 5 VwZG geregelt, der nach § 51 Abs. 1 Satz 1 für das Verfahren der Zustellung der Verwaltungsbehörde anwendbar sein wird (vgl. BT-Drucks. 15/5474 S. 6).

2 Die Vorschriften für die Errichtung elektronischer Dokumente nach **Abs. 1** richten sich an die **das Bußgeldverfahren führende Behörde oder Gericht**. Zum Bußgeldverfahren gehört etwa auch das Verfahren über den Antrag auf gerichtliche Entscheidung nach § 62. Die Errichtung und Übermittlung elektronischer Dokumente durch Behörden oder Gerichte, die das Verfahren nicht selbst führen oder für die führende Stelle bearbeiten, sondern nur bestimmte Aufgaben und Rechte im behördlichen oder gerichtlichen Verfahren wahrnehmen, richtet sich hingegen nach § 110a (BT-Drucks. 15/4067 S. 50).

3 Abs. 1 Satz 1 betrifft die Anforderungen an die Erstellung formgebundener elektronischer Dokumente. Die Erstellung formfreier elektronischer Dokumente ist hingegen, wie bei § 110a Abs. 1, nicht geregelt. **Formgebundene Dokumente** in diesem Sinne sind alle behördlichen oder gerichtlichen Dokumente, die nach dem OWiG handschriftlich zu unterzeichnen sind. Dazu gehören insbesondere Urteile (§ 71 Abs. 1, § 275 Abs. 2 StPO). Gleichgestellt sind diesen Dokumenten gemäß Satz 2 Bußgeldbescheide, sonstige Bescheide sowie die außerhalb einer Verhandlung ergehenden Beschlüsse. Mit den Sätzen 1 und 2 des Abs. 1 wird für das Bußgeldverfahren ein mit den übrigen Verfahrensordnungen im Wesentlichen übereinstimmender Kreis von vergleichbaren Dokumenten dem Erfordernis der qualifizierten elektronischen Signatur unterworfen (BT-Drucks. 15/4067 S. 51).

4 Formgebundene Dokumente im Sinne von Satz 1 müssen mit einer **qualifizierten elektronischen Signatur** (§ 2 Nr. 3 SigG, vgl. oben § 110a Rn. 4 f.) versehen werden. Anders als bei § 110a Abs. 1 Satz 2 besteht bei formgebundenen Dokumenten, die durch Gerichte oder Behörden erstellt werden, keine Möglichkeit für den Verordnungsgeber, ergänzend zur qualifizierten elektronischen Signatur auch ein anderes Verfahren zur Gewährleistung von Integrität und Authentizität der Dokumente vorzusehen. Durch den Verzicht auf eine solche Öffnung soll eine Zersplitterung der Formerfordernisse für die genannten öffentlichen Dokumente vermieden werden (BT-Drucks. 15/4067 S. 50). Die Formulierung „können als elek-

tronisches Dokument erstellt werden" bedeutet inhaltlich nichts anderes als die in § 130b ZPO verwandte Formulierung „genügt dieser Form die Aufzeichnung als elektronisches Dokument" (BT-Drucks. 15/4067 S. 50).

Die Regelung in **Abs. 1 Satz 2** trägt dem Umstand Rechnung, dass die dort genannten Maßnahmen und Entscheidungen sich nicht grundsätzlich von den in Satz 1 genannten unterscheiden, aber für den Bereich des Bußgeldverfahrens eine § 317 Abs. 2, § 329 Abs. 1 ZPO entsprechende gesetzliche Regelung fehlt, aus der sich ein Erfordernis der handschriftlichen Unterzeichnung dieser Dokumente im Falle ihrer Errichtung als Papierdokumente klar ergeben würde (vgl. für den Bußgeldbescheid *BGHSt* 42, 384). **Beschlüsse** müssen nur dann mit der qualifizierten elektronischen Signatur versehen werden, wenn sie nicht in einer Verhandlung ergangen sind. Ergeht ein Beschluss in einer Verhandlung, wird er in ein Verhandlungsprotokoll aufgenommen, das seinerseits bereits nach Satz 1 qualifiziert elektronisch zu signieren ist (BT-Drucks. 15/4067 S. 50 f.). 5

Durch **Abs. 1 Satz 3** wird gewährleistet, dass Dokumente, die qualifiziert elektronisch signiert werden müssen, **automatisiert hergestellt** werden können. Für diese Fälle wird das Signaturerfordernis auf die Verfügung verlagert, mit der die Erstellung des Dokuments angeordnet wird. Erfasst werden sollen mit dieser Regelung insbesondere Bußgeldbescheide, die auf diese Weise auf der Grundlage eines qualifiziert elektronisch signierten „Datenauszuges" in einem automatisierten Verfahren hergestellt werden (BT-Drucks. 15/4067 S. 51). Problematisch an dieser Regelung könnte sein, dass der Vermerk mit der qualifizierten elektronischen Signatur bei solchen automatisierten Verfahren reines Internum bleibt und der Empfänger solcher elektronischer Dokumente keine Möglichkeit hat, deren Integrität und Authentizität zu überprüfen. 6

Für die **Rechtsfolgen von Formmängeln** soll grundsätzlich das Gleiche gelten wie für Papierdokumente. Jedenfalls bei denjenigen Dokumenten, bei denen eine handschriftliche Unterzeichnung erforderlich ist, wird das Fehlen einer qualifizierten elektronischen Signatur zu den gleichen Rechtsfolgen führen, wie das Fehlen der erforderlichen Unterschrift. Die Einzelheiten sollen der Rechtsprechung überlassen bleiben (BT-Drucks. 15/4067 S. 51). Angesichts der Gleichsetzung handschriftlich zu unterzeichnender Dokumente mit Bußgeldbescheiden, sonstigen Bescheiden und außerhalb einer Verhandlung ergehenden Beschlüssen durch Abs. 1 7

Satz 2 muss das Fehlen einer nach Abs. 1 erforderlichen qualifizierten elektronischen Signatur zu den gleichen Rechtsfolgen führen, wie bei solchen Dokumenten, bei denen die handschriftliche Unterzeichnung nach dem OWiG erforderlich ist. Das Fehlen der erforderlichen Signatur bei der Begleitverfügung im Sinne von Abs. 1 Satz 3 steht dem Fehlen einer entsprechenden Signatur bei dem elektronischen Dokument gleich.

8 Die **Besonderheiten eines elektronisch abgefassten Urteils** regelt **Abs. 1 Satz 4.** Ein schriftliches Urteil ist im Sinne von § 275 Abs. 1 Satz 1 StPO „zu den Akten gebracht", wenn es in vollständiger Form auf den Weg zur Geschäftsstelle gebracht ist. Bei Urteilen, die in elektronischer Form abgefasst werden, ist das Urteil schon dann zu den Akten gebracht, wenn es auf dem dazu bestimmten Datenträger gespeichert worden ist. **Fraglich** bleibt dabei **zweierlei:** Zum einen ist unklar, welcher Datenträger zur Speicherung bestimmt ist. Dies kann jedenfalls nicht die private Diskette des Richters sein, sondern es muss sich um denjenigen Speicherort handeln, an dem Urteile bestimmungsgemäß innerhalb des Gerichts – entsprechend bei Papierakten der Geschäftsstelle – zu speichern sind. Zum anderen bleibt offen, ob die Beifügung der qualifizierten elektronischen Signatur ähnlich wie die Beifügung der Unterschrift unter dem Urteil in Papierform Wirksamkeitserfordernis rechtzeitiger Urteilsabsetzung ist oder nicht. Der Vergleich zum Urteil in Papierform zeigt, dass die bloße Niederschrift der Urteilsgründe ohne Übernahme der Verantwortung für diese in nachvollziehbarer äußerer Form keine wirksame Urteilsabsetzung sein kann, weil jederzeit für Dritte nachprüfbar sein muss, ob der Richter die Abfassung des Urteils abgeschlossen und nach außen die Verantwortung dafür übernommen hat. Erst die Beifügung der qualifizierten elektronischen Signatur durch den Richter macht das Urteil daher vollständig im Sinne von § 275 Abs. 1, Abs. 2 StPO. Im Ergebnis ist ein Urteil in elektronischer Form demnach in dem Zeitpunkt wirksam zu den Akten gebracht, in dem es an dem dafür bestimmten Ort des Gerichts unter Beifügung einer qualifizierten elektronischen Signatur durch den Richter in einem lesbaren Dateiformat wirksam gespeichert worden ist.

9 Nach § 275 Abs. 1 Satz 5 StPO sind der Zeitpunkt des Eingangs des Urteils und eine Änderung der Gründe von der Geschäftsstelle zu vermerken. Nach Auffassung des Gesetzgebers bedarf es eines solchen **Vermerks der Geschäftsstelle** nicht, wenn der Zeitpunkt des Eingangs in un-

abänderlicher Form automatisiert festgehalten worden ist (BT-Drucks. 15/4067 S. 51). Für diese Auffassung fehlt es indes an einer gesetzlichen Grundlage. Die Anwendbarkeit dieser Vorschrift ist gesetzlich nicht abbedungen. Einer solchen ausdrücklichen Bestimmung hätte es aber gemäß § 71 Abs. 1 bedurft. Damit bleibt es dabei, dass die Geschäftsstelle den Eingang auch eines in elektronischer Form abgefassten Urteils durch Anbringung des entsprechenden Vermerks zu bestätigen hat. Der Vermerk muss indes nicht schriftlich, sondern kann auch in elektronischer Form in einem eigenem elektronischen Dokument erfolgen, das sinnvollerweise untrennbar mit dem Urteil zu verbinden ist (vgl. auch § 315 Abs. 3 ZPO).

Die Vorschriften in **Abs. 2** regeln die **Zustellung** elektronischer Dokumente in ihrer elektronischen Form (siehe zu den am 1. 8. 2006 in Kraft tretenden Änderungen Rdn. 1). Sollen elektronische Dokumente in Papierform auf dem Postweg zugestellt werden, muss das elektronische Dokument hierzu nach § 110d Abs. 1 in einen Ausdruck überführt und dieser Ausdruck oder erforderlichenfalls eine Ausfertigung zugestellt werden (BT-Drucks. 15/4067 S. 51). **10**

Für die **Zustellung elektronischer Dokumente durch das Gericht** gilt über § 46 die Regelung von § 37 Abs. 1 StPO, der wiederum u. a. auf § 174 Abs. 1, 3 und 4 ZPO verweist. Danach kann ein elektronisches Dokument an einen Anwalt, einen Notar, einen Gerichtsvollzieher, einen Steuerberater oder an eine sonstige Person, bei der aufgrund ihres Berufes von einer erhöhten Zuverlässigkeit ausgegangen werden kann, eine Behörde, eine Körperschaft oder eine Anstalt des öffentlichen Rechts gegen Empfangsbekenntnis zugestellt werden. Für die Übermittlung ist das Dokument mit einer elektronischen Signatur zu versehen und gegen unbefugte Kenntnisnahme Dritter zu schützen. Gleiches gilt für andere Verfahrensbeteiligte, wenn sie der Übermittlung elektronischer Dokumente ausdrücklich zugestimmt haben. Zum Nachweis der Zustellung genügt ein mit Datum und einer qualifizierten elektronischen Signatur versehenes Empfangsbekenntnis in Form eines elektronischen Dokuments. **11**

In Abweichung von der Vorschrift in § 51 Abs. 1 Satz 1 ordnet **Abs. 2 Satz 1 Halbsatz 1** die entsprechende Anwendung der eben genannten Regelungen, also des § 174 Abs. 1, 3 und 4 ZPO, auch für das Verfahren der **Zustellung durch die Verwaltungsbehörde** an. Die Verwaltungszustellungsgesetze des Bundes und der Länder, auf die in § 51 Abs. 1 Bezug ge- **12**

§ 110c   Zweiter Teil. Bußgeldverfahren

nommen wird, sehen vergleichbare Regelungen bislang nicht vor. Über die Regelung in § 51 hinaus wird damit die Zustellung elektronischer Dokumente gegen Empfangsbekenntnis auch im Verfahren der Verwaltungsbehörde ermöglicht. Sobald in den Verwaltungszustellungsgesetzen des Bundes und der Länder entsprechende Regelungen geschaffen worden sind, kann auf diese Sonderregelung verzichtet werden (BT-Drucks. 15/4067 S. 51).

13   **Abs. 2 Satz 1 Halbsatz 2** stellt klar, dass die übrigen Bestimmungen von § 51 und der nach seiner Maßgabe anwendbaren Zustellungsgesetze unberührt bleiben. Die Frage, ob ein elektronisches Dokument unter den Voraussetzungen des § 174 ZPO dem Betroffenen oder seinem Verteidiger zugestellt wird, richtet sich also weiterhin nach § 51 Abs. 3 und nicht nach § 172 ZPO (BT-Drucks. 15/4067 S. 51).

14   In Abs. 2 Satz 2 wird die **Zustellung elektronischer Dokumente an die StA** geregelt. Die Zustellung an die StA erfolgt im gerichtlichen Verfahren nach § 71 Abs. 1, § 41 StPO grundsätzlich durch Vorlegung der Urschrift des zuzustellenden Schriftstücks, wobei der Tag der Vorlegung auf der Urschrift zu vermerken ist, wenn mit der Zustellung der Lauf einer Frist beginnt. Diese Form der Zustellung wird an die Erfordernisse elektronischer Aktenführung angepasst. Die Zustellung nach § 41 StPO kann demnach auch durch die Übermittlung der elektronisch geführten Akte erfolgen. Da sich durch die Einführung der elektronischen Akte nur das technische Verfahren der Aktenführung, nicht aber der Inhalt der Akte ändern soll, ist der Vermerk über den Tag der Vorlegung nach § 41 Satz 2 StPO auch auf dem elektronischen Dokument anzubringen (BT-Drucks. 15/4067 S. 51).

15   Ein einmal erstelltes und mit einer qualifizierten elektronischen Signatur versehenes Dokument wie etwa ein elektronisches Urteil kann ohne Beeinträchtigung der Signatur jedoch nicht mehr nachträglich verändert werden. Aus diesem Grund kann auch der **Zustellungsvermerk** nicht auf der zuzustellenden Entscheidung selbst angebracht, sondern muss in **ein eigenes elektronisches Dokument** aufgenommen werden. Anders als bei § 315 Abs. 3 ZPO hat der Gesetzgeber im Bußgeldverfahren auf eine ausdrückliche Regelung über die Anbringung eines solchen Vermerks nach § 41 Satz 2 StPO in der Annahme verzichtet, dass sich die hierfür notwendigen Details dem Grunde nach bereits aus der Natur der Sache ergeben.

Zwölfter Abschnitt. Elektronische Dokumente § **110d**

Grundsätzlich wird es sinnvoll sein, dieses weitere elektronische Dokument untrennbar mit dem zugestellten Dokument zu verbinden (BT-Drucks. 15/4067 S. 51).

§ 110d Aktenausdruck, Akteneinsicht und Aktenübersendung

(1) Von einem elektronischen Dokument kann ein Aktenausdruck gefertigt werden. § 298 Abs. 2 der Zivilprozessordnung gilt entsprechend. Vorhandene Vermerke nach § 110b Abs. 2 Satz 2 und Abs. 4 Satz 1 sind wiederzugeben. Ausfertigungen und Auszüge können bei einem als elektronischen Dokument vorliegenden Urteil entsprechend § 275 Abs. 4 der Strafprozessordnung anhand eines Aktenausdrucks und bei einem in Papierform vorliegenden Urteil entsprechend § 317 Abs. 5 der Zivilprozessordnung als elektronisches Dokument oder durch Telekopie gefertigt werden.

(2) Akteneinsicht kann gewährt werden durch Übermittlung von elektronischen Dokumenten, deren Wiedergabe auf einem Bildschirm oder durch Erteilung von Aktenausdrucken. Für die Übermittlung ist die Gesamtheit der Dokumente mit einer qualifizierten elektronischen Signatur nach dem Signaturgesetz zu versehen; sie sind gegen unbefugte Kenntnisnahme zu schützen. Dem Verteidiger kann nach Abschluss der Ermittlungen auf Antrag Akteneinsicht auch durch die Gestattung des automatisierten Abrufs der elektronisch geführten Akte gewährt werden; Satz 2 Halbsatz 1 ist nicht anzuwenden. § 488 Abs. 3 Satz 1 bis 4 der Strafprozessordnung ist mit der Maßgabe anzuwenden, dass der Zeitpunkt, die abgerufenen Daten und die Kennung der abrufenden Stelle bei jedem Abruf zu protokollieren sind und es einer Protokollierung eines Aktenzeichens des Empfängers nicht bedarf.

(3) Die Übersendung der Akte zwischen den das Verfahren führenden Stellen erfolgt durch Übermittlung von elektronischen Dokumenten oder Aktenausdrucken. Werden Aktenausdrucke übermittelt, gelten für diese § 110b Abs. 3 und für die Speicherung der elektronischen Dokumente § 110b Abs. 2 Satz 3 entsprechend.

Die Vorschrift regelt weitere **Einzelheiten des Umgangs mit elektronischen Akten**, die aus den Besonderheiten elektronischer Aktenführung 1

§ 110d — Zweiter Teil. Bußgeldverfahren

resultieren. **Abs. 1** regelt den Medientransfer von der elektronischen in die Papierform, **Abs. 2** die Art und Weise der Gewährung von Akteneinsicht und **Abs. 3** die Form der Aktenübersendung.

2 Der **Transfer** eines elektronischen Dokuments aus der elektronischen Akte in die Papierform erfolgt nach **Abs. 1 Satz 1** durch einen **Aktenausdruck**. Nach **Abs. 1 Satz 2** gilt hierfür § 298 Abs. 2 ZPO entsprechend. Danach muss der Ausdruck einen **Vermerk** darüber enthalten, welches Ergebnis die Integritätsprüfung des Dokuments, wen die Signaturprüfung als Inhaber der Signatur und welchen Zeitpunkt die Signaturprüfung für die Anbringung der Signatur ausweist. Nach Auffassung des Gesetzgebers gilt diese Regelung nur für ein qualifiziert elektronisch signiertes Dokument (BT-Drucks. 15/4067 S, 51). Diese Einschränkung ergibt sich indes nicht aus dem Gesetzestext, sondern allenfalls aus den Anforderungen von § 298 Abs. 2 ZPO, die insgesamt wohl nur bei qualifizierten elektronischen Signaturen i. S. von § 2 Nr. 3 SigG sinnvoll erscheinen.

3 Das Erfordernis eines **Vermerks über das Ergebnis der Integritätsprüfung** ist erst aufgrund eines Vorschlags des Bundesrats bei § 298 Abs. 2 ZPO eingefügt worden (vgl. BT-Drucks. 15/4952 S. 67). Das Ergebnis der Integritätsprüfung beinhaltet eine wesentliche Information aus dem elektronischen Original, die zur Beurteilung seiner Integrität, der Authentizität und der Gültigkeit der Signatur erforderlich ist. Trägt ein elektronisches Dokument eine qualifizierte elektronische Signatur, ermöglicht diese jederzeit und ohne weiteren Aufwand eine Prüfung der Integrität des Dokuments und seiner Authentizität. Diese Prüfung erfolgt durch einen Abgleich der sog. „Hash-Werte" zum Zeitpunkt des Signierens und zum Zeitpunkt des Ausdrucks für die Akten. Die Prüfung kann automatisiert durchgeführt werden, so dass ein besonderer Aufwand nicht entsteht. Der Vorgang kann zusammen mit dem Auslesen der Zertifikationsdaten online erfolgen (BT-Drucks. 15/4952 S. 67).

4 Der **Transfervermerk** muss weiterhin die Angabe darüber enthalten, wer der **Inhaber** des mit dem Dokument verbundenen Signaturschlüssels im Sinne von § 2 Nr. 9 SigG ist. Zudem muss festgestellt werden, wann die elektronische Signatur mit dem Dokument verbunden wurde. Dieser **Zeitpunkt** lässt sich z. B. anhand einer mit einem Zeitstempel versehenen qualifizierten elektronischen Signatur eines akkreditierten Zertifizierungsdiensteanbieters bestimmen. Diese Voraussetzungen entsprechen

Zwölfter Abschnitt. Elektronische Dokumente § 110d

weitgehend den Formerfordernissen, die für die behördliche Beglaubigung von Ausdrucken öffentlicher elektronischer Dokumente gemäß § 33 Abs. 5 VwVfG gelten. Der dort vorgesehene behördliche Beglaubigungsvermerk entspricht seinem Inhalt nach grundsätzlich dem Transfervermerk mit Ausnahme des Ausweises eines Ergebnisses der Integritätsprüfung. Zur Vereinfachung der Verfahrensabläufe wurde allerdings auf das Erfordernis der Angabe eines Attribut-Zertifikats verzichtet (BT-Drucks. 15/4067 S. 32).

Zur wirtschaftlichen Bewältigung des Medientransfers ist es erforderlich, 5
dass der erforderliche **Aktenausdruck** eines elektronischen Dokuments **automatisiert** erfolgt. Im Zuge dessen ist auch der gemäß Abs. 1 Satz 2 erforderliche Transfervermerk maschinell zu erstellen. Da es keine Person mehr gibt, die den Ausdruck herstellt, verzichtet das Gesetz auf das Erfordernis einer handschriftlichen Unterzeichnung des Transfervermerks. Die Bestimmung der **Rechtsfolgen eines mangelhaften Transfervermerks** bedarf nach Auffassung des Gesetzgebers keiner gesetzlichen Regelung, sondern kann der Rechtsprechung überlassen bleiben (BT-Drucks. 15/4067 S. 32). Hier dürften die gleichen Regeln gelten wie für mangelhafte oder fehlende handschriftliche Vermerke.

Satz 3 von Abs. 1 bestimmt näher, was zu dem Aktenausdruck eines elek- 6
tronischen Dokuments notwendig gehört. Danach sind insbesondere **vorhandene Vermerke** darüber wiederzugeben, wann und durch wen die Urschrift übertragen worden ist (§ 110b Abs. 2 Satz 2) sowie ob das elektronische Dokument in Inhalt und Bild mit der Urschrift übereinstimmt und ob die Urschrift als Original oder Abschrift vorlag (§ 110b Abs. 4 Satz 1). Durch eine entsprechende Gestaltung des Programms wird dabei sicherzustellen sein, dass dieser Ausdruck vorhandener Vermerke automatisiert geschehen kann (BT-Drucks. 15/4067 S. 51).

Satz 4 von Abs. 1 regelt, wie von einem in elektronischer Form vorliegen- 7
den Urteil Ausfertigungen und Auszüge in Papierform und umgekehrt von einem in Papierform vorliegenden Urteil Ausfertigungen und Auszüge in elektronischer Form gefertigt werden können. Im ersten Fall wird von dem in elektronischer Form vorliegenden Urteil ein Aktenausdruck nach Abs. 1 Satz 1 gefertigt, der von dem Urkundsbeamten der Geschäftsstelle gemäß § 275 Abs. 4 StPO zu unterschreiben und mit dem Gerichtssiegel zu versehen ist. Im zweiten Fall besteht die Möglichkeit, Ausferti-

§ 110d   Zweiter Teil. Bußgeldverfahren

gungen und Auszüge des in Papierform vorliegenden Urteils durch Telekopie oder in Form eines elektronischen Dokuments gemäß § 317 Abs. 5 ZPO zu erstellen. Die Telekopie hat in diesem Falle eine Wiedergabe der Unterschrift des Urkundsbeamten der Geschäftsstelle sowie des Gerichtssiegels zu enthalten. Das elektronische Dokument ist dagegen mit einer qualifizierten elektronischen Signatur des Urkundsbeamten der Geschäftsstelle zu versehen. Die qualifizierte Signatur ersetzt damit das auf der Papierausfertigung vorgesehene Gerichtssiegel.

8 Die Möglichkeiten der **Akteneinsicht** bei elektronischer Aktenführung regelt **Abs. 2**. Diese kann entweder durch Übermittlung von elektronischen Dokumenten, deren Wiedergabe auf einem Bildschirm oder durch Erteilung von Aktenausdrucken nach Abs. 1 gewährt werden. Parallele Regelungen finden sich in § 299 Abs. 3 ZPO sowie § 100 Abs. 2 VwGO. Die Kosten für eine elektronische Aktenübermittlung betragen nach § 107 Abs. 5 pauschal 5,– Euro.

9 Die **Übermittlung elektronischer Dokumente** geschieht in der Regel durch E-Mail. Besondere Vorschriften für die Übermittlung elektronischer Dokumente auf diesem Wege enthält **Abs. 2 Satz 2**. Die Regelungen dienen dem Schutz von Integrität, Authentizität und Vertraulichkeit bei der Übermittlung elektronischer Dokumente zum Zweck der Gewährung von Akteneinsicht durch Gerichte und Behörden. Bei der Übermittlung der Dokumente auf elektronischem Wege ist zu gewährleisten, dass die Dokumente vollständig und unversehrt übermittelt werden und dass Unbefugte keine Kenntnis vom Inhalt der Dokumente erlangen können. Damit der Empfänger bei der Übermittlung die Integrität und Authentizität des gesamten Bestandes der übermittelten elektronischen Dokumente überprüfen kann, sind nach **Abs. 2 Satz 2 Halbsatz 1** alle zu übermittelnden Dokumente unabhängig von einer etwa bereits erfolgten Signierung der Einzeldokumente gleichsam in einen „Container" einzustellen, der dann insgesamt (einmal) qualifiziert elektronisch signiert wird (BT-Drucks. 15/4067 S. 52).

10 **Abs. 2 Satz 2 Halbsatz 2** bestimmt, dass die Daten bei der Übermittlung **gegen unbefugte Kenntnisnahme zu schützen** sind. Dieser Schutz vor unbefugter Kenntnisnahme ist durch geeignete technische Maßnahmen sicherzustellen. Werden personenbezogene Daten über allgemein zugängliche Netze übertragen, ist die Vertraulichkeit insbesondere durch Verschlüsselung herzustellen. Die speziellen Regelungen für amtlich geheim zu haltende Dokumente bleiben unberührt (BT-Drucks. 15/4067 S. 33).

Die Gewährung von Akteneinsicht kann auch dadurch geschehen, dass in den Räumlichkeiten der Behörde oder des Gerichts **Bildschirme** aufgestellt werden, an denen die elektronischen Dokumente wiedergegeben und gegebenenfalls mit diesen verbundene elektronische Signaturen überprüft werden können. Diese Form der Akteneinsicht muss nicht notwendig in den Räumen der aktenführenden Stelle gewährt werden. Wohnt der Betroffene nicht im räumlichen Einzugsbereich dieser Stelle, kann ihm eine etwaige Akteneinsicht auch dadurch gewährt werden, dass die elektronischen Dokumente an eine in der Nähe seines Wohnsitzes gelegene Behörde bzw. an das nächstgelegene Gericht übermittelt werden und Akteneinsicht durch Wiedergabe auf einem Bildschirm dort gewährt wird (BT-Drucks. 15/4067 S. 51). 11

Abs. 2 Satz 3 ermöglicht die Einrichtung eines **automatisierten Abrufverfahrens** zu Gunsten des Verteidigers. Sind die Ermittlungen im Sinne von § 61 abgeschlossen, steht dem Verteidiger nach § 46 Abs. 1, § 147 Abs. 2 StPO ein uneingeschränktes Akteneinsichtsrecht zu, so dass sein Zugriff auf die Akten im Rahmen seines Akteneinsichtsrechts nach diesem Zeitpunkt keinen rechtlichen Bedenken begegnet. Das Verfahren soll es dem Verteidiger ermöglichen, die Akten jederzeit kurzfristig und unmittelbar einsehen zu können, ohne dass es in jedem Einzelfall einer neuerlichen Entscheidung der Behörde oder des Gerichts bedürfte. Hierdurch soll insbesondere auf Seiten des Gerichts der Postanfall und der (elektronische) Aktenumlauf reduziert werden. Dem Verteidiger bietet das Verfahren den Vorteil, dass er jederzeit den aktuellen Verfahrensstand einsehen, ihn für seine Unterlagen ausdrucken, abspeichern oder in sonstiger Weise für die Zwecke der Verteidigung nutzen kann. Mit der Einrichtung des Abrufverfahrens werden zugleich vorangegangene Akteneinsichtsgesuche erledigt (BT-Drucks. 15/4067 S. 52). 12

Das automatisierte Abrufverfahren stellt **besondere Anforderungen an die Beachtung der datenschutzrechtlichen Standards.** Zunächst ist durch geeignete technische Vorkehrungen sicherzustellen, dass eine Veränderung der elektronisch geführten Akte während des Zugriffs nicht möglich ist. Dies kann etwa dadurch geschehen, dass auf einem separaten Server ein automatisch aktualisiertes „Doppel" bereitgestellt wird, auf das zugegriffen 13 werden kann, ohne dass der „Durchgriff" auf das auf einem getrennten Server vorgehaltene „Original" möglich ist (BT-Drucks. 15/4067 S. 52).

14 Bei Einrichtung des automatisierten Abrufverfahrens ist ferner der **Schutz gegen eine unbefugte Kenntnisnahme durch Dritte** zu gewährleisten. Zum Abruf im automatisierten Verfahren berechtigt ist nach **Abs. 2 Satz 3 Halbsatz 1** allein der Verteidiger, nicht aber ein Dritter. Diese Beschränkung der persönlichen Zugriffsberechtigung kann etwa durch Vergabe eines individuell festgelegten Abrufpasswortes erreicht werden. Eine Delegation im Einzelfall auf in gleicher Weise zur Verschwiegenheit verpflichtete Mitarbeiter wie etwa Stationsreferendare sollte möglich sein; dies entspricht der gängigen Praxis bei Akten in Papierform. Auch im automatisierten Abrufverfahren ist die Regelung des Satzes 2 grundsätzlich anwendbar. Deshalb ist auch dort sicherzustellen, dass Dritte während des Übermittlungsvorganges nicht unbefugt Kenntnis von den Daten nehmen können (BT-Drucks. 15/4067 S. 52).

15 **Abs. 2 Satz 3 Halbsatz 2** schließt hingegen die Anwendung von Satz 2 Halbsatz 1 beim automatisierten Abrufverfahren aus. Im **Abrufverfahren** werden also **keine elektronischen Signaturen** verwendet. Nach Auffassung des Gesetzgebers kann eine Gewähr dafür, dass etwaige Datenveränderungen oder Datenverluste auf dem Übermittlungswege über allgemein zugängliche Netze ausgeschlossen oder zumindest für den Empfänger erkennbar sind, jedenfalls durch Einsatz einer qualifizierten elektronischen Signatur in einem Abrufverfahren technisch nicht erreicht werden. Dieses Signaturverfahren wäre einsetzbar, wenn eine bestimmte Person die jeweilige Übermittlung aufgrund einer individuellen Entscheidung einleiten würde und dabei den „Container" für die Übermittlung nach Satz 2 Halbsatz 1 signieren könnte. Wird hingegen dem Verteidiger der Zugriff auf die Akten eröffnet, ohne dass es einer nochmaligen Verfügung seitens der Behörde oder des Gerichts bedürfte, ist eine solche individuelle Entscheidung, die Gelegenheit zur Anbringung einer entsprechenden Signatur geben würde, gerade nicht vorgesehen. Der Verzicht auf die Vorkehrungen nach Satz 2 Halbsatz 1 ist hinnehmbar, weil das Abrufverfahren nach Satz 2 nur ein weiteres Angebot an den Verteidiger ist, wie ihm Akteneinsicht gewährt werden kann. Dem Verteidiger bleibt es unbenommen, stattdessen um Übermittlung elektronischer Dokumente nach Satz 1 in Verbindung mit Satz 2 oder um Akteneinsicht in anderer

Form (durch Wiedergabe auf einem Bildschirm oder Überlassung von Ausdrucken) zu ersuchen (BT-Drucks. 15/4067 S. 52).

Im Gesetzgebungsverfahren wurde die Frage problematisiert, ob der Verteidiger in **missbräuchlicher Weise** in der Verhandlung einen **Antrag auf Verfahrensaussetzung** darauf stützen könne, es sei nicht gewährleistet, dass die ihm im Abrufverfahren übermittelte Akte „authentisch" gewesen sei, weshalb die Hauptverhandlung zur „zuverlässigen" Gewährung von Akteneinsicht ausgesetzt werden müsse. Der Gesetzgeber hat insoweit keine Bedenken. Mit der Einrichtung des Abrufverfahrens auf Antrag des Verteidigers erledigen sich sämtliche vorangegangenen Akteneinsichtsgesuche, so dass der erneute Wunsch nach Akteneinsicht in anderer Form ausdrücklich geäußert werden muss. Nach Beginn der Hauptverhandlung kann der Verteidiger erneute Akteneinsicht nur noch dann verlangen, wenn er erst im Verlauf der Hauptverhandlung bestellt worden ist oder zuvor keine ausreichende Akteneinsicht erhalten hat. Das Abrufverfahren stellt grundsätzlich ein ausreichendes Verfahren zur Gewährung von Akteneinsicht dar, so dass das Gericht regelmäßig davon ausgehen kann, mit der Einrichtung des Verfahrens ausreichende Akteneinsicht gewährt zu haben. Jedenfalls dann, wenn keine konkreten Hinweise auf ein Vorliegen von Übermittlungsfehlern ersichtlich sind, besteht nach Auffassung des Gesetzgebers kein Anlass, die Hauptverhandlung auf einen entsprechenden Antrag hin auszusetzen (BT-Drucks. 15/4067 S. 52). **16**

Das **Verhältnis des automatisierten Abrufverfahrens** nach Abs. 2 Satz 3 **zu § 488 StPO** i.V.m. § 49c wird durch **Abs. 2 Satz 4** geregelt. Nach § 488 Abs. 3 StPO gilt für die automatisierte Datenübermittlung, dass der Empfänger die Verantwortung für die Zulässigkeit des einzelnen Abrufs trägt und die speichernde Stelle grundsätzlich die Zulässigkeit des Abrufs nur dann prüft, wenn dazu Anlass besteht. Allerdings hat die speichernde Stelle zu gewährleisten, dass die Übermittlung personenbezogener Daten zumindest durch geeignete Stichprobenverfahren festgestellt und überprüft werden kann. Zu diesem Zweck soll sie bei jedem 10. Abruf zumindest den Zeitpunkt, die abgerufenen Daten, die Kennung der abrufenden Stelle und das Aktenzeichen des Empfängers protokollieren. An Stelle dieser stichprobenartigen Kontrolle sieht Abs. 2 Satz 4 vor, dass bei jedem Abruf der Zeitpunkt, die abgerufenen Daten und die Kennung der abrufenden Stelle zu protokollieren sind, es jedoch einer Protokollierung des Aktenzeichens des Empfängers nicht bedarf. Die vorgesehene **Proto-** **17**

§ 110d Zweiter Teil. Bußgeldverfahren

kollierung eines jeden Zugriffs durch den Verteidiger dient dazu, dass (ebenso wie bei einer Papierakte) im Nachhinein jederzeit nachvollzogen werden kann, zu welchem Zeitpunkt der Verteidiger in welchen Datenbestand Einsicht genommen hat (BT-Drucks. 15/4067 S. 52). Dies kann etwa für die Beurteilung wechselnder Einlassungen des Betroffenen oder ihm nahe stehender Zeugen von Bedeutung sein.

18 Die Vorschrift in **Abs. 3** regelt die **Weiterleitung der elektronischen Akte im Verfahrensgang** zwischen den das Verfahren führenden Stellen. **Satz 1** bestimmt, wie eine gesetzlich vorgesehene Übersendung der Akte (etwa nach § 53 Abs. 1 Satz 3, § 69 Abs. 3) erfolgt, wenn die übersendende Stelle die Akten elektronisch führt. Die Übersendung erfolgt gemäß Satz 1 durch Übermittlung elektronischer Dokumente oder durch Übermittlung von Ausdrucken nach Abs. 1, je nachdem, ob die Stelle, an die die Akten übermittelt werden, diese ihrerseits ebenfalls elektronisch führt oder nicht (BT-Drucks. 15/4067 S. 53).

19 Die Regelung in **Abs. 3 Satz 2** richtet sich zunächst an die das Verfahren in Papierform führende Stelle. Für den Fall einer Übermittlung eines Aktenausdrucks nach Abs. 1 Satz 1 wird dieser durch die Anordnung entsprechender Geltung von § 110b Abs. 3 ausdrücklich gestattet, der **weiteren Verfahrensbearbeitung den Aktenausdruck zugrunde zu legen**, sofern kein Anlass besteht, an seiner Übereinstimmung mit den durch ihn wiedergegebenen elektronischen Dokumenten zu zweifeln. Zugleich wendet sich Satz 2 auch an die aktenübersendende Stelle, die das Verfahren zuletzt in elektronischer Form bearbeitet hat und bei der die Akten noch in elektronischer Form gespeichert sind. Da die Akte nach der Übersendung des Aktenausdrucks in Papierform weitergeführt wird, ist für das weitere Verfahren die Papierakte maßgebend. Die Dokumente, die vor der Versendung die in elektronischer Form geführte Akte bildeten, verlieren ihre Eigenschaft als Grundlage des Verfahrens mit der Aktenübersendung. Indem Abs. 3 Satz 2 für die Speicherung der elektronischen Dokumente die Regelung von § 110b Abs. 2 Satz 3 für entsprechend anwendbar erklärt, müssen diese elektronischen Dokumente – wie die Ausgangsdokumente des Transfers von der Papierform in die elektronische Form – bis zum Abschluss des Verfahrens vorgehalten werden. Diese Vorschrift soll im Einzelfall bei Zweifeln die Prüfung ermöglichen, ob der Aktenausdruck mit dem elektronischen Dokument übereinstimmt. Der Gesetz-

Zwölfter Abschnitt. Elektronische Dokumente § 110d

geber entnimmt dieser Regelung einen allgemeinen Rechtsgedanken, der auch im Rahmen von § 110a Abs. 1 Satz 5 zur Anwendung kommt (BT-Drucks. 15/4067 S. 53).

Im Ergebnis führt diese gesetzliche Regelung zu einer wenig praktikabel erscheinenden Form der **doppelten Aktenführung** bei verschiedenen mit dem Verfahren befassten Stellen bis zum Verfahrensende. In der Regel wird das gesetzlich gebotene Vorhalten der elektronischen Dokumente nur bei derjenigen Stelle möglich sein, die das Verfahren zuletzt in elektronischer Form bearbeitet hat. Bei Zweifeln an der Übereinstimmung des Aktenausdrucks mit dem elektronischen Dokument muss dann u. U. umständlich bei dieser nachgefragt werden. In geeigneten Fällen kann es zur Vermeidung unnötigen Verwaltungsaufwands angebracht erscheinen, den in Papierform übersandten Akten einen Datenträger mit den vorzuhaltenden elektronischen Dokumenten beizufügen und auf diese Weise die Verfügbarkeit der elektronischen Dokumente bis zum Verfahrensende in einer Hand sicherzustellen. Diejenige Stelle, die die elektronischen Dokumente weiter aufbewahrt, ist zudem in geeigneter Form unverzüglich vom Verfahrensende zu benachrichtigen, damit sie die bei ihr aufbewahrten elektronischen Dokumente nicht unnötig lang vorhalten muss. **20**

Nicht ganz einsichtig ist die gesetzliche Regelung in Abs. 3 Satz 2 bezogen auf das Vorhalten elektronischer Dokumente bis zum Abschluss des Verfahrens auch insoweit, als nach § 110b Abs. 2 Satz 3 die Urschriften elektronischer Dokumente ebenfalls bis zum Abschluss des Verfahrens aufzubewahren sind. Existieren neben den elektronischen Dokumenten auch noch die ihnen zu Grunde liegenden Urschriften, könnten bei Weiterführung der Akten in Papierform an Stelle von Ausdrucken sogleich die noch vorhandenen Urschriften übersandt werden, sofern die elektronischen Dokumente nicht verfahrensrelevante Zusätze enthalten und dies keinen unangemessenen Verwaltungsaufwand (vgl. BT-Drucks. 15/4067 S. 48) erfordert. Wenig sinnvoll erscheint jedenfalls, dass die zunächst aktenbearbeitende Stelle nicht nur die Urschriften nach § 110b Abs. 2 Satz 3, sondern auch die inhaltsgleichen elektronischen Dokumente bis zum Verfahrensabschluss aufzubewahren hat, zumal sich die Zweifel über die Authentizität des Aktenausdrucks in aller Regel auf das Verhältnis zu einer noch vorhandenen Urschrift und nicht zu dem daraus gefertigten elektronischen Dokument beziehen werden. **21**

§ 110e Durchführung der Beweisaufnahme

(1) Soweit ein elektronisches Dokument eine Urkunde oder ein anderes Schriftstück wiedergibt oder an Stelle eines solchen Schriftstücks hergestellt wurde, ist es hinsichtlich der Durchführung der Beweisaufnahme wie ein Schriftstück zu behandeln. Eine Vernehmung der einen Vermerk nach § 110b Abs. 2 Satz 2 oder Abs. 4 Satz 1 verantwortenden Person bedarf es nicht.

(2) Das Gericht entscheidet nach pflichtgemäßem Ermessen, ob es für die Durchführung der Beweisaufnahme eine zusätzlich zum elektronischen Dokument aufbewahrte Urschrift hinzuzieht. Ist die Übersendung der Akte nach § 110d Abs. 3 Satz 1 durch Übermittlung von Aktenausdrucken erfolgt, gilt Satz 1 entsprechend.

1 Die Vorschrift regelt lediglich die **Durchführung der Beweisaufnahme.** Sie bestimmt aber nicht, welcher **Beweiswert** einem elektronischen Dokument oder einem Ausdruck eines elektronischen Dokuments dabei zukommt. Solche Regelungen finden sich für das Gebiet des Zivilprozesses insbesondere in § 371a ZPO und § 416a ZPO. Nach § 371a Abs. 1 ZPO finden auf **private elektronische Dokumente,** die mit einer qualifizierten elektronischen Signatur versehen sind, die Vorschriften über die Beweiskraft privater Urkunden entsprechende Anwendung. Der Anschein der Echtheit einer in elektronischer Form vorliegenden Erklärung, die sich aufgrund der Prüfung nach dem Signaturgesetz ergibt, kann dabei nur durch Tatsachen erschüttert werden, die ernstliche Zweifel daran begründen, dass die Erklärung vom Signaturschlüssel-Inhaber abgegeben worden ist. **Öffentliche elektronische Dokumente** sind dagegen nach § 371a Abs. 2 Satz 1 ZPO diejenigen elektronischen Dokumente, die von einer öffentlichen Behörde innerhalb der Grenzen ihrer Amtsbefugnisse oder von einer mit öffentlichem Glauben versehenen Person innerhalb des ihr zugewiesenen Geschäftskreises in der vorgeschriebenen Form erstellt worden sind. Auf diese Dokumente finden die Vorschriften über die Beweiskraft öffentlicher Urkunden entsprechende Anwendung. Ist ein solches öffentliches elektronisches Dokument mit einer qualifizierten elektronischen Signatur versehen, gilt die Echtheitsvermutung von § 437 ZPO.

2 Nach **Abs. 1 Satz 1** ist ein **elektronisches Dokument** hinsichtlich der Durchführung der Beweisaufnahme **wie ein Schriftstück zu behandeln,**

wenn es eine Urkunde oder ein anderes Schriftstück wiedergibt oder an Stelle eines solchen Schriftstücks hergestellt wurde. Diese Regelung trägt dem Umstand Rechnung, dass elektronische Dokumente als solche grundsätzlich auch dann nach den einschlägigen strafprozessualen Regelungen dem Beweis durch Augenschein unterfallen, wenn sie ein Schriftstück wiedergeben oder anstelle eines solchen errichtet wurden. Der Gesetzgeber will mit dieser Regelung sicherstellen, dass der Inhalt elektronischer Dokumente grundsätzlich in der gleichen Weise und in den gleichen Grenzen in die Hauptverhandlung eingeführt werden kann, wie dies geschehen würde, wenn an Stelle des elektronischen Dokuments ein Papierdokument vorliegen würde. Die Entscheidung darüber, ob und wie ein Dokument in die Hauptverhandlung eingeführt wird, soll nicht allein deshalb anderen Maßstäben unterliegen, weil ein bislang nur als Urkunde verlesbares Papierschriftstück in ein elektronisches Dokument überführt oder anstelle eines Papierdokuments sogleich ein elektronisches Dokument errichtet wurde (BT-Drucks. 15/4067 S. 53).

Die Regelung in **Abs. 1 Satz 1** gestattet es daher, elektronische Dokumente, die Urkunden oder andere Schriftstücke wiedergeben oder anstelle solcher Dokument errichtet wurden, **direkt aus der elektronischen Akte zu verlesen** und wie die Urschriften nach den Regeln des Urkundsbeweises in die Hauptverhandlung einzuführen. Diese Regelung von Art und Weise der Durchführung der Beweisaufnahme hat keine Auswirkungen auf die Beweiswürdigung. Insbesondere will der Gesetzgeber damit nicht die Frage regeln, ob der Richter davon ausgehen kann, dass es sich bei dem elektronischen Dokument um eine vollständige und korrekte Wiedergabe der Urschrift bzw. um ein unverfälschtes elektronisches Dokument handelt. In der Beurteilung dieser Fragen bleibt das Gericht frei. Es wird dabei unter anderem zu berücksichtigen haben, welche Vorkehrungen getroffen wurden, um die Übereinstimmung von elektronischem Dokument und Urschrift zu gewährleisten. In geeigneten Fällen kann auch die in § 371a Abs. 1 Satz 2 ZPO vorgenommene gesetzliche Wertung Berücksichtigung finden, wonach eine überprüfte qualifizierte elektronische Signatur den Anschein begründet, dass die Erklärung vom Signaturschlüssel-Inhaber abgegeben worden ist (BT-Drucks. 15/4067 S. 53). 3

Die **Gleichstellung in Abs. 1 Satz 1** gilt nur für Dokumente, die eine Urkunde oder ein anderes Schriftstück wiedergeben oder anstelle eines sol- 4 chen Schriftstücks errichtet wurden. Einer vergleichbaren Regelung für elektronische Dokumente, die Gegenstände des Augenscheines wieder geben, bedarf es nicht, da in diesen Fällen nur ein Gegenstand des Augenscheins (elektronisches Dokument) an die Stelle eines anderen Gegenstandes des Augenscheins (Skizze, Foto etc.) tritt. Das elektronische Dokument unterliegt insoweit hinsichtlich seiner Einführung in die Hauptverhandlung auch ohne besondere Regelungen keinen anderen Vorschriften als die Urschrift (BT-Drucks. 15/4067 S. 53).

5 Mit der Regelung in **Abs. 1 Satz 2** weicht der Gesetzgeber vom grundsätzlichen Vorrang des Personalbeweises als Ausfluss des Unmittelbarkeitsprinzips (vgl. § 71 Abs. 1, § 77a, § 250 StPO) ausdrücklich ab. Dies gilt für die **Beweisaufnahme über einen Vermerk** nach § 110b Abs. 2 Satz 2 oder Abs. 4 Satz 1. In diesen Vermerken bestätigt die übertragende Person, wann und durch wen das elektronische Dokument übertragen worden ist, sowie im Falle eines qualifizierten Vermerks zusätzlich, dass die Wiedergabe auf dem Bildschirm mit der Urschrift inhaltlich und bildlich übereinstimmt und ob die Urschrift bei der Übertragung als Original oder in Abschrift vorgelegen hat. Diese Regelung erscheint sachlich gerechtfertigt, weil sich die übertragende bzw. kontrollierende Person in aller Regel nicht an den konkreten Übertragungsvorgang wird erinnern können (BT-Drucks. 15/4067 S. 53). Eine Vernehmung der Person, die den Vermerk erstellt hat, bleibt jedoch weiterhin möglich und kann u. U. auch zur Aufklärung über die generellen Kriterien bei der Vermerkerstellung oder sonstige Umstände im Einzelfall geboten sein.

6 Die Regelung in **Abs. 2** trägt dem Umstand Rechnung, dass – soweit Urschriften noch aufbewahrt werden (§ 110b Abs. 2 Satz 3 und Abs. 4) – das **Nebeneinander beweiserheblicher Dokumente in Form zweier verschiedener Medien** für die Praxis des gerichtlichen Bußgeldverfahrens einer praktikablen Lösung bedarf. Der Gesetzgeber überträgt die Entscheidung darüber, ob die Beweisaufnahme an Hand des elektronischen Dokuments oder ausnahmsweise zusätzlich an Hand der Urschrift durchgeführt wird, dem pflichtgemäßen Ermessen des Gerichts. Maßstab für die gerichtliche Entscheidung soll die Aufklärungspflicht sein. So wird es der Heranziehung einer weiterhin aufzubewahrenden Urschrift nach Auffassung des Gesetzgebers insbesondere dann nicht bedürfen, wenn kein

Anlass besteht, an der Übereinstimmung zwischen elektronischen Dokumenten und Urschrift zu zweifeln (BT-Drucks. 15/4067 S. 53).

Die Vorschrift in **Abs. 2 Satz 2** knüpft an die Regelung vom § 110d Abs. 3 Satz 2 zum Medienbruch von der elektronischen in die Papierform bei Übersendung der Akten an, wonach bei der Übermittlung von Aktenausdrucken grundsätzlich diese dem Verfahren zu Grunde zu legen sind, soweit kein Anlass besteht, an der Übereinstimmung mit der Urschrift zu zweifeln. Werden die Akten des Gerichts in herkömmlicher Papierform weitergeführt, nachdem etwa die Verwaltungsbehörde die Akten in elektronischer Form geführt hat, liegen dem Gericht nach § 110d Abs. 3 Satz 1 Ausdrucke nach § 110d Abs. 1 vor, die die Übereinstimmung des Aktenausdrucks mit dem elektronischen Dokument zwar nicht ausdrücklich bestätigen, bei denen aber eine Übereinstimmung zwischen Ausdruck und Wiedergabe des elektronischen Dokuments an einem Bildschirm technisch durch entsprechende Programmgestaltung in besonders hohem Maße gewährleistet werden kann. Ein Rückgriff auf das elektronische „Original" dürfte daher in der Praxis nach Auffassung des Gesetzgebers nur in sehr seltenen Ausnahmefällen veranlasst sein (BT-Drucks. 15/4067 S. 53 f.). **7**

Nicht bedacht hat der Gesetzgeber bei dieser Regelung, dass häufig nicht die Übereinstimmung eines Aktenausdrucks mit dem elektronischen Dokument, sondern die Übereinstimmung mit einer noch vorhandenen Urschrift problematisch sein dürfte. In diesem Fall ist die Regelung des Absatzes 2 Satz 1 entsprechend heranzuziehen. Auch der **„Durchgriff" auf die Urschrift** ist demnach unter Aufklärungsgesichtspunkten zu beurteilen und bei Zuverlässigkeit der entsprechenden Übertragungsverfahren regelmäßig nicht veranlasst. **8**

Dritter Teil
Einzelne Ordnungswidrigkeiten

Vorbemerkung

1 In den Dritten Teil des Gesetzes sind früher im StGB als Übertretungen eingestufte Tatbestände aufgenommen, die in keinem besonderen Zusammenhang mit verwaltungsrechtlichen Regelungen stehen (*Göhler/König* 1). Dieser Abschnitt enthält also gewissermaßen einen **Besonderen Teil des OWi-Gesetzes**, auch wenn in ihm nicht etwa die bedeutsamsten Tatbestände des OWi-Rechts zusammengefasst sind. Aus der restlosen Beseitigung der früheren Übertretungstatbestände und der Einstufung geringfügiger Vergehenstatbestände als Bußgeldtatbestände durch das EGStGB ergab sich eine Gruppe von Tatbeständen, die nicht in besonderen Gesetzen des Bundes- oder Landesrechts untergebracht werden konnten, deren Beibehaltung aber im Bundesrecht notwendig erschien (*Göhler/König* 2).

2 **Die Bemühungen des Gesetzgebers**, den Dritten Teil des Gesetzes in einzelnen Abschnitten nach systematischen Gesichtspunkten zu ordnen, sind zwar erkennbar, konnten aber wegen der **Heterogenität der Tatbestände** und der **Auffangfunktion des Dritten Teils** nicht gelingen. Hier zeigt sich erneut, dass die schlichte Umstufung von Straftatbeständen der einfachen und mittleren Kriminalität in OWi-Tatbestände der unterschiedlichen Natur von Strafrecht und OWi-Recht nicht gerecht wird. Ein **Reformgesetzgeber des OWi-Rechts** wird sich dieses Teils des Gesetzes insbesondere unter dem Aspekt annehmen müssen, ob die einzelnen Tatbestände überhaupt zu sanktionierendes Unrecht darstellen, ob sie systematisch richtig als OWi beschrieben und ob sie in einem knapp bemessenen Besonderen Teil des OWiG richtig untergebracht sind. Der gesamte Dritte Teil des OWiG sollte vor diesem Hintergrund grundlegend überarbeitet und überdacht werden.

3 **Der Dritte Teil gliedert sich in fünf Abschnitte.** Der Erste Abschnitt (§§ 111 bis 115) enthält Verstöße gegen staatliche Anordnungen, deren gemeinsames Merkmal ist, dass der Betroffene besonderen Anordnungen oder besonders bestehenden Verboten zuwiderhandelt. Dabei ersetzt § 111 teilweise § 360 Abs. 1 Nr. 8 StGB a. F., § 112 teilweise § 106b StGB

a. F., § 113 mittelbar den § 116 StGB a. F., § 114 den § 363 StGB a. F., während § 115 einer Regelung entsprechenden Inhalts in der Polizeiverordnung vom 20. Februar 1941 (RGBl. I 104) entspricht, die im Jahre 1961 durch Zeitablauf außer Kraft getreten ist. Im **Zweiten Abschnitt** über Verstöße gegen die öffentliche Ordnung (§§ 116 bis 123) werden Verhaltensweisen sanktioniert, durch die der äußere Bestand der öffentlichen Ordnung gefährdet oder beeinträchtigt wird. Dabei entspricht § 116 dem § 111 StGB, der § 117 dem § 360 Abs. 1 Nr. 11 Alt. 1 StGB a. F. (ruhestörender Lärm), § 118 dem § 360 Abs. 1 Nr. 11 Alt. 2 StGB a. F. (grober Unfug), § 119 den früheren § 184 Abs. 1 Nr. 4 StGB a. F. und § 361 Nr. 6 StGB a. F., § 120 mittelbar dem § 361 Nr. 6c StGB a. F., § 121 mit Einschränkungen dem § 367 Abs. 1 Nr. 11 StGB a. F., § 122 dem § 323a StGB, während § 123 an die Einziehungsvorschriften des Allgemeinen Teils des StGB angelehnt ist.

Der **Dritte Abschnitt** (§§ 124 bis 129) befasst sich mit OWi, die den Missbrauch staatlicher oder staatlich geschützter Zeichen zum Gegenstand haben. Dabei entspricht § 124 dem § 360 Abs. 1 Nr. 7 StGB a. F., § 126 dem früheren § 132a StGB a. F., § 127 dem früheren § 360 Abs. 1 Nr. 4, 5 StGB a. F., § 128 dem früheren § 360 Abs. 1 Nr. 6 StGB a. F., § 129 dem früheren § 360 Abs. 2 StGB a. F. § 125 ersetzt § 2 des Gesetzes zum Schutz des Genfer Neutralitätszeichens vom 22. März 1902 sowie § 2 des Gesetzes zum Schutz des Wappens der Schweizerischen Eidgenossenschaft vom 27. März 1935, die beide durch Art. 287 Nr. 1 und 8 EGStGB aufgehoben worden sind. Der **Vierte Abschnitt** (§ 130) bedroht die Verletzung der Aufsichtspflicht in Behörden und Unternehmen mit Geldbuße. Der **Fünfte Abschnitt** (§ 131) enthält gemeinsame Verfahrensvorschriften. 4

Die Vorschriften des Dritten Teils sind für ihren Bereich **abschließende Regelungen.** Der Landesgesetzgeber ist daher nicht befugt, eigene Regelungen zum selben Bereich zu erlassen. Eine dem Art. 4 Abs. 2 EGStGB entsprechende Regelung für das OWi-Recht fehlt für das Verhältnis des Dritten Teils zum Landesrecht. Damit soll von vornherein geklärt sein, dass die Bundeskompetenz zum Erlass von Bußgeldvorschriften insgesamt nicht etwa durch den Dritten Teil des OWiG abschließend in Anspruch genommen worden sei, so dass über die darin enthaltenen Bußgeldtatbestände hinaus keine Sperre für den Landesgesetzgeber besteht. 5

Erster Abschnitt. Verstöße gegen staatliche Anordnungen

§ 111 Falsche Namensangabe

(1) Ordnungswidrig handelt, wer einer zuständigen Behörde, einem zuständigen Amtsträger oder einem zuständigen Soldaten der Bundeswehr über seinen Vor-, Familien- oder Geburtsnamen, den Ort oder Tag seiner Geburt, seinen Familienstand, seinen Beruf, seinen Wohnort, seine Wohnung oder seine Staatsangehörigkeit eine unrichtige Angabe macht oder die Angabe verweigert.

(2) Ordnungswidrig handelt auch der Täter, der fahrlässig nicht erkennt, daß die Behörde, der Amtsträger oder der Soldat zuständig ist.

(3) Die Ordnungswidrigkeit kann, wenn die Handlung nicht nach anderen Vorschriften geahndet werden kann, in den Fällen des Absatzes 1 mit einer Geldbuße bis zu eintausend Euro, in den Fällen des Absatzes 2 mit einer Geldbuße bis zu fünfhundert Euro geahndet werden.

1 Die Vorschrift bedroht die **unrichtige Angabe** oder die **Verweigerung der Angabe** bestimmter **persönlicher Daten** gegenüber den zuständigen staatlichen Stellen mit Geldbuße. Das Führen eines falschen Namens im privaten Verkehr wird von ihr nicht berührt (*RRH* 2). Sie schützt in erster Linie das Interesse des Staates an der Feststellung der Identität von Personen und an der Kenntnis weiterer Personenangaben, um staatliche Aufgaben ordnungsgemäß durchführen zu können (*Göhler/König* 2). Nach ihrem Schutzzweck ist sie demnach nicht verletzt, wenn die Personalien der befragten Person zur Identitätsfeststellung und zur Erfüllung staatlicher Aufgaben nicht erforderlich sind (*Göhler* NStZ 1982, 14), etwa, wenn der Betroffene bereits hinreichend identifiziert worden ist oder durch die schon vorliegenden Angaben zur Person identifiziert werden kann (*Celle* MDR 1977, 955). Im Ausländerrecht enthält § 95 Abs. 1 Nr. 5 AufenthG eine spezielle, aber in Hinblick auf den nemo-tenetur-Grundsatz nicht unbedenkliche, Sanktionsnorm für falsche oder verweigerte Personalangaben.

2 Die **Befragung** zu den Personalien muss **rechtmäßig** sein. Die materielle Rechtmäßigkeit der Aufforderung zur Personaliennennung unterliegt – anders als bei der Diensthandlung im Rahmen von § 113 StGB – **umfas-**

sender gerichtlicher Überprüfung. In Abkehr von der bis dahin überwiegend vertretenen Auffassung hat das BVerfG in seiner Grundsatzentscheidung aus dem Jahr 1995 (BVerfGE 92, 191) klargestellt, dass die Verweigerung der Angabe von Personalien nach § 111 von Verfassungs wegen nur geahndet werden kann, wenn die Rechtmäßigkeit der Aufforderung in vollem Umfang überprüft worden ist. Nur mit dieser **verfassungskonformen Auslegung** wird § 111 den Anforderungen an das informationelle Selbstbestimmungsrecht und den Bestimmtheitsgrundsatz „noch" gerecht (BVerfGE 92, 191, 197; krit. KK-*Rogall* 2).

Die Vorschrift begründet keine selbständige Auskunftspflicht, sondern setzt eine speziell dafür geschaffene Rechtsvorschrift voraus (*Hamm* NJW 1988, 274; *BayObLG* NStZ 1988, 466; KK-*Rogall* 3). Aus dieser muss sich ergeben, wem gegenüber und in welchem Umfang eine Verpflichtung zur Offenbarung bestimmter Identitätsdaten besteht (*Hamm* NJW 1988, 174). Dementsprechend ist die Vorschrift eine Blankettnorm (KK-*Rogall* 3), die erst durch die sie ausfüllenden Bestimmungen komplettiert wird. Sie dient demnach der Verstärkung der einschlägigen materiell-rechtlichen Auskunftspflichten.   3

Anhand der jeweiligen Rechtsvorschriften ist auch der **Umfang der Auskunftspflicht** im Einzelfall festzustellen. Nicht in jedem Fall sind sämtliche Angaben nach Abs. 1 notwendig. Steht etwa die Identität fest, so bedarf es im Regelfall nicht der Angabe des Berufs, es sei denn, die Angabe des Berufs kann Einfluss auf die Bemessung der Geldbuße haben (*Schupp* NJW 1979, 2240).   4

Sind Personalien dem Fragenden nur zum Teil bekannt, wie etwa der Name und die Wohnung des Halters eines Kfz, so kann zur Durchführung von staatlichen Aufgaben die Kenntnis der übrigen Teile der Personalien notwendig sein (*Göhler/König* 4). Die Verweigerung der Angaben der übrigen Personalien ist aber dann nur ordnungswidrig, wenn danach im Einzelnen gefragt wird (*Göhler/König* 4). Auch insoweit sind Grenzen anerkannt. So ist für ein OWi-Verfahren wegen eines geringfügigen Verkehrsdelikts die Angabe des Familienstandes nicht unbedingt notwendig (*BayObLG* VRS 58, 214).   5

Die **Tathandlung** besteht darin, dass jemand gegenüber einer zuständigen Stelle oder Person über seine Personalien Angaben ganz verweigert oder   6 unrichtige Angaben macht. **Das Recht des Beschuldigten zur Aussageverweigerung** (§§ 136 Abs. 1 Satz 2, 243 Abs. 4 Satz 1 StPO) betrifft nur die **Aussage zur Sache** und entbindet ihn regelmäßig nicht von der Pflicht, seine Personalien anzugeben. Eine Ausnahme kommt im Hinblick auf den nemo-tenetur-Grundsatz in Betracht, wenn gerade die Personalienangabe wesentlich zur eigenen Überführung beitragen würde (*Göhler/ König* 17); dies kann etwa im Ausländerstraf- und -bußgeldrecht der Fall sein. Tathandlung ist nur das Irreführen über die eigenen Personalien. Die falsche Beurkundung der eigenen Personalien durch einen Amtsträger ist unter den Voraussetzungen des § 271 StGB strafbare mittelbare Falschbeurkundung (*RRH* 5). Ein Rechtsanwalt kann eine erhebliche Berufspflichtverletzung begehen, wenn er zum Zwecke der Zustellungsvereitelung auf Nachfrage falsche Angaben über die Identität eines Mandanten macht (*Anwaltsgericht Freiburg*, BRAK-Mitteilung 2002, 244).

7 **Adressaten der Handlung** sind zuständige Behörden, zuständige Amtsträger oder ein zuständiger Soldat der Bundeswehr. Andere als diese staatlichen Stellen dürften Personaldaten zumindest nicht bußgeldbewehrt erheben (KK-*Rogall* 11). Die Rechtmäßigkeit des Auskunftsverlangens ist von den Gerichten vor Verhängung der in § 111 vorgesehenen Sanktion in vollem Umfang zu prüfen (*BVerfGE* 92, 191).

8 **Behörde** ist jede Stelle, die Aufgaben der öffentlichen Verwaltung wahrnimmt (§ 1 Abs. 4 VwVfG), also selbständige, mit Personal- und Sachmitteln ausgestattete Einheiten, die dazu berufen sind, unter öffentlicher Autorität für die Erreichung von Staatszwecken tätig zu sein (KK-*Rogall* 12). Gerichte sind Behörden (§ 11 Abs. 1 Nr. 7 StGB), ferner Dienststellen von Gemeinden, Träger der Sozialversicherung, Fakultäten oder Fachbereiche der Universitäten, nicht jedoch kirchliche Stellen (KK-*Rogall* 12).

9 Wer **Amtsträger** in diesem Sinne ist, ergibt sich aus § 11 Abs. 1 Nr. 2 StGB. Amtsträger ist, wer nach deutschem Recht Beamter oder Richter ist (Nr. 2a), in einem sonstigen öffentlich-rechtlichen Amtsverhältnis steht (Nr. 2b) oder sonst dazu bestellt ist, bei einer Behörde oder bei einer sonstigen Stelle oder in deren Auftrag Aufgaben der öffentlichen Verwaltung wahrzunehmen (Nr. 2c). Dies sind alle im Dienst des Bundes und der Länder, der Gemeinden und Gemeindeverbände, der Körperschaften, Anstalten und Stiftungen des öffentlichen Rechts stehenden Amtsträger.

Dazu zählen alle **Beamten** im staatsrechtlichen Sinne, Berufsrichter, ehrenamtliche Richter und Personen, die in einem sonstigen öffentlich-rechtlichen Amtsverhältnis stehen, ohne ein Dienstverhältnis als Beamter oder Richter eingegangen zu sein, wie etwa Notare, Minister oder Parlamentarische Staatssekretäre (KK-*Rogall* 13). **10**

Personen, die sonst dazu bestellt sind, bei einer Behörde oder einer sonstigen Stelle oder in deren Auftrag Aufgaben öffentlicher Wahrnehmung wahrzunehmen finden sich bei Institutionen, die zwar keine Behörden, rechtlich aber gleichwohl befugt sind, bei der Ausführung von Gesetzen mitzuwirken. Das sind etwa rechtsfähige Anstalten des öffentlichen Rechts, organisatorisch ausgrenzbare Teile von Behörden, Notariaten, Vereinigungen, Ausschüssen oder Beiräten und Krankenhäuser. Die Art der Bestellung ist gleichgültig, jedoch kann die Amtsträgereigenschaft nur durch einen öffentlich-rechtlichen Bestellungsakt begründet werden (*BayObLG* NJW 1996, 270). **11**

Soldat der Bundeswehr ist nach § 1 Abs. 1 Satz 1 SoldG, wer aufgrund der Wehrpflicht oder freiwilliger Verpflichtung bei der Bundeswehr in einem Wehrdienstverhältnis steht. Dazu gehören auch zeitweise zum Wehrdienst einberufene Reservisten (§ 1 Abs. 2 SoldG). Die Vorschrift findet im Übrigen gemäß Art. 7a Nr. 1 des Vierten Strafrechtsänderungsgesetzes auch Anwendung bei Taten gegenüber einem zuständigen Soldaten oder zuständigen Beamten der in der Bundesrepublik stationierten Nato-Truppen (KK-*Rogall* 18). **12**

Behörde, Amtsträger oder Soldat müssen **zuständig** sein. Die Zuständigkeit der erfragenden Stelle oder Person ist **Tatbestandsmerkmal** (*Göhler/König* 15). Sie hängt davon ab, ob und inwieweit die erfragende Person oder Stelle das Recht hat, die Personalien durch Befragen zu erforschen und festzustellen. Dabei kommt es darauf an, ob die erfragende Stelle oder Person im Einzelfall nach der Art der Amtshandlung zur Erforschung der Personalien zuständig ist (*Göhler/König* 15; KK-*Rogall* 19). Die allgemeine Zuständigkeit staatlicher Stellen zur Erfragung von Personalien reicht demgegenüber nicht aus. **13**

Die **Zuständigkeit zur Befragung** ist zu bejahen für Verfolgungsorgane, insbesondere Polizeibeamte, die eine konkrete Person als Täter oder Zeuge einer Straftat oder OWi ermitteln wollen, und für das Gericht in der **14**

Hauptverhandlung. Allgemein zuständig sind ferner Hilfsbeamte der StA, Beamte der Zollfahndung und der Bahnpolizei, Zollbedienstete im Zollgrenzbezirk, der Vernehmungsrichter und der Vorsitzende in der Hauptverhandlung, der Registerrichter, der Urkundsbeamte der Geschäftsstelle, der Standesbeamte und der Briefträger, wenn er Zustellungen vorzunehmen hat (*Göhler/König* 16).

15 **In Straf- und Bußgeldverfahren** sind Polizeibeamte, Haft- und Vernehmungsrichter und Gerichtsvorsitzende stets berechtigt, den Beschuldigten oder Betroffenen nach seinen Personalien zu befragen (vgl. auch § 243 Abs. 2 Satz 3 StPO). Verweigert ein Zeuge vor Gericht Angaben zur Person, kann der Verstoß gegen die Aussagepflicht nicht nach § 70 StPO, sondern nur nach § 111 geahndet werden, wenn dieser nicht die Sachaufklärung betrifft (*Hamburg* NStZ 2002, 386).

16 Erforderlich ist ferner, **dass die Handlung des Amtsträgers rechtmäßig ist**, dass also zum Zeitpunkt der Befragung die Berechtigung des Fragenden formell und materiell vorhanden ist (*BVerfGE* 92, 191), weil keine allgemeine Pflicht des Staatsbürgers besteht, sich ohne Grund auf amtliche Aufforderung über seine Person auszuweisen (*BGH* NStZ 1982, 76). Zur Rechtmäßigkeit der Befragung kann gehören, dass ihr Anlass, wenn auch in knapper Form, dem Betroffenen mitgeteilt wird (*Oldenburg* StV 1983, 205).

17 **Die Befragung ist nicht rechtmäßig**, wenn die Personalien bereits bekannt sind, wenn die Identität der Person den Umständen nach feststeht, oder wenn überhaupt nicht ersichtlich ist, wozu sie festgestellt werden sollen. Einzelne Daten können auch dann erfragt werden, wenn die Personalien bereits zum Teil bekannt sind. Aber auch insoweit muss ein hinreichendes Interesse an ihnen erkennbar sein. Das setzt voraus, dass der Amtsträger die Daten zur Erfüllung der ihm obliegenden Aufgabe benötigt (*BayObLG* NStZ 1988, 466).

18 Unter bestimmten Umständen haben der Beschuldigte oder der Betroffene gleichwohl ein **Verweigerungsrecht**, dann nämlich, wenn sie sich schon durch die Angaben zur Person belasten würden, selbst wenn die Identitätsfeststellung nunmehr mit anderen, teilweise aufwendigeren und für den Betroffenen einschneideren Mitteln durchgeführt wird. Das Weigerungsrecht betrifft solche Personaldaten, die im konkreten Einzelfall zu einer Selbstbelastung führen würden (KK-*Rogall* 61). Hierzu können bei Verstößen gegen das Ausländerrecht etwa Angaben zur Staatsangehörigkeit oder sonstigen Personalien zählen, wenn diese gerade der straf- oder bußgeldbewehrten Verstoß untermauern (vgl. aber auch § 95 Abs. 1 Nr. 6 AufenthG, der in Hinblich auf den nemo-tenetur-Grundsatz nicht unbedenklich ist).

Welche Angaben erfragt werden dürfen, ist in Abs. 1 abschließend (E/K/*Senge* 13) aufgezählt. Andere Angaben fallen nicht unter die Vorschrift, insbesondere nicht die Angaben über die Einkommensverhältnisse, die Namen der Eltern und Großeltern oder Angaben zu sonstigen verwandtschaftlichen Beziehungen (E/K/*Senge* 13). **19**

Geschuldet sind Angaben über **Vor-, Familien- oder Geburtsnamen.** Welcher Name einer Person zusteht, bestimmt das Namensrecht, das teils dem bürgerlichen, teils dem öffentlichen Recht zu entnehmen ist. Bei **mehreren Vornamen** muss nur der Rufname angegeben werden, falls nicht ausdrücklich nach allen Vornamen gefragt wird. Ist der **Rufname** in den Personalpapieren nicht an die erste Stelle gesetzt, so kann hierauf zur Vermeidung von Irreführungen hinzuweisen sein. Führt der Betroffene einen **Doppelnamen**, so muss er alle Namensteile angeben. **20**

Teile des Namens sind auch der dem Familiennamen vorangestellte Begleitname und das Adelsprädikat (*KG* GA 1971, 139). Ein **Künstlername**, der gewohnheitsrechtlich gestattet ist, kann nach dem Zweck der Vorschrift als ausreichender Familienname angesehen werden, wenn seine Angaben zu dem erfragten Ziel ausreichen, sonst nicht (*Göhler/König* 11). **21**

Der **Doktortitel** ist zwar nicht Bestandteil des Namens, aber häufig wesentliches Unterscheidungsmerkmal und in solchen Fällen anzugeben. Der **Professorentitel** ist wohl nur selten wesentlich für die Identitätsfeststellung und für die Angabe der Berufsausübung und allenfalls dann anzugeben. Hat ein genehmigter **Namenswechsel** stattgefunden, so genügt die Angabe des jetzigen Namens (*Göhler/König* 11). **22**

Angaben zu **Ort und Tag der Geburt** sind zur Identifizierung notwendig. Weitere Fragen nach dem **Lebensalter** brauchen nicht beantwortet zu werden. Ist die Identität des Zeugen gesichert und kann er aufgrund der bereits bekannten Personendaten zur Vernehmung geladen werden, so **23** braucht er Geburtsdatum und Geburtsort nicht anzugeben (*Göhler* NStZ 1982, 14; KK-*Rogall* 41).

24 Der Begriff des **Familienstandes** betrifft den familienrechtlichen Status, d. h. ob der Befragte gegenwärtig ledig, verheiratet, verwitwet oder geschieden ist. Jemand der erneut verheiratet ist, braucht nur anzugeben, dass er verheiratet ist, nicht, dass es sich um eine weitere Ehe handelt. Die Frage nach dem Familienstand hat als Folge des reformierten Namensrechts, wonach Verheiratete ihren Geburtsnamen behalten können, verstärkte Bedeutung für die Identifikation erhalten. Sofern die Angaben zum Familienstand für den Rechtsfolgenausspruch im Strafverfahren von Bedeutung sein können, sind sie vom **Schweigerecht** umfasst; ihre Verweigerung ist dann jedenfalls nicht rechtswidrig (KK-*Rogall* 42).

25 Bei **Ausländern** werden der Name und der Familienstand nach deutschem **Internationalen Privatrecht** beurteilt. Entscheidend ist hier die **Staatsangehörigkeit** des Betroffenen oder Beschuldigten. Bei **Mehrstaatlern** entscheidet die sog. effektive Staatsangehörigkeit. Es gilt das Recht des Staates, mit dem die Person durch gewöhnlichen Aufenthalt oder Lebenslauf am engsten verbunden ist. Bei **Staatenlosen** findet das Recht des Staates Anwendung, in dem sich der gewöhnliche Aufenthalt des Betroffenen befindet. In **gemischt-nationalen Ehen** mit deutscher Beteiligung richtet sich der Name des deutschen Ehegatten nach deutschem Recht. Eine spezielle Strafvorschrift für falsche oder unterlassene Angaben bestimmter Personalien im Ausländerrecht enthält § 95 Abs. 1 Nr. 5 AufenthG, der allerdings in Hinblick auf den nemo-tenetur-Grundsatz nicht unbedenklich ist, wenn gerade diese Angaben den Vorwurf eines straf- oder bußgeldbewehrten Verstoßes gegen das Ausländerrecht begründen können.

26 Beim **Beruf** kommt es für die Identitätsfeststellung und für sonstige Zwecke auf den tatsächlich ausgeübten, nicht den erlernten Beruf an. Anzugeben ist der Beruf nicht nur dann, wenn er zum Erwerb des Lebensunterhalts dient (**a. A.** KK-*Rogall* 43), sondern auch, wenn er wegen Arbeitslosigkeit derzeit nicht ausgeübt werden kann. Berufsähnliche Nebenbeschäftigungen sind ebenfalls anzugeben. Ein Student, der nebenbei als Taxifahrer tätig ist, darf sich als Student bezeichnen; ein Beamter, der nebenbei studiert, hingegen nicht (*Hamm* OLGSt a. F. § 111 S. 1). Begrifflich vom Beruf zu unterscheiden ist das Gewerbe, worunter eine selbstän-

Erster Abschnitt. Verstöße gegen staatliche Anordnungen § 111

dige berufsmäßige, fortgesetzte wirtschaftliche Betätigung mit Gewinnerzielungsabsicht zu verstehen ist. Sind Beruf und Gewerbe identisch, so ist das Gewerbe gleichwohl anzugeben.

Bei **geringfügigen OWi** ist der Betroffene zur Angabe seines Berufes nicht verpflichtet, wenn diese Angabe zur Identitätsfeststellung nicht erforderlich ist (KK-*Rogall* 43). 27

Wohnort ist nicht der **Wohnsitz** der Person, sondern ihr **gewöhnlicher Aufenthaltsort** (KK-*Rogall* 44). Es muss sich um den tatsächlichen Lebensmittelpunkt handeln. Ein nur **vorübergehender Aufenthaltsort** ist nicht Wohnort. Hat der Betroffene **mehrere Wohnorte**, so muss er alle angeben, es sei denn, dass erkennbar ein ganz bestimmter Wohnort erfragt wird (*RRH* 18). Hat eine Person aus rechtlichen oder tatsächlichen Gründen keinen eigenen Wohnsitz begründet, so gilt allein der gewöhnliche Aufenthaltsort. Gesetzlicher Wohnsitz von Berufs- oder Zeitsoldaten ist der Standort (§ 9 BGB). Wer nicht nur vorübergehend aus rechtlichen Gründen untergebracht ist, hat seinen gewöhnlichen Aufenthaltsort zwar im Regelfall nicht mehr am Wohnsitz, verliert den Wohnsitz aber nur dann, wenn er ihn aus Gründen der Unterbringung aufgibt oder etwa seine Wohnung unfreiwillig verliert. 28

Mit dem Begriff der **Wohnung** meint die Vorschrift **jeden umschlossenen Raum**, der zum Wohnen oder Schlafen benutzt wird. Wird der Betroffene nach seiner Wohnung gefragt, so muss er **Straße und Hausnummer** angeben, die sie bezeichnen, d. h. die Adresse, unter der er im Regelfall anzutreffen ist (KK-*Rogall* 48). 29

Abs. 1 nennt als angabepflichtiges Merkmal auch die **Staatsangehörigkeit.** Ihre Feststellung ist jedoch nicht stets erforderlich, weil im Regelfall die Identifikation des Betroffenen auch ohne Angabe der Staatsangehörigkeit möglich ist. Das Recht, nach der Staatsangehörigkeit zu fragen, hat unter dem Aspekt strafbaren oder ordnungswidrigen Verhaltens von Ausländern wieder größere Bedeutung erlangt und ist dann in Hinblick auf den nemo-tenetur-Grundsatz nicht unproblematisch. Unterlassene oder falsche Angaben können auch nach § 95 Abs. 1 Nr. 5 AufenthG strafbar sein. Besitzt eine Person die **doppelte Staatsangehörigkeit**, so sind beide Staatsangehörigkeiten anzugeben. Bei **Staatenlosigkeit** ist hierauf hinzuweisen. 30

31 **Unrichtige Angaben macht**, wer gegenüber dem zuständigen Amtsträger eine inhaltlich falsche Mitteilung über seine Personaldaten macht (KK-*Rogall* 51). Wie die Angaben gemacht werden, ist unerheblich. Eine besondere Form ist nicht vorgeschrieben. Unrichtig können auch unvollständige Angaben sein, etwa durch Weglassen eines Teils eines Doppelnamens. Ggf. erfordert die richtige Namensangabe auch die Klärung der Schreibweise, etwa durch Buchstabieren. Macht jemand unrichtige Angaben über den Personalstatus dritter Personen, so gilt die Vorschrift nicht (KK-*Rogall* 51; vgl. aber auch *Anwaltsgericht Freiburg* BRAK-Mitteilung 2002, 244). Es kommen aber u. U. Straftatbestände in Betracht (z. B. §§ 145d, 164, 169, 258 StGB).

32 Das **Verweigern der Angaben** besteht darin, dass der Täter nach einer Aufforderung, sich zu erklären, ausdrücklich oder durch schlüssiges Verhalten zum Ausdruck bringt, keine Angaben machen zu wollen. Bloßes **Unterlassen** reicht (*Hamm* NJW 1988, 274). Das **Niederschlagen des Amtsträgers** oder Soldaten und das Weglaufen können auch Formen der Verweigerung der Angaben sein (E/K/*Senge* 21). Wer es unterlässt, bei einer schriftlichen oder fernmündlichen Anhörung oder Befragung die von ihm verlangten Angaben zur Person zu machen, verwirklicht im Regelfall den Tatbestand. Gibt er nur einen Teil der für ihn erkennbar erforderlichen Angaben an, so liegt Verweigern der Angaben insgesamt vor. Voraussetzung ist, dass nach den fehlenden Persönlichkeitsmerkmalen gefragt worden ist und auch dann noch keine Auskunft erteilt wird (*BayObLG* NStZ 1988, 466).

33 Sind dem Amtsträger die erfragten Tatsachen **bereits bekannt** und weiß dies der Betroffene, so ist sein Handeln nicht tatbestandsmäßig.

34 **Mit der unrichtigen Angabe oder deren Verweigerung ist die Tat vollendet.** Wird der Betroffene vernommen, so kann erst bei deren Abschluss beurteilt werden, ob er gegen die Vorschrift verstoßen hat (*Göhler* NStZ 1981, 57). Bis dahin kann er die Angaben nachholen (*Zweibrücken* OLGSt a. F. § 111 S. 3) oder falsche Angaben in entsprechender Anwendung des § 158 StGB berichtigen (*Hamm* JMBlNW 1964, 129). Bricht der zuständige Amtsträger aufgrund des Verhaltens des Betroffenen die Vernehmung ab und leitet er Zwangsmaßnahmen zur Identitätsfeststellung ein, so liegt Vollendung vor (*Karlsruhe* Justiz 1984, 216). **Offenbart ein anderer** mit Billigung des Betroffenen die Personenangaben für den sich weigernden Betroffenen, so handelt dieser nicht tatbestandsmäßig (*Zweibrücken* NStZ 1981, 57).

Für den inneren Tatbestand ist Vorsatz erforderlich; bedingter Vorsatz 35 genügt. Der Vorsatz muss sich auf alle objektiven Tatbestandsmerkmale erstrecken. Dabei genügt es, dass der Täter die sachliche Bedeutung der Tatbestandsmerkmale nach Laienart erfasst hat (KK-*Rogall* 53). Nach Abs. 2 reicht aber auch, dass der Täter fahrlässig nicht erkennt, dass die Behörde, der Amtsträger oder der Soldat zuständig ist. Im Übrigen fehlt es an einem Fahrlässigkeitstatbestand, so dass eine Ahndung wegen einer fahrlässigen Zuwiderhandlung gegen Abs. 1 über die Grenzen des Abs. 2 hinaus ausscheidet (*Stuttgart* MDR 1983, 78).

Der Irrtum über die Zuständigkeit der erfragenden Stelle oder Person 36 ist **Tatbestandsirrtum**, der den Vorsatz ausschließt (*Göhler/König* 21; *Hamm* NJW 1988, 274). Wer die Befugnis zur Befragung im Einzelfall nicht als Tatbestandsmerkmal der Zuständigkeit ansieht, muss zumindest vom Verbotsirrtum ausgehen, der zur Ahndung führt, wenn er vermeidbar war. Ist der Befragte über den Grund der Befragung nicht hinreichend unterrichtet worden, so kommt Tatbestandsirrtum in Betracht, jedoch reicht bereits ein knapper Hinweis aus, um ihn auszuräumen. Glaubt der Befragte, dass die von ihm erfragten Angaben dem Amtsträger bereits bekannt sind, so liegt kein Verbotsirrtum, sondern ein Tatbestandsirrtum vor, der nicht nach Abs. 2 geahndet werden kann (*Göhler/König* 21).

Abs. 3 enthält eine Subsidiaritätsklausel sowie die verwirkte Geldbuße. 37 Die Subsidiaritätsklausel stellt klar, dass speziellere Vorschriften auch des Landesrechts vorgehen, soweit sie einen gleichgerichteten Normzweck aufweisen (KK-*Rogall* 63). Hierzu gehören vor allem die in den Meldegesetzen der Länder enthaltenen Bußgeldbestimmungen, ferner etwa § 5 Abs. 1 Nr. 2 PersonalauswG, § 25 Abs. 3 Nr. 1 PaßG, § 79a Abs. 2 Nr. 14 ZollG, § 50 Abs. 2 Nr. 10 MinÖlStDV. Gegenüber Straftaten tritt die Vorschrift schon nach § 21 Abs. 1 zurück. Als verdrängende Vorschriften kommen etwa die §§ 132a, 281 StGB, § 95 Abs. 1 Nr. 5, Abs. 2 Nr. 2 AufenthG in Betracht.

Bei einer vorsätzlichen Zuwiderhandlung beträgt das **Höchstmaß der** 38 **Geldbuße** 1000,– Euro, bei einer fahrlässigen Zuwiderhandlung nach Abs. 2 500,– Euro. Bei der Bemessung der Geldbuße ist das staatliche Interesse an der Personenfeststellung mit zu berücksichtigen (*Göhler/König* 23). Mildernd kann das Bestreben des Täters, eine Selbstbelastung zu vermeiden, berücksichtigt werden (KK-*Rogall* 65). **Die Verfolgung der OWi nach § 111 verjährt in sechs Monaten** (§ 31 Abs. 2 Nr. 4). Die Frist für die Vollstreckungsverjährung beläuft sich gemäß § 34 Abs. 2 Nr. 2 auf drei Jahre.

§ 112 Verletzung der Hausordnung eines Gesetzgebungsorgans

(1) Ordnungswidrig handelt, wer gegen Anordnungen verstößt, die ein Gesetzgebungsorgan des Bundes oder eines Landes oder sein Präsident über das Betreten des Gebäudes des Gesetzgebungsorgans oder des dazugehörigen Grundstücks oder über das Verweilen oder die Sicherheit und Ordnung im Gebäude oder auf dem Grundstück allgemein oder im Einzelfall erlassen hat.

(2) Die Ordnungswidrigkeit kann mit einer Geldbuße bis zu fünftausend Euro geahndet werden.

(3) Die Absätze 1 und 2 gelten bei Anordnungen eines Gesetzgebungsorgans des Bundes oder seines Präsidenten weder für die Mitglieder des Bundestages noch für die Mitglieder des Bundesrates und der Bundesregierung sowie deren Beauftragte, bei Anordnungen eines Gesetzgebungsorgans eines Landes oder seines Präsidenten weder für die Mitglieder der Gesetzgebungsorgane dieses Landes noch für die Mitglieder der Landesregierung und deren Beauftragte.

1 Die Vorschrift dient dem Schutz des **Hausrechts** und der **Polizeigewalt** in den Gebäuden der Gesetzgebungsorgane des Bundes und der Länder. Sie ergänzt § 106b StGB, der zusätzlich das Vorliegen der qualifizierenden Merkmale „hindern" oder „stören" verlangt. § 123 StGB verdrängt nach den allgemeinen Regeln die Vorschrift ebenfalls (*Göhler/König* 1).

2 Geschütztes Rechtsgut ist **die Tätigkeit der Gesetzgebungsorgane des Bundes** und der **Länder** gegen Störungen oder Behinderungen in einem Vorbereich (*Göhler/König* 2). Erfasst werden danach nur Formalverstöße gegen Anordnungen des Gesetzgebungsorgans oder seines Präsidenten über das Betreten, Verweilen sowie die Sicherheit und Ordnung, die allge-

mein oder vom Parlamentspräsidenten im Einzelfall getroffen werden. Eine allgemeine Anordnung in Gestalt einer Hausordnung ist ausreichend.

Gebäude des Gesetzgebungsorgans ist das Gebäude, **in dem das Parlament gerade tagt** und für das die Anordnungen im Einzelfall oder allgemein erlassen worden sind. Auf die Eigentums- und Besitzverhältnisse kommt es nicht an, sondern allein darauf, ob zur Zeit der Tat im Gebäude das Gesetzgebungsorgan funktionell tätig war (*RRH* 4). Hält das Parlament im Sinne von Abs. 1 eine auswärtige Sitzung ab, so gilt die Vorschrift für das Gebäude, in dem die auswärtige Sitzung stattfindet. 3

Ein **Grundstück** gehört dann zum Gebäude des Gesetzgebungsorgans, wenn es der Verwaltung des Gesetzgebungsorgans unterliegt und daher dem Parlamentspräsidenten das Hausrecht und die Polizeigewalt auch insoweit zusteht. 4

Anordnungen über das Betreten und Verweilen oder über die Sicherheit und Ordnung müssen von einem Gesetzgebungsorgan des Bundes oder eines Landes oder von seinem Präsidenten erlassen sein. Gesetzgebungsorgan des Bundes sind der Deutsche Bundestag und der Bundesrat. Gesetzgebungsorgane der Länder sind die Landtage, in den Stadtstaaten auch die Bürgerschaften, in Berlin das Abgeordnetenhaus sowie in Bayern auch der Bayerische Senat. Präsidenten der Gesetzgebungsorgane sind die Präsidenten des Deutschen Bundestages und des Bundesrates sowie die Präsidenten der gesetzgebenden Körperschaften des Landes. 5

Der Begriff des Präsidenten bezeichnet nicht die jeweiligen Amtsinhaber, sondern **das Amt als solches** (KK-*Rogall* 12). Im Vertretungsfall kann daher eine entsprechende Anordnung auch von dem oder den Vizepräsidenten des Gesetzgebungsorgans erlassen werden, die alsdann als Präsident tätig werden. Die Vorsitzenden der Parlamentsausschüsse sind unter keinem Aspekt Präsident der Gesetzgebungsorgane, auch nicht der Vorsitzende des Vermittlungsausschusses. 6

Die Anordnungen über das Betreten und Verweilen oder über die Sicherheit und Ordnung müssen übertreten sein. Anordnungen mit anderem Inhalt werden durch die Vorschrift nicht geschützt. Eine bestimmte Form ist für die Anordnungen nicht vorgesehen, so dass sie sowohl mündlich als auch schriftlich getroffen werden können. In der Regel sollte die 7 schriftliche Anordnung bevorzugt werden, weil sie der Rechtsklarheit dient.

8 Nach Abs. 3 ist der Täterkreis auf das Publikum beschränkt. Bundestagsabgeordnete, Mitglieder und Vertreter der Bundesregierung und des Bundesrats fallen nicht unter die Vorschrift, selbst wenn sich die Anordnung gegen sie richtet oder wenn sie im Einzelfall von einer entsprechenden Anordnung betroffen sind. Dasselbe gilt für die einzelnen Landesparlamente hinsichtlich ihrer Parlamentsabgeordneten, der Mitglieder ihrer Landesregierungen und deren Beauftragte.

9 Halten sich Bundestagsabgeordnete und Mitglieder der Bundesregierung in den einzelnen Landesparlamenten auf oder Mitglieder der Landesparlamente und der Landesregierungen im Bereich der Gesetzgebungsorgane des Bundes oder eines anderen Landes auf, so sind sie Publikum im Sinne der Vorschrift.

10 Die Geldbuße beträgt zwischen 5,– Euro (§ 17 Abs. 1) und 5000,– Euro (Abs. 2). Die Verfolgung der Tat verjährt in zwei Jahren (§ 31 Abs. 2 Nr. 2), die Vollstreckungsverjährung folgt aus § 34 Abs. 2 und ist abhängig von der Höhe der verhängten Geldbuße.

§ 113 Unerlaubte Ansammlung

(1) Ordnungswidrig handelt, wer sich einer öffentlichen Ansammlung anschließt oder sich nicht aus ihr entfernt, obwohl ein Träger von Hoheitsbefugnissen die Menge dreimal rechtmäßig aufgefordert hat, auseinanderzugehen.

(2) Ordnungswidrig handelt auch der Täter, der fahrlässig nicht erkennt, daß die Aufforderung rechtmäßig ist.

(3) Die Ordnungswidrigkeit kann in den Fällen des Absatzes 1 mit einer Geldbuße bis zu eintausend Euro, in den Fällen des Absatzes 2 mit einer Geldbuße bis zu fünfhundert Euro geahndet werden.

1 Die Vorschrift schützt die öffentliche Sicherheit und Ordnung vor Gefährdungen, die durch Ansammlungen entstehen können, seien sie friedlich oder auch unfriedlich. Sie ist anstelle des Art. 2 des 3. StrRG getreten, der den außer Kraft getretenen § 116 StGB a. F. und den ebenfalls aufgehoben § 29 Nr. 4 VersG ersetzt hatte; Letzterer ist allerdings als § 29 Abs. 1 Nr. 2 im Jahr 1978 in das Versammlungsgesetz wieder eingefügt worden (*Göhler/König* 1). Mit der Umwandlung des § 116 StGB a. F. in eine OWi hatte der Gesetzgeber der Kritik Rechnung getragen, die die Vereinbarkeit des § 116 StGB a. F. mit den Art. 5 und 8 GG in Zweifel zog (*von Simson* ZRP 1968, 10; *Ott* NJW 1969, 454 und DRiZ 1969, 66) und die andererseits das in § 116 StGB a. F. umschriebene tatbestandsmäßige Verhalten, nämlich das Verbleiben in einer Menschenansammlung trotz polizeilicher Aufforderung, sich zu entfernen, nicht als kriminelles Unrecht, sondern als typisches Verwaltungsunrecht ansah (*Corves*, Sonderausschuss BT für die Strafrechtsreform 5/*3011* und Protokolle des Sonderausschusses 6/20 ff.; *Baumann* ZRP 1969, 85 ff.).

Die Vorschrift gibt nicht die Befugnis, Ansammlungen aufzulösen, sondern setzt voraus, dass diese Befugnis nach anderen Vorschriften bereits besteht. Sie umschreibt einen **Gefährdungstatbestand**, der durch Begehen oder Unterlassen verwirklicht werden kann (*RRH* 8) und ist Auffangtatbestand gegenüber dem Landfriedensbruch nach § 125 StGB (E/K/ *Senge* 1; zur Entstehungsgeschichte der Vorschrift im Einzelnen KK-*Rogall* 4). 2

Der Begriff der Ansammlung stimmt mit dem der Menschenmenge in §§ 124, 125 StGB überein (*RRH* 4). Es müssen sich so viele Menschen versammelt haben, dass es auf das Hinzukommen oder Weggehen einzelner Personen nicht mehr ankommt (*Düsseldorf* NStZ 1990, 339). Im Regelfall ist dabei auch der einzelne Teilnehmer nicht mehr in der Lage, mit jedem anderen unmittelbar in Verbindung zu treten (*Schleswig* SchlHA 1976, 167). Jedenfalls muss die Zahl der Teilnehmer unbestimmt und auf den ersten Blick nicht überschaubar sein (*RRH* 4). 3

Demgemäß sind sicherlich sechs Raufbolde (*RGSt* 9, 147), **elf Jugendliche oder zwölf andere Personen** (*BGH* bei *RRH* 4) noch keine Menschenmenge in diesem Sinne (*Düsseldorf* NJW 1990, 2699 für eine geschlossene Gruppe von elf Jugendlichen; *Schleswig* SchlHA 1976, 167 für sechs bis sieben Personen, die einer untereinander bekannten Gruppe zugehören; vgl. auch *KG* NJW 1985, 209). 4

Entstehungsgrund und **Zweck** der Ansammlung sind gleichgültig (*Göhler/König* 4), ebenso, welcher Zweck oder welche gemeinsamen Interes- 5 sen die Menschenmenge verbinden (KK-*Rogall* 7; vgl. auch *Düsseldorf* MDR 1990, 80). Gleichgültig ist ferner, ob es sich um eine friedliche oder unfriedliche Ansammlung handelt (*RRH* 5). Ansammlung kann schließlich eine beendete oder aufgelöste Versammlung oder ein aufgelöster Aufzug im Sinne des § 1 Abs. 1 VersG sein (*KG* NJW 1985, 209).

6 Die Ansammlung muss öffentlich sein. Dies ist sie, wenn die Möglichkeit besteht, dass sich an ihr beliebig viele nicht namentlich oder sonst individuell bezeichnete Personen beteiligen können, und zwar selbst dann, wenn die Beteiligung von der Erfüllung einer Bedingung wie etwa der Zahlung von Eintrittsgeld abhängt (*RRH* 7). Öffentlich in diesem Sinne heißt nicht, dass die Ansammlung auf öffentlichen Plätzen oder Wegen stattfinden muss oder dass sie von der Öffentlichkeit gesehen werden kann (E/K/*Senge* 3).

7 Öffentlich in diesem Sinne kann auch ein **in sich abgeschlossener Personenkreis** sein, wie etwa die Gesamtzahl der Besucher einer großen Sportveranstaltung (*Hamm* NJW 1951, 206) oder die Zusammenrottung der Angehörigen eines Großbetriebes (*Göhler/König* 5).

8 Tathandlung ist das Nichtbeachten der dreimaligen **rechtmäßigen Aufforderung eines Trägers** von Hoheitsbefugnissen auseinander zu gehen oder der Anschluss an die Ansammlung unter der genannten Voraussetzung. **Nicht tatbestandsmäßig** handelt, wer aufgrund tatsächlicher Gegebenheiten die Aufforderung nicht befolgen kann, weil er etwa in der Ansammlung eingekeilt ist (E/K/*Senge* 4). Dies ergibt sich aus dem Charakter der Tatbestandsalternative des Sich-nicht-Entfernens als echtes Unterlassungsdelikt: Unmögliches verlangt das Recht nicht.

9 Träger von Hoheitsbefugnissen im Sinne der Vorschrift sind Amtsträger im Sinne von § 11 Abs. 1 Nr. 2 StGB, für den öffentlichen Dienst besonders Verpflichtete im Sinne von § 11 Abs. 1 Nr. 4 StGB oder Soldaten der Bundeswehr (*Göhler/König* 6). Soldaten, Beamte oder sonstige Bedienstete der Nato-Streitkräfte, die im Geltungsbereich des Gesetzes stationiert sind, gehören nicht dazu (KK-*Rogall* 17; *RRH* 9; **a. A.** *Göhler/König* 6).

10 Einer öffentlichen Ansammlung schließt sich an, wer in eine räumliche Beziehung zu ihr tritt und sich damit zum Teil der Menge macht (KK-*Rogall* 13). Wer der Ansammlung bereits angehört, kann sich nicht mehr zu ihrem Bestandteil machen. Andererseits erfüllt objektiv gesehen auch der

Erster Abschnitt. Verstöße gegen staatliche Anordnungen § 113

dienstlich tätige **Polizeibeamte** oder der **Presseberichterstatter**, der sich in die Ansammlung begibt, den Tatbestand (KK-*Rogall* 13). Für den Polizeibeamten ist der dienstliche Auftrag jedoch im Regelfall Rechtfertigungsgrund, während dies auch unter dem Gesichtspunkt des öffentlichen Interesses an der Berichterstattung für den Reporter nicht sein muss.

Der Täter entfernt sich nicht, wenn er es unterlässt, den räumlichen Zusammenhang mit der Menge aufzugeben (*BGH* NJW 1954, 438). Er hat sich entfernt, wenn er infolge der räumlichen Distanzierung von der Menge nicht mehr als deren Mitglied betrachtet werden kann. Ist er aus objektiven Gründen handlungsunfähig, so fehlt es bereits an der Tatbestandsmäßigkeit (*BGH* NJW 1954, 766; oben Rn. 8). Ist das Verlangen, sich zu entfernen, lediglich unzumutbar für den Betroffenen, so schließt dies zumindest die Vorwerfbarkeit aus (KK-*Rogall* 14). **11**

Welcher Zeitraum für das Sich-Entfernen zur Verfügung steht, ist nicht geregelt. Dem Sinn und Zweck der Vorschrift entsprechend handelt jedoch bereits ordnungswidrig, wer sich nicht **unverzüglich** entfernt, nachdem die Aufforderungen erfolgt sind. Ist der Betroffene an dem Ort der Ansammlung geblieben und hat sich die Menge bereits vor der dritten Aufforderung aufgelöst, so handelt er nicht tatbestandsmäßig, weil eine durch Hoheitsträger aufzulösende öffentliche Ansammlung nicht mehr besteht (**a. A.** KK-*Rogall* 15). **12**

Entfernt sich die Menge im **geschlossenen Zug**, so liegt kein Auseinandergehen vor, es sei denn, dass dadurch der Grund der Störung wegfällt. Ist dies nicht der Fall, so hat sich der Einzelne nicht aus der Menge entfernt und damit ordnungswidrig gehandelt (KK-*Rogall* 15). **13**

Die **dreimalige Aufforderung zum Auseinandergehen** muss sich an die Menge als solche richten, nicht an den Einzelnen. Ob der Einzelne selbst die Aufforderung hört oder ob er sie von anderen erfährt, ist gleichgültig (*Göhler/König* 11). Auf den Wortlaut der Aufforderung kommt es nicht an, sofern sie genügend bestimmt ist und verdeutlicht, dass jeder Einzelne den räumlichen Zusammenhang mit der Menge lösen soll (*KG* NJW 1985, 209). Nicht ausreichend ist die Aufforderung, nur den Platz zu wechseln oder einen bestimmten Raum freizumachen (*Göhler/König* 11). Im Interesse der Klarheit sollte der Hoheitsträger jede Aufforderung mit der ihr zukommenden Ziffer bezeichnen. Zwischen den drei Aufforderun- **14** gen muss ein angemessener, jedoch nicht zu großzügig bemessener Zeitraum liegen (KK-*Rogall* 18).

15 **Die Aufforderung zum Auseinandergehen muss rechtmäßig sein.** Dies ist sie nur dann, wenn eine gesetzliche Grundlage für sie sowie die sachliche und örtliche Zuständigkeit des Hoheitsträgers gegeben ist (*RRH* 11). Seine Zuständigkeit richtet sich nach der Zuständigkeit der Behörde, für die er tätig ist. Außerhalb des VersG (Rn. 16) ist Rechtsgrundlage für die Aufforderung nach § 113 das Polizeirecht. Eine Ansammlung darf danach aufgelöst werden, wenn von ihr Gefahren für die öffentliche Sicherheit und Ordnung ausgehen. Soweit und solange dies nicht der Fall ist, steht den Teilnehmern der Ansammlung ein Recht auf Verbleiben am Ort der Ansammlung zu. Wie sich aus Abs. 2 ergibt, ist die Rechtmäßigkeit Tatbestandsmerkmal (*Göhler/König* 7) Jede einzelne der drei Aufforderungen auseinander zu gehen muss rechtmäßig sein.

16 **Die Voraussetzungen für die Auflösung einer Versammlung** oder eines Aufzuges im Sinne von § 1 Abs. 1 VersG richtet sich nach §§ 13 Abs. 1, 15 Abs. 2 und 3 VersG. Zulässig sind in diesem Zusammenhang auch **präventive Verbote** und **Auflösungen von Versammlungen**, sofern dies zum Schutz wichtiger Gemeinschaftsgüter unter Wahrung des Grundsatzes der Verhältnismäßigkeit erforderlich ist. Entsprechendes gilt für Eil- und Spontanversammlungen, für die ebenfalls § 15 Abs. 1 VersG gilt (*Düsseldorf* JMBlNW 1981, 284).

17 **Handelt der zuständige Amtsträger ermessensfehlerhaft,** so ist die Rechtmäßigkeit seiner Aufforderung hiervon nicht berührt, es sei denn, dass es sich um eine willkürliche Entscheidung handelt (*Düsseldorf* NStZ 1984, 514). Ob seine Anordnung zweckmäßig ist, wird im Bußgeldverfahren nicht geprüft (KK-*Rogall* 22), wohl aber, ob sie erforderlich und verhältnismäßig war (*RRH* 26).

18 **Die Tat kann nur vorsätzlich begangen werden.** Der Betroffene muss die Aufforderung zum Auseinandergehen selbst akustisch wahrgenommen und ihren Inhalt verstanden haben. Er handelt aber auch vorsätzlich, wenn er die Aufforderung von anderen Teilnehmern erfahren oder wenn er aus dem Verhalten der übrigen Mitglieder der Ansammlung geschlossen hat, dass sie ergangen ist (*Göhler/König* 13).

19 **Ist der Betroffene irrtümlich der Meinung, er habe keine Möglichkeit**, sich zu entfernen, so handelt er nicht vorsätzlich. Sein Irrtum über

Erster Abschnitt. Verstöße gegen staatliche Anordnungen § 114

die Rechtspflicht, die Anordnung auch befolgen zu müssen, ist Verbotsirrtum, der zumeist vermeidbar sein dürfte (E/K/*Senge* 14). Der Vorsatz ist ferner nicht ausgeschlossen, wenn der Betroffene die Aufforderung nur für unzweckmäßig hält und deshalb glaubt, sie sei nicht rechtmäßig (*Göhler/König* 13).

Nach Abs. 2 handelt der Täter auch ordnungswidrig, wenn er **fahrlässig nicht erkennt**, dass die Aufforderung rechtmäßig ist. Fahrlässigkeit liegt vor, wenn der Betroffene bei Anwendung der gebotenen und zumutbaren Sorgfalt hätte erkennen können, dass die Aufforderung rechtmäßig ist. **20**

Nach Abs. 3 beträgt die **Geldbuße** bei vorsätzlichem Handeln mindestens 5,– Euro (§ 17 Abs. 1) und höchstens 1000,– Euro. Bei fahrlässigem Handeln beträgt das Höchstmaß der Geldbuße 500,– Euro. Die Frist für die Verfolgungsverjährung beträgt nach § 31 Abs. 2 Nr. 4 sechs Monate. **21**

Beim **Zusammentreffen mit Straftatbeständen** tritt § 113 stets zurück (§ 21), ist also nicht Spezialtatbestand zu einem Straftatbestand (*Göhler/König* 14). Im Verhältnis zu § 29 Abs. 1 Nr. 2 VersG ist § 113 spezieller, soweit die Vorschrift das Nichtentfernen erfasst (*Düsseldorf* NStZ 1984, 513). Zwischen beiden Tatbeständen besteht demnach nicht Tateinheit, sondern Gesetzeskonkurrenz. Der Vorschrift vorgehende spezielle Bußgeldvorschriften finden sich in den Katastrophenschutzgesetzen einzelner Länder hinsichtlich der Nichtbefolgung von Anordnungen zur Räumung von Einsatzorten im Katastrophenfall. **22**

§ 114 Betreten militärischer Anlagen

(1) Ordnungswidrig handelt, wer vorsätzlich oder fahrlässig entgegen einem Verbot der zuständigen Dienststelle eine militärische Einrichtung oder Anlage oder eine Örtlichkeit betritt, die aus Sicherheitsgründen zur Erfüllung dienstlicher Aufgaben der Bundeswehr gesperrt ist.

(2) Die Ordnungswidrigkeit kann mit einer Geldbuße geahndet werden.

Die Vorschrift schützt die **Sicherheit militärischen Geländes** gegen die Anwesenheit Unbefugter, die zu Störungen oder Ausspähungen führen kann. Sie ergänzt § 109g StGB (E/K/*Senge* 1) und § 123 StGB (KK-*Ro-* **1** *gall* 1). Ermöglicht wird insbesondere die Ahndung von Verstößen, bei denen ein weitergehender, etwa landesverräterischer Vorsatz nicht nachweisbar ist (*Karlsruhe* NJW 1973, 1811). Die Regelung als OWi hat zur Folge, dass bei Erfüllung des Tatbestandes nur ein Festhalten des Täters zur Identitätsfeststellung möglich ist, sofern kein Verdacht für eine Straftat gegeben ist (vgl. § 46 Abs. 3 Satz 1; *Göhler/König* 1). Hinsichtlich des Anhalterechtes und des Rechtes der Personenüberprüfung in militärischen Sicherheitsbereichen gelten ferner die §§ 4, 5 Abs. 1 Nr. 1 und Abs. 2 UZwGBw.

2 **Täter** kann jederman sein, auch ein Soldat der Bundeswehr, der unbefugt militärische Einrichtungen oder Anlagen oder aus Sicherheitsgründen gesperrte Örtlichkeiten betritt (*Karlsruhe* NJW 1973, 1811). Dabei sind militärische Einrichtungen und Anlagen wie in § 109g StGB nur solche, die unmittelbar der Erfüllung der Aufgaben der Bundeswehr, nicht des Bundesgrenzschutzes (*Düsseldorf* VRS 82, 46) bzw. der Bundespolizei dienen und deren Verfügungsgewalt unterworfen sind.

3 Nur die Sicherheit militärischen Geländes wird geschützt. **Die Vorschrift gilt nicht für Einrichtungen und Anlagen der gewerblichen Wirtschaft**, auch nicht für solche, die nur im Zusammenhang mit den Aufgaben der Bundeswehr stehen oder als Energieversorgungsbetriebe den Bedarf der Bundeswehr decken, es sei denn, sie unterliegen der Verfügungsgewalt der Bundeswehr (*Göhler/König* 2).

4 **Ob sich die militärische Anlage noch im Bau befindet oder bereits fertig gestellt wurde**, ist gleichgültig, sofern schon das Gelände militärisch genutzt wird. Geschützt sind wohl nicht Sportplätze, Kasinos oder Kantinen, auch wenn sie einer Einrichtung der Streitkräfte zugeordnet sind und von ihnen genutzt werden. Sie haben keine spezifisch militärische Bedeutung (*VG Schleswig* NJW 1987, 87; KK-*Rogall* 9).

5 Zu den **Einrichtungen und Anlagen gehören im Übrigen** Land-, Luft- und Wasserfahrzeuge, Kasernen, Befestigungen, Beobachtungsstellen, Übungsplätze, Munitionslager, Flugplätze, Flugzeughallen und Marinestützpunkte, wobei es auf die Eigentumsverhältnisse an den Einrichtungen und Anlagen nicht ankommt (E/K/*Senge* 5).

6 **Örtlichkeiten, die weder Einrichtungen noch Anlagen sind**, werden nur geschützt, wenn sie aus **Sicherheitsgründen** zur Erfüllung dienstli-

Erster Abschnitt. Verstöße gegen staatliche Anordnungen § 114

cher Aufgaben der Bundeswehr in **äußerlich erkennbarer Weise gesperrt** sind. Eine Örtlichkeit in diesem Sinne ist ein Grundstück oder eine Fläche, die im Übrigen keine militärische Einrichtung oder Anlage darstellt und bei der es an einer ständigen Verfügungsgewalt der Streitkräfte fehlt (KK-*Rogall* 12). Die Fläche muss abgrenzbar sein. Ganze Gemeindebezirke oder Ortschaften sind keine Örtlichkeiten im Sinne der Vorschrift.

Dienstliche Aufgaben müssen militärische Vorgänge sein, etwa Übungen, Marschbewegungen, Transporte von Waffen und Geräten. Aufgaben der Landesverteidigung brauchen nicht wahrgenommen zu werden, jedoch muss es sich um militärisch-spezifische Tätigkeiten der Bundeswehr mit unmittelbarem Bezug zu ihrem Verteidigungsauftrag handeln. Die **Absperrung für eine Parade** oder zum **Katastrophenschutz** fällt daher nicht unter die Vorschrift (KK-*Rogall* 16). Bei Truppenübungsplätzen, die von verbündeten Truppen in der Bundesrepublik Deutschland benutzt werden, ist deren Kommandant befugt, die Sperre anzuordnen (*Düsseldorf* NStZ 1987, 332). 7

Tathandlung ist das Betreten der Einrichtung, Anlage oder gesperrten Örtlichkeit. Der Betroffene betritt, wenn er mit seinem ganzen Körper oder mit einem Körperteil in den geschützten Bereich hineingelangt (*RRH* 7). Auch das Befahren des Sperrbereichs mit einem Fahrzeug zu Land oder zu Wasser erfüllt den Tatbestand, nicht jedoch das Überfliegen. Insoweit können jedoch die §§ 26, 61, 62 LuftVG gelten. Kein Betreten liegt vor, wenn der Täter Gegenstände in den Schutzbereich einbringt, ohne in ihn selbst einzudringen (KK-*Rogall* 21). 8

Verweilt der Betroffene in dem geschützten Bereich nach Kenntniserlangung von dem Verbot, ihn zu betreten oder nach Entzug der Erlaubnis zum Betreten, so handelt er nicht tatbestandsmäßig, weil die Vorschrift nur das verbotswidrige Betreten erfasst. In diesem Falle kann § 123 StGB vorliegen (KK-*Rogall* 22). 9

Die Handlung des Betroffenen muss gegen ein Verbot der zuständigen Dienststelle verstoßen. Das Verbot ist öffentlich-rechtlicher Natur (*Düsseldorf* NStZ 1987, 333) und folgt aus der rechtmäßigen Verfügungsgewalt der Streitkräfte über die geschützten Örtlichkeiten. Es ist an keine besondere Form gebunden, kann demnach schriftlich, mündlich oder 10 durch Verlautbarungen in Presse und Rundfunk bekannt gegeben werden (KK-*Rogall* 24). Es muss auch nicht an Ort und Stelle erkennbar, sondern überhaupt bekannt gemacht sein, jedoch sind Verbots- und Warnungshinweise zur Klarstellung der Rechtslage vorzugswürdig.

11 **Welche Dienststelle für das Betretungsverbot zuständig ist**, regelt die Bundeswehr. Sie ergibt sich aus den Ausführungsbestimmungen zum UZwGBw. Die Zuständigkeit ist Tatbestandsmerkmal, nicht jedoch die Frage, ob das Betretungsverbot erforderlich oder zweckmäßig war (*Düsseldorf* NStZ 1987, 333).

12 Auch **fahrlässiges Handeln** reicht zur Erfüllung des Tatbestandes aus. Gelangt jemand **versehentlich** in ein Sperrgebiet, so verstößt er nur fahrlässig gegen das Betretensverbot (**a. A.** *Göhler/König* 9). Kann nicht festgestellt werden, ob der Betroffene vorsätzlich oder fahrlässig gehandelt hat, so liegt jedenfalls fahrlässige Tatbegehung nahe.

13 Die **Geldbuße** beträgt mindestens 5,– Euro und bei vorsätzlichem Handeln höchstens 1000,– Euro (§ 17 Abs. 1), bei Fahrlässigkeit höchstens 500,– Euro (§ 17 Abs. 2). Die OWi nach § 114 kann mit Straftaten nach den §§ 96, 99, 109e, 109g, 123 StGB zusammentreffen. Ist dies der Fall, dann gilt § 21 Abs. 1. Die Verfolgung der Tat verjährt in sechs Monaten (§ 31 Abs. 2 Nr. 4). Vollstreckungsverjährung tritt nach drei Jahren ein (§ 34 Abs. 2 Nr. 2).

§ 115 Verkehr mit Gefangenen

(1) Ordnungswidrig handelt, wer unbefugt
1. **einem Gefangenen Sachen oder Nachrichten übermittelt oder sich von ihm übermitteln läßt oder**
2. **sich mit einem Gefangenen, der sich innerhalb einer Vollzugsanstalt befindet, von außen durch Worte oder Zeichen verständigt.**

(2) Gefangener ist, wer sich auf Grund strafgerichtlicher Entscheidung oder als vorläufig Festgenommener in behördlichem Gewahrsam befindet.

(3) Die Ordnungswidrigkeit und der Versuch einer Ordnungswidrigkeit können mit einer Geldbuße geahndet werden.

Erster Abschnitt. Verstöße gegen staatliche Anordnungen § 115

Die Vorschrift bezweckt, die **unkontrollierte Kontaktaufnahme mit Gefangenen** zu verhindern. Sie ist durch das EGStGB an die Stelle des früheren Übertretungstatbestandes des § 1 der PolizeiVO vom 20. Februar 1941 (RGBl. I 104) getreten (zur Entstehungsgeschichte KK-*Rogall* 4). Über sie hinausgehende Regelungen im Landesrecht sind zulässig und teilweise eingeführt. **1**

Die Vorschrift setzt nicht voraus, dass die unmittelbar oder mittelbar geschützten Rechtsgüter verletzt oder konkret gefährdet worden sind. Sie ist abstraktes Gefährdungsdelikt, bei dem die Sanktion Verhaltensweisen gilt, die im Hinblick auf das geschützte Rechtsgut generell vom Gesetzgeber als gefährdend angesehen worden sind (KK-*Rogall* 3). Sie dient so der Aufrechterhaltung von Sicherheit und Ordnung in den Vollzugsanstalten, mithin dem geordneten Ablauf des Strafvollzugs, aber auch ganz allgemein dem Schutz der Strafverfolgung vor Beeinträchtigung, der Durchsetzung der Strafvollstreckung sowie der Verhinderung von Straftaten (*RRH* 2). **2**

Sie ergänzt also die Anstaltsordnung und die sonstigen rechtlichen Regelungen des Strafvollzugs. Dabei erfasst sie nicht alle Fälle der Kontaktaufnahme mit einem Gefangenen, sondern beschränkt sich auf das unbefugte Übermitteln von Sachen oder Nachrichten (Abs. 1 Nr. 1) und das unbefugte Verständigen von außen (Abs. 1 Nr. 2). Sie betrifft nicht harmlose Kontaktaufnahmen wie z. B. einen Zuruf, der noch keine Nachricht ist oder eine bloße Begrüßung von außen (*Göhler/König* 3). **3**

Täter kann jeder sein, der nicht selbst als Gefangener notwendig an der Tat beteiligt ist (E/K/*Senge* 2), insbesondere Vollzugsbeamte (*BayObLG* NJW 1962, 1687), Arbeitnehmer der Wirtschaftsbetriebe in den Vollzugsanstalten, Besucher, Rechtsanwälte, Angehörige des Täters und Mitgefangene, die andere zur Begehung einer der in Abs. 1 genannten Handlungen veranlasst oder sie darin unterstützt haben. Auch der Verteidiger ist nicht befugt, andere als der Verteidigung dienende Nachrichten und Gegenstände aus der Haftanstalt hinaus zu befördern (*Dresden* NStZ 1998, 535), zumindest wenn diese über bloße sozialadäquate Grüße hinausgehen. Handeln Angehörige des Gefangenen, so gilt § 258 Abs. 6 StGB nicht entsprechend (KK-*Rogall* 8). Allerdings liegt hier die Anwendung des § 47 besonders nahe, zumindest aber die Berücksichtigung der bestehenden Konfliktlage bei der Bemessung der Geldbuße (*RRH* 21). **4**

5 Nach Abs. 1 Nr. 1 handelt ordnungswidrig, wer einem Gefangenen **Sachen oder Nachrichten übermittelt oder sich von ihm übermitteln lässt.** Sachen sind körperliche Gegenstände (§ 90 BGB). Gleichgültig ist, ob die Sache für die Sicherheit oder Ordnung in der Anstalt gefährlich und für den Gefangenen nützlich sein kann (*RRH* 11). Gemeint sind aber in erster Linie Gegenstände, die für einen Ausbruch oder die Verständigung mit anderen Gefangenen geeignet sind, ferner Lebens- und Genussmittel, Waffen, Rundfunkempfänger, Kassiber, Briefe und sonstige Gegenstände, die den Gefangenen auf befugtem Wege nicht erreichen würden.

6 **Nachricht** ist jede Mitteilung mit einem allgemein oder wenigstens dem Gefangenen und dem Täter verständlichen Gedankeninhalt (vgl. *BayObLG* NJW 1985, 2601). Nachricht in diesem Sinne kann auch eine Buchstaben-, Zahlen- oder Tonfolge, eine Abbildung, ein kryptierter Text oder eine sonstige getarnte Gedankenübermittlung sein. Handelt es sich um schriftliche Nachrichten, so ist, auch wenn es sich um eine Sache handelt, Nr. 2 wohl spezieller (**a. A.** *RRH* 12).

7 **Übermitteln** ist die Weitergabe einer außerhalb des Anstaltsbereichs stammenden Sache oder Nachricht an den Gefangenen im Anstaltsbereich und umgekehrt. Ob der Übermittler eigene Sachen oder Nachrichten an den Gefangenen gelangen lässt oder im Auftrag eines Dritten handelt, ist gleichgültig. Übermitteln im Sinne der Vorschrift liegt ferner vor, wenn die Sache oder Nachricht dem Gefangenen bei einer Außenarbeit übermittelt wird, damit er sie selbst in den Anstaltsbereich hineinbringt (*RRH* 15), aber auch, wenn die übermittelte Sache oder Nachricht vom Gefangenen noch außerhalb der Anstalt verbraucht oder verwendet werden soll (KK-*Rogall* 19). Die Form der Nachrichtenübermittlung spielt keine Rolle. Sie können durch Funk, per Draht, auf elektronischem Wege usw. übermittelt werden.

8 **Gefangene unter sich**, die sich innerhalb des Anstalts- und Verwahrbereichs befinden, handeln im Regelfall nicht tatbestandsmäßig (KK-*Rogall* 20), es sei denn, dass einem Mitgefangenen Zugriff auf anstaltsfremde oder für diesen nicht bestimmte anstaltseigene Objekte eröffnet wird. Dies gilt aber nur dann, wenn damit zugleich der Schutzzweck der Vorschrift berührt ist.

9 **Das Übermittelnlassen** bedeutet die Entgegennahme von Sachen oder Nachrichten, die von einem Gefangenen stammen. Ob der Gefangene sie

selbst unmittelbar nach draußen gelangen lässt oder ob er sie mit Hilfe eines Verteidigers, dem er eine Nachricht mündlich diktiert oder mitteilt, durch Vermittlung eines Vollzugsbediensteten, eines beurlaubten Gefangenen oder eines Freigängers einem Dritten übermittelt, ist gleichgültig (*Göhler/König* 12), jedoch muss sich der Gefangene zur Tatzeit in behördlichem Gewahrsam befinden, auch wenn sein Aufenthalt im Anstaltsbereich nicht erforderlich ist (KK-*Rogall* 2).

Nicht erforderlich ist, dass der Gefangene **vorsätzlich und vorwerfbar** handelt. Der Betroffene lässt sich auch dann etwas übermitteln, wenn er den Gefangenen über den Handlungssinn täuscht oder ihm eine Übermittlung abnötigt. Mögliche Dritte im Sinne der Vorschrift sind auch beurlaubte Mitgefangene, Freigänger oder Besucher. 10

Nach Abs. 1 Nr. 2 handelt ferner ordnungswidrig, wer sich mit einem Gefangenen, der sich innerhalb einer Vollzugsanstalt befindet, **von außen durch Worte oder Zeichen verständigt.** Vollzugsanstalten im Sinne der Vorschriften sind Justizvollzugsanstalten, Polizeigefängnisse, psychiatrische Krankenhäuser und Entziehungsanstalten im Falle der Unterbringung im Maßregelvollzug sowie Heime der Jugendhilfe nach §§ 71 Abs. 2, 72 Abs. 4 JGG. Kontaktaufnahmen zu Gefangenen, die sich außerhalb der Anstalt befinden, sind von der Vorschrift nicht erfasst. Bei Außenarbeiten von Gefangenen ist eine Kontaktaufnahme mit Dritten unumgänglich und soll auch nicht verhindert werden. Der Täter muss sich allerdings außerhalb der Anstalt befinden. 11

Die Verständigung muss durch Worte oder Zeichen erfolgen. Sind Worte oder Zeichen als Nachricht anzusehen, so gilt Nr. 1. Tatbestandsmäßig ist im Übrigen jede Verständigung, die über harmlose Zurufe und bloße Begrüßungen hinausgeht. Die Art der Verständigung spielt keine Rolle. Es kann sich um Zurufe an einen oder mehrere Gefangene, Sprechchöre vor dem Anstaltsgebäude, Abspielen von Tonbändern, Morse- und Lichtsignale, akustische Signale durch Klopfen an Metallgegenstände usw. handeln. Hierher gehören auch Flaggensignale sowie das für den Gefangenen sichtbare Hochheben von Transparenten mit bildhaften Darstellungen, während das Hochhalten geschriebener Texte Verständigung durch Worte ist (E/K/*Senge* 15). 12

Das Handeln muss unbefugt sein. Eine Befugnis zur Übermittlung von Sachen oder Nachrichten kann sich aus dem StVollzG, der UVollzO, der 13

Anstaltsordnung oder auch aus Gründen der Sozialadäquanz ergeben. Dabei hängt es von den Umständen des Einzelfalles ab, ob im Übrigen tatbestandsmäßiges Verhalten wegen des Fehlens des Merkmals unbefugt schon den objektiven Tatbestand entfallen lässt oder rechtfertigend wirkt (Begründung BT-Drucks. 7/550 S. 352). Tatbestandsausschließend wirken etwa das Überlassen von Gegenständen im Rahmen des Üblichen oder der Anstaltsordnung anlässlich eines Besuchs oder Mitteilungen über Tatsachen aus der Außenwelt bei demselben Anlass (*Göhler/König* 20).

14 **Rechtfertigend** wirkt andererseits, wenn der Verteidiger im Rahmen des freien Verkehrs mit dem Beschuldigten (§ 148 StPO) diesem Nachrichten übermittelt, die sachlich durch die Verteidigung gedeckt sind, es sei denn, dass der Verteidiger seine Rechte nach § 148 StPO überschreitet, etwa indem er Kassiber, Werkzeuge u. Ä. übermittelt (KK-*Rogall* 33).

15 Eine **behördliche Erlaubnis**, die sich auf eine Rechtsvorschrift stützen lassen muss, rechtfertigt. Die Unterstützung eines materiell unschuldigen Gefangenen wirkt hingegen nicht rechtfertigend (KK-*Rogall* 34).

16 Abs. 2 legt fest, welcher Gefangene gemeint ist. Danach ist **Gefangener**, wer sich aufgrund strafgerichtlicher Entscheidung oder als vorläufig Festgenommener in behördlichem Gewahrsam befindet. Sonstige freiheitsbeschränkende Maßnahmen reichen nicht aus. **Amtlicher Gewahrsam** nach den Unterbringungsgesetzen der Länder oder nach § 18 GschlKrG oder § 37 BSeuchG wird von der Vorschrift nicht erfasst.

17 **Strafgerichtliche Entscheidungen** in diesem Sinne sind außer Urteilen und Strafbefehlen insbesondere Haftbefehle nach §§ 112 ff., 230 Abs. 2, 236, 453c StPO, Unterbringungsbefehle nach § 126a StPO, Unterbringungsanordnungen nach §§ 71 Abs. 2, 72 Abs. 4 JGG, Erzwingungshaftbeschlüsse nach §§ 70 Abs. 2, 95 Abs. 2 StPO, nicht aber solche nach § 96 (KK-*Rogall* 12).

18 **Vorläufig festgenommen** ist, wer nach §§ 127, 127b StPO festgenommen worden ist. Festnahmen zur Vornahme von Untersuchungen, Eingriffen und Maßnahmen nach den §§ 81 ff. StPO und zur Identifizierung nach §§ 111 Abs. 3, 163b, 163c StPO gelten nicht als vorläufige Festnahme im Sinne von Abs. 2 (*RRH* 7). Das gilt ebenso für polizeiliche Festnahmen zur Gefahrenabwehr nach den Polizei- und Ordnungsgesetzen der Länder und für polizeiliche Festnahmen, die nur dem Zweck dienen, die Abschiebungshaft nach dem Ausländerrecht, die Zwangsbehandlung nach § 18 Abs. 2 GschlKrG und § 37 Abs. 2 BSeuchG sowie die Unterbringung nach den Landesgesetzen im psychiatrischen Krankenhaus und in den Entziehungsanstalten zu sichern, auch wenn damit polizeilicher Gewahrsam verbunden ist. Gefangener ist auch, gegen wen die **Hauptverhandlungshaft nach § 127b StPO** verhängt worden ist.

Behördlicher Gewahrsam im Sinne von Abs. 2 ist im Regelfall Gewahrsam in einer den Landesjustizverwaltungen unterstehenden Straf- oder Untersuchungshaftanstalt oder in anderen Justizvollzugsanstalten, in der Freiheitsstrafen, Sicherungsverwahrung, Jugendstrafen, Jugendarrest, Ordnungshaft und Erzwingungshaft vollstreckt werden (*RRH* 8). Sofern der Verwahrte nach §§ 63, 64 StGB oder nach § 126a StGB in psychiatrischen Krankenhäusern und Entziehungsanstalten untergebracht ist, befindet er sich ebenfalls in behördlichem Gewahrsam im Sinne der Vorschrift. 19

Dasselbe gilt für **geschlossene Abteilungen in Krankenhäusern und für Polizeigefängnisse der Innenverwaltung**, sofern es sich um eine nach § 127 StPO vorläufig festgenommene Person oder um eine solche handelt, die dort aufgrund einer strafrichterlichen Entscheidung untergebracht ist. 20

Besteht zwar eine Freiheitsentziehung, **wird sie jedoch nicht in einem behördlichen Anstaltsbereich vollzogen**, wie etwa bei der Aufnahme eines Gefangenen in ein öffentliches Krankenhaus ohne Unterbrechung der Strafvollstreckung nach § 65 Abs. 2 Satz 1 StVollzG, so besteht kein behördlicher Gewahrsam. Das gilt ebenfalls für Gefangene, die aus der Vollzugsanstalt beurlaubt sind (§ 13 StVollzG) oder denen Ausgang bewilligt worden ist sowie für Freigänger (§ 11 StVollzG) für die Zeit, in der sie sich außerhalb der Anstalt befinden (E/K/*Senge* 7). 21

Die Vorschrift setzt hinsichtlich sämtlicher Tatbestandsmerkmale des Abs. 1 **Vorsatz** voraus. **Bedingter Vorsatz** genügt (*RRH* 25). Der Betroffene muss wissen, dass er unbefugt an einen Gefangenen Sachen und Nachrichten übermittelt oder solche sich von einem Gefangenen unbefugt übermitteln lässt oder sich mit einem innerhalb einer Anstalt befindlichen Gefangenen von außen durch Worte und Zeichen verständigt. Irrt er über das Unbefugte seines Verhaltens, so kann ein **Tatbestands- oder Verbotsirrtum** vorliegen, und zwar ein Tatbestandsirrtum, wenn er irrig Um- 22 stände annimmt, bei deren Vorliegen seine Handlungsweise nicht unbefugt gewesen wäre, und ein Verbotsirrtum, wenn er den von ihm bekannten Sachverhalt lediglich rechtlich falsch würdigt (*RRH* 25).

23 Nach Abs. 3 ist auch der **Versuch der OWi** mit Geldbuße bedroht, weil die Handlung nicht selten bereits im Versuchsstadium entdeckt wird, während es meist schwierig ist, sie aufzudecken, wenn die OWi beendet ist. Für den Versuchsbeginn gilt § 13 Abs. 1. Notwendig ist also, dass der Täter nach seiner Vorstellung von der Handlung unmittelbar zur Tatbestandsverwirklichung ansetzt. Denkbar ist auch der **untaugliche oder fehlgeschlagene Versuch**, etwa wenn die Verständigung nicht gelingt. Hinsichtlich der Möglichkeit des Rücktritts vom Versuch gilt § 13 Abs. 3 und 4.

24 Die Geldbuße beträgt mindestens 5,– Euro, höchstens 1000,– Euro (§ 17 Abs. 1). Die Verfolgung der Tat verjährt in sechs Monaten (§ 31 Abs. 2 Nr. 4). Vollstreckungsverjährung tritt nach § 34 Abs. 2 Nr. 2 nach drei Jahren ein.

Zweiter Abschnitt
Verstöße gegen die öffentliche Ordnung

§ 116 Öffentliche Aufforderung zu Ordnungswidrigkeiten

(1) Ordnungswidrig handelt, wer öffentlich, in einer Versammlung oder durch Verbreiten von Schriften, Ton- oder Bildträgern, Datenspeichern, Abbildungen oder Darstellungen zu einer mit Geldbuße bedrohten Handlung auffordert.

(2) Die Ordnungswidrigkeit kann mit einer Geldbuße geahndet werden. Das Höchstmaß der Geldbuße bestimmt sich nach dem Höchstmaß der Geldbuße für die Handlung, zu der aufgefordert wird.

1 Die Vorschrift entspricht § 111 StGB für OWi. Sie ist durch Art. 5 Nr. 1 IuKDG vom 22. Juli 1997 (BGBl. I S. 1870) um das Merkmal „Datenspeicher" erweitert worden. Geschützt durch sie wird das durch die OWi, zu der aufgefordert wird, gefährdete Rechtsgut, ferner die **öffentliche**

Zweiter Abschnitt. Verstöße gegen die öffentliche Ordnung § 116

Ordnung schlechthin, die durch Aufforderungen zur Begehung von OWi **abstrakt gefährdet** ist (*BayObLG* JR 1993, 119 m. Anm. *Nehm;* zur Bedeutung der Vorschrift für Kartell-OWi *Stockmann* BB 1978, 1188).

Die Beteiligung im Sinne von § 14, d. h. das bewusste und gewollte Mitwirken an einer konkreten OWi eines bestimmten Täters, wird von der Vorschrift nicht erfasst (*RRH* 2). Allerdings erfasst die Vorschrift erfolglose Aufforderungen, d. h. auch Fälle, in denen die OWi nicht einmal bis zum Versuch gediehen sind. Tateinheit ist möglich, wenn der Täter durch dieselbe Handlung gleichzeitig unbestimmt viele Personen nach § 116 und bestimmte Adressaten zu einer mit Geldbuße bedrohten Handlung auffordert. Dasselbe gilt, wenn sich der Auffordernde zugleich mit der Aufforderung zu einer OWi nach § 116 an einer anderen OWi beteiligt. Begeht der Auffordernde anschließend die OWi, zu der er aufgefordert hat, selbst, so tritt § 116 gleichwohl nicht zurück, wenn sich die geschützten Rechtsgüter nicht decken (*Dreher* Gallas-FS 1973, 324; *RRH* 2a). 2

Der objektive Tatbestand erfordert eine **besonders qualifizierte Aufforderung** zu einer mit Geldbuße bedrohten Handlung. Die Tathandlung muss öffentlich, in einer Versammlung oder durch Verbreiten von Schriften, Ton- und Bildträgern, Datenspeichern, Abbildungen oder Darstellungen erfolgen. 3

Auffordern ist die mündliche oder schriftliche Erklärung, durch die bei anderen der Entschluss hervorgerufen werden soll, eine mit Geldbuße bedrohte Handlung zu begehen (*Göhler/König* 4). Die dabei gewählte **Form**, die **Begleitumstände** und die **Motivation** sind unerheblich. Ausreichend ist auch **schlüssiges Verhalten** (*Göhler/König* 4). 4

Wer den fremden Entschluss, eine OWi zu begehen, lediglich befürwortet, fordert noch nicht auf. Ebenso nicht, wer zur **Fassung eines entsprechenden Tatentschlusses anreizt** (*Köln* MDR 1983, 338), es sei denn, es wird bereits auf die Motivation anderer eingewirkt, sich auf bestimmte Weise ordnungswidrig zu verhalten (*Karlsruhe* NJW 1988, 1604). Zur Tatbegehung muss **unmittelbar** aufgefordert werden (*BGH* NJW 1984, 1631). Es genügt nicht die allgemeine Aufforderung, das Gesetz nicht zu beachten, ebenfalls nicht die allgemeine Befürwortung bestimmter Taten (*Karlsruhe* NStZ 1993, 389) oder die nur psychische Unterstützung eines fremden Tatentschlusses (E/K/*Senge* 4). 5

6 **Die nähere Beschreibung** der OWi, zu der aufgefordert ist, etwa nach Ort, Zeit und Begehungsweise, ist nicht erforderlich (E/K/*Senge* 4). Die Aufforderung muss nicht ernst gemeint sein, aber zumindest den Eindruck erwecken, als sei sie so aufzufassen (*Karlsruhe* NJW 1988, 1604). Die Aufforderung zu einer fahrlässigen Tat erfüllt den Tatbestand nicht, wohl aber die Aufforderung zum Versuch einer OWi, wenn bereits der Versuch der Tat mit Geldbuße bedroht ist (*RRH* 5).

7 **Wiederholt der Täter eine fremde Äußerung**, die eine Aufforderung darstellt, so handelt er tatbestandsmäßig, wenn er die fremde Erklärung erkennbar zu seiner eigenen macht (*BGHSt* 36, 368).

8 Die Aufforderung muss **öffentlich** erfolgen, d. h. in einer Weise, dass sie von einem größeren Personenkreis wahrgenommen werden kann. Sie muss sich an **unbestimmt viele Personen** richten (*Karlsruhe* NStZ 1988, 416). Nicht erforderlich ist, dass die Adressaten bei einer mündlichen Aufforderung anwesend sind. Die Aufforderung kann durch Plakatanschläge, über Rundfunk, Fernsehen, elektronische Medien (Mail-Boxen, Internet) erfolgen. Nicht öffentlich handelt andererseits, wer sich gegenüber einer unbestimmten Anzahl von Personen nur nacheinander äußert oder wer Pressemitteilungen an Zeitungen verschickt (*Frankfurt* StV 1990, 209).

9 Eine **Versammlung** besteht aus einem Personenkreis, der in einer nicht zu kleinen Anzahl zu einem bestimmten Zweck zusammengekommen ist. Dazu rechnet auch eine sog. geschlossene Gesellschaft. Ist sie öffentlich, so ist sie auch für die Aufforderung öffentlich (*Göhler/König* 6).

10 Eine **Schrift** ist eine verkörperte Gedankenäußerung durch Buchstaben, Bilder oder Zeichen (*BGH* NJW 1960, 492). Sie muss durch die Augen oder durch den Tastsinn wahrnehmbar sein. In welcher Weise die Schrift angefertigt wird (Druck, Vervielfältigung oder Handschrift), spielt keine Rolle. **Tonträger** sind alle Objekte mit bestimmten, technisch gespeicherten Tonfolgen von Sprache oder Musik, die dem Ohr durch Hilfsmittel wahrnehmbar gemacht werden können. Darunter fallen vor allem Tonbänder und Schallplatten. **Bildträger** sind Objekte mit technisch gespeicherten Bildern oder Bildfolgen, die dem Auge durch Hilfsmittel wahrnehmbar gemacht werden können. Dazu gehören auch Videobänder und Bildplatten. Die Art der Speicherung ist unerheblich. Bildträger können auch die **Bildschirme von Computern** sein.

Datenspeicher sind nicht nur elektronische, sondern auch elektromagnetische, optische, chemische oder sonstige Anlagen, die gedankliche Inhalte aufnehmen und jederzeitigen Wiederabruf vorbehalten. Hierzu zählen Magnetbänder, Festplatten und Disketten der Computer, CD-ROMs usw. (*Göhler/König* 9a). **11**

Abbildungen sind bildliche Darstellungen von Geschehnissen, Zeichnungen, Gemälden usw. Für sie kommt es darauf an, dass sie ohne Benutzung von Wiedergabegeräten visuell wahrgenommen werden können. Abbildungen sind Gemälde, Fotos, Dias und Filme. **Darstellungen** sind alle körperlichen Gebilde, die sinnlich unmittelbar wahrnehmbar sind und eine Vorstellung oder einen Gedanken ausdrücken. Hierzu gehören auch **Bilder** oder **Plastiken.** Die Begriffe können sich überschneiden. Ihre Aufzählung bezweckt, alle Arten von Verbreitungsmitteln, die als körperliche Gebilde eine Aufforderung sinnlich wahrnehmbar wiedergeben können, zu erfassen (*Göhler/König* 11). **12**

Verbreiten besteht darin, dass die Schrift usw. einem größeren, individuell nicht bestimmten, für den Täter nicht kontrollierbaren Personenkreis zugänglich gemacht wird (*BGHSt* 13, 257), und zwar in ihrer Substanz, nicht nur durch Vorlesen oder Abspielen (*Hamburg* NStZ 1983, 127). Es reicht aus, dass die Schrift usw. einer einzelnen Person ausgehändigt oder zugesandt wird, von der der Täter annimmt, dass sie sie einem größeren Personenkreis zugänglich machen wird (*BGHSt* 19, 70). Dann liegt das Verbreiten schon im Zusenden an diese Person. Besondere Probleme gibt es beim Verbreiten von Datenspeichern; nach dem Wortlaut reicht das Verbreiten der Daten alleine ohne Speichermedium wohl nicht aus (vgl. *Göhler/König* 9b). **13**

Wer eine Vielzahl von Abdrucken in der Erwartung liegen lässt, dass der Finder sie einem größeren Personenkreis übermittelt, verbreitet ebenfalls (*RRH* 10). Hingegen ist die Zusendung einer Pressemitteilung an die Redakteure einer Zeitung noch kein Verbreiten, wenn diese die Mitteilung ohne Einflussnahme des Zusenders zu einer Nachricht verarbeiten und veröffentlichen oder hiervon auch Abstand nehmen (*Frankfurt* StV 1990, 209). **14**

§ 116 Dritter Teil. Einzelne Ordnungswidrigkeiten

15 **Zu einer mit Geldbuße bedrohten Handlung muss aufgefordert sein.** Ist der Versuch mit Geldbuße bedroht, so reicht auch die Aufforderung hierzu aus (*Göhler/König* 12). Die Aufforderung muss keinen Erfolg haben. Die Vorschrift greift auch, wenn sie erfolglos ist, etwa weil die Aufgeforderten bereits zur Tat entschlossen waren oder wenn die Kausalität der Aufforderung für die begangene Tat nicht nachgewiesen werden kann (*RRH* 7). **Bleibt die Aufforderung erfolglos**, so ist dies bei der Festsetzung der Geldbuße zu berücksichtigen.

16 Tatbestandsmäßig ist nur **vorsätzliches Handeln**. Bedingter Vorsatz genügt. Der Betroffene muss eine bestimmte mit Geldbuße bedrohte Handlung in seine Vorstellung aufnehmen und dabei zumindest billigend in Kauf nehmen, dass seine Aufforderung ernst genommen wird. Der Vorsatz muss auch die Rechtswidrigkeit umfassen. Auf die Schuld des Aufgeforderten kommt es hingegen nicht an (*RRH* 12). Nicht notwendig ist, dass der Betroffene will, dass die Tat auch begangen wird. Rechnet er allerdings damit, dass die Aufforderung nicht ernst genommen wird, so fehlt eine vorsätzliche Aufforderung.

17 Werden aufgrund der Aufforderung **von mehreren Personen OWi** begangen, so liegt für den Betroffenen gleichwohl nur eine Handlung vor (KK-*Rogall* 32). Fordert der Täter gleichermaßen zur Begehung von Straftaten und OWi auf, so findet nur § 111 StGB Anwendung (§ 21 Abs. 1). Tateinheit ist möglich, wenn der Auffordernde die Tat, zu deren Begehung er auffordert, zugleich auch selbst begeht oder an ihr beteiligt ist (KK-*Rogall* 32).

18 Nach Abs. 2 kann die OWi mit einer Geldbuße geahndet werden. Dabei bestimmt sich das Höchstmaß der Geldbuße nach dem **Höchstmaß der Geldbuße** für die Handlung, zu der aufgefordert worden ist. Wenn das Gesetz nichts anderes bestimmt, beträgt das Höchstmaß 1000,– Euro (§ 17), das Mindestmaß beträgt wie sonst auch 5,– Euro (§ 17 Abs. 1).

19 **Nach § 131 Abs. 3** gelten für die Verfolgung der OWi nach § 116 auch die Verfahrensvorschriften entsprechend, die bei der Verfolgung der Handlung, zu der aufgefordert worden ist, anzuwenden sind. Dazu gehören auch die Vorschriften über die Zuständigkeit der Verwaltungsbehörde. Einen Antrag für die Tat, zu der aufgefordert worden ist, setzt die Vorschrift nicht voraus, da § 131 Abs. 2 die Vorschrift ausdrücklich nicht erwähnt (*Göhler/König* 19). Die Verjährungsfristen richten sich nach dem Höchstmaß der Geldbuße für die Haupttat (§§ 31 Abs. 2, 34 Abs. 2), jedoch greifen die kurzen presserechtlichen Verjährungsvorschriften, sofern es sich um ein Presseinhaltsdelikt handelt (KK-*Rogall* 34).

§ 117 Unzulässiger Lärm

(1) Ordnungswidrig handelt, wer ohne berechtigten Anlaß oder in einem unzulässigen oder nach den Umständen vermeidbaren Ausmaß Lärm erregt, der geeignet ist, die Allgemeinheit oder die Nachbarschaft erheblich zu belästigen oder die Gesundheit eines anderen zu schädigen.

(2) Die Ordnungswidrigkeit kann mit einer Geldbuße bis zu fünftausend Euro geahndet werden, wenn die Handlung nicht nach anderen Vorschriften geahndet werden kann.

Die Vorschrift ersetzt die 1. Alternative des Übertretungstatbestandes des § 360 Nr. 11 StGB a. F. (**ruhestörender Lärm**). Sie gilt für alle Arten ruhestörenden Lärms, wie technischen Lärm, Alltagslärm oder sozial inadäquate Lärmquellen, soweit nicht andere straf- oder bußgeldbewehrte Lärmschutzbestimmungen, insbesondere § 325a StGB eingreifen. Die Vorschrift enthält einen allgemeinen Auffangtatbestand (*Stuttgart* Justiz 1978, 476). **Sie gilt nur subsidiär** (E/K/*Senge* 2) und tritt gegenüber speziellen Tatbeständen zur Lärmbekämpfung des Bundes oder der Länder zurück (*Hamm* NJW 1975, 1897). **1**

Gleichgültig ist, ob der Lärm von **vornherein unzulässig** ist, oder wie die Lärmverursachung durch technische Geräte, Anlagen und Maschinen oder der Lärm von Kraftfahrzeugen, nur infolge seiner besonderen Stärke oder Dauer **lästig oder gefährlich** wird (*Göhler/König* 3). Geschützt werden durch die Vorschriften die Allgemeinheit und die Nachbarschaft vor Lärmbelästigungen, aber auch Einzelpersonen, denen in besonders schwerwiegenden Fällen Gesundheitsschäden drohen. **2**

Tathandlung ist das **unberechtigte** oder in seinem Ausmaß **unzulässige** oder nach den Umständen vermeidbare Erregen von Lärm, der geeignet sein muss, die Allgemeinheit oder die Nachbarschaft erheblich zu belästigen oder die Gesundheit eines anderen zu schädigen. **3**

4 **Lärm** ist ein Eindruck, der durch den Gehörsinn vermittelt wird. **Nicht jede Geräuschentwicklung ist bereits Lärm.** Erforderlich ist vielmehr eine Geräuschentwicklung von erheblicher Intensität, die von normal empfindenden Menschen in der konkreten Situation als störend empfunden wird. Die Überempfindlichkeit einzelner Menschen ist dabei nicht maßgebend (*RRH* 7). Die gesamte Geräuschkulisse ist zu berücksichtigen, insbesondere Intensität, Ort, Zeitpunkt und Dauer des Geräuschs (*BGHSt* 26, 343).

5 **Lärm erregen** ist jede unmittelbare oder mittelbare Verursachung von Lärm (*Göhler/König* 9). Mittelbar wird er verursacht, wenn der Betroffene einen anderen veranlasst, Lärm zu entwickeln. Durch Unterlassen wird die OWi begangen, wenn der Täter rechtlich dafür einzustehen hat, dass der Lärm vermieden wird, etwa bei einem Tierhalter, der seinen Hund bellen oder heulen (*BayObLG* GA 1981, 412) oder seinen Hahn laut krähen lässt oder der seinen Kühen nachts die Kuhglocken nicht abnimmt, ferner bei einem Gastwirt, der gegen das übermäßige Lärmen seiner Gäste nicht einschreitet, auch bei Eltern, die den die Grenzen des Zulässigen überschreitenden Lärm ihrer Kinder nicht verhindern (*Göhler/König* 9), oder bei einem Autofahrer, der gegen den ruhestörenden Lärm eines zur Reparatur herbeigerufenen Handwerkers nichts unternimmt.

6 **Der Vereinsvorsitzende** hat hingegen keine derartige Garantenstellung für seine Vereinsmitglieder (*E/K/Senge* 5). Die Vorschrift gilt auch für den Inhaber einer Wohnung, der den Lärm seiner Gäste widerspruchslos hinnimmt (*Düsseldorf* NJW 1990, 1076).

7 Der Lärm wird **ohne berechtigten Anlass** erregt, wenn vernünftige und anerkennenswerte Gründe für seine Verursachung nicht vorhanden sind. Das Fehlen solcher Gründe gehört zum Tatbestand. Ihr Vorliegen bildet nicht nur einen Rechtfertigungsgrund (*RRH* 14).

8 **Es kommt auf die Umstände des Einzelfalls an.** Ohne berechtigten Anlass handelt daher, wer Lärm verursachende Arbeiten an ungeeigneter Stelle oder zur Nachtzeit oder zu allgemein anerkannten Ruhezeiten und an Sonn- und Feiertagen vornimmt, obwohl sie auch am Tag ausgeführt werden könnten, wer eine gewerbliche Tätigkeit ohne Erlaubnis ausübt, während umgekehrt der durch einen gesetzlich erlaubten oder behördlich genehmigten Gewerbebetrieb verursachte Lärm berechtigt erregt ist

Zweiter Abschnitt. Verstöße gegen die öffentliche Ordnung § 117

(*Koblenz* MDR 1969, 779), es sei denn, dass er in seinem Ausmaß unzulässig oder vermeidbar ist (*Koblenz* GewArch 1980, 294).

In einem **unzulässigen oder vermeidbaren Ausmaß** wird Lärm erregt, wenn zwar ein berechtigter Anlass für das Lärmerregen zu bejahen ist, jedoch die Grenzen des Zulässigen überschritten werden. Diese Grenzen können gesetzlich oder behördlich festgelegt sein, wie dies zumeist bei Gewerbebetrieben der Fall ist (vgl. *Koblenz* GewArch 1980, 294), oder sich aus der Verkehrssitte ergeben (*Göhler/König* 6). Besondere Bedeutung kommt den insoweit bestehenden Rechts- und Verwaltungsvorschriften, insbesondere der „Technischen Anleitung zum Schutz gegen Lärm" vom 16. Juli 1968 (BAnz Nr. 137), der Verwaltungsvorschrift zum Schutz gegen Baulärm vom 19. August 1970 (Beilage zum BAnz Nr. 160) usw. zu. Im Übrigen bestimmt die **Sozialadäquanz** die Grenze der Zulässigkeit von Lärm.   9

Ein **vermeidbares Ausmaß** hat der Lärm, wenn zwar die Geräuschentwicklung selbst nicht vermieden werden kann, aber ihre Stärke oder Dauer gemindert werden kann. Auch dies bestimmt sich nach den Umständen des Einzelfalls unter Beachtung der Sozialadäquanz. Was sich in dem allgemein üblichen Rahmen bewegt, ist unvermeidbar. Gleichwohl ist jeder verpflichtet, den Lärm auf das den Umständen nach unvermeidbare Ausmaß zu beschränken. Wer mögliche, übliche und zumutbare Schutzmaßnahmen zur Verminderung des Lärms nicht trifft, kann sich nicht darauf berufen, dass die Lärmregung in ihrem Ausmaß unvermeidbar gewesen sei (*BayObLG* GewArch 1963, 248).   10

Als unzulässig und vermeidbar ist insbesondere angesehen worden, der durch geöffnete Fenster oder Türen nach außen dringende Lärm beim überlauten Klavierspielen in einer Wohnung, beim Anstellen von Musikautomaten, Rundfunkgeräten oder Tonbandgeräten in Gastwirtschaften und Diskotheken (*Hamm* NJW 1960, 1683; *Koblenz* MDR 1969, 779), beim Vorführen von Tonfilmen (*BayObLGSt* 33, 126), beim lauten Hantieren mit Werkzeugen (*Koblenz* GewArch 1980, 296), beim Hin- und Herfahren mit einem knatternden Motorrad oder mit einem Personenwagen durch eine Wohngegend zur Nachtzeit (*Hamm* JZ 1967, 608), bei minutenlangen Startversuchen mit dem Kraftrad (Braunschweig VRS 47, 262) oder beim unnötigen Laufenlassen des Motors (*BayObLG* VRS 63, 219), nicht jedoch bei einmaligem Zuschlagen einer Autotür bei Nacht   11

§ 117 Dritter Teil. Einzelne Ordnungswidrigkeiten

(*KG* VRS 23, 218) oder dem Laufenlassen des Motors eines Taxis am Standplatz zum Zweck der Beheizung des Wageninneren (*Frankfurt* VRS 53, 154).

12 **Die Allgemeinheit ist belästigt**, wenn nicht nur Einzelne in ihrem Wohlbefinden beeinträchtigt werden, sondern eine unbestimmte Mehrheit von Personen, d. h. ein nicht individuell abgegrenzter Personenkreis (*Koblenz* NJW 1973, 290). Dabei kommt es nur auf die Eignung zur Belästigung der Allgemeinheit an (*RRH* 10). Kann die Handlung im konkreten Fall auch von einer unbestimmten Mehrheit von Personen wahrgenommen werden, so reicht schon die tatsächliche Belästigung Einzelner aus, nicht jedoch, wenn nur die abstrakte Möglichkeit der Wahrnehmung durch Personen besteht, die nicht anwesend sind (*Hamm* NJW 1957, 839).

13 Der Begriff der **Nachbarschaft** knüpft an die Wohnung einschließlich eines Gartens an und umfasst eine Mehrheit einander räumlich zugeordneter Personen, die in unmittelbarer Nähe zur Lärmquelle wohnen oder sich dort aufhalten (*BayObLG* NuR 1984, 74), sei es in den umliegenden Häusern oder in anderen Wohnungen desselben Wohnblocks (*Stuttgart* Justiz 1978, 476). Nicht Nachbarn in diesem Sinne sind Straßenpassanten (*Düsseldorf* NJW 1990, 3159). Gleichgültig ist, ob die Wohnungen neben, unter oder über der Lärmquelle liegen. Nachbarschaft besteht auch zwischen nur zwei Nachbarn (**a. A.** *BayObLG* GA 1981, 412).

14 Der **Gesundheitsbegriff** des Abs. 1 entspricht dem strafrechtlichen Begriff der Gesundheit, der im Rahmen der Körperverletzungsdelikte gilt. Der weite Gesundheitsbegriff der WHO, der jede Störung des Wohlbefindens einbezieht, hat demgegenüber keine Bedeutung (KK-*Rogall* 37). **Gesundheitsschädigung** ist jedes Hervorrufen oder Steigern einer mehr als unerheblichen pathologischen Verfassung. Psychische Schädigungen scheiden aus, solange sie sich nicht körperlich manifestieren (*RRH* 12).

15 Allerdings können **Nerven** durch Lärm in einen krankhaften Zustand versetzt und dadurch das körperliche Wohlbefinden beeinträchtigt werden. Dabei ist die Eignung zur Gesundheitsschädigung in der Regel zu bejahen, wenn die Lärmerregung über einen längeren Zeitraum andauert und so intensiv ist, dass sie ans Unerträgliche grenzt (*Stuttgart* Justiz 1978, 476).

16 **Der Betroffene muss vorsätzlich handeln.** Sein Vorsatz muss sich auf das Erregen von Lärm, die Umstände des Anlasses, des Ausmaßes und der Vermeidbarkeit sowie auf die Eignung der Belästigung oder Gesundheitsschädigung erstrecken (KK-*Rogall* 39). Für die Kenntnis der normativen Tatbestandsmerkmale genügt es, dass der Täter die insoweit vorliegenden tatsächlichen Umstände in sein Bewusstsein aufgenommen und aufgrund einer Parallelbeurteilung in der Laiensphäre den sachlichen Bedeutungsgehalt des Tatumstandes im sozialen Leben in etwa erfasst hat.

Sein Irrtum über das Vorliegen eines oder einzelner Tatbestandsmerkmale einschließlich ihres sozialen Bedeutungsgehaltes ist Tatbestandsirrtum (§ 11 Abs. 1). Vollzieht der Betroffene die Gesamtbewertung der Lärmerregung als unzulässig nicht nach oder irrt er sich über das Bestehen einer Rechtsvorschrift über die Zulässigkeit des Lärms, so kommt Verbotsirrtum in Betracht (§ 11 Abs. 2; *RRH* 16). 17

Die **Geldbuße** beträgt mindestens 5,– Euro (§ 17 Abs. 1) und höchstens 5000,– Euro (Abs. 2). Die Vorschrift ist nach Abs. 2 subsidiär, auch wenn in anderen Vorschriften eine geringere Geldbuße als in Abs. 2 angedroht ist (E/K/*Senge* 23). Sie tritt hinter Vorschriften zurück, die ebenfalls der Lärmbekämpfung dienen (*BayObLG* GewArch 1978, 104). Dies ist der Fall, wenn die Lärmerregung bereits nach § 325a StGB, nach dem BImSchG, nach dem Gesetz zum Schutz gegen Fluglärm vom 30. März 1971 (BGBl. I S. 282), nach dem GastG, nach dem WaffG, nach der StVO oder nach der StVZO geahndet werden kann. Ferner gehen **Lärmbekämpfungsverordnungen der Länder** vor, wenn sie den Sachverhalt erfassen, und zwar auch bei Generalklauseln des Landesrechts, die jede vermeidbare Beeinträchtigung durch Geräusche mit Geldbuße bedrohen (*Göhler/König* 17). Ob eine nächtliche Ruhestörung die Ingewahrsamnahme des Störers rechtfertigt, ist zweifelhaft (vgl. *VG Schleswig* NJW 2000, 970; *AG Köln* StraFO 1997, 120). 18

Die Verfolgung der OWi **verjährt** in zwei Jahren (§ 31 Abs. 2 Nr. 2). 19

§ 118 Belästigung der Allgemeinheit

(1) Ordnungswidrig handelt, wer eine grob ungehörige Handlung vornimmt, die geeignet ist, die Allgemeinheit zu belästigen oder zu gefährden und die öffentliche Ordnung zu beeinträchtigen.

(2) Die Ordnungswidrigkeit kann mit einer Geldbuße geahndet werden, wenn die Handlung nicht nach anderen Vorschriften geahndet werden kann.

1 Die Vorschrift ersetzt die 2. Alternative des § 360 Nr. 11 StGB a. F. **(grober Unfug).** Ihr **Zweck** ist der **Schutz der öffentlichen Ordnung.** Dazu zählen die anerkannten Regeln und Einrichtungen, die im äußeren Zusammenleben der Menschen die schutzwürdigen Interessen des Einzelnen wahren sollen (*BayObLG* JZ 1977, 277). Die Vorschrift enthält nur einen **Auffangtatbestand**, dem speziellere Regelungen, auch des Landesrechts, vorgehen.

2 Der objektive Tatbestand setzt sich aus **vier Tatbestandsmerkmalen** zusammen. Er erfordert eine grob ungehörige Handlung, die zumindest geeignet sein muss, die Allgemeinheit zu belästigen oder zu gefährden sowie die öffentliche Ordnung zu beeinträchtigen. Die Vorschrift entspricht wohl noch dem Bestimmtheitsgebot, das auch für OWi gilt (*Göhler/König* 3).

3 Eine **grob ungehörige Handlung** liegt vor, wenn sich das Tun oder Unterlassen bewusst nicht in die für das gedeihliche Zusammenleben der jeweiligen Rechtsgemeinschaft erforderliche Ordnung einfügt (*BGHSt* 13, 244) und dadurch in deutlichem Widerspruch zur Gemeinschaftsordnung steht (KK-*Senge* 6). Das Merkmal „grob" bringt zum Ausdruck, dass nur solche Handlungen in Betracht kommen, die geeignet sind, die Gesellschaftsordnung erheblich zu stören. Ob das der Fall ist, beurteilt sich nach objektiven Gesichtspunkten. Grob ungehörig ist die Handlung insbesondere dann, wenn sie als Missachtung der Menschenwürde erscheint.

4 **Taktlosigkeiten** und **Unhöflichkeiten** fallen nicht hierunter (*RRH* 5). Nacktspazieren und Nacktjoggen auf öffentlichen Straße und Plätzen kann das Scham- und Anstandsgefühl der ungewollt mit fremder Nacktheit konfrontierten Menschen nachhaltig tangieren und damit grob ungehörig sein (*Karlsruhe* NJW 2003, 234; NStZ-RR 2000, 309); anders verhält es sich nach heutigen Maßstäben mit dem Nacktbaden an Stränden

Zweiter Abschnitt. Verstöße gegen die öffentliche Ordnung § 118

oder in Schwimmbädern (vgl. *Karlsruhe* NStZ-RR 2000, 309 f.). Die Rechtsprechung hat das öffentliche Aufstellen eines Spielautomaten, der das Überfahren von Fußgängern, Tierquälerei und andere grausame Handlungen zum Gegenstand des Spiels und Erfolges macht, als grob ungehörige Handlung angesehen (vgl. *Göhler/König* 4), ebenso sog. „Paintball"-Spiele (*BayVGH* BayVBl. 2001, 689).

Die Handlung muss zur **Belästigung** oder **Gefährdung der Allgemeinheit** geeignet sein. Der Begriff der Allgemeinheit wird ebenso wie in § 117 verstanden (dort Rn. 12). Grob ungehörige Handlungen, die sich nur gegen einzelne Personen richten, können zur Belästigung der Allgemeinheit geeignet sein, wenn sie für die Allgemeinheit unmittelbar wahrnehmbar sind und bei ihr eine entsprechende Reaktion hervorrufen können. Die abstrakte Wahrnehmungsmöglichkeit durch Personen, die nicht anwesend sind, genügt auch hier nicht. 5

Zur **Belästigung** geeignet ist ein Vorgang, durch den andere in ihrem körperlichen oder seelischen Wohlbefinden nicht nur geringfügig beeinträchtigt werden können (*RRH* 6a). Ob eine Belästigung vorliegt, richtet sich nach **objektiven Maßstäben**, nicht nach dem Urteil besonders empfindlicher Personen. Die in der älteren Rechtsprechung als Belästigung der Allgemeinheit angesehenen Handlungsweisen, die im übrigen Kommentarschrifttum dargestellt sind, dürften aus jetziger Sicht kaum noch als belästigend im Sinne der Vorschrift angesehen werden können. Allerdings können veränderte Rahmenbedingungen wie etwa die Furcht vor terroristischen Anschlägen auch umgekehrt ein Verhalten als besonders belästigend erscheinen lassen; dies kann etwa bei ungehörigen Späßen im Rahmen von Sicherheitskontrollen bei Flughäfen o. Ä. der Fall sein (vgl. *KG* NStZ 1988, 134 m. Anm. *Bohnert*; *KG* Beschl. v. 3. Juli 1997 – 2 Ss 154/97). 6

Die Handlung ist zur **Gefährdung** geeignet, wenn sie nach allgemeiner Lebenserfahrung den Eintritt eines Schadens für die Allgemeinheit verursachen kann, was auch dadurch geschieht, dass die Möglichkeit der Gefahrenabwehr geschwächt wird, wie etwa durch das unnötige Herbeirufen der Polizei oder der Feuerwehr, den Missbrauch von Notrufen oder Notzeichen, das Beseitigen von Rettungsringen, das missbräuchliche Alarmieren des Notarztes, das Blockieren des Telefonanschlusses eines Taxiunternehmens durch Nichteinhängen des Hörers, durch anonyme 7

Bombendrohungen usw. In allen diesen Fällen ist aber auf die sich aus Abs. 2 ergebende Subsidiarität der Vorschrift zu achten.

8 Die Handlung muss geeignet sein, die **öffentliche Ordnung** in ihrem äußeren Bestand zu **beeinträchtigen**. Dies ist nicht der Fall beim Versenden von sog. Kettenbriefen, bei der unbegründeten Herbeirufung eines Arztes, der nicht Notarzt ist, bei privaten telefonischen Störanrufen (*Göhler/König* 13).

9 Zwischen der grob ungehörigen Handlung und ihrer Eignung zur Belästigung oder Gefährdung der Allgemeinheit sowie zur Beeinträchtigung der öffentlichen Ordnung muss ein Zusammenhang bestehen (KK-*Senge* 20). Das ist nicht der Fall, wenn die Wirkungen der Handlung erst durch einen Bericht über das Tatgeschehen in der Allgemeinheit eintreten. **Die grob ungehörige Handlung muss sich demnach direkt gegen Einrichtungen der Allgemeinheit richten** (*Humm* JZ 1970, 733).

10 Der Tatbestand kann **nur vorsätzlich** verwirklicht werden (§ 10). Der Betroffene muss wissen und zumindest billigend in Kauf nehmen, dass die Handlung grob ungehörig und geeignet ist, die Allgemeinheit zu belästigen oder zu gefährden und die öffentliche Ordnung zu beeinträchtigen (*KG* NStZ 1987, 467). Ausreichend ist die Kenntnis der Umstände, aus denen sich ergibt, dass die Tatbestandsmerkmale erfüllt sind.

11 Nach Abs. 2 kann die OWi mit einer Geldbuße in Höhe von 5,– Euro bis höchstens 1000,– Euro (§ 17 Abs. 1) geahndet werden. Die Vorschrift gilt nur subsidiär. Nach Abs. 2 tritt sie zurück, wenn besondere Bestimmungen des Bundes- oder Landesrechts denselben Tatbestand regeln, auch wenn sie eine geringere Bußgeldandrohung enthalten. Gegenüber Strafvorschriften tritt § 118 stets zurück. Treffen § 118 und § 117 zusammen, ohne dass ein anderer Bußgeldtatbestand eingreift, so geht § 117 als speziellere Vorschrift vor (*Göhler/König* 17).

12 Die Verfolgung der Tat **verjährt** in sechs Monaten (§ 31 Abs. 2 Nr. 4).

§ 119 Grob anstößige und belästigende Handlungen

(1) Ordnungswidrig handelt, wer
1. öffentlich in einer Weise, die geeignet ist, andere zu belästigen, oder
2. in grob anstößiger Weise durch Verbreiten von Schriften, Ton- oder Bildträgern, Abbildungen oder Darstellungen oder durch das öffentliche Zugänglichmachen von Datenspeichern

Gelegenheit zu sexuellen Handlungen anbietet, ankündigt, anpreist oder Erklärungen solchen Inhalts bekanntgibt.

(2) Ordnungswidrig handelt auch, wer auf die in Absatz 1 bezeichnete Weise Mittel oder Gegenstände, die dem sexuellen Gebrauch dienen, anbietet, ankündigt, anpreist oder Erklärungen solchen Inhalts bekanntgibt.

(3) Ordnungswidrig handelt ferner, wer öffentlich Schriften, Ton- oder Bildträger, Datenspeicher, Abbildungen oder Darstellungen sexuellen Inhalts an Orten ausstellt, anschlägt, vorführt oder sonst zugänglich macht, an denen dies grob anstößig wirkt.

(4) Die Ordnungswidrigkeit kann in den Fällen des Absatzes 1 Nr. 1 mit einer Geldbuße bis zu eintausend Euro, in den übrigen Fällen mit einer Geldbuße bis zu zehntausend Euro geahndet werden.

Die Vorschrift ersetzt § 361 Nr. 6 StGB a. F. (Abs. 1 Nr. 1), § 184 Nr. 4 StGB a. F. (Abs. 1 Nr. 2) und § 184 Abs. 1 Nr. 3 und 3a StGB a. F. (Abs. 2). Abs. 3 hat keinen Bezug zum früheren Recht. 1

Abs. 1 erfasst bestimmte Formen des Angebots der Gelegenheit zu sexuellen Handlungen. **Abs. 2** betrifft Mittel und Gegenstände, die dem sexuellen Gebrauch dienen. **Abs. 3** bedroht das Zugänglichmachen von Schriften, Ton- oder Bildträgern, Datenspeichern, Abbildungen oder Darstellungen sexuellen Inhalts. Zwar ist geschütztes Rechtsgut nach dem Willen des Gesetzgebers das tief verwurzelte Empfinden der Mehrheit der Bevölkerung dagegen, dass sexuelle Handlungen, Gegenstände, die dem sexuellen Gebrauch dienen, und Schriften sexuellen Inhalts nicht öffentlich oder in grob anstößiger oder belästigender Weise wie Waren angeboten werden sollen (Begründung BT-Drucks. VI/1551). 2

§ 119   Dritter Teil. Einzelne Ordnungswidrigkeiten

3   Jedoch hat sich insbesondere im Umgang mit der Sexualität und deren öffentlicher Darstellung in den vergangenen Jahrzehnten ein **Wertewandel** eingestellt, der zwar diese Grundüberzeugungen der Bevölkerung als solche nicht betroffen hat, aber das Empfinden, dass bestimmte Dinge anstößig sind, teilweise weit zurückgedrängt hat. Die Anwendung der Vorschrift bedarf daher gegenüber der Zeit ihrer Einführung besonders genauer Überprüfung im Einzelfall. Die Verwaltungsbehörden machen zu Recht einen sehr zurückhaltenden Gebrauch von dieser Norm (vgl. *Göhler/König* 2). Im Hinblick auf die zivil- und sozialrechtliche Anerkennung der Prostitution sowie die Änderung des § 180a StGB durch das Prostitutionsgesetz vom 20. Dezember 2001 (BGBl. I S. 3983) hat der BRat die BRegierung aufgefordert zu überprüfen, inwieweit die §§ 119 und 120 im Lichte der Abschaffung der Sittenwidrigkeit der Prostitution notwendig sind (BT-Drucks. 14/7174).

4   **Die Vorschrift ist abstrakter Gefährdungstatbestand** (KK-*Kurz* 2). Sie dient nicht nur dem Schutz des Einzelnen vor ungewollter Konfrontation mit grob anstößigen und belästigenden sexuellen Handlungen, Gegenständen oder Darstellungen, sondern auch dem Schutz der öffentlichen Ordnung, die durch die mit Geldbuße bedrohten Handlungen in ihrem äußeren Bestand beeinträchtigt ist (*RRH* 2). Der Tatbestand setzt eine Belästigung oder Verletzung von Empfindungen nicht voraus. Erst recht richtet sich das Gesetz nicht gegen bestimmte sexuelle Betätigungen an sich (*RRH* 2).

5   Nach Abs. 1 ist **Tathandlung** das Anbieten, Ankündigen, Anpreisen von Gelegenheit zu sexuellen Handlungen oder die Bekanntgabe von Erklärungen solchen Inhalts, sofern zusätzlich eine der Voraussetzungen der Nr. 1 oder der Nr. 2 vorliegt.

6   Die **Werbung oder Bekanntgabe** muss nach ihrem Aussagegehalt genügend klar erkennen lassen, dass sie sich auf sexuelle Handlungen aller Art bezieht und zugleich die weiteren tatbestandsmäßigen Voraussetzungen erfüllt (*BGH* NJW 1977, 1695).

7   **Sexuelle Handlungen** sind menschliche Handlungen, die schon nach ihrem äußeren Erscheinungsbild für das allgemeine Verständnis als geschlechtsbezogen erscheinen (*BGH* NStZ 1983, 167). Der Gesamtvorgang muss objektiv eine Beziehung zum Geschlechtlichen haben (*BGH*

NStZ 1985, 24). Unerheblich sind dabei die Motive des Täters (*BGH* NStZ 1983, 167), ferner, ob die Handlung der eigenen oder fremden geschlechtlichen Erregung oder Befriedigung dienen soll (*BGH* NJW 1981, 134). Entscheidend ist allein das äußere Erscheinungsbild (KK-*Kurz* 5).

Die **Aufführung sexueller Akte** auf der Bühne eines Nachtlokals kann demnach tatbestandsmäßig sein, ohne dass die Akteure selbst in irgendeiner Weise geschlechtliche Erregung empfinden (*RRH* 4). Andererseits wird eine Handlung nicht dadurch tatbestandsmäßig, dass sie allein von subjektiven Lustvorstellungen begleitet ist, wenn sie nicht objektiv eine Sexualbezogenheit erkennen lässt. Dies gilt etwa für diagnostische, therapeutische, wissenschaftliche oder künstlerische Handlungen. 8

Anders kann es wiederum bei Züchtigungshandlungen aus rein sadistischen Motiven sein. Sie sind im Regelfall objektiv und subjektiv sexualbezogen. Weil es sich um einen Belästigungstatbestand handelt (*RRH* 4), kommt es allein auf das äußere Tatbild und auf die Wirkung auf Dritte an. Wer eine sexualbezogene Handlung eines anderen nicht bemerkt, ist auch nicht belästigt. Gleichgültig ist ferner, ob Handlungen mit oder ohne körperlichen Kontakten vorliegen. Allerdings ist der Einsatz des eigenen oder des fremden Körpers erforderlich (*Stuttgart* NJW 1989, 2899), so dass sexuelle Reden oder Lieder, einschlägige Telefongespräche oder das Vorzeigen und Betrachten sexueller Bilder oder Filme keine sexuellen Handlungen im Sinne der Vorschrift sind (*RRH* 5). 9

Die **Erheblichkeitsklausel** der Legaldefinition des Begriffs sexuelle Handlung in § 184c Nr. 1 StGB hat für § 119 keine Bedeutung (KK-*Kurz* 5). Es kommt demnach nicht auf die Art, Intensität, Dauer und die sonstigen Umstände der sexuellen Handlung, sondern allein auf die Form an, in der Werbung oder Bekanntgabe erfolgt. Sind die Angebote sexueller Handlungen aber ohne jede Erheblichkeit, so reicht es im Regelfall zur Annahme der Belästigung nicht aus. Allerdings können auch bloße Taktlosigkeiten, Unanständigkeiten, Geschmacklosigkeiten und Handlungen, die nach allgemeiner Auffassung nicht als unmittelbar sexualbezogen angesehen werden, in Wahrheit für den Empfänger durchaus sexualbezogen und deshalb tatbestandsmäßig sein. 10

Dies gilt insbesondere für **entsprechende Handlungen am Arbeitsplatz** oder in der **Schule** und am **Ausbildungsplatz**. So ist das im Schrifttum 11

(*RRH* 5) als nicht tatbestandsmäßig erwähnte Streicheln des nackten Oberschenkels, Küssen und Umarmen in diesem Umfeld in aller Regel durchaus sexualbezogen.

12 Der Täter muss **Gelegenheit** zu sexuellen Handlungen **anbieten.** Das Anbieten ist die ausdrückliche oder stillschweigende Erklärung der Bereitschaft zu sexuellen Handlungen (*BayObLG JZ* 1981, 637). Gleichgültig ist, ob der Täter sich selbst zur Vornahme solcher Handlungen erbietet oder ob sexuelle Handlungen eines anderen angeboten werden (*Göhler/König* 12). Anbieten ist daher auch die Übermittlung des Angebots eines anderen, solche Handlungen vorzunehmen, auch wenn der Täter noch keine konkreten Angebote dritter Personen zur Verfügung hat. Es genügt, dass er einen gewissen Einfluss darauf hat, dass die angebotenen Handlungen auch vorgenommen werden können (*RRH* 6).

13 Der Begriff **Anpreisen** ist weitergehend. Er erfasst auch den Nachweis von Gelegenheiten ohne die Möglichkeit einer tatsächlichen Einflussnahme auf deren Verwirklichung, muss aber in Form einer besonders eindringlichen Empfehlung oder Reklame erfolgen (*BayObLG JZ* 1981, 637).

14 Unter **Ankündigen** ist das Hinweisen auf die Gelegenheit zu verstehen, etwa durch Dritte, die Werbung für Dirnenwohnheime oder Gaststätten, Reiseunternehmen usw. betreiben, die die erwünschte Vornahme sexueller Kontakte fördern. Der allgemeine Hinweis eines Gastwirts auf die Möglichkeit, in seiner Gaststätte Sexualpartner kennenzulernen, ist in der Regel noch kein Ankündigen in diesem Sinne, weil hierdurch im Regelfall noch keine Gelegenheit für sexuelle Handlungen angeboten wird.

15 **In Sex-Shops** werden im Regelfall keine Gelegenheiten zu sexuellen Handlungen angeboten, es sei denn, der Betreiber des Sex-Shops bietet zugleich **Kontakträume** für die Kunden an. Auch die dort angebotenen Hilfsmittel für sexuelle Handlungen stellen kein Angebot von Gelegenheiten zu sexuellen Handlungen dar. Auf sie kann allerdings Abs. 2 zutreffen.

16 Die **Bekanntgabe von Erklärungen** des genannten Inhalts kommt namentlich bei der Verbreitung von Schriften in Betracht. Die Tathandlung kann auch in dem bloßen Abdruck eines fremden Angebots bestehen und sogar in der Bekanntgabe eines frei erfundenen Angebots (*Göhler/König*

15). Gemeint ist hier der Abdruck in der Presse oder die Verteilung von Flugblättern. **Mündliche Erklärungen, in denen das Angebot eines anderen bekannt gegeben wird**, fallen nicht unter Nr. 2, können aber von Nr. 1 erfasst sein (*RRH* 6).

Öffentlich ist das Angebot oder die Ankündigung, wenn sie von unbestimmt vielen Personen, die nicht durch persönliche Beziehungen verbunden sind, oder von einem bestimmten größeren Personenkreis wahrgenommen werden kann (*BGH* NJW 1958, 1788). Die gemeinsame Erwartung sexualbezogener Unterhaltung stellt bei Barbesuchern noch keine innere Verbundenheit her (KK-*Kurz* 10). Unerheblich ist ferner, ob Eintrittsgelder erhoben werden (*Celle* GA 1971, 251). 17

Nr. 1 erfordert ferner eine Eignung der Handlung, andere zu belästigen. Hierzu geeignet ist die Handlung dann, wenn durch sie andere in ihrem körperlichen oder seelischen Wohlbefinden nicht nur geringfügig beeinträchtigt werden können (*BayObLG* NJW 1979, 2162). Allein das öffentliche Anbieten zu sexuellen Handlungen, also auch der sog. Straßenstrich, ist noch nicht zur Belästigung anderer geeignet. Es müssen vielmehr Verhaltensweisen oder Umstände hinzutreten, die die Werbung oder Bekanntgabe als auffällig oder als anreißerisch erscheinen lassen (*BGH* NJW 1958, 837). 18

Nicht erforderlich ist, dass es tatsächlich zu einer Belästigung kommt. Ob die Handlung tatsächlich zur Belästigung geeignet ist, hängt von Ort und Zeit der Handlung sowie den sonstigen Umständen des Falles ab (*Göhler/König* 10). Entscheidend sind dabei objektive Wertmaßstäbe (*BayObLG* NJW 1979, 2162). Dass sich eine in sexueller Hinsicht besonders feinfühlige Person belästigt fühlen könnte, genügt noch nicht zur Annahme einer Belästigung für alle. Gerade das Vorliegen dieses Tatbestandsmerkmals ist wegen des genannten Wertewandels besonders gründlich zu prüfen. Die in der älteren Rechtsprechung erarbeiteten Fallbeispiele (vgl. KK-*Kurz* 11) dürften heute überwiegend keine Bedeutung mehr haben. 19

Nach **Nr. 2** handelt ordnungswidrig, wer in grob anstößiger Weise durch Verbreiten von Schriften, Ton- oder Bildträgern, Abbildungen oder Darstellungen sowie das öffentliche Zugänglichmachen von Datenspeichern die Tathandlungen im Übrigen vornimmt. **Verbreiten** ist die Weitergabe 20 der Schrift an einen anderen mit dem Ziel, sie einem größeren, für den Täter nicht kontrollierbaren Personenkreis zugänglich zu machen. Dabei kann es sich auch um Mitglieder eines Vereins oder einer Gesellschaft handeln (E/K/*Senge* 20).

21 **Das Inverkehrbringen eines einzigen Stücks** und die Übergabe an eine einzelne Person kann bereits ausreichen, wenn der Täter weiß oder damit rechnet, dass der Empfänger die Sache anderen Personen zugänglich machen wird (*BayObLG* NStZ 1983, 120). Mit der Übergabe an die Post ist der Verbreitungsvorgang bereits vollendet. Die Schrift muss gegenständlich und nicht nur ihrem Inhalt nach einem größeren Personenkreis zugänglich gemacht werden (*Hamburg* NStZ 1983, 127).

22 In **grob anstößiger Weise** erfolgt die Tathandlung, wenn entweder der Inhalt der Schrift oder die Umstände ihrer Verbreitung in besonderem Maß Anstoß erregen können, etwa, wenn das Angebot in seiner objektiven Zweckbestimmung in einer Weise aufdringlich ist, die auch unter den gewandelten gesellschaftlichen Wertungen nicht mehr zumutbar erscheint oder wenn das nach Ansicht der Mehrheit der Bevölkerung immer noch gebotene Maß an Zurückhaltung deutlich überschritten ist (KK-*Kurz* 15). Maßgeblich ist auch insoweit die objektive Eignung. Auf die subjektiven Vorstellungen des Handelnden kommt es nicht an. Das Merkmal „grob anstößig" kann erfüllt sein, **wenn sexuelle Handlungen wie Waren angeboten oder in ähnlicher Weise angepriesen** werden. Dabei kommt es darauf an, wo dies geschieht. Werden Werbeprospekte für Bordelle etwa an Kunden eines Sex-Shops oder Besucher eines Vergnügungsviertels verteilt, so kann es an der objektiven Eignung fehlen, nicht aber wenn dieselben Werbeprospekte an Theater- oder Kirchenbesucher verteilt werden. Grob anstößig können auch Inserate sein, mit denen Sexualpartner gesucht werden. Dies kann sowohl den Inhalt als auch die Ausdrucksweise des Inserates betreffen. Dabei kommt es wiederum darauf an, wo das Inserat erscheint. Wird es in einer gewöhnlichen Tageszeitung eingerückt, so liegt die Anstößigkeit eher vor, als wenn es in sog. Programmzeitschriften erscheint, zu deren Erscheinungsbild inzwischen ganz allgemein auch Kontaktanzeigen sexuellen Inhalts gehören und die u. a. auch deshalb erworben werden.

23 Als **Täter** kommt für die Fälle des Abs. 1 sowohl derjenige in Betracht, der sich selbst zu sexuellen Handlungen anbietet, als auch derjenige, der für sexuelle Handlungen anderer wirbt oder eine solche Werbung bekannt gibt (*Laufhütte* JZ 1974, 51). Erfasst werden aber auch, insbesondere bei der Inseratenwerbung, die Zeitungsherausgeber oder die verantwortlichen Leiter der Anzeigenabteilungen (*Lüthge-Bartholomäus* NJW 1976, 138; **a. A.** *Kiphth* NJW 1975, 2328).

Nach Abs. 2 dürfen Mittel oder Gegenstände des sexuellen Gebrauchs weder in öffentlich belästigender noch in grob anstößiger Weise durch Verbreiten von Schriften usw. angeboten, angekündigt, angepriesen oder bekannt gegeben werden. **Mittel oder Gegenstände, die dem sexuellen Gebrauch dienen,** sind alle Gegenstände, die nach Art und Beschaffenheit dazu bestimmt und geeignet sind, im Zusammenhang mit oder im Hinblick auf sexuelle Handlungen gebraucht zu werden (BT-Drucks. VI/1552 S. 37). Hierzu gehören Mittel oder Gegenstände, die dem Schutz vor Geschlechtskrankheiten oder der Empfängnisverhütung dienen, aber auch solche, die den sexuellen Reiz erregen oder steigern sollen, nicht jedoch Heilmittel, die zwar Erkrankungen der Sexualorgane betreffen, aber mit dem eigentlichen sexuellen Lustempfinden nicht im Zusammenhang stehen, auch nicht solche, die organisch oder psychisch bedingte Impotenz bekämpfen, es sei denn, sie dienen ohne diese Voraussetzung allein der Steigerung der Geschlechtslust. Für Schriften sexuellen Inhalts gilt Abs. 3. 24

Das Anbieten dieser Gegenstände muss unter den Tatmodalitäten des Abs. 1 erfolgen. Es muss also eine Eignung zur Belästigung gegeben sein und die Werbung durch Schriften muss grob anstößig sein. Auch insoweit kommt es demnach wieder auf die Einzelsituation an. Auslagen an Orten, an denen derartige Angebote nicht vermutet werden, etwa in der Nähe von Schulen oder Kirchen können grob anstößig wirken (*BayObLG* GA 1955, 308), andererseits im Sex-Shop zulässig sein. 25

Dabei ist zu berücksichtigen, dass mit der zunehmenden Verbreitung von Infektionserkrankungen, die durch sexualbezogene Körperkontakte übertragen werden, ein allgemeines und letztlich auch den Einzelnen betreffendes großes Interesse daran bestehen muss, **das öffentliche Bewusstsein über den Wert der Kondome zu steigern.** Dies braucht nicht in anreißerischer Form zu geschehen, so dass die Grenze des grob Anstößigen nicht erreicht zu werden braucht. Die vermehrte Anbringung von Außenautomaten und von Plakaten, die für die Benutzung von Kondomen beim 26

Geschlechtsverkehr werben, ist noch nicht grob anstößig oder belästigend. Sie entspricht heutigem sozialen Interesse an der Infektionsverhütung.

27 Abs. 3 ergänzt § 184 StGB und erfasst Schriften, Ton- und Bildträger, Datenspeicher, Abbildungen oder Darstellungen sexuellen Inhalts. Es handelt sich um entsprechende Darstellungen **unterhalb der Grenzen der einfachen Pornographie und der Jugendgefährdung** nach § 6 GjS, sowie Darstellungen, die **zwar pornographisch sind, aber von § 184 StGB nicht erfasst werden**, etwa weil der Ort der Ausstellung Personen unter 18 Jahren nicht zugänglich ist. Andererseits ist Abs. 3 nicht eine reine Jugendschutzvorschrift. Sie dient vielmehr auch dem Interesse von Erwachsenen, indem sie verhindern will, dass die Bevölkerung in der Öffentlichkeit gegen ihren Willen an Orten mit Gegenständen sexueller Art konfrontiert wird, an denen dies grob anstößig wirkt (*RRH* 15).

28 **Tatbestandsmäßigkeit** liegt auch hier erst dann vor, wenn das öffentliche Ausstellen der Darstellung **grob anstößig** ist. Das kann etwa bei großformatiger Darstellung von Geschlechtsorganen oder von sexuellen Handlungen bei der Kinoreklame oder auf Anschlagsäulen und Anschlagtafeln der Fall sein.

29 Die Darstellung hat **sexuellen Inhalt**, wenn sie objektiv das Geschlechtliche zum Gegenstand hat, ohne dass es dabei auf die sexuelle Motivation oder Absicht der eigenen oder fremden sexuellen Erregung ankommt, wie etwa die Darstellung des Geschlechtsverkehrs oder der Geschlechtsteile. Die Darstellung des nackten menschlichen Körpers als solche hat keinen sexuellen Inhalt, es sei denn, sie dient in Wahrheit der Hervorhebung der Geschlechtsorgane und damit der Herstellung eines sexuellen Bezugs (*RRH* 18). Entscheidend ist aber auch hier die Frage, ob die Darstellung nach heutigen Maßstäben grob anstößig ist.

30 **Zugänglich gemacht** wird die Darstellung, wenn die Möglichkeit ihrer öffentlichen Wahrnehmung eröffnet ist. Dazu gehört auch das öffentliche Vorführen von Film- und Tonträgern, außer in Spezialkinos, in die sich nur der Kunde begibt, der sie sehen und hören will. Auch insoweit ist die **Toleranzgrenze nicht zu niedrig zu ziehen** (*RRH* 19).

31 Abs. 1 Nr. 2 und Abs. 3 sind durch Art. 5 Nr. 2 IuKDG vom 22. Juli 1997 (BGBl. I S. 1870) um das Tatbestandsmerkmal des öffentlichen Zugäng-

Zweiter Abschnitt. Verstöße gegen die öffentliche Ordnung § 119

lichmachens von **Datenspeichern** erweitert worden. Zum Begriff des Datenspeichers. § 116 Rn. 11. Damit kann auch der professionelle Provider ordnungswidrig handeln, der Gelegenheiten zu sexuellen Handlungen auf diesem Weg anbietet usw. (Abs. 1 Nr. 2) oder auch nur in grob anstößiger Weise über Datenfernleitungen einem nach Art und Zahl unbestimmten Personenkreis zugänglich macht (BT-Drucks. 13/7385 S. 37).

Vorsatz ist erforderlich; **bedingter Vorsatz** genügt. Der Vorsatz muss sich auf alle Umstände erstrecken, die für die Erfüllung des Tatbestandes, also insbesondere die Merkmale „öffentlich" und „grob anstößig" (*Hamburg* NJW 1968, 1976) erforderlich sind. Die Prostituierte muss also wenigstens damit rechnen, dass ihr Angebot von jedem beliebigen Straßenpassanten wahrgenommen werden kann und ihre Handlung objektiv geeignet ist, andere zu belästigen. Sie muss dies außerdem billigend in Kauf nehmen (KK-*Kurz* 35). 32

Zum Vorsatz gehört ferner, **dass der Täter sein Tun zumindest in laienhafter Weise als nicht mehr anständig und nicht mehr gehörig erkennt oder empfindet** (KK-*Kurz* 35). Hält er sein Tun gleichwohl für erlaubt, so liegt Verbotsirrtum vor, der im Regelfall vermeidbar ist. Dies ist auch der Fall, wenn der Täter z. B. der Auffassung ist, das Verbreiten von Schriften sei unter allen Umständen erlaubt, sofern deren sexueller Inhalt noch nicht die Pornographiegrenze überschritten hat (*RRH* 21). 33

Abs. 4 enthält eine **abgestufte Bußgelddrohung.** Nur in den Fällen des Abs. 1 Nr. 1, also im Wesentlichen bei der Straßenprostitution, ist die Regelgeldbuße bis zu 1000,– Euro angedroht. In den anderen Fällen ist eine Geldbuße bis zu 10 000,– Euro angedroht, weil es sich dabei in der Regel um geschäftliche Werbung handelt. Dabei kann eine höhere Gewinnspanne bei der Zumessung der Geldbuße berücksichtigt werden, ohne dass diese festgestellt werden müsste (*RRH* 22). Das Höchstmaß der Geldbuße kann außerdem überschritten werden, wenn es nicht ausreicht, den Gewinn abzuschöpfen, den der Täter durch die OWi erzielt hat (§ 17 Abs. 4). Die Einziehung der Gegenstände, auf die sich eine OWi nach § 119 bezieht, nicht jedoch der Mittel und Gegenstände nach Abs. 2, ist nach § 123 zulässig. 34

In den Fällen des Abs. 1 Nr. 1 beträgt die **Verjährungsfrist** sechs Monate (§ 31 Abs. 2 Nr. 4), in den Fällen des Abs. 1 Nr. 2, Abs. 2 und 3 jedoch 35 zwei Jahre (§ 31 Abs. 2 Nr. 2). Für die **Vollstreckungsverjährung** gelten die Fristen des § 34 Abs. 2 (fünf und drei Jahre). Die kurze presserechtliche Verjährung gilt nicht für die Verfolgungsverjährung (*BGH* NJW 1978, 1171), weil es sich in den Fällen des § 119 nicht um Presseinhaltsdelikte handelt (KK-*Kurz* 37).

§ 120 Verbotene Ausübung der Prostitution; Werbung für Prostitution

(1) Ordnungswidrig handelt, wer
1. **einem durch Rechtsverordnung erlassenen Verbot, der Prostitution an bestimmten Orten überhaupt oder zu bestimmten Tageszeiten nachzugehen, zuwiderhandelt oder**
2. **durch Verbreitung von Schriften, Ton- oder Bildträgern, Datenspeichern, Abbildungen oder Darstellungen Gelegenheit zu entgeltlichen sexuellen Handlungen anbietet, ankündigt, anpreist oder Erklärungen solchen Inhalts bekanntgibt; dem Verbreiten steht das öffentliche Ausstellen, Anschlagen, Vorführen oder das sonstige öffentliche Zugänglichmachen gleich.**

(2) Die Ordnungswidrigkeit kann mit einer Geldbuße geahndet werden.

Schrifttum: *Engels*, Zum Problem der Veröffentlichung verbrämter Prostitutionswerbung in der Presse, AfP 1985, 101; *Gleß*, Die Reglementierung von Prostitution in Deutschland, 1999; *Hanack*, Die Reform des Sexualstrafrechts und der Familiendelikte, NJW 1974, 1; *Kiphuth*, Nochmals: Die polizeirechtliche Schließung von „Massagesalons", NJW 1975, 2328; *Laufhütte*, Viertes Gesetz zur Reform des Strafrechts, JZ 1974, 46; *Lüthge-Bartholomäus*, Nochmals: Die polizeirechtliche Schließung von „Massagesalons", NJW 1976, 138; *Lux*, Justizfreier Raum für Call-Girl-Ringe, Bars und Clubs, Kriminalistik 1985, 402; *Meier*, Zur Strafbarkeit der neutralen Werbung für pornographische Schriften, NStZ 1985, 341; *Pelz*, Die Strafbarkeit von Online-Anbietern, wistra 1999, 53; *Probst*, Polizei und Prostitution, Kriminalistik 1986, 611; *Scheerer*, Die Privilegierung des Freiers im Straf- und Ordnungswidrigkeitenrecht, GA 1995, 349; *Wesel*, Prostitution als Beruf, NJW 1999, 2865.

1 Die Vorschrift bezweckt den **Schutz der Allgemeinheit**, insbesondere von **Jugendlichen** vor den mit der Prostitution verbundenen Belästigungen und Gefahren, ohne dass es auf eine konkrete Belästigung oder

Gefährdung im Einzelfall ankommt (*BayObLG* JZ 1981, 637). Sie enthält zwei verschiedene Tatbestände, deren gemeinsames Merkmal die Prostitution ist, die aber ansonsten in einem nur losen Zusammenhang stehen. **Abs. 1 Nr. 1** bedroht die verbotene Ausübung der Prostitution in **Sperrbezirken** oder zu **Sperrzeiten**, **Nr. 2** die verbotene **Werbung für die Prostitution.** Ihr lag die Erwägung zugrunde, dass die Prostitution, auch wenn sie nicht generell verboten und strafbar ist, in der öffentlichen Meinung als eine in verschiedener Hinsicht sozialwidrige Tätigkeit gilt, der im Interesse der Allgemeinheit entgegengewirkt werden soll (BT-Drucks. VI/3521 S. 64). Diese Bewertung ist angesichts der gesetzlichen Anerkennung der Prostitution durch das Prostitutionsgesetz von 20. Dezember 2001 (BGBl. I S. 3983) inzwischen überholt. Der BRat hat die BRegierung deshalb zu Recht zu einer Überprüfung von §§ 119 und 120 aufgefordert (BT-Drucks. 14/7174). Zwar regelt das Prostitutionsgestz in erster Linie nur die sozial- und zivilrechtlichen Seiten der Prostitution. Die gewandelte Rechtsauffassung lässt aber allenfalls den OWi-Tatbestand von Abs. 1 Nr. 1 unberührt (*VG Weimar* GewArch 2002, 298 m. Anm. *Vahle* Kriminalistik 2002, 537). Der Tatbestand des Abs. 1 Nr. 2 hat dagegen auch vor dem Hintergrund einer erheblich gewandelten Lebenspraxis mit der Abschaffung der Sittenwidrigkeit der Prostitution jegliche Berechtigung verloren, soweit nicht eine erhebliche Belästigung i. S. von § 119 dadurch verwirklicht wird.

Die **verbotene Ausübung der Prostitution** nach Abs. 1 Nr. 1 ist ein **2 Blankettatbestand.** Er setzt den Verstoß gegen eine Rechtsverordnung voraus, nach der die Ausübung der Prostitution an bestimmten Orten oder zu bestimmten Zeiten verboten ist. Ermächtigungsgrundlage zum Erlass solcher Sperrbezirksverordnungen ist **Art. 297 EGStGB.** Danach kann die Landesregierung zum Schutz der Jugend oder des öffentlichen Anstandes für das ganze Gebiet einer Gemeinde bis zu 50.000 Einwohnern, ferner für Teile des Gebiets einer Gemeinde über 20.000 Einwohner oder eines gemeindefreien Gebiets, sowie unabhängig von der Zahl der Einwohner für öffentliche Straßen, Wege, Plätze, Anlagen und für sonstige Orte, die von dort aus eingesehen werden können, im ganzen Gebiet oder in Teilen des Gebiets einer Gemeinde oder eines gemeindefreien Gebiets durch Rechtsverordnung verbieten, der Prostitution nachzugehen. Die Gemeinde kann dieses Verbot auf bestimmte Tageszeiten beschränken. **Die Rechtsverordnungen sind Landesrecht** (*BVerfG* NJW 1965, 1371), die, weil sie auch polizeirechtlichen Charakter haben, im Verwaltungsrechtsweg überprüft werden können.

3 Anders als der Verstoß gegen § 184d StGB, der nur eine **beharrliche Zuwiderhandlung** gegen das Verbot, der Prostitution in Sperrbezirken oder zu Sperrzeiten nachzugehen, mit Strafe bedroht, gilt Nr. 1 schon für den Fall, dass gegen das Verbot überhaupt verstoßen wird (E/K/*Senge* 2). Gemeinsam bilden beide Vorschriften einen sog. unrechten Mischtatbestand (*Göhler/König* vor § 1 36). Vor einer Verurteilung nach Abs. 1 Nr. 1 oder § 184a StGB hat das Gericht auch zu prüfen, ob die Sperrbezirksverordnung sich in den Grenzen der Ermächtigung nach Art. 297 EGStGB hält und insbesondere nicht gegen den Sinn des Kasernierungsverbotes verstößt (*BayObLGSt* 1988, 40).

4 Prostitution ist die **sexuelle Betätigung** vor oder mit wechselnden Partnern **gegen Entgelt zu Erwerbszwecken**, wobei es auf die Art der sexuellen Betätigung nicht ankommt (*Göhler/König* 4). Unbedeutend ist auch, wer das Entgelt entgegennimmt und wo die Partner geworben werden. Prostitution kann durch Frau oder Mann ausgeübt werden. Tatbestandsmäßig handelt bereits, wer Handlungen vornimmt, die unmittelbar auf eine solche sexuelle Betätigung abzielen (*Göhler/König* 4), wie etwa das Sich-Anbieten auf dem sog. Straßenstrich (*Karlsruhe* MDR 1974, 858). Unerheblich ist, ob der Prostitution auffällig oder öffentlich nachgegangen wird oder ob sie belästigend ist. Der verbotenen Prostitution geht auch nach, wer über seinen im Sperrbezirk gelegenen Telefonanschluss Anbahnungsgespräche führt oder wer die Kontaktpersonen zur Ausübung der Prostitution in Wohnungen aufsucht, die im Sperrbezirk liegen (*BayObLG* JZ 1989, 51).

5 Die Vornahme sexueller Handlungen vor einem unbestimmten Personenkreis, wie etwa durch eine Striptease-Tänzerin, ist keine Prostitution, wenn es dabei an einem individualisierten Verhältnis fehlt (*RRH* 4), selbst wenn dies gegen Entgelt erfolgt. Gegen die Annahme der Prostitution spricht auch ein sexuelles Dauerverhältnis der Prostituierten zu einer bestimmten Person (KK-*Kurz* 14). Anders kann es sein, wenn es sich anscheinend um das Ersetzen regelmäßiger kurzfristiger sexueller Bindungen durch neue handelt, es in Wahrheit also um häufig wechselnde Geschlechtspartner geht, weil es für die Annahme der Prostitution nicht darauf ankommt, ob die oder der Prostituierte bei der sexuellen Tätigkeit eigene emotionale oder lustvolle Empfindungen hat.

Zweiter Abschnitt. Verstöße gegen die öffentliche Ordnung § 120

Eine Beteiligung anderer Personen an der OWi ist möglich. Die Person, vor oder an der sexuelle Handlungen vorgenommen werden, ist notwendig beteiligt, so dass sie selbst nicht ordnungswidrig handelt (*RRH* 7). Wer aber jemanden dazu überredet, der Prostitution entgegen einem Verbot nachzugehen und dabei unterstützende Tatbeiträge leistet, handelt selbst tatbestandsmäßig, auch wenn die oder der Prostituierte nicht vorsätzlich handelt. Hierzu gehört auch das Gewähren von Unterkunft in einem Sperrbezirk zur Ausübung der Prostitution (*Göhler/König* 9; *BayObLG* NJW 1981, 2766; **a. A.** Protokolle V/3404 ff.). **6**

Verdeckte Ermittlungen eines Polizeibeamten zur Aufklärung der verbotenen Prostitution sind wie stets keine Teilnahme. Handelt der Teilnehmer selbst nicht beharrlich, wohl aber die Prostituierte, so begeht er nur eine OWi, während sie nach § 184a StGB strafbar sein kann. Handelt er hingegen beharrlich, nicht aber die Prostituierte, so ist er Gehilfe zu einer Straftat nach § 184d StGB, auch wenn in diesem Fall der Haupttäter fehlt (*BayObLG* NJW 1985, 1566 m. Anm. *Göhler* NStZ 1986, 18). Die „Beharrlichkeit" bei § 184d StGB ist besonderes persönliches Merkmal i. S. von § 28 Abs. 2 StGB. **7**

Vorsatz erfordert, dass der Betroffene zumindest billigend in Kauf nimmt, dass er an einem verbotenen Ort oder zu einer verbotenen Zeit der Prostitution nachgeht (*Hamm* NJW 1968, 1976). Fahrlässigkeit genügt nicht. **8**

Abs. 1 Nr. 2 bedroht die **Werbung für Gelegenheiten** zu entgeltlichen sexuellen Handlungen durch die dort genannten Fallkonstellationen. Die so umschriebene Prostitutionswerbung war nach früherer Auffassung schlechthin ordnungswidrig, gleichgültig, ob sie in anstößiger Weise vorgenommen wird, ob die Prostituierte oder ein anderer für sie tätig wird oder ob eigene Interessen verfolgt werden oder nicht (*Koblenz* GA 1979, 149). Dem kann nach der Anerkennung der Prostitution (siehe Rn. 1) nicht mehr gefolgt werden, zumal nicht zu verkennen ist, dass die Vorschrift in der Praxis weitgehend leerläuft. Eine tatsächlich nicht mehr angewendete Sanktionsnorm bringt mehr Schaden als Nutzen und sollte daher abgeschafft oder durch eine Jugendschutzvorschrift ersetzt werden. Entsprechende Anzeigenverträge sind demgemäß auch nicht nach § 134 BGB i.V. mit § 120 Abs. 1 Nr. 2 nichtig (*AG Köpenick* NJW 2002, 1885; anders noch *BGHZ* 118, 182). **9**

10 Das Verbot der Werbung durch Verbreiten von **Datenspeichern** ist durch das IuKDG vom 22. Juli 1997 (BGBl. I S. 1870) eingeführt worden. Die Wortwahl des Gesetzes ist missverständlich, denn es werden nicht Datenspeicher verbreitet, sondern Mitteilungen unter ihrer Zuhilfenahme. Dies kann auch durch **öffentliches Zugänglichmachen** des Datenspeichers etwa in einer Gaststätte, in der den Besuchern Rechner mit Dialogmöglichkeiten nach außen angeboten werden und dazu nur der jeweilige Arbeitsspeicher in Anspruch genommen wird (Begründung BT-Drucks. 13/7385 S. 37), oder durch Bekanntgabe des gedanklichen Inhalts des Datenspeichers durch unkörperliches Zugänglichmachen, also die **Anzeige auf dem Bildschirm** (*Göhler/König* 13), geschehen.

11 **Zwar ist der Gesetzgeber davon ausgegangen**, dass die Werbung für entgeltliche sexuelle Handlungen durch Zeitungsinserate und in ähnlicher Form auch ohne das Hinzutreten weiterer Umstände schlechthin ordnungswidrig sein soll (*Schleswig* SchlHA 1977, 104). Ein Blick auf die ausgedehnten Zeitungsinserate, die es inzwischen auch in seriös wirkenden Programmzeitschriften gibt, **widerlegen eindrucksvoll**, dass dieses gesetzgeberische Ziel erreicht worden sein könnte. Der heutige Entwicklungsstand der Jugendlichen stellt das Erfordernis eines so weit reichenden Jugendschutzes in dieser Hinsicht zudem in Frage.

12 **Die sexuelle Handlung wird entgeltlich vorgenommen**, wenn für sie eine Gegenleistung gewährt werden soll, die in einem Vorteil, nicht notwendigerweise in einem Vermögensvorteil besteht. Dabei genügt es, wenn das Entgelt auch nur teilweise für die sexuelle Handlung gedacht ist, nicht aber, wenn es nur dem Gegenwert für andere Leistungen nicht sexueller Natur entspricht. Die Höhe des Entgelts braucht bei der Werbung nicht genannt zu sein. Es ist nicht einmal erforderlich, dass aus dem Angebot, der Ankündigung oder Anpreisung ausdrücklich hervorgeht, dass ein Entgelt gefordert wird.

13 Wird das Angebot unter Umständen gemacht, die an der **Entgeltlichkeit keinen Zweifel lassen**, so genügt dies (*Koblenz* GA 1979, 149). Es kommt auf den Eindruck an, den der Inhalt der Erklärung auf einen unbefangenen, durchschnittlich sachkundigen Betrachter macht (*BGH* NJW 1989, 409). Die Vorschrift erfasst nicht Fälle, in denen sexuelle Kontakte gesucht werden, ohne dass auf Entgelt Wert gelegt wird (E/K/*Senge* 14).

Zweiter Abschnitt. Verstöße gegen die öffentliche Ordnung **§ 121**

Die Tathandlung entspricht bis auf zwei Unterschiede der in § 119 **14**
Abs. 1 Nr. 2. Hier wird nach dem Wortlaut zwar nicht vorausgesetzt, dass
das Anbieten, Ankündigen usw. in grob anstößiger Weise geschieht. In
Hinblick auf die gewandelte rechtliche Bewertung der Prostitution (oben
Rn. 1) sollte Abs. 1 Nr. 2 jedoch zumindest in dieser Weise einschränkend
ausgelegt werden. Bestehen Anhaltspunkte für das Vorliegen der Voraussetzungen
von Abs. 1 Nr. 2, dann tritt § 119 Abs. 1 Nr. 2 zurück, weil
§ 120 **Spezialvorschrift für die Ausübung der Prostitution ist.**

Auch die Handlung nach Nr. 2 kann nur **vorsätzlich** begangen werden. **15**
Bedingter Vorsatz reicht aus. Der Täter muss zumindest damit rechnen
und dies auch billigend in Kauf nehmen, dass er für Prostitution wirbt
oder eine entsprechende Erklärung bekannt gibt. Ein **Verbotsirrtum** ist
im Regelfall vermeidbar (*RRH* 12a; KK-*Kurz* 29). Täter kann sowohl derjenige
sein, der sich selbst zu entgeltlichen sexuellen Handlungen anbietet,
als auch derjenige, der für sexuelle Handlungen anderer wirbt oder
eine solche Werbung bekannt gibt (*Laufhütte* JZ 1974, 51).

Die **Geldbuße** beträgt mindestens 5,– Euro, höchstens 1000,– Euro (§ 17 **16**
Abs. 1). Für die Einziehung der Schriften usw. nach Abs. 1 Nr. 2 gilt
§ 123. Die Verfolgung der Tat nach Abs. 1 verjährt in sechs Monaten
(§ 31 Abs. 2 Nr. 4); kürzere presserechtliche Verjährungsfristen finden
keine Anwendung (*Göhler/König* 34). Vollstreckungsverjährung tritt
nach drei Jahren ein (§ 34 Abs. 2 Nr. 2).

§ 121 Halten gefährlicher Tiere

(1) Ordnungswidrig handelt, wer vorsätzlich oder fahrlässig

1. **ein gefährliches Tier einer wildlebenden Art oder ein bösartiges Tier sich frei umherbewegen läßt oder**
2. **als Verantwortlicher für die Beaufsichtigung eines solchen Tieres es unterläßt, die nötigen Vorsichtsmaßnahmen zu treffen, um Schäden durch das Tier zu verhüten.**

(2) Die Ordnungswidrigkeit kann mit einer Geldbuße geahndet werden.

Die Vorschrift ersetzt § 367 Abs. 1 Nr. 11 StGB a. F. zum Teil. Sie ist Gefährdungsdelikt. **Geschützt sind in erster Linie Leib oder Leben von** **1**

Menschen sowie Eigentum, daneben aber auch die öffentliche Ordnung (*Koblenz* NStZ 1981, 445). Ob die Gefahr sich realisiert hat, ist unerheblich. Hat sie sich realisiert, so sind Rückschlüsse auf die Gefährlichkeit der Tiere zulässig. Ein abstraktes Straßenverkehrsdelikt umschreibt die Vorschrift nicht. Von den Gefahren, die von frei herumlaufenden Haus- und Stalltieren auf den Straßenverkehr ausgehen können, schützen die §§ 28 Abs. 1, 49 Abs. 2 Nr. 3 StVO, 24 StVG (*Koblenz* NStZ 1981, 445).

2 **Täter ist jeder**, der bewirkt oder dazu beiträgt, dass sich gefährliche oder bösartige Tiere frei umherbewegen. Das ist nicht nur der Halter eines solchen Tieres oder derjenige, bei dem ein solches Tier vorübergehend untergebracht ist, sondern auch der Betreiber von Tierheimen, sog. Hundepensionen usw., aber auch der Zoobesucher, der die Tür eines Tierkäfigs öffnet (*Göhler/König* 3).

3 **Nr. 1** bedroht mit Geldbuße, wer ein gefährliches Tier einer wildlebenden Art oder ein bösartiges Tier **sich frei umherbewegen lässt.** Es kann sich frei bewegen, wenn es nicht angebunden oder sonst in seinen Bewegungsmöglichkeiten eingeschränkt ist. Der Hund, der durch seine Bewegung die ausziehbare Leine auf mehrere Meter Länge ausdehnt, wird trotz Leine zu einem gefährlichen Tier, wenn er so groß und kräftig ist, dass er nicht ohne weiteres vom Halter zurückgezogen werden kann.

4 **Ein Tier ist dann gefährlich**, wenn es einer Tiergattung angehört, die erfahrungsgemäß Gefahren für Leben, Gesundheit, Eigentum oder Besitz erwarten lässt (vgl. *BayObLG* MDR 1986, 429). Es muss sich um ein gefährliches Tier einer wildlebenden Art handeln. **Wildlebend** sind die nicht domestizierten und kultivierten, d. h. in der freien Natur lebenden Tiere. Hier stellt die Vorschrift nur auf die Tierart ab. Es ist also ohne Bedeutung, ob das konkrete, in Betracht kommende Tier die bei seiner Tiergattung übliche Gefährlichkeit besitzt, ob es zahm ist oder ob eine Zähmung im Einzelfall überhaupt möglich ist (BT-Drucks. 7/550 S. 354; *BayObLG* MDR 1986, 429). Tiere, die **domestiziert** sind, oder einer **zahmen** oder **gezähmten** Gattung angehören, werden von der Vorschrift nicht erfasst (*BayObLG* MDR 1986, 429). Als gefährliches Tier wurden von der Rechtsprechung etwa ein gezähmter, gutmütiger Zwergleopard (*BayObLGSt* 31, 43), ein Gepard, ein Ozelot oder indische und – kleine – afrikanische Elefanten (*BayObLG* MDR 1986, 429) eingeschätzt. Raub-

tiere gehören im Regelfall zur Gruppe der gefährlichen Tiere (E/K/*Senge* 4), ebenso Giftschlangen.

Bösartig sind Tiere, von denen ohne Rücksicht auf ihre Gattung wegen 5
ihrer eigentümlichen Veranlagung Gefahren zu befürchten sind (*Koblenz* NStZ 1981, 445). Dies ist nicht nur bei Hunden der Fall, die bissig sind, sondern auch bei großen Hunden, wenn sie die Eigenart haben, Menschen anzuspringen. Die Erklärung der Halter, die wollten nur spielen, ohne jemanden verletzen zu wollen, ist unbeachtlich. Dies gilt insbesondere, wenn ein entsprechendes Verhalten des Tieres schon einmal erkennbar geworden ist (E/K/*Senge* 5). Das Halten gefährlicher Hunde ist durch eine Reihe landesrechtlicher Regelungen und die Einführung der neuen Strafnorm des § 143 StGB durch das HundBekG vom 12. April 2001 (BGBl. I S. 530) weitreichenden Einschränkungen unterworfen worden (*Tröndle/ Fischer* § 143 Rn. 1). Allerdings hat das *BVerfG* mit Urteil vom 16. März 2004 § 143 Abs. 1 StGB für nichtig erklärt (NJW 2004, 1840). Ob auch § 143 Abs. 2 StGB verfassungsgemäß ist, ist zweifelhaft (*Hamburg* NStZ-RR 2004, 231).

Nach **Nr. 2** handelt tatbestandsmäßig, wer als **Verantwortlicher für die** 6
Beaufsichtigung eines solchen Tieres es unterlässt, die nötigen Vorsichtsmaßnahmen zu treffen, um Schäden durch das Tier zu verhüten. Ein Tier, das für jeden Menschen gefährlich ist, darf überhaupt nicht unverwahrt gehalten werden (KK-*Kurz* 8). **Bösartige Haus- oder Hofhunde** müssen so gehalten werden, dass eine Gefährdung oder Schädigung anderer Menschen schlechterdings ausgeschlossen ist. Damit hat nichts zu tun, dass Angehörige des Hauses oder Hofes oder regelmäßig dort verkehrende Personen sich an diese Tiere gewöhnt haben. Ein Laufenlassen des Tieres im eingefriedeten Gelände ist nur dann zulässig, wenn sichergestellt ist, dass die Umfriedung hinreichenden Schutz gegen ein Entweichen bietet.

Hält jemand mehrere Kampfhunde oder besonders gefährliche Züch- 7
tungen (Rottweiler, Pitbull usw.) im selben Zwinger, so müssen die Sicherungsvorkehrungen so verstärkt werden, dass die sich durch das gemeinsame Ausbrechen dieser Tiere potenzierende Gefährdung anderer unbedingt vermieden wird. Ggf. ist dem Halter aufzuerlegen, die Tiere abzuschaffen oder ihre Zahl zu verringern.

8 **Zucht und Dressur** können körperliche, mechanische Hindernisse nicht ersetzen. Es besteht von jeher keinerlei Gewähr, dass das Tier den Befehlen des Halters folgt. Die Verantwortlichkeit des Tierhalters oder des für die Beaufsichtigung des Tieres sonst Verantwortlichen ist ausschließlich an der Sicherung durch entsprechende mechanische Hindernisse zu messen. Dies gilt erst recht, wenn die Tiere bereits einmal andere gefährdet haben.

9 Der Tatbestand kann **vorsätzlich und fahrlässig** erfüllt werden. Für den Täter müssen die Eigenschaften des Tieres erkennbar sein. Bei bestimmten Kampfhunden und Züchtungen besonders bösartiger Hundesorten ist diese Voraussetzung nicht erst dann erfüllt, wenn dessen Neigung bereits einmal zum Vorschein gekommen ist (**a. A.** *RRH* 7). Bei diesen Tieren ist die Bösartigkeit inzwischen aufgrund einer Vielzahl von entsprechenden Ereignissen in den letzten Jahren allgemeinkundig, so dass in Fällen einer erneuten Gefährdung auch Vorsatz nicht fern liegt. Für die Frage der Bösartigkeit von Hunden kann an die Definitionen gefährlicher Hunde im Bundes- und Landesrecht angeknüpft werden (vgl. § 1 HundVerbrEinfG vom 12. April 2001, BGBl. I S. 530).

10 Fahrlässig handelt ferner, **wer ohne genügende eigene Kenntnisse die Beaufsichtigung** eines möglicherweise bösartigen Tieres **übernimmt** und es unterlässt, sich nach den notwendigen Vorsichtsmaßnahmen oder den Eigenschaften des Tieres zu erkundigen (*Göhler/König* 9). In Betracht kommt auch ein Verschulden bei der Auswahl oder Beaufsichtigung der Aufsichtsperson durch den Tierhalter. Fahrlässig handelt er dann, wenn er wissen muss, dass er die nötigen Vorsichtsmaßnahmen mangels eigener Qualifikation nicht treffen kann, aber derjenige, den er mit der Beaufsichtigung beauftragt, erkennbar nicht in der Lage ist, diese Aufgabe ordnungsgemäß zu erfüllen.

11 Die **Geldbuße** beträgt mindestens 5,– Euro und bei vorsätzlichem Handeln höchstens 1000,– Euro (§ 17 Abs. 1), bei fahrlässiger Tatbegehung höchstens 500,– Euro (§ 17 Abs. 2). **Von besonderer Bedeutung wären Einziehungsvorschriften**, entsprechend § 143 Abs. 3 StGB; solche gibt es aber nicht, da der Gesetzgeber unverständlicherweise die Einziehungsmöglichkeiten nach § 123 nicht auf § 121 bezogen hat. Die Verfolgung der Tat verjährt in sechs Monaten (§ 31 Abs. 2 Nr. 4). Die Vollstreckungsverjährung tritt in drei Jahren ein (§ 34 Abs. 2 Nr. 2).

§ 122 Vollrausch

(1) Wer sich vorsätzlich oder fahrlässig durch alkoholische Getränke oder andere berauschende Mittel in einen Rausch versetzt, handelt ordnungswidrig, wenn er in diesem Zustand eine mit Geldbuße bedrohte Handlung begeht und ihretwegen gegen ihn keine Geldbuße festgesetzt werden kann, weil er infolge des Rausches nicht vorwerfbar gehandelt hat oder weil dies nicht auszuschließen ist.

(2) Die Ordnungswidrigkeit kann mit einer Geldbuße geahndet werden. Die Geldbuße darf nicht höher sein als die Geldbuße, die für die im Rausch begangene Handlung angedroht ist.

Zweck der Vorschrift ist es, **die Allgemeinheit vor der Gefährlichkeit des Berauschens zu schützen.** Sie ergänzt § 323a StGB, der für im Rausch begangene Straftaten gilt. Die Allgemeinheit soll auch vor der Gefährlichkeit eines Berauschten geschützt werden, der in seinem Zustand eine mit Geldbuße bedrohte Handlung begeht und gegen den keine Geldbuße festgesetzt werden kann, weil er infolge des Rausches nicht vorwerfbar gehandelt hat oder weil dies nicht auszuschließen ist. 1

Die Vorschrift ist ein **Auffangtatbestand.** Sie ist nur anzuwenden, wenn die Voraussetzungen des § 12 Abs. 2 sicher oder zumindest nicht ausschließbar vorliegen. Sieht der Täter schon beim Sich-Berauschen voraus, dass er im Rauschzustand gegen einen bestimmten OWi-Tatbestand verstoßen wird, ist er nicht nach § 122, sondern wegen der im Einzelfall begangenen OWi zu verfolgen (E/K/*Senge* 3). Dabei braucht er ein bestimmtes Tatobjekt nicht im Auge zu haben (*BGH* NJW 1977, 590). 2

Er braucht sich auch nicht die Einzelheiten des Tatverlaufs vorzustellen. Es genügt andererseits nicht, dass er weiß oder wissen müsste, dass er dazu neigt, im Rauschzustand irgendwelche rechtswidrigen Handlungen zu begehen. Dabei wird im Einzelfall zu prüfen sein, inwieweit die Rechtsfigur der **actio libera in causa**, die der *BGH* bei Fahrlässigkeits- und Tätigkeitsdelikten grundsätzlich in Frage gestellt hat (*BGHSt* 42, 235), auf diese Fälle überhaupt noch anwendbar ist. 3

Die Anwendung der Vorschrift bei **Verkehrs-OWi** ist im Wesentlichen auf Fußgänger und die ihnen gleichgestellten Personen (§ 25 StVO) beschränkt. Sie ist auch einschlägig, wenn ein Fahrzeughalter im Vollrausch 4 als Beteiligter (§ 14) an der von einem Dritten begangenen Verkehrs-OWi anzusehen ist.

5 **Tathandlung ist das Sich-Versetzen in einen Rausch** durch alkoholische Getränke oder andere berauschende Mittel. Die Begehung einer mit Geldbuße bedrohten Handlung ist Bedingung der Ahndbarkeit (E/K/*Senge* 5). Stellt sich die Tat als gemäß § 13 Abs. 2 bußgeldbewehrter Versuch einer OWi dar, so kann von ihr zurückgetreten werden (*BGH* StV 1994, 304).

6 Der **Rausch** ist ein durch alkoholische Getränke oder andere Rauschmittel herbeigeführter Zustand der **Bewusstseinsstörung**, in dem der Betroffene nicht mehr vorwerfbar handeln kann. Zurechnungsunfähigkeit aus anderen Gründen genügt nicht (*KG* NJW 1972, 1529). Genuss von Alkohol oder die Einnahme anderer Rauschmittel müssen nicht die einzige Ursache des Rausches sein. Alkoholische Beeinflussung erfüllt jedenfalls dann die Merkmale eines Rauschs, wenn sie einen Schweregrad erreicht hat, der zu einer verminderten Vorwerfbarkeit im Sinne von § 21 StGB führt (*BGHSt* 32, 54).

7 **Die Zurechnungsunfähigkeit** entfällt im Regelfall noch nicht bei einer BAK von weniger als 2,5 Promille. Allerdings kommt erheblich verminderte Schuldfähigkeit allein aufgrund der Alkoholisierung regelmäßig bei einer BAK von mehr als 2 Promille in Betracht (*BGH* NStZ 1984, 408). Beim Hinzutreten besonderer Umstände können auch schon geringere Werte zur erheblichen Verminderung oder gar zum Ausschluss der Zurechnungsfähigkeit führen.

8 Auf der anderen Seite kann auch bei einer BAK von über 3 Promille aufgrund besonderer Umstände **Zurechnungsfähigkeit** vorliegen (*Karlsruhe* Justiz 1991, 155). Wegen dieser Fragen, die sich nicht anders darstellen als bei der Frage der Feststellung der erheblich verminderten oder ausgeschlossenen Schuldfähigkeit nach §§ 20, 21 StGB, kann die Vorschrift in besonders schwierigen Fällen **nicht ohne Sachverständigenberatung** des Gerichts angewandt werden.

9 **Berauschende Mittel** sind solche, die ähnlich berauschend oder betäubend wirken wie Alkohol und wie dieser zu einer Beeinträchtigung des Hemmungsvermögens sowie der intellektuellen und motorischen Fähigkeiten führen (*Celle* NJW 1986, 2385). In Betracht kommen insbesondere

Rauschmittel im Sinne des § 1 BtMG, ferner zentral wirkende Pharmaka, aber auch bestimmte Schmerzmittel usw. Auf welchem Wege das berauschende Mittel in den Körper des Betroffenen gelangt ist, ist gleichgültig. Nimmt der Betroffene berauschende Mittel ausschließlich zu Heilzwecken oder im Rahmen einer Schmerztherapie, so handelt er im Regelfall nicht rechtswidrig (E/K/*Senge* 8).

Vorsatz oder Fahrlässigkeit müssen sich darauf beziehen, dass die eingenommenen Mittel den Zustand im Sinne der Vorschrift herbeiführen werden oder zumindest können. Dagegen braucht die konkrete Rauschtat für den Täter nicht voraussehbar zu sein. Ist der Täter im Zeitpunkt der Einnahme berauschender Mittel schon nicht verantwortlich im Sinne von § 12, so handelt er auch nicht ordnungswidrig (*Göhler/König* 8). Führen neben den berauschenden Mitteln auch andere Mittel den möglichen Rauschzustand herbei, so müssen sich Vorsatz oder Fahrlässigkeit auch auf sie erstrecken (*BGH* NJW 1975, 2250). **10**

Das Sich-Berauschen ist nur ordnungswidrig, wenn der Täter **im Rausch eine mit Geldbuße bedrohte OWi begeht**, die nicht vorwerfbar ist, weil infolge des Rauschzustandes das Einsichts- oder Hemmungsvermögen in Bezug auf die Rauschtat fehlt oder dies nicht auszuschließen ist. Der Betroffene muss den objektiven Tatbestand einer OWi verwirklicht haben, wobei die Tathandlung noch vom Willen gesteuert sein muss (*Hamm* NJW 1975, 2252), so dass Zwangshandlungen wie Erbrechen oder Torkeln nicht ausreichen. **11**

Die Rauschtat kann auch durch **Unterlassen** begangen werden. Sie kann ferner fahrlässig begangen werden, sofern deren fahrlässige Begehung mit Geldbuße bedroht ist (*Hamburg* MDR 1967, 854). Hierfür genügt die Feststellung, dass der Betroffene infolge des Rausches die erfolgsabwendende Sorgfalt nicht eingehalten hat, die ihm im nüchternen Zustand möglich gewesen wäre (KK-*Rengier* 33). Ist Vorsatz nicht feststellbar, steht aber fest, dass der Täter jedenfalls sorgfaltswidrig gehandelt hat, so ist von einer fahrlässigen Rauschtat auszugehen. Ist nur die vorsätzlich begangene Handlung mit Bußgeld bedroht, liegt aber nur Fahrlässigkeit vor, so genügt dies nicht für die Rauschtat (KK-*Rengier* 34). **12**

Nur eine rechtswidrige Tat ist eine im Sinne des § 122 mit Geldbuße bedrohte Handlung. **Rechtfertigungsgründe** sind daher zu berücksichtigen. **13**

Auch ein Betrunkener kann in Notwehr oder im rechtfertigenden Notstand gehandelt haben (*RRH* 15). Rechtfertigungsgründe, die er sich infolge seines Rauschzustandes nur einbildet, sind aber unbeachtlich (E/K/*Senge* 21).

14 **Die Beteiligung an einer OWi** nach Abs. 1 ist im Rahmen des Einheitstäterbegriffs in den Formen der „Anstiftung" oder „Beihilfe" nicht ausgeschlossen, wenn auch der Vollrausch ein eigenhändiges Delikt darstellt (KK-*Rengier* 40; *Göhler/König* 15). Die Tat kann insbesondere nicht in mittelbarer Täterschaft begangen werden, etwa indem Alkohol unbemerkt in ein Getränk geschüttet wird. Die Möglichkeiten der Beteiligung an der Rauschtat richtet sich nach den allgemeinen Regeln (KK-*Rengier* 37). Der nach strafrechtlichen Kategorien als mittelbarer Täter oder Nebentäter beteiligte Schuldfähige an der im Rausch begangenen Tat ist wegen des Einheitstäterbegriffs im OWiG (§ 14) lediglich als unterschiedlich Beteiligter anzusehen. Insoweit gilt § 14 Abs. 3.

15 Begeht der Betroffene in ein und demselben Rauschzustand **mehrere mit Geldbuße bedrohte Handlungen**, so liegt nur eine einheitliche Zuwiderhandlung gegen die Vorschrift vor. Sind die im Rausch begangenen Handlungen teils mit Strafe, teils mit Geldbuße bedroht, so ist nur § 323a StGB anzuwenden (*RRH* 21). Fortsetzungszusammenhang ist nach der grundsätzlichen Aufgabe dieser Rechtsfigur durch den *BGH* (*BGH* NStZ 1994, 383) nicht mehr möglich.

16 **Tateinheit** zwischen der Tat nach § 122 und anderen OWi ist möglich, wenn bei der Verwirklichung mehrerer Bußgeldtatbestände im Rausch teils die Voraussetzungen der vorverlegten Schuld gegeben sind, teils nicht (*Göhler/König* 14). Insoweit gelten wiederum die Grenzen der Anwendbarkeit der Rechtsfigur der actio libera in causa aufgrund der neueren Rechtsprechung.

17 Nach Abs. 2 kann die OWi mit einer **Geldbuße** geahndet werden, die aber nicht höher sein darf als die Geldbuße, die für die im Rausch begangene Handlung angedroht ist. Damit droht die Vorschrift eine Geldbuße an, die den **Regelrahmen** des § 17 nicht übersteigt. Sie beträgt demnach bei vorsätzlichem Sich-Berauschen 1000,– Euro (§ 17 Abs. 1) und bei Fahrlässigkeit 500,– Euro (§ 17 Abs. 2), es sei denn, dass im Gesetz bezüglich der Rauschtat eine Geldbuße von geringerer Höhe angedroht ist, was vor

Zweiter Abschnitt. Verstöße gegen die öffentliche Ordnung § 122

allem in Landesgesetzen der Fall sein kann (*RRH* 22). Zu beachten ist die Grenze insbesondere auch dann, wenn die Rauschtat selbst nur fahrlässig begangen wurde.

Bei der Bemessung der Geldbuße dürfen im Übrigen tatbezogene Merkmale der im Rausch begangenen Tat, die Schwere dieser Tat und die eingetretenen Folgen berücksichtigt werden, nicht aber die Beweggründe und die Gesinnung des Täters, die zu diesen Folgen geführt haben (*BGHSt* 23, 376). Die Geldbuße darf auch nicht deshalb erhöht werden, weil der Betroffene vor dem Alkoholgenuss keine Vorkehrungen dagegen getroffen hat, dass er im Alkohol eine mit Geldbuße bedrohte Handlung begeht (*Stuttgart* NJW 1971, 1815). 18

Die **Verfolgungsverjährung** richtet sich im Regelfall nach § 130 Abs. 2 Nr. 4. Ist die Verjährungsfrist für die Rauschtat kürzer als die dort vorgesehenen sechs Monate, so gilt diese kürzere Frist (KK-*Rengier* 48), denn die Vorschrift stellt nur einen Auffangtatbestand dar und der Betroffene darf nicht schlechter gestellt werden, als hätte er die OWi im nüchternen Zustand verwirklicht. In den Bußgeldbescheid und in das Urteil müssen die Schuldform aufgenommen werden (*BGH* NJW 1969, 1581), wobei in den Schuldspruch nicht die im Rausch begangene Handlung gehört (*Oldenburg* NdsRpfl 1970, 239). 19

Vollrausch und der im Rausch erfüllte objektive Tatbestand der OWi bilden verfahrensrechtlich dieselbe Tat im Sinne von § 264 StPO, so dass die abgeschlossene Verfolgung des Geschehens als OWi nach Abs. 1 die nochmalige Ahndung unter dem rechtlichen Gesichtspunkt des im Rausch erfüllten Tatbestandes ausschließt und umgekehrt (E/K/*Senge* 33). Wird die im Rausch begangene Handlung nur auf Antrag oder mit Ermächtigung verfolgt, so kann die OWi nach § 131 Abs. 2 ebenfalls nur bei Vorliegen dieser Voraussetzungen verfolgt werden. Auch im Übrigen gelten die Verfahrensvorschriften für die im Rausch begangene Tat entsprechend (§ 131 Abs. 3). 20

§ 123 Einziehung; Unbrauchbarmachung

(1) **Gegenstände, auf die sich eine Ordnungswidrigkeit nach § 119 oder § 120 Abs. 1 Nr. 2 bezieht, können eingezogen werden.**

(2) **Bei der Einziehung von Schriften, Ton- und Bildträgern, Datenspeichern, Abbildungen und Darstellungen kann in den Fällen des § 119 Abs. 1 und 2 und des § 120 Abs. 1 Nr. 2 angeordnet werden, daß**
1. **sich die Einziehung auf alle Stücke erstreckt und**
2. **die zur Herstellung gebrauchten oder bestimmten Vorrichtungen, wie Platten, Formen, Drucksätze, Druckstöcke, Negative oder Matrizen, unbrauchbar gemacht werden,**

soweit die Stücke und die in Nummer 2 bezeichneten Gegenstände sich im Besitz des Täters oder eines anderen befinden, für den der Täter gehandelt hat, oder von diesen Personen zur Verbreitung bestimmt sind. Eine solche Anordnung wird jedoch nur getroffen, soweit sie erforderlich ist, um Handlungen, die nach § 119 Abs. 1 oder 2 oder § 120 Abs. 1 Nr. 2 mit Geldbuße bedroht sind, zu verhindern. Für die Einziehung gilt § 27 Abs. 2, für die Unbrauchbarmachung gelten die §§ 27 und 28 entsprechend.

(3) **In den Fällen des § 119 Abs. 2 gelten die Absätze 1 und 2 nur für das Werbematerial und die zu seiner Herstellung gebrauchten oder bestimmten Vorrichtungen.**

1 Die Vorschrift regelt die **Einziehung und Unbrauchbarmachung** bei Gegenständen, auf die sich eine OWi nach § 119 oder § 120 Abs. 1 Nr. 2 bezieht. Sie ergänzt § 22 Abs. 1, nach dem Gegenstände nur eingezogen werden dürfen, soweit das Gesetz es ausdrücklich gestattet. Ein solches Gesetz ist die vorliegende Vorschrift. Die weiteren Voraussetzungen der Einziehung ergeben sich aus den §§ 22 ff. Danach ist die Einziehung nur zulässig, wenn der Täter eine OWi begangen, also rechtswidrig und vorwerfbar gehandelt hat (§ 1 Abs. 1), und wenn die Gegenstände ihm zur Zeit der Entscheidung gehören oder zustehen (§ 22 Abs. 2 Nr. 1).

2 **In anderen Fällen ist die Einziehung nach § 22 Abs. 2 statthaft**, wenn die Gegenstände allgemeingefährlich sind oder die Gefahr besteht, dass sie der Begehung von Straftaten oder OWi dienen werden. Diese Einziehungsmöglichkeit gilt für die §§ 119 und 120 nicht. Sie wird durch die Sondervorschrift des Abs. 2 ersetzt. Die Vorschrift gilt für sämtliche Tat-

bestandsvarianten des § 119, bei § 120 jedoch nur für die unzulässige Prostitutionswerbung.

Als **Einziehungsobjekt** nach Abs. 1 kommen in den Fällen des § 119 Abs. 1 Nr. 1 **Werbematerial**, das geeignet ist, andere zu belästigen, sofern das Merkmal der Öffentlichkeit gegeben ist, ferner **Schriften, Ton- oder Bildträger, Datenspeicher, Abbildungen** oder **Darstellungen** im Sinne von § 119 Abs. 1 Nr. 2, mit denen eine Werbung für sexuelle Handlungen betrieben wird, sowie Schriften im Sinne von § 119 Abs. 2 in Betracht, in denen für Gegenstände des sexuellen Gebrauchs geworben wird. 3

Die vorrätig gehaltenen Gegenstände selbst unterliegen nicht der Einziehung, sondern nur das Werbematerial. Schließlich sind Einziehungsobjekte nach Abs. 1 die zugänglich gemachten Schriften sexuellen Inhalts nach § 119 Abs. 3 sowie Schriften im Sinne des § 120 Abs. 2 Nr. 2, mit denen für die Prostitution geworben wird (*RRH* 4). 4

Die Regelung des Abs. 2 lehnt sich an § 74d Abs. 1 Satz 2 und Abs. 3 StGB an und enthält wie diese Vorschrift eine von §§ 22 Abs. 2, 23 abweichende Sonderregelung, durch die die nach Abs. 1 bestehenden Einziehungsmöglichkeiten erweitert werden. Sie knüpft andererseits die Einziehung oder Unbrauchbarmachung an **zusätzliche Voraussetzungen.** Die Einziehung wird einerseits auf die dort genannten Gegenstände ausgedehnt, die nicht Beziehungsgegenstände der konkreten Tat waren, andererseits aber auf Schriften usw. im Verbreitungsprozess beschränkt (*RRH* 6). 5

Die Einziehung nach Abs. 2 setzt darüber hinaus die **Gefahr neuer Taten** voraus. Erforderlich ist also die Feststellung einer konkreten Gefahr, dass die Schriften oder die ihnen gleichgestellten Gegenstände auch in Zukunft verbreitet oder zugänglich gemacht werden. Sind sämtliche Exemplare der Schrift verteilt, so besteht eine solche Verbreitungsgefahr nicht mehr. Dies ist bei einer Versandschrift schon dann der Fall, wenn sie ins Postfach der Empfänger gelangt ist (KK-*Kurz* 12). 6

Die Verbreitungsgefahr besteht in der Regel noch hinsichtlich der Stücke, die sich noch im Besitz des Verlegers, Druckers, Herausgebers, Herstellers, Spediteurs, Buchhändlers usw. befinden (KK-*Kurz* 12). Hat hingegen der Täter oder derjenige, für den der Täter gehandelt hat, die Schrift 7 in seine Privatbibliothek übernommen, so besteht die Gefahr weiterer Verbreitung nicht mehr (*Göhler/König* 6).

8 Die erweiterte Einziehung nach Abs. 2 bezieht sich darüber hinaus auf Gegenstände, **die sich im Besitz des Täters oder eines anderen befinden**, für den der Täter gehandelt hat, sofern Verbreitungsgefahr besteht. Im Besitz des Täters befindet sich der Gegenstand, wenn er mit Herrschaftswillen die tatsächliche Gewalt über ihn ausübt. Mitbesitz, mittelbarer Besitz (§ 868 BGB) und durch Besitzdiener ausgeübter Besitz genügt (KK-*Kurz* 11). Täter im Sinne dieser Vorschrift ist jeder, der sich an einer OWi beteiligt, also auch der Gehilfe im strafrechtlichen Sinn (*RRH* 8).

9 Der Einziehung unterliegen auch Gegenstände, die sich im Besitz eines anderen befinden, für den der Täter gehandelt hat, etwa als **Organ oder Vertreter einer juristischen Person.** Es genügt ein ausdrückliches oder stillschweigendes Auftragsverhältnis, wobei die Kenntnis der Tatbestandsmerkmale beim Auftraggeber nicht gegeben sein muss und es auf die rechtliche Wirksamkeit des Auftrags nicht ankommt.

10 Nach Abs. 3 gelten die Absätze 1 und 2 in den Fällen des § 119 Abs. 2 **nur für das Werbematerial und die zu seiner Herstellung gebrauchten oder bestimmten Vorrichtungen.** Insoweit hat der Absatz überwiegend klarstellende Bedeutung, weil er für den Fall des § 119 Abs. 2 die dem sexuellen Gebrauch dienenden Mittel oder Gegenstände von der Einziehung ausnimmt. Die Beschränkung auf das Werbematerial gilt auch für § 119 Abs. 1 und § 120 Abs. 1 Nr. 2, weil in diesen Fällen nur die Verbreitung von Werbematerial denkbar ist und es sich bei anderen Gegenständen nicht um Beziehungsgegenstände handelt (*RRH* 13).

11 **Gegenstände, die der Einziehung unterliegen**, können nach § 46 Abs. 1 i. V. m. §§ 111b, 111c StPO **beschlagnahmt werden**, um die Einziehung zu sichern. Zu der Anordnung der Maßnahme sind der Richter, bei Gefahr im Verzug auch die Verwaltungsbehörde und, weil grundsätzlich die Sicherstellung beweglicher Sachen in Betracht kommen dürfte, in der Regel auch die Ermittlungspersonen der StA befugt (§ 111e Abs. 1 StPO).

12 Bei der Beschlagnahme von Schriften und ihnen gleichstehenden Gegenständen zu Einziehungszwecken sind die §§ 111m, 111n StPO zu beachten. Das bedeutet, dass die Beschlagnahme nicht angeordnet werden darf, wenn ihre nachteiligen Folgen, insbesondere die **Gefährdung des öffentlichen Interesses an unverzögerter Verbreitung**, offenbar außer Verhältnis zu der Bedeutung der Sache stehen. Dies kann insbesondere bei Tageszeitungen und sonstigen periodischen Schriften der Fall sein, nicht jedoch bei grob anstößigen Schriften, die sonst keinen Informationsgehalt haben (*RRH* 14).

Zuständig ist nach § 111n Abs. 1 StPO bei periodischen Druckwerken **der Richter**, bei anderen auch die **Verwaltungsbehörde**, falls Gefahr im Verzug vorliegt. Bei der Beschlagnahme ist die **2-Monats-Frist** für den Erlass des Bußgeldbescheides oder des Einziehungsbescheides nach § 111n Abs. 2 StPO einzuhalten. Die Vorschriften der §§ 111m, 111n StPO gelten auch für die Beschlagnahme von Gegenständen zur Sicherung der Unbrauchbarmachung. **13**

Auf die **Beschlagnahme zu Beweiszwecken** findet die Beschränkung des § 111m StPO nach § 94 StPO keine Anwendung. Bei dieser Beschlagnahme ist jedoch § 97 Abs. 5 StPO zu beachten. Soweit das Zeugnisverweigerungsrecht der Presse nach § 53 Abs. 1 Nr. 5 StPO reicht, ist die Beschlagnahme von Schriftstücken usw., die sich im Gewahrsam der Journalisten, Redaktionen, Verlage und Druckereien befinden, unzulässig. Dieses Zeugnisverweigerungsrecht gilt nur für Mitarbeiter bei periodischen Druckwerken und nur für den redaktionellen Teil, nicht aber für den Inseratenteil, so dass eine Beschlagnahme zur Feststellung der Person zulässig ist, sofern unzulässige Werbung vorliegt. Das Beschlagnahmeverbot gilt auch nicht bei einem Verdacht der Beteiligung an der OWi. **14**

Der persönliche und der sachliche Umfang der Einziehung und Unbrauchbarmachung sind im Bußgeldbescheid, Einziehungsbescheid und im Urteil möglichst genau zu bezeichnen. Dies geschieht im Ausspruch über die Rechtsfolgen oder einer Anlage dazu (*BGH* NJW 1962, 2019). Die bloße pauschale Bezugnahme auf die beschlagnahmten Gegenstände genügt nicht (*BGH* NJW 1956, 150). **15**

Dritter Abschnitt. Mißbrauch staatlicher oder staatlich geschützter Zeichen

§ 124 Benutzen von Wappen oder Dienstflaggen

(1) Ordnungswidrig handelt, wer unbefugt
1. das Wappen des Bundes oder eines Landes oder den Bundesadler oder den entsprechenden Teil eines Landeswappens oder
2. eine Dienstflagge des Bundes oder eines Landes

benutzt.

(2) Den in Absatz 1 genannten Wappen, Wappenteilen und Flaggen stehen solche gleich, die ihnen zum Verwechseln ähnlich sind.

(3) Die Ordnungswidrigkeit kann mit einer Geldbuße geahndet werden.

1 Die Vorschrift ersetzt § 360 Abs. 1 Nr. 7 StGB a.F. Sie schützt Wappen oder Dienstflaggen des Bundes oder eines Landes sowie andere Staatssymbole **gegen missbräuchliche Verwendung** (*Göhler/König* 2).

2 Nach Abs. 1 sind **Wappen des Bundes** oder eines **Landes**, der **Bundesadler** oder **entsprechende Teile** eines Landeswappens sowie die **Dienstflagge** des **Bundes** oder eines **Landes** geschützt. Dazu zählen auch Wappen und Dienstflaggen der **Bundeswehr** und ihrer Teilstreitkräfte. Teil eines Landeswappens ist etwa der brandenburgische rote Adler. Dienstflaggen des Bundes sind insbesondere die Standarte des Bundespräsidenten und die Dienstflaggen der übrigen Bundesbehörden (Anordnung über die deutschen Flaggen vom 13. November 1996, BGBl. I S. 1729; Anordnung des Bundespräsidenten über die Dienstflagge der Seestreitkräfte der Bundeswehr vom 25. Mai 1956, BGBl. I S. 447; Anordnung über die Stiftung der Truppenfahnen für die Bundeswehr vom 18. September 1964, BGBl. I S. 819). Ob auch die allgemeine Bundesflagge, also nach Art. 22 GG die schwarz-rot-goldene Flagge, geschützt ist (so KK-*Kurz* 5; *Göhler/Seitz* 3; *RRH* 3), erscheint zweifelhaft. Die Verwendung der allgemeinen Bundesflagge durch jedermann ist von der Verfassung gerade gewollt und die Grenze zum Missbrauch zieht hier lediglich § 90a StGB, während diese Vorschrift einer Entwertung von Staatssymbolen vorbeugen will (ausführlich: *Burkiczak*, JR 2005, 50, 53).

Wappen und Dienstflaggen von Gemeinden oder Kreisen sind nicht 3
geschützt. Zulässig sind allerdings besondere Vorschriften im Landesrecht zu deren Schutz. Es gibt sie etwa in Baden-Württemberg und Sachsen. Frühere Landeswappen sind nicht geschützt, ferner nicht Symbole eines anderen Staates und nicht die der DDR. Für das Schweizer Wappen gilt § 125 Abs. 2. Für das Benutzen von Wappen, Flaggen und Hoheitszeichen zur Kennzeichnung von Waren und Dienstleistungen enthält § 145 Abs. 1 Nr. 1 und 3 MarkenG einen besonderen Bußgeldtatbestand, der als speziellere Regelung Vorrang hat (*Göhler/König* 5). Die Symbole der Deutschen Bundespost sind seit dem 1. Januar 1995 nicht mehr geschützt. Art. 6 Nr. 21 PTNeuOG vom 14. September 1994 (BGBl. I S. 2325) hat § 25 Abs. 1 Nr. 5 PostG aufgehoben.

Geschützt sind nach Abs. 2 ferner Gegenstände, die den in Abs. 1 genannten Wappen, Wappenteilen und Flaggen **zum Verwechseln ähnlich** sind. 4
Das sind sie, wenn sie nur unwesentliche Abweichungen aufweisen, so dass bei flüchtiger Betrachtung einer nicht in besonderem Maße sachkundigen Person der Eindruck entstehen kann, es handle sich um die in Abs. 1 genannten Gegenstände (*Göhler/König* 8). Verwechslungsgefahr besteht hingegen nicht, wenn der Gegenstand ohne weiteres als Phantasiegebilde zu erkennen ist (*BGH* GA 1966, 279).

Tathandlung ist das unbefugte Benutzen der geschützten Symbole. Ein 5
Wappen und ein sonstiger in Abs. 1 oder 2 genannter Gegenstand wird benutzt, wenn er als eigener oder als fremder, aber für eigene Zwecke verwendet wird (*Köln* NJW 1980, 71). Benutzen ist jede Art der Verwendung in jeder Form, sofern dies für eigene Zwecke in der Öffentlichkeit geschieht. Wer Flugblätter verteilt, auf denen der Bundesadler unbefugt aufgedruckt ist, benutzt sie nicht ohne weiteres (*Köln* NJW 1980, 71).

Die Benutzung muss **unbefugt** sein. Das ist sie, **wenn der Anschein amtlicher Benutzung entstehen kann**, eine ausdrücklich oder konkludent er- 6
klärte Erlaubnis der zuständigen Behörde jedoch fehlt (KK-*Kurz* 9). Unbefugt handelt auch nicht, wer aus sonstigen Gründen zur Benutzung des Wappens usw. berechtigt ist, wie etwa ein Sportverein, dem die Benutzung der Dienstflagge eines Landes für eine überregionale Veranstaltung gestattet wird. Ist einem Anwaltsnotar das Führen des Landeswappens nur in Notariatsangelegenheiten erlaubt, handelt er ordnungswidrig, wenn er es auf Anwaltsschreiben verwendet (BGHReport 2003, 1184). Ein Nichtberech-

tigter kann befugt benutzen, wenn die Benutzung im Bereich **sozialer Akzeptanz** liegt, wie etwa im Ausschmücken eines Schaufensters mit dem Wappen des Bundes oder eines Landes an einem Staatsfeiertag oder das Flaggen mit der Dienstflagge des Bundes oder eines Landes bei einem Staatsbesuch (*RRH* 7). Auch die künstlerische Verfremdung von Hoheitszeichen oder ihre Benutzung im Rahmen von Karikatur und Satire ist im Rahmen der Kunstfreiheit gestattet (Art. 5 Abs. 3 Satz 1 GG). In diesen Fällen ist das Verhalten nicht tatbestandsmäßig. **Besondere Vorschriften** über das Recht zur Führung der Bundesflagge auf See- und Binnenschiffen enthält das **Flaggenrechtsgesetz** (BGBl. 1990 I S. 1343).

7 Abs. 1 setzt **vorsätzliches Handeln** voraus. **Tatbestandsirrtum** liegt vor, wenn der Täter aufgrund von Umständen, die ihn dazu berechtigen würden, glaubt, befugt zu handeln. **Verbotsirrtum** ist anzunehmen, wenn er bei richtiger Kenntnis des Sachverhalts die Rechtslage lediglich falsch beurteilt (*Göhler/König* 9).

8 Das Höchstmaß der **Geldbuße** beträgt 1000,– Euro (§ 17 Abs. 1). Bußgeldbehörde ist, soweit es sich um ein Wappen oder eine Dienstflagge des Bundes handelt, das Bundesverwaltungsamt, sonst die fachlich zuständige oberste Landesbehörde, soweit nicht die Zuständigkeit auf eine andere Behörde oder sonstige Stelle übertragen worden ist. Die Verjährungsfrist beträgt nach § 31 Abs. 2 Nr. 4 6 Monate.

§ 125 Benutzen des Roten Kreuzes oder des Schweizer Wappens

(1) Ordnungswidrig handelt, wer unbefugt das Wahrzeichen des roten Kreuzes auf weißem Grund oder die Bezeichnung „Rotes Kreuz" oder „Genfer Kreuz" benutzt.

(2) Ordnungswidrig handelt auch, wer unbefugt das Wappen der Schweizerischen Eidgenossenschaft benutzt.

(3) Den in den Absätzen 1 und 2 genannten Wahrzeichen, Bezeichnungen und Wappen stehen solche gleich, die ihnen zum Verwechseln ähnlich sind.

(4) Die Absätze 1 und 3 gelten für solche Wahrzeichen oder Bezeichnungen entsprechend, die nach Völkerrecht dem Wahrzeichen

des roten Kreuzes auf weißem Grund oder der Bezeichnung „Rotes Kreuz" gleichstehen.

(5) Die Ordnungswidrigkeit kann mit einer Geldbuße geahndet werden.

Die Vorschrift ersetzt die früheren Straftatbestände des § 2 des Gesetzes zum Schutz der Genfer Neutralitätszeichen vom 22. März 1902 (RGBl. S. 125) sowie des § 2 des Gesetzes zum Schutz des Wappens der Schweizerischen Eidgenossenschaft vom 27. März 1935 (RGBl. I S. 501). Diese Gesetze sind durch Art. 287 Nr. 1, 9 EGStGB aufgehoben worden. Nicht aufgehoben worden ist dagegen die VO vom 29. Dezember 1936 (RGBl. I S. 1155). Das dort genannte weiße Kreuz auf grünem Grund gilt nicht als Nachahmung des Schweizerischen Wappens. 1

Die in Abs. 1 und 2 genannten Wahrzeichen, Bezeichnungen und Wappen **sind gegen missbräuchliche Verwendung geschützt.** Das Benutzen des Schweizerischen Wappens zur Kennzeichnung von Waren oder Dienstleistungen ist in § 145 Abs. 1 Nr. 1 MarkenG mit Geldbuße bedroht. Diese Vorschrift geht als speziellere dem § 125 vor (*RRH* 3, 5). 2

Den in den Abs. 1 und 2 genannten Wahrzeichen, Bezeichnungen und Wappen stehen solche gleich, die ihnen **zum Verwechseln ähnlich** sind. Insoweit handelt es sich um die gleiche Voraussetzung wie bei § 124. Gesetzlich ausgeschlossen ist eine solche Verwechslungsgefahr beim weißen Kreuz auf grünem Grund (Rn. 1; *Göhler/König* 4). 3

Abs. 4 dehnt den Schutz der Abs. 1 und 3 auf solche Wahrzeichen oder Bezeichnungen aus, die nach dem Völkerrecht dem Wahrzeichen des roten Kreuzes auf weißem Grund oder der Bezeichnung „Rotes Kreuz" gleichstehen. Das ist hinsichtlich der Schutzzeichen des **roten Halbmondes** und des **roten Löwen** mit **roter Sonne** auf weißem Grund sowie der Bezeichnungen „Roter Halbmond" und „Roter Löwe mit roter Sonne" derzeit der Fall (*Göhler/König* 5). Für den roten Davidstern ist eine entsprechende völkerrechtliche Vereinbarung oder ein entsprechender multilateraler oder bilateraler Vertrag noch nicht geschlossen. 4

Das Höchstmaß der **Geldbuße** beträgt 1000,– Euro (§ 17 Abs. 1). Eine Einziehung als Nebenfolge ist nicht zulässig (§ 22 Abs. 1). Gemäß § 31 Abs. 2 Nr. 4 beträgt die Verjährungsfrist 6 Monate. 5

§ 126 Mißbrauch von Berufstrachten oder Berufsabzeichen

(1) Ordnungswidrig handelt, wer unbefugt

1. eine Berufstracht oder ein Berufsabzeichen für eine Tätigkeit in der Kranken- oder Wohlfahrtspflege trägt, die im Inland staatlich anerkannt oder genehmigt sind, oder
2. eine Berufstracht oder ein Berufsabzeichen einer religiösen Vereinigung trägt, die von einer Kirche oder einer anderen Religionsgesellschaft des öffentlichen Rechts anerkannt ist.

(2) Den in Absatz 1 genannten Trachten und Abzeichen stehen solche gleich, die ihnen zum Verwechseln ähnlich sind.

(3) Die Ordnungswidrigkeit kann mit einer Geldbuße geahndet werden.

1 Die Vorschrift ersetzt § 132a Abs. 1 Nr. 3, Abs. 3 StGB a. F. Sie schützt die genannten **Berufstrachten** und **Berufsabzeichen** gegen missbräuchliche Verwendung, um die Allgemeinheit vor Gefahren zu schützen, die durch den Eindruck entstehen könnten, der Träger habe die entsprechende Qualifikation, welche die Tracht oder das Abzeichen voraussetzt, ferner, um den Eindruck zu verhindern, dass der Träger einer Kirche oder einer anderen Religionsgesellschaft des öffentlichen Rechts angehört. Die Vorschrift ergänzt § 132a Abs. 1 Nr. 4, Abs. 2 und 3 StGB. Die dort genannten Amtskleidungen sind von den hier erfassten Berufstrachten abzugrenzen.

2 Berufstrachten für eine staatlich anerkannte Tätigkeit in der Krankenpflege sind die der Krankenpfleger und Krankenschwestern. Religiöse Berufstrachten sind auch die **Ordenskleidung** eines Ordens der katholischen Kirche (*Göhler/König* 3).

3 Den Schutz der Vorschrift erhalten auch Trachten und Abzeichen, die den in Abs. 1 genannten **zum Verwechseln ähnlich** sind.

4 **Die Tathandlung besteht im Tragen der Tracht oder des Abzeichens.** Der bloße Besitz erfüllt den Tatbestand nicht. Etwas ist getragen, wenn der Täter sich in der Tracht oder mit dem Abzeichen öffentlich gegenüber Privatpersonen gezeigt hat. Darauf, dass dies mehrmals geschehen ist, ferner auf die äußeren Begleitumstände, unter denen der Täter in der Tracht oder mit dem Abzeichen auftritt, kommt es nicht an (*RRH* 6). Gleichgültig ist auch, ob jemand anderes die Bedeutung der Tracht erkannt hat und sich über die Befugnis des Trägers, sie tragen zu dürfen, täuschen hat lassen.

Hinsichtlich des Merkmals „unbefugt", des erforderlichen Vorsatzes und 5
des Höchstmaßes der Geldbuße vgl. § 124 Rn. 6–8. **Sozialadäquat** und
damit nicht unbefugt ist insbesondere die Verkleidung mit Berufstrachten
und Berufsabzeichen in der Karnevals- und Faschingszeit sowie zu Kostümfesten. Die Einziehung der Berufstrachten und Berufsabzeichen ist
nach § 129 möglich. Nach § 31 Abs. 2 Nr. 4 beträgt die Verjährungsfrist
6 Monate.

§ 127 Herstellen oder Verwenden von Sachen, die zur Geld- oder Urkundenfälschung benutzt werden können

(1) Ordnungswidrig handelt, wer ohne schriftliche Erlaubnis der zuständigen Stelle oder des sonst dazu Befugten
1. Platten, Formen, Drucksätze, Druckstöcke, Negative, Matrizen, Computerprogramme oder ähnliche Vorrichtungen, die ihrer Art nach geeignet sind zur Herstellung von
   a) Geld, diesem gleichstehenden Wertpapieren (§ 151 des Strafgesetzbuches), amtlichen Wertzeichen oder Zahlungskarten im Sinne des § 152a Abs. 4 des Strafgesetzbuches, Schecks, Wechseln, Zahlungskarten mit Garantiefunktion im Sinne des § 152b Abs. 4 des Strafgesetzbuches oder Vordrucken für Euroschecks oder
   b) öffentlichen Urkunden oder Beglaubigungszeichen,
2. Vordrucke für öffentliche Urkunden oder Beglaubigungszeichen,
3. Papier, das einer solchen Papierart gleicht oder zum Verwechseln ähnlich ist, die zur Herstellung der in den Nummern 1 oder 2 bezeichneten Papiere bestimmt und gegen Nachahmung besonders gesichert ist, oder
4. Hologramme oder andere Bestandteile, die der Sicherung der in der Nummer 1 Buchstabe a bezeichneten Gegenstände gegen Fälschung dienen,

herstellt, sich oder einem anderen verschafft, feilhält, verwahrt, einem anderen überläßt, einführt oder ausführt.

(2) Ordnungswidrig handelt auch der Täter, der fahrlässig nicht erkennt, daß eine schriftliche Erlaubnis der zuständigen Stelle oder des sonst dazu Befugten nicht vorliegt.

(3) Absatz 1 gilt auch für Geld, Wertpapiere, Wertzeichen, Urkunden, Beglaubigungszeichen und Zahlungskarten im Sinne des § 152a Abs. 4 des Strafgesetzbuches, Schecks, Wechsel, Zahlungskarten mit Garantiefunktion im Sinne des § 152b Abs. 4 des Strafgesetzbuches und Vordrucke für Euroschecks eines fremden Währungsgebietes.

(4) Die Ordnungswidrigkeit kann in den Fällen des Absatzes 1 mit einer Geldbuße bis zu zehntausend Euro, in den Fällen des Absatzes 2 mit einer Geldbuße bis zu fünftausend Euro geahndet werden.

1 Die **Vorschrift ersetzt** § 360 Abs. 1 Nr. 4, 5 StGB a. F. sowie für den jeweiligen Grundtatbestand den § 2 des Gesetzes über den Schutz des zur Anfertigung von Reichsbanknoten verwendeten Papiers gegen unbefugte Nachahmung vom 2. Januar 1911 (RGBl. S. 2) und § 2 des Gesetzes über den Schutz des zur Anfertigung von Schuldurkunden des Reichs und der Länder verwendeten Papiers gegen unbefugte Nachahmung vom 3. Juli 1925 (RGBl. I S. 93). Nach § 152a Abs. 4 StGB sind in den Schutzbereich der Vorschrift als Folge des Art. 4 VII des 6. Strafrechtsreformgesetzes vom 26. Januar 1998 (BGBl. I S. 164, 187) Zahlungskarten einbezogen worden. Hinzu zählen ferner aufgrund des Gesetzes vom 15. Mai 1986 (BGBl. I S. 721) Vordrucke für Euroschecks und Euroscheckkarten. Durch das Gesetz zur Ausführung des Rahmenbeschlusses vom 29. Mai 2000 (Abl. EG Nr. L 140, 1) über die Verstärkung des mit strafrechtlichen und anderen Sanktionen bewehrten Schutzes gegen Geldfälschung im Hinblick auf die Einführung des Euro vom 22. August 2002 (BGBl. I S. 3387, dazu BT-Drucks. 14/8998) wurde Abs. 1 Nr. 1 bis 3 geändert und Nr. 4 neu eingefügt. Den Schutz von DM-Münzen, die keine gesetzlichen Zahlungsmittel mehr sind, übernimmt ab dem 1. Januar 2003 §§ 11, 12 MünzG (näher: *Göhler/König* 1a).

2 Die Vorschrift bezweckt, die **Sicherheit des Geldverkehrs**, **des Wertpapierverkehrs**, **des Verkehrs mit Zahlungskarten** und **mit Euroschecks** sowie des Verkehrs mit **öffentlichen Urkunden** bereits im technischen Vorfeld vor der Gefahr der unzulässigen Herstellung zu schützen (*RRH* 1). Sie ist abstrakter Gefährdungstatbestand. Es kommt also nicht darauf an, ob die Gefahr der missbräuchlichen Herstellung im Einzelfall tatsächlich gegeben ist. Sie ergänzt die Straftatbestände in §§ 146, 148 und § 149 StGB.

3 **Die Tathandlung** besteht in unerlaubtem Herstellen, Verschaffen, Feilhalten, Verwahren, Überlassen an einen anderen, Einführen oder Ausfüh-

ren der in Abs. 1 genannten Gegenstände. Der Täter muss ohne schriftliche Erlaubnis der zuständigen Stelle oder des sonst dazu Befugten handeln. Ordnungswidrig handelt deshalb auch der Täter, der zwar die Erlaubnis der zuständigen Stelle, sie jedoch nicht in Schriftform hat (*RRH* 2).

Zuständige Stelle i. S. v. Abs. 1 sind nicht nur staatliche Behörden des 4 Bundes und der Länder, sondern auch Behörden, Organe und Einrichtungen anderer juristischer Personen des öffentlichen Rechts nach Bundesrecht oder nach Landesrecht, wie etwa die Deutsche Bundesbank bei Geld, die Bundesschuldenverwaltung bei Wertpapieren oder das Kreditinstitut, unter dessen Namen Euroscheckvordrucke oder Zahlungskarten ausgestellt sind (*RRH* 2).

Vorrichtungen i. S. v. **Nr. 1** sind solche, die sich speziell zur Herstellung 5 von Geld usw. eignen. Dabei kommt es darauf an, ob sich die Handlung auf noch gültiges Geld bezieht oder auf noch verwendete öffentliche Urkunden und Beglaubigungszeichen (*Göhler/König* 5).

Geld ist das staatlich zum Umlauf im öffentlichen Verkehr bestimmte ge- 6 setzliche Zahlungsmittel (*BGHSt* 23, 231), gleichgültig, ob es sich um Metall- oder Papiergeld handelt. Geld i. S. d. Vorschrift sind auch die von der Bundesschuldenverwaltung und den Banken ausgegebenen Sonderprägungen zu 10,– Euro Nennwert. Bei ihnen handelt es sich um gesetzliche Zahlungsmittel. Den Schutz von DM-Scheinen und -Münzen gewährleistete bis zum 31. Dezember 2002 § 4 des DM-Beendigungsgesetzes (BGBl. I 1999 S. 2402); seitdem werden lediglich DM-Münzen nach §§ 11, 12 MünzG geschützt (näher: *Göhler/König* 1a).

Dem Geld gleichgestellte Wertpapiere sind etwa Inhaber- und Order- 7 schuldverschreibungen, Aktien, Anteilscheine, Zinsscheine, Gewinnanteilscheine, Erneuerungsscheine, Zertifikate und Reiseschecks, soweit sie durch Druck- und Papierart gegen Nachahmung besonders geschützt sind (*Göhler/König* 6).

Amtliche Wertzeichen sind Zeichen, die einen Geldwert verkörpern und 8 ihrem Wesen nach Zahlungsmittel sind und die von einer staatliche Aufgaben wahrnehmenden Stelle ausgegeben werden (Kosten-, Brief-, Beitrags- und Steuermarken – *BGHSt* 32, 75). Dies gilt nur, soweit sie noch in Kraft gesetzt sind (*BGHSt* 31, 382).

§ 127 Dritter Teil. Einzelne Ordnungswidrigkeiten

9 **Zahlungskarten** i. S. d. § 152a Abs. 4 StGB sind von Kredit- oder Finanzdienstleistungsinstituten herausgegebene, gegen Nachnahme gesicherte Karten. Zahlungskarten mit Garantiefunktion i. S. d. § 154b Abs. 4 StGB sind Kreditkarten, Euroscheckkarten und sonstige Karten, die gegen Nachahmung besonders gesichert sind und den Aussteller im Drei-Partner-System zu einer garantierten Zahlung veranlassen.

10 **Vordrucke für Euroschecks** sind solche, die von Banken ausgegeben werden und die nach ihrer Ausgestaltung gegen Nachahmung besonders gesichert sind. Seit dem 1. Januar 2002 besitzen Euroschecks keine Garantiefunktion mehr, sondern können allenfalls als nicht-garantierte Verrechnungsschecks gelten; seither werden auch keine Euroschecks mehr ausgegeben (*Tröndle/Fischer* § 152a Rn. 2), so dass dieser Alternative der Anwendungsbereich nunmehr fehlt.

11 **Öffentliche Urkunden** sind solche i. S. d. §§ 415, 417 und 418 ZPO. Zu ihnen gehören etwa der Personalausweis, der Führerschein, der Kfz-Schein, die Lohnsteuerkarte, die Zollabfertigungsbescheinigung. Ausländische Reisepässe sind ebenfalls geschützt (*KG* JR 1980, 516). **Beglaubigungszeichen** sind insbesondere Siegel und Stempel, die den Aussteller als Behörde oder als eine mit öffentlichem Glauben versehene Person ausweisen (*Göhler/König* 9).

12 **Vordrucke für öffentliche Urkunden** i. S. v. Abs. 1 **Nr. 2** sind die bei der massenhaften Herstellung von öffentlichen Urkunden üblicherweise verwendeten Formulare, bei denen nur noch eine Vervollständigung durch Einzelangaben notwendig ist (*Göhler/König* 10). Erforderlich ist, dass die Art des Vordrucks den Eindruck hervorruft, es handle sich um speziell behördlich angefertigte, zur Vervollständigung bestimmte Schriftstücke. Von Privatunternehmen üblicherweise hergestellte Formulare, die zur Ausstellung öffentlicher Urkunden durch eine Behörde benutzt werden, werden vom Bußgeldtatbestand an sich nicht erfasst (*Göhler/König* 10).

13 **Vordrucke öffentlicher Beglaubigungszeichen** sind Abdrucke von Dienstsiegeln, Stempeln usw., soweit sie von öffentlichen Behörden oder mit öffentlichem Glauben versehenen Personen verwendet werden (KK-*Schmehl* 16).

14 **Papier** i. S. v. Abs. 1 **Nr. 3** muss zur Herstellung von Papiergeld, diesem gleichstehenden Wertpapieren, amtlichen Wertzeichen, Schecks, Wech-

seln, Vordrucken für Euroschecks, öffentlichen Urkunden oder Vordrucken für öffentliche Urkunden bestimmt und gegen Nachahmung besonders gesichert sein. Dies ist es etwa durch die Verwendung von Wasserzeichen, Einstreuung unsichtbarer Fasern in spezifischer Weise usw. Die Verwendung von Metallfäden und ähnlichen Schutzvorrichtungen gegen Fälschung bei Geldscheinen ist nicht typisches Merkmal von Papier i. S. v. Abs. 1 Nr. 3. Der geschützten Papierart muss das unerlaubt hergestellte Papier gleichen, also mit ihr in allen Merkmalen übereinstimmen oder jedenfalls zum Verwechseln ähnlich sein. Nach Einfügung von **Nr. 4** sind nunmehr auch Hologramme und andere Bestandteile geschützt, die bei den in Nr. 1a bezeichneten Gegenständen der Sicherung gegen Fälschung dienen. Hierzu zählen etwa besonders gestaltete Metallstreifen und Chips.

Nach Abs. 2 handelt ordnungswidrig auch der Täter, **der fahrlässig nicht erkennt**, dass eine schriftliche Erlaubnis der zuständigen Stelle oder des sonst dazu Befugten bei seiner Handlung nicht vorliegt. Mit dieser Regelung soll dem Einwand des Täters, er habe im Auftrag eines anderen gehandelt und geglaubt, dieser sei zur Erteilung des Auftrags zuständig, begegnet werden (*Göhler/König* 20). Abs. 2 macht die Vorschrift nicht zum Absichtsdelikt. **15**

Nach Abs. 3 gilt Abs. 1 auch für die dort genannten Gegenstände, soweit sie aus einem **fremden Währungsgebiet** stammen. Die Handlung muss allerdings im Inland begangen werden, da eine von § 5 abweichende Regelung durch Abs. 3 nicht getroffen ist (*RRH* 12). Fremdes Währungsgebiet ist im Übrigen das gesamte Ausland. **16**

Nach Abs. 4 kann die OWi in den Fällen des Abs. 1 mit einer Geldbuße bis zu 10 000,– Euro, in den Fällen des Abs. 2 mit einer Geldbuße bis zu 5000,– Euro geahndet werden. Die **Einziehung** der Gegenstände, auf die sich die OWi bezieht, ist nach § 129 möglich. **17**

Auch bei mehrfacher Verwirklichung des Tatbestandes durch Vornahme mehrerer Handlungen liegt nur eine einzige Verletzung der Vorschrift vor, **sofern die Handlungen in einem engen inneren Zusammenhang stehen**. Bei Fälschungsabsicht verdrängen die einschlägigen Strafvorschriften den § 127. Der strafbefreiende Rücktritt nach §§ 149 Abs. 2 und 3, 152a Abs. 5 StGB beseitigt aber auch die Ahndungsmöglichkeit nach § 127 (*RRH* 9). **18**

§ 128 Herstellen oder Verbreiten von papiergeldähnlichen Drucksachen oder Abbildungen

(1) Ordnungswidrig handelt, wer

1. Drucksachen oder Abbildungen herstellt oder verbreitet, die ihrer Art nach geeignet sind,
   a) im Zahlungsverkehr mit Papiergeld oder diesem gleichstehenden Wertpapieren (§ 151 des Strafgesetzbuches) verwechselt zu werden oder
   b) dazu verwendet zu werden, solche verwechslungsfähigen Papiere herzustellen, oder
2. Platten, Formen, Drucksätze, Druckstöcke, Negative, Matrizen, Computerprogramme oder ähnliche Vorrichtungen, die ihrer Art nach zur Herstellung der in der Nummer 1 bezeichneten Drucksachen oder Abbildungen geeignet sind, herstellt, sich oder einem anderen verschafft, feilhält, verwahrt, einem anderen überläßt, einführt oder ausführt.

(2) Ordnungswidrig handelt auch der Täter, der fahrlässig nicht erkennt, daß die Eignung zur Verwechslung oder Herstellung im Sinne von Absatz 1 Nr. 1 gegeben ist.

(3) Absatz 1 gilt auch für Papiergeld und Wertpapiere eines fremden Währungsgebietes.

(4) Die Ordnungswidrigkeit kann in den Fällen des Absatzes 1 mit einer Geldbuße bis zu zehntausend Euro, in den Fällen des Absatzes 2 mit einer Geldbuße bis zu fünftausend Euro geahndet werden.

1 Die Vorschrift ersetzt § 360 Abs. 1 Nr. 6 StGB a. F. Sie ist abstraktes Gefährdungsdelikt und hat die Aufgabe, **im Vorfeld der §§ 146 ff. StGB die Sicherheit des Zahlungsverkehrs zu schützen** (*BGH* MDR 1958, 441). Sie soll vermeiden helfen, dass geldähnliche Papiere, die ohne Fälschungsabsicht, insbesondere zu Werbezwecken hergestellt worden sind, durch andere zu täuschenden und betrügerischen Handlungen benutzt werden können. Die Vorschrift gleicht in ihrem Aufbau § 127. Zuletzt geändert wurde sie mit Wirkung zum 30. August 2002 mit Gesetz vom 22. August 2002 (BGBl. I S. 3387) durch Einfügung von Computerprogrammen als geschützten Tatobjekten in Abs. 1 Nr. 2.

Dritter Abschnitt. Mißbrauch geschützter Zeichen § 128

Nach Abs. 1 **Nr. 1** handelt ordnungswidrig, wer papiergeldähnliche 2
Drucksachen oder Abbildungen herstellt oder verbreitet. Drucksachen i. d. S. sind im herkömmlichen Verfahren mit Drucksätzen, Druckstöcken, Matrizen oder ähnlichen Vorrichtungen oder auch in moderner Technik über Lichtsatz, Schreibautomaten oder andere elektronische Techniken (*RRH* 3) hergestellte Reproduktionen der in Abs. 1 genannten Papiere. Abbildungen sind Reproduktionen dieser Papiere, die nicht in der Form von Drucksachen erscheinen, sondern von Hand oder auf fototechnischem Wege hergestellt sind (*Göhler/König* 4). Tathandlungen sind Herstellen, also die tatsächliche Fertigung, und Verbreiten, also die Weitergabe oder sonstiges Zugänglichmachen (KK-*Mitsch* 15 f.). Die Erteilung unzutreffenden Rechtsrats etwa zur Zulässigkeit der Verbreitung entsprechenden Werbematerials reicht für eine Beteiligung regelmäßig nicht aus (*Düsseldorf* NStZ 1984, 29).

Dabei kommt es nicht darauf an, dass die Drucksachen oder Abbildungen 3
im Zahlungsverkehr mit Papiergeld oder diesem gleichstehenden Wertpapieren i. S. v. § 151 StGB zum Verwechseln ähnlich sind, sondern nur darauf, **dass sie geeignet sind, verwechselt zu werden.** Dazu reicht die Möglichkeit aus, dass bereits bei flüchtiger Betrachtung eine Täuschung eintreten kann (KK-*Mitsch* 10).

Bei der Frage, ob Drucksachen oder Abbildungen ihrer Art nach geeignet 4
sind, dazu verwendet zu werden, **verwechslungsfähige Papiere nach Nr. 1a herzustellen,** ist es gleichgültig, ob die verwechslungsfähigen Papiere mit Hilfe der Drucksachen oder Abbildungen ohne besondere Schwierigkeit oder nur aufgrund besonderer Fertigkeit und Geschicklichkeit und mit nicht unerheblichem Aufwand hergestellt werden können. So ist die Eignung der Verwendung zur Herstellung verwechslungsfähiger Abbildungen gegeben, wenn sie Banknoten in der Originalgröße und -ausstattung, wenn auch nur in einem Teilausschnitt wiedergeben (*Göhler/König* 6).

Nach Abs. 1 **Nr. 2** handelt ferner ordnungswidrig, wer Platten, Formen, 5
Drucksätze, Druckstöcke, Negative, Matrizen, Computerprogramme oder ähnliche Vorrichtungen, die zur Herstellung der in Abs. 1 Nr. 1 bezeichneten Drucksachen oder Abbildungen geeignet sind, herstellt, sich oder einem anderen verschafft, feilhält, verwahrt, einem anderen überlässt, einführt oder ausführt. Die Tatobjekte dieser Regelung sind überwiegend

identisch mit denen in § 123 Abs. 2 Nr. 2 und § 127 Abs. 1 Nr. 1. Den genannten Gegenständen muss eine spezifisch funktionale Ausrichtung hinsichtlich der Eignung zur Herstellung der in Nr. 1 genannten Objekte zukommen (KK-*Mitsch* 18). Dies fehlt etwa Computerprogrammen, die sich ganz allgemein zur Bildbearbeitung eignen.

6 Nach Abs. 2 handelt auch der Täter ordnungswidrig, der **fahrlässig nicht erkennt**, dass die Eignung zur Verwechslung oder Herstellung i. S. v. Abs. 1 Nr. 1 gegeben ist. Diese Regelung entspricht der in § 127 Abs. 2.

7 Abs. 3 erweitert die Anwendbarkeit des Abs. 1 auch für Papiergeld und Wertpapiere eines **fremden Währungsgebietes.** Die Vorschrift folgt § 127 Abs. 3. Auch die **Ahndung**, die in Abs. 4 festgelegt ist, entspricht der in § 127 Abs. 4.

§ 129 Einziehung

Gegenstände, auf die sich eine Ordnungswidrigkeit nach den §§ 126 bis 128 bezieht, können eingezogen werden.

1 Die Vorschrift ersetzt § 360 Abs. 2 StGB a. F., soweit er sich auf § 360 Abs. 1 Nr. 4 bis 6 StGB a. F. bezog. Diese Nummern sind durch die §§ 127 und 128 ersetzt worden. **Eingezogen werden können nur die Gegenstände**, auf die sich die Ordnungswidrigkeit nach den §§ 126 bis 128 bezieht, also insbesondere die in §§ 126 bis 128 genannten Tatobjekte: Berufstrachten, Berufsabzeichen, Platten, Formen, Drucksätze, Druckstöcke, Negative, Matrizen, Computerprogramme, Vordrucke, Papiere, Hologramme, Drucksachen und Abbildungen (vgl. KK-*Mitsch* 3). Hierzu zählen nicht die zur OWi verwendeten Werkzeuge (*Göhler/König* 2).

2 **Eine der genannten OWi** muss begangen worden sein, damit die Einziehung zulässig ist. Unerheblich ist, dass der Täter möglicherweise nicht vorwerfbar gehandelt hat (§ 22 Abs. 2 Nr. 2).

3 Bei „**ähnlichen Vorrichtungen**" i. S. v. §§ 127 Abs. 1 Nr. 1, 128 Abs. 2 beschränkt sich die Einziehung auf die Teile, die ihrer Art nach zur Herstellung der genannten Gegenstände geeignet sind. Nur auf sie bezieht sich die OWi (KK-*Mitsch* 3). In Betracht kommen kann hier aber § 24 Abs. 2.

Vierter Abschnitt. Verletzung der Aufsichtspflicht in Betrieben und Unternehmen

§ 130 [Haftung des Inhabers eines Betriebes oder Unternehmens]

(1) Wer als Inhaber eines Betriebes oder Unternehmens vorsätzlich oder fahrlässig die Aufsichtsmaßnahmen unterläßt, die erforderlich sind, um in dem Betrieb oder Unternehmen Zuwiderhandlungen gegen Pflichten zu verhindern, die den Inhaber als solchen treffen und deren Verletzung mit Strafe oder Geldbuße bedroht ist, handelt ordnungswidrig, wenn eine solche Zuwiderhandlung begangen wird, die durch gehörige Aufsicht verhindert oder wesentlich erschwert worden wäre. Zu den erforderlichen Aufsichtsmaßnahmen gehören auch die Bestellung, sorgfältige Auswahl und Überwachung von Aufsichtspersonen.

(2) Betrieb oder Unternehmen im Sinne des Absatzes 1 ist auch das öffentliche Unternehmen.

(3) Die Ordnungswidrigkeit kann, wenn die Pflichtverletzung mit Strafe bedroht ist, mit einer Geldbuße bis zu einer Million Euro geahndet werden. Ist die Pflichtverletzung mit Geldbuße bedroht, so bestimmt sich das Höchstmaß der Geldbuße wegen der Aufsichtspflichtverletzung nach dem für die Pflichtverletzung angedrohten Höchstmaß der Geldbuße. Satz 2 gilt auch im Falle einer Pflichtverletzung, die gleichzeitig mit Strafe und Geldbuße bedroht ist, wenn das für die Pflichtverletzung angedrohte Höchstmaß der Geldbuße das Höchstmaß nach Satz 1 übersteigt.

Schrifttum: *Achenbach*, Diskrepanzen im Recht der ahndenden Sanktionen gegen Unternehmen, Stree/Wessels-FS 545.; *ders.*, Ausweitung des Zugriffs bei den ahndenden Sanktionen gegen die Unternehmensdelinquenz, wistra 2002, 441; *Adam*, Die Begrenzung der Aufsichtspflichten in der Vorschrift des § 130 OWiG, wistra 2003, 285; *Bauer/Molkethin*, Zur Bedeutung des Grundsatzes ne bis in idem in Kartellbußgeldsachen, BB 1988, 1131; *Bosch*, Organisationsverschulden in Unternehmen, 2002; *Brender*, Die Neuregelung der Verbandstäterschaft im Ordnungswidrigkeitenrecht, 1989; *Brenner*, Betriebliche Aufsichtspflicht und ihre bußbare Verletzung, DRiZ 1975, 72; *Demuth/Schneider*, Die besondere Bedeutung des Gesetzes über Ordnungswidrigkeiten für Betrieb und Unternehmen, BB 1970, 642; *Dörn*, Anwendung der §§ 130, 30 und 29a im Steuerordnungswidrigkeitenverfahren, StBp 91, 87; *Hermann*s/ *Kleier*, Grenzen der Aufsichtspflicht in Betrieben und Unternehmen, 1987; *Hüneröder*, Die Aufsichtspflichtverletzung im Kartellrecht – § 130 OWiG, 1989; *Kohlmann/Ostermann*, Die Verletzung der Aufsichtspflicht in Betrieben und Unternehmen – Pläne für eine verfassungswidrige Reform, wistra 1990, 121; *Leube*, Neuere Rechtsprechung zum Kartellordnungswidrigkeitenrecht, wistra 1987, 41; *Maschke*, Aufsichtspflichtverletzungen in Betrieben und Unternehmen, 1997; *Rogall*, Dogmatische und kriminalpolitische Probleme der Aufsichtspflichtverletzung in Betrieben und Unternehmen (§ 130 OWiG), ZStW 98, 573; *Tessin*, Verletzung der Aufsichtspflicht bei Kartellverstößen, BB 1987, 984; *Thiemann*, Aufsichtspflichtverletzung in Betrieben und Unternehmen, 1976; *Többens*, Die Bekämpfung der Wirtschaftskriminalität durch die Troika der §§ 9, 130 und 30 des Gesetzes über Ordnungswidrigkeiten, NStZ 1999, 1; *Wirtz*, Die Aufsichtspflichten des Vorstandes nach OWiG und KonTraG, WuW 2001, 342.

1 Die Vorschrift regelt die Verantwortlichkeit des Geschäftsherrn bei Zuwiderhandlungen, die infolge der **Verletzung seiner Aufsichtspflicht** in seinem Betrieb oder Unternehmen von Dritten gegenüber Pflichten begangen worden sind, die an sich ihn als Inhaber des Betriebes oder Unternehmens treffen, sofern deren Verletzung mit Strafe oder Geldbuße bedroht ist (*RRH* 1). Die Vorschrift ergänzt zwar die Zurechnungsnorm des § 9, stellt aber einen eigenen Bußgeldtatbestand mit eigenständigem Unrechtsgehalt und nicht nur eine außerordentliche Zurechnungsanordnung dar (KK-*Rogall* 4 m.w.N.). Besondere Bedeutung erhält sie durch die Möglichkeit eines „Haftungsdurchgriffs" auf das Unternehmen nach § 30, weil die Aufsichtspflichtverletzung eine betriebsbezogene OWi nach § 30 darstellt (*Göhler/König* 3). Die Vorschrift will der Begehung von rechtswidrigen Handlungen insoweit vorbeugen, als es sich um die Verletzung betriebsbezogener Pflichten handelt und der Betriebsinhaber nicht selbst Täter ist (*BGH* NStZ 2004, 699, 700).

2 Die Verantwortlichkeit des Geschäftsherrn ist in § 130 **einheitlich und abschließend** geregelt (*Göhler/König* 1). Die Vorschrift ist nach allgemeiner Auffassung verfassungsmäßig, auch wenn gegen sie verfassungsrechtliche und dogmatische Bedenken erhoben worden sind (KK-*Rogall* 19). Sie verletzt nicht die Prinzipien ordnungswidrigkeitenrechtlicher Haftung und enthält keinen Verstoß gegen Art. 103 Abs. 2 GG (**a. A.** *Schünemann* wistra 1982, 49; *Thiemann* S. 104 ff.). Sie beruht auf der Erwägung, dass der Inhaber eines Betriebs oder Unternehmens verpflichtet

Vierter Abschnitt. Verletzung der Aufsichtspflicht § 130

ist, die erforderlichen Aufsichtsmaßnahmen zu treffen, damit betriebsbezogene Gebote und Verbote eingehalten werden, und zwar unabhängig davon, ob sie gesondert normiert sind. Insoweit hat der Betriebsinhaber eine **garantenähnliche Stellung** (*Göhler/König* 2). Ihr Zweck ist es, der Begehung von rechtswidrigen Handlungen in einem Betrieb vorzubeugen, soweit es sich um betriebsbezogene Pflichten handelt und der Betriebsinhaber als Täter ausscheidet, weil er selbst nicht positiv gehandelt hat oder außerstande war, die Pflichten wahrzunehmen (*Brenner* DRiZ 1975, 72).

Geschütztes Rechtsgut des § 130 sind die durch die einzelnen betriebsbezogenen Straf- und Bußgeldvorschriften geschützten Rechtsgüter in einem vorgelagerten Bereich, in dem es darum geht, konkrete Zuwiderhandlungsgefahren, die einem bestimmten Pflichtenkreis zugehören, abzuwenden oder zu beseitigen (*Rogall* S. 587 f., 597 ff.; *RRH* 2). Begehungsort i. S. von § 7 Abs. 1 ist deshalb auch der Ort, an dem es infolge der Aufsichtspflichtverletzung zu einem betriebsbedingten Rechtsverstoß kommt (*BGH* NStZ 2004, 699). 3

Nach Abs. 1 Satz 1 tritt die bußgeldliche Haftung des Betriebs- oder Unternehmensinhabers ein, sofern im Betrieb oder Unternehmen eine **Zuwiderhandlung gegen Pflichten** begangen worden ist, die den Inhaber als solchen treffen und deren Verletzung mit Strafe oder Geldbuße bedroht ist, der Inhaber vorsätzlich oder fahrlässig die ihm obliegende **Aufsichtspflicht verletzt** hat und die Zuwiderhandlung bei gehöriger Aufsicht verhindert oder wesentlich erschwert worden wäre. 4

Täter kann nur der Betriebs- oder Unternehmensinhaber sein. Inhaber ist derjenige, dem die Erfüllung der den Betrieb oder das Unternehmen treffenden Pflichten obliegt. Der Inhaberbegriff ist also nicht im Sinne des wirtschaftlichen Eigentümers gemeint (sonst wären Aktionäre einer AG von § 130 erfasst), sondern von den betriebs- und unternehmensbezogenen Pflichten her zu bestimmen (KK-*Rogall* 23). Bei juristischen Personen und rechtsfähigen Personengesellschaften erweitert § 9 Abs. 1 die Haftung, während § 9 Abs. 2 die Zurechnung bei Beauftragten regelt. Der gesetzliche Vertreter eines Inhabers haftet wie dieser (§ 9 Abs. 1 Nr. 3). Taugliche Täter sind demnach etwa bei der GmbH & Co. KG der Geschäftsführer der Komplementär-GmbH (*BGH* wistra 1986, 72), bei der AG die Mitglieder des Vorstands und bei der GmbH der Geschäftsführer. 5

6 **Betrieb** i. S. d. Vorschrift ist eine nicht nur vorübergehende organisatorische, meist auch räumlich zusammengefasste Einheit von Personen und Sachmitteln unter einheitlicher Leitung zu dem arbeitstechnischen Zweck, bestimmte Leistungen hervorzubringen oder zur Verfügung zu stellen. **Leistungen** i. d. S. sind auch Dienstleistungen jeder Art. Betrieb ist daher auch die Apotheke, die Arzt- und Anwaltspraxis, der Theater- und Bühnenbetrieb, und zwar unabhängig von der Absicht oder der Befähigung zur Gewinnerzielung. Betrieb i. d. S. kann auch das Krankenhaus oder die karitative Einrichtung sein, nicht hingegen der private Haushalt oder der privaten Vermögensverwaltung unterliegende Objekte wie Mietshäuser.

7 **Unternehmen** ist zumeist eine rechtlich-wirtschaftliche Einheit, die auf kaufmännische Tätigkeit gerichtet ist. Unternehmen sind auch Zusammenschlüsse von Unternehmen zu Konzernen. Bei ihnen trifft die Muttergesellschaft des Konzerns eine Aufsichtspflicht über die Tochtergesellschaft, so dass bei Pflichtverletzungen von Vorstandsmitgliedern der Tochtergesellschaft die Vorstandsmitglieder der Muttergesellschaft wegen Aufsichtspflichtverletzung sanktionsrechtlich zur Verantwortung gezogen werden können (KK-*Rogall* 25).

8 Nach Abs. 2 ist Betrieb oder Unternehmen i. S. d. Abs. 1 schließlich auch das **öffentliche Unternehmen.** Damit sollen alle Organisationsformen der öffentlichen Verwaltung, mit denen diese am Wirtschaftsleben aktiv teilnimmt, erfasst werden (KK-*Rogall* 28).

9 **Sind mehrere Personen verantwortliche Aufsichtspflichtige**, so können gegen sie gesonderte Verfahren durchgeführt und Geldbußen festgesetzt werden (*Göhler/König* 8a). Das **Maß der Aufsichtspflicht** hängt von den Umständen des Einzelfalles ab, d. h. von der Größe und Organisation des Betriebs, von der Vielfalt und Bedeutung der zu beachtenden Vorschriften und von den unterschiedlichen Überwachungsmöglichkeiten (*Göhler/König* 10). Es kommt darauf an, dass durchführbare und zumutbare Organisationsmaßnahmen getroffen worden sind, die zur Beachtung der Rechtsordnung erforderlich und geeignet erscheinen.

10 Die **Aufsichtspflichtverletzung** nach Abs. 1 ist gegeben, wenn die Aufsichtsmaßnahmen vorsätzlich oder fahrlässig unterlassen worden sind. Das vorwerfbare Verhalten des Betriebsinhabers braucht sich nur auf die

Aufsichtspflichtverletzung zu beziehen. Es kommt nicht darauf an, dass der Betriebsinhaber voraussieht oder auch nur voraussehen kann, dass eine bestimmte Zuwiderhandlung die Folge seiner Aufsichtspflichtverletzung sein wird (*Többens* NStZ 1999, 4; *Hamm* VRS 40, 130). Kann die Bezugstat der Aufsichtspflichtverletzung, die als objektive Bedingung der Ahndbarkeit (*BGH* NStZ 2004, 699, 700) nicht vom Vorsatz erfasst sein muss, nur absichtlich begangen werden, reicht eine geringere Vorsatzform nicht aus, so dass entsprechende Feststellungen zur Bezugstat notwendig sind (*BayObLG* BayVBl 2004, 123).

Die Aufsichtspflicht beginnt mit der **Auswahl der Person** bei der Einstellung (*Többens* NStZ 1999, 4). Die zu beachtende Sorgfaltspflicht ist unterschiedlich zu bemessen. Sie ist abhängig von der Position, die der einzustellende Arbeitnehmer im Betrieb einnehmen soll und damit von seiner Verantwortung. Im Regelfall reicht die Einschätzung der Zuverlässigkeit der einzustellenden Person durch den Aufsichtspflichtigen aufgrund seiner eigenen Lebens- und Berufserfahrung. Es kann aber auch notwendig sein, eine sachdienliche Auskunft über die Zuverlässigkeit einzuholen, wenn der einzustellende Angestellte mit Wirkung nach innen und außen eigene Dispositionsbefugnisse erhält oder die Tätigkeit zwangsläufig Gefahren für Dritte mit sich bringt (*RRH* 15). **11**

Die Wahrung der Aufsichtspflicht erfordert eine **laufende Kontrolle des Betriebs und der Betriebsangehörigen.** Deren Umfang hängt von den Umständen des Einzelfalles ab, richtet sich nach der Größe des Betriebs, dem Umfang, der Bedeutung und den tatsächlichen oder rechtlichen Schwierigkeiten der zu beachtenden Vorschriften, dem Gefährlichkeitsgrad der Arbeit, der Sach- und Fachkunde der Hilfsperson usw. Laufende Kontrolle heißt nicht, dass der Betriebsinhaber seine Angestellten und Arbeiter ständig überwachen müsste. Im Regelfall reichen gelegentliche Stichproben dahin, ob die betrieblichen Anweisungen des Betriebsinhabers beachtet werden, aus. Unerwartete Kontrollen gehören zu den üblichen Aufsichtsmaßnahmen. Kennt oder versteht der Betriebsinhaber wesentliche für seinen Geschäftsbetrieb geltende Bestimmungen nicht, so muss er sich zur Erfüllung seiner Überwachungspflicht entweder die erforderlichen Kenntnisse verschaffen oder ein extern überwachtes innerbetriebliches Kontrollsystem organisieren (*BayObLG* wistra 2001, 478). **12**

13 Die Aufsichtspflicht des Betriebsinhabers bezieht sich ferner auf den **Zustand der sachlichen Betriebsmittel. Arbeitsgeräte und technische Betriebseinrichtungen** müssen zumindest den gesetzlichen Vorschriften entsprechen. Dem Personal muss die Beachtung dieser Vorschriften ermöglicht werden. Bei besonders gefährdenden Tätigkeiten kann ein höherer Sicherheitsstandard erforderlich sein.

14 Nach Abs. 1 Satz 2 gehört zu den erforderlichen Aufsichtsmaßnahmen auch die Bestellung, sorgfältige Auswahl und Überwachung von **Aufsichtspersonen.** Der Betriebsinhaber ist damit nicht von seiner Haftung für Verletzung seiner Aufsichtspflicht befreit, sofern er seinerseits Aufsichtspersonen bestellt (*BayObLG* wistra 2001, 478). Er muss seinen Betrieb gleichwohl selbst beaufsichtigen. Wann dies der Fall ist, hängt wiederum von der Art des Betriebs und der Verlässlichkeit der bestellten Aufsichtsperson ab. Die Aufsichtsperson muss der Betriebsinhaber selbst und ständig überwachen, wobei der Umfang der Überwachungspflicht von den Umständen des Einzelfalles abhängt (*KG* JR 1972, 123 m. Anm. *Göhler*). Wer Verantwortung delegiert, muss darauf achten, dass Kompetenzüberschreitungen vermieden werden (*Düsseldorf* OLGSt 5).

15 Dem Betriebsinhaber ist es nicht möglich, sich von seiner Aufsichtspflicht durch einen **Verzicht auf das Direktionsrecht** zu befreien. Dies gilt auch für Kleinunternehmen (*Hamm* NStZ-RR 1997, 21). Andernfalls würde der Sinn der gesetzlichen Regelung unterlaufen. Der Betriebsinhaber bleibt auch neben den nach § 9 Abs. 2 Beauftragten weiterhin verantwortlich (*Hamm* wistra 2003, 469).

16 Weitere Voraussetzung für die Haftung nach Abs. 1 ist, dass eine **Zuwiderhandlung gegen Pflichten** begangen worden ist, die den Inhaber als solchen treffen und deren Verletzung mit Strafe oder Geldbuße bedroht ist. Zwischen Aufsichtspflichtverletzung und Zuwiderhandlung muss **Kausalzusammenhang** bestehen (*Göhler/König* 17). Es muss eine betriebsbezogene Pflicht verletzt sein. Sie kann sich aus Sonderdelikten, aber auch aus den allgemeinen Tatbeständen des StGB ergeben (*Göhler/König* 18; **a. A.** KK-*Rogall* 85 ff. m. w. N.). Gleichgültig ist, an welchem Ort die Pflicht verletzt ist, sofern sie im Zusammenhang mit der Führung des Betriebes oder Unternehmens besteht (*Demuth/Schneider* BB 1970, 647). Ist die Zuwiderhandlung außerhalb des Betriebsgeländes erfolgt, so ist häufig von fehlender Aufsichtsmöglichkeit oder fehlender Kausalität

Vierter Abschnitt. Verletzung der Aufsichtspflicht § 130

der Aufsichtspflichtverletzung für die Zuwiderhandlung auszugehen (KK-*Rogall* 92).

Der Pflichtverletzer braucht nicht Betriebsangehöriger zu sein. Er muss aber zumindest in Wahrnehmung der Angelegenheiten des Betriebes eine dem Inhaber obliegende Pflicht verletzt haben. Dies kann vorübergehend geschehen, etwa in einer Tätigkeit als Sachverständiger (*Göhler/König* 19; **a. A.** KK-*Rogall* 92). Allerdings scheidet die Haftung nach Abs. 1 aus, wenn ein Mietwagenunternehmer als Kfz-Halter Fahrzeuge durch eine Vertragswerkstatt warten lässt und dort Wartungsfehler unterlaufen, weil insoweit überhaupt kein Subordinationsverhältnis besteht. Ausreichend ist auch die nur vorübergehende Einordnung einer Person in die Organisation des Betriebes. Insgesamt ist bei derartigen Fallgestaltungen besonders sorgfältig die Kausalität und die Frage der gegebenen Aufsichtsmöglichkeiten des Betriebsinhabers zu beachten. 17

Nach Abs. 3 ist die **Geldbuße** in ihrer Höhe abhängig davon, ob die Pflichtverletzung mit Strafe oder mit Geldbuße bedroht ist. Ist sie mit Strafe bedroht, so kann eine Geldbuße bis zu 1 Million Euro verhängt werden. Ist sie mit Geldbuße bedroht, so ist das angedrohte Höchstmaß der Geldbuße zugleich die Obergrenze für die Verhängung einer Geldbuße nach dieser Vorschrift. 18

Nach Satz 3 ist, abweichend von Satz 1, das Höchstmaß der Geldbuße der subsidiären OWi maßgebend, wenn dieses das Höchstmaß der Geldbuße nach Satz 1 übersteigt. Ist die mit Geldbuße bedrohte Pflichtverletzung **fahrlässig** begangen, so ist vom Höchstmaß auszugehen, das für Fahrlässigkeitstaten gilt. Diese Obergrenze ist sodann nach § 17 Abs. 1 um die Hälfte zu reduzieren, wenn auch die Aufsichtspflicht nur fahrlässig verletzt wurde (*KG* JR 1972, 121 m. Anm. *Göhler*). Im Übrigen kommt es bei der Bemessung der Geldbuße auch auf die Schwere und die Bedeutung der Zuwiderhandlung an (KK-*Rogall* 106). 19

Bei Zuwiderhandlungen im Betrieb, die nur auf **Antrag oder Ermächtigung** verfolgbar sind, gilt im Hinblick auf die Ahndung der Aufsichtspflichtverletzung § 131 Abs. 2. Die OWi wird nur auf Antrag oder mit Ermächtigung verfolgt. 20

Fünfter Abschnitt. Gemeinsame Vorschriften

§ 131 [Zuständigkeit; Formvorschriften]

(1) Verwaltungsbehörde im Sinne des § 36 Abs. 1 Nr. 1 ist

1. bei Ordnungswidrigkeiten nach § 112, soweit es sich um Verstöße gegen Anordnungen
   a) des Bundestages oder seines Präsidenten handelt, der Direktor beim Deutschen Bundestag,
   b) des Bundesrates oder seines Präsidenten handelt, der Direktor des Bundesrates,
2. bei Ordnungswidrigkeiten nach § 114 die Wehrbereichsverwaltung,
3. bei Ordnungswidrigkeiten nach § 124, soweit es sich um ein Wappen oder eine Dienstflagge des Bundes handelt, das Bundesministerium des Innern,
4. bei Ordnungswidrigkeiten nach §§ 127 und 128, soweit es sich um
   a) Wertpapiere des Bundes oder seiner Sondervermögen handelt, die Bundeswertpapierverwaltung,
   b) Geld oder Papier zur Herstellung von Geld handelt, die Deutsche Bundesbank,
   c) amtliche Wertzeichen handelt, das Bundesministerium, zu dessen Geschäftsbereich die Herstellung oder Ausgabe der Wertzeichen gehört.

Satz 1 Nr. 4 Buchstaben a und c gilt auch bei Ordnungswidrigkeiten, die sich auf entsprechende Wertpapiere oder Wertzeichen eines fremden Währungsgebietes beziehen. In den Fällen des Satzes 1 Nr. 3 und 4 Buchstabe c gilt § 36 Abs. 3 entsprechend.

(2) In den Fällen der §§ 122 und 130 wird die Ordnungswidrigkeit nur auf Antrag oder mit Ermächtigung verfolgt, wenn die im Rausch begangene Handlung oder die Pflichtverletzung nur auf Antrag oder mit Ermächtigung verfolgt werden könnte.

(3) Für die Verfolgung von Ordnungswidrigkeiten nach den §§ 116, 122 und 130 gelten auch die Verfahrensvorschriften entsprechend, die bei der Verfolgung der Handlung, zu der aufgefordert worden ist, der im Rausch begangenen Handlung oder der Pflichtverlet-

Fünfter Abschnitt. Gemeinsame Vorschriften § 131

zung anzuwenden sind oder im Falle des § 130 dann anzuwenden wären, wenn die mit Strafe bedrohte Pflichtverletzung nur mit Geldbuße bedroht wäre.

Die Vorschrift enthält **gemeinsame Vorschriften** für die Bußgeldtatbestände des Dritten Teils. In Abs. 1 sind Zuständigkeitsregelungen zusammengefasst. Die Abs. 2 und 3 berücksichtigen darüber hinaus, dass §§ 122, 130 lediglich Auffangtatbestände sind. 1

Abs. 1 regelt für einzelne OWi des Dritten Teils gemäß § 36 Abs. 1 Nr. 1 **für Bundesbehörden** durch Gesetz bestimmte sachliche Zuständigkeiten. Soweit in Abs. 1 Satz 1 Nr. 3 und Nr. 4c das Bundesministerium des Innern oder ein anderes Bundesministerium für zuständig erklärt ist, kann die Zuständigkeit auf eine andere Behörde oder sonstige Stelle übertragen werden (Abs. 1 Satz 3 i. V. m. § 36 Abs. 3). Ist weder in Abs. 1 noch sonst gesondert durch Gesetz die Zuständigkeit geregelt, so sind nach § 36 Abs. 1 Nr. 2a die fachlich zuständigen obersten Landesbehörden zur Verfolgung und Ahndung zuständig, es sei denn, die Landesregierung selbst hat von der Übertragungsmöglichkeit des § 36 Abs. 2 Gebrauch gemacht. 2

Nach Abs. 2 wird in den Fällen der §§ 122 und 130 die OWi nur **auf Antrag oder mit Ermächtigung** verfolgt, wenn die im Rausch begangene Handlung oder die Pflichtverletzung nur auf Antrag oder auf Ermächtigung verfolgt werden könnte. Ist die Pflichtverletzung im Falle des § 130 eine mit Strafe bedrohte Handlung, so muss der Antrag, wenn keine andere Frist bestimmt ist, spätestens **innerhalb von drei Monaten** (§ 77b Abs. 1 StGB) bei der Verwaltungsbehörde oder der Polizei schriftlich oder zu Protokoll gestellt werden. Ausreichend ist die **Erklärung des Verfolgungswillens** des Antragsberechtigten oder seines Vertreters, die auch noch in der Hauptverhandlung abgegeben werden kann. Die Rücknahme des Verfolgungsantrags ist jederzeit möglich (§ 77d Abs. 1 StGB). Das Fehlen des Antrags oder der Ermächtigung ist **Verfolgungshindernis** (*Göhler/König* 5). 3

Abs. 3 passt die Verfahrensvorschriften für die Verfolgung der OWi gemäß §§ 116, 122 und 130 an die tatbestandlich erfassten Delikte an. Dies gilt für die sachliche Zuständigkeit der Ahndungsbehörde. Danach erstreckt sich die **Ahndungszuständigkeit** für die Handlung, zu der aufgefordert worden ist (§ 116), für die Rauschtat (§ 122) oder für die Pflichtverletzung (§ 130) auf die vermittelten Tatbestände der §§ 116, 122 und 4

130. Für die Anwendung des § 36 ist in diesen Fällen kein Raum. **Ratio legis** dieser Regelung ist die Sicherung der besonderen Sachkunde der genannten Verwaltungsbehörde.

5 Ist die Zuwiderhandlung im Falle des § 130 mit Strafe bedroht, so ist die Frage, welche Vorschriften gelten würden, daran zu messen, was gilt, **wenn die Zuwiderhandlung mit Geldbuße bedroht wäre.** Es ist also zu prüfen, ob verwandte Bußgeldvorschriften bestehen, die zu der verletzten Strafvorschrift in einem Sachzusammenhang stehen (*RRH* 23). Dies ist häufig bei strafrechtlichen Nebengesetzen der Fall, die Straf- und Bußgeldvorschriften enthalten, sofern beide Vorschriften dasselbe Rechtsgut schützen. Fehlen in Fällen des § 130, in denen die Pflichtverletzung eine mit Strafe bedrohte Handlung ist, verwandte Bußgeldvorschriften, so bestimmt sich die sachliche Zuständigkeit der Verwaltungsbehörde nach § 36. In diesen Fällen empfiehlt sich die Übernahme der Verfolgung der Aufsichtspflichtverletzung durch die StA (*RRH* 23).

Vierter Teil
Schlußvorschriften

§ 132 Einschränkung von Grundrechten

Die Grundrechte der körperlichen Unversehrtheit (Artikel 2 Abs. 2 Satz 1 des Grundgesetzes), der Freiheit der Person (Artikel 2 Abs. 2 Satz 2 des Grundgesetzes) und der Unverletzlichkeit der Wohnung (Artikel 13 des Grundgesetzes) werden nach Maßgabe dieses Gesetzes eingeschränkt.

Das OWiG enthält in verschiedenen Vorschriften Einschränkungen von Grundrechten. **Die Vorschrift entspricht dem Zitiergebot** des Art. 19 Abs. 2 GG. Das Grundrecht der körperlichen Unversehrtheit in Art. 2 Abs. 2 Satz 1 GG wird durch § 46 Abs. 4 OWiG i. V.m. § 81a Abs. 1 Satz 2 StPO eingeschränkt (Entnahme von Blutproben u. a. geringfügige körperliche Eingriffe). Das Grundrecht der Freiheit der Person nach Art. 2 Abs. 2 Satz 2 GG wird durch die Regelungen der §§ 46 Abs. 5 (Vorführung), 96, 97 (Erzwingungshaft) und 98 Abs. 2 (Jugendarrest) berührt. Die Arbeitsauflage nach § 98 Abs. 1 Satz 1 berührt Art. 2 Abs. 2 GG nicht, da die Erfüllung der Auflage vom Willen des Betroffenen abhängt und von ihm nicht erzwungen werden kann (*RRH* 3). Das Grundrecht der Unverletzlichkeit der Wohnung in Art. 13 GG wird durch § 46 Abs. 1 i. V.m. §§ 102 ff. StPO (Durchsuchung) eingeschränkt. Weitere Einschränkungen dieses Grundrechts können sich ferner aus den Regelungen über die Vollstreckung von Bußgeldentscheidungen ergeben, soweit dort andere Vollstreckungsregelungen für anwendbar erklärt sind (*Göhler/König* 1). 1

§ 133 Übergangsvorschriften

(1) Die Anwesenheit des Betroffenen in der Hauptverhandlung und das Verfahren bei seiner Abwesenheit richten sich nach dem Recht, das zu dem Zeitpunkt gilt, zu dem die erste Ladung des Betroffenen zur Hauptverhandlung abgesandt wird.

(2) Die Zulässigkeit und die Zulassung von Rechtsmitteln richten sich nach dem Recht, das zu dem Zeitpunkt gilt, zu dem ein Urteil verkündet wird oder ein Beschluß bei der Geschäftsstelle eingeht.

(3) Die Wiederaufnahme des Verfahrens richtet sich nach dem Recht, das zu dem Zeitpunkt gilt, zu dem ein Antrag bei Gericht eingeht.

(4) Im Verfahren der Verwaltungsbehörde werden Gebühren und Auslagen nach dem Recht erhoben, das zu dem Zeitpunkt gilt, in dem der Bußgeldbescheid erlassen ist.

(5) Für Dateien, die am 1. Oktober 2002 bestehen, ist § 49c erst ab dem 1. Oktober 2003 anzuwenden.

1 Die Vorschrift ist durch Art. 1 Nr. 27 des OWiGÄndG vom 26. Januar 1998 (BGBl. I S. 156) eingeführt worden. Sie enthält **Übergangsvorschriften**, die sich auf das gerichtliche Verfahren (Abs. 1 bis 3) sowie auf die Gebühren und Auslagen im Verfahren der Verwaltungsbehörde beziehen (Abs. 4). Die Übergangsvorschrift in Abs. 5 wurde durch das Gesetz zur Änderung des OWi-Verfahrensrechts vom 26. Juli 2002 (BGBl. I S. 2864) eingefügt.

2 Nach Abs. 1 sind die §§ 73, 74 über die **Anwesenheit** des Betroffenen in der Hauptverhandlung sowie das Verfahren bei seiner Abwesenheit in der bis zum 1. März 1998 geltenden Fassung des Gesetzes anzuwenden, sofern die Ladung des Betroffenen zu diesem Zeitpunkt abgesandt war.

3 Die **Zulässigkeit und die Zulassung von Rechtsmitteln** richten sich nach dem Recht, das zum Zeitpunkt der Verkündung eines Urteils oder des Eingangs eines Beschlusses bei der Geschäftsstelle gilt.

4 Nach Abs. 3 gilt das neue **Wiederaufnahmerecht** (§ 85 Abs. 2) ab dem Eingang des Wiederaufnahmeantrags bei Gericht.

Abs. 4 enthält eine **Kosten-Übergangsvorschrift** für das Bußgeldverfahren der Verwaltungsbehörde. Danach gilt das neue Kostenrecht für Bescheide, die nach dem Inkrafttreten der Änderung erlassen worden sind. Für die übrigen gilt das alte Recht (*RRH* 7). Abs. 4 erfasst auch die dem Bußgeldbescheid gleichstehenden Bescheide, wie etwa die Bescheide über Einziehung und Verfall sowie den selbständigen Bußgeldbescheid gegen juristische Personen oder Personenvereinigungen, selbständige Kostenentscheidungen sowie den Kostenbescheid nach § 25a StVG.

Abs. 5 enthält die notwendige **Übergangsvorschrift** für die Anwendung der Dateiregelungen in § 49c auf Altdatenbestände. Nach Ablauf der Übergangsfrist sind nunmehr alle Datenbestände gleich zu behandeln.

Stichwortverzeichnis

Die **fett gedruckten Zahlen** verweisen auf die Paragraphen des OWiG, die *mageren Zahlen* auf die Randnummern der Erläuterungen und die *römischen Zahlen* auf Absätze der Paragraphen.

Abbildungen 116, 12
– papiergeldähnliche **128**
Abführung des Mehrerlöses 87, 2
Abgabe durch die Verwaltungsbehörde an die StA 41
– Abgabepflicht **41**, 2
– Tatmehrheit **41**, 6
– Vorrang des Strafverfahrens **41**, 1
– Zeitpunkt der Abgabe **41**, 4
Abgabe durch die StA an die Verwaltungsbehörde 43
– Abgabegründe **43**, 8
– Abgabe nach Übernahme **43**, 12
– Bindung der Verwaltungsbehörde **43**, 7, **44**
– Einstellung nach § 170 Abs. 2 StPO **43**, 4
– Mitteilungspflichten **43**, 9
– Privatklagesachen **43**, 10
Abgeordnete, Erzwingungshaft gegen **96**, 19
Abgrenzung OWi von Straftat Einl. 12
Abschluss der Ermittlungen 61
– Abschlussvermerk **61**, 2 ff.
– Folgen **61**, 4 ff.
– weitere Ermittlungen **61**, 5
Abschöpfung bemakelter Gewinne 9, 1
Absehen von den Urteilsgründen 77b
– Antrag der StA auf Begründung **77b**, 2
– Rubrum und Tenor **77b**, 2
– teilweises Absehen **77b**, 5
– Urteilsabsetzungsfrist **77b**, 12
Absehen von der Verfahrensbeteiligung 87, 12
Absehen von der Verfolgung 47, 12
Absicht 10, 4
Absolute Rechtsbeschwerdegründe 79, 39
Abwesenheitsverfahren 74
– erlaubte Abwesenheit **74**, 1
– schriftliche Anhörung **74**, 6
– Unterbrechung der Hauptverhandlung **74**, 12
– Verlesung früherer Vernehmungen **74**, 5
– Verlesungsprotokoll **74**, 9
– Wiedereinsetzung in den vorigen Stand **74**, 16
Adressat des Widerrufs 79, 74
Ahndung durch die Verwaltungsbehörde 35
– keine richterliche Verfolgungszuständigkeit **35**, 8
– Landesjustizverwaltung als Verwaltungsbehörde **35**, 6
– Primärzuständigkeit der Verwaltungsbehörde **35**, 1
– Reichweite der Ahndungszuständigkeit **35**, 10
– Sekundärzuständigkeit von StA und Gericht **35**, 2
– Verwaltungsbehörde als „Herrin" des Verfahrens **35**, 14 ff.
Ahndungsbedingungen 1, 12
Ahndungszeitpunkt 4, 22

Stichwortverzeichnis

Akte, elektronische *siehe elektronische Akte*
Akteneinsichtsrechte 49
- Ablichtungen oder Abschriften **49**, 14
- A. der Verwaltungsbehörde bei der StA **49**, 5
- Diensträume als Einsichtsort **49**, 3
- Gerichtsakten **49**, 10
- Handakten der StA oder der Polizei **49**, 11
- Umfang des A. **49**, 9
- vertraulicher Inhalt **49**, 12

Aktenversendung, Kosten 107, 20
Alternativverhalten, pflichtgemäßes 10, 13
Amtsgericht, Zuständigkeit
- für einzelne Verfolgungshandlungen **35**, 8
- zur Ahndung von OWi **35**, 10; **45; 82; 83**
- bei Zuständigkeitsstreit zwischen VB **39 III Nr. 2**
- bei Wiedereinsetzungsantrag **52**, 27
- Anfechtung von Maßnahmen der VB **62 II; 52 II 3; 108 I; 110 II**
- bei Einspruch gegen den Bußgeldbescheid **68**
- bei Verwerfung der Rechtsbeschwerde **79**, 52
- bei Wiederaufnahmeantrag **85 IV**
- im Nachverfahren **87 IV**
- bei Vollstreckung des Bußgeldbescheides **104 I Nr. 1**

Amtshilfe 69, 13
Amtssprache 67, 29
Amtsträger
- Beteiligung an OWi **14**, 13
- falsche Namensangabe gegenüber **111**, 9

Aufforderung zum Auseinandergehen **113**, 14
Amtsverschwiegenheit 59, 6
Analogieverbot 3, 9
Anbieten
- der Gelegenheit zu sexuellen Handlungen **119**, 12
- von Gegenständen zum sexuellen Gebrauch **119**, 24

Änderung der Rechtsprechung 3, 14
Angehörige des Betroffenen
- Auskunftsverweigerungsrecht **59**, 6
- Recht zur Gutachtenverweigerung **59**, 32
- Zeugnisverweigerungsrecht **59**, 6

Anhörung des Betroffenen 55
- Angaben zur Person **55**, 8
- Form der Anhörung **55**, 7
- Gelegenheit, sich zu äußern **55**, 3
- informatorische Befragung **55**, 17
- Modifikation des § 163a StPO **55**, 1
- spätester Zeitpunkt der Anhörung **55**, 5
- teilweises Schweigen des Betroffenen **55**, 12
- unterbliebene Belehrung **55**, 10
- verbotene Vernehmungsmethoden **55**, 19
- Verwertung der Angaben des Betroffenen **55**, 14
- Zeugnisverweigerung naher Angehöriger **55**, 13

Anhörungsbogen 55, 7
Anknüpfungspunkt, völkerrechtlich legitimierender 7,10
Anklageschrift
- Mitteilung an die Verwaltungsbehörde **63 II**

- OWi in der Anklageschrift **64**, 2; **82**, 5

Ankündigung
- von Gelegenheit zu sexuellen Handlungen **119**, 14
- von Gegenständen zum sexuellen Gebrauch **119**, 24

Anlagen, unbefugtes Betreten militärischer **114**

Anpreisen
- von Gelegenheit zu sexuellen Handlungen **119**, 13
- von Gegenständen zum sexuellen Gebrauch **119**, 24

Ansammlung, unerlaubte 113

Anstalt des öffentlichen Rechts, Geldbuße gegen eine **30**, 13

Anstiftung *siehe Beteiligung*

Antrag auf gerichtliche Entscheidung gegen Maßnahmen der Verwaltungsbehörde **62**

Anwendung der Vorschriften über das Strafverfahren 46
- Adhäsionsverfahren **46**, 28
- Akteneinsichtsrechte **46**, 30
- Allgemeine Verweisungsnorm **46**, 1
- Ausnahme von der Verweisung **46**, 21
- Beteiligung des Verletzten **46**, 27
- Beweisverbote **46**, 19
- Blutprobenentnahme **46**, 36
- DNA-Analyse **46**, 38
- einheitliche Verfahrensordnung **46**, 6
- erkennungsdienstliche Maßnahmen **46**, 39 ff.
- Gerichtshilfe **46**, 25
- Hör-, Sprach- und Sehbehinderte **46**, 51
- Identitätsfeststellung **46**, 36
- Immunität und Exterritorialität **46**, 47 ff.
- Jugendgerichtshilfe **46**, 45
- kein Vorführungsrecht der Verwaltungsbehörde **46**, 44
- Klageerzwingung **46**, 26
- körperliche Untersuchungen **46**, 36
- kurzfristige Freiheitsbeschränkungen **46**, 23
- MRK **46**, 8
- nicht anwendbare Vorschriften der StPO **46**, 12 ff.
- Ordnungshaft **46**, 22
- Rechte der StA **46**, 24
- Schutz des Betroffenen **46**, 17
- sinngemäß anwendbare Gesetze **46**, 7
- staatsanwaltschaftliche Verfahrensregister **46**, 29
- Übermaßverbot **46**, 16
- Verhältnismäßigkeitsprinzip **46**, 15

Anwesenheit des Betroffenen 73
- Anwesenheitspflicht **73**, 1
- Anwesenheitsrecht **73**
- Entbindungsgründe **73**, 3
- keine kommissarische Vernehmung **73**, 8

Arbeitsleistungen, Erbringung durch Jugendliche **98**, 10

Archivierung von Daten 49d

Ärzte, Zeugnisverweigerungsrecht **59**, 6

Ärztliche Eingriffe beim Betroffenen **46 IV**; **53**, 13

Aufenthaltsermittlungen 51, 43

Auffordern 116, 4

Aufforderung
- zum Auseinandergehen **113**, 14
- zur Begehung von OWi **116**, 4

siehe auch öffentliche Aufforderung zu OWi

Aufgaben der Polizei 53

Stichwortverzeichnis

- Absehen von Ermittlungen **53**, 10
- Allgemeine Erforschungspflicht **53**, 1
- Begriff des Polizeidienstes **53**, 3
- Ermittlungen von Amts wegen **53**, 14
- keine eigene Einstellungsbefugnis **53**, 18
- pflichtgemäßes Ermessen **53**, 7
- Sonderbehörden und Sonderbeamte **53**, 5
- Vorlagepflichten der Polizei **53**, 19 ff.
- Weisungen der vorgesetzten Behörde für das OWi-Verfahren **53**, 9

Aufsichtspersonen 9, 24
Aufsichtspflichtverletzung *siehe Verletzung der Aufsichtspflicht*
Auslagen und Gebühren 107
- ausländische Behörden **107**, 21
- Beförderung von Personen **107**, 16
- Beförderung von Tieren und Sachen **107**, 17
- entlastende Umstände **109a**, 2
- Entlastung **107**, 28
- Erlass aus Härtegründen **107**, 25
- Erzwingungshaft **107**, 19
- Fütterung von Tieren **107**, 17
- geringe Geldbuße **109a**
- Geringfügigkeitsgrenze **109a**, 2
- Halterhaftung **107**, 7
- Höhe der Gebühr **107**, 5
- Niederschlagung **107**, 24
- öffentliche Bekanntmachung **107**, 12
- Postzustellung **107**, 10
- Reisekosten **107**, 14
- Stundung **107**, 26
- Telekommunikationsleistungen **107**, 9
- Verjährung des Kostenanspruchs **107**, 27
- Verzicht bei unrichtiger Sachbehandlung **107**, 23
- Zeugen- und Sachverständigenkosten **107**, 13
- Zustellung durch eigene Bedienstete **107**, 11

Auslagenentscheidung 105
siehe auch Kostenentscheidung
Auslagenhaftung, gesamtschuldnerische **105**, 7
Auslegung des Tatbestandes 3, 11
Ausland
- Vollstreckungsersuchen in das **89**, 4
- Zustellung im **51**, 63

Ausländer
- Rechtsbehelfsbelehrung **50**, 14
- Wiedereinsetzung bei Säumnis **52**, 17
- Zeugenpflicht **59**, 5

Auslandstaten 5, 4
Auslegung von Bußgeldvorschriften 3, 11
Aussagegenehmigung 59, 6
Aussageverweigerungsrecht des Betroffenen **55**, 11
Ausschließung
- des Betroffenen in der Hauptverhandlung **71**, 46, 53
- der Öffentlichkeit im gerichtlichen Verfahren **71**, 52
- des Verteidigers im Verfahren der VB **60**, 35
- von Beteiligten in Jugendsachen **71**, 54

Aussetzung des Bußgeldverfahrens 71, 47
Auswahl
- des Sachverständigen **59**, 30
- des Pflichtverteidigers **60**, 19

Stichwortverzeichnis

– des Verteidigers **60**, 19
– des zuständigen Gerichts **68**, 16
– von Aufsichtspersonen in Betrieben **130**, 11

Bayerisches Oberstes Landesgericht 79, 40
Beauftragung mit Pflichten des Betriebsinhabers **9**, 18
Bedeutung der OWi 17, 13; **47**, 11; **79**, 4
Bedeutungslosigkeit einer Beweistatsache **77**, 17
Bedingter Vorsatz 10, 6
Beendigung der Handlung 4, 11
Begehungsort 7; **66 I Nr. 3**
Begehungszeit 6; **66 I Nr. 3**
Begriffsbestimmungen 1, 1 ff.
– Gesetz **1**, 10
Behörden
– Anhörung anderer **33 I Nr. 7**; **39 II 2**
– falsche Namensangabe gegenüber **111**, 8
– Zustellung an **51**, 22 f.
Behördlicher Gewahrsam 115, 19
Behördliches Gutachten, Verlesung in der Hauptverhandlung **71**, 52
Beihilfe *siehe* Beteiligung
Beistand des Betroffenen 60, 1
Beistand des Zeugen 59, 26
Beitreibung der Geldbuße 95
– erfolglose Beitreibung **95**,10
– Schonfrist mit Beitreibungsverbot **95**, 3
– sofortige Beitreibung **95**, 4
– Unmöglichkeit der Zahlung **95**, 8
– Unzumutbarkeit der Zahlung **95**, 9
Beitreibungsversuch vor Anordnung der Erzwingungshaft **96**, 7

Bekanntgabe
– des wesentlichen Inhalts eines Schriftstücks **78**, 7
– der Verfahrenseinleitung zur Verjährungsunterbrechung **33 I Nr. 3**
Bekanntmachung von Maßnahme der Verwaltungsbehörde **50**
Belästigung der Allgemeinheit **118**, 5
– durch Lärm **117**, 12
– durch Anbieten von Gelegenheit zu sexuellen Handlungen **119**, 19
Belehrung des Betroffenen
– über das Schweigerecht **55**, 9
– über die Folgen des Ausbleibens in der Hauptverhandlung **74**, 15
– über die Möglichkeit von Erzwingungshaft **66 II Nr. 3**
– über die Möglichkeit der Unterbrechung der Hauptverhandlung **81 II 3**
Bemessung der Geldbuße 17 III, IV; **30 III**
Berauschende Mittel 122, 9
Berufsabzeichen, Missbrauch 126, 1
Berufstrachten, Missbrauch 126, 1
Beschwerdesumme 87 V; **100 II 2**; **108 I 2**
Besetzung der Bußgeldsenate 80a
– Einzelrichterprinzip **80a**, 1
– Einzelrichterzuständigkeit **80a**, 2
– Fahrverbot **80a**, 1
– Übertragung der Zuständigkeit **80a**, 7
– Übertragungsgründe **80a**, 8
– Unanfechtbarkeit der Übertragung **80a**, 7
– Vorlage zum BGH **80a**, 8
– Wertberechnung **80a**, 6
– Zuständigkeit bei zugelassenen Rechtsbeschwerden **80a**, 4

Stichwortverzeichnis

– Zuständigkeit der Dreierbesetzung **80a**, 3
Besondere persönliche Merkmale 9; 14 III, IV
Bestimmtheitsgrundsatz 3, 4
Beteiligung 14
– Amtsträger **14**, 13
– besondere persönliche Merkmale **14**, 10 ff.
– Einheitstäterschaft **14**, 1
– limitierte Akzessorietät **14**, 14
– Mischtatbestände **14**, 18
– notwendige Teilnahme **14**, 9, 18
– Veränderung des rechtlichen Gesichtspunkts **14**, 22
Beteiligung der Verwaltungsbehörde durch die StA **63**
Betriebsleitung 9, 19
– Entscheidungsbefugnis **9**, 19
Betroffener
– Abwesenheit in der Hauptverhandlung **74**
– Angaben zur Person im Bußgeldbescheid **66 I Nr. 1**
– Anhörung **55**
– Anwesenheit in der Hauptverhandlung **73**
– Einspruch gegen den Bußgeldbescheid **67**, 7
– Einwendungsberechtigung gegen Vollstreckung **103**, 9
– körperliche Untersuchung **46 IV**
– Kostenpflicht **105**, 7
– Rechtsstellung als Angeklagter **81 II 2**
– Widerspruchsrecht gegen Beschlussverfahren **72**, 7
– Zustellung von Bescheiden **50 I; 51 II**
Bevollmächtigte
– Einspruch gegen Bußgeldbescheid durch **67**, 15

– Zustellung an **51 III**
Beweisantrag
– Ablehnung wegen verspäteter Antragstellung **77**, 17
– Bedeutungslosigkeit **77**, 17
– des Betroffenen **55**, 14
– des Einziehungsbeteiligten **87**, 15
– Offenkundigkeit der Beweistatsache **77**, 17
– Prozessverschleppungsabsicht **77**, 21
– Unerreichbarkeit des Beweismittels **77**, 17
– Ungeeignetheit des Beweismittels **77**, 17
– Unzulässigkeit der Beweiserhebung **77**, 17
– Wahrunterstellung **77**, 17
Beweisaufnahme, vereinfachte 77a
– Absehen von Beweisaufnahme **77a**, 2
– Bekanntgabe in der Hauptverhandlung **77a**, 25
– fernmündliche Einholung von Erklärungen **77a**, 21
– informatorische Befragung **77a**, 12
– moderne Kommunikationsmittel **77a**, 23
– Selbstleseverfahren **77a**, 5
– weitgehende Verlesungsmöglichkeit **77a**, 2
Beweisverbote 46, 19
Beweiswürdigung, freie 77, 25
Bewusstseinsstörung, tiefgreifende 12, 11
Bezeichnung der Tat im Bußgeldbescheid **66 I Nr. 3**
– falsche B. des Rechtsbehelfs **79**, 48
Beziehungsgegenstände, Einziehung 23; 123 I; 129
Blanketttatbestände Einl. 38
Blutprobe 46, 20

930

Stichwortverzeichnis

Bösartige Tiere 121, 5
Bundesadler, Missbrauch 124, 2
Bundesflagge, Missbrauch 124, 2
Bundesgerichtshof, Vorlage an den **80**, 70; **80a**, 8
Bundeskasse
– als Kostenträger **105 II**
– Entschädigungspflicht bei Verfolgungsmaßnahmen **110 IV**
– Vereinnahmung von Geldbußen **90 II**
Bundeskompetenz 2, 3
Bundesrat, Verletzung der Hausordnung **112**, 5
Bundeswappen, Missbrauch 124, 2
Bundeszentralregister 89, 1
Bußgeldbescheid 65
– Abgrenzungsfunktion **65**, 2
– beschränkte Rechtskraftwirkung **65**, 12
– Informationsfunktion **65**, 3
– Vollstreckungsfunktion **65**, 4
– Zurücknahme **65**, 11
Bußgeldbescheid, Inhalt 66
– Angaben zur Person **66**, 4
– Angabe von Tatzeit und Tatort **66**, 13
– Angaben zur inneren Tatseite **66**, 14
– angewendete Vorschriften **66**, 17
– Anordnung eines Fahrverbots **66**, 17
– äußere Gestaltungsmängel **66**, 37
– Aufforderungen, Belehrungen und Hinweise **66**, 24
– Beweismittelangabe **66**, 19
– Einzelhandelskaufmann als Adressat **66**, 7
– E-Mail-Adresse des Verteidigers **66**, 9
– fehlende Tatbezeichnung **66**, 41
– fehlerhafte Zustellung **66**, 34 ff.
– gesetzliche Merkmale der OWi **66**, 10
– Höhe der Geldbuße **66**, 20
– Layout des Bescheids **66**, 2
– Mängel **66**, 30 ff.
– mehrere Betroffene **66**, 8
– Mitwirkungspflichten des Betroffenen **66**, 28
– Nebenfolgen **66**, 23
– Ort der Unterbringung des Betroffenen **66**, 5
– teilweise Unwirksamkeit **66**, 46
– unrichtige Bezeichnungen **66**, 33
– Verwendung von Schlüsselziffern **66**, 12
Bußgeldkataloge 17, 43 ff.
– als Orientierungshilfe für den Richter **17**, 53
– Begründungspflicht **17**, 51
– ergänzende Landesregelungen **17**, 45
– Indizwirkung der Regelsätze **17**, 52
– Rechtsform **17**, 44, 50
– verwaltungsinterne Richtlinien **17**, 46
– wirtschaftliche Verhältnisse des Betroffenen **17**, 49
Bußgelderkenntnis im Strafverfahren 82
– Anwendung im Rechtsmittelverfahren **82**, 15
– beschleunigtes Strafverfahren **82**, 23
– hinreichender Tatverdacht **82**, 6
– nicht nachgewiesene Straftat **82**, 11
– Privatklageverfahren **82**, 26
– Strafbefehl **82**, 23
– Tatmehrheit von Straftat und OWi **82**, 12
– umfassende Kognitionspflicht **82**, 1

Stichwortverzeichnis

Bußgeldverfahren
- Entschädigung bei Verfolgungsmaßnahmen **110**
- Übergang zum Strafverfahren **81**

Bußgeldvorschriften
- Angabe im Bußgeldbescheid **66 I Nr. 3**
- im Beschluss **72 IV**
- Nichtigkeit von **85**, 15; **103**, 3

Bußgeldzumessung
- Begründungspflicht des Gerichts **17**, 51
- beim Versuch **11**, 26
- Bindungswirkung der Kataloge **17**, 43 ff.
- einzelne Kriterien **17**, 12 ff.

Darstellungen 116, 12
Daten, persönliche 49a
Datenspeicher 116, 11
Dateiregelungen 49c
- Auskunftsanspruch des Betroffenen **49c**, 8
- Berichtigung, Löschung, Sperrung von Daten **49c**, 23
- Errichtungsanordnung **49c**, 19
- Errichtung zentraler Dateien **49c**, 2
- Pflege der Daten **49c**, 6
- Prüffristen **49c**, 24
- Sozialdaten **49c**, 10
- Umfang der Datenspeicherung **49c**, 3
- Verfahrensdaten **49c**, 12
- Zwecke der Vorgangsverwaltung **49c**, 14

Dauer der Erzwingungshaft 96 III
Dauerdelikt 4, 11; **6**, 5; **7**, 6
Dekonzentration der Zuständigkeit des Amtsgerichts **68 III**
Deliktselemente der OWi 1, 3

Deutsche Bundesbank als Verwaltungsbehörde **131 I Nr. 4b**
Dienstflaggen, Missbrauch **124**, 2
Dolmetscherkosten 59
Dritteigentum
- Einziehung von **22 II Nr. 2, 23**
- Entschädigung **28**
- Verfahren bei Einziehung **87**

Drucksachen 128, 2
Drucksätze 128, 2
Druckstöcke 128, 2
Durchsuchung 53 II, 63 I 2
Durchsuchungsanordnung
   Verjährungsunterbrechung **33 I Nr. 4**

Ehegatte, Zeugnisverweigerungsrecht **59**, 6
Eidesstattliche Versicherung
- zur Glaubhaftmachung **52**, 39
- Vermögensverzeichnis im Vollstreckungsverfahren **90 III 2**

Eigenhändige Delikte 14, 10
Eigentum
- als Einziehungsgegenstand **22**
- Übergang bei Einziehung **26 I**

Einführen 127, 3
Einheitstäterbegriff 14, 1
Einschreiben, Zustellung durch **51**, 15
Einsichtsfähigkeit bei Jugendlichen 12, 4
Einspruch 67
- Bedeutung **67**, 2
- Begriff **67**, 1
- Beschränkung **67**, 31, 35
- bevollmächtigte Personen **67**, 12
- Einlegung **67**, 18
- Einspruchsberechtigte **67**, 7
- Form der Einlegung **67**, 24
- Jugendliche **67**, 9

Stichwortverzeichnis

- kein Verschlechterungsverbot **67**, 3
- Mängel **67**, 28
- Verzicht auf **67**, 43
- Zurücknahme **67**, 35

Einstellung des Bußgeldverfahrens
- Auslagenentscheidung **108a I**
- durch Gericht **47 II**
- durch VB **47 I**
- durch StA **47 I**
- im schriftlichen Verfahren **72 III**
- keine gegen Geldauflage **47 III**
- Kosten- und Auslagenentscheidung **105**, 5 f.
- Rechtsbeschwerde **79 I 1 Nr. 3**

Einwendungen
- gegen Anordnungen der Vollstreckungsbehörde **103 I Nr. 2; 104**
- gegen einzelne Vollstreckungsmaßnahmen **103**
- gegen Kostenansatz **108**
- gegen Zulässigkeit der Vollstreckung **103**

Einziehung 22
- als Nebenfolge **22**, 4
- Anwartschaftsrechte **22**, 18
- bei Organen und Vertretern **29**
- Beziehungsgegenstände **22**, 13
- Eigentumsvorbehalt **22**, 17
- Entscheidungszeitpunkt **22**, 21
- erlangte Gegenstände **22**, 5, 8
- Gefahrenbegriff **22**, 28, 31
- gefährliche Gegenstände **22**, 26
- Gegenstände des Täters **22**, 15
- Gesamthandseigentum **22**, 20
- instrumenta sceleris **22**, 9
- Konkurrenz der Einziehungsgründe **22**, 32
- Miteigentumsanteile **22**, 19
- nicht vorwerfbare Handlungen **22**, 33 ff.
- Notveräußerung **22**, 25
- producta sceleris **22**, 7
- Rechte an Einziehungsgegenständen **22**, 6
- Rechtsnatur der Einziehung **22**, 3
- sicherungsübereignete Gegenstände **22**, 17
- Tod des Täters **22**, 23
- Transport- und Verhältnismäßigkeit der Einziehung **24**
- Verpackungsmittel **22**, 10
- Zweck der Einziehung **22**, 2

Einziehung, Erweiterte Voraussetzungen 23
- Erwerb in verwerflicher Weise **23**, 10 ff.
- leichtfertiges Handeln **23**, 7

Einziehung, Selbständige Anordnung 27
- Absehen von Verfolgung **27**, 9
- Antragserfordernis **27**, 8
- beim Beteiligten **27**, 11
- bei Tatunbeteiligten **27**, 12
- eigenständiger Einziehungsbescheid **27**, 2
- entgegenstehende Umstände **27**, 6
- fehlende Verfolgbarkeit **27**, 10

Einziehung, Wirkung der 26
- Beschlagnahme **26**, 8
- Eigentumsübergang **26**, 2
- Einziehungsempfänger **26**, 2
- Erlöschen des Rechts **26**, 7
- gutgläubiger Erwerb **26**, 11
- Rechtsübergang **26**, 5
- Veräußerungsverbot **26**, 8, 10

Einziehung des Wertersatzes 25
- Ahndungsfunktion **25**, 3
- allgemeine Voraussetzungen **25**, 3
- Beiseiteschaffen des Gegenstandes **25**, 13
- Belastung des Gegenstandes mit Drittrechten **25**, 15
- Drittveräußerung **25**, 10
- gefährliche Gegenstände **25**, 6

933

Stichwortverzeichnis

– Gegenstandswert **25**, 19
– Schätzungsmöglichkeit **25**, 20
– Unmöglichkeit der Einziehung **25**, 5
– Verbrauch des Gegenstandes **25**, 12
– Verhältnismäßigkeit **25**, 27
– Verwertung **25**, 9
– Wahlmöglichkeit für die Verwaltungsbehörden **25**, 18
– Zahlungserleichterungen **25**, 28
– Zerstörung des Gegenstandes **25**, 13

Einziehung und Verfall
– Abführung des Mehrerlöses **87**, 38
– Anordnung der Verfahrensbeteiligung **87**, 7
– Einziehungsbeteiligte **87**, 3
– Entschädigung nach Einziehung **87**, 22
– im selbstständigen Verfahren **87**, 27
– nachträgliche Entscheidung über die Einziehung **100**
– Nachverfahren **87**, 29
– Unbrauchbarmachung **87**, 37
– Verfahren bei Anordnung **87**
– Verfahrensbeteiligte **87**, 4
– Wertgrenze bei gerichtlicher Entscheidung **87**, 35
– Wirkung der Anordnung **87**, 18
– zeitliche Grenze **87**, 17

Elektronische Akte 110b
siehe elektronische Aktenführung

Elektronische Aktenführung 110b; 110d
– Aktenausdruck **110d**, 2
– Akteneinsicht **110d**, 8
– Aktenführung, doppelte **110d**, 20
– Aufbewahrungsdauer der elektronischen Akte **110b**, 10
– Aufbewahrungspflicht für Urschriften **110b**, 8, 16
– automatisiertes Abrufverfahren **110d**, 12
– Ausfertigungen und Auszüge **110d**, 7
– automatisierter Aktenausdruck **110d**, 5
– Dokumentation des Übertragungsakts **110b**, 7
– Medientransfer von der Papierform **110b**, 4
– Rechtsverordnung **110b**, 2
– organisatorisch-technische Rahmenbedingungen **110b**, 2
– Transfer in die Papierform **110d**, 2
– Transfervermerk **110d**, 4
– Urschrift, Legaldefinition **110b**, 5
– Vermerk über den Charakter der Urschrift **110b**, 15
– Vermerk über das Ergebnis der Integritätsprüfung **110d**, 3
– Vernichtung der Urschrift vor Abschluss des Verfahrens **110b**, 12, 18
– Verordnungsermächtigung **110b**, 3
– Weiterleitung der elektronischen Akte **110d**, 18
– Wochenfrist für die Aufbewahrung **110b**, 9
– Zulassung der Aktenführung **110a**, 1

Elektronisches Dokument 110a ff.
– automatisierte Herstellung **110c**, 6
– automatisiertes Abrufverfahren **110d**, 12
– Behandlung wie Schriftstück **110d**, 2
– Beschlüsse **110c**, 5
– Beweisaufnahme über einen Vermerk **110e**, 5
– Beweiswert **110b**, 14; **110e**
– Bußgeldbescheide **110c**, 3

Stichwortverzeichnis

- Durchgriff auf die Urschrift **110e**, 8
- Eingangsvermerk der Geschäftsstelle **110c**, 9
- Erstellung und Einreichung **110a**
- Feststellung der Übereinstimmung mit der Urschrift **110b**, 13
- formgebundene Dokumente **110a**, 2; **110c**, 3
- Formmängel **110c**, 7
- gerichtliche Dokumente **110c**, 3
- Gleichstellung mit Urkunden **110e**, 4
- nicht formgebundene Dokumente **110a**, 3
- öffentliche elektronische Dokumente **110e**, 1
- private elektronische Dokumente **110e**, 1
- Rechtsverordnungsermächtigung **110a**, 14
- Speicherung **110a**, 13
- Übermittlung **110d**, 9 ff.
- Übertragung der Zuständigkeit **110a**, 15
- Umgang mit eingehenden Dokumenten **110a**, 12
- Urteil **110c**, 8
- Verlesung aus der elektronischen Akte **110e**, 3
- Zugrundelegen bei Bearbeitung **110b**, 11
- Zustellung an die StA **110c**, 14
- Zustellung durch das Gericht **110c**, 11
- Zustellung durch die Verwaltungsbehörde **110c**, 12
- Zustellungsvermerk **110c**, 15

Elektronische Signatur 110a, 5
- qualifizierte elektronische Signatur **110a**, 4

Entkriminalisierung von Verkehrsverstößen **Einl.** 10

Entschädigung nach Einziehung 28
- Anwartschaftsrechte aus Vorbehaltserwerb **28**, 8
- Ausnahmen **28**, 11
- Billigkeitsgesichtspunkte **28**, 13
- entgegenstehende Tatbeteiligung **28**, 2 ff.
- Höhe der Entschädigung **28**, 7
- tatunbeteiligter Dritter als Empfänger **28**, 1
- Zuständigkeit der ordentlichen Gerichte **28**, 15

Entschädigung für Verfolgungsmaßnahmen 110
- Anwendbarkeit des StrEG **110**, 2
- Ausschluss der Entschädigung **110**, 7 ff.
- bei Einstellung aus Opportunitätsgründen **110**, 5
- bereits berücksichtigten Nachteile **110**, 6
- Entschädigung nach Einstellung **110**, 5
- grobe Fahrlässigkeit **110**, 7
- schuldhafte Verursachung der Maßnahme **110**, 8
- sinngemäße Geltung des StrEG **110**, 1
- sonstige Versagungsgründe **110**, 9

Entscheidung durch Beschluss 72
- Bedingungsfeindlichkeit des Widerspruchs **72**, 13
- Begründungsfreiheit **72**, 37
- nachträgliches rechtliches Gehör **72**, 47
- Rechtsbeschwerde gegen Beschluss **72**, 39
- Rücknahme des Widerspruchs **72**, 22

Stichwortverzeichnis

- schriftliches Verfahren als Regelverfahren **72**, 1
- Sperrwirkung des Widerspruchs **72**, 12
- Verschlechterungsverbot im Beschlussverfahren **72**, 29
- Widerspruch **72**, 8

Erfolgsort 7, 7
- bei abstrakten Gefährdungs-OWi **7**, 7
- bei Fehlen des Erfolgs **7**, 8
- bei konkreten Gefährdungs-OWi **7**, 7
- bei Tatbeteiligung **7**, 9
- bei TK-Medien **7**, 10

Erforderlichkeit bei Notwehr 15
Erlaubnistatbestandsirrtum
 siehe Irrtum
Ersatzzustellung 51, 24 ff.
Erster Zugriff 53
Erstreckung der Anklage auf OWi 64
Erzieherische Maßnahme gegen Jugendliche und Heranwachsende **98**, 1
Erziehungsberechtigte 67, 9 ff.
Erzwingungshaft 96
- Anwendbarkeit auf Jugendliche und Heranwachsende **96**, 19
- bei Zeugen nicht mehr als 6 Wochen **46 V** 2
- Beitreibungsversuch als Voraussetzung **96**, 10
- Darlegungspflicht des Betroffenen **96**, 4
- Dauer **96**, 15
- erneute Zahlungserleichterung **96**, 11
- gegen juristische Personen und Personenvereinigungen **99**, 3
- immune Abgeordnete **96**, 19
- keine befreiende Wirkung **97**, 13

- objektiver Zahlungsunfähigkeit **96**, 7
- Rechtsnatur **96**, 1
- Vollstreckung **97**
- Voraussetzungen **96**, 2
- Vorführungs- oder Haftbefehl **97**, 8
- Zahlung des Inhaftierten **97**, 11

Eventualvorsatz 10, 6

Faires Verfahren Einl. 39
Fahrlässigkeit 10
- fahrlässiges Handeln **10**, 7

Fahrverbot, Vollstreckung **90**, 21 ff.
Faktisches Vertretungs- oder Auftragsverhältnis 9, 35
Fälligkeit
- der Geldbuße **95**, 3
- der Gebühren und Auslagen **107**, 6

Falsche Namensangabe 111
- bereits bekannte Daten **111**, 17
- Erforderlichkeit der Angaben **111**, 4
- Rechtmäßigkeit der Befragung **111**, 15
- Verweigerung **111**, 32
- Vollendung der Handlung **111**, 34
- Vorschrift als Blankettnorm **111**, 3
- Wohnungsbegriff **111**, 27
- Zweckbindung der Befragung **111**, 2

Feilhalten 127, 3
Feuerbach Einl. 3
Flaggenprinzip 5, 1
Form
- des Bußgeldbescheides **66**
- des Einspruchs gegen den Bußgeldbescheid **67 I**
- der Rechtsbeschwerde **79**, 43 ff.
- des Wiederaufnahmeantrags **85**, 27
- sonstiger Maßnahmen der VB **50 I**

Stichwortverzeichnis

Fortbildung des Rechts, Zulassungsgrund für Rechtsbeschwerde **80 II Nr. 1**
Frauen, körperliche Untersuchung **46**, 41
Freiheitsbeschränkungen, kurzfristige im Bußgeldverfahren **46**, 43 f.
Freispruch
– durch Beschluss **72**, 26
– durch Urteil **71**, 30
– im Wiederaufnahmeverfahren **86**, 12
– Rechtsbeschwerde bei **79**, 19
Führerschein, amtliche Verwahrung, Beschlagnahme **90**, 21 ff.

Garantenstellung 8, 1
– Beschützergarant **8**, 7
– Überwachungsgarant **8**, 7
Gebäude eines Gesetzgebungsorgans 112, 3
Gebühren
– der Zeugen und Sachverständigen **59**
– des Rechtsanwalts als Verteidiger **60**, 47
– im Verfahren der VB **107 I, II**
– im Verwarnungsverfahren keine **56 III 2**
Geburtsort, Geburtstag
– Angabe im Bußgeldbescheid **66 I Nr. 1**
– falsche Angaben über **111**, 23
Gefahr im Verzug 53, 13
Gefährdung der Allgemeinheit **118**, 5
– Einziehung bei **22 II Nr. 2**
Gefährdungsdelikt, abstraktes **115**, 2
Gefährliche Tiere, Halten **121**
– Bösartigkeit **121**, 5
– Einziehung **121**, 11
– Gefährlichkeit **121**, 4
– Kampfhunde **121**, 6 ff.
– Schutzgut **121**, 1
– Übernahme der Beaufsichtigung **121**, 10
– wildlebende **121**, 4
Geld 127, 6
Geldbetrag
– keine Einstellung gegen Zahlung eines **47 III**
– Verfall **29a**
Geldbuße 4, 1; **17**
– Abschöpfungsfunktion **17**, 2
– abweichender Mindestbetrag **17**, 5
– Bedeutung der OWi **17**, 13
– Ersatzansprüche Dritter **17**, 37
– finanzielle Leistungsfähigkeit des Betroffenen **17**, 27
– frühere Ahndung **17**, 22
– Gebrauchsvorteile **17**, 13
– geringfügige OWi **17**, 31
– Grad der Gefährdung durch OWi **17**, 14
– hypothetische Gewinne **17**, 33
– Landes-OWi-Recht **17**, 4
– leichtfertiges Täterverhalten **17**, 9
– maßgeblicher Bewertungszeitpunkt **17**, 40
– Mindestbuße **17**, 16
– Obergrenze **17**, 15
– Überschreitung der Obergrenze **17**, 41
– Rechtsnatur **17**, 2
– Regelrahmen 17, 3
– Regelrahmen bei Fahrlässigkeit **17**, 8
– Saldierung **17**, 34
– Schätzungsmöglichkeit **17**, 29
– sonstiger wirtschaftlicher Vorteil **17**, 38
– Tatvorwurf **17**, 20

Stichwortverzeichnis

– uneinsichtiger Betroffener **17**, 20
– Vorbelastungen **17**, 23
– wertbildende Faktoren **17**, 33
– wirtschaftliche Verhältnisse des Täters **17**, 26
– wirtschaftlicher Vorteil des Täters **17**, 32
– Zumessungskriterien **17**, 12 ff.
Geltungsbereich, sachlicher 2, 1
Gemeinschaftsrecht, europäisches 3, 16
Gerichtliche Zuständigkeit 45
– Regelung nach StPO **45**, 2
– Straftaten Jugendlicher und Heranwachsender **45**, 5
– Trennung von Straf- und Bußgeldsache **45**, 4
Gesetzesänderung 4, 9
Gesetzlicher Vertreter
– bei Zeugenladung **59**, 13
– Einspruchseinlegung des **67**, 9
– Handeln für einen anderen **9**, 11 ff.
– Mitteilung des Bescheides an **51** II
Gesetzlichkeitsprinzip 1, 2
Geständnis als Wiederaufnahmegrund **85**, 21
Gesundheitsschädigung durch Lärm **117**, 14
Gewaltherrschaft, nationalsozialistische Einl. 7
Gewerbezentralregister, Mitteilungen an das **60**, 9; **89**, 1
Gewohnheitsrecht 3, 12
Gleichstellung von Tun und Unterlassen 8, 5, 10
Gleichwertigkeitsklausel 8, 10
Grob anstößige Handlungen 119
– Anbieten **119**, 25
– Ankündigen **119**, 14
– Anpreisen **119**, 13
– Belästigungseignung **119**, 18
– Deliktsnatur **119**, 4

– Erheblichkeitsklausel **119**, 10
– grob anstößige Weise **119**, 22, 28
– Kondome **119**, 26
– Mittel und Gegenstände, die dem sexuellen Gebrauch dienen **119**, 24
– öffentliches Angebot **119**, 17
– sexuelle Handlungen **119**, 7
– Verbreiten **119**, 20
– Zugänglichmachen **119**, 30
Grundrechte, Zitiergebot bei Einschränkungen **132**, 1
Gutachten
– Erstattungspflichten **59**, 29
– Verweigerung **59**, 32

Haft siehe Ersatzordnungshaft, Erzwingungshaft, Ordnungshaft
Haftbefehl zur Vollstreckung der Erzwingungshaft **97**, 8
Haftkosten 107 III Nr. 11
Haftung des Nachlasses für die Kosten **105**, 8
– keine H. für Geldbuße **101**
Halten gefährlicher Tiere 121
– Bösartigkeit **121**, 5
– Gefährlichkeit **121**, 4
– Kampfhunde **121**, 7
– Tathandlung **121**, 3
– Übernahme der Beaufsichtigung **121**, 10
– wildlebende **121**, 4
Halter eines Kfz, Kostentragungspflicht **109a**, 12
Handeln für einen anderen 9
Handeln, normgerechtes 10, 16
Handlungsort 7, 3
– bei Dauer- und Distanzdelikten **7**, 6
– bei mehraktigen Handlungen **7**, 6
– bei Unterlassungsdelikten **7**, 5
Hauptverhandlung 71
– Ablauf **71**, 22

- Absehen von Begründung **71**, 34
- Abwesenheit des Betroffenen **71**
- Abwesenheit eines Nebenbeteiligten **87, 88**
- Anordnung einzelner Beweiserhebungen **71**, 19
- Anwesenheit des Betroffenen **71**, Belehrungspflichten **71**, 14
- Berichtigung des Urteils **71**, 35
- Beweisaufnahme **71**, 27
- Einstellung durch das Gericht **71**, 21
 - Teilnahme der StA **75**
 - Teilnahme der VB **76**
- Verfahrensvereinfachungen **77 ff.**
- Verjährungsunterbrechung durch Anberaumung **33 I Nr. 11**

Hausdurchsuchung *siehe Durchsuchung*

Hausordnung eines Gesetzgebungsorgans
- Verletzung **112**, 2

Heilung von Zustellungsmängeln 51, 67

Hemmung
- der Rechtskraft bei Rechtsbeschwerde **79**, 2
- der Verfolgungsverjährung **32 II**

Heranwachsender
- Begriff **12**, 7
- Entscheidung des Jugendrichters nach Einspruch **68**, 8
- Heranziehung der Jugendhilfe **46**, 45

Herstellen 127, 3
Hilfsbeweisantrag 77, 32
Hinweis
- auf das schriftliche Verfahren und das Widerspruchsrecht **72 I 2**
- auf die Einspruchsmöglichkeiten gegen den Bußgeldbescheid **66 II**
- auf die Veränderung des rechtlichen Gesichtspunkts **81 I 2**
- Verjährungsunterbrechung durch Hinweis **33 I Nr. 12**
- vor der Anhörung des Betroffenen **55, 69 II 3**
- Zustellung des Hinweises auf das schriftliche Verfahren **72**, 17

Hochschullehrer als Verteidiger 60, 22
Höchstmaß der Geldbuße **17 I; 116 II; 130 IV**
- der Geldbuße gegen JP und Personenvereinigungen **30 II**
- der Erzwingungshaft **97 III**

Idealkonkurrenz *siehe Tateinheit*
Identifizierungsmaßnahmen 46 IV
Identitätsfeststellung 46, 37
Immunität von Abgeordneten 96, 19
Informatorische Befragung 55, 17
Integritätsprüfung beim elektronischen Dokument 110d, 3
Interlokales Strafrecht 5, 7
Internet 120 10
Interessenabwägung bei Notstand **16**, 13
Interessenkollision, Gefahr einer **59**, 9; **60**, 33
Irrtum 11
- Auskünfte von Fachverbänden **11**, 23 und von Rechtskundigen **11**, 21
- Irrtum über die Anfechtbarkeit eines Verwaltungsakts **11**, 8
- über Berufspflichten **11**, 20
- Erkundigungsmöglichkeiten **11**, 19
- behördliche Auskünfte **11**, 21
- Erlaubnistatbestandsirrtum **11**, 25
- Fachliteratur **11**, 24

Stichwortverzeichnis

– Fehlen der Vorstellung, Unrechtes zu tun **11**, 17
– Tatbestandsirrtum **11**, 1
– laienhaftes und latentes Wissen vom Rechtsverstoß **11**, 15
– negative Tatbestandsmerkmale **11,** 1
– normative Tatbestandsmerkmale **11**, 9
– Irrtum über Rechtfertigungsgründe **11**, 25
– Unrechtszweifel **11,** 16
– Verbotsirrtum **11**, 13
– Vermeidbarkeit **11**, 18

Jagdausübungsverbot 79, 16
Jagdscheinentziehung 79, 16
Jugendarbeitsschutz 98, 11
Jugendarrest 98
– Ablauf der Schonfrist **98**, 6
– Anfechtung **98**, 25
– Arbeitsauflage **98**, 10
– Auswahlermessen **98**, 18
– Belehrungspflichten **98**, 16
– Einwendungen gegen die Vollstreckung **98**, 26
– Ermessen des Jugendrichters **98**, 9
– Erziehungsgrundsatz **98**, 1
– Gewährung rechtlichen Gehörs **98**, 20
– Heranwachsende **98**, 2
– Leistungserbringung **98**, 17
– Schadensersatzleistungen **98**, 15
– Verbot wiederholter Anordnung **98**, 22
– Verhältnismäßigkeit **98**, 13
– Verkehrsunterrichtteilnahme **98**, 16
– Zumutbarkeit **98**, 13
Jugendgerichtsgesetz 46 I; VI 78 III; 91; 97 I; 98 II 1; 105

Jugendgerichtshilfe 46 IV
Jugendkammer 104, 12
Jugendlicher
– Begriff **12**, 4
– Erzwingungshaft gegen **97 I**
– Kosten im Verfahren gegen **105 I**
– Verantwortlichkeit **12**
– Verfahrensvereinfachung **78**, 10
– Verwarnungsverfahren gegen **56**, 7
– Vollstreckung gegen **98**
– Vollstreckungsanordnung im Erkenntnisverfahren **78 IV**
– Zeugnisfähigkeit **59**, 8
Jugendrichter
– Entscheidung über den Einspruch **68**, 8
– erzieherische Maßnahmen **98**, 1
– Erzwingungshaftanordnung **96**, 19
– Erzwingungshaftvollstreckung **97 I**
– Vollstreckung gerichtlicher Bußgeldentscheidung **91**, 3
– Vollstreckungsentscheidung **104 I 3**
– Zuständigkeit im Strafverfahren **45**, 2
Juristische Person
– als Nebenbeteiligte **87; 88**
– Einziehung gegenüber **87**, 5
– Geldbuße gegenüber **30**
– Verantwortlichkeit der Organe **9 I Nr. 1**
– Verletzung der Aufsichtspflicht durch Organe **130 II Nr. 1**
– Vollstreckung gegen **99 I**

Kammer für Bußgeldsachen 46 VII; 104, 12
Kampfhunde 121, 7
Kartellsenat 68, 7

Stichwortverzeichnis

Kartellordnungswidrigkeiten 47, 19
Kausalverläufe, objektive 10, 12
Kernbereich der Geschäftstätigkeit 9, 8
Kinder, keine bußgeldrechtliche Verantwortlichkeit **12**
Klage
– öffentliche Erstreckung auf die OWi **64**
– nach Rechtskraft des Bußgeldbescheides **102 I**
Klageerhebung, verjährungsunterbrechende Wirkung **33 I Nr. 13**
Klageerzwingungsverfahren, nicht bei OWi **46 III 3**
Klagerücknahme 71, 36; **76 III**
Kognitionspflicht des Gerichts **82 I**
Kommissarische Vernehmung des Betroffenen **73**, 8
Kontinuität gesetzlicher Regelungen 4, 14
körperliche Untersuchung 46 IV; 53 II
– Anordnung durch die Verwaltungsbehörde **63 I**
– des Betroffenen **46 IV**
– durch Polizeibeamte **53 II**
– einer Frau **46**, 41
Kosten 105
– Absehen von Kostenfestsetzung **105**, 11
– Antrag **106**, 3
– Antrag auf gerichtliche Entscheidung **108**, 5
– Aufhebung des Bescheids der Verwaltungsbehörde **109**, 1
– Auslagen, notwendige **105**, 14
– Beschwerde, sofortige **108**, 6
– Beschwerdeberechtigte **108**, 7
– Einstellung durch Verwaltungsbehörde **105**, 6
– gebührenfreies Verfahren **106**, 9
– Jugendliche und Heranwachsende **105**, 13
– Kostenentscheidung **105**, 4
– Mitbetroffener als Gesamtschuldner **105**, 7
– Nichthaftung des Nachlasses **105**, 8
– Verfahren der StA **108a**, 1
– Verzinsung **106**, 5
– Wiedereinsetzung **105**, 12
– Zwangsvollstreckung **106**, 10
Kostenansatz 105; 107; 108
Kostenbescheid, selbstständiger **108 I 1**
Kostenfestsetzungsbescheid 106; 108 I Nr. 2
Kostenfestsetzungsverfahren 106; 108, 108a III
Kostenhaftung
– Mitbetroffener **105**, 7
– des Nachlasses **105**
Kostenniederschlagung 107, 22 ff.
Kosten- und Auslagenentscheidung 105 ff.
– Anfechtung **105; 108; 108a**
– bei Aufhebung eines Bescheides im Zwischenverfahren **109 I**
– bei Einstellung durch StA **108a**
– bei Verwerfung des Einspruchs **109 II**
Krankhafte seelische Störung 12, 10

Ladung
– des Betroffenen zur Hauptverhandlung **71**, 13
– des Verteidigers **71**, 15

Stichwortverzeichnis

– der beteiligten juristischen Person **88**, 11
– von Zeugen **71**, 13
Ladungsfrist 71, 13
Landeskasse
– Vereinnahmung von Geldbußen **90 II**
– als Kosten- und Auslagenträger **105 II**
– Entschädigungspflicht bei Verfolgungsmaßnahmen **110 IV**
Landesrecht, abweichendes **2**, 4
Landesregierung, Übertragung von Zuständigkeiten **36 II; 68 III**
Landeswappen, Missbrauch **124**, 2
Landgericht *siehe Kammer für Bußgeldsachen*
Landtag, Verletzung der Hausordnung **112**, 5
Lärm, unzulässiger 117
– Belästigung der Allgemeinheit **117**, 12
– Garantenstellung **117**, 6
– Gesundheitsschädigung **117**, 14
– Irrtum **117**, 17
– Lärmbegriff **117**, 4
– Lärmerregung **117**, 5
– Nachbarschaft **117**, 13
– Subsidiarität **117**, 1
– unzulässiges Ausmaß **117**, 9
– vermeidbares Ausmaß **117**, 9 f.
Legalitätsprinzip, nicht im Bußgeldverfahren **47**, 1
Leitung der Hauptverhandlung 71, 22
Letztes Wort des Betroffenen **71**, 28
Lichtbildaufnahmen des Betroffenen **77**, 16
Liste der angewendeten Bußgeldvorschriften **71**, 31
Luftfahrzeuge, Ahndung von OWi auf **37**, 12

Mandat des Verteidigers 60, 15
Mängel
– des Bußgeldbescheides **71**, 11
– der Verwarnung **56**, 17
– der Zustellung **51**, 65 ff.
Maßnahmen, erzieherische gegen Jugendliche und Heranwachsende **78 IV; 98**
Maßnahmen der StA, Anfechtung **108a II**
Mehrfache Zuständigkeit von Verwaltungsbehörden **39**
Meineid als Wiederaufnahmegrund **85**, 9
Menschenrechtskonvention Anwendung im Bußgeldverfahren **46**, 8
Merkmale, besondere persönliche 9, 3 ff.
Milderung der Geldbuße 11, 26
Mildestes Gesetz 4, 12
militärische Anlagen, Verstoß gegen das Betretungsverbot **114**
Minderjährige als Zeugen **59**, 8
Mindestbetrag der Geldbuße 17 I
Mischtatbestände 14, 18
Mitteilungen, verfahrensübergreifende *siehe verfahrensübergreifende Mitteilungen*
mittelbarer Täter 14, 2
Mitwirkungspflichten, verfahrensrechtliche 1, 8
Mündliche Verwarnung 56, 11

Nachbarschaft 117, 13
Nachholen des versäumten Rechtsbehelfs 52, 24
Nachlassvollstreckung
– Verbot der **101**
– keine Geltung für Nebenfolgen **101**, 3

Stichwortverzeichnis

- Zahlung durch den Erben **101**, 2
Nachprüfungsumfang bei Rechtsbeschwerde **79 III 1**
Nachträgliche Entscheidung bei der Einziehung **25 IV; 100**
Namensangabe, falsche 111, 20 ff.
natürliche Handlungseinheit *siehe Handlungseinheit*
ne bis in idem Einl. 40
Nebenbeteiligter
- Begriff **87**, 2
- Kostentragungspflicht **105**, 10
- notwendige Auslagen **105**, 10
- Verfahrensbeteiligung **87; 88**
Nebenfolgen der Ordnungswidrigkeit
- Rechtsbeschwerde bei Auferlegung von **79 I Nr. 2**
- Tilgungsreihenfolge **94**
- Verfahren bei Anordnung **87; 88**
- Vollstreckung von **90 III**
Nebenklage
- nach Übergang in das Strafverfahren **81**, 30
- nicht im Bußgeldverfahren **81**, 30
Neue Tatsachen oder Beweismittel als Wiederaufnahmegrund **85**
Nichtigkeit des Bußgeldbescheides **66**, 31
Nichtsesshafte, Zustellung an **51**, 50
Niederlegung, Ersatzzustellung durch **51**, 35
Niederschlagung der Geldbuße **95 II**
- der Kosten des Bußgeldverfahrens **107 IV**
- wegen unrichtiger Sachbehandlung **107 IV**
Normen, außerstrafrechtliche 4, 7
Notstand, rechtfertigender 16
- Angemessenheitsklausel **16**, 14
- Erforderlichkeit der Abwehr **16**, 8

- Gefahr für ein Rechtsgut **16**, 2, 5
- Gegenwärtigkeit der Gefahr **16**, 6
- Grad der drohenden Gefahr **16**, 12
- Handeln zur Gefahrenabwehr **16**, 7
- Notstandslage **16**, 3
- Rettungswille, erforderlicher **16**, 15
- ultima ratio **16**, 9
Notstand, entschuldigender 16, 17
Notwehr 15
- Angriff **15**, 2
- gegenwärtiger Angriff **15**, 3
- rechtswidriger Angriff **15**, 3
- Notwehrexzess **15**, 1, 7
- geeignete und notwendige Verteidigung **15**, 4
Notwendige Auslagen eines Beteiligten **105 II**
- Festsetzung **106, 108 III**
Notwendige Verteidigung 60

Oberste Dienstbehörde, Verwarnungsermächtigung **58 I**
Oberste Landesbehörde, Zuständigkeit **36 I Nr. 2a, II 2**
Offensichtliche Unbegründetheit der Rechtsbeschwerde **79, 85**
Öffentliche Aufforderung zu OWi 116
- Abgrenzung zur Beteiligung **116**, 2
- Auffordern **116**, 4
- bei mehreren Beteiligten **116**, 17
- besonders qualifizierte Aufforderung **116**, 3
- durch Bildträger **116**, 10
- durch Datenspeicher **116**, 11
- durch Schrift **116**, 10
- durch Tonträger **116**, 10
- durch Verbreiten von Abbildungen **116**, 12
- erfolglose Aufforderung **116**, 15

Stichwortverzeichnis

- Konkretisierung der OWi **116**, 6
- Öffentlichkeit der Äußerungen **116**, 8
- Verbreiten **116**, 13
- Wiederholung fremder Äußerungen **116**, 7

Opportunitätsprinzip 47
- Absehen von Verfolgung bei Verkehrsunfällen **47**, 17
- Anfechtungsrecht der StA gegen Einstellung **47**, 33
- Ausscheidung einzelner Tatteile und Gesetzesverletzungen **47**, 30
- Einstellung des Verfahrens **47**, 29
- Einstellung mangels Tatverdachts vorrangig **47**, 20 ff.
- Geldzahlung als Auflage **47**, 40
- Geltung für alle Verfahrensarten **47**, 3
- gerichtlicher Einstellungsbeschluss **47**, 33
- Kartell-OWi **47**, 19
- Kosten- und Auslagenentscheidung **47**, 36
- Kosten bei geringfügiger Zuwiderhandlung **47**, 37
- pflichtgemäßes Ermessen **47**, 8
- Steuer-OWi **47**, 18
- unklare Sach- oder Rechtslage **47**, 6, 7
- Verfahrensbegrenzung aus Opportunitätsgründen **47**, 26 ff.
- Verfolgungspraxis bei Verkehrs-OWi **47**, 25 ff.
- Willkürverbote **47**, 9 ff.

Ordnungsgeld
- gegen Zeugen **59**, 23
- Vollstreckung **90 IV**

Ordnungsstrafe Einl. 6
Organe der JP 9, 7
Ort der Handlung 7, 1 ff.

OWi-Tatbestand, konstruktive Elemente Einl. 22
- Bestimmungsfunktion Einl. 27
- Einordnungsfunktion Einl. 27
- Garantiefunktion Einl. 27

Papier, Herstellen von besonders gegen Nachahmung gesichertem **127 I Nr. 3, 129**
Papiergeldähnliche Drucksachen oder Abbildungen **128**, 4
Personalienangaben, Verweigern der **111**
Personengesellschaft, rechtsfähige 9, 9
Persönliches Erscheinen des Betroffenen in der Hauptverhandlung **73**, 1; **74**, 2
Pfändung von Gegenständen 90, 9
Pflichtwidrigkeit 10, 8
Private Person, Akteneinsicht **49 I**
Prostitution, Ausübung und Werbung **120**
Protokollführer, Zuziehung in der Hauptverhandlung **78**, 17
Protokollverlesung in der Hauptverhandlung **77a**, 7 ff.
Prozessfähigkeit 67, 8
Prozesshindernis *siehe Verfolgungshindernis*
Prozessverschleppung 77, 21 ff.
Psychose 12, 10
Putativnotwehr 15, 7

Radbruch Einl., 3
Räumliche Geltung 5, 1 ff.
Ratenzahlung als Zahlungserleichterung **18; 25 V; 29a III; 30 III**

Stichwortverzeichnis

Rechtfertigungsgründe, Irrtum über *siehe Irrtum*
Rechtliches Gehör Einl. 38
Rechtsbehelf gegen Maßnahme der Verwaltungsbehörde 62
– Abhilfeverfahren **62**, 24
– Antragsbegründung 62, **22**
– Antragsberechtigung **62**, 14 ff.
– Antragsschrift in fremder Sprache **62**, 21
– Begriff der Maßnahme **62**, 5 ff.
– berechtigtes Rechtsschutzinteresse **62**, 10
– Entscheidung des AG **62**, 18
– Feststellungsinteresse des Betroffenen **62**, 9
– Gegenvorstellung und Aufsichtsbeschwerde **62**, 37 ff.
– keine Geltung der §§ 23 ff. EGGVG **62**, 3
– Kosten und Auslagen **62**, 34
– Maßnahmen der Beamten des Polizeidienstes **62**, 12
– Maßnahmen ohne selbständige Bedeutung **62**, 7
– Unanfechtbarkeit der gerichtlichen Entscheidung **62**, 33
– Verfahrensablauf **62**, 17 ff.
– Zulässigkeitsvoraussetzungen **62**, 8

Rechtsbeschwerde 79
– Absehen vom Fahrverbot **79**, 19
– Anwendung des Revisionsrechts **79**, 38
– Devolutiv- und Suspensiveffekt **79**, 2
– erforderliche Beschwer **79**, 42
– Erstreckung auf Mitbetroffene **79**, 66
– Form- und Friststrenge **79**, 43
– Freispruch oder Einstellung **79**, 19
– mehrere Betroffene **79**, 35
– mehrere Taten **79**, 34
– Nebenfolge **79**, 15
– Verfahrenshindernis **79**, 67
– Verschlechterungsverbot **79**, 65
– Verwerfung des Einspruchs als unzulässig **79**, 22
– Verweisung auf den Gnadenweg **79**, 31
– Vorlage zum BGH **79**, 68
– Zulässigkeitsvoraussetzungen **79**, 10

Rechtshistorischer Überblick Einl. 4
Rechtskraft 84
– Anrechnung ausländischer Sanktionen **84**, 16
– Entscheidung ausländischer Stellen **84**, 14
– Entscheidung nach EU-Recht **84**, 15
– fehlende Sachentscheidung **84**, 11
– ne bis in idem **84**, 15
– rechtskräftige Bußgeldbescheide **84**, 2
– relative Sperrwirkung **84**, 10
– Strafklageverbrauch **84**, 8
– weitere Verfolgung als Straftat **84**, 6

Rechtssetzungsbefugnis der Länder 2, 2, 5
Rechtsweggarantie Einl. 41
Roter Halbmond 125, 4
Rotes Kreuz 125
– Verwechslungsgefahr **125**, 3
– Verwendungsschutz **125**, 2

Roter Löwe mit roter Sonne 125, 4
Roter Davidstern 125, 4
Rückwirkungsverbot 3, 9, 13
Ruhen der Verfolgungsverjährung 32
– Aussetzung nach Art. 100 GG **32**, 9

945

Stichwortverzeichnis

- Befangenheit **32**, 12
- Berechnung der Ruhenszeit **32**, 2
- Immunität von Parlamentsabgeordneten **32**, 8
- Verbot doppelter Verfolgung **32**, 11
- Verfassungsbeschwerde **32**, 10
- Wirkung des Ruhens **32**, 2

Sachaufklärung, ergänzende **71**, 18 ff.
Sachen, Einziehung von 22
Sachkunde, besondere der Verwaltungsbehörde **63 III 2; 76 II**
Sachrüge 79, 56 ff.
Sachverständiger 59, 27 ff.
Schriften sexuellen Inhalts 119 I Nr. 2
- Einziehung **123**, 12

Schriftform
- bei Antrag auf gerichtliche Entscheidung **62**, 20
- bei Einspruch **67**, 24

Schriftliches Verfahren nach Einspruch **72**, 3 ff.
Schriftliche Verwarnung 56
Schriftstück als Beweismittel
- Bekanntgabe statt Verlesung **78**, 2 ff.
- Verlesung in der Hauptverhandlung **77a**, 1 ff.

Schutzbereich der Sorgfaltsnorm **10**, 14
Schweizer Wappen 125
- Verwechslungsgefahr **125**, 3
- Verwendungsschutz **125**, 2

Schwierigkeit der Sach- oder Rechtslage 109a
Seelische Abartigkeit, schwere **12**, 9
Seelische Störungen, krankhafte **12**, 10

Selbstständige Kostenentscheidung 105, 4; **108**, 2
Selbstständiger Bußgeldbescheid 88 II Satz 1
Selbstständiger Einziehungsbescheid 87 III
Selbstständiger Entschädigungsbescheid 110 I
Selbstständiger Verfallbescheid 87 III
Selbstständiges Verfahren bei Einziehung 27; 87 III
Senat für Bußgeldsachen 46 VII
Sexuelle Handlungen 119, 7
Signatur, elektronische *siehe elektronische Signatur*
Siegnaturerstellungseinheiten, sichere **110a**, 5
Signaturschlüssel-Inhaber 110a, 5
Sonstige Beauftragte 9, 25
Sorgfaltsregeln, allgemeine 10, 11
Sozialadäquanz Einl. 35
Sozialadäquates Verhalten 10, 17
Sperrwirkung der Bundesgesetzgebung 2, 7
Strafverfügung, polizeiliche Einl. 5

Tat im Sinne des OWi **40**, 2
Tatbestandsirrtum 11, 8 ff.
Tateinheit 19
- Absorptionsprinzip **19**, 6
- gleichartige Ahndungsrahmen **19**, 7
- Nebenfolgen **19**, 10
- Regelsätze für Geldbußen **19**, 8
- Verletzung mehrerer Gesetze **19**, 3

Tatentschluss 13, 3
Tatmehrheit 20
- Gnadenentscheidung **20**, 6
- Jugendliche **20**, 5
- Kumulationsprinzip **20**, 1

Stichwortverzeichnis

Täterschaft *siehe Beteiligung*
Tätigkeitsort 7, 4
Tätigkeitstheorie 6, 2
Teilnahme an der Hauptverhandlung 75
– keine T. der StA 75, 1
– Mitwirkung der Verwaltungsbehörde 75, 6, **76**
– Nichtteilnahme kein Rechtsmittelverzicht 75, 12
– Teilnahmerecht der StA 75, 3
Terminsnachricht 75, 8
Territorialitätsprinzip 5, 1
Tiere, Halten gefährlicher **121**
Tilgung von Eintragungen 17, 22
Tonträger 116, 10
Träger von Hoheitsbefugnissen 113, 9
Trunkenheit 12, 12
siehe auch Vollrausch
Tun und Unterlassen 8

Ubiquitätsprinzip 7, 2
Übergang zum Strafverfahren 81
– Entscheidung von Amts wegen 81, 4
– Einstellung nach § 153 StPO 81, 6
– rechtliche Hinweise 81, 8
Übernahme durch die StA 42
– aktenmäßige Behandlung 42, 12
– laufende Strafverfahren 42, 9
– sekundäre Zuständigkeit der StA 42, 1
– unzulässige Übernahme 42, 14
– Zusammenhang von Straftat und OWi 42, 2 ff.
Übertretungen Einl. 3
Umfang der Beweisaufnahme 77
– Ablehnung von Beweisanträgen 77, 12
– Bedeutung der Sache 77, 8

– Dispositionsbefugnis des Richters 77, 4
– im gerichtlichen Verfahren 77, 1
– keine Darlegungs- und Beweislast 77, 3
– Kurzbegründung der Ablehnung 77, 26
– Strengbeweisverfahren 77, 14
– Verletzung der Aufklärungspflicht 77, 11
– Verspätung 77, 21
– Wahrheitserforschungspflicht 77, 3
Unerlaubte Ansammlung 113
– Ansammlungsbegriff 113, 3
– Aufforderung zum Auseinandergehen 113, 14
– keine Auflösungsbefugnis 113, 2
– Irrtum 113, 19
– Öffentlichkeit der Ansammlung 113, 6
– Rechtmäßigkeit der Aufforderung 113, 15
– Schutzgut 113, 1
– Sich-Anschließen 113, 10
– Sich-Entfernen 113, 11
Unterbrechung der Verfolgungsverjährung 33
– Abgabe von der StA an die Verwaltungsbehörde 33, 47
– Akteneingang bei AG 33, 55
– Amtshilfeersuchen an deutsche Konsulate 33, 44
– Anberaumung der Hauptverhandlung 33, 59
– Anhörung einer anderen Behörde 33, 45
– Aufforderung zur Gutachtenergänzung 33, 28
– Beauftragung eines Sachverständigen 33, 25
– Beschlagnahme- oder Durchsuchungsanordnung 33, 30

Stichwortverzeichnis

- Einstellung des Verfahrens **33**, 45
- Erhebung der öffentlichen Klage **33**, 68
- Erlass eines wirksamen Bußgeldbescheids **33**, 49
- Eröffnung des Hauptverfahrens **33**, 69
- erste Vernehmung des Betroffenen **33**, 12
- fehlender Einspruch des Betroffenen **33**, 56
- formfreie Beauftragung **33**, 27
- Hinweis auf Entscheidung ohne Hauptverhandlung **33**, 64
- informatorische Befragung **33**, 13
- Kennzeichenanzeige **33**, 20
- Ladung zur Vernehmung **33**, 14
- Polizeibeamter als Ermittlungsperson der StA **33**, 33
- Referendar als Vernehmungsperson **33**, 24
- richterliche Vernehmung **33**, 21
- Schengener Durchführungsübereinkommen **33**, 42
- schriftliche Anhörung **33**, 15
- selbständiges Verfahren **33**, 74
- Strafbefehl **33**, 72
- Terminsanberaumung mit Ladungsverfügung **33**, 23
- Übernahmeersuchen im Ausland **33**, 44
- Untersuchungshandlungen im Ausland **33**, 27
- Unterzeichnung des Eröffnungsbeschlusses **33**, 71
- Verfügung eines Amtshilfeersuchens **33**, 18
- Verlegung der Hauptverhandlung **33**, 63
- Versendung des Anhörungsbogens **33**, 15
- Vertagung auf unbestimmte Zeit **33**, 36
- vertragsloser Zustand **33**, 43
- Verwarnung nach § 56 **33**, 19
- Wirtschaftsreferent der StA als Gutachter **33**, 28
- Zurücknahme des Gutachtenauftrags **33**, 29
- Zurücknahme des Bußgeldbescheids **33**, 53
- Zurückverweisung an die Verwaltungsbehörde **33**, 58

Unterlassen 8,1
Unterlassungsdelikte 8
- echte **8**,4
- unechte **8**, 1
- Garantenstellung **8**, 1
- Gleichstellung von Tun und Unterlassen **8**, 5, 10
- Gleichwertigkeitsklausel **8**, 10

Unverzüglich 110a, 9
Unzulässiger Lärm 117
- Belästigung der Allgemeinheit **117**, 12
- Garantenstellung **117**, 6
- Gesundheitsschädigung **117**, 14
- Irrtum **117**, 17
- Lärmbegriff **117**, 4
- Lärmerregung **117**, 5
- Nachbarschaft **117**, 13
- Subsidiarität **117**, 1
- unzulässiges Ausmaß **117**, 9
- vermeidbares Ausmaß **117**, 9 f.

Verantwortlichkeit 12
- Bewusstseinsstörung, tiefgreifende **12**, 11
- Einsichtsfähigkeit **12**, 5
- Heranwachsende **12**, 7
- Intelligenzschwäche **12**, 13
- Intoxikationspsychose **12**, 12

- konkretes Lebensalter **12**, 6
- krankhafte seelische Störung **12**, 9
- Krankheitsbegriff psychiatrischer **12**, 10
- Mittellosigkeit des Jugendlichen **12**, 8
- unwiderlegliche Vermutung der Verantwortlichkeit **12**, 2

Verbandsgeldbuße 30
- andere Rechtssysteme **30**, 3
- Anknüpfungstaten **30**, 43
- Bereicherung **30**, 52
- Betriebsbezogenheit der Pflichtverletzung **30**, 50
- betroffener Personenkreis **30**, 25 ff.
- europäische Rechtsentwicklung **30**, 5
- faktische Gesellschaft **30**, 19
- fehlerhafte Gesellschaft **30**, 21
- Gesellschaft des bürgerlichen Rechts **30**, 11
- Handeln auch im eigenen Interesse **30**, 56
- Handeln gegen den Verband **30**, 58
- Kosten des Verfahrens **30**, 82
- mehrköpfige Vertretungsorgane **30**, 59
- nicht rechtsfähige Vereine **30**, 15
- Normadressaten **30**, 12 ff.
- Partnerschaftsgesellschaft **30**, 18
- Personengruppen **30**, 40
- Personenhandelsgesellschaften **30**, 16
- rechtliche Verfolgungshindernisse **30**, 71
- rechtswidriger Vermögensvorteil **30**, 53
- selbstständiges Verfahren **30**, 68
- Verjährung, akzessorische **30**, 79
- Vertretungsberechtigung **30**, 39
- Vollstreckung **30**, 83; **89 ff.**
- Vorgesellschaften allgemein **30**, 19
- Vorgesellschaften von oHG und KG **30**, 20
- Wechsel der Gesellschaftsform **30**, 22
- wirtschaftliche Verhältnisse des Verbandes **30**, 63
- Zahlungserleichterungen **30**, 66

Verfahren bei Zustellungen 51
- an Binnenschiffer und Seeleute **51**, 48
- an Jugendliche **51**, 52
- an Nichtsesshafte **51**, 50; **51**, 56
- an Soldaten **51**, 49
- an sonstige Vertreter des Betroffenen **51**, 53
- an Verteidiger **50**, 17
- Annahmeverweigerung ohne Grund **51**, 36
- Begriff der Zustellung **51**, 2
- beschäftigte Personen **51**, 27
- Bewohner einer Gemeinschaftseinrichtung **51**, 32
- eingeschriebener Brief **51**, 15
- Empfangsbekenntnis **51**, 21
- Ersatzempfänger **51**, 17
- Ersatzzustellung **51**, 24 ff.
- erwachsene Familienangehörige **51**, 24
- Form der Z. **51**, 4 ff.
- Geschäftsräume **51**, 29
- Gemeinschaftsbriefkasten **51**, 33
- Heilung von Zustellungsmängeln **51**, 67
- Hindurchschieben unter der Tür **51**, 33
- mangelhafte Z. **51**, 65 ff.
- Mitbewohner **51**, 24
- Niederlegung **51**, 35
- öffentliche Z. **51**, 42 ff.
- Postzustellung **51**, 4
- Z. durch private Lizenznehmer **51**, 12

Stichwortverzeichnis

- Z. im Ausland **51**, 37
- Z. mithilfe der Konsulate **51**, 40
- Zugang der Sendung **51**, 18
- Zustellungsarten **51**, 7 ff.
- Zustellungsnachweis **51**, 19
- Zustellungsvollmacht **51**, 58

Verfahrensgrundrechte Einl. 37
Verfahrensübergreifende Mitteilungen 49a
- Adressaten **49a**, 19
- Anwendbarkeit des EGGVG **49a**, 25 ff.
- Erforderlichkeit der Übermittlungen **49a**, 18
- dienstrechtliche Maßnahmen **49a**, 22
- Geltungsbereich der Vorschrift **49a**, 3
- personenbezogene Daten **49a**, 4, 8 ff.
- Sondervorschriften Bundes- oder Landesrecht **49a**, 5
- Überlassung von Abschriften **49a**, 15
- Übermittlungsformen **49a**, 7
- Übermittlungsgründe Zuverlässigkeit oder Eignung des Betroffenen **49a**, 23
- Verletzung schutzwürdiger Belange **49a**, 24
- verfahrensübergreifende Zwecke **49b**

Verfahrensvereinfachungen 78
- Einführung von Schriftstücken **78**, 2
- fremdsprachige Schriftstücke **78**, 8
- Vollstreckungsanordnung gegen Jugendliche und Heranwachsende **78**, 13

Verfall 29a
- Abschöpfung als Zweck **29a**, 2
- Erfüllungsfälle **29a**, 19
- Erlangtes **29a**, 12
- Höhe des Verfalls **29 a**, 21
- selbstständiges Verfahren **29a**, 23
- Verfall als Nebenfolge **29a**, 4
- Vermögensvorteil **29a**, 16
- Verschiebungsfälle **29a**, 18
- Voraussetzungen **29a**, 9 ff.

Verfolgungsverjährung 31
- Absolute V. **33**, 85
- Beweismittelverlust **31**, 4
- Dauer-OWi **31**, 25
- Einstellungsentscheidung **31**, 14
- Eintritt und Wirkung **31**, 9 ff.
- fahrlässige Unterlassungs-Dauer-OWi **31**, 29
- Fristablauf **31**, 31 ff.
- mehrere Verstöße **31**, 21
- presserechtliche Verjährung **31**, 18
- Rechtsnatur **31**, 2
- schwindendes Verfolgungsbedürfnis **31**, 4
- tateinheitliche OWi **31**, 12
- Unterlassungs-OWi **31**, 27
- unzulässige Preisabsprache **31**, 22
- Verfahrenshindernis **31**, 3
- Verjährungsfristen **31**, 17 ff.
- Versuch **31**, 23
- vollendete OWi **31**, 20
- von Amts wegen **31**, 13
- Wiederanlaufen der V. nach Wiederaufnahme und Wiedereinsetzung **31**, 33 ff.
- bei Zustands-OWi **31**, 26

Verfolgung durch die StA 40
- Einstellung des OWi-Verfahrens **40**, 4
- primäre Zuständigkeit der StA **40**, 1

Vergütung von Sachverständigen, Zeugen usw. 59
- Ablauf der Zeugenvernehmung **59**, 10 ff.

Stichwortverzeichnis

- Befugnis zur Aussageverweigerung **59**, 6
- Bestellung des Sachverständigen **59**, 30
- Entschädigung **59**, 35 ff.
- grundlose Aussageverweigerung **59**, 23
- Gutachterpflicht des Sachverständigen **59**, 29 ff.
- Leitungsbefugnis und -pflicht der Verwaltungsbehörde **59**, 30
- Rechtsmittel gegen Ordnungsgeldverhängung **59**, 25 ff.
- Sachverständige **59**, 27 ff.
- schriftliche Vernehmung von Zeugen **59**, 22
- Verhängung eines Ordnungsgeldes **59**, 24
- Zeugen **59**, 4
- Zeugnisfähigkeit **59**, 8

Verhalten, leichtfertiges 10, 18

Verjährung, *siehe Verfolgungsv.* und *Vollstreckungsv.*

Verjährungsunterbrechung, Zeitpunkt 33, 77 ff.
- Abgabe in den Geschäftsgang **33**, 81
- Begriff des „alsbald" **33**, 82
- bei EDV-Verwendung **33**, 80
- mündliche oder schlüssige Unterbrechungshandlung **33**, 83
- Tag der Anordnungsunterzeichnung **33**, 79

Verkehr mit Gefangenen 115
- behördliche Erlaubnis **115**, 15
- behördlicher Gewahrsam **115**, 19
- Irrtum über die Befugnis **115**, 14
- Gefangenenbegriff **115**, 16
- Nachricht **115**, 6
- Schutzzweck **115**, 1
- Übermitteln **115**, 7
- Übermittelnlassen **115**, 9
- unbefugtes Handeln **115**, 13
- Verständigung durch Worte oder Zeichen **115**, 12
- Versuch **115**, 23

Verletzung der Aufsichtspflicht in Betrieben und Unternehmen 130
- Antragserfordernis **130**, 20
- Aufsichtspflichtverletzung **130**, 10
- Auswahl von Aufsichtspersonen **130**, 11
- Begehungsort **130**, 3
- Betriebs- oder Unternehmensinhaber **130**, 5
- Bezugstat der Aufsichtspflichtverletzung **130**, 10
- Geldbußenbemessung **130**, 18 f.
- Haftungsdurchgriff **130**, 1
- Inhaberbegriff **130**, 5
- Kausalzusammenhang **130**, 16
- kein Verzicht auf das Direktionsrecht **130**, 15
- laufende Kontrolle **130**, 12
- mehrere Aufsichtspflichtige **130**, 9
- Rechtsgut **130**, 3
- öffentliche Unternehmen **130**, 8
- Unkenntnis von Überwachungspflichten **130**, 12
- Zustand der sachlichen Betriebsmittel **130**, 13

Verletzung der Hausordnung 112
- Anordnungen **112**, 5
- Bundestagsabgeordnete **112**, 8
- Gebäude des Gesetzgebungsorgans **112**, 3
- Präsident **112**, 6
- Rechtsgut **112**, 2
- Täterkreis **112**, 8
- Übertreten der Anordnungen **112**, 7

Verrechnung von Teilbeträgen 94
- Bestimmung durch Betroffenen **94**, 2

Stichwortverzeichnis

- Geldbuße neben Geldstrafe **94**, 5
- mehrere Geldbußen **94**, 3
- mehrere Nebenfolgen **94**, 4;

Versuch 13
- Gesamtplan des Täters **13**, 4
- Tatentschluss **13**, 3
- unmittelbares Ansetzen **13**, 2
- Rücktritt vom Versuch **13**, 5
- freiwillige Aufgabe des Tatentschlusses **13**, 6
- autonome und heteronome Motive **13**, 6
- Rechtsfolge **13**, 10

Vertreter, gesetzlicher 9, 11
Vertretung, gewillkürte 9, 17
Vertretungsorgan, mehrköpfiges 9, 16

Verteidigung 60
- Angehörige steuerberatender Berufe **60**, 22
- Akteneinsichtsrecht des Betroffenen und des Verteidigers **60**, 40 ff., 45
- Ausschließung eines Verteidigers **60**, 35
- Auswahlermessen der Verwaltungsbehörde **60**, 19
- Bestellung des Verteidigers **60**, 1
- Gebotensein der Verteidigung **60**, 17
- Gewicht des OWi-Vorwurfs **60**, 13
- Konkretisierung des Rechtsstaatsprinzips **60**, 5
- Maßstäbe für Verteidigerbestellung **60**, 8
- ortsfremder Verteidiger **60**, 20
- Rechtslehrer einer deutschen Hochschule **60**, 22
- Schwierigkeit der Sach- und Rechtslage **60**, 11
- Übernahmepflicht des Verteidigers **60**, 21

- Verfahren der Verwaltungsbehörde **60**, 5
- Wahlverteidiger **60**, 15
- Zulassung anderer Personen als Verteidiger **60**, 27
- Zurücknahme der Bestellung **60**, 26
- Zuständigkeit des OLG **60**, 29

Verwaltungsbehörde, örtliche Zuständigkeit 37
- Entdeckungsort **37**, 3
- fehlende örtliche Zuständigkeit **37**, 17
- gleicher Rang mehrerer Zuständigkeiten **37**, 2
- gewöhnlicher Aufenthalt **37**, 10
- Heimathafen **37**, 14
- Luftfahrzeug **37**, 12
- Schiff **37**, 13
- Sitz juristischer Personen **37**, 6
- Standort des Soldaten **37**, 6
- Vollzugsanstalt, Krankenhaus **37**, 11
- Wohnsitzzuständigkeit **37**, 5, 7 ff.

Verwaltungsbehörde, sachliche Zuständigkeit 36
- Bundesministerium **36**, 7
- Delegationsbefugnisse **36**, 14
- ehem. DDR-Recht **36**, 2
- gesetzliche Regelung **36**, 3, 8 ff.
- fehlende Zuständigkeit **36**, 17
- Landesministerien **36**, 5
- mehrfache Zuständigkeit **36**, 15; **39**

Verwarnungsverfahren 56
- Anfechtung und Rücknahme der Verwarnung **56**, 29 ff.
- Einverständnis des Betroffenen **56**, 16
- Ermächtigung zur Erteilung der Verwarnung **58**
- Form der Verwarnung **56**, 11

Stichwortverzeichnis

- Gebühren und Auslagen **56**, 24
- kein Anspruch des Betroffenen auf V. **56**, 10
- Nebenfolgen und Verwarnung **56**, 14
- Rechtsnatur **56**, 3
- tatsächliche Zahlung des Verwarnungsgeldes **56**, 18
- Verfahren **56**, 15 ff.
- Verlängerung der Zahlungsfrist **56**, 22
- verspätete Zahlung **56**, 21
- Verwarnungsgeld **56**, 5
- Verwarnungsgeldkatalog **56**, 6
- Voraussetzungen **56**, 9
- unzulässige Verwarnung **56**, 7

Vollrausch 122
- Auffangtatbestand **122**, 2
- Bemessung der Geldbuße **122**, 18
- berauschende Mittel **122**, 9
- Beteiligung **122**, 14
- Sachverständiger **122**, 8
- Tatbegriff **122**, 20
- Unterlassen **122**, 12
- Verkehrs-OWi **122**, 4
- Zurechnungsunfähigkeit **122**, 7

Vollstreckbarkeit der Bußgeldentscheidung 89
- formelle Rechtskraft als Voraussetzung **89**, 5
- Nebenfolgen **89**, 7
- nichtiger Bußgeldbescheid **89**, 10
- Nichtvollstreckbarkeit im Ausland **89**, 4
- pflichtwidriges Unterlassen **89**, 3
- Teilrechtskraft **89**, 11
- Vollstreckungshindernisse **89**, 6

Vollstreckung 90
- Anwendbarkeit des Verwaltungsvollstreckungsgesetzes **90**, 3
- eidesstattliche Versicherung **90**, 12
- Fahrverbot **90**, 25
- Forderungspfändung **90**, 10
- Geltung für Jugendliche und Heranwachsende **90**, 2; **98**
- Immobiliarvollstreckung **90**, 13
- Nebenfolgen **90**, 15
- Ordnungsmittel **90**, 25
- Pfändung in bewegliches Vermögen **90**, 9
- Unbrauchbarmachung **90**, 20
- Vollstreckungsbehörde **90**, 5; **92**

Vollstreckung gegen Jugendliche und Heranwachsende 98
- Anordnung im Erkenntnisverfahren **98**, 5
- arbeitslose Jugendliche **98**, 11
- ersatzweise Arbeitsleistungen **98**, 3
- Erziehungsgrundsatz **98**, 1
- Schadenswiedergutmachung **98**, 12
- Verkehrsunterricht **98**, 3, 16
- wirtschaftliche Zumutbarkeit **98**, 13

Vollstreckung von gerichtlichen Entscheidungen 103
- Amtsanwälte **91**, 2
- Berechtigung zu Einwendungen **103**, 9
- Beschwerdegericht **104**, 12
- Einwendungen gegen den Bußgeldbescheid **103**, 4
- Einwendungen gegen Vollstreckungsmaßnahmen **103**, 5
- Jugendrichter als Vollstreckungsleiter **91**, 2
- keine Hemmung der Vollstreckung **103**, 10
- Rechtsnatur **103**, 1
- sofortige Beschwerde **104**, 10
- Staatsanwaltschaft als Vollstreckungsbehörde **91**, 2
- Verfahren **104**
- Zuständigkeit **104**, 2

Stichwortverzeichnis

Vollstreckung von Nebenfolgen 99
- Einwendungen **99**, 8
- Erzwingungshaft **99**, 3
- Prozessvergleich **99**, 7
- Vermeidung doppelter Gewinnabschöpfung **99**, 4
- Verbot der Doppelbelastung **99**, 5

Vollstreckungsverjährung 34
- andere Nebenfolgen **34**, 9
- bei mehreren Geldbußen **34**, 3
- bewilligte Zahlungserleichterung **34**, 6
- geldwerte Nebenfolgen **34**, 7
- Ruhen **34**, 4

Voraussehbarkeit, allgemeine 10, 12

Vorbehaltsklauseln 2, 4

Vorsatz 10
- bedingter **10**, 6
- unterschiedliche Vorsatzformen **10**, 3

Wahlfeststellung 10, 9

Wappen und Dienstflaggen 124
- Anschein amtlicher Benutzung **124**, 6
- Bundesadler **124**, 2
- Bundesflagge **124**, 2
- Bundeswappen **124**, 2
- Landeswappen **124**, 2
- Dienstflaggen **124**, 2
- Sozialadäquanz **124**, 6
- Standarte des Bundespräsidenten **124**, 2
- Tatbestandsirrtum **124**, 7
- unbefugte Nutzung **124**, 6
- Verbotsirrtum **124**, 7

Wiederaufnahme des Verfahrens 83
- Anrechnung gezahlter Beträge **86**, 15
- Anregungsrecht der Verwaltungsbehörde **83**, 4
- Antragsberechtigte **83**, 27
- ausschließliche gerichtliche Zuständigkeit **83**, 2
- Dreijahres-Grenze **83**, 19
- Geringfügigkeitsgrenze **83**, 17
- neue Tatsachen oder Beweismittel **83**, 12
- vereinfachtes Verfahren **86**, 1
- vollstreckte Bußgeldentscheidung **83**, 28
- zu Ungunsten des Betroffenen **83**, 21

Wiedereinsetzung in den vorigen Stand 52
- Adressat **52**, 28
- Antrag **52**, 24 ff.
- Antragsberechtigung **52**, 26
- Antragsfrist **52**, 28
- ausländischer Betroffener **52**, 17
- Begründung **52**, 31 ff.
- behördliche Verantwortung **52**, 18
- durch Rechtsunkenntnis bewirkter Irrtum **52**, 14
- eidesstattliche Versicherung **52**, 39
- eigenes Verschulden des Betroffenen **52**, 10
- Entscheidung der Verwaltungsbehörde **52**, 41 ff.
- fehlende Postleitzahl **52**, 16
- Formfreiheit **52**, 25
- gewöhnliche Postlaufzeiten **52**, 15
- Glaubhaftmachung **52**, 35
- „höhere Gewalt" **52**, 11
- Kosten der Wiedereinsetzung **52**, 50
- Mittel zur Glaubhaftmachung **52**, 37
- Rechtsnatur **52**, 1
- Säumnis **52**, 5
- schlichte eigene Erklärung **52**, 40

Stichwortverzeichnis

- sofortige Beschwerde **52**, 51
- Unkenntnis von einer Zustellung **52**, 12
- unterbliebene Rechtsbehelfsbelehrung **52**, 23
- Verantwortung des Prozessbevollmächtigten **52**, 20
- Voraussetzungen der W. **52**, 5
- Zeugenbenennung **52**, 38

Wissentliches Handeln 10, 5
Wohnsitzrecht des Täters 5, 7

Zahlungserleichterungen 18, 93
- Aktenvermerk **93**, 9
- Bewilligung **18**, 4; **93**, 2
- Einwendungen gegen Ablehnung **93**, 11
- Fristablauf **93**, 9
- Ratenzahlung **18**, 1
- Ruhen der Vollstreckung **93**, 12
- sachliche Voraussetzungen **93**, 3
- Widerruf **18**, 6
- Zahlungsfrist **18**, 1

Zeit der Handlung 6, 1
Zeitgesetz 4, 23
Zeitliche Geltung 4, 2
Zertifikate 110a, 5
Zertifikat, qualifiziertes 110a, 5
Zertifizierungsdiensteanbieter 110a, 1
Zulässigkeit des Einspruchs 70
- Entscheidung des Gerichts **70**, 1
- sofortige Beschwerde **70**, 7
- Verwerfung durch Urteil **70**, 4
- Wiedereinsetzung in den vorigen Stand **70**, 5

Zulassung der Rechtsbeschwerde 80
- Antrag auf Zulassung **80**, 4
- Antragsberechtigung **80**, 45

- Einschränkung der Zulassung **80**, 37
- Entscheidung des OLG **80**, 54
- Ersetzung durch Annahmerechtsmittel **80**, 3
- Fortbildung des Rechts **80**, 8
- Geringfügigkeitsgrenze **80**, 40
- Hauptverhandlung **80**, 60
- uneinheitliche Rechtsprechung **80**, 11
- ungeklärte Rechtsfragen **80**, 28
- Verfahrensfragen **80**, 44
- Verfahrenshindernis **80**, 66
- Versagung rechtlichen Gehörs **80**, 29
- Wiederholungsgefahr **80**, 22

Zumutbarkeit der Handlung 8, 12
Zusammenhang, innerer 9, 2
Zusammenhängende OWi 38
Zusammentreffen mehrerer Gesetzesverletzungen vor §§ 19 ff.
- Auffangtatbestand **vor 19**, 32
- Bewertungseinheit **vor 19**, 13
- Dauer-OWi **vor 19**, 16
- fortgesetzte Handlung **vor 19**, 15
- Gesetzeskonkurrenz **vor 19**, 30
- Gewerbsmäßigkeit **vor 19**, 22
- Gewohnheitsmäßigkeit **vor 19**, 24
- Handlungsbegriff **vor 19**, 3 ff.
- Handlungseinheit **vor 19**, 4 ff.
- natürliche H. **vor 19**, 6 ff
- rechtliche H. **vor 19**, 12 ff.
- Konkurrenzen **vor 19**, 26 ff
- Konsumtion **vor 19**, 32
- mehrfache Gesetzesverletzungen **vor 19**, 18
- mitgeahndete Nachtaten **vor 19**, 32
- Spezialität **vor 19**, 32
- Subsidiarität **vor 19**, 32
- Tatmehrheit **vor 19**, 29
- typische Begleittaten **vor 19**, 32
- Verklammerung **vor 19**, 28

Stichwortverzeichnis

– Zustands-OWi **vor 19**, 21
Zusammentreffen von Straftat und OWi 21
– fortgesetzte Handlung **21**, 3
– Mischtatbestände **21**, 8
– Nebenfolgen **21**, 9
– Nichtverhängung der Strafe **21**, 15
– Schadenswiedergutmachung, Täter-Opfer-Ausgleich **21**, 17
– Schuldausschließungsgründe **21**, 16
– Spezialität **21**, 4
– tateinheitliches Zusammentreffen **21**, 2
Zuständiges Gericht 68
– abschließende Regelung **68**, 4
– Amtsrichter als Einzelrichter **68**, 7
– Änderungen nach Erlass des Bußgeldbescheides **68**, 3
– Bundesbehörden **68**, 11
– Dekonzentration **68**, 13
– hinreichender Verdacht einer Straftat **68**, 1
– Jugendrichter **68**, 8
– örtliche Zuständigkeit **68**, 2
– Prüfungsbefugnis des Gerichts **68**, 6
– sachliche Zuständigkeit **68**, 7
– Zuständigkeitskonzentration **68**, 10
Zuständigkeit der Verwaltungsbehörde, mehrfache 39
– erste Mitteilung **39**, 5
– erste Vernehmung **39**, 2
– gemeinsame nächsthöhere Verwaltungsbehörde **39**, 15
– Steuer-OWi **39**, 20
– Übertragung und Vereinbarung **39**, 8 ff.
– Verbot der doppelten Sanktion **39**, 1
Zwischenverfahren 69
– Anordnung weiterer Ermittlungen **69**, 12
– gerichtliche Entscheidung **69**, 8
– nach Einspruch **69**, 1
– Verfahren bei Staatsanwaltschaft und Gericht **69**, 19
– Verfahren bei Verwaltungsbehörde **69**, 4
– Zurückverweisung durch Staatsanwaltschaft oder Gericht **69**, 32
Zwischenzeitliche Regelung 4, 17

Tipps und Taktik

... *zum neuen Vergütungsrecht:*

Jungbauer/Mock

Rechtsanwaltsvergütung

Begründet von Peter Mock (Gebührenrecht). Fortgeführt von Sabine Jungbauer. 3., völlig neu bearbeitete Auflage 2004. XXX, 466 Seiten. Kartoniert. € 44,-. ISBN 3-8114-1934-X (Tipps und Taktik)

Die 3., völlig neu bearbeitete Auflage dieses Handbuchs stellt das neue, zum 1. 7. 2004 in Kraft tretende Rechtsanwaltsvergütungsgesetz umfassend dar:

➤ Streitwertermittlung und Gebührenabrechnung
➤ praxisnah und übersichtlich
➤ Formulierungsvorschläge, Tipps, Muster, Checklisten und Beispielsfälle.

Das Werk richtet sich an den Anwalt und dessen für die Abrechnungen verantwortlichen Mitarbeiter. Das Rüstzeug für die schnelle Abrechnungspraxis!

Die Autorin Sabine Jungbauer ist geprüfte Rechtsfachwirtin und hat als Seminarleiterin die Entstehungsgeschichte des RVG unmittelbar mitverfolgt.

C. F. Müller, Verlagsgruppe Hüthig Jehle Rehm GmbH
Kundenbetreuung München
Emmy-Noether-Straße 2, 80992 München
Bestell-Tel. 089/54852-8178, Fax 089/54852-8137
E-Mail: kundenbetreuung@hjr-verlag.de

C.F. Müller
www.cfmueller-verlag.de

Bassenge/Herbst/Roth

FGG/RPflG
**Gesetz über die Angelegenheiten der freiwilligen Gerichtsbarkeit.
Rechtspflegergesetz.
Kommentar.**

Dr. Peter Bassenge, Dr. Gerhard Herbst, Prof. Dr. Herbert Roth.

**10., neu bearbeitete Auflage 2004. XXIX, 907 Seiten.
Gebunden. € 88,-.
ISBN 3-8114-1937-4
C.F. Müller Kommentar**

Die Neuauflage:
Mit diesem kompakten Kommentar stehen dem Praktiker wieder aktuelle und präzise Erläuterungen zum FGG und zum RPflG zur Verfügung, die es ihm zum Einen erlauben sich eine schnelle Übersicht zu verschaffen und zum Anderen tiefer in Detailprobleme einzusteigen.

Berücksichtigt wurden neben der aktuellen Rechtsprechung u.a. bereits folgende Gesetzesänderungen: Justizmodernisierungsgesetz, Justizkostenmodernisierungsgesetz und das Justizbeschleunigungsgesetz. Die präzisen und ausführlichen Erläuterungen des bewährten Kommentars sind nunmehr wieder auf dem neuesten Stand.

Die Autoren:
Dr. Peter Bassenge, Vors. Richter am Landgericht a.D., Dr. Gerhard Herbst, Präsident des Bayerischen Obersten Landesgerichts a.D., Professor Dr. Herbert Roth, Professor für Bürgerliches Recht und Verfahrensrecht an der Universität Regensburg.

„Die Neuauflage ... gehört weiter in die Handbibliothek jedes Rechtspflegers und jedes Rechtsanwenders im Bereich der freiwilligen Gerichtsbarkeit." Zeitschrift für das gesamte Familienrecht 17/2003.

C.F. Müller, Verlagsgruppe Hüthig Jehle Rehm GmbH
Im Weiher 10, 69121 Heidelberg,
Kundenbetreuung München
Bestell-Tel. 089/54852-8178, Fax 089/54852-8137
E-Mail: kundenbetreuung@hjr-verlag.de

C.F. Müller
www.cfmueller-verlag.de

9783811408623.3